U0452886

合同司法观点
总梳理系列

服务合同

03

纠纷处理 司法观点 总梳理

王 军／编著

法律出版社
LAW PRESS·CHINA
——北京——

图书在版编目（CIP）数据

服务合同纠纷处理司法观点总梳理／王军编著. --北京：法律出版社，2024
ISBN 978 - 7 - 5197 - 5909 - 4

Ⅰ．①服… Ⅱ．①王… Ⅲ．①服务业－经济合同－经济纠纷－法律解释－中国 Ⅳ．①D923.64

中国版本图书馆 CIP 数据核字（2021）第 183045 号

服务合同纠纷处理司法观点总梳理 FUWU HETONG JIUFEN CHULI SIFA GUANDIAN ZONGSHULI	王　军　编著	策划编辑　朱海波　杨雨晴 责任编辑　朱海波　杨雨晴 装帧设计　汪奇峰　臧晓飞

出版发行　法律出版社	开本　710 毫米×1000 毫米　1/16
编辑统筹　法律应用出版分社	印张 57.5　　　字数 1030 千
责任校对　似　玉	版本 2024 年 5 月第 1 版
责任印制　刘晓伟	印次 2024 年 5 月第 1 次印刷
经　　销　新华书店	印刷　天津嘉恒印务有限公司

地址：北京市丰台区莲花池西里 7 号（100073）
网址：www.lawpress.com.cn　　　　　　　销售电话:010 - 83938349
投稿邮箱:info@ lawpress.com.cn　　　　　客服电话:010 - 83938350
举报盗版邮箱:jbwq@ lawpress.com.cn　　　咨询电话:010 - 63939796
版权所有·侵权必究

书号:ISBN 978 - 7 - 5197 - 5909 - 4　　　　定价 218.00 元
凡购买本社图书，如有印装错误，我社负责退换。电话:010 - 83938349

序　言

　　契约更多被称为合同,合同与人类社会的发展紧密相连,长期以来在人们的生产生活中被广泛应用。特别是随着经济的发展和商业的繁荣,合同适用范围和应用方式更为广泛、灵活和新颖。在当今社会生活中,到处都有使用合同的现象。人们在生活、生产和商事活动中时时刻刻都在自觉或不自觉中使用合同,口头合同、书面合同、网上合同等合同形式,在其发生纠纷后认定困难。合同使用得多,相伴而生的是日益频发的合同纠纷,合同纠纷在法院民事案件一直占很大的比例,稳居榜首。这是应该更加持续关注和深入研究探讨的内在因素。

　　在民事法律实务图书市场,主要有三类书籍形式。第一类是裁判规则类,对民事纠纷归纳各类裁判规则,简单明确,让法官、律师和广大读者对号入座,按争议类型进行类案参考,节约大量时间,提高效率。但不容忽视的是,现实生活中鲜活的案例绝没有百分之百的等同,忽视任何一个细节都可能造成处理上的偏差,完全照搬规则受到一定限制。第二类是问答类,对司法实践中出现的疑难问题和多发争议,采用问答的形式,做出自己理解的解答,是很受欢迎的形式之一,但不可避免地因缺少鲜活案例诠释法律,容易造成理解上的偏差。第三类是依据法律条文的顺序进行编排,虽附有一定案例或对同一个问题也有一定案例辅助阐述,但现实社会生活中对一个法条或同一个争议反映出争议纠纷多样化,同一个争议法院判决出现不同观点,执法尺度并不统一,呈现的面和深度并未能满足实际需求。笔者从检察院、法院再到退休后法律服务的阅历和几十年感悟出发,试图从另一类途径寻找出行之有效的办法,从法律理解、法律适用、纠纷处理三个方面诠释鲜活案例反映的实际疑难纠纷。

　　服务业是随着社会化大生产和社会分工的发展,继商业之后产生的一个行业。随着城市的繁荣,城镇化的快速形成,居民需求的日益增多,服务业在经济活动中和人们的日常生活中占据越来越重要的地位。为适应服务业发展的需要,以劳务为标的的服务合同在经济社会生活中普遍存在,由此引发的争议也日益增多。最高人民法院案由规定,将其列为第三级案由。根据服务内容的不同和现行法律法规的规定,又单独列出了22类第四级案由。服务合同不是《民法典》合同编中典型合同的全部类别,当然也非《合同法》分则中的全部类别,即除了典型合同中运输合同、委托合同、物业服务合同、中介合同、行纪合同、承揽合同、保管合同外，还包括《旅游法》中的旅游合同以及医疗服务合同、电信服务合同等诸多无名合同。现有法律对有名合同虽有规定但未全部列明，诸多无名合同的法律适用存在困难。服务合同面对的社会生活面宽泛，产生纠纷原因复杂、多样，随着服务行业的现代化发展趋势，服务手段专业化不断提升，服务内容及形态趋于多元化，势必给法官审理此类纠纷增加难度。服务合同与其他类型合同最大区别在于，其标的是提供服务而不是物的交付。服务所具有的非实物性、不可存储性和生产与消费的同时性等特征，使得对该类纠纷的处理远比一般物的交付案件难度大。具体服务合同既具有传统合同的基本属性，又具有各自的不同新特征，导致司法实践中，在其合同的性质认定、合同当事人权利义务认定、合同履行及违约责任承担等方面出现一些困难和偏差，这也是本书将其分类归置阐述的原因。

  本书针对服务业涉及各领域的相关法律法规多，而不是一部法律法规适用之难点展开。现行服务业相关法律规定较为原则和模糊，且因涉及法律规范较多，不同法律规范出台时间相隔较长，其由于立法理念的变化、法律制度的革新，导致不同法律规范之间相互冲突，势必影响法官判案评价合同执法尺度统一，基于上述背景和现状，确立了笔者编写的指导思想和本书的定位。笔者摘取服务合同司法实践中存在争议的热点、疑点、难点问题，以司法实践和理论相结合为基础进行探讨，且依据《民法典》的宗旨加以统领。本书坚持以问题为导向与纠纷案件处理思路相结合，对已生效的纠纷案件进行总结、梳理进而把握适用法律精髓。本书以现行法律规定和合同理论为基础，对其服务合同纠纷中存在的问题选择某一部分重点探讨，未展开至该类合同纠纷的全部内容。在本书编写中笔者力争贯穿了一个写作指导思想，即选材上的典型性、广泛性；使用上的实用性、方便性；效果上的准确性、有效性。笔者在思考并实践如何选择在生效判决中，注重研究对其纠纷裁判规则有效利用的方式和程度，使之对纠纷解决、理论的更新和发展起到更大的积极作用。

  本书专题设计是以服务合同性质为划分基础对涉及服务合同类型的合同，进行分析。本书分为十二个专题。第一个专题为服务合同概述，集中介绍分析了服务合同性质、范围及共性问题。依次分为常用生活服务合同篇、保管合同篇、运输合同篇、委托合同篇、中介合同篇、行纪合同篇、承揽合同篇、旅游合同篇。其中运输合同篇又细分为货运合同、客运合同两篇；委托合同篇又细分为委托合同、委托理财合同和律师代理合同三篇。在每篇中，基本上是以该类合同理解、法律适用以及纠纷处理（或疑难问题）三方面展开分析，便于突出重点和查找。围绕专题的纠纷类型特点又进一步分类确定具体内涵，如中介合同纠纷专题，其分为三大部分即每一部分针对实践中存在的问题和争议进行剖析，用143个案例佐证阐述。在每一专题三大部分之下，根据笔者要分析问题的多少划分若干细目并列入目录以供阅读。对其阐明的观点，均有一至三个案例实证。

本书有如下特点，一、在本书中，笔者省略案情介绍部分直接提取其判决理由，突出生效判决的重点内涵，简明扼要又信息量大；注重实务处理路径，减少过于学术性的概念、术语的理论阐述，以及追求理论上的深度。二、在每一专题中，笔者首先是确定该类纠纷的争议焦点，即从实务纠纷中选择多发和疑难的问题，然后依据现行法律和司法解释规定、民事理论，再辅之以最高人民法院公布或认可的案例，对其进行深入分析，力争使法律条文变为看得清、摸得着的鲜活的规则，希望能给法官、律师办理服务合同纠纷案件提供有价值的参考与借鉴。三、本书载明分析的案例有1219个，以大容量展示服务合同纠纷案件裁判的形态。四、笔者对生效判决中争议的焦点进行分类拆分梳理，而不是展现判决全部内容，尤其是对最高人民法院审理的案件和复杂疑难案件往往有几个争议焦点，对其多个争议焦点分别归置在笔者分类的专题中，力求实现笔者追求的对热点、疑点、难点研讨重点目标，减少重复或避免全部判决理由归置在一个规则下的不利因素，实现有限阅读和理解最大化。五、在本书中，选择列出了就同一争议法院内部有不同判决，有利于清醒客观认识现状，并进一步提高完善法律、取得共识、统一执法尺度的迫切性。应注意的是，2020年12月29日，最高人民法院又对《旅游纠纷解释》等诸多司法解释进行了修订；2023年12月4日，最高人民法院又颁布《民法典合同编通则解释》，笔者根据修订、新颁布后的司法解释又对本书予以修改。需要提醒的是，本书正文论述部分引用的相关法律法规、司法解释等的名称和条文序号为图书出版时生效的规定。而选取的案例中，为体现案例说理和裁判的真实情况，其涉及的法律法规、司法解释等的名称和条文序号原则上为裁判生效时的相关规定，请读者朋友在参考时注意。

笔者的编写指导思想和编写努力，就是对服务合同纠纷进行深入剖析，力争使法律条文变为更为清晰、适用更为准确的鲜活规则，希望能给法官、检察官、法律服务工笔者办理民事纠纷案件提供有价值的参考与借鉴。众所周知，"法律的生命不在于逻辑，而在于经验"。社会在发展，经济在发展，法律也随之在发展，《民法典》的颁布就是新的发展，新的发展需要新的实践、新的经验，笔者也是在随着社会、法律的发展，而不断地前进。虽然笔者不断地刻苦学习，努力探索，但因水平有限，本书可能有诸多不足之处，恳请各位给予批评指正，使笔者能为法治建设、社会和谐作出自己应有的贡献。

王 军
2024年春节

法律法规简称表

全称	简称
《中华人民共和国民法典》	《民法典》
《中华人民共和国民事诉讼法》	《民事诉讼法》
《中华人民共和国公司法》	《公司法》
《中华人民共和国刑法》	《刑法》
《中华人民共和国劳动法》	《劳动法》
《中华人民共和国劳动合同法》	《劳动合同法》
《中华人民共和国保险法》	《保险法》
《中华人民共和国企业破产法》	《企业破产法》
《中华人民共和国消费者权益保护法》	《消费者权益保护法》
《最高人民法院关于适用〈中华人民共和国民法典〉总则编若干问题的解释》(法释〔2022〕6号)	《民法典总则编解释》
《最高人民法院关于适用〈中华人民共和国民法典〉时间效力的若干规定》(法释〔2020〕15号)	《民法典时间效力规定》
《最高人民法院关于适用〈中华人民共和国民法典〉合同编通则若干问题的解释》(法释〔2023〕13号)	《民法典合同编通则解释》
《最高人民法院关于适用〈中华人民共和国民法典〉有关担保制度的解释》(法释〔2020〕28号)	《民法典担保解释》
《最高人民法院关于审理民间借贷案件适用法律若干问题的规定》(2020第二次修正)	《民间借贷规定》
《最高人民法院关于适用〈中华人民共和国民法典〉物权编的解释(一)》(法释〔2020〕24号)	《民法典物权编解释(一)》
《最高人民法院关于适用〈中华人民共和国民法典〉婚姻家庭编的解释(一)》(法释〔2020〕22号)	《民法典婚姻家庭编解释(一)》

续表

全称	简称
《最高人民法院关于适用〈中华人民共和国婚姻法〉若干问题的解释(三)》(法释〔2011〕18号)(已失效)	《婚姻法解释(三)》
《最高人民法院关于适用〈中华人民共和国婚姻法〉若干问题的解释(二)》(2017修正)(法释〔2017〕6号)(已失效)	《婚姻法解释(二)》
《最高人民法院关于适用〈中华人民共和国婚姻法〉若干问题的解释(一)》(法释〔2001〕30号)(已失效)	《婚姻法解释(一)》
《全国法院民商事审判工作会议纪要》(法〔2019〕254号)	《九民纪要》
《第八次全国法院民事商事审判工作会议(民事部分)纪要》(法〔2016〕399号)	《八民纪要》
《最高人民法院关于适用〈中华人民共和国民事诉讼法〉的解释》(2022修正)	《民事诉讼法解释》
《最高人民法院关于民事诉讼证据的若干规定》(2019修正)	《民事证据规定》
《最高人民法院关于人民法院办理执行异议和复议案件若干问题的规定》(2020修正)	《执行异议和复议规定》
《最高人民法院关于人民法院民事执行中查封、扣押、冻结财产的规定》(2020修正)	《查封、扣押、冻结规定》
《最高人民法院关于审理民事案件适用诉讼时效制度若干问题的规定》(2020修正)	《诉讼时效规定》
《最高人民法院关于审理买卖合同纠纷案件适用法律问题的解释》(2020修正)	《买卖合同解释》
《最高人民法院关于适用〈中华人民共和国合同法〉若干问题的解释(二)》(法释〔2009〕5号)(已失效)	《合同法解释(二)》
《最高人民法院关于适用〈中华人民共和国合同法〉若干问题的解释(一)》(法释〔1999〕19号)(已失效)	《合同法解释(一)》
《最高人民法院关于审理建设工程施工合同纠纷案件适用法律问题的解释(一)》(法释〔2020〕25号)	《建设工程解释(一)》
《最高人民法院关于审理建设工程施工合同纠纷案件适用法律问题的解释(二)》(法释〔2018〕20号)(已失效)	《建设工程解释(二)》

续表

全称	简称
《最高人民法院关于审理建设工程施工合同纠纷案件适用法律问题的解释》(法释〔2004〕14号)(已失效)	《建设工程解释》
《最高人民法院关于审理技术合同纠纷案件适用法律若干问题的解释》(2020修正)	《技术合同解释》
《最高人民法院关于审理城镇房屋租赁合同纠纷案件具体应用法律若干问题的解释》(2020修正)	《房屋租赁合同解释》
《最高人民法院关于审理商品房买卖合同纠纷案件适用法律若干问题的解释》(2020修正)	《房屋买卖合同解释》
《最高人民法院关于审理融资租赁合同纠纷案件适用法律问题的解释》(2020修正)	《融资租赁合同解释》
《最高人民法院关于适用〈中华人民共和国保险法〉若干问题的解释(四)》(2020修正)	《保险法解释(四)》
《最高人民法院关于适用〈中华人民共和国保险法〉若干问题的解释(三)》(2020修正)	《保险法解释(三)》
《最高人民法院关于适用〈中华人民共和国保险法〉若干问题的解释(二)》(2020修正)	《保险法解释(二)》
《最高人民法院关于适用〈中华人民共和国保险法〉若干问题的解释(一)》(法释〔2009〕12号)	《保险法解释(一)》
《最高人民法院关于审理海上保险纠纷案件若干问题的规定》(2020修正)	《海上保险案件规定》
《最高人民法院关于审理劳动争议案件适用法律问题的解释(一)》(法释〔2020〕26号)	《劳动争议解释(一)》
《最高人民法院关于审理劳动争议案件适用法律若干问题的解释(四)》(法释〔2013〕4号)(已失效)	《劳动争议解释(四)》
《最高人民法院关于审理劳动争议案件适用法律若干问题的解释(三)》(法释〔2010〕12号)(已失效)	《劳动争议解释(三)》
《最高人民法院关于审理劳动争议案件适用法律若干问题的解释》(2008调整)(已失效)	《2008年劳动争议解释》

续表

全称	简称
《最高人民法院关于审理劳动争议案件适用法律若干问题的解释(二)》(法释〔2006〕6号)(已失效)	《劳动争议解释(二)》
《最高人民法院关于审理劳动争议案件适用法律若干问题的解释》(法释〔2001〕14号)(已失效)	《劳动争议解释》
《最高人民法院关于审理工伤保险行政案件若干问题的规定》(法释〔2014〕9号)	《工伤保险案件规定》
《最高人民法院关于审理物业服务纠纷案件适用法律若干问题的解释》(2020修正)	《物业服务解释》
《最高人民法院关于审理建筑物区分所有权纠纷案件适用法律若干问题的解释》(2020修正)	《建筑物区分所有权解释》

目录

专题一 服务合同纠纷概述

一、服务合同理解 ... 003
 （一）服务合同含义 ... 003
 （二）服务合同类型 ... 005
 （三）服务合同范围 ... 006
 （四）服务合同内容 ... 010
 （五）服务合同权利义务 ... 011

二、服务合同法律适用 ... 015
 （一）服务合同纠纷举证认定 ... 015
 （二）服务合同关系认定 ... 018
 （三）服务合同效力认定 ... 022
 （四）服务合同违约责任认定 ... 024
 （五）服务合同解除条件认定 ... 031
 （六）服务合同法律适用 ... 032

三、服务合同纠纷处理 ... 039
 （一）服务合同赔偿处理 ... 039
 （二）服务合同解除处理 ... 047
 （三）预收服务费处理 ... 048
 （四）服务合同无效处理 ... 051

专题二　常用生活服务合同纠纷

一、医疗服务合同纠纷　　　　　　　　　　　　　　055
　　(一)医疗服务合同义务　　　　　　　　　　　055
　　(二)医疗服务合同责任　　　　　　　　　　　057
　　(三)代位权在医疗服务合同中的适用　　　　　063
　　(四)医疗服务合同继续履行处理　　　　　　　064

二、教育培训服务合同纠纷　　　　　　　　　　　068
　　(一)教育培训服务合同认定　　　　　　　　　068
　　(二)教育培训服务合同责任　　　　　　　　　069
　　(三)教育培训服务合同效力　　　　　　　　　072
　　(四)教育培训服务合同解除　　　　　　　　　075

三、快递服务合同纠纷　　　　　　　　　　　　　078
　　(一)注意义务限度认定　　　　　　　　　　　078
　　(二)被告主体资格确定　　　　　　　　　　　079
　　(三)快递保价条款效力　　　　　　　　　　　080
　　(四)快递服务合同责任　　　　　　　　　　　082

四、电信服务合同纠纷　　　　　　　　　　　　　085
　　(一)电信服务合同中的审查义务　　　　　　　085
　　(二)代理商要求具有电信资质　　　　　　　　086
　　(三)电信服务合同中的知情权　　　　　　　　088
　　(四)电信服务合同责任认定　　　　　　　　　089
　　(五)电信服务合同法律适用　　　　　　　　　093

五、网络服务合同纠纷　　　　　　　　　　　　　100
　　(一)网络服务合同效力　　　　　　　　　　　100
　　(二)网络服务合同责任　　　　　　　　　　　109

（三）网络服务合同解除 　　　　　　　　　　　　　115

　　（四）网络服务合同法律适用 　　　　　　　　　　　116

六、餐饮服务合同纠纷 　　　　　　　　　　　　　　　120

　　（一）餐饮服务关系认定 　　　　　　　　　　　　120

　　（二）自带酒水服务费 　　　　　　　　　　　　　121

七、美容服务合同纠纷 　　　　　　　　　　　　　　　124

　　（一）美容欺诈认定 　　　　　　　　　　　　　　124

　　（二）美容服务合同责任 　　　　　　　　　　　　126

　　（三）美容预付消费处理 　　　　　　　　　　　　127

八、家政服务合同纠纷 　　　　　　　　　　　　　　　131

　　（一）家政服务合同责任 　　　　　　　　　　　　131

　　（二）家政服务合同解除 　　　　　　　　　　　　133

专题三　保管合同纠纷

一、保管合同理解 　　　　　　　　　　　　　　　　　137

　　（一）保管合同特征 　　　　　　　　　　　　　　137

　　（二）保管合同义务 　　　　　　　　　　　　　　138

　　（三）保管合同纠纷举证 　　　　　　　　　　　　140

二、保管合同法律适用 　　　　　　　　　　　　　　　147

　　（一）保管合同关系认定 　　　　　　　　　　　　147

　　（二）保管合同适用范围 　　　　　　　　　　　　155

　　（三）保管合同违约认定 　　　　　　　　　　　　157

　　（四）无偿保管重大过失认定 　　　　　　　　　　160

　　（五）交付保管判断标准 　　　　　　　　　　　　161

　　（六）停车场所与停车车主法律关系 　　　　　　　164

　　（七）保管合同与场地租赁合同关系区分 　　　　　172

（八）停车场安全保障义务　　175
　　（九）自助箱寄存保管认定　　177
三、保管合同纠纷处理　　181
　　（一）保管费支付处理　　181
　　（二）保管物返还处理　　183
　　（三）保管赔偿责任处理　　189
　　（四）损害赔偿范围处理　　197
　　（五）保管留置权处理　　204
　　（六）仓储合同纠纷处理　　205

专题四　货运合同纠纷

一、货运合同理解　　217
　　（一）货运合同特征　　217
　　（二）托运人权利义务　　218
　　（三）承运人权利义务　　218
　　（四）货运合同主体　　220
　　（五）货运合同变更与解除　　226
　　（六）货运合同纠纷举证　　227
二、货运合同法律适用　　237
　　（一）货运合同运输风险认定　　237
　　（二）货运合同重大过失认定　　239
　　（三）航空运输责任期间认定　　240
　　（四）解除班轮运输合同限制　　241
　　（五）格式货运合同效力　　242
　　（六）格式保价条款选择及风险　　246
　　（七）货运合同法律关系认定　　254

（八）界定承运人责任适用依据　　257
　　（九）界定诉讼时效适用依据　　260
　　（十）货物合同中表见代理　　264
　　（十一）货物运输合同强制缔约义务　　265
　　（十二）运输合同与代理合同区分　　266
　　（十三）承运人抵销权行使　　268
三、货运合同纠纷处理　　269
　　（一）货物交付处理　　269
　　（二）运费支付处理　　271
　　（三）合同损失赔偿处理　　274
　　（四）不承担赔偿责任处理　　293
　　（五）不免除赔偿责任处理　　296
　　（六）留置权纠纷处理　　303
　　（七）提存纠纷处理　　305

专题五　客运合同纠纷

一、客运合同理解　　309
　　（一）客运合同特征　　309
　　（二）旅客权利义务　　310
　　（三）承运人权利义务　　310
　　（四）客运合同纠纷举证　　312
二、客运合同法律适用　　320
　　（一）客运合同关系认定　　320
　　（二）严格责任适用　　324
　　（三）承运人过错认定　　327
　　（四）合同责任认定　　331

（五）责任竞合认定 　　　　　　　　　　　342
（六）客运合同效力 　　　　　　　　　　　344
（七）共同风险承担 　　　　　　　　　　　349
（八）强制缔约义务与安全保障义务关系 　　350
（九）个人运营专车定性 　　　　　　　　　351
（十）客运合同纠纷案件法律适用 　　　　　352

三、客运合同纠纷处理 　　　　　　　　　355
（一）赔偿主体范围处理 　　　　　　　　　355
（二）承运人赔偿损失处理 　　　　　　　　358
（三）打折机票纠纷处理 　　　　　　　　　376
（四）不承担赔偿责任处理 　　　　　　　　377
（五）无偿搭乘纠纷处理 　　　　　　　　　383

专题六　委托合同纠纷

一、委托合同理解 　　　　　　　　　　　387
（一）委托合同含义 　　　　　　　　　　　387
（二）委托合同风险 　　　　　　　　　　　392
（三）委托合同甄别 　　　　　　　　　　　392
（四）委托合同权限 　　　　　　　　　　　396
（五）委托合同纠纷举证 　　　　　　　　　397

二、委托合同法律适用 　　　　　　　　　405
（一）委托合同关系认定 　　　　　　　　　405
（二）隐名代理认定 　　　　　　　　　　　412
（三）委托权认定 　　　　　　　　　　　　416
（四）委托合同效力 　　　　　　　　　　　427
（五）委托合同违约 　　　　　　　　　　　441

（六）风险代理委托合同　　444
　　（七）委托与委托代理区分　　445
　　（八）转委托责任承担　　447
　　（九）委托代理授权不明　　448
三、委托合同纠纷处理　　450
　　（一）赔偿损失处理　　450
　　（二）委托合同无效处理　　467
　　（三）支付报酬处理　　473
　　（四）委托经营处理　　482
　　（五）委托抵销处理　　484
　　（六）合同终止处理　　486

专题七　委托理财合同纠纷

一、委托理财合同理解　　493
　　（一）保底条款含义　　493
　　（二）保底条款效力　　493
　　（三）委托理财合同区分　　498
二、委托理财合同法律适用　　502
　　（一）委托理财合同效力　　502
　　（二）违约责任认定　　507
三、委托理财合同纠纷处理　　509
　　（一）合同违约处理　　509
　　（二）合同无效处理　　516

专题八　律师代理合同纠纷

一、律师代理合同理解　　　　　　　　　　　　　　　527
（一）律师义务范围　　　　　　　　　　　　　　　527
（二）律师违约责任　　　　　　　　　　　　　　　528
（三）律师承担责任性质　　　　　　　　　　　　　529
（四）律师代理合同关系成立　　　　　　　　　　　530
（五）见证服务合理注意义务范围　　　　　　　　　531

二、律师代理合同法律适用　　　　　　　　　　　　　533
（一）承担赔偿责任主体　　　　　　　　　　　　　533
（二）违约赔偿范围　　　　　　　　　　　　　　　534
（三）计时收费　　　　　　　　　　　　　　　　　538
（四）双方代理违约　　　　　　　　　　　　　　　539
（五）终止代理合同费用　　　　　　　　　　　　　540
（六）判决认定的律师费与合同约定费用关系　　　　543
（七）律师代理范围与委托书授权范围关系　　　　　544
（八）委托人拒付律师费抗辩　　　　　　　　　　　545

三、律师代理合同疑难问题　　　　　　　　　　　　　550
（一）律师风险代理合同　　　　　　　　　　　　　550
（二）律师代理合同过错　　　　　　　　　　　　　560
（三）法院酌定代理费标准　　　　　　　　　　　　567
（四）律师代理合同解除　　　　　　　　　　　　　568
（五）律师代理合同履约规则　　　　　　　　　　　570

专题九　中介合同纠纷

一、中介合同理解　　　　　　　　　　　　　　　　575
　（一）中介合同含义　　　　　　　　　　　　　　575
　（二）中介合同权利义务　　　　　　　　　　　　576
　（三）中介合同解除　　　　　　　　　　　　　　584
　（四）中介人报酬确定原则　　　　　　　　　　　584
　（五）中介人承担责任条件　　　　　　　　　　　586
　（六）中介合同与买卖合同关系　　　　　　　　　587
　（七）中介合同纠纷举证　　　　　　　　　　　　588
二、中介合同法律适用　　　　　　　　　　　　　　595
　（一）中介合同主体认定　　　　　　　　　　　　595
　（二）中介合同内容认定　　　　　　　　　　　　599
　（三）中介合同履行认定　　　　　　　　　　　　601
　（四）促成目标合同成立认定　　　　　　　　　　603
　（五）目标合同未成立主张权利　　　　　　　　　607
　（六）规避中介人签订合同认定　　　　　　　　　608
　（七）禁止"跳单"条款效力认定　　　　　　　　615
　（八）中介合同效力认定　　　　　　　　　　　　618
　（九）中介代理认定　　　　　　　　　　　　　　628
　（十）转中介合同认定　　　　　　　　　　　　　630
　（十一）中介与委托区分认定　　　　　　　　　　631
三、中介合同纠纷处理　　　　　　　　　　　　　　634
　（一）委托人承担报酬处理　　　　　　　　　　　634
　（二）中介人承担责任处理　　　　　　　　　　　649
　（三）中介合同无效处理　　　　　　　　　　　　663

（四）双方违约或双方有过错处理　　666
（五）独家中介合同纠纷处理　　673
（六）中介合同撤销纠纷处理　　674

专题十　行纪合同纠纷

一、行纪合同理解　　677
　　（一）行纪合同含义　　677
　　（二）委托人权利义务　　678
　　（三）行纪人权利义务　　678
　　（四）行纪人按指示价格买卖　　679
　　（五）行纪合同适用范围　　680
　　（六）行纪合同纠纷举证　　680

二、行纪合同法律适用　　684
　　（一）行纪合同关系认定　　684
　　（二）行纪合同效力认定　　688
　　（三）行纪合同违约认定　　688
　　（四）行纪合同过错认定　　691
　　（五）代销商品在代销期间风险　　693
　　（六）行纪合同介入权　　694
　　（七）行纪合同与间接代理区分　　695
　　（八）行纪合同与委托合同区分　　698
　　（九）行纪合同与买卖合同区分　　701

三、行纪合同纠纷处理　　704
　　（一）赔偿损失处理　　704
　　（二）委托财产处理　　711
　　（三）委托报酬处理　　717

（四）委托费用处理　　718

（五）合同僵局处理　　720

专题十一　承揽合同纠纷

一、承揽合同理解　　725
（一）承揽合同特征　　725

（二）承揽合同内容　　726

（三）承揽合同权利义务　　727

（四）承揽合同纠纷举证　　728

二、承揽合同法律适用　　737
（一）承揽人承担责任认定　　737

（二）定作人承担责任认定　　742

（三）工作成果合格认定　　747

（四）工作成果交付认定　　750

（五）工作量评估核算认定　　752

（六）承揽合同与其他合同区别　　752

（七）附条件判决适用　　765

（八）承揽合同解释　　766

（九）第三人完成辅助工作　　768

三、承揽合同纠纷处理　　771
（一）承揽合同留置权处理　　771

（二）承揽合同风险负担处理　　778

（三）定作人质量瑕疵处理　　779

（四）承揽合同解除处理　　782

（五）承揽合同赔偿损失处理　　792

（六）承揽合同过错相抵处理　　811

（七）承揽结算协议争议处理　　814

（八）承揽纠纷诉讼时效处理　　816

专题十二　旅游合同纠纷

一、旅游合同理解　　821
　　（一）旅游合同含义　　821
　　（二）旅游合同特征　　822
　　（三）旅游合同义务　　823
　　（四）旅游合同关系　　827
　　（五）旅游合同纠纷举证　　828

二、旅游合同法律适用　　833
　　（一）责任主体认定　　833
　　（二）违约责任认定　　836
　　（三）自助游责任认定　　841
　　（四）安全保障义务认定　　843
　　（五）责任竞合认定　　855
　　（六）旅游合同连带责任　　857
　　（七）旅游合同欺诈认定　　859

三、旅游合同纠纷处理　　862
　　（一）赔偿责任处理　　862
　　（二）合同解除处理　　883
　　（三）合同变更处理　　889
　　（四）诉讼主体处理　　893
　　（五）责任免除处理　　894
　　（六）旅游购物处理　　896

专题一　服务合同纠纷概述

随着社会的快速发展，服务合同应用领域越来越广，其重要性也日渐突出。但因服务合同在《合同法》上大部分是无名合同，在新颁布的《民法典》中也未能全部列明，需要在理论和实践中作深入探讨。

一、服务合同理解

(一)服务合同含义

所谓服务合同,一般是指全部或者部分以劳务为债务内容的合同,又称为提供劳务的合同。服务合同并不以有偿为要件。[1] 有观点认为,服务合同是服务人提供技术、文化、生活服务,服务受领人接受服务并给付服务费的合同。[2] 有学者认为,提供服务的合同,又称提供劳务的合同,是指以一方向对方提供特定的劳务行为为标的的合同。[3] 理论上也存在依经济学上的产业区分来界定"服务"的观点,将第三产业中的各种服务行业的合同形态总称为服务合同。[4] 但是,产业划分的服务概念与民法学上的服务概念并不能完全等同,比如作为第二产业形态的建筑业,在很多时候也是作为一种服务合同来看待的。笔者认为,以全部或部分劳务为给付内容的,受领人接受其服务的合同为服务合同,即服务提供者与服务接受者之间约定的有关权利义务关系的协议。

各种以"劳务"为标的合同的共同原则:(1)"劳务"利用人的选择权原则;(2)以"劳务"为标的合同的按劳取酬原则。[5]

1. 服务合同特征

其一,以提供劳务为内容的合同。提供服务合同的标的为一方向另一方提供特定的劳务行为,而不是金钱、物或其他标的,另一方当事人接受的是劳务性质的服务,而不是其他。

其二,提供服务的合同的债务人完成约定的劳务行为便履行合同完毕。

其三,服务有偿性和无偿性并存。服务是否有偿要根据合同的约定,有的合

---

〔1〕 参见周江洪:《服务合同在我国民法典中的定位及其制度构建》,载《法学》2008年第1期。

〔2〕 参见全国人大常委会法制工作委员会民法室编著:《中华人民共和国合同法及其重要草稿介绍》,法律出版社2000年版,第150页以下。

〔3〕 参见马俊驹、余延满:《民法原论》,法律出版社2007年版,第701页。

〔4〕 参见王家福、谢怀轼等编著:《合同法》,中国社会科学出版社1996年版,第250页以下。

〔5〕 参见最高人民法院民事审判第一庭编:《民事审判指导与参考》2010年第4集(总第44集),法律出版社2011年版,第105页。

同是有偿的,也有的合同是无偿的。现实社会生活中绝大部分是有偿的,也存在部分无偿合同,即无偿服务的大量存在也是一个不争事实,如志愿者活动。

其四,多数服务合同具有人身性质,提供服务的一方须以亲自履行为原则。在这类合同中,提供劳务服务者需要亲自履行合同,一般不得委任他人履行,但有例外。

其五,提供劳务与给付物相结合的合同,是服务合同的又一特点。

其六,以提供劳务为内容的合同是随着社会的发展而不断变化的,其服务领域随之扩大。

应强调的是,服务合同的标的是服务产品,服务产品具有非实物性、不可储存性和生产与消费同时性等,这是其与买卖合同的最大不同点。

2. 服务合同性质

对合同性质的分析,应从服务性质及合同关系两个层面进行。

从服务性质层面讲:

其一,服务是服务方与受领方同时进行,即不可能将服务方的服务保存到空间的任何地方。服务的提供受到时间和空间的制约,受领方接受服务与其提供方具有同一性,无法还原且证明是否履行存在客观的、法律障碍。

其二,服务在空间形态上是无形的,发生纠纷后,提供服务方对其产生的债务内容举证困难,法官裁量其服务的质量存在困难。

其三,已提供服务不能复原、不能返还。因为,在服务过程中,服务方提供的服务已为受领方吸收,为受领方所消费或受用。

其四,服务方提供的服务具有专属性。服务方提供的服务实质上是其自身的技能,其技能高低决定了服务的内容、质量。在这种情形下,对于依赖特定服务方提供的服务就不能代替履行。

从合同关系层面讲:

其一,服务方与受领方关系特殊。此类合同中,服务方存在处于从属地位或独立地位两种情形。当服务方居于从属地位时,因其在服务受领方的指挥管理下提供特定的服务,是否能够介入服务受领方的特定领域受制于服务受领方的意志,实质上是减轻服务方的责任。在服务方固有的风险支配领域以外的风险导致服务方违约的,其一般不应承担债务不履行的责任。对于居于独立地位的服务方,受领方不仅不能控制其行为,而且因信赖其具有独立处理事务地位而将相关权利、利益托付于服务方。因此,该类服务方的责任不仅是违反注意义务的责任,而且在特定情形下也可构成"发生或不发生一定的利益状态"的服务保证(不问其是否违反注意义务),在此情形下服务方应对其发生或不发生的结果承担责任,如承揽合同。服务方两种地位不同,其承担责任程度有别,显然处于独立地位的责任大于处于从属地位的责任。

其二,服务受领方与服务合同的关系。受领方的协作与服务效果关系密切,服务的效果一方面受其受领方配合程度影响,另一方面也与受领方自身属性如适应性、能力、努力程度、情绪、健康状况有关,不同受领方其服务效果不同。

其三,服务方在合同中的信息义务问题。在此类合同中,双方当事人对服务相关信息的了解是不对等的,尤其是专家提供特定服务的,其无疑比受领方更了解合同对象的相关信息。从物的交易对象来讲,服务方不仅在合同缔结阶段的信息告知、说明和建议义务都要加重,还应符合法律的相关规定。

其四,服务方与受领方服务合作关系。在此类合同中,服务方是否有对受领方权益领域的介入,是否存在受领方对其权益管理的托付,其二者存在紧密联系。首先,在确定服务合同内容和程度时,对受领方将什么权益托付给服务方,这是正确判断必然要解决的前提问题。其次,将自己的权益予以托付行为自身,其具有信托的一面。

其五,服务合同具有持续性。服务合同不是即时交付完毕,合同内容非一次给付可完结,而是继续地实现合同。这种持续性合同具体表现为在某一种合同中是一个期间,如移动通信服务合同在预付费使用完之前的时段。持续性服务合同的具体债务内容一般随着时间的推移而发生变化,如旅游、教育等服务合同。

其六,服务合同损害责任特殊性。在此类合同中,因服务的提供与消费同时完成,难以分离,对其服务过程中产生的瑕疵或造成的损害,如何评价、如何赔偿都有其自身特殊性。服务的瑕疵更容易导致合同标的本身以外的损失,如受领方的身体、财产、时间、劳力的损失,甚至还有精神损害存在,并产生诸多合同责任与侵权责任的竞合问题,这些让服务合同与纯粹物的交付合同存在较大的区别。

(二)服务合同类型

根据服务提供过程中服务与物之间的关系,服务又可细分为物交易相伴随的服务,服务过程中物作为手段,设施或材料被使用的服务以及纯粹的服务。[1] 前者如承揽合同,后者如旅游服务合同。

消费者权益保护法将消费者界定为购买使用商品和接受服务两种类型,区分了商品与服务两个概念,但在现实中存在商品和服务混同的情形,且极可能造成法律性质上买卖合同与服务合同的混淆。买卖合同以转移标的物所有权为目的,

---

[1] 参见周江洪:《服务合同研究》,法律出版社2010年版,第47页。

这是买卖合同与服务合同区别的本质特征。在一些法律关系中，商品本身涵盖在服务过程中，商品为服务提供手段或条件，服务者为了完成服务使用商品，其本质仍为服务合同关系。对于买卖合同关系与服务合同关系的区分，可从合同内容、合同目的、支付价款三个方面进行判断。若合同包含了商品和服务双重内容，但不以商品所有权转移为目的，消费者支付价款相对于商品对价而言可能存在畸高且缺乏合理依据，则应考虑到商品与服务在消费中的紧密性，从而能够认定消费者支付价款大部分系服务的对价，则合同性质应认定为服务合同而非买卖合同，将其归入非纯粹服务合同类型。

(三) 服务合同范围

服务合同的范围，随着社会经济发展而不断发展。《合同法》规定了几种类型的服务合同，与现《民法典》合同编典型合同类型相似，特别法与司法解释也对个别服务合同作了规定，如旅游合同，但现实生活中仍存在大量的其他服务合同。

1.《民法典》中规定的服务合同

通说认为，《民法典》至少有承揽、保管、委托这三种基本类型的服务合同。

承揽合同规定在《民法典》合同编典型合同第十七章，其第七百七十条至第七百八十七条，共十八个条文。在这类合同中转移定作物的所有权并非承揽人的主要义务，而是承揽人完成工作成果后的一种附随义务。承揽合同中定作人需要的是承揽人完成的制作过程。这个过程是承揽人的技术、智慧和物结合在一起，在物上必须凝结着承揽人的劳动结果，才能满足定作人的需要，定作人取得的不仅仅是物的形式。

保管合同规定在《民法典》合同编典型合同第二十一章，其第八百八十八条至第九百零二条。这类合同的目的在于使保管人为寄存人照管标的物，在保管合同履行完毕后，保管人应当及时归还标的物。

委托合同规定在《民法典》合同编典型合同第二十三章，其第九百一十九条至第九百三十六条。委托合同适用范围相当宽泛，既可以产生在自然人之间、法人之间，也可以产生在自然人与法人之间；既可以为概括的委托，也可以为特别的委托；既可以因商事行为而产生，也可以为方便日常生活而产生；既可对法律行为进行，也可对事实行为进行。在委托合同中，受托人可以以委托人的名义，也可以以自己的名义代替委托人为各种法律行为，其本身可参与委托人与第三人之间的法律关系。委托合同中，受托人进行委托事务并非都是有偿的，委托合同既可以是有偿的,也可以是无偿的。

行纪合同规定在《民法典》合同编典型合同第二十五章,其第九百三十七条至第九百六十条。行纪合同仅适用于商事活动,且行纪人一般只有经过国家有关部门审查、登记后才能营业。在行纪合同中,行纪人对委托人与第三人之间的关系介入程度最深。行纪人在为委托人办理委托事务时,必须以自己的名义进行,行纪人在与第三人实施一定法律行为时产生的权利义务关系由行纪人自己承受,而委托人与第三人之间并不存在直接的权利义务关系。行纪合同是有偿的,行纪人获得或部分获得报酬应基于商事行为的完成或部分完成,且行纪人以高于委托人指定的价格卖出或者以低于委托人指定的价格买入的,可以按照约定增加报酬或价格差额利益。

中介合同规定在《民法典》合同编典型合同第二十六章,其第九百六十一条至第九百六十六条。所谓中介合同,是中介人向委托人报告订立合同的机会或者提供订立合同的媒介服务,委托人支付报酬的合同。中介合同可适用的范围不仅限于商事活动,中介人自身不参与到委托人与第三人的合同之中。中介合同为有偿性合同,但其报酬的获得以促成合同成立为条件,若中介人未促成合同成立,就不能行使报酬请求权。

《民法典》第三编合同编典型合同第二十章新规定了物业服务合同。所谓物业服务合同,是指业主同物业管理企业之间订立的,物业管理企业为业主提供物业管理服务,由业主支付相应报酬的协议。

2. 特别法中规定的服务合同

《旅游法》中规定了旅游合同。旅游合同是指旅游经营者向旅游者提供整体性旅游服务,旅游者支付旅游费用的合同。这类合同的标的具有整体性,主要体现为两个方面,一是旅游服务的整体性及连续性,二是旅游费用的整体性。这是基于,旅行社往往需要提供一个集食、行、娱、游、购、宿等于一体的、综合性的一揽子旅游服务产品。与此同时,旅游者也是一次性把旅游费用交付旅行社,而不是单独交付具体的旅游辅助服务者。这类合同具有给付的非物质性。

原《物业管理条例》中规定的物业服务合同,已在《民法典》第三编合同编中列入典型合同。

3. 其他无名服务合同

最高人民法院在《民事案件案由规定》中将服务合同列为第三级案由,并根据服务内容的不同和现行法律法规的规定,列举了具体的服务合同。具体包括:

电信服务合同,或称移动通信服务合同。有学者提出,移动通信服务合同可以界定为,移动通信业务经营者(移动通信运营商)为了重复使用而预先拟定的,以有形资产和国家许可分配的电信资源为基础,以向不特定的第三人提供可移动通信服务为目的,并规范移动通信运营商与移动通信用户之间的权利义务关系的协议。移动通信服务合同的适用范围极其广泛,但其仅是一种典型的无名服务合同。此种合同除具有双务性和诺成性外,其要式性突出。在移动通信服务合同中,用户与移动通信运营商签订的移动电话入网合同以书面形式为必要,用户购买的预付费卡也以书面形式为必要。应注意的是,运营商作出的广告如果符合要约的条件的,该广告可以自动订入合同,不需要另行具备特殊的形式。移动通信服务合同是继续性合同,其中预付费的移动通信合同对合同期限的延展作出了约定,而后付费的移动通信服务合同则根本未对合同期限作出约定。

邮寄服务合同。所谓邮寄服务合同,是指邮政企业、快递企业等与用户就邮寄物品达成合意,用户支付邮资,邮政企业及快递企业负责送达的协议。

医疗服务合同。所谓医疗服务合同,是指医疗机构与患者之间明确相互权利义务关系的合同。医患之间主要是一种合同关系,但其也可能是一种无因管理或强制医疗关系。患者去医院诊疗疾病,医院给患者提供诊断、治疗服务、提供药品、医疗器械或者日常生活用品、食物,患者向医院提供相应的报酬或者价款,医患之间自然构成合同关系。双方之间的合同并不是单一性质的,而是一种混合性的合同。原则上,医患之间的医疗服务合同具有委托合同的性质,特殊情况下,则具有承揽合同性质。在医患之间的多种合同关系之中,以医方向患者提供诊断、治疗等服务的医疗服务合同为核心。由于医方提供的只是一种医疗服务,而并未确保达到某种确定的结果,也就是说,医方的义务是一种手段义务,而非结果义务,故这种合同的性质,原则上应是一种委托合同或准委托合同。当然,在医方明确承诺达到某种医疗结果,即所谓包医的情况下,医患之间的合同则具有承揽合同的性质。既然医患之间主要是一种委托合同或准委托合同关系,则医方的主要责任是给患者提供符合医疗水准的医疗服务,并不确保患者的病患一定能得到解除。因此,患者应当正确对待不利的诊疗结果,不能一概将其归咎于医方。

律师服务合同。律师事务所与委托人就委托诉讼代理和其他法律事务而签订的协议。

房地产咨询服务合同。指房地产中介机构与客户签订的提供信息、技术和政策法规咨询服务并收取佣金的合同。

房地产价格评估服务合同。指具有资质的房地产评估机构与客户签订的合同,提供对土地、建筑物、构筑物、在建工程以及转让、抵押等房地产评估服务。

旅店服务合同。旅店、宾馆向旅客和其他人员提供房屋住宿、设备和其他服务活动收取费用的协议。

餐饮服务合同。指餐饮服务机构和人员与消费者约定的一方提供食品、消费场所和设施服务,另一方支付费用的合同。

娱乐服务合同。娱乐场所提供歌舞、游艺等娱乐活动,消费者支付费用的合同。

有线电视服务合同。有线电视网络经营者与有线电视用户签订的经营者提供有线电视服务,用户支付费用的合同。

网络服务合同。网络服务商向消费者提供通路以使消费者与因特网连线的中介服务或提供内容服务的合同。

教育培训服务合同。教育服务(咨询)公司与在该公司学习的人员就其学习培训达成合意,由学习人员支付费用,教育服务公司提供学习教育服务而签订的协议。

财务服务合同。财务服务合同,是指会计师事务所与公司及个体就其财务状况进行审计达成合意,由接受服务对象公司及个体支付费用,会计师事务所负责审计而签订的协议。

家政服务合同。家政服务机构、家政服务人员与家政服务对象之间达成的关于相互之间权利义务关系的合同。该类合同主要分为三类:员工制家政服务合同、中介制家政服务合同及派遣制家政服务合同。

庆典服务合同。指庆典服务机构与客户之间签订的提供各种庆祝礼仪的合同。

殡葬服务合同。殡葬服务机构与客户之间签订的对死者遗体进行处理的服务合同。

农业技术服务合同。农业技术服务组织与农户等签订的以农业技术培训、农业技术指导和农业技术咨询等为主要内容的合同。

农机作业服务合同。农机作业单位与其客户签订的为按时、按质、按量完成农机作业的合同。

保安服务合同。保安服务公司与客户签订的以派出保安人员提供门卫、巡逻、守护、押运、随身护卫、安全检查以及安全技术防范、安全风险评估等为主要服务内容的合同。

银行结算合同。银行与客户签订的以提供信用收付代替现金收付业务的协议。

随着社会进步、经济发展以及社会分工的专业化程度的提高,服务业正在发生巨大变化。伴随着服务领域的发展,服务内容及形态的多元化催生新类型服务合同如代驾服务合同等。

(四)服务合同内容

不同类型的服务合同内容不同,要根据具体服务合同的类型来确定合同的内容。如演出合同一般应包括时间、地点、权利义务、违约责任等,而现实中消费者仅持有门票,演出内容约定不明,从而易造成合同履行随意化、双方权责不明,消费者维权困难。对于行政主管机关作出的演出行政许可决定的审批内容能否视为合同内容,有争议。笔者认为,审批内容与合同内容不能等同,也不应视为合同内容。主要理由为,其一,在我国公开举办的商业性演出均需经过相关行政审批,实际演出不得超出审批范围,但行政审批范围并不当然等同于演出合同约定内容。因为实际演出还受到场地、人员及气候等多种客观因素影响,如若对根据实际情况适度调整演出内容、顺序等行为过分严厉,要求必须与报批内容完全一致,不仅不符合行业惯例和客观实际,也在一定程度上禁锢了文化行业的发展与创新。其二,合同适度调整不等同于任意变更,如主办方任意变更演出内容使之与行政审批存在实质性差别,无正当理由大幅缩减演出项目或时长等,则应认定为违约。其三,在合同内容约定不明的情形下,应结合主办方演出所做的前期宣传、广告等来确定演出合同内容。

【案例1-1】 吕某某诉北京市某某公司服务合同纠纷案

二审法院认为,《许可决定》系涉案演唱会得以举办而必经的前置行政审批程序,然而基于现实情况考量,此类演唱会在实际演出过程中可能受到场地、人员及气候等多种客观因素影响,实际演出内容较之演出前行政审批内容而言通常具有一定的变通性,观众作为服务接受方亦应对此怀有必要限度下的容忍。吕某某未能提供充分有效的证据证明主办方将该《许可决定》予以公示宣传并作为对观众的履约承诺,亦未能提供充分有效的证据证明双方约定的合同内容即为实际演出26首曲目。在本案中直接将《许可决定》所载内容确定为双方合同约定内容,并据以判断违约与否有违常理、过于苛责。[1]

---

[1] 参见国家法官学院案例开发研究中心编:《中国法院2019年度案例》(合同纠纷),中国法制出版社2019年版,第56页。北京市第一中级人民法院(2017)京01民终字第6513号民事判决书。

(五)服务合同权利义务

1. 注意义务理解

对服务合同注意义务的确立和判定,要从服务的无形性出发,考虑服务的特点。对于很多服务来说,与物的交易区别在于,服务受领方是否缔结合同,在很大程度上是出于对服务方事先说明的服务质量的信赖。判断服务方的说明应否成为义务以及判断服务质量是否存在瑕疵,可以参照《民法典》第六百一十五条的规定。也就是说,在一定意义上讲,服务方在服务前所作的说明或承诺,应归结在约定义务的范畴之内,并作为判断服务质量的标准。顺应合同法律的国际潮流,[1]对《民法典》第五百九十条的规定不可抗力报告义务,应扩大至服务合同服务方服务全过程的说明报告义务,不再限于受领方要求时或事务终了时,也应在服务事项面临障碍时,依诚信原则向受领方报告,保证受领方的知情权。在对服务方细化行为义务的同时,应进一步明确受领方协作义务,对某些类型合同如教育服务合同应要求更为积极的努力义务。法官在裁判时,对服务合同中的义务考量是针对合同双方,而不仅仅是服务方一方的义务。当然对服务合同中的注意义务最好由立法明确规定,或者是由司法解释先行规定以减少纠纷。

【案例1-2】 重庆市汽车运输(集团)有限责任公司黔江分公司诉广东清连公路发展有限公司服务合同纠纷案

判决观点,风埠收费站在清连高速公路全线通车前即已存在,于2011年1月25日清连高速公路全线通车后停止使用。该安全岛的拆除,客观上需要一个时间过程,不能一蹴而就。根据广东省公路局清连高速公路路政大队三中队队长黄某辉所作的笔录,安全岛的拆除需要封闭道路施工,当时正值春运期间,不具备封路施工的条件。在此情况下,被告会同路政部门已对可搬离的收费亭先行拆除,并保留了原有的"前方收费站、车辆减速慢行"的提示牌,同时在安全岛前来车方向设置反光锥筒、水码、防撞沙桶以及爆闪灯。冉某林对风埠收费站路段比较熟悉,且在驾驶过程中,其看到了"前方收费站、车辆减速慢行"的指示牌以及反光锥筒、水码和爆闪灯等安全警示设施,此次事故是其疲劳驾驶造成的,其应承担事故的全部责任。冉某林看到上述警示标志的事实,说明风埠收费站路段的警示标志足以引起驾驶人员的注

---

[1] 参见《联合国国际货物销售合同公约》第79条。

意,安全岛未拆除并不必然导致交通事故的发生。被告会同相关部门在安全岛路段设置了足以引起驾驶人员注意的警示标志,已尽到合理限度的安全保障义务,不应对冉某林驾驶过错造成的损失承担赔偿责任。[1]

【案例1-3】 石河子富侨保健服务有限公司诉新疆维吾尔自治区交通建设管理局及其昌吉管理处服务合同纠纷案

一审法院认为,原告向被告缴纳了高速公路通行费之后,双方之间即形成了事实上的服务合同关系,被告应当恪尽职守,履行勤勉、谨慎的注意义务,确保该高速公路畅通无阻。本案发生时,该高速公路上散落着大小不等的煤块,阻碍了车辆的正常通行,致使原告的车辆碰撞护栏造成损失,说明被告没有尽到对路面异常情况及时发现并予以清除以及确保车辆安全通行的高度注意义务,因此,被告负有未及时清除该障碍物的违约责任,对造成原告的有关损失负有赔偿责任。交警部门的事故责任认定仅是对驾驶人有无违章行为的认定,不涉及原、被告之间的合同责任,交通事故责任认定不能作为被告免除合同责任的依据。二审法院认为,被上诉人的车辆在上诉人管理的高速路上行驶,上诉人应当提供畅通无阻的交通行驶道路。由于上诉人管理的高速公路未及时清除,影响了被上诉人车辆的正常行驶并导致该车辆受损,上诉人应承担履行合同义务不符合合同约定的违约责任。原审法院对交警部门的事故责任认定仅是对驾驶人员有无违章行为的认定,不涉及上诉人与被上诉人之间的合同责任的认定是正确的。由于上诉人违约行为给被上诉人造成的损失,上诉人应当予以赔偿。故上诉人的上诉理由不能成立,本院不予支持。[2]

2. 注意义务限度的认定

关于注意义务限度的认定,在各类服务合同中有所不同,且应注意法律是否对其义务限度作出具体规定。如快递公司履行验视义务的范围,法律并未作出具体规定。快递公司应当建立并执行收寄验收制度,其对寄件的验视应当以物品的名称、类别、数量等为主,不应超出物品的基本信息,不能无限扩大和加重快递公司验视义务的范围和责任,否则就违背了其迅速、安全的服务宗旨。

---

〔1〕参见国家法官学院案例开发研究中心编:《中国法院2014年度案例》(合同纠纷),中国法制出版社2014年版,第150页。广东省清远市清城区人民法院(2012)清城法民初字第1898号民事判决书。

〔2〕参见最高人民法院中国应用法学研究所编:《人民法院案例选》(月版)2009年第2辑(总第2辑),中国法制出版社2009年版,第81~82页。

3. 服务合同告知义务

在服务合同中，告知义务是指经营者对其所提供的商品或服务的有关情况，诸如商品的质量、特性、功能、使用方法和注意事项、服务内容和期限等给予充分的、必要的、确切的说明介绍的义务。经营者的告知义务应当包含三层含义：一是告知有关商品或服务的信息，二是告知有关商品或服务的必要信息，三是告知的信息应真实。实践中颇有争议的是对必要信息范围的确定。有法官认为，经营者的告知义务范围仅限于消费者购买、使用的商品或服务的相关信息，与消费活动无关的信息不属于告知义务的范围。而且，从义务履行的可能性及必要性两方面考虑，应将告知义务的范围限定为有关商品或服务的"必要信息"。如涉及消费者人身安全和其他重大权利的信息，经营者应承担详细告知的义务。商品或服务存在的各种缺陷或瑕疵，也是应当告知的必要信息。经营者在知晓的情况下应明确告知消费者，否则即违反了告知义务。[1] 对于电信业务经营者提供的增值服务或者第三方应用并代为收费的，要做好关键环节的控制，在控制基本服务质量、充分履行告知义务、保障消费者知情权和选择权的基础上丰富服务内容，切实维护电信用户的合法权益。

应注意的是，服务主体的告知义务包括在提供服务中应对出现的新情况立即告知，且在不同类型的服务合同中告知范围有差别，如电信服务主体在发现用户情况异常时如话费激增，应当立刻告知。

实践中，双方当事人在服务合同中的各种义务定相互交织，而不仅仅是一项义务，且不同类型的服务合同义务范围不相同。在金融服务合同中，银行具有对投资者适当性审查义务、信息披露和风险提示义务，同时投资者也具有谨慎、理性投资的义务，并应承担相应的投资风险，尤其应对自身高风险偏好的投资行为负责，且有防止损失扩大的义务。

【案例1-4】 谭某某诉中国农业银行股份有限公司上海虹口支行服务合同纠纷案

判决观点，在银行推介理财产品的业务活动中，投资者系基于对银行专业知识和理财判断的信赖，购买银行推介的理财产品，以实现其资金的增值保值。银行向投资者提供的专业知识和理财判断，当属金融服务的一种，投资者购买银行推介理财产品的目的亦是获取银行的专业投资服务，故银行与投资者之间构成金融服务合同法律关系。在该法律关系中，银行作为专业服务的提供者，基于诚信原则和实现合同目的，负下如下义务：（1）金融消费者

---

[1] 参见江必新主编：《最高人民法院指导性案例裁判规则理解与适用》（合同卷四），中国法制出版社2015年版，第155页。

适格审查义务,应根据投资者风险认知、风险偏好及风险承受能力的评估结果,将合适的理财产品推介或销售给适当的投资者。(2)信息披露和风险提示的义务,应向客户明确告知理财产品的相关信息、解释相关投资工具的运作市场及方式,并且应提示该理财产品的最大风险即运作的最坏结果,特别是银行在采用自助终端机推介理财产品时,更应强化风险提示说明义务,完善操作界面的设计,并以全面、准确、易懂、明显的方式进行告知,兼顾效率与安全。作为金融服务关系的相对方,投资者也应履行谨慎、理性投资的义务,正确判断和分析正常的市场风险,并承担相应的投资风险,对自身高风险偏好的投资行为负责。当理财产品出现不符合预期的运行态势时,投资者亦负有选择适当时机进行赎回的自主管理和注意义务,以防损失扩大。在法官主持下调解结案。[1]

4.服务合同知情权

服务合同往往会涉及消费者的知情权,知情权是消费者依法享有的权利,《消费者权益保护法》具体规定了9项权利。消费者的知情权在消费活动中具有基础性地位,使其成为消费者的一项重要的、基础性的法定权利,与其相对应的就是经营者承担依法保障消费者知情权行使的义务,即经营者的告知义务与消费者知情权有内在紧密联系保持一致性。消费者知情权保护难以落在实处,导致目前经营者欺诈、假冒伪劣和损害消费者知情权的行为普遍存在,对消费者造成了损害,其损害责任应由经营者承担,突出对消费者知情权的最有力保护。

---

[1] 参见茆荣华主编:《2018年上海法院案例精选》,上海人民出版社2020年版,第237~238页。

二、服务合同法律适用

(一)服务合同纠纷举证认定

按照《民事诉讼法》确立的"谁主张,谁举证"的原则,由主张权利的一方承担举证责任。所谓举证责任,具体包含行为意义的举证责任和结果意义的举证责任。行为意义的举证责任,又称主观的证明责任,是指当事人对其主张的事实所负担的提供证据加以证明的责任。结果意义的举证责任,又称客观的证明责任,是指当诉讼终结而案件事实仍处于真伪不明状态时,主张该事实的当事人则应为此承担不利的诉讼后果。行为意义的举证责任强调的是当事人举证的行为,结果意义的举证责任强调的是作为裁判基础的事实处于真伪不明状态时,法官如何裁判的问题。在举证责任分配方面,应区分不同类型的服务合同确定举证责任。如在邮寄服务合同纠纷中,寄件人应就双方形成了邮寄服务合同关系承担举证责任,直接证明邮寄服务合同关系成立的证据有邮递单、邮资交纳凭证等。又如在网络服务合同纠纷中,游戏运营商对游戏账号冻结事由负有举证责任。网络游戏实质上是一系列游戏电子数据,若玩家实施了不符合双方约定的游戏行为时,势必导致相关游戏数据异常,游戏运营商认定玩家有违反双方约定的行为时,其可以随时未经玩家同意而单方冻结玩家的账号和密码。但因所有游戏数据由运营商进行管理和记录,玩家对此并无实际控制权,故对于冻结游戏账号是否构成合同法事由,玩家违反服务条款约定,应当由游戏运营商予以举证证明。在教育培训合同纠纷中,受教育者主张基于合同约定享有权利并在合同履行期限内行使了相关权利,则应对此承担举证责任;教育服务者作为提供服务一方,应当就依约提供了相应的教育服务承担举证责任。具体来讲,教育服务者负有按照标准为受教育者提供教育培训的义务,因此,在受教育者主张教育服务者未能依约提供培训的情况下,教育服务者应当提供证据证明其实际履约情况。在教育服务者已经提供证据证明其实际履约情况后,受教育者如主张其服务存在瑕疵履行的情形,应当就教育服务者承诺的服务标准承担举证责任。因为只有当教育服务者所提供教育服务的质量、数量等与约定的服务标准不符时,才能证明服务瑕疵的存在。如果受教育者主张基于合同享有免费试听、受赠免费课程、更换任课教师、申请冻结课程等权利,或在合同履行期限内行使了上述权利,或者主张合同解除、撤销,则应当对行使权利或引起合同关系变动的事实承担举证责任。在家政服务合同中,家政服务对象主张家政服务提供者违约时,应具体举出家政服务机构或家政服务人员的违约行为,家政服务机构或家政服务人员应对已依约履行合同义务承担举证责任。在庆典服务合同纠纷中,服务接受者如认为服务方存在预期违约情形,则应当就此承担举证责任。

1. 合同履行情况举证

实践中,应当正确分配双方当事人就合同履行情况的举证责任,以确定合同是否履行、履行是否符合约定。

【案例1-5】 郭某波诉云南昆玉高速公路开发有限公司服务合同纠纷案

二审法院认为,根据《合同法》第四十一条对格式条款解释的法律规定,结合高速公路通行服务合同的性质、目的分析,虽然通行卡背面已经载明"卡丢失、损坏,按全程票价收费",但在卡遗失而能通过相应途径查明实际通行里程的情况下,昆玉公司置实际通行里程不顾,坚持主张按全程收费,明显与合同的主要权利义务不符。故通行卡的上述格式条款应解释为出现通行卡丢失、损坏,且无法查明实际通行里程的,推定按全程票价收费。郭某波在昆玉高速公路鸣泉村收费口驶出,不能提供通行卡,其实际行驶里程在短时间内难以确定,应由郭某波按照昆玉公司推定的全程票价交纳通行费,以保证高速公路的正常通行秩序。交费之后,郭某波仍坚持按通行里程只应交纳5元通行费,但由于通行卡丢失,客观上郭某波对其主张的事实难以举证。而昆玉公司认可其在昆玉高速公路全程的出入口收费站均安装有摄像设备,根据《合同法》第六十条第二款的规定,昆玉公司应当通过调取当时的摄像记录以确定郭某波主张的该事实是否成立。昆玉公司无正当理由拒不提供相应证据,根据《民事证据规定》第七十五条"有证据证明一方当事人持有证据无正当理由拒不提供,如果对方当事人主张该证据的内容不利于证据持有人,可以推定该主张成立"的规定,推定郭某波主张其驾车进入昆玉高速公路的驶入站为吴家营的事实成立。据此,郭某波应交纳5元通行费,昆玉公司应退还收取的130元通行费。本案中,通行卡背面印制了该卡遗失的赔偿内容,郭某波领取了通行卡后未妥善保管,导致该卡遗失,其对此应承担赔偿责任。昆玉公司已经按照其通行卡告知的最低赔偿标准30元收取郭某波的赔偿款,该赔偿标准属合理范围。郭某波在诉讼中对此提出异议,认为该卡价值为10元,对此应由郭某波承担举证责任,郭某波不能有效举证,应依法承担举证不力的法律后果。由于本案是合同之诉,赔礼道歉不是合同责任的法律形式,郭某波的该诉讼请求于法无据,不予支持。一审判决认定本案基本事实清楚,但判决昆玉公司退还通行卡工本费 20 元适用法律不当,二审法院依法予以改判。[1]

应注意的是,法官依法行使职权取证问题。对于电信服务合同中专业性较强的内容,如果对案件的定性有重大影响,法官应依法向有关部门进行查询。应强调的是,一方当事人提交的证据仅能证明其履行了部分义务,但不足以证明其已完整履行了合同义务,故其诉讼请求不能得到法院支持。

【案例 1-6】 甲公司诉乙公司服务合同纠纷案

判决观点,在双方对甲公司投放广告之具体义务约定不明的情况下,根据现有证据无法认定甲公司是否完全履行其合同义务,甲方亦无法就此提供相应证据加以证明,故甲公司主张其已经完整履行其合同义务,要求乙公司支付剩余广告服务费及违约金的诉讼请求,应属证据不足,法院不予支持。但对可以确定投放日期且符合计划表之投放部分,乙公司应当支付该部分的广告服务费及违约金。[2]

2.服务合同欺诈行为举证责任分配

欺诈行为是指合同一方当事人故意告知对方虚假情况,或者故意隐瞒真实情况,诱使对方当事人作出错误意思表示的行为。对于服务提供方是否存在欺诈行为,可以从签订合同和合同履行过程这两个方面来分析。对签订合同中的欺诈行为由服务接受者承担举证责任,其内容包括:其一,对服务提供方是否故意告知虚假情况或者故意隐瞒了真实情况;其二,服务接受者是否作出了错误的意思表示。履行合同中是否构成欺诈应由服务提供者承担举证责任,即服务提供过程中是否提供了真实的服务。

【案例 1-7】 赵某诉平顶山市新华区黄金时代健身中心和平路店服务合同纠纷案

判决观点,庭审中赵某诉称黄金时代和平路店作为服务的提供者,以"黄金时代健身俱乐部平顶山店"的名义销售和提供相关服务,属于不以真实名称为消费者提供服务的欺诈行为。根据《最高人民法院关于适用〈中华人民共和国民法通则〉若干问题的意见(试行)》第六十八条之规定……但赵某并未提供充分证据证明黄金时代和平路店未告知其真实经营名称的行为使其陷入了错误认识,即双方均认可签订的是健身服务合同,且合同签订后赵某

---

[1] 参见国家法官学院案例开发研究中心编:《中国法院 2012 年度案例》(合同纠纷),中国法制出版社 2012 年版,第 177~178 页。云南省昆明市中级人民法院(2010)昆民四终字第 153 号民事判决书。

[2] 北京市海淀区人民法院(2011)海民初字第 10330 号民事判决书。

亦在一段时间内享受了健身的权利,故赵某诉称黄金时代和平路店的此种不告知行为已构成欺诈,应当赔偿3倍服务费7500元的诉讼请求,于法无据,不予支持。[1]

3.电子证据举证问题

随着电子商务的普及以及沟通方式的数据化,审判实践中,主张权利存在方所提供的证据已经不再是传统意义上的书证,而抗辩方则主要从没有书面合同、个人之间诸如邮件往来、短信往来和微信聊天记录等电子证据的内容不应被理解为合同的组成部分进行反驳。因此,在当事人采用数据电文形式订立合同的情况下,如何认定发件人与收件人之间往来电文行为的性质是难点。对于该问题的判断应当结合电子证据之外的其他证据,并考虑商业交易惯例等因素综合判断。

(二)服务合同关系认定

1.服务合同主体资格

在服务合同领域中,对服务方在大多数情况下不要求经营资格,但并非没有主体资格要求,法律法规对服务方提出主体资格要求的,则服务方应具备相应的资格,如电信服务合同对代理商要求具有电信资质、经营快递业务应当依法取得快递业务经营许可。

认定服务方主体时应正确区分第三方,对无责任的第三方则限制其承担赔偿责任。

2.服务合同适格主体

这里讲的适格主体是指合同的相对方,不是服务合同一方当事人不能成为适格主体。从民法理论上对物权的分类看,物权分为所有权(又称自物权)与他物权。所有权是指所有人依法可以对物进行占有、使用、收益和处分的权利,而他物权则是指所有权以外的物权,是在所有权权能与所有权人发生分离的基础上产生的,由他物权人对物享有一定程度的直接支配权。他物权与所有权一样均受法律保护,且民法上对这两类物权的保护,在方法上是基本一致的,均包括物权的保护

---

[1] 参见国家法官学院案例开发研究中心编:《中国法院2019年度案例》(合同纠纷),中国法制出版社2019年版,第224~225页。河南省平顶山市新华区人民法院(2017)豫0402民初字第1161号民事判决书。

方法和债权的保护方法。物权的保护方法除了各种物上请求权外,还包括确认所有权或其他物权的请求,而债权的保护方法则主要是指损害赔偿的请求权。在服务合同纠纷案件中,他物权人亦是合同的相对方,为适格主体。

【案例1-8】 罗某鹏诉厦门鹭江宾馆、第三人洪某通旅店服务合同纠纷案

　　二审法院认为,罗某鹏对该案享有诉权。首先,罗某鹏虽非讼争车辆所有权人,但从车主洪某通作为第三人参加诉讼,且对罗某鹏向鹭江宾馆提起诉讼的行为予以认可的事实,可以认定罗某鹏对车辆拥有合法的使用权。其次,罗某鹏由于到鹭江宾馆住宿,与鹭江宾馆之间发生旅店服务合同关系。现罗某鹏因停放在鹭江宾馆停车场内的车辆丢失,以鹭江宾馆违反合同义务为由提起合同之诉,其作为合同一方当事人与本案有直接利害关系,其起诉符合《民事诉讼法》规定的起诉条件。最后,车主洪某通并非旅店服务合同关系的当事人,其是否授予罗某鹏索赔权利与罗某鹏是否有权起诉不存在因果关系,鹭江宾馆以洪某通将索赔权利授予罗某鹏没有依据,且对鹭江宾馆不生效为由,主张罗某鹏没有诉权,理由不能成立。〔1〕本案中,罗某鹏作为他物权人,在他物权受到侵害以后,也可以和所有权人一样采用债权方法,要求鹭江宾馆承担赔偿责任,其主体适格。

　　实践中,认定服务方主体时应注意其有约定的问题,即服务方与第三方有协议约定提供服务,则第三方亦应视为服务方的人员。

【案例1-9】 王某梅诉大庞村村民委员会邮政合同纠纷案

　　判决观点,由于村委会与邮政局之间存在代投邮件、报刊协议书,约定如发生邮件丢失、延误、损毁由村邮员负责。村邮员系村委会雇佣人员,因而该村村民因村邮员的职务行为造成邮件迟延投递而受到的重大损失,应该由该村委会承担损害赔偿责任。〔2〕

　　网络服务合同成立有其自身特殊性。为了适应网络高效、快捷、方便的要求,以网络点击合同为代表的网络服务合同应运而生,在网络环境下,合同缔结方式为一方当事人即服务者预设格式合同,另一方当事人即用户只需用鼠标点击合同中设置的"同意"或"不同意"按钮就可以缔结或拒绝合同。网络点击合同与传统的格式合同相比,合同的本质特征并没有发生改变,只是合同承载的媒体和合同的订立方式不同而已。传统格式合同是以纸质化的书面形式表现出来,网络点击

---

〔1〕 参见最高人民法院中国应用法学研究所编:《人民法院案例选》2007年第4辑(总第62辑),人民法院出版社2008年版,第158页。

〔2〕 参见国家法官学院、中国人民大学法学院编:《中国审判要览》(2005年商事审判案例卷),人民法院出版社2006年版。

合同则以"数据电文"为载体,传统格式合同的成立与否是以当事人双方签字或具体行为表示,而网络服务合同是以合同相对方在网页上,用鼠标点击来确定的。对于网络游戏而言,基于网络游戏的特殊性,玩家和网络游戏运营商之间并无常规的书面合同,而是通过在互联网上以注册、登录账号的方式确立双方的服务合同关系。在注册过程中,通常需要玩家在游戏界面点击"同意"由网络游戏运营商提供的各种格式协议,若玩家不同意点击,则无法完成注册、登录步骤。所以,玩家点击"同意",其与网络游戏运营商之间的网络服务合同即成立。

3. 服务合同关系

对于服务合同关系成立的判断仅仅凭借某些表面现象是不够的,如邮件服务合同在上门取件的情况下对其成立要件审查,包括上门取件人是不是邮政企业的工作人员,寄件方是否填写了邮政企业正规的邮递单并交纳邮资,收件人是否交付了相应的收件凭证,不能仅凭快递专用信封作为服务合同成立依据。

【案例1-10】 甲公司诉某速递服务公司、某邮政速递局邮寄服务合同纠纷案

判决观点,任何人、任何单位都可以购买EMS专用信封,都可以向速递局交付邮件、交纳邮资,速递局有义务接受并出具专用收据,因此,马某某、桑某某两人为甲公司提供上门服务并准确办理了21次邮件投递服务的行为,不能必然推断出其两人就是速递局的工作人员。另外,桑某某向甲公司出具的专用收据与同期速递局使用的专用收据有部分不相符,此提供虚假收据的行为可以推定出21次代为投递邮件所支付的邮资金额与甲公司实际支付的金额不一致,这足以证明桑某某履行的不是一个邮政工作人员的正当职务行为。甲公司仅根据印有速递局字样的名片和邮件成功邮递就轻信马某某等两人原是速递局的工作人员,从而构成表见代理的理由无事实及法律依据。虽然速递局21次为甲公司提供了速递服务,但双方并没有签订长期的业务合作合同,每一次提供速递服务均是新的法律关系发生,且自速递局收到甲公司邮件起,至收件方收到邮件结束。因此甲公司将12台笔记本交与桑某某时不意味着其与速递局已经发生了合同关系,甲公司无法从速递局的专用电脑查询系统中查到该笔邮件业务也证实了速递局没有接受此笔业务,双方不存在邮寄12台笔记本的服务合同关系。同理,服务局作为速递局的上级单位与甲公司也不存在法律关系。综上,甲公司要求速递局及服务局赔偿其邮件丢失的损失及退还邮费、保价费的诉讼请求缺乏事实及法律依据,法院不予支持。[1]

---

[1] 北京市宣武区人民法院(现并入北京市东城区人民法院)(2005)宣民初字第5852号民事判决书。

书面合同是证明合同关系的重要标准,司法实践中,应注意大量存在口头形式的问题。

【案例1-11】 呼伦贝尔加利福尼房地产开发有限公司与呼伦贝尔安泰热电有限责任公司海拉尔热电厂供热合同纠纷再审案

最高人民法院认为,关于海拉尔热电厂、加利福尼公司是否存在供热合同的问题。尽管在实践中,供热合同通常以书面形式订立,但供热合同并非《合同法》规定的要式合同。虽然未签订书面合同,但供热人实施了供应热力的行为,用热人接受的,应认定为供热合同成立。本案中,加利福尼公司对海拉尔热电厂向涉案房屋进行实际供热并无异议。此外,加利福尼公司主张收取了部分业主"暂存"的热费并代缴热费税款,也从侧面印证了海拉尔热电厂供热,加利福尼公司接受的事实。因此,可以认定海拉尔热电厂、加利福尼公司之间存在供热合同,加利福尼公司提出其未与海拉尔热电厂签订书面供热合同,没有热费支付义务的主张没有法律依据。[1]

服务合同的标的是服务产品,具有非实物性,并具有生产和消费的同时性,网约代驾行为具备服务合同的所有特征,应成立服务合同关系。代驾服务合同由于经济社会的高速发展和法律规范的滞后性导致未在相关法律中出现。肇事代驾司机发生交通肇事应当适用服务合同关系。

【案例1-12】 肖某诉重庆速润汽车服务有限公司合同纠纷案

一审法院认为,本案所涉的法律关系应为服务合同纠纷,其标的是提供代驾服务,服务内容是将车辆中所乘坐的人安全送达指定目的地,合同当事人应为被告速润公司与接受服务的原告肖某等人。本案合同签订时被告速润公司虽尚在设立之中,但其事实上提供了代驾服务,且服务过程中未完全履行合同义务,造成原告肖某受伤的交通事故。行为系违约行为,被告速润公司应对原告肖某因事故产生的损失承担赔偿责任。被告速润公司作为本案的责任主体适格,而被告何某作为责任主体不适格。二审法院亦持同样意见,维持原判。[2]

---

[1] 最高人民法院(2012)民申字第494、496号民事裁定书。
[2] 参见《人民司法·案例》2018年第29期(总第832期)。重庆市第五中级人民法院(2016)渝05民终3169号民事判决书。

(三) 服务合同效力认定

1. 格式条款效力认定

《民法典合同编通则解释》第十条规定:"提供格式条款的一方在合同订立时采用通常足以引起对方注意的文字、符号、字体等明显标识,提示对方注意免除或者减轻其责任、排除或者限制对方权利等与对方有重大利害关系的异常条款的,人民法院可以认定其已经履行民法典第四百九十六条第二款规定的提示义务。

提供格式条款的一方按照对方的要求,就与对方有重大利害关系的异常条款的概念、内容及其法律后果以书面或者口头形式向对方作出通常能够理解的解释说明的,人民法院可以认定其已经履行民法典第四百九十六条第二款规定的说明义务。

提供格式条款的一方对其已经尽到提示义务或者说明义务承担举证责任。对于通过互联网等信息网络订立的电子合同,提供格式条款的一方仅以采取了设置勾选、弹窗等方式为由主张其已经履行提示义务或者说明义务的,人民法院不予支持,但是其举证符合前两款规定的除外。"

在服务领域中,绝大多数的服务提供者为重复使用而预先拟定的,在订立合同时也未就该条款与接受服务者进行协商的条款属于格式条款,故服务合同中存在大量的格式条款,如常见的电信、邮寄、快递服务合同。由于网络服务合同的特殊性,提供格式合同一方必然会预设格式条款,极有可能侵犯用户的合法权益。对于格式条款的效力判断,应按照《民法典》典型合同第四百九十六条的规定,即免除提供格式条款一方当事人主要义务、排除对方当事人主要权利的格式条款无效。提供格式条款一方未尽到合理提示、说明义务的,格式条款将被认定为无效。法官认为,格式条款的效力评价应关注"合理性"的判定,包括是否违反任意性规范、是否妨碍合同目的、是否导致利益严重失衡,其中利益是否失衡的判定应结合格式条款订立的目的、合同当事人的类型、合同的性质以及是否存在替代给付等因素综合考量。[1]

例如,养老服务合同中有关退款的约定若加重老年人的责任,限制其主要权利且未采用合理方式提请老年人注意,则属无效的格式条款。

---

[1] 参见茆荣华主编:《〈民法典〉适用与司法实务》,法律出版社2020年版,第304页。

【案例 1-13】 黄某诉广东某养老投资有限公司服务合同纠纷案

二审法院认为,养老服务合同具有一定人身属性,且服务期限较长,老年人在办理入住前已以其实际行为明确表示不再继续履行该合同,不宜强制继续履行。养老服务合同中有关退款的约定加重老年人的责任,限制其主要权利且未采用合理方式提请老年人注意,属无效的格式条款。[1]

2.判断合同效力因素

服务合同效力与服务提供者资格的关系问题是认定的难点。在有些服务合同中,其服务提供者的资格事关合同效力,如在财务服务合同中,会计师事务所必须取得具体的资质条件。合同主体未取得相应资质签订合同,因不具备相应民事行为能力,其签订的合同无效。

【案例 1-14】 四川省粮油(集团)有限责任公司诉北京红日会计师事务所有限责任公司财会服务合同纠纷案

二审法院认为,根据国家建设部相关规定,从事基本建设项目工程造价咨询业务应当取得《工程造价咨询单位资质证书》,红日事务所未取得该资质证书与四川粮油集团签订的《约定书》,因红日事务所不具有民事行为能力而无效。[2]

在有些服务合同中,法律对服务提供者并无具体要求,如根据《民法典》等相关法律规定,教育服务机构是否具备教学资质,其提供教育服务的具体人员是否具备教师资格,不影响教育培训合同的效力。但如果合同中明确约定具备相应的资质、资格而实际不具备者,教育服务者将承担相应的违约责任,但对其合同效力没有影响。

【案例 1-15】 麦曼(上海)企业管理咨询有限公司诉上海华迪文化传播有限公司服务合同纠纷案

二审法院认为,对于系争协议的效力问题,一审法院从是否违反法律、行政法规强制性规定,是否损害社会公共利益等多方面作了详尽阐述,二审法院对一审法院的观点予以认同。对于上诉人提出的电信业务运营资质问题,麦曼公司提供的是新型营销服务,服务内容涉及电信运营平台的使用。虽然华迪公司自身并不具备相关资质,但法律并未禁止其通过合作或转委托的方

---

[1] 人民法院案例库 2023-16-2-137-003。广东省广州市中级人民法院(2022)粤01民终1691号民事判决书。

[2] 参见国家法官学院案例开发研究中心编:《中国法院 2012 年度案例》(合同纠纷),中国法制出版社 2012 年版,第168页。四川省高级人民法院(2010)川民终字第186号民事判决书。

式加以实现。即使没有明确告知华迪公司实际操作电话营销和发送彩信的是案外人,但并不因此影响涉案合同的有效性。况且,二审中麦曼公司还表示其服务内容除提供数据外,还包含了电话营销时的话术策划。这说明麦曼公司并非简单地接下营销业务后转委托他人提供服务,从中赚取差价盈利。麦曼公司不具备电信运营资质并不导致本案合同无效。对华迪公司的该项上诉理由不予采纳。[1]

(四)服务合同违约责任认定

1. 服务瑕疵违约

在服务合同中,对服务方的服务瑕疵是否构成违约责任和纯粹物的合同相比有其自身特点。即服务方服务质量与受领方之间存在配合协作关系,因服务瑕疵而达不到一定程度的,不能轻易认定服务方违约,受领方容忍义务加重。服务瑕疵的判断正确,就意味着违约责任认定正确。对服务瑕疵判断,在服务合同中有约定义务内容的,依其约定;没有约定的,按照合同类型判断瑕疵。有学者认为,应依服务的类型分别判断服务瑕疵。对于"物的交易的衍生"的承揽型服务,应依据《合同法》第二百六十二条的规定,着眼于服务结果的瑕疵判断,而不必判断服务过程是否存在瑕疵。而在委托服务中,不是工作的结果是否完全,而是所提供的服务本身是否适合成为判断的对象。对于介于两者之间的中间形态,可将结果上的不完全视为瑕疵,而服务过程是否妥当则作为衡量是否具有过错的标准。保管型服务基本上属于此类。[2] 具体判断瑕疵主要参考点为,其一,合同义务,主要涉及《民法典》第五百七十七条的规定。实践中,对瑕疵更多的是从合同义务的角度进行判断,判断其是否违反义务、应否承担责任。对委托型服务而言,可将合同义务具体化,如说明义务、报告义务、安全保障义务,然后判断服务方是否履行该义务或是否已适当地履行该义务,并据此判断服务本身是否具有瑕疵。在旅游合同、物业服务合同中,其服务方的安全保障义务为重点义务,即服务方有对受领方人身、财产的安全保障义务。其二,服务质量因素。根据《民法典》第五百一十条、第五百一十一条等规定,当事人就服务质量没有约定或者约定不明确的,可以协议补充;不能达成补充协议的,按照合同有关条款或者交易习惯确定。依此仍然难以确定的,按照国家标准、行业标准履行;没有国家标准、行业标准的,按

---

[1] 参见郭伟清主编:《2015年上海法院案例精选》,上海人民出版社2016年版,第240页。
[2] 参见周江洪:《服务合同研究》,法律出版社2010年版,第48页。

照通常标准或者符合合同目的的特定标准履行。应注意的是,对医疗、律师业务等需要服务方不断钻研的服务领域的特殊性,即交易习惯优先于标准的不平衡性和非绝对性,重视妥当界定习惯和标准、水准之间的关系,克服标准绝对化的倾向,从不同领域特点出发界定标准。其三,合同方式之债理论对其义务判断的影响因素。在某一特定合同中,既可能包含方式之债,也可能同时包含结果之债。两种债的判断,不是对合同整体的判断,而应着眼于特定的债务或合同义务判断其属于哪种债的方式。坚持义务的性质、当事人的意思以及诚信原则作为判断该合同义务属于方式之债还是结果之债的重要因素。其四,其他具体因素。如双方当事人的特别约定、服务的特性、受领方自身情况及服务报酬的高低。

2. 合同严格责任与过错责任、服务瑕疵之间的关系

依通说,《合同法》归责原则是严格责任,但在分则规定损害赔偿上采取过错责任。二者之间的关系是:过错责任是严格责任的例外与补充。在合同严格责任大前提下,可以将过错理解与严格责任基本一致。有学者认为,关键是如何解释"过错"的含义。所谓过错,乃是没有履行或者没有适当地履行合同中约定的义务。在服务合同中过错要件事实和债务不履行的评价事实上相一致。[1] 也就是说,在合同严格责任前提下,严格责任并不排斥服务瑕疵,其服务瑕疵程度达到责任的界限,认定为违约;反之,服务瑕疵程度低则不能认定为违约。同理,对分则中规定服务过错依法应承担责任的,自然包含了服务瑕疵,因服务方自身原因致合同履行不当与服务存在瑕疵有内在一致性。当然也可能存在服务瑕疵不包含在服务过错范围之内,对服务瑕疵另有法律评价,而不是不与之一起处理。从一定意义上讲,服务瑕疵,既联系到过错,又连接到严格责任。服务瑕疵的认定实际上是在认定服务方违约,同时对其是否构成严格责任的评价。服务合同中严格责任、过错责任的认定与服务瑕疵评价只是在角度上不同,但并不否认评价的事实在本质上相一致。

个案中,服务瑕疵、违约责任由法官行使自由裁量权裁定。

【案例1-16】 首钢机电供销公司诉石景山保安公司服务合同纠纷案

判决观点,石景山保安公司是依据与首钢机电供销公司签订的保安服务合同提供保安员,在指定的执勤岗位,即首钢机电供销公司的办公区及生产车间,维护首钢机电供销公司的正常生产及工作秩序。陈某明将个人大额现金存放在办公室,并没有告知单位或值班保安,与单位或保安公司不存在保管法律关系。首钢机电供销公司与陈某明自行达成了赔偿协议,赔偿协议中

---

[1] 参见周江洪:《服务合同研究》,法律出版社2010年版,第54页。

确定的赔偿数额并不当然由石景山保安公司承担。首钢机电供销公司要求石景山保安公司赔偿5万元经济损失的请求,事实与法律依据不足,对其请求法院不予支持。[1]

寄件人所寄特快专递邮件实际妥投时间的认定,需要综合邮件由收发人员实际接收的时间和签收的法律效力是否及于收件人两方面予以认定。对于学校、机关等单位,通常情况下由收发室代为签收文件是合法的。

【案例1-17】 王某诉东城邮局邮寄服务合同纠纷案

判决观点,东城邮局提供的特快专递详情单名址联,系证明邮件签收的原始单据,应当认定该凭证载明送达时间的真实性。本案中王某与东城邮局在合同中并未明确约定邮件必须由收件人本人签收,然而由于受到收件人和收件地址、单位性质的客观影响,投递人员往往在实践中不能实际送达收件人本人,加之王某填写的邮件详情单确认收件人为个人,收件地址为学校,投递人员将邮件送至学校收发室的行为,符合国内邮件处理规则的规范要求。并且,由于城南县邮局曾与收件人单位城南二中签订定位妥投协议,共同确认了单位指定的收件地点和人员。因此,本案邮政机构将特快邮件交与上述指定人员签收,符合法定和约定的要求。通过以上分析,可以认定投递人员将邮件送交收发人员签收属于邮政行业中的妥投。[2]

3. 服务合同的内容、标准与违约责任的关系

服务合同的内容和标准,是判断服务方是否违约的关键,也是法官审查服务方是否违约的重点,如合同双方是否在履行合同过程中对服务内容进行了调整、是否就服务标准作出了明确约定等。如有明确约定,应当遵循当事人意思自治原则,优先适用约定;如没有明确约定,且根据法律规定仍无法确定的,法官可结合合同目的、当地习惯、风俗等具体情况认定。

【案例1-18】 上海浦东新区金色港湾老年公寓诉袁小某等服务合同纠纷案

一审法院认为,本案的争议焦点在于被告袁知某护理等级及护理费标准的认定问题。根据《入住协议》相关约定,原告有权根据被告袁知某入住期间的身体状况变化,及时通知被告变更护理等级,护理等级以护理等级变更

---

[1] 参见国家法官学院案例开发研究中心编:《中国法院2012年度案例》(合同纠纷),中国法制出版社2012年版,第182页。北京市石景山区人民法院(2010)石民初字第30号民事判决书。

[2] 参见国家法官学院、中国人民大学法学院编:《中国审判要览》(2005年商事审判案例卷),人民法院出版社2006年版。

表为准,同时对相关的费用作出相应的调整。2013年,原告根据评估报告结论,将被告袁知某护理级别变更为"专护二级",护理费标准相应地变更为每月1800元,被告袁小某在护理等级变更表上签名确认,并于2013年5月18日按照变更后的护理费标准支付了其2013年5月的养老费用,视为原、被告间根据《入住协议》约定对被告袁知某护理等级和护理费标准变更协商一致,两被告应按新的护理费标准向原告缴纳护理费用,现被告袁知某继续在原告处接受养老服务,但自2013年6月起被告无正当理由拒绝支付护理费用,依据不足,故法院对原告要求被告按每月1800元的标准支付2013年6月、7月的护理费用的诉讼请求予以支持。被告袁小某对原告及上海市社会福利评估事务所作出的评估报告提出异议,但并未提供充分证据证明异议成立,法院不予采纳。二审法院亦持同样意见维持原判。[1]

【案例1-19】 文化传媒公司诉房地产公司服务合同纠纷案

判决观点,文化传媒公司、房地产公司签订服务合同,约定房地产公司委托文化传媒公司负责策划执行营销宣传活动,该约定系双方的真实意思表示,且不违反有关法律规定,依法认定合同有效。双方本应严格按照合同约定履行各自的义务,但在房地产公司依约支付文化传媒公司定金后,文化传媒公司为房地产公司提供的服务并未全面依照合同履行,本次活动的主题是油菜花节相关宣传活动,双方约定合同总价款219625.66元中仅油菜花的价格13.5万元,占活动总费用的61%,且合同中关于油菜花的高度、观赏性及每盆的株数等都有明确的约定,可见按照合同约定提供足量的符合约定高度的油菜花的重要性。另外,从房地产公司举办此次活动的目的看,文化传媒公司策划此次活动应该具备的不仅仅是花卉、物品在数量上达到约定标准,同时还需具备为房地产公司进行宣传的作用,故摆放的物品同时需要具备较高的观赏性,而在本次活动中文化传媒公司提供并摆放的油菜花不仅没有达到约定的数量和高度,且明显可以看出观赏效果不佳,如果不是房地产公司为救场而购买了其他花卉摆放后,单独看文化传媒公司提供的材料服务,明显不具有其提供给房地产公司的策划方案中所载明的活动可达到的观赏性,不仅达不到宣传房地产公司的效果,且在一定程度上可能给房地产公司造成负面影响,从文化传媒公司提交的房地产公司的宣传内容可以看出,房地产公司确实为此次活动中油菜花出现的问题特意向公众进行道歉和解释,且文化传媒公司未按合同约定在童话世界中摆放卡通玩偶摆件。综上,文化传媒公司未按合同约定完全履行自身的义务,房地产公司为救场而购买、摆放其

---

[1] 参见郭伟清主编:《2015年上海法院案例精选》,上海人民出版社2016年版,第54页。人民法院案例库2024-08-2-137-003。

他花卉而支出的费用依法应自文化传媒公司的合同价款中扣减,同时,文化传媒公司的行为也构成违约,依法应承担违约责任。本案中,双方约定的活动总价款为219625.66元,房地产公司已支付文化传媒公司价款43925.13元,因文化传媒公司未完全履行合同约定,房地产公司为此购买孔雀草等花卉31562元,支付摆放孔雀草等花费1.14万元,应从合同款中予以扣减,故房地产公司应支付文化传媒公司合同款132738.53元。房地产公司要求文化传媒公司支付违约金符合事实和法律规定,依法予以支持。《合同法》第一百一十三条规定……文化传媒公司申请法院对违约金予以调整的理由符合法律规定,予以支持。判决:一、被告房地产公司支付文化传媒公司货款132738.53元;二、反诉被告文化传媒公司支付反诉原告房地产公司违约金7万元;三、驳回原告文化传媒公司的其他诉讼请求;四、驳回反诉原告房地产公司的其他诉讼请求。〔1〕

网络直播服务合同中违约责任的认定。

【案例1-20】 上海某传媒有限公司诉上海某实业有限公司服务合同纠纷案

二审法院认为,商家与直播服务提供者在直播服务合同中约定了网络主播名单,直播服务提供者未经商家同意,擅自以关注度较低、粉丝数量较小的网络主播替换合同约定人选的,构成违约,除非直播服务提供者能够证明替换主播行为可以达到相同或相似推广效果,且不影响合同目的及履行效果。直播服务提供者的违约责任可参考合同目的、当事人约定及实际直播效果,依照诚实信用原则予以认定。〔2〕

4.违约其他形态认定

隐瞒婚史与相亲平台签约,违背诚信原则和公序良俗原则应承担违约责任。

【案例1-21】 婚姻介绍所诉叶某服务合同纠纷案

判决观点,原、被告签订的《婚姻介绍服务合同》未违反法律、法规的强制性规定,依法应认定有效,双方当事人均应按约全面履行合同义务,享受合同权利。根据合同约定,会员隐瞒自身婚姻情况,情节严重,损害原告名誉或造成其他不良后果的,即视为构成根本违约,原告有权解除合同并追究被告

---

〔1〕 参见国家法官学院、最高人民法院司法案例研究院编:《中国法院2022年度案例》(合同纠纷),中国法制出版社2022年版,第260~261页。山东省招远市人民法院(2020)民初674号民事判决书。

〔2〕 人民法院案例库2024-08-2-137-004。上海市第二中级人民法院(2019)沪02民终829号民事判决书。

违约责任或名誉损害赔偿5万元。现原告主张违约之诉,要求解除合同及主张违约金5万元,法院认为,原告作为提供婚介服务的机构,旨在促成其服务对象顺利建立正常婚恋关系,因此,合同具有一定的人身属性,现被告隐瞒婚姻情况接受原告提供的婚介服务已构成违约,且被告已婚身份致合同无法继续履行,故原、被告间的合同应予以解除,原告可按约向被告主张违约责任。合同虽未约定违约金条款,原告提交的证据也不足以证明其因此名誉受损或造成其他不良后果,但根据《民法总则》第七条"民事主体从事活动,应当遵循诚信原则,秉持诚实,恪守承诺"、第八条"民事主体从事活动,不得违反法律,不得违背公序良俗"的规定,被告隐瞒已婚事实多次接受原告提供的婚介服务且与部分对象发生恋爱关系甚至性关系的行为,有违诚信原则和公序良俗原则,情节严重,参考合同中约定的损害赔偿金额5万元,综合考虑被告的情节、过错程度和原告实际可能受到的影响,法院酌情确定违约损失为1万元。判决:一、解除原告婚姻介绍所与被告叶某于2019年12月19日签订的《婚姻介绍服务合同》;二、被告叶某支付原告婚姻介绍所1万元;三、驳回原告婚姻介绍所的其他诉讼请求。[1]

实践中,对于服务接受者不能证明服务方存在预期违约情形,而又另行签订服务合同的行为视为对原服务合同的解除,并应就此承担违约责任。

【案例1-22】 李某、汤某诉某婚庆公司庆典服务合同纠纷案

一审法院认为,根据李某、汤某在婚礼举行前未与某婚庆公司联系并另行聘请他人进行婚礼筹办的行为及日常经验法则,可以确定2011年10月27日后,李某、汤某存在不需要某婚庆公司提供婚庆服务的意思表示,其在另行聘请其他人员进行婚庆服务时,以事实行为解除了与某婚庆公司的《服务合同》。同时,李某、汤某没有就所称某婚庆公司可能出现预期违约的情形进行举证,则其提出的某婚庆公司承担违约责任的主张不能成立。判决:某婚庆公司返还李某、汤某定金2400元,驳回其他诉讼请求。二审法院维持一审判决。[2]

对于服务方不能预见的情况发生,造成受领方损害的,不应视为服务方违约。

因不可归责于双方当事人的原因导致合同无法继续履行的,双方就此互不承担违约责任。

---

[1] 参见国家法官学院、最高人民法院司法案例研究院编:《中国法院2022年度案例》(合同纠纷),中国法制出版社2022年版,第257页。浙江省温岭市人民法院(2020)浙1081民初6727号民事判决书。

[2] 北京市第一中级人民法院(2012)一中民终字第10617号民事判决书。

5. 服务合同过错认定

过错包括故意和过失。服务提供者在提供相关服务、办理相关手续过程中已经尽到合理审慎义务的，不应被认定为有过错。

高速公路经营者对通行者负有保障路面安全畅通义务，高速公路路面突现障碍和牲畜，应认定经营者有过错。实践中，经营者过错与通行者亦有过错相互交织在一起的案例并不少见。

【案例1-23】 徐州运康蔬菜营销有限公司诉江苏宁宿徐高速公路有限公司运输合同纠纷案

二审法院认为，自运康公司车辆进入宁宿徐高速公路入口，宁宿徐公司向运康公司发放道路通行卡并放行，双方关于涉案车辆通行、收费等事宜即达成合意，形成了事实上的服务合同关系。运康公司作为高速公路通行者，负有交纳过路费并遵守交通法规、安全谨慎驾驶的合同义务，并享有要求宁宿徐公司保障路面安全畅通的合同权利。宁宿徐公司作为道路通行服务提供者，享有向通行车辆收取过路费的合同权利，同时负有保障路面安全畅通的合同义务。高速公路上出现犬类，与高速公路应保持安全畅通的性能要求不符，可以据此认定宁宿徐公司提供服务不符合合同约定。同时，运康公司在宁宿徐高速公路通行时，也应遵守交通法律法规，安全谨慎驾驶。虽然本案交通事故系车辆撞到犬类的单方事故，且《道路交通事故认定书》中未载明运康公司驾驶员是否具有超速驾驶、酒后驾驶等具体违章行为，运康公司在本案交通事故中过错较小，但是，如运康公司对道路安全随时保持足够的谨慎和注意，本案交通事故的避免并非不具有可能性。运康公司在宁宿徐高速公路上通时未能尽到足够的谨慎驾驶义务，是本案交通事故发生并且导致损害结果发生的原因之一。因此，运康公司作为车辆通行者，亦未能履行其安全谨慎驾驶的合同义务。[1]

【案例1-24】 安宇客运公司诉宁常公路公司合同纠纷案

二审法院认为，本案中，常合高速公路系由宁常公路公司经营管理的收费公路，安宇客运公司驾驶员驾驶机动车驶入该路段，享受通行服务，与宁常公路公司之间形成有偿通行服务合同。根据《收费公路管理条例》第二十六条之规定，收费公路经营管理者应当按照国家规定的标准和规范，对收费公路及沿线设施进行日常检查、维护，保证收费公路处于良好的技术状态，为通

---

〔1〕 参见国家法官学院案例开发研究中心编：《中国法院2014年度案例》（合同纠纷），中国法制出版社2014年版，第146页。江苏省宿迁市中级人民法院(2012)宿中商终字第0053号民事判决书。

行车辆及人员提供优质服务。宁常公路公司作为常合高速经营管理者,负有安全保障义务,应当履行对公路及相关设施进行日常检查、维护的义务,保障收费公路的安全通行。根据宁常公路公司的一审陈述,其在案涉事故发生前已发现通信电缆脱落的事实,但由于其未能及时清理,亦未设置警示标志,导致案涉车辆在公路上行驶时,与公路路面上方下垂的通信电缆相撞发生交通事故,致使车辆损毁。《合同法》第一百零七条规定……宁常公路公司未及时清理下垂的通信电缆,阻碍车辆通行,违反合同义务,构成违约。安宇客运公司以宁常公路公司未尽到安全保障义务为由请求赔偿,于法有据,予以支持。宁常公路公司二审中认为其无法确定通信电缆脱落时间与一审陈述相悖,且未提供证据佐证,法院不予采信。宁常公路公司认为案涉事故的发生系因安宇客运公司驾驶员未尽到高度注意义务,未能及时发现脱落电缆,驾驶员存在相应过错,但其未举证证明,法院亦不予采信。[1]

(五)服务合同解除条件认定

服务合同的解除,一般地应适用《民法典》第五百六十二条、第五百六十三条(《合同法》第九十三条和第九十四条)的规定,法官审查当事人行使解除权的行为是否符合法律的规定。当事人一方未迟延履行主要债务不构成根本违约的,另一方不得擅自行使解除权。服务提供方已明确以自己的行为表明不履行合同的主要债务的,其行为构成合同解除之法定条件,服务接受方要求解除合同的,应当予以支持。

【案例1-25】 某咨询公司与某技术公司服务合同纠纷案

判决观点。现双方争议的焦点为:某技术公司之行为是否构成合同解除之法定条件。首先,在某咨询公司未予同意的情况下,某技术公司与路华公司签订客户转让协议,将与某咨询公司签订的合同项下之权利义务全部转让,根据相关法律规定,当事人一方将自己在合同中的权利和义务一并转让给第三人应当取得合同相对方的同意,现某咨询公司不同意某技术公司将合同权利义务概括转让于路华公司,故某技术公司主张路华公司可代替其履行相应合同的权利义务之主张法院不予支持;其次,从某技术公司与路华公司签订的客户转让协议可见,自2011年12月31日起某技术公司已不再经营汽车救援服务,故法院认为,某技术公司已明确以自己的行为表明不履行其

---

[1] 参见国家法官学院、最高人民法院司法案例研究院编:《中国法院2021年度案例》(合同纠纷),中国法制出版社2021年版,第35~36页。江苏省南京市中级人民法院(2019)苏01民终7190号民事判决书。

与某咨询公司签订之合同的主要债务,某技术公司之行为已构成合同解除之法定条件。某咨询公司要求解除《服务提供合作协议》及《补充协议》之主张,法院予以支持。因上述合同解除并非当事人约定解除权之行使,故上述合同应自本判决生效之日起予以解除。[1]

应注意的是,法定解除权的行使,在服务合同中如电信服务合同,从服务提供方角度而言,法定解除权行使条件可以是服务接受方在接受服务之后拒绝支付相应对价等;从服务接受方角度而言,法定解除权行使条件可以是服务提供方未能按照合同约定持续提供服务等。

(六)服务合同法律适用

1. 服务合同风险负担

《合同法》对于服务合同的风险负担规则没有作出明确规定,其风险负担只是在物的买卖合同中有所涉及,《买卖合同解释》又进一步细化,《民法典》亦采取同样的立法模式。但服务合同的风险与纯粹物的合同相比,其更多地体现在服务合同得以履行的前提条件的丧失而引起的风险,而买卖合同不同的风险更多是由于所给付的标的物本身的毁损或灭失所引起的风险。根据《民法典》第六百零四条的规定,风险转移以交付为原则,服务合同中因服务与受领存在同时性,界定何种情形构成服务的交付实践中存在困难。可以这样认为,买卖合同的风险负担规则适用于服务合同时应有所调整,而不能完全照搬,但可以参照买卖合同中以某一时点为界建立双方风险负担的规则。即服务方为了其债务履行而作出特定的行为视为履行的提供,对待给付的风险可以此点为原则上的界限,在双方之间建立风险负担规则。应注意的是,在服务合同中的风险负担规则可以适用买卖合同有关损益相抵的原则和防止损害扩大义务的规定。

2. 服务合同解释

当双方当事人对合同条款的理解产生争议时,必须通过合同解释探求其真实意思,从而正确界定双方当事人的权利义务关系。在案件审理时,法官会着重审查当事人的争议条款,并询问当事人对于争议条款的理解,在此基础上,结合文义解释、该服务行业规范等作出综合认定。当对有争议的合同条款进行解释时,一

---

[1] 北京市海淀区人民法院(2012)海民初字第10648号民事判决书。

方面要考虑该合同是否为格式合同、谁制定的格式合同;另一方面也要看该条款在合同中所处的位置,综合考虑合同订立的目的、该行业的交易习惯等,同时适用整体解释等方法进行合同解释。法官认为,当合同当事人就格式条款的理解产生疑义时,应优先适用通常解释原则,只有经通常解释仍无法得出唯一合理解释时,才可作出不利于提供格式条款提供方的解释。通常解释原则只明确了解释的标准为一般理性人标准,未明确解释方法,在解释方法上应适用合同一般解释规则。[1]

商家发售 VIP 卡承诺优惠条件,消费者购买该卡,双方形成服务合同关系。对于合同约定不明内容,应当作出不利于提供格式条款一方的解释。

【案例 1-26】 刘某茹诉河南东瑞实业有限公司消费合同纠纷案

一审法院认为,本案刘某茹通过购买 VIP 卡,与河南东瑞实业有限公司形成购买河南东瑞实业有限公司房屋的初步意向。该卡以格式合同的形式确定了双方的基本权利义务关系,即刘某茹凭卡购房可以享受 10000 元抵 20000 元的价格优惠。但该合同对持卡人若未能购房可能产生的法律后果未作约定,使得合同双方在理解上发生争议,形成不同解释(河南东瑞实业有限公司理解为不买房就不退款,刘某茹理解为不买房可退款)。此时基于格式合同双方地位的不对等以及契约正义原则,应当作出不利于提供格式条款一方的解释,即不买房可退款。同时河南东瑞实业有限公司自 2007 年 6 月收到刘某茹款项至今,占用时间 10 年有余,应当承担相应的利息。因此,刘某茹要求河南东瑞实业有限公司退款并按 6% 的利率支付 8 年利息的诉讼请求,理由正当,予以支持。河南东瑞实业有限公司关于合同已履行完毕,其并无违约行为,刘某茹诉请已超过诉讼时效应驳回其诉请之辩称不能成立。二审法院亦持同样意见,维持一审判决。[2]

对诉讼代理合同中约定的"结案"是否为"终结本次执行程序",即支付代理费条件是否成就的理解,应确定结案的真实意思。

【案例 1-27】 黑龙江新元律师事务所诉大庆高新国有资产运营有限公司诉讼代理合同纠纷再审案

再审法院认为,本案中,双方当事人争议的是"终结本次执行程序"是否为当事人所约定的"结案"情形,即付款条件是否成就。在民事案件执行程序中,终结本次执行程序是人民法院根据债权人的申请,发放给债权人证明

---

[1] 参见茆荣华主编:《〈民法典〉适用与司法实务》,法律出版社 2020 年版,第 304 页。
[2] 参见国家法官学院案例开发研究中心编:《中国法院 2019 年度案例》(合同纠纷),中国法制出版社 2019 年版,第 288 页。河南省郑州市中级人民法院(2016)豫 01 民终字第 7434 号民事判决书。

其债权存在并明确未执行或完全执行债权金额的裁定书,如申请人能够提供被执行人可供执行的财产或财产线索,债权人可再次申请法院执行。因此,终结本次执行程序属于民事诉讼法意义上的法定执行结案情形,但并非是民事诉讼执行程序的全部终结。因此,新元律师所代理的6起执行案件均以终结本次执行程序方式结案,不属于当事人约定的"结案",当事人所约定的付款条件尚未成就。〔1〕

3. 无名合同法律适用

根据《合同法》第一百二十四条的规定,大量的无名合同主要适用有名合同的规定,并可以类推适用最相类似的合同规定。《民法典》第四百六十七条第一款也规定:"本法或者其他法律没有明文规定的合同,适用本编通则的规定,并可以参照适用本编典型合同或者其他法律最相类似合同的规定。"

【案例1-28】 罗某伟诉重庆华生园食品有限公司合同纠纷案

二审法院认为,《丽安百货商场管理合同》和物业管理合同在订立主体、合同内容和合同目的上存在明显差异,既不属于物业管理合同也不属于委托合同。对照合同的约定内容和相关法律规定判断,该合同应认定为无名合同。本案双方主要围绕重庆华生园食品有限公司提供的服务是否符合约定而发生。合同对该部分内容的约定,与委托合同的规定最相类似,因此依法可以参照其规定。〔2〕

《民法典》(《合同法》)与特别法如《邮政法》均能调整服务合同关系,前者因调整所有合同关系而覆盖了服务合同的内容,后者仅针对部分服务合同作出规范。故两者确实是一般法与特别法的关系,在两者共同规制的领域内,特别法可优于《民法典》适用。但存在例外情况,即争议的事项不属于特别法的调整范围,则只能适用《民法典》。

应注意的是,从现有的法律体系来看,虽然在理论上合同法总则中的规定也同样适用于服务合同,但从现实来看,合同法总则的内容更多的是以物的交易,甚至可以说是以买卖合同为范本概括出来的抽象规则。〔3〕 即重调整传统交易关系的法律,对于新型服务合同的调整关注甚少。这也是在司法实践中,诸多无名服务合同既不能适用总则的一般规定,也不能比照分则中类似合同规定适用的内在

---

〔1〕 参见最高人民法院中国应用法学研究所编:《人民法院案例选》,2017年第5辑(总第111辑),人民法院出版社2017年版,第114页。黑龙江省高级人民法院(2015)黑监民再字55号民事判决书。

〔2〕 参见国家法官学院案例开发研究中心编:《中国法院2012年度案例》(合同纠纷),中国法制出版社2012年版,第233页。重庆市第五中级人民法院(2010)渝五中法民终字第3369号民事判决书。

〔3〕 参见周江洪:《服务合同在我国民法典中的定位及其制度构建》,载《法学》2008年第1期。

原因。最高人民法院可以根据服务合同的特点就其法律适用作出司法解释,但最根本的是从立法上予以明确规定。应强调的是,《合同法》抑或《民法典》虽无具体章节规范无名服务合同的权利义务的认定,但无名服务合同权利义务的认定应与《民法典》的基本原则、原理保持一致。确定服务合同权利义务时,首先应当尊重合同双方的缔约目的,其次应当审查合同约定,再次应当根据当事人约定确定对合同利益享有和风险分担,最后还需要尊重当事人的交易习惯。

界定合同性质与适用法律影响问题。实践中,对争议的事项是界定为服务合同抑或保管合同,其适用的法律不同,处理的结果也不同。若界定为服务合同,其娱乐服务企业向车主提供的车位有偿服务,尚没有明确的法律进行调整,调整该类法律关系的法律法规多见于《民法典》和《消费者权益保护法》等之中。此类法律关系中,除非车主有证据证明提供停车服务的娱乐服务企业对车辆丢失具备主观上的过错、客观上有违法行为、违法行为与车辆丢失之间有因果关系,这三个要件缺一不可,否则对于车辆丢失,该娱乐服务企业无须承担赔偿责任。若界定为保管合同关系,则属于合同法的调整范围,车主一旦与停车场成立此种关系,如果车主的车辆在停车场丢失,停车场就应当按照合同法的规定,以自身在保管车辆过程中的过错程度及遗失车辆的自然损耗为依据承担赔偿责任。

【案例 1-29】 张某翰诉昆明大桶水足疗有限公司服务合同纠纷案

一审法院认为,本案中原、被告间若成立的是保管合同法律关系,就必须有明确保管车辆的意思表示和保管物的交付。而庭审调查中,被告对原告的车辆进行登记值守的目的在于给驾车消费的顾客提供一种更便捷的服务,从而进一步促进消费,提升自身的经营竞争力,并非单纯为了将车辆交由被告保管,由此可见,原告与被告的真意即建立消费服务合同,其标的是提供服务的本身,而非物(原告驾驶的车辆)的交付。因此,案涉关系的合同性质应定性为服务合同较妥当。在服务合同项下,对于车辆的停放、看守并不属于合同主义务的范畴。由于服务合同关系中合同主义务是被告向原告提供的足疗服务,原告在被告处进行足疗消费并结清账款的行为表明被告已适当履行了合同主义务。同时,原告驾车到被告处消费,被告保安安排原告车辆进入停车场停放,该行为是被告在其(主义务)服务合同项下的一种附随义务。本案中,被告向原告提供的免费停车服务客观上是被告的一种销售策略,使其在同行业竞争中更具有竞争力,此行为是其合同主义务的延伸,目的是最大限度地满足前往被告处消费的顾客的需求。据此,被告为驾车消费的顾客提供的免费停车服务应属附随义务;在履行该(附随)义务的过程中,被告在该停车场周围安装了监控录像设备并派出工作人员进行值守,其已谨慎、合理地顾及顾客的财产安全。在此情况下,被告已尽到了普通善意管理人安全保障义务;并对原告主张的车辆损失在主观上也不存在故意或重大过失。因此,原告无权基于服务合同关系下附随义务要求被告就其车辆的损失承担赔偿责任。据此,判决驳回原告张某翰的全部诉讼请求。二审法院基于同理维持原判。〔1〕

【不同处理】 类似的案情,其法院认识不同判决相反。在消费者去大型超市购物,超市门前设有超市保安及服务人员指挥车辆停放,应认定超市门前一定范围属于超市实际控制范围。消费者进入超市购物,从其停车时就实质已开始接受了超市工作人员的服务,应该说服务合同履行是从"停车"那一刻开始的,从停车开始,超市就应履行一个经营者应尽的安全保障义务。

【案例1-30】 张某平诉苏果超市(阜阳)有限公司服务合同纠纷案

一审法院认为,被告已对原告形成了服务合同的附随义务,被告经营处门口有保安人员指引消费者停放车辆,而且明示车辆停放在指定区域内,原告即可认为有专职人员看管。被告在保障原告财产安全方面存在服务瑕疵,未尽到经营者在合理限度内的安全保障义务,致使原告财产权受到损害,理应承担相应的民事赔偿责任。原告要求被告承担赔偿电动车丢失损失,理由正当,应予支持。二审法院持同样意见,维持原判。〔2〕

换言之,消费服务场所不必然负有对消费者的车辆进行看管的附随义务。但是,服务场所有提供停车场地、安排工作人员看管车辆等情形,足以使消费者相信其自愿负担此义务的,服务场所对车辆的毁损、灭失应承担过错责任。

【案例1-31】 陆某忠与火巴子火锅城服务合同纠纷案

二审法院认为,上诉人保安人员指挥前来就餐的消费者停放车辆并加以看守,表明其以自己的行为履行着基于服务合同关系产生的对消费者车辆给予必要保护的附随义务。本案中在保安人员看守的情况下仍发生车辆被盗事件,属于上诉人履行服务合同义务有瑕疵,应当承担相应的赔偿责任。二审法院维持一审承担损失20%的判决。〔3〕

4.服务合同消费欺诈认定

《民法典总则编解释》第二十一条规定:"故意告知虚假情况,或者负有告知

---

〔1〕 参见国家法官学院案例开发研究中心编:《中国法院2012年度案例》(合同纠纷),中国法制出版社2012年版,第173~174页。云南省昆明市中级人民法院(2010)昆民四终字第573号民事判决书。

〔2〕 参见最高人民法院中国应用法学研究所编:《人民法院案例选》(月刊)2009年第7辑(总第7辑),中国法制出版社2009年版,第62页。

〔3〕 参见最高人民法院中国应用法学研究所编:《人民法院案例选》(月刊)2009年第5辑(总第5辑),中国法制出版社2009年版,第131页。

义务的人故意隐瞒真实情况,致使当事人基于错误认识作出意思表示的,人民法院可以认定为民法典第一百四十八条、第一百四十九条规定的欺诈。"

认定构成服务合同消费欺诈,主要需从主客观两个方面考量。主观方面主要包括一方具有欺骗或隐瞒他人,并使他人陷入错误的故意,另一方因错误认知而作出相应行为。客观方面主要包含一方作出了欺骗、隐瞒等的行为,另一方因错误认知而作出相应行为。

5.服务合同完成标准认定

服务合同完成标准是服务纠纷案件的审理难点。就某一类型的服务合同如留学中介服务标准而言,可以参考居间服务合同的相关规定予以判断。合同法规定的居间合同分为两类,即以报告订约机会为内容的合同和以充当订约媒介为内容的合同。前一种居间服务的完成以信息报告义务完成为标准,后一种居间服务的完成是以合同成立为标准。

6.服务合同连带责任

在没有法律规定和当事人约定的情况下,法院不能通过行使自由裁量权的方式判定当事人承担连带责任。

【案例1-32】 伟富国际有限公司与黄某荣、上海海成资源(集团)有限公司、上海磐石投资有限公司服务合同纠纷再审案

最高人民法院认为,本案争议焦点:一、二审判决判令海成公司对黄某荣向伟富公司支付服务报酬义务承担连带责任是否适当?法院认为:连带责任是一种法定责任,由法律规定或者当事人约定产生。由于连带责任对责任人科以较为严格的共同责任,使得责任人处于较为不利地位,因此对连带责任的适用应当遵循严格的法定原则,即不能通过自由裁量权行使的方式任意将多人责任关系认定为连带责任,而必须具有明确的法律规定或合同约定,才能适用连带责任。本案中,首先,原审判决判令海成公司对黄某荣向伟富公司支付服务报酬义务承担连带责任并无明确法律依据。其次,案涉《咨询中介协议》系黄某荣以其个人名义签署,海成公司并非该协议的签约当事人,伟富公司也无充分证据证明黄某荣与其签订上述协议的行为系代表海成公司而实施或海成公司在该协议之外与其达成过为黄某荣的案涉债务承担付款责任的补充约定。虽然海成公司客观上从案涉资产重组方案中获得了利益,但是根据合同相对性原则,海成公司不是合同相对人,不应承担该合同责任。因此,原审判决判令海成公司承担连带责任也缺乏当事人约定依据。最后,原审判决不应直接适用公平原则,行使自由裁量权判令海成公司对黄某荣向伟富公司支付服务报酬义务承担连带责任。民事审判中,只有在法律没有具体规定的情况下,为了实现个案正义,法院才可以适用法律的基本原则和基本精神进行裁判。通常情况下,法院不能直接将"公平原则"这一法律基本原则作为裁判规则,否则就构成向一般条款逃逸,违背法律适用的基本规则。本案原审判决以公平原则认定非合同当事人的实际受益人海成公司对黄某荣的付款义务承担连带责任,既缺乏当事人的意思自治,又无视当事人在民商事活动中的预期,还容易开启自由裁量权的滥用。综上,在既无法律规定也无合同约定的情况下,原审判决仅以黄某荣系海成公司的法定代表人,其委托伟富公司提供案涉融资服务实际系为海成公司的利益而实施为由,判令海成公司对黄某荣支付服务报酬义务承担连带责任,确属不当,应予以纠正。[1]

---

[1] 参见《最高人民法院公报》2023年第9期(总第325期)。最高人民法院(2022)民再91号民事判决书。

三、服务合同纠纷处理

(一)服务合同赔偿处理

一般地讲,服务合同的损害赔偿原则适用与纯粹物的合同损害赔偿相同的原则。但由于服务的瑕疵引起的损失的特殊性,服务合同更易产生违约责任与侵权责任的竞合,这时受领方选择主张违约责任还是侵权责权。有学者认为,服务存在瑕疵时承认两者之间的实质竞合,不是简单地采取"二者择其一"的方式,而是应采纳两个不同的责任基础构成了一个统一的损害赔偿请求权这一规范构成,在损害赔偿总的范围上做出调整这种方法更为合适,更有利于当事人之间利益的调整。[1] 笔者赞同这种观点,在服务合同类型中的某种合同如旅游合同中,可以请求精神损害赔偿。实践中,对于服务方的服务瑕疵,可以作为受领方核减服务费的理由。

1.损害赔偿原则

服务合同损害赔偿范围原则上遵循从约定,即有约定的依照双方约定确定赔偿,如果双方在合同中没有约定,法律或行政法规对某项服务有特别规定,则应依特别规定赔偿,如针对邮寄服务发生财产损失的责任赔偿的内容。

儿童青少年近视矫正的机构及其经营者欺诈惩罚性赔偿规则的适用。

【案例1-33】 甘某权、甘某龙诉周某丽服务合同纠纷再审案

再审法院认为,目前医疗技术条件下,近视不能治愈,从事儿童青少年近视矫正的机构或个人在开展近视矫正对外宣传中使用"康复""恢复""降低度数""近视治愈""近视克星"等表述,误导近视儿童青少年和家长作出错误的意思表示,应当认定构成欺诈,适用惩罚性赔偿规则。[2]

---

[1] 参见周江洪:《服务合同在我国民法典中的定位及其制度构建》,载《法学》2008年第1期。
[2] 人民法院案例库2023-16-2-137-002。广东省高级人民法院(2021)粤民再284号民事判决书。

2. 损害赔偿数额确定

赔偿损失的数额应当与服务提供者违约行为的程度相适应,具体须综合案件事实予以判定。

【案例 1-34】 周某某诉某某美容店服务合同纠纷案

判决观点,未成年人尚不足以清楚判断文身行为对自己身体和人格利益带来的损害和影响,未成年人文身后,其监护人向文身店主张返还文身费用的,文身店应当返还。若因文身行为造成未成年人无法正常上学等严重后果的,监护人请求支付后续清洗费、精神抚慰金等侵权赔偿,人民法院应结合未成年人年龄、文身面积及部位、双方过错程度,依法合理予以支持。[1]

在有混合过错的赔偿案件中,由法官裁量各方的过错比例并确定赔偿数额。

【案例 1-35】 徐州运康蔬菜营销有限公司诉江苏宁宿徐高速公路有限公司运输合同纠纷案

二审法院认为,因宁宿徐公司未尽到道路安全畅通的合同义务,并给运康公司造成了损失,应对运康公司承担相应的赔偿责任。确定赔偿份额和数额,可结合以下因素考虑。首先,因运康公司本身亦违反了安全谨慎驾驶的义务,对其损失应自行承担部分责任。其次,宁宿徐公司作为高速公路经营者和通行服务的提供者,要求其随时清理路面的障碍物、突发物对该公司过于苛刻,亦不具有现实可能性。且高速公路出现的犬类系移动的活体物,宁宿徐公司发现和清理这一障碍物的难度较大。宁宿徐公司虽然未能完全履行保障道路畅通的合同义务,但本案事故具有突发性,宁宿徐公司并非故意违约,主观过错较小。综合考虑上述因素,应适当减轻宁宿徐公司的赔偿责任,由该公司承担70%的赔偿责任较为合理。原审判决按70%比例确定宁宿徐公司赔偿运康公司各项损失合计93264.5元并无不当,依法应予维持。宁宿徐公司称其不应承担赔偿责任的上诉理由不能成立,不予支持。[2]

---

[1] 人民法院案例库2023-14-2-137-001。江苏省东台市人民法院(2022)苏0981民初4167号民事判决书。

[2] 参见国家法官学院案例开发研究中心编:《中国法院2014年度案例》(合同纠纷),中国法制出版社2014年版,第146页。江苏省宿迁市中级人民法院(2012)宿中商终字第0053号民事判决书。

【案例1-36】 易生支付有限公司诉上海云资信息科技有限公司、康某服务合同纠纷案

一审法院认为,原告易生支付公司与被告云资公司签订的《外包协议》系当事人真实意思表示,内容不违反法律法规的效力性禁止性规定,协议合法有效,易生支付公司及云资公司均应按照约定履行合同。双方约定,云资公司承诺向易生支付公司提供银联卡收单外包专业化服务,保证推荐商户符合易生支付公司特约商户入网标准。对于云资公司推荐的商户给易生支付公司造成的风险或损失,云资公司应与商户承担连带责任,除非云资公司证明该风险是由商户自身原因造成的,与云资公司无关,其已尽了审慎推荐、严格审查的义务。本案中,案外人张某兴在未真实授权且提供虚假"实际经营名称"的情况下申请案涉POS机,云资公司未采取其他合理措施审慎核实材料的真实性,即向易生支付公司推荐涉案商户并转交申请材料,致使张某兴获得案涉POS机,利用其实施犯罪,并最终导致易生支付公司向案外人赔付相应损失的结果。在案涉商户推荐过程中,云资公司违反了合同约定,易生支付公司有权要求其承担违约责任。关于被告云资公司应承担的损失赔偿比例,《民法典》第五百九十二条第二款规定……本案中,易生支付公司是持有中国人民银行颁发的支付业务许可证并从事银行卡收单业务的支付机构,中国人民银行《银行卡收单协议业务管理办法》第三十五条规定,收单机构应当自主完成特约商户资质审核、受理协议签订、收单业务处理、资金结算、风险监测、终端主密钥生成和管理、差错和争议处理等业务活动。第三十六条规定,收单机构应当在收单业务外包前制定收单业务外包管理办法,明确外包的业务范围、外包服务机构的准入标准及管理要求,外包业务风险管理和应急预案等内容。收单机构作为收单业务主体的管理责任和风险承担责任不因外包关系而转移。本案中,易生支付公司与云资公司签订的《外包协议》也约定,特约商户协议由易生支付公司负责审批和签约。易生支付公司作为专业机构,相比于云资公司,对案涉POS机申请材料显然有更强的审核能力,也应承担最终的审核责任。然而,易生支付公司对案涉POS机申请材料并未进行必要的核实,仅凭云资公司转交的材料即完成审核签约,却未发现案涉"商户注册信息登记表"中"工商注册名称"为"上海虹源建筑装潢发展有限公司",但"实际经营名称"为"满懿上海房地产咨询公司"等明显不合理之处,致使案外人张某兴得以利用POS机以及刷卡时错误显示的商户名称实施犯罪,易生支付公司对自身损失发生存在明显过错,综合考虑易生支付公司和云资公司的专业程度、审核义务以及双方在本案中的过错情况,一审法院酌定云资公司应承担易生支付公司损失金额的30%。关于原告易生支付公司的具体损失数额,易生支付公司与案外人满懿公司在上海市黄浦区

人民法院的主持下达成调解协议,并实际赔付满懿公司因案涉POS机给造成的相关损失959481.87元,对此易生支付公司主张在调解过程中双方就责任分摊达成一致,易生支付公司赔付金额是根据满懿公司诉请金额1540045元的约60%计算得出。由于该数额相应解释尚属合理,且云资公司未举证证明该数额与事实不符,故易生支付公司以此计算其因云资公司违约造成的损失数额的意见,一审法院予以认可。关于易生支付公司主张的资金占用利息损失,鉴于云资公司对相关损失发生亦存在过错,对此一审法院不予支持。综上所述,云资公司应承担赔偿比例30%,其应赔付易生支付公司数额为287844.56元。关于被告康某应否承担连带责任,根据法律规定,一人有限责任公司应当在每一个会计年度终了时编制财务会计报告,并经会计师事务所审计;一人有限责任公司的股东不能证明公司财产独立于公司股东自己的财产的,应当对公司债务承担连带责任。现康某为一人有限责任公司云资公司的股东,康某、云资公司提供的公司账户明细尚不足以证明公司财产独立于股东自己的财产,故应由康某承担不利的法律后果,康某应对云资公司的上述赔偿义务承担连带责任。判决:一、被告云资公司赔偿原告易生支付公司损失287844.56元;二、被告康某对被告云资公司上述第一项付款义务承担连带清偿责任;三、驳回原告易生支付公司的其余诉讼请求。二审法院认为,一审判决认定事实清楚,适用法律正确。判决:驳回上诉,维持原判。[1]

合同约定符合诚信原则的,当事人应当严格履行合同,如其未适当履行防止损失扩大这一义务所造成的后果,其行为构成对履行诚信原则的违反,与其遭受的经济损失存在因果关系,理应由其自行承担相应损失。

【案例1-37】 龙某国诉北京市海安停车管理有限责任公司服务合同纠纷案

二审法院认为,海安公司对于停车不满15分钟的车辆收取1元停车费的行为,不违反北京市停车收费管理的有关规定。龙某国认为海安公司违规向其收取停车费的主要依据不足,法院不予采信。另龙某国车辆停驶系其自身行为所致,与海安公司之间无法律上的因果关系。故龙某国因车辆停驶而产生的经济损失,应由其自行承担。一审判决认定事实清楚,适用法律正确,应予维持。龙某国的上诉请求不能成立,对其上诉主张不予支持。[2]

针对同一违约行为约定多种违约承担方式的,视为约定不明,不能一概以约

---

[1] 参见陈昶主编:《2022年上海法院案例精选》,上海人民出版社2022年版,第283~285页。
[2] 参见国家法官学院案例开发研究中心编:《中国法院2018年度案例》(合同纠纷),中国法制出版社2018年版,第276页。北京市第一中级人民法院(2017)京01民终字第1330号民事判决书。

定标准主张违约金,可综合违约情形、合同实际履行情况、实际损失等情况判定违约金数额。

【案例 1-38】 张某诉婚庆公司庆典服务合同纠纷案

判决观点,双方当事人在合同中约定的相关内容,如"非不可抗力,乙方未能按要求完成之项目,以费用预算单为准,视影响程度,乙方将予以减免收取费用、增加其他服务项目,以至赔偿该项目总金额200%等方式对甲方进行补偿"。该约定属于针对同一违约行为约定了多种违约责任的承担方式,其约定指向不明确的情形。法院认为,对未提供或少提供的项目,婚庆公司应依约退还相应的费用。对婚庆公司已承诺在婚礼后交付原告的诸如仪式亭等物品,考虑鲜花等物品已无交付可能,故根据行业利润、上述物品已实际提供、可利用率等因素,酌情判令折价补偿。法院判决被告退还服务费16162元,支付违约金7000元、物品折价款1万元。[1]

3. 损害赔偿范围

当前,理论界和实务界的主流观点认为,精神损害赔偿的范围仅限于侵权责任,即在违约之诉中,不能主张精神损害赔偿请求。在服务合同如庆典服务合同出现违约时,服务接受方能否主张精神损害赔偿,现行法律中没有明确规定,对此有很大争议,实践中有不同的判决。笔者认为应根据具体情况分析,庆典合同中关于现场录像所记录的庆典实况内容,对于服务接受方而言,具有特定纪念意义和明显的人格精神利益属性,且庆典服务本身具有不可替代性和不可逆转性,一旦灭失,势必会给服务接受方造成巨大精神损害。因此对某种服务合同在特定条件下,服务接受方可以主张精神损害赔偿。也就是说,违约之诉不赔偿精神损害有例外情形,这是符合合同法公平原则的。实践中,因服务合同内容多样,若不加限制均允许在服务合同中主张精神损害赔偿,容易导致消费者过度维权,最终也不利于服务业的健康发展。在庆典服务合同之诉中主张精神损害赔偿,亦应符合一定条件,其一,服务方存在违约行为。其二,服务接受方受到严重的精神损害的事实,如婚礼现场录像一旦灭失便无法恢复,对于新婚夫妇而言,此种精神损害势必是巨大的,但如果仅仅是婚礼过程中存在一些服务瑕疵,如现场布置不精致等,虽然也能给新婚夫妇带来精神上的不愉快,但不能主张精神损害赔偿。其三,服务提供方的违约行为与服务接受方遭受的精神损害之间存在因果关系,如果损害事实是其他原因导致的,则应限制主张精神损害赔偿。其三个条件为一个整体,缺少一个条件则法律不予支持其精神损害赔偿诉求。这三个条件,也可以适用于

---

[1] 北京市朝阳区人民法院(2011)朝民初字第17971号民事判决书。

其他类型的主张精神损害赔偿的服务合同。《民法典》第九百九十六条规定:"因当事人一方的违约行为,损害对方人格权并造成严重精神损害,受损害方选择请求其承担违约责任的,不影响受损害方请求精神损害赔偿。"因为违约责任不包含精神损害赔偿,如果接受服务方因为合同违约造成人格权损害的,有权主张精神损害赔偿。

【案例1-39】 马某诉陈某、某咨询中心庆典服务合同纠纷案

判决观点,某咨询中心未能够按照合同约定提供相应的摄像服务,交付相应的摄像资料,已经构成违约,应当按照合同约定承担违约责任,即退还相应服务费,并按照相应服务费的2倍支付违约金。同时,摄像和摄影资料对婚礼举行方来说系具有人格象征意义的特定纪念物品,某咨询中心在履行《婚礼服务合同》过程中的违约行为导致原告马某具有特定纪念意义的摄像和摄影资料永久性灭失或者毁损,故对于马某主张的精神损害抚慰金诉请,法院予以支持,并结合过错程度、损害后果、本地区的经济生活水平等因素综合确定精神损害抚慰金的数额。另外,某咨询中心为个人独资企业,陈某为该咨询中心的唯一投资人和实际经营人,二人应当共同承担民事赔偿责任。法院判决两被告退还马某摄像服务费1500元、摄影服务费500元,赔偿违约金4000元、精神损害抚慰金3000元。[1]

违约之诉中的精神损害赔偿诉求受法律保护。

【案例1-40】 苏某汉诉宠物用品店服务合同纠纷案

判决观点,本案系消费者携带宠物到宠物店接受洗澡服务,但宠物在宠物店离奇死亡引发的合同纠纷案件。苏某汉携带宠物猫至宠物用品店接受洗澡服务并支付服务费用,可以认定双方之间存在合同关系。宠物用品店作为专门从事宠物服务的机构,在提供服务过程中导致宠物猫死亡,应当依法承担相应的法律责任。关于损失的认定,苏某汉主张其购买宠物花费200元、照顾费用3095.39元及精神损失2000元,对此,法院认为,首先,苏某汉主张的购买费用,确系因宠物猫导致的直接损失,予以支持;其次,苏某汉饲养宠物猫期间必然支出一定费用,同样地,其也从中享受了相应的乐趣和欢乐,其将饲养成本作为损失没有依据;最后,宠物猫作为苏某汉饲养多年的宠物,显然不同于一般的财产,苏某汉在饲养过程中会投入一定的时间和精力,与宠物猫之间形成了较为亲密的关系,并寄托了特别的情感,因此,宠物猫死亡所导致的损失也不应简单等同于购买的费用,还应考虑到苏某汉因此所致的精神损失因素。根据《民法典》第九百九十六条"因当事人一方的违约行

---

[1] 北京市通州区人民法院(2013)通民初字第10803号民事判决书。

为,损害对方人格权并造成严重精神损害,受损害方选择请求其承担违约责任的,不影响受损害方请求精神损害赔偿"之规定,法院结合饲养宠物猫的时间及购买成本等实际情况酌情认定宠物用品店向苏某汉赔偿损失1200元。判决:一、宠物用品店向苏某汉赔偿损失1200元;二、驳回苏某汉的其他诉讼请求。[1]

4. 不承担赔偿损失情形

已尽照料义务的养老机构对被抚养人死亡不承担赔偿责任。

【案例1-41】 杨某诉重庆某老年公寓服务合同纠纷案

二审法院认为,未按约定建立健康档案的履行瑕疵与杨某某因病无效死亡之间不存在法律上的因果关系。作为专业医疗机构尚且未能发现杨某某小腿病变,将发现病变的责任归于老年公寓明显不公,老年公寓履行了应尽义务,遂判决撤销一审判决,驳回原告杨某的全部诉讼请求。[2]

服务合同纠纷中涉及服务提供方的损失,如果不是服务接受方造成的,而是由案外人造成,则服务接受方不承担赔偿责任。

【案例1-42】 南海市邮电局诉崔某新欠付电话费纠纷案

二审法院认为,电信线路的保护、管理、维修等工作,应当由电信部门承担。电信部门应当根据与客户签订的邮电通信服务合同及时维护好线路,以便为客户提供良好的通讯服务。现已查明,本案争执的电话费,主要是号码为5931121的电话在11月8日、9日与国外6个不同号码的声讯台通话29次花费的,其中9日14次通话,有几次对方的电话号码与8日的电话号码相同,从通话时间的连续性及电话号码相同看,8、9两日与国外的通话,是一人所为。5931121电话与国外通话期间,该电话的使用权人、上诉人崔某新及其同住家属均在单位工作或在校就读,没有在家使用电话的条件。又查明,在通往崔某新家的电话线路设备上有撬压痕迹,故应确认为被他人盗打电话。由于是在上诉人崔某新家户外的电话线路设备上发现了他人盗打电话留下的痕迹,这些设备属于被上诉人南海市邮电局所有和管理范围,因此被盗打电话所造成的损失,在盗打电话案侦破之前,应当由南海市邮电局负担;盗打电话案侦破之后,南海市邮电局享有向盗打人追偿的权利。南海市邮电

---

[1] 参见国家法官学院、最高人民法院司法案例研究院编:《中国法院2023年度案例》(合同纠纷),中国法制出版社2023年版,第241~242页。福建省厦门市海沧区人民法院(2021)闽0205民初2739号民事判决书。

[2] 参见钟拯等:《已尽照料义务的养老机构对被抚养人死亡不承担赔偿责任》,载《人民法院报》2019年10月10日,第7版。重庆市第一中级人民法院(2018)渝01民终7963号民事判决书。

局在没有确凿的证据证实与国外的通话是崔某新所为的情况下,请求崔某新支付与国外通话的电话费和滞纳金,证据不足,不予支持。崔某新除交纳该月自己应交纳的电话费以外,有权拒绝南海市邮电局让其交付盗打电话产生费用的请求。崔某新上诉请求南海市邮电局为其恢复通讯服务有理,应予支持。一审判决认定事实基本清楚,但判决结果不符合公平原则,应当纠正。[1]

消费者在入住宾馆时受到伤害,经营者是否尽到服务合同中的安全保障义务是承担赔偿责任的关键。宾馆客房具有私密性等特点,其经营者已在合理范围内尽到安全保障义务,法官综合认定酒店已采取的防滑措施并未低于其所收取住宿费用的标准,酒店无法提供更多、更高级别的防护措施,其已履行了服务合同中安全保障的附随义务,故不支持消费者的赔偿请求。

【案例1-43】 林某雪诉欧庭酒店、中国平安财保奉节支公司服务合同纠纷案

二审法院认为,林某雪以服务合同纠纷为由要求欧庭酒店承担违约责任。本案为服务合同纠纷,根据《消费者权益保护法》第七条之规定,提供服务一方应当负有审慎的安全保障义务。林某雪受伤地点系欧庭酒店房间内浴室,欧庭酒店在一审中举示的酒店房间内部照片显示,卫生间浴室玻璃门上张贴有中英文双语"小心地滑"字样的安全警示语,其张贴载体为全透明玻璃隔断,其颜色呈金底黑字,较为醒目。同时,卫生间已作干湿分离区,作为浴室部分的地面附着防滑地砖,浴室亦配有玻璃门以防止淋浴时喷水外溅,酒店内亦配有防滑拖鞋,综合以上现场照片,二审法院认为,欧庭酒店已经尽到安全审慎义务,林某雪要求欧庭酒店承担违约责任,仍应当就欧庭酒店存在违约行为提供证据证明。综合林某雪在一审中提交的证据,仅能证明林某雪在欧庭酒店受伤、报警、受伤程度、治疗费用、身份状况及其抚养人与赡养人的信息等,并无其他证据证明欧庭酒店在提供服务过程中存在违约行为或者存在安全隐患,故对于林某雪要求欧庭酒店因违约承担其人身损害赔偿的诉讼请求不予支持。欧庭酒店因林某雪受伤送医垫付的医疗费39283元,欧庭酒店在一审中并未提出返还,在二审时提出返还属于在二审中增加的请求,二审法院不予审理,欧庭酒店可另案起诉。判决:撤销一审判决,驳回林某雪的诉讼请求。[2]

---

〔1〕 参见《最高人民法院公报》2000年第2期。

〔2〕 参见国家法官学院、最高人民法院司法案例研究院编:《中国法院2021年度案例》(合同纠纷),中国法制出版社2021年版,第225页。重庆市第二中级人民法院(2019)渝02民终2948号民事判决书。

(二)服务合同解除处理

合同解除并不溯及消灭合同关系,而是将合同给付义务的履行关系转换为解除合同后的返还和赔偿清算关系。对解除合同后返还财产合同有约定的,则应按约定处理。如果解除权的行使符合规定,则其不需要对相对方的相关损失承担赔偿责任。如果解除权的行使不符合规定,则解除方要对因自己擅自行使解除权给相对方造成的损失承担赔偿责任。

消费者与经营者在签订合同时,若对履行地有明确约定,履行地变更导致无法继续履行合同的,消费者有权请求解除合同。

【案例1-44】 曾某诉武汉某健身管理有限公司服务合同纠纷案

判决观点,合同约定履行地变更能否解除合同问题。消费者与经营者在签订合同时,若对履行地有明确约定,经营者应在约定地点为消费者提供商品或服务。当出现门店撤离或者搬迁时,双方订立合同时的环境、地点均发生变化,经营者实际上已无法继续履行服务,且该变化增加了消费者的履约成本,消费者有权拒绝更换合同履行地并有权要求依法解除合同。[1]

养老机构频繁变更服务地点,老年人有权解除合同。

【案例1-45】 向某某诉某公司服务合同纠纷案

判决观点,养老服务机构提供养老服务应建立在保护老年人权益的基础上。养老机构未基于老年人身心特点和实际需求履行合同,频繁变更提供养老服务的地点,给老年人生活带来不便的,老年人有权解除合同并要求退还未消费的预付款。[2]

对于解除合同理由不成立的处理。实践中,一些接受服务者主张解除合同的理由缺乏事实依据,法院对此是否不予支持需研究。由于一些服务合同具有人身属性和以信任为基础的特殊属性,因此在接受服务者拒绝履行的情况下,法院不宜判令继续履行而可以解除合同。如教育培训合同的服务内容是特定知识或专业技能的传授,需要教育服务者具备一定的知识或专业技能,并通过授课、咨询、辅导等方式传授给受教育者,同时需要受教育者通过相应信息的接收、理解和运

---

[1] 人民法院案例库2023-07-2-137-003。湖北省武汉市硚口区人民法院(2021)鄂0104民初109号民事判决书。

[2] 人民法院案例库2024-07-7-137-001。重庆市璧山区人民法院(2021)渝0120民初4696号民事判决书。

用,内化为自身的知识、能力,也就是说,教育服务的过程不只是教育服务者主动给予、受教育者被动接受的过程,还需要充分调动受教育者的积极性、主动性,从而实现预定的教学效果。从这个意义上讲,教育培训合同目的的实现,需要合同双方相互信任、相互配合,仅是教育服务者单方传授,受教育者拒绝配合也无法实现合同目的。教育服务的信赖关系不能通过强制方式取得,受教育者的配合亦不能通过强制方式实现。

应研究的是,在一些无名服务合同的随时解除制度中,是否限定受领方主张全部返还,即有无溯及既往效力问题。《民法典》第五百六十六条第一款规定:合同解除后,尚未履行的,终止履行;已经履行的,根据履行情况和合同性质,当事人可以要求恢复原状,采取其他补救措施,并有权请求赔偿损失。对此,学者一般认为,我国合同法与大多数国家一样,可以依照合同性质的要求,对某些合同的解除不赋予溯及既往的效力,合同解除是否具有溯及力应视具体情况而定。[1] 笔者赞同学者的观点。提供劳务或服务,其合同的解除只能就将来发生效力。原因在于已提供的服务的返还或恢复根本不可能,因此因合同解除而引起的恢复原状之民事责任方式的适用,在服务合同领域应加以限制。而且,大多数服务合同都属于持续性合同,在考虑合同解除效力时更应否定其溯及力。实践中,对于服务合同解除返还数额,主要由法官自由裁量。

预收式消费服务合同中,消费者应有法定解除权。《民法典》第五百六十三条关于合同法定解除的规定,消费者得以在不可抗力、预期违约、迟延履行、其他违约行为、法律规定的其他情形下行使法定解除权。同时,消费者也能够依据《消费者权益保护法》第五十三条之规定,经营者未能按照约定提供商品或者服务的,消费者有权要求经营者退回预付款及其他损失。从上述条款可以看出,通常需以经营者存在根本违约行为,或者存在不可抗力及其他违约行为致使合同目的无法实现情况下,方可赋予消费者法定解除权。预收式消费服务合同中,消费者应有期限外的任意解除权,但亦应有必要的限制,防止其成为消费者任意撕毁合同滥用权利的工具。应予强调的是,格式条款也不能阻却消费者的单方解除权。在格式条款无效不会导致其他合同条款无效的前提下,其他条款始终保持着原始的效力,消费者仍享有单方任意解除合同的权利。

(三)预收服务费处理

继续性消费并非我国法律或学者常见名词,在现行法律法规中也没有明确定

---

[1] 参见王利明:《合同法研究》(第二卷),中国人民大学出版社2003年版,第303页。

义,但继续性债务与继续性合同则为大多数人所熟知。继续性债务关系最早源于德国学者基尔克。根据其观点,继续性债务关系与一时性债务关系的最大区别在于,后者通常仅需要一次性给付即可完成清偿,而继续性债务则要求不特定时间段内进行一系列给付行为之后债务关系消灭。在服务消费领域,传统的"一手交钱一手交货"的模式难以满足人们日常生活的需要,以"债务之履行在时间上具有继续性"为特征的继续性消费越来越为消费者和经营者所接受。生活中常见的美容美发店、健身房办理会员卡、购买私教课程、视频网站会员卡等,在这些情形下合同具有继续性特征,即债之关系内容非一次性可实现,合同发生的范围会随着时间的增加而增加。因此,这类合同普遍设置了较长的存续时间。[1]

预付式消费具有一次付款、分次履行、合同的完全履行具有延时性的特点。服务费按照何种方式计算是合同处理的重要方面,亦是纠纷产生的原因。笔者认为,服务费的计算方式原则上应当按照当事人的约定,但也可以考虑具体情节合理调整。司法实践中,很多预收服务费的案件中,服务提供方都提出在签订合同时,服务费的计算存在折扣,而折扣形成的前提条件是接受服务方必须达到一定的消费额度。对此,服务费的计算方式应当按照合同约定。未约定的,服务提供方要求按照未打折扣的服务费用计算,法院不予支持。有法官认为,此类合同解除时原则上没有溯及力,对消费者未进行的消费,应当按照双方达成合意时的价格即办理预付卡时的价格进行计算退还余额。[2]

以预收款方式提供服务的经营者,未经协商停止提供服务的,消费者要求经营者退回未消费的预付款,法院应予支持。

【案例1-46】 北京信淳律师事务所与北京浩沙盛世健身服务有限公司服务合同纠纷案

判决观点,因浩沙健身公司未能正常营业,致使信淳事务所合同目的不能实现,故信淳事务所要求浩沙健身公司退还剩余费用,理由正当,证据充分,法院予以支持。关于退费数额计算方法一节,由于浩沙健身公司未提交证据证明健身卡使用次数,故法院按信淳事务所主张的次数判定退费数额。[3]

无书面合同的预付消费卡纠纷中根据具体情况认定合同主体。

【案例1-47】 江某诉管理公司服务合同纠纷案

一审法院认为,本案中管理公司认为其与设备公司之间系租赁关系。即使管理公司作为游乐场地的出租者,也应当在场所的显著位置设立公示牌,

---

[1] 参见《人民司法·案例》2023年第20期(总第1003期)。
[2] 参见《人民司法·应用》2015年第3期。
[3] 参见最高人民法院中国应用法学研究所编:《人民法院案例选》2020年第3辑(总第145辑),人民法院出版社2020年版,第26页。北京市海淀区人民法院(2019)京0108民初47796号民事判决书。

公示场地内经营者的名称、租赁期限等与消费者合法权益相关的事项。然而，在游乐场内，管理公司并未将设备公司的营业执照、租赁情况等向消费者进行公示。整个游乐场仅在架空游览车的特种设备使用标志上出现过设备公司的名称，但该标志较小且张贴位置并不醒目，一般消费者根本不会注意到。在游乐场经营信息没有公示披露的情况下，江某作为消费者有充分理由相信合同的相对方为管理公司。游乐场的名称、游客须知的落款、工作人员的服装上均含有相关字样，都易使消费者对游乐场经营管理者与公园的管理者产生认知上的混淆。在充值售票亭张贴的游客游乐须知中，明确本游乐场由公园经营管理，对此管理公司并未向设备公司提出过异议或在经营时向消费者进行过解释，使消费者更加确信管理公司是游乐场的经营者。同时，被告与第三人设备公司约定严禁开展预售卡业务，被告在发现第三人设备公司预售卡后，向第三人发送了要求对该违约行为进行整改告知函，说明被告明知第三人设备公司对外预售收款，但仍未向消费者披露公示租赁及经营情况，也未对消费者充值进行提醒。因此，消费者在充值消费时，无从知晓设备公司的存在，更谈不上设备公司作为经营者并愿与之订立服务合同。因此，江某作为消费者有充分理由相信与之建立服务合同的相对方是被告。被告应当退还江某储值卡金额994.5元及储值卡押金10元。被告承担责任后，其与第三人设备公司、马某忠之间的关系可根据其内部约定另行处理。判决：一、江某与管理公司之间的服务合同于2021年2月4日解除；二、管理公司退还江某储值卡余额994.5元及储值卡押金10元。

二审法院认为，经营者应当标明其真实名称和标记，租赁柜台和场地的经营者，亦应当标明其真实名称和标记。现管理公司主张游乐场系其出租给设备公司使用，但即使作为出租方管理公司亦有责任在游乐场的显著位置设立公示牌，公示场地内的经营者名称、租赁期限等与消费者合法权益相关的事项，从而保证消费者在消费时可以明确知晓真正的经营者，亦不会使消费者对游乐场的经营管理者与公园的管理者产生认知上的混淆。但本案中，位于某园中的游乐场招牌为案涉游乐场、工作人员的服装上有游乐场的标识及每个游乐设备前张贴的游客须知中均显示游乐场由公园经营管理。故在游乐场经营信息未公示披露的情况下江某作为消费者有充分理由相信合同的相对方为管理公司。判决：驳回上诉，维持原判。[1]

---

[1] 参见国家法官学院、最高人民法院司法案例研究院编：《中国法院2023年度案例》（合同纠纷），中国法制出版社2023年版，第249~250页。上海市第一中级人民法院(2021)沪01民终5908号民事判决书。

(四)服务合同无效处理

服务合同无效的处理包含两方面的内容,一是对整体无效或个别条款无效认定,二是对合同无效赔偿责任的界定。法官在确认合同无效后,对服务提供方多收的费用应判决返还接受服务方,有损失的服务提供方还要赔偿损失。

【案例1-48】　张某诉河南平正高速公路发展有限公司服务合同纠纷案

判决观点,原、被告之间建立了高速公路收费通行的服务合同关系,被告在通行卡上记载合同的权利义务内容,符合格式条款的特征。被告虽在通行卡的背面印制"妥善保管此卡,如有遗失或者损坏除照价(成本费30元)赔偿外并按路网最远程收费",根据高速公路通行服务合同的性质、目的分析,被告的主要合同义务是为机动车辆在高速公路的通行提供服务,在通行卡遗失而能通过相应途径查明原告实际通行里程的情况下,被告置实际通行里程不顾,坚持主张按全程收费,明显与其承担的主要义务不符。原告实际里程费用为35元,被告按最远程通行费收取285元,故原告要求被告退还多收取的250元过路费的主张,应予以支持。被告按其告知的通行卡成本费赔偿标准30元收取原告的赔偿款,该赔偿标准属于合理范围,故原告要求被告退还通行卡成本费30元,不予支持。原告要求被告赔偿误工损失218元,无证据证明,不予支持。原告要求被告赔偿交通费损失77元,结合本案相关情况,该请求在合理范围之内,对此请求应予以支持。[1]

---

[1] 参见最高人民法院中国应用法学研究所编:《人民法院案例选》2014年第1辑(总第87辑),人民法院出版社2014年版,第256页。河南省新蔡县人民法院(2012)新民二初字第037号民事判决书。

专题二　常用生活服务合同纠纷

　　本专题是在《民法典》合同编有名合同之外的其他合同纠纷，这种类型的合同与人们的生活发生紧密联系，虽然专题一中归纳了服务合同的主要特征，但每种合同都有其独特的特点，有必要进行分析。

一、医疗服务合同纠纷

(一)医疗服务合同义务

医疗告知义务包括医疗措施、治疗风险及患者出现病情危重及死亡情况等多项内容,是保护患者自主决定权的前提。医方在处分事关患者生命、身体、健康等重大人格利益事项时,应当履行告知义务,充分尊重患者的自主决定权。

【案例2-1】 张某华诉天津市第三中心医院医疗服务合同纠纷案

二审法院认为,原告认为被告在为患者进行手术前未履行相应的告知义务,对此天津市南开区医学会的医疗事故技术鉴定书认为被告在告知方面欠妥善,天津市医学会的医疗损害意见书补充说明中认为对于患者的病情突变医方没有尽到告知义务,因此,法院认定原告此项主张成立;原告对被告对患者进行治疗时实施"捆绑"的必要性提出异议,法院认定被告虽然对患者采取"束缚"措施并无不妥,但在履行相应告知说明义务方面有不完善之处;原告认为被告没有按照双方签订的无陪伴病房协议书约定在患者病情危重及死亡时通知家属,通过对证据的认定和事实的推理,被告在患者杨某敏病情危重时履行了电话通知其亲属的义务,在患者死亡时求助公安机关通知亲属,同时鉴于原告自2009年1月8日起未再到被告医院探视患者的情节,法院认定被告尽到了相应的通知义务,原告此项主张不能成立。[1]

【案例2-2】 袁某诉云南省第一人民医院医疗损害赔偿纠纷案

二审法院认为,本案中袁某因声音嘶哑一月余到云南省第一人民医院就诊,该院在为袁某进行治疗时,没有充分考虑到袁某职业的特殊性,没有在术前对手术风险向袁某进行充分告知,没有签署手术同意书,在为袁某提供诊疗服务过程中违反相应的注意义务,侵害了袁某所应依法享有的患者知情权,具有过错,手术的最终结果使袁某的精神受到了损害,应承担相应的民事

---

[1] 参见最高人民法院中国应用法学研究所编:《人民法院案例选》2015年第3辑(总第93辑),人民法院出版社2016年版,第106页。天津市第二中级人民法院(2014)二中民四终字第828号民事判决书。

责任。[1]

【案例 2-3】 腾某艳诉卫生院医疗服务合同纠纷案

判决观点,依据《侵权责任法》第五十五条的规定,医务人员在诊疗活动中应当向患者说明病情和医疗措施。需要实施手术、特殊检查、特殊治疗的,医务人员应当及时向患者说明医疗风险、替代医疗方案等情况,并取得其书面同意;不宜向患者说明的,应当向患者的近亲属说明,并取得其书面同意。医务人员未尽到前款义务,造成患者损害的,医疗机构应当承担赔偿责任。产前检查系医疗机构为产妇提供的一系列医疗和护理建议及措施,其目的是通过对孕产妇和胎儿的监护及早预防和发现并发症,减少不良影响,在此期间提供正确的检查手段和医院建议降低缺陷儿出生率,实现优生。原告胎儿畸形,虽系自身发育异常所致,并非被告医疗行为引起,两者不存在因果关系,但被告应将检查的相关医学风险如实向原告告知,否则应认定侵犯原告的知情权,剥夺原告选择权。本案中,原告在被告卫生院进行孕产期检查,但被告未能告知原告各类超生检查的区别,被告辩称工作人员已在原告滕某艳孕期 24 周时告知其前去上级医院检查,亦无证据予以证实。被告在诊疗过程中,对胎儿可能畸形,未尽到应有的谨慎和关心,存在未切实履行注意义务和告知义务的医疗过错行为。被告行为侵犯了原告的知情权和生育选择权,畸形胎儿的出生,也在客观上增加了原告抚养治疗的经济负担,被告应当承担相应的赔偿责任。又依据《合同法》第一百零七条、第一百一十三条第一款的规定,合同当事人未适当履行合同义务的,应当承担赔偿损失等违约责任。损失赔偿的数额应当相当于因违约造成的损失,包括合同履行后可以获得的利益,但不得超过违反合同一方订立合同时预见到或者应当预见到的因违反合同可能造成的损失,不包括精神损害赔偿。本案中,原告腾某艳产下患儿黄某桦后,两次为其进行唇腭裂整形修补手术,共计开支医疗费 29192.05 元,医保统筹支付 7153.56 元后其个人实际支付 22038.49 元,故原告实际医疗费损失为 22038.49 元。黄某桦合计住院 14 天,住院期间由腾某艳和黄某旺护理,故产生住院伙食补助费 100 元/天×14 天 = 1400 元,护理费 132 元/天×14 天×2 人 = 3696 元,计算无误,应予以确认。关于(复检)误工费 132 元/天×2 天×2 人 = 528 元,计算无误,应予以确认。关于交通费,原告腾某艳未能提交相应的证据证实,但交通费确实为必要的开支,法院酌定为 500 元。以上合计 28162.49 元。因本案为合同违约之诉,故对原告腾某艳要求被告承担精神损害赔偿不予支持。判决:一、被告卫生院向原告腾某艳赔偿各

---

[1] 参见最高人民法院中国应用法学研究所编:《人民法院案例选》2007 年第 1 辑(总第 59 辑),人民法院出版社 2007 年版,第 190 页。

项经济损失共计 28162.49 元;二、驳回原告腾某艳的其他诉讼请求。[1]

医疗机构对强行收治患者入院的审查义务,主要包括:其一,患者被强制收治住院必要性审查。在收治入院之前医院应根据患者家属提供的充分既往病史等材料,并对本人精神状况进行严格医学检查,不能仅凭家属或监护人的要求予以收治,以使患者采取强制治疗的可能性降至最低程度。其二,对患者采取强制治疗申请人的资格审查,只需履行善良义务人的注意义务,即根据医疗服务合同的实际特点和自身的审查能力进行判断。

【案例2-4】 陈某诉北京市某医院医疗服务合同纠纷案

判决观点,在收治住院方面,陈某入院时,北京市某医院确认了陈某及其陪同人员的身份关系。因此北京市某医院在履行上述审查义务,且经陈某近亲属同意后将陈某收治,收治过程合法。在诊断方面,北京市某医院在听取陈某之父的主诉病情并对陈某进行精神方面的检查后,做出偏执型人格障碍的诊断结论正确。在治疗方面,陈某服用的氟哌啶醇是治疗陈某疾病的药品,服用剂量亦符合用药常规。在陈某出现不良反应后,根据所用药物的病理作用无法立即停药的前提下,北京市某医院及时予以减量并进行其他辅助治疗,因此北京市某医院在用药过程中亦属适当。陈某在服用抗精神病药物后,产生了影响身体健康的损害后果。但北京市某医院在陈某入院时,已经通过协议形式将用药可能产生的风险进行告知。基于该协议的有效性,因正常医疗行为而产生的相应风险已经发生转移,即由患者承担。据此,判决驳回陈某的诉讼请求。[2]

(二)医疗服务合同责任

1. 紧急情况与违约责任关系

在医疗服务合同中,应注意紧急情况对违约责任认定的影响。公共医疗卫生服务机构履行医疗服务合同时,在非紧急情况下,未经患者方同意擅自改变合同约定的医疗方案,应认定为履行合同义务不符合约定的行为。

---

[1] 参见国家法官学院、最高人民法院司法案例研究院编:《中国法院2022年度案例》(合同纠纷),中国法制出版社2022年版,第265~266页。广西壮族自治区平果市人民法院(2020)桂1023民初1257号民事判决书。

[2] 参见最高人民法院中国应用法学研究所编:《人民法院案例选》2008年第2辑(总第64辑),人民法院出版社2009年版,第194页。

【案例2-5】 郑某峰、陈某青诉江苏省人民医院医疗服务合同纠纷案

二审法院认为,郑某峰、陈某青现虽无直接证据证明双方约定采取ISCI治疗技术,但其所提交的2002年9月25日的交费单据表明,人民医院是按照ISCI技术的收费标准收取的医疗费;电话录音及郑某峰、陈某青致人民医院医务处的信件中均提到他们原来是要求采取ISCI技术进行治疗;人民医院提交的2002年9月9日"IVF促排卵治疗记录单"中亦记载了拟行治疗为ISCI。上述间接证据相互印证,可以认定郑某峰、陈某青与人民医院口头约定采取ISCI技术进行人工辅助生育治疗,人民医院应当按照双方的约定全面履行医疗服务合同。履行医疗服务合同时,在非紧急情况下,医院未经患者或其代理人同意擅自改变双方约定的医疗方案,属于《合同法》第一百零七条规定的履行合同义务不符合约定的行为。在本案中,人民医院为郑某峰、陈某青治疗过程中,在未出现紧急抢救等非常状态的情况下,未经郑某峰、陈某青同意,擅自改变治疗方案,属于履行服务合同义务不符合约定,由此造成合同相对方的损失,依法应当承担赔偿损失的责任,一审法院对违约责任和具体损失的认定是正确的,据此所作的判决并无不当。人民医院上诉理由不足,故不予支持。[1]

2.服务合同过错认定

医院对门诊精神障碍患者不负有诊疗行为外的监管职责,对其走失行为及被宣告死亡后果不存在过错,亦不应承担法律责任。

【案例2-6】 刘某汉、夏某秀诉中南大学湘雅二医院医疗服务合同纠纷案

一审法院认为,刘某汉、夏某秀称刘某定是在湘雅二医院处就诊后走失。结合本案的门诊病历、门诊处方笺、长沙市芙蓉公安分局人民路派出所证明以及寻人启事等证据来看,可以认定刘某定于2006年10月19日上午从中南大学湘雅二医院精神科走失的事实。中南大学湘雅二医院在诊疗活动中,其诊疗行为符合门诊诊疗常规,没有违反法律、法规的相关规定。刘某汉、夏某秀亦未能提供证据证明刘某定系在就诊过程中因受到医生的错误指示而走失,不能证明刘某定的走失行为与中南大学湘雅二医院的诊疗行为之间具有因果关系,故中南大学湘雅二医院对刘某定的走失以及被宣告死亡的后果不应承担赔偿责任。刘某汉作为精神障碍患者刘某定的父亲和监护人,负有监护责任,在陪同刘某定看病时应当妥善看护刘某定,故对刘某汉、夏某秀的诉讼请求不予支持。判决:驳回刘某汉、夏某秀的诉讼请求。二审法院维持

---

[1] 参见《最高人民法院公报》2004年第8期。

一审判决。[1]

【不同处理】 有的法院对医院违反二级护理的相关规定,认为存在较小的过错,仅应在值班护士对患者看护不力的范围内承担较小的责任。

【案例 2-7】 林某芳、祁某萍与石河子市人民医院医疗服务合同纠纷案

一审法院认为,双方约定的护理级别为二级护理,被告医院在对祁某普白内障手术治疗后病情好转,但因祁某普患阿尔茨海默病,存在走失风险。在祁某普住院期间,被告多次要求祁某普家人 24 小时陪护,且祁某普的女儿祁某萍伴随祁某普全程护理。参照《综合医院分级护理指导原则(试行)》之规定,根据祁某普的病情,被告对其实行二级护理并无不当,但在被告值班护士巡视患者祁某普期间发现祁某普无家人看管,且在没有与祁某普家人取得联系的情况下,到对面的二病房为其他两位患者进行点眼治疗,致使患者祁某普走失后死亡,其行为违反《综合医院分级护理指导原则(试行)》第十五条第(四)项之规定,存在一定的过错,应当对祁某普死亡给原告造成的损失负 20% 的赔偿责任,因值班护士系履行被告的职务行为,该责任应当由被告承担。祁某普亲属祁某萍在祁某普走失前外出,未按被告的要求陪护,致使祁某普走失后死亡,系其女儿祁某萍作为陪护人员的疏忽所致,祁某萍自身具有主要过错,应当自行承担 80% 的责任。二审调解结案,被告补偿原告经济损失 3 万元。[2]

医疗告知义务不完全履行属于医疗服务合同履行瑕疵,医院应承担相应违约责任。赔偿数额要参考医疗风险可否避免、患者及家属的经济承受能力、医院完成医疗服务合同的程度、未尽告知义务医疗措施的费用总额等因素综合确定。

【案例 2-8】 张某华诉天津市第三中心医院医疗服务合同纠纷案

二审法院认为,综合以上意见,被告在病程记录及履行应尽的告知义务方面存在瑕疵,特别是患者有脑病后遗症,出现"误吸"的可能性极大,患者亲属在决定是否同意患者手术时无疑会对手术风险进行评估,被告未就此尽到告知义务,使原告在没有考量此项风险的情况下同意患者进行"气切"手术,患者在救治过程中发生急性呼吸衰竭,而"误吸"则是导致呼吸衰竭的原因,患者及其亲属在术后支付了高额的费用,该损失被告应承担一部分,因此,被告不应足额收取患者相应的费用。至于具体应退还的费用数额,法院

---

[1] 参见国家法官学院案例开发研究中心编:《中国法院 2016 年度案例》(合同纠纷),中国法制出版社 2016 年版,第 247~248 页。湖南省长沙市中级人民法院(2014)长中民一终字第 00678 号民事判决书。

[2] 参见国家法官学院案例开发研究中心编:《中国法院 2017 年度案例》(合同纠纷),中国法制出版社 2017 年版,第 240 页。新疆生产建设兵团第八师中级人民法院(2016)兵八民二终字第 389 号民事判决书。

综合考虑以下因素:第一,患者因病住院治疗,有其必然发生的费用,而且原、被告的争议是因被告对患者实施手术所引起的,原告对于被告术前的诊疗行为未提出异议;第二,患者昏迷直至死亡与被告气管切开手术无因果关系,被告只是在病程记录及履行告知义务方面存在瑕疵,未能全面适当履行医疗服务合同义务,但被告已经尽到了医疗服务合同的主要义务;第三,如果原告当时知晓"误吸"的风险,有可能不再选择气管切开术,但并不意味着必然不会选择手术治疗;第四,患者及原告实际支付的费用总额;第五,仅凭现有证据,无论是原、被告双方还是法院均无法准确区分因被告的瑕疵行为而应减收的医疗费用准确数额。综合以上因素,根据原告及患者已交纳的费用数额,法院酌情确定被告退还5万元。因患者杨某敏已死亡,原告系患者唯一法定继承人,因此该款应由被告退还原告。[1]

医疗保健机构在产前医学检查中未尽到勤勉和忠诚义务导致检查结论失实,使信赖该项检查结果的合同相对人生育缺陷婴儿,应当根据《民法典》第五百七十七条(《合同法》第一百零七条)规定承担损害赔偿责任。

【案例2-9】 李某等诉当涂县大陇医院等医疗服务合同纠纷案

一审法院认为,原告李某在怀孕的中、晚期到两被告处进行产前检查,交纳了医疗费用后,两被告安排医务人员对其进行B超检查,两者之间建立了医疗服务关系,两被告有义务安排有相应资质的医务人员按照医疗程序规定对原告李某进行诊断,但两被告安排进行B超检查的医务人员均无相应的执业医师资格,且两被告在为原告李某五次中、晚期产前常规检查中均未按产科超声检查的一般要求对胎儿进行股骨长度测量,诊治过程中存在过错,对能否发现周某发育畸形存在不良影响,致使原告李某失去了选择让不健康的婴儿出生的机会,侵害了原告李某的民事权利。畸形婴儿的出生势必会让原告李某产生较大的精神痛苦,而原告周某随着年龄的增长,自身的畸形发育也必将对其心理产生一定的伤害,故两被告应当赔偿两原告精神抚慰金。鉴于两被告系乡镇卫生院,本身的医疗设备、技术水平对能否发现胎儿骨骼不全具有不确定性,且B超检查对软骨病的诊断难度较大,此点从周某出生后因"三个月不能抬头"在马鞍山市人民医院就诊未能明确诊断可见,故可减轻两被告的赔偿责任。软骨发育不全系先天性疾病,与两被告的诊疗行为并无因果关系,故对两原告的物质赔偿请求除原告李某的产前诊疗费用及交通费外均不应予以支持,但该两项费用,原告未提交证据证明。据此,一审法

---

[1] 参见最高人民法院中国应用法学研究所编:《人民法院案例选》2015年第3辑(总第93辑),人民法院出版社2016年版,第106页。天津市第二中级人民法院(2014)二中民四终字第828号民事判决书。

院判决两被告各赔偿原告李某、周某精神抚慰金25000元,驳回原告李某、周某的其他诉讼请求。二审中,原、被告均以本案经协商已彻底解决为由撤回上诉。[1]

医疗服务提供者向赡养义务人主张医疗费问题。实践中,患者(被赡养人)丧失劳动能力又无其他财产,医院能否向承担赡养义务的赡养人主张拖欠的医疗费是难点。笔者认为,虽然医院与患者本人存在服务合同关系,受合同相对性限制,而不能将该关系扩展至医院与患者子女,对医院主张医疗费请求权基础认定为不当得利请求权妥当,亦有法院判决实例支持。

【案例2-10】 天台县人民医院诉胡某红等医疗服务合同纠纷案

二审法院认为,本案被上诉人以四上诉人的母亲叶某庆在被上诉人天台县人民医院处住院接受医疗服务直至病故要求四上诉人支付叶某庆住院就诊期间产生的医疗费以及其他费用,从被上诉人的诉求来看,其认为上述费用应当由叶某庆的法定赡养义务人即本案的四上诉人承担,而非明确仅依据医疗服务合同关系法律主张相关费用。综合考虑被上诉人起诉的依据与理由,本案的案由应定为不当得利纠纷。本案的基本事实清楚,各方争议的主要焦点在于四上诉人是否应当偿付其母亲叶某庆在被上诉人处就医期间所产生的各项费用。叶某庆于2014年8月24日因摔伤致胸痛到被上诉人处就医,双方形成医疗服务合同法律关系,及至叶某庆病故,其尚欠被上诉人包括医疗费在内的各项费用270881.91元。因叶某庆病故,且无其他遗产,被上诉人基于医疗服务合同关系所享有的债权实际已经无法实现,客观上受到损失。根据《老年人权益保障法》第十四条、第十五条之规定,四上诉人作为叶某庆的子女,在叶某庆生前对其负有法定赡养义务。而叶某庆被送医就诊时年届八十,既无财产,也缺乏其他收入来源,四上诉人应当在叶某庆患病时保证其及时得到治疗和护理,并支付相应医疗费用。但四上诉人在叶某庆住院就诊期间疏于照顾,且怠于支付相关费用,于法有违,于人伦相悖。赡养义务人的赡养义务因被赡养人的死亡而归于消灭,赡养义务人客观上由此获益。从本案来看,四上诉人为本案讼争费用的法定承担主体,若其依法履行赡养义务,被上诉人基于医疗服务合同所享有的债权即得以实现。四上诉人的支付义务因叶某庆的死亡而归于消灭,被上诉人的债权亦因叶某庆的死亡而无法实现,应当认定被上诉人所受的损失与四上诉人所取得的利益存在因果关系,且四上诉人缺乏保有上诉利益的合法依据,故其应当向被上诉人返

---

[1] 参见最高人民法院中国应用法学研究所编:《人民法院案例选》2011年第1辑(总第75辑),人民法院出版社2011年版,第171页。

还不当得利。至于四上诉人认为被上诉人在诊疗过程中存在重大医疗过错致叶某庆死亡，与本案的实体处理无涉，其可另案主张。综上所述，胡某红、胡某良、胡某珠、胡某兰的上诉请求不能成立，一审判决认定事实清楚，实体处理得当。[1]

医疗机构对在本机构内接受封闭治疗的精神病人负有临时监护义务及管理职责。

【案例2-11】 黄某展诉某医院、蔡某贤服务合同纠纷案

一审法院认为，黄某展与蔡某贤均系在某医院治疗精神病的患者，均与医院存在医疗服务合同关系。黄某展患有"未分化精神分裂症"，系多重二级（精神、肢体）残疾；蔡某贤患有"重度精神发育迟滞"，系多重二级（智力二级、精神二级）残疾，二人均属限制行为能力人。某医院对于到医院接受治疗的精神病人实行封闭性的集中管理，黄某展在医院治疗期间脱离法定监护人的监护，某医院在该二人住院期间基于与该二人的法定监护人之间的医疗服务合同对该二人负有临时监护责任。黄某展、蔡某贤在住院期间医院除给予恰当的治疗外还应当严格履行对该二人的监护职责，同时还负有法律上的安全保障义务。因某医院对住院治疗的精神病患者分类集中管理的方式，致黄某展在住院期间被蔡某贤推倒受伤，某医院存在监管失职的过错，应对黄某展因本案事件造成的损失承担违约赔偿责任。蔡某贤在住院期间的管理监护责任由某医院负责，某医院以蔡某贤的法定监护人怠于履行监护职责为由抗辩黄某展因本案事件造成的损失由蔡某贤的法定监护人承担赔偿责任，依据不足，本院不予采信。综上，本院依法认定某医院在对黄某展精神病的治疗过程中存在管理失职的过错，应对黄某展因本案事件造成的医疗费、住院伙食补助费、营养费、护理费、交通费、残疾赔偿金、矫形器费用、后续治疗费、精神损害抚慰金等各项损失合计395475.5元，黄某展诉求损失超过部分，本院不予支持。判决：一、某医院赔偿经济损失395475.5元；二、驳回黄某展的其他诉讼请求。

二审法院认为，本案中，某医院接受患有"未分化精神分裂症"的黄某展住院治疗，双方成立医疗服务合同关系。某医院应根据收治精神病患者人员数量、患者情况合理安排相应的人员、措施等进行管理落实安全防范措施。各方当事人确认某医院对精神病人采取集中管理的方式，家属不能前往探视。根据查明事实，黄某展在接受住院治疗期间，被同在某医院住院治疗的

---

[1] 参见国家法官学院案例开发研究中心编：《中国法院2019年度案例》（合同纠纷），中国法制出版社2019年版，第241~242页。浙江省台州市中级人民法院(2017)浙10民终第1093号民事判决书。

精神病患者蔡某贤推倒致伤。公安部门称,经调查核实蔡某贤是重度精神发育痴呆者,只有5岁至7岁儿童的智商,缺乏与他人沟通的能力,平时除了吃饭,其他生活方面均无法自理。民警现场通过调取监控视频了解,该事件发生时,病房内的人员都是在某医院精神科接受救治的病人,现场未见某医院工作人员,某医院存在失职、管教不到位的情况,医院也表示愿意承担本次事件的部分责任。综合在案证据及查明事实,可以认定某医院在履行医疗服务合同过程中确有不当,且与黄某展被推倒致伤具有法律上的因果关系。黄某展主张某医院承担相应的违约责任具有事实与法律依据,一审法院支持其相应诉求并无不当。蔡某贤患有"重度精神发育迟滞"且同在某医院住院治疗,某医院主张蔡某贤承担赔偿责任理据不足,对其上诉理由不予采纳。一审法院对某医院应赔偿的损失数额已作必要说明,并无不当,本院不再赘述并予以支持。判决:驳回上诉,维持原判。[1]

(三)代位权在医疗服务合同中的适用

《合同法》正式确立了代位权制度,《民法典》对代位权制度规定表述更加规范、更为准确。对医疗服务合同而言,医院在因抢救交通事故受害人(无名氏),又无法找到受害人家属的情况下,当然可以代位取得其债权请求权,请求交通事故中负有责任的一方予以赔偿。

【案例2-12】 福建医科大医院诉闽运公司医疗服务合同纠纷案

一审法院认为,程某未按照操作规范安全驾驶而违法通行,其对造成无名氏的损害负有过错。程某的驾车行为属执行工作任务,因此产生的侵权责任依法由被告承担。本案原告追偿医疗费的情形,与合同法规定的代位权最相类似,可以参照《合同法》第七十三条"因债务人怠于行使其到期债权,对债权人造成损害的,债权人可以向人民法院请求以自己的名义代位行使债务人的债权,但该债权专属于债务人自身的除外"的规定。判决被告闽运公司应支付本案无名氏的医疗费7万余元给原告福医大医院。二审法院维持一审判决。[2]

---

[1] 参见国家法官学院、最高人民法院司法案例研究院编:《中国法院2023年度案例》(合同纠纷),中国法制出版社2023年版,第236~238页。福建省厦门市中级人民法院(2021)闽02民终7477号民事判决书。

[2] 参见《人民法院报》2014年7月10日,第6版。福建省福州市中级人民法院(2013)榕民终字第1563号民事判决书。

(四)医疗服务合同继续履行处理

实践中,对于一些特殊服务合同,一方提出继续履行请求由法官根据具体情况裁决。如夫妻双方签订的涉人类辅助生殖技术医疗服务合同,配偶一方死亡后,另一方要求继续履行合同的,应从《民法典》合同编规定角度审查诉讼主体资格,明确合同权利义务,并确立法律规定和社会伦理道德两方面考量因素,探求当事人的真实意思表示,对于不违背死亡一方意愿的请求,法院应予支持。

【案例2-13】 石某诉首都医科大学附属北京朝阳医院医疗服务合同纠纷案

判决观点,第一,合同主体及数量:原告夫妻二人均患有生殖系统疾病,共同寻求治疗,且需双方共同参与,故患方主体应为原告夫妻二人。而实施取卵、受精、移植胚胎是连续的治疗过程,不能割裂开来,故仅形成一个合同关系。第二,继续履行合同是否有违法律规定及社会伦理。1.案涉合同具有人身性质,除原告之外,梅某的其他法定第一顺序继承人不宜主张继受案涉合同权利义务。且梅某的父母均表示不参加诉讼,自愿放弃在本案中的全部诉讼权利和实体权利。故原告要求继受合同权利义务,继续履行合同无法律障碍。2.原告夫妇之前未生育子女,故不违反计划生育法律法规。且原告作为丧偶妇女,有别于原卫生部规范中所指称的单身妇女。加之,根据原卫生部就原广东省卫生厅类似问题的通知精神可知,原告可以要求被告继续为其提供胚胎移植医疗服务。3.通过人类辅助生殖技术出生的后代与自然受孕分娩的后代享有同样的法律权利和义务,包括继承权等。因此,继续履行有必要取得梅某父母的同意,而梅某父母已明确表达同意原告实施人类辅助生殖技术的强烈意愿。孩子出生后可能在单亲家庭的假定性条件并不意味着必然对其生理、心理等产生严重影响,且目前并无证据证明实施人类辅助技术存在医学、亲权或其他方面对后代产生严重的不利情形。故继续履行合同不违反保护后代原则。4.根据梅某生前签署的《知情同意书》等可知,其订立合同的目的是生育子女,显然胚胎移植是实现合同目的之必然步骤,属于合同内容的一部分,且被告已经实施过两次胚胎移植手术,因此,从梅某生前的意思表示、行为表现及公众普遍认同的传统观念和人之常情,有理由相信继续实施胚胎移植手术不违反梅某的意愿。综上,对原告要求继续履行合同的诉讼请求,法院予以支持。判决:被告首都医科大学附属北京朝阳医院继续履行与原告石某之间就体外受精—胚胎移植所签订的医疗服务合同,为原告石某施行胚胎移植医疗服务。[1]

夫妻双方与医疗机构签订辅助生殖医疗合同要求体外受精——胚胎移植,一方死亡后,夫妻一方要求继续履行"体外受精——胚胎移植"手术并不违背伦理道德。实施人工辅助生殖技术因技术操作原因存在分阶段、分步骤履行的特点,但并不影响医疗服务合同内容的整体性,医疗机构应当继续履行生殖医疗合同。

【案例2-14】 张某诉四川省医学科学院、四川省人民医院医疗服务合同纠纷案

判决观点,张某与被告省人民医院之间的医疗服务合同关系,有双方当事人陈述、体检报告、知情同意书等证据及庭审笔录在卷佐证,足以认定医疗服务合同关系成立,系双方真实意思表示,合法有效。本案的争议在于:第一,双方之间的医疗服务合同内容是否包括省人民医院移植胚胎的履行义务;第二,省人民医院继续为张某实施人类辅助生殖技术是否违反有关的伦理原则。

第一,关于双方之间的医疗服务合同内容是否包括省人民医院移植胚胎的履行义务。根据当事人提交的证据,四川省人民医院试管婴儿检测项目、张某与李某的检测报告单、检测报告领取单、《胚胎移植、培养知情同意书》、《胚胎继续培养、冷冻知情同意书》等可以证明张某、李某生前与省人民医院之间的人工辅助生殖的医疗服务合同成立,且合法、有效。省人民医院在庭审中抗辩称张某、李某尚未签订胚胎复苏移植知情同意书、再次怀孕知情同意书,张某、李某生前与省人民医院之间仅成立胚胎保管合同关系。法院认为,张某、李某生前签订医疗服务合同时的最终目的是通过辅助生殖技术生育子女,而不可能通过辅助生殖技术仅用于保管冷冻胚胎。李某之前已签署《胚胎移植、培养知情同意书》《胚胎继续培养、冷冻知情同意书》,从中可知李某对于通过实施胚胎移植手术生育子女已经表达了其意愿。虽然实施人工辅助生殖技术因技术操作原因存在分阶段、分步骤履行的特点,但并不影响医疗服务合同内容的整体性。本案中,张某、李某与省人民医院之间的医疗服务合同尚未履行完毕,胚胎处于冷冻状态,没有立即实施胚胎移植,因胚胎移植需要评估张某的身体状况。故本案不应拘泥于张某、李某不能签署新的知情同意书这一形式问题,对于省人民医院的上述抗辩主张,法院不予支持,应认定张某、李某与省人民医院之间的医疗服务合同内容包括省人民医院移植胚胎的履行义务。省人民医院应当按照医疗服务合同的约定,全面履

---

[1] 参见最高人民法院中国应用法学研究所编:《人民法院案例选》2020年第4辑(总第146辑),人民法院出版社2020年版,第104~105页。北京市朝阳区人民法院(2017)京0105民初10591号民事判决书。

行合同各阶段的义务。

第二，关于省人民医院继续为张某实施人类辅助生殖技术是否违反有关的伦理原则。关于省人民医院继续为张某实施人类辅助生殖技术是否违反有关的伦理原则，应结合本案实际从以下三个方面予以审慎评判：1.省人民医院继续为张某实施人类辅助生殖技术是否违反了"医务人员必须严格贯彻国家人口和计划生育法律法规，不得对不符合国家人口和计划生育法规和条例规定的夫妇和单身妇女实施人类辅助生殖技术"这一行为准则。被告省人民医院抗辩原告张某为单身妇女，不符合原卫生部《人类辅助生殖技术规范》规定的"禁止给不符合国家人口和计划生育法规和条例规定的夫妇和单身妇女实施人类辅助生育技术"。同时，《人类辅助生殖技术和人类精子库伦理原则》亦规定了相应的伦理原则，其中社会公益原则中规定："医务人员必须严格贯彻国家人口和计划生育法律法规，不得对不符合国家人口和计划生育法规和条例规定的夫妇和单身妇女实施人类辅助生殖技术。"法院认为，首先，原告夫妇之前未生育，未收养子女，进行人工辅助生育不违反计划生育法律法规。其次，上述《人类辅助生殖技术规范》禁止单身妇女实施人类辅助生殖技术的目的是避免造成生育与婚姻的分离，从而导致作为社会稳定的基本单元家庭的瓦解。本案中，张某作为丧偶妇女，亦有别于《人类辅助生殖技术规范》和《人类辅助生殖技术和人类精子库伦理原则》中关于单身妇女实施人类辅助生殖技术的情形，为其实施人类生殖辅助生殖技术并不有悖于社会公益。故法院认为，省人民医院继续为张某实施人类辅助生殖技术不违反前述部门规章。2.省人民医院继续为张某实施人类辅助生殖技术是否违反"人类辅助生殖技术必须在夫妇双方自愿同意并签署书面知情同意书后方可实施"这一知情同意原则。省人民医院认为每一阶段均需夫妻双方签署相关的文件的抗辩，现原告配偶李某已死亡，无法明确是否进行胚胎移植的意思表示。但综合整个医疗服务合同的履行过程，原告配偶李某对合同履行的目的是明知且同意的。为张某进行胚胎移植手术，人工辅助（包括胚胎移植手术）生育子女是整个医疗服务合同的目的。医院不应拘泥于李某是否签署知情同意书这一形式问题。胚胎移植仅是因故暂缓，张某要求实施胚胎移植手术是履行既有医疗服务合同的请求。故省人民医院继续为张某实施人类辅助生殖技术不违反前述知情同意原则。另，李某去世前对通过辅助生殖技术包括实施胚胎移植手术生育子女已表达了明确意愿，而张某也同意将胚胎移植到自己体内，并且这一行为不会损害公序良俗，即使原告配偶李某未作出新的意思表示，亦不必然对继续履行医疗服务合同构成妨碍。故法院支持张某的诉讼请求。3.省人民医院继续为张某实施人类辅助生殖技术是否违反"如果有证据表明实施人类辅助生殖技术将会对后代产生严重的生理、心理和社会损害,医务人员有义务停止该技术的实施"这一保护后代原则。物质能力,或者说经济负担能力,不应作为公民行使生育权利的约束条件,何况现无证据证明张某缺乏生育抚养子女的能力;孩子可能出生在单亲家庭,不能就断言孩子会因此遭受严重的生理、心理和社会损害,故不违反保护后代原则。且李某父母已表示支持张某继续实施人类辅助生殖技术。故法院认为,省人民医院继续为张某实施人类辅助生殖技术不违反前述保护后代原则。判决:省人民医院继续履行与张某之间人工辅助生殖技术的医疗服务合同,为张某实施胚胎移植手术。[1]

---

[1] 参见最高人民法院中国应用法学研究所编:《人民法院案例选》2021年第5辑(总第159辑),人民法院出版社2021年版,第111~113页。四川省成都市青羊区人民法院(2018)川0105民初12958号民事判决书。

二、教育培训服务合同纠纷

(一) 教育培训服务合同认定

1. 教学资质教师资格问题

《民办教育促进法》第六十六条规定，在工商行政管理部门登记注册的经营性的民法培训机构的管理办法，由国务院务另行规定。截至目前，国务院尚未制定相关规定和管理办法。因此，经工商行政管理部门登记从事教育培训的企业作为教育服务者，并未违反相关法律规定或管理办法，自然签订的教育服务合同亦不能因此被认定无效。故从事社会文化教育活动的主体具有多样性，既可以是教育行政管理部门颁发教学资质的学校及其他教育机构，也可以是经相关业务主管单位审核同意，并经社会团体登记管理机关登记的社团，经劳动行政管理部门批准设立的劳动技能型培训学校，经原为工商行政管理部门现为市场监督管理部门注册成立的企业等，其教育服务活动主体身份来源不同。擅自举办民办学校的，由县级以上人民政府的相关行政部门依法行使行政职权予以处理。《民法典》及相关司法解释出于对交易安全的保障和对市场秩序的维护，在合同效力的认定方面，除非具有法定无效情形，否则不否定合同的效力。

2. 服务合同审查

对留学中介服务合同的审查，首先看合同约定的内容进而确定完成的标准。如果约定是以提供入学机会作为服务内容，则只要申请学校给予了入学通知，就应视为服务提供方服务义务的完成。如果约定的是实际申请人入学为服务内容，在服务接受者的考试成绩未达到入学条件而实际无法申请入学的，仍应视为服务义务未完成。在服务提供方提供了入学通知，且服务接受者符合入学标准，通过入学考试未入学的，或者因服务接受者自身的过错未参加入学考试的，应视为服务义务已经完成。

【案例 2-15】 某留学中介公司与季某服务合同纠纷案

判决观点，根据双方当事人的合同约定，某留学中介公司收取的服务费用包括材料制作、学校申请、签证(注)、后期服务四部分,某留学中介公司完成上述服务后方有权向季某要求服务费用的给付。现季某虽然取得了香港大学附条件的录取通知书,但并未满足录取入学的基本条件,故该份录取通知书对季某而言是无效的,季某实际上并未享受到留学申请成功后某留学中介公司提供的签证(注)、后期服务等相关服务。结合某留学中介公司杭州分公司承诺季某延长服务期限的补充协议,法院认为,某留学中介公司要求季某给付留学香港的后期服务费用,条件未成就,法院不予支持。季某与某留学中介公司就申请新加坡留学而产生的费用纠纷不属于本案处理范围。判决:驳回某留学中介公司的诉讼请求。[1]

【案例 2-16】 戴某文诉现代管理大学其他合同纠纷案

现代管理大学在招生简章上注明北方交通大学成人教育学院大专班为两年制,在戴某文入学一年后,现代管理大学通知戴某文,此班学制已满,愿意学习的可以转到下一届继续学习,学校可减半收取学费,属于单方变更,其行为属于履行合同义务不符合约定,已经构成严重违约。一审法院判决被告现代管理大学返还原告戴某文学费4400元,二审法院予以维持。[2]

(二)教育培训服务合同责任

个案中,法官根据具体案情认定违约责任。

【案例 2-17】 刘某诉某教育咨询公司教育培训合同纠纷案

一审法院认为,刘某主张本科二批录取控制分数线即为本科二批录取分数线,认为本科二批院校应在本科二批录取控制分数线以上划定各自院校的录取分数线,未完成招生计划的部分院校再行通过征集志愿工作补录招生,此理解符合合同订立时之通常理解和目的,亦符合合同履行的确定性,对此法院予以支持;某教育咨询公司以本科二批征集志愿线下降20分为由主张本科二批录取分数线降至485分,无事实根据,不符合通常之理解,亦增加了合同履行的不确定性,对此抗辩法院不予支持。据此法院判决某教育咨询公司退还刘某培训费15000元。二审法院审理后维持原判。[3]

因不可归责于双方当事人的原因导致合同无法继续履行的,双方就此互不承

---

[1] 北京市海淀区人民法院(2012)海民初字第18989号民事判决书。
[2] 参见北京市高级人民法院民一庭编:《北京民事审判疑难案例与问题解析》(第一卷),法律出版社2007年版,第497页。
[3] 北京市第二中级人民法院(2014)二中民终字第00940号民事判决书。

担违约责任。

机动车驾驶培训学员因多次考试不及格而起诉驾校返还培训费,个案中法官通过对行业培训格式合同的解释,原则上符合培训合同关于个人原因导致提前终止培训的情形,结合驾校培训行业惯例,判决驾校退还部分费用。

【案例 2-18】 毕某诉上海通略机动车驾驶员培训有限公司服务合同纠纷案

一审法院认为,原、被告于 2016 年 9 月 18 日签订培训合同,双方已建立服务合同法律关系。原告向被告支付培训费 7185 元,被告按照《培训考试大纲》指导原告规定培训项目,原告第五次预约科目二考试仍不合格,被告按照培训合同认定原告此次培训周期已结束,应与原告重新签订合同。《机动车驾驶证申领和使用规定》第四十四条规定:"在学习驾驶证明有效期内,科目二和科目三道路驾驶技能考试仍不合格的,已考试合格的其他科目成绩作废。"该规定系公安部出台的关于指导机动车驾驶证申领和使用的行政规章。原告在培训期内第五次预约科目二考试仍不合格,系属于因个人原因被强制届满情形。培训合同第七条约定:"因乙方原因提前终止培训的,按下列条款办理:(一)甲方退回乙方所提交的有关资料;(二)退还相关费用,其中,未进入培训项目,扣除 300 元手续费;已进入培训项目,在扣除前款费用后,按已发生的实际费用扣除(已参加科目一考试、未参加科目训练的扣除 700 元;已参加科目二训练,在培训周期内退还培训费用的 35%,折合 2515 元)。"原告属于因个人原因提前终止培训,该培训合同属于机动车培训行业协会制定的格式合同,未对个人原因、提前终止及培训周期所包含情形作明确说明,也未对培训周期作出明确约定,结合格式合同解释规则及行业惯例,不宜作出对合同相对人不利的解释。故原告向被告申请退还培训费用 7856 元的 35%,折合 2515 元,于法有据,已经发生的大部分费用不宜退回。据此,判决被告驾校退还原告毕某培训费用 2515 元。二审法院判决:驳回上诉,维持原判。[1]

认定构成服务合同消费欺诈,主要需从主、客观两个方面考量。主观方面主要包括一方具有欺骗或隐瞒他人,并使他人陷入错误的故意,另一方因错误认知而作出相应行为。客观方面主要包含一方作出了欺骗、隐瞒等的行为,另一方因错误认知而作出相应行为。

对于师资不符合约定而发生的教育培训合同纠纷案件,不能仅要求培训机构承担已完成课程的违约责任,对于尚未培训完成的课程是否要承担违约责任,则

---

[1] 参见《人民司法·案例》2019 年第 11 期(总第 850 期)。上海市第二中级人民法院(2018)沪 02 民终 547 号民事判决书。

应从合同的课程设置、条款整体性、教师来源、师资能力等相关方面进行考量,并从充分保护受教育者权利和严格培训机构的责任方面予以综合判断,准确认定欺诈并确定赔偿范围。

【案例 2-19】 高某诉无锡新支点培训有限公司教育培训合同纠纷案

一审法院认为,新支点公司所派教师不是英语专业毕业,既未取得英语专业八级证书,也无教师资格证,属于安排不合格人员从事教育培训授课。依照《江苏省消费者权益保护条例》第四十二条第二款的规定,新支点公司应退还高某教育培训费用 6400 元。另外,根据《消费者权益保护法》第五十五条第一款和《江苏省消费者权益保护条例》第二十四条第(四)项规定,新支点公司的行为已经构成欺诈。现高某要求解除合同,"新概念英语3"的课程尚未开始履行,不能认定新支点公司在该课程履行过程中会存在安排不合格人员从事教育培训授课。据此,判定新支点公司应当向对方支付"新概念英语2"暑假班价格 2800 元的 3 倍赔偿款 8400 元。二审法院认为,一审法院认定新支点公司的行为存在欺诈,应向高某退还培训费 6400 元和"新概念英语2"培训课程的赔偿费 8400 元是正确的,应予支持。但该协议书没有明确拆分两门课程,一审法院对未授课的"新概念英语3"培训费用未予一并进行退一赔三存在不妥,遂改判:新支点公司退还高某教育培训费 6400 元,并根据变更后的标的额 6000 元赔偿高某 18000 元。[1]

【案例 2-20】 姜某某诉沈阳鑫峰达教育科技有限公司培训合同纠纷案

判决观点,被告作为从事入读国外大学的培训机构,对新加坡国立大学及南洋理工大学的入学要求应该是了解和清楚的,被告有义务向原告释明两院校雅思成绩要求,现因原告雅思成绩不合格,被告未向国外大学提出申请,导致双方合同目的不能实现,被告应承担主要责任。原告及其法定代理人对其所要就读的世界百强大学院校关于雅思成绩需达 6.5 应有一定的了解,原告雅思成绩未达要求是未能入读约定学校的客观原因之一,故对双方合同目的不能实现应承担次要责任。依据责任分担及公平原则,被告应退还原告学费及考试费用的 70% 即 120533 元。至于原告主张利息损失,缺乏合同依据,不予支持。[2]

根据现行合同法律的规定,发生特殊情形时意外事件可作为合同履行的免责事由,但需受到一定限制,不可进行扩大解释;即意外事件不能当然免责,在行为

---

[1] 参见赵建聪等:《尚未培训课程的欺诈认定与赔偿标准》,载《人民法院报》2019 年 10 月 10 日,第 7 版。江苏省无锡市中级人民法院(2019)苏 02 民终 640 号民事判决书。

[2] 参见国家法官学院案例开发研究中心编:《中国法院 2017 年度案例》(合同纠纷),中国法制出版社 2017 年版,第 252 页。辽宁省沈阳市沈北新区人民法院(2015)北新少民初字第 12 号民事判决书。

人存在过错的情形下,一般不能免责,在不可预见的原因引起损害结果且行为人不存在过错的情形下,其可以免责。也就是说,合同在履行过程中,发生意外事件的,其当事人不具有过错,则无须承担违约责任。

【案例 2-21】 吕某某诉北京某某公司服务合同纠纷案

二审法院认为,本案中,第一,某某少年团作为一个整体进行演出,成员之一因突发疾病而不能继续演出,此事件的发生对于主办方及演出者而言具有不可预见性,应属突发意外事件。第二,主办方在意外事件突发导致演唱会中断时,及时向观众披露了实情并致歉。第三,某某少年团在突然缺少一名演出成员的情形下,并未终止演出,而是由该团体其他成员继续完成演出,并保证了演出的基本成效和顺利进行。鉴于此,北京某某公司对涉案合同履行过程中发生的突发性意外事件不存在过错,不应对此承担违约责任。[1]

要约人确定了承诺期限或者以其他形式明示不可撤销的,撤销要约的行为构成违约。

【案例 2-22】 潘某诉江西某职业技术学院教育培训合同纠纷案

判决观点,本案中,录取通知书及《入学须知》载明"请持本通知书于8月20日至8月26日到校报到"和"逾期10天不到校报到者,取消入学资格"。其内容符合《合同法》第十九条规定,要约人确定了承诺期限,该要约不得撤销。江西某职业技术学院单方撤销了不可撤销的要约,致使潘某在就读3个月后,不得不复读一年,理应对此承担违约责任。[2]

(三)教育培训服务合同效力

合同一方未取得办学许可证,超越经营范围订立教育培训合同的,经审查双方签订合同的内容,如当事人提供的培训属于经营性培训行为,不属于国家限制经营、特许经营以及法律、行政法规禁止经营的范围,且双方签订的合同亦不存在违反法律、行政法规效力性强制性规定的情形的,应当认定双方签订的合同有效。

【案例 2-23】 俞某霖诉天津日樱教育咨询有限公司教育培训合同纠纷案

判决观点,被告虽未取得办学许可证,存在超范围经营行为,但从原、被

---

[1] 参见国家法官学院案例开发研究中心编:《中国法院 2019 年度案例》(合同纠纷),中国法制出版社 2019 年版,第 56 页。北京市第一中级人民法院(2017)京 01 民终字第 6513 号民事判决书。

[2] 江西省南昌市湾里区人民法院(2008)湾民初字第 24 号民事判决书。

告双方签订合同的内容来看,被告为原告提供培训,收取费用是经营性的商业行为,不属于国家限制经营、特许经营以及法律、行政法规禁止经营的范围。双方签订的合同亦不存在违反法律、行政法规效力性强制性规定的情形。《樱花国际日语学生注册合同》系双方的真实意思表示,双方签订的合同应属合法有效。[1]

服务合同在部分履行后解除的,已履行部分产生的服务费应当支付,未实际发生的费用应当予以退还。

【案例2-24】 胡某诉某教育科技公司教育培训合同纠纷案

一审法院认为,现双方均同意解除《教育培训协议》,法院对此不持异议。合同解除后,尚未履行的,终止履行,诉讼中,双方均认可胡某在某教育科技公司处共上课31个学时,某教育科技公司应退还胡某未上课时所对应的学费。关于退费的具体数额,因双方协议中已约定了退费以扣除课程原价为准,胡某的课程原价与其交纳的课时学费一致,故法院依据课时学费总额、课时总数及胡某未上课时数依法核算。胡某诉讼请求中的合理部分,法院予以支持。胡某主张某教育科技公司存在欺诈行为,但未就此向法院提供充分证据予以证明,法院对此不予采信,故对胡某要求某教育科技公司双倍赔偿课时学费的诉讼请求,不予支持。法院判决解除《教育培训协议》,某教育科技公司退还胡某课时学费19665元,驳回胡某的其他诉讼请求。二审法院维持一审判决。[2]

【案例2-25】 沈某诉某教育培训公司教育培训合同纠纷案

判决观点,该案涉及的教育培训合同系服务合同,其标的是特定服务给付行为。服务合同具有较强的人身属性且强调双方的信任基础,不宜强制履行。培训服务亦非一般劳务,具有智能性。培训合同的目的是通过实施培训,提升就学人的知识、技能。基于此目的,合同的履行要求教学人提供的培训和就学人的智力水平、学习能力相适应。现沈某认为某教育培训公司提供的培训服务与其学习能力不匹配,不能实现预期效果,要求解除合同并退还学费,法院予以支持。[3]

预付费模式下,在线教育培训机构单方制定"课时费超期不退"的合同条款,排除学员主要合同权利,应认定无效。培训机构抗辩课程到期余款不退有违公平

---

[1] 参见最高人民法院中国应用法学研究所编:《人民法院案例选》2018年第6辑(总第124辑),人民法院出版社2018年版,第78页。天津市和平区人民法院(2017)津0101民初3531号民事判决书。
[2] 北京市第二中级人民法院(2014)二中民终字第06907号民事判决书。
[3] 北京市东城区人民法院(2014)东民初字第10167号民事判决书。

原则和权利义务对等原则,应不予采纳,学员的课程费用应根据合同履行情况进行结算。

【案例 2-26】 丁某诉沪江教育科技(上海)股份有限公司教育培训合同纠纷案

判决观点,本案沪江公司通过信息网络方式发布课程订单信息,丁某确定订单并完成支付,双方之间成立教育培训合同并已生效,双方均应依约履行。本案争议的焦点在于:(1)超过30天不得解除合同或要求退费以及课程有效期540天的合同条款是否有效;(2)丁某要求解除合同并退还课程费用能否成立。关于争议焦点一,首先,关于不退费条款,属于沪江公司预先拟定的格式条款,沪江公司虽举证购课合同中对于超过30天不得解除合同或要求退费的条款进行加粗加亮提示,但综观合同对双方权利义务等条款的约定,对退费时限、课程有效期内完成学习等与学员有重大利害关系的条款加以约束,未约定沪江公司提供课程服务的履行效果、瑕疵履行的违约责任等内容,在此情形下,合同对丁某解约和退费的权利加以限制,排除了学员的合同主要权利,应属无效。其次,关于课程有效期的条款,订单的课程信息显示有效期为540日,课程协议载明"学员需在购买课程有效期内完成学习",丁某在阅看并确认课程信息和购课协议后完成付款,之后沪江公司督导在课程有效期间向丁某进行了多次提示,沪江公司已采取合理方式提请对方注意,应属有效。双方对课程有效期的起始期限存有争议,结合合同上下文的文意以及合同的履行方式,沪江公司主张支付完毕之时即作为课程开始时间符合一般通常理解和交易习惯,故涉案合同于2019年10月中旬到期。关于争议焦点二,丁某主张在合同履行期间其曾向被告提出解除合同,根据2019年8月微信聊天记录,仅能反映丁某询问退课的途径以及对于格式条款的异议,并无明确要求解除合同的意思表示。因课程有效期已届至,合同自然终止,已无解除必要,且丁某并无证据证明沪江公司提供服务符合约定的违约情形,其在合同终止后发出解除通知不发生解除合同的法律效果,其现在起诉要求解除合同的请求法院不予支持。涉案合同虽已终止,但不影响合同费用的结算,考虑到课程费用系预付费性质,本案中丁某未曾预约上课,沪江公司也未提供相应课程的服务,并且对于学员可申请课程延期、请假的条款向丁某提示不够明确,在此情形下由沪江公司收取全额课程费用有违公平原则。综合考虑沪江公司针对网络课程的开发、推广、维护、提供赠品、聘请外教及行政管理等必然会产生一定成本支出,丁某单方放弃服务的过错程度,依照公平原则和诚信原则,法院酌定由沪江公司向丁某返还课程费用6000元,对于逾期利息不予支持。判决:一、被告沪江公司退还原告丁某课程费6000

元;二、驳回原告丁某的其他诉讼请求。[1]

个案中,以履约时间分档之格式退费条款的效力应根据具体案情认定。

【案例 2-27】 叶某某诉上海锐里教育科技有限公司委托合同纠纷案

判决观点,对履约时间分档之格式退费条款的效力,应遵循一般格式条款效力认定的途径。但当该退费条款在合同整体中不显突兀、与多项内容相关联且意思明确时,即便存在未单独加黑加粗的告知瑕疵,考虑条款本身在分配权利义务上的合同合理性,仍应认定为有效。此时,突发的疫情使得合同确定的原退费标准(履约时间)缺乏适用性,可在剔除主观因素影响情况下合理确定合同履行所应达到的阶段,按照约定退费条款并结合双方在履行中的过错情况,酌情确定退费金额。判决:一、叶某某与锐里公司签订的关于提供北美研究生留学作品集辅导的委托合同至 2021 年 7 月 31 日解除;二、锐里公司应退还叶某某费用 2 万元。[2]

在有些服务合同中,法律对服务提供者并无具体要求,如根据《民法典》等相关法律规定,教育服务机构是否具备教学资质,其提供教育服务的具体人员是否具备教师资格,不影响教育培训合同的效力。但如果合同中明确约定具备相应的资质、资格而实际不具备者,教育服务者将承担相应的违约责任,但对其合同效力没有影响。

(四)教育培训服务合同解除

司法实践中,就合同解除原因而言,双方当事人均存在有不当行为,法官应对此解除原因予以综合考虑,酌情裁决提供服务者返还款项。

【案例 2-28】 乔某诉文化传媒公司教育培训合同纠纷案

一审法院认为,因审理中,双方同意于 2013 年 12 月 2 日解除涉案协议,且乔某客观上未能赴美比赛,考虑本案双方当事人均存在不当行为,及文化传媒公司履行合同必然支出相应成本,法院酌情确定文化传媒公司应退还乔某的合同款数额。该协议中虽约定 30 万元为"赞助费",但从合同履行及常理而言,约定的"赞助费"应系合同款,且该款项由文化传媒公司收取,故相

---

[1] 参见最高人民法院中国应用法学研究所编:《人民法院案例选》2023 年第 5 辑(总第 183 辑),人民法院出版社 2023 年版,第 16~17 页。上海市浦东新区人民法院(2020)沪 0115 民初 88184 号民事判决书。
[2] 参见《人民司法·案例》2023 年第 20 期(总第 1003 期)。上海市虹口区人民法院(2022)沪 0109 民初 671 号民事判决书。

应退款义务应由文化传媒公司承担。至于文化传媒公司与案外人产生的其他纠纷可另行解决。乔某主张的 49000 元陪同出国预收费用因未提供相应证据证明,法院不予支持。文化传媒公司对乔某进行培训系合同约定之义务,且该公司提交的发票等证据无法证明该费用数额的真实性及合理性。故该公司要求培训费的反诉请求,法院不予支持。……法院判决:文化传媒公司退还乔某合同款 10 万元,驳回乔某的其他诉讼请求,驳回文化传媒公司的全部反诉请求。二审法院维持一审判决。[1]

教育培训合同属于不适于强制履行的合同,消费者享有解除权。

【案例 2-29】 常某诉北京某某英果教育咨询有限公司、深圳市某某国际教育有限公司教育培训合同案

判决观点,教育培训合同的履行以双方互相配合为基础,消费者具有单方解除合同的权利;消费者在相对方未违约的情况下要求解除合同应承担一定的违约责任,酌情扣除相应的培训费用。[2]

在预收式教育培训服务合同中,消费者应享有法定解除权。其法律依据是《民法典》第五百六十三条和《消费者权益保护法》第五十三条。具体分析可参考专题一中"三、(二)服务合同解除处理"的相关内容。

【案例 2-30】 戴某杰诉环球雅思学校服务合同纠纷案

一审法院判决:解除戴某杰与环球雅思学校于 2018 年 4 月 28 日签订的英语培训合同,环球雅思学校向戴某杰退款 3 万元。二审法院认为,环球雅思学校报名制度中的条款系其为重复使用而事先拟定的格式条款,其中关于学员不得单方解除合同等条款属于限制消费者权利、减轻或者免除经营者责任、加重消费者责任等对消费者不公平、不合理的规定,该规定无效。格式条款无效,并不影响当事人的合同解除权。因此,根据法律、法规的规定,涉案合同可以解除。根据《江苏省消费者权益保护条例》第二十八条规定:"经营者以发行单用途预付卡方式提供商品或者服务的,消费者有权自付款之日起十五日内无理由要求退款,经营者可以扣除其为提供商品或服务已经产生的合理费用。经营者未按照约定提供商品或者服务的,应当按照消费者的要求履行约定或者退回预付款……"本案中,戴某杰在环球雅思学校处充值 3 万元办理会员卡,根据环球雅思学校的陈述,该会员卡属于单用途预付卡,根据上述规定,戴某杰享有 15 日内无理由要求退款的权利。戴某杰的行为因

---

〔1〕 北京市第三中级人民法院(2014)三中民终字第 03775 号民事判决书。

〔2〕 人民法院案例库 2023-16-2-137-001。广东省深圳市福田区人民法院(2022)粤 0304 民初 6449 号民事判决书。

不符合环球雅思学校报名制度中可办理退款的情形,所以不适用30%违约金条款。且环球雅思学校未提供证据证明其因此产生实际损失,故环球雅思学校要求戴某杰承担违约责任的主张,法院不予支持。判决:驳回上诉,维持原判。〔1〕

对预付式服务合同中经营者与消费者之间权利义务失衡情形,在审查合同条款是否违反公平原则时,应从是否系当事人意思自治之结果、是否构成显失公平、当事人是否存在违约行为以及合同所涉特定行业背景等层面进行综合认定。

【案例2-31】 陈某某、陈某乙诉北京仔仔鑫豪教育文化发展有限公司教育培训合同纠纷案

二审法院认为,陈某某、陈某乙与仔仔鑫豪公司之间成立教育培训合同关系并约定诉争条款,一审法院认定该条款不符合合同法的公平原则。首先,诉争条款系当事人的真实意思表示,不违反法律、行政法规的强制性规定及公序良俗,合法有效,应予尊重。仔仔鑫豪公司拟定诉争条款为吸引生源的营销手段,其订立合同前亦可预见相应商业风险,该条款并未加重其负担,且仔仔鑫豪公司闭店停业无法实现合同目的导致合同解除,构成根本违约,陈某某、陈某乙在合同履行过程中并未违约且无过错。其次,仔仔鑫豪公司采用"感恩卡活动"预付式交费方式,付费周期为年,该模式背后存在资金回笼的经济利益,因其在提供服务前已占有学员预先交纳全部学费。最后,中国人民银行营业部、北京市公安局等九部门于2017年11月联合发布《北京市联合整治预付卡违规经营专项行动工作方案》,国务院办公厅于2018年发布的《国务院办公厅关于规范校外培训机构发展的意见》(国办发〔2018〕80号),上述文件均就教育培训机构收退费事宜作出进一步规制,特别强调不得一次性收取时间跨度超过3个月的费用。由此可见,仔仔鑫豪公司不仅存在收费不合规的情形,且"感恩卡活动"预付式交费方式也有违市场监管要求。综上,二审法院认定诉争条款未违反公平原则,并对陈某某、陈某乙要求全额退款的上诉请求予以支持。〔2〕

---

〔1〕 参见国家法官学院、最高人民法院司法案例研究院编:《中国法院2021年度案例》(合同纠纷),中国法制出版社2021年版,第57~58页。江苏省徐州市中级人民法院(2019)苏03民终2449号民事判决书。

〔2〕 参见最高人民法院中国应用法学研究所编:《人民法院案例选》2021年第3辑(总第157辑),人民法院出版社2021年版,第21页。北京市第三中级人民法院(2020)京03民终4992号民事判决书。

三、快递服务合同纠纷

(一)注意义务限度认定

关于注意义务限度的认定,在各类服务合同中有所不同,且应注意法律是否对其义务限度作出具体规定。如快递公司履行验视义务的范围,法律并未作出具体规定。快递公司应当建立并执行收寄验收制度,其对寄件的验视应当以物品的名称、类别、数量等为主,不应超出物品的基本信息,不能无限扩大和加重快递公司验视义务的范围和责任,否则就违背了其迅速、安全的服务宗旨。

【案例2-32】 国一金典公司诉宅急送国贸营业厅服务合同纠纷案

二审法院认为,宅急送国贸营业厅对涉案物品的验视义务应当以物品的名称、类别、数量等基本信息为限,不应扩大至需一一核对其编号。国一金典公司所称的龙票编号不符,并非《快递服务国家标准》"赔偿规定"中所述的几种内件不符的情况,因此其主张缺乏法律依据。国一金典公司认可返还的邮票册与交寄物外包装一致,且无证据证明宅急送国贸营业厅向其返还的龙票编号与快递单内登记的编号不符是由宅急送国贸营业厅造成的,故国一金典公司的诉讼请求缺乏事实依据。二审法院维持一审驳回国一金典公司诉讼请求的判决。[1]

【不同处理】 在寄件人与收件人不是同一人,快递公司将寄送的物品丢失的情况下,收件人虽不是快递服务合同中的当事人,但当收件人对快件具有某项权利,这些权利来源于寄件人与收件人之间的基础法律关系时,收件人可以侵权纠纷主张自己的权利。

【案例2-33】 刁某扬诉镇江天天快递有限公司财产损害赔偿纠纷案

判决观点,本案中,被告镇江天天快递公司在投递原告刁某扬的快递物品时,没有按照快递单上明确注明的地址和收件人进行投递,在未与快递单

---

〔1〕 参见《人民法院报》2015年11月19日,第6版。北京市第三中级人民法院(2015)三中民终字第00226号民事判决书。

上注明的收件人联系,更未经快递单指定的收件人同意的情形下将快递交由他人签收,从而导致原告的邮递物品丢失,对原告损失的发生存在明显过错,应当对原告因上述身份证等物品丢失造成的损失承担赔偿责任。[1]

(二)被告主体资格确定

近年来,快递业如雨后春笋般发展,而特许加盟以其成本和风险优势已经成为民营快递企业销售物流服务的主要运营模式。快递特许加盟关系包括特许总部、被特许加盟公司、次加盟商及承包人等主体,由于快递运营网络复杂,在发生寄递物品丢失时,消费者往往因无法确定合同主体而出现起诉被告错误的情况。快递公司提供快递服务通常提供的是快递运单,该运单是快递服务合同,且是格式合同,是约定寄件人与邮寄人权利义务的民事协议。《邮政法》第五十二条规定,申请快递业务经营许可,应当具备的条件之一是符合企业法人条件。由此可以看出,个人不得独立经营快递业务,快递企业对外签订快递服务合同应以自己的名义或委托他人代为订立合同。在快递业务经营活动中,寄件人一般是在快递被特许经营者处寄递物品,在快件发生丢失时,可依据有无出具发票和签章情形分析快递特许总部和被特许经营者的外部责任,其一,寄件人付款时没有向快递被特许经营者索要发票,快递总部的运单上也没有快递被特许经营者的签章,依交易习惯为寄件人与快递被特许经营者签订了快递合同。从法律上讲,应认定为寄件人与快递特许总部签订了快递服务合同。快递特许总部从法律上应对寄件人负全责,承担责任后,可根据其与快递被特许经营者签订的内部加盟合作协议行使追偿权。其二,寄件人付款时被特许经营者出具了发票,且快递运单上有快递被特许经营者的签章,这样寄件人和两个主体签订了合同并成立合同关系,获利主体和运输主体明确。寄件人可以快递总部和快递被特许经营者为共同被告,由双方承担连带责任。也就是说,寄件人将快递被特许经营者中的工作人员作为被告主张权利的法律不予支持。

【案例 2-34】 彭某诉游某快递服务合同纠纷案

判决观点,被告游某于 2010 年 12 月 10 日成为天意快递服务部的工作人员,以"中通速递"名义承接原告的快递服务业务,快递运单是邮寄合同的凭证,从法理上讲,原告彭某是与中通速递签订的邮寄服务合同,天意快递服务部是中通速递的授权经营者,被告游某的行为非个人行为,原告彭某与被

---

[1] 参见最高人民法院中国应用法学研究所编:《人民法院案例选》2017 年第 6 辑(总第 112 辑),人民法院出版社 2017 年版,第 82 页。江苏省镇江市丹徒区人民法院(2013)徒民初字第 01261 号民事判决书。

告游某之间不存在快递服务合同关系,遂依法判决驳回原告彭某的诉讼请求。[1]

认定服务方主体时应正确区分第三方,对无责任的第三方则限制其承担赔偿责任。

【案例2-35】 张某霞诉北京递万家速递有限公司服务合同纠纷案

二审法院认为,快递单正面载明的格式条款既没有免除递万家公司的赔偿责任,也没有排除张某霞主张赔偿的权利,只是对赔偿数额进行了限制。考虑到张某霞所支付的快递费与损失金额的不对称性,该限制有其合理性,且对赔偿金额进行限制符合行业惯例。此外,快递单正面寄件人签名处上方采用加粗、加黑字体标明的内容亦经张某霞签名确认,且张某霞称其与递万家公司存在长期合作关系,故应认定递万家公司已经向张某霞履行了格式条款告知义务。综合以上情况,前述格式条款应为有效。因此,递万家公司应当按照快递单背面国内快递服务协议的约定进行赔偿,张某霞要求递万家公司赔偿其所寄送的同规格、同品牌物品,缺乏依据,不予支持。张某霞的上诉请求,理由不能成立,不予支持。原审法院判决并无不当,应予维持。[2]

(三)快递保价条款效力

保价条款在快递服务行业普遍出现,是指寄件人在寄运货物时向快递服务企业声明货物的实际价值,并在运费之外另行交纳相应的保价费用,当货物出现毁损、灭失时,在所保价范围内获得足额赔偿。

目前社会上,因快递公司丢失、毁损快件等引发公众不满的案例很多。很多消费者在缔结合同时,不会选择保价条款,不愿意支付相对高昂的快递保价费用,但是一旦发生快递毁损、灭失或者偷换物件后,多会对快递公司的保价条款进行质疑,法院也有不同的判例。笔者认为,快递公司提供的快运单显然是为了重复使用而预先制定的格式条款,快运单中的保价条款不属于提供格式条款一方免除其责任、加重对方责任、排除对方主要权利情形,实质为一种双方利益平衡的体现,该保价条款有效而不是无效,但存在选择问题。快运单上对于赔偿原则和方

---

[1] 参见《人民法院报》2012年9月20日,第6版。重庆市江津区人民法院(2011)津法民初字第4958号民事判决书。

[2] 参见国家法官学院案例开发研究中心编:《中国法院2014年度案例》(合同纠纷),中国法制出版社2014年版,第157页。北京市第二中级人民法院(2012)二中民终字第5565号民事判决书。

法以及保价均进行提示,文字加黑、加粗,符合《民法典》第四百九十六条之规定,排除保价条款无效的适用。但应注意的是,快递服务合同的保价条款在适用时效力必然受到法律的限制,应对其保价条款进行必要审查。

【案例 2-36】 胡某诉北京全峰快递有限公司邮寄服务合同纠纷案

二审法院认为,全峰快递公司提供的快运单所记载的合同条款"对未保价物品,按物品本身价值进行赔偿,但最高不超过实收运费(不含其他附加费用)的 5 倍。对保险物品,寄件人应提供物品价值的有效证明,全峰快递将按照实际损失赔偿,但最高赔偿金额不超过该物品的保险金额"属于格式条款,但该条款内容具有选择性,属于消费者自由选择的范畴,不属于《合同法》规定的加重对方责任、排除对方主要权利的无效条款,只是对赔偿数额进行了限制。考虑到胡某所支付的快递费与损失金额的不对称性,该限制有其合理性。同时,对于重要物品进行保价、收取较之一般物品更贵的邮寄服务费用,符合行业惯例,也符合等价有偿、权利义务一致的基本法律原则。因此,全峰快递公司提供的快运单记载的合同内容不违反法律法规的强制性规定,合法有效。[1]

【案例 2-37】 马某诉北京顺丰速运有限公司邮寄服务合同纠纷案

二审法院认为,本案的争议焦点在于顺丰公司针对快件运单契约条款、保价条款等是否向马某尽到提示或者说明义务。关于马某主张顺丰公司保单中保价条款、寄件人签署一栏、特别声明条款、关于赔偿的规定等系格式条款,因顺丰公司未提示故而无效一节。顺丰公司涉案详情托运单背面的《快件运单契约条款》已经对保价、赔偿标准等内容以特别声明和加黑、加粗印刷的形式进行了必要的提示,能够引起托运人注意到保价条款的内容。马某据此可以对保价条款的具体内容及相应的法律后果有充分的了解和认识。此外,在寄件人签章处亦采用字体加深、加粗印刷的形式进行了必要的提示,明确写明"仔细阅读契约条款,签字即同意接受条款的一切内容",马某在此处打印本人姓名予以确认,并且马某确认保价费用为 7500 元为本人填写。以上均足以证明顺丰公司就相关条款对马某尽到了足够引起其注意的提示说明义务,可以认定《快件运单契约条款》系当事人的真实意思表示,该条款已经发生法律效力。[2]

未选择是否保价情形下快递丢失不适用保价规则。

---

[1] 参见国家法官学院案例开发研究中心编:《中国法院 2016 年度案例》(合同纠纷),中国法制出版社 2016 年版,第 237~238 页。北京市第一中级人民法院(2014)一中民终字第 06014 号民事判决书。

[2] 参见国家法官学院案例开发研究中心编:《中国法院 2018 年度案例》(合同纠纷),中国法制出版社 2018 年版,第 261~262 页。北京市第三中级人民法院(2016)京 03 民终字第 498 号民事判决书。

【案例 2-38】 何某诉快递公司快递服务合同纠纷案

判决观点，根据《快递暂行条例》第二十七条第一款之规定，快件延误、丢失、毁损或者内件短少的，对保价的快件，应当按照经营快递业务的企业与寄件人约定的保价规则确定赔偿责任；对于未保价的快件，依照民事法律的有关规定确定赔偿责任。本案中，何某在投寄涉案快件时并未保价，因此应当依照民事法律的有关规定确定赔偿责任。快递公司辩称何某在投寄快件时未选择保价，因此应当按照《快件运单契约条款》的约定在 7 倍运费的限额内进行赔偿。对此，法院认为，根据《民法典》第四百九十六条第二款的规定，采用格式条款订立合同的，提供格式条款的一方应当遵循公平原则确定当事人的权利和义务，并采取合理的方式提示对方注意免除或者减轻其责任等与对方有重大利害关系的条款，按照对方的要求对该条款予以说明。提供格式条款的一方未履行提示或者说明义务，致使对方没有注意或者理解与其有重大利害关系条款的，对方可以主张该条款不成为合同的内容。第四百九十七条第二款规定，提供格式条款一方不合理地免除或者减轻其责任、加重对方责任、限制对方主要权利，该格式条款无效。《快件运单契约条款》系快递公司提供的格式条款，快递公司应当就其中免除或减轻自身责任的条款向投寄人进行明确的提示和说明。现快递公司虽在邮件下单首页对未保价物品最高赔 7 倍运费进行说明，但是否保价并非寄件人在下单时的必填项目，寄件人无论是否填写"保价"一栏均不影响下单。若寄件人未选择填写"保价"一栏，则径行认定寄件人不保价，明显排除了寄件人的主要权利，加重了寄件人的责任。因此，在寄件人未明确选择"不保价"的情况下，未保价最高赔偿 7 倍运费的条款对寄件人不发生效力。判决：一、快递公司赔偿何某损失 15000 元；二、快递公司退还何某运费 51 元；三、驳回何某的其他诉讼请求。[1]

（四）快递服务合同责任

快递公司对于未保价物品赔付标准，因为快递公司不同于邮政企业，故对于未保价物品赔付标准不能依照《邮政法》第四十七条规定进行，需要结合邮寄物品实际价值，全面认定损失。

---

[1] 参见国家法官学院、最高人民法院司法案例研究院编：《中国法院 2023 年度案例》（合同纠纷），中国法制出版社 2023 年版，第 245～246 页。北京市昌平区人民法院（2021）京 0114 民初 18458 号民事判决书。

【案例2-39】 某科技发展公司诉某快递公司邮寄服务合同纠纷案

二审法院认为,本案争议焦点在于某快递公司是否应按遗失的非保价寄递物的实际价值向某科技发展公司承担赔偿责任。……因该条款存在加重某科技发展公司责任、排除某科技发展公司主要权利的内容,某快递公司未举证证明其已采取了合理方式提请某科技发展公司注意限制其责任的条款,并就该条款向某科技发展公司进行了说明,故一审法院据此认定该条款无效,符合有关法律规定。因此,某快递公司应按照遗失物品的实际价值即15131元,向某科技发展公司承担赔偿责任,某快递公司的上诉理由均缺乏法律依据,不予支持。[1]

快递公司承运货物过程之中出现绑单错误、货物重量无故减轻等问题导致快递货物灭失,快递公司不能就此作出合理解释的,可以推定快递公司在管理、承运快递过程之中存在重大过失,则快递公司不能援引保价条款限制赔偿责任。

【案例2-40】 吴某某诉深圳市某速递公司罗湖分公司、深圳市某速递公司快递服务合同纠纷再审案

再审法院认为,关于赔偿责任适用保价限额赔偿责任还是按快递物品价值进行赔偿的问题。保价条款虽然是快递企业限制责任的格式条款,但亦是邮寄服务合同双方达成的合意,如未违反法律和行政法规的强制性规定,一般应认定有效,但如果快递企业故意或重大过失导致货物损失,则应根据民法典第五百零六条"合同中的下列免责条款无效……(二)因故意或重大过失造成对方财产损失的"的规定,排除保价条款中有关限制赔偿约定的适用。本案中,被告某速递公司罗湖分公司揽件后,先出现绑单错误问题,又在快递揽件后到达收件人的运输过程中出现快递重量无故减轻问题,两被告未能就运输过程中快递重量减轻做出合理解释,足以推断出其未尽合理的管理职责,导致涉案手机丢失,其行为存在重大过失,故应排除保价限制责任条款在本案的适用,原告主张的金额系原告与涉案手机买卖合同中双方约定的金额,亦原告实际损失,被告某速递公司罗湖分公司应按照原告的该实际损失予以赔偿。[2]

对未"保价"的托寄物,不应赋予快递公司揽收人员过高的注意义务。

【案例2-41】 周某诉某甲速运公司快递服务合同纠纷案

判决观点,司法裁判不应忽视市场交易成本的限制,对于未"保价"的托

---

[1] 北京市第二中级人民法院(2009)二中民终字第08259号民事判决书。
[2] 人民法院案例库2023-16-2-137-005。广东省高级人民法院(2022)粤民申17623号民事判决书。

寄物,不应赋予快递公司揽收人员过高的注意义务。[1]

《民法典》与特别法如《邮政法》均能调整服务合同关系,前者因调整所有合同关系而覆盖了服务合同的内容,后者仅针对部分服务合同作出规范。故两者确实是一般法与特别法的关系,在两者共同规制的领域内,特别法可优于《民法典》适用。但存在例外情况,即争议的事项不属于特别法的调整范围,则只能适用《民法典》。

【案例2-42】 江苏宏鑫锻造集团有限责任公司诉宜兴市天天快递服务有限公司邮寄服务合同纠纷案

宜兴市天天快递服务有限公司(以下简称天天快递公司)邮寄中遗失江苏宏鑫锻造集团有限责任公司(以下简称宏鑫公司)三张增值税发票,宏鑫公司重新开具增值税发票并缴纳增值税38860.24元,宏鑫公司诉至法院,一审法院判决天天快递公司赔偿原告38861元。二审法院认为,对天天快递公司遗失发票的赔偿,是适用《邮政法》及其配套规章的规定,还是适用《合同法》的一般规定,应当根据邮寄服务合同的内容、性质作出判断。根据《邮政法》及其配套规章的规定,邮寄服务分为邮政普遍服务和其他邮寄服务。邮政普遍服务只能由邮政企业(中国邮政集团公司及其提供邮政服务的全资企业、控股企业)提供,服务对象是中华人民共和国境内所有用户,业务范围、服务标准和资费标准均按国家规定;其他邮寄服务既可以由邮政企业,也可以由快递企业等非邮政企业提供,服务对象是能与服务方协商达成一致的合同相对方,业务范围、服务标准和资费标准由合同当事人自由协商。《邮政法》及其配套规章同时规定,其规定的保价邮件的赔偿限额和未保价邮件的赔偿比例,仅适用于邮件服务中的邮政普遍服务,而不适用于其他邮寄服务。天天快递是非邮政快递企业,其邮寄的快件不能归属于邮政企业邮寄的邮件范畴,提供的邮寄服务更不属于邮政普遍服务的范围,故其遗失发票的赔偿不能适用《邮政法》及其配套规章的规定,只能适用《合同法》的一般规定,在合同双方对保价邮件的赔偿限额或非保价邮件的赔偿比例未作约定的情况下,按实际损失的全额赔偿。据此,判决:驳回上诉,维持一审判决。[2]

---

[1] 人民法院案例库2023-16-2-137-008。广东省广州市海珠区人民法院(2022)粤0105民初11797号民事判决书。

[2] 参见国家法官学院案例开发研究中心编:《中国法院2012年度案例》(合同纠纷),中国法制出版社2012年版,第158页。江苏省无锡市中级人民法院(2010)锡商终字第153号民事判决书。

四、电信服务合同纠纷

(一)电信服务合同中的审查义务

在订立电信合同时,电信公司有义务对相对人身份的真实性进行审查,这是运营商应尽的义务。首先,任何一个单位或个人在订立合同时都应该对对方的身份进行审查,需要知道对方是谁。其次,为了自身利益,严格审查相对人的身份,如果怠于审查,一旦用户拖欠话费,维护自己经济利益的过程将变得非常困难。再次,《电信条例》对以虚假、冒用的身份证件办理入网手续并使用移动电话的行为有明确的禁止性规定。最后,在办理入网业务时,正规的营业网点通常都会严格遵照内部的工作流程来审查用户的证件原件。

【案例2-43】 北京移动通信有限责任公司诉时某敬其他服务合同纠纷案

原告诉称,其与被告于2003年10月31日订立《移动电话入网协议》,双方约定:由原告向被告提供通信服务,被告应按时交纳通信费,如逾期不交费,原告有权停止服务并按欠费金额的千分之三收取违约金。截至2005年5月16日,被告已累计拖欠话费911.96元,故原告要求被告给付通信费911.96元和违约金1325.26元。被告称其曾丢失身份证但未及时报案,且从未与原告签订《移动电话入网协议》,上述两个手机号码也不是自己的,故不同意原告的诉讼请求。在审理过程中,被告书面申请对《移动电话入网协议》中的被告签名进行笔迹鉴定,并同意预付鉴定费,法庭遂委托双方共同选择的鉴定机构进行了笔迹鉴定,鉴定结论为签名不是被告所写。后原告给付被告鉴定费,并书面申请撤回起诉,法庭裁定予以准许。[1]

电信经营者对客户身份信息审查义务应负举证责任。

---

[1] 参见北京市高级人民法院民一庭编:《北京民事审判疑难案例与问题解析》(第一卷),法律出版社2007年版,第547页。

【案例 2 - 44】 刘某诉中国电信股份有限公司徐州分公司电信服务合同纠纷案

判决观点,按照原、被告提供的业务服务协议约定,客户进行业务登记时,个人客户应当向电信公司提供真实、有效的本人身份证原件。委托他人办理业务时,代办人应当同时提供委托人、代办人的有效身份证原件,本协议有效期内客户资料变更时应及时通知电信公司。依照电话"改名、过户"业务补充协议约定,与电话户名相符的原客户自愿将其原电话户名改名、过户给新客户,并向电信公司出示身份证原件和留存身份证复印件。从上述约定可以看出,要求客户提供相关身份证的原件及复印件目的就是核对相关信息的有效性,保证电信业务的真实性。而被告在举证期限内拒不向法庭提供任何原告在办理开户业务、停机保号业务时所留存的信息,以证明其在办理过户手续时尽到了审查义务,应当承担举证不能的责任。原告提供的办理停机保号时所留存的身份信息,与案外人刘某某在办理过户时所提供的原告信息从照片上看明显不符,无法证明刘某某办理号码过户时是原告刘某的真实意思表示。对于原告刘某诉称在其不知情、未到场的情况下,被告擅自将本案诉争号码过户至刘某伦名下,违反了合同约定,要求将该号码返还给原告的诉讼请求符合事实及法律规定,依法予以支持。但因原告未在法定期限内提供其与被告达成代扣话费的相关手续,亦未提供其未使用该号码给其造成损失的证据,对于原告要求被告赔偿上述损失 20000 元的请求,不予支持。[1]

(二) 代理商要求具有电信资质

电信服务合同对代理商要求具有电信资质。

【案例 2 - 45】 甲科技公司诉乙科技公司电信服务合同纠纷案

判决观点,甲科技公司为乙科技公司提供的是中国联通固话业务,并在此基础上为其提供 IP 业务。甲科技公司称其是中国联通的代理商,因其未提交相关证据证明,故法院对此不予采信。甲科技公司认为 IP 电话业务与固话业务是并行的通信业务,只要具有国家批准的电信运营商代理资质,任何组织和个人都可以提供服务,其公司作为中国电信的 IP 业务代理商,对乙科技公司的业务合法有效。根据有关规定,代理商不是独立的电信业务经营主体,其必须以委托其代理的电信业务经营者的名义、业务品牌提供服务或

---

[1] 参见国家法官学院案例开发研究中心编:《中国法院 2017 年度案例》(合同纠纷),中国法制出版社 2017 年版,第 225 页。江苏省徐州市云龙区人民法院 (2014) 云商初字第 0291 号民事判决书。

收取通信费用,必须使用委托其代理的电信业务经营者的电信网码号等电信资质,不得超出电信业务经营者委托其代理的业务范围提供电信服务。甲科技公司在本案庭审中提供的是中国电信出具的电信业务代理资质,但其为乙科技公司提供的是中国联通的电话号码,且不能提供其为中国联通代理商的相关证据,明显违背了有关规定的要求。……庭审过程中,甲科技公司就自身具有合法的电信业务代理资质提交了中国电信股份有限公司北京分公司市场合作部于2013年5月23日出具的《电信业务代理资质证明》,其内容为:"兹证明甲科技公司2007年至今为我公司IP长途电话业务正式代理商。"乙科技公司对上述证明的真实性不予认可,并提交2013年7月18日的举报信以及北京市通信管理局信访件受理函,证明就甲科技公司不具备基础电信业务的经营许可证问题,其已经向北京市通信管理局举报,并且北京市通信管理局已经受理了举报。后北京市通信管理局于2013年10月30日向本院出具证明一份,内容为"甲科技公司无基础电信业务经营许可证"。[1]

对于无证开展电信业务经营的电信服务合同,应当区分电信服务内容属于基础电信业务还是增值电信业务确认其效力。违反《电信条例》规定,无证无授权开展基础电信业务的电信服务合同,应当被认定为无效,而开展增值电信业务的则有效。对于基础电信业务,其所包含的业务内容是基础性的。社会公众的电信通信往来、其他增值电信业务的提供,都是建立在基础电信业务之上的,而在网络日益发达,甚至已经成为社会成员日常工作、生活、学习交流的必需社会产品的今天,基础网络的安全、基础电信市场的稳定越发重要,因此《电信条例》第七条中涉及基础电信业务的规定绝不能仅简单解读为规范市场管理秩序。其立法目的之一就是保障国家通信网络信息的安全,其保护的法律利益,包括了国家社会通信网络的安全与稳定,因此,从基础电信的角度考量,《电信条例》第七条当属效力性强制性规定。比较而言,无证经营增值电信服务的行为影响到全局性网络安全及公共秩序的可能性较小。从对增值电信业务经营者的约束角度看,《电信条例》第七条则又应当被理解为管理性强制性规定。

【案例2-46】 长江时代公司诉杰辰公司电信服务合同纠纷案

一审法院认为,杰辰公司虽然未能取得电信业务经营许可证,违反了国务院《电信条例》规定,但此条例相关法条系管理性规定,故并不影响《IDC销售框架合同》效力,即《IDC销售框架合同》合法有效。二审法院认为,《IDC销售框架合同》应为无效,长江时代公司实际使用的宽带费用仍应参

---

[1] 参见张钢成主编:《服务合同案件裁判方法与规范》,法律出版社2015年版,第51~52页。

照双方原有约定据实结算。[1] 在本案中,《IDC销售框架合同》的主要服务内容为基础电信服务,故二审法院的认定正确。在一方委托另一方提供电话营销和短信营销服务的新类型服务合同纠纷中,其合同效力认定有争议。

(三)电信服务合同中的知情权

消费者的知情权在消费活动中具有基础性地位,使其成为消费者的一项重要的、基础性的法定权利,与其相对应的就是经营者承担依法保障消费者知情权行使的义务,即经营者的告知义务与消费者知情权有内在紧密联系保持一致性。

【案例2-47】 彭某诉长沙市电信局服务合同纠纷案

一审法院认为,原告作为消费者依法享有知悉其接受的服务的真实情况的权利。在被告原因致电话账单出现错计费后,原告向被告提出质疑和投诉,并要求作出合理解释和明确答复,是依法行使知情权的行为。被告作为经营者应依法保障原告知情权的有效行使。因此,原告在依法行使知情权进行服务投诉过程中所发生的合理的直接费用要求被告承担,并无不当。消费者在接受服务和进行投诉时,其合法权利应予维护、人格尊严亦应受到充分尊重。经营者应当以主动、优质、热情的服务满足消费者的需求。但被告在接受和处理原告投诉过程中,未能在一个合理的期间内,以适当的方式给原告一个主动、及时、明确的答复,也未将最后答复的基本证据交由原告查阅。其工作人员客观存在的某些不当行为,亦未能切实满足原告作为消费者的人格尊严受到充分尊重的要求,使原告在依法行使权利的过程中,感觉到其投诉的动机受到不应有的质疑,并因此产生了内在的心理痛苦与精神压力,对此,根据消费者权益保护法规定的平等和公平的原则,原告有理由请求被告给予抚慰和适当的赔偿。二审法院亦持同样意见。[2]

手机电信服务提供者为达到电信增值业务推广目的,事先确定免费体验期,用户可在该期间内免费体验增值服务。免费期过后,电信服务提供者对该增值业务进行收费时,应当得到用户明确的使用承诺,否则,电信服务提供者的强行扣费行为侵犯了消费者对所接受服务的知情权,违背市场公平交易原则。

---

〔1〕 参见《人民法院报》2015年1月29日,第6版。上海市第二中级人民法院(2014)沪二中民四(商)终字第481号民事判决书。

〔2〕 参见最高人民法院中国应用法学研究所编:《人民法院案例选》2001年第2辑(总第36辑),人民法院出版社2001年版,第123页。

【案例 2-48】 郑某新诉中国电信股份有限公司连云港分公司电信服务合同纠纷案

一审法院认为,被告业务推销员未能有效核实机主身份,在未得到原告确认的情形下,为号码133×××6469开通生活百科手机报业务,并在免费体验期后收取相关费用。被告的上述行为导致了原告的财产受损,被告应当返还收取的4.83元的费用。郑某新上诉后在二审中撤诉。[1]

(四)电信服务合同责任认定

个案中,服务瑕疵、违约责任判定由法官行使自由裁量权裁定。

【案例 2-49】 李某章诉中国移动通信集团上海有限公司电信服务合同纠纷案

一审法院认为,现原告因短信发送功能受影响而起诉,系合法表达自身诉求,并无不当。被告作为移动通信服务运营商所实施的维护移动通信市场秩序的行为,系承担企业的社会责任,合乎社会公共利益,原告作为移动通信用户对被告实施上述行为过程中给其造成的不便之处宜予以一定的理解,且被告也已及时恢复了原告的短信发送功能,故被告的答辩意见应属合理,法院予以采纳,原告认为被告违约并要求赔偿损失的主张,法院不予支持。被告于事发后及本案审理过程中已向原告告知其短信发送功能受限的原因并表示歉意,故原告再要求被告履行告知义务及赔礼道歉的主张,法院不予支持。二审法院认为,上诉人在法院审理期间陈述在短信功能被关闭后其致电查询,客服人员给其九种解释而非特定的具体的一种解释;被上诉人则称该九种解释均为系统对短信进行拦截的设置,且在目前技术条件下无法做到拦截短信的百分之百精确率。对此,法院认为被上诉人的辩称应属合理。被上诉人作为电信服务合同的一方,有义务依照合同的约定全面履行合同义务,为用户提供优质服务。当然对全面履行合同义务的含义的理解,亦将随着科技的进步而有相应的发展。同时,被上诉人作为移动通信服务的运营商,也负有维护移动通信市场秩序的社会责任。[2]

---

[1] 参见最高人民法院中国应用法学研究所编:《人民法院案例选》2018年第3辑(总第121辑),人民法院出版社2018年版,第4页。

[2] 参见国家法官学院案例开发研究中心编:《中国法院2012年度案例》(合同纠纷),中国法制出版社2012年版,第151页。上海市第二中级人民法院(2010)沪二中民一(民)终字第1081号民事判决书。人民法院案例库2024-08-7-137-003。

经营者未向消费者告知限制条件，后以此为由限制或停止服务的，应承担违约责任。

【案例2-50】 刘某捷诉中国移动通信集团江苏有限公司徐州分公司电信服务合同纠纷案

判决观点，业务受理单、入网服务协议是电信服务合同的主要内容，确定了原、被告双方的权利义务内容。入网服务协议第四项约定有权暂停或限制移动通信服务的情形，第五项约定有权解除协议、收回号码、终止提供服务的情形，均没有因有效期到期而中止、解除、终止合同的约定。而话费有效期限制直接影响到原告手机号码的正常使用，一旦有效期到期，将导致停机、号码被收回的后果，因此被告对此负有明确的如实告知义务，且在订立电信服务合同之前就应如实告知原告。如果在订立合同之前未告知，即使在缴费阶段告知，亦剥夺了当事人的选择权，有违公平和诚实信用原则。被告主张"通过单联发票、宣传册和短信的方式向原告告知了有效期"，但未能提供有效的证据予以证明。综上，本案被告既未在电信服务合同中约定有效期内容，亦未提供有效证据证实其已将有效期限制明确告知原告，被告暂停服务、收回号码的行为构成违约，应当承担继续履行等违约责任，故对原告主张"取消被告对原告的话费有效期的限制，继续履行合同"的诉讼请求依法予以支持。[1]

移动通信号码资源所有权归属国家，移动通信用户享有号码使用权，该使用权具有独立的财产性及人身性。持有身份识别密码是判断非实名制认证情况下"神州行"移动通信服务合同用户的必要条件。移动通信服务合同具有公益性，移动运营商不能拒绝提供服务。

【案例2-51】 毕某诉中国移动通信集团某公司服务合同纠纷案

判决观点，根据已查明事实，法院认定被告与毕某某曾建立有电信服务合同关系，涉案号码系为履行电信服务合同关系而存在的载体，毕某某享有涉案号码的使用权。毕某某去世后，其与被告之间的电信服务合同终止。涉案号码未经过实名认证，除非有相反证据，持有身份识别密码的人即推定为涉案号码的使用人。根据已查明情况，原告于2014年10月28日向被告申请办理涉案号码的保号停机业务，被告为其办理并告知保号停机最长时间为6个月，可以认定被告已认可原告对涉案号码的使用权并愿意继续以普通号码现行资费标准为原告提供通讯服务。现被告客服人员错误告知保号停机最长时间，致使原告无法成功复机而造成涉案号码销号，应认定被告存在过

---

〔1〕 参见最高人民法院民事审判第二庭编：《合同案件审判指导》（增订版），法律出版社2018年版，第1043~1044页。最高人民法院指导案例64号。人民法院案例库2016-18-2-137-001。

错,故原告有权继续使用涉案号码,其要求被告按照神州行普通号码现行资费标准向其提供通讯服务,理由正当,法院予以支持。但因原告未向被告提起过实名认证申请,故原告要求法院判令将该号码登记至其名下,缺乏依据,法院不予支持。涉案号码是否进一步实名登记,应另行解决。据此一审法院判决被告将涉案号码交由原告毕某使用,并按照神州行普通号码现行资费标准向原告提供通讯服务,驳回原告的其他诉讼请求。[1]

因电信运营商收费存在误差要求双倍返还话费的,法律应予支持。

【案例 2-52】 黄某精诉中国移动通信集团海南有限公司电信服务合同纠纷案

二审法院认为,移动公司在为黄某精提供通信服务过程中,由于自动分段计费的误差,在6次通话过程中多计收黄某精话费2.32元。对此,应按中国移动集团公司对社会所作出的"八项承诺",双倍向黄某精返还话费。由于黄某精所使用的手机已停止使用,其所提出的对其手机停止分段计费的请求,已失去依据。况且,移动公司所设定的分段计费程序,是统一使用于社会用户,不只使用于黄某精,对黄某精单个用户而言,移动公司无法操作。黄某精对此所提的上诉请求应予驳回。本案诉讼后,移动公司对多收黄某精2.32元话费虽然已通过充值方式将4.64元的话费作双倍返还,但黄某精请求的是以货币履行返还义务。况且,黄某精原使用的手机号码现已停用,移动公司以充值方式履行返还义务对黄某精并未产生实际受益意义。据此,黄某精此诉请应予支持。一审判决认定事实清楚,但适用法律不当,应予改判。[2]

【案例 2-53】 许某山诉中国联通北京分公司、中国联通房山分公司电信服务合同纠纷案

一审法院认为,2008年6月21日,被告为原告开通了彩号功能业务,并收取了原告相应的彩号费,属于对电信服务合同内容的变更,但因该变更原告并未知晓,且被告给原告开通彩号功能业务后,原告也从未使用过该功能,故该变更内容对原告不具有法律约束力,继而被告收取原告的彩号费缺乏相应依据。依据彩号业务费的资费标准核算,被告无故收取了原告243.84元。被告依据双方合同约定扣取原告每月预存的小灵通郊区套餐服务费后,在无依据的情况下再收取原告的彩号费后会使原告违反小灵通郊区套餐服务的约定,即导致原告小灵通账户余额小于零而停机无法使用。原告小灵通无法

---

〔1〕 参见北京市高级人民法院研究室编:《审判前沿——新类型案件审判实务》(总第55集),法律出版社2017年版,第152页。

〔2〕 参见国家法官学院案例开发研究中心编:《中国法院2012年度案例》(合同纠纷),中国法制出版社2012年版,第155页。海南省海口市中级人民法院(2010)海中法民二终字第117号民事判决书。

使用确实会给原告的生产、生活带来不便,从而导致相应的损失;现原告以被告多收的费用为依据,要求被告赔偿 474.88 元并无不当,应当予以支持。二审法院亦持同样意见,维持原判。[1]

【案例 2-54】 甲技术公司诉乙公司分公司电信服务合同纠纷案

判决观点,现甲技术公司主张由于乙公司分公司擅自终止合同,导致其与华讯诺成公司、石家庄梦飞公司的软件服务合同不能履行,造成 85000 元的损失。……甲技术公司为两公司提供的服务并非电信增值业务的范畴,不能认定其属于非法经营。相关证据证明,甲技术公司因乙公司分公司的擅自终止电信服务行为确实受有损失。但法院认为,除甲技术公司额外补偿 1 个月的服务费 10000 元是实际发生的损失外,甲技术公司与华讯诺成公司、石家庄梦飞公司的合同采取的是预收费的形式,甲技术公司不能提供服务时应退还已缴纳、未使用的服务费,考虑到甲技术公司并未实际提供后面的服务从而支出相关成本、运营费用,故退还、冲抵服务费的数额不能全部算作其因乙公司分公司违约所受的损失,法院考虑甲技术公司合理的预期利润损失,并考虑因乙公司分公司在与甲技术公司签订合同时对于因违反合同可能造成的损失的预见情况,对违约损失赔偿额予以确定,对甲技术公司超出部分的诉讼请求不予支持。法院判决:乙公司分公司赔偿甲技术公司损失 4 万元。[2]

实践中,消费者基于服务合同违约或无效而提起的诉讼请求超过法律规定赔偿方式范围的,法院不予支持。

【案例 2-55】 刘某祥诉中国移动通信集团广东有限公司潮州分公司电信服务合同纠纷案

二审法院认为,刘某祥以移动公司的行为侵犯其消费权提起诉讼,而《消费者权益保护法》是维护全体公民消费权益的特别法,原审法院适用该法对本案进行处理是正确的,法院予以支持。根据《消费者权益保护法》第五十二条"经营者提供商品或者服务,造成消费者财产损害的,应当按照消费者的要求,以修理、重作、更换、退货、补足商品数量、退还货款和服务费用或者赔偿损失等方式承担民事责任。消费者与经营者另有约定的,按照约定履行"及第五十条"经营者侵害消费者的人格尊严、侵犯消费者人身自由或者侵害消费者个人信息依法得到保护的权利的,应当停止侵害、恢复名誉、消除影

---

[1] 参见国家法官学院案例开发研究中心编:《中国法院 2014 年度案例》(合同纠纷),中国法制出版社 2014 年版,第 160~161 页。北京市第一中级人民法院(2012)一中民终字第 15348 号民事判决书。

[2] 参见张钢成主编:《服务合同案件裁判方法与规范》,法律出版社 2015 年版,第 58 页。

响、赔礼道歉,并赔偿损失"的规定,移动公司在提供电信服务的过程中虽有不当,侵害了刘某祥的财产权利,但没有侵害刘某祥的人格尊严、人身自由或个人信息等权利,故刘某祥请求移动公司在媒体报纸上向其道歉及书面答复其处理结果,该请求缺乏事实和法律依据,原审法院不予支持并无不当。原审判决认定事实清楚,适用法律正确。[1]

过错包括故意和过失。服务提供者在提供相关服务、办理相关手续过程中已经尽到合理审慎义务的,不应被认定为有过错。

【案例2-56】 杨某诉某公司、第三人冯某电信服务合同纠纷案

二审法院认为,未办理实名登记的神州行号码,用户密码是识别客户身份的标志,杨某对其重置后的用户密码应妥善保存。某公司提交的业务受理单显示案外人张某在办理补卡业务时以及冯某在办理携号转品牌业务时,均密码检验通过,杨某未提交有效证据证明某公司将其密码泄露以及在办理该两项业务中存在过错。因此,杨某基于某公司应承担过错责任提出的各项诉讼请求,缺乏依据。其上诉理由不能成立,本院不予支持。综上,二审法院经审理,判决:驳回上诉,维持原判。[2]

(五)电信服务合同法律适用

1. 电信服务合同的解释

当双方当事人对合同条款的理解产生争议时,必须通过合同解释探求其真实意思,从而正确界定双方当事人的权利义务关系。电信服务合同中对网速的上行、下行速度条款有争议的,应作出对电信服务经营者不利的解释。

【案例2-57】 张某根诉中国电信股份有限公司昆明分公司等电信服务合同纠纷案

二审法院认为,《中国电信股份有限公司昆明分公司业务登记单》作为电信公司与用户建立电信业务关系的合同,其性质上属于格式合同,当事人双方对业务登记单载明的宽带速率8M是否包含上行宽带速率产生不同理解与解释,应作出不利于提供格式条款(中国电信股份有限公司昆明分公司、

---

[1] 参见国家法官学院案例开发研究中心编:《中国法院2016年度案例》(合同纠纷),中国法制出版社2016年版,第235页。广东省潮州市中级人民法院(2015)潮中法民一终字第42号民事判决书。
[2] 参见张钢成主编:《服务合同案件裁判方法与规范》,法律出版社2015年版,第71页。

中国电信股份有限公司云南分公司)的解释,二审认定宽带速率 8M 既包含下行速率,也包含上行速率。关于上诉人张某根要求被告调整宽带到上行速率至 1036KB/S,两被告明确因国家对上行宽带速率的测试方法没有确定,故无法调整至特定数值,故对该诉请二审不予支持,上诉人可以另行主张违约责任。上诉人并未举证两被告存在欺诈行为,故其依据《消费者权益保护法》主张赔偿损失二审不予支持。上诉人上诉请求及理由虽有部分事实依据,但原审法院判决并无不当,对上诉人的上诉请求,不予支持。[1]

【案例 2-58】 张某诉某公司电信服务合同纠纷案

某公司提交的《关于中国移动通信 GMS 移动电话业务计费原则备案的报告》第 1 条"基本原则"第 2 项规定:"……根据每次通话的不同情况,收取相应项目的通话费。"从该条文的内容来看,中国移动对移动电话所采取的计费基本原则就是每次通话都要单独计费,不足 1 分钟的按照 1 分钟计,故按次计费不存在争议。也就是说在本案一、二审中,法官使用的是合同解释中的整体解释规则和目的解释规则。[2]

合同解释,应探求当事人订立合同时的真实意思表示。其真实意思表示应从合同条款、合同目的及交易习惯,本着经验法则,基于诚信原则判断。

【案例 2-59】 数虎公司诉浩远公司服务合同纠纷案

二审法院认为,本案争议焦点为数虎公司第一年剩余通话费是否需以其缴纳第二年呼叫中心平台服务费为前提方能延续到第二年使用的问题。就数虎公司与浩远公司签订的服务协议分析,该协议是数虎公司单方拟定印制,但是双方争议的却是双方协商后手写的条款,故本案处理不适用《合同法》第四十一条的规定,而应适用《合同法》第一百二十五条的规定。从费用支付栏目分析,首先,费用支付栏目将呼叫中心平台服务费与实际发生的通话费分条规定。中心平台服务费是年费制,实际发生的通话按照约定费率折算成通话费从甲方已支付的平台服务费账户中扣减,表明了双方同意支付费用是以呼叫中心平台服务费是年缴费制,具体通话计费从中扣减的意思表示。其次,呼叫中心平台服务费是年缴费制。结合数虎公司每年应向浩远公司支付的条款含义以及甲乙双方友好协商,第二年费用优惠 1.5 万元的条款,更能印证第二年数虎公司仍需缴费 1.5 万元。再次,双方在协议的备注中约定第一年剩余话费可以延续到第二年继续使用,根据《合同法》第一百

---

[1] 参见国家法官学院案例开发研究中心编:《中国法院 2017 年度案例》(合同纠纷),中国法制出版社 2017 年版,第 228 页。云南省昆明市中级人民法院(2015)昆民四终字第 417 号民事判决书。

[2] 参见张钢成主编:《服务合同案件裁判方法与规范》,法律出版社 2015 年版,第 62~63 页。

二十五条第一款的规定,综合审查双方协议所使用的概念和词句、有关条款的逻辑关系及双方当事人订约目的,二审法院认为呼叫中心平台服务费与通话费为实质内涵不同之概念,数虎公司第一年剩余话费延续到第二年使用需以数虎公司缴纳第二年平台服务费为前提。二审法院驳回上诉,维持原判。[1]

个案中,法官运用解释方法阐明判决理由和依据。由于电信技术升级,移动公司已能够对不同用户的访问范围进行控制,以便于对同一用户不同的访问范围进行流量区别并计费。这种单方控制行为,使手机用户不能再继续享受原先订购的套餐服务,即原先双方订立的合同无法继续履行。移动公司这种自行变更或限制服务方式与服务范围的行为,本质上应属违约。违约方可根据情况履行再交涉义务,若用户仍坚持要求履行原先的套餐业务,法院可不予支持。

【案例2-60】 左某宝诉中国移动通信集团公司江苏有限公司淮安分公司电信服务合同纠纷案

判决观点,结合本案中CMWAP20元封顶套餐推出时的技术条件背景、媒体广告、套餐描述、当事人的实际使用情况以及专家证人等,移动公司有权对该套餐用户的访问范围进行限制。首先,从文义解释看,结合移动公司提供的业务受理单、广告宣传单以及同期提供的其他套餐内容,可以说明CMWAP20元封顶套餐的含义应指"通过CMWAP接入口访问WAP业务",与其他套餐的业务内容是有区别的。虽然移动公司提供给用户的业务受理单上载明"20元封顶(CMWAP)",并未明确标注对用户可访问范围的限制性约定,但是移动公司当时对CMWAP20元封顶套餐的宣传是"用户开通gprs—wap套餐,对使用WAP业务(百宝箱)产生的GPRS通信费用收费上限为20元,不限量使用"。该宣传单能够证明套餐的适用范围是通过CMWAP的接入口访问WAP网站业务。其次,从目的解释看,双方签订合同的目的以及权利义务内容应当结合合同签订时的技术条件和实际履行情况确定。在移动公司2003年向市场推出CMWAP20元封顶套餐时的技术条件下,通过CMWAP接入口访问WAP类网站是当时手机上网的唯一方式,这也体现了双方基本的对价关系。随着移动通信技术的不断发展,上网速度越来越快,视频、游戏等大流量业务越来越普及,所占用的流量资源也呈几何级数的增加,这显然已超出双方签订合同时所能预见的范围。尽管一段时间内受技术条件限制,移动公司未对其中的CMWAP20元封顶套餐用户进行限制,结果让用户造成CMWAP20元封顶套餐可以随意上网享受,但这种访问

---

[1] 参见《人民司法·案例》2014年第10期(总第693期)。北京市第三中级人民法院(2014)三中民终字第01559号民事判决书。

范围的放开并无明确的合同约定或书面承诺,并不能认定是合同权利义务的变更,只能认为是移动公司给予用户的单方优惠。随着技术升级的完成,移动公司取消优惠而对访问范围进行限制,并不构成违约。综上所述,原告左某宝通过 CMWAP 接入口上网访问 WAP 类业务产生的流量,实行每月 20 元封顶收费,其上网范围仅限于 WAP 类业务。若允许其通过手机 CMWAP 接口访问非 WAP 协议下的内容,或通过手机 CMNET 接入点访问移动互联网,均会超出双方约定的服务范围。故被告移动公司通过对原告左某宝手机访问范围进行控制以便区别计费并无不当,左某宝要求恢复手机的原有上网状态,不应予以支持。一审法院作出了驳回原告左某宝诉讼请求的判决。[1]

2. 格式条款效力认定

由于网络服务合同的特殊性,提供格式合同一方必然会预设格式条款,极有可能侵犯用户的合法权益。对于格式条款的效力判断,其应符合《民法典》典型合同第四百九十六条的规定,免除提供格式条款一方当事人主要义务、排除对方当事人主要权利的格式条款无效。

【案例 2-61】 广东直通电讯有限公司诉洪某明电信服务合同纠纷案

二审法院认为,入网费和通话费是为不同的交易目的而设定的两种不同的费用,不能混为一谈。在用户欠交通话费用的情况下,移动电话公司为保护自己的利益,有权采取禁止用户通话(停机)的手段,也有权向用户催交所欠通话费和加收滞纳金,但是不能以用户欠交通话费为由,利用自己控制移动电话频道的便利,将已被用户有偿占有的频道无偿收回,甚至再转让给他人使用。被上诉人电讯公司在《广州市数字移动电话(GSM)安装申请卡》的用户须知第 10 条规定,"停机 3 个月后,本营业处有权将该用户号码转给别人使用,一律不予退还所有入网费",是以格式条款的形式出现,只强调了自己的权利,忽视了用户的利益,损害了上诉人洪某明的财产权益,违背了公平原则,该格式条款应属无效。电讯公司应对转让洪某明电话号码的行为承担相应的民事责任。洪某明在一审时的反诉及二审的这部分上诉理由成立,应予支持。考虑到洪某明的两个移动电话号码已经使用一段时间,现行的移动电话入网费已经降至每个 1020 元,电讯公司在二审期间表示愿意按现行价格向洪某明退还入网费,而电讯公司若按此价格退还入网费,就能保证洪某明享有使用两个移动电话号码的权利。因此电讯公司的这一表示,应予准

---

[1] 参见《人民司法·案例》2015 年第 6 期(总第 713 期)。江苏省淮安市淮阴区人民法院(2013)淮商初字第 0372 号民事判决书。

许。一审判决对电讯公司转让洪某明移动电话号码行为的效力认定有误,应予纠正。[1]

3. 举证责任

实践中,应当正确分配双方当事人就合同履行情况的举证责任,以确定合同是否履行、履行是否符合约定。

【案例2-62】 张某诉某公司电信服务合同纠纷案

二审法院认为,某公司向一审法院提交五份证据:《公用电网间互联结算及中继费用分摊办法》《关于中国移动通信GMS移动电话业务计费原则备案的通知》《关于调整固定本地电话费营业区间结算标准的通知》《关于中国联通CDMA移动电话预付费业务资费标准的批复》《关于同意中国某公司新88套餐资费方案的批复》。以上五份证据不仅证明本案"88套餐"经过备案,应该适用按次计费标准,且说明电信行业普遍适用"按次计费,不足1分钟按1分钟计算"的计费原则。此外,关于"按次累加计算"和"按月累加计费"哪个合法的问题,如前所述,本案中的"按次累加计算"有《关于中国移动通信GMS移动电话业务计费原则备案的通知》等依据。张某主张"按月累加计费"的合法性,却未能举证证明"按月累加计算"存在任何法律依据。以上五份证据是真实的,可以作为证据使用,而且其也具有合法性、关联性,具备了充分的证明力。据此,二审法院维持了一审法院驳回张某的诉讼请求判决。[2]

应注意的是,法官依法行使职权取证问题。对于电信服务合同中专业性较强的内容,如果对案件的定性有重大影响,法官应依法向有关部门进行查询。应强调的是,一方当事人提交的证据仅能证明其履行了部分义务,但不足以证明其已完整履行了合同义务,故其诉讼请求不能得到法院支持。

欺诈行为是指合同一方当事人故意告知对方虚假情况,或者故意隐瞒真实情况,诱使对方当事人作出错误意思表示的行为。对于服务提供方是否存在欺诈行为,可以从签订合同和合同履行过程两个方面来分析。对签订合同中的欺诈行为由服务接受者承担举证责任,举证责任内容包括:其一,对服务提供方是否故意告知虚假情况或者故意隐瞒了真实情况;其二,服务接受者是否作出了错误的意思表示。履行合同中是否构成欺诈应由服务提供者承担举证责任,即服务提供过程中是否提供了真实的服务。

---

[1] 参见《最高人民法院公报》2001年第6期。
[2] 参见张钢成主编:《服务合同案件裁判方法与规范》,法律出版社2015年版,第63页。

【案例2-63】 程某与某信息咨询中心服务合同纠纷案

判决观点,程某主张某信息咨询中心在履行合同过程中存在欺诈行为并具有诱导性,但根据双方提交的证据及庭审调查可以确定:原告与被告签订合同及向被告交纳费用系一个渐进的过程,原告并未提供足够的证据证明被告存在欺诈行为而导致原告与被告签订了合同。因此,原、被告签订的合同系双方真实意思表示,且不违反相关法律规定,其内容合法有效,双方应当履行。对于原告主张的诉讼请求,法院认为,根据被告提交的证据,被告已经按照合同约定向原告提供了入会建档以及婚介约见等服务,同时原告也对被告的服务做出了满意的评价。对于被告在为原告提供一次约见服务后,未再为原告提供约见服务的问题,因被告在2014年4月8日为原告约见会员后,原告在2014年4月21日即对被告进行了投诉并要求解除合同退还服务费,这对被告再一次为原告提供服务势必产生一定的影响。……对于原告要求支付赔偿金的诉讼请求,法院认为,被告在为原告提供约见服务时,被约见人虽未提供真实姓名,但被约见人的户籍、职业、婚姻状况并不存在虚假,故原告提供的证据不足以证明被告的行为已经达到了欺诈的程度。故法院对原告要求支付3倍赔偿的请求不予支持。[1]

随着电子商务的普及以及沟通方式的数据化,审判实践中,主张权利存在方所提供的证据已经不再是传统意义上的书证,而抗辩方则主要从没有书面合同、个人之间诸如邮件往来、短信往来和微信聊天记录等电子证据的内容不应被理解为合同的组成部分进行反驳。因此,在当事人采用数据电文形式订立合同的情况下,如何认定发件人与收件人之间往来电文行为的性质是难点。对于该问题的判断应当结合电子证据之外的其余证据,并考虑商业交易惯例等因素综合判断。

【案例2-64】 博瑞恒创公司诉网易北京公司服务合同纠纷案

判决观点,本案中,根据经过公证的公证书内容以及双方当事人认可的邮寄往来内容可知,网易北京公司为推广"网易热"项目,委托博瑞恒创公司进行媒体曝光,合作形式为网易北京公司相关人员定期将稿件素材发送至博瑞恒创公司周某刚邮箱内,由周某刚整理后联系媒体进行曝光,费用以篇计,每篇800元。网易北京公司虽主张相关人员的行为没有公司授权,不能够直接代表网易北京公司,但该主张明显缺乏事实和法律依据。首先,根据网易北京公司自认的相关人员离职前在公司的职务可以认定,其在职期间所从事的与其职务相关的行为能够代表网易北京公司,属于职务经营行为。其次,

---

[1] 北京市朝阳区人民法院(2014)朝民初字第32680号民事判决书。

网易北京公司事后以其名义向博瑞恒创公司打款62400元的行为亦应认定为是网易北京公司对相关人员行为的追认。故吴某、邓某东和张某晶的行为属于职务行为，相关的民事责任应当由网易北京公司承担。网易北京公司与博瑞恒创公司虽未签订书面的服务合同，但根据双方工作人员之间的邮件往来内容，可以认定双方当事人对于媒体发稿服务的内容与价款已达成口头约定，该约定系双方当事人的真实意思表示，且内容不违反相关法律、行政法规的强制性规定，故应为合法有效。网易北京公司提出的博瑞恒创公司的行为违反了《关于禁止有偿新闻的若干规定》，故应属无效之抗辩意见，因前述规定并非法律和行政法规的强制性规定，故法院对此不予采信。[1]

4. 电信合同适格主体

服务合同中的适格主体，在公益诉讼中如何认定有待深入探讨。在公益诉讼制度中涉及一系列的内容，其中原告主体资格是确立公益诉讼制度首要的、核心的问题。在理论界一直建议对原告资格进行扩张，2012年修改后的《民事诉讼法》第五十五条（2023年修正后为第五十八条）排除了公民作为公益诉讼的原告，自2014年3月15日起实施的《消费者权益保护法》再次明确消费者公益诉讼的主体不包括公民。也就是说，在服务合同纠纷案件中，公民作为此类合同的原告是不适格的。

【案例2-65】 张某新诉中国移动通信集团北京有限公司电信服务合同纠纷案

一审法院认为，原告要求被告制定北京区域残疾人的电信资费优惠政策的请求，属于公益诉讼，其主体不适格。二审法院认为，张某新与中国移动北京公司之间形成的电信服务合同关系是双方真实意思表示，内容不违反法律、行政法规的强制性规定，合法有效，双方应按照合同约定行使各自的权利、履行各自的义务。张某新主张因其听力残疾，中国移动北京公司应返还其30元电信资费，但没有就该主张提供合同依据，又因张某新主张应依据的《残疾人保障法》和《北京市实施〈中华人民共和国残疾人保障法〉办法》之相关规定并非强制性规定，故本院难以支持。张某新主张中国移动北京公司应制定北京区域残疾人的电信资费优惠政策，因其主体不适格，不予支持。原审判决并无不当。[2]

---

[1] 参见国家法官学院案例开发研究中心编：《中国法院2018年度案例》（合同纠纷），中国法制出版社2018年版，第271页。北京市第一中级人民法院(2016)京01民终字第6532号民事判决书。

[2] 参见国家法官学院案例开发研究中心编：《中国法院2015年度案例》（合同纠纷），中国法制出版社2015年版，第254页。北京市第二中级人民法院(2013)二中民终字第15379号民事判决书。

五、网络服务合同纠纷

(一)网络服务合同效力

1. 网络服务合同效力认定

在网络服务合同中,接受服务者在其点击电子版服务合同条款时权利更容易受到侵害,网络用户大多不详细阅读甚至不阅读这些条款,有些条款可能需要点击"进入"后才能阅读,或者用户为了达到某种目的不得不接受这些条款。对网络服务者设定格式条款,网络服务供应商对其提供的格式条款负有提示义务;网络服务供应商没有加重接受服务方义务和责任的,则格式条款有效。

【案例 2-66】 来某鹏诉北京四通利方信息技术有限公司服务合同纠纷案

二审法院认为,被告四通利方公司所属新浪网在网站页面上向用户展示的网站服务条款内容,符合预先拟定并可重复使用的特征,应属于格式条款的合同。在网络信息服务中,网站与用户都是通过网络联系沟通的。网站采用电子文本的格式条款合同方式,供用户选择并确定双方有关信息服务的权利义务关系,不违反法律的规定。对于当事人双方订立的格式条款,只要合同的约定内容不违反法律的禁止性规定,应视为有效。《新浪网北京站服务条款》作为双方确认的信息服务合同,对双方当事人的权利和义务作了具体的约定,该服务条款虽然属于格式条款,但上诉人在诉讼中不能说明其存在违反法律规定,侵害国家、集体或其他人的合法权益,损害社会公共利益或者免除义务人的法律责任,加重权利人的责任,排除权利人的主要权利等法律禁止的内容,服务条款对双方当事人应具有法律上的约束力。"免费邮箱"电子邮件服务是四通利方公司所属新浪网自愿单方面无偿提供的一种服务,应认定四通利方公司有权根据服务条款对此进行合理的变更。新浪网在将"免费信箱"由原 50 兆容量调整为 5 兆前,已事先在网站的重要页面上作出声明,履行了服务条款中的说明和提示义务,其行为应该是合法有效的,不构成违约。来某鹏要求撤销原判,由四通利方公司恢复原有的 50 兆容量的电子邮箱服务的上诉请求,不予支持。[1]

【案例 2-67】 成都希言自然贸易有限公司诉上海寻梦信息技术有限公司网络服务合同纠纷案

判决观点,关于电子合同的效力,系争电子合同明确约定:原告一经选择"我已阅读、同意并接受"选项并点击"同意以上文件并继续"按钮,即表示其接受协议,并同意受协议各项条款的约束。原告若未点击"同意并接受"选项则无法享受被告平台的各项服务,双方合同关系亦无法建立。原告既然自愿签订合同,就视为其在享受服务范围内向被告让渡部分权利,应当按照合同约定接受被告平台的各项管理。[2]

网络交易平台单方拟定,且符合内容具有定型化和相对人在订约中处于服从地位特点的格式条款,如果排除了合同相对方的主要权利,并有违合同目的,应当无效。

【案例 2-68】 陈某诉杭州阿里妈妈软件服务有限公司网络服务合同纠纷案

二审法院认为,关于服务协议中商业秘密条款是否有效,"人工认定涉嫌违规的,阿里妈妈可视是否涉及商业秘密等而独立决定是否披露具体认定依据"的条款属于网络交易平台单方拟定,且符合内容具有定型化和相对人在订约中处于服从地位的特点,故属于格式条款的范畴。原、被告双方是网络服务合同关系,上述条款免除了被告在纠纷争议中的举证责任,一旦因为流量异常等情况发生争议,被告可以基于对方申述材料独立判断对方是否违约,且不需要披露理由,据此,诉争进入司法程序,被告也可以此主张免于举证。同时,上述格式条款排除了合同相对方的主要权利,原、被告双方签订的是平等主体之间的网络服务合同,在被告判定原告违约冻结账户的情况下,排除了原告起诉后通过举证可能胜诉的权利,有违合同目的的实现,显失公平,故该合同条款无效。[3]

网络协议是确定互联网平台与用户权利义务的基石。其网络协议内容须完全展示,网络用户协议内容变更需进行限制。

---

[1] 参见《最高人民法院公报》2002 年第 6 期。
[2] 参见陈昶主编:《2019 年上海法院案例精选》,上海人民出版社 2021 年版,第 211 页。
[3] 参见最高人民法院中国应用法学研究所编:《人民法院案例选》2020 年第 5 辑(总第 147 辑),人民法院出版社 2020 年版,第 171 页。浙江省杭州市中级人民法院(2018)浙 01 民终第 7505 号民事判决书。

【案例 2-69】 王某刚诉淘宝(中国)软件有限公司等网络服务合同纠纷案

判决观点,本案属网络服务合同纠纷,基础是双方签署的电子协议。原告在注册成为阿里妈妈会员并使用淘宝客软件进行推广时,点击同意,接受了《阿里妈妈协议》及《淘宝客协议》。原告自愿注册为阿里妈妈的用户及用淘宝客推广软件进行推广,同意接受阿里妈妈的上述规则,双方之间已就该规则的适用达成合意,上述规则不违反国家法律、行政法规的强制性规定,属合法有效。双方协议已授权被告淘宝(中国)有限公司(以下简称淘宝软件公司)对原告违规作出判定。根据《淘宝客规范》约定,淘宝客违反规范任一条款,淘宝可对违规性质、严重程度进行独立判定,并处以任一或几项违规处理的组合。被告淘宝软件公司因原告劫持流量的违规行为对原告进行处罚符合合同约定。[1]

网络服务商使用格式条款约定管辖,但未采取合理方式提请对方注意的,管辖条款无效。

【案例 2-70】 金某军诉百度公司网络服务合同纠纷案

二审法院认为,本案中,双方虽在《百度文库服务协议》中约定了管辖法院,但根据《民事诉讼法解释》第三十一条的规定,经营者使用格式条款与消费者订立管辖协议,未采取合理方式提请消费者注意,消费者主张管辖协议无效的,人民法院应予支持。百度公司未举证证明其采取合理方式提请金某军注意该管辖协议,该管辖条款应认定为无效。[2]

作为视频播放平台的服务公司与消费者之间订立合同,不仅仅遵循合同自由原则的指引,享有单方变更权,更需要尊重合同公平原则,合理规定双方的权利。遵循不损害相对方利益作为单方变更权行使的前提,是对缔约后形成缺乏合意的格式条款进行必要的规制,其目的是在尊重互联网产业发展的前提下,为用户权益提供更加周延的保护。互联网服务提供者作为格式条款合同的提供方可以制定符合法律规定的单方变更条款,但是单方变更权的行使应以提升用户体验、适应技术革新等互联网服务提供者与用户之间共赢为目的,而非限制或者减损用户的实质权益。

---

[1] 参见王利明主编:《判解研究》2016 年第 3 辑(总第 77 辑),人民法院出版社 2017 年版,第 154 页。浙江省杭州市余杭区人民法院(2013)杭余民初字第 2855 号民事判决书。

[2] 参见国家法官学院、最高人民法院司法案例研究院编:《中国法院 2021 年度案例》(合同纠纷),中国法制出版社 2021 年版,第 20~21 页。江苏省无锡市中级人民法院(2019)苏 02 民辖终 679 号民事裁定书。

【案例 2-71】 吴某威诉视频科技公司网络服务合同纠纷案

二审法院认为,本案的争议核心在于对单方变更格式条款内容的正当性的法律评价问题,具体涉及法律上两个方面的基础问题:其一是案涉条款是否构成格式条款,及其效力的问题。这是本案首先需要解决的问题。其二是视频科技公司增加合同条款,是属于合同变更还是属于新合同的缔结?这属于法律评价层面的问题。

关于问题一。"涉案 VIP 会员协议"在吴某威和视频科技公司之间已经成立,涉诉导言条款是否无效属于合同成立后的效力评价层面的问题。具体而言,则是审查吴某威主张涉诉导言条款无效是否符合法律的规定。法院认为,涉诉导言条款符合《合同法》第三十九条第二款的规定,为格式条款。涉诉导言条款拟制格式合同提供方已尽到提示义务,并约定排除适用《合同法》第四十条法定无效的规定,其意图在于通过格式条款的形式排除对法律强制性条款的适用,这一安排设计限制甚至排除消费者权利的意图明显,属于对消费者不公平、不合理的规定,应当认定无效。二审法院在一审法院裁判上维持,并补充法律适用。

关于问题二。应当从两个层面进行认定,一是黄金 VIP 会员享有的"热剧抢先看"的权益内容的解释问题;二是视频科技增加"付费超前点播"条款的性质及效力问题。法院认为,双方争议实质在于实际提供服务时的具体剧集页面中的文字说明是否为合同内容。"付费超前点播"条款限制了吴某威的权利,对于吴某威而言是不公平、不合理的规定。因此,"付费超前点播"条款不应纳入单方变更条款的调整范围内,此条款是对合同内容的变更。视频科技公司在黄金 VIP 会员不同意"付费超前点播"服务时并没有提供退还VIP 会员费等解除合同的救济途径,也就是说上述条款约定不同意变更可以行使解除权,但实际并未提供解除权行使的有效途径,故法院认为此种约定属于合同变更的内容约定不明确的情形,推定为未变更。综上所述,视频科技公司的上述请求不能成立,应予驳回;一审判决认定事实清楚,适用法律正确,应予维持。判决:驳回上诉,维持原判。[1]

实践中,认定免责或限责格式条款的效力可从以下三个方面考量:其一,如免责或限责格式条款系提供者(企业)的合理化经营所必需,免责、限制的是一般过失责任或轻微违约场合的责任,且提供者履行了合理提示和说明义务,则此类格式条款有效。其二,应审慎认定格式条款无效,维护当事人意志和缔约目的的实现。其三,

---

[1] 参见国家法官学院、最高人民法院司法案例研究院编:《中国法院 2022 年度案例》(合同纠纷),中国法制出版社 2022 年版,第 253~254 页。北京市第四中级人民法院(2020)京 04 民终 359 号民事判决书。

免责或限责格式条款公平与合理性认定可以参照交易习惯或行业惯例。

【案例 2-72】 钟某国诉杭州边锋网络技术有限公司网络服务合同纠纷案

judgments判决观点，边锋公司在主播协议中载明有权设定奖励或者处罚，相关条款的内容不具有法定无效情形。至于格式条款是否加重对方责任、排除对方主要权利，法院认为，上述条款系针对用户产生违约情形时对其经济利益设定限制，即边锋公司的处罚权利与钟某国的守约守信义务相对应，并未导致权利义务失衡，不违反公平原则。原告直播获取的礼物均系"刷服务"所得，违反了合同约定和诚实信用原则，被告对此拒绝支付服务费具有法理基础。钟某国主张被告对处罚措施没有履行通知义务，本案中边锋公司通过官网公告的方式对于违反禁止性条款的处罚措施进行常态化公示，相关条款的设置符合交易惯例，文字描述清晰，可视为已对相关条款作出提示。在钟某国后续与边锋公司客服沟通协商的过程中，边锋公司已向钟某国告知扣发服务费的理由系因原告有违规行为，因此被告的行为符合合同约定，对于钟某国的该主张法院不予支持。综合考虑原告"刷礼物"确实有违诚信原则，边锋公司扣发服务费具有合同依据和法律依据，钟某国主张边锋公司支付6月礼物费用的请求法院不予支持。〔1〕

从双方当事人的合同缔约目的、权利义务履行方式以及信息压制行为的危害性出发，将"负面压制"认定为无效条款，认为这是一种有损消费者知情权及言论自由权、误导消费者、妨碍消费者的自由选择权及扭曲市场正常竞争秩序的新型网络不正当竞争行为。

【案例 2-73】 上海心橙文化传播有限公司诉上海聚高信息技术有限公司网络服务合同纠纷案

判决观点，合同的性质及效力系法院依职权审查的事项，而非仅根据当事人在诉讼中的主张及意思表示进行确认。提供网络"负面压制"服务之约定是否有效，应当结合合同目的、行为性质及方式、社会危害后果，依据法律规定的合同效力判定标准作出认定。首先，"负面压制"的目的违背诚实信用的基本法律原则。互联网技术作为一项新技术，具有自由、开放、共享的特点。互联网搜索引擎服务可以让社会公众更方便、更全面地了解到民事主体或者相关市场的真实情况，而"负面压制"条款的目的是在反其道而行之，它不是让真实情况更加准确地暴露在社会公众面前，而是为了私利通过有组织的人为干预，让特定民事主体的负面信息"涂脂抹粉""乔装打扮"后出现，使

---

〔1〕 参见国家法官学院案例开发研究中心编：《中国法院 2018 年度案例》（合同纠纷），中国法制出版社 2018 年版，第 280 页。上海市浦东新区人民法院(2016)沪 0115 民初字第 70340 号民事判决书。

其不易察觉甚至难寻踪迹,这样的目的已经在破坏民事行为应该遵守的基本法则,也势必会损害整个社会所共同珍视的核心价值。其次,"负面压制"条款违反《消费者权益保护法》和《反不正当竞争法》的基本原则。一方面,对消费者而言,知悉其购买、使用的商品或者接受服务的真实情况是其基本权利。消费者知情权是否能够真正得到保障,互联网搜索引擎是否能够有效地为消费者提供信息查询服务,既取决于相关信息本身是否真实、准确,也与这些信息是否能够正常地为消费者所知道、获取密切相关。本案中当事人实现"负面压制"的三种方法中,除依法且客观向平台投诉属正当手段外,其余两种手段或是在"好评前置"或者"差评后置",显然是在人为干预搜索引擎的正常排名,会使消费者无法获得全面的产品及服务信息,甚至会误导消费者从而影响消费者真实意志的形成,以及相应决策的做法。另一方面,正面信息和负面信息均是一个健康市场中不可或缺的重要方面,一个理性的市场主体会从正面评价吸取经验,更好地服务于消费者,也会从负面评价中吸取教训、修正错误。《反不正当竞争法》第二条亦规定"经营者在生产经营活动中,应当遵循自愿、平等、公平、诚信的原则,遵守法律和商业道德"。然而"负面压制"是有意通过诚实经营以外的行为来压制本应为公众所知悉的负面信息,形成偏离客观事实的"商誉",不正当地获取竞争优势,对于其他竞争者及市场竞争秩序均有损害。再次,"负面压制"行为将会损害搜索引擎服务提供者的权利。搜索引擎的公信力主要体现在全面、客观、中立、准确地向互联网用户展示市场信息,反映市场评价。维护搜索引擎的正常排名,不得通过法律允许以外的其他手段改变排名,这也是实现搜索引擎功能的基本价值所在。而"负面压制"却是通过好评前置、差评后置的不正当手段,改变甚至扭曲搜索引擎排名,误导搜索引擎的使用者,必然会损害搜索引擎服务提供者的公信力和商业美誉度。综上,本案系争"负面压制"条款违反民事法律的基本原则及公序良俗,损害拟借此保护的社会公共利益,具有违法性,应认定无效。"负面压制"条款无效,并不影响其他条款的效力,当事人应该按照合同约定履行。对于被告已经完成的优化工作,原告应当按照约定支付报酬。根据合同实际履行情况,合同解除原因、双方过错,对于被告已提供的服务的费用以及未履行部分的预期可得利益,结合双方关于优化服务对应服务费用的主张,法院酌情确定原告应支付被告18000元。在"负面压制"条款被认定无效之后,被告应该按照《合同法》的规定返还已经取得的财产。因此,被告应返还原告的款项为30500元。判决:一、被告上海聚高信息技术有限公司返还原告上海心橙文化传播有限公司服务费30500元;二、驳回原告上海心橙文化传播有限公司的其余诉讼请求。[1]

---

[1] 参见陈昶主编:《2022年上海法院案例精选》,上海人民出版社2022年版,第225~226页。

2. 发送商业广告短信服务合同的效力

在当今社会生活中，为各类商品发送宣传短信的现象具有普遍性。对发送商品宣传短信服务合同的效力判断，应以是否尊重社会公德、损害社会公共利益为标准。对明显没有尊重社会公德，损害了社会公共利益的服务合同应认定为无效。根据《全国人民代表大会常务委员会关于加强网络信息保护的决定》等相关规定，确定服务方属于发送"垃圾短信"的行为，对其主张的服务费用法律不予支持。

【案例2-74】 无锡市掌柜无线网络技术有限公司诉无锡嘉宝置业有限公司网络服务合同纠纷案

判决观点，根据掌柜网络公司与嘉宝公司签订的《短消息合作协议书》及双方陈述，双方在对所发送的电子信息的性质充分知情的情况下，无视手机用户群体是否同意接收商业广告信息的主观意愿，强行向不特定公众发送商业广告，违反网络信息保护规定、侵害不特定公众的利益，该合同应属无效，所发送的短信应认定为"垃圾短信"。因掌柜网络公司对该协议已履行完毕、嘉宝公司客观上已实际受益；而掌柜网络公司作为网络服务提供者，在订立、履行合同过程中，违反电子信息发布规定，故意向不特定公众发送"垃圾短信"，行为恶劣，应予惩戒；故法院对该服务费另行制作决定予以收缴。[1]

3. 虚假点击量服务合同效力

虚假点击量服务合同，实质上是为了刷流量，置市场公平竞争和网络用户利益于不顾，牟取不正当利益，违反商业道德底线，违背公序良俗，依据《民法典》第一百四十三条规定是无效的。

【案例2-75】 上海弘鸽信息科技有限公司诉上海市微尘文化传播有限公司服务合同纠纷案

一审法院认为，民事活动应当遵循诚实信用的原则，并应当尊重社会公德，不得损害社会公共利益、违背公序良俗。

第一，真实的网站点击量对于广大普通网络用户具有积极意义。点击量是指一段时间内特定的网页受到来访用户点击访问的次数，是衡量网站受关注度的一个指标。在当前网络环境下，很多搜索引擎将网站点击量作为一个

---

[1] 参见国家法官学院案例开发研究中心编：《中国法院2016年度案例》（合同纠纷），中国法制出版社2016年版，第255页。江苏省无锡市南长区人民法院（2014）南商初字第0402号民事判决书。

网站搜索排名的参考指标之一。对于普通网络用户而言,选择浏览网页时,网站点击量也是一个重要的选择、参考的依据,一方面可以直接根据搜索引擎提供的点击量排名进行筛选,另一方面也可以直接通过网站点击量的多少判断网站的受关注度,进而自行决定对于浏览网站的取舍。因此,提高网站点击量普遍成为网站进行自我营销的一种手段。

第二,制造虚假点击量的营销方式对健康的网络环境是一种切实的危害。类似于本案中原告所采取的制造点击量的方式,通过规模化、工业化的操作使得网站点击量可以有计划地获得有针对性的提升。但是通过此种模式获得的点击量并不是由真正网络用户点击浏览产生的,其无法反映网站实际的受关注度。运用此类营销方式的网站由点击量体现出来的网站外观是虚假的,由此形成的搜索引擎排名也是不真实、不公正的。如果网络用户根据这样虚假的网站外观进行选择,他们赖以选择的信息是被歪曲了的,选择权将受到不公正的影响。

第三,原、被告之间约定的营销方式违背诚实信用原则,损害了社会公众利益,违背了公序良俗,依法应当认定无效。涉案合同虽然未就具体的营销模式进行记载,但是被告对原告所采取的具体营销手段,即通过制造虚假点击量提升网站的受关注度,是明知且认可的。在双方的沟通中,多次出现"跑量"等特指人为制造点击量的用语。故可以认定,涉案合同的本意就是被告委托原告通过人为制造点击量的手段提升标的网站的受关注度。之前的分析可以证明,这样的营销方式的实质是以虚构数据的不正当手段以达到其营销目的,其行为本身是违反诚实信用民法原则的。这样的行为一方面侵害了不特定网络用户的网站浏览的知情权和选择权;另一方面,对于和标的网站处于竞争关系的相关网站亦构成了不正当竞争侵权。涉案合同违背民法原则,损害社会公众利益,不被社会道德所认可,即属于法律规定的违背公序良俗的情形,应依法认定为无效。

第四,案件审理中,原、被告当事人向一审法院提出双方已达成和解,希望调解解决本案争议。根据《民事诉讼法》第九十六条的规定,当事人达成的调解协议内容不得违反法律规定。由于涉案合同本身因违反诚实信用原则并损害公共利益而无效,故原、被告之间达成的关于涉案合同的履行和解方案属于对合同的履行变更,由于合同本身不被法律所认可,故原、被告的调解一审法院亦不予确认。

虽然,在当下的互联网环境下,与原、被告采取的手段相类似的网站营销方式比比皆是。对于普通网民而言,浏览网站知情权丧失和选择权被侵害的危害后果可能是有限的。但是,违法行为不因为普遍存在就得以合法化,也不因为危害后果小就应当被社会容忍。事实上,除了人为制造点击量以外,存在其他正当的网站营销方式和途径,比如适量投放广告链接等。原、被告这样的互联网企业,应当摒弃短视的利益观,选择正当的营销模式,应当在着力网站推广营销的同时兼顾社会公众权益的保护。综上所述,就本质而言,虚构点击量的行为损害的是整个社会的诚信,而诚信是一个社会的基石,也是国家法律旨在捍卫的核心价值。据此,一审法院依法确认原、被告之间签订的《联想网站访问量品牌推广技术服务框架合同》无效,原告据此提出的诉请缺乏事实及法律依据,不予支持。判决:对原告的诉讼请求不予支持。一审宣判后,原告上诉后又申请撤诉,二审法院裁定准许。[1]

对网络游戏直接"刷礼物"行为,运用合同解释原则,对格式条款进行扩张性解释。

【案例 2-76】 钟某国诉杭州边锋网络技术有限公司网络服务合同纠纷案

判决观点,根据国家网信办发布的《互联网直播服务管理规定》的规定,互联网直播服务提供者应当与互联网直播服务使用者签订服务协议,明确双方权利义务,要求其承诺遵守法律法规和平台公约。鉴于此,本案中边锋公司在平台公布的规范条例也应作为合同的一部分,对钟某国在内的用户产生拘束力。不管用户协议、主播协议或者平台规范条例,均对用户的禁止性行为作出了约定,相关条款系由平台自行拟定,属于格式条款,在用户签订协议过程中被告已经作出要求认真阅读条款的提示,应视为有效。对于双方争议的合同条款,一方面,边锋公司在主播协议中约定了用户"异常情形"、在规范条例中约定禁止性条款,并且将"非法手段"延伸解释为"包括但不限于注册虚假的用户账号等",体现出边锋公司对于用户违规行为的认定系遵循扩张解释原则。另一方面,根据合同本意理解,相关条款规制的范围除了包括违反法律禁止性规定的行为,还应包括违反强制性法律规定和正当交易秩序的行为。首先,我国法律法规未对网络服务合同作出具体规定,因此网络直播主体在缔约自由的基础上,应按照诚实信用原则行使权利、履行义务,不得损害对方当事人的利益和社会的一般利益,如合同履行违背诚实信用原则,应认定为违法。钟某国"刷礼物"为自身提高结算金豆收入,其在主观上不具有善意,合同履行中未如实反映真相,应视为违反了诚实信用原则。其次,从合同目的和交易秩序而言,钟某国、边锋公司订立涉案合同的目的在于使双方获利,即通过网络主播在直播过程中获得真实的人气,给平台带来客户资金和声誉上的收益,在此基础上平台向原告结算收益分成,该合同目的的实现依赖于双方的互信互利。根据涉案主播协议第四条的约定,主播为平台

---

[1] 参见陈昶主编:《2020 年上海法院案例精选》,上海人民出版社 2022 年版,第 176~177 页。

用户提供游戏解说直播服务,用户可进行赠送礼物的消费,此处的"礼物"从合同本意理解,应为平台用户自愿向主播作出赠送礼物的加值消费,而本案中原告自行从网络上购买了送礼物服务,本质上而言系原告自行购买礼物赠送给自己,表面上提升直播人气,但仅具有瞬时性,未真正给被告带来客源和声誉上的收益,该行为不符合网络直播的正常交易秩序,被告如为此支付服务费反而可能导致损失,有悖合同目的。因此,原告自行"刷礼物"的行为应认定违反了合同本意以及诚实信用原则。[1]

(二)网络服务合同责任

对于网络服务虚拟空间的赔偿如网络游戏运营商的违约责任问题,有其自身特点。游戏运营商冻结玩家账号,玩家起诉法院要求其承担违约责任的,法院可支撑解除冻结账号和赔偿实际损失。

【案例 2-77】 周某诉某网络科技公司服务合同纠纷案

判决观点,某网络科技公司的行为构成违约,判决某网络科技公司解除对周某游戏账号的冻结,并赔偿周某证据保全公证费1000元,驳回周某的其他诉讼请求。[2]

网络销售第三方平台基于《平台服务协议》起诉售假商家,以违背协议售假要求承担相应的违约责任的,法律应予支持。用户在使用平台服务时,应当预见售假行为会对商品权利人、消费者以及平台经营者产生损害,在确定赔偿数额时,应综合考虑平台经营者的市场知名度、用户的经营时间、规模、商品种类、价格与利润等因素。

【案例 2-78】 浙江淘宝网络有限公司诉姚某服务合同纠纷案

判决观点,本案主要争议焦点有二:(1)姚某的售假行为是否给原告造成商誉等损害,原告主张赔偿是否有事实依据。(2)浙江淘宝网络有限公司主张姚某在媒体上刊登声明、消除影响是否有相应的依据。首先,姚某的售假行为是否给原告造成商誉等损害,原告主张赔偿是否有事实依据。原、被告签订的《淘宝平台服务协议》第6.3条约定:如被告的行为使淘宝及其关联公司遭受损失,包括自身的直接经济损失、商誉损失及对外支付的赔偿金、和

---

[1] 参见国家法官学院案例开发研究中心编:《中国法院2018年度案例》(合同纠纷),中国法制出版社2018年版,第279~280页。上海市浦东新区人民法院(2016)沪0115民初字第70340号民事判决书。

[2] 参见张钢成主编:《服务合同案件裁判方法与规范》,法律出版社2015年版,第151页。

解款、律师费、诉讼费等间接损失，被告应当赔偿淘宝及其关联公司的上述全部损失。被告以掺假的方式持续在淘宝网上出售假货，其行为不仅损害了与商品相关权利人的合法权益，而且降低了消费者对淘宝网的信赖和社会公众对淘宝网的良好评价，对淘宝网的商誉造成了损害，故被告应当就此予以赔偿，法院综合考虑姚某经营时间、商品价格和利润等因素，酌情确定被告赔偿数额。对于合理费用 20000 元的损失，鉴于双方签订的合同已约定律师费等间接损失由违约方承担，法院综合考虑案件的难易复杂程度、浙江淘宝网络有限公司代理律师工作量以及案件的标的等因素，参照律师收费标准予以支持。其次，原告主张被告在媒体上刊登声明、消除影响是否有相应的依据。浙江淘宝网络有限公司是以服务合同为基础法律关系提起诉讼，双方合同并未约定姚某对浙江淘宝网络有限公司造成商誉损害需要承担在媒体上发表声明以消除影响的责任。现浙江淘宝网络有限公司要求姚某在媒体上发表声明、消除影响，无合同和法律依据，故法院对浙江淘宝网络有限公司要求姚某在媒体上刊登声明、消除影响的诉讼请求不予支持。[1]

【案例 2-79】　浙江淘宝网络有限公司诉许某强等服务合同纠纷案

二审法院认为，其一，许某强负有不得在淘宝平台上销售或发布侵犯他人知识产权或其他权益的商品或服务信息的义务，其行为违反了 2015 年的《淘宝平台服务协议》，构成违约。其二，打假和净化网络购物环境不单是第三方交易平台经营者的责任，平台内经营者和平台经营者均有规范经营的义务。许某强销售假冒的五粮液，影响公众身体健康和生命安全，妨害市场秩序，损害公平竞争，综合考虑淘宝网的市场知名度、许某强的经营时间、规模、商品种类、价格与利润等因素，酌情确定许某强赔偿淘宝公司损失 2 万元。其三，许某强与淘宝公司签订的合同中明确约定了律师费等间接损失由违约方承担。淘宝公司提供律师费发票证明，该费用亦未违反相关禁止性规定，故对淘宝公司要求赔偿 2.3 万元合理支出的请求予以支持。[2]

电子商务平台经营者依据平台规则，对滥用退货权利消费者采取中断、终止服务措施具有合法性，且不承担赔偿责任。

【案例 2-80】　吴某岩诉某品会公司网络服务合同纠纷案

二审法院认为，根据吴某岩作为用户注册"某品会会员"时确认同意的《某品会服务条款》第 15 条第 15.8 款约定，某品会有权在其判定认为某品会

---

〔1〕 参见茆荣华主编：《2018 年上海法院案例精选》，上海人民出版社 2020 年版，第 94~95 页。
〔2〕 参见最高人民法院中国应用法学研究所编：《人民法院案例选》2019 年第 4 辑（总第 134 辑），人民法院出版社 2019 年版，第 5~6 页。上海市第一中级人民法院（2017）沪 01 民终 13085 号民事判决书。

会员存在恶意退货而不合常理的高退货率,或可能损害某品会利益的不正当行为的情况下,暂时冻结、永久冻结、修改、删除会员的个人账户或采取其他处理措施。鉴于吴某岩在 2015 年 5 月 1 日至 2018 年 4 月 12 日在某品会商城购买商品 537 件,其中退货、拒收 454 件,退货、拒收率高达 84.54%,某品会公司冻结吴某岩的某品会账户,符合前述服务合同的约定,合法合理,并无不当。况且,吴某岩亦未就其异乎寻常的高退货、拒收率举证证明其合理性和正当性,某品会主张该高退货、拒收率行为损害其合法利益的理由成立。对于吴某岩向某品会公司基于某品会账户购买的超级 VIP 服务,某品会已作退款处理,并无不当。因此,吴某岩以其未仔细阅读前述服务条款为由,请求恢复其会员账号和超级 VIP 会员等级,并主张某品会公司予以赔偿和赔礼道歉的理由不充分,不予支持。原审法院根据双方当事人的诉辩、提交的证据对本案事实进行了认定,并在此基础上依法作出原审判决,合法合理,且理由阐述充分,予以确认。综上所述,原审认定事实清楚,判决并无不当,予以维持。判决:驳回上诉,维持原持。[1]

网络游戏虚拟财产被盗后,游戏运营商不承担赔偿责任。

【案例 2-81】 崔某波诉某易公司网络服务合同纠纷案

判决观点,首先,本案中,盗号者能通过崔某波的账号密码登录账户,并能知悉崔某波手机号收取验证码,进而绑定"将军令",并无证据能够证明此情况是某易公司存在漏洞所致。至于第一次验证码可以用任意手机获取的问题,虽然该步骤可能被他人恶意使用,但是该步骤属于整个验证程序中的一环,结合输入账号密码、输入第二次验证码两步程序,某易公司向崔某波发送了验证码短信,并在绑定将军令后发送了信息,可以认定某易公司及时通知崔某波其账号存在异常情况。综上,可以认定某易公司采取了合理措施保障用户账号的安全。其次,从崔某波首次告知某易公司其账号和物品被盗后,到某易公司查证并帮助崔某波追回涉案的网络游戏道具,时间不足 10 小时,可以认定某易公司及时采取了必要措施。最后,《民事证据规定》第九条规定,根据法律规定或者已知事实和日常生活经验法则,能推定出的另一事实,当事人无须举证证明,当事人有相反证据足以推翻的除外。根据盗号者的盗号过程可知,盗号者知晓崔某波两个账号和密码。因账号的密码由崔某波保管,故在无相反证据的情况下,可以推定崔某波账号被盗系其未妥善保管其账号及密码所致。因此,因盗号给他人的民事权利造成损害的,崔某波

---

[1] 参见国家法官学院、最高人民法院司法案例研究院编:《中国法院 2021 年度案例》(合同纠纷),中国法制出版社 2021 年版,第 248 页。广东省广州市中级人民法院(2019)粤 01 民终 19541 号民事判决书。

应当承担由此产生的法律责任。第三方玩家购买的涉案网络游戏道具,某易公司收回该道具后,须返还第三方玩家为购买该道具而支付的合理对价,故某易公司要求崔某波支付与游戏道具交易时数额相同的游戏币,具有合同依据,崔某波的诉请缺乏依据。〔1〕

电子商务平台对虚拟财产的交易负有安全保障义务,有过错的应承担相应责任。

【案例 2-82】 张某强诉信息技术公司服务合同纠纷案

判决观点,首先,张某强将涉案交易的验证码发送给了卖家,未根据平台用户协议妥善保管验证码,存在过错。其次,张某强发觉有问题向信息技术公司的平台客服反映,信息技术公司平台客服未根据平台用户协议及时采取冻结交易、要求重置密码、限制资金支付等措施保证交易安全,错误指引张某强重新登录交易账号,存在过错。信息技术公司违反了交易安全保障义务构成违约,但张某强亦违反协议约定。当事人双方都违反合同的,应当各自承担相应责任。判决:一、被告信息技术公司赔偿原告张某强 3636 元;二、驳回原告张某强的其他诉讼请求。〔2〕

网络直播服务机构附随义务的认定与规则处理。

【案例 2-83】 上海内野贸易有限公司诉上海星运互娱科技有限公司、浙江新闻星盟飞溢娱乐文化有限公司服务合同纠纷案

判决观点,原告与两被告签订《服务协议》,系各方当事人真实意思表示,各方约定以抖音平台直播带货推广作为盈利模式,则应恪守抖音直播平台相关规范或公约。现各方对于销售金额以及未达标并无争议。故被告星运公司对于销售额未达标过错的抗辩是否成立,是否全面履行合同约定义务及附随义务,以及是否应当退还款项并支付违约金等是本案的主要争议焦点。针对争议焦点一,被告星运公司对于销售额未达标过错的抗辩是否成立?一是从抖音平台处罚对象进行分析。抖音用户在直播带货中指向直播间运营者,即被告星运公司。直播产品用词不当被抖音平台禁播处罚,系因被告方及其安排的主播人导致,由此产生的不利后果理应由被告方承担。二是从抖音平台处罚所涉商品影响分析。抖音平台相关处罚信息与被告星运公司所抗辩的爆款商品链接失效,以及在微信聊天群中反馈"内野的没库

---

〔1〕 参见国家法官学院、最高人民法院司法案例研究院编:《中国法院 2021 年度案例》(合同纠纷),中国法制出版社 2021 年版,第 253~254 页。广州互联网法院(2019)粤 0192 民初 271 号民事判决书。

〔2〕 参见国家法官学院、最高人民法院司法案例研究院编:《中国法院 2022 年度案例》(合同纠纷),中国法制出版社 2022 年版,第 269 页。广州互联网法院(2020)粤 0192 民初 28060 号民事判决书。

存"等时间节点、商品名称上完全对应一致。由此,爆款商品链接失效数小时、直播间无法显示所涉商品库存量,应系抖音平台针对直播间不当行为处罚,进而对所涉商品产生的不利影响。三是告知提示开通抖音平台多渠道支付应属合同约定义务,即直播综合服务以及营销优化培训范畴。然而,两被告在直播当日才发现原告方仅开通支付宝支付渠道,未开通微信支付渠道,由此对于销售额可能产生的影响,应归责于被告方疏于提示,未能积极履行合同约定义务。综上,对于被告提出直播销售目标未完成的责任应由原告部分承担的抗辩意见,法院不予采纳。针对争议焦点二,关于被告星运公司是否充分举证证明履行合同义务及附随义务,是否应当退还款项并支付违约金? 一是从约定义务履行来看,结合合同文义、履约目的、行业特点等进行解释,被告应履行合同主要义务,包括但不限于,应就直播平台规则、网络直播营销规范用语进行充分告知、提示,就包括开通支付渠道在内的品牌营销提供相匹配的指导培训,尤其是当直播中出现爆款商品链接失效等临场问题时,应制定应对预案并及时妥善处理等。二是从实际销售业绩来看,被告星运公司系专业的网络直播服务机构,原告系第一次参与接触网络直播带货业务。基于对被告专业经验的充分信赖,原告向被告星运公司支付了100万元综艺主播专场费,希望帮助原告完成销售目标额。从营销业绩来看,仅完成了承诺销售的4.38%,与约定比例反差巨大。三是从盈利模式行为规范来看,网络直播服务机构在收益模式上较多采取"提成抽佣"模式,无论最终直播销售额如何,被告星运公司均可获取相应比例的收益。此外,依据《电子商务法》有关规定,在平台、主播、商家、消费者共同参与的直播产业生态中,网络直播服务机构扮演着规范行业准入、提升直播品质、净化行业生态的枢纽角色。由此,被告星运公司应当更为充分地履行包括协助、通知、注意义务在内的合同附随义务。综上,被告星运公司并未全面履行合同主要义务及附随义务,客观上难以实现利益平衡。按照《服务协议》约定的退款计算方法,故被告星运公司应承担相应违约责任。判决:一、被告星运公司退还原告内野公司专场费756215元;二、被告星运公司支付原告内野公司违约金(以756215元为基数,自2020年11月18日起至实际清偿之日止按一年期全国银行间同业拆借中心公布的贷款市场报价利率两倍计算);三、被告星盟公司对上述判决主文第一项、第二项确定的被告星运公司付款义务不能清偿部分向原告内野公司承担二分之一的赔偿责任,被告星盟公司承担赔偿责任后,可以向被告星运公司追偿。[1]

---

[1] 参见最高人民法院中国应用法学研究所编:《人民法院案例选》2023年第5辑(总第183辑),人民法院出版社2023年版,第106~107页。上海市普陀区人民法院(2021)沪0107民初3137号民事判决书。

为用户提供选择停止推送推广信息服务是互联网平台公司的一项合同义务,并且互联网平台公司是商业推广短信获利方,因此在未约定推广短信退订费用负担的情况下,用户退订商业推广短信的资费应当由互联网平台公司负担。

【案例2-84】 王某诉北京每日优鲜电子商务有限公司网络服务合同纠纷案

判决观点,涉案两条款对每日优鲜公司发送"订单信息、配送服务信息等与交易配送密切相关信息"的内容进行了明确告知和提示,也提供了不想接受上述信息"退阅或设置拒绝""不希望继续接收"的方式。条款内容本身亦未免除每日优鲜公司的责任、加重每日优鲜有限公司用户责任、排除每日优鲜公司用户主要权利,并均以加粗或加下画线方式进行合理提示,履行了提示义务,上述两条款亦不属于法律规定的应属无效的情形。因此,对王某主张上述条款无效的诉讼请求,法院不予支持。王某要求每日优鲜公司修改《用户协议》及《隐私政策》,并增加用户拒绝其发送商业广告选项内容的请求,没有事实与法律依据。每日优鲜公司为用户提供了三种信息拒绝途径:一是要求每日优鲜公司停止推送;二是根据短信退订指引要求每日优鲜公司停止发送推广信息;三是在移动端设备中进行设置,不再接受每日优鲜公司推送的消息。王某有多种信息拒绝途径可以选择。每日优鲜公司未对王某手机号码进行屏蔽的原因,在于其后台系统并未收到该条退订短信。从短信收费详单看,中国移动通信亦未收到该条短信费用,因此每日优鲜公司抗辩理由有事实根据。王某后于2019年11月15日再次回复"N"退订短信后,每日优鲜公司后台系统即自动将王某手机号码150×××9657屏蔽,标签为"短信黑名单",立即停止了商业广告短信推送,应当认定每日优鲜公司提供的商业广告信息拒绝途径有效。根据《隐私政策》"我们如何收集和使用您的个人信息"中"为您提供商品或服务信息展示"约定,每日优鲜公司有权向王某发送商业广告信息,不构成违约。为用户提供可选择的停止推送推广信息的服务是每日优鲜公司的一项合同义务,每日优鲜公司是履行义务的一方,王某按照短信退订指引发送短信是属于行使拒绝接受权利的行为,并非义务履行行为。因此,王某因此而产生的0.1元短信资费应由每日优鲜公司负担。判决:一、被告每日优鲜公司赔偿原告王某短信资费损失0.1元;二、驳回原告王某的其他诉讼请求。[1]

---

[1] 参见最高人民法院中国应用法学研究所编:《人民法院案例选》2022年第9辑(总第175辑),人民法院出版社2022年版,第98~99页。北京互联网法院(2020)京0491民初9057号民事判决书。

(三)网络服务合同解除

网络服务合同的解除,法官要注意对涉案常见概念的了解,熟悉专业知识,准确识别专业概念,必要情况下可咨询专家辅助查明案件事实,从而正确认定合同性质、合同内容、合同目的、违约责任及合同解除等问题。

【案例2-85】 董某诉某网络技术公司服务合同纠纷案

某网络技术公司与董某签订的《"行业中国VIP——乙型行业门户"产品及服务合同》所负有的合同义务是为董某建立中国矿业门户网站及相应推广服务,而其后双方又签订的《域名、邮箱服务销售合同》所负有的义务是为董某提供域名查询、注册服务和协助网站备案,这是两个独立的合同。在一审中认定《"行业中国VIP——乙型行业门户"产品及服务合同》中也包含域名注册、网络服务许可备案等内容,某网络技术公司应当履行域名注册、网络服务许可备案等义务而未履行导致合同目的无法实现,故支持董某诉求解除了合同。二审法院认定双方合同中并未约定某网络技术公司负有为董某办理互联网信息服务经营许可备案的义务,某网络技术公司以按照双方合同约定为董某制作了"中国矿业门户"并进行了推广服务等为由,判决撤销一审判决,并驳回董某的全部诉讼请求。二审法院是基于认为门户网站设计合同与域名注册、网络服务许可备案服务合同是两个独立的合同,本案中董某与某网络技术公司分别就门户设计及域名注册签订了两份合同,董某主张的是解除门户网站设计合同,该合同项下双方对合同内容均已完全履行并确认,不存在违约情形,不符合解除事由,故予以改判。[1]

根据《民法典》第五百八十条之规定,在继续性合同陷入合同僵局情况下,经审查认为违约方不存在恶意违约情形,继续履行合同对其明显不公平,且守约方拒绝解除合同有违诚信原则的,法官可以支持违约方解除合同的请求,从而更好地优化互联网资源配置,传递司法鼓励高效交易、诚信交易,维护实质正义的理念。

【案例2-86】 黄某某诉广州市子陌网络科技有限公司网络服务合同纠纷案

判决观点,黄某某主张解除涉案合同合法,但现阶段既未达到合同约定的解除条件,子陌公司也不存在根本违约行为。此外,合同约定黄某某在子陌公司服务期间,不得干扰子陌公司既定策略的执行,但可以向子陌公司传

---

[1] 北京市海淀区人民法院(2007)海民初字第4357号民事判决书。

达自身的需求,由子陌公司进行策略的调整。考虑营销数据变化的多因性,运营操作效果的相对滞后性,子陌公司运营操作黄某某店铺时间较短等多项因素,在合同未约定子陌公司具体运营步骤及短期效果的情况下,黄某某依据自身认识和自行统计的网店销售数据主张子陌公司违约,并单方通知子陌公司解除合同,显属违约。考虑服务合同具有人身依附性,且黄某某已经关闭子陌公司的网店账号,继续履行合同已无现实可能。黄某某要求解除合同,法院予以准许。法院结合黄某某、子陌公司履行合同义务的情况及涉案合同的履行期间,同时考虑子陌公司未举证证明其实际工作量,酌定子陌公司返还黄某某1万元。[1]

(四)网络服务合同法律适用

1. 网络服务合同撤销

服务接受方对于合同有重大误解等符合法律规定的撤销情形,法律应支持其撤销合同的诉讼请求。

【案例2-87】 梁某莲诉广州市华跃信息科技有限公司等网络服务合同纠纷案

二审法院认为,《中国3G网址服务合同》约定的服务项目是"3G网址",因此对于"3G网址"作如何理解将直接影响到该合同的履行。目前在业界内并没有"3G网址"的专门概念,而两被告宣称的"3G网址"是属于一个组合性词汇,它是由梦搜公司利用3G概念而创设的一个新词。因此,从严格意义上来讲,"3G网址"不是3G技术或者3G网络的产物。实际上本案合同约定的"3G网址"只是一个普通的网址名称,它在3G网络和2G网络是通用的,而并非是3G语境下的专用网址。在当前的社会环境中,3G技术和3G网络的先进性受到广泛的宣传,大量利用或适用3G技术的产品或服务均以"3G"进行命名,并以此作为其产品或服务的优越性的标志。梁某莲并非通信行业或网络行业的专业人士,对通信行业和网络行业的术语缺乏了解,对3G技术和网址亦缺乏必要的知识和交易经验。故在当前3G技术及其产物的先进性受到广泛宣传的社会背景下,尤其是合同文本未对"3G网址"作出具体解释、华跃公司亦未就"3G网址"与3G

---

〔1〕参见最高人民法院中国应用法学研究所编:《人民法院案例选》2020年第10辑(总第152辑),人民法院出版社2021年版,第14页。广州互联网法院(2019)粤0192民初48975号民事判决书。

技术之间的关系充分说明的情况下,梁某莲依据一般语言习惯,误以为"3G 网址",就是与 3G 技术和 3G 网络具有紧密联系、具备 3G 技术的先进性的网络服务,符合一般常理。可见梁某莲对《中国 3G 网址服务合同》中的"3G 网址"存在认识上的显著缺陷。其次,梁某莲是在华跃公司举办的营销活动中受"3G 网址"的宣传影响而与华跃公司签订《中国 3G 网址服务合同》,其对合同约定的服务内容产生上述误解,可见梁某莲签订该合同是基于"3G 网址"具备 3G 技术的先进性以及其具有唯一性、稀缺性,能够带来升值利益。而华跃公司、梦搜公司提供的"3G 网址"服务与通常意义上的 3G 技术和 3G 网络并无直接关联,梁某莲在 www.5g518.com 的网站上所注册的关键词为"环保建材"的二级域名在互联网中亦不具有唯一性和稀缺性,导致梁某莲订立合同的目的无法实现。故由于梁某莲对《中国 3G 网址服务合同》的主要标的存在认识上的显著缺陷,导致其订立合同的目的无法实现,该情形已经构成重大误解,原审法院认定《中国 3G 网址服务合同》因重大误解而属于可撤销合同,并无不当。[1]

在网络服务合同中,涉及的"打赏"撤销问题。

【案例 2-88】 俞某华诉华多公司等网络服务合同纠纷案

互联网法院认为,关于俞某华与华多公司之间的法律关系。华多公司是提供网络直播服务的平台,俞某华通过华多公司提供的 YY 直播平台观看直播、进行充值和"打赏",俞某华与华多公司之间成立网络服务合同关系。……俞某华与华多公司之间形成服务合同关系,俞某华与刘某琪之间形成赠与合同关系。在这两个合同关系订立前或订立时,没有证据表明俞某华对该服务合同或赠与合同的内容存在重大误解,或者该合同显失公平,或者华多公司、刘某琪对俞某华进行了欺诈、胁迫或乘人之危,且如上所述,没有证据表明该赠与合同附有义务。由于俞某华向刘某琪赠与礼物与刘某琪向俞某华授予 VP 身份属不同的法律关系,故俞某华 VP 身份的获得或失去与俞某华向刘某琪赠与礼物的赠与合同没有关系,俞某华不能因其被刘某琪撤销 VP 身份而要求撤销该赠与合同。因此,俞某华诉请撤销其消费礼物的合同缺乏事实与法律依据,法院不予支持。……综上所述,对于俞某华基于撤销合同而要求被告退还消费款项或赔偿损失的诉讼请求,法院亦不予支持。判决:驳回原告俞某华的全部诉讼请求。[2]

---

〔1〕 参见国家法官学院案例开发研究中心编:《中国法院 2015 年度案例》(合同纠纷),中国法制出版社 2015 年版,第 250~251 页。广东省广州市中级人民法院(2013)穗中法民二终字 1397 号民事判决书。

〔2〕 参见国家法官学院、最高人民法院司法案例研究院编:《中国法院 2021 年度案例》(合同纠纷),中国法制出版社 2021 年版,第 240~242 页。广州互联网法院(2018)粤 0192 民初 3 号民事判决书。

2. 平台算法自动化决策结果的司法审查重点

【案例 2-89】 许某某诉杭州阿里妈妈软件服务有限公司网络服务合同纠纷案

判决观点,"淘宝客"在阿里妈妈平台注册账户时,与平台管理者阿里妈妈公司签订《阿里妈妈服务协议》《淘宝客推广软件产品使用许可协议》系双方真实意思表示,合法有效。根据协议约定,淘宝客的推广信息、商家交易信息通过平台网络产生,相关数据经由平台系统自动获取、留存。平台通过系统过滤功能筛查,依据技术手段对淘宝客的有效推广作出判定,继而结算佣金,这是阿里妈妈平台经营管理的基本特征。"淘宝客"在订立网络服务合同时已知晓平台规则,应当自觉接受阿里妈妈公司对其推广数据的监管,接受平台依据大数据分析判定违规的逻辑与标准。阿里妈妈平台规则明确规定,推广者的推广渠道不得出现"流量异常"现象,违规推广的"淘宝客"将受到相应处罚,而通过持续、脚本模拟或其他形式进行或产生非正常的浏览、点击、交易行为是典型的"流量异常",一旦判定即按照结算时间冻结淘宝客账户内推广佣金收入不予结算,阿里妈妈公司具有认定"流量异常"违规推广行为并依约予以处罚的权利。大数据分析结果可以判定"流量异常",但大数据分析结果究竟是怎样计算出来,即算法逻辑问题,是一个不可忽略待证事实,也是一个合法性证成的过程。(1)不能仅凭大数据专业分析报告进行司法审查。因大数据分析具有很强的专业技术性,如果对逻辑演算过程不进行司法审查,就会出现以专业技术分析代替司法判断的现象,司法权威就会受到挑战,但要对逻辑演算过程进行司法审查,法律判断也不能代替技术判断,否则会直接影响司法公正。如果仅凭大数据专业分析报告,难以证实大数据逻辑演算过程中的真实性和合法性,也难以判断大数据分析结果的合法性和合约性,难以判定案涉行为构成"流量异常"违规行为。(2)专家证人接受法庭质询,其陈述意见具有相当合理性。庭审中,法庭对大数据的逻辑演算过程进行司法审查,通知鉴定人和阿里妈妈公司负责大数据分析审查的专业人员出庭陈述意见,接受当事人、人民陪审员、法官的咨询。据鉴定人的陈述,通过查询 af—poi—cIicK—id—arrive—info 表,可以统计出用户点击推广单位实际到达淘宝页面的比例,逻辑上是这样的,由于检测程序从 PC 端(或无线端)且点击了推广链接,检材程序从用户点击日志中提取的数据是服务器接收到的客户端发出的请求且有点击、滑动等操作行为的,因此可以确认用户已经实际到达了淘宝页面,既然检材程序提取的是"用户点击推广店链接"且实际到达淘宝页面数据,那么将"用户点击推广链接的总数"减去此数据就是"用户点击推广店链接但未实际到达淘宝页面"的数据,用"用户点击推广店链接但未实际到达淘宝页面"的数据除以"用户点击推广链接的总数"就能得出用户点击推广店链接实际到达淘宝页面的比例。鉴定人确认,"只有某种技术手段对用户普遍的浏览行为进行干预"才能解释数据异常情况。代表法律专业评审的法官和代表大众评审的人民陪审员经评议认为,专家证人陈述意见具有相当合理性,而许某某却无法提交任何有效证据或申请专家辅助人予以反驳。(3)大数据分析和私处罚是遏制扰乱网络交易秩序违法行为的有效手段。在网络交易空前活跃的背景下,扰乱网络空间正常交易秩序的现象非常严重,且作案手段具有较高的专业性,网络空间治理工作刻不容缓,行政机关的公处罚效果较好,在行政执法资源有限的情况下,客观上需要网络平台积极参与治理,通过签署网络服务合同,制定平台规则的方式遏制违法行为。而平台对于海量的交易进行高密度的排查,只能借助技术手段,通过大数据分析的方式判断,除此以外,平台很难采取其他方式进行有效排查。(4)私处罚的程序具有正当性,类似公处罚的陈述、申辩的权利。大数据分析排查方式在与用户网络服务合同中明确约定用户有权申诉并向平台提交证据,通过陈述、申辩来证明自己的清白。许某某在申诉程序中辩称自己一直通过微博超级粉丝通进行付费推广,链接是从官方活动的聚划算活动生成的短链接拿到微博超级粉丝通投放在正文页推广广告,经查,许某某通过微博推广的数量极少,主要推广活动并非通过微博粉丝通,其提交微博粉丝通的视频证据证明力低,难以采信。(5)服务合同约定之权利义务具有一致性。淘宝客运作模式具有鲜明特点,和传统推广模式不同,淘宝推广不是"一对一"的"推广—提成"方式,而是借助阿里妈妈平台的大数据分析,实行"一对多"的推广,凡是入驻平台的任何一家店铺的任何一款产品,淘宝客都可以依约定在自己的社交网络圈推广。在一定期间内,推广成功的产品业绩可能是琐碎的,可能只有几件,但积少成多,平台的大数据分析可以计算出淘宝客在一定期间内的推广业绩和相应佣金。如果没有大数据分析,淘宝客的推广模式就会存在算法上的障碍,淘宝客也就无法开展商业活动。淘宝客因大数据获利,而在海量的推广交易中,平台鉴于维护正常交易秩序、制裁违规推广行为的手段也只能借助大数据分析。权利和义务应当是对等的,在平台规则事先明示大数据分析的情况下,阿里妈妈公司有权判定违约行为并予以制裁。判决:驳回原告许某某的诉讼请求。[1]

---

[1] 参见最高人民法院中国应用法学研究所编:《人民法院案例选》2023年第3辑(总第181辑),人民法院出版社2023年版,第115~117页。杭州互联网法院(2020)浙0192行初3081号民事判决书。

六、餐饮服务合同纠纷

(一)餐饮服务关系认定

服务合同纠纷案件证据采信标准,亦是民事诉讼证据的证明标准,为高度盖然性,"盖然性"即"有可能但不必然"。

【案例2-90】 王某文诉毕某芝、张某军餐饮服务合同纠纷案

一审法院认为,原、被告之间构成餐饮服务合同关系,其之间就预订、试餐、正式婚宴举办等事宜达成的一致内容系双方真实意思表示,且不违反法律法规的强制性规定,故原、被告之间的餐饮服务合同关系合法有效。在原告如约履行了提供餐饮服务的义务后,两被告应当履行向原告支付餐饮费用的义务。证人郑某敬、王某会等四人为原红都饭店工作人员,系原、被告之间餐饮服务事宜的直接参与者,即原、被告之间的餐饮服务事实的知情人员;红都饭店现已停业,其四人已不在红都饭店工作,并且其四人出庭作证的内容与原告提供的预订押金收据及试餐、婚宴菜品单据记载的内容能够相互印证,故对其四人证言与预订押金收据等单据相互印证的事实,予以确认;原告提供的预订押金收据中记载的联系方式、河北省邮政公司唐山市分公司代收费业务专用收据所显示的内容以及证人郑某良(系原红都饭店邻居)的证言相互印证了涉案餐饮合同应承担给付餐费义务的相对人确系本案两被告毕某芝、张某军,故对原、被告之间存在餐饮服务合同关系的事实,予以确认。原告诉请两被告给付餐费的主张,符合法律规定,予以支持。法院在法定期限内采用直接送达两次未果、邮寄送达三次的方式向两被告送达应诉手续及开庭传票,两被告均无正当理由拒不到庭,同时拒绝法庭为查明案件事实向其依法调查,缺席判决。两被告在原告原红都饭店处举办婚宴所产生的餐费,依照餐饮行业习惯及市场价格予以核定,并以该核定为准。二审法院持同样意见,维持一审判决。[1]

---

[1] 参见国家法官学院案例开发研究中心编:《中国法院2016年度案例》(合同纠纷),中国法制出版社2016年版,第241页。河北省唐山市曹妃甸区人民法院(2014)曹民初字第740号民事判决书。

《民法典合同编通则解释》第八条规定:"预约合同生效后,当事人一方无正当理由拒绝订立本约合同或者在磋商订立本约合同时违背诚信原则导致未能订立本约合同的,人民法院应当认定该当事人不履行预约合同约定的义务。

人民法院在认定当事人一方在磋商时是否违背诚信原则时,应当综合考虑该当事人在磋商订立本约合同时提出的条件是否严重背离预约合同的内容以及是否已尽合理努力进行协商等因素。"

预约合同是一项以订立本约为目的的独立合同,基于违约合同性质的特殊性,违反预约合同所造成的损失不同于违反本约合同的违约责任,也不同于缔约过失责任,而是一种独立的违约责任。

【案例2-91】 常州万方新城房地产开发有限公司酒店分公司诉朱某餐饮服务合同纠纷案

判决观点,预约合同的标的不是履行本约合同,而是根据预约合同的约定订立本约合同,不能依据双方所要订立本约合同的权利义务来约束双方当事人。因此,预约合同的守约方不能要求对方赔偿因违反预约合同而遭受的损失,也不能按照预定的本约合同的内容,请求赔偿其可预期利益。违反预约合同给对方造成的损失,一般包括为磋商、洽谈支出的费用,准备履行合同而支出的费用及机会损失,但机会损失难以用金钱衡量。考虑到缔结婚姻关系乃人生大事应予慎重,男女双方分手导致本案餐饮服务合同未能最终订立并履行的,不宜归责于被告,且被告就不能履约的事实在预定的宴会时间前2个月左右及时通知了原告。综合考虑上述情况及原告的举证,以及本案已适用定金罚则的情形,为平衡各方利益,法院对原告要求被告再行支付补偿金275000元的诉讼请求,依法不予支持。判决:驳回原告常州万方新城房地产开发有限公司酒店分公司的诉讼请求。[1]

(二)自带酒水服务费

收取自带酒水服务费,又俗称为开瓶费,是饭店对自带酒水消费者采取的措施,一些饭店因此被诉至法院。对于饭店是否有权收取自带酒水服务费,多数法院持肯定态度,在判决书中并不否认饭店收费的正当性,但是否支持饭店收费以及收费的标准实践中并不相同。

---

[1] 参见最高人民法院中国应用法学研究所编:《人民法院案例选》2021年第1辑(总第155辑),人民法院出版社2021年版,第37~38页。江苏省常州市武进区人民法院(2017)苏0412初7515号民事判决书。

【案例 2-92】 曲某吉诉广州市白云天鲜阁酒楼服务合同纠纷案

二审法院认为,曲某吉到天鲜阁酒楼进行饮食消费,天鲜阁酒楼为其提供了餐饮服务,曲某吉理应支付消费费用给天鲜阁酒楼。酒楼的任何饮食服务标价,除在消费场所公示外,还应对就餐顾客给予提示,以备顾客自由选择。曲某吉自带酒水到天鲜阁酒楼饮食,天鲜阁酒楼向曲某吉收取的"开瓶费"实际是服务费,其违背了消费者的意愿而强迫收取的该项费用没有法律依据,违背了《民法通则》有关公平、自愿、等价有偿的基本原则,原审判决天鲜阁酒楼退还开瓶费 20 元合理合法,本院予以维持。〔1〕

【案例 2-93】 姜某民诉成都红天鹅火锅文化有限责任公司服务合同纠纷案

判决观点,被告有权依照自己的经营策略和营销方式,在法律许可的范围内,自主决定菜肴与酒水如何收费,自定具体的服务内容、服务项目和服务费标准,但被告行使这种自定服务内容和价格的经营自主权必须以充分保障消费者知情权为前提。被告红天鹅公司以店堂告示牌和在菜单上附注载明的方式做到了标示服务的项目及价格,但没有将上述收费项目及收费标准置于显著、醒目的位置,未保障原告的知情权,其事后收取 100 元酒水服务费的行为侵犯了原告的自主选择权。被告收取 100 元的酒水服务费既无合同上的依据,也无其他事实或法律依据,属于没有合法根据取得不当利益,应当返还。〔2〕

以上两案的共同点是法院首先肯定了收取酒水服务费的经营自主权,基于被告未履行法律规定的义务即未进行提示才被判令返还收取的自带酒水服务费。实践中,颇有争议的是饭店收取自带酒水服务费的标准是否合理。现行法律、法规没有对饭店酒水服务费的标准作出规定,法律、法规和部委规章也没有对暴利作出明确具体的规定。对于消费者提出经营者收取自带酒水标准不合理是牟取暴利的诉讼请求,给法官处理带来困难,致各地法院裁判尺度不一致。需要研究的问题是政府物价管理部门核准的自带酒水服务费标准的合理性。

【案例 2-94】 周某太诉重庆爆破公司 666 酒楼等返还酒水开瓶服务费案

二审法院认为,上诉人周某太与其朋友到 666 酒楼用餐,该酒楼在醒目位置以及菜谱上均明示了自带酒水加收 15% 的服务费,因此,作为经营者已经履行了告知义务。而 666 酒楼收取 15% 自带酒水服务费是依据其酒楼被

---

〔1〕 参见最高人民法院中国应用法学研究所编:《人民法院案例选》2007 年第 1 辑(总第 59 辑),人民法院出版社 2007 年版,第 82 页。

〔2〕 参见最高人民法院中国应用法学研究所编:《人民法院案例选》2007 年第 1 辑(总第 59 辑),人民法院出版社 2007 年版,第 117 页。

评为一级店,按物价部门核准的一级店的标准收取的费用。666 酒楼在出具给周某太的餐饮发票上注明了"自带酒水开瓶服务费",其工作人员这一注释有瑕疵,使周某太产生了歧义,认为自带的酒水系自己开瓶,不存在服务,666 酒楼收取开瓶费不当,但事实上不能狭隘地理解酒楼收取的自带酒水服务费仅系开启酒瓶,周某太等在该酒楼用餐并接受其服务的事实成立。关于周某太自带酒水的数量问题,有 666 酒楼出具的点菜单注明的数量为据,且收取 28 元的服务费的计算方式也在法庭上进行了陈述,且周某太就仍坚持只带两瓶酒水到酒楼的事实不能向法院提供相应证据,故其上诉请求法院不予支持。上诉人诉称原审法院适用法律不当,其理由不能成立。因为原审法院对 666 酒楼的收费问题是否有据已进行审查,认为 666 酒楼收取自带酒水服务费是根据物价部门核准的标准所实施的经营行为,不存在侵犯消费者权益的情况,且物价部门对酒楼的收费标准进行核准,其目的也是保护消费者的合法权益。综上所述,周某太的上诉请求均不能成立,原审法院认定事实清楚,适用法律正确,应予维持。[1] 本案中法院仍持收取自带酒水服务费是合法的观点,其不支持原告周某太的诉讼请求是酒楼依据政府物价管理部门核准的自带酒水服务费标准。

---

[1] 参见最高人民法院中国应用法学研究所编:《人民法院案例选》2007 年第 1 辑(总第 59 辑),人民法院出版社 2007 年版,第 103~104 页。

七、美容服务合同纠纷

(一)美容欺诈认定

对于消费者主张经营者具有欺诈行为,由法官根据具体的案情认定。

【案例2-95】 陈某某诉伦特薇美容(上海)有限公司侵权责任纠纷案

一审法院认为,原告认为被告存在隐瞒商品的真实来源、虚假宣传产品功效、虚构产品原价及优惠价、骗取消费者预付卡金额行为并认为上述行为构成对消费者的欺诈,分析如下:第一,被告是否存在隐瞒商品的真实来源、欺诈消费者的行为。本案中,被告虽否认其曾向原告宣称其使用的产品为进口产品,但在原告代理人询问被告的产品是否为新加坡进口产品时,被告的工作人员赵某某回答"对的",直接肯定了其产品的进口身份。原告提供的"润体舒适胶"(Oxy TrimmingGeI)产品及"海薄精华液"(Sea Weed Detozy AmouIes 860)的瓶体标识均为英文,新加坡的官方语言为英语,极易使消费者相信上述产品为新加坡进口产品,且被告的商号为"伦特微国际体重管理中心",亦容易使消费者误解其具有国际背景,其使用的产品为进口产品。综上,原告的证据已经形成证据链,根据高度盖然性的证明标准,法院对原告所述被告向其推介产品时将国产产品宣称为进口产品的陈述予以采信,被告存在隐瞒商品的真实来源、欺诈消费者的行为,应承担相应的法律责任。第二,被告是否存在虚假宣传产品、欺诈消费者的行为。根据相关法规规定,生产特殊用途的化妆品,必须经国务院卫生行政部门批准,取得批准文号后方可生产,特殊用途化妆品是指用于育发、染发、烫发、脱毛、美乳、健美、除臭、祛斑、防晒的化妆品。健美化妆品是指有助于使体形健美的化妆品。本案中,被告提供给原告的产品外包装中标有"紧致肌肤""紧实肌肤"等字样,《伦特薇合同书》中亦标有"特设瘦身护理""海藻紧肤护体膜""美体紧致膜"等,但该产品并未取得特殊用途化妆品批文,未经相关行政部门审查并进行人体试用或斑贴试验,无法确认其具有宣称的疗效。被告将未取得特殊用途化妆品批文的产品销售给消费者,其行为显然违反了相关规定,对消费者构成欺诈,应承担相应的法律责任。第三,被告是否存在虚构产品原价及优惠价、欺诈消费者的行为。原告称被告提供的产品成本价只有 20 元左右,但销售给原告的价格即便是折后亦高达 200 元,故被告的行为构成价格欺诈。对此法院认为,化妆品的售价除成本外,还包含品牌价值、渠道、人力成本、广告宣传等其他费用,并不能仅仅以产品零售价与成本价的差额来确定是否存在价格欺诈。且本案中原告称涉案产品成本价仅为 20 元左右,但其依据仅为原告代理人与案外人美晟公司销售人员彭某某的电话录音,除此之外并无进货单、发票等其他证据证明产品的成品价,亦无证据证明产品的原价,且彭某某为销售人员,亦不能排除其为招徕生意,故意虚构涉案产品成本价的可能。原告未提供充分证据证明被告存在虚构产品及优惠价的行为,对于此点有关欺诈的理由,法院难以认同。第四,被告是否存在骗取消费者预付卡金额、欺诈消费者的行为。原告认为其于 2014 年 3 月 7 日向被告提出解除合同、退还款项的请求后,被告始终拒绝向原告退还上述款项并称其仍在正常经营中,因此要求原告继续使用会员卡消费,但在短短四个月后,被告即已无力经营,门店陆续关闭,被告具有恶意侵占原告预付款项的主观故意,构成欺诈。对此法院认为,原告现无证据证明被告公司销售人员在向其推销预付卡,及拒绝其退款申请时存在故意隐瞒经营状况的行为,虽然原告申请退款与伦特薇长宁店关闭时间仅相差四个月,但在企业的经营过程中,随时可能遭遇各种经营风险,无法仅仅以该时间差来推断 2014 年 3 月被告即已经营不善,并已有关闭门店的计划,也无法以此推断被告存在恶意侵占原告预付卡金额的故意。对于此点欺诈理由,法院难以认同。综上,被告存在隐瞒产品来源,虚假宣传产品功效的欺诈行为。二审法院亦持同样意见,维持一审判决。[1]

经营者的作为或者不作为都有可能构成对消费者的欺诈。对于"不作为的欺诈"的判断应当重点考察相关行为是否违反了法律法规的强制性规定,是否符合诚实信用原则或交易习惯,是否符合合同的性质、目的等,综合各方面因素作出合理判断。

【案例 2 - 96】 盛某某诉北京都市佳茵美容设计中心服务合同纠纷案

二审法院认为,本案中,都市佳茵中心称为盛某某提供了下颌肌、颧肌光纤海融及颈部三项美容服务,并达到了预期效果,所以盛某某应当按照事先告知的服务价款支付费用。但是,根据美容行业管理相关办法的规定,美容美发经营者在提供服务时,应当询问消费者的要求,向消费者提供与服务有关的真实信息,对消费者提出的有关产品、服务等方面的问题,应当作出真实

---

[1] 参见郭伟清主编:《2016 年上海法院案例精选》,上海人民出版社 2017 年版,第 157~158 页。

明确的答复,不得欺骗和误导消费者;美容美发服务所使用和销售的各种洗发、护发、染发、烫发和洁肤、护肤、彩妆等用品以及相应器械,应当符合国家有关产品质量和安全卫生的规定和标准,不得使用和销售伪劣产品。……本案中,都市佳茵中心虽然不销售美容仪器产品,也不能证实是美容仪器产品的生产者,但是,作为提供美容服务的经营者,其有义务按照法律法规的规定、主管部门制定的规章提供服务。经审查,都市佳茵中心为盛某某提供美容服务所使用的仪器,直至本案诉讼中,不能提供准确的产品名称、无生产厂名和厂址,该仪器的用途、性能、规格、等级、工作原理、生产日期、有效期限、检验合格证明、使用方法说明书均不能予以出示或提交相关资料,故不能认定都市佳茵中心提供美容服务所使用的仪器属于符合国家有关产品质量和安全卫生规定和标准的产品。根据双方实际履行的行为,已经形成服务合同法律关系,由于都市佳茵中心在合同履行中使用无品名、无技术功能、无相关许可等资料,其利用该仪器产品所承诺的服务目的,不能提供证据证实能够实现或得到,属隐瞒相关事实,构成欺骗和误导盛某某进行消费的行为。依据《消费者权益保护法》的规定,盛某某要求都市佳茵中心退还服务费237600元的上诉请求,符合法律规定,法院予以支持;一审法院驳回盛某某该部分诉讼请求,属于认定事实及适用法律有误,法院予以纠正。一审法院判令都市佳茵中心退还盛某某1980元美容体验费的处理,都市佳茵中心对此未提起上诉,盛某某予以认可,故法院对该判决内容予以维持。[1]

(二)美容服务合同责任

美容服务属于经营者构成欺诈的,可按消费者权益法的规定处理。

【案例2-97】 陈某某诉伦特薇美容(上海)有限公司侵权责任纠纷案

一审法院认为,被告存在隐瞒产品来源、虚假宣传产品功效的欺诈行为,应承担相应的法律责任,赔偿原告陈某某因欺诈行为造成的损失即已支付的产品及服务费用590324.50元,同时,被告还应依照《消费者权益保护法》的相关规定,增加赔偿消费者购买商品或者接受服务的费用的3倍,即1770973.50元。原告另要求被告退还会员卡中的余额1006785.50元,实际即为要求解除其与被告之间的服务关系。本案中,被告提供给原告进行美容

---

〔1〕 参见国家法官学院、最高人民法院司法案例研究院编:《中国法院2020年度案例》(合同纠纷),中国法制出版社2020年版,第251~252页。北京市第一中级人民法院(2018)京01民终4638号民事判决书。

瘦身的产品为国产产品且未取得特殊用途化妆品批文,导致原告使用进口产品进行美容瘦身的合同目的无法实现且被告代理人在庭审中称被告公司已经歇业,客观上亦无法继续向原告提供服务,故本案中双方之间的服务合同关系应予解除,被告应退还原告会员卡的余额1006785.50元。至于原告所述被告存在违法使用医疗器械的问题,原告仅提供了相关器械的照片,法院无法确定该器械的用途,除此之外原告并无其他证据证明被告存在非法使用医疗器械的行为,且查处非法使用医疗器械应属其他行政机关的权限范围,故法院对原告关于医疗器械问题的意见不予采纳。公证费系原告因本次维权证明被告存在欺诈行为所支付的合理费用,该费用应由被告承担。至于利息,鉴于原、被告就预付卡的退款条件及金额存有异议,同时原告并无证据证明被告系恶意侵占原告的款项,故法院对原告要求被告支付利息的诉讼请求不予支持。律师费系原告为提升自身诉讼能力所支付的费用,评估费系确定担保财产的价值所花费的费用,上述两项费用并非原告维权所必需,故对于原告要求被告支付律师费及评估费的诉讼请求,法院不予支持。二审法院亦持同样意见,维持一审判决。[1]

(三)美容预付消费处理

预付式消费具有一次付款、分次履行、合同的完全履行具有时延性的特点。服务费按照何种方式计算是合同处理的重要方面,亦是纠纷产生的原因。笔者认为,服务费的计算方式原则上应当按照当事人的约定,但也可以考虑具体情节合理调整。司法实践中,很多预交服务费的案件中,服务提供方都提出在签订合同时,服务费的计算存在折扣,而折扣形成的前提条件是接受服务方必须达到一定的消费额度。对此,服务费的计算方式应当按照合同约定。未约定的,服务提供方要求按照未打折扣的服务费用计算,法院不予支持。

【案例2-98】 彭某丽诉齐某服务合同纠纷案

判决观点,以预收款方式提供服务的经营者未按约定提供服务的,应当根据消费者的要求提供服务或者退还预付款。被告作为莎蔓美容院的业主,以预收美容卡费的方式向原告提供美容服务,被告应当按照双方订立美容合同时允诺的服务质量提供服务。在合同履行过程中,莎蔓美容院服务质量下降,相关负责人允诺退款的事实,从三段视频资料反映的集体退卡事件中可

---

[1] 参见郭伟清主编:《2016年上海法院案例精选》,上海人民出版社2017年版,第158页。

知,予以认定。被告辩称的莎蔓美容院不存在服务质量下降亦未承诺退款的抗辩理由,不予采纳。被告辩称,双方在订立美容合同时,已在美容卡及购卡须知上载明所购卡项不得退还,原告无权要求退款。提供格式条款一方免除其责任,排除对方主要权利的,该条款无效。美容卡"不得退还"的格式条款限制了原告的主要权利,应认定无效。被告的抗辩理由,不予采纳。原告要求被告退还预付的美容卡费,实际是要求解除原告与被告之间的美容服务合同。莎蔓美容院无法按照通常的服务质量标准履行相应义务,致使合同目的无法实现,已构成根本违约,符合法定解除的构成要件,原告有权解除合同。根据合同解除的处理规则,被告应退还原告预付的美容卡费。综上,对原告要求被告退还未实际消费的预付美容卡费的诉讼请求,予以支持。关于美容卡未实际消费的数额,除去五张与本案无关的美容卡,剩余金额为24043元。法院判决被告退还未实际消费的美容预付款24043元。[1]

【案例2-99】 李某诉北京逸丝风尚袁群群美容美发设计室服务合同纠纷案

二审法院认为,从法律关系看,逸丝风尚设计室一审提交的客户档案及所附客户跟踪表所载内容包含身体状况、专家建议、护理效果及反馈等,并无产品购买内容。买卖合同是出卖人转移标的物所有权于买受人,买受人支付价款的合同。一审中,逸丝风尚设计室认可产品放在逸丝风尚设计室,李某每次到店使用,李某称没有告知产品情况,不知道每次使用的是什么,也没有看过产品,故现无证据证明双方存在标的物的实际交付行为。对于李某支付的价款,虽然逸丝风尚设计室在一审中提交了价格表拟证明系购买产品金额,但综合考虑双方所陈述的李某到店消费情况,该价格表所载套盒价格中应包含了相当部分的服务内容。因此,李某与逸丝风尚设计室之间构成由李某预付款并接受服务、逸丝风尚设计室提供服务的服务合同关系。逸丝风尚设计室按次为李某提供服务,对于服务合同的履行时间和期限均无明确约定,且双方合同的履行需要李某同意并接受服务,具有人身专属性。现李某明确表示不愿继续接受服务,本案合同关系事实上已经不能继续履行,李某要求退还支付款项具有合理性,但其已经认可消费的部分应予扣除。李某虽对逸丝风尚设计室提交的价格表不予认可,但未对其所消费部分对应的价格举证证明。另外,价格表所列明套盒价格中包含了相当部分的服务内容,故依据该价格表计算李某所接受服务的价格具有合理性。二审庭审中,双方一致认可李某各套盒的使用量,经核算,李某已消费金额共计106600元,逸丝

[1] 参见国家法官学院案例开发研究中心编:《中国法院2015年度案例》(合同纠纷),中国法制出版社2015年版,第242页。江苏省镇江市京口区人民法院(2013)京民初字第30号民事判决书。

风尚设计室应将剩余款项 187400 元予以退还。二审法院判决:撤销一审判决,逸丝风尚设计室退还李某 187400 元。〔1〕

预付卡消费纠纷中退费范围是其难点问题。一般而言,预付卡享有的优惠折扣是按照预付金额的大小而享有不同的折扣标准。经营者提出折扣抗辩时,从公平角度考虑,法官应考虑预付卡已经使用部分的折扣金额并结合预付金额的孳息以及经营者是否存在违约行为综合认定退款范围是否应该扣除折扣优惠。其经营者在合同履行中并无不当行为,因考虑到消费者在经营者处按照优惠价格接受了相应服务的事实,返还消费者剩余款项时应扣除消费者接受服务项目的原价与优惠价格之间的差价。当经营者在合同履行过程中违反合同约定,则应对守约方的信赖利益予以保护,对于经营者提出的应当扣除折扣的抗辩不予支持。

【案例 2-100】 邵某青诉北京熙风尚佳美容美发有限公司服务合同纠纷案

二审法院认为,邵某青在熙风尚佳公司门店名称为"港汇国际"的科荟路店办理了会员卡,该卡背面约定有"使用说明"条款,即与该店的经营主体熙风尚佳公司之间形成了服务合同关系。该合同不违反法律、法规的效力性强制性规定,应认定为有效合同。《消费者权益保护法》第九条明确规定了消费者依法享有"自主选择权"。本案中,邵某青作为接受美容美发服务的消费者,有权自主选择所接受美容美发服务的内容及方式,有权决定是否接受熙风尚佳公司提供的美容美发服务,有权在选择服务时对其质量、价格等进行同类比较、鉴别、挑选。因此,邵某青选择不再接受熙风尚佳公司提供的美容美发服务,要求熙风尚佳公司退还涉案会员卡内的余额,具有法律依据。关于退卡主体,2014 年 6 月,《协议书》约定由陈某敏承担退卡责任,该协议书是熙风尚佳公司经营管理人员发生变更后对公司原债务的承担作出的具体安排,不具有对外的法律效力,亦不影响熙风尚佳公司对外应当承担的合同义务和法律义务,因此,承担退还涉案会员卡余额责任的应当是熙风尚佳公司。熙风尚佳公司认可涉案会员卡内余额为 351118 元的事实,故应当向邵某青退还涉案会员卡的金额为 351118 元。〔2〕

在消费者预先支付全部费用、经营者分期提供商品或服务的预付式消费模式中,经营者提供的格式条款约定消费者单方终止消费不退费,应认定无效。

---

〔1〕 参见国家法官学院、最高人民法院司法案例研究院编:《中国法院 2020 年度案例》(合同纠纷),中国法制出版社 2020 年版,第 24 页。北京市第三中级人民法院(2018)京 03 民终 3178 号民事判决书。

〔2〕 参见国家法官学院、最高人民法院司法案例研究院编:《中国法院 2020 年度案例》(合同纠纷),中国法制出版社 2020 年版,第 243~244 页。北京市第三中级人民法院(2018)京 03 民终 3898 号民事判决书。

【案例2-101】 孙某静诉上海一定得美容有限公司服务合同纠纷案

二审法院认为,本案原告以预付式消费模式在被告处接受服务,双方所签服务协议、声明书中有关若原告放弃接受服务、被告不予退还余款的一系列条款属于被告提供的格式合同条款。……本案有关"余款不退"的一系列格式条款,明显加重了消费者的责任,排除了消费者的选择权,消费者一旦预付了服务期内的所有费用,即使对服务效果不满意也无法放弃接受服务,该类条款违反了我国《合同法》和《消费者权益保护法》的上述规定,应属无效。并且,在预付式消费中,消费者往往预付较大金额费用,然后分多次消费,当消费者较早停止消费后,即使商家无过错,但商家已经占用了相对于后续商品或服务的大部分资金,而商家无须提供后续商品或服务的对价,却仍然将这些资金全部占为己有,也不符合合同对价、公平的原则。当然,本案原告不能证明被告有违约行为或其他过错行为,故原告单方放弃服务属于违约,应承担违约责任。但该违约责任不能按照"余额不退"的格式条款来处理,而应该根据原告过错程度、被告实际提供服务量占约定服务总量的比例、约定的服务计价方式等因素综合考量。本案协议约定被告对原告提供的各类服务均按85折计价系以原告在约定期内接受被告服务为前提,现原告较早放弃服务,故对于原告已接受的服务项目应按原价计价,该部分金额31800元应从原告的预付款中扣除。另原告较早地单方终止合同履行,确有过错,给被告造成信赖利益的损失,法院酌定原告承担违约金2万元,该款亦从原告预付款中扣除。对于剩余的48200元,被告应返还原告。[1]

---

〔1〕参见郭伟清主编:《2014年上海法院案例精选》,上海人民出版社2014年版,第502~503页。上海市高级人民法院参考性案例第14号。

八、家政服务合同纠纷

(一)家政服务合同责任

赔偿损失的数额应当与服务提供者违约行为的程度相适应,具体须综合案件事实予以判定。

【案例2-102】 王某某诉某家政服务中心家政服务合同纠纷案

与某家政服务中心签订服务合同的为王某某,而被盗的2万元属于王某某弟媳叶某的财产,某家政服务中心便以所盗财产不属于王某某为由进行抗辩。一审法院支持其抗辩理由。二审法院认为,某家政服务中心向王某某提供的家政服务人员的身份情况并不真实,其提供的家务服务人员也未服务到合同期满,故其在履行合同中存在违约现象,虽然双方对违约的责任承担问题没有明确的约定,但因违约行为造成的损失应由违约一方合理承担。具体承担损失的数额,由法院依某家政服务中心在履行合同中存在瑕疵的程度酌定。因双方对服务地点没有明确约定,且叶某为王某某的家庭成员,故对某家政服务中心的抗辩理由,法院不予支持。二审法院维持一审判决第一项返还服务费和管理费1050元,撤销第二项改判赔偿王某某经济损失3550元。[1]

服务方在提供服务过程中,造成服务对象人身损害的,应当进行合理赔偿,即应当承担与其过错相适应的民事赔偿责任,而且该赔偿责任与其根据获利的情况相比,应当不致显失公平。

【案例2-103】 吴某一、吴某二诉某服务公司家政服务合同纠纷案

一审法院认为,吴某一、吴某二已向某服务公司支付了服务费用,且均认可护理工作的范围,因此应当认定双方当事人之间形成了家政服务合同关系。某服务公司有义务委派专门的护理人员为患者在北大医院住院期间提供生活护理服务,护理工作范围应当至少包括每日24小时内的洗漱、喂水、

---

[1] 北京市第一中级人民法院(2007)一中民终字第04728号民事判决书。

喂饭。如在履行上述合同义务中出现过错,某服务公司应当承担违约责任。……本案中患者在饮水时发生呛咳,而患者无法自主饮水,此时某服务公司的护工对患者正确履行护理义务的问题,应当由某服务公司承担举证责任。但其对此并未提供证据,应当承担举证不能的不利后果,即应当对患者死亡承担一定的违约责任。结合法院另案认定情况及患者自身身体情况,因此某服务公司仅应当承担与其过错相适应的民事赔偿责任,原告主张的死亡金,系有关《人身损害赔偿解释》规定的死亡受害人的法定赔偿项目,且有固定的计算方法及标准,应当视为违约责任造成的合理损失。判决:某服务公司赔偿原告死亡赔偿金58146元,驳回原告的其他诉讼请求。二审法院维持一审判决。〔1〕

实践中,服务方与服务对象订立合同前,如采取虚假宣传或不正当手段欺骗、误导服务对象,使服务对象合法权益受到损害的,应当认定服务方存在欺诈行为,按《消费者权益保护法》的规定处理。

【案例2-104】 梁某诉家政服务公司家政服务合同纠纷案

一审法院认为,被告在其宣传材料中称其医护团队中相关人员具有资深的特定从业经历,其管理经验和护理技术来自中国台湾地区,但其未能举证证明上述宣传属实。上述宣传内容虽未写入合同,但未对双方订立合同及确定价格确有重大影响,应视为合同内容。被告未能向原告提供与其宣传水平相符的服务,已构成违约。但现有证据尚无法证明张某患病住院与被告提供的护理服务未达宣传标准之间存在因果关系,原告要求被告赔偿张某医疗费和住院期间其他费用以及精神损失费的诉讼请求法院不予支持。同理,原告主张的误工费和机票改签费亦与被告提供的护理服务之间没有直接因果关系,原告要求被告赔偿上述费用的诉讼请求法院亦不予支持。被告存在虚假宣传和违约行为,法院对原告要求被告退还服务费并赔偿一倍服务费的诉讼请求予以支持。据此法院判决,该家政服务公司向梁某退还服务费22450元并赔偿一倍服务费22450元,驳回其他诉讼请求。二审法院维持一审判决。〔2〕(该案适用2009年修正的《消费者权益保护法》第四十九条作的判决,如适用2013年修正的《消费者权益保护法》第五十五条第一款则为退一赔二的结果)

在《民法典》颁布前,理论界和实务界的主流观点认为,精神损害赔偿的范围仅限于侵权责任,即在违约之诉中,不能主张精神损害赔偿请求。实践中,因服务合同

---

〔1〕 北京市第一中级人民法院(2012)一中民终字第10615号民事判决书。
〔2〕 北京市第二中级人民法院(2011)二中民终字第3952号民事判决书。

内容多样,若不加限制均允许在服务合同中主张精神损害赔偿,容易导致消费者过度维权,最终也不利于服务业的健康发展。《民法典》第九百九十六条规定:"因当事人一方的违约行为,损害对方人格权并造成严重精神损害,受损害方选择请求其承担违约责任的,不影响受损害方请求精神损害赔偿。"因为违约责任不包含精神损害赔偿,如果接受服务方因为合同违约造成人格权损害的,有权主张精神损害赔偿。

在家政服务合同纠纷案中,服务对象选择合同纠纷而未选择侵权主张赔偿的范围,按《民法典》的颁布前的规定一般不包括精神损害赔偿。

【案例2-105】 王某诉某家政服务公司生命权、健康权、身体权纠纷案

判决观点,公民的合法权利受法律保护。谷某认可2009年3月17日事发当天,在其对原告有托举行为后原告的脚部确有不适。当天医院对原告的伤情并未确诊,仅要求原告3日后复查,原告3日后复查时确诊为右胫骨骨折。被告虽称这是原告父亲造成的,但仅有其单位员工的证言,且证人并未出庭作证,没有其他证据加以佐证,法院不予采信。故法院认为被告公司员工谷某对原告的托举行为与原告右胫骨骨折有因果关系,被告作为雇主对原告因此产生的合理损失应进行赔偿。结合本案中相应费用的其他证据材料,法院判决,某家政公司给付王某医疗费1079.65元、交通费100元、护理费1800元、营养费800元、精神损害抚慰金2000元,共计5779.65元(已支付2800元),驳回王某的其他诉讼请求。[1]

(二)家政服务合同解除

在职业介绍服务合同中,如果服务方确实按照约定为服务接受者提供过工作信息,或者确实有将服务接受者的信息公布,入网服务费应当予以交纳。

【案例2-106】 赵某诉黄某家政服务合同纠纷案

判决观点,关于原告要求解除《家政服务协议书》的诉讼请求法院予以支持,被告所收取的中介服务费系2011年3月5日至2012年3月4日的,在协议解除之后,被告无须向原告提供家政服务人员的服务,故应当在扣除已经为原告提供服务的期间的费用后予以退还。[2]

家政服务解除涉及中介服务费及预收服务费等一并处理。

---

[1] 北京市朝阳区人民法院(2009)朝民初字第18086号民事判决书。
[2] 北京市朝阳区人民法院(2011)朝民初字第16817号民事判决书。

【案例 2 – 107】 孙某诉上海泰勤家庭劳务介绍有限公司等家政服务合同纠纷案

判决观点。关于已收取的中介费是否应予返还的问题。本案中被告泰勤劳务介绍公司接受原告的委托为原告寻找家庭助手,后通过被告泰勤劳务介绍公司的居间介绍,促成了被告强某某与原告签订了《协议》,且在原告提出更换家政服务人员要求后,仍然积极为原告物色其他家政人员。被告泰勤劳务介绍公司已完成了向委托人报告订立合同的机会或提供订立合同的媒介服务。原告作为委托人有义务在居间人促成合同订立后向其支付报酬。故原告诉请被告泰勤劳务介绍公司返还已付中介费1539元,法院不予支持。关于预收的首季度服务费是否应返还的问题。根据《协议》约定,本案被告泰勤劳务介绍公司除了为原告与被告强某某提供居间服务外,还应为原告提供一定的管理服务。首季度服务费中包括了家庭助手的服务费以及被告泰勤劳务介绍公司的系统支持费和管理费三项内容。现根据审理查明的事实,因被告泰勤劳务介绍公司为原告提供了制作服务方案、建立服务人员档案、陪同上门面试等管理服务,故原告理应向其支付相应的费用。至于《协议》中约定的"如协议终止,系统支持费和管理费不可退还"是否属于格式条款的问题。本案中原告与被告泰勤劳务介绍公司具有平等的法律地位及相应的缔约能力,《协议》条款虽由被告泰勤劳务介绍公司提供,但在本质上都是可以协商的。根据本案查明的事实,从《协议》签订前双方进行磋商,《协议》签订、履行的过程及原告提出解除《协议》的理由来看,不能认定该条款符合格式条款的法律特征。但是,"如协议终止,系统支持费和管理费不可退还"条款违背了人身性质的服务合同可赋予一方当事人单方解除权的法律精神,且预先设定了损失数额,有失公平,故法院根据被告泰勤劳务介绍公司在实际服务管理中所付出的人力、物力以及该《协议》的实际履行时间长短,酌定由原告支付被告泰勤劳务介绍公司系统支持费、管理费500元,该款应从原告已预付给被告泰勤劳务介绍公司的首季度服务费中扣除。此外,关于被告泰勤劳务介绍公司提出的原告终止《协议》需提前30日提出,因原告单方面解除《协议》,故返还的费用中应扣除服务人员一个月的服务费作为补偿之辩称意见,因《协议》中并无该补偿约定,被告泰勤劳务介绍公司也无证据证明其实际发生了该项损失,故对被告泰勤劳务介绍公司之辩称意见,不予采纳。综上,对于原告已预付的首季度服务费4104元,应在扣除案外人张某某的实际服务费100元及原告需支付给被告泰勤劳务介绍公司系统支持费、管理费500元后,余款由被告泰勤劳务介绍公司返还给原告。[1]

---

[1] 参见邹碧华主编:《2013年上海法院案例精选》,上海人民出版社2013年版,第94~96页。

专题三　保管合同纠纷

现实社会生活中，保管合同作为普遍使用的合同类型之一，其纠纷主要集中在保管物的交付、车辆在停车场毁损赔偿责任和损害赔偿等方面。

一、保管合同理解

《民法典》第八百八十八条第一款规定:"保管合同是保管人保管寄存人交付的保管物,并返还该物的合同。"保管合同又称寄托合同、寄存合同,一般是指双方当事人约定保管寄存人交付保管物,并返还该物的合同。保管合同从罗马法以来就被各国民法广泛认可,为我国《民法典》合同编中的典型合同,是一种提供服务的合同。

(一)保管合同特征

其一,目的特殊性。保管合同是提供服务的合同,保管人所提供的服务是特定的,即保管他人之物,合同的订立要实现寄存人的利益,而不是以保管人取得保管物的所有权或者处分权为目的。保管的这一法律特征,使得其与借用、租赁、承揽等相区别。

其二,非要式性。保管合同可以为书面、口头等形式,法律对保管合同的形式没有要求。

其三,实践性,自保管物交付时成立,但当事人另有约定的除外。如果当事人另有约定的,则其可以成为诺成合同。

其四,无偿性和有偿性并存。保管合同既可以为无偿合同,也可为有偿合同,由当事人自行约定。保管合同主要是社会成员之间相互提供帮助或服务部门向社会提供服务的一种方式,故这种保管合同在现实生活中多是无偿的。一般规定保管合同以无偿为原则,以有偿为补充。立法者认为,我国强调的是保管合同是否有偿由当事人约定,在没有约定的情况下,依合同有关条款或者交易习惯不能确定是有偿的,则保管合同是无偿的。[1]

其五,单务性或双务性决定于合同是否有偿。讨论保管合同究竟是单务合同还是双务合同,首先涉及双务合同的定义问题。一般认为,所谓双务合同,是指当

---

[1] 参见胡康生主编:《中华人民共和国合同法释义》(第2版),法律出版社2009年版,第537页;黄薇主编:《中华人民共和国民法典合同编释义》,法律出版社2020年版,第818页。

事人双方均负有一定义务,且双方的义务形成对待给付义务,即形成了"你与则我与,你不与则我亦不与"的相互依赖的对待给付关系。从这个意义上理解,在有偿的保管合同中,保管人负有保管的义务,寄存人负有给付报酬的义务,其属于双务合同。在无偿保管中,寄存人不负有支付报酬的义务,而保管人虽然承担保管的义务,但不享有获取相应保管费的权利,因此不构成双务性。[1]

其六,继续性。在保管合同中,保管人要持续性地负有保管义务,通常都要延续一段时间,而非一次性或即时完成履行义务。

其七,转移保管物的占有权。在一般保管中,依照保管合同约定,保管人应直接控制、占有保管物。但这种控制、占有只是对物的保存行为,而不是管理或处分行为。转移的只是物品的临时占有权,而不是物品的使用权,更不是所有权。

其八,货币或其他可替代物依据约定转移所有权。对于货币或其他可替代物保管约定转移所有权的,一般称之为消费保管合同。保管人在接受保管物后享有占有、使用、收益和处分的权利,由保管人承担保管物的风险。

其九,保管合同以物的保管为目标,保管物既包括特定物,也包括种类物;既包括动产,也包括不动产,如房屋代管、房屋保管。

(二)保管合同义务

保管人的主要义务为:

其一,给付保管凭证。保管凭证具有寄存人已交付保管物,以及保管合同关系成立的重要功能。《民法典》第八百九十一条规定:"寄存人向保管人交付保管物的,保管人应当出具保管凭证,但是另有交易习惯的除外。"

其二,亲自以妥善的方式保管标的物。《民法典》第八百九十二条规定:"保管人应当妥善保管保管物。当事人可以约定保管场所或者方法。除紧急情况或者为维护寄存人利益外,不得擅自改变保管场所或者方法。"第八百九十四条规定不得转交第三人保管,但有约定的除外。在法律上,保管人为何负有亲自保管的义务?一般认为,其原因在于保管合同的专属性。(3)有学者不同意此种观点,而是基于信任关系和需要保管物实际上是由谁保管的两个原因。(4)保管人在未征得寄存人同意的前提下,不得将保管物转交第三人保管,但在合同中有约定的除外。在无偿保管合同中,保管人应尽与保管自己物品同样的注意义务,负有过失责任,在有偿保管合同中,保管人应尽善良管理人的注意义务,保管人因过错

---

[1] 参见王利明:《合同法研究》(第三卷),中国政法大学出版社2012年版,第627页。

导致保管物损失的,应承担赔偿责任。[1]

立法者认为,"妥善保管"应当包括以下几方面的内容:一是提供适当的保管场所。二是采取适当的保管方法。三是除紧急情况或者为了维护寄存人利益外,不得擅自改变保管场所或方法。四是保管人应当采取合理的预防措施,防止保管物的毁损、灭失。五是当出现不利于保管物之保管的情事,可能导致合同目的不能实现时,应当采取必要合理之措施,避免保管物受到损害,或者将损害降到最低限度。[2]

其三,不得擅自使用保管物。这包括保管人自己使用或者许可第三人使用保管物两种情形,但在合同中对此约定可以使用的除外。《民法典》第八百九十五条规定:"保管人不得使用或者许可第三人使用保管物,但是当事人另有约定的除外。"

其四,返还保管物。《民法典》第八百九十六条第一款规定:"第三人对保管物主张权利的,除依法对保管物采取保全或者执行措施外,保管人应当履行向寄存人返还保管物的义务。"保管人须应寄存人的请求随时返还保管物,这包括保管期间届满和提前领取保管物两种情形下的返还。保管人保管货币的,应当返还相同种类、数量的货币。保管其他可替代物的,应当按照约定返还相同种类、品质、数量的物品。在一般保管中,保管人所返还的保管物包括原物和孳息。

其五,危险通知义务。由于第三人的原因而使返还义务的履行存在危险时,保管人应及时通知寄存人。《民法典》第八百九十六条第二款规定:"第三人对保管人提起诉讼或者对保管物申请扣押的,保管人应当及时通知寄存人。"

其六,行使留置权的通知义务。根据《民法典》第九百零三条的规定,"寄存人未按照约定支付保管费或者其他费用的,保管人对保管物享有留置权,但是当事人另有约定的除外。"但保管人行使留置权应及时通知寄存人。

寄存人的主要义务为:

其一,支付保管费。这是对有偿保管合同而言。

其二,告知保管物的情况。对寄存的物品等保管要告知其有无瑕疵或需采取特别保管措施,对寄存物为货币、有价证券或其他贵重物品的,应及时向保管人声明,以便保管人采取妥当措施保证物品的安全。即《民法典》第八百九十三条规定。

其三,承担必要的费用。这是保管人为了实现物的保管目的,以使保管物能够维持原状而支出的费用,并非在每一个保管活动中均发生。在有偿的保管中,保管费一般已经包含了必要费用,但除约定保管费之外部分,则应另行支付。无

---

[1] 参见马俊驹、余延满:《民法原论》,法律出版社2010年版,第715页。
[2] 参见黄薇主编:《中华人民共和国民法典合同编释义》,法律出版社2020年版,第822~823页。

偿保管中,寄存人负有返还必要费用的义务。

(三)保管合同纠纷举证

保管合同纠纷中,依照"谁主张,谁举证"的原则分配举证责任。对于保管合同关系成立的举证责任应由寄存人承担,对于无偿保管中保管人应承担证明自己无重大过失的责任。《民法典》第八百九十七条但书部分规定:"但是,无偿保管人证明自己没有故意或重大过失的,不承担损害赔偿责任。"在举证顺序上,先由原告举证保管合同关系成立,其后由保管人对抗辩的事实承担举证责任。

【案例3-1】 俞某诉江阴市鑫洲物业管理有限公司保管合同纠纷案

一审法院认为,首先俞某未能提供证据证明双方当事人具有订立保管合同的意思表示及订立了保管合同,也未能证明在提供的场地上设置有对车辆进行保管意思的标识,鑫洲物业公司也否认双方之间有订立保管合同的意思表示。……综上所述,鑫洲物业公司对俞某仅提供场地停车,俞某也没有将车辆交付鑫洲物业公司,故俞某和鑫洲物业公司之间没有形成保管合同关系,只是形成了车位使用关系,俞某依据保管合同关系主张损害赔偿于法无据,依法不予支持。二审中俞某撤回上诉。[1]

【案例3-2】 陈某华诉河池市金茂大酒店保管合同纠纷案

判决观点,原告陈述其于2012年2月1日入住被告宾馆,并提供了被告出具的住宿发票予以证实,被告并无异议,法院予以认定。本案被告聘请的当日当班保安余某师在公安机关所做的证词,证明原告车辆被盗后,其是从原告在酒店住宿登记信息表中获知原告住宿及将车辆交由被告保管,同时其证明被告规定有客人凭住宿登记并保管车辆,离开时交费取车的惯例。而原告在公安机关陈述其将车辆交由被告保管的事实与证人余某师的上述证实一致,公安机关也证明抓获的犯罪嫌疑人兰某某等人也供述在被告处盗窃了一辆机动车。上述事实可以证明,原告已经将其车辆交给被告保管,并且被告已对原告入住宾馆进行住宿登记,对原告车辆也进行了登记。我国《治安管理处罚法》第五十六条规定,"旅馆业对住宿的旅客应当按规定登记姓名、身份证件种类和号码",但被告至今无法提供2012年2月1日与本案相关联的旅客住宿信息登记表,因此,被告无充分的证据反驳原告将车辆交由其保

---

[1] 参见国家法官学院案例开发研究中心编:《中国法院2014年度案例》(合同纠纷),中国法制出版社2014年版,第219页。江苏省无锡市中级人民法院(2012)锡民终字第1040号民事裁定书。

管的事实。原告与被告之间建立了车辆保管合同关系,对被告否认保管原告车辆的抗辩理由,不予采信。[1]

【案例3-3】 姜某诉黑龙江省甲农场保管合同纠纷再审案

再审法院认为,姜某向甲农场缴纳4000元看管费用和6700元四项基本建设费用,双方形成有偿的保管合同关系,甲农场负有保管的合同义务。根据《民事证据规定》第五条第二款的规定,对合同是否履行发生争议的,由负有履行义务的当事人承担举证责任,即甲农场需举证证明其履行了保管义务,需对柴油泄漏系油罐本身缺陷及其无重大过失承担举证责任。姜某自身发现价值10余万元柴油全部漏光时现场无人看管,甲农场作为保管方没有及时发现并防止损失扩大,违反了《合同法》第三百七十四条的规定,应承担相应违约责任,赔偿姜某部分损失。[2]

对保管关系成立的举证,是委托人应承担的举证责任。

【案例3-4】 民丰县农牧机械管理局诉新疆旺德福大酒店、乌鲁木齐市利安奥联商贸有限公司等保管合同纠纷案

判决观点,原告入住旺德福酒店,并将车辆停放在由利安奥联公司负责管理的停车场内,停放期间被告利安奥联公司收取了停车费用,且双方停车收费的习惯是先停车后收费。原告车辆在丢失当日,停放时间为1小时,早8时发现丢失,被告利安奥联公司并未向原告收取任何费用,故双方之间并未形成保管合同关系,被告利安奥联公司对原告丢失车辆所造成的损失不应承担赔偿责任。因原告出示的证据不能证实被告乌市停车中心与出租车咨询服务部收取过其停车费,故被告乌市停车中心与出租车咨询服务部与原告也未形成保管关系,被告乌市停车中心与出租车咨询服务部对原告丢失车辆所造成的损失不应承担赔偿责任。综上,原告提供的证据不能证明其与各被告之间有保管关系,故原告应承担举证不能的不利后果。判决驳回原告要求被告旺德福酒店、利安奥联公司、乌市停车中心与出租车咨询服务部连带赔偿75000元的诉讼请求。[3]

对于经营场所经营者抗辩举证不能的,亦应承担其不利后果。

【案例3-5】 包某鑫诉广西壮族自治区妇幼保健院保管合同纠纷案

判决观点,原告车辆受损是否发生在被告的停车场内,车辆进入大门时

---

[1] 参见国家法官学院案例开发研究中心编:《中国法院2014年度案例》(合同纠纷),中国法制出版社2014年版,第222页。广西壮族自治区河池市金城江区人民法院(2012)金民初字第137号民事判决书。
[2] 黑龙江省高级人民法院(2017)黑民再478号民事判决书。
[3] 参见《新疆审判》2012年第4期(总第96期)。

的监控录像显属关键证据。庭审中,双方均认可查看了当时的监控录像,可见车辆进入被告门口有图像。原告主张监控录像显示车辆进入被告门口前并未受损,且已完成其在取车时受损车辆的举证责任;被告认为车辆受损系发生在原告车辆进入被告停车场前,完全可通过向法院提交监控录像予以反驳。但被告作为该监控录像的持有人,未能提供监控录像完成行为意义上的举证责任,其主张"未妥善保留该证据"拒不提供的抗辩理由不成立。据此,被告应承担结果意义上的证明责任。法院依法推定原告的该项主张成立。故原告维修车辆支出的3000元,被告应予赔偿。[1]

无偿保管中,保管人应承担证明自己没有重大过失或没有故意的举证责任,不能证明的则应承担赔偿责任。

【案例3-6】 陆某诉北京市宣联存车管理处保管合同纠纷案

判决观点,陆某将车交与存车处保管,存车处应出具保管凭证。但鉴于存车处长期以来一直采用存车不给凭证的方式,不能有效证明陆某没有将保管物寄存;对陆某提供当日将车存入存车处的证据,法院予以采信。保管合同是实践性合同,自保管物交付时成立。陆某的证据被采信,因此,陆某与存车处之间的保管关系已经成立。依保管合同关系,寄存人应按约定支付保管费,但双方对保管费约定不明确,应属无偿保管合同。在无偿保管合同中,保管人如能证明自己没有重大过失,不承担损害赔偿责任。存车处没有提供证据证明自己已经尽到注意义务和对保管物进行妥善保管,对于陆某寄存于该处的保管物丢失负有保管不善的责任,已构成重大过失,应当承担损害赔偿责任。[2]

【案例3-7】 崔某某与裴某某保管合同纠纷案

二审法院认为,本案中,一审法院根据在案证据及案件具体情况,判令上诉人裴某某返还其代为保管的相关款项及银行卡,有事实及法律依据,法院依法予以维持。上诉人裴某某上诉所提被上诉人崔某某起诉并非自身真实意思表示以及该款项经家庭会议讨论各家出资由其负责保管的相关理由,因其提交的相关证据不足以证实,应自行承担举证不能的不利后果。[3]

消费者与超市因使用寄物柜存放物品纠纷的举证责任。在此类纠纷中,消费

---

〔1〕 参见国家法官学院案例开发研究中心编:《中国法院2016年度案例》(合同纠纷),中国法制出版社2016年版,第280页。广西壮族自治区南宁市兴宁区人民法院(2014)兴民二初字第266号民事判决书。

〔2〕 参见北京市高级人民法院民一庭编:《北京民事审判疑难案例与问题解析》(第一卷),法律出版社2007年版,第477页。

〔3〕 参见最高人民法院民法典贯彻实施工作领导小组编:《中国民法典适用大全》(合同卷四),人民法院出版社2022年版,第3253页。天津市第三中级人民法院(2021)津03民终4618号民事判决书。

者作为寄存人的证明责任为:其一,证明已将物品存放在寄物柜内;其二,物品因寄物柜的质量问题灭失。一般情况下,消费者不会在寄放物品时采取证据保全措施,超市也不会在寄物柜前安装电子监控设备,导致消费者难以证明涉案争议的物品存放在寄物柜内。实践中,消费者更多提供间接证据,使其形成证据链。超市的证明责任为:其一,对寄物柜已尽管理责任,对物品损失没有主观过错,如未发生超市工作人员违规打开寄物柜、第三人撬窃寄物柜导致损失的情况;其二,柜内物品损失并非因寄物柜质量问题导致。具体讲可以证明寄物柜质量合格,未发生运行故障,严格执行打开门程序,物品损失与寄物柜质量不存在因果关系。

网站信息属于电子数据,是《民事诉讼法》认可的证据形式,能够用来证明案件事实的网站信息可以作为证据使用。可以作为证据使用的网站信息需具备以下条件:其一,内容固定。可采用公证、录像等方式将获取网站信息的过程保全下来。其二,与案件事实有关。作为证据使用的网站信息必须与待证事实存在某种联系,即该网站信息与待证事实具有关联性。其三,来源合法。网站信息必须是从合法注册并经备案登记的网站获取,获取信息的途径不应违反《民事诉讼法解释》与《民事证据规定》规定,采取保全措施过程合法。其四,内容真实。网页数据生成记录和存储记录在形成过程中未遭受篡改,网站信息与网页数据一致。

【案例3-8】 天津市哲尔国际贸易有限公司诉天津凯耀物流有限公司、元某春保管合同纠纷案

二审法院认为,保管合同成立并生效后,负有共同保管义务的凯耀公司和元某春负有妥善保管诉争货物,不得转交第三人保管以及及时返还保管物的义务。在保管期间凯耀公司和元某春将货物自行处理,造成无法返还原物,构成违约。凯耀公司和元某春应当负有按照保管货物的价值进行赔偿的义务。凯耀公司和元某春擅自处分诉争货物造成货物灭失,使该案失去评估鉴定的标的物和依据。其又系涉案货物海关报关办理人,掌握报关手续等文件,由于未能向原审法院提供,原审法院不能向海关等部门提供线索,致使不能通过调取海关报关价格来确定涉案货物的价值,由此造成的不利后果,原审法院确定由凯耀公司和元某春承担并无不妥之处,应予维持。关于涉案货物的价值,哲尔公司主张以起诉之日金属废料资源网公布的涉案货物的价格为标准确定诉争货物的价值,金属废料资源网系在国家工信部备案的网站,该网站的运营和其所记载的信息具有合法性,原审法院加以采信,并以哲尔公司起诉之日金属废料资源网发布的交易价格中间值计算涉案货物价值为1940212.08元。鉴于凯耀公司和元某春对保管涉案货物的数量予以认可,但不能提交证据证明涉案货物的价值金额,原审法院依据该网站发布的交易价格中间值计算涉案货物价值,较为客观、公正,并无不当之处,予以维持。凯耀公司和元某春的上诉请求均不能成立。一审判决凯耀公司和元某春承

担连带赔偿责任缺乏法律依据,应予纠正。〔1〕

对于寄存人主张的诉求,举证不能的不受法律保护。

【案例 3-9】 屈某甲与屈某乙保管合同纠纷案

二审法院认为,原告屈某甲与被告屈某乙达成了无偿保管银行存款的口头协议,即被告屈某乙无偿保管原告屈某甲存入中国农业银行股份有限公司宁远县支行的存款 6000 元,该合同自原告屈某甲将银行存折交付被告屈某乙时成立。被告屈某乙应当妥善保管保管物,未经原告屈某甲同意不得使用保管物,但被告屈某乙未经同意擅自领取原告屈某甲交由其保管的存款,在原告屈某甲知晓后,已如数返还原告屈某甲存款 6000 元,现原告屈某甲要求返还存款 6000 元,无事实和法律依据,法院对此不予支持。至于原告屈某甲要求被告屈某乙返还该笔存款利息的诉请,因原告屈某甲未向法院提交被告屈某乙因领取存款造成其存款利息减少多少的充分证据,也未提交被告屈某乙支取存款利息的证据,故该笔存款利息无法计算,该诉请证据不足,缺乏充分的事实依据,法院对此不予支持。〔2〕

当事人另有约定或者依交易习惯无须出具保管凭证的,也可以不出具保管凭证,保管人抗辩不成立的,不影响保管合同的成立。

【案例 3-10】 干某平、鑫某辰诉倪某福、朱某保管合同纠纷案

二审法院认为,原告干某平、鑫某辰系夫妻关系,被告倪某福、朱某原系夫妻关系,原告鑫某辰与被告倪某福系姐弟关系。鑫某辰主张于 2013 年 11 月 25 日将涉案款项汇入倪某福账户是委托他代为保管,倪某福、朱某予以否认,由此发生举证责任转移,应由倪某福、朱某证明收款原因。对此,倪某福、朱某主张涉案款项是鑫某辰感谢倪某福多年照顾而赠与他的,而赠与的成立,必须有鑫某辰明确的赠与意思表示,而鑫某辰明确否认有该意思表示,倪某福、朱某也未能提供证据证明鑫某辰有此意思表示,依法应承担举证不能的不利后果。因此,鑫某辰于 2013 年 11 月 25 日转账 5009069.68 元至倪某福账户事实清楚,倪某福虽未交付保管凭证,但该款系转账,银行记录清晰且鑫某辰保有转账凭证,在无证据证实双方存在借贷等其他法律关系时,应认定双方保管合同关系成立。鑫某辰与倪某福间的保管合同合法、有效,双方

---

〔1〕 参见最高人民法院中国应用法学研究所编:《人民法院案例选》2015 年第 4 辑(总第 94 辑),人民法院出版社 2016 年版,第 222 页。天津市第二中级人民法院(2014)二中速民终字第 1191 号民事判决书。

〔2〕 参见最高人民法院民法典贯彻实施工作领导小组编著:《中国民法典适用大全》(合同卷四),人民法院出版社 2022 年版,第 3256~3257 页。湖南省宁远县人民法院(2021)湘 1126 民初 3939 号民事判决书。

未约定保管期间,鑫某辰有权随时领取保管物。[1]

对于赠与与保管合同关系之争议,应由法官根据具体案情裁定。

【案例 3-11】 南某甲与南某乙合同纠纷案

二审法院认为,本案中,南某甲确实有过"给儿子也不给你"的言论,其亦将款项汇入南某乙的账户,但仅凭该情节不足以推定南某甲放弃财产权利,将款项赠与南某乙,南某乙提供的其他证据亦不能证明南某甲有明确将涉案款项赠与其所有的意思表示。换言之,本案现有证据无法达到足以证明赠与事实存在的证明标准,南某乙上诉主张证据不足,法院不予采纳。一审判决结合款项的来源、支付及持有情况,认为南某甲与南某乙之间就该款项形成保管关系,并依据南某甲主张,判决南某乙将诉争14万元款项返还,并无不当,予以维持。对于诉争款项属于南某甲个人所有,抑或南某甲与案外人刘某的夫妻共同财产,并不属于本案赠与合同争议处理范畴,且本案双方均确认目前南某甲与刘某仍在婚姻关系存续期间,一审判决南某乙向南某甲返还涉案款项并无不当,如南某甲、刘某就此存在争议,可由双方基于相关法律规定另行解决。[2]

另案中的"自认"不具有免除对方当事人举证责任的效力。

【案例 3-12】 郑某福诉廖某秉、廖某芹保管合同纠纷案

一审法院认为,郑某福认为廖某秉、廖某芹在(2013)铁初字第302号案件的民事起诉状中称"在他(郑某福)发生重大交通事故后,潜逃前交8万元给我廖某秉保管"系廖某秉、廖某芹的自认行为,不管托管收据是否采信,廖某秉、廖某芹的自认均能证实廖某秉收到原告8万元现金的事实。根据《民事诉讼法解释》第九十二条第一款的规定,法律上的自认必须是在民事诉讼过程中作出,即在诉讼开始后和诉讼结束前作出,(2013)铁初字第302号案件的民事起诉状中形成于2013年10月14日;本案原审立案即诉讼开始时间是2014年10月20日;法律上的自认对象为对方当事人所主张的事实,故法律上的自认必须有对方当事人所主张事实在先,而后有自认当事人的自认;而原告所称本案的自认,廖某秉、廖某芹自认在前,原告主张在后,顺序上存在颠倒;故廖某秉、廖某芹的"自认"不属于上述法律规定的自认行为,不能免除原告对其所主张事实的举证责任。廖某秉、廖某芹在本案诉讼过程中

---

[1] 浙江省湖州市中级人民法院(2015)浙湖商终第166号民事判决书。
[2] 参见最高人民法院民法典贯彻实施工作领导小组编著:《中国民法典适用大全》(合同卷四),人民法院出版社2022年版,第3282~3283页。北京市第三中级人民法院(2021)京03民终14885号民事判决书。

一直否认在(2013)铁初字第302号案件的民事起诉状中陈述的替郑某福保管8万元的事实,结合原告提交的与保管事实有直接关系的《托管收据》被证明不具真实性、合法性,不具证据效力,故(2013)铁初字第302号案件的民事起诉状陈述的替郑某福保管8万元的事实无其他证据佐证,不能证明原告所主张保管事实的发生。判决:驳回原告郑某福的诉讼请求。

二审法院认为,首先,在两被上诉人对案涉《托管收据》的真实性、合法性、关联性均提出异议的情形下,上诉人须对该证据的三性完成举证义务。通过司法鉴定,上诉人提交的《托管收据》的复印件内手书字迹部分不是复印于其本次向一审法院提交的证据《托管收据》原件,上诉人就其起诉的待证事实所依据的重要证据《托管收据》的真实性、合法性仍未完成举证义务,不能成为合法有效证据被采信。其次,(2013)铁初字第302号案件系名誉权纠纷,与本案保管合同不是同一法律关系,上诉人主张在后,顺序上存在颠倒,不属于上述法律规定的自认行为。判决:驳回上诉,维持原判。[1]

---

[1] 参见国家法官学院、最高人民法院司法案例研究院编:《中国法院2021年度案例》(合同纠纷),中国法制出版社2021年版,第169~170页。广西壮族自治区北海市中级人民法院(2019)桂05民终1165号民事判决书。

二、保管合同法律适用

(一)保管合同关系认定

1. 保管合同关系的成立要件

保管合同关系的成立必须具备下列要件,一是双方当事人须对保管达成一致的意思表示,二是需要交付保管物。在保管合同关系中,除双方在合同中明确约定合同自双方签字之日起成立外,一般情况下都以保管物交付作为合同关系成立要件,而保管凭证不仅载有保管物品数量、质量、状态等信息,也是证明保管合同成立的依据,是否交付保管费不是保管合同成立要件。保管合同的成立并不以约定保管费用为成立和生效要件,更不以费用是否合理来判断保管合同是否成立,合同当事人达成保管合意并完成保管物的交付即可。保管合同的成立应取决于当事人的意思表示,包括明示和默示的行为。如车主停车入库并缴纳费用,管理方接收车辆并全程保管的行为应视为保管合同成立。未交付保管物,保管人不承担保管责任。

【案例3-13】 赵某珍等诉北京市八宝山人民公墓损害赔偿纠纷案

原告之父母骨灰由葛某蕙在八宝山公墓东侧经营的墓地,迁至八宝山公墓福区5排8号,并且原告亲属齐聚上述地点,由原、被告共同在场情况下进行起坟,但始终未发现原告父母骨灰。法院认为,本案中五原告父母骨灰原安葬于非被告管辖区域内,即葛某蕙在八宝山人民公墓东侧经营的墓地内。葛某蕙非法经营墓地被依法取缔后,由被告将葛某蕙非法经营墓地进行接管,但被告对五原告父母骨灰存放的实际场所只是进行规划和改造,并未对原告父母骨灰进行实际管理,即未实现法定义务。由此无法认定被告未能将原告父母骨灰予以返还具有违法性。被告承担侵权责任的构成要件并不具备,故驳回原告的诉讼请求。[1] 本案五原告父母墓碑迁至八宝山公墓福区

---

[1] 参见北京市高级人民法院民一庭编:《北京民事审判疑难案例与问题解析》(第一卷),法律出版社2007年版,第481页。

才开始形成双方的保管合同权利义务关系,但此时原告未将保管物交付保管人,保管合同关系未成立,保管人的保管义务无从发生。

个案中,是否成立保管合同关系应审查其成立的条件。

【案例3-14】 乐邦控股集团有限公司诉青岛港董家口矿石码头有限责任公司保管合同纠纷案

二审法院认为,根据前述法律规定,如在保管人与存货人之间形成保管合同关系,应具备存货人交付保管物或者仓储物、支付保管费和仓储费、保管人给付保管凭证等条件。[1]

实践中涉及是否构成保管合同关系的纠纷时有发生,如张某诉东升市场管理处摊位物品夜间被盗赔偿后公安部门认定伪造盗窃再审案。[2] 对于一些特殊形态反映出的保管合同关系,应注意厘清。

【案例3-15】 刘某民诉方城县粮食局保管合同纠纷再审案

再审法院认为,原、被告合伙做的这笔菜籽生意,被告已按照口头约定,将货销给了宜阳高航植物油厂,厂方付清货款后,已履行了约定,无不当之处。原告接收货款后一直保管,归途中在宝丰县吃饭时将包丢失在饭店内的行为,完全属原告保管不善、疏忽大意造成的,该损失不是经营性亏损,不属口头约定盈亏各半承担的范畴,应由其本人负责,故被告不应承担赔偿责任。原告诉请应由被告承担赔偿一半损失的证据不足,理由不能成立,法院不予支持。抗诉机关的抗诉理由成立,应予采信。原审判决应予撤销。[3]

【案例3-16】 滕州市粮油储运贸易公司与滕州市粮食和物资储备中心保管合同纠纷案

二审法院认为,首先,合同的成立需要当事人意思表示一致。任何合同都必须是订约当事人意思表示一致的产物。合同的成立必须有两个以上当事人;当事人必须作出意思表示;各个当事人意思表示一致,即当事人必须就相关事项达成合意。保管合同是保管人保管寄存人交付的保管物,并返还该物的合同。保管合同自保管物交付时成立,但当事人另有约定的除外。本案双方当事人没有对保管拆迁安置款的权利义务达成合意,滕州市粮油储运贸

---

[1] 参见最高人民法院民法典贯彻实施工作领导小组编著:《中国民法典适用大全》(合同卷四),人民法院出版社2022年版,第3236页。山东省高级人民法院(2020)鲁民终2192号民事判决书。

[2] 参见最高人民法院中国应用法学研究所编:《人民法院案例选》2001年第1辑(总第35辑),人民法院出版社2001年版,第98~102页。

[3] 参见最高人民法院中国应用法学研究所编:《人民法院案例选》2001年第3辑(总第37辑),人民法院出版社2002年版,第109页。

易公司也未将拆迁安置补偿款交付被上诉人保管,滕州市粮食和物资储备中心接收拆迁安置补偿款是根据滕州市政府的安排,滕州市粮食和物资储备中心接收拆迁安置补偿款后,根据滕州市政府会议纪要的要求对该资金做出了实体处理且处分完毕,因此本案双方当事人之间不存在保管合同关系。[1]

2. 保管合同与其他服务合同关系

在实践中,保管合同关系往往是与其他服务合同共同发生,如住宿合同、餐饮合同中涉及保管合同成立问题。笔者认为,在成立其他服务合同的情况下,并非都同时成立保管合同关系。是否成立保管合同关系要视具体案情而定,不能"一刀切"。是否成立附随义务,要根据服务合同的性质等多种因素确定。虽然《民法典》第五百零九条第二款对附随义务作了非穷尽的列举,但附随义务不能无限扩张,尤其是不能脱离合同的性质、目的,也就是必须依附于主给付义务。

【案例3-17】 党某海诉桐柏金都宾馆保管合同纠纷案

判决观点,原告对自己的车辆管理不善,其子驾车随客人到被告桐柏金都宾馆住宿时,不向宾馆有关部门申请登记停放车辆,造成车辆损失,应负主要责任。被告桐柏金都宾馆作为住宿、车辆停放收益单位,管理制度不严,对来往车辆无认真管理、登记制度,对停车住宿人员无车辆管理公示制度,造成原告车辆丢失,被告应负次要责任。[2] 在本案中,原告之子与被告订有住宿合同,即填写住房卡和领取住房凭证,原告之子与被告成立住宿合同关系。在有住宿合同关系下,被告事实上不发生任何意义上的保管合同关系。《人民法院案例选》责任编辑认为,在有住宿合同关系下,被告的合同附随义务是什么,显然不包括车辆保管的义务。因为,一方面,住宿合同中如包括车辆保管的义务,则双方是极不等价的;另一方面,保管是一种必须由当事人作出意思表示并履行一定行为的独立成立的法律关系。按住宿习惯,客人不交付保管的物品,视为是自我保管,自己应当承担其风险责任。同时,按照《合同法》第三百七十五条的规定,即便客人与店方有保管合同关系,客人作为寄存人在交付的寄存物中有货币、有价证券或者其他贵重物品的,寄存人应当向作为保管人的店方声明,并应由店方验收或者封存。寄存人未声明的,该类

---

[1] 参见最高人民法院民法典贯彻实施工作领导小组编著:《中国民法典适用大全》(合同卷四),人民法院出版社2022年版,第3219~3220页。山东省枣庄市中级人民法院(2021)鲁04民终3076号民事判决书。

[2] 参见最高人民法院中国应用法学研究所编:《人民法院案例选》2001年第4辑(总第38辑),人民法院出版社2002年版,第147页。

物品毁损、灭失的,保管人仅按一般物品予以赔偿,寄存人应自担未声明造成的超出一般物品价值的损失的风险。所以,在住宿合同中,店方不可能有为客人保管或看管自身携带的物品的附随义务。要注意的是,如果被告有车辆管理公示制度,也不能将被告的车辆管理公示制度等同于保管合同关系。因为,车辆管理可能仅仅是停放秩序的管理,也可能有管理人的车辆保管的要约邀请内容。其管理到什么程度,可能决定其义务大小的程度,但此一般应以其明示的内容为准。在未明确为车辆保管情况下,被告提供停车服务及其管理,应为公共服务和管理的性质,显然不能将其在提供公共服务上的义务等同于合同关系下的义务或附随义务。[1]

【案例3-18】　杜某辉诉庄某珍、庄某玲未尽到保管义务服务合同纠纷案

二审法院认为,杜某辉接受庄某珍提供的有偿洗车服务,双方之间系服务合同的法律关系,但双方的服务合同仅体现为一张单位为"澳华公司"(澳华公司的法定代表人即杜某辉)的收款收据,该收据只载明"2003.7.3—2004.1.3洗车包月6个月计300元,免费赠送两次车内蒸汽,安装装饰条80元,计380元"。从该服务合同的内容来看,其中并未约定庄某珍有车辆保管义务,双方之间也未另外成立寄托保管合同关系,庄某珍对杜某辉的被洗车辆并不承担保管责任。所以庄某珍依约完全履行了合同的主义务和附随义务,杜某辉的损失系盗贼的不法行为造成,而非庄某珍违反合同的行为造成,该事实清楚,原审认定庄某珍不应承担违约责任正确,杜某辉没有提供认定庄某玲系弟鹰洗车中心的共同经营者的证据,原审依法驳回杜某辉对庄某玲的诉讼请求亦正确,应予维持。但原审适用《最高人民法院关于贯彻执行〈中华人民共和国民法通则〉若干问题的意见(试行)》第一百五十七条的规定,判令庄某珍补偿杜某辉的经济损失错误,应予纠正。杜某辉主张庄某珍承担违约责任缺乏事实和法律依据,不予采纳。庄某珍主张其不必承担违约责任、原审适用法律错误,予以采纳。[2]

双方存在消费合同关系并不一定导致保管合同的成立,法官应根据具体案情确认成立何种关系。

【案例3-19】　杨某祥诉罗某伟违反安全保障义务责任纠纷案

二审法院认为,杨某祥在南海餐厅用餐,将车辆放在餐厅门前并未将车辆交付罗某伟保管,不符合保管合同的排他占有和实际控制权转移的特征,

---

[1] 参见最高人民法院中国应用法学研究所编:《人民法院案例选》2001年第4辑(总第38辑),人民法院出版社2002年版,第151页。

[2] 参见最高人民法院中国应用法学研究所编:《人民法院案例选》2005年第42辑(总第52辑),人民法院出版社2006年版,第149页。

不构成车辆保管合同关系。原审确定本案案由为保管合同纠纷有误,本院予以纠正。根据案件事实,本案由为违反安全保障义务纠纷。[1]

消费者免费停车背后,商场或酒店提供的保管服务并非全是无偿的。在专用车位模式中,商场或酒店实际上是与消费者建立了基于消费服务而产生的从合同关系即保管合同关系,是否收取停车费用也经常是与消费金额挂钩,由此可以认定这种保管合同并非无偿,而是将相应的保管费藏在消费服务合同的消费金额中。从这个意义上讲,可以认定该类保管合同仍是一种有偿合同。

【案例3-20】 梁某诉利苑酒家、莱佛士物业保管合同纠纷案

一审法院认为,本案中,原告在利苑酒家就餐消费,并按利苑酒家的要求将车辆停放在其指定的停车位。从利苑酒家向原告发放的《利苑酒家专用车位泊车证》《利苑酒家泊车卡》可知,原告只有在利苑酒家处消费金额满200元以上的情况下,利苑酒家才向原告提供免费停车服务,足以说明利苑酒家向原告提供的并非完全意义上的免费停车服务,而是将停车费的对价包含在上述200元以上的消费金额中,由此说明双方之间形成了主合同关系即餐饮消费服务合同关系以及基于餐饮消费服务合同产生从合同关系即有偿保管合同关系。在涉案车辆保管期间,因利苑酒家保管不善造成原告车辆损坏,利苑酒家应当承担赔偿责任。原告主张涉案车辆受水浸受损价值266512元,虽其提供的评估报告有瑕疵,但不影响评估结论的效力,故法院对原告此主张予以采纳。据此,利苑酒家应向原告赔偿上述水浸受损价值266512元。另原告主张的评估费9795元也应由利苑酒家承担。因原告未能提供证据证明莱佛士物业收取了原告的停车费,也未能提供证据证明其与莱佛士物业之间签订了保管合同或者达成了保管约定,故原告以保管合同诉由要求莱佛士物业承担保管合同责任依据不足,本院不予支持。判决:被告利苑酒家一次性将车辆损失费266512元、评估费9795元赔偿给原告梁某。利苑酒家上诉未缴纳上诉费,二审法院裁定,本案按利苑酒家自动撤回上诉处理。[2]

3.交易习惯中的保管合同关系认定

《民法典合同编通则解释》第二条规定:"下列情形,不违反法律、行政法规的强制性规定且不违背公序良俗的,人民法院可以认定为民法典所称的'交易习

---

[1] 参见国家法官学院案例开发研究中心编:《中国法院2016年度案例》(侵权赔偿纠纷),中国法制出版社2016年版,第92页。广东省汕尾市中级人民法院(2014)汕尾中法民一终字第3号民事判决书。

[2] 参见国家法官学院、最高人民法院司法案例研究院编:《中国法院2021年度案例》(合同纠纷),中国法制出版社2021年版,第172~173页。广东省广州市越秀区人民法院(2018)粤0104民初26408号民事判决书。

惯':(一)当事人之间在交易活动中的惯常做法;(二)在交易行为当地或者某一领域、某一行业通常采用并为交易对方订立合同时所知道或者应当知道的做法。对于交易习惯,由提出主张的当事人一方承担举证责任。"

《民法典》第八百九十一条规定:"寄存人向保管人交付保管物的,保管人应当给付保管凭证,但是另有交易习惯的除外。"另有交易习惯情况下成立的保管关系是一种特殊形态。在现实社会生活中,提供某种特定服务的经营者向接受该种服务的消费者提供存放随身携带的物品的条件,由消费者自行封存并掌管开启钥匙,由此形成的是一种交易习惯下的特殊保管关系,与普通保管合同关系在特征、权利义务内容及处理上均应有不同。正确厘清这些不同,对正确处理这种特殊保管关系有其决定性的作用。其一,在特殊保管关系中,经营者仅向消费者提供具有一定封管条件的存物空间,由消费者自行存放随身携带的物品并自行封存、自我掌管开启钥匙和自行取物,经营者并不占有存放物,但应负责监控存物外部环境,存放物暂时脱离消费者占有、控制为基本特征。其二,上述特征决定,经营者的义务是提供的存物条件应具备通常的保障功能,以及对存物处的外部环境尽到经营者应尽到的注意义务。一般来说,经营者提供的锁具能较容易被其他钥匙开启,应是在提供的服务物品上存在瑕疵,不符合一般安全存放的要求,对存物处的外部环境,经营者应以经营者的专业注意义务予以负责,如必须有专人监管、查看取物号牌等,否则,如果其外部环境的监管措施不符合保障消费者存放的物品的安全要求的,将被认定为未尽到其专业注意义务。其三,就消费者方面,因不发生物品的实际交付问题,是其消费者自存自封的,故在与经营者发生存放物品灭失、损害纠纷时,消费者应负存放何物的举证责任,且应承担存放的货币、有价证券或者其他贵重物品的毁损、灭失以一般物品得到赔偿的风险责任,特别是在经营者另有关于贵重物品应另行寄存的告示情况下更是如此。这是因为,按照这种交易习惯,人们通常会以与其交易相适应的谨慎小心从事,具有相应的风险及其防范意识。法律上在规范某种法律关系及其当事人的行为时,不可能超出客观实际而苛求一方。

【案例3-21】 王某诉蔚蓝海岸公司保管合同纠纷案

判决观点,原告购买了游泳券游泳,被告按照交易习惯提供了存放衣物的放物柜及锁具,双方形成了保管合同关系,被告对原告存放的物品负有保管义务。现被告不能证明对明锁被换其没有过错,且其不能证明明锁的其他钥匙已被销毁,故被告对原告保管物丢失应承担次要损害赔偿责任。原告领取的钥匙为240号,而其实际使用了233号物柜,致使暗锁未使用,使被告提供的保管措施未能全面实施,故其对保管物丢失应承担主要责任。原告未将其携带的手机作为贵重物品向保管人声明,该物品丢失后保管人可按一般物品予以赔偿。[1]

4.保管合同关系疑难问题

夫妻协议离婚并已就共同财产处理完毕后,一方以保管关系起诉另一方返还婚前财产的,法院不予支持。

【案例3-22】 顾某生诉许某风保管合同纠纷案

二审法院认为,1.从本案现有证据来看,售房款汇至许某风银行账户后,部分款项确已用于家庭开销及经营。从购买宝马车及交付顾某生开店的款项使用方式来看,许某风动用售房款无须顾某生的书面授权。一审法院以其他款项均未得到顾某生的书面授权或者许可为由,要求许某风返还165万元有失偏颇。另外,许某风与顾某生婚姻关系存续期间,许某风并未工作,顾某生陈述由其给付许某风钱款用于家庭生活开支,但未提交充分证据证明其收入情况,而许某风陈述售房款用于家庭开销及经营,符合常理,且有相关事实予以佐证,法院予以采信。2.本案实为顾某生将售房款汇入许某风银行账户,由许某风用于家庭开支。一审法院以保管法律关系对许某风苛以严责,忽视婚姻家庭生活的人伦常情,有悖于一般人对婚姻家庭关系的正常认知,以致判决明显不公。3.本案应定性为离婚后财产纠纷。许某风认为离婚协议中对财产的分割是依据售房款扣减相关费用后得出,顾某生则认为双方在离婚协议中并未处理售房款。考量双方陈述,许某风的陈述可信度高于顾某生的陈述。理由是:(1)一般来说,双方在离婚时会对共同财产及自身存放于对方处的财产作一次性处理,但本案所涉如此大的一笔款项,顾某生离婚时却未要求许某风返还,也未用书面形式对该债权加以确认,明显不符合常理。(2)顾某生陈述11万元为许某风支付给自己的婚内出轨补偿,但现有证据并不能证明该款是婚内出轨补偿,而是许某风应支付其的费用中扣减调整后的子女抚养费而得来。据此,顾某生的相关陈述与实际情况并不相符。4.从顾某生与许某风签订的离婚协议书及当事人陈述来看,双方就财产、子女抚养及探视等问题已经全部处理完毕,现顾某生要求许某风返还讼争财产,无事实依据,法院不予支持。据此,二审法院判决:撤销一审判决,驳回顾某生的全部诉讼请求。[2]

---

[1] 参见最高人民法院中国应用法学研究所编:《人民法院案例选》2002年第2辑(总第40辑),人民法院出版社2002年版,第179页。

[2] 参见国家法官学院、最高人民法院案例研究院编:《中国法院2020年度案例》(合同纠纷),中国法制出版社2020年版,第264~265页。江苏省无锡市中级人民法院(2018)苏02民终4043号民事判决书。

未签订书面保管合同,但根据收取费用等具体事实判断双方之间是否存在事实上的保管合同关系。

【案例 3-23】 闪某诉福利医院、军地公司保管合同纠纷案

判决观点,关于闪某与福利医院、军地公司之间保管合同是否成立,法院认定闪某与军地公司之间存在保管合同关系,与福利医院之间不存在合同关系。原因在于:第一,军地公司虽主张并未收到闪某交纳的费用,其与闪某未就车辆停放形成合同关系,但军地公司亦认可其公司收费员向闪某收取了停车费,该收费行为应属职务行为,故军地公司与闪某之间形成了事实上的合同关系,军地公司对闪某停放车辆负有妥善的保管和注意义务;第二,闪某将涉案车辆停放在停车场,并按月交纳费用,符合保管合同的特征,故闪某依据保管合同主张权利并无不当;第三,闪某并未提交证据证明其支付的费用由福利医院收取,亦未提交其他证据证明其与福利医院之间存在合同关系,涉案停车场亦由军地公司实际经营,故福利医院与闪某不存在合同关系。〔1〕

在保管合同中,保管义务是保管人之主合同义务,双方签署合同的主要目的即为标的物之保管,保管行为系保管人合同项下之主要义务。而在其他类型合同中,保管义务是合同项下之附随义务,妥善保管标的物是应有之义,但保管只是实现合同目的的过程或手段,并非主要目的,当然不成立保管合同关系。因此,区分合同项下之主要义务与附随义务即为判断双方之间是否为保管合同的重要依据。对于金钱的保管往往是基于其他合同产生的附随保管义务,应将这种保管与实质上的保管合同相区别,对其请求返还保管金钱诉求不予支持。

【案例 3-24】 何某芹诉邢某成保管合同纠纷案

一审法院认为,本案中,何某芹主张其与邢某成之间形成保管合同关系,根据法律规定,保管合同是保管人保管寄存人交付的保管物,并返还该物的合同。而本案中,邢某成作为何某芹与刘某国等四人签署的《遗产分割协议》的见证人,其对于何某芹同意出售房屋后,向刘某国等四人支付 60 万元的事实是知晓的。同时,邢某成作为买卖合同的居间人,何某芹同意在 2018 年 1 月 9 日当日,郭某所支付的款项 65 万元转入其个人账户,剩余 43 万元转入邢某成账户,且何某芹出具付款指令函,指令将购房款中的 76 万元直接支付邢某成,再考虑到售房当日,刘某国、刘某军出具了售房同意书,综合上述事实,法院认为,邢某成有理由相信何某芹同意郭某转账 43 万元至其个人账户的款项用于支付给刘某国等四人的《遗产分割协议》项下之部分款项,

---

〔1〕 参见国家法官学院、最高人民法院司法案例研究院编:《中国法院 2021 年度案例》(合同纠纷),中国法制出版社 2021 年版,第 162 页。北京市海淀区人民法院(2019)京 0108 民初 7462 号民事判决书。

邢某成作为《遗产分割协议》的见证人和房屋买卖合同的居间方员工,在收到上述43万元款项后也并未私自保留,而是将其交付刘某国等四人,因此,法院认为邢某成上述收款及转款行为并无不妥,何某芹主张该部分款项为其交付邢某成保管的款项并要求返还,证据不足,不予支持。判决:驳回原告何某芹的全部诉讼请求。二审法院同意一审法院裁判意见,判决:驳回上诉,维持原判。[1]

(二)保管合同适用范围

1. 一般保管标的物

所谓保管合同的标的物,是指保管合同所指的对象。《民法典》合同编在第二十一章对保管合同作了相关规定,将保管的标的物限定为物,其中也包括货币、动产或不动产,但未包括权利,从总体发展趋势来看,保管合同的标的物的范围呈现不断扩大的趋势。《合同法》中未对保管物既包括动产也包括不动产作出明确界定,目前学界通说认为,在我国保管范围除动产外,还包括不动产。《民法典》第八百八十八条的规定,并未将保管物限为动产,现实中保管不动产的例子也有很多,如房屋、果园、池塘。因现行法律没有详细列举保管物的范围,实践中除常见的车辆、机器及货币等外,还较少出现动产质押物监管作为保管物,对此是否属于保管合同关系是有争议的。

【案例3-25】 蓬达资产管理有限公司与中国工商银行股份有限公司淄博分行、中国太平洋财产保险股份有限公司等保管合同纠纷再审案

最高人民法院认为,2008年10月15日,工行淄博分行作为质权人、烨华公司作为出质人、山东蓬达资产管理有限公司淄博分公司(以下简称蓬达资产公司淄博分公司)作为监管人签订《动产质押物的监管方案》一份,约定监管人将质物存放于出质人租赁的仓库或存储区内,现场监管员及时对质物出入情况进行记录并保证质物不被非正常转移,同时约定本方案编号"2008年淄监管字第0005号"《动产质押监管协议》的补充文件,与该《动产质押监管协议》具有同等效力。2008年10月16日,三方签订编号为"2008年淄监管字第0005号"的《动产质押监管协议》一份,约定本协议项下所称的监管是

---

[1] 参见国家法官学院、最高人民法院司法案例研究院编:《中国法院2022年度案例》(合同纠纷),中国法制出版社2022年版,第191页。北京市第三中级人民法院(2020)京03民终6170号民事判决书。

指蓬达资产公司淄博分公司代理工行淄博分公司占有质物并根据本协议的约定履行保管、监控质物的责任。该监管协议还约定,工行淄博分行和烨华公司均同意将质物交由蓬达资产公司淄博分公司存储监管,蓬达资产公司淄博分公司同意接受工行淄博分行的委托并按照工行淄博分行的指示监管质物。监管期间,蓬达资产公司淄博分公司应当根据工行淄博分行和烨华公司的要求,选择适宜的保管场所,提供适宜的保管条件,妥善、谨慎保管质物,保证质物的安全,防止质物毁损或灭失。为履行保管及监管义务,蓬达资产公司淄博分公司于2008年9月15日与烨华公司签订《仓库(仓储区)租赁协议》,约定其向烨华公司租赁仓库用于保管其监管的质物。从上述内容看,蓬达资产公司淄博分公司根据约定占有并保管质物,届时返还质物,其与工行淄博分行之间的权利、义务具有保管合同的法律特征。故二审判决认定本案为保管合同纠纷,符合合同约定,且二审判决系依据当事人在合同中约定的权利义务及当事人的履约事实来确认各自的责任,监管协议如何定性并不影响本案的处理。[1]

【案例3-26】 甲银行股份有限公司滑县支行诉乙河南公司保管合同纠纷案

二审法院认为,关于本案的法律关系性质问题。《商品融资质押监管协议》第1条虽然有"乙公司为甲方甲行滑县支行的代理人,代理甲行滑县支行监管质物"的表述,但从合同的内容看,合同约定甲行滑县支行与丙面业均同意将质物交由乙公司监管,乙公司同意接受甲行滑县支行委托并按照甲行滑县支行的指示监管质物。在监管期间,乙公司应当按照《合同法》及相关法律规定妥善、谨慎处理监管的质物。在监管期间,除不可抗力的事件外,质量毁损灭失或由于乙公司未尽到保管责任导致质物变质、短少、受污染,给甲行滑县支行、丙面业造成损失的,乙公司承担货物损失的赔偿责任。从合同的履行情况来看,质物存放的仓库系乙公司为履行该合同而专门租用的仓库,质物由乙公司派专人负责保管并收取保管费。且在丙面业将质物交付乙公司后,乙公司向甲行滑县支行出具的质物清单(代质押确认回执)中亦明确表明:"本公司同意为出质人存放于我公司拥有使用权的仓库的货物进行保管,业已知晓我公司保管的出质人的质物质押给贵行。上述质物确已在本公司的占有、保管、监管之下。"因此,乙公司根据约定占有并保管质物,届时返还质物,并不发生对外代理行为,也不存在代理权的授予问题。其与甲行滑县支行之间的权利义务符合保管合同的法律特征。原审法院根据合同性质

---

[1] 最高人民法院(2013)民申字第591号民事裁定书。

将本案确定为保管合同纠纷,并无不当。乙公司认为其与甲行滑县支行系代理关系而非保管关系的理由不能成立,不予支持。[1]

2. 视为保管的问题

《民法典》第八百八十八条第二款规定:"寄存人到保管人处从事购物、就餐、住宿等活动,将物品存放在指定场所的,视为保管,但是当事人另有约定或者另有交易习惯的除外。"该条规定实质上是保管合同适用范围的界定依据,适应我国市场经济的发展中各种存储形式(生产储存、商品储存、个人消费储存)不断发展的需要。该条规定将这种保管义务扩大到以购物、就餐和住宿等活动为业的经营者。在现实社会生活中,保管合同主要是社会成员之间相互提供帮助,或者服务部门、公共场所向社会提供服务的一种方式,比如商场、车站、饭店、宾馆等场所都设置了供人们寄存物品的特定场所,现在已经非常普遍。在这些场合,当事人之间往往没有达成书面的甚至口头的合同,如果没有特别约定或者存在交易习惯,一般认为当事人之间订立了保管合同。[2] 立法者认为,此处规定的视为保管的情形需要具备两个条件:一是需要到购物中心、饭店、宾馆等场所从事购物、就餐、住宿等活动;二是需要将物品存放在指定的场所。购物中心、饭店、宾馆等对于存放车辆或者其他物品往往都设置了专门的停车场、寄存柜等设施,只有将车停放在其指定的停车场,或者将物品寄存在其指定的寄存柜中,才能构成保管合同。[3]

3. 保管物范围涉及盗窃物保管合同效力问题

保管物并不以寄存人享有所有权为限,但如果保管物为盗窃物时,保管合同依然成立,其合同效力应区别情况认定。在保管人明知保管物为盗窃物时,则合同无效。在保管人善意不知情时,则保管合同有效,但保管人嗣后发现保管为盗窃物的,保管人可撤销合同并拒绝继续保管。

(三)保管合同违约认定

在有偿保管合同法律关系中,保管人对其所保管的车辆应负有特殊注意义务,即应根据保管物的性质、合同意旨等,选择适当的保管场地及保管方法。鉴于

---

[1] 河南省高级人民法院(2014)豫法民二终字第38号民事判决书。
[2] 参见黄薇主编:《中华人民共和国民法典合同编释义》,法律出版社2020年版,第814页。
[3] 参见黄薇主编:《中华人民共和国民法典合同编释义》,法律出版社2020年版,第814~815页。

机动车大多具有价值重大、易毁伤、盗窃风险高等性质和特点,保管人应当采取加强安保巡查、在重要通道安装摄像头、严格车辆进出手续交接管理等方式来完成其保管工作,履行其善良管理人的注意义务。在车辆保管期间,只要保管车辆遭受的损害是由于保管人未尽到善良管理人应尽的注意义务所造成的,则保管人就有过错,即应承担相应的赔偿责任。在有偿车辆保管合同中,保管人的法律责任来源于双方之间保管法律关系中对于业主车辆所负有的注意义务,其应就一切过失向寄存人承担赔偿责任。具体到个案中,保管人的责任范围还取决于其过错程度及寄存人行为的瑕疵。

【案例3-27】 舟山港明食品有限公司等与泰宝美客株式会社承揽合同及保管合同纠纷案

最高人民法院认为,港明公司、加藤佳公司主张由于泰宝美客不提取货物致使货物因保存过久而变质。但是本案的诉讼情况显示,泰宝美客向港明公司、加藤佳公司请求返还货物,遭到拒绝后,才诉诸法院。且港明公司、加藤佳公司清楚知晓本案所涉货物是海鲜产品,不宜长期保存,在诉讼阶段中仍不同意泰宝美客核查货物,导致泰宝美客的先行变卖申请无法实现。港明公司、加藤佳公司关于泰宝美客不提取货物的主张不能成立。港明公司、加藤佳公司拒绝返还剩余货物的行为,违反了保管合同项下返还保管物的义务,其应当承担逾期返还货物的违约责任。[1]

对于以放货惯例推断保管人违反合同义务的,需要对该惯例予以充分的举证、说明。

【案例3-28】 中铝佛山国际贸易有限公司诉爱凯尔(贵港)港务有限公司港口货物堆存、保管、仓储合同纠纷案

判决观点,被告贵港公司在履行涉案批次煤炭的堆存、放货义务过程中不存在违约行为。原告诉称涉案批次的煤炭已经由其指定提货人矿业公司提取,并没有灭失。根据法院查明的事实证实,涉案批次煤炭从2013年11月28日起至2014年5月30日止,确实交付了被告并堆存于被告港口煤场78库的江1场地和江4场地,在该煤炭进港堆存期间和期后,从2014年1月起至2015年4月止,被告凭原告出具的《货物出库通知单》及放货指示,原告指定的提货人矿业公司分6批次提取了煤炭共52345.417吨,所提煤炭正是被告港口煤场78库中的江1区和江4区的煤炭,该煤炭已经提货完毕。关于原告主张"先进先出,后进后出"的涉案煤炭放货惯例是否存在问题,被告对此予以否定,双方各有主张,意见不一,原告主张的放货惯例证据不足,该

---

〔1〕 最高人民法院(2010)民四终字第29号民事判决书。

放货惯例不能确认;原告依此推断现存于被告处的煤炭应为其诉称灭失批次的煤炭错误并由此推断被告没有按进货先后顺序放货导致涉案批次煤炭灭失,从而构成违约的理由不成立。被告在履行涉案批次煤炭堆存、放货义务过程中不存在违约行为。根据原、被告签订的《港口货物委托作业合同》并没有对煤炭质量的检验进行约定,被告仅负责原来、原转、原交的办法进行中转,对货物的溢短不负任何责任;被告对原告交付的煤炭均按其要求堆存,按其指示办理提货手续,原告的指示和相关《货物出库通知单》并没有明确指示被告港口煤场 78 库中的具体哪个堆号、哪批次的煤炭,更没有明确指示不能出货 78 库的江 1 场地和江 4 场地的涉案煤炭。根据合同约定,被告只有义务按原告指示的数量放货,至于提货人提取原告哪个批次、哪些堆场的煤炭被告无权干涉,被告无权审查提货人提取哪个堆场、批次的煤炭是否符合原告的意思表示,即使提货人提取的煤炭不符合原告的意思,产生的相关后果也不能由被告承担,被告在履行合同义务过程中没有违约。[1]

保管人使用或者许可第三人使用保管物的,亦应承担违约责任。

【案例 3-29】 刘某林诉江门市甲地产发展有限公司房屋保管合同纠纷案

二审法院认为,甲公司虽抗辩认为其保管责任本不及于该笔 20 万元定金,但相应主张与前述合同关于刘某林有义务支付该笔定金以及相应定金暂由甲公司代为保管的约定不符,故不予采纳。现甲公司对该笔 20 万元定金实际接收且未直接退还给刘某林,则应推定其认可保管责任及于该笔款项。在前述合同并未明确约定该笔 20 万元定金的转付时间和转付条件,本案也无充分证据显示甲公司在已事先征得刘某林同意的情况下,甲公司径行将其收取的 20 万元定金转至肖某账户,相应行为既不符合《合同法》第三百六十九条第一款关于"保管人应当妥善保管保管物"和第三百七十二条关于"保管人不得使用或者许可第三人使用保管物,但当事人另有约定的除外"的规定,也不符合买卖双方共同托管定金的合同目的,甲公司因此应向刘某林承担相应的违约责任。[2]

对于附随义务违反的违约问题。违反附随义务的亦构成违约。普通营业餐厅对就餐顾客的物品不附随保管义务。

---

〔1〕 参见国家法官学院案例开发研究中心编:《中国法院 2019 年度案例》(合同纠纷),中国法制出版社 2019 年版,第 245~246 页。广西壮族自治区高级人民法院(2016)桂民终 336 号民事判决书。

〔2〕 广东省江门市中级人民法院(2016)粤 07 民终 2756 号民事判决书。

【案例3-30】 周某诉北京麦当劳食品有限公司前门麦当劳车站餐厅保管合同纠纷案

一审法院认为,周某在麦当劳前门老车站餐厅就餐时,未将物品交餐厅保管,餐厅提供的服务中不包括对周某物品看管的附随义务,对其物品的丢失不承担责任,在解决问题时,麦当劳前门老车站餐厅虽报警,但未对周某的名誉造成侵害。据此,判决驳回周某的诉讼请求。二审法院持同样意见,维持原判。〔1〕

不构成保管合同关系的,不成立违约责任。

【案例3-31】 李某与湖南龙骧交通发展集团有限责任公司保管合同纠纷再审案

再审法院认为,普通停车场停放车辆存在瑕疵被第三方拖走,停车场没有订立保管合同的意思表示,也未取得对车辆进出的实际控制权的,不能认定成立车辆保管合同;车辆未发生物理属性毁损,也未发生停车人穷尽救济手段仍不能获取车辆支配权的权利灭失,不能认定保管物已毁损灭失,停车人主张的保管物毁损灭失违约之债不成立。停车场确有过错并给停车人造成损失的,停车人可诉普通停车场承担违反安全保障义务侵权责任。〔2〕

(四)无偿保管重大过失认定

在无偿保管中,保管人是否存在重大过失关系到责任承担。现行法律条文并未明确重大过失的含义,实践中就何为重大过失有不同意见。立法者认为,所谓重大过失,是指保管人对保管物明知可能造成毁损、灭失而轻率地作为或者不作为。〔3〕对重大过失的判断考察的因素一般是主观和客观两方面,其一,主观上对损失可能发生的预见性。无偿保管人应将保管物视同自己的物品加以保管,注意可能导致保管物损失的情况,并及时采取相应的保管措施。其二,客观上采取了与其能力相适应的措施。保管人有能力采取某项措施而未采取的,进而导致保管物损失的,可以认为其存在过错。

---

〔1〕 参见北京市高级人民法院编:《审判前沿——新类型案件审判实务》2004年第1集(总第10集),法律出版社2005年版,第25页。

〔2〕 参见最高人民法院民法典贯彻实施工作领导小组编著:《中华人民共和国民法典适用大全》(合同卷四),人民法院出版社2022年版,第3231页。湖南省高级人民法院(2019)民申5799号民事裁定书。

〔3〕 参见胡康生主编:《中华人民共和国合同法释义》(第2版),法律出版社2009年版,第546页;黄薇主编:《中华人民共和国民法典合同编释义》,法律出版社2020年版,第834页。

【案例 3-32】 傅某、浦某诉张某、许某保管合同纠纷案

法院在审查保管人对寄存物的损失是否具有"重大过失"时,考察了当事人主观态度、客观行为两方面因素:第一,主观方面,被告为原告保管大额钱款,将钱款放在外衣口袋中并挂在房间内,导致钱款处于易被他人窃取的状态,被告主观上具有过错。第二,客观方面,被告在保管过程中,并未将钱款存放在妥善地方或自行贴身保管,在保管过程中也使钱款脱离视线,最终导致钱款遗失,被告未能采取有效的保管措施。因此,可以认为被告对钱款的遗失存在重大过失,应当赔偿原告钱款损失。[1]

【案例 3-33】 广州市林华园林建设工程有限公司诉蔡某山保管合同纠纷案

二审法院认为,蔡某山虽然是林华公司员工,但从其通过"借支"的方式收到公司的款项后,存放于其个人账户,在经公司审批同意才能提取现金使用的事实表明,双方之间已事实上形成了有关出纳资金的保管合同关系。本案涉讼款项是蔡某山在保管期间未能尽到妥善保管责任而灭失,林华公司要求蔡某山返还该保管款项而引起的纠纷,本案的案由定为保管合同纠纷更为妥当。蔡某山作为本案涉讼款项的保管人存在重大的过错,依据《合同法》第三百七十四条之规定,林华公司要求蔡某山归还被其保管款项 49 万元及利息,理由成立,予以支持。[2]

(五)交付保管判断标准

《民法典》第八百九十一条规定:"寄存人向保管人交付保管物的,保管人应当出具保管凭证,但是另有交易习惯的除外。"本条是关于保管人向寄存人出具保管凭证的规定。出具保管凭证不是保管合同成立的形式要件,在寄存人交付保管物后,无论保管人是否出具保管凭证,都应当认定保管合同成立。保管凭证也不是保管合同的书面形式,仅是保管合同关系存在的证明。保管凭证有无亦不是交付保管的判断标准。

理论上认为,交付一般应有"给付——受领"两个环节,除拟制交付外,给付、受领都必须具有移转占有的内心意思(心素要件)和客观行为(体素要件)。[3]

---

[1] 上海市第一中级人民法院(2009)沪一中民一(民)终字第 487 号民事判决书。
[2] 参见国家法官学院案例开发研究中心编:《中国法院 2019 年度案例》(合同纠纷),中国法制出版社 2019 年版,第 251 页。广东省揭阳市中级人民法院(2016)粤 52 民终 70 号民事判决书。
[3] 参见傅鼎生:《自助寄存的法律性质》,载《华东政法学院学报》2002 年第 6 期。

保管合同作为实践性合同,确系以保管物的交付为合同成立要件,但交付的方式应灵活看待,视保管物的不同而有所区别,不能拘泥于固有形式。车辆交付保管不应与一般物的交付保管同等看待,以交付车辆钥匙或发放保管凭证作为判断车辆是否交付的标准过于偏颇,应当结合具体情况进行认定,车辆停放人是否将车辆交付场地提供者实际控制成为判断是否成立保管合同的关键。也就是说,在判断车辆是否已交停车场占有时,应注意考察当事人的内心意思和客观行为,以作出准确的判断。对于交付行为,一般认为,如当事人之间具有交付车辆占有的合意时,只要车主将车辆停放在停车场,车辆能被停车场有效监控、管理的,就可以认定车辆已交付,当事人之间的保管合同成立。[1]

【案例3-34】　罗某鹏诉厦门鹭江宾馆、第三人洪某通旅店服务合同纠纷案

一审法院认为,依旅店服务合同的性质、目的和交易习惯,鹭江宾馆作为提供服务方对旅客的财产负有保管义务。故双方之间除成立旅店服务合同外尚成立保管合同,前者为主合同,后者为从合同。二审法院认为,尽管罗某鹏将车辆停放在鹭江宾馆停车场内,但车辆钥匙始终由罗某鹏实际保管,鹭江宾馆并未向罗某鹏收取停车费,也未向罗某鹏交付停车牌等保管凭证,即讼争车辆并未实际交付鹭江宾馆。[2] 笔者赞同一审法院的观点,二审法院对车辆交付判断标准不可取。

现实生活中,任何一个停车场对车辆的保管,极少出现交付钥匙的情况。一般情况下,每辆车正常都有三把钥匙,如果每次停放保管车辆都必须交付钥匙,是否就意味着司机出门必须携带三把钥匙,在车辆停放时全部交由停车场? 在一些物业公司管理的停车场,由于管理人员或保安和居住在该小区的一些车主很熟悉,其管理人员既不向车主收取车钥匙和行驶证,也不向车主发放取车凭证,车主可以将车停放在指定位置或在空地方停车,以后自己拿钥匙可以随时将车开走,这样的情况大量存在,但不能以未成立合同关系认定。因此,以交付钥匙、行驶证作为车辆保管的标准是不符合客观实际的。至于停车场向停车人发放停车牌,确实可以依此认定车辆已经交付。但是,在双方既未交钥匙也未发放停车牌的情况下,并不能绝对地认为车辆一定没有交付。因为目前对停车场的管理并未规范化,停车场对停放车辆的管理也未统一和规范,正规的停车场更多使用电子停车卡等方式对停放车辆进行管理,但仍有许多停车场采取登记车辆进出的方式进行管理,此时一律以交付车辆钥匙或者发放停车卡作为判断车辆交付的标准,未免太过偏颇。也就

---

〔1〕 参见沈志先主编:《合同案件审判精要》,法律出版社2013年版,第383页。
〔2〕 参见最高人民法院中国应用法学研究所编:《人民法院案例选》2007年第4辑(总第62辑),人民法院出版社2008年版,第154~161页。

说,对车辆交付保管的认定应与一般物的交付保管区别对待,不管停车场采取何种管理方式,只要车辆停放在保管人指定的场所,并处于保管人的有效管理、监控之下的,均应认定车辆已经交付,保管合同已经成立。结合本案讲鹭江宾馆的停车场采取的就是这种管理方式,当车辆进入停车场时,保安要对车辆进行逐一登记,车辆离开时保安核查后将登记记录画掉才放行,交接班时保安还要进行核对,也即车辆进出停车场均处于宾馆的有效监管之中。罗某鹏当时将车开进停车场后,宾馆保安也对其车辆进行了登记,因此应当视为车辆已经交付,罗某鹏和鹭江宾馆之间的保管合同已经成立。

【案例3-35】 北京某公司诉北京某停车管理有限公司保管合同纠纷案

判决观点,本案中原告刘某所有的宝马车有偿停放于被告甲停车公司管理的停车场中,被告甲停车公司向原告出具停车条,双方已经完成保管合同的交付行为,形成事实的有偿保管合同关系,被告甲停车公司应对原告刘某所有的宝马车承担保管责任。[1] 本案交付认定是以停车条为判断标准,并未要求交付钥匙。

【案例3-36】 江西某汽车运输有限公司诉上海某物流有限公司保管合同纠纷案

二审法院认为,当事人间为保管合同关系:第一,被告停车场四周有围墙,仅有一个大门可以进出,出入口有工作人员24小时监控,车辆出门必须出具停车费收据,可以认为,停车场内的车辆系由被告占有和控制。第二,原告将系争车辆停放在被告停车场,意味着其将车辆交付被告保管,其支付的停车费系保管费,当事人间形成了保管合同关系。第三,根据被告停车场的规定,停车费收据上加盖"车辆出场验"章表明车辆已经离开停车场,第三人冒领涉案车辆出具的收据已盖有"车辆出场验"章,而被告继续加盖了印章,并放行车辆,其行为具有过错,被告应当赔偿系争车辆损失。[2]

实践中,仍有一些法院将车辆是否交钥匙作为判断保管合同关系的标准,但即便是立体车库等新型停车场的车辆争议也以交钥匙为交付依据,未交付车辆钥匙的,视为租赁合同关系。主要理由为:其一,新型停车场无非使用技术手段改变了停车方式,车主实际仍未交付车辆给管理方管理,尤其是没有交车钥匙,车主可随时提取车辆。其二,管理方统一标准收取车位费,其性质为车主支付管理方的场地租赁费,而非保管费。标准统一且低廉的车位费与管理方承担的车辆损

---

[1] 参见北京市高级人民法院编:《审判前沿——新类型案件审判实务》2011年第1集(总第37集),法律出版社2012年版,第73页。

[2] 上海市第二中级人民法院(2008)沪二中民四(商)终字第136号民事判决书。

失、被盗赔偿责任不匹配。其三,停车场多设置免费公告,告知车主保管好车辆,车辆损毁、被盗与管理方无关。这是管理方否定与车主订立保管合同之意思表示,车主入库即视为无异议。

【案例3-37】 胡某安诉上海永协物业管理有限公司保管合同纠纷案

　　二审法院认为,上诉人将车辆停放在被上诉人管理的场地,并未向被上诉人交付车辆及钥匙,取回时并非由被上诉人交还车辆,而是从该场地自行取回,被上诉人所约定收取的费用也无法与车辆保管义务形成对价。上诉人的车辆后盖损坏原因是后盖弹起后被升降机卡住,而对后盖如何弹起,双方观点不一,上诉人认为系被上诉人的升降机碰到后盖,导致后盖弹起,但未提供证据予以证实,故对于上诉人的该项主张,不予采信。因上诉人无法证明被上诉人对于上诉人车辆的损坏存在过错,故对于上诉人要求被上诉人赔偿车辆损失的诉请,原审法院不予支持并无不当,予以维持。[1]

(六)停车场所与停车车主法律关系

　　实践中,理论界和实务界就停车场所与停车车主之间形成何种法律关系有诸多观点,主要集中在以下四种:保管合同关系、车位租赁关系、物业服务合同中的保安义务、消费服务合同中的附随义务等。对于上述观点的判决在不同法院甚至同一法院中都有出现,同案不同判的现象带有一定普遍性。

【案例3-38】 刘某与湘乡嘉享茂广场有限公司服务合同纠纷案

　　二审法院认为,随着经济的发展,人们的生活水平提高,私家车的保有量快速上升,许多车主在外行驶时需要将车临时停放在公共停车场,在取车的时候发现车辆不翼而飞,车主与停车场之间的纠纷也由此而生。关于"停放在停车场的车辆被盗后停车场应否承担责任"这一问题,各地法院在审理这类案件时所采用的判案思路并不统一,这种不一致最集中地体现在对车主和停车场之间由于停车所产生的法律关系的性质的认定。大多数纠纷,如果直接将合同中规定的各类有名合同与因停车产生的合同纠纷进行对比,会发现保管合同和租赁合同是有可能匹配的。在当事人意思表示不明确的时候,有的法院倾向于将其认定为保管合同,有的法院则倾向于将其视为租赁合同。这两类合同成立的要件不同,更主要的在于停车场这一方在两类合同中所负

---

〔1〕 参见国家法官学院案例开发研究中心编:《中国法院2016年度案例》(合同纠纷),中国法制出版社2016年版,第276页。上海市第二中级人民法院(2014)沪二中民一(民)终字第1738号民事判决书。

有的义务大相径庭。笼统地说,若适用租赁合同,那么停车场对车辆灭失不承担责任;若适用保管合同,则停车场往往需要对此承担责任,这在客观上造成了这类停车被盗案件中"同案不同判"。保管合同的成立必须以物的交付为成立要件,认定物的交付标准应当以保管人是否对保管物形成了实质性的控制占有为标准。车主可以按照自己的意愿随时将车辆开离停车场的,不宜认定停车场对车辆形成了控制、管理力,即停车场对车辆不负保管义务,不承担丢失及损毁后的赔偿义务。[1]

并非所有的车主与停车场之间均构成保管合同关系,对于不同种类的停车场与车主之间的关系应分别认定。停车场可分为收费停车场、公益停车场和消费停车场三种。

收费停车场设立的宗旨就是为车主提供保管服务,收取保管费,且经营这类停车场都需要经过公安机关审批,取得停车场经营资格证书方可营业。对收费停车场中的法律关系,应认定为保管合同关系。收费停车场包括计时收费停车场和不计时收费停车场,计时收费停车场是指根据停车时间长短进行收费的停车场所;不计时收费停车场是指无论停车时间长短,均按固定价格收取停车费的停车场所。在停车服务过程中,无论以上哪种收费停车场都配有专人看管和验证等,或者由专人操纵电脑控制停车。两类停车场都为社会生活中普遍的、有偿的各类封闭停车场,有明确的收费标准和较强管理方式。保管合同是实践性合同,以交付保管物作为合同成立的条件,这就决定了保管人应当对保管物具有较高程度的控制权,以对抗除寄托人以外的不特定第三人,所以保管物交付实际上是寄托人将保管物的控制权暂时转移给保管人。而在车位租赁服务合同中,停车场提供的仅仅是车位,并不对车辆本身享有控制权,或者说车位租赁关系中停车场的控制权远弱于保管合同中保管人对保管物的控制权。对于封闭的收费停车场,驾驶人应在门口领取计时停车卡,驾驶人刷卡,横杆抬起,车辆驶入停车场。驶出停车场时需在门口刷卡,向管理人员交费,横杆抬起,车辆驶出停车场。也就是说,未经停车场的许可,车辆不能自由进出,故可以认定停车场具有较高的控制权。关于车辆钥匙、行驶证的交付问题。保管合同实施转移保管物的占有权、控制权,但不转移保管物的所有权、使用权和收益权。对停车场而言,持有车钥匙和行驶证不是其对车辆实现占有、控制的唯一途径,车钥匙不交付并不意味着车辆未交付。

---

[1] 参见最高人民法院民法典贯彻实施工作领导小组编著:《中国民法典适用大全》(合同卷四),人民法院出版社2022年版,第3231页。湖南省湘潭市中级人民法院(2020)湘03民终411号民事判决书。

【案例3-39】 北京莲花物业管理有限责任公司与深圳市深开电器实业有限公司保管合同纠纷案

一审法院认为,首先,北京市西城区马连道依莲轩小区地下停车场系封闭管理的收费停车场,不从莲花物业公司管理人员处领取计时停车卡,车辆无法驶入。故莲花物业公司已实际取得对该车辆的查验放行权,深开电器公司与莲花物业公司之间形成的是有偿保管合同关系。其次,莲花物业公司认可涉案车辆领取了计时停车卡,且认可其未交纳停车费的原因是该车辆在停车场被砸,并非双方达成了无偿保管的新的意思表示,故本案中涉及的有偿保管合同的性质并不因此改变。二审法院亦持同样意见,维持原判。[1]

消费场所停车场法律关系,其认定较为复杂,应区分不同情形而定。这些场所的服务提供方一般拥有停车场的所有权或使用权,对停车场的车辆进行无偿管理或有偿管理。消费场所停车场通常指超市商场、宾馆、娱乐场所等消费服务企业的延伸停车场,这类停车场如由停车公司管理并收取费用,则可视为收费停车场,构成保管合同关系。然而,现实社会生活中的情况并非单一化,需要细分各种情况。对超市商场而言,一是消费场所的停车场为超市商场门前的空地,管理人员为超市商场的承包人员,在这种情况下应认定为保管合同关系。二是超市商场门前的停车区域,由超市商场保安指挥停放并看管,且不收取任何费用。对此类停车,笔者倾向于认定为构成保管合同关系,但不少法院以附随义务认定法律关系。(不能将此种停车场归属于公益免费的停车场,因为停车的费用其实已经包含在消费之中,即使消费者并没有消费,配备停车场对于该消费场所档次的提高、吸引力的增强和级别的评定等也发挥了作用)这些法院认为,提供停车服务的消费服务企业是为了给前来消费的顾客提供更便利、快捷的服务,目的是招揽更多顾客,进一步提升企业自身经营竞争力,这种情况下,停车服务仅属于该服务企业的一种增值性服务,可视该种停车场所为服务企业经营的一部分。法律上称这种停车服务为服务企业提供的附随义务,与该服务企业的主营业务是相对应的一组义务。虽然对于这种停车服务法律没有明确规定如何调整,实践中法院多依据《民法典》和《消费者权益保护法》对此类纠纷进行处理。在此类停车场停车,消费者车辆毁损或丢失的,停车场亦应对消费者进行赔偿。但是依据并非消费服务机构与消费者之间构成保管合同关系,而是停车场作为消费服务企业的延伸所应当承担的附随义务,违反了对消费者车辆负有的安全保障义务。也就是说,无偿停车免费保管是商家提供给购物者的一项配套服务,尽管消费者未向超市商场支付具体的停车费,但并不影响超市商场对消费者车辆进行保管是有偿商业行为的

---

[1] 参见北京市高级人民法院编:《审判前沿——新类型案件审判实务》(总第48集),法律出版社2014年版,第103页。

这一本质。

【案例 3-40】 郭某诉北京宜家家居服务有限公司保管合同纠纷案

判决观点,郭某将车辆停放在宜家下属停车场内的事实存在,双方就车辆的保管合同成立。该停车场为宜家下设封闭停车场,宜家应承担更高的管理责任。郭某车辆在保管期间被损坏,宜家没有尽到妥善保管保管物的义务。据此,宜家应当赔偿郭某的修车损失及车辆送修期间产生的误工损失。〔1〕

对宾馆、饭店、娱乐场所而言,对于门前院内停车场另行收费的,均构成保管合同关系。对不收取保管费的,则不应认定为保管合同关系,应以附随义务确立法律关系。

【案例 3-41】 张某诉大水桶足疗公司保管合同纠纷案

二审法院认为,张某未对足疗公司提供的足疗服务本身提出异议,足疗服务本身也不是造成张某车辆遗失的原因,两者之间不存在必然的因果关系。张某在诉讼中自愿选择合同关系维护自身权益,其诉讼请求能否得到支持,应依保管合同的相关规定来确认双方权利义务关系。《合同法》第三百七十四条规定……依据该条规定,评判足疗公司是否承担责任的基础在于其履行义务过程中是否存在重大过失。结合本案,足疗公司在履行保管义务过程中,派有专职保安人员负责车辆进出的登记,同时也在停车场周围安装了监控设备,车辆在驶入14分钟后又驶出停车点并未发现异常现象,作为保管人,无法辨别或发现诸如盗窃等异常情况的发生,足疗公司作为普通经营者已尽到保管者的一般注意义务,主观上不存在重大过失,据此驳回了张某的诉讼请求。〔2〕

对医院院内或门前的停车场,如果是医院的员工或其承包人员对其停车收取费用,应认定为保管合同关系。

【案例 3-42】 包某鑫诉广西壮族自治区妇幼保健院保管合同纠纷案

判决观点,被告向原告出具了《汽车出入证》,原告也已将其车辆停放于被告的停车场内,其若要将车辆驶离医院,必须向被告的工作人员交证。由此可见,在停车期间,原告已完成交付车辆的行为,被告已取得了对原告车辆的控制权。在此情形下,双方是否形成保管合同关系,取决于双方是否具有订立保管合同的意思表示。探究当事人的真意,可从客观表征予以判断,亦

---

〔1〕 参见最高人民法院中国应用法学研究所编:《人民法院案例选》(月版)2009年第5辑(总第5辑),中国法制出版社2009年版,第135页。

〔2〕 云南昆明市中级人民法院(2010)昆民四终字第573号民事判决书。

即可从被告向原告收取费用 5 元的性质来予以判断。被告张贴于医院门口的《通知》,是被告就停车场收费事宜以公示的形式向社会公众作出的承诺;本案的原、被告以行为的方式订立了合同,《通知》属于合同的组成部分。从该《通知》的内容看,既有关于场地占用费的表述,也有该场地占用费的收费依据为"经自治区物价局批准(桂价费函[2012]314号)"的记载,而广西壮族自治区物价局出具的桂价费函[2012]314号《复函》已明确被告停车场的收费性质为机动车停放保管费。因场地占用费与机动车停放保管服务费性质不同,故该份《通知》为被告所出具,被告在同一份《通知》中就停车场收费事宜向社会公众作出两种不同的承诺,从诚实信用角度出发,应作出对被告不利的解释,即应认定被告亦有提供保管服务的意思表示,原告包某鑫与被告保健院就涉案车辆已达成保管服务的合意,原告已交付涉案车辆给被告,双方之间的保管合同关系成立,合法有效。[1]

公益停车场,原则上不构成保管合同关系。公益停车场一般有两类,一类是无人管理的公益停车场,另一类是有人管理的公益停车场。无人管理的公益停车场是政府城管、交通、道路等管理机关在闹市区、马路边、景区等处划定的停车场,一般无人收费、无人管理,车主自由停车。在这种情况下发生车辆毁损或丢失时,车主只能向公安机关报案,追究侵权行为人的责任,或在已给车辆投保的情况下向保险公司索赔,而不能要求划定停车场的有关部门赔偿。因这些部门作为道路管理机关,并未提供保管服务,不属于管车义务人,当然不应认定为停车场的责任主体。有人管理的公益停车场是政府公共管理机关为了维护闹市、道路、景区等地的公共秩序,维护人民群众的生命财产安全,在公益性的停车场派出专人或雇请专人管理停放的车辆,由政府或有关机构支付其工资或由志愿者义务管理存车,这类停车场一般情况下都是免费的。这种免费保管车辆的停车场与车主之间依法构成无偿保管合同关系。《民法典》第八百九十七条规定了无偿保管人免责条件,即保管人能证明自己没有故意或者重大过失的,不承担损害赔偿责任。所以,如停车场管理者作为无偿保管合同的保管人,只要能自证其无故意或者重大过失,便可以免除对停车损失的赔偿责任。

物业小区停车法律关系认定。现阶段的相关法律并未对小区内停放车辆的管理作出明确规定,理论界对于这一问题所涉及的法律关系的定性大致有三种不同观点:物业服务合同关系、保管合同关系及场地使用(租赁)关系。三种观点的定性依据和划分标准都不尽相同。物业小区停车场所有其自身特殊性,因小区的停车场所占用的土地使用费已纳入商品住宅的成本,计入商品住宅销售的价格

---

[1] 参见国家法官学院案例开发研究中心编:《中国法院 2016 年度案例》(合同纠纷),中国法制出版社 2016 年版,第 279 页。广西壮族自治区南宁市兴宁区人民法院(2014)兴民二初字第 266 号民事判决书。

中,因此,小区包括停车场所占用地等附属土地的使用权,只能为该小区共有人共有、小区共有人全体共有停车场所占有的土地。小区的物业公司没有土地使用权,其收取的费用多为市场价格。笔者认为,对小区内停车的法律关系,不能仅根据不同合同类型和合同性质确定,而应根据小区内停车区域的地点和性质、停车管理的费用、车辆看护的责任程度等多方面因素综合考量,并认定停车管理法律关系的实质。

具体来讲,第一种情况,物业公司仅允许本小区业主将车辆停放在小区内,且物业公司并不向业主收取停车费用,对停放车辆并不进行实际保管与看护,而仅对小区内停车秩序或交通秩序进行管理,则在此种情形下,可视为物业公司在履行小区物业管理服务之职责,车主即业主与物业公司之间应当形成物业服务法律关系。

【案例3-43】 曹某平诉北京万科物业服务有限公司物业服务合同纠纷案

判决观点,根据《北京市商品房预售合同》附件七的规定,北京万科四季花城房地产开发有限公司选定本案被告作为北京万科四季花城的前期物业服务公司,物业服务内容之一为车辆停放管理。根据《北京市居住小区机动车停车管理办法》的相关规定……作为北京万科四季花城的业主,原告与被告之间构成物业服务合同关系,原告将车停放在被告管理的停车场内,按照前期物业服务合同的内容,被告应为原告提供车辆停放管理服务,且原告在停车场内临时停车按规定向被告交纳停车费,被告关于该费用为车位租用费、车位服务费,非车辆保管费的抗辩意见于法无据,被告负有采取措施防范原告车辆受损的物业服务合同义务。[1]

第二种情况,为场地使用(租赁)关系,可细分为固定停车位和一般停车位两种情形。如果小区业主定期向物业公司交纳一定的车位使用费,从而获得一个固定停车位,物业公司仅要求业主按照约定在固定地点停放车辆,而对于车辆进出、所停放的车辆是否属于业主等均不予管控,在此种情况下双方之间应为车位租赁关系。有的法官认为,在法律关系上,业委会将共有车位交由物业出租管理,后者以自己名义出租给他人使用的行为是法律上的隐名代理,即代位订立车位租赁协议。此时,小区业主作为车位租赁协议的承租方,系租赁合同一方当事人,享有要求出租方全面履行交付租赁物、保证租赁物正常使用之债权。[2] 虽小区停车属于租赁关系性质,但其实质仍为场地使用关系。后一种情况更为常见,物业公司对进入小区的车辆凭进入刷卡计时收费,其无论是本小区车辆还是小区之外的车

---

〔1〕 参见国家法官学院案例开发研究中心编:《中国法院2015年度案例》(合同纠纷),中国法制出版社2015年版,第230~231页。北京市顺义区人民法院(2013)顺民初字第14073号民事判决书。

〔2〕 参见《人民司法·案例》2015年第18期。

辆均按物价部门规定的收费标准收费。小区内外车辆进入小区收费的区别为，小区内的车辆可以包年或包月一次性交纳，其费用固定比每次进入小区收费低，而小区外的车辆不享受其包年、包月价格优惠条件，这实为场地使用关系，当前社会生活中普遍使用的模式。

第三种情况，收费项目明确为保管费的，且其他特征符合保管合同关系的，可以按保管合同处理，但不宜单纯以收费凭证为唯一依据认定保管合同成立。在现实社会生活中，大多数小区采取的停车管理模式为，在小区内开辟专门的地上或地下区域作为停车场所，有车业主必须通过向物业公司购买或者按期交纳保管费的方式获取车位，物业公司则向相应业主发放停车凭证、车位锁等，业主在停放及移出车辆时应与停车管理人员办理交接手续。对此，物业公司提供的车辆保管服务，应认定为保管合同关系。

【案例3-44】 白某友诉北京大邦物业管理有限公司保管合同纠纷案

判决观点，白某友和大邦物业虽未签订书面保管合同，但双方意思表示一致，白某友交纳了保管费，大邦物业收取保管费，约定了保管期间，并提供保管物，指定了停车位，双方之间形成口头保管合同。该合同内容不违反法律法规的强制性规定，属有效合同。[1]

【案例3-45】 范某柱诉海南佳宇物业服务有限公司保管合同纠纷案

判决观点，原告将车停放在小区内，被告向原告每月收取20元停车费，双方之间存在保管合同关系。[2]

【案例3-46】 郑某涨诉北京格林物业管理有限公司保管合同纠纷案

判决观点，根据已查明事实，郑某涨将其所有的车辆停放在格林物业公司管理的区域，格林物业公司记录该车辆进出时间并按照停放时长收取相应费用，双方已成立事实上的保管合同关系，该合同关系不违反法律、行政法规的强制性规定，应属有效。应格林物业公司的要求，郑某涨交纳了2014年9月25日至12月5日的停车费，因此，双方之间系有偿保管合同关系。[3]

第四种情况，收费项目不明确，如以停放费名义收取的，是否按保管合同处理，应根据物业服务合同的内容、双方意思表示、当地的管理习惯，综合案件全部事实，对照保管合同的特征，确定双方的法律关系。有的法院对小区物业公司未

---

[1] 参见国家法官学院案例开发研究中心编：《中国法院2013年度案例》（合同纠纷），中国法制出版社2013年版，第148页。北京市石景山区人民法院(2011)石民初字第1139号民事判决书。

[2] 参见国家法官学院案例开发研究中心编：《中国法院2013年度案例》（合同纠纷），中国法制出版社2013年版，第145页。海南省海口市龙华区人民法院(2010)龙民一初字第1304号民事判决书。

[3] 参见国家法官学院案例开发研究中心编：《中国法院2017年度案例》（合同纠纷），中国法制出版社2017年版，第255页。北京市海淀区人民法院(2015)海民(商)初字第02750号民事判决书。

收取停车费,则否认为保管合同关系。

【案例3-47】 许某、黄某诉上海某物业管理有限公司物业服务合同纠纷案

二审法院认为,当事人间不构成保管合同关系,被告不应就原告损失承担责任:第一,被告与某小区业主签订的物业服务合同并未约定车辆保管事宜,被告未与黄某达成保管车辆协议并就车辆保管收取费用,黄某停放车辆后也未向被告支付相应对价;第二,黄某认为被告的管理活动存在缺陷并导致黄某车辆被盗,但黄某并未举证证明上述主张,故判决驳回原告的诉讼请求。[1]

【案例3-48】 杨某燕诉厦门市银鼎岩物业管理有限公司损害赔偿纠纷案

二审法院认为,依据《物业服务合同》约定,上诉人负有向被上诉人缴交该车位每月80元物业管理费用的义务,而被上诉人的义务"承担皓晖花园交通、车辆行驶、停泊及管理,对皓晖花园实行24小时保安服务和管理,对皓晖花园规划红线范围进行全天候值班巡视,维护小区正常生活秩序、防火、防盗等安全保卫工作,并积极配合和协助公安机关做好小区的治安工作"。上诉人每月向被上诉人缴交80元系其作为讼争车位的使用权人依照《物业服务合同》约定应当履行的义务,而非讼争车辆的保管费用。因上诉人没有证据证明其与被上诉人就讼争车辆的保管进行过约定,也未将讼争车辆交由被上诉人直接占有、控制并支付保管费用,故上诉人与被上诉人之间所形成的是就讼争车位的物业服务管理法律关系,而非讼争车辆的保管关系。上诉人主张双方之间存在车辆保管关系依据不足,本院不予采信。[2]

实践中,一些法院对进入小区的车辆无论是有停车位的停车还是自找空地停车,物业公司对其停车收取费用的,按成立保管合同关系认定。但不应否定法院认定为场地使用关系,从一定意义上讲按场地使用关系来认定进入小区的车辆更符合实际情况。保管关系与场地使用关系中物业公司的责任不同,前者物业公司责任重,即必须认真保管,保管结束应将原物毫无损害地返还,如有任何损失均应承担赔偿责任。后者责任轻,保管责任由业主自己承担,物业公司不承担保管责任,但应承担物业管理协议约定和与收取费用相对应的安全保障义务。即只要物业公司履行了物业服务合同中约定的正常安全防范义务,没有重大过错行为,物业公司便对丢失或毁损的车辆免责。如果物业公司未尽保安或安全防范职责义务,则应承担一定的过错赔偿责任。

---

[1] 上海市第一中级人民法院(2008)沪一中民二(商)终字第3403号民事判决书。
[2] 参见最高人民法院中国应用法学研究所编:《人民法院案例选》2009年第3辑(总第69辑),人民法院出版社2010年版,第87页。

(七)保管合同与场地租赁合同关系区分

实践中,保管合同纠纷中最有争议、最容易混淆的问题就是与场地租赁合同之间的关系。停车场所管理人抗辩的重点就是不为保管合同,而成立租赁场地合同。两类合同有其共同点或外在现象,其一,车辆均开进了管理人指定的场所。其二,管理人均收取费用。其三,车辆停放的场所均有人对其车辆进出进行管理。其四,车主取走停车场所的车辆具有自主随时性。停车场经营者向车主提供停车位,车主因占用车位需向经营者缴纳一定费用,这种情况在法律性质上不可能只有一种解释,因为它在表现形式上同时符合两种法律关系的必要特征:从场地有偿使用来看,车主要占用一定场地,并为此支出费用,且脱离对标的物的控制、监管;从保管关系来看,车主也要占用一定场地,并为此支出费用,也脱离对标的物的控制、监管。所以,在经营者公布有一套出入、放行的管理制度情况下,对此以保管关系看待,是一种正常合理的看法。但两者差别主要为责任承担上,有偿保管合同保管人承担的是一种过错责任,即保管人应尽到善良保管人的注意义务,妥善保管保管物,只有在保管人存在过错,怠于履行保管义务,或保管行为不妥,致使保管物毁损、灭失的,保管人才向寄存人承担赔偿责任。若车辆是因洪水、地震等不可抗力或意外事件毁损、灭失的,停车场因无过错则不负赔偿责任。若车辆被盗,停车场存在保管不善的过失,应当向车主承担赔偿责任。场地租赁合同,就是一方将停车的场地交给机动车车主停放车辆使用,从而收取场地使用费的合同。只要车主将车开进指定的停车位,停车场即出租方即已履行自己在租赁合同中的全部义务,对停车位上停放的车辆不负一般的看管义务。在租赁场地上停放的车辆毁损、灭失的,场地出租者不承担保管不善的赔偿责任。当然,若因停车场即出租方的原因导致车辆毁损、灭失的,出租方则要负损害赔偿责任。但严格讲,此时的责任属于侵权责任,与场地租赁合同关系无关联。有的法院以车辆钥匙或机动车行驶证是否交付作为保管合同与场地租赁合同的区分标准,将收取的停车费视为场地租赁费。

【案例3-49】 俞某诉江阴市鑫洲物业管理有限公司保管合同纠纷案

一审法院认为,鑫洲物业公司提供场地给俞某停放车辆,但车辆钥匙一直由俞某持有,俞某何时将车辆取走无须征得鑫洲物业公司的同意,对于是否由车辆合法使用人取走鑫洲物业公司也不进行查验,可见,车辆始终由俞某实际保管,鑫洲物业公司并未取得车辆的控制权,故不能认为俞某将车辆停放在鑫洲物业公司管理的场地上的行为是交付保管物的行为。此外,鑫洲物业公司向俞某收取的车辆使用费,其标的是车位范围内的场地占有权或者使用权,并非车辆本身。二审法院亦持同样意见。[1]

诸多法院认为停车场与车主之间为保管合同关系。

【案例 3-50】 吕某东诉泉州市丰泽街道霞淮社区居民委员会保管合同纠纷案

一审法院认为,原、被告之间系有偿保管合同关系,原告将其所有的车辆交由被告停车场保管,并按期交纳停车管理费,原、被告之间的保管合同关系系双方当事人的真实意思表示,内容未违反法律、行政法规的规定,为有效合同。原告的车辆在被告保管期间被盗,保管人应承担损害赔偿责任。被告辩称双方不存在保管合同关系及其确认原告的车辆在被告保管期间被盗是属于一种误解,未提供相应证据加以证明,也与事实不符,不予支持。二审法院调解结案。[2]

笔者认为,车主将车钥匙或行驶证交付停车场管理人,只是认定双方成立的是保管合同关系还是场地租赁合同关系的最通常、最简单的情况,仅仅做这样的认定还是很不够的,不能解决实际生活中存在的重大疑难问题。现实社会生活中,普遍的做法是停车场不收取车主的钥匙或行驶证,只是给付进出的计时卡,但不能就据此认定不成立保管合同关系,就是成立场地租赁合同关系。其判断标准主要看停车场地提供一方是否有场地使用权,如果有场地使用权,收取的费用比较公平合理,车主可以随时将车开走的,一般可以认定为场地租赁合同关系。如果场地提供一方没有土地使用权,或者虽有土地使用权,但收取的费用较一般场地租赁合同明显偏高,即按照收取的费用来看,则宜认定双方成立保管合同关系,而认定为场地租赁合同明显不公平。此外,还应考虑当地人们的交易习惯。界定两类合同应考虑的因素,其一,合同的性质,主要看合同双方的意思表示。其二,双方订有书面合同的按其合同约定认定是何类合同。保管车辆合同的主要目的是对车辆进行保管,场地租赁合同的主要目的是场地的有偿使用。场地租赁合同往往属于要式合同,必须履行一定的程序后才能生效,且车主未就停放车辆向其支付明确的费用。其三,停车场在合同、公告、停车凭证上载有车辆不予赔偿的意思表示,原则上不应视为车辆保管合同。即使该格式条款没有根据《民法典》第九百四十九条的规定,采取合理方式提请对方注意,但该条款的实际存在,不能无视车场经营管理人不愿与他人订立车辆保管合同这一事实。其四,车主与车场经营管理人对车辆保管事宜没有约定,此时宜认定为对车场经营管理人责任轻的场

---

[1] 参见国家法官学院案例开发研究中心编:《中国法院 2014 年度案例》(合同纠纷),中国法制出版社 2014 年版,第 219 页。江苏省无锡市中级人民法院(2012)锡民终字第 1040 号民事判决书。

[2] 参见最高人民法院中国应用法学研究所编:《人民法院案例选》2008 年第 1 辑(总第 63 辑),人民法院出版社 2008 年版,第 227 页。

地租赁合同。其五,参考当地停车场的交易习惯。如当地在超市商场、服务场所等停车场所均理解为保管合同的,则应认定与此相同的场地停车均成立保管合同关系。

【案例3-51】 上海某汽车运输公司诉上海某国际集装箱储运有限公司保管合同纠纷案

二审法院认为,当事人间并非车辆保管合同关系,而系场地租赁合同关系。第一,从当事人意思表示看,被告出具的收据"收款事由"栏目为空白,原告并未明确表示将车辆交付被告保管,双方未就保管车辆达成一致。第二,从当事人行为看,原告将车辆停放在停车场,并未将车辆转交被告占有,被告仅负场地管理责任,不具有控制、占有车辆的权利;因保管合同系实践性合同,原告未将车辆交被告占有,当事人间并未形成保管合同。第三,双方间实为场地租赁合同关系。涉案停车场为被告的集装箱场地,原告向被告支付费用后,获得一个月内在被告场地停放车辆的权利,故将当事人间的法律关系认定为场地租赁关系更为妥当。[1]

实践中,在车主交了停车费用并未有明确的意思表示,也未签订书面合同的情况下,很难区分究竟是哪一类的合同,不同法院对此判决不同,需要进一步研究。社会生活具有多样性,在有的合同中既约定有保管合同的内容,同时也约定有场地租赁合同的内容,也就是说,在同一个合同中不同条款对合同双方都进行规范,笔者认为在这种情况下以保管合同关系认定为宜。

停车费用的性质与两类合同的关系。停车费用的性质判断直接关系到车辆在停车场地受到损害后的责任承担。司法实践中关于停车费性质认定主要有两种观点,一是认为车主与场地提供者之间构成保管合同关系,停车费的性质为保管费。二是认为车主与场地提供者之间构成场地租赁合同关系,停车费的性质为场地租赁费。两者在合同义务上有区别,如果车辆在停车场地损毁、丢失,依照保管合同,场地提供者须承担违约责任,而依照场地租赁合同,场地提供者则无须承担违约责任。在当前社会中,停车费被物价部门限定数额,与车辆自身价值相比较低。从另一角度讲,按照风险与收益成正比的原则,不同价值的车辆均采用同一收费标准,似乎对停车管理者不太公平,但这绝不是双方之间构成场地租赁合同的判断标准。当前,城市的许多地方都设置了停车场或停车位,物价部门规定每小时的收费标准,也就是在一个城市中停车费用是统一的,绝大多数都设有专人收费看护,对此应认定成立保管合同关系,其停车费用为保管费用。许多城市在道路两边画出泊车位,通过电子收费或者人工收费但费用比物价部门规定的

---

[1] 上海市第二中级人民法院(2010)沪二中民四(商)终字第21号民事判决书。

低,这肯定不是车辆保管合同,其停车费宜定性为场地租赁费范畴。现实生活中,在一些停车场尤其小型的停车场所或小区停车收费处,因是熟人、朋友等,管理人员不收或少收停车费用的现象时有发生,此种情况下停车费是否收取与收取多少不应作为判断依据。因此,以是否有偿、停车费高低单一因素作为界定保管合同与场地租赁合同的标准,完全混淆了两类合同之间的区别,也是不科学的。应注意的是,将停车费视为场地租赁费,不能完全排除场地提供者的赔偿责任。合同债务包括给付义务和附属义务。场地租赁合同的给付义务是提供场地,但是看护车辆防止被盗抢以及毁损是为了场地租赁合同能够得以顺利履行的附随义务,对附随义务的违反并造成损失的同样可以要求场地出租人承担损害赔偿责任。从这个意义上讲,看护车辆只是附随义务,可以采用可预见规则对赔偿范围进行限制,从而达到一个较为合理的结果。在寄存人以租赁合同起诉时,法官可以从场地租赁合同的附随义务角度支持诉讼请求,还可避免将看车行为视为保管合同,无法采用可预见规则对全额赔偿的限制。

(八)停车场安全保障义务

所谓停车场安全保障义务,指商业性停车场经营者所负有的义务。从侵权法角度讲,是经营者对车主人身财产安全的安全保障义务,性质为法定义务。从《民法典》合同编角度讲,是基于其第五百零九条第二款规定诚实信用原则所产生的一种附随义务。从《消费者权益保护法》角度讲,作为向社会提供某种服务的经营者,依照该法第十八条的规定,又负有"保证其提供的商品或者服务符合保障人身、财产安全的要求"的法定义务,在保管关系或场地租赁关系中均有对这种法定义务的要求。经营者的这种义务,是在与消费者发生消费服务合同关系中发生的,无须由双方予以约定,而经由法律直接规定的一种法定义务。这种义务的理论根据,应当认为是瑕疵担保,即无论经营者向消费者提供的是商品还是服务(行为),都必须是无瑕疵的。而在合同关系中,这种瑕疵担保是普遍存在的由一方当事人必须承担的义务,即使当事人没有约定也不能免除,因而,作为一个合同中的应有内容而直接由法律规定,但它不是合同的附随义务,而是合同的基本义务。换言之,在上述两种关系下,无论涉案场地是属于车辆保管关系还是属于场地租赁关系,经营者均负有同样性质的义务,即保证其提供的服务符合保障客户财产安全的要求,如有违反,只要证明属经营者的过错造成,对其就有了归责的理由,经营者即应承担相应的法律责任。停车场经营者违反安全保障义务的,也可能导致违约责任并发生与侵权责任的竞合。违反安全保障义务的构成要件为,其一,义务人未尽安全保障义务,即义务人未履行法律规定的保障义务,或未尽到善良管理者的注意。其二,致其保护对象受有损害,即未尽到安全保障义务的行为与造成的损害有因果关系。其三,义务人造成损害有过错,应当承担损害赔偿责任。构成要件适用于收费性的停车场,不论是构成保管合同关系还是场地租赁合同关系,其经营者均负有安全保障义务。

对判断违反安全保障义务的标准,通常认为是法定标准或善良管理人的标准。现阶段,法律、行政法规并未规定停车场经营者履行对停放车辆的安全保障义务的方式和标准,在判断停车场经营者是否尽到安全保障义务时,可以适用善良管理人标准。具体来讲,其一,主观状态。考察停车场经营者在主观上能够预见到停放车辆可能遭受损失并已采取相应措施的,如因其无法预见的事由导致车辆损失的,一般不宜要求其承担赔偿责任。其二,客观行为。停车场经营者在客观上已为保障停放车辆安全,采取了与其能力相匹配的措施。如管理人已尽其能力,车辆仍受损害、偷盗的,一般也不宜承担赔偿责任。

【案例3-52】 李某诉上海七宝LG购物中心有限公司保管合同纠纷案

二审法院认为,第一,当事人并非保管合同关系。被告在停车卡、停车须知、警示牌上均注明,停车场仅提供停车区域出租服务,不负责保管停放车辆;同时,原告将车辆停放在被告停车场时,未请被告保管车辆,事实上也没有将车辆转移给被告占有,故当事人之间并未形成保管合同关系。第二,被告在提供停车服务时,应尽安全保障义务。被告停车场要求进出车辆使用停车卡,并设置了必要监控设备,总体避免了车辆偷盗行为,已尽到了必要的管理者责任。本案中,第三人盗取车辆反光镜导致原告损失,但被告停车场现有设备尚不足以防范此类偷盗行为,如果要求被告承担赔偿责任,显得过于严苛。法院最终判决驳回原告的诉讼请求。[1]

【案例3-53】 大沣公司诉安信公司保管合同纠纷案

二审法院认为,大沣公司购得丰田佳美3.0小型轿车后,经申请取得安信大厦小区停车位一个,按月向安信公司缴纳车辆管理费90元。几年来汽车出入安信大厦小区均按出入证规定执行,安信大厦保安人员并有书面记录,大沣公司与安信公司之间确已形成车辆保管关系,安信公司对在安信大厦小区的车辆负有保管义务。1996年7月6日晚,大沣公司的车辆被他人驶出安信大厦,安信大厦保安人员未按规定收回出入证便将车放行,造成该车被窃,安信公司应负有全部过错责任。[2]

---

[1] 上海市第一中级人民法院(2009)沪一中民一(民)终字第2852号民事判决书。
[2] 参见最高人民法院中国应用法学研究所编:《人民法院案例选》1999年第2辑(总第28辑),时事出版社1999年版,第116页。

专题三 保管合同纠纷

开放式停车场,保管人已经尽到保管义务的对损害车辆不承担赔偿责任。

【案例3-54】 闪某诉福利医院、军地公司保管合同纠纷案

判决观点,关于福利医院、军地公司是否应对闪某车辆维修费用承担赔偿责任的问题。第一,福利医院与闪某之间不存在合同关系,其亦未对闪某车辆实施侵权行为,故闪某基于合同关系要求其对车辆维修费用承担赔偿责任的诉讼请求缺乏事实和法律依据;第二,军地公司作为停车场的经营人,对停放在停车场内的车辆负有妥善的保管和注意义务,闪某提交的事发当晚监控录像显示,事发时间为凌晨3点20分左右,三名不明身份人员对其车辆进行了毁损,该行为持续过程三四分钟,停车场工作人员虽未在该三人进入停车场时立即发现并进行拦截,但考虑到事发地点系开放式停车场,人员进出较为容易,如要求停车场工作人员在凌晨3点能够立即发现蓄意实施毁损车辆行为的人员并予以制止和拦截,显然超出了常人的注意义务,而事件发生后,停车场工作人员立即到现场查看,并在发现车辆受损后报警,其已经尽到了保管人的义务,军地公司就本案所涉合同并不存在违约或瑕疵履行的行为,闪某的车辆受损系由于案外人蓄意实施侵权行为导致,其应向实际侵权人主张赔偿责任,故法院对闪某主张军地公司承担赔偿责任的诉讼请求依法不予支持。判决:驳回原告闪某的全部诉讼请求。[1]

(九)自助箱寄存保管认定

现实生活中,许多超市设有自动寄物柜,供消费者存放物品。消费者存放在寄物柜的物品灭失的,多以超市违反保管合同义务主张赔偿损失。自助寄存主要通过消费者与寄物柜间的人机交流,消费者与超市工作人员一般不直接进行交流。超市提供自助寄存柜时有的虽有"寄存"字样,似乎符合合同法所指的"寄存"概念,同时又提示顾客"本商场实行自助寄包,责任自负""自助寄包自存自取,如有遗失概不负责"。这些约定从表象上自相矛盾,但由此可以判断当事人双方对于使用自助寄存柜行为的法律性质并没有达成一致的意思表示,在这种情况下,需要由法官判断合同的性质。超市对顾客存入自助寄存柜的物品不能控制、占有,不符合保管合同要求保管物转移占有的特征。自助寄存柜完全是自助的,超市工作人员对寄存与否并不知晓,对寄存了何物品或其数量更是不知情,因此无法实现控制、占有。超市无法对自助寄存柜内所存放的物品进行直接管理,不

---

[1] 参见国家法官学院、最高人民法院司法案例研究院编:《中国法院2021年度案例》(合同纠纷),中国法制出版社2021年版,第162页。北京市海淀区人民法院(2019)京0108民初7462号民事判决书。

能为了管理方便将该物品随意移至另一箱柜或其他地方,未经特定事由及特别程序如顾客申请,超市无权打开存放有顾客物品的箱柜。顾客使用自助寄存柜的实质,是超市将其所有的自助寄存柜交付借用。顾客控制自助寄存柜,从而实现对寄存物的占有。顾客可以按照自己的意愿随时激活自助寄存柜,并存入体积适中、不限件数的物品,而且可以在不通知超市的情况下随时取走存放物品。自助寄存柜产生的密码条应认定为超市借用给顾客自助寄存柜的凭证,而非超市向顾客出具的保管凭证。因为对同一箱柜而言,每天将随机产生成百上千的一次性密码条,而且顾客取出物品后,密码条并未回收同时作废。如将密码条认定为保管凭证则无法判断寄存物品是否已取走。有学者认为,(银行保险箱)其性质为租赁抑或寄托,甚有争议。其仅供物之搁置空位,唯就其开办为协力者,应解释为租赁。通常露封保管为寄托,保管箱放置物品为租赁。[1] 自助寄存柜与银行保险箱相比,所放之物品不但非"露封",连"开闭"也不需要"协力",因此更不宜认定为保管合同。理论界主流观点和法院处理此类纠纷,更倾向于将自助寄存柜性质界定为借用合同关系。

【案例 3-55】 李某英诉上海大润发超市存包损害赔偿纠纷案

判决观点,被告大润发超市作为一家大型超市,为前来购物的消费者提供了人工寄存和自助寄存柜寄存两种存包方式。在大润发超市的自助寄存柜上,印制着"操作步骤"和"寄包须知"。通过"寄包须知"中关于"本商场实行自助寄包,责任自负""现金及贵重物品不得寄存"的内容,大润发超市已经把只愿将自助寄存柜提供给消费者使用,不愿对柜内寄存的物品承担保管责任的意思明白表示给消费者。原告李某英按照自助寄存柜的操作步骤,通过"投入硬币、退还硬币、吐出密码条、箱门自动打开、存放物品、关闭箱门"等人机对话方式,直接取得对自助寄存柜的使用权,实现了存放物品的目的。在这一过程中,李某英的物品并没有转移给大润发超市占有,大润发超市也没有收到李某英交付保管的物品。李某英只是借助使用自助寄存柜继续实现对自己物品的控制和占有,而大润发超市由于没有收到交管物转移占有的事实,因此,双方当事人就使用自助寄存柜形成的不是保管合同关系,而是借用合同关系。[2]

这里还需要研究的相关问题是,顾客去超市使用自助寄存柜,是为了更方便地购物,是一种消费行为,自然为消费者,于是与超市还存在一种消费服务法律关系,应根据《消费者权益保护法》来确定双方各自的权利义务范围。超市提供的

---

[1] 参见史尚宽:《债法各论》,中国政法大学出版社 2000 年版,第 518 页。
[2] 参见《最高人民法院公报》2002 年第 6 期。

自助寄存柜虽是无偿的,但它是超市为实现营利目的向消费者提供服务的一部分,根据《消费者权益保护法》第十八条保障人身、财产安全的要求之规定,对可能危及人身、财产安全的商品和服务,应当向消费者做出真实的说明和明确的警示,并说明和标明正确使用商品或者接受服务的方法以及防止危害发生的方法。自助寄存柜是一种新技术的产物,使用不当、技术缺陷均会危及顾客的财产安全。也就是说,即便是超市在自助寄存柜上与顾客形成的是借用合同关系,基于法律的规定也要对自助寄存柜的完好与安全以及外部使用环境,尽到谨慎的注意义务和管理责任。如果自助寄存柜存在缺陷或管理上存在瑕疵,造成顾客财物毁损的亦应承担相应的赔偿责任,不因借用合同关系而免除其赔偿责任,这为借用合同关系中顾客使用自助寄存柜自担风险和责任的例外。实践中,法院对于此类纠纷的主流观点是以违反安全保障义务认定。

【案例3-56】 张某诉超市损害赔偿纠纷案

一审法院认为,张某将随身携带的物品自助存储于储物柜中的行为与超市之间形成事实上的保管合同关系,超市没有尽到妥善的看管义务,应当赔偿张某的损失,故一审判决某超市赔偿张某9000元。超市不服,提起上诉称,其设立自助储物柜的行为是为了方便顾客,完全是无偿行为,其不应当赔偿张某的损失,而且张某应就包内物品的损失承担举证责任。二审法院认为,超市对张某负有一定的安全保障义务,应当保障其在购物时人身与财产安全,违反此项义务,应当承担责任,其应当赔偿张某的损失。张某应当将手机等贵重物品随身携带,主观上也有一定过失,二审法院酌定超市赔偿张某2000元。最高人民法院民一庭倾向性意见为:依照《侵权责任法》第三十七条第一款的规定,"宾馆、商场、银行、车站、娱乐场所等公共场所的管理人或者群众性活动的组织者,未尽到安全保障义务,造成他人损害的,应当承担侵权责任。"超市未尽到安全保障义务,对顾客放在超市自助储物柜中物品丢失造成的损失应当承担赔偿责任。[1]

《民法典》第八百八十八条第二款规定:"寄存人到保管人处从事购物、就餐、住宿等活动,将物品存放在指定场所的,视为保管,但是当事人另有约定或者另有交易习惯的除外。"该条原则规定在上述情形下可以认定为保管行为,但同时又规定排除保管行为的两种情形。这势必会影响在《民法典》颁布前发生保管行为的定性,对其依照《合同法》规定处理案例的重新认识,也就是说同样的行为其法院裁量上会有差异,这是应该引起注意的。

---

[1] 参见最高人民法院民事审判第一庭编:《民事审判指导与参考》2011年第4辑(总第48辑),人民法院出版社2012年版,第89~98页。

最高人民法院法官认为,此处规定的"视为保管"的情形需要具备两个条件:一是需要到购物中心、饭店、宾馆等场所从事购物、就餐、住宿等活动;二是需要将物品存放在指定的场所。购物中心、饭店、宾馆等对于存放车辆或者其他物品往往都设置了专门的停车场、寄存柜等设施,只有将车停放在其指定的停车场,或者将物品寄存在其指定的寄存柜中,才能构成保管合同关系。如果擅自存放在其他区域,例如,饭店有内部停车场供就餐人员停车,要求来就餐的人员将车辆停放在该停车场,客人未将车辆停放在该停车场内,而是为图方便停在饭店门口,此种情形下双方之间不成立保管合同关系,即使车辆丢失,车辆所有人也不能以双方存在保管合同为由主张饭店承担赔偿责任。[1]

---

[1] 参见最高人民法院民法典贯彻实施工作领导小组编著:《中国民法典适用大全》(合同卷四),人民法院出版社2022年版,第3210页。

三、保管合同纠纷处理

(一)保管费支付处理

《民法典》第八百八十九条规定:"寄存人应当按照约定向保管人支付保管费。当事人对保管费没有约定或者约定不明确,依照本法第五百一十条的规定仍不能确定的,视为无偿保管。"本条是关于保管费的规定。我国强调的是,保管合同是否有偿由当事人约定,在没有约定的情况下,依合同有关条款或者交易习惯不能确定是有偿的,则保管合同是无偿的。[1]立法者认为,所谓按照合同相关条款或者交易习惯确定,主要需考虑以下三点:一是当事人之间是否存在交易习惯或惯例。二是保管人是否从事保管这个职业。如果双方没有约定报酬或者约定不明确,但是能够确定保管人就是从事保管这个职业的,如保管人是小件寄存的业主,依此应当推定该合同是有偿合同。三是依其他情形应当推定保管是有偿的。如就保管物的性质、保管的时间、地点和方式而言,一般人判断为有偿的,则应推定保管是有偿的,那么寄存人应当向保管人支付报酬。[2]

需要注意的是,在无偿保管合同中,寄存人虽然无须支付保管费,但在某些情况下仍需支付必要费用。所谓必要费用,是指保管人为了实现保管目的,使保管物能够维持原状而支出的各种费用,包括重新包装、防腐、防火等费用的支出。[3]

【案例3-57】 莆田市甲制衣有限公司诉郑某生保管合同纠纷案

二审法院认为,《协议书》有双方当事人的签字确认,双方形成保管合同关系。但《协议书》第1条关于租金多少没有载明具体的金额而为空格,双方也没有另行协议约定。甲制衣公司主张厂租即为保管费用,在二审庭审时称期满后郑某生转租给他人收取的租金即为保管费用,均未提供证据予以证实,且甲制衣公司也无法明确保管租金的具体数额,郑某生也不予认可,故甲

---

[1] 参见黄薇主编:《中华人民共和国民法典合同编释义》,法律出版社2020年版,第818页。
[2] 参见黄薇主编:《中华人民共和国民法典合同编释义》,法律出版社2020年版,第817页。
[3] 参见中国审判理论研究会民事审判理论专业委员会主编:《民法典合同编条文理解与司法适用》,法律出版社2020年版,第666页。

制衣公司应自行承担举证不能的法律后果。一审法院认定郑某生的保管是无偿的,并无不当。〔1〕

【案例3-58】 凭祥市先锋物流货运站与陈某保管合同纠纷案

判决观点,本案中当事人对保管费并没有进行约定,且先锋货运站并无证据证明双方之间有口头约定保管费。寄存人应当按照约定向保管人支付保管费。当事人对保管费没有约定或者约定不明确,依照《合同法》第六十一条的规定仍不能确定的,保管是无偿的。……保管合同有有偿和无偿之分,双方并未签订有偿保管合同,按照交易习惯也并不必然推定出本案当事人之间是有偿保管合同关系,因此双方当事人之间不存在有偿保管合同关系。〔2〕

《民法典》第九百零二条规定:"有偿的保管合同,寄存人应当按照约定期限向保管人支付保管费。当事人对支付期限没有约定或者约定不明确,依照本法第五百一十条的规定仍不能确定的,应当在领取保管物的同时支付。"本条是关于保管费支付期限的规定。实践中,保管费支付期限按照合同有关条款或者交易习惯确定。

【案例3-59】 广州市甲物业管理服务有限公司诉广州市乙实业发展有限公司保管合同纠纷案

二审法院认为,乙实业公司明知甲公司对涉案停车场之整体已取得收费保管经营许可,明知其停放涉案车辆的位置位于收费停车场整体范围之内,仍然继续经常停放车辆,应当推定为自愿接受保管服务,双方成立保管合同关系。故对甲公司主张乙实业公司按月支付自2014年9月1日至2017年4月的保管服务费,应予以支持。乙实业公司辩称甲公司没有提供证据证明涉案车辆长期停放,对此,乙实业公司在本案中自述自2005年10月起经常不定期将涉案车辆停放在涉案停车场内,故对甲公司主张按月支付保管服务费应予以支持。〔3〕

【案例3-60】 武汉某生物公司诉徐某、王某保管合同纠纷案

二审法院认为,干细胞制备需要以新技术为依托,但其合同主要目的仍为对脐带肝细胞的保管。寄存人有权提前提取保管物并终止保管合同,但需

---

〔1〕福建省莆田市中级人民法院(2019)闽03民终2162号民事判决书。
〔2〕参见最高人民法院民法典贯彻实施工作领导小组编著:《中国民法典适用大全》(合同卷四),人民法院出版社2022年版,第3225页。广西壮族自治区凭祥市人民法院(2021)桂1481民初78号民事判决书。
〔3〕广东省广州市中级人民法院(2019)粤01民终8630号民事判决书。

依据合同约定支付保管人的相应技术成本和保管费用。[1]

【案例 3-61】 沈某某与杨某某保管合同纠纷案

判决观点,杨某某将一只英短猫寄存沈某某处保管,双方形成保管合同关系。沈某某作为保管人依约对杨某某寄存的英短猫进行保管并发生了费用,杨某某作为寄存人应依约支付沈某某相应的费用。杨某某对沈某某结算的英短猫保管期间发生的费用840元未表示异议,也同意支付。杨某某未提供证据证明已支付沈某某费用,现沈某某主张杨某某支付费用840元,合法有据,予以支持。[2]

(二)保管物返还处理

《民法典》第八百九十六条第一款规定:"第三人对保管物主张权利的,除依法对保管物采取保全或者执行措施外,保管人应当履行向寄存人返还保管物的义务。"该条是关于保管人负有返还保管物义务的规定,这是保管人的主要义务和寄存人享有主张返还保管物的权利法律依据。根据合同相对性原则,保管人应向合同相对人即寄存人交付保管物。应注意的是,如果在保管期间,寄存人已经将货物出卖给第三人,寄存人自身不愿意再领取保管物,而直接通知保管人,将保管物交付第三人。在此情形下,保管人应将保管物返还给第三人,第三人也可以据此领取保管物。但在第三人支付保管费用之前,保管人有权拒绝交付保管物。第三人对保管物主张权利而对保管人提起诉讼,法院可以应保管人请求变更寄存人为被告。[3]

【案例 3-62】 封某勇诉汕头市甲货运服务有限公司保管合同纠纷案

二审法院认为,本案争议焦点是甲公司未能向封某勇交付其寄存的货车是否应承担相应的赔偿责任。甲公司停车场为经营性质的收费停车场,停车场实行封闭式管理,车辆进场取卡,凭卡出场。封某勇将货车停放在甲公司停车场,并领取了停车卡,故在封某勇与甲公司之间成立保管合同的民事法律关系。甲公司作为停车场的经营者和车辆的保管人,有义务妥善保管封某

---

[1] 参见最高人民法院民法典贯彻实施工作领导小组编著:《中国民法典适用大全》(合同卷四),人民法院出版社2022年版,第3217页。湖北省武汉市中级人民法院(2016)鄂01民终8254号民事判决书。

[2] 参见最高人民法院民法典贯彻实施工作领导小组编著:《中国民法典适用大全》(合同卷四),人民法院出版社2022年版,第3286页。福建省泉州市洛江区人民法院(2021)闽0504民初2842号民事判决书。

[3] 参见中国审判理论研究会民事审判理论专业委员会主编:《民法典合同编条文理解与司法适用》,法律出版社2020年版,第675页。

勇寄存的货车并将该车辆返还封某勇。乙公司虽是货车的合法所有权人,但不是本案车辆保管合同的相对人,甲公司并不具有物归原主的合同义务和法定义务。而封某勇既是货车的合法使用权人,也是货车的寄存人,并且,封某勇一直持有甲公司给付的停车卡,该停车卡也未曾丢失,故封某勇凭停车卡向甲公司主张权利,要求甲公司返还其寄存的车辆,依据充分,合理合法,应予支持。甲公司依法负有向封某勇返还其寄存车辆的合同义务。[1]

《民法典》第八百九十九条第一款规定:"寄存人可以随时领取保管物。"该条是关于寄存人领取保管物的规定,保管人应当予以配合。

【案例3-63】 徐某忠诉季某梅保管合同纠纷案

二审法院认为,《合同法》第三百七十六条规定,寄存人可以随时领取保管物。依据上述规定,徐某忠有权随时要求季某梅支付由其保管的款项。鉴于徐某忠自认已经收到季某梅以现金方式交付的20万元,原审认定季某梅应当支付尚未转交款项122万元,具有事实和法律依据,故予以确认。由于徐某忠享有随时要求季某梅返还保管款项的权利,因此,当徐某忠要求返还保管的款项时,季某梅具有及时返还的义务,徐某忠有权要求季某梅赔偿因拖延履行返还义务所造成的利息损失。鉴于徐某忠没有证据证明其于本案起诉前要求季某梅履行返还义务的确切时间,依据徐某忠提起自诉控诉季某梅犯侵占罪的时间为2017年9月5日,故认定徐某忠要求季某梅赔偿从自诉控诉之日(2017年9月5日)起计算的利息损失,具有事实和法律依据,故予以确认。[2]

《民法典》第九百条规定:"保管期限届满或者寄存人提前领取保管物的,保管人应当将原物及其孳息归还寄存人。"该条是关于保管人返还保管物及其孳息的规定。一般的保管合同,在寄存人领取保管物后即保管合同终止。实践中,对于分期保管合同而言,因约定了明确的保管期限,在保管期限内,寄存人可以多次提取和存放保管物。

【案例3-64】 刘某诉刘某平、丁某秀保管合同纠纷再审案

再审法院认为,刘某平对于2008年至2014年刘某从美国银行前后6次汇出328300美元,结汇人民币共计2144003.88元的基本事实并不否认。刘某平关于该款项系赠与行为的陈述缺乏证据支持。保管合同是保管人有偿或无偿地为寄存人保管物品,并在约定期限内或应寄存人的请求返还保管物的行为。本案中的证据显示刘某向刘某平的汇款符合保管合同的基本特征。

---

[1] 广东省汕头市中级人民法院(2017)粤05民终615号民事判决书。
[2] 浙江省温州市中级人民法院(2019)浙03民终2433号民事判决书。

《合同法》第三百七十七条规定,保管期限届满或者寄存人提前领取保管物的,保管人应当将原物及其孳息归还寄存人。现刘某要求刘某平返还委托其保管款项的本金及利息于法有据,刘某平应予返还。[1]

【案例3-65】 胡某某与王某某保管合同纠纷案

二审法院认为,本案系保管合同纠纷。双方对保管期限没有约定,应以被上诉人追要之日视为保管期限届满。本案因为上诉人未提供需要的相关证据,应以向一审法院提起诉讼之日即2021年2月19日视为保管期限届满。根据《民法典》第九百条"保管期限届满或者寄存人提前领取保管物的,保管人应当将原物及其孳息归还寄存人"的规定,上诉人在保管期限届满后,应当返还被上诉人的小麦。上诉人称其系泌阳县兴达面粉厂羊册镇××村委胡庄设立的代取面点,不是适格被告的抗辩,因被上诉人提供的户主为王某某的加工储粮折上仅有上诉人签字、盖章,无泌阳县兴达面粉厂盖章,且被上诉人不认可自己的小麦存在泌阳县兴达面粉厂,故对该上诉理由,不予采信。上诉人提供的户主为王某某的《泌阳县福兴面粉厂加工储粮折》中虽有羊册兴达面粉厂盖章,但面粉厂名称、存粮折号、存小麦数量与被上诉人提供的储粮折不一致,且《泌阳县福兴面粉厂加工储粮折》在上诉人手中保管,未交给被上诉人,被上诉人亦不同意债务转移羊册兴达面粉厂,故对该存粮折,不予采信。因双方对2008年的小麦单价有争议,故应以返还小麦为宜。至于返还小麦的数量问题,双方均认可100斤小麦出面粉80斤,被上诉人从上诉人处取走面粉200斤,应折算为小麦250斤,上诉人应返还被上诉人小麦共计2191斤。[2]

《民法典》第九百零一条规定:"保管人保管货币的,可以返还相同种类、数量的货币;保管其他可替代物的,可以按照约定返还相同种类、品质、数量的物品。"该条是关于消费合同的规定。

【案例3-66】 刘某芝诉宋某芹、代某华保管合同纠纷案

二审法院认为,2016年11月14日宋某芹、代某华签订《赡养协议》,约定刘某芝由代某华赡养,第1条约定:刘某芝的工资由代某华管理支配,存款4万元,暂时由长女宋某芹保管,此钱用于母亲的丧葬费等赡后费用的支出。代某华对该协议中刘某芝有4万元存款认可,但称已于2016年8月将这4万元交给宋某敏并出具了宋某敏的证明,刘某芝应向宋某敏主张这4万元存

---

[1] 山西省高级人民法院(2016)晋民申865号民事裁定书。
[2] 参见最高人民法院民法典贯彻实施工作领导小组编著:《中国民法典适用大全》(合同卷四),人民法院出版社2022年版,第3278页。河南省驻马店市中级人民法院(2021)豫17民终2298号民事判决书。

款。法院认为,宋某芹、代某华作为保管人,未经刘某芝同意,无权将涉案的4万元转交他人。现刘某芝主张领取该款,宋某芹、代某华负有返还义务。[1]

寄存人死亡的,寄存人的第一顺序继承人有权取回寄存人的物品。

【案例3-67】 胡甲等诉某银行汕尾分行保管合同纠纷案

判决观点,有法院民事判决书为证,该判决书已经发生法律效力,足以证明四原告作为寄存人胡某的子女。依照《继承法》第十条的规定,四原告是寄存人胡某死亡后的第一顺序继承人。寄存人胡某的父母于1993年死亡,寄存人胡某与第一任妻子刘某于1999年3月由法院判决离婚、与第二任妻子吕某于2017年9月由法院判决离婚(寄存人胡某与第二任妻子没有生育子女)与第三任妻子陈某于2018年5月3日结婚(婚后没有生育子女),陈某于2019年7月4日因病死亡,该事实有法院判决和当地居民委员会证明予以证实,因此,除四原告外,寄存人胡某没有其他第一顺序继承人,四原告是寄存人胡某的遗产继承人。寄存人胡某于2012年9月17日向被告租用保管箱,存放在保管箱内的物品经查看后不属于违禁品,寄存人于2020年4月22日死亡后,四原告请求取回保管箱内的物品,依照被告与寄存人签订的《中国银行保管箱租箱合约》第十三条"如承租人死亡后,合法继承人凭死亡证明及合法继承权证明书办理开箱、退租等手续"的约定,四原告提供了寄存人胡某的死亡证明书、公证书、法院的民事判决书、当地社区居民委员会证明,向被告申请取回保管箱内物品,被告应当按照《合同法》第三百六十五条"保管合同是保管人保管寄存人交付的保管物,并返还该物的合同"和第三百七十六条第一款"寄存人可以随时领取保管物"的规定,返还寄存人胡某存放在被告处保管箱内的物品。综上所述,四原告有权取回其父亲胡某存放在被告保管箱内的物品。判决:被告某银行汕尾分行准予原告取回其父亲存放在被告保管箱内已确权的房屋所有权证2本,未确权的房屋草契2张,宅基地的草契7张,购买店铺2间的定金2万元的收据。[2]

财产保全执行案件的标的物系非金钱动产且被他人保管,该保管人依人民法院通知应当协助执行。当保管合同或者租赁合同到期后未续签,且被保全不支付保管、租赁费用的,协助执行人无继续无偿保管的义务。保全标的物价值足以支付保管费用的,人民法院可以维持查封直至案件作出生效法律文书,执行保全标的物的价款应当优先支付保管人的保管费用;保全标的物的价值不足以支付保管

---

[1] 吉林省白城市中级人民法院(2017)吉08民终393号民事判决书。

[2] 参见国家法官学院、最高人民法院司法案例研究院编:《中国法院2022年度案例》(合同纠纷),中国法制出版社2022年版,第187页。广东省汕尾市城区人民法院(2020)粤1502民初1496号民事判决书。

费用,申请保全人支付保管费用的,可以继续采取查封措施,不支付保管费用的,可以处置保全标的物并继续保全变价款。

【案例3-68】 株洲海川实业有限责任公司与中国银行股份有限公司长沙市蔡锷支行、湖南省德奕鸿金属材料有限公司财产保全执行复议纠纷案

最高人民法院认为,湖南高院在中行蔡锷支行与德奕鸿公司等借款合同纠纷诉讼财产保全裁定执行案中,依据该院相关民事裁定中"冻结德奕鸿公司银行存款4800万元,或查封、扣押其他等值的财产"的内容,对德奕鸿公司所有的存放于海川公司仓库的铅精矿采取查封措施,并无不当。但在执行措施中,虽然不能否定海川公司对保全执行法院负有协助义务,被保全人与场地业主之间的租赁合同已经到期未续租,且有生效法律文书责令被保全人将存放货物搬出;此种情况下,要求海川公司完全无条件负担事实上的协助义务,并不合理。协助执行人海川公司的异议,实质上是主张在场地租赁到期的情况下,人民法院查封的财产继续占用场地,导致产生的相当于租金的损失难以得到补偿。湖南高院在发现该情况后,不应回避实际保管人的租金损失或保管费用的问题,应进一步完善查封物的保管手续,明确相关权利义务关系。如果查封的质押物确有较高的足以弥补租金损失的价值,则维持查封直至生效判决作出后,在执行程序中以处置查封物所得价款,优先补偿保管人的租金损失。但海川公司委托质量监督检验机构所做检验报告显示,案涉铅精矿系无价值的废渣,湖南高院在执行中,亦应对此事实予以核实。如情况属实,则应采取适当方式处理查封物,不宜要求协助执行人继续无偿保管无价值财产。保全标的物的价值不足以支付保管费用,申请保全人支付保管费用的,可以继续采取查封措施,不支付保管费用的,可以处置保全标的物并继续保全变价款。执行法院仅以对德奕鸿公司财产采取保全措施合法,海川公司与德奕鸿公司之间的租赁合同纠纷是另一法律关系,驳回海川公司的异议不当,应予纠正。[1]

寄存人向保管人交付保管物的,保管人应当出具保管凭证,寄存人可以凭借保管凭证和出具保管物的相关证据向法院主张权利。

【案例3-69】 谢某祥诉李某海保管合同纠纷案

二审法院认为,被上诉人谢某祥提交的《代收保管》凭证,上诉人李某海认可系其书写。结合李某海"收到代收保管工程款后,次日将该款交给了工

---

[1] 参见最高人民法院民法典贯彻实施工作领导小组编著:《中国民法典适用大全》(合同卷四),人民法院出版社2022年版,第3262~3263页。最高人民法院指导案例121号。

程承包方",确认双方的保管合同成立并合法有效,受法律保护。依据《合同法》第三百六十五条"保管合同是保管人保管寄存人交付的保管物,并返还该物的合同"和第三百七十一条"保管人不得将保管物转交第三人保管,但当事人另有约定的除外。保管人违反前款规定,将保管物转交第三人保管,对保管物造成损失的,应当承担损害赔偿责任"之规定,保管人李某海没有提供证据证明双方具有另有约定的情形,即应当向寄存人谢某祥返还保管物。至于李某海上诉称其将保管物转交第三人,不在本案审理范围内,可另行主张权利。故其上诉理由依法不能成立,不应予以支持。综上所述,李某海的上诉请求不能成立,应予驳回;一审判决认定事实清楚,适用法律正确,应予维持。判决:驳回上诉,维持原判。[1]

在银行保管箱存有物品的,继承人有权取回,但不是由银行直接返还。

【案例3-70】 吴某杰、吴某莹诉某银行保管合同纠纷案

判决观点,邱某生前与银行签订《保管箱租用合同》,系双方的真实意思表示,其内容不违反法律法规的强制性规定,应认定为合法有效。《民法典》规定,继承从被继承人死亡时开始,继承开始后,按照法定继承办理,第一顺序继承人为配偶、子女、父母。邱某的父母、配偶均先于其死亡,故其法定继承人为其子女吴某莹和吴某杰。本案合同约定,诉争保管箱的锁固及箱内物品存取由邱某自行负责,银行并不干涉是否在箱内存放何物品,且本案吴某杰、吴某莹亦未能举证证明诉争保管箱内是否存有物品,故其二人要求银行直接退还保管箱内的物品,没有事实和法律依据,不予支持。但根据合同中"若租用人死亡,其合法继承人应凭死亡证明及合法继承权证明书办理开箱、退租等手续"的约定,银行应当为吴某杰、吴某莹办理诉争保管箱的开箱手续,如保管箱中存有物品,其二人有权取回。吴某杰、吴某莹未能举证证明交纳保证金,其二人要求银行退还保证金的诉讼请求,没有理据,予以驳回。判决:一、某银行石狮支行未办理邱某租用的保管箱的开箱手续,若保管箱中存有物品,吴某杰、吴某莹有权取回;二、驳回吴某杰、吴某莹的其他诉讼请求。[2]

---

[1] 参见国家法官学院、最高人民法院司法案例研究院编:《中国法院2023年度案例》(合同纠纷),中国法制出版社2023年版,第178页。四川省达州市中级人民法院(2021)川17民终1918号民事判决书。

[2] 参见国家法官学院、最高人民法院司法案例研究院编:《中国法院2023年度案例》(合同纠纷),中国法制出版社2023年版,第180~181页。福建省石狮市人民法院(2021)闽0581民初6409号民事判决书。

(三)保管赔偿责任处理

关于保管责任的归责原则,有学者认为,违反保管合同的责任,在归责原则上具有特殊性,即原则上应采过错原则,在例外情况下,采严格责任。[1] 笔者赞同学者的观点,这样能够与《民法典》区分有偿保管和无偿保管而适用不同的规则保持一致。

保管人的赔偿责任,因合同是否有偿而不同。如果是无偿保管,则保管人仅在其对保管物的毁损、灭失存在故意或重大过失的情况下才承担损害赔偿责任。

【案例3-71】 熊某诉秭归县世纪星酒店保管合同纠纷案

二审法院认为,行为人到酒店消费时,为方便起见将随身携带的人民币1万元存放至当班的酒店工作人员处保管,行为人与酒店之间形成保管合同关系,后该酒店工作人员外逃,则该酒店应当向行为人承担赔偿责任。[2]

有偿的保管合同则不在此限,只要保管人造成保管物毁损、灭失的,就推定其有过错而承担赔偿责任。二者的相同点是,凡是因不可责于保管人的事由造成保管物毁损、灭失的都不负损害赔偿责任。

【案例3-72】 郑某涨诉北京格林物业管理有限公司保管合同纠纷案

判决观点,因保管人保管不善造成保管物毁损、灭失的,保管人应当承担损害赔偿责任。由于保管人负有妥善保管并按原状返还原物的义务,故保管人应当在接受保管之时对保管物进行查验,确定保管物的实际状况并以此作为返还保管物时的参照。就本案所涉的车辆保管合同而言,作为保管人的格林物业公司在车辆进场时应当全面查验车辆外观是否完好,轮胎失气属于较易观察的事项,应在其查验范围之内,但格林物业公司并未向郑某涨提出异议,应视为车辆轮胎在停车入场时并无问题。同时,郑某涨在发现轮胎失气的第一时间即通知了格林物业公司,格林物业公司应调取监控录像了解2014年10月13日19时19分至10月14日10时1分停车场的情况,在格林物业公司并未提供相反证据的情况下,轮胎失气发生在格林物业公司保管期间,格林物业公司应当向郑某涨赔偿相应损失。[3]

---

〔1〕 参见王利明:《合同法研究》(第三卷),中国政法大学出版社2012年版,第656页。
〔2〕 参见《中国审判案例要览》(2005年商事审判案例卷)。湖北省宜昌市中级人民法院(2004)宜民终字第277号民事判决书。
〔3〕 参见国家法官学院案例开发研究中心编:《中国法院2017年度案例》(合同纠纷),中国法制出版社2017年版,第255页。北京市海淀区人民法院(2015)海民(商)初字第02750号民事判决书。

一般认为有偿保管合同的保管人承担责任,应实行无过错原则。

【案例3-73】 灵台县瑞森商务宾馆与马某强保管合同纠纷再审案

再审法院认为,当保管合同是有偿合同时,保管人应尽善良管理人的注意义务,对于保管物毁损灭失的损害赔偿责任,实行无过错原则,只要存在保管物毁损灭失的事实,保管人就得承担损害赔偿责任。[1]

【案例3-74】 才华航运有限公司与大连船舶重工集团有限公司保管合同纠纷案

二审法院认为,本案中,大连船舶重工集团有限公司(以下简称大船重工)与才华航运有限公司签订有偿的安全管理协议,其应当妥善履行船舶安全管理职责。"中海才华"轮系泊所用缆绳由大船重工购买,系泊工作也由其完成,该系泊方案虽然能够满足常规天气条件下的安全系泊需要,大船重工的工作人员也对缆绳做了常规检查,但"中海才华"轮遭遇十级罕见大风的紧急情况下发生断缆漂移事故,说明大船重工对防范恶劣天气条件应采取的应急措施准备不足,在缆绳受力不均匀有可能发生断缆事故前,没有及时对缆绳进行调整或者调整后增加缆绳的数量。因此大船重工对缆绳监护处理不善,具有过错,应当对事故损失分担责任。[2]

保管期间,因保管人保管不善,造成保管物毁损灭失的,保管人应承担损害赔偿责任。

【案例3-75】 北京莲花物业管理有限责任公司与深圳市深开电器实业有限公司保管合同纠纷案

一审法院认为,关于第二个争议焦点,根据莲花物业公司保安的询问笔录可见,莲花物业公司工作人员未及时发现并有效制止郁某的侵权行为;且莲花物业公司未能提供按时巡逻的证据,故莲花物业公司对涉案车辆被砸未能尽到妥善保管的义务,对深开电器公司要求莲花物业公司赔偿汽车修理费221777元的诉讼请求,法院予以支持。二审法院维持一审判决。[3]

【案例3-76】 北京某公司诉北京某停车管理有限公司保管合同纠纷案

判决观点,对于被告甲停车公司提出事故并非因其保管不善造成的,而

---

〔1〕参见最高人民法院民法典贯彻实施工作领导小组编著:《中国民法典适用大全》(合同卷四),人民法院出版社2022年版,第3243页。甘肃省高级人民法院(2019)甘民申235号民事裁定书。

〔2〕参见最高人民法院民法典贯彻实施工作领导小组编著:《中国民法典适用大全》(合同卷四),人民法院出版社2022年版,第3243页。辽宁省高级人民法院(2020)辽民终101号民事判决书。

〔3〕参见北京市高级人民法院编:《审判前沿——新类型案件审判实务》(总第48集),法律出版社2014年版,第103页。

是他人从楼上扔下石材所致的答辩意见,在保管合同已经成立并生效的情况下,在停车场及其延伸区域内发生的非由不可抗力及双方约定的免责条款造成的车辆损失,被告甲停车公司均应向保管合同相对方原告刘某承担赔偿责任,至于责任最终承担者的认定并不属于本案审理范围。根据查明的事实,双方当事人并未形成书面合同约定免责条款,且在涉案砸车事故发生前也曾发生多起类似事故,本应引起被告高度注意。被告应本着对被保管人的人身和财产负责的态度积极采取相应措施以避免类似事故发生,但被告未采取任何防范措施致使再次发生车辆被砸事件,造成原告车辆受损。且涉案砸车事故并非由不可抗力造成,因此被告甲停车公司应对原告刘某车辆损失承担赔偿责任。判决对原告刘某要求被告甲停车公司赔偿维修费用9598元的诉讼请求予以支持。[1]

【案例3-77】 蓬达资产管理有限公司与中国工商银行股份有限公司淄博分行等保管合同纠纷再审案

最高人民法院认为,2009年4月27日至5月中旬,烨华公司在未经工行淄博分行同意,亦未向蓬达资产公司淄博分公司出具合法出库单据的情况下擅自运走大批质物,而蓬达资产公司淄博分公司除了在2009年4月27日向烨华公司发出《限制提货通知书》外,未能采取适当的应急措施予以阻止,导致其监管的质物近乎全部灭失。此外,蓬达资产公司淄博分公司亦未能举证证明其分公司将上述情况及时通知了工行淄博分行。故蓬达资产公司淄博分公司未能履行《动产质押监管协议》约定的妥善、谨慎保管质物,在质物可能短少、灭失情形下采取适当应急措施并及时通知工行淄博分行的义务,二审判决的该项认定并无不当。……《动产质押监管协议》第15.1条约定,蓬达资产公司淄博分公司因未按协议的约定办理放货等情形给工行淄博分行、烨华公司双方造成损失的,承担货物损失的赔偿责任,工行淄博分行就其实际损失享有优先受偿权。结合该条约定的文义及该协议的性质与目的,该条并不是指蓬达资产公司淄博分公司只有在给工行淄博分行、烨华公司双方同时造成损失的情况下,才承担损害赔偿责任,而应该是指因其未能履行监管义务,给工行淄博分行、烨华公司任何一方造成损失的情况下,均应承担损害赔偿责任,若同时造成双方的损失,则工行淄博分行对赔偿享有优先受偿权。蓬达资产公司关于因烨华公司未受到损害,其无须赔偿的申请再审理由,不能成立。蓬达资产公司还主张依据《动产质押物的监管方案》第8条的约定,烨华公司作为出质方及仓库管理方,有义务对其出质的质物安全与质量提供

---

[1] 参见北京市高级人民法院编:《审判前沿——新类型案件审判实务》2011年第1集(总第37集),法律出版社2012年版,第73页。

保障,故本案应由烨华公司承担责任,不应由蓬达资产公司承担。本院认为,各方当事人均应履行协议项下的义务并各自承担相应的责任。蓬达资产公司依据该条约定主张其不应承担赔偿责任,亦不能成立。〔1〕

在仓储合同中,保管人在存货人未按时支付仓储费的情况下,因行使留置权不当违约应赔偿存货人的损失。

【案例3-78】 北京瑞达兴通商贸有限公司诉北京亚鑫公铁快运有限责任公司仓储合同纠纷案

二审法院认为,亚鑫公司与瑞达公司在合同中亦约定:"当协议一方需提前终止时,应提前7日以书面形式通知另一方,在双方确认后生效"。在本案中,亚鑫公司于2008年7月29日向瑞达公司发函,催促瑞达公司结算仓储费,并要求瑞达公司于2008年8月15日前结清之后6个月的仓储费4500元,否则其将自行处理仓储物。瑞达公司在接到函件后支付了函件中提到的拖欠仓储费6000元,并于2008年9月2日又支付了仓储费750元。亚鑫公司现有证据不足以证明其曾经通知过瑞达公司取走水桶,故在此种情况下,亚鑫公司直接将仓储物出售给案外人的行为不属于正当行使留置权的范围,亚鑫公司的上述变卖行为应属违约行为,其应赔偿因其违约而给瑞达公司造成的损失。虽然双方当事人在协议中约定了每个水桶的价值为50元,但亦约定了"乙方在操作甲方货物过程中,如发生损坏、丢失现象,应按照实际情况赔偿直接损失",鉴于在本案中,瑞达公司违约在先,且其对未能及时履行生效判决导致矿泉水桶损失的发生,亦存在一定过错,故本院综合上述情况并结合矿泉水桶的市场价值,酌定本案所涉的矿泉水桶的损失为6万元。鉴于亚鑫公司已经将矿泉水桶变卖,且该批水桶有龙官公司的标识,亚鑫公司是否能够买到与该批矿泉水桶相同材质、使用年限相同的矿泉水桶均不能确定,故亚鑫公司提出其通过其他渠道另行购买矿泉水桶并予以返还的抗辩理由,不具有可执行性,本院不予采信。由于双方均确认亚鑫公司赔偿的款项的计算公式为矿泉水桶的价值减去瑞达公司尚欠的仓储费,故在扣除瑞达公司尚欠的仓储费15000元后,亚鑫公司应向瑞达公司赔偿45000元。对于瑞达公司超出部分的诉讼请求以及亚鑫公司其他反诉请求,缺乏依据,法院不予支持。〔2〕

---

〔1〕 最高人民法院(2013)民申字第591号民事裁定书。
〔2〕 参见最高人民法院中国应用法学研究所编:《人民法院案例选》2013年第3辑(总第85辑),人民法院出版社2014年版,第179~180页。北京市第二中级人民法院(2012)二中民终字第192号民事判决书。

对未形成保管合同关系,违反附随义务的损害赔偿责任问题。在商厦里的保险柜被撬,承包经营户的损失由谁负担案中,最高人民法院民一庭的倾向性意见认为,某甲与百纺公司之间并未形成保管合同关系,本案应从百纺公司所负发包经营附随义务的角度进行考察。百纺公司与承包经营户某甲签订的经营承包合同,系双方真实意思表示,其形式、内容均不违反法律禁止性规定,是合法有效的。某甲按合同的约定,履行了交纳承包款及年度值班费每年700元等义务,百纺公司也应当履行合同约定的相关义务,其中包括确保某甲的财产免受侵害的注意保护附随义务。本案中,可以认定承包经营户某甲对其所受的损失并无过错,百纺公司未尽到足够的注意保护义务。至于百纺公司应当承担的赔偿责任范围,应根据其未履行保护义务与某甲的财产损失之间的因果关系等因素综合认定。[1]

对于消费服务合同中,违反附随的财物保管合同义务赔偿问题,其赔偿实质是经营者提供设施设备不符合消费者财产安全的要求,属于服务瑕疵的问题,而不是保管行为瑕疵,承担的是法定义务责任。

【案例3-79】 倪某柱诉三牌楼浴室保管合同纠纷案

二审法院认为,倪某柱就寻呼机原价未能提供证据,原审法院以3400元折旧计算赔偿额2720元缺乏依据。参考现时同种机型的市场价格,应认定为价值500元。原审法院按刑事诉讼中对手机价值的鉴定结果和经庭审质证的证据认定的手机价格和补办证件及重配钥匙等费用,并无不当。上诉人对衣柜钥匙管理不善,又无应有的店堂告示,存在过错。此种过失,依社会一般观察,及同行业从业者之常识,均可预见可能发生财物被窃的后果,而现实中确又发生了倪某柱财物被窃的情况,足以认定过失行为与损害结果具有因果关系,故上诉人应承担损害赔偿责任。根据其过错程度,原审法院判令其承担大部分责任并无不当。上诉人就寻呼机赔偿额的上诉请求应予支持,其余上诉请求不予支持。[2]

不免责问题。《民法典》第一百八十条规定的不可抗力免责,其适用的前提是在不可抗力发生时,当事人已在能力范围内采取了合理措施,依然不能免除或减少不可抗力的影响,在此情况下,根据不可抗力的影响,部分或全部免除责任。反之,不构成不可抗力或虽构成不可抗力但不在能力范围内采取合理措施的则不免责。

---

[1] 参见最高人民法院民事审判第一庭编:《中国民事审判前沿》2005年第2集(总第2集),法律出版社2005年版,第173~174页。

[2] 参见最高人民法院中国应用法学研究所编:《人民法院案例选》2002年第1辑(总第39辑),人民法院出版社2002年版,第134页。

【案例 3-80】 优成优氏建筑材料(上海)有限公司诉北京京桥仓储服务有限责任公司仓储合同纠纷案

二审法院认为,京桥仓储公司上诉称暴雪属于不可抗力,其不应承担赔偿责任。不可抗力,是指不能预见、不能避免并不能克服的客观情况,京桥仓储公司作为保管人,其应当对屋顶的承重能力有明确的认知,在 11 月 3 日北京市气象局已经发布暴雪蓝色预警的情况下,至 11 月 4 日下午开始下雪,京桥仓储公司有充分的时间采取加固屋顶、转移货物等措施预防损失的发生,本案中天气情况对于损失而言并非不可抗力,故对京桥仓储公司该项上诉意见,不予支持。[1]

动产质押监管合同,是指债务人将其合法占有的动产向债权人出质后,为了保证质物的安全,债权人将质物委托监管人保管而订立合同。司法实践中,不宜对动产质押监管合同的法律性质作统一的认定,而应具体案情具体分析,如若合同中有明确、具体、合法、有效的约定,则可以直接依据约定处理;如若合同中没有约定,则可以结合合同的名称、合同的目的、约定的内容,综合认定合同的法律性质,并参照《民法典》合同编中的典型合同规定处理。在动产质押监管合同中,不论是监管人出于法定义务还是约定义务,当质物转移给监管人保管后,质物一旦灭失,监管人就有可能承担赔偿责任。实践中,通常应根据监管人有无适当履行监管协议约定的监管义务,来判断其应否承担赔偿责任。

【案例 3-81】 中国光大银行股份有限公司广州分行诉广东诚通物流有限公司仓储合同纠纷案

二审法院认为,关于被告诚通物流公司有无适当履行合同约定的监管义务的问题。根据《仓储监管协议》第一条第五款、第二条第四款第四项、第四条第一款的约定,被告有义务保证质物的价值不得低于约定的价值。二审中,被告亦认可其应当履行该义务,而客观上,质物价值因为升旭公司强行出货已经减少。至于被告在二审中提出,升旭公司持有仓库钥匙,导致虽有约定,但被告事实上无法阻止升旭公司强行出货的辩解不能成立。就确保质物的价值义务之履行而言,被告并无适当履行,构成违约。关于通知义务的履行问题。被告在一审中提交了照片与电话录音,显示已经履行了通知义务。但是该义务的履行并不能免除被告没有适当监管质物价值而应负担的违约责任。关于被告的责任问题。根据涉案协议第八条的约定,由于原告光大银行、被告、升旭公司三方签订的《协议书》已经明确质物减少 13618500 元。本

---

[1] 参见国家法官学院案例开发研究中心编:《中国法院 2017 年度案例》(合同纠纷),中国法制出版社 2017 年版,第 258~259 页。北京市第三中级人民法院(2015)三中民(商)终字第 04472 号民事判决书。

专题三　保管合同纠纷

案中,原告正是基于仓储协议第八条约定向被告主张权利,原告提出该诉请符合合同约定。该权利项下的赔偿金本质上属于质押物灭失的替代物,原告亦有权予以主张。债权因清偿而消灭,本案判令被告向原告赔偿损失不会导致原告获利。因此,原告要求被告对升旭公司在(2015)穗天法金民初字第4821号民事判决书判决项下的债务,在人民币1368500元范围内就未获清偿部分承担赔偿责任的诉请应予支持。[1]

在有偿保管合同中,保管人尽到妥善保管义务的不承担赔偿责任。

【案例3-82】　徐某诉宿迁市甲物业管理有限公司保管合同纠纷再审案

再审法院认为,本案系徐某与甲物业公司之间的保管合同纠纷,仅应就甲物业公司是否尽到了妥善保管义务,是否要承担返还涉案车辆的责任进行审理。根据本案查明的事实,甲物业公司在涉案车辆被人强行开走时进行了阻拦,又在车辆被他人开走后及时报警并组织人员主动查找。甲物业公司发现被抢车辆后立即报警,并由公安机关查扣了涉案车辆,该车辆应由公安机关交还失主。至此,应当认定甲物业公司已经尽到了妥善保管义务,其不应再承担返还车辆的责任。[2]

无偿保管人保管没有重大过失时,不承担损害赔偿责任。

【案例3-83】　郭某某、孙某甲等诉孙某乙、林某甲等共有物分割、保管合同纠纷案

二审法院认为,案涉赔偿款项作为共有物,在共有物已有明确约定时,各共有人应当依照约定管理共有物,不得擅自处分共有物。违反约定擅自处分共有物的共有人,应当对其他共有人承担赔偿责任。被扶养人生活费虽然计入死亡赔偿金或残疾赔偿金,但并不意味着不予计算被抚养人生活费的具体金额。无偿保管人保管共有物没有重大过失时,不承担损害赔偿责任。考虑到案涉保管标的为货币,无偿保管人依法仅需返还相同种类、数量的货币。本案无偿保管合同关系为我国红白喜事等传统习俗中盛行的好意帮忙行为,法院对此应当依法谨慎处理,否则不利于公序良俗的维护与弘扬。[3]

【案例3-84】　韩某某与金某某保管合同纠纷案

判决观点,因原、被告对保管费没有约定,故原告对被告貂皮的保管应视

---

[1] 参见国家法官学院、最高人民法院案例研究院编:《中国法院2020年度案例》(合同纠纷),中国法制出版社2020年版,第269页。广东省广州市中级人民法院(2018)粤01民终15580号民事判决书。
[2] 江苏省高级人民法院(2013)苏民再提字第0105号民事判决书。
[3] 参见最高人民法院民法典贯彻实施工作领导小组编著:《中国民法典适用大全》(合同卷四),人民法院出版社2022年版,第3242页。浙江省温州市中级人民法院(2019)浙03民终3206号民事判决书。

为无偿保管,无偿保管人证明自己没有故意或重大过失的,不承担赔偿责任。2015年至2017年被告将貂皮存放在原告冷库时,原、被告对保管物的数量、保管费、保管期限均没有约定,故原告作为保管人可以随时请求作为寄存人的被告领取保管物。〔1〕

寄存人交付的保管物有瑕疵或者按照保管物的性质需要采取特殊保管措施的,寄存人应当将有关情况告知保管人。寄存人未告知,致使保管物受损失的,保管人不承担赔偿责任。

【案例3-85】 蔡某友诉平顶山市新华区甲停车场保管合同纠纷案

二审法院认为,蔡某友将本案所涉的货车及挂车交由甲停车场保管,并交付停车费,形成保管合同关系。涉案车辆系焦某立分期付款购买的,并办理了抵押登记手续,蔡某友从焦某立处取得该车辆时,已经知道该车辆已抵押可能发生的债务纠纷,同时蔡某友也称在本次乙汽车贸易公司开走车辆之前,乙汽车贸易公司曾在其他地方强行抢走涉案车辆,后因公安机关介入未开走车辆。从上述事实看,蔡某友应当预料到涉案车辆因债务纠纷随时可能会被他人强行开走事件的发生,其将车辆交付甲停车场进行保管时,应当就车辆的相关情况告知甲停车场,并告知停车场采取特殊的保管措施,但其未履行告知义务,导致乙汽车贸易公司基于其与焦某立之间的债务纠纷将车辆开走,对此事件的发生甲停车场无法预料,也无法控制,因此甲停车场对涉案车辆被开走的损失不应向蔡某友承担赔偿责任。〔2〕

保管合同未约定或未经寄存人同意转交第三人保管,对保管物造成损失的,保管人应当承担赔偿责任。

【案例3-86】 湖南益阳甲粮食购销有限公司诉湖南益阳乙粮库保管合同纠纷案

二审法院认为,2012年6月12日,甲公司和乙粮库签订的早籼稻谷代收代储合同系双方真实意思表示,合法有效。该合同包含委托收购稻谷以及稻谷保管合同内容,双方之间的稻谷保管合同关系成立且有效。乙粮库签订早籼稻谷代收代储合同后,另行与他人签订合同,委托他人代收并保管泗湖山库点以及精为天库点稻谷。《合同法》第三百七十一条规定,保管人不得将保管物转交第三人保管,但当事人另有约定的除外。保管人违反前款规定,

---

〔1〕 参见最高人民法院民法典贯彻实施工作领导小组编著:《中国民法典适用大全》(合同卷四),人民法院出版社2022年版,第3248页。河北省秦皇岛市抚宁区人民法院(2021)冀0306民初1187号民事判决书。

〔2〕 河南省平顶山市中级人民法院(2018)豫04民终275号民事判决书。

将保管物转交第三人保管,对保管物造成损失的,应当承担损害赔偿责任。该案双方合同未约定保管物可以转交第三人保管,合同虽约定乙粮库可以自行在外租赁仓库用于储存涉案稻谷,但租赁行为与转交保管行为法律性质明显不同,不能视为甲公司已经同意将泗湖山库点以及精为天库点稻谷转交他人保管,故甲公司主张的该两库点灭失稻谷的损害赔偿责任,仍应由乙粮库承担。对乙粮库关于粮食灭失责任应由第三人承担的抗辩主张,不予支持。[1]

消费者住宿酒店寄存车辆,酒店未发放出入卡,不影响承担车辆丢失的赔偿责任。

【案例3-87】 罗某光诉百色鑫鑫大酒店保管合同纠纷再审案

再审法院认为,车辆寄存人将车辆寄存在其住宿的酒店,酒店工作人员没有发放出入卡,也未予登记,而寄存人也未要求对方出具相关的保管凭证,但是这并不影响双方保管合同的成立,酒店方仍需履行安全保管义务。发放保管凭证是保管人的一种义务,应主动去履行,所以寄存人虽未要求对方出具保管凭证,但并不具有过错,对车辆丢失不承担责任。酒店方疏于检查和防范,造成车辆被盗,理应承担全部赔偿责任。[2]

对于发生了特别事由,保管人要求寄存人提前领取保管物给寄存人造成损失的,是否应当承担责任问题,《民法典》没有规定,有待司法实践中进一步研究确定。笔者认为,对于没有特别事由的,未履行保管期间的保管费用应当返还;对寄存人造成其他损失的,保管人应当承担赔偿责任,如运输保管物的费用。[3]

(四)损害赔偿范围处理

损害赔偿责任应以补偿性为原则,赔偿范围应以寄存人实际遭受的全部损失为范围。

【案例3-88】 郭某诉北京宜家家居服务有限公司保管合同纠纷案

判决观点,郭某车辆在保管期间被损害,宜家没有尽到妥善保管保管物的义务。据此,宜家应当赔偿郭某的修车损失及车辆送修期间产生的误工损

---

[1] 湖南省高级人民法院(2015)湘高法民二终字第207号民事判决书。
[2] 参见最高人民法院民法典贯彻实施工作领导小组编著:《中国民法典适用大全》(合同卷四),人民法院出版社2022年版,第3235页。广西壮族自治区百色市中级人民法院(2012)百民再字第41号民事判决书。
[3] 参见最高人民法院民法典贯彻实施工作领导小组编著:《中国民法典适用大全》(合同卷四),人民法院出版社2022年版,第3275页。

失。但是,郭某在存放车辆时既未将其主张的摄像机等物品交付宜家停车场管理人员;也未将贵重物品放置车内的情况明确告知管理人员。郭某的行为不符合保管合同自保管物交付时成立的法律规定,故无法认定郭某与宜家之间就车内物品另行建立了保管合同关系。而且,现有证据亦不足以证明上述物品存放在被损车辆内及具体价值事实。因此,对于郭某要求宜家赔偿其他损失的诉讼请求,法院不予支持。此外,宜家作为经营者,应对消费者消费过程中遭受财产损失表示歉意。但郭某要求宜家书面道歉的诉讼请求,缺乏法律依据,法院不予支持。据此,法院判决被告赔偿原告车辆维修费338元、误工损失73元。[1]

保管合同中保管人的赔偿责任范围之确定,既应当符合合同的相关约定,亦应当考量保管人收取保管费数额的大小。

【案例3-89】 海南玉峰客运有限公司与海口市城建集团海口盛泰房地产有限公司保管合同纠纷案

最高人民法院认为,双方当事人于1994年9月22日签订的《保管合同协议》系双方当事人真实意思表示,不违反我国法律、行政法规的禁止性规定,应认定合法有效。该合同中,既有千家村管理处负责保管好车辆的内容,也有玉峰公司租用千家村管理处停车场放置车辆的内容;合同就具体如何看护车辆、如何给付费用、事故责任的承担等均作出了约定,其约定内容具备保管合同的法律特征,然而该合同第一条有关保管费用的约定,与千家村管理处实际八次以"场地费"名义收取费用的情况表明,该费用数额的确定并非按照合同标的机动车价款来确定的,而与实践中一般停车收费管理的做法和标准相同,主要是按照车辆保管的占地面积来计算收取的,属于场地占用费的性质。该合同第二条约定"千家村管理处负责保管好车辆,每天24小时均有保安巡视车辆。如车辆零部件被偷、玻璃被打破、车外表被剐蹭,千家村管理处应按价赔偿和修复好",这些车辆损失数额的约定较小,与合同第一条所约定的保管费用相当,且未包括因火灾造成的损失,因此本案合同既有占地停放车辆的内容,亦约定了千家村管理处的一般看管责任。本案火灾所致车辆损失104万元,与千家村管理处依合同承担一般看管责任所对应的"场地保管费"差距悬殊。而海口市公安局已经对涉案火灾定性为人为纵火,故涉案车辆损失最终应当由纵火人负责赔偿,玉峰公司请求判令房产公司对本案车辆损失承担全部责任,不符合我国《合同法》规定的公平原则。该保管合

---

[1] 参见最高人民法院中国应用法学研究所编:《人民法院案例选》(月版)2009年第5辑(总第5辑),中国法制出版社2009年版,第135~136页。

同第三条约定"玉峰公司放车保管每满1个月,必须付清1个月的场地保管费4560元,否则千家村管理处不负其他事故责任。"该约定属于合同的免责条款,对双方当事人均有约束力。本案事实是,玉峰公司交纳了八次费用给千家村管理处,1995年7月3日火灾发生时,玉峰公司已有迟延交纳保管费的情形,海口市中级人民法院二审判决部分免除了千家村管理处的责任并无不妥。此外,千家村管理处并非具有专业保管知识能力的企业,双方当事人对此均为明知或应知,双方仍然签订保管车辆合同,应各自承担相应的责任。海口市中级人民法院二审判决认定房产公司承担60%的损失责任,其余40%的损失由玉峰公司自行承担,并无不妥,应予维持。申请人玉峰公司以涉案合同为保管合同,千家村管理处怠于保管导致火灾烧毁车辆为由,请求改判房产公司承担全部损失,缺乏事实和法律依据,本院不予支持。玉峰公司申请再审请求改判房产公司赔偿汽车残骸损失106万元,因该请求已经超出了该公司一审起诉的范围,故本院不予审理。〔1〕

如何认定已灭失的保管物品的价值尤其为特定物,是司法实践中的疑难问题。

【案例3-90】 怡利公司与全冠公司保管合同纠纷案

判决观点,原、被告之间保管合同成立,双方主要是基于产品加工的事实而建立的保管业务关系,被告在相关的产品加工业务结束后理应及时返还保管物,若不能返还,则应折价赔偿。判决被告全冠公司应返还原告怡利公司28套模具,若不能返还折价赔偿原告怡利公司364492元。〔2〕模具是一种特殊产品,具有一定的使用年限和冲压次数,模具的价值与模具造价、冲压次数等因素有关。本案中,法官对由其他公司移送至被告处的17套模具原购置价值为448812元,开模时间为2006~2008年,按原值的30%折价为134644元,而全冠公司开模的11套模具原购置价值为383080元,开模时间为2008~2009年,按原值的60%折价为229848元。在没有模具实物、物价部门无法对所保管的模具价值进行估价的情况下,法官依据模具开发费用、开模时间、冲压次数、原告的实际需要酌定折价赔偿,尽管不太科学,影响了判决的公正性,但从效益角度来说无疑是可取的。

即使寄存人结欠保管费,在保管物为可分物的情况下,保管人也仅享有留置相当于保管费金额的货物的权利,并须承担因保管不善致使留置物灭失的民事责

---

〔1〕 参见最高人民法院民事审判第二庭编:《最高人民法院商事审判指导案例》(合同与借贷担保卷),中国法制出版社2013年版,第259~260页。最高人民法院(2009)民提字第43号民事判决书。

〔2〕 参见中华全国律师协会民事专业委员编:《中国民商事案例精选》(2012~2014),法律出版社2014年版,第89页。江苏省苏州市吴江区人民法院(2013)吴江商初字第0015号民事判决书。

任。保管合同未约定保管物为可替代物的,保管人无权主张替代返还,其应按灭失保管物的货物价值向寄存人承担赔偿责任,但可扣除灭失前已合法产生的保管费。

【案例3-91】 舟山港明食品有限公司等与泰宝美客株式会社承揽合同及保管合同纠纷案

最高人民法院认为,港明公司、加藤佳公司主张由于泰宝美客不提取货物致使货物因保存过久而变质。但是本案的诉讼情况显示,泰宝美客向港明公司、加藤佳公司请求返还货物,遭到拒绝后,才诉诸法院。且港明公司、加藤佳公司清楚知晓本案所涉货物是海鲜产品,不宜长期保存,在诉讼阶段中仍不同意泰宝美客核查货物,导致泰宝美客的先行变卖申请无法实现。港明公司、加藤佳公司关于泰宝美客不提取货物的主张不能成立。港明公司、加藤佳公司拒绝返还剩余货物的行为,违反了保管合同项下返还保管物的义务,其应当承担逾期返还货物的违约责任。退一步说,即使泰宝美客存在结欠保管费的事实,在本案所涉货物为可分物的情况下,根据《担保法》第八十五条以及第八十六条的规定,港明公司、加藤佳公司也仅享有留置相当于债务金额的货物的权利,并须承担因保管不善致使留置物灭失的责任。泰宝美客的剩余货物价值高达2182281695.12日元,远超过可能产生的保管费数额,港明公司、加藤佳公司拒绝返还剩余货物,不符合合法留置的情形。[1]

在损害赔偿纠纷中,保管人与寄存人对造成租赁物损害均有过错的,由法官裁量原、被告双方承担责任的比例。

【案例3-92】 白某友诉北京大邦物业管理有限公司保管合同纠纷案

判决观点,一方面,白某友所有车辆在保管合同的有效期间,在保管场所被他人损坏,作为保管人的大邦物业未尽到保管义务,存在违约行为,应负主要责任。首先,大邦物业因未按约定及时提供其承诺的D036号停车位地锁钥匙,导致白某友不能使用该停车位,是保管车辆受损的主要原因;其次,大邦物业作为保管人对白某友停放车辆不符合规定,应及时疏导、提醒、纠正,确保停放车辆安全,但大邦物业疏于管理,导致保管车辆受损;最后,大邦物业作为保管人,对保管场所的安保措施不到位,缺乏必要技术设施,未能及时发现安全隐患,导致无法确定损坏人。另一方面,白某友停放车辆位置存在瑕疵,也是导致受损的一个原因,因此其对保管车辆受损承担次要责任。现白某友诉至法院,要求大邦物业赔偿修车费15847元请求的合理部分,予以支持。白某友要求赔偿租车费2603元的请求,结合案情,赔偿数额予以酌

---

〔1〕 最高人民法院(2010)民四终字第29号民事判决书。

定。法院判决被告大邦物业公司赔偿原告白某友车辆修理费11092.9元,租车费260.3元。[1]

【案例3-93】 范某柱诉海南佳宇物业服务有限公司保管合同纠纷案

判决观点,原告电动车在小区内丢失被告应承担赔偿责任。但是,原告未按照规定将电动车停放在指定位置,违反小区对车辆管理的规定,不利于车辆保管。因此,原告对于车辆的丢失也应承担一定责任。根据双方的过错程度,法院认为电动车丢失的损失原告承担20%,被告承担80%,即2400元×80%=1920元。[2]

个案中,法官应根据具体案情处理寄存人主张的损失。

【案例3-94】 陈某甲与酉阳县翼龙汽车修理服务有限责任公司保管合同纠纷案

二审法院认为,酉阳县翼龙汽车修理服务有限责任公司(以下简称翼龙公司)与陈某甲之间形成保管合同关系。工程机械在被翼龙公司保管过程中,双顺公司主张权利,在保管物未被采取保全或执行的情况下,根据保管合同约定,翼龙公司只应当对陈某甲负有返还保管物的义务。双顺公司在向翼龙公司工作人员刘某某仅出示了销售合同并声称双顺公司对工程机械享有所有权的情况下,翼龙公司工作人员未将该情况通知寄存人陈某甲即让双顺公司将工程机械开走,翼龙公司对此具有过失。陈某甲在本案主张工程机械损失70万元和租金损失27.5万元。对于工程机械损失70万元,由于根据《销售合同》的约定,只有在陈某甲向双顺公司付清购买工程机械的所有款项后,陈某甲才能取得工程机械所有权,现陈某甲并未付清所有款项,尚未取得工程机械的所有权,且工程机械并未毁损或灭失,而是由双顺公司占有,故对陈某甲主张的工程机械损失70万元不予支持。对于租金损失问题,双顺公司2019年2月19日5时20分将工程机械开走,陈某甲当日8时即要求翼龙公司归还工程机械,翼龙公司归还不能,陈某甲要求报警,刘某某在当日向公安机关说明情况,刘某某在接受公安机关询问时即提及双顺公司取走工程机械时出示了《销售合同》,双顺公司也称在取回工程机械前告知过陈某甲,故可以认定陈某甲在其与酉阳县渝林木种植有限公司签订的《挖机租赁合同》约定的工程机械进场施工时间2019年2月24日之前即知晓双顺公司将工程机械取走,由于工程机械被双顺公司取回是因为陈某甲未能履行《销售

---

[1] 参见国家法官学院案例开发研究中心编:《中国法院2013年度案例》(合同纠纷),中国法制出版社2013年版,第148页。北京市石景山区人民法院(2011)石民初字第1139号民事判决书。

[2] 参见国家法官学院案例开发研究中心编:《中国法院2013年度案例》(合同纠纷),中国法制出版社2013年版,第145页。海南省海口市龙华区人民法院(2010)龙民一初字第1304号民事判决书。

合同》中约定的乙方付款义务所导致,陈某甲在知晓双顺公司取回工程机械后,应当及时主动解决与双顺公司之间的纠纷,付清应当支付的按期购机款项后取回工程机械,避免租金损失的产生,迄今未有证据证明陈某甲依据《销售合同》约定向双顺公司积极履行自己的义务并主张权利,陈某甲在知晓工程机械被双顺公司取回后,自己不主动采取措施取回工程机械所造成的租金损失,不应当由翼龙公司承担。[1]

对未声明贵重物品遗失的处理。《民法典》第八百九十八条规定,寄存人欲寄存贵重物品的,如金钱、证券、珠宝、艺术品、奢侈品等,应向保管人验收或封存;寄存人未声明而物品发生损失的,保管人可以按一般物品之标准赔偿。法律规定声明,是判断保管人对遗失保管物赔偿范围的依据。寄存人对贵重物声明的,保管人按其声明价格赔偿,未声明的按一般物品赔偿。法律所称声明,包括在保管合同中列明保管物,保管人在保管凭证上记载保管物,也包括其他足以使保管人知晓保管物性质、种类的方式。按一般物品赔偿,主要指依保管物外观,按一般人所能确认的保管物的价值赔偿。[2] 换言之,对寄存人声明可以有口头、书面等多种形式。

【案例3-95】 王某某诉爱美美容院财产损害赔偿纠纷案

判决观点,本案中,原、被告虽未签订书面保管合同,但原告在被告处做背,被告工作人员征得原告同意后将其佩戴的项链摘下,放置于被告经营场所内,双方事实上建立了保管合同关系。被告作为保管人,应妥善保管原告的项链。现被告无法返还项链,故被告应当承担相应的赔偿责任。原告要求被告赔偿项链损失12914元,依据不足。理由如下:第一,依据《民事诉讼法》第六十七条规定,当事人对自己提出的主张,有责任提供证据。现原告仅提供发票和清单,无法证明灭失的项链就是该条。第二,依据《合同法》第三百七十五条规定,原告作为项链的所有人,如果该条项链价值昂贵,应向被告事先声明,由被告决定是否保管,并由被告验收,放置于指定处所。现原告在被告工作人员为其取下项链时,原告并未告知项链价值,造成被告的工作人员未能验收项链并封存,现项链灭失,依法可以按照一般物品予以赔偿。第三,本案中,原告亦可要求被告工作人员将项链放置在自己包内或者交与原告手中,却贪图方便由被告放置,也未向被告询问放置地点。现被告工作人员表示,项链就放置在原告身边的推车上,在被告工作人员退出后,原告一个人在

---

[1] 参见最高人民法院民法典贯彻实施工作领导小组编著:《中国民法典适用大全》(合同卷四),人民法院出版社2022年版,第3263~3264页。重庆市第四中级人民法院(2020)渝04民终47号民事判决书。

[2] 参见马俊驹、余延满:《民法原论》,法律出版社2010年版,第717页。

房间内穿衣服,原告才表示项链不见了。故原告对本次纠纷的发生也存在过错,亦应承担一定的过错责任。综上所述,酌情确认由被告赔偿原告项链损失1000元。[1]

合同违约中精神损害赔偿请求受法律保护。

【案例3-96】 杜某飞诉美容服务部保管合同纠纷案

二审法院认为,对于杜某飞关于案涉宠物价值的主张、承担饲养宠物的支出及维权支出的主张以及退还充值话费2000元的主张,与一审法院裁判意见相同。关于精神损失费的主张,法院认为,首先,《民法典》第九百九十六条规定……虽然《合同法》对违约精神损害赔偿未予规定,但《民法典时间效力规定》第二条规定:"民法典施行前的法律事实引起的民事纠纷案件,当时的法律、司法解释有规定,适用当时的法律、司法解释的规定,但是适用民法典的规定更有利于保护民事主体合法权益,更有利于维护社会和经济秩序,更有利于弘扬社会主义核心价值观的除外";第三条规定:"民法典施行前的法律事实引起的民事纠纷案件,当时的法律、司法解释没有规定而民法典有规定的,可以适用民法典的规定,但是明显减损当事人合法权益、增加当事人法定义务或者背离当事人合理预期的除外"。其次,在饲养宠物的过程中,饲养人往往会投入较多的精力和财力、与宠物之间形成较亲密的关系,也会寄托特别的感情。一方面,结合本案案情,从日常生活来看,杜某飞及其家人会为宠物犬"八戒"购置衣服等,并购买蛋糕和蜡烛为"八戒"庆祝生日,"八戒"也学会了开关抽屉。由此可见,"八戒"已成为杜某飞家庭生活的重要组成部分,也验证了杜某飞及其家人已将"八戒"视为家人来对待的陈述。由此也足以认定"八戒"对于杜某飞及其家人而言已成为一种具有特殊意义的特定物,承载杜某飞及其家人的感情和寄托。另一方面,从杜某飞及其家人反应来看,对宠物犬"八戒"的去世,杜某飞及其家人是无法予以接受的,内心备受煎熬,精神痛苦也是客观的。故本案中,对美容服务部未能妥善保管好"八戒"导致其死亡的违约行为,杜某飞主张精神损害赔偿,本院予以支持。但主张精神损失费3万元,依据不足。本院根据案涉宠物犬的价值、饲养时间、杜某飞及其家人所受精神损害的程度,酌情认定由美容服务部赔偿经济损失1000元。判决:一、维持一审判决第二项;二、撤销一审判决第三项;三、美容服务部赔偿杜某飞精神损失费1000元;四、驳回杜某飞的其他诉

---

〔1〕 参见最高人民法院民法典贯彻实施工作领导小组编著:《中国民法典适用大全》(合同卷四),人民法院出版社2022年版,第3271~3272页。上海市宝山区人民法院(2020)沪0113民初23040号民事判决书。

讼请求。[1]

(五)保管留置权处理

《民法典》第九百零三条规定:"寄存人未按照约定支付保管费或者其他费用的,保管人对保管物享有留置权,但当事人另有约定的除外。"该条是关于保管人留置权的规定。

关于留置权行使的条件,其一,寄存人到期未支付保管费或其他费用,违反了保管合同的约定。其二,保管人仍占有保管物,在保管物已返还寄存人时,保管人丧失行使留置权的条件。其三,依照保管物的性质不存在不宜留置的情形。其四,寄存人与保管人事先没有通过合同约定排除可以留置的财产。其五,适用物权编关于留置权的一般规定。

关于其他费用的理解。所谓"其他费用",是指保管人为保管保管物而实际支出的必要费用。必要费用,是保管人为了实现物的保管目的,以维持保管物之原状而支出的费用。必要费用不同于保管费,保管费是指寄存人应当支付给保管人的报酬,只存在于有偿保管中;而必要费用则指保管人为实现保管合同的目的,在保管过程中必要的花销,如保管人支付的电费、场地费用、交通运输费用,即便在无偿保管的过程中也会产生。……法律没有明确规定必要费用的负担者,首先应当尊重当事人的意思自治,有约定的从其约定。[2]

【案例3-97】 刘某林诉重庆市甲农副产品有限公司保管合同纠纷再审案

再审法院认为,本案保管合同未约定保管费的支付时间,但约定了保管费的计算标准系按每月保管数量计,故保管费的支付应按月结付。2012年4月5日,刘某林被甲公司拒绝提货时,他已下欠数月保管费12210元,刘某林此时负有先支付下欠保管费的义务。根据《合同法》第三百八十条的规定……在刘某林没有支付下欠保管费的情况下,甲公司可以行使先履行抗辩权拒绝其提货,并有权留置该货物。[3]

应注意的是,无偿保管中限制适用留置权。

---

〔1〕参见国家法官学院、最高人民法院司法案例研究院编:《中国法院2023年度案例》(合同纠纷),中国法制出版社2023年版,第185~186页。江苏省苏州市中级人民法院(2021)苏05民终11639号民事判决书。

〔2〕参见中国审判理论研究会民事审判理论专业委员会主编:《民法典合同编条文理解与司法适用》,法律出版社2020年版,第842~843页。

〔3〕重庆市高级人民法院(2018)渝民再262号民事判决书。

【案例 3-98】 李某与贵某保管合同纠纷案

判决观点,无偿保管情形下,当事人不能依据《民法典》第九百零三条"寄存人未按照约定支付保管费或者其他费用的,保管人对保管物享有留置权……"的规定行使对保管物的留置权,更不能以其他法律关系主张保管物的留置权。[1]

(六) 仓储合同纠纷处理

仓储合同是一种特殊的保管合同,它具有保管合同的基本特征,同时又具有自己的特殊特征。《民法典》第二十二章专门规定了仓储合同,从第九百零四条至第九百一十八条共计十五个条文对其作了规定。第九百一十八条规定:"本章没有规定的,适用保管合同的有关规定。"尽管仓储合同与保管合同有几项重要区别,如保管合同是实践性合同,而仓储合同为诺成性合同;保管合同是否有偿由当事人约定,而仓储合同均为有偿契约等。但仓储合同与保管合同的本质是一样的,即都是为他人保管财物。[2]

1. 仓储合同关系认定

存货人交付仓储物并支付仓储费,保管人接收储存仓储物,双方当事人之间成立仓储合同关系。

【案例 3-99】 王某军诉李某堂仓储合同纠纷案

二审法院认为,2013年1月16日至4月5日,王某军经王某保介绍陆续在李某堂的冷库储存干辣椒好子弹头99379斤、二黄子弹头82866斤,王某军、李某堂虽未签订仓储合同,但双方口头约定,李某堂为王某军储存辣椒,王某军支付保管费用,仓储期间为1年、仓储费为70000元,应认定双方仓储合同关系成立。合同成立后,双方理应严格依照合同约定履行义务,王某军有检查、提取仓储物的权利和支付仓储费的义务,李某堂有妥善保管仓储物的义务和收取仓储费的权利。[3]

当事人约定合同的生效须满足一定条件的,则仓储合同的生效时间应在合同

---

[1] 参见最高人民法院民法典贯彻实施工作领导小组编著:《中国民法典适用大全》(合同卷四),人民法院出版社2022年版,第3289页。湖南省常德市鼎城区人民法院(2021)湘0703民初656号民事判决书。

[2] 参见黄薇主编:《中华人民共和国民法典合同编释义》,法律出版社2020年版,第863~864页。

[3] 河南省安阳市中级人民法院(2016)豫05民终165号民事判决书。

成立后并且其条件成就时。

【案例3-101】 武某宇诉刘某华仓储合同纠纷案

二审法院认为,双方于2016年10月19日签订大葱储存协议,约定租金15000元,当日刘某华支付武某宇租金5000元,双方约定的存放时间为2016年11月1日。2016年11月1日货物入库储存,存放时间为3个月,武某宇接收并保管货物。本案双方签订的储存协议属仓储合同,该合同是有偿、诺成合同,合同自双方签订时成立,但这并不意味着仓储合同的成立与生效是一回事,若当事人约定合同的生效须满足一定条件的,则仓储合同的生效时间应在合同成立后并且其条件成就时,故本案仓储合同生效时间应认定为2016年11月1日。[1]

2. 仓单认定

《民法典》第九百零八条至第九百一十条计三个条文对仓单作了规定。

仓单不是仓储合同本身,也不是仓储合同的成立条件,但可以证明保管人与存货人之间仓储关系的存在。

【案例3-101】 杨某轮诉巨野县大义镇甲冷库仓储合同纠纷案

二审法院认为,杨某轮、甲冷库双方未签订书面合同,系口头约定。杨某轮将涉案货物交付甲冷库,存储在甲冷库内,约定了储存费,虽然未出具仓单,但仓单不是仓储合同本身,也不是仓储合同的成立条件,而仅是一种履行行为。双方之间已形成了仓储合同关系,是双方当事人的真实意思表示,合法有效,应予以确认。甲冷库辩称未出具仓单,系租赁关系,于法无据,不予采信。[2]

存货人交付仓储物的,保管人应当给付仓单。入库证明记载了仓单所应具备的主要事项,符合仓单的法律属性,为法律意义上的仓单。

【案例3-102】 甲国际(控股)股份有限公司诉乙股份有限公司、丙物资哈尔滨有限公司仓储合同纠纷案

二审法院认为,仓储合同的保管人接收了存货人交付的仓储物,应当向存货人交付仓单。仓单应当记载存货人的基本信息、仓储物情况以及储存地点和时间等相关信息。本案中,乙公司依据其与丁公司签订的单次《港口作业合同》接收并仓储案涉货物后,依据丁公司出具的货物过户证明,向丙公

---

[1] 甘肃省白银市中级人民法院(2018)甘04民终322号民事判决书。
[2] 山东省菏泽市中级人民法院(2018)鲁17民终1679号民事判决书。

出具了入库证明,该入库证明明确记载丙公司在乙公司库存进口矿粉,并记载了相应的数量、货物运输的船舶名称和存放地点,其内容符合《合同法》第三百八十六条规定的仓单形式要件和实质要件,故原判结合丙公司与乙公司签订的《仓储合同》互相呼应的情况,认定案涉《入库证明》具有仓单的属性并无不当。[1]

仓单是提取仓储物的凭证。存货人或者仓单持有人在仓单上背书,可以转让提取仓储物的权利,但应经保管人签名或盖章。

【案例 3－103】 包某菲诉靖江甲有限公司仓储合同纠纷案

二审法院认为,本案中,乙公司系存货人,甲公司系保管人,双方之间形成仓储合同关系。2015 年 10 月 27 日,乙公司向甲公司开具有效期为 5 个工作日的发货通知,将案涉争议进口木材的提货权转让给丙经营部,此时提货权已转让至丙经营部,但权利有效期仅为 5 个工作日。直至 2016 年 3 月 4 日,包某菲才持丙经营部开具的发货指令至甲公司办理提货事宜,并且包某菲未能证明其当日获取案涉争议进口木材的出库单,亦未实际提货。对此包某菲辩解为木材市场价格下滑,其决定存货等待机会,但其亦未能证明其重新办理了入库单。上述事实表明,2016 年 3 月 4 日,包某菲已经丧失有效提货权,且包某菲未与甲公司之间就案涉争议进口木材形成新的仓储合同关系。故判决驳回包某菲基于仓储合同法律关系向甲公司主张提取案涉争议进口木材或者赔偿损失的诉讼请求。[2]

【案例 3－104】 永泓仓储物流(上海)有限公司与营口港务集团保税货物储运有限公司港口货物保管合同纠纷案

二审法院认为,仓单作为提取仓储物的凭证,仓单持有人提取货物时,应持有仓单持有人在仓单上背书并经保管人签字或者盖章的正本仓单。否则,正本仓单持有人不享有仓单权利,保管人有权拒绝其提货。[3]

3. 仓储合同义务认定

储存危险物品,存货人负有说明义务,保管人亦负有验收及按照相应保管条件进行保管的义务。

---

[1] 辽宁省高级人民法院(2018)辽民终 462 号民事判决书。
[2] 江苏省泰州市中级人民法院(2018)苏 12 民终 1859 号民事判决书。
[3] 参见最高人民法院民法典贯彻实施工作领导小组编著:《中国民法典适用大全》(合同卷五),人民法院出版社 2022 年版,第 3325 页。辽宁省高级人民法院(2016)辽民终 376 号民事判决书。

【案例 3-105】 深圳市甲物流有限公司诉曹某仓储合同纠纷案

二审法院认为,曹某私自代理仓储业务,在不清楚所代理的货物是危险化学品的情况下,就与甲公司3号仓库主管马某波联系,将上述物品储存在甲公司没有危险化学品储存资质的仓库。曹某作为存货人应当有义务了解仓储物的性质,并如实告知仓储方,在仓储地点的选择上也应该尽到审慎的义务。甲公司是保管人,有验收货物的义务。相对而言,保管人更具专业知识且负有对社会的安全保障义务。对待委托仓储的货物应当进行严格的审查,而不单纯是根据委托人的口头陈述。根据安监部门的笔录,在仓储物的包装上写有仓储物的名称,则甲公司完全可以根据仓储物的名称知道其性质,应当将此作为判断是否适合在其仓库进行存放的依据,而其怠于审查。本案中,存货人曹某负有说明义务,保管人甲公司亦负有验收及按照相应保管条件进行保管的义务,违法储存危险化学品的行为所导致的损害后果并非由一方导致,双方均对此负有过错及责任。[1]

根据《民法典》第九百一十一条规定,保管人负有允许存货人或者仓单持有人检查或者提取样品的义务,该项义务又称容忍义务。保管人虽然实际占有和管理存储物,但存储物的所有权仍然属于存货人或者仓单持有人,因此对货物进行检查是存货人或者仓单持有人享有的权利,接受检查也是保管人的一项法定义务,当货物的所有权人主张检查货物时,保管人应当配合进行检查。

【案例 3-106】 邵某富诉马某方、李某好、高密市甲生态农产品专业合作社联合社仓储合同纠纷案

二审法院认为,本案中,邵某富与马某方、李某好之间存在仓储合同关系,作为存货人邵某富对涉案的仓储物享有检查或者提取样品的权利,邵某富已提供相关证据证明在仓储协议形成的6个月内已向马某方、李某好要求检查仓储物并提取土豆,马某方、李某好虽称邵某富所存放的土豆一直储存良好,但在本案中既未就其仓储物状况良好的主张提供有效证据证实,也未提交其及时向邵某富回复仓储物真实情况的有关证据,对此应负担对其不利的法律后果。故判决:马某方、李某好补偿邵某富的土豆损失。[2]

根据《民法典》第九百一十二条规定,保管人负有危险通知义务。保管人对入库仓储物发现有变质或者其他损坏的,应当及时通知存货人或者仓单持有人。

【案例 3-107】 张某龙诉德州甲冷链物流有限公司仓储合同纠纷案

二审法院认为,甲冷链公司在为张某龙冷存胡萝卜过程中,虽然多次催

---

[1] 广东省广州市中级人民法院(2018)粤01民终8303号民事判决书。
[2] 山东省潍坊市中级人民法院(2015)潍商终字第571号民事判决书。

促张某龙将胡萝卜出库,但并没有将胡萝卜超出有效储存期并损坏的情况及时通知张某龙,在胡萝卜损坏影响其冷库的使用和其他仓储物保管的情况下没有通知张某龙进行必要的处置,甲冷链公司自己也没有采取必要的措施,从而导致仓储费用的不断扩大,故双方均应承担相应责任,张某龙支付的仓储费可以减免一部分,酌定为50%。[1]

根据《民法典》第九百一十三条规定,保管人负有危险催告义务和紧急处置权。情况紧急时,保管人可以作出必要的处置,事后应当将该情况及时通知存货人或者仓单持有人。

【案例3-108】 罗某诉宾川县甲机电营销服务有限责任公司仓储合同纠纷案

二审法院认为,甲机电公司认为自己没有技术继续保存该532袋蒜种,应当及时催告罗某作出必要处置。即使因情况紧急自行处置,事后也应及时告知罗某。但甲机电公司不能举证证实其已对罗某进行催告,也不能证明其丢弃蒜种系紧急情况下的必要处置,且丢弃以后已及时将相关情况告知罗某。故甲机电公司应对该532袋蒜种的灭失承担责任。[2]

4. 仓储合同赔偿责任认定

根据《民法典》第九百零七条规定,保管人未按约进行验收,发生仓储物的品种、数量、质量不符合约定的,保管人应当承担赔偿责任。

【案例3-109】 幸某民诉聂某华、李某云、山东滨州甲食品有限公司仓储合同纠纷案

二审法院认为,甲公司的员工聂某华、李某云在接受幸某民存货前,应对存储物品的品种、数量、质量作全面检验、检查、验收,存货期间,应严格按照仓储的标准密切查看仓储物质量情况。依据查明的事实,聂某华、李某云对幸某民货物在收货、保管、出货及发现变质后等各个环节和节点并未严格执行上述规定,并履行相应的职责要求。故甲公司应承担相应的民事赔偿责任。同时,综合考量本案存货量、堆放高度、未及时进行货物翻转倒运而致货物内部热量过高,从而导致变质,同时本案双方亦未提供相关权威机构有关本次事故原因分析报告,酌定对于涉案猪板油变质损失,甲公司应承担80%的责任,幸某民自担20%的责任。[3]

---

[1] 山东省德州市中级人民法院(2018)鲁14民终85号民事判决书。
[2] 云南省大理白族自治州中级人民法院(2018)云29民终1271号民事判决书。
[3] 山东省滨州市中级人民法院(2019)鲁16民终781号民事判决书。

立法者认为,关于本条保管人的赔偿责任,品种、数量不符合约定时应当承担赔偿责任的理解较为明确;对于质量问题的赔偿责任,要注意以下两点:(1)这里讲的是质量不符合约定。对不同条件、不同性质的仓储物的质量,可以按照交易习惯和当事人的特别约定来确定。(2)如果约定不明确,对于发生质量问题是否由保管人承担赔偿责任,则依照《民法典》第九百一十七条的规定,即因仓储物本身的自然性质、包装不符合约定或者超过有效储存期造成仓储物变质、损坏的,保管人不承担赔偿责任。[1]

【案例3-110】 天津外运有限公司与厦门建发股份有限公司仓储合同纠纷再审案

二审法院认为,保管人在保管涉案货物期间,因案外人原因无法办理移库,致使存货人无法提取讼争货物,合同目的无法实现,保管人构成根本违约,应承担仓储货物的赔偿责任。[2]

根据《民法典》第九百一十七条规定,在储存期限内,因保管人保管不善造成仓储物毁损、灭失的,保管人应当承担赔偿责任。

【案例3-111】 南京甲国际贸易有限公司诉南京乙物流有限公司仓储合同纠纷案

二审法院认为,乙公司作为保管人,负有妥善保管仓储物的责任。乙公司抗辩案涉商品受损系因不可抗力即雪灾所致。根据《民法总则》第一百八十条第二款的规定,不可抗力是不能预见、不能避免且不能克服的客观情况。案涉大雪虽属不可避免的自然现象,但尚不构成不可抗力,且案涉商品致损的直接原因系仓库坍塌,致所存商品因下雪受潮受损,并非下雪直接所致,故案涉仓储物受损系因乙公司保管不善所致,乙公司抗辩商品受损系不可抗力所致,无事实依据,不予采纳。乙公司对甲公司受损商品应当承担赔偿责任。[3]

【案例3-112】 宝冶公司诉德圣公司仓储合同纠纷案

二审法院认为,当事人之间在原合同期满后仍然存在事实上的仓储合同法律关系。保管员在存货人未签发提货单的情况下,擅自允许他人提货,应当向存货人承担违约赔偿责任。[4]

---

〔1〕 参见黄薇主编:《中华人民共和国民法典合同编释义》,法律出版社2020年版,第851页。

〔2〕 参见最高人民法院民法典贯彻实施工作领导小组编著:《中国民法典适用大全》(合同卷五),人民法院出版社2022年版,第3325页。最高人民法院(2014)民申字第299号民事裁定书。

〔3〕 江苏省南京市中级人民法院(2019)苏01民终1211号民事判决书。

〔4〕 参见最高人民法院民法典贯彻实施工作领导小组编著:《中国民法典适用大全》(合同卷五),人民法院出版社2022年版,第3327页。

【案例 3-113】 于某某与宋某某侵权责任纠纷案

二审法院认为，当事人对储存期限没有约定或者约定不明确的，存货人或仓单持有人可随时提取仓储物，保管人也可以随时要求存货人或仓单持有人提取仓储物，但应当给予必要的准备时间。本案上诉人于某某通过电话、短信的方式积极与被上诉人宋某某联系沟通仓储费和处理仓储萝卜事宜，在宋某某未予回应的情况下，于某某自行处置宋某某的仓储物，与约定不符，应承担赔偿责任；被上诉人宋某某对于上诉人于某某的多次沟通联系不予回应，亦不按照于某某的要求提取仓储物，其对本案的损失亦存在过错，且双方过错程度相当，故法院认定上诉人于某某与被上诉人宋某某均承担本案损失数额。[1]

对于保管人不承担赔偿责任的除外情形，由法官根据具体案情裁量。

【案例 3-114】 闫某与北京博睿物流有限公司仓储合同纠纷案

判决观点，仓储合同是保管人储存存货人交付的仓储物，存货人支付仓储费的合同，仓储合同自成立时生效。储存期间，因保管人保管不善造成仓储物毁损、灭失的，保管人应当承担损害赔偿责任，但是保管人能够证明仓储物的性质、包装不符合约定或者超过有效储存期间造成仓储物变质、损坏的，保管人不承担损害责任。[2]

5. 仓储物提取处理

根据《民法典》第九百一十四条规定，在仓储物储存期限不明确时，存货人或者仓单持有人可以在任何时候主张提取存储物，保管人对此不能拒绝，但是存货人或者仓单持有人提取存储物时，应当提前通知保管人。

【案例 3-115】 张家界甲实业有限公司诉龚某星仓储合同纠纷案

二审法院认为，甲公司将其柴油存放在龚某星的油罐中，双方形成仓储合同关系，双方对储存期限没有约定，由于龚某星已承认甲公司尚有 6 吨多油一直存在其油罐中，甲公司作为存货人，有权随时提取存放在龚某星处的柴油。[3]

---

[1] 参见最高人民法院民法典贯彻实施工作领导小组编著：《中国民法典适用大全》（合同卷五），人民法院出版社 2022 年版，第 3345~3346 页。山东省潍坊市中级人民法院（2020）鲁 07 民终 2057 号民事判决书。

[2] 参见最高人民法院民法典贯彻实施工作领导小组编著：《中国民法典适用大全》（合同卷五），人民法院出版社 2022 年版，第 3370 页。北京市通州区人民法院（2019）京 0112 民初 25735 号民事判决书。

[3] 湖南省张家界市中级人民法院（2019）湘 08 民终 162 号民事判决书。

根据《民法典》第九百一十五条规定,储存期限届满,存货人或者仓单持有人应当按照约定提取仓储物,逾期提取的,应当加收仓储费。

【案例3－116】 陕西甲物流股份有限公司诉陕西乙科技创业投资有限责任公司仓储合同纠纷案

二审法院认为,甲物流公司与乙科技公司之间签订《仓储合同》,约定由甲物流公司为乙科技公司提供仓储服务,仓储期限为2015年3月24日至6月23日,但仓储期限届满后,乙科技公司未能按照约定提走仓储物,已构成违约,故其向甲物流公司交纳的保证金不应退还。现甲物流公司诉请乙科技公司,(2015)西中执民字第00005—3号执行裁定查封,查封期为3年,查封期间不得对被查封财产转移,故对于甲物流公司的该项诉请,不予处理。对于合同到期后的仓库占用费部分,双方在合同中约定如乙科技公司未能如期退仓,则仓储费按照原仓储费的两倍计算,现乙科技公司在2015年6月23日后未能如期退仓,直至存放的钢锭于2017年9月4日被法院查封,该责任在于乙科技公司,且(2015)西中执民字第00005—3号执行裁定的申请执行人为乙科技公司,故其应当按照7500元每月的标准向甲物流公司支付占用费。[1]

根据《民法典》第九百一十六条规定,储存期限届满,存货人或者仓单持有人不提取仓储物的,保管人可以催告其在合理期限内提取,逾期不提取的,保管人可以提存仓储物。

【案例3－117】 南京甲国际贸易有限公司诉乙有限公司仓储合同纠纷案

判决观点,涉案897.82吨铁矿石于2011年10月1日至25日由南京甲公司存放在乙公司码头货场,甲公司于同年11月4日提取456.26吨货物后,因市场行情下跌,未提取剩余441.56吨货物。由于双方对货物储存期间没有约定或者约定不明确,乙公司依据《合同法》第三百九十一条规定,有权随时要求南京甲公司提取货物。在向南京甲公司发出提货催告而其未在催告期限及其后合理时间提取货物情况下,乙公司应依法提存尚存的剩余货物,或在合理时间内对尚存的剩余货物依法行使留置权。而乙公司未经法律程序自行处理剩余货物没有法律依据,其造成南京甲公司货物损失,应承担赔偿责任。[2]

个案中,保管人是否构成留置权利滥用由法官根据案情裁量。

---

[1] 陕西省西安市中级人民法院(2018)陕01民终6223号民事判决书。
[2] 武汉海事法院(2017)鄂72民初1341号民事判决书。

【案例3-118】 甲公司诉乙公司仓储合同纠纷案

一审法院认为,在甲公司明确行使留置权时乙公司即告知无能力偿还债务,且主动要求将煤炭变现,故甲公司主张留置权时其处置留置物的条件已经成就。但甲公司作为留置权人,既没有及时与乙公司协商变价煤炭,也没有及时向法院提起诉讼,请求实现留置权,甚至在乙公司于南通市港闸区人民法院(2012)港商初字第0279号案件中申请法院变价煤炭保全价款止损还债、丙银行亦同意的情况下,甲公司拒绝变价煤炭保全价款的方案。因此,乙公司向法院申请变价煤炭保全价款的行为,应当视为乙公司行使了《物权法》第二百三十七条赋予债务人的救济性权利。据此,甲公司的上述行为构成权利滥用。

二审法院认为,由于甲公司不同意案涉煤炭的变现处置而产生的2012年6月13日至2013年4月30日的堆存费1413664元属于扩大损失的观点不能成立。该诉求证据不足,退一步而言,即使甲公司存在不同意案涉煤炭变现的行为,作为存货人乙公司也理应知道未变现的煤炭势必产生堆场费。在案涉合同未约定存储期间的前提下,乙公司可以随时向甲公司提取案涉煤炭,避免堆场费的产生,但乙公司从未主张。[1]

三方签订的仓储监管合同,并非单纯仓储合同。保管人即受托人应根据委托人的指令为质押物的质押人(存放人)办理提货手续。

【案例3-119】 李某敦、陈某燕诉代代为本公司仓储合同纠纷案

判决观点,原告因在三台农商银行花园支行贷款,将麦冬19200公斤作为质押物担保债务的履行,出质给三台农商银行花园支行,原告方和代代为本公司以及三台农商银行花园支行三方签订了《仓储监管合作协议》,作为三方权利义务分担的依据和基础。依据《仓储监管合作协议》中约定的"法律关系"以及事实核实的情况,代代为本公司为三台农商银行花园支行的代理人,代理该行接受、占有、保管和监管质押财产,代代为本公司监管涉案质押财产的行为来自三台农商银行花园支行的委托授权,并非单纯意义上的仓储保管,其收放保管行为须经质权人的许可同意方能实施。因此原告方履行完义务后到代代为本公司处提取麦冬不成并非代代为本公司的原因所致,代代为本公司并不存在违约行为,因此原告方请求代代为本公司承担违约以及赔偿责任的请求,法院依法不予支持。综合本案的实际情况,原告方已就质物所担保的债务履行完毕偿还义务,三台农商银行花园支行给法院出具的情况说明称,李某敦另一笔贷款提供的质押物存在价格下跌,李某敦需要补仓,

---

[1] 江苏省南通市中级人民法院(2014)通中商终0002号民事判决书。

但根据合同相对性,不能以另一合同履行过程中的权利义务纠纷来排斥本案所涉及的合同履行,因此代代为本公司应当为原告方办理剩余麦冬的提货事宜,鉴于代代为本公司不能单独履行该提货行为,三台农商银行花园支行应负有协助原告方办理提货的相关义务。判决:由被告代代为本公司返还原告李某敦、陈某燕麦冬4188公斤,由第三人三台农商银行花园支行协助李某敦、陈某燕在代代为本公司办理提取麦冬4188公斤事宜。[1]

---

[1] 参见国家法官学院、最高人民法院司法案例研究院编:《中国法院2021年度案例》(合同纠纷),中国法制出版社2021年版,第166页。四川省绵阳市三台县人民法院(2019)川0722民初3981号民事判决书。

专题四　货运合同纠纷

货运合同为有名合同，也多为格式合同，是一种提供服务的合同，[1]为合同纠纷多发案件类型。

---

[1] 参见王利明：《合同法研究》（第三卷），中国人民大学出版社2012年版，第512页。

一、货运合同理解

货物运输合同或称货运合同,是指承运人将货物从起运地点运输到约定地点,托运人或者收货人支付运输费用的合同。《合同法》第十七章对运输合同作了规定,其第二百八十八条至第二百九十二条为一般规定,第三百零四条至第三百一十六条为货运合同的专门规定,第三百一十七条至第三百二十一条为多式联运合同。《民法典》合同编第十九章对运输合同作了规定,其第一节作了一般规定,第三节货运合同从第八百二十五条至第八百三十七条作了具体规定。

(一) 货运合同特征

货运合同除具备合同的一般法律特征外,其作为一种特殊的合同类型,必然具备某些独特的属性。

其一,双务、有偿和一般诺成性。货运合同中托运人和承运人互负对待给付义务,托运人支付运费,承运人付出运送货物劳动。就货运合同的诺成性而言,究竟是实践合同还是诺成合同,应根据具体情况分析。货运合同一般是诺成合同,但以托运单或者提单代替书面运输合同的货物运输合同通常为实践合同,因为承运人往往需要收取货物并核查后,才能签发提单或者在托运单上盖章,所以这类合同应是实践合同。

其二,多为格式合同。货物运输领域大量使用格式合同,提高交易效率,简化订约过程。

其三,多涉及第三人,为有争议问题,放在其后阐述。

其四,将货物交给收货人为合同履行完毕标志。

其五,一定的强制性。《民法典》第八百一十条规定:"从事公共运输的承运人不得拒绝旅客、托运人通常、合理的运输要求。"这是我国法律对运输合同承运人的强制缔约义务的明确规定。

其六,承运人资格许可化。运输主体资格,除必须符合民法和公司法的一般规定外,还必须符合专门法的规定。即使是公路、内河等允许民营的运输,货物运输经济组织或个体户也必须取得相应的资格,在批准的范围内从事经营活动。当前,物流市场主体杂乱多样化,既有具有独立法人资质的运输公司、物流公司、货运代理公司,也有不具有法人资格但领取工商营业执照的企业分公司或其他组织;既有领取营业执照的个体工商户,也有无任何审批手续的个人作为运输主体从事运输业务和活动。

(二)托运人权利义务

货运合同中,托运人或收货人权利义务可归纳为,

权利方面:其一,有权提出通常、合理的运输要求。其二,控制权。要求承运人中止运输、返还货物、变更到达地或者将货物交给其他收货人。其三,对因不可抗力造成货物毁损的要求承运人返还运费请求权。其四,检验货物后提出异议。其五,在法定情况下可拒绝支付增加部分的运费。

义务方面:其一,按约定支付运费或其他费用。其二,说明义务。准确表明收货人的名称或者姓名或者凭指示的收货、货物的名称、性质、重量、数量、收货地点等有关货物运输的必要情况。其三,办理审批、检验等相关许可运输手续义务,将办理完有关手续的文件提交承运人。其四,妥善包装义务。按照约定的方式包装货物,或其合理妥当包装。其五,危险品包装义务。对易燃、易爆、有毒、有腐蚀性、有放射性等危险物品,应当按照国家有关危险品运输的规定对危险物品妥善包装,作出危险物标志和标签,并将有关危险物品的名称、性质和防范措施的书面材料提交承运人。其六,收到提货通知后,及时提货,逾期提货的支付保管费等费用。其七,提货时按照约定或合理期限检验货物。其八,协助办理相关提货清关手续。

(三)承运人权利义务

货运合同中,承运人权利义务可归纳为,

权利方面:其一,收取运费。其二,拒绝运输。主要情形为,包装不当、对危险物品包装不符合规定。其三,赔偿损失请求权。包括因托运人要求中止运输、返还货物、变更到达地或将货物交给其他收货人产生的损失。其四,留置权。对不支付运费、保管费以及其他运输费用的行使留置权,但另有约定的除外。其五,提存权。对收货人不明或收货人无正当理由拒绝接收货物的,承运人可以提存货物。

义务方面:其一,不得拒绝托运人通常、合理的运输要求。其二,安全运输义务。在约定或合理期间将货物安全运到约定地点的包括确保货物的包装和装车达到安全运输要求的注意义务。其三,按照约定的或者通常的运输路线将货物运到约定地点。其四,及时通知收货。其五,因不可抗力造成货物毁损返还运费。其六,附随义务。在运输途中发生连续降雨,货物发生变质、霉烂,承运人应该及时告知托运人,并且采取一定措施,防止损失进一步扩大。承运人收取运费,应当开具发票。

承运人安全运送义务的界定。虽然托运人与承运人双方未就安全约定标准,但是安全的标准应当不违背法律规定,不违背公共利益。因此,民法典所规定的安全运送,不单指维持货物外观、形状的安全,当然也包括维持货物品质、功用的安全。

承运人是具有一定资质的运输企业,对各种物品的外包装标识和运输中的禁止性规定明知,且根据正常人的认知,食品包装膜与具有毒害性的农药混装后,再用来包装食品是严重危害人体健康和公众利益的行为,该行为虽未明确约定在合同义务之内但实质包含在安全义务范畴之中。

【案例 4-1】 **宜昌金通物流有限公司诉荆州市宏利达汽车运输有限公司公路货物运输合同纠纷案**

一审法院认为,宏利达公司将食品包装膜与有毒害性的农药草甘膦同车装运,导致该批货物被销毁,不能视为将货物安全运输到目的地。该运输行为不仅违反了法律规定,同时也严重违反了合同义务。因此,金通公司已承担的食品包装膜被销毁的 93254 元损失,应当由宏利达公司承担。二审法院亦持同样意见,维持一审判决。[1]

在铁路、航空运输货物合同中,应注意正确审查承运人的义务范围。承运人只负有一般的谨慎注意义务,而不负有审查托运人指定收货人是否真实的义务。

【案例 4-2】 **宿迁市巨禾粮油工贸有限公司诉昆明铁路局、上海铁路局等铁路货物运输合同纠纷案**

二审法院认为,本案双方当事人之间存在铁路货物运输合同关系,向承运人提供收货人的真实信息是托运人的义务,本案中的收货人"云南鸿盛挂面厂陈某盛"是巨禾粮油公司指定的收货人,而"陈某盛"又是在中间人告知领货信息后去领货的,故将货物交给该收货人是托运人在铁路货物运输合同中的意思表示。铁路运输企业作为承运人不具有审查托运人指定收货人是

---

[1] 参见国家法官学院案例开发研究中心编:《中国法院 2018 年度案例》(合同纠纷),中国法制出版社 2018 年版,第 203 页。湖北省宜昌市中级人民法院(2015)鄂宜昌中民二终字第 00210 号民事判决书。

否真实的义务,也无须审查托运人与收货人之间交易和付款的方式。因指定收货人不真实而产生的相应法律后果应由托运人自己承担。巨禾粮油公司作为货物的所有权人对买家的真实情况并不了解,而轻信了中间人的介绍,向承运人指定的收货人提供的信息实际虚假,过错在于巨禾粮油公司自身,而该过错是导致货物被"陈某盛"领走的主要原因。[1]

在没有合同依据及交易惯例参考情况下,妥善积载是承运人的法定义务。

【案例4-3】 中国上海外轮代理有限公司诉南通江海通集装箱运输有限公司通海水域货物运输合同纠纷案

判决观点,江海通公司主张双方之间存在类似航次租赁合同,认为可以规避在运输合同关系下要承担的比较严格的承运人责任。在航运实践中,承运人可以通过与实际承运人建立租船合同、运输合同或委托代理合同的方式运输,双方之间也可能成立无名合同关系。关键不在于合同的名称是什么,而在于有关权利义务是如何约定的。可以查明的事实是涉案运输的装卸工作由上海外代负责,但关于配积载的问题双方没有明确约定,因此应当依据《国内水路货物运输规则》第三十二条规定,江海通公司负有妥善积载的法定义务。[2]

(四) 货运合同主体

货物运输合同由托运人与承运人双方订立,根据合同相对性,托运人与承运人为合同当事人。但托运人既可以为自己的利益托运货物,也可以为第三人的利益托运货物。收货人既可以是托运人自己,也可以是第三人。在收货人为第三人时,收货人虽然不是合同的当事人,但却是合同的利害关系人。在铁路运输合同中一般有三方当事人,即托运人、承运人、收货人。托运人与收货人相对于承运人在合同中的权利、义务虽有不同,但《铁路法》规定三方均是铁路运输合同的当事人,合同当事人作为该合同的诉讼主体,其主体资格应无异议。

实践中,运输合同纠纷中经常涉及承运人的问题。一般情况下,运输合同的当事人只有承运人和托运人。至于承运人是使用自己所有的运输工具,还是使用租赁或者借用的运输工具来完成运输合同中约定的承运义务,不影响运输合同的

---

[1] 参见最高人民法院中国应用法学研究所编:《人民法院案例选》2010年第3辑(总第73辑),人民法院出版社2011年版,第157~158页。

[2] 参见国家法官学院案例开发研究中心编:《中国法院2015年度案例》(合同纠纷),中国法制出版社2015年版,第200~203页。上海海事法院(2012)沪海法商初字第1261号民事判决书。

成立。承运人以分期付款的方式购买承运货物的汽车,约定承运人未付清车款前不在管理机关办理过户手续,属于所有权保留。运输合同在履行过程中,承运车辆的实际车主,是实际的承运人,因发生交通事故造成他人财产损失的,应当由实际的承运人承担。

【案例4-4】 四川省成都市青羊区信达货运配载经营部与中国农业机械西南公司运输合同纠纷案

判决观点,本案的运输合同是第三人刘某生与被上诉人信达货运部签订的。刘某生是实际的承运方当事人,信达货运部是托运方当事人。运输合同在履行过程中,因发生交通事故造成的货物损失,应当由实际的承运人刘某生赔偿。[1]

【案例4-5】 黄某田诉方某升货物运输合同纠纷案

原告起诉主张,运输合同是其与方某升签订的,也是方某升实际履行的,方某升应负违约责任,方某升为承运人及责任人是确定无疑的。一运公司是运输车辆的所有人,方某升为一运公司聘用的司机,司机违约,聘用单位有不可推卸的责任,故一运公司应承担连带责任,是连带责任人。被告辩称自己是一运公司聘用的司机,其行为是履行职务的行为,应认定一运公司为承运人。一运公司在上诉中提出方某升是以个人名义与原告签订运输合同的,属个人行为,其不是合同当事人。二审法院认为,方某升是社会闲散人员,其与一运公司签订的《社会人员租赁车辆承包经营合同》实质是租赁,不是承包,与方某升、黄某田之间的合同无必然联系。方某升以个人名义签订的合同产生的债务,应由个人承担。一运公司不是运输合同的主体,故不应对运输之债承担民事责任。原审判令一运公司对方某升债务负连带责任,没有法律依据。二审法院改判一运公司不承担连带责任,即表明承运人为方某升本人,一运公司并非涉案运输合同承运人。[2]

【案例4-6】 鄄城鑫亿达纺织有限公司诉李某成等公路货物运输合同纠纷案

判决观点,被告陈某在鄄城经营安顺达配货站,被告李某江在菏泽经营安达利物流,两被告均未进行工商登记,虽以商号名义进行经营,但实属自然人个体经营,参照《民通意见》第四十一条规定,应列实际经营人为诉讼当事人。……被告陈某系原告与被告李某江的介绍人,其不同意承担责任,合理

---

[1] 参见《最高人民法院公报》1999年第4期。
[2] 参见最高人民法院中国应用法学研究所编:《人民法院案例选》2001年第4辑(总第38辑),人民法院出版社2002年版,第212页。

合法。被告李某成无暇完成被告李某江所指派的活动,被告李某成虽作为被告李某江的代理人签订货物运输合同,但合同的相对责任应由被告李某江承担,李某成不愿承担责任,予以支持。〔1〕

《民法典》有关货物运输法律规定中,并无被挂靠公司应承担公路运输合同货损连带赔偿责任的规定,故主张被挂靠公司对此承担连带赔偿责任缺乏法律依据。货物赔偿之诉既为合同违约之诉,则应坚持合同相对性的基本原则,根据合同签订主体和合同履行等基本事实,应由实际车主为承运人、赔偿主体。换言之,在公路运输合同中被挂靠公司不承担赔偿货物损失的责任。

【案例4-7】 供应链管理公司诉货运公司等公路货物运输合同纠纷案

一审法院认为,合同的相对性是合同法的基石,合同是平等民事主体之间关于权利义务的设立、变更、终止关系的协议。承运人对运输过程中货物的毁损、灭失承担损害赔偿责任,供应链管理公司作为托运人与实际承运人方某刚协商后,达成的口头货物运输合同,系双方真实意思表示,不违反国家有关法律、法规的强制性规定,为有效合同。根据合同的相对性原则,合同只在双方当事人之间产生权利义务关系,对合同之外的第三人没有约束力,在运输合同的达成和履行过程中,托运人所确信的合同相对人是实际车主。同时,涉案牵引车及涉案后挂车的实际所有人为方某刚,但分别登记在货运公司、运输公司名下,故该车属于以挂靠形式从事道路运输经营活动。因我国目前的机动车登记属于管理性登记,机动车的登记信息不能作为确认营运车辆实际车主的唯一证据,货运公司及运输公司与方某刚签订挂靠合同证实方某刚投资购买了涉案运输车辆,系实际车主,掌握车辆的运营并享有收益。货运公司、运输公司自始至终未参与涉案运输合同的协商、订立,未参与货物运输,亦不享有车辆的运营收益,即其与供应链管理公司并不存在公路货物运输合同关系,既不享有合同权利,亦无相应的合同义务,不应对供应链管理公司的货物损失承担赔偿责任。在协商并达成口头运输合同以及实际实施运输过程中,方某刚参与了协商并对托运的货物实际予以运输,是本案公路运输合同的承运人,应对货损损失承担赔偿责任。判决:一、方某刚赔偿供应链管理公司经济损失87099.5元;二、方某刚返还供应链管理公司预付的3000元加油费用。二审法院判决:驳回上诉,维持原判。〔2〕

在航空货物运输合同纠纷中,可以将实际承运人列为被告并判决其按过错承

---

〔1〕 参见国家法官学院案例开发研究中心编:《中国法院2013年度案例》(合同纠纷),中国法制出版社2013年版,第115页。山东省菏泽市鄄城县人民法院(2011)鄄商初字第817号民事判决书。

〔2〕 参见国家法官学院、最高人民法院司法案例研究院编:《中国法院2022年度案例》(合同纠纷),中国法制出版社2022年版,第177页。北京市第三中级人民法院(2020)京03民终9125号民事判决书。

担责任。《民用航空法》作为一部特别法,不仅对航空运输中第三人履行问题进行了必要的规定,也对第三人直接承担责任和直接参加诉讼作了明确规定。一方面,《民用航空法》既明确规定"承运人承担责任",又将承运人明确划分为缔约承运人和实际承运人。《中国民用航空货物国内运输规则》第三条第一项更是明文规定:"'承运人'是指包括接受托运人填开航空货运单或者保存货物记录的航空承运人和运送或者从事承运货物或者提供该运输的任何其他服务的所有航空承运人。"因此,实际承运人作为负有履行义务的第三人,向托运人直接承担法律责任就有了实体法的依据。另一方面,《民用航空法》第一百四十三条规定:"对实际承运人履行的运输提起的诉讼,可以分别对实际承运人或者缔约承运人提起,也可以同时对实际承运人和缔约承运人提起;被提起诉讼的承运人有权要求另一承运人参加应诉",这就清楚地为债权人起诉第三人提供了程序法的依据。将实际承运人列为被告并承担赔偿责任,这一点突破了合同相对性原则的限制,也突破了第三人履行合同中第三人不对债权直接承担民事责任的限制。对该类纠纷的审理,不仅要判断有无违约行为和违约后果,还应当判断当事人有无过错,在必要的情况下需同时适用过错责任原则和过错推定原则进行归责。

【案例4-8】 湖南高纯化学试剂厂诉湖南长沙黄花国际机场航空运输服务有限公司、深圳航空有限责任公司等航空货物运输合同纠纷案

二审法院认为,通过查证各方提交的货运发票,查明黄花机场、深圳机场与深圳航空三方均是以自己的名义开具货运发票。根据《民用航空法》的规定,缔约承运人,是指以本人名义与旅客或者托运人,或者与旅客或者托运人的代理人,订立本章调整的航空运输合同的人。实际承运人,是指根据缔约承运人的授权,履行前款全部或部分运输的人。在本案中,黄花机场是以本人名义与托运人高纯厂订立航空运输合同,是本案的缔约承运人,而深圳航空是履行了空中运输的实际承运人,深圳机场则是提供该运输的货物保管和交付服务的实际承运人。因此,黄花机场、深圳机场与深圳航空之间虽然签订了《地面服务协议》,但其仅能约束该协议的相对人,而不能据此对托运人抗辩。故对于黄花机场、深圳机场以自己系深圳航空的代理人,代理人实施的民事行为,应由被代理人承担民事责任的上诉理由,本院不予支持。[1]

在海上货物运输合同纠纷中,不记名指示提单项下的收货人识别问题。

---

[1] 参见最高人民法院中国应用法学研究所编:《人民法院案例选》2009年第2辑(总第68辑),人民法院出版社2009年版,第182页。

【案例4-9】　长荣海运新加坡公司诉浙江天翔控股集团有限公司、杭州鑫远国际货运代理有限公司海上货物运输合同纠纷案

二审法院认为,本案系海上货物运输合同纠纷。涉案提单系不记名指示提单,托运人不愿意承担前述费用以取回集装箱空箱,则应向长荣海运赔偿相应损失,并应支付集装箱超期使用费。[1]

运输合同中分期付款购买、卖方保留所有权的车辆,车辆实际营运人以车辆登记的运输公司名义与他人从事运营活动时,因托运人与车辆登记人形成事实上的运输关系,可以认定该运输公司与托运人之间的存在运输合同关系。车辆登记人不能以其和实际营运人的约定对抗善意第三人,登记所有人应按照运输合同对相对人承担责任。运输公司准许车辆登记在公司名下的行为,是一种向社会承诺公司是该车辆运输主体的公示行为,是对实际车主以公司名义进行运输经营的授权行为。实际控制车辆人持有该车辆的行驶证,驾驶标有公司门徽的车辆,以公司名义,与托运人签订合同时,托运人完全有理由相信,实际控制车辆的人对公司是有运输经营代理权的。在运营过程中,其车辆履行的运输合同行为,是对公司运输经营行为的代理行为。实际车主在运营过程中的违约,就是运输公司的违约,应当由运输公司向托运人承担违约的赔偿责任。

【案例4-10】　王某华诉邯郸市祥通汽车运输有限公司运输合同纠纷案

判决观点,乌苏市社会公正计量站给原告出具的称重计算单上显示原告货物的运输车辆为冀D-95993,该车行驶证上登记的所有权人为祥通公司,且被告提交的分期付款协议书上显示车辆购买后被告祥通公司保留车辆的所有权。该公司经营范围为营运业务,应认定张某国以祥通公司的名义对外从事运输活动,原告王某华与被告祥通公司之间的运输合同关系依法成立,合法有效。被告以其和张某国的约定对抗原告无法律依据,被告祥通公司的诉讼主体适格。被告祥通公司作为运输合同相对人(承运人)一方,对货物负有安全运输义务。对在运输过程中造成货物全部烧毁的损失,应承担赔偿责任,赔偿数额应当按交付时的市场价格计算,即728130元。因原告已从豫G20082(G5388挂)获得赔偿款199000元,被告只需赔偿原告剩余损失728130元-199000元=529130元。故原告要求被告赔偿529130元的诉讼请求,予以支持。[2]

应注意的是,根据运输工具不同,又区分汽车、火车、船舶和飞机等,各种不同

---

[1] 参见国家法官学院案例开发研究中心编:《中国法院2014年度案例》(合同纠纷),中国法制出版社2014年版,第131页。上海市高级人民法院(2012)沪高民四(海)终字第24号民事判决书。

[2] 参见国家法官学院案例开发研究中心编:《中国法院2015年度案例》(合同纠纷),中国法制出版社2015年版,第197页。山东省聊城市冠县人民法院(2013)冠商初字第30号民事判决书。

运输工具,其纠纷主体有别。

货物运输合同中隐名委托人的认定是疑难问题。

【案例4-11】 美亚财产保险有限公司深圳分公司诉大连海通全球通国际物流有限公司等通海水域货物运输合同纠纷案

二审法院认为,2015年7月14日,信和公司作为托运方与海通公司作为承运方签订货物运输合同,由海通公司将货物裸包玻璃从安徽芜湖信义码头运至广东江门信义码头。7月16日海通公司与顺锦公司签订航次租船合同,海通公司作为托运人将货物交由顺锦公司承运。该两份货物运输合同均合法有效。美亚公司上诉认为信和公司与信义(芜湖)公司间存在委托代理合同关系,依据合同法关于隐名代理的法律规定信义(芜湖)公司可以介入信和公司与海通公司的运输合同,取得信和公司要求海通公司赔偿货损的权利。即使依据美亚公司提交的信和公司出具的情况说明认定信和公司与信义(芜湖)公司间存在委托关系,但在海通公司与信和公司签订货物运输合同时,并无证据证明海通公司知晓信和公司与信义(芜湖)公司间的委托关系,故货物运输合同签订时仅在海通公司与信和公司之间具有约束力。《合同法》第四百零二条及第四百零三条规定了委托人的介入权和委托人对第三人的权利及第三人选择相对人的权利。该条款适用于委托人、受托人、第三人之间的法律关系,当受托人因第三人的原因对委托人不履行义务时,受托人应当向委托人披露第三人,委托人因此可以行使受托人对第三人的权利。也即委托人的介入权需在受托人与第三人间产生纠纷,委托人愿意介入受托人与第三人的合同关系时产生。信和公司与信义(芜湖)公司不是本案当事人,没有证据证明信和公司向海通公司披露信和公司与信义(芜湖)公司间的委托关系,信义(芜湖)公司愿意承受信和公司在货物运输合同中的权利义务,而海通公司认为信和公司与信义(芜湖)公司间是运输合同关系并不是委托合同关系。且在信和公司、海通公司、太平洋财产保险有限公司大连分公司达成的和解协议中,信和公司保证其是被保险人,是目前就货损唯一有权向海通公司提出索赔的一方。也说明信和公司愿意作为《货物运输合同》的相对方,受该合同的约束。在信和公司、信义(芜湖)公司、海通公司均未主张信义(芜湖)公司应介入海通公司与信和公司所签订的《货物运输合同》情形下,作为非合同当事人的美亚公司认为基于信和公司与信义(芜湖)公司的委托代理关系,信义(芜湖)公司应受海通公司与信和公司间的《货物运输合同》约束的上诉理由缺乏法律和事实依据,不予支持。[1]

---

[1] 参见国家法官学院案例开发研究中心编:《中国法院2019年度案例》(合同纠纷),中国法制出版社2019年版,第158~159页。广东省高级人民法院(2017)粤民终字第1543号民事判决书。

(五)货运合同变更与解除

《民法典》第八百二十九条规定:"在承运人将货物交付收货人之前,托运人可以要求承运人中止运输、返还货物、变更到达地或者将货物交给其他收货人,但是应当赔偿承运人因此受到的损失。"本条是关于托运人变更或者解除运输合同权利的规定。所谓托运人的变更或者解除权,就是货物运输合同成立后,托运人变更或者解除已经成立的合同。这种变更或者解除可以不经过承运人同意,承运人也无权过问相对方变更和解除合同的原因,只要托运人提出变更或者解除合同,均应予以变更或者解除。其他专门法对此也有明确规定。理解本条还需要注意以下三点:(1)如果托运人或者提单持有人指示不能执行,承运人应当立即通知托运人或者提单持有人。(2)托运人或者提单持有人的单方变更或者解除权只能在货物交付收货人之前行使,如果货物已经交付收货人,则托运人或者提单持有人这种变更或者解除合同的权利就即告终止。但是收货人拒绝接收货物的,或者承运人无法同收货人联系的,托运人或者提单持有人可以恢复行使这种权利。(3)本条的单方变更或者解除权只能由托运人或者提单持有人享有。承运人在运输合同成立后,不得单方变更或者解除合同,除非对方严重违约或者发生不可抗力。[1] 换言之,托运人并非可以无限制行使变更运输合同的权利,承运人也并非在任何情况下都应无条件服从托运人请求变更运输合同的指示。出于合理平衡货物运输合同中各方当事人的利益的目的,托运人享有请求变更运输合同权利的同时,承运人也相应地享有一定的抗辩权。如果变更运输合同难以实现或者将严重影响承运人正常营运,承运人可以拒绝托运人变更的请求,但应当及时通知托运人不能执行的原因。[2] 如果要求承运人无条件服从托运人变更运输合同的请求,显失公平。

在海上货物运输合同中,托运人并非可以无限制地行使请求变更运输合同的权利,承运人也并非在任何情况下都应无条件服从托运人请求变更运输合同的指示。

【案例4-12】 甲公司诉浙江乙不锈钢有限公司海上货物运输合同纠纷再审案

最高人民法院认为,乙公司在涉案货物海上运输途中请求改港或者退

---

[1] 参见黄薇主编:《中华人民共和国民法典合同编释义》,法律出版社2020年版,第731、733页。
[2] 参见中国审判理论研究会民事审判理论专业委员会主编:《民法典合同编条文理解与司法适用》,法律出版社2020年版,第584页。

运,因《海商法》未就航程中托运人请求变更运输合同的权利予以规定,故本案适用《合同法》的有关规定。依据《合同法》第三百零八条的规定,在承运人将货物交付收货人之前,托运人享有请求变更运输合同的权利,但双方当事人仍要遵循《合同法》第五条规定的公平原则确定各方的权利和义务。海上货物运输具有运输量大、航程预先拟定、航线相对固定等特殊性,托运人要求改港或者退运的请求有时不仅不易操作,而且还会妨碍承运人的正常营运或者给其他货物的托运人带来较大损害。在此情形下,如果要求承运人无条件服从托运人变更运输合同的请求,显失公平。因此,在海上货物运输合同中,托运人并非可以无限制地行使请求变更运输合同的权利,承运人也并非在任何情况下都应无条件服从托运人请求变更运输合同的指示。为合理平衡海上货物运输合同中各方当事人的利益,在托运人可以行使请求变更运输合同权利的同时,承运人也相应地享有一定的抗辩权。如果变更运输合同难以实现或者将严重影响承运人正常营运,承运人可以拒绝托运人改港或者退运的请求,但应当及时通知托运人不能执行的原因。涉案运输方式为国际班轮运输,载货船舶除运载乙公司托运的4个集装箱外,还运载了其他货主托运的众多货物。涉案货物于2014年6月28日装船出运,7月12日左右到达目的港,而乙公司于7月9日才要求甲公司改港或者退运。在承运船舶距离到达目的港只有两三天时间的情形下,甲公司主张由于航程等原因安排改港、原船退回不具有可操作性,客观合理。[1]

(六)货运合同纠纷举证

一般情况下,按照"谁主张,谁举证"的原则分配举证责任,但应注意货运合同纠纷举证责任有其一定的特殊性。在托运人完成了证明存在合法有效的运输合同、向承运人交付的货物是完好的、提货时货物存在货损的举证责任后,法官应当将举证责任转移至认为自己不应承担赔偿责任的承运人处,要求承运人提交证据证明货物在交付承运人前存在货损,或者证明具有《民法典》第八百三十二条规定的免责事由,如货损是因为不可抗力事件或托运人、收货人的过错造成等。只要承运人不能完成前述举证责任,法院就可判令其承担货损赔偿责任。

---

[1] 最高人民法院(2017)民再412号民事判决书。最高人民法院指导案例108号。

【案例4－13】 上海裴然机械设备有限公司诉上海好通速递有限公司运输合同纠纷案

判决观点,在整个货物运输过程中,货物一直处于承运人控制下,因此,基于公平原则,对收货人未收到货物的原因承运人负有举证责任。承运人无证据证明系运输过程中的合理风险、货物本身性质或不可抗力导致货物毁损、灭失,也无证据排除系争货物的遗失系承运人的故意或重大过失导致,承运人对货物应承担赔偿责任。托运人有初步证据证明货损系承运人或其雇员故意或重大过失造成的,承运人对此负有否定该事实的举证责任,如其无法举证,则可排除降低其责任至最低限度的保价条款的适用。[1]

【案例4－14】 上海易程集装罐运输服务有限公司诉连云港市康信进出口有限公司海上货物运输合同纠纷案

一审法院认为,康信公司已经完全履行了海上货物运输合同项下义务,包括托运人托运危险品的如实告知义务。易程公司作为专业的罐式集装箱运输服务企业,在被告知托运货物的品名、联合国编号和等级等信息时,其应当知晓运输涉案货物需要采取的预防措施。罐式集装箱的受损并非康信公司造成的。清洗是否及时是查明涉案集装箱损坏原因的关键,易程公司不能证明卸货后清洗的确切日期,不排除涉案罐式集装箱因卸货后没有及时清洗而发生损坏的可能。据此,康信公司对罐式集装箱内壁的损害不承担赔偿责任。二审法院亦持同样意见,维持一审判决。[2]

托运人应对货物损坏发生在运输期间负担相应的举证责任。

【案例4－15】 宁波甲贸易有限公司诉浙江乙船务有限公司等海上货物运输合同纠纷再审案

最高人民法院认为,甲公司主张涉案油品损坏发生在承运人运输期间,应负担相应的举证责任,但其并未提供充分证据予以证明。二审法院认定乙公司、丙公司、阮某江不应对涉案油品事故产生的损失承担赔偿责任,并无明显不当。[3]

对于承运人是否履行交付承运物义务的判定,仍然需要证据支持。

【案例4－16】 福建辅仁医药公司诉福州贯通物流公司运输合同纠纷案

判决观点,原、被告签订的货物托运清单,系当事人的真实意思表示,应

---

[1] 参见《人民司法·案例》2008年第24期。

[2] 参见国家法官学院案例开发研究中心编:《中国法院2012年度案例》(合同纠纷),中国法制出版社2012年版,第89~90页。上海市高级人民法院(2010)沪高民四(海)终字第18号民事判决书。

[3] 最高人民法院(2016)民申1484号民事裁定书。

为合法有效。被告负有将所承运的货物安全送到约定地点并交付原告的义务。根据原告提交的证据,不足以佐证被告对原告托运货物的件数进行更改。而且,原告在庭审中也确认,是被告通知原告提货,故原告在被告将货物交付原告时负有检验货物的义务。综合本案,原告在提货时,应该能够对货物的件数作出直观的判断和检验,并及时作出是否签收的意思表示,而原告的工作人员在提货时未当场清点核对,而是收完货后才与公司核对,由此,原告应自行承担因未履行及时检验货物之义务所产生的责任。因原告提交的证据不足以支持其主张,故其应承担举证不利的责任。[1]

收取起运港杂费不足以证明成立海上货物运输合同。

【案例 4-17】 嘉辉广州分公司诉康成上海分公司等海上货物运输合同纠纷案

二审法院认为,本案的争议焦点是嘉辉广州分公司与康成上海分公司是否存在海上货物运输合同关系。嘉辉广州分公司未提供充分证据证明康成上海分公司为本案货物的承运人,因此嘉辉广州分公司要求康成上海分公司签发或提供本案货物提单的主张没有依据。实际上,康成上海分公司收取的2875元费用为起运地收货费等起运港的费用,并不包括海上运输费用,据此可认定康成上海分公司为嘉辉广州分公司的货运代理人。由于嘉辉广州分公司没有证据证明其与康成上海分公司存在由康成上海分公司提供承运人提单的约定,也没有证据证明康成上海分公司取得承运人签发的提单,因此根据《最高人民法院关于审理海上货运代理纠纷案件若干问题的规定》第八条的规定,康成上海分公司没有向嘉辉广州分公司签发或提供本案货物提单的义务。[2]

海上运输过程中争议举证与一般案件相比有其特殊性。

【案例 4-18】 法国达飞轮船股份有限公司诉上海龙飞国际物流有限公司等海上货物运输合同纠纷案

二审法院认为,关于涉案集装箱落海事故发生的原因,根据二审查明的事实,涉案4个集装箱的货重数据在首次录入时确实被录入错误,但已经在允许的合理时间内被成功更改,最终被船方、海关等采纳的均是正确的货重数据。同时,《检验报告》关于船方对发生事故的集装箱的绑扎符合系固手

---

[1] 参见国家法官学院案例开发研究中心编:《中国法院2013年度案例》(合同纠纷),中国法制出版社2013年版,第113页。福建省福州市仓山区人民法院(2011)仓民初字第1600号民事判决书。

[2] 参见国家法官学院案例开发研究中心编:《中国法院2016年度案例》(合同纠纷),中国法制出版社2016年版,第185页。广东省高级人民法院(2014)粤高法民四终字第24号民事判决书。

册的要求,涉案4个集装箱所在部分货物超重的结论,依据不足,不能被采信。鉴于法国达飞公司始终未提交有效证据证明其自身已经尽了妥善的管货和管船义务,也无证据表明涉案集装箱落海事故系与涉案4个集装箱的货重数据申报有关,故对法国达飞公司要求本案其他各方当事人承担集装箱落海事故的损失赔偿责任的主张,缺乏事实和法律依据,不能成立。[1]

托运人若要求实际承运人对货损承担责任,必须承担实际承运人对货损的发生存有过错的举证责任。涉及两个或者两个以上区段承运人沿海运输合同举证责任分配问题。随着航运业日益发达,承运人间的分工日益细化,涉及两个或两个以上区段承运人沿海货物运输合同货损(货差)纠纷案件呈增多趋势,其承运人举证责任如何分配有待深入研究。

【案例4-19】中国平安财产保险股份有限公司上海分公司诉海口南青集装箱班轮有限公司等通海水域货物运输合同货损赔偿纠纷案

二审法院认为,三个实际承运人金阳公司、成功公司以及风顺公司均与契约承运人南青公司签订定期租船合同,与托运人无合同关系,故金阳公司、成功公司以及风顺公司对托运人均不承担合同责任。托运人若要求三个实际承运人中某个或者几个对货损承担责任,应证明货损是发生某个承运人负责的运输区段内,或者导致货损发生的原因存在于某个运输区段内,或者在几个承运人负责的运输区段内都发生了货损事故等。平安上海公司提交的现有证据表明,涉案货物系发生在沿海运输区段内,原审法院据此排除货损是发生在金阳公司负责的淡水运输区段内,与事实相符。但现有证据尚不足以证明货损实际发生在成功公司负责的沿海运输区段内,还是风顺公司负责的沿海运输区段内,或者成功公司与风顺公司分别负责的两个运输区段内都发生了货损事实,故平保上海公司应承担举证不能的相应后果。一审法院要求成功公司和风顺公司承担证明货损并非发生在他们各自负责的运输区段内,以及对货损发生存在免责事由的举证责任,属于举证责任分配不当,应予纠正。成功公司和风顺公司关于本案不应适用举证责任倒置原则的上诉理由成立。[2]

也就是说,在仅有一个区段承运人,同时全程承运人并不负责实际运输的情况下,托运人要完成证明区段承运人对货损负有责任的举证责任尚不难。当全程

---

[1]参见国家法官学院案例开发研究中心编:《中国法院2014年度案例》(合同纠纷),中国法制出版社2014年版,第127页。上海市高级人民法院(2011)沪高民四(海)终字第149号民事判决书。

[2]参见沈志先主编:《2011年上海法院案例精选》,上海人民出版社2012年版,第244~245页。

承运人委托了多个区段承运人运输货物时,要证明货损是哪一个区段承运人,或者是哪几个区段承运人的原因造成的,对将货物交付全程承运人后即丧失了对货物掌控的托运人而言,是比较困难的。在某些案件中,托运人几乎不可能完成这项举证责任。对此,应坚持全程承运人承担举证责任,并在向托运人赔付后,可以依据其与区段承运人之间的运输合同关系进行追偿。在该运输合同项下,全程承运人是托运人身份,区段承运人是承运人身份,对区段承运人适用的是严格责任,其向全程承运人承担合同项下的违约责任。

应注意在联营合同中明确标的物在运输等各环节上所有权的归属,作为自身维权的证据。企业或铁路运输部门单方内部的工作记载如外调物资通知单、整车发运委托单、物资出库单等,没有货物权属的明确记载,不能作为确认货物所有权的证据。

【案例 4-20】 石家庄邯石工贸联营公司与邯郸钢铁集团有限责任公司、邯郸钢铁集团钢材零售有限公司损害赔偿纠纷案

判决观点,火车发运明细表、整车发运委托书、销售中心物资出库单等证据材料系邯石公司或铁路部门单方内部的工作记载,上面没有钢材权属的明确记载,不能作为确认钢材所有权的证据;认定申请查封变卖与降价处理钢材是否存在过错,前提是行为人对该批钢材是否享有所有权。[1]

海事局出具的事故调查报告中有关火灾事故原因的分析,可以作为法院判定水路货物运输合同纠纷责任的依据。

【案例 4-21】 福建省泉州蒙峰燃料有限公司与大连昌远航运有限公司水路货物运输合同纠纷再审案

最高人民法院认为,依据《海上交通安全法》及《海上交通事故调查处理条例》的规定,船舶、设施在沿海水域内发生的火灾事故属于海上交通事故,海事局作为海上交通安全监督管理的主管机关,有权对火灾等海上交通事故进行调查,查明事故发生的原因,判明当事人的责任。案涉火灾事故发生后,泉州海事局依法作出《泉州"1·24"昌远68轮货煤自燃事故调查报告》(以下简称《事故调查报告》)。依照《合同法》第三百一十一条和《国内水路货物运输规则》第四十八条的规定,承运人举证证明货物损坏、灭失是因货物本身自然属性造成的,承运人不承担损害赔偿责任。本案中,昌远公司向一审法院申请调取了《事故调查报告》,该报告认定货煤自燃是本起事故的直接原因,船舶应急处置措施不当是造成事故损失扩大的主要原因。蒙峰公司并未

---

[1] 参见最高人民法院民事审判第二庭编:《最高人民法院商事审判指导案例》(合同与借款担保卷),中国法制出版社2013年版,第261页。

提交相反证据推翻泉州海事局《事故调查报告》的认定,二审判决依照《事故调查报告》认定涉案火灾事故原因、判定事故责任,并无不当。蒙峰公司关于泉州海事局无权对火灾事故进行调查,《事故调查报告》不具有科学性和专业性的主张,缺乏充分的事实和法律依据。[1]

在过失的举证方面,一般情况下,"应由原告负举证责任,然原告如证明可推断有故意或过失之事实,则应认定为已有初步之证明,被告如主张有可推断非故意或过失特别之情事,则被告有证明此情事之责。"[2]对于货物灭失的争议,其货物灭失就是初步证明,至于是否为重大过失,应由承运人来举证。另外,从证据规则来讲,对于货物灭失,承运人因其负责安排运输、管理货物,有条件知晓货物运输的全过程,对货物灭失的原因具有举证义务,这种举证义务在其他相关的运输法律中亦有体现,如《海商法》第五十四条就明确规定,货物的灭失、损坏或者迟延交付是何种原因造成的,承运人应当负举证责任。

【案例4-22】 曾某翔诉顺丰速运有限公司运输合同纠纷案

二审法院认为,虽然曾某翔签名确认了同意接受快递背面条款的一切内容,其中包括"如因本公司原因造成托寄物毁损、灭失的,本公司将免除本次运费,若寄件人已选择保价,则本公司按照投保金额予以赔偿"的内容,但依据《合同法》第五十三条第二项的规定,因故意或者重大过失造成对方损失的,免责条款无效,则本案的争议焦点为顺丰公司在将涉案快递交付案外人时,其是否存在故意或重大过失。顺丰公司未能提交任何证据证明按照运单上的电话联系了收货人肖某东,亦未能举证证明其已核实取件人身份信息以及由其发送至肖某东手机的通知短信的相关信息,且顺丰公司在一审庭审时称其给肖某东看过当时取件人取走货物的视频,但其却以时间太久无法调到视频为由未能提交法庭,顺丰公司在一、二审期间均未能提交任何证据证明其主张,其应当承担举证不能的不利后果。顺丰公司在未核实取件人身份的情况下就将托寄物在自己的经营场所交付取件人,致使收件人未能收到托寄物,应认定存在重大过失。原审判决,应予维持。[3]

货物损失事实和赔偿范围证明问题。

货运合同双方就货物损失发生争议,请求检验机构对货物状态、货物损失进行检验,并制作了检验报告。检验报告是确定货物托运后状态、货物实际损失及

---

[1] 参见刘德权主编:《最高人民法院司法观点集成》(第二版)(商事卷②),人民法院出版社2014年版,第964页。最高人民法院(2013)民申字第168号民事裁定书。

[2] 参见史尚宽:《债法总论》,中国政法大学出版社2000年版,第121页。

[3] 参见国家法官学院案例开发研究中心编:《中国法院2019年度案例》(合同纠纷),中国法制出版社2019年版,第171页。广东省深圳市中级人民法院(2016)粤03民终12161号民事判决书。

损失发生原因等情况的重要证据。托运人未能提供检验报告或其他证据证明货物状态的,则应承担举证不利的后果。

【案例 4-23】 上海某实业有限公司诉上海某物流有限公司公路货物运输合同纠纷案

二审法院认为,虽原告称货物运抵目的地后经检验确认变质受损,但未在庭审中提供检验报告等证据,未能证明货物状态较起运时有损,故法院无法认定货物在运输中发生损失。[1]

【案例 4-24】 上海某超硬材料有限公司诉上海某货运有限公司货物运输合同纠纷案

二审法院认为,首先,收货人在收货时并未就货物质量提出异议,可被认为是承运人已按约定交付货物的初步证据;其次,原告未提出其他证据证明货物在运输中受损,可认为承运人已妥善履行了运输合同义务,原告主张被告赔偿货物损失,依据不足,不予支持。[2]

司法实践中,对于托运人就赔偿损失范围列举了声明价值、约定价款以及货物到达地的市场价格等证据,法官应作为赔偿损失的依据。

应注意的是,在买卖合同中拒收"自认"不能必然成为关联运输纠纷案件的事实。

【案例 4-25】 龙海粮储公司与王某水上运输合同纠纷案

判决观点,由于收货人拒绝接收货物而引起的承运人和托运人纠纷。龙海粮储公司基于买卖合同交货需要,与王某之间建立了货物运输合同关系。这两份合同因交货的事实而产生相互之间的关联性,而龙海粮储公司则是这两份合同的"连接点",其既是买卖合同的出卖人,又是运输合同的托运人。在该两个关联的合同关系中,"拒收"是买卖法律关系的行为,它的直接相对方是买卖关系双方,拒收对买卖关系直接产生影响。当买方因货物的毁损,如同本案的受潮而拒收时,买卖合同关系中"拒收"的法律事实就可以影响到运输合同关系,因为承运人要对托运货物的安全、完好负责,承运人因过错导致货物毁损的要承担损害赔偿责任。在买卖合同的拒收纠纷解决中,法律允许买卖双方对自己的权益作出处分,因此,买卖双方可以以"小麦受潮"为由接受"拒收"的事实,从而解决买卖双方的争议。但是,此时买卖双方对相关事实的"自认"仅适用于解决自身的争议,而不能产生该自认事实的对外效应,因为"小麦受潮"的事实还要影响运输合同关系,涉及承运人的利益。

---

[1] 上海市第一中级人民法院(2011)沪一中民四(商)终字第 417 号民事判决书。
[2] 上海市第一中级人民法院(2011)沪一中民四(商)终字第 1594 号民事判决书。

而在运输合同中,小麦是否受潮,仍要根据客观事实认定,不能直接套用买卖合同争议中双方"自认"的事实,托运人仅凭收货方拒收的理由和"自认"的受潮事实,不能直接证明承运人造成货物毁损,其仍需要进一步举证证明"受潮"的客观事实。[1]

承运人认为货物的毁损系托运人未如实告知货物重量导致车辆超载所造成的,应承担相应举证责任。

【案例4-26】 南昌甲汽车服务有限公司等诉安庆市宜秀区乙快运公司货物运输合同纠纷案

二审法院认为,本案中,南昌甲汽车服务有限公司承接涉案货物的运输,负有将货物安全送达指定地点义务。从安庆市宜秀区乙快运公司、安庆市丙汽车锻件有限公司及驾驶员宋某午共同在事故发生后签订的《质量索赔协议》内容看,三方对事故原因确认为"司机操作不当造成货物倾倒",故承运人对涉案货物的毁损,依法应承担赔偿责任。南昌甲汽车服务有限公司作为实际承运人,对所承运的货物应按车辆荷载重量运输,涉案货物总计28.565吨已远超出宋某午车辆18.435吨实际荷载,宋某午作为驾驶员理应明知,故对货物的毁损负有不可推卸的责任。[2]

快递运输中损失赔偿举证。对于在快递服务过程中发生的损失,由托运人承担举证责任。

【案例4-27】 涂某诉成都申通快递实业有限公司运输合同纠纷案

一审法院认为,原告向本院提交的快递单中并未明确载明其托运的物品名称、属性及数量等内容,其提交的《收款收据》《加工清单》《天然翡翠检验证书》等证据的关联性、证明力均具有较大的瑕疵,故原告提交的上述证据不足以证明其托运的货物为翡翠且价值15614元。二审法院认为,从本案已查明的事实来看,涂某并未提交其他证据证明其交付申通快递公司递送的货品为价值15614元的翡翠,故其要求申通快递公司赔偿其15614元并赔偿其翡翠交易的定金损失6000元,缺乏事实和法律依据。原审法院判决驳回涂某的该项诉讼请求,并基于申通快递公司丢失涂某委托递送的货品,判决申通快递公司赔偿涂某申明的货品价值1600元、支付的保价费45元及快递费21元,共计1656元并无不当,本院予以支持。涂某提出申通快递公司应赔偿其

---

[1] 参见崔永峰、陈一峰:《买卖中拒收"自认"不能必然成为关联运输纠纷的事实》,载《人民法院报》2008年3月4日,第6版。

[2] 安徽省安庆市中级人民法院(2018)皖08民终154号民事判决书。

经济损失 21614 元的上诉请求因证据不足,本院不予支持。[1]

托运人托运物品,一般应向快递公司说明快递物品的名称、数量、价值等内容,由保管人验收或者封存。快递运单中没有载明上述内容,但与托运人直接交易的快递公司业务员通过书面说明的形式确认了物品情况,故可以确认托运货物价值。托运人提供的证据能够相互印证的,法官应予采信。

【案例 4-28】 茹某诉上海韵达速递有限公司运输合同纠纷案

判决观点,涉案运输合同所对应的快递运单虽未载明原告交寄物品的名称、数量、价值等内容,但与原告直接进行交易的被告方业务员已通过书面的形式确认了其收寄的物品系"6 条中华牌 3 字头香烟",被告亦认可该份书面说明的真实性,故法院确认原告托运的物品为 6 条中华牌香烟。关于被告辩称的香烟为禁止快递托运的物品,该主张并不影响双方运输合同的成立,且被告事先明知是香烟而自愿承运,事后再以其为禁运物品为由提出抗辩,亦有违诚信原则。关于涉案 6 条香烟的价值,原告主张其购入价款为 4080 元,并提供了购物发票、付款凭证以及出卖方员工提供的证明。法院对相关证据进行审查、核实后认为,原告所提供的证据之间能够相互印证,且原告主张的物品价值与该种品牌、种类香烟的市场价值基本一致,故法院确认原告托运的 6 条香烟价格合计 4080 元。现原告自愿将其主张的损失数额确定为 4000 元,系其对自身权利的处分且于法不悖,法院予以准许。[2]

承运人主张免除赔偿责任的,应就其已适当履行承运义务承担举证责任。

【案例 4-29】 何某鸿诉卢某根运输合同纠纷案

二审法院认为,承运人应当按照约定将货物安全运输到约定地并完成交付。承运人对运输过程中货物的毁损、灭失承担损害赔偿责任,但承运人证明货物的毁损、灭失是因不可抗力、货物本身的自然性质或者合理损耗以及托运人、收货人的过错造成的,不承担损害赔偿责任。现没有证据证明案涉货物已经通过运输交付至收货人,卢某根无法以货物已交付为由向收货人主张权利,何某鸿作为已收取货物的承运人亦不能证明已经适当履行了承运义务,应视作货物在运输过程中毁损、灭失,何某鸿亦不能就此证明存在法定免责事由,故应承担相应的赔偿责任。[3]

水路货物运输途中货物短量超过约定损耗的,承运人亦应承担举证责任。

---

〔1〕 参见最高人民法院中国应用法学研究所编:《人民法院案例选》2016 年第 3 辑(总第 97 辑),人民法院出版社 2016 年版,第 140 页。四川省成都市中级人民法院(2013)成民终字第 2091 号民事判决书。
〔2〕 参见邹碧华主编:《2014 年上海法院案例精选》,上海人民出版社 2014 年版,第 25 页。
〔3〕 浙江省杭州市中级人民法院(2017)浙 01 民终 5266 号民事判决书。

【案例 4-30】 大连保税区源盛化工贸易有限公司与东莞市辉明石化产品有限公司等水路货物运输合同货差纠纷再审案

最高人民法院认为,关于前一阶段发生的货物短量,根据《合同法》第三百一十一条的规定,承运人应对运输过程中货物的毁损、灭失承担赔偿责任,除非其证明该货物毁损、灭失是因货物本身的自然性质或者合理损耗以及托运人、收货人的过错等原因造成。本案中,辉明公司作为托运人和收货人,向永丰海公司申报货物为汽油,虽然源盛公司、永丰海公司、东方公司所提供的证据显示货物在抵达目的港后的蒸气压测试结果为109.4kPa,超过国家标准车用汽油GB 17930-2006中关于蒸气压不大于72kPa的要求,但仅此不足以证明辉明公司托运的货物与申报的货物名称"汽油"不符,也不足以证明8天运输途中短量109.92吨即为货物自身原因所致。在未提供充分证据证明涉案货物短少系货物自身特性所致的情形下,东方公司、源盛公司和永丰海公司作为承运人和实际承运人应对运输途中货物损耗超过约定的允许损耗3%之外的部分承担赔偿责任。源盛公司就此提出的再审申请理由,本院不予支持。[1]

货物系在运输过程中因不可抗力遭受灭失时可不予支付运费,但托运人应举证证明相关损失系因不可抗力所造成。

【案例 4-31】 广西甲运输有限责任公司诉广西东兰县乙矿业有限公司海上货物运输合同纠纷案

二审法院认为,双方在庭审中认可25个货柜的运费包含在乙公司欠付甲公司的626385元运费中,且该25个货柜已经由乙公司交付甲公司运输,根据《合同法》第三百一十四条的规定,乙公司唯在货物系在运输过程中因不可抗力遭受灭失时才可主张不予支付运费,但乙公司并未能举证证明涉案25个货柜的损失系因不可抗力所造成,因此乙公司仍应当向甲公司支付该25个货柜的运费,故乙公司认为应当从所欠付的626385元运费中扣减该25个货柜的运费的主张,理据不足,本院不予采纳。[2]

---

[1] 参见刘德权主编:《最高人民法院司法观点集成》(第二版)(商事卷②),人民法院出版社2014年版,第966页。最高人民法院(2012)民监字第389号民事裁定书。

[2] 广西壮族自治区高级人民法院(2016)桂民终248号民事判决书。

二、货运合同法律适用

(一)货运合同运输风险认定

货运合同中的风险,主要是指在货物运输的过程中因不可归责于合同当事人双方的事由,而造成的货物毁损、灭失以及运输费用不能支付的风险。[1] 按照法律规定,一般情况下,在货物运输合同履行过程中,货物保管的风险自货物交付承运人时起,承运人即应负起保管责任。也就是说货交承运人后,货物发生的毁坏、减少甚至灭失,都要由承运人负责。承运人承担运输货物的全部风险,但存在例外情形,即不可抗力、货物本身的自然性质或合理损耗以及非自身原因造成毁损、损失。

《民法典》第八百三十五条规定:"货物在运输过程中因不可抗力灭失,未收取运费的,承运人不得请求支付运费;已经收取运费的,托运人可以请求返还。法律另有规定的,依照其规定。"该条对因不可抗力造成货物灭失运费支付风险作了明确规定。之所以如此规定,是因为托运人已经因货物的灭失而遭受了巨大损失,如果还要负担运费,就意味着要承担双重损失,这对托运人不公平。从公平和诚实信用的角度讲,应当允许托运人请求承运人返还已支付的运费,使风险得以合理分担。

实践中,对于托运人派员随车的,货物灭失的风险是否转移给承运人,法院内部观点并不一致,一种意见为未转移,另一种意见为已转移。

【案例 4-32】 张某兰诉郭某运、菏泽交通集团第十三汽车运输公司运输合同纠纷案

一审法院认为托运人派员随车的,货物灭失的风险未转移。再一审法院认为托运人派员随车的,货物灭失的风险已转移。二审法院持一审风险未转移的观点。《人民法院案例选》责任编辑认为,这个问题还是要严格按照法律规定来处理。既然法律规定,货物交付承运人,承运人对货物就有了保管责任,那么,不管托运方是否派人随车,这个责任还是要由承运人来承担,托

---

[1] 参见王利明:《合同法研究》(第三卷),中国人民大学出版社2012年版,第549页。

运方派人随车与否不应成为突破法律规定的理由。具体到本案,法院认为托运人张某兰委托的购货人员与郭某运委派的司机未按规定办理货物的交接手续,张某兰委派的购货人员又与货物同车欲到目的地,托运人一直在托运方与承运方控制之下,因此,法院对货物灭失的责任采取了各打五十大板的方式进行了认定。何谓"未按规定办理交接手续"?张某兰委派的购货人员之所以去济南,是办理购货手续,办完手续将货物装上郭某运的车上,郭某运委派的司机同意装车即视为承运方已接受合同约定的货物,也就是完成了法律规定的交接手续,从这时起货物就交由承运方保管了。还需要再办理什么交接手续吗?责任编辑认为关于货物交接早包含在原、被告口头约定的合同中了,不需要在法律规定之外,再来一个新的手续。因此,在这一点上,法院的认定值得进一步探讨。[1]

可预见的合同风险不能认定为不可抗力。

【案例 4-33】 上海利星行物流有限公司诉中航虹波风电设备有限公司运输合同纠纷案

一审法院认为,本案中合同标的物系超大型货物,运输过程中存在诸多的限制条件。利星行公司作为一家专业运输的大型物流公司,在合同签订前,应充分了解所运输货物的规格,并根据货物实际情况对运输路线进行全面、细致的勘察,对途中可能影响运输的各种情况应进行详细分析和预测。利星行公司提出运输途中的办理通行证及运输路况等均可通过事先勘察、评估并在合同中预留出合理的时间,不属于不可抗力范围,故利星行公司应按合同的约定期限履行送货义务。据此,原、被告之间的运输合同关系成立。被告虹波公司结欠原告利星行公司运输费170000元属实,依法应予以给付。利星行公司未按照合同约定的期间将货物运输到约定地点,构成违约,应按约定向虹波公司承担给付违约金责任。二审法院亦认为,利星行公司未按约定完成合同义务,应承担相应违约责任。上诉人利星行公司上诉请求无事实和法律依据,不予支持。原判正确,应予维持。[2]

---

[1] 参见最高人民法院中国应用法学研究所编:《人民法院案例选》(2004年商事·知识产权专辑)(总第49辑),人民法院出版社2005年版,第171页。

[2] 参见国家法官学院案例开发研究中心编:《中国法院2015年度案例》(合同纠纷),中国法制出版社2015年版,第193~194页。江苏省南通市中级人民法院(2013)通中商终字第116号民事判决书。

(二) 货运合同重大过失认定

重大过失,"谓善良管理人之注意有显著欠缺","善良管理人之注意程度,亦非谓就各种之事件,常为同一。因事件之种类,行为人之职业,危险之大小、被害利益之轻重,而有差异"。[1]

承运人应当按照约定或法定条件交付运输货物,即便有收货人的委托也不例外,发生交付货物失误的,构成重大过失。

【案例 4-34】 燕南化工公司诉宁波北站铁路货物运输合同纠纷案

二审法院认为,铁路运输企业作为承运人,应将所承运的货物安全、及时地交付运输合同中指定的收货人,宁波北站却在无领货凭证的情况下,违反铁路交付的有关规定,在没有收货人的委托,也未由收货人在货票丁联上签名或盖章,即将货物交付非收货人供应站,其行为属于误交付。承运人交付货物是其履行运输合同十分重要的义务,宁波北站明知在没有任何证明材料的情况下,交付货物可能会发生误交付而轻率地将货物交付出去,已构成重大过失,应按照货物的实际损失给予赔偿。宁波北站关于其是根据燕南化工公司要求交付的货物,不承担交付后的损失赔偿责任的上诉理由,因没有充分的证据支持,本院不予采信。[2]

【案例 4-35】 太仓富家铜业有限公司诉上海佳吉快运有限公司、上海佳吉快运有限公司太仓分公司货物运输合同纠纷案

一审法院认为,免责条款既包括免除责任的条款,又包括限制责任的条款。故特别约定属于免责条款,现太仓佳吉无法说明货物灭失原因,存在重大过失,该特别约定条款应认定无效。因此,太仓佳吉应按市价赔偿损失。二审法院亦持同样意见,维持原判。[3]

【案例 4-36】 广东省茂名市粮食局粮油物资公司与广东省茂名市供销合作联社专线经营部运输合同纠纷案

最高人民法院认为,本案运输货物被他人冒领,是在供销专线代理交货时发生的,供销专线应承担损害赔偿责任;专用线作为铁路的组成部分,其运输范围内的行为应由铁路法调整。现有证据表明,冒领人是以伪造的货运单

---

[1] 参见史尚宽:《债法总论》,中国政法大学出版社 2000 年版,第 116 页。
[2] 参见最高人民法院中国应用法学研究所编:《人民法院案例选》2002 年第 2 辑(总第 40 辑),人民法院出版社 2002 年版,第 289 页。
[3] 参见王利明主编:《判解研究》2007 年第 1 辑(总第 33 辑),人民法院出版社 2007 年版,第 95 页。

领取了货物,供销专线无法辨别运单真伪,也无其他证据证明其有重大过失。因此,供销专线的误交付属一般过失。[1]

承运人未按照约定的或者通常的运输路线运输的,应承担违约责任。

【案例 4-37】 容某龙与伍某友运输合同纠纷案

二审法院认为,本案中,当事人双方达成由伍某友将容某龙收购的桂花从临桂县运往阳朔县白沙镇的口头运输合同。由于承运人走错道路,比正常行驶晚了3个多小时到达约定地点,构成违约。结合新鲜桂花的特性,处于密闭空间超正常时间3个多小时,可以认定案涉运输的新鲜桂花发生了毁损。承运人对因该违约行为造成的损失应予赔偿。[2]

(三)航空运输责任期间认定

《蒙特利尔公约》第十八条规定,航空运输责任期间是指货物在承运人掌管下的期间。承运人的航空运输责任期间并不单指空中运输阶段,还包括为空中运输和交付货物而发生的陆地运输阶段。而掌管并不能简单理解为航空公司本身在控制货物。航空运输的地面服务往往是由航空公司的地面代理人完成。实践中,如果受地面代理机场货运站指派,实施从机场货运站仓库至收货人仓库之间的短驳运输。该段短驳运输期间内,货物仍处于承运人掌管之中,故该段期间仍是航空运输责任期间。

【案例 4-38】 智傲物流有限公司诉法国航空公司等航空货物运输合同违约赔偿纠纷案

一审法院认为,浦运公司承运的这段陆路短驳运输是否属于承运人法航的运输期间。《蒙特利尔公约》第十八条第三款规定,航空运输期间是指货物处于承运人掌管期间。本案浦运公司承运的这一段短驳路程是由机场货运站的仓库到收货人东环公司的海关监管仓库。货物并没有出关,整个路程属于机场的海关监管范围内。由于机场货运站是法航在浦东机场的地面代理,从法律上讲,货物仍处于承运人法航掌管期间。由机场货运站、东环公司、浦运公司三方签字的放货通知并不能理解为机场货运站将货物与东环公司直接进行了交接。机场货运站将货物直接交给了由其指定的浦运公司进

---

[1] 参见《最高人民法院公报》1999年第3期。

[2] 参见最高人民法院民法典贯彻实施工作领导小组编著:《中国民法典适用大全》(合同卷四),人民法院出版社2022年版,第2740页。广西壮族自治区桂林市中级人民法院(2020)桂03民终2286号民事判决书。

行短驳运输,到东环公司保税仓库后,东环公司又在浦运公司普货驳运交接表上签字。在此运输期间,法航的地面代理人机场货运站应该严格遵循空运单上的特别指示"请注意所有陆路运输必须总是使用气垫悬挂车",一般而言,在一张空运单上特别提示陆路运输要求,主要针对的是在机场内的短驳运输。而机场货运站没有遵守特别指示,没有指示浦运公司用气垫悬挂车进行陆路短驳运输,应属于违约行为。机场货运站提出,如有特殊运输要求,收货人应以书面形式提出。空运单是为收货人利益而在托运人和承运人之间达成的运输合同。除运费到付外,收货人不应当承担运输合同的义务。所以,空运单上的特别指示当然是针对承运人,而不是收货人的义务。被告提供有关货代公司书面申请的证据,系因机场货运站同时有机场的安保和管理的职能。但作为航空公司的代理人而言,机场货运站应该按照空运单上的指示,安排在机场附近的特殊短驳车辆进入机场内。在本案中,如果机场货运站不能安排气垫悬挂车进行短驳运输,则其应该通知东环公司,由其申请自行安排气垫悬挂车进入机场。然而,法航或其代理人机场货运站忽视了这一点。二审法院亦持同样意见。[1]

(四) 解除班轮运输合同限制

根据我国相关法律规定,班轮运输承运人作为公共运输的承运人,不享有任意解除运输合同的权利,只有在船舶开航前,因不可抗力、不可归责于责任人的原因或者合同履行过程中托运人根本违约致使合同不能履行的情况下,方可解除合同。集装箱班轮运输具有行业特殊性,与租船运输仅涉及双方关系不同,集装箱班轮运输是一种公共服务,涉及公共利益,因此班轮运输与纯粹由市场调节的租船运输虽同属海上货物运输关系,但在本质上却存在区别。

【案例4-39】 河北天波工贸有限公司诉以星综合航运(中国)有限公司及其天津分公司海上货物运输合同纠纷案

判决观点,涉案货物被退载的直接原因是集装箱电压与船舶额定电压不匹配,致使集装箱无法工作及制冷。两被告不能举证证明涉案货物被退载是由于原告根本违约所致。海上货物运输合同是诺成性合同,而非实践性合同,班轮运输亦不例外。在被告以星公司接受原告订舱时,原、被告之间的合同已经成立,两被告在既不享有任意解除合同的权利,也不符合法定解除合

---

[1] 参见沈志先主编:《2011年上海法院案例精选》,上海人民出版社2012年版,第265页。

同条件,更未与原告协商一致的情况下,擅自单方退载涉案货物已构成违约,应当赔偿因违约给原告造成的损失。被告以星天津公司作为被告以星公司的分支机构也应当承担赔偿损失的责任。[1]

(五)格式货运合同效力

货物托运单系双方运输合同的书面形式,其中有大量的格式条款,如限额责任条款。提供格式条款一方免除其责任、加重对方责任、排除对方主要权利的,该条款无效。

【案例4-40】 内蒙古万某科技有限责任公司诉北京安某货运服务有限公司运输合同纠纷案

二审法院认为,由于安某公司向万某公司出具的《北京安某物流托运单(代合同书)》系格式合同,该合同项下第2条"发货人必须声明货物价值,并交纳保险金,否则后果自负"和第3条"货物丢失由承运人按声明保价赔偿,未保价按运费5倍赔偿,赔偿金额不超过人民币1000元整"的约定,均系以格式条款的形式免除了承运人安某公司的责任,加重托运人责任,排除了托运人的主要权利。根据《合同法》第四十条的规定,上述合同条款均应认定无效。该合同项下的其他权利义务约定,未违反国家法律法规的禁止性规定,合法有效。[2]

【案例4-41】 北京银河创先科技有限责任公司与北京康达货运服务有限公司公路货物运输合同纠纷案

一审法院认为,保价条款实际上是当事人对货物损害赔偿的一种约定,未约定保价条款,并不影响货物毁损、灭失后的赔偿问题。而对于由康达公司提供的上述托运单载明的运输协议中关于货物毁损丢失赔偿额的计算方法,是康达公司为了重复使用而预先拟定的格式条款。康达公司作为提供格式条款的一方应采取合理的方式提请银河创先公司注意,康达公司未提供证据证明已履行提请银河创先公司注意的义务且利用该条款免除其部分赔偿责任,违反了国家法律的禁止性规定,故该格式条款应属无效,不能作为计算

---

[1]参见国家法官学院案例开发研究中心编:《中国法院2014年度案例》(合同纠纷),中国法制出版社2014年版,第135页。天津海事法院(2012)津海法商初字第41号民事判决书。

[2]参见北京市高级人民法院编:《审判前沿——新类型案件审判实务》2008年第1集(总第19集),法律出版社2008年版,第133页。

货物灭失赔偿的依据。二审法院持同样意见,维持一审判决。[1]

快递公司承运快件发生毁损、灭失的,应对消费者承担相应的赔偿责任。快递运单上对具体赔偿规则予以明确,赔偿条款未有违反公平原则的情形且快递公司尽到提示义务的,应认可赔偿条款的效力。法官应当从托运人的主体身份、提示说明的方式、提示说明的程度三个方面对快递公司是否尽到提示说明义务予以实质审查。消费者对托运物品未足额保价的,保价声明价值低于未保价时货物受损可获赔最高限额的情况下,应认定赔偿条款无效。

【案例4-42】 郭某诉北京德邦货运代理有限公司公路货物运输合同纠纷案

二审法院认为,货物运输合同中对保价货物的毁损、灭失按保价金额赔偿的相关内容应视为限制责任条款。本案中,郭某委托德邦货运公司运送家具,保价声明价值5000元,郭某与德邦货运公司约定运费为13714元,托运人保价的目的在于保证货物在运输过程中受损时能得到比未保价更高的补偿,以分担货物受损的风险,但郭某对货物保价的声明价值远低于货物的运输费用,一旦货物受损,按照保价条款获取的赔偿远低于在未保价情况下货物受损所获得的赔偿。郭某作为托运人,作此选择,明显不合情理。德邦货运公司作为提供格式条款的承运人应当遵循公平原则确定其与托运人之间的权利和义务,并采取合理的方式提请对方注意免除或限制其责任的条款,按照对方的要求,对该条款予以说明。德邦货运公司虽在运单背面以加粗字体印刷德邦物流契约条款中赔偿条款,但在其未提供其他证据予以佐证的情况下,不能证明其尽到了提示说明义务。格式条款的适用应当建立在对合同双方权利义务公平划分的基础之上,基于德邦货运公司未尽到提示说明义务,在保价条款中保价声明价值远低于未保价时货物受损可能获得的赔偿数额的情况下,该格式条款的设立排除了郭某获得较高赔偿数额的权利,应当认定无效。本案中,原审法院依照保价条款的约定酌定货物损失赔偿数额仅为4000元,有失公正,二审法院予以纠正。二审法院结合货运情况、家具损坏情况、双方过错等,酌情确认德邦货运公司应赔偿郭某的损失。[2]

货物托运单中未经合理提醒的限价赔偿条款,不能作为货物承运人货损赔偿限价赔付的依据。

---

[1] 参见北京市高级人民法院民一庭编:《北京民事审判疑难案例与问题解析》(第一卷),法律出版社2007年版,第468页。

[2] 参见最高人民法院中国应用法学研究所编:《人民法院案例选》2020年第10辑(总第152辑),人民法院出版社2021年版,第129页。北京市第三中级人民法院(2019)京03民终16633号民事判决书。

【案例 4-43】 贸易公司诉物流公司公路货物运输合同纠纷案

判决观点,关于货物损失赔偿金额的认定,贸易公司主张按货物的出售价格计算涉案货物损失 4.13 万元,其提交的《购销合同》、银行转账电子回单、《送货单》能与《货物托运单》的货物数量相吻合,且能形成证据链证明贸易公司已将货物以 PLUS 聚酰胺蜡粉(15 千克/包)每公斤 90 元、ST 氢化蓖麻油(25 千克/包)每公斤 52 元的价格出售并收到相应货款,故法院确认涉案货物损失价值为 4.13 万元。对于物流公司提出的货物托运单约定了托运人未支付保价费的按运费的一倍至三倍赔偿,贸易公司自身应承担过错责任的抗辩意见。涉案货物托运单为被告单方制作的格式合同,背后的托运协议为格式条款,根据《合同法》第三十九条第一款之规定,物流公司并未提供证据证明其采取了合理的方式提醒贸易公司注意并对条款予以说明,且贸易公司亦未在相应的发货人签名处签名,故涉案货物托运单限额赔偿的格式条款依法不应予以适用。判决:被告物流公司向原告贸易公司支付货物损失赔偿款 4.13 万元。[1]

没有取得水路运输许可证的承运人签订的沿海、内河货物运输合同是否有效,各地法院的认识并不统一。最高人民法院法官认为,沿海内河运输属于国家限制经营项目。国内水路运输经营资质的行政许可审批是对市场准入条件的设定。根据《合同法》第五十二条第五项"违反法律、行政法规的强制性规定"的合同无效之规定,并根据《合同法解释(一)》第十条"当事人超越经营范围订立合同,人民法院不因此认定合同无效。但违反国家限制经营、特许经营以及法律、行政法规禁止经营规定的除外"的规定,未取得《水路运输许可证》的运输企业所签订的沿海、内河货物运输合同属无效合同。[2]

某一条款被认定为格式条款,并非表示其本身就是无效条款。运输合同中的保价条款为格式条款,是一种限制承运人赔偿责任的条款,判断保价条款的效力,应综合考虑以下因素,其一,缔约双方的地位。法律对格式条款予以限制,其立法本意是对一些行业、部门因具有一定的垄断、优势地位,迫使对方签订不平等条款的情况加以规制。合同一方不是处于弱势地位的消费者而是普通商人,合同另一方作为普通商法人,不具有垄断或优势地位的,应视为双方地位是平等的。普通商人之间的交涉力量大致相当,对有效性的判断可以从宽掌握。其二,行业的交易习惯。在货物运输合同中,由于承运人在运输过程中,对于所运输的货物承担

---

〔1〕参见国家法官学院、最高人民法院司法案例研究院编:《中国法院 2022 年度案例》(合同纠纷),中国法制出版社 2022 年版,第 173~174 页。广州铁路运输法院(2020)粤 7101 民初 9 号民事判决书。

〔2〕参见万鄂湘主编、最高人民法院民事审判第四庭编:《涉外商事海事审判指导》2011 年第 4 辑(总第 25 辑),人民法院出版社 2013 年版,第 27~28 页。

较大的风险,其运费与货物价值相差较大,故在运输合同中通常订有保价条款,这种做法已经成为货物运输行业的交易习惯。其三,是否尽到提示与说明义务。《民法典》第四百九十六条对其有明确规定。三个因素均符合法律规定无瑕疵的,可以认定为有效。

免责条款适用的前提是承运人对其货物损失没有故意或重大过失,因故意或重大过失造成对方财产损失的免责条款无效。

【案例 4-44】 广西宏远科技图像有限公司诉来宾市兴宾海天快运部运输合同纠纷案

判决观点,在本案货物的运输过程中,货物处于海天快运部和路路通物流有限公司控制下,其作为承运人负有安排运输、管理货物、确保货物安全送达的义务,对运输过程中因承运人的原因造成货物毁损、灭失的应当承担损害赔偿责任。本案海天快运部作为承运人没有尽到管理义务,存在重大过失,从而排除其对免责条款的适用,应对本案纠纷的发生承担民事赔偿责任。虽然海天快运部的托运单背书条款上第 4 条明确约定:"乙方(承运方)从收到甲方(托运方)货物时起至收到货物之前对货物的安全负责,因被盗、灭失、短少、变质、污染、损坏造成甲方损失的,乙方按照购买保险额 100% 赔付或未购买保险的按运费 20 倍以内的赔付方式进行赔偿。"此属承运方的免责条款,其前提为承运方自身对货物的损失没有故意或重大过失,本案海天快运部对宏远公司的货物丢失存在重大过失,海天快运部的免责条款无效,其主张按运费 20 倍以内的赔付方式赔偿宏远公司损失 3000 元,无法律依据,不予采信。由于宏远公司与海天快运部没有约定货损的赔偿额,本案原则上应按照宏远公司与第三人所签订的购销合同上的货物单价计算海天快运部应支付给宏远公司的赔偿款数额。海天快运部丢失宏远公司的货物价值为 42400 元,此数额为宏远公司的实际损失,没有加重海天快运部的负担,海天快运部应予赔偿。[1]

挂靠经营合同中免责约定的效力问题。实践中,车辆挂靠经营合同中往往约定有发生交通事故后,被挂靠单位不承担任何责任等类似条款。所以,发生事故后要合理分配被挂靠单位和实际车主的责任,首先需要对此类条款的效力作出认定。大多数观点认为被挂靠单位需与实际车主共同对外承担侵权责任,不能因为挂靠经营合同有免责约定而免责。被挂靠单位和实际车主对外承担侵权责任后,挂靠单位可以根据经营合同的约定要求实际车主承担全部赔偿责任。也就是说,

---

[1] 参见国家法官学院案例开发研究中心编:《中国法院 2016 年度案例》(合同纠纷),中国法制出版社 2016 年版,第 170 页。广西壮族自治区来宾市兴宾区人民法院(2014)兴民初字第 1752 号民事判决书。

根据《合同法》相关规定确认挂靠经营合同不违反法律、行政法规的效力性规定，挂靠经营合同中关于被挂靠单位不承担责任的约定对被挂靠单位和实际车主而言是合法有效的，对其双方具有约束力。

【案例4-45】 长沙中煌混凝土有限公司诉杨某合同纠纷案

一审法院认为，原告诉请被告支付其"垫付"的所有赔偿款项不满足原、被告之间签订的混凝土搅拌车运输承包合同第六条第7项约定。此外，经政府和交警大队积极协调，并征得被告公司代表口头同意后，达成赔偿协议。该协议一方为刘某平、被告杨某及原告中煌公司，另一方为死者家属代表。在签订协议时，仅有死者家属在协议上签名，车主杨某也是事后在协议中补签名。原告中煌公司尽管未在协议上签名，但其口头同意了赔偿金额并全部支付，故中煌公司赔偿的意思表示是明确、真实、有效的。故本案原告中煌公司、被告杨某及刘某平以协议的形式自愿共同赔偿死者家属相应的赔偿款项，该款项应由三人共同承担。原告诉请被告承担全部赔偿款项不能成立，不予支持。二审法院亦持同样意见，维持一审判决。[1]

（六）格式保价条款选择及风险

保价条款存在于运输行业当中具有合理性。承运人对所运输的货物承担极大风险，其所收的运费与货物价值通常相差甚远。在托运人支付较低运费的情况下，要求承运人全额赔偿货物损失，有违公平原则，且不利于运输行业的发展。对于运输行业而言，托运人根据货物的价值来确定运费及作出风险判断是基本行业规则。保价既是货物运输行业的惯例，也是国际货物运输的通行做法。因此，确认运输行业当中的保价条款符合市场公平原则。托运人与承运人签订的运输合同属提前拟制格式条款，有两种不同标准的选择条款。托运人明知承运人有关价值较大货物的保价运输条款而没有选择保价运输，该托运货物灭失时，应当承担选择的风险。

【案例4-46】 河南省万隆医药有限公司诉河南长通运输有限公司运输合同纠纷案

一审法院认为，运输单提示发货人在对协议条款无异议并同意严格履行的情况下签字确认，万隆医药在发货人处签字表明其同意了运输协议的内容。该协议第七条就货物发生毁损、灭失的赔偿责任制定了两种不同标准供

---

〔1〕 参见国家法官学院案例开发研究中心编：《中国法院2016年度案例》（合同纠纷），中国法制出版社2016年版，第189页。湖南省长沙市中级人民法院（2014）长中民二终字第05527号民事判决书。

万隆医药选择,该条款体现了权利、义务一致的原则。万隆医院明知其托运的货物价值较大,却不选择保价条款,应当承担自行选择的后果,其要求长通运输承担货物灭失之后的全部赔偿责任,缺乏法律依据,也有违公平原则。且万隆医药在运输单上未写明货物的具体名称、价值,故对于万隆医药的损失,长通运输应依协议的约定按运费的5倍(5元×5=25元)向万隆医药进行赔偿。万隆医药诉讼请求超出约定部分,法院不予支持,该部分的诉讼费用亦应由万隆医药自行承担。二审法院持同样意见,维持原判。[1]

【案例4-47】 胡某祺诉天津天一天快递有限公司运输合同纠纷案

一审法院认为,本案中原告选择了运费成本较低廉的未保价方式邮寄包裹,就应当承担相应的风险,即"若因本公司的原因造成交寄物损毁、灭失的,本合同将免除本次运费。若寄件人未选择保价,按不超过运费五倍的标准赔偿。若寄件人已选择保价,按实际保价价值赔偿"。被告应按照"不超过运费五倍的标准赔偿"的约定,根据原告实际支付的运费5元的5倍,赔偿原告25元。二审法院认为,现经双方确认,该货物因天一天快递公司原因在运输过程中丢失,故胡某祺要求天一天快递公司按照货物的实际价值进行赔偿,而天一天快递公司则主张按照快递单所附快递服务协议第5条的约定进行赔偿。该快递服务协议第5条虽属格式条款,但该条款并未单方面免除承运人的责任、加重寄件人的责任或者排除寄件人的权利,同时天一天快递公司在快递单正面亦提示"贵重物品请务必保价",胡某祺未对寄送货物进行保价,故天一天快递公司应当按照该条款的约定向胡某祺进行赔偿。关于胡某祺主张天一天快递公司未对运送货物进行检视故要求全额赔偿的主张,并不符合双方合同的约定,依据不足,不予支持。原审判决所作处理并无不当,予以维持。[2]

类似的案例有湖南致极网络科技股份有限公司诉上海韵达货运有限公司等运输合同纠纷案。[3]

实践中,对托运人未在托运单上签字,但可推定知晓托运单背面印有托运协定事项未持异议仍将货物交付承运人承运的,表明托运人愿意接受该保价或免责条款约束,亦表示托运人以自己的行为默示同意涉案争议的条款。

---

[1] 参见最高人民法院中国应用法学研究所编:《人民法院案例选》2007年第1辑(总第59辑),人民法院出版社2007年版,第286页。

[2] 参见国家法官学院案例开发研究中心编:《中国法院2016年度案例》(合同纠纷),中国法制出版社2016年版,第173页。天津市第二中级人民法院(2014)二中速民终字第1988号民事判决书。

[3] 参见国家法官学院案例开发研究中心编:《中国法院2015年度案例》(合同纠纷),中国法制出版社2015年版,第186页。湖南省长沙市岳麓区人民法院(2013)岳坪民初第339号民事判决书。

【案例 4-48】 于某光诉韦某清公路货物运输合同纠纷案

二审法院认为,关于一审判决书韦某清赔偿于某光货物损失 23000 元是否合法有据的问题。虽然于某光没有在托运单上签字,但其在阅读"托运协定事项"后未持异议仍将货物交韦某清承运,表明其已愿意接受"托运协定事项"相关条款规定的约束,故"托运协定事项"规定的内容应认定为本案货物运输合同的组成部分。"托运协定事项"第4条约定的内容属于特定情况下限制承运人韦某清责任的格式条款,但该单正面印有"重要提示"一栏及内容,证明韦某清已以合理方式提请于某光注意格式条款的内容。《合同法》第四十条关于"提供格式条款一方免除其责任、加重对方责任、排除对方主要权利的,该条款无效"的规定,其立法本意是对一些行业、部门因具有一定垄断、优势地位,迫使对方签订不平等条款所设定限制性规定。本案中,韦某清设立的南宁市富运货物运输服务部在货物运输领域并不具有垄断或优势地位,韦某清与于某光双方地位是平等的,于某光对承运人完全有较多的选择,可自主决定是否选择将韦某清作为承运人,特别是韦某清对于运输过程中发生货物毁损、灭失赔偿责任时,制定了两种不同标准供托运人于某光选择,于某光未选择保价运输,其意思表示真实,且该条款体现了权利义务一致的原则,故应当认定该格式条款有效。于某光明知其托运的货物有价值,也明知货运存在风险,却不选择保价条款,应当承担自行选择的后果,其要求承运人承担货物毁损的全部赔偿责任,缺乏法律依据。韦某清为于某光承运货物,运费为 140 元,按照双方签订的货运合同"托运协定事项"第4条的约定,按该件货物运费 10 倍给予赔偿,韦某清赔偿数额应为 1400 元,故一审判决韦某清赔偿于某光货物损失 23000 元欠妥,予以纠正。[1]

承运人作为保价条款的提供一方,其在合同订立时应采用合理的方式向合同相对方作出明确说明,主要包括以下两方面:一是提示义务,即承运人应在运单、运输合同或其他运输凭证上对保价条款采取加黑、放大字体等方式,足以引起托运人注意到保价条款的内容。二是说明义务,对保价条款的内容以书面或者口头形式向托运人作出明确说明,使托运人对保价条款的具体内容及相应的法律后果有充分的了解和认识,确保托运人选择保价条款系其真实意思表示。承运人只有同时履行了提示和说明义务,才是全面履行了明确说明义务,保价条款才能发生法律效力。

实践中,多数托运人为了降低成本,不进行保价,产生纠纷的货损赔偿案件几乎均未保价。在运输合同纠纷中,有必要对货物丢失时如何排除适用保价条款赔

---

〔1〕 参见国家法官学院案例开发研究中心编:《中国法院 2012 年度案例》(合同纠纷),中国法制出版社 2012 年版,第 81 页。广西壮族自治区南宁市中级人民法院(2010)南市民二终字第 235 号民事判决书。

偿责任进行研究。笔者认为,对该案件处理也要考虑整个社会的价值平衡。商人追求利益最大化,托运人一方永远希望用最低成本获取最高质量的运输服务。而目前物流业压价竞争现象普遍,国内快递、货运市场尤为严重,运输业利润微薄。当价值较高的承运货物毁损时,承运方若按实际价值赔偿,则会出现仅收取很少运费却要支付巨额赔偿款的情况,对整个物流业也会造成很大损害。法院最终可能在考虑承运人承担服务瑕疵的责任外,从整个社会利益平衡的角度来认定承运人应承担的具体责任,既有利于维护立法的基本精神,也有利于物流公司进一步完善服务,促进物流业的健康发展。

【案例4-49】 无锡市韵达快递有限公司诉远成集团有限公司等货物运输合同纠纷案

判决观点,远成集团无锡分公司接受韵达快递公司的委托承运货物,双方的运输合同成立。根据《合同法》规定,因故意或者重大过失造成对方财产损失的免责条款无效。在本案货物的运输过程中,货物处于远成集团公司、远成集团无锡分公司控制下,其作为承运人负有安排运输、管理货物,确保货物安全送达的义务,对运输过程中因承运人原因造成货物毁损、灭失的应当承担损害赔偿责任。本案被告将运输任务转给其他单位,导致发生交通事故货物损毁,交警部门认定参与运输的驾驶员因超载运输负事故次要责任,应认定承运人存在重大过失,从而排除保价条款的适用,承运人应对本案纠纷的发生负相应的民事责任。由于货运单背书条款上"承运、托运双方特别约定事项"明确约定:托运人须声明货物价值并办理运输保价。没有办理运输保价的货物发生货损事故时,货物破损、浸湿、污染等根据其损坏程度最高按照损坏部分运费的2倍予以赔偿。韵达快递公司在托运价值较高的物品时,可以选择进行保价来维护其利益避免运输风险的情况下,未进行保价,属于对自己权利的部分放弃,其36500元的损失额无法得到全额支持。故综合考虑原、被告双方在货物托运、承运过程中的过错,由被告以货物损失的30%进行赔偿为宜。法院判决远成集团公司、远成集团无锡分公司应赔偿韵达快递公司货款人民币10950元。[1]

当事人通过网络途径下单,在无传统纸质快递单时,快递公司对易粹品保价告知条款虽未尽到充分说明义务,但可基于双方长期的交易惯例推定托运人对保价条款属于知情。如托运人在既往已发生类似贵重物品破损的情况下,仍选择该承运公司,同时在托运时包装上存在一定瑕疵,可认定托运人未尽必要注意义务,

---

[1] 参见国家法官学院案例开发研究中心编:《中国法院2013年度案例》(合同纠纷),中国法制出版社2013年版,第101~102页。江苏省无锡市南长区人民法院(2011)南商字第347号民事判决书。

在物品毁损后,除承运人在合同约定的范围内承担赔偿责任外,托运人亦应对自己的选择行为承担责任。

【案例 4-50】 曹某军诉顺丰速运集团(上海)速运有限公司公路货物运输合同纠纷案

二审法院认为,本案的争议焦点主要为涉案保价及限赔格式条款是否有效。第一,关于邮寄物品,原告提交的证据已形成证据链,证明其向被告交付的邮寄物品为陶瓷器易碎品,符合证明的高度盖然性原则,法院予以采信。第二,曹某军作为经营者,与顺丰公司在纠纷之前曾有长期合作关系且多次邮寄类似陶瓷易碎品。2018 年之前,顺丰公司于提供的运单背面明确规定了保价条款和赔偿计算方式,上述条款以加粗字体加以注明,曹某军也认可看到过该内容。2018 年之后,顺丰公司采用无纸化下单方式,但保价条款、赔偿计算方式基本延续之前的约定。故本案中,曹某军虽选择电话下单,但对于顺丰公司持续采用此类格式条款、保价与否的法律后果是清楚的。尤其是 2018 年 4 月,双方就保价与理赔问题发生争议,反复磋商的过程中,曹某军不可能不知道顺丰公司对于保价条款、限额赔偿方式的约定,顺丰公司提供的保价及限赔格式条款成立并生效。若托运人托运时未选择保价条款,则承运人按运费数倍赔偿的条款应予适用。曹某军以顺丰公司未充分履行提示及说明义务为由主张上述约定无效,理由不充分,法院不予支持。第三,二审审理过程中,曹某军认为,之所以未选择保价,系因顺丰公司曾在一次委托邮寄时拒绝给瓷器保价,其官方网站上也明确对瓷器等易碎品不提供保价服务。法院认为,曹某军对其所称的当面拒绝保价的意见未提供证据予以证明,且与本案无必然关联性。之前发生的拒绝保价即便属实,并不必然代表本案亦发生快递员拒绝保价的情形。官方网站内容仅作为公开的服务信息,不足以认定已排除曹某军邮寄易碎品时选择保价的权利。相反,曹某军明知不保价的风险及法律后果,以及古董陶瓷易碎且贵重的性质,完全可以更换快递公司或采取其他更为稳妥的运送方式,但其仍然选择顺丰公司,系其本人未尽必要的注意义务,在物品毁损后,将其不选择保价的风险和后果全部转移给承运人,有失公允。第四,损失赔偿应以违约方订立合同时可以预见到因违约可能造成的损失为前提。本案中,曹某军在托运瓷器时未明确声明物品价值,亦未另行购买保险,顺丰公司对于未保价物品无从知晓其真实价值,在双方运输合同成立时无法预见到承运货物可能造成的损失,故不应基于曹某军主张的物品价值赔偿。第五,曹某军虽提出顺丰公司存在重大过失造成自己财产损失,但其自身在既往已发生类似瓷器破损的情况下,仍选择顺丰公司并自觉可以避免损失的发生,在托运时以内部固定不住的锦盒及防震性欠佳的泡沫纸作为包装,亦存在一定过错。根据《合同法》第一百二十二条、第三百二十一条之规定,可适当减轻顺丰公司的责任。故本案并不符合《合同法》第五十三条规定的因重大过失导致免责条款无效之情形。根据本案实际,结合权利义务一致原则、公平原则及货物运输行业的特殊性及惯例,曹某军应当对自己的选择行为承担相应的法律后果,自负相应的合同风险。原审法院所作的实体处理并无不当。综上,原审判决认定事实清楚,适用法律正确。二审法院判决驳回上诉,维持原判。[1]

托运人未对托运货物保价是因承运人疏忽而造成的,其承运人应承担赔偿损失责任,托运人有过错的亦应承担相应责任。

【案例4-51】 林某升诉顺丰公司新城分公司货物运输合同纠纷案

判决观点,本案中,托运人林某升向承运人顺丰公司新城分公司足额支付了运费220元,因此承运人就有义务将托运人委托的货物即4套瓷器安全运输到约定的地点。但在运输过程中,顺丰公司新城分公司将其中的2套瓷器(一套价值为3888元,另一套价值为2888元)中各一只瓷器损坏,造成托运人林某升损失了6776元,因此承运人顺丰公司新城分公司应该对托运人林某升的损失予以赔偿。但由于托运人林某升未在快递业务过程中及时查看是否办理保价,其应承担一定责任。故顺丰公司新城分公司应赔偿5420.8元给林某升,扣减已经支付的616元,被告顺丰公司新城分公司仍应赔偿4804.8元。被告顺丰公司新城分公司认为原告林某升由于未办理货物保价,货物损毁的赔偿额只能为616元(44元/件×2件×7倍)的主张,缺乏事实和法律根据,法院不予采纳。在本案快递业务中,是罗某新疏忽为涉案4套瓷器办理保价,从而造成损失,因此该责任应该由顺丰公司新城分公司承担。在诉讼过程中,顺丰公司新城分公司主张是林某升不同意办理保价,但未能提供证据予以证实其主张,应承担举证不能的不利后果。判决:被告顺丰公司新城分公司应赔偿林某升4804.8元。[2]

应注意的是,在保价条款被排除适用的情况下,若当事人对赔偿金额另有约定的,从其约定。若当事人未以其他方式约定赔偿数额的确定方法,则根据《民法典》第八百三十三条的规定,应按照货物的实际市场价值决定承运人的赔偿数额。

应注意正确区分保价条款与重大过失的关系问题。根据《民法典》第五百零

---

[1] 参见最高人民法院中国应用法学研究所编:《人民法院案例选》2019年第10辑(总第140辑),人民法院出版社2020年版,第127~128页。上海市第三中级人民法院(2018)沪03民终字67号民事判决书。

[2] 参见国家法官学院、最高人民法院司法案例研究院编:《中国法院2021年度案例》(合同纠纷),中国法制出版社2021年版,第158~159页。广东省梅州市梅县区人民法院(2019)粤1403民初1249号民事判决书。

六条规定,因故意或者重大过失造成对方财产损失的免责条款无效,即承运人有重大过失的可排除保价条款的适用。

【案例4－52】 曹某坚诉陈某桂等运输合同纠纷案

二审法院认为,陈某桂接收了曹某坚托运的货物后,于启运前在陈某桂的经营场所中丢失了曹某坚托运的电视机共141台,构成违约,且陈某桂对曹某坚的损失存在保管不慎的重大过失。虽然上述托运单上注明"托运人托运货物必须参加货物保价,如托运方不保价,万一发生了损坏、丢失时承运方按货物运费的三倍赔偿托运人",此属承运方的免责条款,其前提是承运人自身对货物的损失没有故意或重大过失。根据《合同法》第五十三条规定,因故意或者重大过失造成对方财产损失的免责条款无效。据此,本院认定上述条款无效,即曹某坚、陈某桂没有约定货损的赔偿额。[1]

【案例4－53】 喀什联谊药业有限公司诉刘某运输合同纠纷案

二审法院认为,上诉人刘某认为该保价条款应为有效,刘某虽然在托运单正面注明了保价条款,尽到了一定的提示义务,但其未能提供证据证明其已对该条款进行了合理的说明。同时,根据《合同法》第五十三条规定,因故意或重大过失造成对方财产损失的,免除或限制责任条款无效。本案中,联谊公司将11箱药品交由刘某承运,承运人应对货物运输全程尽到合理管控、安全运输的义务,而刘某虽在广告中宣称专线运输,但却中途私自转委托他人代为运输。而最终承运该货的车辆及挂车均超过车辆检验有效期,并在运输途中发生火灾致使货物全部烧毁,因此刘某的行为对货物损失存在重大过失,故该保价条款无效,对保价条款排除适用。因保价条款无效,故刘某不得援引该条款减轻责任,即刘某上诉认为应按3倍运费进行赔偿无法律依据,不予支持。[2]

托运人存在过错的,可以排除保价条款的适用。

【案例4－54】 茹某诉上海韵达速递有限公司运输合同纠纷案

判决观点,根据法律规定,承运人应对运输过程中货物的毁损、灭失承担损害赔偿责任。至于被告的赔偿责任如何确定,法院注意到被告在其快递运单正面,以相对突出的字体提示托运人重要物品保价,未保价的物品按资费的5倍赔偿。原告表示其知晓该条款,但被告方业务员告知其不需保价,且

---

[1] 参见国家法官学院案例开发研究中心编:《中国法院2013年度案例》(合同纠纷),中国法制出版社2013年版,第108页。广东省广州市中级人民法院(2011)穗中法民二终字第631号民事判决书。

[2] 参见国家法官学院案例开发研究中心编:《中国法院2015年度案例》(合同纠纷),中国法制出版社2015年版,第189页。新疆维吾尔自治区喀什地区中级人民法院(2013)喀民终字第483号民事判决书。

该条款系格式条款,其内容显失公平。被告则称其已提示原告进行保价,故原告应自行负担相应后果。法院认为,被告在其运单中载明的保价条款,系基于承运物品价值不同导致其所承担的运输风险存在差异。根据物品价值的不同而收取不同的资费,在督促托运人如实申报货物价值,公平分担风险方面有一定的合理性。一方面,原告在知晓上述条款的情况下未对其交寄的物品进行保价,表明其对自身的财产权利存在一定的侥幸心理和放任态度,而非积极采取措施避免或分担风险。事实上,若货物在运输过程中遭遇毁损、灭失或遗失,无论其是否保价均由承运人承担全额赔偿责任,无疑将造成承运人与托运人之间乃至保价与未保价的托运人之间权责的不对等。因此,原告自身应就涉案物品的遗失承担部分责任。另一方面,安全运送义务是承运人在运输合同项下的基本义务,从涉案物品的遗失原因来看,原告交寄的6条香烟并非由于不可抗力、意外事件、货物本身的自然性质等被告在客观上无法预见、无法阻止的原因造成灭失或遗失,而系处于被告控制之下时被他人恶意窃取造成的,被告对原告损失的产生显然存在过错。在此种情况下,若被告仅需根据保价协议以快递资费为基数赔偿少量费用,则不仅将造成明显不公平的结果,而且极有可能导致在托运人未对货物进行保价的情况下,承运人或相关人员利用其优势地位采取隐蔽性行为侵害托运人财产利益,从而诱发行业性的道德风险。基于上述原因以及本案具体案情,被告无权在存在过错的情况下援引保价条款以减轻责任。法院根据诚实信用原则和公平原则,认为被告应对其给原告造成的损失承担主要赔偿责任,将被告应赔偿的金额确定为3200元;原告则应就其余部分的货物损失承担相应责任。[1]

对于法院直接依据《合同法》第五十三条(现为《民法典》第五百零六条)规定宣布保价无效的法律适用,有法官认为,第五十三条要求法官宣布无效的是那种预先在合同中约定对故意和重大过失也予以免责的条款,而不是一般情况下的保价条款。[2] 笔者持赞同意见。也就是说,应区分两种情况分别处理。如果保价条款直接约定在承运人故意和重大过失的情况下,承运人也可适用保价条款限制自己的责任,则此时法官可以直接宣布其无效。而如果保价条款只是泛泛约定了限额赔偿,没有明确何种情况适用,则法官无法直接认定条款无效,但其可以决定,在特定情况(故意和重大过失)出现时,不能适用这种条款。宣告无效和特定情况下不得适用,尽管可能在案件处理方面得出相同的结果,但两者并非同一概

---

〔1〕 参见邹碧华主编:《2014年上海法院案例精选》,上海人民出版社2014年版,第25~26页。

〔2〕 参见王利明主编:《判解研究》2007年第1辑(总第33辑),人民法院出版社2007年版,第101页。

念,给外界的感觉可能完全不同。在非法律专业人士通常观念中,条款的无效似乎表明了条款本身的无效,而不仅仅是符合特定条件时才认定条款无效。因此,如果直接在个案中宣布某格式条款无效,给外界的印象是该条款以后便永久失效,许多潜在的当事人可能以条款无效为由同等对待。在社会生活中,保价条款在许多行业如快递、货运、航空等部门出现,已经成为行业习惯,并经行业行政主管部门认可。因此,直接宣布条款的无效,有可能行政主管部门不愿意接受。从运输行业的立法来看,在故意和重大过失的情况下,一般是规定不允许承运人援引限制赔偿责任条款来免除及限制自己的责任。在海运、空运方面,立法已经非常明确。

(七)货运合同法律关系认定

实践中,有时以一个合同形式同时成立货物运输合同与委托合同关系情形。虽然各合同关系的主体相同,成立的时间也相同,但并不能因此而认为当事人之间只有一种合同关系。不同的合同关系,其权利义务内容是不同的,违约责任的构成条件、履行条件也是不同的。法官在审理这种类型合同纠纷时,应注意区分两种法律关系的异同。

【案例 4-55】 游洲米厂诉李某刚货物运输合同纠纷案

一、二审法院均认可原、被告之间的运输合同及委托代理事项,被告将承运的大米运到了目的地,并交付了收货人,已按合同约定全面履行了义务,原告应按照合同约定给付被告运费。其一、二审法院认识的差异在于对委托合同的处理,一审法院认为,被告未履行把大米款带回的委托义务,虽是第三人原因造成违约,但仍应向原告承担违约责任。双方在运输合同中特别约定了委托代理,即"由被告把大米款带回来",被告自愿接受了这一委托,整个合同才成立。被告未将大米款带回,应向原告承担违约责任。因此,原告要求被告赔偿大米款的诉讼请求应予支持。二审法院认为,上诉人在承运被上诉人大米时接受了被上诉人带回货款的委托,但由于收货人等的犯罪行为,导致上诉人无法将大米款带回,上诉人并无过错,依法不承担民事责任,被上诉人应向何某生追偿。由于双方约定的运费已含收回大米款的费用,上诉人也认可是无偿委托,并未主张收取报酬的请求,上诉人未完成受托事务,故运费应按不带回大米款的当地市场价计算。上诉人对犯罪行为导致的损失要求被上诉人赔偿,因被上诉人不是该犯罪行为的实施人,上诉人的上诉理由部分成立,原审适用法律不当,处理欠妥。故撤销一审法院判令被告赔偿原告大米损失 19490 元判项。《人民法院案例选》责任编辑认为,一审判决正是没有看清此点,将两种合同关系的履行条件、违约责任构成条件同样看待,从而错误地认定了被告在委托合同中的责任。换言之,一审判决所适用的《合同法》第一百二十一条的规定,虽然是关于违约的责任依无过错归责的一般规定,但它应当是在《合同法》对相关具体合同关系的违约责任承担没有特别规定下才能适用,否则,即应适用特别规定来认定违约责任。一审判决根据该条和第二百八十八条的规定认定了运输合同上原告的违约责任,二审对此没有不同意见。但一审仍以该条适用于委托合同,则与《合同法》关于委托合同的具体规定是相抵触的,所犯的错误即为没有遵守"特别法优于普通法适用"的原则。二审正是注意到了此点。[1]

在履行运输合同过程中,出现客运与货运并存的情况下,即成立货运与客运两种合同关系。在货物运输合同中,货主亲自随车押解,承运人有义务将货物和随车押解人员安全运抵目的地。在运输过程中发生交通事故造成随车押解的货主受伤的,依法应承担其人身损害赔偿责任。

【案例4-56】 苏某、苏某师诉黄某涛运输合同纠纷案

判决观点,两原告与被告达成口头协议,由被告驾驶桂M84790轻型货车从大化县江南乡运输一批奇石到柳州市,两原告随车押解,运输费为1800元,双方形成了货物运输合同关系。在货物运输合同中,货主亲自押解是经货物运输合同的承运人同意的,是货物运输合同的一个有机组成部分,双方不仅存在货物运输关系,也存在人员运送关系,是货运关系与客运关系并存,对货物运输合同的承运人而言,货物运输是主义务,人员运输是次义务,换句话说,人员的运送是货物运输合同义务的附随义务,也属于运输合同的范畴,承运人不仅有义务将货物安全送达目的地,也负有义务将随车押解人员安全运抵目的地。《合同法》第二百九十条规定:"承运人应当按照约定或通常的运输路线将旅客、货物运输到约定地点。"就本案而言,被告为两原告运输奇石到柳州市,是主义务,两原告作为随车押解人员,被告负责将他们随车同奇石运到柳州市,是次义务即附随义务。双方虽形成货物运输合同关系,但被告负有将两原告同奇石一起安全运抵目的地的义务,且按货物运输习惯,货主随车前往联系买主、卸货、卖货和收取货款已成为货物运输合同的有机组成部分。仅就两原告的人身损害而言,被告驾驶桂M84790轻型货车在途中发生交通事故,未能安全将人、货运抵目的地,其客观上违反了货物运输合同的约定,依照《合同法》严格责任原则,被告人已构成违约,依法应承担两原

---

〔1〕 参见最高人民法院中国应用法学研究所编:《人民法院案例选》2002年第2辑(总第40辑),人民法院出版社2002年版,第202~205页。

告人身损害的赔偿责任。[1]

【不同处理】 履行货物运输合同因意外事故致押运人死亡的责任性质,可以参考当前"好意同乘"的裁判规则,即非职业从事旅客运输的人员无偿为他人提供人员运送服务发生意外事故的,应根据具体情形承担死者亲属适当的补偿责任。

【案例4–57】 胡某才、蒋甲诉陈某俭、无锡市金达运输有限公司运输合同纠纷案

二审法院认为,胡某才、蒋甲基于帮工关系先行赔付蒋乙近亲属之后,在本案中要求陈某俭赔偿其前案中承担的全部损失,实质系行使追偿权。从因果联系上看,货运途中车辆发生爆胎事故是造成蒋乙死亡的直接原因,但蒋乙系依照胡某才、蒋甲的指示登车,故胡某才、蒋甲与蒋乙遭遇事故导致死亡之间也存在因果关系。从风险与收益的承担上看,陈某俭固然因其车辆运营获益,但胡某才、蒋甲也因蒋乙的帮工行为获益。从合同履行的角度看,胡某才、蒋甲指派押运人蒋乙登车的行为加重了陈某俭履行货物运输合同的风险,且胡某才、蒋甲并未额外支付人员运输费用却要求陈某俭承担人员死亡全部损失,也显失公平。陈某俭在履行货物运输合同中因车辆发生爆胎导致交通事故,属于意外事故,陈某俭不具有过错,对该意外发生所致损害,按照民事活动应当遵循的公平原则,陈某俭作为事故车辆的运营人,胡某才、蒋甲作为帮工活动的受益人应分担事故责任。[2]

特许快递公司与加盟方的特许加盟合同不能对抗善意第三人,特许快递公司就加盟方与托运人签订的合同成立运输合同关系。

【案例4–58】 上海圣强钢材贸易有限公司等诉中铁物流有限公司、第三人上海蓼华实业有限公司公路运输合同纠纷案

一审法院认为,被告辩称其公司没有嘉定营业部,本案合同是其加盟商上海蓼华实业有限公司的法定代表人王某违反加盟协议、违规操作,故被告并不是运输合同的相对方,法院认为,被告也认可第三人可以以被告的名义对外承接物流业务,第三人实际也以被告的名义对外开展运输业务,本案原告在与王某签订运输合同时,王某盖的合同专用章为被告嘉定营业部,原告有理由相信其是与被告发生运输关系,故原告与被告之间存在运输合同关

---

[1] 参见国家法官学院案例开发研究中心编:《中国法院2016年度案例》(合同纠纷),中国法制出版社2016年版,第166~167页。广西壮族自治区大化瑶族自治县人民法院(2014)大民初字第391号民事判决书。

[2] 参见国家法官学院、最高人民法院案例研究院编:《中国法院2020年度案例》(合同纠纷),中国法制出版社2020年版,第180页。江苏省无锡市中级人民法院(2018)苏02民终2831号民事判决书。

系,至于被告与第三人之间的权利义务如何界定应属于另案处理的范围,与本案无关。二审法院维持原判。[1]

(八) 界定承运人责任适用依据

实践中,托运人、收货人因货物逾期运到、交付诉请法院判令承运人赔偿间接损失和可得利益损失的案件为数不少,法院裁处结果亦不尽相同。对于运输合同成立、效力、承担违约责任等以《合同法》为依据,在《民法典》颁布后则以《民法典》为据。运输合同纠纷涉及单行运输法律,如《铁路法》《航空运输法》等,应区分情况处理。就《民法典》和《铁路法》这两部法律而言,《民法典》是普通法、上位法,《铁路法》是特别法、下位法。审理铁路货物运输合同逾期交付纠纷,应优先考虑适用《铁路法》,当《铁路法》的规定与《民法典》的规定不一致时,则应适用《民法典》。关于货物逾期运到、交付,《铁路法》的规定是"铁路企业应当支付违约金",《铁路货物运输合同实施细则》和《铁路货物运输规程》明确了违约金的计付标准,但对赔偿间接损失和可得利益损失均未作规定。这与《合同法》第一百一十三条的规定并不一致,如何适用法律平衡双方当事人的利益,是正确审判的关键。应当指出的是,《合同法》第一百一十三条不仅确定违约方的赔偿范围为"因违约所造成的损失,包括合同履行后可以获得的利益",而且规定了"不得超过违反合同一方订立合同时预见到或者应当预见到的因违反合同可能造成的损失"的限制条件,对此不能断章取义,必须全面理解正确适用。实践中,铁路货物运输合同的违约赔偿多为承运人,鲜有托运人、收货人因违约赔偿承运人的。要求承运人在订立合同时能够预见或者应当预见,货物在承运期间可能会发生灭失、短少、变质、污染或者损坏,可能会因为运输组织等方面的原因导致货物逾期运到、交付,并就此承担赔偿责任,是符合常识情理的。事实上国务院铁路主管部门已经对承运货物灭失、短少、变质、污染、损坏、逾期运到、交付的理赔程序、支付标准等作出规定,并向社会公布。还应当指出的是,尽管这些理赔程序、支付标准等只是载入规章细则、张贴在铁路货场,并不是写在合同书面中,但它们确实是合同的组成部分,对双方当事人具有约束力。法律法规作此规定,是与我国铁路的发展现状和管理水平相适应的,也是平衡合同双方当事人利益的结果。

---

[1] 参见陈昶主编:《2019年上海法院案例精选》,上海人民出版社2021年版,第237页。

【案例 4-59】 石家庄市满友医疗器械实业有限公司与北京铁路局石家庄站铁路货物运输合同纠纷案

一审法院认为,满友公司没有在货物运单托运人记载事项栏内记明所托运的医疗器械系参展物品,也没有与石家庄站特别约定运到期限,故其主张的"约定由被告于 2001 年 8 月 10 日前将货物运至乌鲁木齐参加全国医疗器械西部博览会"的事实没有证据支持。货票记载的运到期限是依据国务院铁路主管部门有关规定计算的,承运人应当执行。石家庄站关于因 7 月下旬至 8 月中旬到乌鲁木齐站的货源严重不足,导致该集装箱逾期运到是无法预料、不可抗力的辩解理由,不能成立。满友公司称因货物逾期运到造成其不能参展蒙受经济损失、可得利益损失,要求承运人予以赔偿的主张,没有法律依据。满友公司要求被告赔偿逾期赔偿利息,没有证据支持。法院依据《铁路法》第十六条第一款、《铁路货物运输合同实施细则》第十八条第五项之规定,判决被告石家庄站向原告满友公司支付逾期运到违约金 557.08 元,驳回原告满友公司的其他诉讼请求。该一审判决已发生法律效力。[1] 在本案中,由于满友公司没有与石家庄站特别约定货物用途和运到期限,石家庄站在订立该货物运输合同时,不能预见到满友公司因己方逾期违约而主张间接损失和可得利益损失,可以对此不承担赔偿责任。

在海上运输纠纷中,应正确把握适用《海商法》与《合同法》(现为《民法典》)的关系问题。

【案例 4-60】 中国太平洋财产保险股份有限公司海南分公司与中远航运股份有限公司等水路货物运输合同纠纷案

最高人民法院认为,关于法律适用问题。本案系中远公司履行其签订的《车辆运输合作协议》,负责承运涉案车辆海上运输期间,因承运车辆损坏而引起的纠纷,属于海上货物运输合同货损赔偿纠纷,《海商法》作为特别法应当优先适用。但本案所涉运输为海口至上海,系中华人民共和国港口之间的海上运输。《海商法》第二条第二款规定:"本法第四章海上货物运输合同的规定,不适用于中华人民共和国港口之间的海上货物运输。"故《海商法》第四章不适用于本案,本案应当适用《海商法》第四章之外的其他规定,《海商法》没有规定的,应当适用《合同法》的有关规定。海南省高级人民法院二审判决对本案"太保海南公司是否具备诉讼主体资格"进行认定时,适用《海商法》第四十二条关于托运人概念和范围的规定,认定海马销售公司属于委托

---

[1] 参见北京市高级人民法院编:《审判前沿——新类型案件审判实务》2011 年第 2 集(总第 38 集),法律出版社 2012 年版,第 20 页。

他人为本人将货物交给与海上货物运输合同有关的承运人的人;对本案"涉案火灾事故原因"进行认定时,适用《海商法》第五十四条关于承运人对其他原因造成损坏应当负举证责任的规定,认定中远公司对火灾事故原因负有举证不能的责任;对本案"火灾造成的车辆损失"进行认定时,适用《海商法》第五十八条和第五十九条的规定,认定中远公司有权享受海事赔偿责任限制。以上适用条款均为《海商法》第四章的规定。故二审判决适用法律明显错误,应当予以纠正。[1]

关于正确适用《国内水路货物运输规则》问题。最高人民法院法官认为,根据当事人意思自治的基本原则,运输合同当事人在运输合同或者运输单证中明确约定适用《国内水路货物运输规则》的,则该规定成为运输合同的一部分,当事人按照《国内水路货物运输规则》确定各自的权利义务。运输合同当事人在运输合同或者运输单证中没有约定适用《国内水路货物运输规则》的,人民法院是否可以直接适用《国内水路货物运输规则》一直存在争议。在司法实践中,大部分法院都是在适用《合同法》原则性规定的基础上,对《合同法》没有规定的,补充适用《国内水路货物运输规则》的具体规定。从结果来看,当事人对《国内水路货物运输规则》的适用基本上都没有提出异议。从效果来看,可以更好地判定当事人责任,保障承托双方的合法权益,也便于节省诉讼成本。通过调研,我们认为,在审理国内水路货物运输合同纠纷时,可以参照适用《国内水路货物运输规则》的规定。但是,在适用方式上,应当在判决、裁定等法律文书的说理部分引用论述,而不应作为裁判文书引用的法律依据。[2]

根据《民法典》第八百三十九条规定,多式联运经营人应对全程运输承担责任。

【案例4-61】 广东甲物流有限公司诉乙保险股份有限公司广东分公司等多式联运合同纠纷案

二审法院认为,甲公司作为涉案货物运输的多式联运经营人,应对全程运输承担责任,涉案货物在目的港被发现货损,除非甲公司能够证明存在法定或约定的免责事由,否则,其应对涉案货损承担责任。甲公司关于其仅从事陆路运输业务,涉案货损发生在海运之后,与其无关的主张缺乏法律依据,不能成立。[3]

---

[1] 参见《最高人民法院公报》2012年第8期。
[2] 参见胡方:《〈最高人民法院关于国内水路货物运输纠纷案件法律问题的指导意见〉的理解与适用》,载江必新主编:《最高人民法院司法解释与指导案例理解与适用》,人民法院出版社2013年版,第482~483页。
[3] 广东省高级人民法院(2016)粤民终1527号民事判决书。

【案例4-62】 深圳市甲国际货运有限公司诉乙家用电器有限公司多式联运合同区段公路货物运输纠纷案

二审法院认为,甲公司作为多式联运经营人,在公路运输区段承运人丙公司实际承运时未将货物安全运输至约定地点,且在运输途中致使货物灭失,甲公司仍然要承担货物灭失的违约责任。[1]

(九) 界定诉讼时效适用依据

在货物运输合同中,一般是遵循诉讼时效的原则规定。在铁路运输中,托运人对承运人有请求赔偿权利,其主张权利诉讼时效在最高人民法院有特殊规定的,如《关于审理铁路运输损害赔偿案件若干问题的解释》《关于运输货物误交付法律责任问题的复函》等,则应依其规定界定诉讼时效。

【案例4-63】 长葛市第三粮油供应站诉杭州铁路分局货物运输合同纠纷案

二审法院认为,本案系铁路运输合同纠纷,当事人向铁路运输企业要求赔偿的请求权,时效期间应依据《最高人民法院关于审理铁路运输损害赔偿案件若干问题的解释》第十五条第一款的规定,适用180日的规定。根据《民法通则》第一百三十七条的规定,诉讼时效期间从知道或者应当知道权利被侵害时计算。粮油供应站于1998年4月23日办理托运五车玉米,随后依领货凭证上收货人张某的要求将领货凭证寄给良茂公司经理薛某,5月4日良茂公司收到粮油供应站发来的关于五车玉米车号的传真件,5月7日良茂公司从到站将五车玉米提走,5月15日粮油供应站收到良茂公司给付的部分玉米款16万元,此时粮油供应站就应当知道所托运的玉米不是由领货人张某领走,其即应在自此时起180日内向铁路运输企业请求赔偿。但粮油供应站于1999年4月26日才向法院起诉主张权利,显然已超过了诉讼时效期间。故上诉人关于本案已过诉讼时效的上诉理由成立,本院予以支持。二审法院撤销一审判决,驳回粮油供应站的诉讼请求。[2]

就运输合同纠纷诉讼时效起算而言,由于海商法和相关司法解释已就具体时效起算时间作了明确规定,审判实践中依此规定,而不再笼统地依据民法通则的规定。沿海内河运输合同纠纷时效期间自承运人交付或者应当交付货物之日计

---

[1] 广东省中山市中级人民法院(2009)中法民二终字第76号民事判决书。
[2] 参见最高人民法院中国应用法学研究所编:《人民法院案例选》2002年第4辑(总第42辑),人民法院出版社2003年版,第228页。

算,《国内水路货物运输规则》第三十四条关于承运人逾期60日未交付货物,推定货物已经灭失不影响诉讼时效期间的起算。根据该规定,承运人应当在约定期间或者在没有这种约定时在合理期间内将货物安全运送至约定地点,承运人未能在前述规定期间届满次日起60日内交付货物的,有权对货物灭失提出赔偿请求的人可以认为货物已经灭失。该条后段是推定货物灭失进而行使货物索赔权的规定。这一规定与诉讼时效的规定无论在立法宗旨和规范内容上都不存在关联,与诉讼时效期间属于完全不同的范畴,不能作为诉讼时效的起算时间。就货物不能交付而推定灭失的索赔而言,时效期间的起算点仍然是货物应当交付之日。

【案例4-64】 深圳市三企工贸有限公司诉深圳市中远国际货运有限公司水路货物运输合同纠纷再审案

最高人民法院认为,根据《最高人民法院关于如何确定沿海、内河货物运输赔偿请求权时效期间问题的批复》,托运人、收货人就沿海、内河货物合同向承运人要求赔偿的请求权,或者承运人就沿海、内河货物运输向托运人、收货人要求赔偿的请求权,时效期间为一年,自承运人交付或者应当交付货物之日起计算。涉案三个集装箱系同一运单同日运出,应该同日运抵目的港。本案收货人在2004年9月中旬收到三个集装箱中的一个,另外两个集装箱至今没有找到,故2004年9月中旬为承运人应当交付货物之日。本案诉讼时效应当从2004年9月中旬起算,诉讼时效期间为一年。诉讼时效是由法律明确规定的权利人在法定期间内不行使权利而丧失胜诉权的法律制度,三企公司主张适用《国内水路货物运输规则》第三十四条确定本案诉讼时效起算的主张没有法律依据,不予支持。三企公司于2005年10月10日向深圳市南山区人民法院起诉已经超过诉讼时效,丧失了胜诉权。广东省高级人民法院认定本案为国内水路货物运输合同纠纷,诉讼时效期间为一年,却适用《民法通则》第一百三十七条的规定,从2004年11月中旬起算诉讼时效期间,属于适用法律错误,应予纠正。[1]

应注意的是,托运人未收到银行退回的正本提单,不影响诉讼时效的起算。

【案例4-65】 山西杏花村国际贸易公司诉港捷国际货运有限公司海上货物运输合同纠纷再审案

最高人民法院认为,按照《海商法》第二百五十七条的规定,就海上货物运输向承运人要求赔偿的请求权,时效期间为一年,自承运人交付或者应当交付货物之日起算。其中"应当交付货物之日"的规定适用于货物没有实际

---

[1] 参见最高人民法院中国应用法学研究所编:《人民法院案例选》2009年第1辑(总第67辑),人民法院出版社2009年版,第448页。

交付提单持有人的情况,是指承运人在正常航次中,将货物运抵目的港,具备交付条件,提单持有人可以提到货物的合理日期。现有证据证明,涉案货物自2007年6月9日起,即被存放在目的港海关监管仓库,说明2007年6月9日承运人已经具备交付货物的条件,本案诉讼时效应自2007年6月9日起计算。"应当交付货物之日"是按照运输合同正常履行情况推定出来的日期,其中的正常情况既包括船舶运输环节的正常,也包括交付环节的正常,即提单持有人正常提货,承运人正常交付的情况。提单持有人未在合理期限内提货,不影响诉讼时效的起算;否则提单持有人迟迟不提货,该时效就无法起算,这不符合法律规定时效制度的目的。承运人向收货人交付货物不同于收货人完成通关提到货物,不能将收货人完成通关提到货物的时间认定为承运人应当交付货物的时间。因本案诉讼时效应自2007年6月9日起计算,原告杏花村公司2008年12月26日提起本案诉讼,超出了一年时效期间。一、二审判决认定本案诉讼时效应自2008年1月17日起算没有法律依据,应予纠正。[1]

包括内河运输、沿海运输和陆路运输的多式联运,货损具体发生在哪一个运输区段无法判断,因此在诉讼时效问题上不应直接适用《海商法》的相关规定,应适用《民法典》普通诉讼时效规定。

【案例4-66】 甲有限责任公司与乙海运集装箱运输有限公司海上、通海水域货物运输合同纠纷再审案

最高人民法院认为,本案是内河运输、沿海运输和陆路运输的多式联运,并非单纯的海上、水上运输,且货损具体发生在哪一个运输区段无法判断,因此在诉讼时效问题上不应直接适用《海商法》的相关规定,应适用《民法通则》普通诉讼时效规定。《民法通则》第一百三十五条规定:"向人民法院请求保护民事权利的诉讼时效期间为二年,法律另有规定的除外。"本案系甲向保险公司赔偿后,向乙行使追偿权而提起的诉讼。甲于2017年6月1日向武汉人保赔付12万元,应当视为甲已知自身权利受到损害,其于2017年9月26日提起本案诉讼,并未超过《民法通则》规定的2年诉讼时效期间。《民法总则诉讼时效解释》第二条规定:"民法总则施行之日,诉讼时效期间尚未满民法通则规定的两年或者一年,当事人主张适用民法总则关于三年诉讼时效期间规定的,人民法院应予支持。"甲起诉时《民法总则》尚未施行,且其已经提起诉讼,故不应也无须适用《民法总则》关于3年诉讼时效的

---

[1] 参见最高人民法院中国应用法学研究所编:《人民法院案例选》2014年第2辑(总第88辑),人民法院出版社2015年版,第372页。

规定。[1]

《民法典》《海商法》下网状责任制主要限于赔偿责任、责任限额,而不涉及诉讼时效。

【案例 4-67】 新加坡甲海运保险股份有限公司与乙保险股份有限公司、丙股份有限公司国际货物多式联运合同纠纷再审案

最高人民法院认为,本案案由为国际货物多式联运合同纠纷。各方当事人在同意本案审理整体上适用法律的前提下,对于认定新加坡甲公司的赔偿责任和责任限额以及有关诉讼时效是否应当适用墨西哥法律有争议。根据《海商法》第一百零五条规定,多式联运经营人新加坡甲公司的赔偿责任和责任限额应适用墨西哥调整当地公路运输的民商事法律。《海商法》第一百零五条规定多式联运经营人赔偿采用"网状责任制",主要目的是尽可能使多式联运经营人的赔偿责任与各区段承运人的赔偿责任保持一致,尽量避免多式联运经营人在可向区段承运人追偿的损失数额之外对货损另作赔付,以促进多式联运的发展。在《海商法》中,承运人的赔偿责任、责任限额与有关(诉讼)时效属不同概念,分别规定于第 4 章(海上货物运输合同)与第 13 章(时效)中,该法关于承运人赔偿责任的规定主要是(货物权利人)要求承运人赔偿的请求权成立的依据,而该法关于时效的规定则是请求权成立后权利人胜诉的依据;从该法整个体系和具体法条文义上看,其第一百零五条不涉及诉讼时效,故难以将该条规定的"赔偿责任"扩大解释为涵盖诉讼时效。另从法源上考察,在《海商法》于 1992 年 11 月 7 日颁布前,国际上有关规则和公约主要有《1973 年多式联运单证统一规则》《1980 年联合国国际货物多式联运公约》《1991 年联合国贸易和发展会议/国际商会多式联运单证规则》,该三个国际规则和公约将多式联运经营人的责任形式分别规定为"网状责任制"、统一责任制、折中的"网状责任制"(介于"网状责任制"与统一责任制之间的责任形式),但均规定了单独的诉讼时效条款,其所规定的多式联运经营人的责任形式主要针对赔偿责任限额,并不涵盖诉讼时效。虽然相关国际规则和《海商法》规定多式联运经营人"网状责任制"具有其规范目标,但"网状责任制"在其具体条文中均没有得到全面贯彻,主要限于赔偿责任、责任限额,而不涉及诉讼时效。尽管全面推行多式联运经营人"网状责任制"有其明确适用事项(赔偿责任和责任限额),但在案件审理中尚不宜将该"网状责任制"扩大解释适用于诉讼时效。法律规定诉讼时效,基本上系以不同请求权所赖以发生的法律关系为标准相应作出不同规范。故对于有关

---

[1] 最高人民法院(2018)民再 457 号民事判决书。

多式联运合同的请求权,也应当基于其所涉法律关系相应确定诉讼时效的法律适用。《海商法》没有规定有关多式联运合同的请求权的诉讼时效,本案多式联运合同项下货损赔偿请求权的诉讼时效期间,应当依据中华人民共和国在案涉运输行为发生当时所施行的法律规定即《民法通则》第一百三十五条关于2年诉讼时效期间的规定予以确定。[1]

(十) 货物合同中表见代理

从事物流运输的驾驶员在签订运输合同时未出示所在运输公司的授权委托书,但承运车辆车身上标有的车辆所在运输公司名称的标识、驾驶员所出示的表明车辆所属公司的车辆行驶证和个人身份证等法定凭证的表象,使托运人有理由相信,驾驶员有权代表运输公司签订、履行货物运输合同,其行为构成表见代理。

【案例4-68】 张某武诉大庆市嘉谊伟业运输有限公司物流运输合同纠纷再审案

再审法院认为,本案的争议焦点是张某武与杜某春以嘉谊公司名义签订的货物运输合同中承运人是否为嘉谊公司。虽然嘉谊公司提出其并非黑E58881货车实际所有人,杜某春并非其雇员,但车辆行驶证所记载的车主是法定车主,杜某春在签订合同时向张某武出示了车辆行驶证以表明车辆所有权人是嘉谊公司,并以嘉谊公司的名义签订合同。嘉谊公司的企业名称中有"运输"字样,黑E58881货车的车身上标有该公司名称,双方签订的也是货物运输合同。张某武查验了该车的行驶证并确认杜某春当时实际控制着该车,其有理由相信杜某春有权代表嘉谊公司签订运输合同并承运货物。在双方签订的运输合同上虽然没有嘉谊公司的公章,但根据张某武提供的证据证实,在通常的物流业中,驾驶员一般不携带其所在运输公司出具的授权委托书或空白合同,其交易习惯是以车辆行驶证和身份证等法定凭证确认承运人的资格和身份;在车辆正常营运过程中,一般均由驾驶员直接以车主的名义与托运人签订运输合同及承运货物等,而无须特别授权。嘉谊公司申请并取得道路货物运输经营许可证,且将本案所涉货车登记在自己名下并允许该车从事货物运输,客观上默许了该车驾驶人员在从事货物运输过程中以其名义签订运输合同。因此,应当认定嘉谊公司是本案所涉运输合同的承运人,应

---

[1] 最高人民法院(2018)民再196号民事判决书。

对运输过程中的损失承担赔偿责任。[1]

(十一)货物运输合同强制缔约义务

所谓强制缔约义务,是现代合同法的一项重要制度,有广义和狭义之分。一般是从狭义上适用该定义,个人或企业负有应相对人之请求,与其订立合同的义务,即对相对人之要约,非有正当理由不得拒绝承诺。[2] 公共运输履行着为社会公众提供运输服务的社会职能,具有公益性、垄断性等特征。为维护社会公众利益,《民法典》第八百一十条规定:"从事公共运输的承运人不得拒绝旅客、托运人通常、合理的运输要求。"《合同法》第二百八十九条亦作了同样规定。现行法律除对公共运输规定较严格的市场准入条件和价格管制等监管措施外,还对从事公共运输的承运人规定了强制缔约义务。对承运人是否负有强制缔义务,要从其承担运输的对象及性质上加以区分。承运人具有公共运输性质的,应负有强制缔约义务;反之,承运人具有商事运输性质的则不应负有强制缔约义务。国际海上集装箱班轮运输是服务于国际贸易的商事经营活动,不属于公用事业,不具有公益性,也不具有垄断性,故不属于公共运输。托运人或者其货运代理人请求从事国际海上集装箱班轮运输的承运人承担强制缔约义务,没有法律依据,应予驳回。

【案例4-69】 马士革(中国)航运有限公司及其厦门分公司与厦门瀛海实业发展有限公司等国际海上货运代理经营权损害赔偿纠纷案

最高人民法院认为,国际海上集装箱班轮运输是服务于国际贸易的商事经营活动,不属于公用事业,不具有公益性特征。目前,无论是在世界某一区域还是整个世界范围内,国际班轮运输具有较强的竞争性,并不具有垄断性。托运人或其货运代理人在运输服务上也具有较大的选择余地,可以选择不同的班轮公司或不同的船舶承运,也可以选择不同的航线、不同的运输方式实现同一运输目的。依照《国际海运条例》第十六条第一款、第二十条的规定,国际船舶运输经营者经营进出中国港口的国际班轮运输业务,应当依照该条例的规定取得国际班轮运输经营资格;国际班轮运价应当向国务院交通主管部门报备,备案运价包括公布运价和协议运价两种。据此,国际班轮运输业

---

[1] 参见最高人民法院中国应用法学研究所编:《人民法院案例选》2012 年第 2 辑(总第 80 辑),人民法院出版社 2012 年版,第 187~188 页。

[2] 参见江必新等主编:《最高人民法院指导性案例裁判规则理解与适用》(合同卷三),中国法制出版社 2015 年版,第 91 页。

务经营者可以在其运价本载明的运价之外,与货主另行商定运价,也可以在遵守报备制度的前提下随行就市。尽管经营国际班轮运输应当遵守法定的市场准入条件,但国际班轮运价不具有公共运输价格受严格管制的特征。因此,马士革公司从事的国际班轮运输,不属于《合同法》第二百八十九条规定的公共运输,瀛海公司主张马士革公司负有强制缔约义务,没有法律依据,本院不予支持。[1]

(十二)运输合同与代理合同区分

区分货物运输合同与货运代理合同主要方面为,运输单证的签发、费用的收取方式以及合同义务的履行特征。其中合同义务的履行特征是判定合同性质的实质性标准。在货物运输合同中,承运人义务的履行特征在于组织整程运输,其负责将货物通过运输器从一地运至另一地。在货运代理合同中,货运代理人义务的履行特征在于将货主的货物安排至承运人的运输器上出运及处理相关业务,具体包括订舱、仓储、监装、监卸、集装箱拼装拆箱、包装、分拨、短途运输(通常指将货物送至承运人处)、报送、报验、报检、保险、缮制单证、交付运费、结算交付杂费等。可见,货运代理人义务的履行时间大体先于或后于承运人义务的履行时间,空间范围往往在启运地或目的地同一地完成,而承运人的义务则具跨境性与空间连续性。

【案例4-70】 中外空运发展股份有限公司华东分公司诉江苏天行健国际物流有限公司等货运代理合同纠纷案

一审法院认为,原、被告双方签订的《包机业务合作协议》明确约定合作内容为原告将包机转包给被告,货源由被告天行健上海分公司组织销售,货站打板交接事宜由原告负责。如果由于航空公司临时取消飞行计划造成被告天行健上海分公司组织货源无法按期出运,原告不承担赔付责任。即原告在合同中仅负责货物的打板交接及货上飞机的过程,对此后货物的运输行为原告并无履行义务,也不承担相应责任。故原告的法律定位并非运输合同的承运人,双方也不是运输合同关系。合同约定的双方权利义务及合同的实际履行情况都符合货运代理合同的法律特征,原、被告之间系货物运输代理合同关系。此外,从本案费用的收取方式上看,原告向案外人支付的包机费为283万元,与被告约定包机费用相同;原告仅向被告收取操作费和上货地面

---

[1] 参见《最高人民法院公报》1999年第3期。

费用;如有其他费用涉及包机发生,将实报实销;原告并非收取"一揽子"包机费用,也符合货运代理合同法律关系的特征。航空货运单反映了实际承运人与运单记载的托运人之间的航空货物运输法律关系。该法律关系的判断与本案原、被告之间法律关系的判断并无直接关联。况且,本案所谓"中性运单"并不符合国际民航组织关于航空运单的相关规定。本案中,无论原告或被告均无权签发所谓"中性运单"。故对本案"中性运单"上承运人代理人究竟应为被告,还系被告错误打印应为原告,不作认定。二审法院认为,双方之间不是运输合同关系,应当认定为货运代理合同法律关系。[1]

双方当事人签订了《沿海内贸货物运输委托书》,约定双方为货物代理关系,但事实上为多式联运合同纠纷。在合同名称与实际内容不一致的情况下,应以法官审查认定的实际法律关系对案件进行审理。

【案例 4-71】 福州甲物流有限公司诉莆田乙玻璃有限公司多式联运合同运费纠纷案

判决观点,原告甲物流公司和被告乙玻璃公司签订的《委托书》中,虽然有关于"委托人签署本托运书时已视受托人为其代理人"的"声明"条款,但从本案约定的运输方式及其履行情况来看,原告并非只是货运代理人,而是体现"物流"公司的特点,负责货物的门到门运输的多式联运的经营人。因此,本案是多式联运合同运杂费纠纷,而非货运代理纠纷。对于原、被告法律关系的这种实质性认定,不影响双方所签《委托书》基本内容的法律效力。原告作为多式联运经营人,有义务将货物从接收地运至目的地交付收货人,有权收取全程运费。[2]

在海上集装箱运输的迅猛发展中,既催生了大批无船承运人和货运代理企业,又伴随着大量货运纠纷,一些新问题如货运代理人协商全程运费合同的性质等成为争议焦点。实践中,一些货运代理人在协商过程中不向托运人明确自己的身份是承运人还是代理人,对此认定有两种不同意见,一种是运输合同关系,另一种为委托代理合同关系。在区分二者关系上,判断的主要因素有二,其一为代理人与委托人协商运费,其二为费用的性质。就协商运费讲,货运代理人没有明确向托运人表明其运输货物并行使介入权,则应根据其与托运人协商的内容决定其合同性质,关键在于证明是否就全程运输与托运人协商运费。如果货运代理人没有证据对方已经向托运人说明其收取一定金额或比例的代理费,并报告委托事务处理情况,而直接收取运费,应认定其已经介入运输。其法律地位是承运人而非

---

[1] 参见沈志先主编:《2012年上海法院案例精选》,上海人民出版社2012年版,第278~280页。
[2] 厦门海事法院(2003)厦海法商初字第244号民事判决书。

受托人即货运代理人,其协商收取全程运费的合同应认定为运输合同并非委托代理合同。也就是说,虽然货运代理人只收取运费而不出具运输单证,但对其应按货运代理人拟制介入运输认定,收取运费作为拟制介入的重要形式。就费用性质看,在明确费用是运费或代理费的,合同性质容易确定且不发生争议。在合同既有委托代理合同关系内容又约定运费总额时,应综合考虑合同是否为格式条款、是否收取运费等其他因素,探究当事人的真实意思。在约定运费总额的情况下,应按运输合同关系认定而不宜认定为委托代理合同关系。

(十三)承运人抵销权行使

《民法典》第五百六十七条规定了法定抵销权(《合同法》第九十九条亦作了类似规定),该条规定同样也适用于货物合同。承运人向托运人主张运费,系基于运输合同的债权。货物在运输过程中受有损失,托运人向承运人主张赔偿,系基于承运人违约责任及侵权责任竞合产生的债权。上述两种互负债务的性质认定,无疑为金钱债务性质,自然符合法定抵销要件。对托运人的原因造成货物损失并承担赔偿责任的,托运人主张以货物损失主张抵销运费的,亦应得到法院支持。

【案例4-72】 南通市某联合运输物流有限公司诉上海某物流有限公司公路货物运输合同纠纷案

原告诉称,被告有93288.17元运费未付,被告抗辩称,货物及周转箱在运输过程中均有损失,上述损失应在运费中扣除。在审理过程中,原告承认货物损失金额为28846.86元,并同意被告在支付运费时抵销,同时,根据当事人提供的证据,法院确定运输过程中周转箱损失为41080.46元。法院支持了被告的抵销请求,被告最终应当支付的运费为23360.85元。[1]

---

[1] 上海市第一中级人民法院(2011)沪一中民四(商)终字第941号民事判决书。

三、货运合同纠纷处理

(一) 货物交付处理

1. 是否交付处理

实践中,是否交付是运输合同的常见纠纷,由法官根据个案情裁定。

【案例4-73】 **上海金望文化传播有限公司诉中国人民财产保险股份有限公司上海直属支公司财产保险合同纠纷案**

一审法院认为,关于货物是否交付的问题。庭审中,被告以证人耿某、刘某、第三人出具的情况函件及涉案的货箱为由,主张包装箱的外观完好无损,未发生盗窃事实,又以原告提交的视听资料存在盲区、托运单存有瑕疵为由,主张灭失的"金一版"未被交付。原告认为11月25日当天第三人出具托运单据并取走货物的事实,可以证实原告已经交付完毕。一审法院认为,原告与第三人未对运件的包装作特别约定,涉案的货箱仅是一般的封箱包装,被告以耿某及刘某仅凭肉眼作出的判断便认定货箱的外包装是完好无损的,缺乏证明力,更无法以此推导出货箱在运输途中未被打开过这一事实。何况,通过庭审质证,说明货箱可以从正面和底部打开,所以,被告以上述证据说明包装问题,进而认为货物在运输途中未发生灭失的观点,一审法院难以支持。关于托运单证明力问题,被告认为,托运单是原告交付货物的直接证据,但是,托运单上未记载货物的品名,无法证实原告交付了灭失的货物。对此,原告及第三人一致认可为了降低运输风险,双方在履约时变更了原来的约定,不要求原告填写具体的品名。那么,原告未填写货物品名是否必然导致原告未如实交付?一审法院认为,涉案视听资料是原告公司内部监管所需,不是原告对被告及第三人的合同义务,如果涉案合同约定原告须对运件从装箱到托运进行全程监控,则视听资料存在盲区,原告应承担不利的法律后果。根据运输合同的立法规则,托运人应如实申报货物,承运人对货物运输途中的灭失等承担赔偿责任,除非其能证明托运人在托运中存在过错。因此,在承运人举证不力的情况下,承运人的签收行为应产生已交货完毕的法律后果。

本案诉讼中,作为承运方的第三人没有提出更为有力的证据证明原告在托运中存在过错,在交接涉案运件时,其将托运单寄件人联交存原告并提取货箱的行为应视为签收。此后,第三人又对货箱的长、宽、高重新度量,在托运单取件底联签收备注16.5公斤,这一重量已高于原告原来的称重——13.05公斤。因此,一审法院确认第三人在托运单上签收行为的效力。而原告提供的视听资料已证实灭失的"金一版"被打包装箱,这些事实可作为第三人签收行为的证据补强。鉴于上述分析,原告虽未在托运单上填写货物品名,这一形式要件的缺失,并不能从实质上说明原告未如实托运、未如实交付。因此,一审法院认为原告已经按约履行了交付义务。二审法院认为,对于货物交付问题,认为已经足以形成证据链证明货物已交付。判决:驳回上诉,维持原判。[1]

收货人未尽到应尽的注意义务及验货义务,在合理期限内对货物未提出损坏异议,视为承运人已经按照运输单证的记载交付货物。

【案例4-74】 樊某兵诉克拉玛依区甲货物运输代理服务部运输合同纠纷案

二审法院认为,本案双方当事人未对验货时间进行约定,依据货物物流交易习惯,对于经过长途运输的货物,在外包装存在瑕疵的情况下,收货人应及时对货物进行检查,如存在损坏应拒绝签收。但本案的收货人在快件外包装出现明显外观瑕疵且尚需将货物继续运至蒋村乡的情况下,却未当场验货,由此可见,在本案交易过程中,收货人未尽到应尽的注意义务及验货义务,收货人在合理期限内对货物未提出损坏异议,视为被上诉人甲货物运输服务部已经按照运输单证的记载交付货物。[2]

2.误交付处理

误交付是货物运输合同的多发纠纷,也是难点问题。是否构成误交付,需根据具体案情确定。

【案例4-75】 宿迁市巨禾粮油工贸有限公司诉昆明铁路局、上海铁路局等铁路货物运输合同纠纷案

二审法院认为,昆明铁路局作为承运人,在领货凭证未到的情况下,要求收货人提供担保并写下收货人身份证号码进行交付的行为符合《铁路货物运输规程》的规定,且根据巨禾粮油公司自述的相关事实分析,实际最终领取货

---

[1] 参见邹碧华主编:《2013年上海法院案例精选》,上海人民出版社2013年版,第237~241页。
[2] 新疆维吾尔自治区克拉玛依市中级人民法院(2018)新02民终15号民事判决书。

物之人应当是巨禾粮油公司指定的收货人"陈某盛",也是其曾经希望交易的对象,只是在提取货物后对方未能付款才导致巨禾粮油公司发现系受骗上当,故实际收货人即托运人指定的收货人,本案并不存在误交付。收货人"陈某盛"应当是巨禾粮油公司货物损失的责任主体。但是,由于"陈某盛"在提货时所持的身份证号码仅为17位,存在明显的瑕疵,只要昆明铁路局所属宜威站的有关工作人员稍加注意,完全有可能发现该身份证系伪造,从而可以避免损失。铁路承运人在货物交付过程中具有确保货物安全的责任,但因承运人未能尽到谨慎的注意义务,使"陈某盛"以明显的假身份证提走了面粉,故作为承运人的昆明铁路局也对巨禾粮油公司的损失发生存在一定的过错,应当承担相应的赔偿责任。二审法院认为,本案是由第三人的侵权行为引发的纠纷,在铁路货物运输合同关系中,巨禾粮油公司的过错是导致损失发生的主要原因,昆明铁路局的过错是损失发生的次要原因。原审判决认定昆明铁路局构成误交付且具有重大过失的依据不足,应当予以纠正。[1]

【案例4-76】 广东省茂名市粮食局粮油物资公司与广东省茂名市供销合作联社专线经营部运输合同纠纷案

最高人民法院认为,茂名火车站与供销专线对货物的交接属承运人与代理人的交接。承运人或其代理人没有正确交付货物,表明运输合同没有完全履行,由此产生的纠纷应是铁路货物运输合同误交付纠纷。收货人粮油公司既未委托供销专线代理其领取货物,也未与供销专线形成事实上的仓储保管法律关系。粮油公司支付的保管费是因其货物暂存超过免费保管期限,按照《铁路法》规定向承运人支付的费用,该项费用属运输杂费范围。一、二审法院根据供销专线收取了该货物的专线、暂存费用而认定为形成了独立的仓储保管法律关系不当。[2]

(二)运费支付处理

1. 运费支付的认定

《民法典》第八百一十三条规定了运输费用支付。托运人应向承运人支付运费,未按约定支付运费应承担违约责任。

---

[1] 参见最高人民法院中国应用法学研究所编:《人民法院案例选》2010年第3辑(总第73辑),人民法院出版社2011年版,第158页。

[2] 参见《最高人民法院公报》1999年第3期。

【案例 4 - 77】 甲公司诉乙公司水陆联合运输合同纠纷案

二审法院认为,本案系水陆联合运输合同纠纷。甲公司和乙公司的纠纷属于运费纠纷。乙公司完成运输后,甲公司已确认运费总计 672250.78 元,已付 502063.58 元,余款 170187.2 元经与乙公司协商作为合作保证金。但因双方至今没有合作,乙公司以起诉的方式要求甲公司支付该笔运费,可推定双方今后亦无合作的意思,故 170187.2 元运费余款转换为后续合作保证金的条件未成就。另外,甲公司发现货物受损后,仍将该 170187.2 元作为运费余款予以扣留,并当庭表示扣留的目的是想与货物损失进行抵扣,乙公司亦在原审诉讼中将该 170187.2 元作为运费余款提起诉讼。故涉案款项仍为甲公司拖欠乙公司的运费纠纷。根据《合同法》第二百九十二条的规定,甲公司作为托运人,应向承运人乙公司支付运费。[1]

2. 超载运费处理

在当今社会生活中,运输车辆超载带有一定普遍性,其车辆超载运费结算纠纷时有发生。此类案件争议焦点为供货方超载运输能否成为收货方拒付货款的抗辩事由。

【案例 4 - 78】 罗某强与张某夫买卖、运输合同纠纷案

一审法院认为,罗某强为张某夫供应、拉运石料,张某夫理应按约定向罗某强支付货款。双方约定以实际运量结算价款,但所有入库单均只载明车号和拉运车数而未载明实际运量,考虑到罗某强投入运输的车辆是固定的,故参考已经结清的入库单,按照每辆车的平均运量确定张某夫应付而未付的石料款是适当的。张某夫关于以车辆核载吨位计算价款的理由不能成立。据此,一审法院认定,张某夫应支付罗某强石料款 55758.12 元,并作出判决。二审法院认为,本案双方当事人约定以实际运量结算价款,一审判决参考运输车辆的平均运量和当事人约定的单价计算出尚未结算的 74 张入库单的总价款,与按运输车辆核定载重吨位计算出的总价款存在出入。由于本案缺乏其他计算依据,二审法院依据罗某强参与运输车辆的核定载重吨位,计算得出张某夫应当支付给罗某强的供货总价款为 165327.42 元。因张某夫已支付罗某强 21 万元,超付 44672.58 元,故罗某强要求张某夫支付所欠石料款 79520 元的诉讼请求不能成立,应予驳回。据此判决:撤销一审判决,驳回罗某强的诉讼请求。最高人民法院民一庭意见为,供货方超载运输应当承担相应的行政处罚责任,在民事审判过程中,供货合同双方当事人之间民事责任

---

[1] 湖北省高级人民法院(2013)鄂民四终字第 00021 号民事判决书。

的承担并不因此受到影响。收货方以供货方存在超载运输行为为由拒绝履行支付相应货款的民事义务的,不应得到支持。[1] 笔者赞同最高人民法院民一庭的意见。一审法院参考已经结算的入库单,按照每辆车的平均运量确定张某夫应付而未付的石料款是基本符合本案事实的。二审法院确定的计算标准和方法严重违背本案事实,混淆了不同性质责任的承担。换言之,供货方超载运输不应成为收货方拒付货款的抗辩事由。

3. 提单记载的运费预付处理

运费预付,仅是表示运费支付义务人支付运费的合理时间,并不是对运费支付义务人的限制性规定。一般来说,在运输合同当事人对运费支付义务人没有特别约定的情况下,都应由托运人在货物装船后、船方签发提单前向承运人支付运费。但如当事人就此有特别约定,则应依当事人的约定。在此情况下,提单记载的预付运费并不当然地由托运人支付。

【案例 4-79】 赫伯罗特公司诉托运人中艺公司货物运输合同纠纷案

二审法院认为,中艺公司与赫伯罗特公司之间具有经提单证明的国际海上货物运输合同关系。中艺公司出具的《联运(进)出口货物代运委托书》及赫伯罗特公司授权天海船代公司签发的提单中均记载海运费预付。在此条款下,中艺公司负有向赫伯罗特公司支付相应海运费的义务。但是,中艺公司提交的天海船代北京办事处与 CAP BARBELL USA 签订的协议第五条约定,在提单记明运费预付的情况下,仍由 CAP BARBELL USA 直接支付运费,此系对上述委托书及提单所记载的运费预付条款所作的特别约定。该协议证明,天海船代公司认可在提单记明运费预付的情况下,由 CAP BARBELL USA 直接支付运费。作为赫伯罗特公司的船代公司,天海船代公司的上述行为应视为其履行代理职责的行为,其行为效力及于作为被代理人的赫伯罗特公司。此约定与中艺公司和由 CAP BARBELL USA 签订的《代理出口协议书》中 FOB 价格条件相一致,涉案提单均载有"亚洲北美东行运价协议"文号、CAP BARBELL INC,向原审法院出具的承认其涉案海运费支付人的声明及其在以往的业务中一直实际向赫伯罗特公司直接支付海运费的行为,也为此约定的存在提供了佐证。赫伯罗特公司就该协议的异议主张不能成立。天海船代北京办事处与 CAP BARBELL USA 的协议对运费预付条款的特别约定,已经明确涉案海运费的支付人为提单载明的收货人,赫伯

---

[1] 参见最高人民法院民事审判第一庭编:《民事审判指导与参考》2010 年第 1 集(总第 41 集),法律出版社 2010 年版,第 232~234 页。

罗特公司主张中艺公司支付上述运费,依据不足。中艺公司的上述请求证据充分,应予支持。原审判决认定中艺公司为涉案海运费的支付义务人因新证据的存在而不能成立,原处理结果因欠缺事实基础亦应予以纠正。二审法院撤销一审判决,驳回赫伯罗特公司的诉讼请求。[1]

4. 逾期提货费用支付

《民法典》第八百三十条后半段规定:"收货人逾期提货的,应当向承运人支付保管费等费用。"在收货人收到承运人提货通知后的规定时间内或没有规定时间而在合理时间内没有提取货物,其应当向承运人支付逾期的保管费等相关费用。

在海上货物运输中,收货人在货物抵达目的港后,负有凭提单及时提取货物的基本义务。

【案例4-80】 上海甲航运有限公司诉青岛乙游艇租赁服务有限公司海上货物运输合同纠纷再审案

最高人民法院认为,在涉案集装箱货物进行箱货分离后,乙公司并没有以货物实际占用集装箱,如果甲公司需要乙公司及时办理货物清关手续才能提取集装箱,应当及时告知乙公司履行必要的协助义务,但甲公司没有举证证明其及时告知乙公司上述事项,一、二审判决没有认定乙公司在办理货物清关手续前知道集装箱滞留的事实,不支持甲公司要求乙公司承担集装箱超期使用费的请求并无不当。[2]

(三)合同损失赔偿处理

1. 实际损失认定

对于实际损失的确定,《民法典》第八百三十三条规定为,其一,如果运输合同有约定的,从约定。有的合同约定,货物损失时,承运人应赔偿运费的一定倍数,如一般约定承运人赔偿运费的3~5倍,个别的约定承运人赔偿运费的5~10倍,对于后者依据该条规定亦应认可。其二,运输合同没有约定的,按《民法典》第五百一十条的规定确定。其三,合同没有约定,而按《民法典》第五百一十条的

---

[1] 参见最高人民法院中国应用法学研究所编:《人民法院案例选》2002年第4辑(总第42辑),人民法院出版社2003年版,第337~338页。

[2] 最高人民法院(2017)民申3787号民事裁定书。

规定仍无法确定的,按照市场价格计算。所谓市场价格,是指货物交付或应当交付时的市场价格。其四,法律、行政法规对赔偿额的计算方法和赔偿限额另有规定的依照其规定。对实际损失的确定可归纳为:合同双方合意——交易习惯——市场价格。

【案例4-81】 燕南化工公司诉宁波北站铁路货物运输合同纠纷案

判决观点,按照原告与买受方买卖合同中约定的价格42700元赔偿,符合《铁路法》《合同法》的有关规定。[1]

【案例4-82】 内蒙古万某科技有限责任公司诉北京安某货运服务有限公司运输合同纠纷案

二审法院认为,作为承运人,安某公司应当在约定期间内将货物安全运输到指定地点,交付收货人。现安某公司将万某公司所托运的货物丢失,未能履行合同约定的义务,理应对万某公司承担相应的货物损害赔偿责任。虽安某公司和万某公司出具的《北京安某物流托运单(代合同书)》中标明货物名称是配件,件数为1件,并未注明货物的价值,但安某公司该笔运输业务的经办人张某某在海淀派出所报案时,对万某公司人员到海淀派出所陈述所丢失物品的详细情况及货物总价值为48385元的事实,未提出异议并签字认可,且万某公司向法庭提交了其与收货人张某B所签订的销售合同,亦佐证该批货物价值为48385元,故原审判决认定安某公司应向万某公司赔偿货物损失48385元并无不当。安某公司提出应按双方托运单第3条约定作为本案货物损失的计算赔偿依据及本案应中止审理,等候公安机关侦查结果的上诉理由,均于法无据,亦不能成立。综上,安某公司提出其不应承担对方万某公司损失48385元的赔偿责任的上诉请求,缺乏事实和法律依据,本院不予支持。原审判决正确,应予维持。[2]

对涉及保价、重大过失的赔偿亦应遵循上述规则。

【案例4-83】 曹某坚诉陈某桂等运输合同纠纷案

二审法院认为,本案原则上应按照交货或者应当交付时货物到达地市场价格计算陈某桂应支付曹某坚的赔偿款数额,但不能超过曹某坚的实际损失。曹某坚实际已赔付四川长虹电器股份有限公司广州销售分公司的金额为122523.2元,此数额为曹某坚的实际损失,没有加重陈某桂的负担,经审

---

[1] 参见最高人民法院中国应用法学研究所编:《人民法院案例选》2002年第2辑(总第40辑),人民法院出版社2002年版,第289页。

[2] 参见北京市高级人民法院编:《审判前沿——新类型案件审判实务》2008年第1集(总第19集),法律出版社2008年版,第133页。

理合理,陈某桂应按此数额赔偿曹某坚的损失。此外,陈某桂还应赔偿因故意占用曹某坚托运的两台电视机款共2798.4元,以及曹某坚为采取补救措施所支付货主的运费5660元。据上,陈某桂应赔偿曹某坚的损失总额为130981.6元。[1]

由于在整个运输过程中,货物处于承运人的控制下,导致货物损毁,应视为承运人没有尽到管理义务而产生,据此认定承运人存在重大过失,从而排除保价条款适用,对灭失的未保价货物应全额赔偿。但容易出现其仅收取很少运费却要支付巨额赔偿款的情况,不利于物流行业发展。法院根据公平原则,从整个社会利益平衡的角度作出承运人承担部分赔偿的判决。如前举的无锡市韵达快递有限公司诉远成集团有限公司等货物运输合同纠纷案。[2]

2. 赔偿数额计算

实践中,应注意到鲜活货物自然变质对市场价的影响问题。

【案例4-84】 黄某田诉方某升承运货物中途擅自卸货变卖提存价款违约赔偿纠纷案

一审法院认为,1999年12月14日至15日,四季豆在西安的市场价格为1.6~1.7元/斤。按公证处现场点数称量的数量,以每斤1.6元计算,原告的四季豆价值为42816元,方某升应予赔偿。二审法院认为,原判按胡家庙工商所的价格证明计算的货物价值正确,但先予执行部分应予扣除,即42816元-4000元=38816元。《人民法院案例选》责任编辑认为,依照《合同法》第三百一十二条的规定,本案货物损失确实应当以交付时货物到达地的市场价格计算,到达地的工商所出具的当时的当地市场价格证明也是真实的,按说依此计算损失是没有问题的。但是,本案运输的货物为蔬菜,即鲜活货物,其本身的自然性质决定了其会随运输时长发生质变(等级),甚至可能在约定的时间到达时就分文不值,这是原告自广东采购后又运送到西安应考虑的一个风险;同时,方某升在答辩中也明确提出在约定的到达时间的前一天四季豆已经发黄(原告认为是卸车导致发黄变老),这个问题的提出,就有一个依其自然性质确认是否已经进入发货变老期的问题。依照《合同法》第三百一十一条的规定,承运人对运输过程中因货物本身的自然性质造成的等级降低的损失是没有责任的。因此,即使本案方某升违约造成货物未按时送

---

[1] 参见国家法官学院案例开发研究中心编:《中国法院2013年度案例》(合同纠纷),中国法制出版社2013年版,第108页。广东省广州市中级人民法院(2011)穗中法民二终字第631号民事判决书。

[2] 参见国家法官学院案例开发研究中心编:《中国法院2013年度案例》(合同纠纷),中国法制出版社2013年版,第101~102页。江苏省无锡市南长区人民法院(2011)南商字第347号民事判决书。

到,方某升在答辩中已明确提出了货物的自然性质对最终价格确定的影响,而西安方面出具的价格证明是指什么等级的价格又未指明,就依该价格证明作为依据计算损失,难免是不周延的。[1]

对于运输合同没有约定,按《民法典》第五百一十条的规定仍无法确定的,可由原告承担举证责任确定货物的市场价格。

【案例4-85】 北京银河创先科技有限责任公司与北京康达货运服务有限公司公路货物运输合同纠纷案

一审法院认为,银河创先公司提供的由清华同方股份有限公司为其出具的北京增值税专用发票包括三种单价的超锐V8800笔记本电脑,虽不能确认其主张的同方超锐V8800-4型号的笔记本电脑的单价,但结合清华同方股份有限公司计算机系统本部出具的证明,超锐V8800系列笔记本电脑共分四款,其中8800-4为这四款机型中配置和价格最高的机型,即能够认定银河创先公司关于灭失的清华同方超锐V8800-4型号笔记本电脑价值的主张成立,其要求康达公司赔偿26460元的诉讼请求,应予以支持。二审持同样意见,维持一审判决。[2]

【案例4-86】 喀什联谊药业有限公司诉刘某运输合同纠纷案

二审法院认为,联谊公司提供购销合同、买受证明、销售清单、增值税发票等证据证明该货物价值为84400元,刘某虽对此不予认可,其认为该证据不能证实该货物就是交给其运输的11件药品,但托运当时当面验视内件,是承运人的义务和责任,现其无法提供反证否定该证据真实性,故本院对货物价值为84400元予以认定。原审法院认为联谊公司在办理托运时未明确告知刘某货物的价值存在一定过错,酌定为42200元确有不妥,予以纠正。刘某应赔偿联谊公司实际损失包括货物损失84400元、运费450元,合计84850元。对联谊公司上诉提出的支付违约金8500元的上诉请求于法无据,不予支持。[3]

在货运合同损害赔偿纠纷案件中,货物损失额的认定在当事人双方有约定的计算方式和法定鉴定机构对损失额作出鉴定结论两者发生冲突的情况下,原则上应当采用当事人约定的计算方式,但当事人对约定的计算方式举证不能时,就应采信鉴定机构的鉴定结论。

---

[1] 参见最高人民法院中国应用法学研究所编:《人民法院案例选》2001年第4辑(总第38辑),人民法院出版社2002年版,第217页。

[2] 参见北京市高级人民法院民一庭编:《北京民事审判疑难案例与问题解析》(第一卷),法律出版社2007年版,第468~469页。

[3] 参见国家法官学院案例开发研究中心编:《中国法院2015年度案例》(合同纠纷),中国法制出版社2015年版,第189页。新疆维吾尔自治区喀什地区中级人民法院(2013)喀民终字第483号民事判决书。

【案例 4-87】 陈某明诉陈某等货物运输合同纠纷案

判决观点,由于被告陈某在承运途中未能保证行车安全,致使所运货物部分受损,原告陈某明和被告陈某对货物损失已达成协议,虽然双方对货物损失的计算方式进行了约定;但加工厂出具的证明形式上不符合法定要求,证明的内容不严谨、不规范,法院不予采信,故货物损失额应以法定鉴定机构的鉴定结论 30455 元为准。运回货物的运费 14000 元应计算在损失中。[1]

托运人填写的报价金额有时会高于实际价格,此时如果让承运人依照保价金额赔付托运人,托运人会获益,这样与《合同法》的公平原则相悖,不利于平衡双方当事人的利益,法官可结合货物的实际价值,依据公平原则判定赔付的金额。

【案例 4-88】 北京格瑞纳健峰生物技术有限公司诉北京映急物流有限公司运输合同纠纷案

一审法院认为,保价金额明显高于实际货值时,如何认定赔偿金额?第一,对被告提出的因原告没有缴纳保险费而按照协议第三条第二款赔付的意见,本院不予支持。另,保险公司是否理赔被告与本案分属不同法律关系,本案不予考虑。第二,关于美敦力和微创的价格,根据被告提交的诺思格公司给原告经理发送的电子邮件可以看出美敦力和微创是有发票的,但原告计算上述两种货物声明价值时适用的单价计算的总额为 46.2 万元,显然高于依据发票计算的总额 40.5 万元。关于 DEB 的价格,根据被告提交的诺思格公司给原告经理发送的电子邮件可以看出该产品未在中国上市,"没有发票/货值"。对此,DEB 与贝朗、美敦力做临床对比试验证明三者是同种类的产品,并不能说明其与贝朗、美敦力的价格相近,原告提供的证据不足以证明 DEB 的价格。依据原告提供的现有证据,原告填报的声明价值 822000 元明显高于货物实际价格。第三,依据《合同法》第三百一十二条规定,原告在运单上填写声明价值,办理保价运输,实际上是对赔偿额的一种约定。但保价运输是民商事活动的意思自治原则与承运人赔偿责任限额制度平衡的产物,目的在于平衡托运人与承运人之间的利益,因此既要保证托运人获得赔偿,同时又不得任意加重承运人责任。本案中原告填写的声明价值明显高于货物的实际价格,若要求被告按照声明价值赔偿原告,不利于平衡双方当事人的利益。依据公平原则,酌情确定被告赔付原告的金额为 53 万元。二审法院亦持同样意见,维持一审判决。[2]

---

〔1〕 参见最高人民法院中国应用法学研究所编:《人民法院案例选》2007 年第 4 辑(总第 62 辑),人民法院出版社 2008 年版,第 184 页。

〔2〕 参见国家法官学院案例开发研究中心编:《中国法院 2019 年度案例》(合同纠纷),中国法制出版社 2019 年版,第 151 页。北京市第四中级人民法院(2018)京 04 民终字第 73 号民事判决书。

对于货物损失数额,法官可以根据具体案情依公平原则合理确定。

【案例 4-89】 和德公司诉樱桃谷公司租船合同仲裁条款并入提单下国际海上货物运输合同货损赔偿纠纷案

海事法院认为,原告已经向法院提交了本批货物的进口代理协议以及其代理人与进口商之间的货物买卖合同,已充分证明原告系合法取得本案提单。被告作为承运人,有义务运载和保管货物,并根据提单所载明的货物状况向原告交付货物。有关检验报告证明了货物损毁的事实,被告应当承担赔偿责任。"艾诺"轮于1998年2月9日就已经到达目的港防城港,由于租船人的指示至3月28日才开始卸货。本案货损的发生与货物被严重迟延卸载有必然的联系,原、被告双方对于货物被迟延卸载均无过错。对租船人指示迟延卸载造成货损的责任问题已超出本案所审理的范围。在本案中,货物一直处于被告的控制之下,与原告相比,被告更能够决定货物的处理事宜,根据公平合理的原则,应当由被告全部承担货物因迟延卸载而产生的损失。本案经调解结案。[1]

【案例 4-90】 汪某晟诉翁某升等公路货物运输合同纠纷案

二审法院认为,货物损坏的赔偿数额应当依照货物的现有价值计算更为合理,合同约定的"全额照价赔偿"应当理解为依照现有价值计算货物赔偿数额。承运人对运输过程中产生的货物毁损承担无过错责任,除非承运人能证明货物的毁损和灭失是因不可抗力、货物本身的自然性质或者合理损耗以及托运人、收货人的过错造成的。承运人的安全运输义务包括了合格的装车,货物装车不当承运人可以拒绝承运,但不能归为装车人的过错。二审法院维持一审判决第二项即驳回原告对被告南宁市永顺汽车运输有限公司的诉讼请求,变更一审判决第一项为被上诉人翁某升、黄某益共同赔偿上诉人损失 21795.2 元为 27244 元。[2]

实践中,托运人在托运货物时向承运人声明货物实际价值并支付必要费用,当货物发生损失时,承运人以声明价值为限额赔偿损失,该项制度已广泛应用于海上、航空货物运输实践中。对于在公路货物运输中,亦应同样适用,法院应支持原告依据声明价值提出的诉求。

---

[1] 参见最高人民法院中国应用法学研究所编:《人民法院案例选》2002 年第 2 辑(总第 40 辑),人民法院出版社 2002 年版,第 349 页。

[2] 参见国家法官学院案例开发研究中心编:《中国法院 2012 年度案例》(合同纠纷),中国法制出版社 2012 年版,第 85 页。广西壮族自治区南宁市中级人民法院(2010)南市民二终字第 350 号民事判决书。

【案例4-91】 上海某贸易有限公司诉上海某物流有限公司公路运输合同纠纷案

二审法院认为，首先，原、被告之间为运输合同关系，被告在运输中未尽谨慎义务导致货物受损，被告应负赔偿责任；其次，托运人在托运货物时已声明货物价值，被告应按声明价值赔偿，根据当事人声明价值总额折算，每公斤货物声明价值为30.57元，承运人应赔偿的货物为3321.34公斤，货物残余价值为18513.54元，故承运人共应赔偿83019.82元。[1]

运输过程中，造成有较高收藏价值和艺术价值的货物损害的，不能简单地以货物的实际修复价作为衡量一切的评估标准，要把较大幅度的价值减值作为直接考量因素，这样才能体现公平原则。

【案例4-92】 向某东诉湖北顺丰物流公司运输合同纠纷案

判决观点，本案中，原、被告签订了运输合同，约定收货地址、托运物、付费方式，原告交付了运输费和特安费，双方运输合同成立。被告有义务将原告托运的货物安全、完好地送至收货地点。被告将原告货物在运输过程中损坏，应当承担违约责任。原告要求被告赔偿损失的请求，法院应予支持。原告所寄的物品是家具名为"精打细算"的金丝楠乌木雕刻品，形象是一老者手持算盘，做打算盘状。从该家具的名称、形象和寓意看，算盘应该是这个家具的重点和突出表现部位之一，被告在运输途中，将算盘折断，无论采取修理或是其他方式处置该家具，其经济价值和艺术价值都将会受到较大的影响。虽经鉴定该家具的价值为3万元，但根据《快递暂行条例》第二十七条及被告公司对特安服务的保价规则的规定，原、被告双方已明确约定了保价额为4万元，法院采信双方约定的保价额，对鉴定价值不予采信。综合本案案情及原告的实际损失，法院酌情确定由被告承担50%的责任，即2万元。被告没有将原告货物安全送至收货地点，原告要求退还运输费302元和特安费200元的请求，法院予以支持。判决：被告湖北顺丰物流公司赔偿原告向某东金丝楠乌木雕刻品损失2万元，退还原告向某东运输费和特安费502元。[2]

特殊物品的赔偿数额确定是有争议的问题。特殊物品是指类似于人事档案、毕业证书、相册、发票等物品，对于快递公司来说，其可能分文不值，但是对于它的所有者来说却是意义非凡，很难通过客观标准来评估和衡量其价值，也很难进行保价。上述物品丢失，会给所有人造成很大损失（包括精神损害），快递公司仅以

---

[1] 上海市第一中级人民法院(2012)沪一中民四(商)终字第1530号民事判决书。
[2] 参见国家法官学院、最高人民法院司法案例研究院编：《中国法院2021年度案例》（合同纠纷），中国法制出版社2021年版，第143~144页。湖北省恩施土家族苗族自治州来凤县人民法院(2019)鄂2827民初155号民事判决书。

一张打印纸价格赔偿,则明显有违公平原则。实践中,法院对此类纠纷裁判尺度不同。

【案例4-93】 德宏电子(苏州)有限公司诉苏州中通速递有限公司运输合同纠纷案

二审法院认为,德宏公司的122656.28元损失已超出中通公司的合理预期。此外,中通公司收取的快递资费仅为5元,德宏公司亦未按保价的规定申报价值并交纳额外的保价费用,根据公平原则,中通公司所承担的运输风险应与其获得的利益相当,不宜加诸过重的责任。综合上述原因,法院酌定判决中通公司赔偿德宏公司损失20000元。[1]

实践中,有的法院对发票损失按照税额损失计算赔偿。

【案例4-94】 南京中雪胶粘带制造有限公司诉江苏申通物流、江苏申通物流公司南京分公司邮寄服务合同纠纷案

原告将装有239808.23元发票的快件交给申通南京分公司业务员,3个多月后对账发现,原告寄出的发票对方未收到。原告立即要求被告申通南京分公司查找。经查,申通南京分公司寄错地址延误了快递的到达时间,造成快件信封内的增值税不能在规定期限内抵扣(税法规定增值税发票开出后90天内可抵扣),造成原告直接经济损失34843.91元。法院最终判决申通南京分公司赔偿原告税款损失34843.91元,申通公司承担补充责任。[2]

货物毁损的,可以承运合同约定的总货价值为依据,扣减托运人取回的未损毁货物的价值,以此计算货物损失价值。

【案例4-95】 平凉市甲汽车运输有限责任公司诉颜某华公路运输合同纠纷再审案

最高人民法院认为,本案中,颜某华与樊某宁在承运合同第1条中约定:"本批次货物总价约为100万元,由承运方安全、准时运抵目的地,经协商,采用包干形式,全程运杂费为4200元整。"平凉甲运输公司认为,上述合同条款对货物价值的约定不明确,不应以此金额作为认定货物损失的依据。本院认为,其该项申请再审理由不能成立。根据本案查明事实,樊某宁所驾驶的车辆发生火灾后,宁夏回族自治区吴忠市利通区公安消防大队对该次火灾事故进行了认定,其中关于事故直接经济损失认定为1310628元。事故认定书认定的损失数额虽未明确是否包含车辆本身损失价值,但根据樊某宁与陈某万

---

[1] 江苏省苏州市中级人民法院(2010)苏中商终字第0446号民事判决书。
[2] 江苏省南京市中级人民法院(2010)宁商终字第01071号民事判决书。

之间的《购车分期付款合同书》,案涉车辆系樊某宁以19万元的价格从案外人陈某万处购买,故即便扣减车辆本身的损失价值,货物损失价值亦超过颜某华主张的数额。结合上述事故认定书,一、二审法院以承运合同约定的总货物价值为依据,扣减颜某华取回的未损毁货物的价值,认定本次货物损失价值共计968584元并无不当。[1]

司法实践中,法官对损失酌定赔偿数额是争议焦点。法官酌定赔偿主要原因为,寄件人或委托人提交的证据不够充分,如榆林申通快递公司与袁某邮寄服务合同纠纷案;[2]或根据公平原则酌定判决,如德宏电子(苏州)有限公司诉苏州中通速递有限公司运输合同纠纷案。

3. 赔偿损失范围

承揽货物未及时送达定制人而导致退货,且货物无法再另行出售的,对托运人即卖方来说,应推定为全损。

【案例4-96】 陈某华诉孔某强公路货物运输合同纠纷案

判决观点,原告提供的《购销合同书》中所描述的货物名称、规格、数量、收货地址和广州市林安物流园信息中心出具给被告的派车单及地址,以及《专线货物运输服务合同》中的货物信息能够一一对应,形成完整的证据链,法院依法认定该《购销合同书》货物为本案运输货物,《购销合同书》内注明的61000元为供货价格,法院依法予以确认。虽然涉案货物现存放于山西祁县永明租赁服务部,但因该货物为承揽定制货物,因未如期运送到约定地点并交付给定作人,已经失去了其时效性和功能性,定作人亦拒绝收货,且原告无法再另行出售处理,应推定为本案货物全损,故原告因被告违约行为遭受的实际损失为61000元。[3]

航空运输期间宠物死亡的赔偿责任范围,是司法实践中有争议的问题。

【案例4-97】 赵某诉某航空公司运输财产纠纷案

法院判决赔偿范围为,犬只死亡的直接赔偿金额、尸检费、交通费和食宿费等,对超度费、通信费、犬只告别仪式费未予支持。[4]

---

[1] 最高人民法院(2018)民申163号民事裁定书。
[2] 上海市第一中级人民法院(2012)沪一中民一(民)终字第2153号民事判决书。
[3] 参见国家法官学院案例开发研究中心编:《中国法院2019年度案例》(合同纠纷),中国法制出版社2019年版,第154页。广州铁路运输第二法院(2017)粤7102民初字第253号民事判决书。
[4] 参见北京市高级人民法院编:《审判前沿——新类型案件审判实务》,总第48集,法律出版社2014年版,第44页。

关于预付运费损失问题。托运方预先支付部分运费,对货物灭失后,运费由谁承担应视合同约定处理。

【案例4-98】 张某武诉大庆市嘉谊伟业运输有限公司物流运输合同纠纷再审案

再审法院认为,关于已付运费13000元问题。张某武与杜某春签订货物运输协议书约定,运费总额23000元,预付运费金额13000元。虽然张某武不能提供杜某春收到预付运费的收据,但托运方预先支付部分运费给承运方符合运输合同交易惯例,且双方在货物运输协议中约定预付运费及违反合同者承担一切经济损失,而本案货物灭失而不能实现合同目的责任完全在嘉谊公司,故对张某武要求嘉谊公司返还预付运费的请求应予支持。原审未予支持,亦属不当。[1] 本案没有直接证明已预付运费的证据,但一审和再审均以运输合同中托运方预先支付部分运费给承运方符合道路运输合同惯例,以及运输合同中预先支付部分运费的约定,认定存在支付部分运费的事实。这种处理方法符合一般人的理解和该行业的交易习惯。但是,对货物灭失后,运费由谁承担的问题,一审法院以运输合同没有具体的约定为由,判由托运人承担,这种做法欠缺说服力;而再审以运输合同中有违反合同者承担"一切"经济损失的约定,以及其未实现合同目的为由,判由承运人承担该责任,该做法值得肯定。此外,关于此问题,从对法律的理解上看,《民法典》第八百三十五条规定了仅在不可抗力导致货物灭失的情况下,未收取运费的,承运人不得要求支付运费;已收取运费的,托运人可以要求返还。该规定表明,因双方都无过错的不可抗力导致的货物灭失的损失由托运人承担,但基于公平原则,由承运人承担运费损失。而本案是因承运人交通肇事这一有责行为导致货物灭失,货物未安全运达目的地,已构成违约,应承担相应的民事责任,而且,本案运输合同中约定,如在运输过程中发生一切损失均由货运方承担。因此,承运人应退还运费。

【不同处理】 有的法院持货物运输途中灭失运费返还之意见。

【案例4-99】 上海圣强钢材贸易有限公司等诉中铁物流有限公司、第三人上海蓼华实业有限公司公路运输合同纠纷案

一审法院认为,原告车辆已经发生完全损坏,被告理应赔偿其全部车辆损失,现法院根据原告车辆购买价值、税费、使用年限、使用公里数等综合考虑,并结合原告与被告签订运输合同时向被告缴纳了500元保险费,保险金

---

[1] 参见最高人民法院中国应用法学研究所编:《人民法院案例选》2012年第2辑(总第80辑),人民法院出版社2012年版,第188页。

额为50万元,法院酌情确定原告的车辆损失为350000元。另,原告诉请要求被告返还运费2300元,因本案被告未完成运输,故该运费理应返还给原告,对于原告的该诉讼请求予以支持。原告诉请要求被告支付逾期支付赔偿款的损失,于法无据,不予支持。判决:被告中铁物流有限公司赔偿原告上海圣强钢材贸易有限公司车辆损失350000元,返还运费2300元。二审法院维持一审判决。[1]

内河运输货损赔偿范围确定。依照《民法典》和《国内水路货物运输规则》的规定,认定内河运输货物损失的赔偿范围,应在当事人约定损失范围(保价运输)或者受损货物价值加间接损失的基础上,扣减违约方不可预见的损失、守约方因违约获得的利益、守约方不当扩大和过失所致损失。在判断违约方的可预见范围时,除了可预见性规则的预见主体、判断时间、预见内容、客观标准四方面内容外,违约方和守约方的身份、违约方对特别情势的实际了解程度、标的物的性质和用途、守约方支付价款的多少等因素在适用规则时也要引起重视。

【案例4-100】 上海欣辰货物有限公司诉李某、安徽省阜阳市万达航运有限公司货物运输合同纠纷案

一审法院认为,原告欣辰公司与被告李某联系并协商后,将涉案货物交由"皖阜阳货1686"轮运输,且被告李某亦实际履行了相应的合同义务。原告欣辰公司与被告李某之间成立运输合同关系。原告欣辰公司未提供充分、有效的证据证明其所主张的货物损失之外的其他财产损失实际发生,也未能证明被告李某的违约行为与其所主张的损失之间存在因果关系及该损失为被告李某在订立合同时已预见到或者应当预见到的因违反合同可能造成的损失,故法院对于其要求李某承担赔偿责任的主张不予支持。被告李某系"皖阜阳货1686"轮的船舶所有人和实际经营人,原告欣辰公司直接与作为船舶实际经营人的李某取得联系、进行协商并最终建立运输合同关系时,并不知晓"皖阜阳货1686"轮的挂靠情况及作为挂靠人和登记船舶经营人的万达公司的相关信息。根据运输合同相对性原则,欣辰公司只能要求由被告李某承担违约责任。最终,法院驳回了原告欣辰公司的诉讼请求。二审法院认为,李某所有的涉案船舶因发生事故,致涉案货物受损,违反了其与欣辰公司就运输合同项下的相应合同义务。然欣辰公司主张的损失系李某与之缔约时无法预见,与李某的违约行为没有因果关系。综上,原审认定事实清楚,适用法律正确。判决:驳回上诉,维持原判。[2]

---

[1] 参见陈昶主编:《2019年上海法院案例精选》,上海人民出版社2021年版,第237页。
[2] 参见《人民司法·案例》2015年第10期(总第717期)。上海市高级人民法院(2013)沪高民四(海)终字第94号民事判决书。

专题四 货运合同纠纷

4. 可得利益损失赔偿

可得利益是指可以获得的预期利益,可得利益损失即失去可以预期取得的利益,属于间接损失。根据《民法典》第五百八十四条规定(《合同法》第一百一十三条第一款)的规定,当一方当事人违约后,如给对方当事人造成可得利益损失,违约方应予以赔偿。

【案例4-101】 钟某伟诉中铁快运股份有限公司铁路货物运输合同纠纷案

二审法院认为,关于原告提出的可得利益损失问题,本案中,原告分别与其他两家单位签订了《合作协议》与《销售合同》,该两份合同约定的主要标的物的设备型号、规格均一致,合同签订时间也具有连续性,足以证明签订《销售合同》的目的是履行《合作协议》。《销售合同》约定发货方式为"铁路(买方付运费)",该合同卖方在原告付款后也立即通过被告采用铁路运输的形式向原告发货并由原告支付运费,也可证明本案铁路货物运输合同是履行《销售合同》卖方交付义务的一种方式。上述事实能够形成完整的证据链,《合作协议》、《销售合同》与本案铁路货物运输合同相互之间均具有关联性。由于被告履行铁路货物运输合同违约,逾期七日才将货物运到,导致原告不能按约履行《合作协议》,该协议最终被合同相对方解除,原告未能取得相应的利益,根据《合同法》第一百一十三条第一款的规定,原告有权要求被告承担赔偿可得利益损失的违约责任。同时,依照《最高人民法院关于当前形势下审理民商事合同纠纷案件若干问题的指导意见》第十条的规定,扣除被告不可预见的损失和原告未付出的包括税收等成本,酌情认定赔偿可得利益损失金额为2000元。[1]

5. 托运人赔偿损失

托运人违反合同约定,给承运人造成损失的则应承担赔偿责任。

货物需要办理审批、检验等手续的,办理审批、检验等手续属于托运人的义务。未办理相关手续造成损失的,由过错人承担赔偿责任。

【案例4-102】 姜某义诉庞某霞运输合同纠纷案

二审法院认为,关某国在委托于某履行运输合同过程中,因树木被县林业局查扣,故运输合同未能履行完毕,根据《合同法》第三百零五条的规定,货物需要办理审批、检验等手续的,托运人应当将办理完有关手续的文件提

---

[1] 参见国家法官学院案例开发研究中心编:《中国法院2013年度案例》(合同纠纷),中国法制出版社2013年版,第130~131页。成都铁路运输中级法院(2011)成铁民终字第4号民事判决书。

交承运人,可见办理运输树木审批手续的义务人是姜某义,故对于树木被查扣,关某国并无过错。[1]

货物运输过程中,托运人违反包装义务的,承运人可以拒绝运输,由此造成损失的,由托运人承担。

【案例4-103】 贾某晖与肖某娟等公路货物运输合同纠纷案

二审法院认为,本案中,肖某娟与贾某晖均为涉案方便面的承运人。方便面是食品,在装车过程中承运人应尽到合理注意义务。其义务为:一是承运人应尽量避免将食品与化学品混放;二是如果将食品与化学品混放,承运人应根据《合同法》第三百零六条"托运人应当按照约定的方式包装货物。托运人违反前款规定的,承运人可以拒绝运输"的规定,要求托运人对化学品进行包装,以避免污染食品的情况发生。如果托运人不履行该法定包装义务的,肖某娟与贾某晖对不符合包装要求的货物可以拒绝运输。现肖某娟与贾某晖在装车过程中均未尽到上述合理注意义务,对货物损失应承担连带责任。[2]

托运人未履行运送危险货物的义务,应依法承担损害赔偿责任。承运人未谨慎注意,在不具备运输危险品从业资格亦未办理临时运输危险品的证照的情况下仍予运输,也负有责任。

【案例4-104】 太原甲货运部与上海乙物流有限公司公路货物运输合同纠纷案

二审法院认为,被告甲货运部虽不是运输货物的所有人,但其是托运人。依据《合同法》第三百零七条、第三百零四条第二款的规定,本案托运货物硝酸钙属于有腐蚀品的危险品,被告作为托运人未履行上述运送危险货物的义务,应依法承担损失赔偿责任。原告乙物流公司作为长期从事运输业务的物流公司,对于危险品运输须经相关部门批准取得运输许可应当具有认知能力。提货单中明确记载货物名称硝酸钙,原告在提货时却未谨慎注意,并在不具备运输危险品从业资格亦未办理临时运输危险品的证照的情况下仍予运输,造成被行政处罚产生罚款、停运损失,支出鉴定费用,被告负有责任。原告在运输过程中的损失包括50000元行政罚款、停运损失54471元及鉴定费3000元,共计107471元,对上述损失双方各自承担50%。[3]

承运人除向托运人主张给付运费外,能否再主张给付逾期运费利息,关键要

---

〔1〕辽宁省本溪市中级人民法院(2017)辽05民终620号民事判决书。
〔2〕乌鲁木齐铁路运输中级法院(2017)新71民终15号民事判决书。
〔3〕太原铁路运输中级法院(2017)晋71民终10号民事判决书。

看双方当事人签订的运输合同中是否有约定,有约定的从其约定,没有约定的原则上不予支持。

【案例 4－105】 张某诉诸葛某某公路货物运输合同纠纷案

判决观点,原告为被告提供运输服务,按照约定将被告的货物从起运点运输到约定的地点,原、被告双方之间的运输合同关系成立。现原告已履行运输的义务,被告亦应向原告履行支付运输费用的义务,被告至今未将运输费用支付给原告,已构成违约,故原告要求被告支付运输费用9000元的诉请,理由充分,法院予以支持。关于原告诉请要求被告给付运输费用利息,因双方对此并未约定,故对原告的该诉请,法院不予支持。判决:(1)被告诸葛某某给付原告张某运输费用9000元;(2)驳回原告张某的其他诉讼请求。[1]

6.赔偿损失疑难问题

适用赔偿责任限制与第三人的实际损失赔偿之间的关系问题。航空货物损失赔偿的一般原则是限额赔偿(客观责任制),也就是说,承运人的责任是有一定限额的;凡是未有声明价值由航空运输承运的货物,由于承运人的责任而造成损失时,承运人按照有关国际公约和我国法律、法规在确定的限额内,按实际损失进行赔偿。这里的实际损失赔偿的前提是,承运人的责任是有限的。随着现代科技的发展,航空货物运输一方面普货越来越多,另一方面高、精、尖货物运输量也日益增加。这些货物的价格十分昂贵,与所支付的运输费用很不相称。一旦发生损失,如果根据一般的民法原则作出裁判,要求承运人对货主的实际损失进行赔偿并不妥当。因为航空法上按实际损失赔偿是有前提条件的,均要求承运人按实际损失赔偿,承运人势必难以承担高额赔偿费用,而如果负担太重,就不利于民用航空事业的发展。此外,民法的等价原则,要求当事人在合同中的权利与义务相一致。如果按照实际价值赔偿,承运人只能大幅提高运价,将此负担转嫁到托运人头上,则对大多数的托运人也不利。因此,确定限额赔偿作为航空货物运输赔偿的一般原则是正确合理的,也是十分必要的。但该原则存在例外情形,《民用航空法》第一百三十二条规定突破了限额赔偿的主观责任,即"经证明,航空运输中的损失是由于承运人或者其受雇人、代理人的故意或者明知可能造成损失而轻率地作为或者不作为造成的,承运人无权援用本法第一百二十八条、第一百二十九条有关赔偿责任限制的规定;证明承运人的受雇人、代理人有此种作为或者不作为的,还应当证明该受雇人、代理人是在受雇、代理范围内行事。"换言之,只有符合

---

[1] 参见国家法官学院、最高人民法院司法案例研究院编:《中国法院2022年度案例》(合同纠纷),中国法制出版社2022年版,第184页。广西壮族自治区桂林市阳朔县人民法院(2020)桂0321民初1735号民事判决书。

这样的条件,才对旅客按实际损失进行赔偿。

【案例4-106】 常某与常州民用航空货运销售中心、中国南方航空股份有限公司航空货物运输合同纠纷案

判决观点,由于南航公司在实际承运过程中,没有采取一切的必要措施避免在航空运输中因延误造成鱼苗损失,应当承担赔偿责任;该项责任虽然是南航公司明知可能造成损失但并非轻率地不作为所造成,只能援用《民用航空法》第一百二十八条第一款的赔偿责任限额的规定进行赔偿。按照《国内航空运输承运人赔偿责任限额规定》第三条第(3)项规定,对托运人的货物赔偿责任限额,为每公斤人民币100元,故作为实际承运人南航公司应承担的赔偿金额为182700元。作为缔约承运人的货运中心应当对合同约定的全部运输责任,即对南航公司的行为承担连带赔偿责任。[1]

承运人未按照托运单"听通知放货"的约定,在未收到托运人指示放货的情况下,直接将货物交付收货人,致使托运人无法顺利收取货款,承运人应向托运人赔偿货款损失。

【案例4-107】 瑞享公司诉隆瑞公司运输合同纠纷案

一审法院认为,合同条款系对合同当事人权利义务的约定,一般并不指向合同外的人。"听通知放货"是运输交易中的常见约定,是为了保障卖方顺利收取货款。根据隆瑞公司员工陈某在派出所笔录中的陈述,可以确定隆瑞公司知晓"听通知放货"是指听发货人通知放货。隆瑞公司未听发货人的通知放货,属于违约,必然会对瑞享公司的货款安全产生直接影响,隆瑞公司作为专业物流公司,对此可能给货主造成的风险和损失应该是明知的。因此,隆瑞公司应当赔偿瑞享公司货款损失90850元。二审法院认为一审判决并无不妥,故判决:驳回上诉,维持原判。[2]

在套约情况下,承运人无单放货赔偿损失问题。有些货代公司为了获得优惠运价揽取业务,就采用套约的方法,即将提单上"托运人"栏目中的托运人修改为与船公司有特别优惠运价协议的公司,以使该公司也能享受船公司与被套约公司之间的优惠协议运价,这种俗称"套约"的现象在海运实务中较普遍存在。

---

〔1〕 参见中华全国律师协会民事专业委员会编:《中国民商事案例精选(2012~2014)》,法律出版社2014年版,第6页。
〔2〕 北京市大兴区人民法院(2013)大民初字第14126号民事判决书、北京市第二中级人民法院(2015)二中民(商)终字第03697号民事判决书,载《人民法院报》2016年8月4日,第6版。

【案例 4 – 108】 杭州双业进出口有限公司诉中远集装箱运输有限公司等海上货物运输合同纠纷案

判决观点,本案的主要争议焦点在于双业公司是否系涉案货物的托运人,是否具有诉权。产生该争议系因乐森公司在使用中远集团的远程提单打印系统中套约所致。乐森公司对其套约的事实予以确认,亦确认了双业公司系货物实际所有权人,五矿公司确认其与涉案货物没有关联,对其被记载在涉案提单托运人处的事实亦不知情,可以认定双业公司才系涉案货物的真正所有权人。同时,双业公司持有的正本提单上记载的托运人是其本人,双业公司亦通过海昊公司向中远集运订舱,因此,其应被认定为涉案货物的契约托运人,有权就货物被无单放行造成的相关损失向中远集运提出赔偿请求。鉴于两被告对货物已被交付收货人的事实予以确认,其提供的证据材料尚不足以证明其可以不凭正本提单放货。因此,中远集运作为涉案货物的承运人,其放货行为存在瑕疵,构成违约,应向双业公司承担赔偿责任。中远船代公司不是涉案运输合同关系的承运人,双业公司要求中远船代承担承运人的责任,缺乏事实和法律依据。法院判决被告中远集运赔偿原告双业公司货款损失及利息损失。[1]

运输合同履行过程中发生货物损失赔偿请求权应适用严格责任归责原则,即承运人若不能举证证明有不可抗力、货物本身的自然性质或者合理损耗以及托运人、收货人的过错的情形存在,就应该承担损害赔偿责任,不以其是否具有过错为考察要件。托运人或收货人行使违约请求权是基于运输合同所产生的承运人的安全运输义务。运输工具及运输货物均在承运人的控制之下,承运人对货物的毁损、灭失适用严格责任归责原则,有利于促进承运人认真履行合同并保护托运人的利益。

【案例 4 – 109】 金某景诉乌鲁木齐铁路局货运中心货物运输合同纠纷案

判决观点,通过原告提供的《公证书》及法院与原、被告在卸货现场进行的调查,均可证明 322 件黑木耳不同程度受损,与市场上正常出售的黑木耳存在明显差异。被告作为承运人,货物到达后,在其未向原告送货期间,应当安全、妥善保管运输货物,但被告并未尽到该义务,故其应向原告承担黑木耳受损的赔偿责任。经鉴定中心[2016]价鉴字第 1 号司法价格鉴定报告书确定,黑木耳单价为 90 元/公斤,鉴定总价为 623070 元(322 件×21.5 公斤×90 元/公斤)。故对原告提出"被告赔偿货物损失 674992.5 元"的诉讼请求,

---

[1] 参见郭伟清主编:《2015 年上海法院案例精选》,上海人民出版社 2016 年版,第 265 页。

法院只予以支持 623070 元。[1]

国际航空货物运输中的赔偿限额问题。《蒙特利尔公约》是调整国际航空运输某些规则的公约,这里的某些规则主要就是损失赔偿方面的规则。《蒙特利尔公约》具有强制适用的性质。其第四十九条规定,运输合同的任何条款和在损失发生以前达成的所有特别协议,其当事人借以违反本公约规则的,无论是选择所适用的法律还是变更有关管辖权的规则,均属无效。因此,托运人是否在空运单背面的合同条款上签字,《蒙特利尔公约》的赔偿限额都应强制适用。

【案例 4－110】 深圳德威国际货运代理有限公司诉深圳市欧冠国际物流有限公司国际航空货物运输合同纠纷案

二审法院认为,德威公司在合同履行过程中遗失欧冠公司托运的货物,依法应当承担赔偿责任。德威公司在承运货物的过程中,部分货物(UPS 运单号 406—87687294 项下的三件货物)发生丢失,德威公司应对此承担赔偿责任。根据《蒙特利尔公约》第四十九条规定,《蒙特利尔公约》在本案中强制适用,不以当事人是否选择或者约定为前提。因此欧冠公司未对空运单背面条款予以确认并不能排除《蒙特利尔公约》的适用,涉案货损的赔偿标准应适用《蒙特利尔公约》第二十二条第三款责任限额的规定。根据迈瑞公司出具的商业发票,丢失货物重量为 26.4 公斤,价值为 4500 美元,德威公司确认丢失货物重量为 26.4 公斤,但欧冠公司以前的电子邮件附件中所显示的货物价值仅为 850 美元,二审认为该邮件仅是欧冠公司办理托运过程中单方所填,未经迈瑞公司确认,不能作为认定货物价值的依据,货物的重量和价值应以迈瑞公司的商业发票为准。丢失货物重量为 26.4 公斤。《蒙特利尔公约》第二十二条第三款的赔偿限额以每公斤 17 个特别提款权为限,2014 年 6 月 11 日国际民航组织第 202 届理事会第二次会议审议通过了对《蒙特利尔公约》责任限额的复审,规定的责任限额将维持在 2009 年进行第一次复审后确定的水平,即 19 个特别提款权。故赔偿限额应为 26.4×19＝501.6 个特别提款权。涉案货物实际价值 4500 美元已超过了《蒙特利尔公约》的赔偿限额,故德威公司应以 501.6 个特别提款权为限向欧冠公司赔偿损失。[2]

托运人提供了涉及侵权的产品,而承运人未充分履行合同附随告知义务,双方对损害结果的发生均有一定过错,应对自身的违约行为承担相应的责任。

---

[1] 参见国家法官学院案例开发研究中心编:《中国法院 2018 年度案例》(合同纠纷),中国法制出版社 2018 年版,第 210~211 页。乌鲁木齐铁路运输法院(2016)新 7101 民初字第 16 号民事判决书。

[2] 参见国家法官学院案例开发研究中心编:《中国法院 2019 年度案例》(合同纠纷),中国法制出版社 2019 年版,第 167 页。广东省深圳市中级人民法院(2016)粤 03 民终字第 18378 号民事判决书。

【案例4-111】 深圳市思研鑫科技有限公司诉深圳市易商供应链有限公司运输合同纠纷案

判决观点：合同附随义务具有不确定性、附随性的特征，在确定责任时，适宜采用过错推定原则，被告作为承运方未能提供证据证明其有将"不能退运"的实际情况告知原告，因此，对于被告辩称其无法控制海关对扣押货物采取何种措施，不应由其承担赔偿责任的意见，法院不予采纳。另外，根据合同法确立的关于违约损害赔偿范围的可预见性原则，违约方的赔偿范围不应超过其在订立合同时已经预见或者应当预见的因违约而造成的损失。本案中，原告直接损失货物价值人民币42360元、运费2194.5元及其他服务费200元，共计人民币44754.5元。本案原告如需实现合同目的，应当支付3万元的授权费，否则会导致全部货物的损失。也即，如果被告充分履行告知义务，原告在权衡利弊后无论作出何种选择，均无法避免因产品侵权付出的3万元成本。且该部分损失对于被告而言，是在其订立合同及在合同履行过程中无法预见的因其未充分履行告知义务而该承担的赔偿数额。因此，不论被告充分或不充分履行合同附随告知义务，原告均应为产品侵权承担3万元的损失。综上所述，由于原告提供了涉及侵权的产品，而被告未充分履行告知义务，双方对损害结果的发生均有一定过错，应对自身的违约行为承担相应的责任。对于货物价值人民币42360元的损失，原告应承担30000元，剩余12360元应由被告承担；对于运费2194.5元及其他服务费200元，鉴于双方均有违约，按照货物损失承担比例由双方共同负担（原告的承担比例为70.82%，计算公式：30000÷42360×100%；被告的损失承担比例为29.18%，计算公式：12360÷42360×100%），即原告承担1695.82元，被告承担698.68元。因此，被告赔偿原告损失共计13058.68元（12360元+698.68元）；对于原告要求全部损失由被告承担的请求，法院不予支持；对于被告辩称原告违反合同约定交寄侵权产品被海关没收造成的全部损失应由原告承担的意见，法院不予采纳；对于原告要求赔偿利息损失的请求，因利息一般在金钱债务未在规定期限内履行时适用，是对合同利益的补偿，而本案的赔偿数额并未确定，不符合给付利息的条件，故法院对此不予支持；对于被告辩称实际承运商是UPS，按照双方签订的《跨国电子商务物流服务合作协议》出现丢件情况，UPS赔付最高不超过100美元，赔偿方式为承运商确认赔付后被告再进行赔付的意见，因本案货物并非丢件，且被告作为运输合同的相对方，其应对原告的损失直接承担责任，法院对此不予采纳；对于被告辩称曾于事后补偿原告200元现金券的意见，由于原、被告有长期业务往来，在被告未明确告知该200元是补偿涉案运输合同纠纷的情况下，无法确定该费用用于本案补偿,法院对此不予采纳。[1]

法律规定了合同责任和侵权责任竞合,但未明确责任竞合在实体法上的关系如何,是否可以互相影响,在择一选择侵权之诉时能否按合同明确约定进行责任承担的实体抗辩是疑难问题。

【案例4-112】 东京海上日动火灾保险(中国)有限公司上海分公司诉新杰物流集团股份有限公司保险人代位求偿权纠纷案

二审法院认为,本案争议焦点在于,责任竞合的情况下应当如何处理侵权责任与合同责任的关系问题。根据《合同法》第一百二十二条的规定,因当事人一方的违约,侵害对方人身、财产权益的,受损害方有选择本法要求其承担违约责任或者其他法律要求其承担侵权责任。该规定仅明确了责任竞合的情况下,当事人一方有权择一主张权利,但并未明确一方选择后,合同责任与侵权责任之间的关系,以及另一方抗辩权是否也必须择一主张。在法律并无明确规定的情况下,应当遵循自愿、公平、诚实信用的基本原则,合理平衡当事人利益。对于同一损害,当事人双方既存在合同关系又存在侵权法律关系的,不能完全割裂两者的联系,既要保护一方在请求权上的选择权,也要保护另一方依法享有的抗辩权。在责任竞合的情况下,如果允许一方选择侵权赔偿,并基于该选择排除对方基于生效合同享有的抗辩权,不仅会导致双方合同关系形同虚设,有违诚实信用原则,也会导致市场主体无法通过合同制度合理防范、处理正常的商业经营风险。

对于运输过程中货物损失的分担,富士通公司与新杰物流公司在双方的运输合同中有明确约定,该约定系双方在各自商业经营风险预判基础上,根据自愿、平等原则达成的一致安排,对双方处理合同约定的货物损失具有约束力,该约束力不因富士通公司选择侵权之诉而失效。因此,尽管东京保险上海分公司代富士通公司向新杰物流公司主张侵权赔偿,但是新杰物流公司依据涉案运输合同对富士通公司享有的合同抗辩权,同样适用于东京保险上海分公司。新杰物流公司主张引用的合同抗辩权来自新杰物流公司与富士通公司所签涉案运输合同第13条,其性质属责任限制条款。考虑到此类条款在商业货运领域较为常见,合同双方均为商事主体,缔约能力相当,且该条款意思表示明确,因此,该责任限制条款可以适用于本案。综上所述,新杰物流公司关于其有权在本案中引用合同责任限制条款的上诉理由,予以采纳。据此,二审法院改判新杰物流公司赔偿东京保险上海分公司115500元。[2]

---

[1] 广东省深圳市前海合作区人民法院(2016)粤0391民初1534号民事判决书。
[2] 上海市第二中级人民法院(2017)沪02民终6914号民事判决书。

(四)不承担赔偿责任处理

《民法典》第八百三十二条规定:"承运人对运输过程中货物的毁损、灭失承担赔偿责任。但是,承运人证明货物的毁损、灭失是因不可抗力、货物本身的自然性质或者合理损耗以及托运人、收货人的过错造成的,不承担赔偿责任。"该条规定了承运人不承担赔责任的具体情形。也就是说一般情况下,对于不可抗力、货物本身的自然性质或合理损耗以及托运人、收货人的原因导致货物损失,其承运人可免除赔偿责任。对于托运人、收货人的过错,这主要是指由于托运人自身的原因造成的货物损失。根据本章的规定,一般包括以下五种情况:一是托运人对货物包装有缺陷,而承运人在验收货物时又无从发现的;二是托运人自己装上运输工具的货物,其加固材料不符合规定的条件或者违反装载规定,交付货物时,承运人无法从外部发现的;三是托运人应当采取而未采取保证货物安全措施的;四是收货人负责卸货造成的损失;五是托运人应当如实申报,而没有如实申报造成损失,导致承运人没有采取相应的保护措施造成的。[1]

由于托运人运单内容决定着承运人采取何种运输措施以保证货物安全,因而如实填报运单是法律规定托运人必须履行的义务。若托运人未如实申报货物价值,致使承运人确认该货物属对运输无特殊要求的低价值普通货物,则承运人按照运单填报内容,依据运输规章决定延长了运输时间,使货物变质加剧,属货物本身的自然属性和托运人的过错造成的,承运人不承担赔偿责任。如上海宏隆实业有限公司与上海铁路分局何家湾站、长沙铁路总公司株洲北站、南昌铁路局鹰潭站铁路货物运输合同逾期货损索赔纠纷案。[2]

【案例4-113】 广东楚天龙智能卡有限公司诉深圳市易达货运服务有限公司货物运输合同纠纷案

判决观点,在货运合同法律关系当中,托运人负有详细、完整地告知承运人有关货物信息的义务。因托运人未尽告知义务所致的承运人不能预知的货物损失,承运人不承担赔偿责任。[3]

承运人遭受台风构成"天灾、海难"的,可以以此免责。

---

[1] 参见黄薇主编:《中华人民共和国民法典合同编释义》,法律出版社2020年版,第736页。
[2] 参见《最高人民法院公报》2001年第1期。
[3] 参见《人民司法·案例》2008年第8期。

【案例 4 – 114】 湖南中联国际贸易有限责任公司等诉上海捷喜国际货物运输代理有限公司等海上货物运输合同纠纷案

一审法院认为,综合在案证据可以认定,因近距离遭遇台风"梅花","尤利"轮当时长时间遭遇了 12 级以上台风、船舶横摇 35 度以上的恶劣海况。其恶劣程度已非属正常的海上风险,足以构成我国海商法下"天灾"性质的"海上风险",由此造成的损失,承运人依法可以享受免责。此外,在台风已经有明显的转向趋势时,船长决定向东北济州岛方向离港避台是不够谨慎的,在避台决策上有过失,但属于船长在驾驶或者管理船舶中的过失,依法亦可免责。此外,虽然台风"梅花"带来的恶劣海况系涉案货损的最主要和决定性的原因,但绑扎系固的缺陷使绑扎系统在恶劣海况面前更加容易受到损坏甚至提前崩溃,加重货损程度,因此认定涉案货损是由于绑扎系固的缺陷以及船舶遭遇恶劣海况的共同原因造成的,并酌定造成涉案货损 80% 的原因为恶劣海况,绑扎系固的缺陷占 20%。虽然绑扎系固工作由上海恒鑫负责,但基于合同相对性原则以及承运人对全程运输负责的法律规定,应当由上海捷喜作为涉案运输的承运人先行向收货方承担赔偿责任。二审法院亦持同样意见,维持原判。[1]

海运合同中,托运人在货物运抵目的港尚未交付收货人之前要求回运,不属于变更运输合同,其承运人亦不承担相应责任。

【案例 4 – 115】 浙江省绍兴县明里皮塑有限公司诉万海航运股份有限公司海上货物运输合同纠纷案

判决观点,国际海上货物运输合同中,当货物运抵目的港、尚未交付收货人前,托运人要求承运人将货物回运的情形,不属于《合同法》第三百零八条中规定的返还货物的范畴,托运人不能援引该条文要求变更运输合同;托运人关于回运货物的请求,是为订立一个新的海上货物运输合同而发出的要约。在托运人与承运人没有达成新的回运协议的情况下,托运人要求追究承运人没有回运货物的责任,于法无据。[2]

有争议的是,在货物运输合同履行过程中,托运人派员押送且货物灭失原因无法查清时,是否可以减轻承运人责任?

【案例 4 – 116】 张某兰诉郭某运、菏泽交通集团第十三汽车运输公司货物毁损损害赔偿纠纷案

消防部门出具的结论为火灾原因不明,技术鉴定部门亦出具鉴定结论认

---

[1] 参见郭伟清主编:《2017 年上海法院案例精选》,上海人民出版社 2018 年版,第 266 页。
[2] 参见《人民司法·案例》2007 年第 14 期。

为托运人所托运的货物中无易燃品。承运人郭某运不能举证证明其免责事由的存在,故其应当承担相应的损害赔偿责任。二审法院认定的责任是双方各打五十大板,判决两被告对张某兰的损失的一半承担责任,其余责任由张某兰自己承担。[1] 有学者认为,在托运人派人押车的情况下,要减轻承运人的赔偿责任,必须证明托运人的押车人员对货物发生存在过错。[2] 笔者赞同学者的观点。

保险协议约定放弃货损赔偿责任,则承运人不承担赔偿责任,除非能证明货损发生在实际承运人承运区段。

【案例4-117】 中国平安财产保险股份有限公司上海分公司诉海口南青集装箱班轮有限公司等通海水域货物运输合同货损赔偿纠纷案

二审法院认为,南青公司与托运人之间的国内水路货物运输合同关系合法有效,南青公司系涉案货物的契约承运人。金阳公司、成功公司以及风顺公司分别与南青公司签订定期租船合同,并实际分别负责三个区段的货物运输,均系涉案货物的实际承运人。虽然涉案货损发生在契约承运人的责任期间,即南青公司负责的全程运输过程中,但鉴于平保上海公司与南青公司的预约保险协议中有特别约定,平保上海公司应当依约放弃对南青公司的追偿。涉案货损系发生在沿海运输区段,负责淡水运输区段的实际承运人金阳公司对货损无须承担责任。因成功公司与风顺公司负责的均为沿海运输区段,而平保上海公司不能证明货损实际发生的运输区段,故平保上海公司要求两个实际承运人成功公司与风顺公司对货损承担连带责任,于法有悖。二审法院撤销原审判决,驳回平保上海公司的诉讼请求。[3]

实践中,托运人未按规定申报货物的实际价值,损害了承运人利益的,在不能适用限制赔偿的规则时,仍然可以根据诚实信用和公平原则酌情减轻承运人的责任。

【案例4-118】 湖南高纯化学试剂厂诉湖南长沙黄花国际机场航空运输服务有限公司等航空货物运输合同纠纷案

二审法院认为,根据我国《民用航空法》的规定,航空运输中的损失是由于承运人或者受雇人、代理人的故意或者明知可能造成损失而轻率地作为或

---

[1] 参见最高人民法院中国应用法学研究所编:《人民法院案例选》(2004年商事·知识产权专辑)(总第49辑),人民法院出版社2005年版,第171页。

[2] 参见闫仁河、张莹:《货物运输合同法律制度研究》,知识产权出版社2012年版,第153页。

[3] 参见沈志先主编:《2011年上海法院案例精选》,上海人民出版社2012年版,第246~247页。

者不作为造成的,承运人无权援用有关赔偿责任限制的规定。由于黄花机场与深圳机场在本案中有明显的过错,因此,尽管高纯厂在托运时没有声明货物的实际利益及其危险性,没有交纳附加费,但本案仍不适用限额赔偿规则。考虑到黄花机场与深圳机场均因有过错行为而导致高纯厂托运的货物受损,并且高纯厂自身也有为了节约运输费用而没有声明货物的实际价值,因此,原审法院根据双方过错责任的大小,判决黄花机场与深圳机场承担本案货物全部损失的80%(22940元),由高纯厂自行承担20%的损失,本院认为是适宜的。[1]

因托运人自身的原因造成损失的,限制向承运人主张赔偿。

【案例4-119】 王某与深圳市豪邦物流有限公司运输合同纠纷案

二审法院认为,办理审批、检验手续是托运人的义务,托运人未办理货物审批、检验手续,导致货物被香港海关被查扣,无权要求承运人赔偿。[2]

铁路运输途中失效的药品被盗承运人是否承担责任问题。托运人药店明知药品即将到达有效期仍办理铁路运输,药品在运输中过期且被盗,制药厂要求铁路运输企业赔偿12万元。法官认为,该药品虽是在铁路运输中造成了丢失,但所丢失的是过期失效的药品,而药品不同于其他货物,过期失效的药品是没有任何使用价值的。因此,对于无任何价值的货物,铁路企业不应赔偿。[3] 笔者同意法官的观点,因为药品一旦过期便无价值可言,对于无价值的物品根本谈不上损失问题。

(五)不免除赔偿责任处理

实践中,承运人对其运输货物损坏主动修复但贬值的,仍应向托运人承担赔偿责任。

【案例4-120】 无锡泰富汽车销售服务公司诉上海安吉日邮汽车运输有限公司赔偿合同纠纷案

判决观点,汽车运输公司承运汽车销售公司客户预订的车辆,运输途中

---

[1] 参见最高人民法院中国应用法学研究所编:《人民法院案例选》2009年第2辑(总第68辑),人民法院出版社2009年版,第184页。

[2] 参见最高人民法院民法典贯彻实施工作领导小组编著:《中国民法典适用大全》(合同卷四),人民法院出版社2022年版,第2845页。广东省深圳市中级人民法院(2016)粤03民终17569号民事判决书。

[3] 参见北京市高级人民法院编:《审判前沿——新类型案件审判实务》2003年第1辑(总第3辑),法律出版社2003年版,第294页。

因发生事故致车辆损坏,该汽车运输公司虽对车辆进行修复,但车辆严重贬值,因此,该汽车运输公司仍应向汽车销售公司承担赔偿责任。[1]

货物在运输过程中,因其外因致货物受损的承运人不免责。

【案例4－121】 柳州市辉宏棉饰制品有限公司诉万某强运输合同纠纷案

一审法院认为,合同签订后,原告将棉胎交被告运输,被告作为承运人应当将该批棉胎安全运输到约定地点。但该批棉胎在运输过程中被雨水打湿导致收货人拒收被退回,原告为此将该批棉胎降价处理,对此所造成的损失被告应予赔付。原告所作的降价处理符合当前棉胎的市场价格,没有违反法律规定,故原告的诉讼请求,事实清楚,证据确实充分,予以支持。被告的辩称无事实及法律依据,不予采信。二审法院亦持同样意见,维持一审判决。[2]

承运人不当变价提存,损失应当自负。《合同法》规定托运人或收货人不支付运费、保管费及其他运输费用的,承运人对相应的运输货物享有留置权,收货人无正当理由拒绝领取货物的,承运人可以提存货物;标的物不适于提存或者提存费用过高的,承运人可以拍卖或变卖标的物以提存价款。审判中,法官应当根据合同标的是否系价值容易贬损的"鲜货",合同标的在当地市场的需求程度、送货人寻求买家的缔约能力、交易成本等一系列因素综合判断货物合理的"提存价格",在维护合同守约方利益的同时确保交易双方的"诚实信用"和"公平交易"。

【案例4－122】 许某永诉蚌埠市天源煤炭有限公司水路货物运输合同纠纷案

二审法院认为,粉煤灰本身体积大、价值低。从粉煤灰的运输价格所占销售价格的比例看,其装卸、运输的成本占了销售价格的极大部分。如果提存,会相应增加转运、装卸和仓储等费用。所以,变卖粉煤灰以提存其价款当为优先考虑之合理措施。在被告拒付运费且弃货不管的情况下,原告有权通过变卖货物以达到减少风险和损失的目的。但是在变卖留置物时,应当以符合市场的价格进行出售,以达到损失的最小化。被告在发货时粉煤灰的市场价是每吨75元,但在原告变卖时,有证据证明其市场价已跌至每吨60元左右。而原告自述以每吨42元的价格出售,明显偏离了市场行情,且原告在变卖时未固定相应证据,故应当按照出卖时的货物的市场行情和装货时的货物数量减去先前已卸去的货物来计算货物的总价[60元/吨×(6459吨－375

---

〔1〕 参见《中国审判案例要览》(2007年商事审判案例卷)。
〔2〕 参见国家法官学院案例开发研究中心编:《中国法院2017年度案例》(合同纠纷),中国法制出版社2017年版,第177页。广西壮族自治区柳州市中级人民法院(2015)柳市民二终字第199号民事判决书。

吨)=365040元]。并且,需方海门海螺水泥有限责任公司从未提出过拒收货物,原告完全可以就近与海门海螺水泥有限责任公司接洽销售,以最大限度减少损失。但原告舍近求远,因此而增加的费用及造成的损失应由原告承担。[1]

承运人可以通过合同安排排除部分积载义务,但承运人仍应对与船舶航行安全有关的积载问题负最终责任。

【案例 4-123】 中国上海外轮代理有限公司诉南通江海通集装箱运输有限公司通海水域运输合同纠纷案

判决观点,江海通公司作为实际从事涉案运输的人,依据我国《国内水路货物运输规则》第三十条和第三十二条之规定,应当承担确保船舶适航和管货的基本义务,即使依照江海通公司的主张参照双方以往签订的期租合同,江海通公司亦负有负责航行安全的合同义务。而"积载"不仅仅是管货的一个环节,更是与船的适航紧密相关的重要一环,因积载不当会影响船舶的稳定性或者操纵性,进而造成船舶不适航,因此即使涉案运输系由上海外代安排装卸,江海通公司作为实际承运人谨慎处理积载问题并使船舶适航的义务也不因此而免除。[2] 本案表明法律规则为,承运人可以通过合同安排(比如约定FIOST)条款排除的货损责任应当仅限于与管货义务相关的一些损害后果,如由于装卸工人的野蛮操作而导致的货损等,但不能排除与船舶适航义务相关的责任。"积载"既是管货中的环节,也是与船舶适航紧密相关的一环,积载不当会对船舶的稳定性或者操纵性造成影响,进而引起船舶不适航。而船长对事关船舶安全的"独立决定权"在很多国际公约、规则以及我国法律、法规中都有体现。因此,假设本案中约定了由上海外代负责积载,而江海通公司未尽必要的谨慎注意义务,也未采取有效措施发现和纠正涉及船舶安全与适航与否的积载问题的,江海通公司仍不能就积载问题免除全部责任。

对被告抗辩免责事由不成立的,亦不免除赔偿责任。

【案例 4-124】 上海胜狮冷冻货柜有限公司等诉中远集装箱运输有限公司海上货物运输合同纠纷案

一审法院认为,被告能否对涉案事故的发生享有法定免责,关键在于涉案事故中出现的海上恶劣天气是否属于不可抗力、T4全自动扭锁是否存在

---

[1] 参见国家法官学院案例开发研究中心编:《中国法院2013年度案例》(合同纠纷),中国法制出版社2013年版,第111页。江苏省海门市人民法院(2011)通民终字第0961号民事判决书。

[2] 参见国家法官学院案例开发研究中心编:《中国法院2015年度案例》(合同纠纷),中国法制出版社2015年版,第201页。上海海事法院(2012)沪海法商初字第1261号民事判决书。

技术缺陷以及该种技术缺陷是否可以构成承运人的免责事由。根据查明的事实,被告在事故发生前已知"该低气压会于11月28日在离船非常近的地方通过"。可见,导致恶劣天气的低气压并非突然生成,也并非无法避免的,该海上风险并非不可抗力,不属于《海商法》规定的承运人免责事由。虽然在本案中不能排除船上装载的T4全自动扭锁存在缺陷的可能,但其缺陷均以涉案船舶按照系固手册对T4全自动扭锁进行了正确安装和妥善积载为前提,一旦安装错误或有所遗漏,也可能导致涉案事故的发生。被告在本案中未能提交有效证据证明其按照系固手册的要求对船舶进行了充分有效的系固,也未能提供证据证明对涉案集装箱堆正确安装、使用了T4全自动扭锁,其提交的报告中仅对遗留在船上的T4全自动扭锁的安装情况进行分析,并不能得出落海灭失或损坏的集装箱上均正确、完全安装了T4全自动扭锁的结论。同时,在事故发生当时,涉案船舶共装载1135个集装箱,但最终落海的均为42号、46号贝位的集装箱,其中大部分是40尺的空箱,由此也更印证了42号、46号贝位的T4全自动扭锁可能未正确安装或未完全安装的推论。根据双方当事人提交的证据,可以认定T4全自动扭锁得到了包括德国、美国在内的主要船级社的安全认证,在无相反证据证明T4全自动扭锁并非导致涉案事故发生的单独诱因时,被告不能据此免责。据此可以推定承运人并未尽到谨慎的管货义务,被告应当对涉案事故造成的货物损失承担赔偿责任。二审法院维持原审判决。[1]

运输合同无效的,承运人承担责任问题。最高人民法院认为,国内水路货物运输合同无效,而且运输过程中货物发生了毁损、灭失,托运人或者收货人向承运人主张损失赔偿的,人民法院可以综合考虑托运人或者收货人和承运人对合同无效和货物损失的过错程度,依法判定相应的民事责任。[2]

承运人行为不符合法律规定免责情形的应担责。在货物运输合同关系成立后,托运人将其货物交付承运人,货物灭失风险责任发生转移。承运人因保管不善而发生货物丢失的行为不属于免责情形的,承运人应承担损害赔偿责任。

【案例4-125】 陈某祥诉卢某国随车同行货物运输合同交付的货物丢失赔偿纠纷案

判决观点,原告及其他4人要求被告驾车为其往返陈家坊镇与邵阳市湘运市场运输货物,并由其支付运输费用的行为,实质上是双方之间形成了一个口头运输合同。在运输过程中,原告经被告同意将货物安置在驾驶室里,

---

[1] 参见沈志先主编:《2012年上海法院案例精选》,上海人民出版社2012年版,第359页。
[2] 参见《最高人民法院关于国内水路货物运输纠纷案件法律问题的指导意见》(2012年12月24日,法发〔2012〕28号)。

即完成了货物运输的第一次交付。被告即时就应对该货物承担保管注意之义务。由于车辆驾驶室门窗没有损坏，导致货物丢失的原因就是被告之过失。被告的这种过失行为不符合《合同法》第三百一十一条规定的免责之情形，被告因此应承担赔偿责任。对于原告要求被告赔偿1532元直接经济损失的诉讼请求，法院予以支持。对于原告要求被告赔偿700元间接经济损失的诉讼请求，因证据不足及两件"喜临门"酒的丢失是原告本人过错造成的，法院不予支持。[1]

机动车辆在运输特种货物途中，因单方交通事故造成人员和财产损害，托运人、发货人的损害赔偿责任应依其是否尽到合理的安全注意义务而定。

【案例4－126】 纪某等五人诉宁夏吴忠市鑫盛物流中心等损害赔偿纠纷案

判决观点，两架液压支架同载一车，顾某栋与马某忠在第三人的货场外自行固定、捆扎货物时，虽预见到运输危险，但其未按公路载运特重货物的规定固牢货物，是造成本次事故的主要原因，原告方因顾某栋的过错继受承担主要责任。被告作为托运人，在承运人提供的格式合同中未明确向其提示运输货物的性质、质量、装卸要求等内容。根据交通部发布的《货物运输规则》第十六条规定："货物在运输、装卸、保管中需要采取特殊措施的，为特种货物。"本案托运的每架液压支架重量为16.8吨，头重脚轻、难以运输的特征非常明显，需要采取特殊固牢措施，应属于《货物运输规则》表二中的"特种货物"。根据《货物运输规则》第三十七条第五项规定，托运大型特殊笨重物体，托运人应在运单中注明所提货物的性质、重量、外廓尺寸及对运输要求的说明书。本案被告在货运合同中未向承运人注明液压支架头重脚轻的性质、外廓尺寸等内容，也未给承运人提供运输要求说明书。依照《合同法》第四十一条之规定，被告未履行应尽的安全注意义务，货运合同中的免责条款无效。根据《货物运输规则》第七十条第二项、第七十二条之规定，被告作为托运人存在"匿报货物重量、规格、性质"的过错，应对本案发生的损害赔偿承担次要责任。第三人是货运合同关系中的发货人，又是买卖合同关系中的出卖方，当货物未交付买受人之前，货物运输安全的风险责任并未转移。因此，第三人虽然委托被告托运货物，但其直接为承运人吊装了需要采取特殊固定措施才能运输的货物，其有义务向承运人提供运输说明书，声明货物的性质、规格、重量等内容，还需特别提示对货物固定、捆扎的运输安全要求，但其未提供、未明示，应当承担未尽合理限度范围内安全保障义务的相应补充赔偿

---

[1] 参见最高人民法院中国应用法学研究所编：《人民法院案例选》2000年第4辑（总第34辑），人民法院出版社2001年版，第190~191页。

责任。[1]

迟延履行应承担赔偿责任。承运人理应迅速、及时、安全地将托运人所需投递的标书送达到指定地点。但是承运人在接受标书后，未按行业惯例于当天送往机场报关，迟延将标书报关出境，以致标书滞留，承运人的行为违背了快件运输迅速、及时的宗旨，其行为属迟延履行，应当承担相应的民事责任。托运人虽未按承运人运单规定的要求填写运单，但承运人在收到托运人所填写运单后，未认真审核，责任在承运人。如上海振华港口机械有限公司与美国联合包裹运送服务国际航空货物运输合同标书快递延误赔偿纠纷案。[2]

船舶挂靠经营时责任承担问题。船舶挂靠经营现象普遍存在，其承担责任主体的认定在实践中多发争议。判断责任主体应坚持合同相对性的基本原则，从水路货物运输合同的签订、履行、运费收取，船舶的实际使用、控制和货损之后的联系情况等因素考虑，综合分析准确认定责任主体。

【案例 4-127】 深圳市鑫丰源物流有限公司诉平南县顺辉船务有限责任公司水路货物运输合同纠纷案

二审法院认为，涉案运输系由鑫丰源公司与陈某斌联系、协商达成一致意见，并由陈某斌所有的"平南顺辉268"轮实际完成运输工作。鑫丰源公司未曾与顺辉公司的人员联系，其虽主张陈某斌与顺辉公司之间存在挂靠关系，陈某斌联系、协商运输的行为属职务行为，但本案并无证据证明，涉案运费原定的支付对象亦非顺辉公司，故不足以认定涉案运输合同关系形成于鑫源公司与顺辉公司之间，故顺辉公司并非涉案运输的承运人。顺辉公司虽为"平南顺辉268"轮的登记经营人，但本案的证据和事实不能证明该轮由顺辉公司实际使用、控制或顺辉公司实际参与了涉案运输工作，故其不是涉案运输的实际承运人，也并非涉案货损赔偿的责任主体。[3]

单独行为与协议行为的竞合问题。邮政快递服务业务本身是为大众提供服务的，是公开的。一般情况下，顾客不需要与邮政公司签订专门协议，可以通过直接投递行为与邮政公司形成运输合同关系，此时是单独行为。当顾客与邮政公司签有专门协议，邮政公司工作人员上门收件，顾客当场支付邮费及保价费时，形成单独行为与协议行为的竞合现象。若此时顾客与邮政公司的行为均与专门协议中约定的事项不符，应认定该次投递行为是单独行为，限制适用协议约定认定违

---

[1] 参见最高人民法院中国应用法学研究所编：《人民法院案例选》2009年第3辑（总第69辑），人民法院出版社2010年版，第60页。

[2] 参见《最高人民法院公报》1996年第1期。

[3] 参见国家法官学院案例开发研究中心编：《中国法院2016年度案例》（合同纠纷），中国法制出版社2016年版，第192页。广东省高级人民法院（2014）粤高法民四终字第162号民事判决书。

约责任,只能按单独行为责任处理。

【案例 4-128】 宜昌玖融天下商贸有限公司诉中国邮政速递物流有限公司宜昌市分公司宜都营业部运输合同纠纷案

判决观点,原、被告双方对《中国邮政特快专递服务协议》的成立、生效不持异议,法院对协议的有效性予以确认。协议约定:服务方式为上门揽收及投递,结算时间为每月 28 日结算交寄邮件的所有费用,未约定需要支付保价费用。原告在交寄单号为 1073907749008 的物品时,当场支付了 20 元邮费及 10 元保价费用,并且是通过拨打被告的 11183 客服电话由不特定的工作人员上门揽件。单号为 1073907749008 的投递行为在服务方式、付款时间、付款金额上均与原、被告签订的协议中约定的内容不相符。在快递运输业务中,独立的投递与协议客户的投递本身存在竞合,现原告无法举证证明单号为 1073907749008 的快递详情单是在履行双方签订的《中国邮政特快专递服务协议》。并且原告拨打 11183 客服电话,被告工作人员上门收件,原告当场支付邮费及保价费的整个过程,客观上更应视为一次独立的投递行为。原告委托被告运输物品,被告出具快递详情单交原告收执。原、被告之间的运输合同关系成立,双方均应恪守履行合同义务。被告收取原告物品后,在运输过程中导致原告托运的物品丢失,被告的行为已经构成违约,应当承担相应的违约责任。……原告表示一直与被告合作,已多次在被告处办理托运,但因为双方签订有《中国邮政特快专递服务协议》,因此不需要对交寄物品进行保价。法院认为,由于双方之间存在长期合作,故原告对保价条款应当是知情的。快递详情单背面的《国内标准快递邮件服务协议》合法有效,对原、被告双方均有约束力。被告应当按照双方之间的约定,以保价费用 10 元为基准赔偿原告 2000 元。现被告同意赔偿原告 2000 元托运物品丢失损失及返还 20 元邮费合理合法,予以采纳。[1]

托运人与实际承运人关于赔偿限制责任约定,不能导致责任人免责。

【案例 4-129】 上海金望文化传播有限公司诉中国人民财产保险股份有限公司上海直属支公司财产保险合同纠纷案

一审法院认为,原告与第三人关于货物灭失后第三人赔偿原告每笔 100 元或每公斤 20 元取高者为准的约定,是原告与第三人之间的一种合同行为,并非原告在保险事故发生后,放弃对第三人的赔偿权利。因该条款在涉案货物灭失之前即已存在,因此,被告的抗辩与上述法律规定不符。一审法院认

---

[1] 参见国家法官学院案例开发研究中心编:《中国法院 2017 年度案例》(合同纠纷),中国法制出版社 2017 年版,第 180 页。湖北省宜都市人民法院(2015)鄂宜都民初字第 00900 号民事判决书。

为,原告在投保时,依法应将运输中的责任限制条款如实告知被告,但是该义务的履行须满足被告在缔约时对原告有相关要求为前提,否则,便无法认定原告未尽如实告知义务。由于双方没有上述约定、被告在订约时也未对相关情况提出询问,所以被告无法就此免责。需要指出的是,被告作为保险人,完全可以在订立合同时要求投保人告知影响保险人风险的事项,从而降低自身的风险。但其疏于行使上述权利,应承担由此产生的不利后果。二审法院认为,因被上诉人、上诉人双方未合意变更邮包险条款,应认为适用1981年邮包险条款。对于保价认为系投保人的商业选择,上诉人在此笔业务发生时未询问,事后未行使合同解除权,对上诉人减免相应保险金的上诉请求不予支持。[1]

(六)留置权纠纷处理

《民法典》第八百三十六条规定:"托运人或者收货人不支付运费、保管费或者其他费用的,承运人对相应的运输货物享有留置权,但是当事人另有约定的除外。"该条是承运人行使留置权的法律规定。运输合同的承运人除法律另有规定外,可以自行留置货物,不必通过法定程序。行使留置权的前提条件为,其一,合同双方明确约定即使运费、保管费或者其他费用没有付清也不能留置货物,则承运人无权留置货物。其二,托运人或收货人提供了适当的担保,则承运人不能行使留置权留置货物。其三,托运人或者收货人交付运费、保管费或者其他费用的期限尚未届满,则承运人不得提前行使留置权。行使留置权的限制条件为承运人只能留置"相应的货物",即与运费、保管费或者其他费用的价值相当的货物,不能因未支付本次合同标的物外的运输费用而对本次运输的货物行使留置权。但对于不可分的货物,承运人可以对全部货物进行留置。债权人留置的动产,应当与债权属于同一法律关系,但企业之间留置的除外。

关于承运人享有货物留置权的条件,最高人民法院法官认为:(1)承运人的债权已届清偿期;(2)承运人须合法占有运输货物;(3)留置货物须与被担保的债权具有牵连关系;(4)留置运输货物的价值应与欠付的运输费用相当。[2]

---

[1] 参见邹碧华主编:《2013年上海法院案例精选》,上海人民出版社2013年版,第240~241页。
[2] 参见最高人民法院民法典贯彻实施工作领导小组编著:《中国民法典适用大全》(合同卷四),人民法院出版社2022年版,第2924~2925页。

【案例 4-130】 新疆新晶华浮法玻璃有限公司诉王某、梁某军公路货物运输合同纠纷案

二审法院认为,根据本案一、二审查明的事实,双方对卸货地点并未有明确约定,但王某、梁某军将设备拉运至新晶华浮法玻璃公司门口后,与该公司法定代表人冯某才电话联系并进行了沟通。王某、梁某军将设备运输到达后,已通知了收货人,新晶华浮法玻璃公司应及时提货。因双方未达成一致意见,王某、梁某军将设备进行提存符合法律规定。结合新晶华浮法玻璃公司二审提交的外来人员登记表,该表中确实有王某的进入登记,据此新晶华浮法玻璃公司应支付王某、梁某军运费。对于王某、梁某军将设备拉运至哈密市北出口速泊停车场产生的保管费及吊装费为必要产生的费用,故该部分费用应由新晶华浮法玻璃公司承担。对于新晶华浮法玻璃公司主张的二次吊装费及运输费的问题,因产生二次吊装及运输费系新晶华浮法玻璃公司未及时提货所致,且该部分费用亦未产生,属于新晶华浮法玻璃公司与吊装司机之间的另一法律关系,法院不予处理。〔1〕

【案例 4-131】 成都甲进出口集团有限公司等诉成都乙海运物流有限公司等合同纠纷案

二审法院认为,乙公司作为负责甲公司、丙公司货物通关、运输、装卸、仓储监管的一方,在丙公司未按照合同约定支付相应费用时,有权依法对其运输、监管的货物行使留置权,该留置权属乙公司基于其运输人、债权人身份而依法享有,并非因合同约定。第 7 批货物与前 6 批货物是否属于同一份合同项下的履行内容对乙公司依法行使留置权不产生影响。由于乙公司、甲公司、丙公司并未依法在合同中对乙公司的该项权利予以排除,因此,甲公司提出乙公司留置的第 7 批货物属于新的合同关系和乙公司不能依据之前《三方协议》的约定行使留置权的上诉主张不能成立。〔2〕

对于留置权行使的争议,由法官根据具体案情裁量确认。

【案例 4-132】 徐州江海运输有限公司与江苏天裕能源化工集团有限公司水路货物运输合同纠纷再审案

最高人民法院认为,中旺航运公司将其承运的案涉焦炭交由鲁济宁拖 1856 号船队实际承运,孙某某为《焦炭运输合同》的签字代表人。并无证据表明各方当事人在合同中约定排除承运人的留置权,且货物被拒收后即转运

---

〔1〕参见国家法官学院、最高人民法院案例研究院编:《中国法院 2020 年度案例》(合同纠纷),中国法制出版社 2020 年版,第 184~185 页。新疆维吾尔自治区哈密市中级人民法院(2018)新 22 民终第 386 号民事判决书。

〔2〕四川省成都市中级人民法院(2017)川 01 民终 12875 号民事判决书。

其他港口行为的发生系因江苏天裕能源化工集团有限公司所致,在江苏天裕能源化工集团有限公司未对转港前发生运费、延期费进行支付或提供担保等其他有效解决方式的情况下,孙某某书面提出行使留置权符合法律规定。且其发函至江苏天裕能源化工集团有限公司要求积极解决问题无果,并诉至山东微山县人民法院要求支付运费、延期费等费用后才主张行使留置权,亦尽合理流程。原审法院基于煤炭行情走势,并结合江苏天裕能源化工集团有限公司、徐州江海运输有限公司在原审中均怠于提供证据证明孙某某所售价格不合理等情形,考虑到运输损耗、水分挥发等因素,对孙某某行使留置权的价格与数量予以确认符合案涉实际。[1]

【案例4-133】 海南福海船务有限公司与南宁市伟华粮食加工厂、南宁市鸿穗大米饲料加工有限责任公司等海上、通海水域货物运输合同纠纷再审案

最高人民法院认为,在涉案三票货物的运输中,神州行公司作为海南福海船务有限公司(以下简称福海公司)的代理人,已经收取了涉案运费,只是未依法转交福海公司,福海公司不能另行再向运输合同托运人请求支付运费。因此,其以托运人欠付运费为由行使留置权,没有法律依据。二审判决赔偿其因错误留置给托运人造成的损失,适用法律并无不当。[2]

(七)提存纠纷处理

《民法典》第八百三十七条规定:"收货人不明或者收货人无正当理由拒绝受领货物的,承运人依法可以提存货物。"该条是承运人行使提存权的法律规定。立法者认为,对于本条应当注意以下四点:(1)如果运输的货物不适于提存或者提存费用过高的,承运人可以依法拍卖或者变卖货物,然后提存所得的价款。例如,货物是易于腐烂的食品,则承运人就不能直接提存该食品。(2)在货物被提存后,承运人应当及时通知托运人;在收货人明确的情况下,应当及时通知收货人。(3)如果货物在提存后毁损、灭失的,承运人不承担该货物毁损、灭失的风险。(4)如果承运人应得的运费、保管费以及其他费用加上提存的费用没有付清的,承运人可以依照规定留置该货物,将该货物拍卖或者折价后,从中扣除运费和其

---

[1] 参见最高人民法院民法典贯彻实施工作领导小组编著:《中国民法典适用大全》(合同卷四),人民法院出版社2022年版,第2926页。最高人民法院(2020)民申1833号民事裁定书。

[2] 参见最高人民法院民法典贯彻实施工作领导小组编著:《中国民法典适用大全》(合同卷四),人民法院出版社2022年版,第2928页。最高人民法院(2015)民申字第3335号民事裁定书。

他各种费用后,再提存剩余的价款或者没有被留置的相应货物。[1]

【案例4-134】 李某宗诉甘某孟等公路货物运输合同纠纷案

　　二审法院认为,本案所涉及的是公路货物运输合同,承运人于指定时间到达指定地点运输指定数量的货物,并将货物运回到指定位置,即应视为承运人已经按照要求履行了运输合同义务。本案上诉人李某宗在委托被上诉人甘某孟运输时,没有明确告知瓷砖的质量和规格,被上诉人没有义务也没有能力检查瓷砖的质量和规格。在被上诉人按照《放行条》上记录的数量清点瓷砖,将货物运输到指定地点后,上诉人以运输的货物与其购买的瓷砖不一致为由,拒绝接收货物的行为已经构成违约。上诉人在发现货不对版的情况下,应及时与销售方甲公司沟通协调处理,而不能以此为由拒收货物。现该批瓷砖存在贵港豪港停车场,经法院组织现场勘查,确实是被上诉人接受上诉人委托,于2016年11月20日从佛山市新恒隆抛光砖有限公司的仓库拉回的瓷砖,对上诉人货物已灭失的主张,本院不予支持。本案因上诉人违约产生的损失应由上诉人自行承担,对上诉人主张被上诉人赔偿44520元损失的请求,本院不予支持。由于上诉人违约导致被上诉人提存货物产生的损失,上诉人应承担赔偿责任。[2]

【案例4-135】 中山市龙翔物流有限公司与张某帆公路货物运输合同纠纷案

　　二审法院认为,提存系债务人将标的物交付提存部门而消灭债的行为,张某帆在多次要求交货不能的情况下,将承运货物运至住所存放,并非将货物交给专门的提存部门,一审法院认定张某帆的行为应视为对货物的提存,系适用法律不当,依法应予纠正。[3]

---

〔1〕参见黄薇主编:《中华人民共和国民法典合同编释义》,法律出版社2020年版,第742页。
〔2〕广西壮族自治区贵港市中级人民法院(2017)桂08民终1022号民事判决书。
〔3〕参见最高人民法院民法典贯彻实施工作领导小组编著:《中国民法典适用大全》(合同卷四),人民法院出版社2022年版,第2936页。河北省石家庄市中级人民法院(2020)冀01民终9135号民事判决书。

专题五　客运合同纠纷

客运合同为典型有名合同，也多为格式合同，因旅客运输发生纠纷为多发合同案件类型。

一、客运合同理解

客运合同是指承运人将旅客从起运地点运输到约定地点,旅客支付运输费用的合同。《合同法》第十七章对运输合同作了规定,其第二百八十八条至第二百九十二条为一般规定,第二百九十三条至第三百零三条为客运合同的专门规定。《民法典》第十九章对运输合同作了规定,其第一节作了一般规定,第二节客运合同从第八百一十四条至第八百二十四条作了具体规定。

(一)客运合同特征

客运合同除具备合同的一般法律特征外,其作为一种特殊的合同类型,必然具备某些独特的属性。

其一,双务、有偿和一般诺成性。客运合同中双方互负对待给付义务,旅客支付运费,承运人运送旅客。就客运合同的诺成性而言,究竟是实践合同还是诺成合同,应根据具体情况分析。客运合同一般是诺成合同。

其二,多为格式合同。旅客运输领域大量使用格式合同,提高交易效率,简化订约过程。

其三,多涉及第三人,为有争议问题,放在其后阐述。

其四,将旅客运送到约定地点为合同履行完毕标志。

其五,一定的强制性。《民法典》第八百一十条规定:"从事公共运输的承运人不得拒绝旅客、托运人通常、合理的运输要求。"《合同法》第二百八十九条亦作了同样规定。这是我国法律对运输合同承运人的强制缔约义务的明确规定。

其六,承运人资格许可化。运输主体资格,除必须符合民法和公司法的一般规定外,还必须符合专门法的规定。即使是公路、内河等允许民营的运输领域,旅客运输经济组织或个体户也必须取得相应的资格,在批准的范围内从事经营。

其七,客运合同的标的为运送乘客及其自带行李的行为。

其八,公路旅客运输具有灵活性、机动性,其适用范围之广非其他运输方式可比。公路旅客运输合同除具备商业性外,还具备社会性、公益性、垄断性。

(二)旅客权利义务

客运合同中,旅客权利义务可归纳为,

权利方面:其一,有权提出通常、合理的运输要求。其二,旅客因自己的原因不能按照客票记载的时间乘坐的,可以办理退票或变更手续。其三,有权利对承运人不安全运输行为提出异议,并要求对其损害进行赔偿的请求权。其四,对承运人擅自变更运输工具而降低服务标准的,有权要求退票或者减收票款。其五,承运人迟延运输的,有权要求安排改乘其他班次或者退票。其六,在法定情况下可拒绝支付增加部分的票款。

义务方面:其一,按约定支付运费。其二,无票乘运、超程乘远、超级乘运或者持失效客票乘运的,应当补交票款。其三,按照有效客票记载的时间、班次和座位号乘坐。其四,实行实名制后,旅客买票、乘车负有票证一致的义务。其五,在约定的时间办理退票或者变更手续。其六,按约定的限量和品类要求携带行李。其七,不得随身携带或者在行李中夹带易燃、易爆、有毒、有腐蚀性、有放射性以及有可能危及运输工具上人身和财产安全的危险物品或者其他违禁物品。其八,对承运人为安全运输所做的合理安排应当积极协助和配合。其九,对自身携带物品妥善保护和看管。

(三)承运人权利义务

客运合同中,承运人权利义务可归纳为,

权利方面:其一,收取运费。其二,拒绝运输,主要情形为,旅客不交付票款、逾期办理退票或变更手续、坚持携带或者夹带违禁物品等。

义务方面:其一,不得拒绝旅客通常、合理的运输要求。其二,在约定或合理期间将旅客安全运到约定地点。其三,应当及时告知有关不能正常运输的重要事由和安全运输应当注意的事项。其四,应当尽力救助患有急病、分娩、遇险的旅客。其五,对运输过程中旅客的伤亡承担赔偿责任,但伤亡是旅客自身健康原因造成的或者证明伤亡是旅客故意、过失造成的除外。其六,对旅客自带物品毁损、灭失有过错的承担赔偿责任。其七,不得擅自变更运输工具而降低服务标准的义务。其八,对实名制旅客请求挂失补办手续的,不得再次收取票款或者高额手续费等不合理费用。

需要注意,《民法典》第八百一十九条中规定的附随义务,承运人应当在约定期间内按照约定路线将乘客安全地送达目的地。为完成这一义务,其承运人必须告知旅客一些重要事项,否则,旅客因未被告知而无法作出理想的选择,可能对旅客的人身或财产安全不利。该条载明告知义务,即"安全运输应当注意的事项"。其目的在于让旅客对有关注意事项加以预防,并予以协同合作,尽可能排除运输过程中可能遇到的困难,正常安全地实现运输合同目的。安全运输应注意的事项由承运人根据实际情况向旅客告知,如承运人采取的安全措施、运输工具上预防意外情况的设备以及发生意外情况如何处理等。《合同法》第二百九十八条告知事项还有"遇有不能正常运输的特殊情形和重要事由,承运人应当及时告知旅客并采取必要的安置措施"。应强调的是,该条规定的告知义务,不限于列举的,只要有碍安全运输之合同目的实现的,承运人对根据运输特点应当预见的情况,均应向对方履行告知义务。这样才符合《民法典》第五百零九条规定"当事人应当按照约定全面履行自己的义务。当事人应当遵循诚信原则,根据合同的性质、目的和交易习惯履行通知、协助、保密等义务。当事人在履行合同过程中,应当避免浪费资源、污染环境和破坏生态"的合同履行原则,保证安全运输。

【案例 5-1】 杨某辉诉南方航空公司、民惠公司客运合同纠纷案

　　判决观点,在客运合同中,明白无误地向旅客通知运输事项,就是承运人应尽的附随义务。只有承运人正确履行了这一附随义务,旅客才能于约定的时间到约定的地点集合,等待乘坐约定的航空工具。上海有虹桥、浦东两大机场,确实为上海公民皆知。但这两个机场的专用代号 SHA、PVG,却并非上海公民均能通晓。作为承运人的被告南航公司,应当根据这一具体情况,在出售的机票上以我国通用文字清晰明白地标明机场名称,或以其他足以使旅客通晓的方式作出说明。南航公司在机票上仅以"上海 PVG"来标识上海浦东机场,以至原告杨某辉因不能识别而未在约定的时间乘坐上约定的航空工具,南航公司应承担履行附随义务不当的过错责任。自动打票机并非不能打印中文,机票上打印的"上海""厦门"等字便是证明。显然"全部使用自动打票机填开机票"是中国民航总局的规定,但怎样根据当地具体情况去执行上级主管部门的规定,使执行规定的结果能更好地为旅客提供服务,更好地履行承运方在承运合同中的义务,却是作为承运人的南航公司应尽的职责。南航公司关于是"按照中国民航总局的规定使用自动打票机填开""自动打票机无法在机票上打印中文机场名称,故用机场代码 PVG 标明""作为承运人已尽到义务"的辩解理由,不能成立。[1]

　　安全保障义务是承运人运输过程中的附随义务。由于运输工具本身固有的

---

[1] 参见《最高人民法院公报》2003 年第 5 期。

客观危险性以及非主观决定因素,因此承运人所从事的是一种危险性营业。法律许可某种危险营业的运行,必然科于营业人相应的高度安全保障义务。承运人的安全保障义务可以分为直接的安全保障义务和间接的安全保障义务。直接的安全保障义务即来自承运人使用交通工具运输所具有的危险性,也即危险责任。承运人的间接安全保障义务来自承运人以外的其他因素造成的旅客人身安全威胁,例如旅客自身原因、第三人侵害等,违反此义务导致旅客人身伤害,承运人承担间接赔偿责任,或称补充赔偿责任。这里的安全保障义务是在合理限度范围内,故对存在第三人侵害的情形下,承运人负有对旅客人身财产安全合理限度范围内的安全保障义务。客车或者火车的内部区域,虽然具有一定的公共性,但依然是承运人的经营场所,第三人故意侵害旅客人身财产的,承运人负有防范制止侵权行为的义务。未尽此义务导致旅客人身伤害的,承担相应的补充赔偿责任;已经尽到了合理义务的,不承担责任。

《道路交通安全法》第五十一条规定,机动车行驶时,驾驶人、乘坐人员应当按规定使用安全带;驾驶人应当督促乘坐人员使用安全带;驾驶人不得在乘坐人员未按照规定使用安全带的情况下驾驶机动车。上述规定明确了督促乘坐人员系安全带为驾驶人员的义务且并没有排除后排乘坐人员。而且,从保障营运车辆安全的角度出发,出租车司机对乘客亦负有更高的安全保障义务。因此,若后排乘客受伤,出租车司机及出租车公司不得以乘客未系安全带为由主张减轻赔偿责任。另外,若乘客为特殊体质,亦不能作为出租车司机及出租车公司减轻责任的理由。

(四)客运合同纠纷举证

一般情况下,按照"谁主张,谁举证"的原则分配举证责任。对《民法典》明文规定的承运人免责事由的举证责任应严格把握。作为专业的客运服务提供者,承运人对于合同履行过程中所面临的风险具备乘客无法比拟的注意能力,也承担着较强的注意义务。实践中,对原、被告双方各自提交的相互矛盾的证人证言如何认定,法官应综合各种因素裁量。

【案例5-2】 盖某诉济南市长途汽车运输有限责任公司旅客运输合同财产损害赔偿纠纷案

判决观点,乘坐该车途中,在原告昏睡时其随身携带的一部手机在车上被扒手窃走,被告司乘人员在原告追赶扒手时,立于车门旁观望未及时协助原告这一事实,有原、被告的当庭陈述以及证人林某的证言相互印证,可以确认。被告提供的"王某贵的书面证言"非王某贵本人书写,亦未经其核实,且与王某贵当庭陈述在客观事实描述上有矛盾,该证人证言不予采信。[1]

【案例5-3】 **王某美诉上海浦东冠忠公共交通有限公司人身损害赔偿纠纷案**

一审法院认为,关于原告是否乘坐过被告所属的780路公交车以及是否被公交车驾驶员抱下车、置于路边等事实,原告提供了数份证人证言。证人张某勇、彭某贞、蔡某豪均亲眼目睹原告被公交车驾驶员抱下车、放置路边,然后驾车离去的场景。其中,张某勇还证实,系被告的780路公交车驾驶员所为,故该证言系直接证据。张某勇根据其所处位置判断,780路公交车未进站即停车下客。虽然被告强调张某勇的证言称780路公交车未进站即下车与彭某贞的证言车已进站的描述不一,但是彭某贞、蔡某豪是乘坐在780路车后面的781路公交车上下车,理所当然地认为车辆已经到站,两者参照物不同,得出的结论自然也有差异,但对原告被驾驶员抱下车、置于路边的主要事实的描述是一致的。张某勇、蔡某豪均述及原告乘坐的车辆是斜向停下,两者吻合。证人钱某虽未亲眼目睹原告被驾驶员抱下车的场景,但其首先证实,当时仅有780路和781路两辆公交车经过(均为被告的公交车辆),这与彭某贞、蔡某豪的证言是相吻合的;其次,其当时听围观者讲述的事发经过也与以上三位证人的证言一致。林某斌、孙某彦两位警官是在第一时间赶到现场的人,他们陈述了被告的侵权经过,并且时间、地点等均与以上证人证言吻合。钱某、林某斌、孙某彦的证言虽系间接证据,但内容真实可信。被告并未提供任何证据证明以上证人所述不实,其所称各证人证言彼此矛盾缺乏事实依据。780路公交车系无人售票车辆,大多数乘客上车后不会要求领取车票,被告不应苛求原告出示车票。同时,原告作为一位年迈的普通乘客,遭受骨折的巨大伤痛后,更无义务识记将其抱下车的驾驶员的面部特征、工号等,故法院对被告要求原告辨认驾驶员的要求未予采纳;只要能够证实原告是在被告车上受伤,被告就应当承担相应的法律责任。事发后,虽然没有乘坐780路公交车的乘客证实当时的情况,但上述证据协调统一、相互印证,已经可以清晰、完整地证明,原告乘坐被告的780路公交车,并被驾驶员在重庆南路、合肥路附近的公交站点抱下车,放置路边。二审法院亦持同样意见,维持一审判决。[2]

实践中,对于承运人否认违约的抗辩亦应举证,举证不能的其抗辩理由不能

---

[1] 参见最高人民法院中国应用法学研究所编:《人民法院案例选》(2004年民事专辑)(总第48辑),人民法院出版社2006年版,第292页。

[2] 参见张海棠主编:《上海法院30年经典案例(1978—2008)》(下卷),上海人民出版社2009年版,第1198~1200页。上海市第一中级人民法院(2005)沪一中民一(民)终字第566号民事判决书。

成立。

【案例5-4】 苏州职工国际旅行社有限公司诉吴某强、吴某明运输合同纠纷案

判决观点,本案没有证据证明原告旅行社向承运人吴某强或者以后的驾驶员吴某明告知到达机场的时间。但两被告都知道飞机的起飞时间,作为从事承运工作的人员,应当知晓搭乘航班需提前进入机场,起飞前30分钟停止办理登机手续这一常识。再则,按照原告安排的出发时间至到达时间有4个小时(扣除起飞前30分钟),根据生活常理和苏州至上海浦东机场的通常路线,原告的时间安排是充足、宽裕的(排除意外事件)。结合本案证人证言,法院认为造成误机的原因是被告吴某明没有按照快捷、安全的原则选择通常路线行驶,延长了承运时间所致。被告吴某明关于根据原告要求行驶路线的辩称,没有证据证实,故不予采信。[1]

出租车停靠路边是否为待运状态争议的举证。

【案例5-5】 严某某诉上海锦江客运有限公司出租汽车运输合同纠纷案

判决观点,关于争议焦点一,根据庭审查明事实,在2014年2月28日16时7分至16时49分,涉案出租车确实处于无人乘坐状态。关于该出租车停靠在漕宝路、习勤路路口,显示车辆为待运状态的空车标志灯是否开启有争议。本案审理中,为证明当时车辆空车标志灯处于开启状态,原告曾向法院申请调查令,申请调取2014年2月28日16时10分至16时50分漕宝路、习勤路路口的监控录像,法院予以准许。但因当日监控录像已被覆盖无法调阅,原告最终未能提供相应证据。原告还认为,涉案出租车停靠漕宝路、习勤路路口后,先后有包括原告在内的两人上车,可以推断出该车辆当时开启了空车标志灯。对此,法院认为,根据原告在证据交换和庭审时的陈述,本案纠纷发生时该车辆行驶路线及停靠点距离原告与另一名上车女子的候车位置较近,原告与该女子可能基于该车辆开启空车标志灯而选择上车,也有可能是因为观察到车内无人乘坐而选择上车。故原告以先后有两人上车为由推断涉案出租车的空车标志灯必然处于开启状态,缺乏充分依据,一审法院难以采信。综上,原告未能就该节事实进行必要举证,故对原告关于涉案出租车辆停靠在漕宝路、习勤路路口时开启空车标志灯、处于待运状态之主张,一审法院难以支持。[2]

---

[1] 参见最高人民法院中国应用法学研究所编:《人民法院案例选》2006年第3辑(总第57辑),人民法院出版社2007年版,第236页。

[2] 参见郭伟清主编:《2016年上海法院案例精选》,上海人民出版社2017年版,第29页。

对于旅客遗忘在车辆上行李物品的举证,仍应坚持由原告旅客承担举证责任,但承运人及其雇佣驾驶员自认的,法官可根据驾驶员自认的事实并结合其他在案证据判决。

【案例 5-6】 徐某诉上海某出租汽车有限公司运输合同纠纷案

二审法院认为,原告称被告司机侵占其笔记本电脑、饰品、衣物共 7 件物品未予归还,但被告司机仅承认其变卖了笔记本电脑,而原告亦承认被告司机归还了部分物品,故法院判令被告酌情赔偿原告笔记本电脑损失 1 万元。[1]

公路长途运输尤其是在市区的出租车内,旅客一般不会将随身携带的行李直接交付驾驶员照管,当旅客将行李物品遗忘在车辆内并要求返还的,无疑应举证证明。

【案例 5-7】 聂某诉上海某出租汽车有限公司第一分公司出租汽车运输合同纠纷案

原告称其乘坐被告出租车抵达目的地后,将笔记本电脑遗失在被告出租车上,原告联系被告及车辆驾驶员要求返还电脑,但驾驶员称车上并未发现原告的电脑,原告遂起诉要求被告赔偿损失。法院认为,首先,原、被告间为运输合同关系,原告应自行对随身携带的贵重物品负保管责任,被告将原告安全运送至目的地,已尽合同义务;其次,原告保管不善导致涉案笔记本电脑灭失,原告报失物品后,被告按照流程帮助原告寻找了物品,已尽协助义务;最后,原告无其他证据证明被告驾驶员侵占了涉案物品,原告再行要求被告赔偿物品损失,依据不足。[2]

关于航空客票价格欺诈的举证问题。目前,我国对国际、国内航空票价实行不同的价格政策,且航空客票价格体系具有专业性、复杂性、特殊性,故认定作为原告消费者的举证与采信应注意有别于一般的欺诈行为。

【案例 5-8】 成某晨等诉中国南方航空股份有限公司航空旅客运输合同纠纷案

判决观点,(1)关于是否构成价格欺诈问题。根据《消费者权益保护法》第八条、第二十条之规定,航空公司对其销售的航空客票有标价义务,对消费者提出的客票价格等询问,有义务作出真实、明确的答复。庭审查明,被告认可 2013 年 4 月 22 日涉案航班客票价格有 3140 元、4047 元,但在原告询价

---

[1] 上海市第一中级人民法院(2009)沪一中民四(商)终字第 2127 号民事判决书。
[2] 上海市第一中级人民法院(2009)沪一中民一(民)终字第 1080 号民事判决书。

时,被告客服人员告知其只能看到4070元的价格,看不到3140元的价格,事后解释只有一张3140元价格的机票,由此认定,被告对原告提出的价格询问,未作出全面的答复。但这并不意味着必然构成价格欺诈,侵犯了原告的知情权……具体到本案而言,从整个预订过程来看,预订航空客票是通过电子售票系统完成的,完成此过程须经人工在系统中选择输入行程的时间、地点、人员等基本信息,被告客服人员询问成某晨的预订信息,并按成某晨声明的时间、地点等信息,输入系统,将查询到的三张价税合计金额如实告知了成某晨,并提示成某晨,如果看到更低的价格可以在网上直接下订单,此操作过程不足以推断出被告有隐瞒票价真实情况的故意以及欺骗、诱导原告与其完成交易的行为。原告主张通过被告网站订票因某必须选项无法输入造成订票无法完成,缺乏充足证据,不予采信。(2)关于航班延误问题。……现被告提交的证据足以证明涉案航班迟延的原因为雷雨天气,属于上述规则规定的法定事由。原告对当时的天气状况也应该是知晓的,且在其收到航班时间变更的通知后,选择了退票。因此,原告主张未告知其航班迟延原因侵犯其知情权的主张不能成立,不予采纳。综上,原告主张被告存在价格欺诈、未告知航班迟延原因,侵犯其作为消费者的知情权,证据不足,其主张的各项诉讼请求缺乏事实和法律依据,不予支持。[1]

承运人对旅客伤亡主张免责的,应当承担免责事由的举证责任。在海上旅客运输合同中,因承运人的过失引起事故,造成旅客人身伤亡,承运人应当承担赔偿责任,但原告对承运人的过失应负举证责任。

【案例5-9】 潘某宗等诉莆田市甲轮渡有限公司海上旅客运输合同纠纷案

判决观点,本案为海上旅客运输合同纠纷,应适用《海商法》的规定进行审理。本案原告主张其亲属郭某梅在乘坐被告所营运的船舶期间死亡,要求被告承担赔偿责任。《海商法》第一百一十四条规定,在承运人运送期间,因承运人的过失引起事故,造成旅客人身伤亡,承运人应当承担赔偿责任,但原告对承运人的过失应负举证责任。本案中,原告未能举证证明郭某梅在承运人责任期间内落水,也没有证据证明其因承运人的过失导致死亡,故原告要求承运人承担责任没有事实和法律依据,不予支持。[2]

汽渡运输中,主张乘客随其驾驶汽车上船的应承担举证责任。

---

[1] 参见国家法官学院案例开发研究中心编:《中国法院2016年度案例》(合同纠纷),中国法制出版社2016年版,第177~178页。北京铁路运输法院(2014)京铁民初字第114号民事判决书。
[2] 厦门海事法院(2018)闽72民初353号民事判决书。

【案例5-10】 张某梅等诉渡口管理所通海水域旅客运输合同纠纷案

海事法院认为,三原告主张王某亮在乘坐汽渡船期间溺水死亡的依据为李某勇的证人证言,但李某勇的证人证言仅能说明王某亮随其驾驶的小客车上了汽渡船,不能证明王某亮溺水死亡发生在其乘坐汽渡船期间。王某亮系在乘坐汽渡船期间溺水死亡的待证事实仍处于真伪不明的状态,依据《民事诉讼法》第六十七条第一款之规定,当事人对自己提出的主张,有责任提供证据。由于原告无法举证王某亮随李某勇的客车登上被告船舶并在渡轮开航时仍然在船的事实,所以其提出的王某亮是在搭乘被告渡口管理所渡船过程中溺水死亡的主张没有事实依据,其所诉理由不能成立;《民事证据规定》第五条第一款规定,在合同纠纷案件中,主张合同关系成立并生效的一方当事人对合同订立和生效的事实承担举证责任。三原告所举证据不能证明王某亮是否随车上船以及是在船上落水溺亡的事实,应当承担结果意义上举证不能的不利后果。判决:驳回张某梅、刘某秀、王某的诉讼请求。二审法院判决:驳回上诉,维持原判。[1]

关于推定规则与举证责任分配在客运合同纠纷中的适用问题。依据国际航空条约及我国《民用航空法》规定,在认定承运人延误责任时,采用了推定过错归责原则,即在运输延误发生后,先由旅客初步证明延误事实、所受损失,法官形成初步确信后即推定承运人有过错,再由承运人证明自己无过错以推翻前述推定,否则承运人应当承担赔偿责任。应注意的是,承运人未尽安全保障义务导致的旅客人身损害,其承担的赔偿责任以承运人有过错为前提。在举证上应由承运人证明其尽到了安全保障义务,对旅客的人身损害没有过错,如不能证明其不存在过错,则推定为有过错。

用户主张App平台存在欺诈行为,应举证证明App平台故意告知虚假情况或隐瞒真实情况,诱使其作出错误意思表示。如果App平台违背诚实信用原则,擅自变更用户选定的服务类型,或者未履行相应的告知或说明义务,使用户因错误认识作出不真实的意思表示,则应当认定其构成欺诈。反之,如果App平台不存在上述情形,而是用户误点服务按钮,则不应当认定App平台构成欺诈。

【案例5-11】 赵某立诉滴滴出行科技有限公司运输合同纠纷案

二审法院认为,本案中,赵某立称其在滴滴客户端预约快车后,在没有征得其同意的情况下,滴滴公司即向其派发专车并按照专车的价格向其收取费用,故其主张滴滴公司具有欺诈的行为。通过赵某立提交的微信截图以及一

---

[1] 参见国家法官学院、最高人民法院司法案例研究院编:《中国法院2021年度案例》(合同纠纷),中国法制出版社2021年版,第153~154页。湖北省高级人民法院(2019)鄂民终139号民事判决书。

审法院当庭核对赵某立手中滴滴出行 App 订单可以确定,赵某立的涉诉订单为专车订单。根据日常生活经验以及滴滴公司提供的证据,滴滴公司将乘客呼叫的快车服务变为专车服务前会出现提示框,乘客点击同意后才会形成专车订单。故本案中,赵某立需向法院提供滴滴公司存在不经其同意,私自将其呼叫的快车服务变为专车服务,并按照专车收费的行为与故意,以证明其主张的滴滴公司存在欺诈的事实成立。但赵某立并未向法院提供切实有效的证据证明滴滴公司未经其同意擅自更改订单类型。赵某立提交的录音内容中虽表现出滴滴公司在事后多次联系赵某立,并围绕双方的争议进行沟通,但在内容上只反映出滴滴公司作为服务机构试图尽早化解纠纷,并没有出现有效信息以证明滴滴公司在合同订立过程中存在欺诈行为,故在举证不能的情况下赵某立应当在本案中承担对应之不利后果。此外,赵某立申请法院责令滴滴公司提交证据的理由不能成立,法院不予准许。[1]

旅客主张短信通知是法定或者合同约定义务的应承担举证责任。

【案例 5-12】 蒋某中诉中国东方航空股份有限责任公司航空旅客运输合同纠纷案

判决观点,本案中,被告举证通过网站常态化公示会员手册以及网页上发布积分有效期的通知提醒向会员履行告知义务,对于是否必须发送短信提醒,原告主张被告对积分提醒有相应的规章制度,但未能举证证明被告处对发送短信服务制定有明文规章或者双方对此有明确的合同约定。根据原告提供的录音证据,被告客服人员的回复仅能反映出被告具有短信通知等服务,但原告没有开通该项服务,同时被告客服也明确告知原告可以通过拨打电话、登录官网、下载手机 App 等途径进行查询。参照工信部发布的《通信短信息服务管理规定》,短信息内容提供者未经用户同意或者请求,不得向其发送商业性短信息。因此,法院对被告关于原告未开通短信提示功能故被告未进行短信告知的抗辩意见予以采纳。鉴于法律或者相关行业规定对于航空公司如何履行通知义务未有明确规定,合同中对于积分提醒方式也未明确约定,原告主张被告未向原告进行短期特别提示系未履行通知义务,法院难以支持。另据被告举证,原告于 2016 年 9 月 17 日向被告致电查询积分情况,被告明确告知其 9100 点积分将于 2016 年 12 月 31 日到期,法院认为原告对于 9100 积分即将过期的情形应属明知。原告作为完全民事行为能力人,对民事行为负有注意义务,在被告已提供官网告知、手机 App、电话查询

---

〔1〕 参见国家法官学院、最高人民法院案例研究院编:《中国法院 2020 年度案例》(合同纠纷),中国法制出版社 2020 年版,第 187 页。北京市第一中级人民法院(2018)京 01 民终 8078 号民事判决书。

等可供查询积分的渠道,以及原告自身查询积分的情形下,由此产生积分失效的后果应由原告自行负担。故原告主张要求被告返还9100积分的诉讼请求,于法无据,法院不予支持。[1]

---

[1] 参见最高人民法院中国应用法学研究所编:《人民法院案例选》2019年第12辑(总第142辑),人民法院出版社2020年版,第89~90页。上海市浦东新区人民法院(2017)沪0115民初64822号民事判决书。

二、客运合同法律适用

(一) 客运合同关系认定

《民法典》第八百一十四条规定:"客运合同自承运人向旅客交付客票时成立,但是当事人另有约定或者另有交易习惯的除外。"这与《合同法》第二百九十三条规定有所不同。但随着互联网技术的发展,传统的购票方式发生了很大变化,客票的无纸化成为普遍趋势。旅客在客运合同订立过程中,可以通过网上购票的方式与承运人达成出行日期、票价等事项的合意,一旦意思表示一致,承运人出具电子票据,合同即宣告成立。有时甚至旅客都不需要接收电子票据,出示身份证件即可乘坐。因此,本条将《合同法》规定的"交付客票时成立"修改为"出具客票时成立"。[1]

实践中,客运合同成立时间易引起异议。一般情况下应以旅客购买为要约、以承运人出售车票为承诺,交付客票后合同成立。但实际提供客运的交通工具,不仅有火车、船、飞机,还有更为常用的出租车、公交车等。特别像公交车,不可能提前买好车票,如果机械地按照法条去套用要约、承诺的概念就会出现逻辑上的错误。如将乘坐公交车后购票的行为视为要约,那么,提供客运服务的公交公司是否可以不承诺,如果其不承诺即不同意旅客乘坐等于拒绝旅客合理的运输要求。对于旅客请求购票或请求登车的行为性质,笔者认为该行为是承诺而不是要约。车站、机场公布的营运信息及服务条件应视为要约而非要约邀请。同理,在先登车、船后购票,只要承运人处于营运状态,就应当认定为要约。

【案例5-13】 刘某根与北京巴士股份有限公司客运合同纠纷案

一审法院认为,原告在向售票员了解相关事项后自愿上车购票,原告要求购买香山至健翔桥车票为要约的意思表示,被告出售并交付车票视为承诺。二审法院认为,737路(空调)公交车站标明的内容明确、具体,且一旦乘客要求乘坐该路公交车,该巴士公司即受站牌内容约束。根据《合同法》的规定,该约定内容应属要约,乘客自愿上车系以行为表示承诺。目前的空调

---

[1] 参见黄薇主编:《中华人民共和国民法典合同编释义》,法律出版社2020年版,第713页。

公交车,不仅提供空调服务,还提供较普通公交车更为舒适的乘车环境,乘客选择空调车不仅是考虑享有空调服务,更主要的是选择相对普通公交车更为舒适的乘车环境。因当日最高气温为21℃,未开启空调,并非未全面履行合同义务。故被上诉人要求退还多收的2元票款的上诉理由不能成立。[1]

短途旅客运输经常是采用先登上车,然后再购票,或者到达目的地后再支付票款的方式订立运输合同。

【案例5-14】 吴某仙等诉周某明客运合同纠纷案

二审法院认为,周某明与汤某虎之间存在客运合同关系。当汤某虎登上周某明的三轮摩托车时,客运合同即生效。虽然汤某虎没有购买车票,但已经征得周某明的同意上了车,符合依"交易习惯"而乘车的情形。因为在现实社会生活中,短途旅客运输经常是采用先登上车再购票,或者到达目的地后再支付票款的方式订立运输合同。[2]

公交IC卡的实质就是电子月票,具有包月限额限次消费、未消费的次数不累计至下月的特性。乘客购买公交IC卡后,即与公交公司建立了城市公交运输合同关系。

【案例5-15】 李某付诉成都市公共交通集团公司城市公交运输合同纠纷案

二审法院认为,某公交集团公司推行的公交IC卡种类以及收费方式经过了听证和有关物价部门的同意,并在报纸上刊登了《申领须知》和《乘车须知》。《申领须知》和《乘车须知》属于要约,明确告知了不特定对象使用该卡的方式。《申领须知》和《乘车须知》是格式条款,上诉人李某付仅有就此条款同意与否的权利。而上诉人李某付作为具有完全行为能力的成年人,对是否接受《申领须知》中的公交IC卡收费方式享有充分的选择权。其在知晓公交IC卡收费方式后,按照《申领须知》的告知,凭其本人身份证,填写了申领单,选择了符合其消费习惯的成人优惠卡,以每月充值50元的形式购得电子月票,向某公交集团公司作出了承诺,双方建立了城市公交运输合同关系。该城市公交运输合同是根据当事人的意志和利益关系确定的,并不违反法律有关规定,当属有效。在城市公交运输合同中,无论是上诉人还是被上诉人,作为合同的相对方,均应受该合同的约束。[3]

---

[1] 参见北京市高级人民法院民一庭编:《北京民事审判疑难案例与问题解析》(第一卷),法律出版社2007年版,第457页。

[2] 浙江省金华市中级人民法院(2002)金中一终字第599号民事判决书。

[3] 四川省成都市中级人民法院(2005)成民终字1561号民事判决书。

近年来,由于打车软件的出现,出租车载客有别于传统的电话预约或路边扬招,如何判断使用打车软件接单后出租车与使用打车软件旅客的关系、如何确定互联网情况下出租车运输合同的成立要件,是司法实践中需要探讨的问题。

【案例5-16】 严某某诉上海锦江客运有限公司出租汽车运输合同纠纷案

判决观点,关于争议焦点二,法院认为,出租汽车客运服务是具有一定公益性特征的公共运输服务。《合同法》规定,从事公共运输的承运人不得拒绝旅客、托运人通常、合理的运输要求。《上海市出租汽车管理条例》规定,从事客运服务的出租汽车驾驶员所驾驶的车辆开启空车标志灯后,在客运集散点或者道路边待租时不得拒绝载客。因此,根据上述法律法规的规定,当乘客登上已开启空车标志灯、处于待运状态的出租车时,出租汽车运营方具有强制缔约的义务,不得拒绝乘客的运送要求,但本案中,原告未能举证证明涉案出租车停靠在漕宝路、习勤路路口时开启空车标志灯这一事实。诚然,对作为普通乘客的原告来说,就该节事实举证难度颇大。但一审法院也注意到,原告在庭审中曾确认,其在上车前曾看到有名女子拉开车门坐入车内,但很快又下车。根据实际生活中人们乘坐出租车的一般常识和交易惯例,可以判断出该车可能处于非正常待运状态。如原告意图乘坐该出租车,可在上车前向驾驶员询问是否可以正常营运,如驾驶员确认该车辆处于待运状态,则双方可达成出租运输合同。本案中,原告系在未与涉案出租车驾驶员进行意思联络的情况下,直接拉开车门上车,被告驾驶员则明确告知其因接受他人订单在先而无法接受原告的运送要求。故综合上述事实及双方的举证情况,一审法院认为,原、被告之间并未就成立出租汽车运输合同达成合意,合同尚未成立。综上,一审法院认为,被告在原告上车前已通过"滴滴打车"软件接受他人订单并与他人达成出租汽车运输合同,原告上车后被告驾驶员也立即告知原告车辆系停靠等候软件叫单乘客,因此,被告主观上并没有拒载原告的故意。原告既未举证证明纠纷发生时涉案出租车开启空车标志灯,也未观察到涉案出租车可能处于非正常待运状态后与被告驾驶员达成运送合意,故本案中原、被告之间并未成立出租运输合同。因合同尚未成立,故原告要求确认被告违约并赔偿违约损失之诉讼请求缺乏事实及法律依据,法院不予支持。据此,法院判决:驳回原告严某某的诉讼请求。[1]

网约车关系是近年出现的新的民事合同关系。旅客乘坐网约车出行,旅客与网约车平台形成事实上的运送合同关系,网约车司机为网约车平台履行合同义务的履行辅助人。

---

[1] 参见郭伟清主编:《2016年上海法院案例精选》,上海人民出版社2017年版,第29~30页。

【案例 5-17】 杨某诉上海雾博信息技术有限公司运输合同纠纷案

  二审法院认为,根据已查明事实,乘客使用 UBER 软件发送用车请求后,系由 UBER 软件进行匹配并指派车辆,由 UBER 软件计算车费,待用车结束由 UBER 软件扣取车款,综合上述行为特征,有理由相信与杨某建立合同关系之相对方为拥有 UBER 软件在中国合法授权的吾步公司的独家合作市场推广服务商——雾博公司,且双方之间成立事实上之运输合同关系。杨某上诉称雾博公司应承担承运人责任,合法有据,予以认可。虽雾博公司一方在《中国用户使用条款》及《乘客服务协议》中一再称其仅提供信息服务,并不提供出租车辆、驾驶车辆或公共运输服务,系撮合乘客与第三方服务提供方成交,等等。但上述内容均系乘客注册软件时雾博公司一方提供之格式协议中之所称,并不能以此代表乘客与雾博公司之间真实发生之关系,更不能以此否认事实上双方之间存在运输合同实质内容。一审法院仅根据上述条款及协议之格式化内容,认定杨某与第三方车主"振威"达成运输合同关系,雾博公司在撮合成交的过程中仅提供信息技术服务,缺乏事实依据,不予认同。据上所述,一审法院认定本案案由为服务合同纠纷欠妥当,应认定为运输合同纠纷,在此予以指出并更正。[1]

  在航空运输中,旅客与缔约的航空公司形成航空运输合同关系,之后因航空公司航班变动,将旅客签转第三人航班时,其运输合同关系并未终结。

【案例 5-18】 周某闽诉海南航空控股股份有限公司航空旅客运输合同纠纷案

  判决观点,客运合同自承运人向旅客交付客票时成立。原告购买被告海南航空的机票,双方之间建立了航空旅客运输合同关系,之后由于被告航班变动,被告将原告转至第三人承运的航班,但被告与原告之间的合同并未因此终结,被告也未明确告知已将合同权利义务转让给第三人,故被告与原告之间的合同关系仍然存续,只是由第三人代为履行运输义务。即便被告与第三人之间就原告的客票签转进行过结算,被告作为缔约承运人,对原告仍负有约定的合同义务。[2]

  在汽渡运输中,承运船舶因承运客车,与客车之间产生货物运输关系,该关系并不必然延伸至客车上的乘客,客车应当对所载乘客负责。虽然客车与承运船舶可以就有关客车搭载乘客的人身财产作出相应的约定,但这种约定并非法定或不

---

  [1] 参见茆荣华主编:《2018 年上海法院案例精选》,上海人民出版社 2020 年版,第 66 页。
  [2] 参见国家法官学院、最高人民法院司法案例研究院编:《中国法院 2021 年度案例》(合同纠纷),中国法制出版社 2021 年版,第 75~76 页。上海市浦东新区人民法院(2019)沪 0115 民初 26237 号民事判决书。

可选的,故在客车与承运船舶就汽车轮渡或滚装船约定车辆运输合同时,在没有对车载货物和乘客的安全作出约定时,因非侵权事故或责任造成的损害,船舶承运人不应承担车载货物或乘客的损失责任。

【案例 5-19】 张某梅等诉渡口管理所通海水域旅客运输合同纠纷案

海事法院认为,被告渡口管理所经营的汽运轮渡,按车辆型号收费,不收取随车乘员费用。被告与客车的司驾人员即所有人李某勇构成通海水域车辆运输合同关系,有义务将该车安全运输至约定地点。而客车所有人与王某亮达成运送协议并约定运输报酬,构成陆路旅客运输合同关系,王某亮与被告渡口管理所不构成通海水域旅客运输合同关系,渡口管理所与王某亮没有合同约定和《合同法》规定的权利义务关系,只有负责船舶适航、适载、安全驾驶、在船人员安全管理的法定义务。本案中,渡口管理所对船上乘员安全只应承担侵权法的过错责任,而不应承担水路旅客运输合同法律规定的严格责任。三原告起诉选择的案由为通海水域旅客运输合同纠纷,没有事实和法律依据,三原告的诉讼请求基础法律关系不成立,依法不予支持。判决:驳回张某梅、刘某秀、王某的诉讼请求。二审法院判决:驳回上诉,维持原判。[1]

(二)严格责任适用

《民法典》第八百二十三条第一款规定:"承运人应当对运输过程中旅客的伤亡承担赔偿责任;但是,伤亡是旅客自身健康原因造成的或者承运人证明伤亡是旅客故意、重大过失造成的除外。"《合同法》第三百零二条规定相同。本条规定总结、归纳了公路、铁路、水运等客运合同的基本责任原则,规定承运人应承担的是严格责任,即除了伤亡是旅客自身健康原因造成或者承运人证明伤亡是旅客故意、重大过失造成的以外,其他情形造成的旅客伤亡,承运人均应承担损害赔偿责任。换言之,承运人对旅客在运输过程中的伤亡承担的是无过错责任而非过错责任,唯一免责条件是承运人能够证明伤亡是旅客故意、重大过失或者旅客自身健康原因造成的。法律之所以如此规定,是因为承运人的主要义务就是将旅客安全地送达目的地,理应保证旅客在运送途中免受各种损害。承运人对旅客在运送途中所受的各种损害应负加重责任是由承运人的营业性质决定的,也是保障旅客人身安全要求,所以除非有法定免责事由,而不问其主观上是否有过错。也就是说,承运人对损害的发生没有过错,但是损害并非因受害旅客自身的原因造成的,则

---

〔1〕 参见国家法官学院、最高人民法院司法案例研究院编:《中国法院 2021 年度案例》(合同纠纷),中国法制出版社 2021 年版,第 154 页。湖北省高级人民法院(2019)鄂民终 139 号民事判决书。

承运人应当依据客运合同向受到伤害的旅客承担违约损害赔偿责任。至于对在交通肇事中负有全部责任的侵权人应承担的民事责任,可由承运人另行起诉解决。

【案例5-20】 **温某球诉福建省福鼎市公共交通公司旅客运输合同纠纷案**

判决观点,原告温某球乘坐被告福建省福鼎市公共交通公司中型普通客车从福鼎火车站开往福鼎市青少年宫,途中发生交通事故致其受伤。被告福建省福鼎市公共交通公司应承担赔偿责任。[1]

承运人应否对旅客人身伤害承担严格责任,还应当分析造成旅客人身伤害的原因,即区分内因与外因。内因,是指可归责于承运人自身的原因导致的旅客人身损害,如运输工具本身存在瑕疵、驾驶员的不当操作等,由此造成旅客人身伤亡,承运人毫无疑问应当承担严格责任。这是基于《民法典》第八百一十一条(《合同法》第二百九十条)为承运人设定了安全运输义务,承运人应尽到必要的高度安全注意义务。客运车辆在运输过程中由于车辆本身机械故障、司机操作失误、疲劳驾驶等原因造成事故,导致乘客人身伤亡,则承运人对旅客的伤亡就应承担损害赔偿责任,而不问其是否有过错。外因,即外来原因,包括不可抗力、意外事件,对此承运人仍应承担严格责任。由于第三人故意或者过失行为造成的旅客人身损害,也是显著的外来原因,如第三人交通工具过失与承运人交通工具相撞造成旅客人身伤亡,或者第三人故意侵权行为(如抢劫)对旅客造成人身伤害时,承运人应否承担责任以及如何承担责任的问题在理论上并未有定论,也是困扰司法实践的一个难点问题。理论上有一种观点认为,承运人损害赔偿责任应当仅限于"与运输业务有关的伤亡"。[2]

实践中也有类似判例。

【案例5-21】 **宋某诉某市公交公司客运合同纠纷案**

一审法院认为,宋某于2000年9月18日乘坐公交公司的12路公交车,双方形成客运合同关系。……本案原告在乘坐被告的公交时,被车上其他乘客用刀刺伤,该伤害的发生与被告的承运业务无关,被告在双方客运合同履行过程中,如约履行了运输设备安全、行驶安全和救助义务。城市公交属社会公益事业,在公路运输中发生的与业务无关的伤害不应比照航空运输和铁路运输的规定由承运人负责;原告与他人发生争执,加害人趁机刺伤原告并夺门逃跑的责任也不在被告,而且在原告受伤后,被告与司乘人员立即将其

---

[1] 参见国家法官学院案例开发研究中心编:《中国法院2013年度案例》,中国法制出版社2013年版,第127页。福建省福鼎市人民法院(2011)鼎民初字第1129号民事判决书。

[2] 参见陈金钊:《合同法第三百零二条解释中的方法》,载《人民法院报》2005年6月13日,B4版。

送至医院救治,履行了救助义务。综上所述,被告对第三人给原告造成的伤害不负损害赔偿责任,原告的请求,理由不当,依法不予支持。判决驳回原告的各项诉讼请求。后宋某上诉,二审调解结案。[1]

在客运合同中,若损害结果的发生系第三人的侵权行为介入所致,承运人已尽到安全保障义务,乘客的死亡与承运人没有因果关系,承运人不承担损害赔偿责任。

【案例5-22】 程某、龙某等诉广安永祥公共交通有限公司等客运合同纠纷案

判决观点。虽然死者与被告客运公司建立了客运合同关系,但客运公司作为承运人并没有违约,龙某某的死亡系案外人杜某的犯罪行为所致,与客运公司作为承运人没有因果关系。根据《合同法》第二百九十条的规定,虽然承运人有义务将旅客安全运输到约定地点,但结合本案来看,龙某某的死亡与客运公司不存在因果关系,故客运公司没有违反《合同法》相关规定。在本次事故中,龙某某的死亡系第三人杜某的侵权行为导致,客运公司在承运过程中尽到了合理的安全保障义务,事情发生时,客运公司进行了及时制止、及时救助,对龙某某的死亡不负责任。本案的损害结果发生系第三人杜某的侵权行为介入所致,应由侵权行为人杜某承担赔偿责任。[2]

【不同处理】 有的法院基于严格责任判决承运人承担损害赔偿责任。

【案例5-23】 张某旭等诉汝州市汽运公司客运合同纠纷案

一审法院认为,三原告乘车途中受不法侵害与歹徒搏斗,被告单位的司乘人员应认真履行自己的职责,协助乘客,挺身而出,制止歹徒的不法行为或及时报警,不给犯罪分子以脱逃机会,使之受到法律的惩罚。但被告单位的司乘人员未尽到职责,使歹徒行凶后趁机脱逃。被告单位司乘人员应作为而不作为,应赔偿三原告为治疗而支出的医疗费、误工费、护理费、营养费等各项经济损失。二审法院持同样意见,维持原判。[3]

笔者认为,判断第三人行为导致旅客人身损害的关键因素是,旅客的人身损害是否是通过交通工具这一具有高度危险性媒介导致的。第三人在火车或者客车上抢劫旅客的钱财,造成旅客人身伤亡的,自然由第三人承担侵权责任,旅客亦

---

[1] 参见王利明主编:《判解研究》2008年第4辑(总第42辑),人民法院出版社2008年版,第94页。
[2] 参见《人民司法·案例》2019年第32期(总第871期)。四川省广安市广安区人民法院(2018)川1602民初4670号民事判决书。
[3] 参见最高人民法院中国应用法学研究所编:《人民法院案例选》1999年第2辑(总第28辑),时事出版社1999年版,第123~124页。

可向承运人主张违约责任,承运人在承担赔偿责任之后可向第三人追偿。承运人如果违反运输过程中的附随义务即安全保障义务的则产生赔偿责任。在第三人的违法犯罪行为侵害旅客的人身财产安全的情况下,承运人发现后即具有提醒、通知和合理限度内的制止、保护的义务。在适用严格责任的场合,并不在于考虑承运人有无违约的过失。

应注意的是,客运合同违约责任的归责原则应当不适用一般违约责任所适用的无过错归责原则,而应对人身损害和财产损害不加区别地适用例外的过错归责原则。但正是由于客运合同的履行具备关乎公共安全的属性,立法者将《民法典》第八百三十二条中例外排除适用并加以区别对待,这彰显了要求承运人在运输过程中应当对乘客人身安全尽到最大注意义务的价值取向。

(三)承运人过错认定

承运人在运送旅客期间,对其是否存在过错关系到赔偿责任的承担。《合同法》第三百零三条规定了赔偿责任。《民法典》第八百二十四条第一款规定:"在运输过程中旅客随身携带物品毁损、灭失,承运人有过错的,应当承担赔偿责任。"据此规定,承运人对旅客自带行李的毁损、灭失负的是过错责任,承运人没有过错的不承担责任。旅客的请求权基础在于违约请求权,其根据在于旅客运输合同中承运人负有安全运送义务,包括告知义务在内的合同义务对承运人正确、全面、适当履行运输合同是十分重要的。作为承运人的告知义务,是其必须履行的法定义务和职责,是否履行了告知义务,是承运人免责与否的重要因素。如果承运人告知了安全运输或者说运输过程中发生的事件应注意的事项,旅客按告知去做,不会发生损失,若旅客未按告知去做而受伤害或损害,则表明承运人尽责履行了义务,不具有过错,就可依法免责。从这一点讲,《民法典》第八百一十九条既是衡量承运人过错的条款,又是承运人免责的条款。

【案例5-24】 潘某玉诉唐某阶客运合同纠纷案

二审法院认为,根据上诉人与被上诉人等五人达成的运输协议,上诉人开车搭乘被上诉人等去广州调货时,依法对被上诉人等的人身和财物负有安全运输的职责。上诉人中途停车离开时未叫醒睡觉的被上诉人等,也未关好门、窗,使得盗贼打开车门,盗走了正在睡觉的被上诉人的提包,上诉人未履行好安全运输的职责是有过错的,应负赔偿责任。被上诉人在睡觉之时,对其财物无保护意识,没有过错。上诉人认为自己无过错没有根据,不予采纳。被上诉人提包被盗涉及刑事犯罪,但案件至今未破,故被上诉人提起民事诉讼符合法律规定。上诉人提出本案属刑事案件,原审不应受理的请求不成立,应予驳回。原判认定事实清楚,处理正确,应予维持。《人民法院案例选》责任编辑认为,安全运输是承运人在任何运输合同关系中最基本的、主要的合同义务,其正确、适当和全面履行,是靠承运人履行相应的合同相对义务及附随义务来保障和实现的。在长途客运晚上行车时,乘客睡觉是正常行为,承运人在乘客睡觉时中途停车办事,即负有保障睡觉的乘客人身、财产安全的义务。如果其不叫醒乘客,就应当关好车门窗,以防外来原因致乘客损害,这应是安全运输合同相对人义务的应有之义;如果不关好车门窗,为防外来原因致害,就应叫醒乘客注意安全防范,可以说这是一种附随的告知义务,即提醒乘客在停车时自己注意安全的义务。被告既未关好车门窗,又未叫醒原告等乘客,应是两种义务都有违反。这就是作为承运人的被告的过错所在。而且被告的这种过错与原告自带物品被盗存在因果关系,即如一审判决中所说"如果被告尽到应尽义务,在离开时叫醒原告等人,损失即不可能发生"。被告对原告所受损失应负赔偿责任因而确立。承运人在履行合同过程中,应积极履行将旅客及货物安全运输到约定地点的义务。[1]

航班签转属于第三人代为履行合同而非合同权利义务的概括转移。

【案例 5–25】 周某诉甲航空公司等航空旅客运输合同纠纷案

判决观点,航班签转的性质属于由原航空旅客运输合同缔约方之外的第三人代为履行合同,而非合同权利义务的概括转移。航班签转后,缔约承运人仍应对合同约定的全部运输负责。实际承运人对旅客未按约履行的,缔约承运人应向旅客承担违约责任。旅客因航班签转遭受的损失,应遵循全面赔偿和损失填平原则,对于实际承运人已向旅客支付的赔偿款但不足以填平损失的部分,旅客主张由缔约承运人赔偿的,应予支持。[2]

旅客醉酒过站,承运人未积极作为按章行事,违反铁路规章制度的,应认定为未履行法定义务有过错。

【案例 5–26】 王某春诉长春站等铁路客运合同纠纷案

判决观点,尚某民死亡之原因,系呕吐物吸入气管致气管内异物往返、机械性窒息死亡,其尸斑在一至一个半小时的时间即可形成,且尚某民死亡之时系俯卧,而其尸斑存在于其身体腰部未受压部位,根据 Y37 次旅客列车运行图所标明的运行时间,尚某民是在车过德惠站后死亡。作为承运人的第三

---

[1] 参见最高人民法院中国应用法学研究所编:《人民法院案例选》2003 年第 1 辑(总第 43 辑),人民法院出版社 2003 年版,第 116~117 页。
[2] 人民法院案例库 2023–07–2–116–002。上海市浦东新区人民法院(2019)沪 0115 民初 26237 号民事判决书。

人的种种过错,促使尚某民死亡结果的发生。(1)旅客的车票是铁路旅客运输合同的表现形式,第三人作为承运人,应当保证旅客按照车票载明的日期、车次乘车到达目的站。按照合同履行的一般原则,承运人应当针对旅客本人履行合同义务、换卧铺牌,因第三人未如此作为,亦未本着负责态度校对下车人数,致使尚某民未在长春站下车。(2)根据铁路法规规定,旅客坐过了站时,列车长应当编制客运记录交前方停车站,而第三人未履行此积极义务,未编制客运记录,亦未在前方停车站(德惠站)让尚某民下车。(3)人饮酒超过一定的限度,即会达到危险状态,这是普通人所应当掌握的基本知识。根据尚某民在长春站前后的种种表现,可以确认其已经喝了一定量的酒,因此,第三人应当尽力予以救助,在前方站让其下车。但第三人未给予应尽的、足够的、能够确保其人身安全的救助措施。综合上述三点并结合本案证据分析,尚某民在列车过德惠站以前并未死亡,如果第三人按章办事,善意而为,在长春站或者德惠站让其下车,取得良好的休息与救治环境,则可能避免尚某民死亡结果的发生,故第三人应对旅客尚某民之死亡负主要责任。[1]

对旅客因自身健康原因造成的伤亡,承运人可否免责,关键要看其是否履行了尽力救助义务,有无过错。《合同法》关于义务的承担应当有一个界限,就客运合同承运人而言,尽力救助义务应以合理限度为适用准则。旅客运输系特种行业,关系公众利益,职业的特殊性要求承运人应当预备必要的救助工具、物品或药品等,遇突发情况时采取适当的救助措施,并及时有效地帮助旅客就近寻求医院急救。以此作为承运人尽力救助的合理限度,与该职业的特殊性相适应。公交车系公众乘用的城市公交运输车辆,承运人的职责除安全运送旅客外,还包括维护正常的乘车秩序,由此衍生出对旅客的疏导和到站提醒义务,即合理的注意义务。

【案例 5-27】 邓某林等诉厦门公交集团湖里公共交通有限公司城市公交运输合同纠纷案

二审法院认为,根据原审查明事实,邓某生上车后便坐在车厢尾部靠后车门一侧倒数第二、三排区域的座位,直至公交车返回金尚车站后,其才出现呕吐、无法行走和不能言语。本案也没有证据证明在邓某生出现呕吐等症状前,该营运公交车的驾驶员明知邓某生突发疾病,应当给予救助而未及时救助的情形存在。本案营运公交车辆为无人售票公交车,对驾驶员科以过高的注意义务缺乏事实和法律依据,原审判决酌情确认湖里公交公司对邓某生死亡的损害后果承担10%的赔偿责任并无不当。上诉人的上诉理由不能成

---

[1] 参见最高人民法院中国应用法学研究所编:《人民法院案例选》2003年第1辑(总第43辑),人民法院出版社2003年版,第122页。

立,其上诉请求应予驳回。[1]

《民法典》第八百二十二条(《合同法》第三百零一条)规定的立法本意在于鼓励承运人积极救助旅客,但仅规定了行为模式,并未对救助义务的程度、范围及法律后果作出具体规定。实践中产生救助的客观情形往往具有突发性、复杂性与紧迫性,《合同法》所规定的救助义务,要求承运人在乘客患病时应当在其能力范围内,根据当时的客观情况尽其所能对乘客予以及时、合理的救助。要综合考虑救助的合理性与积极性,具体从四个方面考量:其一,救助主体救助能力。对无人售票公交车而言,对并不具有急救能力的驾驶员科以过高的注意及救助义务显然不切实际,已超过了承运人合理履约能力,并且与其公共运输权利不对等,有违权利义务对等原则。其二,救助对象可救助性。区分被救助对象个体身体状况,判断是否需要专业医务人员救助或普通人能否实施救助。其三,救助时间及时性。其四,救助措施合理性。

【案例 5-28】 林某宗、林某恋诉厦门公交集团集美公共交通有限公司运输合同纠纷案

一审法院认为,本案中驾驶员在林某娜发病倒地后,立即停车并在两分多钟的时间内疏散乘客、拨通"110"报警求助,从车载监控录像显示的时间来看,林某娜从发病倒地到被抬上"120"急救车送往医院救治,中间仅间隔17分钟,从救助时间上看,承运人集美公交公司已尽到尽力救助的义务。林某宗、林某恋认为驾驶员应对林某娜采取心肺复苏等急救措施,并应将车直接开往医院,否则就是未尽尽力救助的义务。心肺复苏系专业的医疗急救人员掌握的一项专业技能,心肺复苏适用时机、条件、步骤、注意事项都有专业的医学要求,在不清楚林某娜发病原因的情况下,驾驶员未对林某娜采取心肺复苏急救措施不能视为其不履行尽力救助的义务。在驾驶员已第一时间拨打"110"救助的情况下,由"110"统一调度指挥"120"施救,从救助时间上更能保证林某娜及时送医救助,对林某宗、林某恋认为集美公交公司的驾驶员未将车直接开往医院耽误救助时间的主张,不予采纳。经查明,林某娜9年前就被诊断为先天性心脏病,发作频率为每年1~2次,其死亡原因为缺血缺氧性脑病,呼吸循环衰竭,本案中林某娜死亡系其自身健康原因造成的,集美公交公司营运的公交车辆系无人售票公交车,不宜对驾驶员科以过高的注意义务。根据《合同法》第三百零二条第一款规定,故对原告林某宗、林某恋主张集美公交公司向其赔偿医疗费、住院伙食补助费、营养费、交通费、丧葬

---

[1] 参见国家法官学院案例开发研究中心编:《中国法院2018年度案例》(合同纠纷),中国法制出版社2018年版,第208页。福建省厦门市中级人民法院(2016)闽02民终字第2385号民事判决书。

费、死亡赔偿金、精神损害抚慰金、受害人亲属办理丧葬事宜支出的交通费、住宿费和误工损失等其他合理费用共计292732.023元的诉讼请求,缺乏事实和法律依据,不予支持。二审法院亦持同样意见,维持原判。[1]

【案例5-29】 张某香等诉东营交通运输集团有限公司公路旅客运输合同纠纷案

判决观点,(1)承运人应当在约定时间或合理时间内将旅客安全运输到约定地点。在运输过程中,应当尽力救助患有疾病、分娩、遇险的旅客。承运人应当对运输过程中旅客的伤亡承担损害赔偿责任,但伤亡是旅客自身健康原因造成的或者承运人证明是旅客故意、重大过失造成的除外。(2)车辆行驶于高速公路之上,乘客突发疾病此时不得随意停车,需根据当时的车辆和道路状况来考量承运人的救助责任。乘客家属以事后百度地图显示的事发地的地理情况主张承运人未尽到合理限度范围内的救助义务,要求司机在短时间内对附近是否有医院、哪家医院距离较近作出判断,不符合常理。承运人在得知有乘客突发疾病时将车辆驶入最近的服务区等待救援,并无不当。因此,承运人已经履行了积极的救助义务,尽到了合理限度范围内的尽力救助义务。[2]

(四)合同责任认定

1.运输延误责任认定

在客运合同履行中,承运人违反合同义务更多地表现为运输延误。法律并未明确航空运输延误的定义,根据一般法理,如承运人未在当事人约定的或运输时刻表显示的时间内完成运输,即构成运输延误。在航空运输中主要惩罚承运人的不合理延误。[3]

【案例5-30】 阿某诉东方航空公司国际航空旅客运输合同纠纷案

二审法院认为,无论何种原因发生航班延误后,被滞留的旅客都有权在第一时间获取尽可能详细的信息,并及时了解后续进展情况,以便根据延误

---

[1] 参见国家法官学院案例开发研究中心编:《中国法院2019年度案例》(合同纠纷),中国法制出版社2019年版,第162~163页。福建省厦门市中级人民法院(2017)闽02民终字第1698号民事判决书。

[2] 参见最高人民法院民法典贯彻实施工作领导小组编著:《中国民法典适用大全》(合同卷四),人民法院出版社2022年版,第2805~2806页。山东省东营市东营经济技术开发区人民法院(2019)鲁0591民初3465号民事判决书。

[3] 参见沈志先主编:《合同案件审判精要》,法律出版社2013年版,第410页。

情形对自己的旅途作出最合理选择;航空公司有义务及时播报航班延误信息,并有义务根据每一位滞留旅客的不同需要,向其提供航空公司掌握的其他旅途信息,以便该旅客作出正确选择。MU703航班由于天气原因延误后,作为旅途被阻滞的旅客,被上诉人阿某必然十分关心自己的旅途。其已意识到乘坐延误的MU703航班到达香港后,会错过国泰航空公司的衔接航班,于是多次向上诉人东方航空公司询问如何处理。东方航空公司让阿某填写了《续航情况登记表》,并表示填好表格后会帮助解决。东方航空公司承认让阿某填写过表格,但认为阿某填写的是《航班延误信息登记表》,不是《续航情况登记表》。无论是《续航情况登记表》抑或《航班延误信息登记表》,对阿某的妻子杜某在登机前填写的表格,东方航空公司始终未能提供,无法证明阿某一行是在明知会对自己不利的情形下仍选择登机。通过登机前的申报登记和填表,东方航空公司应当知道阿某一行是去香港转乘国泰航空公司飞往卡拉奇的航班,也应当知道这个航班3天才开行一次,更知道阿某如果乘国泰航空公司下一航班,就要在中转机场滞留3天且费用自理。在此种情况下,东方航空公司有义务将这些不利情况告知阿某,以便其自行选择是否乘坐延误的MU703航班飞往香港。东方航空公司不尽这些义务,反而让阿某一行填写《续航情况登记表》,并承诺帮助解决,故一审认定东方航空公司"没有采取一切必要的措施来避免因航班延误给旅客造成的损失",是正确的。[1]

航班延误法律责任及附随义务的司法认定。

【案例5-31】 张某某诉中国某航空公司航空旅客运输合同纠纷案

二审法院认为,1.为确保合同目的的实现,当航班可能发生延误时,航空公司应承担全面、及时地告知和补救义务,全面、及时、充分地将延误的重要事由、正常起飞的时间告诉旅客;在航班延误时间较长的情况下,航班延误后承运人应当遵循诚实信用原则,根据合同的性质、目的和交易习惯履行通知和协助义务。2.航空承运人应当在约定期间或合理期间内将旅客安全运输到目的地,如航班发生延误,承运人应就迟延履行合同义务承担违约责任。承运人主张免责需满足:一是航班延误系因客观原因导致,存在合理的理由;二是承运人对因航班延误可能对乘客造成的延误后果已经采取了合理的补救措施或因客观原因无法采取补救措施。3.考虑航空运输业的特殊性,旅客在航空旅客运输合同签订和履行过程中时应尽一定的注意义务,乘客自身的过失与损失发生具有一定的因果关系应自行承担相应的责任。[2]

---

[1] 参见《最高人民法院公报》2006年第10期。
[2] 人民法院案例库2023-10-2-116-003。上海市第一中级人民法院(2013)沪一中民一(民)终字1689号民事判决书。

2. 违反合同承运义务认定

承运人违反合同约定的形态有多种,有约定义务和法定义务。

承运人应按合同约定履行合同义务,未按照合同约定提供指定的客车运载乘客,属于违约行为,应承担违约责任。

【案例 5-32】 张某民诉沈阳甲汽车客运站有限公司客运合同纠纷案

二审法院认为,本案案由为公路旅客运输合同纠纷。旅客运输合同为格式合同,通常采用票证的形式。本案中上诉人张某民在被上诉人甲客运站公司购买客车票,约定目的地为通辽市。张某民支付购票款后,甲客运站公司向其交付车票,双方合同成立并生效,对合同双方具有法律效力。甲客运站公司应对张某民持该票能够乘坐指定客车、指定时间到达指定目的地承担合同义务,现张某民持票乘坐指定客车后,在未到达指定目的地时,承运人中途更换车辆。法院认为,被上诉人甲客运站公司应按合同约定履行合同义务,现被上诉人未按照合同约定提供指定的客车运载乘客,属于违约行为,应按照《合同法》第一百零七条之规定承担违约责任,当事人一方不履行合同义务或者履行合同义务不符合约定的,应当承担继续履行、采取补救措施或者赔偿损失等违约责任。[1]

乘客下车过程属运输过程的组成部分,其间因司乘人员操作不当造成乘客伤亡后果的,承运人应承担赔偿责任。也就是说,承运人负有将乘客安全运达目的地的义务,乘客稳定着地与否是判断合同履行完毕与否的标准,而乘客安全与否是合同履行是否符合约定的标准,这是对客运合同进行合乎情理的目的解释所得出的结论。旅客运输合同承运人的合同义务不因乘客下车而终止,在该阶段乘客受到伤害应认定承运人违约。

【案例 5-33】 钱某坤等诉新国线集团(江阴)运输有限公司公路旅客运输合同纠纷案

二审法院认为,本案所涉事故发生时,车辆在承运人新国线公司的掌管、操作下运行,相对于年届60余岁的旅客是某方而言,新国线公司对运输过程中的行车、停车等情况更为了解和掌握。新国线公司在车辆尚未停稳的情况下打开车门,是某方下车后倒地受伤,对由此造成的损害,新国线公司无证据证明系是某方故意或重大过失所致,则新国线公司理应承担赔偿责任。另,江阴市公安局(澄公物鉴法[2008]577号)法医检验意见书已确认,死者是某方由于严重颅脑损伤而死亡,双方对此均无异议,故对新国线公司关于是某

---

[1] 辽宁省沈阳市中级人民法院(2017)辽01民终9241号民事判决书。

方生前患有高血压等老年疾病,不能排除其死亡系疾病突发所致的上诉理由应当不予支持。二审法院维持一审判决。[1]

【案例 5-34】 张某付诉弘宇公司公路旅客运输合同纠纷案

一审法院认为,根据相关证据可以认定,弘宇公司在运送旅客时,未能靠边临时停车,其公交车停靠的位置距离路边为1.5米至2米,该段距离为案外人骑摩托车从右侧超车停供了可能,增大了事故发生的概率,导致张某付下车后在向路边行走的过程中被案外人撞倒致伤。弘宇公司在履约过程中存在违约行为,应当承担违约责任。故弘宇公司应当对张某付的损失承担赔偿责任。但我国法律规定,行人在通过没有交通信号灯、人行横道的路口,或者在没有过街设施的路段横过道路时,应当观察来往车辆的情况,确认安全后直行通过。本案中,张某付作为一个具有完全民事行为能力的人,其应当对自身的安全尽到较高程度的注意义务,其乘坐公交车下车前及下车后从非机动车道向路边行走的过程中,均未对周围环境和来往车辆进行观察以确保安全的情况下穿过道路,其亦存在一定的过失,法院酌定其对自身损失承担20%的责任。法律规定,因当事人的违约行为,侵害对方人身、财产权益的,受损害方有权选择依照《合同法》要求其承担违约责任或者依照其他法律要求其承担侵权责任。本案中,张某付选择请求判令弘宇公司承担违约责任,符合法律规定,张某付应承担的自身损失之外的部分,弘宇公司应当承担赔偿责任。法院根据双方提供的证据依法认定张某付的损失合计为1000620.5元。因紫金公司已垫付张某付医疗费86268.66元,为避免讼累,该款项由弘宇公司在支付张某付的赔偿款中扣减,直接返还给紫金公司。判决:弘宇公司赔偿张某付714227.74元,返还紫金公司86268.66元。二审法院判决:驳回上诉,维持原判。[2]

乘客乘坐地铁出站转乘坐自动扶梯受伤后的责任承担。

【案例 5-35】 李某甲诉上海地铁某公司运输合同纠纷案

判决观点,乘客乘坐地铁出站转乘坐自动扶梯,不属于运输合同履行期间,不适用承运人承担无过错责任,除非承运人有免责事由的规定。但提供安全的电梯系运输合同中地铁公司所负的从给付义务,旅客亦负有谨慎使用

---

[1] 参见最高人民法院中国应用法学研究所编:《人民法院案例选》(月版)2009年第7辑(总第7辑),中国法制出版社2009年版,第55页。

[2] 参见国家法官学院、最高人民法院司法案例研究院编:《中国法院2021年度案例》(合同纠纷),中国法制出版社2021年版,第150~151页。江苏省泰州市中级人民法院(2019)苏12民终759号民事判决书。

义务,发生事故时,由地铁公司及旅客根据各自过错分担责任。[1]

承运人不能正常运输的,应承担违约责任。

【案例 5-36】 王某、林某等与中国国际航空股份有限公司航空旅客运输合同纠纷案

判决观点,乘客购买了航空公司的机票,双方已成立航空旅客运输合同关系,均应在合同约定的范围内行使权利、履行义务。根据《合同法》第二百九十九条"承运人应当按照客票载明的时间和班次运输旅客"的规定,航空公司应当在机票约定的时间、班次,将乘客运送至目的地。航空公司取消航班,导致乘客退票重新购买其他机票,造成损失的,应当承担违约责任。[2]

3. 拒载行为违反强制缔约义务认定

《民法典》第八百一十条规定:"从事公共运输的承运人不得拒绝旅客、托运人通常、合理的运输要求。"《合同法》第二百八十九条亦作了类似规定。由此可见,法律为从事公共运输的承运人设定了强制缔约义务。由于承运人往往具有独占地位以及所提供的服务具有公用事业的性质,旅客除了这些承运人之外无法找到别的合适的合同当事人,若不强制其缔约会导致整个社会秩序的紊乱和影响经济活动的正常进行。公交车应按照固定路线的设定停车卸载、搭载乘客。乘客站立于相应车站牌下这个动作本身的法律意思便是发出要约,等待承诺。公交车应该在车站牌下停车载客接受要约,由乘客自愿选择是否搭载,乘客可以不上车收回自己的要约,但是公交车绝对不能不予以承诺。否则公交车拒载行为违反了《合同法》明确规定的强制缔约义务。

【案例 5-37】 王某诉某公交公司客运合同纠纷案

法院认定公交公司在车站未停车搭载王某是故意拒载的行为。[3]

立法者认为,《民法典》第八百一十条强调的是不得拒绝旅客、托运人"通常、合理"的运输要求,对这里的"通常、合理"要有一个正确的理解。首先,在不同的情况下,其内涵是不同的。如在海上旅客运输中,旅客坐的是头等舱,其要求提供空调服务就是"通常、合理"的;而对散舱的旅客来说,要求提供空调服务就不是

---

[1] 人民法院案例库 2024-08-2-116-001。上海市宝山区人民法院(2011)宝民一(民)初字第 2651 号民事判决书。

[2] 参见最高人民法院民法典贯彻实施工作领导小组编著:《中国民法典适用大全》(合同卷四),人民法院出版社 2022 年版,第 2797 页。广州铁路运输第二法院(2017)粤 7102 民初 431 号民事判决书。

[3] 参见北京市高级人民法院编:《审判前沿——新类型案件审判实务》2006 年第 1 集(总第 15 集),法律出版社 2006 年版,第 149 页。

"通常、合理"的。其次,判断是否为"通常、合理",不是依单个旅客或者托运人的判断,而是依一般旅客或者托运人的判断。最后,这里的"通常、合理"意味着从事公共运输的承运人不得对旅客或者托运人实行差别待遇,如对于同为乘坐普通舱位的旅客,承运人就不能对其中的一些旅客提供免费餐,而对另一些旅客不提供。如果从事公共运输的承运人有正当理由的,也可以免除其强制缔约义务。比如,在运输工具已满载的情况下,从事公共运输的承运人可以拒绝旅客的乘坐要求;又如,由于不可抗力导致不能正常运输的情况下,从事公共运输的承运人也可以拒绝旅客或者托运人要求按时到达目的地的要求。[1] 也就是说,个案中对是否"通常、合理",由法官根据具体案情予以判断。对于不符合"通常、合理"的,则承运人有权拒绝且不构成违约。反之,如果符合"通常、合理"的,则认定承运人违反缔约义务。

4. 违反告知义务认定

客运合同中的安全运输事项应由承运人明确告知旅客,而不是要求旅客主动告知承运人。承运人在未明确告知病残旅客的特殊规定和要求的情况下拒载,已构成违约,应承担相应的违约责任。

【案例5-38】 朱某英诉云南机场地面服务有限公司成都航空有限公司航空旅客运输合同纠纷案

判决观点,原告作为病残旅客,有必要了解一些民航部门的相关规定,以方便出行。其在订座时未明确告知其身体健康状况,自身存在不当之处,但因被告成都航空有限公司在与原告具体订立运输合同时,未明确告知购买人对残疾旅客的一些特殊规定和要求,亦未主动询问其是否属于病残等特殊旅客,且其在电子客票上未明确标明对病残旅客的具体要求和规定,其订票网站亦未开设针对病残旅客的专门订票通道或者窗口,以便和普通旅客有所区分。应视为原、被告双方在合同中未约定特别条款,对原告没有提出特殊要求。故原告在购买了机票后,在被告未明确告知其对病残旅客的特殊规定和要求的情况下按正常程序和时间登机属正常行使合同权利,原告的行为达不到民法意义上的过错,不构成违约。《合同法》第二百九十九条规定,承运人应当按照客票载明的时间和班次运输旅客。承运人迟延运输的,应当根据旅客的要求安排改乘其他班次或者退票。本案中,原告从成功订购被告成都航空有限公司机票时起,双方的航空旅客运输合同关系即生效并成立。在未约定特别条款时,被告应当按照电子客票上载明的承运人及承运时间和航班履

---

[1] 参见黄薇主编:《中华人民共和国民法典合同编释义》,法律出版社2020年版,第708~709页。

行承运义务。但被告成都航空有限公司并未按合同约定的时间和航班承运原告,在原告到达登机口乘机时也未提供必要的协助,导致原告被拒载,其行为已构成违约,依法应承担相应民事责任。[1]

【案例 5-39】 朱某与西部航空公司运输合同纠纷案

二审法院认为,航空公司发展低成本航空服务,免费行李额低的差异化服务模式,不违反法律、行政法规的禁止性规定。航空公司在旅客购票时及购票后对携带行李事宜已尽到提示告知义务,旅客由于自身原因导致其支付逾重行李票,航空公司无违约责任,旅客未对航空公司提示内容进行查看,由此产生的不利后果应由旅客自行承担。[2]

《民用航空法》只规定了承运人就责任限额进行告知的义务,现行法律虽规定了承运人的告知义务和告知范围,但对于告知的方式、地点、程度等方面则只字未提。正是由于法律上的不完善,致使航空运输实践中,关于航空承运人的告知义务是否充分履行,承运人与旅客往往各执一词。对于承运人是否违反告知义务,应从告知时间和方式、告知内容、告知程度三个方面考量。其一,在告知时间和方式方面,承运人应主动告知与运输有关事项,航空公司业务量巨大,机票购票方式通常为网络订票,其通过网站公布《旅客须知》及现场放置提示牌的常态化方式履行告知义务是最为经济且合理的告知方式,便于旅客随时了解相关运输要求。其二,在告知内容方面,航空公司应在电子客票行程单上右下角标注"请旅客乘机前认真阅读《旅客须知》及承运人的运输总条件内容"和"不得转签不得更改"等提示文字。其三,在告知程度方面,航空运输合同是格式合同,因此在机票上的相关条款应清楚、明了,且承运人在履行告知义务时,应使用通用且为普通旅客所能理解的语言,确保告知内容明确无误。

【案例 5-40】 陈某某诉中国东方航空股份有限公司航空旅客运输合同纠纷案

二审法院认为,首先,东方航空公司在其官方网站《旅客须知》中有关于乘机时间的规定:"国内航班将在起飞前 90 分钟开始办理乘机手续,起飞前 30 分钟停止办理。"陈某某认为其年龄较大,不可能上网查阅东方航空公司网站内容,没有途径知晓飞机起飞前 30 分钟将停止办理登机手续。法院注意到,陈某某一行人中还有 1985 年出生的陈延某及 1991 年出生的戴某某,

---

[1] 参见最高人民法院中国应用法学研究所编:《人民法院案例选》2013 年第 2 辑(总第 84 辑),人民法院出版社 2013 年版,第 194 页。云南省昆明市官渡区人民法院(2011)官民一初字第 3207 号民事判决书。

[2] 参见最高人民法院民法典贯彻实施工作领导小组编著:《中国民法典适用大全》(合同卷四),人民法院出版社 2022 年版,第 2774 页。山东省济南市中级人民法院(2017)鲁 01 民终 5336 号民事判决书。

二者均已成年且较年轻,完全可以对网站上载明的办理登机时间的范围进行查阅。此外,且不论登机须提前30分钟是否属于生活常识,在上航旅游公司与陈某某签订的国内旅游合同中的补充条款第一条即约定"乙方(上航旅游公司)提供给甲方(陈某某)的出团通知、行程表等作为本合同的附件。甲方应认真阅读,发现疑问,应及时向乙方提出"。而上航旅游公司出具的出团通知书明确规定"国内航班请至少在航班起飞前90分钟在航空公司柜台办理登机手续"。应当说,该规定比之东方航空公司关于登机时间的约定更为严格,其是对提前到达机场的时间作了下限规定,也就是说提前到达的时间至少是90分钟,陈某某将该90分钟理解为是到达机场时间的上限时间,认为只要在90分钟之内赶到机场都可以,显然是对该规定的误读。据此,应该说东方航空公司及上航旅游公司均已尽到了向陈某某告知登机时间范围的义务。另外,根据法律规定,当事人就自己的主张负有举证义务,举证不力的,则应承担相应不利的诉讼结果。虽然陈某某强调其一行人是提前不止30分钟赶到机场,且当时还未结束登机手续的办理,但是由于机器故障和人员误导致其无法顺利登机。但对这一事实,陈某某无法提供证据证明,故无法认定。综上,就陈某某的上诉请求,缺乏应予支持的理由与依据,一审法院所作判决并无不当。二审法院判决:驳回上诉,维持原判。[1]

国际运输中的国际客票使用英语就行李重量对旅客进行提示,符合国际惯例,应视为对消费者履行了告知义务。消费者以未使用中文告知为由起诉航空公司的,法院依法不予支持。

【案例5-41】 刘某诉甲航空公司客运合同纠纷案

二审法院认为,刘某所购买的BSP票中的国际运输客票,是经我国民航行政管理部门允许使用的统一票证式样。在此情况下,国际运输中的国际客票使用英语对旅客进行提示,符合国际惯例。应当说,甲航空公司在统一客票中使用英语对国际航空运输中的消费者已履行了告知的义务。刘某所诉的因甲航空公司未使用中文进行提示,导致其在事先不知情的情况下,遭受了财产损失,进而侵害了其本人作为中国消费者的知情权和财产权的诉讼请求,缺乏相关的法律支持,不予认定。[2]

5.侵犯合同知情权认定

知情权是一个极其宽泛的概念,一般是指知悉各种信息情况的权利。合同当

---

[1] 参见邹碧华主编:《2014年上海法院案例精选》,上海人民出版社2014年版,第32~33页。
[2] 北京市第二中级人民法院(2001)二民终字第5868号民事判决书。

事人的知情权是指合同当事人在订立合同、履行合同过程中,有权知晓与订立、履行合同有关情况的权利,强调的是基于诚实信用原则而产生的合同当事人双方的告知、通知等附随义务,是相对方的知情权。铁路局根据公开颁布的现行有效的相关规定收取强制保险费,没有违反法律的禁止性规定,且旅客在购票时对收取保险费的不知情并没有导致实际损害,也不会对其购票决定产生重大影响,因此,没有侵犯旅客的知情权。

【案例 5-42】 黄某荣诉北京铁路局侵犯其知情权纠纷案

一审法院认为,原告黄某荣认为自己"不知情"与本院查证不符,被告北京铁路局未另行通知并不违法,原告黄某荣所谓"未经本人同意"更不能成为支持其主张的理由,因为作为旅客虽然享有自主决定是否签订铁路旅客运输合同的权利,但在国家为保护旅客利益实行强制保险制度的情况下,一旦旅客决定订立铁路旅客运输合同,则必须接受意外伤害强制保险,强制保险的性质决定,无须征得旅客的同意。鉴于被告铁路局作为一个铁路运输企业依照规章办事并无不当之处,其相关辩解得以成立,而原告黄某荣所诉没有事实和法律依据,其主张的知情权侵权不具备侵权应具备的基本构成要件,故本院对原告黄某荣的诉讼请求不予支持。至于被告北京铁路局是否应就铁路旅客意外伤害强制保险采取其他措施进一步明示或宣传,因其并非本案知情权侵权的构成要件,故本院不涉;而原告黄某荣关于铁路强制保险制度的相关规定早已不符合社会发展要求,应将强制保险改为自愿保险等陈述,则不属司法审查范围。二审法院亦持同样意见,维持原审判决。[1]

铁路局在春运期间调整旅客退票时间,并通过报纸、网络等媒体手段予以公告后,旅客购买火车票,即视为对退票时间调整的认可。旅客未按照调整后的时间办理退票手续,应当由旅客自行承担损失,铁路局不承担违约责任。

【案例 5-43】 刘某诉甲铁路局旅客运输合同纠纷案

二审法院认为,关于退票时间问题,火车票背面的《铁路旅客乘车须知》中虽有"如不能按时乘车,须在开车前办理退票手续"的内容,但同时也有"未尽事项请参阅《铁路旅客运输规程》"的内容,该规程第四十八条规定了"必要时,铁路运输企业可以临时调整办法"。本案中,铁道部作为全国铁路运输企业的主管部门,为更好利用运能,于 2008 年 1 月 7 日决定春运期间将一般旅客退票时间调整为不晚于开车前 6 小时,而且被告通过报纸、网络等媒体、在车站公告等方式向社会广泛进行宣传告知,原告在 2008 年 2 月 7 日

---

[1] 参见最高人民法院中国应用法学研究所编:《人民法院案例选》2008 年第 3 辑(总第 65 辑),人民法院出版社 2009 年版,第 249 页。

(正月初一)购买火车票,自愿接受被告提供的运输服务,应当视为对春运期间调整退票时间规定的认可。原告因自身原因不能按票面载明的时间乘车,未在开车前6小时办理退票手续,被告作为铁路运输企业在运输经营业务中执行铁道部通知未予退票,其行为并不违反《铁路旅客运输规程》第四十八条的相关规定,不应承担违约责任。[1]

6. 违反从义务认定

运输合同中承运人负有的安全运输义务中的"安全"应仅限于行车安全。在普速列车上设置吸烟区、摆放烟具的行为,不违反承运人负有的安全运输主合同义务,但违反为旅客提供良好乘车环境的从合同义务。当事人主张取消烟区、拆除烟具的诉讼请求应当予以支持。

【案例5-44】 李某诉中国铁路哈尔滨局集团有限公司铁路旅客运输合同纠纷案

判决观点,关于是否违反合同义务的问题。合同主义务方面,被告已按照客票载明的时间和地点将李某运送到目的地,其间李某并未出现身体上的物理损伤或其他损害后果,已依约履行完毕涉案合同主义务。合同从义务方面,火车票背面载明的《铁路旅客运输规程》第十条中要求承运人要维护车厢的良好环境。且列车内张贴"安全须知"载明"禁止在列车各部位吸烟"表明该次列车全车禁烟。中铁哈局公司在车厢连接处设置吸烟区摆放烟具的行为与上述规定相矛盾,故法院认定被告中铁哈局公司的行为违反给乘客提供良好乘车环境的从合同义务,应予纠正。考虑到拆除烟具的经济成本和可能对车厢本身设施造成损坏,允许被告采取变通措施,如采取遮挡、封堵烟具、张贴封条等。[2]

7. 乘客违反义务认定

在旅客运输过程中,行为人违反法律禁止性规定携带易燃易爆危险品乘车,途中因危险品爆炸致他人身体受到伤害,行为人应承担侵权责任。承运人已尽到合同义务,因此没有过错,不应承担责任。

【案例5-45】 黄某进、黄某铜诉陈某华等赔偿纠纷案

二审法院认为,陈某华非法购买、运输发令纸,引起爆炸燃烧,严重侵害

---

〔1〕 北京铁路运输中级法院(2008)京铁中民终字第30号民事判决书。
〔2〕 参见最高人民法院中国应用法学研究所编:《人民法院案例选》2020年第8辑(总第150辑),人民法院出版社2021年版,第98页。北京铁路运输法院(2017)京7101民初875号民事判决书。

了黄某铜、黄某进的公民身体健康权,这是一种不法侵害,陈某华应当承担由此而产生的后果。陈某华辩其已经受到刑事制裁和民事处理,且其本人也因受伤造成经济困难,故不应再承担赔偿责任。按照我国《刑法》和《民法通则》的规定,侵害他人致死的以及严重侵害他人身体健康权的,既要承担刑事责任,又要承担民事责任。陈某华所称民事处理,实际上只是在黄某铜、黄某进伤势急需支付大笔医疗费情况下的一种先行给付,陈某华对黄某铜、黄某进身体健康权的侵害究竟应承担多少责任,还有待于通过本次诉讼来判明。至于经济困难,显然不在免责条件之列。综上,陈某华的答辩理由不能成立,陈某华在本案中必须承担侵害黄某铜、黄某进身体健康权的民事责任。[1]

8. 双方违约问题

《民法典》第五百九十二条规定(《合同法》第一百二十条亦作了同样规定)了双方违约,即存在两个违约行为,并且由此发生两项损害。对双方违约的,在处理时可减轻承运人的赔偿责任。

【案例5-46】 李某芳诉上海地铁第三运营有限公司城市公交运输合同纠纷案

判决观点,本案事故发生时,原告已经离开列车,其位置的移动已经不再为被告所控制,自动扶梯亦是一个常见普通的环境,要求被告承担无过错责任会加重被告的义务。故应认定本案事故发生时不属于运输过程中。当然,就运输合同而言,被告的义务还包括在运输过程之前、之后为旅客提供符合安全标准的场地、设备,使旅客能安全进出被告的经营场所。被告提供的自动扶梯在运行中出现停顿,具有重大安全隐患,被告具有违约行为,应承担违约责任。关于原告是否存在违约行为,根据权利义务相一致原则,旅客也负有谨慎合理使用场地设备的义务。原告靠扶手一侧的手中持有物品,未抓扶手,当危险发生时,欲抓扶手,然亦不如空手那样更能抓牢扶手,原告在使用自动扶梯时确有不当,亦有违约行为,应承担相应的责任。故确定被告对原告损失承担80%的赔偿责任。原告主张的赔偿项目及金额应依法调整。[2]

【案例5-47】 韦某诉莫某公路旅客运输合同纠纷案

判决观点,承运人同意乘客乘坐其驾驶的车辆并承诺将其运输到约定的地点,双方的客运合同关系成立。承运人负有在约定期间或合理期间内将原

---

[1] 浙江省金华市中级人民法院(1992)金中法民终字第383号民事判决书。
[2] 参见国家法官学院案例开发研究中心编:《中国法院2013年度案例》(合同纠纷),中国法制出版社2013年版,第125页。上海市宝山区人民法院(2011)宝民一(民)初字第2651号民事判决书。

告安全运输到约定地点的义务。尽管道路交通事故认定书已确认被告莫某对事故无责任,但由于我国法律对客运合同违约责任实行无过错责任原则,即只要承运人未将乘客安全运输至约定地点,不管其有无过错,都要承担违约责任。此外承运人明知驾驶的车辆没有营运资格,却用该车载客,在交通事故发生时造成乘客身体受到损害,应承担主要民事责任。乘客在应知承运人车辆没有营运资格,存在危险性情况下,仍然搭乘该车,客观上将个人的生命置于无安全营运保障的危险处境之中,亦应对其个人自愿冒风险的行为承担一定的责任。〔1〕

承运人的运输义务与旅客的协助和配合义务都是法定义务,怠于履行义务的需承担法律责任。个案中,根据具体案情划分责任比例。

【案例 5-48】 白某等与云南昆明交通运输集团有限公司公路旅客运输合同纠纷案

判决观点,(1)旅客在乘坐车辆时应当遵守"不随意在车厢内走动,头、手不要伸出窗外"等基本安全注意义务,旅客因自身的行为导致了其死亡后果,应承担主要责任。(2)承运人有义务将旅客安全送至目的地,未将旅客安全送抵目的地,应当承担相应的违约责任。(3)承运人未充分履行对旅客的安全保障义务,应当承担一定的责任。〔2〕

(五)责任竞合认定

民事责任竞合是指因某种法律事实的出现,而导致两种或两种以上的民事责任的产生,各项民事责任发生冲突的现象。违约责任与侵权责任是民事责任竞合中最常见的一种,两者在构成要件等方面有重大差异。《民法典》第一百八十六条对该问题作出了明确规定,立法明确承认了合同责任和侵权责任竞合。在诉讼上受害人既可提起违约之诉,要求对方承担合同责任,也可提起侵权之诉,要求对方承担侵权责任,由当事人选择有利于自己的一种诉由或诉因提起诉讼。应注意的是,《民法典》第九百九十六条规定:"因当事人一方的违约行为,损害对方人格权并造成严重精神损害,受损害方选择请求其承担违约责任的,不影响受损害方

---

〔1〕 参见最高人民法院民法典贯彻实施工作领导小组编著:《中国民法典适用大全》(合同卷四),人民法院出版社 2022 年版,第 2734 页。广西壮族自治区来宾市兴宾区人民法院(2013)兴民初字第 769 号民事判决书。

〔2〕 参见最高人民法院民法典贯彻实施工作领导小组编著:《中国民法典适用大全》(合同卷四),人民法院出版社 2022 年版,第 2787 页。昆明铁路运输法院(2019)云 7101 民初 280 号民事判决书。

请求精神损害赔偿。"因为违约责任不包含精神损害赔偿,如果旅客因为合同违约造成人格权损害的,有权主张精神损害赔偿。

【案例 5-49】 张某国诉于某忠、桓仁东方客运公司公路旅客运输合同纠纷案

法官尊重原告的处分权,依照法律规定向原告充分释明侵权和违约竞合时,当事人有权择一而诉,亦可按竞合之诉处理,并按照原告笔录确认更改案由为公路旅客运输合同纠纷,进行裁判。[1]

【案例 5-50】 余某琴诉广东省中山市骏宇出租小汽车运输有限公司、刘某海旅客运输合同纠纷再审案

二审法院认为,本案存在出租汽车运输合同与用人单位责任两种请求权的竞合,根据《合同法》第一百二十二条"因当事人一方的违约行为,侵害对方人身、财产权益的,受损害方有权选择依照本法要求其承担违约责任或者依照其他法律要求承担侵权责任"的规定,作为受害人的余某琴有权进行选择。余某琴在一审法院审理时明确选择本案的案由为用人单位责任纠纷,该选择是余某琴的诉讼权利,并不违反法律规定,因此,一审法院认定本案为用人单位责任纠纷的案由理据充分。再审法院驳回骏宇公司的再审申请。[2]

立法规定了责任竞合时的选择权,但未明确在责任竞合时,合同责任和侵权责任在实体法上的关系如何,是否可以相互影响,两者在诉讼法上如何具体展开,诉权与抗辩权的关系应当如何处理等实践中的争议问题。有法官认为,现行法律规范对责任竞合的规定应适于案件的受理及管辖阶段,不应通过扩大解释将其适用于处理侵权责任与合同责任的实体法关系。对于责任竞合的实体法问题,在现行法律规范没有直接规定的情形下,应当借鉴责任竞合的法理学说,选择最适合我国司法传统和实践的解决路径。在案件实体审理阶段,遵循现有的司法传统,首先由原告明确其诉讼请求及所依据的基础法律关系,原告依据侵权法主张权利的,对于双方合同中已经明确约定的事项,被告在侵权抗辩事由之外,有权依据双方合同约定提出相应的合同抗辩;法官应当向原告释明,其有权针对被告的合同抗辩提出对抗事由(合同条款无效或无明确约定);在此基础上,法官应当同时适用合同法和侵权法的规定,综合考虑侵权责任是否成立及责任范围,合同约定的效力及其对侵权责任的影响,兼顾侵权法、合同法立法目的以及当事人合同目的作出实体裁判,从而实现受害方权利充分救济和

---

〔1〕 参见国家法官学院案例开发研究中心编:《中国法院 2015 年度案例》(合同纠纷),中国法制出版社 2015 年版,第 176 页。辽宁省本溪市桓仁满族自治县人民法院(2013)桓民一初字第 204 号民事判决书。

〔2〕 参见《人民司法·案例》2020 年第 5 期(总第 880 期)。广东省中山市中级人民法院(2017)粤 20 民终 1681 号民事判决书,广东省高级人民法院(2017)粤民申 8395 号民事裁定书。

纠纷一次性解决相统一。[1]

【案例 5-51】 东京海上日动火灾保险(中国)有限公司上海分公司与新杰物流集团股份有限公司保险人代位求偿权纠纷案

二审法院认为,本案争议焦点在于,责任竞合的情况下应当如何处理侵权责任与合同责任的关系问题。根据《合同法》第一百二十二条的规定,在仅明确了责任竞合的情况下,当事人一方有权择一主张权利,但并未明确一方选择后,合同责任与侵权责任之间的关系,以及另一方抗辩权是否也必须择一主张。在法律并无明确规定的情况下,应当遵循自愿、公平、诚实信用的基本原则,合理平衡当事人利益。对于同一损害,当事人双方既存在合同关系又存在侵权法律关系的,不能完全割裂两者的联系,既要保护一方在请求权上的选择权,也要保护另一方依法享有的抗辩权。在责任竞合的情况下,如果允许一方选择侵权赔偿,并基于该选择排除对方基于生效合同享有的抗辩权,不仅会导致双方合同关系形同虚设,有违诚实信用原则,也会导致市场主体无法通过合同制度合理防范、处理正常的商业经营风险。[2] 本案纠纷在货物、客运运输领域较为常见,案由虽为保险人代位权纠纷,但实质争议焦点在于违约责任与侵权责任竞合时,应当如何理解两者的关系。

(六)客运合同效力

在客运领域中,大量适用格式条款。对于格式条款的效力判断,其应符合《合同法》的相关规定,免除提供格式条款一方当事人主要义务、排除对方当事人主要权利的格式条款无效。提供格式条款一方未尽到合理提示、说明义务的,其格式条款将被认定为无效。

【案例 5-52】 李某宽诉焦作市公交公司退还乘车 IC 卡余额案

判决观点,原告在购买被告公交总公司所销售的 IC 卡同时,双方已经构成城市公交运输关系,被告在市内公共运输中推广使用 IC 卡时,制定了《焦作市公交乘车 IC 卡使用须知》,其中规定了双方当事人的权利义务。但该规定不是双方当事人在平等自愿基础上,经过协商一致形成的,只是被告为了大量地反复使用,达到方便企业经营操作的目的,而单方面制作出来的,应属于格式合同的内容。原告提前存入 IC 卡中的人民币,是一种预付款的性质,

---

〔1〕参见王利明主编:《判解研究》2019 年第 3 辑(总第 89 辑),人民法院出版社 2019 年版,第 171~177 页。

〔2〕上海市第二中级人民法院(2017)沪 02 民终 6914 号民事判决书。

原告要求退回没有消费的余额,并不损害被告的合法权益。但是,被告作出消费者退卡时不退余额的规定,排除了消费者自主选择消费方式的主要权利,应属无效。为此,原告要求确认该条款无效的诉讼请求,符合法律规定,予以支持。[1]

旅客购买的无座车票价格与有座车票相同,对该旅客运输合同效力有争议时如何认可。铁路运输企业执行政府定价并将相关信息进行明示告知的行为并无不当,当事人之间订立的建立在诚信、平等、自愿、选择的基础上的铁路旅客运输合同合法有效。

【案例5-53】 丁某祥诉北京铁路局运输合同无座车票价格纠纷案

二审法院认为,铁路运输客票价格属于政府定价范围,作为承运人的北京铁路局无权制定和变更票价。本案所涉及的无座车票,是国家铁路主管部门为解决春运等期间存在的广大旅客巨大运输需求与铁路运力严重紧张的矛盾,而采取的一项允许硬座车厢一定比例超员运输的措施,关于无座票的价格,政府有关部门并未特别对此作出规定,故北京铁路局作为承运人按照政府有关主管部门公布的同期硬座车票价格出售无座票的行为并无不当。铁路运输企业发售车票时,其价格、乘车时间、车次以及是否有座号等信息均在购票前向旅客进行了明示告知。上诉人丁某祥作为完全民事行为能力人,购票前在北京铁路局已告知其所乘车次只剩无座票及相应票价的情况下,自主、自愿选择购买了无座票,其与北京铁路局之间所订立的铁路旅客运输合同是建立在诚信、平等、自愿、选择的基础上的,不违反法律禁止性规定,合法有效。且被上诉人作为承运人已将上诉人安全送到了目的地,履行了自身合同义务,使上诉人订立运输合同的目的得到了有效实现,本案铁路旅客运输合同已实际履行完毕,不存在上诉人所述被上诉人利用自身优势双方订立的合同显失公平的问题。关于丁某祥提出的变更合同价款,返还多收取的5元车票款的诉请,因缺乏事实和法律依据,故一审法院作出的判决驳回其诉讼请求的处理并无不当。综上,上诉人的上诉理由不能成立,原审判决认定事实清楚,适用法律正确,应予维持。[2]

火车票未载明而体现在《铁路旅客运输规程》中的退票相关规定是否对铁路旅客运输合同双方具有约束力?火车票是铁路旅客运输合同的基本凭证,受票面的限制,火车票上载明的内容即发站、到站、票价、车次、乘车日期、有效期等,但其

---

[1] 参见最高人民法院中国应用法学研究所编:《人民法院案例选》2005年第1辑(总第51辑),人民法院出版社2005年版,第178页。

[2] 参见最高人民法院中国应用法学研究所编:《人民法院案例选》2007年第4辑(总第62辑),人民法院出版社2008年版,第179页。

并非铁路旅客运输合同的全部内容而是主要内容。合同双方的其他权利义务由国家有关铁路旅客运输的法律、法规、规章,尤其是《铁路旅客运输规程》明确加以规定,并以公开出版发行等方式向社会公众公示告知,《铁路旅客运输规程》相关规定视为合同的内容,双方当事人应当共同遵守。

【案例5-54】 孙某辰诉北京铁路局铁路旅客运输合同纠纷案

一审法院认为,原告在铁路旅客运输合同成立后,因自身原因不能按票面指定的日期、车次乘车,在发站开车前要求退票,被告按车票面额432元的20%核收85元退票费符合相关规定,因《铁路法》是特别法,其明确规定国家铁路的旅客运输杂费的收费项目和收费标准由国务院铁路主管部门规定,而被告作为铁路运输企业在运输经营业务中执行上述规定是正当的,并无不妥之处。故原告认为被告收取退票费于法无据的主张,本院不予支持。关于原告认为《关于修改行包运输计费及客运杂费有关规定的通知》未经过听证、程序违法的意见,因该收费标准并非被告所制定,而是由法律授权国务院铁路主管部门制定的规章所规定,其不属司法审查范围,故本案不涉。关于原告认为被告在引用或执行收费规定时没有履行明示义务的意见,本院认为,规定此内容的上述现行有效的法律、政府部门规章均为向社会公开颁布后施行的,任何人均应知晓,原告孙某辰亦应知晓。至于被告北京铁路局是否应采取其他措施进一步明示或宣传,属于被告自身完善其服务的内容,故本院不涉。据此,判决驳回原告孙某辰的诉讼请求。二审法院亦持相同意见,维持原判。[1]

在网络实名制购票大为普及的今天,既有的铁路乘运规则(特别是补票规则)是否仍有其合理性,其格式合同效力仍为案件的争议焦点。

【案例5-55】 罗某某诉上海铁路局旅客运输合同纠纷案

二审法院认为,首先,涉案合同虽为格式合同,但并不存在《合同法》第四十条规定的因具备该法第五十二条和第五十三条规定情形而导致格式条款无效的情况。其次,涉案合同不存在免除承运人自身责任的条款。最后,涉案合同不存在加重旅客责任的条款,因为持有效客票乘运乃是《合同法》第二百九十四条等相关法条明确规定的旅客应尽的法定义务,无票补票也是法定的违法责任。而且,在涉案合同中,铁路承运人考虑到旅客利益,已经为遗失车票而补票的旅客提供了有效的权利救济途径。正如罗某某所了解的那样,购票后直至开车前20分钟,旅客发现车票丢失可以凭原购票证件补买

---

[1] 参见最高人民法院中国应用法学研究所编:《人民法院案例选》2008年第3辑(总第65辑),人民法院出版社2009年版,第218页。

一张同样车票,上车后向列车司乘人员声明并接受重点核查后,车票坐席使用正常,旅客可以凭客运记录至到站退还补票费用。此种情况之所以可以退还补票款,前提在于旅客发生违约行为遗失车票后应有义务及时告知铁路承运人,并主动配合铁路承运人对车票使用情况进行重点核查,以尽力避免因遗失车票的不当利用而致铁路承运人损失。之所以如此规定,是本着公平合理原则,未全面履行合同义务的一方有义务配合守约方共同防止损失的产生与扩大。但本案的情况显然不属于可以退还补票款的情形。上诉人既无法证明车票的合理使用情况,客观上亦无法查明遗失车票的使用情况,补票费用丧失退还机会的责任在上诉人。另外,涉案合同也不存在排除旅客主要权利的格式条款。因此,上诉人关于涉案合同格式条款因加重旅客方责任无效的理由不能成立。关于《铁路旅客运输规程》的效力对本案合同效力的影响问题。二审法院认为,本案中《铁路旅客运输规程》是涉案合同的组成部分,争议条款内容与有关法律规定完全一致,并且对合同条款效力的审查应当依据《合同法》的相关规定进行。因此,上诉人罗某某提出审查《铁路旅客运输规程》的效力在本案中没有实质意义。关于格式条款的特别提示说明义务问题。如前所述,本案争议条款并不存在提供格式条款一方免除自身责任、加重对方责任、排除对方主要权利的情形,而且当法条内容完全转换为合同条款时,因法律公之于众的特性,全社会都应当一同遵守。因此,本案中格式条款提供方就系争条款不存在特别提示和说明义务。上诉人罗某某关于系争条款未经提示和说明而无效的主张不能成立。[1]

目前航空旅客运输合同大多体现在电子客票领域,国内各大航空公司都推出电子客票,电子客票复杂的缔约过程使其在订立、生效的过程中,较一般的航空客运合同来讲有其特殊性。在电子客票的出具过程中,航空公司基本上没有在网页的明显位置列明运输合同条件,而是以超链接的方式展现,订票人需点开链接了解其内容,有时会因为线路繁忙、无法连上或传输等因素导致内容不完整或无法辨识,此时客观上剥夺了旅客的知情权,使格式条款成为了默认条款,旅客只有无条件接受并执行的义务,这是不符合《民法典》的立法本意的。

在支付系统产生故障的情况下,购票人支付成功与否是客观事实。因此,网站关于"系统产生票号后即为支付成功"的提示条款,系其免除自身责任的格式条款,违反《民法典》第四百九十七条规定(《合同法》第四十条的规定),应认定为无效。

---

[1] 参见郭伟清主编:《2017年上海法院案例精选》,上海人民出版社2018年版,第27~28页。

【案例 5-56】 梁某月诉中国东方航空股份有限公司旅客运输合同纠纷案

一审法院认为,支付是否成功是一种客观事实,不因合同事先约定而改变,被告抗辩意见显然违背了原告已按合同履行付款义务的客观事实,也与法律规定的合同成立构成要件不符。被告网站关于"系统产生票号后即为支付成功"的提示条款,系其免除自身责任的格式条款,依法应确认无效。故对其抗辩意见不予采纳。二审法院亦持同样意见,维持原判。〔1〕

机动车交通事故责任认定前,双方当事人达成赔偿协议有效,应受法律保护。

【案例 5-57】 重庆市万州汽车运输有限责任公司巫溪分公司诉吴某润等运输合同纠纷案

一审法院认为,2011年12月30日,原、被告双方就王某英的死亡赔偿达成了赔偿协议,由原告汽运巫溪公司、被告宜昌交运公司共同垫付55万元。该协议中虽说是垫付,而领条中表述的是赔付王某英的损害赔偿费用,从协议书全文表达的意思上可看出被告吴某润(王某英丈夫)、杨某秀(王某英母亲)无返还之责,协议书中也没有明确原告汽运巫溪公司、被告宜昌交运公司之间谁为谁垫付。原告汽运巫溪公司也无证据证明合同无效之情形,原、被告双方就王某英的死亡赔偿事项达成了赔偿协议并已履行完毕,系双方的真实意思表示,没有违反法律、行政法规的禁止性规定,也不违反社会公序良俗。综上,对原告汽运巫溪公司要求四被告返还所赔付之款的请求不予支持。二审法院认为,《交通事故协议书》虽字面为垫付赔偿款,但同时约定就受害人王某英的损害赔偿事宜就此了结。故该协议能够证明双方当事人对王某英的赔偿事宜达成一致意见,上诉人也于协议书达成的次日履行完毕。虽然交警部门于2012年10月21日作出了交通事故认定书,认定上诉人不承担事故责任,但该协议系双方的真实意思表示,且已履行完毕,故上诉人提出与受害人亲属达成的协议是垫付赔偿款的理由也不成立。至于上诉人提出的被上诉人宜昌交运公司领取的交强险赔偿款项应按比例分割,因该协议并不涉及,本案不予处理。故原审判决认定事实清楚,适用法律正确。〔2〕

航空旅客会员积分的合同属于有偿、双务合同,航空公司对于会员积分有效期的设定,符合《民法典》关于合同可以设定履行期限和解除期限的规定。关于会员积分逾期作废的格式条款,航空公司制定时遵循公平原则的其格式条款

---

〔1〕 参见最高人民法院中国应用法学研究所编:《人民法院案例选》2012年第3辑(总第81辑),人民法院出版社2012年版,第158页。上海市第一中级人民法院(2011)沪一中民一(民)终字第1352号民事判决书。

〔2〕 参见国家法官学院案例开发研究中心编:《中国法院2016年度案例》(合同纠纷),中国法制出版社2016年版,第181~182页。重庆市第二中级人民法院(2014)渝二中法民终字第01474号民事判决书。

有效。

【案例5-58】 蒋某中诉中国东方航空股份有限责任公司航空旅客运输合同纠纷案

判决观点:"东航万里行"的会员手册系被告单方提供的格式条款,按照法律规定,被告作为格式合同制定者具有法定的提示和说明义务,且格式条款内容应遵循公平原则。首先,被告在官网上对会员手册进行常态化公示,告知内容明确,使用的语言通俗易懂,符合一般消费者的通常理解。其次,会员积分属于会员履行航空运输特定义务之后,航空公司单方对会员做出的奖励行为,订立合同的目的系激发会员的消费热情,原告在享受会员服务时无需支付合同对价,享受权利较多,负担义务较少,因此,被告对于积分使用设定3年的有效期并未导致双方的权利义务失衡,也符合交易习惯,该格式条款具有合理性。原告主张未收到会员手册以及对合同条款不知情,对此法院认为,原告注册成为会员,自身负有主动了解会员权益和积分使用情况的注意义务,据被告举证原告于2013年进行积分兑换、2016年查询积分等情况,可推定原告对会员的相关权利义务系明知且实际按照会员手册履行。因此,被告设定积分有效期的条款不违反公平原则,被告采取的提示方式能够引起消费者的注意,相关条款合法有效。[1]

(七) 共同风险承担

不可抗力是法定的免责事由,迟延履行后发生的不可抗力为例外。之所以将不可抗力确定为免责事由,其主要依据是过错责任原则,当事人对于不可抗力所导致的损害在主观上是不能预见、不能避免并不能克服的,由于主观上不存在过错,无过错即无责任,因此不应承担责任。因不可抗力违约,违约人虽可免除违约责任,但并不能免除不可抗力的风险责任。当事人订立合同,是为了互相帮助而实现各自的期待利益,只有通过共同履行合同,双方才可能实际拥有这种利益,因此,当事人双方在履行合同过程中应视为一个整体,共同追求利益。在该过程中因不可抗力而遭受的损失应视为共同损失,共同风险责任自然应由双方当事人共同承担。客运合同中当事人双方因不可抗力造成的损失,应从均衡合同双方利益的目标出发,由双方依公平责任原则按一定比例共同负担。承运人对公路客运途中发生的堵车在一定程度上可以预见,但不能准确预见其发生的确切时间、地点、

---

[1] 参见最高人民法院中国应用法学研究所编:《人民法院案例选》2019年第12辑(总第142辑),人民法院出版社2020年版,第89页。上海市浦东新区人民法院(2017)沪0115民初64822号民事判决书。

延续期间、影响范围,因此,堵车属不可抗力事件。承运人虽可免除违约责任,但不可免除不可抗力的风险责任。对堵车造成的损失,承运人和托运人应依公平责任原则按一定比例共同负担。

【案例5-59】 江阴市友好旅行社有限公司诉韩某全、无锡市锦江旅游客运有限公司合同纠纷案

一审法院判决被告韩某全、锦江公司连带赔偿友好公司损失33270元。二审审理中在损失的具体责任分配上,兼顾公平原则,按照各半的比例共同承担。法院主持调解时,充分注意到友好公司与承运人对本次承运费用尚未结算,韩某全在堵车误机后,还接受友好公司指令将旅客及时安全转送到上海浦东机场,保证友好公司转机飞新疆等情况。因此在具体分配责任时,将未结算的运费和误机的损失一并处理,扣除友好公司应承担的运费后,对于损失33270元,友好公司承担21270元,韩某全承担12000元,锦江公司对韩某全承担的12000元负连带责任,并且明确此后双方无其他纠葛。这样既符合法律的精神,又兼顾双方的利益。原审未认定堵车性质,所作责任分担是欠妥的。[1]

(八)强制缔约义务与安全保障义务关系

《民法典》第八百一十条规定(《合同法》第二百八十九条)体现了公共运输承运人的强制缔约义务。与此同时,《民用航空法》规定公共运输企业负有保障航空安全的法定义务。问题是,对于承运人在承载特定旅客时可能不利于保障飞行安全的情况,法律缺乏更细致的规定。对此,笔者认为,首先,强制缔约义务保障的是公民的缔约自由,而保障航空安全义务保障的是公共安全,在个人自由与公共安全相冲突时,适当限制个人自由已成为当今世界各国的共识。其次,如要求航空承运人在不得违反强制缔约的前提下保障飞行安全,航空承运人可能会为不可预知的安全风险贸然投入巨大的防范成本,故不符合效益原则。再次,我国民航业的发展早已跨越了所谓自然垄断或寡头垄断竞争的阶段,已经成为一个在一定程度上可充分竞争的产业,这也在一定程度上削弱了科以航空承运人强制缔约义务的意义。最后,对《民法典》第八百一十条规定进行更加细致的分析,其条文对旅客的运输要求附加了"通常、合理"的限制条件,虽然并无明确的法律解释或司法解释对该限制条件的内涵进行明确,但基于法律精神去理解,不得危害航空

---

[1] 参见最高人民法院中国应用法学研究所编:《人民法院案例选》2007年第4辑(总第62辑),人民法院出版社2008年版,第272页。

安全应为题中之义。综上,两相权衡,安全保障义务相对于强制缔约义务的优先履行就具有一定的正当性。在民航承运人履行强制缔约义务不利于保障航空安全的情况下,法院应当在个别乘客消费者权利与其他乘客的生命财产权利之间作出价值权衡,应当允许民航承运人基于安全事由拒载个别乘客,但为防止民航承运人滥用拒载权利,应当为遭受拒载的旅客设置救济途径。

【案例5-60】 范某军诉厦门航空有限公司、中国旅行社中旅大厦售票处人格权纠纷案

二审法院认为,我国现行的法律、法规虽然尚未对航空器的所有人、经营人限制乘客登机作出明确的规定,但国际民航组织对可能影响航空安全的人拒绝登机是有规定的,国内航空公司也有相应的行业管理规范对此予以规制。航空运输的高风险为社会大众所知晓,航空安全涉及众多乘客的生命、财产权益,厦航基于与范某军的一些非理性表现行为,对范某军乘机可能引起的安全问题产生怀疑,并采取限制措施,范某军应给予理解,希望范某军能理性、客观地对待。另外,厦航在处理与范某军矛盾的整个过程中,欠缺及时、主动、有效的沟通及应对,厦航亦应从中吸取教训。综上,范某军对于厦航的上诉请求,缺乏依据,本院不予支持。原审法院判决并无不当,予以维持。[1]

(九)个人运营专车定性

所谓个人运营专车,是指私家车主通过向网络科技公司提交申请,经审核准入成为专车司机。网络科技公司通过互联网终端软件(打车软件),整合专车信息,由乘客通过软件预约用车出发地和目的地,专车司机通过网络在线即时作出响应,驾驶私家车将乘客从起运地运送到目的地,并按照事先约定标准收取运费。个人运营专车是近期"互联网+"时代新生事物,其法律性质和效力是认定疑难问题。对于个人运营专车的法律性质,有租赁合同、委托合同和客运合同三种观点。有法官认为,确定合同关系性质,应综合考量合同标的、合同目的、主要条款、交易习惯和当事人约定的利益状态,故专车虽然在承运人主体资格方面不同于传统的出租车运输,但其性质仍应为客运合同。[2] 笔者赞同法官的观点。这是基于个人运营专车标的为运送乘客的行为,目的是将乘客从起运地运输到目的地,

---

[1] 参见最高人民法院中国应用法学研究所编:《人民法院案例选》2013年第2辑(总第84辑),人民法院出版社2013年版,第160页。

[2] 参见郑重:《个人运营专车宜定性为客运合同》,载《人民法院报》2015年8月26日,第7版。

乘客所支付的价款属事先约定计算标准和计算方法的运费,并非机动车的租赁或委托驾驶人员的费用,这些特征符合客运合同属性,而不构成租赁合同或委托合同之内涵。关于个人运营专车运输合同的效力,是极有争议问题。个人运营专车因涉及运营资格,其从事道路运输违反国务院制定的《道路运输条例》第六十四条规定,而该条例被有的法官作为判定合同效力的依据。根据《民法典》第五百零二条规定,判断合同效力的依据是效力性的法律和行政法规,而非管理性的法律和行政法规。《道路运输条例》中对未取得道路运输经营许可、擅自从事道路运输的行为规定了行政处罚和刑事处罚方式,旨在实现对涉及道路运输经营行为的行政管理或纪律管理的需要。《道路运输条例》并无规定无道路运营许可的客运合同无效,也不能从行政处罚和刑事处罚规定中推导出判断合同效力的依据。因此,道路交通行政管理部门对违法运营的机动车的认定和处罚,并不必然影响乘客和专车司机之间客运合同的成立和生效,其客运合同是有效的,应受法律保护。在确定个人运营专车为客运合同性质后,个人运营者违反合同义务的,无疑应承担合同责任。

(十) 客运合同纠纷案件法律适用

客运合同纠纷除发生在公路运输外,相当一部分发生在航空运输中,而后者运输活动不局限于一国领土内或一国当事人之间,常有涉外因素,因此涉及适用法律问题更为复杂。在国际航空运输案件中,其纠纷属于国际航空条约调整范围的,法院则应优先适用国际条约。对涉案纠纷不属于国际条约调整的,法院应适用本国冲突规范寻找准据法。就国内航空运输案件而言,优先适用《民用航空法》,因为该法为调整航空运输关系的特别法。

【案例 5-61】 杨某诉中国某航空股份有限公司航空旅客运输合同纠纷案

二审法院认为,本案当事人之间为航空运输合同关系,涉案运输出发地为长春、目的地为上海,属国内航空运输;同时,涉案纠纷主要为运输延误导致的承运人赔偿问题,属《民用航空法》的调整范围,本案应当适用《民用航空法》及《合同法》相关规定处理。[1]

【案例 5-62】 谢某诉中国东方航空股份有限公司航空旅客运输合同纠纷案

二审法院认为,关于本案适用法律,应当以特别法优于普通法为原则,

---

[1] 上海市第一中级人民法院(2009)沪一中民一(民)终字第2109号民事判决书。

《民用航空法》有优先适用的效力。一审首先适用该法的规定,在该法没有规定的情况下,才适用《合同法》的相关规定,故一审法院适用法律正确。[1]

当在纠纷不属于《民用航空法》调整范围,也不具有涉外因素时,法官应直接适用我国实体法。

【案例5-63】 郭某诉中国某航空股份有限公司航空旅客运输合同纠纷案

法院适用了《合同法》《消费者权益保护法》审理本案,理由在于:原、被告间成立了航空旅客运输关系,被告已良好地完成了运输义务,并未造成旅客人身及财产损失;而当事人就食品质量瑕疵形成的争议不属于《民用航空法》调整范围,应适用《合同法》《消费者权益保护法》处理。[2]

对补票、退票、改签等争议,应依照铁路总公司的相关规定处理。

【案例5-64】 戴某与广州铁路(集团)公司铁路旅客运输合同纠纷案

判决观点,(1)承运人作为铁路运输企业在发售车票时,其关于客票价格、乘车区间、车次等信息均已在购票前向旅客进行了明示告知。旅客作为完全民事行为能力人,在知悉车票价格的情况下,没有在原运输合同约定的到站下车,而是自主、自愿选择越站乘车变更新的到站,并支付越站区间的票价和手续费,系其与承运人在平等、自愿、诚信的基础上对原合同进行变更,合同内容为双方当事人的真实意思表示,且不违反法律的禁止性规定,合法有效,对双方均具有约束力。(2)从铁路客票价格制定和收取的相关规定看,铁路运输客票价格属于政府定价范围。旅客主张承运人票价计算方式不合理,不属于民事诉讼审查范围,应另循途径解决。[3]

【案例5-65】 王某与中国铁路西安局集团有限公司等铁路旅客运输合同纠纷案

判决观点,从合同履行来讲,合同双方均应遵循诚实信用原则,不得随意变更合同,旅客欲退票或改签,应遵循合同约定的方式按照车站的规定办理手续。旅客通过网络购票,可在网站平台申请退票或改签,但其并未举证证明其通过网络进行了申请操作。铁路运输属于公共服务,要兼顾公共利益及旅客个人利益,在不能核实旅客身份的情况下,随意解除合同退还票款,势必

---

[1] 参见张海棠主编:《上海法院30年经典案例(1978—2008)》(下卷),上海人民出版社2009年版,第1205页。上海市第一中级人民法院(2005)沪一中民一(民)终字第1052号民事判决书。

[2] 上海市第一中级人民法院(2010)沪一中民四(商)终字第599号民事判决书。

[3] 参见最高人民法院民法典贯彻实施工作领导小组编著:《中国民法典适用大全》(合同卷四),人民法院出版社2022年版,第2764~2765页。长沙铁路运输法院(2015)长铁法民初字第9号民事判决书。

造成合同任意解除的后果,浪费公共资源,损害公共利益。[1]

需要特别注意的是,由于运输方式的不同,风险的程度也不一样,所以各专门法对旅客运输中承运人的免责事由的规定有所不同。根据特别法优于普通法的原则,特别法有不同的规定时,应当适用特别法的规定。[2]

---

[1] 参见最高人民法院民法典贯彻实施工作领导小组编著:《中国民法典适用大全》(合同卷四),人民法院出版社2022年版,第2768页。北京市第一中级人民法院(2020)京01民终8346号民事判决书。
[2] 参见黄薇主编:《中华人民共和国民法典合同编释义》,法律出版社2020年版,第724页。

三、客运合同纠纷处理

(一)赔偿主体范围处理

客运合同由旅客与承运人双方订立,根据合同相对性,旅客与承运人为合同当事人。

【案例5-66】 茅某诉上海交通某客运有限责任公司公路旅客运输合同纠纷案

根据原告所住小区业主委员会与被告的协议,由被告提供班车每日有偿运送小区居民至徐家汇。事发当日,原告欲从被告班车下车时,因部分乘客先行上车,原告被挤绊而在下车踏板处摔倒受伤。二审法院认为,原告乘坐被告班车,原、被告之间为公路客运合同关系。[1]

【案例5-67】 赵某婧诉南通文峰外事旅游汽车有限公司公路旅客运输合同纠纷案

二审法院认为,客运合同通常采用票证形式,其表现形式为客票,客票系承运人表示有运送其持有人义务的书面凭证,是收到旅客承运费用的收据,客票是客运合同的唯一凭证,也是旅客乘运的唯一凭证。本案中,赵某婧持有的客票系南通文峰公司签出,赵某婧亦按客票指定的时间、地点乘坐车辆,故与赵某婧存在旅客运输关系的相对方应为南通文峰公司。运输车辆虽系上海巴士公司所有,但赵某婧乘坐的系南通文峰公司安排的车辆,上海巴士公司并非客运合同当事人。本起事故发生在通常汽渡待渡区,上海巴士公司的车辆已支付摆渡费,而摆渡费是根据车型一次性收取,故通常汽渡与上海巴士公司之间形成客车摆渡运输关系,通常汽渡与赵某婧不构成客运关系。根据相对性原则,与赵某婧存在旅客运输关系的仅为南通文峰公司。本案中,赵某婧选择的是合同之诉,故其损失的赔偿主体应为南通文峰公司。[2]

---

[1] 上海市第一中级人民法院(2008)沪一中民一(民)终字第5218号民事判决书。
[2] 参见任智峰:《旅客下车不慎摔伤,承运人当依法赔偿》,载《人民法院报》2007年10月19日,第5版。江苏省南通市中级人民法院(2007)通中民一终字第0447号民事判决书。

但应注意,在实践中,以承运人承担赔偿责任主体具有扩张性。如房地产开发公司为前来咨询房地产项目的购房人(处于看房阶段)提供免费的看房班车,购房人和开发商之间形成客运合同关系,购房人在乘坐看房班车时发生事故,房地产公司应当承担赔偿责任。如杨某良、江某娴、张某福、杨某睿诉北京山林世纪房地产开发有限公司公路旅客运输合同案。〔1〕

因运输合同外的他人造成旅客人身损害,旅客主张违约损害赔偿的,赔偿责任人是承运人而不是实施侵害的第三人。也就是说,侵权人与受害人同属旅客,双方之间没有合同关系,不应该承担旅客因承运人的违约赔偿责任。旅客要求承运人承担违约责任,而不是侵权责任,不能适用《侵权责任法》的相关规定来确定旅客的身体伤害的赔偿责任承担者。承运人(违约方)和侵权人(旅客)之间的纠纷应依照法律规定另行解决。

【案例 5 - 68】 张某敏诉广州铁路(集团)公司、武广铁路客运专线有限公司等铁路旅客运输合同纠纷案

判决观点,本案被告广铁公司应承担原告的违约赔偿责任,被告广铁公司是受武广公司委托,从事具体高铁运输业务的受托人,故本案合同违约损害赔偿责任最终由被告武广公司承担。〔2〕

客运合同发生纠纷后,旅客对实际承运人和订约承运人起诉有选择权。

【案例 5 - 69】 阿某诉东方航空公司国际航空旅客运输合同纠纷案

二审法院认为,根据本案所适用的国际公约的规定,由一家航空公司出票并实际承运部分航程、另一家航空公司承运另一部分航程的航空旅客运输,该两家航空公司并非航空法上的连续运输关系。旅客追究实际承运人承运航程的责任时,可以选择起诉对象。被起诉的一家航空公司申请追加另一家航空公司参加诉讼的,法院可以根据审理案件的实际需要、诉讼成本、旅客维权的便捷性等因素决定是否准许。〔3〕

客运合同由他人代为履行,承运主体是否变动问题。在第三人代为履行客运合同中,合同主体并未发生变更,其签订合同负有运送义务一方仍是承运人,为履行合同运送义务主体。

---

〔1〕 参见《中国审判案例要览》(2006年民事审判案例卷)。
〔2〕 参见国家法官学院案例开发研究中心编:《中国法院2017年度案例》(合同纠纷),中国法制出版社2017年版,第165页。长沙铁路运输法院(2015)长铁法民初字第24号民事判决书。
〔3〕 参见《最高人民法院公报》2006年第10期。

【案例 5-70】 苏州职工国际旅行社有限公司诉吴某强、吴某明运输合同纠纷案

判决观点,原告接受运输合同一方吴某强指派给第三人吴某明的承运服务,该事实表明原告同意由吴某明承运,但并不能以此得出原告同意将运输合同中吴某强的权利义务一并转让给第三人吴某明。第一,从运费结算方法看,原告认为其与吴某强结算,对此吴某强予以肯定。第二,被告吴某明否认接受了合同权利和义务,吴某强也没有证据证明已将合同的权利义务一并转移给吴某明。第三,原告没有认可合同权利义务的转移,故本案中原告与被告吴某强的运输合同没有转移给吴某明,运输合同的主体仍然是旅行社与吴某强。从本案现有证据仅能证明,被告吴某明接受被告吴某强的委托,代吴某强将原告的旅客送至上海浦东机场,因此产生的法律责任及于被告吴某强。现被告吴某明履行合同义务不符合约定,与原告多支出票款 37050 元存在因果关系,造成的损失应由吴某强承担。而两被告之间是否存在雇佣关系,本案不予理涉。综上,原告旅行社与被告吴某强签订的口头运输合同合法有效,应受法律保护。由于被告吴某强履行合同义务不符合约定,应当承担由此造成的损失,原告以两被告共同违约,请求承担赔偿责任没有法律依据,故不予支持。[1]

在出租运输行业,出租车辆挂靠出租车公司经营的,是所有权和经营权分离前提下的共同经营。当该出租车在营运中发生交通事故造成乘客人身损害需要承担赔偿责任时,出租车的所有者和经营者应负连带赔偿责任。根据合同相对性原理,雇员在从事雇佣活动中致人损害的,在违约之诉中只能请求追究雇主的责任。

【案例 5-71】 余某琴等诉宜昌交运集团公司、杜某龙、李某运输合同纠纷案

二审法院认为,本案车辆的所有权属于杜某龙,而车辆的营运权属于被上诉人交运出租车分公司,车辆所有权与经营权是分离的。被上诉人交运出租车分公司与被上诉人杜某龙是一种依托关系。宜市公用[1999]1号文件规定,双方约定依托企业经营管理的出租车,凡属经营者个人购买的车辆,其车辆所有权属经营者个人所有,并在合同中载明。车门喷印依托的企业名称(该企业必须有出租车经营资格),行驶证同时载明企业名称和经营者个人姓名。按照宜昌市政府(宜府办发[1999]151号)文件规定,交运出租分公司

---

[1] 参见最高人民法院中国应用法学研究所编:《人民法院案例选》2006 年第 3 辑(总第 57 辑),人民法院出版社 2007 年版,第 236~237 页。

每月要向车辆所有人收取服务费300元,并且车辆所出具的车票上印有交运出租车分公司的印章。因此,该车的所有权与经营权虽然是分离的,但作为营运是同时并存的。被上诉人交运出租车分公司虽不具有企业法人资格,但其在工商部门进行登记已取得营业执照,能够独立承担民事责任。本案中,李某执行职务的行为造成了交通事故。因此,本案客运合同的承运人应为车辆的所有人杜某龙及车辆经营权人交运出租车分公司,故杜某龙与交运出租车分公司应承担连带赔偿责任。[1]

(二)承运人赔偿损失处理

承运人赔偿损失范围包括两方面内容,即违约造成的损失和适用严格责任应承担的损失。后者的损失更多是由第三人造成的,其承运人承担的实质是补偿责任。

1. 赔偿责任承担

对承运人的违约等原因造成旅客受到损失的,根据《民法典》第八百二十条(《合同法》第二百九十九条)规定承担赔偿责任。

【案例5-72】 杨某辉诉南方航空公司、民惠公司客运合同纠纷案

判决观点,原告杨某辉持机场名称标识不明的机票,未能如期履行。参照迟延运输的处理办法,被告南航公司应负责全额退票,并对旅客为抵达目的地而增加的支出进行赔偿。除此以外,杨某辉提出请求赔偿的其他损失,缺乏相应的事实和法律依据,不予支持。[2]

【案例5-73】 朱某英诉云南机场地面服务有限公司、成都航空有限公司航空旅客运输合同纠纷案

判决观点,原告因未能按计划出行到达目的地,故被告订立合同的目的已不能实现,原告要求退款并赔偿损失的主张实质是单方解除了双方订立的运输合同。因被告成都航空有限公司违约给其造成的直接损失是原告支付的机票款,即人民币860元,该款应当赔偿给原告。对原告提出双倍返还机票款的诉请没有事实和法律依据,人民法院不予支持。对原告主张的其他损失共计人民币1万元,因原告未提交相应证据证实,根据《民事诉讼法》第六

---

[1] 参见最高人民法院中国应用法学研究所编:《人民法院案例选》2005年第3辑(总第53辑),人民法院出版社2006年版,第116~117页。

[2] 参见《最高人民法院公报》2003年第5期。

十四条第一款规定,当事人对自己提出的主张,有责任提供证据。故按照"谁主张,谁举证"的举证分配原则,依法应由其承担不利法律后果。且事发后被告成都航空有限公司积极委托被告云南机场地面服务有限公司及时为原告提供了必要的帮助,并支付了一定费用,避免了原告经济损失的进一步扩大。但因被告的违约行为确实造成了原告未能按期到达目的地,客观上给原告的生活、工作及出行等造成了一定影响和损害,原告需要另外选择其他交通工具并有人陪同才能到达目的地,自然会产生一些额外的费用和负担,此损失应由违约方即被告成都航空有限公司来承担。故人民法院在综合考虑被告成都航空有限公司委托云南机场地面服务有限公司为原告安排食宿及两次就医,已支付了一定经济赔偿费用的情况下,酌情支付人民币2000元作为原告不能正常乘机而产生的交通费及陪同人员的费用。对原告要求两被告连带在《春城晚报》《都市时报》《中国民航报》《中国民航》杂志上向原告赔礼道歉的诉请,因航班延误造成的损失必须是实际的经济损失,不包括因延误给旅客造成的精神损失,且合同纠纷中并没有赔礼道歉的违约责任承担方式,被告成都航空有限公司在事后也积极采取了相应补救措施,故原告的该项诉请没有相应事实和法律依据,人民法院亦不予支持。〔1〕

承运人未履行安全运输义务造成旅客人身伤亡构成违约,承运人应对运输过程中旅客的伤亡承担损害赔偿责任,该责任为无过错责任。

【案例5-74】 甲铁路局诉宁某青铁路运输合同纠纷案

二审法院认为,2013年1月19日,被上诉人宁某青持无座号车票从乌鲁木齐乘坐1044次列车到西安,与上诉人甲铁路局之间的铁路旅客运输合同关系成立,合法有效。乌鲁木齐铁路局作为承运人负有将宁某青安全运输到目的地的义务,对运输过程中宁某青身体受到的伤害负有尽力救助的义务。承运人应对运输过程中旅客的伤亡承担损害赔偿责任。该责任为无过错责任,即只要不是旅客自身健康原因造成的或者承运人不能证明伤亡是旅客故意、重大过失造成的,承运人就应当承担赔偿责任。〔2〕

【案例5-75】 奇德公司与谢某某出租汽车运输合同纠纷案

二审法院认为,1.客运合同自承运人向旅客交付客票时成立,但当事人另有约定或者另有交易习惯的除外。结合出租车行业的交易习惯,应当认定自旅客乘坐出租车时起,旅客与承运人之间成立客运合同关系。2.涉案运输

---

〔1〕 参见最高人民法院中国应用法学研究所编:《人民法院案例选》2013年第2辑(总第84辑),人民法院出版社2013年版,第194~195页。

〔2〕 西安铁路运输中级法院(2014)西铁中民一终字第00002号民事判决书。

合同的相对方应为旅客与承运人。对于乘客而言,出租车驾驶员与公司之间是何种关系,乘客并不能知晓,仅能根据出租车标识判断出自己所乘坐的是哪家公司的车。因出租车驾驶员系个人,并不具备独立的出租车客运经营权,其对外也是以公司的名义开展业务,故承运人应当认定为公司。3.承运人公司未按照约定将旅客安全送至指定的目的地,且不能提交证据证明旅客对其死亡存在故意或者重大过失,故公司应当对旅客的死亡承担全部赔偿责任。[1]

《道路交通安全法》第五十一条规定机动车行驶时,驾驶人、乘坐人员应当按规定使用安全带,从保障营运车辆安全的角度出发,出租车司机对乘客亦负有更高的安全保障义务,应督促乘坐人员系好安全带。因此,后排乘客受伤时,乘客未系安全带不能成为出租车司机及出租车公司主张减轻赔偿责任的理由。乘客的特殊体质亦不能成为出租车司机及出租车公司减轻责任的理由。

【案例 5-76】 余某琴诉广东省中山市骏宇出租小汽车运输有限公司、刘某海旅客运输合同纠纷再审案

二审法院认为,因本案为用人单位责任纠纷,适用的归责原则为无过错责任原则。刘某海在事故证明中亦陈述驾驶途中把乘客余某琴(在车上)弄伤,因此,即使存在余某琴不使用安全带的情形,也不能成为减轻骏宇公司赔偿责任的理由。另外,刘某海作为出租汽车的驾驶员,对出租汽车负有管理责任,刘某海应当提醒余某琴使用安全带,如果余某琴不接受提醒而拒绝使用安全带,则刘某海完全可以拒绝搭载余某琴。本案中,作为受害人的余某琴胸椎轻度骨质增生的特殊体质是其身体的一种客观情况。余某琴的特殊体质不能成为减轻骏宇公司赔偿责任的理由。判决:驳回上诉,维持原判。再审法院驳回骏宇公司的再审申请。[2]

海上旅客运输合同的承运人应当在约定期间或者合理期间内将旅客运输到约定地点,否则,应承担迟延运送的法律责任。

【案例 5-77】 广西甲海运总公司诉乙铁路旅游发展有限公司海上旅客运输合同纠纷案

二审法院认为,甲公司作为海上旅客运输合同的承运人,在约定期间或者合理期间内实施运送,包括按时起运和准时到达。否则,应负迟延履行的

---

〔1〕参见最高人民法院民法典贯彻实施工作领导小组编著:《中国民法典适用大全》(合同卷四),人民法院出版社 2022 年版,第 2758 页。广东省广州市中级人民法院(2020)粤 01 终 23057 号民事判决书。

〔2〕参见《人民司法·案例》2020 年第 5 期(总第 880 期)。广东省中山市中级人民法院(2017)粤 20 民终 1681 号民事判决书,广东省高级人民法院(2017)粤民申 8395 号民事裁定书。

法律责任。而甲公司在履行合同过程中,因其所属"北部湾1号"轮发生搁浅事故,实际迟延至2002年11月10日7时才运载35名其他旅客驶离海口港,甲公司未能依合同约定于2002年11月9日18时履行将乙公司298名旅客从海口港运送至北海的运载义务,构成迟延运输,亦是对乙公司的违约行为。甲公司违约之后,虽然已将"北部湾1号"轮因搁浅而造成不能正常运输的事由告知了乙公司,但其并没有积极安排其他航次或主动采取其他切实有效的补救措施,将滞留旅客及时运送到约定的目的地,应承担迟延运输的违约赔偿责任。[1]

旅客乘坐承运人的车辆,即与承运人建立客运合同关系,旅客享有安全抵达目的地的权利,承运人承担着安全运输旅客抵达目的地的职责。运输过程中,对于患急病而猝死的旅客,承运人未及时救助存在过错的应承担赔偿责任。

【案例5-78】 甲财产保险股份有限公司山西省分公司诉宋某春等公路旅客运输合同纠纷案

二审法院认为,本案系公路旅客运输合同纠纷,乙快客公司作为承运人,应当将旅客安全运输到约定地点。在运输过程中,对于患急病而猝死的王某梅,乙快客公司的司乘人员未能及时予以救助存在过错,理应承担相应的民事责任。[2]

承运人在履行运输职责时,对突发疾病的旅客不尽救助的法定义务,反而中途停车,将旅客弃于路旁置于危险状态下,虽未危及旅客的生命、健康,但对其精神造成了一定刺激,侵犯了旅客应当享有的合法权利,承运人应当承担相应的民事责任。

【案例5-79】 朱某诉北京市长阔出租汽车公司、付某启赔偿纠纷案

判决观点,付某启在履行运输职责时,对突发癫痫病的朱某不仅不尽救助的法定义务,反而中途停车,将昏睡中的朱某弃于路旁,使朱某处于危险状态下。付某启的行为虽未危及朱某的生命、健康,但对朱某的精神造成了一定刺激,侵犯了朱某作为旅客应当享有的合法权利。……付某启是被告长阔公司的工作人员,其在执行长阔公司运输任务中给他人造成的损失,应当由长阔公司承担民事责任。原告朱某要求被告长阔公司赔礼道歉,请求合理,应当支持;要求长阔公司赔偿精神损失,请求虽然合理,但请求数额过高,不能全额支持;要求长阔公司赔偿其丢失的财物,因证据不足,不予支持。[3]

---

[1] 海南省高级人民法院(2003)琼民二终字第50号民事判决书。
[2] 太原铁路运输中级法院(2017)晋71民终14号民事判决书。
[3] 参见《最高人民法院公报》2002年第3期。

在实际承运人代为履行运输义务过程中,因公务舱超售造成对旅客违约,该实际承运人行为应视为缔约承运人的行为,由缔约承运人承担赔偿责任。

【案例 5-80】 周某闽诉海南航空控股股份有限公司航空旅客运输合同纠纷案

判决观点,本案第三人在代为履行运输义务过程中公务舱发生超售,进而对原告存在违约行为,因实际承运人作为视为缔约承运人的作为,故被告对此应向原告承担违约责任。原告认为其改乘第三人航班发生超售后,因后续航班衔接时间紧迫,被迫接受第三人降舱建议并在第三人工作人员释明可另行向被告主张经济损失的情况下,签署了《非自愿降舱补偿确认书》,结合客观事实,法院对此予以采信,并且从第三人的证据上无法体现出已向原告充分告知就此事不可再向被告主张赔偿,因此,原告接受第三人 400 元的赔偿方案不应认定其已放弃了因航班签转和降舱导致的全部诉求。故原告因第三人超售行为导致的实际损失,有权要求被告承担赔偿责任。被告作为缔约承运人,其为原告签转航班,应确保原告依合同享受的服务标准不能降低,鉴于签转后第三人代为履行过程中发生超售导致原告降舱,客观上造成服务标准降低,应视为被告未能尽到约定的合同义务,对原告主张的降舱损失,被告应予赔偿。原告虽无证据直接证明降舱差价及实际损失情况,但被告抗辩涉案航班国内段为 0 元也缺乏相应合理依据,法院认为,因公务舱与经济舱之间的票价事实上存在一定差价,考虑到第三人超售已给予原告一定经济补偿,依据损失填平原则,法院酌定由被告赔偿原告降舱导致的损失 500 元。[1]

2. 赔偿责任划分

承运人因其违约或有过错造成旅客损失的,应当承担赔偿责任,但旅客亦有重大过失对损失发生有过错的,应当减轻承运人的责任。

【案例 5-81】 王某诉某公交公司赔偿纠纷案

判决观点,公交公司故意拒载的行为,是造成原告误工的主要原因,应予以赔偿原告的误工损失。但是原告本身采取措施不力,也存在一定的过错,其本可以选择搭乘其他车辆从而减少甚至避免损失,所以原告对损失的发生负有次要责任。综合以上情况,判决公交公司承担王某的部分误工损失 40 元。[2]

---

[1] 参见国家法官学院、最高人民法院司法案例研究院编:《中国法院 2021 年度案例》(合同纠纷),中国法制出版社 2021 年版,第 76 页。上海市浦东新区人民法院(2019)沪 0115 民初 26237 号民事判决书。

[2] 参见北京市高级人民法院编:《审判前沿——新类型案件审判实务》2006 年第 1 集(总第 15 集),法律出版社 2006 年版,第 149 页。

【案例 5-82】 梁某月诉中国东方航空股份有限公司航空旅客运输合同纠纷案

一审法院认为,双方合同已有效成立,被告有义务及时向原告出票,被告不向原告出票,已构成违约,对因此造成原告损失的,应负相应的赔偿责任。虽然根据被告网站提示,在订票人逾时支付的情况下,视为支付不成功,可以取消订座。但事实上,原告在预订后半小时内已及时付款,按该提示的约定,被告不应取消原告订座。被告系统没有收到付款信息反馈,系其委托收款的建设银行支付信息反馈系统故障所致,系被告自身过错造成,不能成为其免责的理由。当然,根据被告网站提示,原告在没有收到票号及行程信息的情况下,也有义务查询订单详情或拨打 95530 向被告查询,其在没有收到订票成功信息的情况下,未履行合同约定的相关注意义务,即没有按网站提示进行查询,对由此造成的扩大损失,原告也应负相应的责任。对于原告具体损失的承担,一审法院认为,根据我国民航现有票价的定价情况,一般根据预订时间的长短来决定票价的高低,预订时间长,则票价较低,预订时间短或当场订票,则票价较高。本案中,被告虽应负不出票的违约责任,但原告如按被告网站提示及时进行查询,按常理完全可以在较短时间内让被告补办出票手续,从而减少损失,但原告过于自信,在订票后距登机前的十几天的时间内一直没有进行相关的查询,对票价差价的扩大也有一定的责任。综合案件的实际情况,一审法院酌定由被告承担 70%的责任,原告承担 30%的责任。二审法院认为,一审法院根据本案实际情况酌定本案的损失范围与数额,并酌定由东方航空公司承担 70%的责任,梁某月承担 30%的责任,亦为可行。梁某月与东方航空公司在二审中均无新的事实与证据,二审法院对双方的上诉请求均缺乏应予支持的理由与依据。[1]

个案中,对于旅客承担责任比例是由法官根据过错程度行使裁量权确定。

【案例 5-83】 李某诉上海某汽车客运有限公司运输合同纠纷案

二审法院认为,原、被告间系运输合同关系,原告到达目的地后,在下车时应当环顾周围情况后安全下车,原告未尽谨慎注意,导致被告出租车门与第三人驾驶的助动车碰撞,本次事故的主要原因系原告过失,由李某承担助动车及出租车的部分损失,合理合法;此外,被告驾驶员未能充分观察路面情况,停车位置不够妥当,也应对事故承担部分责任,被告向案外人另行赔付 1000 元,亦属合理。[2]

---

[1] 参见最高人民法院中国应用法学研究所编:《人民法院案例选》2012 年第 3 辑(总第 81 辑),人民法院出版社 2012 年版,第 158~159 页。

[2] 上海市第一中级人民法院(2012)沪一中民一(民)终字第 2444 号民事判决书。

【案例5-84】 甲诉乙航空公司国际航空旅客运输合同纠纷案

二审法院认为，航班由于天气原因发生延误，是由不可抗力造成的延误，因航空公司不可能采取措施来避免该情况的发生，故其对延误本身无须承担责任，但航空公司必须采取一切必要的措施来避免延误给旅客造成的损失发生，否则即应对旅客因延误而遭受的损失承担责任。[1]

【案例5-85】 徐某英与朱某晖出租汽车运输合同纠纷案

二审法院认为，乘客乘坐出租车并支付相应费用，双方形成客运合同关系。乘坐的手机遗落在出租车上，根据《出租汽车客运服务规范》第9.3.4条的规定，乘客下车后，出租车驾驶员应当提醒乘客携带好随身物品并检视车厢内部物品。手机系乘客随身携带的物品，乘客有自己保管的职责，故对手机的丢失亦应承担相应责任。根据双方的过错程度以及手机价值，可酌情由出租车运营者承担一定比例的赔偿责任。[2]

航空公司对旅客签证问题应负注意并告知的附随义务，对其引发旅客损失应由航空公司承担主要责任。

【案例5-86】 高某涛诉中国东方航空股份有限公司国际航空旅客运输合同纠纷案

一审法院认为，本案是国际旅客运输合同纠纷，中国内地是合同签订地和履行地，应适用中国内地的相关法律。在国际旅客运输合同中，保证旅客合法、顺利地转机或入境是合同双方在订立合同时不言自明的内容，也是订立合同的目的，双方在履行中都应积极作为，为达到合同目的共同努力，这是双方应尽的附随义务。原告作为旅客应准备好国际旅行所需的证件，被告作为专业航空公司比一般旅客更了解通航国的签证要求，在允许旅客登机、核实旅客证件时，应指出原告工作程序上的不合格之处，故被告在保证旅客合法转机、入境问题上应承担谨慎注意义务。本案的特殊性在于原告购票时符合转机国家的政策，而登机时该政策却发生了变化，该消息在国内媒体上已公开传播，合同双方对此都应积极了解以明确是否继续履行合同。但双方都未充分、谨慎地注意这一问题，致使合同目的未能实现，并造成了原告的损失，对此双方都应承担责任。其中被告作为航空公司在通航国设有工作机构，尽此义务具备更有利的条件，故被告应承担主要责任。双方对原告的旅费及其他合理损失应按责任大小分担。原告虽要求追究被告的侵权责任，

---

[1] 最高人民法院指导案例51号。
[2] 参见最高人民法院民法典贯彻实施工作领导小组编著：《中国民法典适用大全》（合同卷四），人民法院出版社2022年版，第2832页。浙江省金华市中级人民法院(2021)浙07民终4252号民事判决书。

但违约与侵权竞合是指违约行为本身侵犯他人合法权益的情况,而本案中原告遭扣留是美国政府的执法行为,并不是被告的违约行为,因而不构成违约与侵权的竞合,原告要求被告赔礼道歉和赔偿精神抚慰金的诉求缺乏法律依据,不予支持。至于原告提出5年内不得进入美国的旅费损失及商业机会减少而要求的赔偿,因缺乏事实依据和可采取补助措施予以弥补,也不予支持。

二审法院认为,一审法院详尽分析了双方当事人对于美国入境政策变化注意义务的能力,从而确定了双方因高某涛遭到"非法入境"处理后果的责任比例,该分析意见二审予以认同,理由不再赘述,双方就各自承担责任比例大小的上诉请求,均不予支持;高某涛坚持认为本案属违约与侵权的竞合缺乏相关的法理基础,不予采信,虽然现行法律规定可以将合同责任中因对方违约而遭受的预期损失作为损失的一部分,但该预期损失应是确定和确实无法弥补的。本案中,高某涛的商业目的并非美国,而是墨西哥,其仅是经由美国转机,在不能进入美国的情况下,其可经由他国转机前往商业目的地,而并不影响其商业活动;此外,国际机票价格的大幅波动也决定高某涛上述赔偿主张的不确定性和经由他国转机并非必然造成费用的增加,故一审法院对该项主张不予支持是合理的;本案系双方当事人因国际旅客运输合同而产生的纠纷,并未涉及侵犯高某涛相关权利的法律关系,故东航以高某涛可直接向不允许其入境的美国移民局起诉而要求免除自身责任的上诉请求,不予支持。据此,二审法院判决:驳回上诉,维持原判。[1]

旅客有过失的,法官根据具体案情划分赔偿责任。

【案例 5–87】 何某某与中国南方航空股份有限公司、中国南方航空股份有限公司海南分公司航空旅客运输合同纠纷案

二审法院认为,旅客未将其身患重度骨质疏松的情况告知承运人,且承运人在旅客受伤后积极采取救助措施,已经履行了承运人的救助义务。同时,旅客的亲属表示落地后不需要救护车及专业医生的医疗救护。根据《合同法》第一百一十三条第一款的规定,旅客存在过失,承运人不可能预见其患有重度骨质疏松,承运人仅赔偿其治疗费用。[2]

海上邮轮造成人身伤害的,应根据具体案情由法官划分责任比例。

---

[1] 参见张海棠主编:《上海法院30年经典案例(1978—2008)》(下卷),上海人民出版社2009年版,第1077~1079页。上海市第一中级人民法院(2004)沪一中民一(民)终字第1694号民事判决书。

[2] 参见最高人民法院民法典贯彻实施工作领导小组编著:《中国民法典适用大全》(合同卷四),人民法院出版社2022年版,第2820页。海南省海口市中级人民法院(2020)琼01民终4121号民事判决书。

【案例 5-88】 羊某某诉英国嘉年华邮轮有限公司、第三人浙江省中国旅行社集团有限公司海上人身损害赔偿纠纷案

判决观点。原告和被告的责任分担。原告和第三人签订的出境游合同，被告是涉案邮轮营运的经营者，应当负有对游客的人身安全保障义务。被告经营的"蓝宝石公主"号邮轮以上海港为母港，且明知其服务的对象绝大部分为中国公民，因此被告应尊重中国游客的认知和习惯，特别是在有关人身安全的问题上，采取审慎的态度，做出与中国法律法规相符的安排，以确保游客的人身安全。庭审中，原告提交的中国有关法律规定显示，面积在 250 平方米及以下泳池，应至少配备 3 名救生员。原告还提交了刊登在英国政府官方网站由英国健康与安全执行组织制定的《游泳池健康和安全管理指南》，该指南也明确建议水深超过 1.5 米的泳池或者有 15 岁以下无大人陪伴的儿童进入泳池需要配备救生员监管。法院认为，首先，被告在游客的服务、安全保障方面既未自觉参照中国法律，也没有依据英国有关组织的规定或者建议配备救生员或者监管人员巡视以防溺水事故发生，存在明显的过错。其次，由于被告未安排救生人员，该轮在本案事故发生前一年也发生过成年游客溺亡事故。被告负有邮轮上的安全管理责任，仅仅在泳池边设置安全告示是不够的。本案中被告现场工作人员针对未穿戴任何救生设施的儿童、无大人看管的儿童进入泳池，无任何询问或者劝阻，而是采取放任、不作为的态度，存在明显的管理失职。再次，被告主张邮轮泳池不配备救生员是国际惯例，并提交部分其他邮轮公司提示予以佐证。法院认为，国际惯例应当得到相关方的共同认可，邮轮不配备救生员是邮轮公司的单方行为。即使以前邮轮确有不配备救生人员的做法或习惯，随着现代邮轮业的大众化和普及化，特别是邮轮泳池溺水事故多有发生，该做法应当改变，以尊重和保护游客的生命健康权。被告的所谓惯例也没有得到被告所在国英国有关部门的认可，与英国有关组织推荐的做法不符，更与中国相关法律相违背，对此法院不予认可。原告母亲作为法定监护人对未成年原告的人身安全亦负有保护义务。根据当时录像显示，原告未穿戴任何救生设备，先在按摩池玩水，后独自前往涉案泳池。其间，原告母亲未出现在现场看护，最终导致事故的发生，亦负有责任。关于原告主张救助不及时的问题，根据现场录像和医疗转诊信的记载及被告采取的加速返航措施，无证据证明被告救助措施存在不及时或者错误，故法院对原告的该项主张不予支持。邮轮不仅作为一个运输工具，更具有休闲娱乐的功能，在这样的空间范围内，未成年人一定程度上的自由活动符合普通游客的一般认知。因此，被告作为邮轮的经营者仅仅在泳池边竖立相关的警示牌是不够的，理应采取合理的措施保证游客人身安全，特别是儿童的安全；被告明知泳池可能造成溺水事故，特别是一年前已经发生过成

年游客溺亡事故仍未采取措施改进,被告轻率地不作为对本次事故负有主要责任;原告的母亲作为法定监护人,未能尽到监护人应有的看护责任,也须承担相应责任。故法院认定原、被告双方的责任分担以原告20%,被告80%为宜。[1]

3.赔偿责任范围

违约之诉,是指承运人承担违约责任,并赔偿经济损失诉讼。旅客的经济损失包括医疗费、误工费、伙食费、伤残赔偿金等,在民法典颁布前不包括精神损害抚慰金。违约之诉赔偿范围小于侵权损害赔偿范围,这也包括违约和侵权竞合案件,原告选择违约之诉的情形。

【案例5-89】 杜某鹏诉沈阳万弘平安客运有限公司等公路旅客运输合同纠纷案

判决观点,车辆在行驶途中,因被告谭某的全部过错致原告杜某鹏受伤,被告客运公司应承担赔偿责任。被告客运公司在被告保险公司投保了承运人责任险,被告保险公司应在承运人责任险赔偿限额内对原告杜某鹏进行赔偿。对原告杜某鹏请求的财产损失、营养费、理疗器租金、补习班费、身体损伤补偿金、精神损失费,因无事实及法律依据,不予支持。[2]

在公路运输过程中,承运人应对造成旅客伤亡承担赔偿责任。

【案例5-90】 刘某桥、孙某女诉北京北方出租汽车有限责任公司客运服务合同纠纷案

判决观点,被告北方公司司机闫某喜在履行职务时应对乘车人的安全负责,同时准确将乘车人送到目的地,但在行驶途中被告北方公司司机闫某喜违章驾驶,致使发生交通事故造成刘某义当场死亡,被告北方公司应承担事故相应的赔偿责任。原告刘某桥、孙某女要求被告北方公司赔偿精神损害抚慰金的请求,缺乏法律依据,不予支持。因此,判决被告北方公司赔偿原告刘某桥、孙某女死亡赔偿金143440元,丧葬费2801元,被抚养人生活补助费97920元、财产损失费1730元、交通费252元、误工费1600元,同时驳回原告要求被告北方公司赔偿精神损害抚慰金、餐费的诉讼请求。[3]

---

[1] 参见陈昶主编:《2019年上海法院案例精选》,上海人民出版社2021年版,第267~268页。
[2] 参见国家法官学院案例开发研究中心编:《中国法院2015年度案例》(合同纠纷),中国法制出版社2015年版,第179页。辽宁省盘锦市盘山县人民法院(2013)盘县民初字394号民事判决书。
[3] 参见北京市高级人民法院民一庭编:《北京民事审判疑难案例与问题解析》(第一卷),法律出版社2007年版,第463页。

根据《民法典》的规定,乘客以旅客运输合同为请求权基础有权主张精神损害赔偿。

【案例 5-91】 张某珍诉公共公司城市公交运输合同纠纷案

判决观点,原告张某珍在本案中选择以旅客运输合同法律关系作为请求权基础,本案事故发生在《民法典》实施前,《合同法》及相关司法解释未将精神损害抚慰金作为违约责任的赔偿项目。依据《民法典》第九百九十六条的规定,因当事人一方的违约行为,损害对方人格权并造成严重精神损害,受损害方选择请求其承担违约责任的,不影响受损害方请求精神损害赔偿,由于适用《民法典》上述规定更有利于保护民事主体合法权益,故应依据该规定认可精神损害抚慰金的赔偿项目,原告张某珍主张精神损害抚慰金5000元,与其伤情相适应,法院予以认可。判决:被告公共公司赔偿原告张某珍损失8636.7元。[1]

关于适用公平责任界定承运人赔偿责任范围问题。判断承运人应否对旅客的人身损害承担赔偿责任,不应局限于《民法典》第八百二十三条对承运人免责事由的规定,而应结合《民法典》第一编总则第八章、第七编总则侵权责任以及人身损害司法解释的相关规定把握裁判尺度。在实行无过错责任原则的前提下,如果旅客对损害的发生具有过失,应当综合考虑旅客过失之程度以及承运人实际是否对损害的发生具有过失及其程度,适当减轻甚至免除承运人的责任。在客运过程中,旅客负有遵守乘车秩序的义务,违反该义务同样是违反合同约定。因此,在适用无过错责任原则时,并非只能在全部赔偿和免除赔偿之间选择,根据案件具体情况,也可以实行部分赔偿,从而避免全部赔偿或者免除赔偿所带来的显失公平。

【案例 5-92】 杨某明等诉绵阳市公共交通有限责任公司公路旅客运输合同纠纷案

判决观点,黄某秀下车时,客车已停稳,但其从前门下车不慎摔倒,未尽谨慎注意义务,应认定其具有重大过失,可以减轻承运人绵阳公交公司的赔偿责任。关于赔偿数额,依照《最高人民法院关于审理人身损害赔偿案件适用法律若干问题的解释》的相关规定,结合本案实际,确定因黄某秀住院及死亡产生的各项费用共计151800.09元,绵阳公交公司承担60%的赔偿责任即91080元,扣除其已支付的46300元,还应支付44780元。绵阳公交公司辩称

---

[1] 参见国家法官学院、最高人民法院司法案例研究院编:《中国法院2023年度案例》(合同纠纷),中国法制出版社2023年版,第174页。江苏省苏州市吴江区人民法院(2021)苏0509民初6996号民事判决书。

其不存在违约行为和过错,不应承担赔偿责任,其辩解意见不符合法律关于承运人的规定,对其辩解意见和反诉请求不予支持。[1]

【案例 5-93】 赵某婧诉南通文峰外事旅游汽车有限公司公路旅客运输合同纠纷案

二审法院认为,本起事故发生在客车行驶至通常汽渡待渡区,赵某婧按照渡口和客车司机的要求待渡时,不慎从车踏板上踏空摔倒所致,应属客车运输过程中的旅客伤亡事件。对其损害后果的发生,赵某婧不存在主观故意,故南通文峰公司免责事由之判定应系赵某婧是否存在重大过失,若无重大过失,南通文峰公司应对赵某婧所有损失承担赔偿责任。所谓受害人对损害的发生具有重大过失,就是指受害人对自己的权益极不关心,严重懈怠,或者意识到某种危险的存在,仍然漠然视之,以至于造成了损害后果。赵某婧下车待渡,客车已停稳,然车身较高,赵某婧应意识到有一定的危险,但其未尽充分注意义务,不慎踏空摔倒,此系赵某婧未尽谨慎注意义务所致,应认定其具有重大过失。在严格责任归责情形下,根据《合同法》第三百零二条第一款、《最高人民法院关于审理人身损害赔偿案件适用法律若干问题的解释》第二条第二款之规定,因赵某婧对其损害的发生自身具有重大过失,可减轻承运人南通文峰公司的赔偿责任。一审法院确定赵某婧与南通文峰公司的责任分成比例三七开应属合理、适当。[2]

承运人单方承诺中的赔偿范围问题。在单方允诺行为中,表意人应当将其意思表示充分、准确地向相对人阐明,以便相对人作出是否接受的意思表示,而相对人在作出与表意人允诺相关行为时亦应充分征求表意人的意见,否则将自行承担不利后果。

【案例 5-94】 崔某富诉中国南方航空股份有限公司航空旅客运输合同纠纷案

二审法院认为,本案争议的焦点为崔某富在接受南方航空公司倡议下机后的住宿安排问题及住宿费损失问题。本案中,因飞机减载需要,南方航空公司倡议旅客换乘,承诺给付下机旅客经济补偿 200 元并安排住宿。崔某富因接受南方航空公司的倡议下机,其理应取得经济补偿及住宿安排的权利。现对于经济补偿双方均无争议。关于崔某富下机后的住宿问题,南方航空公

---

[1] 参见国家法官学院案例开发研究中心编:《中国法院 2013 年度案例》(合同纠纷),中国法制出版社 2013 年版,第 122 页。四川省绵阳市高新技术产业开发区人民法院(2011)绵高新民初字第 451 号民事判决书。

[2] 参见任智峰:《旅客下车不慎摔伤,承运人当依法赔偿》,载《人民法院报》2007 年 10 月 19 日,第 5 版。江苏省南通市中级人民法院(2007)通中民一终字第 0447 号民事判决书。

司在倡议时明确负责安排住宿,但对于旅客下机后能否自行选择住宿未予以明确,崔某富也没有在下机前对此进行确认。鉴于南方航空公司对于其他下机人员均已按承诺安排住宿及崔某富自行选择了住宿的事实,南方航空公司对于崔某富接受倡议下机后发生的住宿费用,应当予以补偿。因崔某富没有证据证明南方航空公司同意其自行选择住宿,且其未告知南方航空公司其入住套间的事实,故其主张南方航空公司给付其由此发生的住宿费1300元,缺乏事实及法律依据。原审法院依据事实及证据酌情所做判决并无不当,应予维持。[1]

航空旅客运输中,承运人安检检视义务超过必要限度造成旅客行李未能同机运送导致损失的,应当予以赔偿,但赔偿范围应当遵循可预见性原则。

【案例5-95】 朱某等诉东海航空公司、国际航空公司航空旅客运输合同纠纷案

二审法院认为,本案争议的焦点为东海航空公司是否应当赔偿朱某经济损失以及赔偿责任主体。承运人为了航客公共安全的需要,有权对旅客的行李进行检查,国际航空公司根据东海航空公司的委托对朱某的托运行李进行安检并无不当。但承运人应保证托运行李与旅客同机到达,确因特殊原因无法同机到达的,承运人应向旅客进行说明并举证证明为了避免行李延误已经采取一切防止延误的必要措施。本案中,东海航空公司未能将朱某的行李同机运送,未能提交有效证据证明朱某托运行李中的物品为何涉嫌构成四级违禁品,且东海航空公司亦未及时就行李延误、不能与旅客同机到达向朱某进行说明;东海航空公司在行李延误后未及时联系朱某,系未能全面履行合同的行为,故东海航空公司应对因行为延误造成的直接经济损失进行赔偿。关于机票款、考试报名辅导班的费用、为购买考试用具支出的相关费用,二审法院同意一审法院的裁判意见。关于赔偿责任主体。本案航空旅客运输合同承运人为东海航空公司,国际航空公司系东海航空公司委托的地面服务代理人,其行为的法律后果应当由委托人承担。判决:驳回上诉,维持原判。[2]

第三人代为履行运输合同的,由原缔约承运人承担赔偿责任。

【案例5-96】 周某诉A航空公司等航空旅客运输合同纠纷案

判决观点,航空签转的性质属于由原航空旅客运输合同缔约承运人之外

---

[1] 参见国家法官学院案例开发研究中心编:《中国法院2013年度案例》(合同纠纷),中国法制出版社2013年版,第105页。北京市第二中级人民法院(2011)二中民终字第5693号民事判决书。

[2] 参见国家法官学院、最高人民法院司法案例研究院编:《中国法院2021年度案例》(合同纠纷),中国法制出版社2021年版,第140页。北京市第三中级人民法院(2019)京03民终6792号民事判决书。

的第三人代为履行合同,而非合同权利义务的概括转移。航班签转后,缔约承运人仍应对合同约定的全部运输负责,实际承运人对旅客未按约履行,缔约承运人应向旅客承担违约责任。依据全面赔偿和损失填平原则,对于实际承运人已向旅客支付的赔偿款但不足以填平损失的部分,旅客主张由缔约运人赔偿的,应予支持。[1]

4. 赔偿数额计算

在赔偿数额的计算上,应当根据承运人的过错及责任大小、旅客自身是否存在过错等具体情节,由法官行使自由裁量权裁定。客运合同中,旅客自带物品被盗损失赔偿数额亦是常见酌定情形。

【案例 5-97】 任某宜诉广州市粤运汽车运输有限公司客运合同纠纷案

判决观点,本案中,涉案车辆在停靠中间站时,司机仅从车辆右侧的倒视镜注意下车乘客拿取行李的情况,未尽到承运人应该履行的提示和注意义务,存在过错。……原告提交的相关证明材料,并不能完全证明其丢失物品的价值,故对原告主张损失 12000 元,法院不予支持。结合本案的实际情况和双方的过错程度,法院酌定损失为 2000 元。[2]

航班延误赔偿数额确定是实践中的多发争议。

【案例 5-98】 张某浩诉某航空股份有限公司航空旅客运输合同纠纷案

二审法院认为,被告所称的原因"飞机突发机械故障"不属于不可抗力,因此,被告取消该航班构成违约,应承担相应的民事责任。因被告临时取消航班,原告未能在预定时间抵达广州,错过了 KQ887 航班,无法实现其与旅行社签订出境旅游合同目的。由于旅行社依合同约定不退还原告已交的旅游费用 29000 元,造成原告经济损失 28533 元。该损失有别于可得利益损失,系直接损失。[3]

【案例 5-99】 谢某诉中国东方航空股份有限公司航空旅客运输合同纠纷案

二审法院认为,原审法院认定 MU5195 航班因雷雨、空中管制等原因而发生延误,属不可抗力,故可以免除上诉人因此产生的违约责任,并无不当。

---

[1] 参见最高人民法院民法典贯彻实施工作领导小组编著:《中国民法典适用大全》(合同卷四),人民法院出版社 2022 年版,第 2802 页。上海市浦东新区人民法院(2019)沪 0115 民初 26237 号民事判决书。

[2] 参见国家法官学院案例开发研究中心编:《中国法院 2017 年度案例》(合同纠纷),中国法制出版社 2017 年版,第 160 页。广州铁路运输第一法院(2015)广铁法民初字第 277 号民事判决书。

[3] 广西壮族自治区南宁市中级人民法院(2010)南市民二终字第 259 号民事判决书。

依据《民用航空法》第一百二十六条的规定,旅客、行李或者货物在航空运输中因延误造成的损失,承运人应当承担责任;但是,承运人证明本人或其受雇人、代理人为了避免损失的发生,已经采取一切必要措施或不可能采取此种措施的,不承担责任。MU5195航班发生延误后,上诉人虽然向旅客提供了饮料、晚餐等非常服务,但对于延误原因,上诉人直至两个小时后才通过机场广播告知旅客,作为航空运输合同的承运人,应当及时向旅客告知有关不能正常运输的重要事由。又据《合同法》第六十条的规定,当事人应当遵循诚实信用原则,根据合同的性质、目的和交易习惯履行通知、协助等义务。航班延误时,承运人应优先安排旅客签转其他承运人的航班或者退票。但是,上诉人没有在合理的时间内通知旅客可以选择要求安排签转其他承运人的航班或退票。因此,上诉人对航班延误采取的补救措施存在瑕疵。在此种情况下,受损害方依据《合同法》第一百一十一条的规定,可以合理选择要求对方承担更换、退货、减少价款等违约责任。在一审中,谢某选择要求上诉人承担减少机票价款的违约责任,合理合法。一审酌情确定了减少机票价款的违约责任,并无不当。据此,二审法院判决:驳回上诉,维持原判。[1]

因飞机故障导致延误,承运人构成违约,其有义务采取一切必要措施避免旅客损失的发生,如果承运人没有采取一切必要措施或者不能证明不可能采取此种措施的,应当对旅客的实际损失承担赔偿责任。承运人自行制定的补偿标准,不能排除旅客按照实际损失获得赔偿。

【案例5-100】 郭某海诉航空公司航空旅客运输合同纠纷案

判决观点,本案中,原告购买了被告A航班机票,双方形成航空旅客运输合同关系,被告应当按照约定的时间将原告送达目的地。因被告飞机自身故障,导致起飞、降落时间发生重大延误,被告构成违约。航班延误期间,原告向被告工作人员说明了自己需要赶往广州乘坐被告另外一个航班的情况,但被告只是采取了为乘客办理退票等通常措施,而这些措施无法避免原告经济损失的发生。被告没有证据证明其为避免损失的发生已经采取一切可能的措施,因此,对于原告的经济损失,被告应承担赔偿责任。被告提交的《地面服务保障手册》中规定的因被告自身原因造成航班延误的补偿标准,属于被告内部的规范性文件,并非对所有旅客均具有约束力,不妨碍旅客就被告的违约行为提出超过该补偿标准的赔偿请求。关于原告主张的各项损失,原告已实际乘坐了北京到广州的航班,原告要求退还机票970元没有依据,法

---

[1] 参见张海棠主编:《上海法院30年经典案例(1978—2008)》(下卷),上海人民出版社2009年版,第1205~1206页。上海市第一中级人民法院(2005)沪一中民一(民)终字第1052号民事判决书。

院不予支持。关于原告主张的3倍赔偿,原告没有证据证明其存在欺诈行为,法院对原告该项诉讼请求不予支持。关于原告主张的熬夜感冒的健康损失,原告未举证,法院不予支持。关于原告主张的精神损害抚慰金,没有法律依据,法院不予支持。关于原告主张的广州到湛江的机票损失、打车费,原告按照预定计划是从广州乘坐飞机到湛江,后从湛江打车前往雷州,由于被告航班延误,导致原告直接从广州打车至雷州,致使费用增加,因此核定原告损失时,应当从打车费中扣除原告本来应该支出的从广州至湛江、湛江至雷州的费用,原告再主张广州到湛江的机票损失没有依据,因此法院酌定被告赔偿原告打车费损失1400元。判决:(1)被告航空公司赔偿原告郭某海车费损失1400元;(2)驳回原告郭某海的其他诉讼请求。[1]

5.赔偿责任法律适用

对于原告提起的客运合同之诉,应适用合同法律的规定,不受《道路运输条例》和《道路运输及客运站管理规定》关于赔偿责任4万元限额的规定。

【案例5-101】 刘某喜等诉徐州市公共交通有限责任公司等客运合同纠纷案

判决观点,刘某光在乘坐两被告车辆时因该车发生交通事故死亡,两被告是承运车辆的实际车主,是实际承运人,应当承担赔偿责任。被告徐州市公交公司是登记车主,是向乘客出具汽车票据人,并对车辆管理收益,应与被告刘某文、袁某才承担连带赔偿责任。根据我国《合同法》第一百一十三条,被告主张其对原告的赔偿适用4万元赔偿责任限额的规定,不符合法律规定,应赔偿原告因为被告违约所造成的全部损失。判决,被告刘某文、袁某才赔偿刘某喜等4人因刘某光死亡造成的死亡赔偿金95080元、丧葬费9101元、被扶养人生活费54630元,合计158811元;被告徐州市公共交通有限责任公司承担连带赔偿责任。[2]

承运人在铁路运输过程中,致旅客伤亡的,其赔偿范围除适用铁路法外,还要适用国务院批准的《铁路运输损害赔偿规定》以及司法解释。

【案例5-102】 王某春诉长春站等铁路客运合同纠纷案

判决观点,尚某民生前呈醉酒状态,不能排除其呕吐系因醉酒而引起,故

---

[1] 参见国家法官学院、最高人民法院司法案例研究院编:《中国法院2022年度案例》(合同纠纷),中国法制出版社2022年版,第180~181页。北京市朝阳区人民法院(2020)京0105民初53436号民事判决书。

[2] 参见北京市高级人民法院编:《审判前沿——新类型案件审判实务》2007年第1集(总第17集),法律出版社2007年版,第122页。

其本身亦应对死亡负一定的责任。尚某民死亡之时,所携带物品有所丢失,应由第三人按有关规定赔偿。根据《铁路法》规定,发生旅客伤害事故,应成立事故处理委员会,负责收集事故有关资料、建立案卷、查实受害人身份、通知受害人家属、召开事故分析会、分析事故原因、确定责任单位、办理赔付等。但对于旅客尚某民的死亡,第三人并未成立相应组织予以积极处理,且尚某民遗体直至绥化站才移交处理,事故处理地距死者住所地较远,致使死者家属在以私力救济过程中花费了一定的费用,此费用的合理部分应由第三人承担。原告关于精神损害补偿费的诉讼请求,因无明文法律规定,不予支持。原告的其他诉讼请求,除合理私力救济费用外,其他请求数额应当符合有关法律规定的限额,法院亦在限额内予以保护。[1]

6.赔偿责任疑难问题

航空公司采用超售手段给个别旅客造成时间延误,其赔偿范围是一个难点问题。

【案例5-103】 王某诉中国东方航空公司股份有限公司航空旅客运输合同纠纷案

二审法院认为,东航公司因航班超售而导致王某旅程延误整整一天,东航公司应当对由此给王某造成的损失承担赔偿责任。一审法院根据王某提供的损失证据,结合相关费用发生的必要性与合理性,判令东航公司赔偿王某酒店费和交通费,实属正常。一审法院对于王某主张的日工资300%之休假补偿未予支持,无明显不当,毕竟王某该主张的损失未实际发生。王某据以主张的《职工带薪休假条例》并非规范航空公司与旅客之间的合同关系。一审法院充分关注到由于东航公司的责任客观上造成王某延长候机、往返奔波、延误一天旅程、未如愿休假等情况,判令东航公司酌情赔偿王某人民币2500元,合情合理。对于东航公司超售是否构成欺诈的判断,考虑到航空公司超售虽有为降低经营风险、维护商业利益之因素,但毕竟在民航总局等公开网站上有过介绍,且未明令禁止,国际航空业也有此惯例,故难以认定东航公司存在故意掩盖事实真相、进行虚假宣传、诱使王某作出错误的购票意思表示之欺诈行为,由此王某要求获得机票价款的3倍之赔偿款,依据欠充分,一审法院未支持王某该项诉讼请求,于法无悖。[2]

---

[1] 参见最高人民法院中国应用法学研究所编:《人民法院案例选》2003年第1辑(总第43辑),人民法院出版社2003年版,第122页。

[2] 参见郭伟清主编:《2017年上海法院案例精选》,上海人民出版社2018年版,第84~85页。

网约车司机接单后未提供服务而收取车费构成欺诈,可适用《消费者权益保护法》第五十五条惩罚性赔偿之规定,判决网约车平台对辅助履行义务司机的欺诈行为承担惩罚性赔偿责任。

【案例5-104】 杨某诉上海雾博信息技术有限公司运输合同纠纷案

二审法院认为,杨某作为乘客通过UBER软件叫车,司机"振威"在未接到乘客的情况下,自行虚构持续时间超过10分钟、行驶里程为2.97公里之交易,并通过UBER软件扣取车费25.65元。该笔虚构之交易所涉金额虽小,然性质实属恶劣,欺诈之故意明显,作为与杨某建立运输合同关系之相对方即承运人——雾博公司构成欺诈,应承担相应之赔偿责任。现25.65元已由雾博公司退还,杨某上诉请求根据《消费者权益保护法》第五十五条之规定增加赔偿其损失500元,合法有据,予以支持。杨某上诉请求雾博公司承担出租车差价费26.35元,但2016年5月12日杨某通过UBER软件所叫车辆系"双人拼车",而事后其乘坐出租车系单人出行,二者所代表之服务并非等同,在25.65元已由雾博公司予以退还的情况下,差价费26.35元系杨某享受单人乘坐出租车出行所应承担之必要费用,并不属于其损失,故对该请求不予支持。[1]

有一个需要研究的问题,《合同法》第三百零二条中规定的旅客可以要求承运人承担损害赔偿责任,该损害赔偿责任是否应包括死亡赔偿金、伤残赔偿金以及被抚养人的生活费等,因为按照通常理解这些费用显然并非直接经济损失,甚至也跟精神损害赔偿一样,是不可预见的损失,依据《合同法》规定,判决支付这些费用也是值得推敲的。实践中,法院在客运合同违约之诉中判决精神损害赔偿案件并不鲜见。在侯某诉齐某公路旅客运输合同纠纷案中,法院判决被告赔偿精神损失费2万元。[2] 在朱某诉北京市长阔出租汽车公司、付某启赔偿纠纷案中,法院判决被告赔偿精神损失费3000元。[3] 有法官认为,在旅客受到身体伤害或死亡之后给其本人或亲属一定的补偿,是一种人性的体现,至少在一定程度上体现了法律的人文关怀,是对人的价值的尊重,也是对旅客本人或亲属的一种慰藉。所以,客运合同损害赔偿案件中,赔偿范围应当包括精神损害赔偿。[4]

在同一交通事故中,既有提起侵权之诉的受害者,又有提起违约之诉的受害

---

〔1〕 参见茆荣华主编:《2018年上海法院案例精选》,上海人民出版社2020年版,第67页。上海市第一中级人民法院(2016)沪01民终11356号民事判决书。

〔2〕 参见北京市高级人民法院编:《审判前沿——新类型案件审判实务》2003年第3集(总第5集),法律出版社2003年版,第110页。

〔3〕 参见《最高人民法院公报》2002年第3期。

〔4〕 参见江必新等:《最高人民法院指导性案例裁判规则理解与适用》(合同卷三),中国法制出版社2015年版,第5页。

者,法院应当按照司法平等原则的要求,对这些受害者适用相同的赔偿标准确定赔偿数额,做到同案同判。这既符合相关法律法规的规定,又在客运合同双方当事人之间妥当地实现了利益平衡,能够取得法律效果和社会效果的统一。

【案例5-105】 刘某喜等诉徐州市公共交通有限责任公司、刘某文、袁某才客运合同赔偿纠纷案

在原告起诉之前,已有杜某、王某玲等在该交通事故中死亡的被害人的近亲属选择侵权之诉,向侵权人宿州市永安公司等主张权利,法院也已按照《最高人民法院关于审理人身损害赔偿案件适用法律若干问题的解释》规定的赔偿标准作出了判决。如果本案适用4万元的限额赔偿标准,会导致选择违约之诉的受害人获得的赔偿费竟然不及选择侵权之诉的受害人所获赔偿费的1/3,造成同案不同判,这不仅违反司法平等原则,也会造成法律的不公平和不公正,当事人难以服判息诉,法院也难以在判决中自圆其说。也就是说,只有适用和侵权之诉同样的赔偿标准,才能实现同一事故不同受害人的公平受偿,实现法律面前,人人平等。一审判决按前案侵权标准裁决赔偿数额,双方当事人均未上诉,一审判决已经发生法律效力。[1]

(三)打折机票纠纷处理

旅客购买了打折机票,航空公司当然也可以相应地取消一些服务。在打折机票上注明"不得退票,不得转签",只是限制购买打折机票的旅客由于自身原因而退票和转签,不能剥夺旅客在支付了票款后享有的按时乘坐航班抵达目的地的权利。当不可抗力等非旅客自身原因造成航班延误,致使航空公司不能将换乘其他航班的旅客按时运抵目的地时,航空公司则有义务在始发地向换乘的旅客明确告知到达目的地以后是否提供转签义务,以及在其不能提供转签服务时应当告知旅客如何办理后续行程的手续。给换乘旅客造成损失的,应当承担赔偿责任。

【案例5-106】 阿某诉东方航空公司国际航空旅客运输合同纠纷案

二审法院认为,上诉人东方航空公司主张,在MU703航班迟到香港后,因为被上诉人阿某所持的是注明"不得退票,不得转签"的打折机票,其才拒绝阿某一行转签其他航空公司的飞机;而阿某对自己的机票"不得退票,不得

---

[1] 参见最高人民法院中国应用法学研究所编:《人民法院案例选》2007年第4辑(总第62辑),人民法院出版社2008年版,第167页。

转签"也是清楚的,无须其另行提醒和告知。机票是国际航空旅客运输合同存在的凭证。旅客支付了足额票款,航空公司就要为旅客提供完整的运输服务;旅客购买了打折机票,航空公司当然也可以相应地取消一些服务。但是,航空公司在打折机票上注明"不得退票,不得转签",只是限制购买打折机票的旅客由于自身原因而退票和转签,不能剥夺旅客在支付了票款后享有的按时乘坐航班抵达目的地的权利。当 MU703 航班因不可抗力造成延迟起飞时,东方航空公司和阿某都知道该航班抵达香港后,肯定会错过国泰航空公司的衔接航班;如果要飞往卡拉奇,则必须转签机票。东方航空公司既然不准备在香港机场给注明"不得退票,不得转签"的机票办理转签手续,就有义务在始发机场向阿某明确告知,劝阻其乘坐延误的 MU703 航班。东方航空公司不尽此项义务,以致阿某在相信该公司会转签机票的情况下乘坐 MU703 航班抵达香港,由此陷入既无法走又不能留的艰难处境,无奈之下只得另行购票。东方航空公司不负责任的处理方式,显然是造成阿某机票损失的根本原因。东方航空公司片面强调 MU703 航班是由于不可抗力造成延误,该公司已将航班延误信息通知给阿某,并遵从阿某的意愿将其运抵香港,完成了国际航空运输合同中己方的义务,主张阿某的剩余航程与己无关。事实是,如果东方航空公司事先将飞往香港后的种种不利后果明确告知阿某,则阿某的损失就有可能避免,故一审认定东方航空公司在始发地未尽告知和提醒义务,根据《1955 年在海牙修改的华沙公约》第十九条、第二十条第一款的规定判令承担赔偿责任,并无不当。[1]

(四)不承担赔偿责任处理

旅客在公共汽车上遭受第三人的不法侵害,第三人负侵权责任,承运人则负违约责任;旅客选择起诉承运人,承运人应当承担违约损害赔偿责任;承运人赔偿后可依法向第三人追偿。如张某俊诉广东省东莞市公共汽车有限公司等运输合同纠纷案。[2] 旅客在铁路列车行进中,因第三人侵权产生人身损害的,与前述处理原则相同。

运输过程结束后,旅客死亡的,承运人不承担赔偿责任。也就是说,安全运输义务更多是一种法定义务而非约定义务,其立法本意在于鼓励、要求承运人救助遇有困难的旅客,避免旅客在运输过程中出现危险,故亦不应对承运人的法定救

---

[1] 参见《最高人民法院公报》2006 年第 10 期。
[2] 参见《人民司法·案例》2008 年第 14 期。

助义务作无限扩大,应限定在合同法规定的范围和情形中,即时间为运输过程,范围仅为旅客发生急病、分娩及遇险的情况。除此之外的范围及时间段,承运人不负有法定救助义务。

【案例5-107】 罗某英等诉东莞市大朗公共汽车有限公司、潘某勇运输合同纠纷案

一审法院认为,鉴于X路公交线路在大朗镇黄草朗校椅围牌坊及大洋电子厂处并未设置站点,罗某松要求在大朗镇黄草朗校椅围牌坊下车并不符合公交运输的正常规范,作为公交车的驾驶员有权拒绝其下车请求。同时,粤S286××号公交车在大洋厂门口对面非固定站点停靠让罗某松下车亦不符合公交运输规范,存在一定过错,但公交车不按站点停靠仅为违反公交运输规范的行为,与罗某松下车后发生的事故之间并不存在因果关系,四原告以此要求大朗公司承担相应责任并无事实依据。四原告称罗某松系由于车辆未停稳下车,因惯性而倒地死亡,但从看到罗某松下车具体情况的粤S286××号公交车上的乘客的证言可见,罗某松与车辆并无接触。该些证人与双方之间均无利害关系,对其亲眼所见的事情描述客观真实,予以采纳。另,某大队委托广东某司法鉴定所出具的司法鉴定意见亦显示罗某松与粤S286××号公交车并未发生碰撞或剐蹭,罗某松也并非碰撞或剐蹭而倒地。故四原告主张之事实并不存在,其以此要求大朗公汽公司承担责任不能成立。而注意到罗某松下车情况的证人证言亦能够相互印证,证实罗某松是在公交车停稳后一人独自下车,该车也待罗某松下车后关门再起步。可见大朗公汽公司已按照约定运送罗某松,双方的旅客运输合同关系已正常终止。根据《合同法》第三百零一条、第三百零二条的规定,承运人对旅客的伤亡承担损害赔偿责任的期间限于运输过程中,本案中罗某松的死亡系发生在双方运输合同关系结束后,已经超出了法律规定承运人需要承担责任的时间段。根据《合同法》第三百零一条的规定,在运输过程中,承运人有在合理范围内对旅客的救助义务。虽罗某松曾在车上呕吐,但一方面并无证据显示作为公交司机的潘某勇已经发觉罗某松身体不适的相关情况,另一方面作为公交司机的首要任务为驾驶车辆、保障全车乘客的乘车安全,在罗某松或其他乘客没有提出求助示意之情况下,不可能要求承运人主动留意乘客的情况。本案中,承运人并不存在救助乘客方面的过错或者失当行为,四原告以此要求大朗公汽公司承担责任并不成立,不予支持。关于履行后合同义务问题,根据《合同法》第九十二条的规定,案涉运输合同,承运人在罗某松正常下车并离开车辆一定距离后才关闭车门起步离开,其已对罗某松履行应有的注意义务,不存在履行后合同义务方面的过错,四原告据此要求大朗公汽公司承担责任并无依据。二审法院亦持同样意见,驳回原告的诉讼请求,维持一审判决。[1]

旅客因自身的原因造成的人身伤亡,承运人不承担赔偿责任。

【案例5-108】 杨某波、侯某素诉中国铁路上海局集团有限公司、中国铁路局集团有限公司南京站铁路运输人身损害责任纠纷案

判决观点,本案事故发生的场景系站台轨道内,故应基于车站站台这一场景,综合各方面因素,评判两被告是否应承担赔偿责任。首先,杨某属于未经许可,进入高度危险活动区域。车站内的轨道显然属于高度危险活动区域。杨某乘坐的列车到站后,应及时出站或在换乘通道换乘其他车次。但其在出站通道处徘徊后,滞留站台,并在看到D3026次列车开始进站后,主动跃下22站台,横穿轨道,试图攀上D3026次列车即将停靠的21站台,其举动本身极其危险。其次,本次事故的发生系由杨某引起。一般而言,铁路运营破坏了行人的通行条件,并对周围的环境造成了危险,因此,法律对铁路运营企业作出了严格的责任规定。虽然,杨某横穿站台轨道的意图已不可知,但通过其持有的后续车票以及其具体行为,法院推定,杨某系意图搭乘当日D3026次列车。铁路运输时间紧,人数多,尤其是在动车、高铁运输时代,列车停靠时间较之前更短。铁路旅客应遵守国家法律和铁路运输规章制度,听从车站、列车工作人员的引导,按照车站的引导标志进、出站。杨某若想搭乘列车,应当遵守规定,服从管理,持票通行。其在无当日当次车票的情况下,不顾现场的安全警示标志,违背了众所周知的安全常识。在车站设有安全通道的情况下,杨某横穿线路,造成损害,显然系引起本次事故发生的一方。对于本次事故,杨某作为完全民事行为能力人,受过高等教育,具备预测损害发生的能力,对于损害结果也具备预防和控制能力,其只要遵守相关规则,就不会发生本次事故。车站已经采取充分的警示与安保措施,给予了行人在车站内的各项通行权利。因此,上海铁路安全监督管理办公室作出的《铁路交通事故认定书》,认定杨某违法抢越铁路线路是造成本起事故的原因,杨某负本起事故的全部责任,并无不当。《侵权责任法》第七十六条规定,未经许可进入高度危险活动区域或者高度危险物存放区域受到损害,管理人已经采取安全措施并尽到警示义务的,可以减轻或者不承担责任。《铁路法》第五十八条规定,因铁路行车事故及其他铁路运营事故造成人身伤亡的,铁路运输企业应当承担赔偿责任;如果人身伤亡是因不可抗力或者受害人自身的原因造

---

[1] 参见国家法官学院案例开发研究中心编:《中国法院2014年度案例》(合同纠纷),中国法制出版社2014年版,第142~143页。广东省东莞市中级人民法院(2012)东中法民二终字第30号民事判决书。

成的,铁路运输企业不承担赔偿责任。违章通过平交道口或者人行过道,或者在铁路线上行走、坐卧造成的人身伤亡,属于受害人自身的原因造成的人身伤亡。法律之所以如此规定,是基于铁路运输系高度危险作业,铁路线路给人们的正常通行带来了方便,严格的责任规定可以促使铁路企业在提供优质高效运输服务的同时,主动采取有效措施,避免和减少事故发生。但是任何权利与义务都是对等的。在承担严格责任的情况下,法律仍然赋予了责任人依法提出减轻责任甚至免责抗辩的权利,这也是均衡保护公平与效率理念的具体体现:一方面通过补偿受害人实现社会公正,维护和保障弱势群体的权益;另一方面对各方当事人的行为给予指引和制约,规范各参与方的行为,兼顾公平与效率,维护和保障高度危险责任人及其所属行业的发展,从而有效降低高度危险行业损害事故的发生。……综上,杨某在两被告已经采取安全措施并尽到警示义务的情况下,未经许可进入高度危险活动区域受到损害,属自身原因造成铁路交通运输事故。故两原告要求两被告承担侵权责任,赔偿损失821056.40元的诉讼请求无事实和法律依据,法院不予支持。

判决:驳回原告杨某波、侯某素的诉讼请求。[1]

在航班延误缺乏明确的法律界定的情况下,由法官综合各种因素来认定是否符合《蒙特利尔公约》以及相关法律规定的免责条件,同时考虑航空运输业的特殊性,通过理解法律理念、衡量社会利益形成对合同义务的具体裁判标准,并采用相应的归责原则对当事人所负的附随义务进行认定。为确保合同目的实现,航空公司和旅客应履行相应的合同义务和附随义务。当航班可能发生延误时,航空公司应承担全面、及时的告知和补救义务,全面、及时、充分地将延误的重要事由、正常起飞的时间告知旅客;在航班延误时间较长的情况下,承运人应当遵循诚实信用原则,根据合同的性质、目的和交易习惯履行通知和协助义务。根据《蒙特利尔公约》以及我国《民用航空法》的规定,在合理延误的情况下,承运人免责的前提是"为避免损害已经采取了一切必要的措施或者不可能采取此类措施",如果其未尽到勤勉尽责的善良管理人的注意义务以避免损害的发生,仍应当承担相应的赔偿责任。旅客在航空旅客运输合同签订和履行过程中时也应尽一定的注意义务,为顺利到达目的地做好充分的准备,在发生航班延误可能导致损失发生时,及时告知航空公司寻求积极的补救措施。

---

[1] 参见《最高人民法院公报》2019年第10期(总第276期)。南京铁路运输法院(2017)苏8602民初349号民事判决书。

【案例 5-109】 张某戈诉中国东方航空股份有限公司航空旅客运输合同纠纷案

判决观点,被告已举证证明航班延误系由于飞行过程中旅客突发病情,为使其获得及时治疗而临时备降北京机场,应属于非承运人主观原因造成的合理延误。在补救义务方面,原告系从国内销售代理网站购买的火车票,退票或改签应当将纸质票件退回该网站办事处再行操作,即原告在航班起飞当天已经无法办理退票,故航班发生延误后被告不可能采取任何合理措施协助原告办理退票事宜,并且备降发生在凌晨,在约一个小时的备降期间内如要求被告提供改乘其他班次或退票的替代安排不符合客观实际,被告免责抗辩事由成立。原告称预订的火车票在火车出发之前可以通过网上修改,与法院核实的相关退票规定不相符,且在飞机停留北市机场超过一个小时的时间内,原告以在飞机上无法开手机为由而未采取任何措施办理火车票改期或退票,亦没有再向被告提出协助的要求,故原告自身对采取补救措施并不积极。在现实生活中,航班发生一定的延误已非偶发,原告乘坐的是国际航班,其没有为长途飞行过程中可能发生的突发事件预留合理时间。鉴于此,原告自身的过失与火车票作废具有因果联系,原告对损失的发生应自行承担相应的责任。[1]

在司法实践中,对争议双方不存在合同关系的纯经济损失争议,法院不予支持原告的赔偿请求。

【案例 5-110】 上海方舟旅行社诉东方航空公司航班延误赔偿案

判决观点,方舟旅行社与游客之间有一个旅游服务合同;而游客与东航公司存在航空客运合同;只有方舟旅行社与东航公司之间是空缺,没有任何合同,两者之间的关系则没有了法律约束;旅行社订购机票也只是一种代理行为。法院判决驳回了原告方舟旅行社的诉讼请求。学者提出自己的看法,没有合同关系,只是说明二者之间的纠纷不应当适用《合同法》的规定,并非意味着二者之间的关系就没有了法律约束。[2] 笔者认为,可从理论及实践中进一步研究。

乘客在公交车上摔倒的,无法定事由对承运人不免责。

---

〔1〕 参见国家法官学院案例开发研究中心编:《中国法院 2015 年度案例》(合同纠纷),中国法制出版社 2015 年版,第 183 页。上海市浦东新区人民法院(2013)浦民一(民)初字 2840 号民事判决书。

〔2〕 参见王利明主编:《判解研究》2005 年第 2 辑(总第 22 辑),人民法院出版社 2005 年版,第 128~139 页。

【案例 5 – 111】 攀枝花公交客运总公司与赵某芬等城市公交运输合同纠纷案

二审法院认为,本案赵某芬上车后在车厢内摔倒,承运人没有提供证据证明赵某芬在车上摔倒系其自身健康原因或其故意、重大过失所致。承运人以赵某芬在雨天穿拖鞋行走自身未尽安全注意义务,赵某芬存在重大过失为抗辩意见请求免责,该抗辩意见即使成立也不构成重大过失,承运人依法不能免除赔偿责任。[1]

承运人依法处理危险物品或者违禁物品无须承担赔偿责任。

【案例 5 – 112】 唐某与北京首都机场公司财产损害赔偿纠纷案

判决观点,(1)按照《中国民用航空局关于发布〈民航旅客禁止随身携带和托运物品目录〉和〈民航旅客限制随身携带或托运物品目录〉的公布》的相关规定,作为行李托运且随身携带有限定条件的物品包括充电宝、锂电池。(2)安检工作包括对乘坐民用航空器的旅客及其行李、进入候机隔离区的其他人员及物品,以及空运货物、邮件的安全检查。(3)公共航空运输企业如果认为旅客的运输要求可能构成对航空安全的影响,有权作出判断并基于合理判断及时处理。(4)对于旅客违法夹带的危险品,无论在开包检查时旅客是否在场,安检机构均有权按照相关安检规则将危险品卸下、销毁或交有关部门处理。[2]

《民法典》第八百二十四条对旅客行李不承担赔偿责任的依据是分别规定的。根据本条第一款规定,对于旅客随身携带物品,如果承运人对其毁损、灭失有过错的,应当承担赔偿责任。这对承运人实行的是过错责任原则,也就是说,在发生旅客自带物品毁损、灭失的情况下,承运人对此有过错时,才承担赔偿责任。根据本条第二款规定,对于旅客托运的行为,其毁损、灭失的,适用货物运输的有关规定,主要是适用本法第八百三十二条的规定,"承运人对运输过程中货物的毁损、灭失承担赔偿责任。但是,承运人证明货物的毁损、灭失是因不可抗力、货物本身的自然性质或者合理损耗以及托运人、收货人的过错造成的,不承担赔偿责任"。这对承运人实行的是无过错责任原则。这是因为,托运的行李不是旅客随身携带的,其从实质上讲是货物运输,所以应当适用货物的有关规定,对承运人的

---

[1] 参见最高人民法院民法典贯彻实施工作领导小组编著:《中国民法典适用大全》(合同卷四),人民法院出版社 2022 年版,第 2735 页。四川省攀枝花市中级人民法院(2014)攀民终字第 131 号民事判决书。

[2] 参见最高人民法院民法典贯彻实施工作领导小组编著:《中国民法典适用大全》(合同卷四),人民法院出版社 2022 年版,第 2781 ~ 2782 页。北京市顺义区人民法院(2019)京 0113 民初 2593 号民事判决书。

要求要高于旅客随身携带物品时其承担的责任。[1]

（五）无偿搭乘纠纷处理

无偿搭乘或称好意同乘，是指在承运人好意并无偿地邀请或允许下，同乘于承运人之车的人，多指公路交通运输中的搭乘者。《民法典》合同编第十九章第八百一十三条规定成立运输合同有偿问题，第八百二十三条明确规定"承运人应当对运输过程中旅客的伤亡承担损害赔偿责任……前款规定适用于按规定免票、持优待票或者经承运人许可搭乘的无票旅客"。依此条"承运人应当对经其许可搭乘的无票旅客承担责任"的规定，可以推出承运人与经其许可搭乘的无票旅客形成运输合同关系，从性质上讲，是一种事实运输合同关系。非专职从事旅客运输车辆的承运人，在无偿搭乘中，也可以与搭乘者形成客运合同，客运合同不应该仅限于专门从事旅客运输的车辆。换言之，有偿未必是成立运输合同的一个必要要件，或者说，免费乘车未必就不会形成一个运输合同。因承运人的原因导致搭车人受伤，由此产生的损失由承运人赔偿。

【案例5-113】 侯某诉齐某公路旅客运输合同纠纷案

判决观点，原告侯某经被告齐某允许，搭乘齐某驾驶的东风牌大货车由蠡县返回内蒙古，虽未向齐某支付费用，但双方已形成了运输合同关系。承运人因疲劳驾驶与他人发生交通事故，致使原告侯某受伤致残。且被告齐某对此次交通事故负全部责任。因此，在此运输合同中，齐某未能履行将侯某安全运输到约定地点的义务，并因过失致侯某受伤致残，对此，齐某应承担损害赔偿责任。[2]

---

[1] 参见黄薇主编：《中华人民共和国民法典合同编释义》，法律出版社2020年版，第724~725页。
[2] 参见北京市高级人民法院编：《审判前沿——新类型案件审判实务》2003年第3集（总第5集），法律出版社2003年版，第110页。

专题六　委托合同纠纷

　　委托合同作为一种古老的合同类型，长期以来在人们的生产生活中被广泛应用。特别是随着经济的发展和商业的繁荣，其适用范围和应用方式更为广泛、灵活和新颖，很多具体合同既具有传统委托合同的基本属性，又具有各自的不同新特征，导致司法实践中，在委托合同的性质认定、合同当事人权利义务认定、合同履行及违约责任承担等方面出现一定困难和偏差，本专题对实践中存在的一些分歧或疑难问题加以探讨。

一、委托合同理解

《民法典》第九百一十九条规定:"委托合同是委托人和受托人约定,由受托人处理委托人事务的合同。"《合同法》第三百九十六条亦作了同样规定。委托合同是以处理委托人事务为目的的合同。委托合同具有意定性和临时性,它的产生基础是双方当事人的合意。换言之,委托合同关系的成立须经双方当事人达成合意。委托合同可以是有偿的,也可以是无偿的。委托关系是指委托人与受托人基于委托授权合同产生,受托人权限的获得主要是通过委托授权合同,是委托人和被委托人就某一事项或数个事项协商的结果。受托人按照委托合同约定行使权限,受委托合同约束,约定事项处理完毕,委托关系结束。

(一)委托合同含义

1.委托人权利义务

委托人的权利,可以概括为以下四项,一是指示权。委托处理一项或数项事务,也可以概括指示处理一切事务。同意受托人转委托的请求,就委托事项直接指示转委托的第三人。二是知情权,对委托处理事项过程和结果的知悉情况。三是介入权,对委托事务的介入。四是交付领取权,领取委托处理的财产或结果。

委托人的义务,主要指,一是按约定支付处理事项的报酬。二是事先提供处理委托事务的费用,最终根据多退少补的原则与受托人结算。三是对未提供处理委托事务费用的,而应偿还受托人垫付的费用。四是赔偿受托人的损失。

2.受托人权利义务

受托人的权利,主要指,一是受托人依据合同约定要求支付报酬。二是要求给付办理委托事项垫付的费用及利息。三是在紧急情况下为维护委托人的利益转委托。四是因不归责于自己的事由受到损失赔偿请求权。五是接受委托后同意委托人再委托第三人的权利,依据《民法典》第九百三十一条规定请求支付损失。

受托人的义务,可以概括为以下五项,一是应当按照委托人的指示处理委托事务。二是受托人应当亲自处理委托人指定的事务。三是报告义务,包括按委托要求报告和合同终止时报告两种情形。四是披露义务。在因第三人不履行合同时,向委托人披露第三人。因委托人不履行义务时,向第三人披露委托人。五是转交处理委托事务取得的财产。如上诉人重庆超霸房地产开发有限公司、重庆市港渝商业管理有限公司与被上诉人杜某安、原审第三人重庆万里行百货有限公司委托合同纠纷案。[1] 但在个案中,由于法律上和事实上的障碍,存在受托人无法将委托合同所涉及的标的物转交给委托人的情形。

【案例6-1】 东莞市恒锋实业有限公司与东莞市华源集团有限公司等委托收购股权合同赔偿纠纷案

判决观点,受托取得的标的物展览公司的股权,其转让受到相关法律规定的约束,该股权能否转让给委托人,处于不确定状态,委托人并不能当然取得案涉股权。因为不符合股权转让的法定条件,恒锋公司并不能取得案涉股权,因此,该股权不能当然转交给该公司。[2]

受托人的转交义务,不因有其他关系而阻却。

【案例6-2】 黄某乾诉厦门市莲湖建设有限公司委托合同纠纷案

判决观点,被告主张其没有直接将保险金180000元交付原告,是因为其通过垫付医疗费、支付护理费、伙食补助费等形式间接返还给了原告,而且被告为原告支出的费用远远超过180000元保险金的数额。法院认为,被告因本起事故支出的各项费用系在原、被告双方劳动关系基础上所产生的,与本案双方之间的委托合同关系是不同的法律范畴,被告擅自抵扣的行为,没有事实和法律依据,法院不予支持。综上,被告作为受托人,在代为办理理赔手续并领取保险金后,应将保险金转交给原告,因此,原告要求被告返还保险金的诉讼请求于法有据。[3]

这里着重分析注意义务和后合同义务。

委托合同中的注意义务是指,受托人在处理委托事务过程中,应当对委托事务的处理过程、结果以及对委托人利益的影响,给予相当的注意,以免产生不利于

---

〔1〕 参见最高人民法院民事审判第二庭编:《商事审判指导》2012年第4辑(总第32辑),人民法院出版社2013年版,第204~205页。

〔2〕 参见最高人民法院民事审判第二庭编:《商事审判指导》2012年第4辑(总第32辑),人民法院出版社2013年版,第179~198页。

〔3〕 参见国家法官学院案例开发研究中心编:《中国法院2014年度案例》(合同纠纷),中国法制出版社2014年版,第66页。福建省厦门市湖里区人民法院(2012)湖民初字第1005号民事判决书。

委托人的后果。对于注意义务的要求程度,依委托合同的有偿或无偿也有所不同。有偿的委托合同,受托人应当以善良管理人的注意义务,谨慎合理地处理委托事务。而在委托合同为无偿时,受托人应当与处理自己的事务一样,负有同等的注意义务。

委托合同终止后,受托人应当履行协助委托人的后合同义务。

【案例6-3】 中行濮阳市老城支行诉濮阳县电信局委托代理合同终止后不履行后合同义务赔偿损失纠纷案

一审法院认为,1997年7月,双方虽已没有合同关系存在,但双方处于事实上的不平等状态,电信局应按公平、诚实信用等原则,履行必要的协助义务,以消除这种不平等。中行亦需电信局继续履行停机协收的义务,减少风险弥补自己的损失。电信局虽在中行的通知上签字,实际却不予履行,致使中行的垫资无法收回,电信局应予全额赔偿。虽然用户未向中行缴纳欠费是引起中行损失的根本原因,但电信局不履行停机协助催收的后合同义务,是引起中行损失的直接原因,原告以电信局为被告起诉并无不当,故电信局认为原告的损失与其无关的主张不予支持。二审法院亦持同样意见,维持一审判决。〔1〕

【案例6-4】 首都机场集团公司与广联(南宁)投资股份有限公司委托合同纠纷案

最高人民法院认为,关于《代持协议》与首都机场协助义务。首都机场以具体经办人犯罪等为由怀疑《代持协议》的真实性和合法性,但首都机场并无证据证明具体经办人的犯罪事实涉及本案,《代持协议》已实际履行完毕,签订《代持协议》的时间对本案的审理并无影响,且已经生效的第53号判决认定《代持协议》有效,并判令首都机场代理领取分红款后支付给广联公司,因此,首都机场否认《代持协议》真实性和合法性的主张不成立。原审法院以双方当事人没有另行签订协议,对原协议约定的委托事项及各自的权利义务亦没有作出变更的意思表示为由认为双方当事人在事实上延续了《代持协议》的委托期限,原审法院如此认定缺乏依据,首都机场认为《代持协议》因履行期限届满已经终止的主张成立。但是,根据《合同法》第九十二条规定,《代持协议》属于委托合同,委托合同终止后,受托人首都机场应当履行协助委托人广联公司处置股权和领取分红款的义务……但是,首都机场代广联公司持有国元信托公司与国元投资公司的股权,股权转让程序的启动、推

---

〔1〕 参见最高人民法院中国应用法学研究所编:《人民法院案例选》2000年第4辑(总第34辑),人民法院出版社2001年版,第197页。

进及最终的完成均有赖于首都机场的协助、配合,首都机场如果不启动转让程序,其他的股权转让步骤便无法完成。首都机场亦有义务协助广联公司完成股权转让,本院对广联公司要求首都机场依《代持协议》履行协助义务的诉讼请求予以支持。[1]

3. 委托事务范围

委托合同的目的在于委托受托人处理委托人的事务。关于"事务"的解释,直接关系到委托合同的适用范围。实践中,委托事务认定是多发争议。

立法者认为,本条(指《民法典》第九百一十九条)虽然未对受托人办理事务的内容作具体解释,但只要能够产生民事权利义务关系的任何事务,委托人均可请受托人办理,既包括实体法规定的买卖、租赁等事项,也包括程序法规定的办理登记、批准等事项,还包括代理诉讼等活动。但委托人所委托的事务不得违反法律的有关规定,如委托他人代为销售、运输毒品、淫秽物品等,或者按照事务的性质不能委托他人代理的事务,如与人身密切联系的婚姻登记、立遗嘱、收养子女等。

对于委托事务的范围是否包括事实行为,还存在一定争议。有的观点认为,委托处理的事务也可以是事实行为。事实行为是指不以意思表示为内容,不产生当事人预期的法律效果的行为。例如,让他人帮忙看管财物、代取快递邮件等。一般认为,只要不违反法律规定,不违背公序良俗,事实行为也可以作为委托事务。

原则上所委托的事务应当是委托人自己的事务,仅在特殊情况下,例如符合转委托条件,才能对他人的事务进行委托。从委托事务的具体内容来说,委托人可以特别委托受托人处理一项或者数项事务,也可以概括委托受托人处理一切事务。[2]

4. 不可归责于受托人事由

《民法典》第九百二十八条第二款前半段规定:"因不可归责于受托人的事由,委托合同解除或者委托事务不能完成的,委托人应当向受托人支付相应的报酬。"这里的不可归责于受托人的事由,是决定委托人支付报酬、受托人是否担责的依据。立法者认为,因不可归责于受托人的事由,委托合同解除或者委托事务不能完成,其原因主要来自以下两个方面:第一,因委托人的原因,如委托人有我

---

[1] 参见最高人民法院民事审判第二庭编:《最高人民法院商事审判指导案例》(合同与借款担保卷),中国法制出版社2013年版,第172页。

[2] 参见黄薇主编:《中华人民共和国民法典合同编释义》,法律出版社2020年版,第867页。

国《民法典》第五百六十三条规定的情形,受托人依法解除合同的;或者委托人不给付处理的费用,致使事务无法进行的。第二,由于客观原因,如发生不可抗力,或者委托人死亡、破产、委托合同终止的,或者受托人死亡、丧失行为能力致使委托事务无法完成的等。[1] 也就是说,对不可归责于受托人的事由,可从主、客观两方面把握,都不是因受托人的过错造成的,不能归责于受托人。

法律规定了不可归责于受托人的事由为免除解除合同赔偿损失的例外。有学者认为,我国《合同法》所规定的"可归责于当事人的事由"实际上就是指在"不利于对方当事人的情形下解除合同"。[2] 应该看到两者之间存在明显的差别。所谓可归责于当事人的事由,解决的是行使解除权的当事人是否具有过错的问题,而所谓的"在不利于对方当事人的情形下解除合同"却是一种利益的平衡,是禁止权利滥用原则的具体化,并不以权利人具有过错为必要条件,其过错只是加重了解除权的赔偿责任。但是,出于对受害人的保护,不妨将《民法典》"可归责于受托人的事由"视为包括不利于对方的情形下解除合同之情形。对何为不可归责于当事人的事由,应放在个案中界定。

【案例6-5】 时代集团与湖南省高速公路投资集团有限公司、湖南省高广投资集团有限公司委托合同纠纷案

最高人民法院认为,原审法院在未认定三方协议当事人是否存在迟延履行债务或者有其他违约行为的前提下,仅以直至本案诉讼发生时合同目的尚未实现但不意味着将来绝对不可能实现的事实,应一方当事人请求判令解除合同,法律依据不足。但鉴于原审法院判令解除《三方协议》后,各方当事人均未就此提出上诉,故本院对原审判决的该判项予以维持。但据此可以认定,《三方协议》系因高广公司向原审法院提出诉请后才予以解除的,导致协议解除的原因系不可归责于时代集团公司的事由。[3]

【案例6-6】 东莞市恒锋实业有限公司与东莞市华源集团有限公司等委托收购股权合同赔偿纠纷案

二审法院认为,受托人受托收购股权,在该股权并非依法当然应当过户给委托人的情形下,受托人解除委托合同未将股权转让给委托人具有客观理由,不应当赔偿该股款差价款损失。[4]

---

[1] 参见黄薇主编:《中华人民共和国民法典合同编释义》,法律出版社2020年版,第883页。
[2] 参见江平主编:《中华人民共和国合同法精解》,中国政法大学出版社1999年版,第353页。
[3] 参见最高人民法院民事审判第二庭编:《最高人民法院商事审判指导案例》(合同与借贷担保),中国民主法制出版社2013年版,第160~180页。
[4] 参见最高人民法院民事审判第二庭编:《商事审判指导》2012年第4辑(总第32辑),人民法院出版社2013年版,第179~198页。最高人民法院(2012)民二终字第13号民事判决书。

(二)委托合同风险

这里讲的委托合同风险,其实质为委托合同责任承担。风险是一个内涵丰富的概念。狭义的风险仅指因不可归责于合同双方当事人的事由所带来的非正常损失。一般来讲,把由于当事人的过错导致的损失归入违约损害赔偿制度中,因而我国民法典上的风险是狭义的。在受托人已经完成委托事项,即委托合同义务履行完毕,故委托代理民事行为的法律后果应由委托人承担。

【案例6-7】 荆某国、李某霞诉刘某委托合同纠纷案

一审法院认为,根据原、被告之间的陈述,可以认定原、被告之间存在委托合同关系,即原告李某霞委托被告刘某为其兑换美元,双方未约定报酬和风险承担。本案原告李某霞将款项转给被告刘某后,刘某要求原告李某霞向其提供身份证和房屋所有权证书复印件,在网站上开立了户名为李某霞的账户并设定了密码,后原告李某霞打开了账户页面,看到了显示10万美元的界面信息,从以上事实可以认定被告刘某已经完成了委托事项,即委托合同义务履行完毕,在此情况下原告李某霞已无权要求被告刘某返还款项,故对原告的诉讼请求,不予支持。关于支付款项无法兑现的问题,原告李某霞与被告刘某为委托合同关系,对外办理开户手续时以原告李某霞的名义进行,故委托代理的民事行为的法律后果应由委托人承担,即在美元兑换不能时,相应风险应由原告李某霞承担。二审法院认为,刘某为李某霞开立账户是经过李某霞同意并亲自登录过账户进行核实,而且李某霞在通话中也予以认可。李某霞、荆某国没有证据证明刘某存在故意或者重大过失,故上诉人李某霞、荆某国的上诉理由不予采信,上诉请求不予支持。李某霞、荆某国作为完全民事行为能力人应对自己的行为承担相应的责任。[1]

(三)委托合同甄别

委托合同在理论上区别于其他合同不存在任何争议,但其实践中经常发生委托合同与其他合同的混淆。

---

[1] 参见国家法官学院案例开发研究中心编:《中国法院2017年度案例》(合同纠纷),中国法制出版社2017年版,第183~184页。河南省郑州市中级人民法院(2015)郑民三终字第1308号民事判决书。

【案例 6-8】 北京住总房地产开发有限公司与民福置业集团有限公司委托合同纠纷案

最高人民法院认为,本案合同性质为委托合同。……住总公司为委托人,民福公司为受托人,住总公司委托民福公司为自己办理委托事务,具体内容是委托民福公司将位于兴寿镇桃峪口风景区约 700 亩土地变为国有开发土地,并完成该地块的征地工作,实现场地"三通一平"。该合同为当事人真实意思表示,其内容不违反法律、行政法规的强制性规定,合法有效。一审法院对此认定准确,予以确认。民福公司上诉主张本案合同性质为房地产前期合作开发合同依据不足,本院不予支持。[1]

【案例 6-9】 中粮公司诉金光公司委托代理合同纠纷案

二审法院认为,双方之间设立的是委托合同关系,中粮公司作为受托人,依约已完成对外签约、开具信用证、交付单据等全部受托事项,金光公司也已经得到信用证项下全套单据及货物,并向受托人中粮公司实际交付了代理费,中粮公司预垫的开立信用证的各种费用金光公司也已经实际支付,委托合同的主要权利义务双方已经履行完毕。[2] 本案一、二审法院最大的区别在于,一审法院没有区分买卖合同与委托合同的差异,简单地将委托人应当偿还费用的纠纷等同于买卖合同中买方支付货款的纠纷,导致对保证金条款性质认识的差异。

【案例 6-10】 红高粱传播公司诉钮某、陈某华、刘某房委托合同纠纷案

二审法院认为,演出合同的一方当事人应为营业性文艺表演团体,而红高粱传播公司与陈某华、钮某、刘某房签订的演出合同双方均不是营业性文艺表演团体,不符合演出合同主体资格,因此该合同的性质不是演出合同。根据《营业性演出管理条例实施细则》(以下简称《实施细则》)的规定,双方当事人签订的演出合同中的条款与《实施细则》中规定的委托合同应包括的内容条款相吻合,因此该演出合同的性质应认定为委托合同,能够体现出双方当事人签订合同时的真实意思表示,上诉人陈某华关于双方签订的演出合同为合伙合同的主张应不予支持。[3]

在实践中,一般的委托代理合同与包销合同认定上的争议时有发生。

---

[1] 参见最高人民法院中国应用法学研究所编:《人民法院案例选》2013 年第 2 辑(总第 84 辑),人民法院出版社 2013 年版,第 28 页。

[2] 参见北京市高级人民法院编:《审判前沿——新类型案件审判实务》2004 年第 1 集(总第 7 集),法律出版社 2004 年版,第 50 页。

[3] 参见最高人民法院中国应用法学研究所编:《人民法院案例选》(2004 年商事·知识产权专辑)(总第 49 辑),人民法院出版社 2005 年版,第 213 页。

【案例6-11】 上海汉宇房地产策划营销有限公司诉上海金厦房地产有限公司商品房委托代理销售合同纠纷案

一审法院认为,涉讼合同含有一般包销合同的主要特征,有别于一般销售代理合同。金厦公司不能仅凭合同名为代理销售合同而当然享有任意解除权。二审法院认同一审法院根据相关证据和法律规定认定双方之间实际为包销合同性质的意见。[1]

委托合同关系与民事代表关系的区分。二者仅是一对类似的概念,在很多方面都有各自的特点。主要为:其一,基础不同。委托合同关系在《民法典》合同编第二十三章有明确具体的规定。民事代表关系,现行法律没有概括性表述,理论上对其缺乏系统性研究,只有民事代表关系的一些具体表现在现行部分民事法律规范之中得以体现。即代表人依据法律或其他民事规范等的规定,代表法人、非法人组织或利益共同体实施民事行为,并由该被代表人承担相应后果或代表人与被代表人一同承担相应后果的一项制度。其二,主体不同。委托合同关系的主体系民事主体,主体具有平等性。民事代表关系的主体实质上属于某一共同利益团体,被代表者可能是集体,亦可能是具有法律上拟制的集合性主体,即全体投资者或合伙人共同利益的结合体,且代表人对所进行的民事活动的法律后果存在直接的利害关系。其三,权利范围不同。委托合同关系的委托权限是根据双方签订的委托合同确定的,且受托人所为的系民事法律行为。民事代表关系的代表权限则由法律明确规定,具有法定性,不需要授权委托。其四,法律属性不同。委托合同关系具有合意性、临时性,且委托权限系双方约定,委托人可以对外披露受托人的存在,亦可以不披露受托人的存在。民事代表关系具有法定性、长期性和身份属性,且第三人知道被代表人的存在,代表权具有广泛性,除法律规定或约定不得代表外,均可以行使。

【案例6-12】 肖某仲诉重庆和坊商贸有限公司等委托合同纠纷案

一审法院认定肖某仲与和坊公司不属于委托合同关系而是民事代表关系。二审法院认为,委托合同具有两点特征:(1)委托人与受托人存在处理委托事务的合意。(2)受托人处理事务,除法律另有规定外,不是以自己的名义进行,而是以委托人的名义进行。首先,肖某仲举示的委托协议书表明肖某仲委托和坊公司与大竹县政府进行接洽、谈判及处理征地过程的相关事宜,和坊公司也接受了肖某仲的委托,肖某仲与和坊公司委托合同关系成立。其次,和坊公司一审举示的其与大竹县政府签订的项目投资协议书载明"和坊公司与项目各业主书面委托、全权代表各业主……与大竹县政府达成如下

---

[1] 参见郭伟清主编:《2015年上海法院案例精选》,上海人民出版社2016年版,第7~8页。

协议……"该协议表明和坊公司在对外与大竹县政府签订协议时是以项目各业主的名义,符合委托合同的条件。和坊公司虽辩称其与肖某仲系代表关系,但该陈述无相应法律依据。[1]

名为借贷实为委托合同关系问题。原告以借据、收据、欠条等债权凭证提起民间借贷诉讼,被告依据基础法律关系提出抗辩或者反诉,并提供证据证明债权纠纷非因民间借贷行为引起的,法官应当依据查明的案件事实,按照基础法律关系审理。但也存在例外,当事人通过调解、和解或者清算达成的债权债务协议,不受基础法律关系限制。也就是说,虽名为借贷实为委托合同关系产生的债权债务,则应按委托合同关系查明处理。

【案例6-13】 彭某华诉黄某委托合同纠纷案

判决观点,关于是否成立借贷关系的问题。原、被告双方均确认了被告委托原告代为办理完税通关业务,并在办理该业务的过程中原告代被告支付了委托事项的费用从而产生经济纠纷的事实。原、被告间成立的是委托合同关系,而非民间借贷关系。关于原告起诉请求是否于法有据的问题。根据《合同法》第三百九十八条的规定,委托人应当预付处理委托事务的费用,受托方并没有代委托方支付办理委托事项费用的义务,现作为受托方的原告为了办成委托事项代作为委托方的被告垫付了税金从而促成了委托事项的实现,对于被告来说属纯获利行为,并且作为委托方的被告事后以出具借条的形式对作为受托方代为垫付税金的行为表示了追认,我国《合同法》也明确规定受托人为处理委托事务垫付的必要费用,委托人应当偿还该费用及利息,原告请求被告偿还垫付本金及逾期利息的请求,符合法律规定,应予以支持。[2]

由于一般性委托合同(我国《民法典》"委托合同章")并不强调其处理事务的结果性,所以,从促进交易的角度出发,在其具体适用上,应更强调其对于其他以"劳务"为标的合同的补充适用性。即在认定具体的法律关系上,如果构成其他以劳务为标的合同,则应强调其他有名合同规范的优先适用。[3]

---

[1] 参见《人民司法·案例》2019年第14期(总第853期)。重庆市第一中级人民法院(2017)渝01民终7164号民事判决书。

[2] 参见国家法官学院案例开发研究中心编:《中国法院2017年度案例》(合同纠纷),中国法制出版社2017年版,第189页。广西壮族自治区崇左市大新县人民法院(2015)新民初字第327号民事判决书。

[3] 参见最高人民法院民事审判第一庭编:《民事审判指导与参考》2010年第4集(总第44集),法律出版社2011年版,第108页。

(四) 委托合同权限

《民法典》第九百二十条规定:"委托人可以特别委托受托人处理一项或者数项事务,也可以概括委托受托人处理委托人一切事务。"该条是关于委托权限的规定。受托人在处理委托事务时,应以委托人指示的权限为准。以委托人权限范围为标准把委托划分为两类,即特别委托和概括委托。

受托人超越委托权限的后果,原则上由受托人自行承担,但委托人认可的例外。在委托代理合同中,受托人处理该委托事项过程中,还进行了其他事项的操作,该操作事项显然在当初受托的事项之外。委托人并未采取积极有效的措施及时阻止委托人对该事项的操作,并已接受了该事项操作的收益成果,应视为其对委托人操作该事项事实的认可。

【案例6-14】 张乙诉张甲民间委托理财合同纠纷案

二审法院认为,涉案拆迁款实际占有人张甲、张丙和张丁与张乙之间就申购新股事项存在委托理财合同关系。张甲、张丙和张丁于2007年9月委托张乙处理的事务只有申购新股一项,该委托事项清楚、明确。张乙在处理该委托事项过程中,还实际进行了债权买卖和股票增发的事项操作,该操作不属于张乙受托的申购新股事项。但张甲、张丙和张丁知情后,作为委托人并未采取积极有效的措施及时阻止张乙对该事项的操作,且已接受了该事项操作的收益成果,故应视为其对张乙操作该事实的认可,据此可认定双方在债券买卖和股票增发的操作事项上存在事实上的委托关系,因委托事务或事项的不同,该委托关系与张甲、张丙和张丁委托张乙进行申购新股操作属两个不同的委托关系。[1]

委托书仅约定由受托人全权处理,对于委托期限、利益分配等均未明确,双方成立无偿的委托理财法律关系。受托人未经委托人同意,擅自将委托人与他人账户建立清算联户关系,在两个账户间进行资金流转,给委托人资金带来风险的,该行为超越了授权范围,属于越权代理。

【案例6-15】 张某峰诉周某浩、甲证券股份有限公司上海吴中路证券营业部委托合同纠纷案

二审法院认为,按照《合同法》第三百九十九条的规定,作为受托人的周某浩应当按照委托人的指示处理委托事务。需要变更委托人指示的,应当经

---

〔1〕 北京市第一中级人民法院(2012)一中民终字第4835号民事判决书。

委托人同意。因情况紧急,难以和委托人取得联系的,受托人应当妥善处理委托事务,但事后应当将该情况及时报告委托人。系争《委托书》的内容虽过于简单,但委托人并未明示受托人可在买卖股票的操作以外处置其资金,可以推定,周某浩不能擅自从张某峰的资金账户建立可随意转入、转出的清算联户关系。周某浩称张某峰对于与案外人卢某超建立清算联户关系是知晓的,其在张某峰对此表示否认后,并未提供相应的证据加以证实。[1]

(五) 委托合同纠纷举证

实践中,对是否存在委托合同关系有争议时,由主张成立委托关系的一方承担举证责任。当双方各执一词,且都没有足够的证据否定对方证据的情况下,法院应当运用优势证据规则对事实作出认定。综合双方的举证责任,法官运用自由心证对证据材料进行判断,在达到了高度盖然性标准,即"法律真实"在内心确信的程度上达到了足以信服的高度盖然性时,应否认负有举证义务方主张的事实。

【案例6-16】 王某诉巫某翠委托合同纠纷案

二审法院认为,本案根据王某的主张,其与巫某翠之间是否存在委托合同关系,存在何种委托合同关系属于本案的基础法律关系,因此,本案应定性为委托合同关系。双方当事人对王某已经给付巫某翠840万元无异议,即双方均认可不存在给付对象错误或金额错误的情形。根据"谁主张,谁举证"的原则,王某应当负有对委托合同包括合同成立、生效、权利义务及违约责任等事实进行举证的义务。王某仅凭向巫某翠转款840万元的银行凭证上注明的款项来源为"钢材款"即主张双方存在委托代购钢材关系,而双方当事人仅通过口头委托即达成840万元的大宗交易不符合商业惯例,且该银行凭证为王某单方填写,在王某的主张仅有其陈述而无其他客观证据证实又被对方当事人否认的情况下,法院对王某的主张不予支持。另外,从巫某翠与陈某生共同生育了女儿陈某轩有存在感情纠纷的可能性上来看,虽然巫某翠主张的赠与关系被陈某生否认,由于陈某生与巫某翠存在利害关系,故,在陈某生与巫某翠可能存在感情纠纷的情况下,陈某生在本案中的意见不能当然采信,巫某翠的抗辩理由可能有一定的合理性。综上,王某主张与巫某翠存在委托合同法律关系没有事实依据,由于基础法律关系不存在,王某要求巫某翠承担合同责任返还财产的理由不成立。至于王某提出的或者委托合同关

---

[1] 上海市第一中级人民法院(2007)沪一中民三(商)终字第435号民事判决书。

系不成立,或者基于双方解除合同,或者基于不当得利,只要巫某翠已经实际收到840万元款项但没有证据证明其有权利获得该款项,则应当承担返还财产的后果问题,实际王某是为了举证的便利而试图通过更换诉讼理由为不当得利以避开其所主张与巫某翠之间的基础法律关系的举证困难,对王某的该上诉理由亦不予采信。[1]

【案例6-17】 王某清诉王某功委托合同纠纷案

判决观点,原告王某清与被告王某功的农村信用社定期储蓄存款单及存折本属于原告王某清个人所有,其要求被告将该存单和存折中的款项存在一个存单中并妥善保管,属于原告对其存款凭证依法行使的委托保管行为,依法受法律保护。被告将原告存单和存折中的款项取出并存入自己名下,占有本应属于原告的合法财产,是对原告合法财产的侵害。根据《民法通则》第一百一十七条规定,故原告要求被告返还其存款及相关利息,符合有关法律规定,依法予以支持;被告主张该存款系原告向其赠与的,赠与行为已经完成,原告无权要求被告返还,对此被告负有举证责任。因原告对被告上述主张予以否认,被告申请的证人虽证实原告有可以给被告14万元的意思表示,但原告是否给被告钱或存款凭证证人并未见证(事实上被告已于2011年12月16日将原告存单和存折中的款取出并存在了自己名下),并且原告在表示上述意思的当天晚上就当着证人的面给被告立下遗嘱,声明原告曾为次子所立遗嘱作废,原告所有财产按兄弟二人重新合理分配(包括新民居楼房93平米一套、所余存款)。被告关于原告将自己的存单和存折交与被告属于赠与行为的证据不足,不能成立,不予采信。[2]

仅有汇款凭证的委托合同关系的判定。在原告以委托合同纠纷为由提起诉讼,其提供的汇款凭证不能直接证明当事人之间的法律关系性质,但是可以作为其主张委托合同关系成立的初步证据。原告可以采用间接证明的方式即通过反驳被告主张的法律关系不存在,完成举证责任,被告应就其占有汇款的法律依据提供反证。

【案例6-18】 王某娣、郭某然诉浙江省舟山市定海华物农业机械有限公司等委托合同纠纷案

二审法院认为,王某娣主张涉案200万元系泰昊公司委托华物公司交付蓬莱公司的借款,并提供了汇款凭证。华物公司抗辩该款项为蓬莱公司支付

---

〔1〕参见国家法官学院案例开发研究中心编:《中国法院2012年度案例》(合同纠纷),中国法制出版社2012年版,第111~112页。广西壮族自治区高级人民法院(2010)桂民一终字第119号民事判决书。

〔2〕参见国家法官学院案例开发研究中心编:《中国法院2015年度案例》(合同纠纷),中国法制出版社2015年版,第212页。河北省任丘市人民法院(2012)任初字第1200号民事判决书。

的预付款,华物公司应提供证据证明。虽华物公司与蓬莱公司间存在买卖合同关系,但该买卖合同仅约定(蓬莱公司)提货前需付款800万元,而蓬莱公司至今尚未收到货物;诉讼中,华物公司也未提供蓬莱公司同意将该200万元作为预付款支付的证据。因此,华物公司辩称该笔200万元系蓬莱公司支付的预付款缺乏事实依据。诉讼中,泰昊公司、华物公司均明确双方不存在真实的买卖合同关系,也不存在其他交易或经济往来。从双方行为表现来看,泰昊公司将950万元贷款(包括涉案200万元)汇入华物公司是基于银行贷款监管的要求,不能将所贷的款项直接汇付给蓬莱公司,故泰昊公司要求华物公司汇付该950万元贷款行为符合委托合同的法律特征。一审法院认为王某娣提供的证据尚不能证明泰昊公司与华物公司存在委托合同关系不当,二审予以纠正。华物公司应按照委托合同约定将200万元款项交付蓬莱公司,但华物公司至今仍占有该200万元,显属违约。鉴于泰昊公司已注销,华物公司应当将该款返还给原泰昊公司股东王某娣、郭某然。遂撤销一审判决,改判华物公司退还200万元给王某娣、郭某然,并支付相应利息。[1]

【案例6-19】 何某诉孙某福委托合同纠纷案

判决观点,被告在庭审过程中认可原告支付了175000元,法院予以确认,原告主张的其余1000元无证据支持,法院不予认可。原告未能就2010年10月25日及同期交付被告的涉案共计175000元在2012年8月1日之前的用途、性质作出合理解释,也未提交原、被告于2010年已达成借款意向的其他证据,而原告举证的借条的形成时间恰恰与其举证的银行卡存款业务回单日期相矛盾,与借条上注明的时间相矛盾,原告不能证实2010年支付的款项是借款,故对原告关于原、被告之间形成借贷关系的主张,不予支持。而被告的陈述及证人王某生的证言均称涉案款项为原告委托被告办理委托事务的费用,对原告打款原因、时间、借条出具、该款性质作出的解释均较为合理,能够与存款回单、借条契合,形成较为完整的证据链,予以采信。原告主张被告出具的借条是对2010年借款的补签,但2010年涉案款项性质并非借款,故原告举证的该借条与事实不符,不予采信。依据原告、被告、证人陈述及在案证据综合分析,原告与被告之间形成委托代理关系,原告明知代理事项,被告代表原告与王某生达成协议,而且已将原告交付的费用全部支付王某生,权利义务关系发生于原告与王某生之间,在代理人孙某福并无过错的情况下,无论委托事项是否违反法律规定,被告孙某福都不应当成为原告追索委托费用的合法对象。庭审过程中,被告孙某福同意退还经手的费用140000

---

[1] 参见《人民司法·案例》2019年第4期。浙江省舟山市中级人民法院(2018)浙09民终601号民事判决书。

元,属于自愿行为,且不违反法律规定,予以支持。原告其他诉讼请求无事实依据,不予支持。[1]

银行作为外卡交易转接行与特约商户之间是委托合同法律关系,特约商户要证明交易完成应当承担交易真实性的举证责任。

【案例6-20】 中国银行股份有限公司上海市分行诉上海展讯酒店管理有限公司委托合同纠纷案

二审法院认为,中行上海市分行委托展讯公司作为特约商户按照合同约定受理信用卡,然而展讯公司在4天中,都是在一两分钟之内接受同一卡号或不同卡号要求支付几乎每笔都是2万元以上的款项,仅仅查看信用卡和客人护照的扫描件,也没有持卡人入住被告酒店实际消费的证据。其中总计238819.75元交易所提供的签购单没有持卡人签名,337447.05元交易的剩余部分甚至没有签购单作为按照合作协议受理信用卡的依据,违反了原、被告所签订的《合作协议》的约定,也违反了受理境外信用卡的业务规范。原告已经按照合同约定向被告支付了全部款项,其可以依据《合作协议》向被告主张请求权。中行上海市分行发现展讯公司受理境外银行卡未留有持卡人签名时有权将相关款项扣回,因展讯公司事发之后已经将与中行上海市分行合作协议中的POS机拆除,故中行上海市分行无法自主扣回,原告的诉请符合合同约定和法律规定。[2]

法人或其他组织从事有偿诉讼代理的,应对委托人需负担的必要费用承担举证责任。

【案例6-21】 某建设集团有限公司诉某法务文化发展有限公司诉讼代理合同纠纷案

一审法院认为,就本案而言,法务文化公司辩称系受某建设集团委托向承德恒联公司追讨工程款,其人员李某作为某建设集团的法律顾问所进行的诉讼代理活动只是受托事项中的一部分,其收取的20万元非诉讼代理费,而是用于所代理案件的诉讼费用和差旅费等实际支出。但是,法务文化公司提供的证据仅能证明其人员作为某建设集团的法律顾问通过代理诉讼,为某建设集团要回工程款,且并无有效证据证明收取的20万元用于了所代理案件的诉讼费用等实际支出。故双方之间建立起来的实为有偿诉讼代理关系。

---

[1] 参见国家法官学院案例开发研究中心编:《中国法院2016年度案例》(合同纠纷),中国法制出版社2016年版,第203页。山东省淄博市临淄区人民法院(2013)临民初字第2084号民事判决书。

[2] 参见最高人民法院中国应用法学研究所编:《人民法院案例选》2015年第4辑(总第94辑),人民法院出版社2016年版,第236页。上海市第二中级人民法院(2014)沪二中民六(商)终字第4号民事判决书。

该有偿代理行为与我国相关法律、法规的规定相冲突,双方口头约定给付高额代理费用的内容不应受到法律保护。但是,鉴于法务文化公司与委托人口头达成委托代理合同后,可从事无偿诉讼代理并可要求委托人给付由此支出的必要费用,且其确已完成了全部委托代理事宜,某建设集团亦无证据证明为李某提供了差旅费等必要费用。故某建设集团要求法务文化公司退还已经支付的20万元,本院不予支持。据此,法院判决驳回某建设集团的诉讼请求。二审法院判决驳回上诉,维持原判。[1]

涉及举证责任分配时应恰当,借助推定手段以分配证明责任须力求合理。当原告坚持认定被告没有履行合同义务,但其不仅无法对被告所提供的证据加以否定,更无法证明自己的主张时,根据证据优势规则应采信被告证据证明履行合同义务的事实。

【案例6-22】 北京世都嘉华广告有限公司与上海钱达广告有限公司委托合同纠纷再审案

对原审被告是否履行了为原审原告发布广告的义务,再审法院认为,从双方提供的证据分析,原审原告提供了一组2003年2月26日拍摄的罗山路延长段17、18、19号广告位和龙东大道11号位广告的照片,该照片内容显示,4座广告画面均为公益广告,且画面的右下角均印有"北京金辉阳光广告有限公司013701111601"字样,而且为了证实该照片拍摄的时间,在每张照片上均能显示2003年2月26日"新报"的画面。原审被告则提供了讼争合同履行前委托案外人昌艺中心在广告位上复贴字样的合同,相关发票和昌艺中心出具的证明等。现昌艺中心虽为原审被告的长期业务单位,但原审原告并不能证明这些证据系事后补签,也无该中心欲与原审被告恶意串通损害原审原告利益行为的相关证据,发票倒开等财务不规范现象也不能否认上述证据的真实性。另外,虽不能否认原审原告照片的真实性,也不能证明广告画面被人为剥落的事实,但事实上由于"东方夏威夷"广告画面实际并非罗山路延长段17号广告,且该广告位属案外人所有,结合上述原审被告的证据,已经能构成证据优势,从而使人足以相信罗山路延长段17号广告位如原审被告所说,字样直接印在画面上无法剥落而导致原审原告没有拍摄的事实,从而进一步印证原审被告证据的真实性。综上,应当确认在合同履行期内,原审被告对除龙阳路2号位之外的其余4座公益广告画面上已经复贴了原

---

[1] 参见北京市高级人民法院编:《审判前沿——新类型案件审判实务》(总第54集),法律出版社2016年版,第145页。

审原告企业名称和招商电话的事实。[1]

微信委托证据认定问题。微信记录属于电子数据的一种类型,可以作为证据使用。但在认定微信证据时应注意以下几点:微信记录的双方与本案当事人之间的关联性。因微信不是实名制,若不能证明微信使用人系当事人,则微信证据在法律上与案件无法产生关联性。微信证据的完整性。微信证据为生活化的片段式记录,如不完整,可能断章取义,也不能反映当事人完整的真实意思表示。微信证据一般还需要结合其他证据使用,多个证据之间能够形成完整证据链,证明指向一致,从而大大提高证据的证明力。通过QQ聊天工具委托彩票竞彩店工作人员购买彩票,属于彩民与工作人员个人间的委托关系,要证明委托关系的存在,除QQ聊天记录外,还需存在与之形成强有力证据链的其他证据。

【案例6-23】 李某诉重庆市体彩中心等彩票纠纷案

判决观点,腾讯QQ系以方便互联网用户交流而开发的一款面向互联网大众的共享性应用程序,只需要输入账号及该账号对应的登录密码,任何人均可以该注册用户的账号身份登录腾讯QQ程序进行操作。本案中,李某虽然提供了2011年1月26日及2月17日的QQ聊天记录,但根据QQ应用程序的上述特性,审理中无法确定在前述时间段内,通过QQ客户端登录程序进行聊天的实际操作人确为谢某本人。此外,彩民基于与工作人员间的熟悉程度、信任程度及方便程度,通过QQ委托彩票竞彩店工作人员购买彩票,该行为属于彩民个人与工作人员间的委托关系,与重庆体彩及体育彩票竞彩店无关。故对李某要求重庆体彩中心及马某承担赔偿责任的诉讼请求,不予支持。[2]

类似的案例有林某意诉叶某锋委托合同纠纷案。[3]

在网店运营委托合同纠纷中,被告主张原告违约进行抗辩,若举证不能应承担不利后果。

【案例6-24】 唐某诉上海感帅实业有限公司网店运营委托合同纠纷案

判决观点,被告为证明原告存在违约行为并造成重大损失故而其有权行使法定解除权的主张,提供了证据材料如财务交易记录、排名下降记录、统计表、销售汇总等。法院认为,首先,排名下降记录是2013年10月的销售量排

---

[1] 参见江必新主编、最高人民法院审判监督庭编:《全国法院再审典型案例评注》(上),中国法制出版社2011年版,第284页。

[2] 参见《人民法院报》2012年5月31日,第6版。重庆市渝中区人民法院(2011)中区民初字第03148号民事判决书。

[3] 参见国家法官学院案例开发研究中心编:《中国法院2018年度案例》(合同纠纷),中国法制出版社2018年版,第217页。福建省厦门市同安区人民法院(2016)闽0212民初字第56号民事判决书。

名,而被告已经支付了10月的运营费,再以此作为其于12月行使法定解除权的依据缺乏关联性,法院不予认定。其次,交易记录、统计表、销售汇总证据因不符合证据的形式要件,法院不予认定,不利后果应由被告承担,退一步讲,《网店代运营协议》中并未约定每月需要达到的销售额,且2011年、2012年销售额与2013年的同期销售额缺乏关联性,被告亦未提供其他证据证明双方曾口头约定每月的销售额,加之《网店代运营协议》中约定"被告负责原告工作前三个月的工作指导,原告全权负责该网店所有经营销售活动,维护店铺利益,使店铺正常顺利运营,负责店铺运作时,不可严重违规,不可删除原店人气宝贝(下架可以)",虽然原、被告在网店运营操作中存在摩擦,但考虑到网店代运营涉及产品上架等诸多问题,且本案所涉网店亦包含诸多产品,原告亦有权全权负责网店经营销售,故不能仅因个别产品未上架就认定原告在运营网店过程中存在根本违约,被告亦未提供其他证据证明原告存在根本违约,故被告主张行使法定解除权缺乏事实依据,法院不予认定。……原、被告对于备用金4000元的用途为产品描述均不持异议,但原告认为该款项系被告委托原告用于制作15个产品描述,且其已经履行完毕,扣除费用3900元后,同意偿还被告100元,而被告认为该款项系针对20余个产品的描述设计,必须经由专业第三方制作,而非原告进行制作,且必须达到爆款的效果等。法院认为,就备用金4000元,原告已经提交了15个产品描述的光盘1张,且经核对,这些产品描述设计时间均早于合同解除的时间,被告亦认可这些产品描述系针对本案网站的产品且均系原告创建,但被告坚持认为该15个产品描述不符合双方对于备用金使用的约定,在该种情况下,被告对于双方如何约定产品描述的数量、制作方的要求、达到何种效果等负有举证责任,但被告未提供证据证明其主张,不利后果应由被告承担,现原告自愿偿还被告备用金余款100元,并无不当,法院予以准许。[1]

行为人认为构成民间借贷关系仅能举证对方收到款,但不能举证证明双方之间存在借贷的合意及事实,以自己的名义帮助他人管理出借钱款的,应认定为委托合同关系。

【案例6-25】 孙某华诉邵某杰、王某君委托合同纠纷案

一审法院认为,本案争议的焦点是邵某杰与孙某华就此款所形成的法律关系是民间借贷法律关系还是委托合同法律关系。根据《民事证据规定》第五条的规定,主张合同关系成立并生效的一方当事人对合同订立和生效的事实承担举证责任,本案中,孙某华有责任举证证明双方之间存在借贷的合意

---

[1] 参见郭伟清主编:《2016年上海法院案例精选》,上海人民出版社2017年版,第183~185页。

及事实,但其提供的证据仅证明邵某杰收到了45万元,并不能证明双方之间是借贷关系。相反,邵某杰提供的欧某龙的证言,及原、被告双方签字的收条,可以证明邵某杰与孙某华之间是委托合同的法律关系。因此,本案应为委托合同纠纷。二审法院亦持同样意见,维持一审判决。[1]

在货物运输未能正常进行的情况下,货运代理企业向委托人主张其额外垫付的必要费用,应举证证明该费用的合理性与必要性,费用支付对象具有相关请求权且已实际支付。

【案例6-26】 深圳甲国际货运代理有限公司诉深圳市乙生态技术有限公司货运代理合同纠纷案

二审法院认为,甲公司主张为乙公司垫付了本案货物于海关查扣期间产生的集装箱租金、堆存费、取消费、码头吊柜费、SCT系统更改费、海关吊柜费,需证明上述费用为处理委托事务的必要费用。乙公司于二审期间提供证据证明了海关未收取本案货物于查扣期间产生的堆存费。堆存费的收取方应为码头并非承运人。甲公司提供的录音材料虽显示码头有权收取货物查扣期间的堆存费,但未有其他证据证明码头已收取本案货物堆存费。甲公司在未核实堆存费是否已实际发生情况下,仅依赖于承运人出具的账单支付了堆存费,并未尽到其作为货运代理人的合理谨慎义务,其代为垫付的堆存费也并非为处理委托事务的必要费用,无权向乙公司请求偿还。至于取消费、码头吊柜费、SCT系统更改费、海关吊柜费均是本案货物查扣期间所支出的合理费用,且甲公司已实际支付,故乙公司应向甲公司偿还上述费用。因此,乙公司关于其不承担堆存费的上诉主张,予以支持;而乙公司关于其不承担取消费、码头吊柜费、SCT系统更改费、海关吊柜费的上诉主张,予以驳回。关于集装箱租金,本案有关集装箱为丙船务公司所有,因乙公司致集装箱不能按时返还,丙船务公司有权收取集装箱租金,甲公司代为垫付的集装箱租金为处理委托事务而支出的必要费用,乙公司作为委托人应予偿还。[2]

---

[1] 参见国家法官学院、最高人民法院案例研究院编:《中国法院2020年度案例》(合同纠纷),中国法制出版社2020年版,第191页。黑龙江省齐齐哈尔市中级人民法院(2018)黑02民终1880号民事判决书。

[2] 广东省高级人民法院(2011)粤高法民四终字第132号民事判决书。

二、委托合同法律适用

(一) 委托合同关系认定

社会生活中,存在大量事实代理关系,如学校代收保险费为学生代办保险的现象十分普遍。发生保险事故后,往往由于手续不全、保费未交、保单未给投保人的情况,导致投保人理赔困难,遭受损失难以通过保险渠道予以弥补。

【案例6-27】 宋某伍、陈某娣诉新津县泰华学校委托合同纠纷案

一审法院认为,宋某在参加泰华学前军训时已向学校交付了保险费。学校不是保险机构,其收取学生的保险费的目的明确,是代学生在中国人民财产保险股份有限公司新律支公司办理购买"学生、幼儿安康保险"。在泰华学校收取了宋某的保险费后,双方的委托合同关系成立。但是,学校未履行代理人的义务,未按双方约定为宋某买"学生、幼儿安康保险"致使在宋某死亡后两原告不能得到保险公司的赔付。按照《民法通则》相关规定,代理人不履行职责给被代理人造成损失的,应当承担民事责任。泰华学校本不应该在学校军训时就收取学生的保险费,且应当在9月1日开学后及时按照学生军训时所留的地址履行报告义务。泰华学校没有履行代理人的义务,给被代理人造成损失,应当承担民事责任。二审法院基于同理维持原判。[1]

实践中,对是否成立委托合同关系需要依据当事人就处理委托事务是否达成合意进行判断。如达成委托的合意则成立委托合同关系;反之,则不成立委托合同关系。

【案例6-28】 袁某芳诉庄某、胡某香委托合同纠纷案

判决观点,原、被告于2013年4月23日至公证处办理了有关出售涉讼房屋的授权委托,该行为能否说明原、被告双方就委托出售涉讼房屋达成合意的问题。原告认为其与被告以公证委托方式委托被告出售涉讼房屋,双方

---

[1] 参见国家法官学院案例开发研究中心编:《中国法院2014年度案例》(合同纠纷),中国法制出版社2014年版,第91页。四川省成都市中级人民法院(2012)成中终字第2808号民事判决书。

存在委托合同关系,被告应将出售房屋取得的房款返还原告。而被告抗辩认为,其与原告存在涉讼房屋的买卖合同关系,其已付清全部房款,双方办理委托公证系合同约定义务,委托书关于委托其出售涉讼房屋并非委托关系,而系为了方便办理过户手续。法院认为原、被告双方之间就出售涉讼房屋不存在委托合意,具体分析如下:首先,原、被告在办理委托公证之前已签订了房屋买卖合同,被告已向原告付清房款,原告亦有向被告实际交付涉讼房屋的行为,双方均已按照买卖合同约定履行义务,后续只需办理产权过户手续则可完成双方间的房屋买卖交易;按照正常交易习惯,原、被告双方之间无须再另行委托售屋手续,原告主张双方存在委托合同关系有违常理。其次,对办理委托公证之原委,原告解释为被告告知其为方便过户而需要办理委托公证;而被告对此解释为因限购政策影响以及考虑到过户至谁名下问题,为方便过户,其要求原告办理委托公证。根据双方的解释,原告并无委托被告出售涉讼房屋之意思表示,而办理公证委托系出于方便过户之考虑。

最后,原、被告双方在签订房屋买卖合同时亦约定"不贷款,原告办理房产证委托手续,双方自行交接房屋(公证当日全款结清)",结合房款支付情况及原、被告的陈述,说明委托公证手续系双方房屋买卖合同约定的事项。综上,法院很难认定上述委托公证的目的系委托售房,原、被告之间不存在委托出售涉讼房屋的委托合同关系。至于被告未将原告出售给其的涉讼房屋产权变更登记至自身名下即转售给第三人,是否存在规避限购政策及逃避房产交易征税,应由相应行政部门作出处理。原告关于原、被告间存在委托合同关系而要求被告返还房款 150000 元诉请,缺乏事实依据,法院不予支持。[1]

对于股权代持纠纷,应认定为委托合同关系。

【案例 6-29】 张某军诉无锡振华房屋建设开发有限公司委托合同纠纷案

二审法院认为,振华公司受张某军之托代向南城公司出资,张某军亦明确是基于股权代持的委托法律关系提出本案诉请,故张某军与振华公司之间应为委托合同关系。[2]

对于委托人通过手机短信方式向受托人发送授权委托书的,是通过数据电文的有形形式来表现所载内容,因此可以认定委托人与受托人以书面形式订立委托合同,双方成立委托合同关系。

---

〔1〕 参见国家法官学院案例开发研究中心编:《中国法院 2016 年度案例》(合同纠纷),中国法制出版社 2016 年版,第 199~200 页。江苏省苏州市吴中区人民法院(2013)吴民初字第 1445 号民事判决书。

〔2〕 参见国家法官学院案例开发研究中心编:《中国法院 2018 年度案例》(合同纠纷),中国法制出版社 2018 年版,第 236 页。江苏省无锡市中级人民法院(2016)苏 02 民终字第 3863 号民事判决书。

【案例 6-30】 刘某诉缪某月委托合同纠纷案

判决观点:根据缪某月所述,授权委托书系先由刘某制作,通过第三人发给缪某月,而授权委托书中明确载明了委托事项及双方权利义务,符合《合同法》关于要约的规定,而缪某月将授权委托书发给原告刘某的行为应当视为承诺,并在刘某收到短信时双方的委托合同关系成立,该委托合同系双方真实意思表示,并未违反相关法律规定,应为合法有效,双方均应按照合同约定履行各自义务。[1]

发生合同纠纷,当事人诉至法院主张权利时,应注意明晰合同主体与涉案法律关系。对于合同主体的认定,不应孤立地从文件的落款签字判断,而应综合全案证据进行判断。实践中,当事人在与公司企业等法人签订合同时,签名的负责人或者法定代表人虽然签的是个人的姓名,但其实际上是代表其所任的公司缔结合同,其自然人人格被公司吸收,其以法人代表身份进行的民事行为所产生的法律后果由该公司承担。合同一方起诉对象应该是公司而不是签字负责人或者法定代表人。

【案例 6-31】 周某友等诉严某灵、柳州市瑞和塑料科技有限责任公司委托合同纠纷案

判决观点:关于涉案委托合同的主体问题。从三原告提供的授权委托书看,其中记载的委托人是被告瑞和公司,被告严某灵是以被告瑞和公司法定代表人的身份签名;从涉案委托合同的履行情况来看,原告罗某全是作为被告瑞和公司的代表人与买方签订买卖合同,三原告代理销售的是被告瑞和公司的货物,被告严某灵作为负责人在提成款汇总表下方签名所确认的应为被告瑞和公司应付给三原告的提成款。综合全案证据和案件事实,应认定与三原告存在委托合同关系的主体是被告瑞和公司,不应将提成款汇总表从全案证据中孤立出来,简单地以被告严某灵在提成款汇总表上的签名作为认定被告严某灵是委托合同主体的依据。与三原告成立委托合同关系的主体是被告瑞和公司、三原告的事实主张与本院查明的事实不符,经释明后,三原告仍坚持主张其合同相对方为被告严某灵而非被告瑞和公司,仍坚持要求被告瑞和公司承担连带清偿责任。三原告诉请不是合同主体的被告严某灵承担给付提成款的责任,诉请作为合同主体的被告瑞和公司承担连带清偿责任,均

---

[1] 参见国家法官学院案例开发研究中心编:《中国法院2018年度案例》(合同纠纷),中国法制出版社2018年版,第241页。北京市通州区人民法院(2016)京0112民初字第36080号民事判决书。

没有事实依据,不予支持。〔1〕

公司法定代表人以个人名义委托他人处理其在公司中全部事务成立的法律关系问题。公司法定代表人对外执行公司事务的行为是为了公司利益,而非其个人利益,故应以公司名义进行,其行为效力约束的是公司而非法定代表人。但是,当公司法定代表人以个人名义而非公司名义委托他人处理其在公司中的全部事务时,应理解为该行为仍属个人之间的委托代理,其法律后果应由其个人承担,而不宜直接认定为他人因此已经得到公司授权代表公司对外从事法律行为并且由公司承担相关法律后果。也就是说,公司法定代表人以个人名义委托他人处理其在公司中全部事务,其成立的是个人委托关系,而非公司委托关系,其委托法律效力只能约束本人而不能约束公司。最高人民法院在北京中裕安泰能源投资有限公司、吉林市裕华盛世商品批发城有限公司与吉林市荣德汽贸有限责任公司合同纠纷案中即采用上述观点。〔2〕

中介人在未向第三方披露盘方的情况下,将取得的第三方证券账户(包括其中的配资资金)操盘权交由盘方操盘,应认定盘方与中介人构成委托合同关系。

【案例6-32】 楼某青诉刘某林股票配资纠纷案

二审法院认为,刘某林与第三人甲公司、甲公司与楼某青之间,均构成委托合同关系。楼某青向甲公司提出配资需求时,只限定了合同目的,即配资2000万元,对于甲公司直接配资还是再找他人配资并不限定。甲公司未直接配资,而是通过与他人订立协议的方式,获得股票操盘权并转交楼某青,因此双方不构成配资合同关系,而是委托合同关系,委托内容即取得2000万元配资资金的操盘权。甲公司与刘某林之间的关系也是同理。甲公司在接受楼某青的委托后,以自己名义将委托事项转委托刘某林,刘某林接受委托后以自己名义与徐某、杨某华形成股票配资关系,均属于《合同法》规定的隐名代理,不构成独立的股票配资关系。〔3〕

基于网络支付产生的委托关系,须双方存在合意,即持卡人完成网络支付需要的特定服务,通过明确意思表示或具体行为向支付机构发出委托指令,授权机构代为完成支付,机构接受此委托并完成网络支付。网银支付模式中,整个交易流程为"转接——清算——结算",支付环节上的主体之间既不存在支付的合意,

---

〔1〕 参见国家法官学院案例开发研究中心编:《中国法院2019年度案例》(合同纠纷),中国法制出版社2019年版,第197页。广西壮族自治区柳州市城中区人民法院(2017)桂0202民初1475号民事判决书。

〔2〕 参见最高人民法院民事审判第一庭编:《民事审判指导与参考》2012年第4辑(总第52辑),人民法院出版社2013年版,第165~182页。

〔3〕 浙江省温州市中级人民法院(2017)浙03民终6256号民事判决书。

亦不存在事实上的资金代收、代付行为,双方不存在网络支付委托合同关系。

【案例6-33】 刘某某诉中国银联股份有限公司上海分公司、浙江甬易电子支付有限公司委托同纠纷案

二审法院认为,本案中存在事实争议和法律争议,对此归纳分述如下。

事实争议焦点:涉诉交易网络支付的具体模式为何,在支付过程中持卡人是否与银联、收单机构签订协议。鉴于原告以委托合同法律关系主张相关权利义务,故须以查明支付环节具体流程及所涉权利义务为前提。原告认为,在"银联在线"支付过程中,应提示客户阅览相关协议并取得客户划拨资金的授权,并在结算页面显示商户信息,而自己自始至终未签过任何授权协议,也没看到真实的结算商户信息,导致资金在无协议授权的情况下错误划转。银联公司认为,在网银支付模式下,"银联在线"仅提供转接通道,持卡人无须阅览协议注册成为银联用户,既无书面合同,也无事实协议。被告甬易公司认为,彼时公司未开发自有"前置收银台",使用的是"银联在线",相关验证由发卡行进行,未要求持卡人签约成为客户,双方无合同关系。法院认为,主张法律关系存在的当事人,应当对产生该法律关系的基本事实承担举证证明责任。本案中,原告无法提供证据证明自己入金操作时支付环节的具体流程,虽然提供了其他平台的支付过程截图,但与本案缺乏关联性。被告甬易公司作为支付机构,虽未提供相关直接证据,但在诉争时间段使用"银联在线"网银支付模式经被告银联确认,即甬易公司使用"银联在线"为涉案商户涉案交易开通了网银支付方式。被告银联公司作为全国性银行卡清算组织,其所提供的支付模式和类型具有普遍性和稳定性,对其所陈述的"银联在线"类型和支付流程予以采信。"银联在线"业务区分为网银支付、认证支付和快捷支付等多种方式。在诸多支付方式中,选择网银支付方式的持卡人无须注册为银联会员,其仅需在发行卡页面完成信息录入即可进行支付;选择认证支付和快捷支付方式的持卡人需在通过首次使用时注册成为会员,方有勾选相关支付协议的可能。本案原告是通过网银支付方式完成支付,即开通网上银行业务,在发行卡页面输入银行卡信息并验证支付密码,按照网银支付类型持卡人无须注册和阅签协议,而这一点也正符合原告陈述的从未注册和阅读协议的事实。如果原告对此持有异议,需进一步举证加以证明。综上,涉案网络支付为网银支付,被告甬易公司为特约商户提供支付网关服务,"银联在线"是一个集成各大银行网关的平台,作为"前置收银台"供持卡人(特约商户的客户)选择发卡银行,原告通过"前置收银台"直接点击发卡行建设银行网银入口,进入银行页面并录入支付信息由发卡行进行验证,中间无注册、签约环节,不涉及委托协议阅览和签订。至于原告提供的案外人陈某某的银行交易过程、淘宝交易的付款过程视频、"银联在线"支付过程的视

频等,上述支付过程均非网银支付,其中陈某某的支付方式为认证支付、淘宝交易的付款方式为快捷支付、"银联在线"支付过程的视频亦仅为"银联在线"业务中的快捷支付和认证支付,基于上述支付模式本身即不同于涉案的网银支付,故原告援引上述证据以证明涉案钱款支付未以协议为前置条件并经其授权系违规的观点不能成立。

法律争议焦点:原告刘某某与被告银联、被告甬易公司支付之间是否存在以网络支付为内容的委托合同关系。

法院认为:商事主体之间产生合同关系须以合意为前提,即或基于书面、口头达成明确的合意意思表示;或基于双方实际从事民事行为推定存在合意,否则具有约束力的权利义务关系便无从谈起。基于网络支付产生的委托关系,须双方存在合意,即持卡人完成网络支付需要特定的服务,通过明确意思表示或具体行为向支付机构发出委托指令,授权机构代为完成支付,机构接受此委托并为其完成网络支付。

首先,关于被告甬易公司与原告刘某某是否存在以网络支付为内容的委托合同关系。本案双方就是否涉及甬易支付平台及网关接口服务存在分歧,两被告认为,原告未提供支付当时的证据,其究竟是通过哪一家支付机构完成网银支付不得而知。对此,法院认为,原告虽然没有提供在"福汇"入金操作界面的材料,无法直接证明其进入被告甬易公司为其客户提供网关连接界面进行支付,但从银联系统、甬易系统、建行银行卡流水显示的订单成交时间已经一一吻合的情况来看,系争钱款操作应是通过被告甬易公司为其特约商提供的支付端口完成的,法院对该事实予以确认。如前所述和分析,本案支付类型为网银支付,系第三方支付业务中的支付网关模式,而非账户模式。在该模式中,支付平台将买方发出的支付指令经银联传递至银行,并经由银行后台业务处理系统来完成支付。在本案网络支付过程中,甬易公司与其特约商户签订协议,其为商户提供结算所需的银行网关接口和代收款服务,通过使用"银联在线"将银行网关开放给特约商户,原告刘某某入金时通过特约商户网址跳转进入银行网关下达支付指令,甬易公司作为支付机构仅扮演"通道""二传手"的角色,且根据排查日志显示,本案中支付机构所收到的支付请求确为向吉林行锋电子公司进行支付,由此可见甬易公司只是传达了原告发出的支付指令,提供了与发卡行网关的接口连接,双方并无委托代为支付和接受委托的协议。而且,本案原告是通过登录发卡行网银界面进行身份确认和支付,整个支付过程都是其自行、自主完成,被告甬易公司并没有实际参与银行的支付,两笔系争钱款皆是在发卡行确认时即可完成支付,不存在由被告甬易公司从原告在甬易公司注册的账户中划扣钱款或者授权甬易公司向发卡行发送扣划指令代为支付的情形。如果有上述代付情形,即便无协议也存在事实上的委托支付关系,从各方交易时间成交的情况和网银支付的流程判断,并不存在代付行为。故仅基于被告甬易公司为特约商户提供支付接口服务,原告刘某某借此通道发送支付指令,而认定双方存在网络支付委托合同关系,缺乏事实和法律依据,法院不予认可。双方既不存在书面的委托合同,也不存在事实的委托代理关系。

其次,关于被告银联与原告刘某某是否存在以网络支付为内容的委托合同关系。被告银联作为银行卡清算组织,在交易中负责成员机构之间的银行卡支付信息的转接和资金清算,不直接向原告提供支付服务,双方不存在以网络支付为内容的委托关系。被告甬易公司在其为特约商户提供的支付接口中使用了"银联在线",但此仅涉及被告银联与被告甬易公司之间的技术产品服务关系,与第三人无涉。银联虽然在其中提供了集成接口服务,但未与原告刘某某签订协议或绑定会员关系。原告在网银支付中是直接登录发卡行页面进行验证和支付操作的,并不因为在支付过程中通过银联的技术通道至发卡行而与被告银联公司产生委托关系。

最后,持卡人若基于合同关系向收单机构、银联公司主张赔偿,除了需证明双方存在合同关系外,还需证明相对方在合同履行过程中存在违约行为,即未依约履行合同义务并导致损失。原告本意是在"福汇"上投资,在其通过尾号为31××××的储蓄卡网银支付后,投资平台显示入金成功。虽然交易流水显示钱款汇入,表面与"福汇"无联系,但并不能排除两者之间实际存在关联性。从各方交易时间和银行卡流水可以看出收款商户与投资平台信息是即时互通的,在特约商户收到汇款后,"福汇"平台便显示入金,即原告的投资款在"福汇"账户中得到体现。因此,即便双方存在事实合同关系,原告也实现了其合同目的,即借助支付机构的支付接口服务汇款至平台进行投资,并未因支付环节产生障碍或损失。虽原告称被告甬易公司在支付结算环节上存在若干违规行为,但其所指违规行为既非支付错误的违规行为,如非同名账户结算,或受处罚的违规行为,皆与本案交易无关。且行政违规行为并非等同于商事违约行为,对涉及赔偿的违约责任的考量仍应以不履行合同义务或引起损害后果为前提,被告甬易公司履行了支付信息传递和接口服务,且原告也不存在目前所述的支付损失,所以非支付错误的相关行政违规行为对于确立本案支付环节的违约责任不具有判断效力。判决:驳回上诉,维持原判。[1]

---

[1] 参见最高人民法院中国应用法学研究所编:《人民法院案例选》2022年第5辑(总第171辑),人民法院出版社2022年版,第147~150页。上海金融法院(2021)沪74民终424号民事判决书。

(二)隐名代理认定

《民法典》第九百二十五条规定:"受托人以自己的名义,在委托人的授权范围内与第三人订立的合同,第三人在订立合同时知道受托人与委托人之间的代理关系的,该合同直接约束委托人和第三人;但是,有确切证据证明该合同只约束受托人和第三人的除外。"该条规定被称为隐名代理或间接代理。立法者认为,依照本条的规定,在下列条件下,受托人以自己的名义与第三人订立的合同,该合同不是直接约束受托人和第三人,而是直接约束委托人和第三人:第一,委托人和受托人之间应当存在代理关系,这是前提。从代理的角度看,受托人是委托人的代理人,则受托人基于代理权与第三人订立的合同,法律效果直接由委托人承担。第二,受托人与第三人订立合同,必须在委托人的授权范围内。第三,第三人清楚地知道受托人与委托人之间的代理关系。也就是说,第三人知道受托人是委托人的代理人,也知道委托人即被代理人具体是谁。这是受托人与第三人订立的合同可以直接约束委托人与第三人之法律效力、突破合同相对性原则的关键。本法第四百六十五条第二款规定:"依法成立的合同,仅对当事人具有法律约束力,但是法律另有规定的除外。"第三人知道委托人与受托人之代理关系,仍然选择与受托人订立合同,表明其实际上亦认可与委托人缔约。第四,第三人"知道"应当以订立合同时间为准,即第三人是在订立合同时就知道受托人与委托人之间的代理关系,如果事后知道,不适用本条的规定。在订立合同时,第三人就知道委托人与受托人之间的代理关系,表明其实际上接受了以委托人而不是受托人为合同相对人,所以第三人与受托人签订的合同才能直接约束委托人和第三人。第五,如果有确切证据证明该合同只约束受托人与第三人的,则不能适用本条的一般规定。比如,受托人与第三人明确约定该合同只约束第三人与受托人,不涉及其他人;受托人与第三人虽未明确约定该合同只约束受托人与第三人,但是根据合同解释规则明显可以得到这种结论的;有交易习惯表明该合同只约束受托人与第三人,如行纪合同;有证据证明如果委托人作为该合同的当事人,第三人就不会订立该合同等。[1]

在理解上要注意以下七方面问题:(1)在合同要素上,合同主体是受托人而非委托人,合同内容要求在委托合同的授权范围。(2)"第三人知道"的途径不一定是受托人告知,第三人经由其他途径知道的,亦发生委托人的自动介入。(3)"第三人知道"的内容主要是委托人具体是谁、受托人与委托人之间存在代理

---

[1] 参见黄薇主编:《中华人民共和国民法典合同编释义》,法律出版社2020年版,第879~880页。

关系以及合同内容在委托授权范围内等。(4)由于委托人的自动介入,并不需要委托人通过主观表达或者客观行为有相应的意思表示。(5)委托人自动介入后,一般情况下受托人即无须再承担合同责任,但合同另有约定或依交易习惯的例外。(6)委托人与第三人成为合同的当事人之后,受托人对该合同的履行与否不再承担责任,但受托人有权依据合同约定或交易习惯要求支付相应报酬。(7)存在约束受托人和第三人例外,其证据的举证责任在委托人或者第三人。[1]

第三人在订立合同时知道受托人与委托人之间的关系,在委托人主动介入的情况下,第三人选择受托人作为合同履行主体,故构成隐名代理的例外,合同只约束受托人和第三人。

【案例6-34】 东华工程科技股份有限公司与牡丹江日达化工有限公司建设工程设计合同纠纷再审案

最高人民法院认为,虽然大连机电公司知道东华公司与其签订《电石车间总承包合同》系受日达公司委托,但因在日达公司发函表明行使委托人的合同介入权的情况下大连机电公司明确表示选择东华公司作为相对人主张权利,二审判决认定《电石车间总承包合同》约束东华公司与大连机电公司,符合《合同法》第四百零二条但书条款、第四百零三条第二款的规定和合同相对性原则。[2]

【案例6-35】 泉州旭阳鞋业有限公司与张某某租赁合同纠纷案

二审法院认为,委托人与受托人均确认存在隐名代理关系的情况下,三人未能提供相反证据予以否认,隐名代理关系应予认定。[3]

受托人以自己的名义与第三人订立合同,第三人不知道受托人与委托人之间的代理关系的,是隐名代理或称其间接代理。实践中委托人与受托人之间往往没有书面的委托合同或授权委托书,委托关系的认定需综合考虑两者之间的内部关系以及对外交易中的身份、作用、权限等因素。尽管委托人与受托人在内部关系中就受托人与第三人之间发生法律行为的权限作了约定,但是该约定对受托人具有信赖利益的善意第三人并无拘束力。当受托人因第三人的原因对委托人不履行义务达到预期违约或根本违约的程度时,委托人方可经受托人行使对第三人的权利。

---

[1] 参见景汉朝主编、最高人民法院立案一庭、最高人民法院立案二庭编:《立案工作指导》2013年第4辑(总第39辑),人民法院出版社2014年版,第87~99页。

[2] 参见最高人民法院立案一庭、最高人民法院立案二庭编:《立案工作指导》2013年第4辑(总第39辑),人民法院出版社2014年版,第87~96页。最高人民法院(2012)民申字第668号民事裁定书。

[3] 参见最高人民法院民法典贯彻实施工作领导小组编著:《中国民法典适用大全》(合同卷五),人民法院出版2022年版,第3438页。福建省高级人民法院(2020)闽民再149号民事判决书。

【案例6-36】 贾某良诉江阴市培蒙印染制衣有限公司买卖合同纠纷案

一审法院认为,本案系贾某良借用瑞庆公司名义与培蒙公司发生煤炭买卖合同关系,戴某度受贾某良委托以瑞庆公司名义向培蒙公司销售煤炭并收款,其民事责任应由贾某良承担,培蒙公司应归还尚欠货款并偿付该款自起诉之日起至实际给付之日止利息。二审法院认为,戴某度有权向培蒙公司收取诉争煤炭的货款。(1)瑞庆公司与贾某良之间系挂靠关系,瑞庆公司仅为贾某良代开发票,并非货物的真实卖方,则瑞庆公司出具的收款委托书,其作用也仅在形式上满足和完善收付款手续的财务需要,并不具有真正的授权作用,故本案中不应以有无瑞庆公司的收款委托书作为审核戴某度享有收款权的依据,而应当结合戴某度在交易中的身份、作用、权限以及付款人培蒙公司善意与否等因素综合考量认定。(2)贾某良与戴某度自2008年起合伙销售煤炭,两人的分工为贾某良组织货源、戴某度负责销售与收款,对本案培蒙公司的交易模式亦如此。在合伙关系之下,无论从戴某度的合伙人身份还是合伙中的分工权限来看,其均有权向培蒙公司收取货款。贾某良虽称自2011年起已与戴某度终止合伙关系,但对此未能提供充分证据证明,戴某度也不予认可。且即使贾某良所述属实,根据其在公安机关和本案诉讼中的陈述可知,自2011年起与培蒙公司的交易模式未有任何变动,在商谈生意、送货交接、过磅确认、交付发票这些交易环节中,戴某度仍然全程参与,且贾某良并不掌握交货凭证,因此,从贾某良一方而言,戴某度即使不再合伙人,也至少是贾某良委托的交易代理人,且属于未对外披露代理关系的隐名代理;从培蒙公司一方而言,根据一如既往的交易模式,完全有理由相信戴某度仍为交易相对方,故培蒙公司向戴某度支付货款,并无不当,不受贾某良与戴某度是否已终止合伙关系的影响。(3)培蒙公司向戴某度已支付货款2935000元,除戴某度予以认可之外,培蒙公司还提供了所有付款凭证,证据确凿,应予认定。其中明显非戴某度本人签字的,是戴某度委托其妻浦某英代为领款(浦某英同时签署了自己和戴某度的名字),此事实在公安机关询问笔录中戴某度和培蒙公司会计均有提及,故这部分代领款应当认定为本案付款。又,培蒙公司向戴某度的付款方式中有13万元,是将培蒙公司应付戴某度的煤款、戴某度应付案外人的借款、案外人应付培蒙公司的染色费相互抵扣,贾某良对此有异议,但如前所述,培蒙公司有充分理由相信戴某度为交易相对方,故培蒙公司向戴某度的付款应当得到认定,上述13万元采用债权债务抵销方式进行清偿,与以承兑汇票或现金支付,并无区别,也不存在恶意协助戴某度清偿个人债务的情形。至于另一笔戴某度借款三四十万元,根据戴某度在公安机关的陈述,是收到培蒙公司付款后,戴某度归还给了借款人王某林,则此为戴某度自己收到培蒙公司货款后的使用行为,与培蒙公司无关。综上所述,贾某良的上诉请求不能成立,应予驳回。一审判决认定事实清楚,适用法律正确,应予维持。遂判决:驳回上诉,维持原判。[1]

委托人、受托银行与借款人三方签订委托贷款合同,由委托人提供资金、受托银行根据委托人确定的借款人、用途、金额、币种、期限、利率等代为发放、协助监督使用并收回贷款,受托银行收取代理委托贷款手续费,并不承担信用风险,其实质是委托人与借款人的民间借贷。

【案例6-37】 北京甲投资基金诉武汉丙房地产开发有限公司等委托贷款合同纠纷案

最高人民法院认为,丙房地产公司在2013年9月27日与甲基金、乙银行武汉分行、丙投资公司、郑某云、陈某夏签订《投资合作协议》,以及与甲基金、乙银行武汉分行签订《委托贷款合同》的行为及合同内容,表明丙房地产公司在签订《委托贷款合同》时明知乙银行武汉分行与甲基金之间的代理关系,丙房地产公司并未提供证据证明《委托贷款合同》只约束乙银行武汉分行和丙房地产公司,因此,《委托贷款合同》直接约束甲基金和丙房地产公司。[2]

在委托合同关系和隐名代理关系交叉存在的情况下,应注意区分处理的后果。

【案例6-38】 张某某与湖南恒达变压器有限责任公司委托合同纠纷案

二审法院认为,湖南恒达变压器有限责任公司(以下简称恒达公司)的法定代表人易某某向张某某出具委托书,委托书的代理项目是办理恒达公司与湘阴县土地储备中心的结算手续,代理时间是指签字之日起至结算办完为止。从内容上可以认定易某某委托的行为系恒达公司的法人行为,委托书系恒达公司与张某某双方真实意思的表示,所以恒达公司与张某某的委托代理关系成立。授权委托支付书是恒达公司和其股东作为委托人向张某某出具的,应当认定为恒达公司与张某某有委托支付合同关系。张某某接受委托后依据委托书和授权委托支付书办结了恒达公司在湘阴县土地储备中心土地收储款的结算手续,完成了委托事务。然而,张某某作为受托人,就是委托事项的收储款的支付对象,张某某应当对支付给其的土地收储款享有绝对债权,才能占有支付款。否则,依据《民法典》第九百二十七条的规定,受托人处理事务取得的财产,应当转交给委托人。本案中,张某某收到了恒达公司

---

[1] 参见《人民司法·案例》2018年第26期(总第829期)。江苏省无锡市中级人民法院(2018)苏02民终528号民事判决书。

[2] 最高人民法院(2016)民终字124号民事判决书。

的收储款 600 万元,属于恒达公司委托支付,双方都没有争议。张某某收到恒达公司土地收储款 600 万元后,偿还恒达公司债务 320.26 万元,庭审中,恒达公司予以追认,对张某某要求从土地收储款 600 万元中抵扣的请求,法院予以采纳。对张某某隐名要求收回未收回投资款 30 万元的债务部分,由于张某某隐名代理关系成立,所以对张某某的民事法律行为的效力直接对恒达公司发生,张某某要求从土地收储款 600 万元中抵扣 30 万元的请求,法院予以支持。至于张某某提供的证据代替恒达公司偿还的其他债务 261.2 万元,本案中张某某没有提供确凿证据证明系恒达公司授权委托范围和事后将情况及时报告委托人的证据,且法院无法核实张某某是受恒达公司委托偿还的债务。所以对张某某要求将 261.2 万元的其他债务从其收到的土地收储款 600 万元中予以抵扣的请求,本案暂不予考虑,张某某可另行主张权利。[1]

(三) 委托权认定

1. 委托人介入权

《民法典》第九百二十六条第一款规定:"受托人以自己的名义与第三人订立合同时,第三人不知道受托人与委托人之间的代理关系的,受托人因第三人的原因对委托人不履行义务,受托人应当向委托人披露第三人,委托人因此可以行使受托人对第三人的权利。但是,第三人与受托人订立合同时如果知道该委托人就不会订立合同的除外。"该条款是关于委托人介入权的规定,亦是委托人行使介入权的法律依据。

委托人基于对《民法典》第九百二十六条(《合同法》第四百零三条)主动介入权的理解。该条规定主动介入权不同于第九百二十五条,即以自动介入的不发生作为前提,以受托人因第三人不履行合同义务或者因其他事由不能履行对委托人的义务为前提,由委托人行使权利发生,其阻却委托人的法定事由为第三人在订立合同时知道委托人就不订立合同。

【案例 6-39】 淮北市四海燃料有限公司诉袁某生等委托合同纠纷案

受托人袁某生在与第三人袁庄煤矿发生购销煤炭的往来过程中,并未以

---

[1] 参见最高人民法院民法典贯彻实施工作领导小组编著:《中国民法典适用大全》(合同卷五),人民法院出版社 2022 年版,第 3402~3403 页。湖南省岳阳市中级人民法院(2021)湘 06 民终 3073 号民事判决书。

委托人的名义与袁庄煤矿发生往来,即此时作为第三人的袁庄煤矿并不知道袁某生与其委托人四海公司之间的委托合同关系,因此袁某生与袁庄煤矿之间的关系不能直接约束四海公司与袁庄煤矿。而在其后的时间内,袁某生虽然已经向委托人四海公司披露了第三人袁庄煤矿,但是作为委托人的四海公司并未有行使介入权的意思表示。其在诉讼前没有向袁庄煤矿主张过权利,在向袁某生提起诉讼后,也没有向第三人袁庄煤矿直接主张权利即行使介入权,而是选择了将袁某生作为本案被告一方当事人,而将袁庄煤矿作为诉讼第三人,上述行为表明四海公司确无行使介入权的意思表示,所以作为第三人袁庄煤矿无须直接向委托人四海公司承担民事责任,委托合同中的民事责任还是应当由袁某生向四海公司承担。二审法院认为,四海公司在原审中是以袁某生为被告及袁庄公司、矿业公司为第三人提出诉讼,但袁庄煤矿、矿业公司与四海公司、袁某生之间基于委托合同而产生的纠纷的处理并无法律上的利害关系,袁庄煤矿、矿业公司作为第三人参加诉讼于法无据。袁庄煤矿、矿业公司的该上诉理由成立,予以采纳。原审判决袁庄煤矿、矿业公司共同返还四海公司三份银行承兑汇票不当,应予纠正。[1]

在司法实践中,可从以下四个方面来把握委托人行使介入权的条件:(1)受托人以自己的名义与第三人订立合同,第三人不知道受托人与委托人之间的代理关系,也就是说,受托人与第三人是该合同的当事人,该合同对受托人与第三人具有约束力。(2)当第三人不履行合同义务时,间接影响到委托人的利益,这时受托人应当向委托人披露第三人。(3)因受托人的披露,委托人可以行使介入权。委托人行使介入权的,应当通知受托人与第三人。第三人接到通知后,除第三人在与受托人订立合同时如果知道该委托人就不会订立合同的情况以外,委托人取代受托人的地位,该合同对委托人与第三人具有约束力。(4)因受托人的披露,委托人也可以不行使介入权,仍然由受托人处理因第三人违约而产生的问题。[2]

2. 委托合同选择权

《民法典》第九百二十六条第二款规定:"受托人因委托人的原因对第三人不履行义务,受托人应当向第三人披露委托人,第三人因此可以选择受托人或者委托人作为相对人主张其权利,但是第三人不得变更选定的相对人。"该条款是关于第三人选择权的规定,也是第三人行使选择权的法律依据。立法者认为,第三人

---

〔1〕参见最高人民法院中国应用法学研究所编:《人民法院案例选》(2004年商事·知识产权专辑)(总第49辑),人民法院出版社2005年版,第176页。

〔2〕参见中国审判理论研究会民事审判理论专业委员会主编:《民法典合同编条文理解与司法适用》,法律出版社2020年版,第714页。

行使选择权,选择委托人作为其相对人的,委托人取代受托人的地位,则第三人可以向委托人主张权利,而委托人也可以向第三人主张其对受托人的抗辩以及受托人对第三人的抗辩。委托人对受托人的抗辩权,是基于双方之间的委托合同;受托人对第三人的抗辩,是基于受托人与第三人之间的合同关系。[1] 换言之,在委托人不履行合同义务时,受托人向第三人披露委托人,则第三人可以行使选择权;受托人向委托人披露第三人,则委托人可以行使选择权。实践中,当受托人在订立合同的方式及实质内容超出了委托人的授权范围时,委托人行使介入权,第三人选择受托人作为相对人主张权利,为隐名代理例外。

受托人于诉讼期间向第三人披露委托人后,第三人并未申请变更诉讼主体,应视为其有效行使了选择权。

【案例6-40】 甲集装箱码头有限公司诉大连乙国际船舶代理有限公司天津分公司等港口作业合同纠纷案

判决观点,甲公司选择乙公司天津公司、乙公司作为港口作业合同相对人。乙公司香港公司与乙公司通过签订《船舶代理协议》及议定书,形成委托合同关系,乙公司香港公司是委托人,乙公司是受托人。本案中没有证据显示在涉案航次港口作业期间,乙公司天津公司曾向甲公司告知委托人系乙公司香港公司。直到本案成讼后,乙公司天津公司才向甲公司披露这一事实,故本案符合《合同法》第四百零三条规定的间接代理的情形,甲公司作为第三人可以行使选择权。本案诉讼期间,在乙公司天津公司、乙公司向甲公司披露委托人为乙公司香港公司后,甲公司并未申请变更诉讼主体,应视为其有效行使了选择权,乙公司天津公司负有向甲公司支付港口费用的义务。[2]

3. 委托合同解除权

《民法典》第九百三十三条(《合同法》第四百一十条)规定,委托人或者受托人可以随时解除委托合同,通常称之为任意解除权。在委托合同中,合同双方当事人拥有任意解除权,当一方当事人对对方产生不信任时即可解除合同。这是因为委托合同建立的基础是当事人之间的相互信任,这种信任若发生动摇,委托合同也随之丧失了存续的根基。这不同于一般合同约定解除和法定事由解除两种情形,如强行要求当事人必须协商一致或者必须存在《民法典》第五百六十三条规定的对方违约的情形方可解除委托合同,是有违委托合同的根本性质的。在委

---

[1] 参见黄薇主编:《中华人民共和国民法典合同编释义》,法律出版社2020年版,第882页。
[2] 天津海事法院(2014)津海法商初字第710~724号民事判决书。

托合同中,当事人可以随时行使解除权,不需要与对方协商,也不需要对方有违约情形,其解除权具有任意性。

【案例6-41】 肖某仲诉重庆和坊商贸有限公司等委托合同纠纷案

二审法院认为,肖某仲作为委托人享有随时解除委托合同的权利。委托协议书第六条约定:"和坊公司指派专人代为收取土地出让金款项并及时存入银行,且不得挪作他用。"肖某仲举示的审计报告显示和坊公司内部财务管理混乱,并未将从项目业主收取的土地出让金专款专用,和坊公司存在违约行为。相互信任系委托合同的基础,委托人之所以选定受托人为自己处理事务,是因其相信受托人的办事能力和信誉。和坊公司在其发出的告投资大竹县业主书中承诺首付2万/亩后,3个月内土地即交付使用。肖某仲于2014年11月即缴纳完毕全部土地出让金,和坊公司于2016年7月才缴纳竞买保证金,和坊公司该行为明显违反诚实信用原则。现双方合作已缺乏基本信任,委托合同无再继续履行的必要。[1]

【案例6-42】 北京非同天下文化发展有限公司诉北京天心无限科技有限公司委托合同纠纷案

判决观点,关于《演唱会委托执行协议》的性质,双方协议约定的事项为天心无限公司委托非同天下公司协助执行举办演唱会的具体事宜,双方成立委托合同关系。根据法律规定,委托人可以随时解除委托合同。关于合同解除时间,虽然天心无限公司主张其曾于2016年3月口头通知过非同天下公司合同无法履行,但未提交证据,非同天下公司也不认可,故法院对天心无限公司的该项主张不予采信。双方确认2016年8月天心无限公司通过微信方式通知非同天下公司取消演唱会,即天心无限公司明确提出解除双方签订的《演唱会委托执行协议》,一方面双方协议约定的举办演唱会由于地点未约定不具备继续履行的条件,另一方面天心无限公司作为委托人有权随时解除协议,故天心无限公司关于要求确认双方签订的《演唱会委托执行协议》于2016年8月解除的反诉请求,符合法律规定,予以支持。非同天下公司关于继续履行合同的主张,不具有法律依据,不予支持。经过释明,非同天下公司同意在解除合同的条件下,向天心无限公司主张损失赔偿。[2]

委托合同解除权的限制。作为一种任意解除权,当事人是否可以在订约之时约定限制或抛弃该种权利,现行法律没有明确规定。因委托合同的精髓是一种信

---

[1] 参见《人民司法·案例》2019年第14期。重庆市第一中级人民法院(2017)渝01民终7164号民事判决书。

[2] 参见国家法官学院案例开发研究中心编:《中国法院2019年度案例》(合同纠纷),中国法制出版社2019年版,第193页。北京市朝阳区人民法院(2016)民初字第52677号民事判决书。

任关系。委托人之所以选定某一特定受托人为自己处理事务，是以了解并相信受托人的品行、能力、经验等为前提的；受托人之所以接受委托，愿意为委托人处理事务，也是以了解并相信委托人的信用与信任为前提的。但是，当事人之间的信任具有极强的主观性，很容易发生改变。因此，委托合同原则上是不应当禁止订立解除权的预先抛弃和限制的特约的，实践中对于订立解除权的预先抛弃和限制的特约也不应按无效合同处理。但对这种情况应允许有例外，应当依据合同履行的具体情况决定是否行使解除权。基于委托合同有时并不只限于为了委托人的利益，往往也会涉及受托人的利益，如纯粹为了受托人的利益而为之委托、委托事务对受托人的声誉有重大影响或者双方有共同利益而有必要处理完毕等情形，如果允许一方当事人得以任意解除合同，则会使对方蒙受不测的损失，因此这时的特约既不违背委托的性质，也不违反公序良俗，可以视为有效。[1] 理论界一般认为，应当允许当事人通过约定放弃任意解除权的行使，这主要是因为任意解除权主要关系到当事人之间的利益，而非公共利益，在通常情况下也并不涉及第三人利益，而根据合同自由原则，如果当事人在委托合同中约定排除一方或者双方任意解除权的行使，就表明当事人希望进一步加强合同的稳定性，此种约定原则上应予认可。[2] 有法官认为，所谓任意解除权中的"任意"，应当是信任关系丧失前提下的"任意"，但即使发生信任危机，当事人也不一定选择解除合同，此种履行过程中对任意解除权的放弃在本质上与事先放弃并无区别，因此并无禁止之理由。……委托合同中委托人与受托人约定排除任意解除权条款当属有效。但应注意，在无偿委托中，由于当事人之间法的约束力很弱，维系合同关系的只有当事人之间的信赖关系，一旦信赖关系破裂，没有理由勉强维持合同关系，所以应当认为在无偿委托的情形下，解除权抛弃特约无效。[3] 最高人民法院法官认为，任意解除权关系到合同双方当事人利益，无关公共利益，根据合同自由原则，如果当事人在委托合同中约定放弃任意解除权，表明当事人希望加强合同的稳定性，此种约定原则上应为有效。[4] 最高人民法院民一庭认为，《合同法》第四百一十条的规定不属于法律的强制性规定，当事人可以约定排除。[5] 笔者认为，双方当事人约定不得解除合同，则表明自愿承担可能因合同无法解除所产生的交易风险，这并不违反法律和社会公共利益，法律没有必要对这种约定加以限制。法定任意解

---

〔1〕 参见史尚宽：《债法各论》，中国政法大学出版社2000年版，第408页。
〔2〕 参见王利明：《合同法研究》（第三卷），中国人民大学出版社2012年版，第740~741页。
〔3〕 参见沈志先主编：《合同案件审判精要》，法律出版社2013年版，第599~600页。
〔4〕 参见杜万华主编、最高人民法院民事审判第一庭编：《民事审判指导与参考》2017年第1辑（总第69辑），人民法院出版社2017年版，第250页。
〔5〕 参见最高人民法院民事审判第一庭编：《中国民事审判前沿》2005年第2集（总第2集），法律出版社2005年版，第238页。

除权和法定任意解除权行使是不同概念。法定任意解除不是依法自动解除,是否解除还要看权利人是否行使其法定任意解除权。《民法典》第五百六十三条和第九百三十三条只是规定"当事人可以解除合同",而没有规定当事人必须解除合同,更没有规定合同自动解除。从现行法律可以得出,法定任意解除权行使由权利人决定,对其权利行使可以通过约定排除。但是,当事人的特约仅能对任意解除权这种法定的特别权利行使进行限制,并不能排除任意解除权的存在。对委托合同当事人的任意解除权的限制,是诚实信用在合同关系中的具体化,防止一方当事人为了个人的利益而滥用权利,致使对方当事人的利益受到损害。这种限制应当以双方利益平衡为出发点,不能任意改变权利行使的规则和权利性质。

《合同法》关于委托合同任意解除权的规定,并没有区分委托合同的具体类型,如合同是有偿委托还是无偿委托,属民事委托还是商事委托,而是适用于所有的委托合同。这种简单划一的规定无法适应纷繁复杂的社会生活,其适用的结果可能产生不公平。商事委托合同的常态是有偿合同、要式合同,其信任所指是受托人的商誉及经营能力,有的受托人专为委托事项而成立公司来经营委托事务,有的为完成委托事务而改变自己的经营方向、经营领域,有的为完成委托事务要投入大量的人力和物力来开拓市场、联系客户等。一旦委托人随时解除合同,受托人就要遭受重大损失,甚至公司终止经营。对于这些受托人显然应当予以周到的保护。[1] 有学者认为,在现实经济活动中,尤其是在商事委托活动中,如果完全依照法律的规定而不对任意解除权加以限制,则可能会出现不公平的现象。因而,在委托人和受托人共同分享利益、共担风险的情况下,可以限制委托合同当事人的任意解除权。同时,也应当允许当事人约定放弃解除权,并承认其效力。[2] 换言之,应区分合同类型及性质,对现行法律规定合同任意解除权范围过宽予以限缩,对等价有偿合同不适用任意解除权,而对无偿的或者非等价的委托合同仍可以行使任意解除权。受托人不存在违背诚信原则、损害委托人利益等导致委托合同的目的不能实现的根本违约行为,委托人不能解除合同。如绍兴县时佳房地产开发有限公司与绍兴金帝商业管理有限公司委托合同纠纷申请案。[3]《民法典》第九百三十三条规定:"委托人或者受托人可以随时解除委托合同。因解除合同造成对方损失的,除不可归责于该当事人的事由外,无偿委托合同的解除方应当赔偿因解除时间不当造成的直接损失,有偿委托合同的解除方应当赔偿对方的直接损失和合同履行后可以获得的利益。"相较而言,《民法典》比《合同法》更为科学合理。

---

[1] 参见崔建远:《合同解除的疑问与释答》,载《法学》2005年第9期。
[2] 参见吕巧珍:《委托合同中任意解除权的限制》,载《法学》2006年第9期。
[3] 最高人民法院(2013)民申字第134号民事裁定书。

实践中，一般认为商事委托中委托人的任意解除权应受到限制。

【案例6-43】 杨某平等诉聂某委托合同纠纷案

判决观点，《合同法》之所以规定委托合同双方均可以行使任意解除权，主要是基于委托合同双方当事人存在人身信赖关系，一旦这种信赖关系破裂，合同便没有存续的必要，应允许当事人行使任意解除权。但是，本案属于商事委托，双方是否存在人身信赖关系，并非委托人选择受托人的主要考量因素，更多的是关注受托人聂某的商誉及经营能力。为防止对方行使任意解除权带来的不确定风险，故对解除条件即被告聂某在办理紫元名城所有手续办结为止作出特别约定，以排除任意解除权的适用，是双方当事人对合同履行风险所作出的特别安排，体现了意思自治原则，也不损害国家利益、社会公共利益以及第三人的合法权益。同时，如仍允许委托人行使任意解除权，被告聂某则无法为其他购房户办理不动产登记证，将给受托人聂某带来重大损失，解除合同后受托人所能获得的损害赔偿与继续履行合同所能获得的收益不相匹配，这一结果显然有悖公平原则。因此，鉴于商事委托合同的特殊性，当双方当事人对合同解除权的行使作出特别约定时，应当认定《合同法》第四百一十条关于任意解除权的规定已经被排除适用。本案委托人是否能够解除合同，应当依据讼争合同的约定以及《合同法》第九十四条关于法定解除权的相关规定作出判定，而其规定的五种解除合同情形均未在本案中出现，故涉案法定解除权情形亦应予以排除。根据公平原则和诚实信用原则，原告要求解除《不动产登记授权委托书》，法院不予支持。同时，根据合同相对性原则，第三人衡阳县国土资源局并非涉案合同相对方，无协助解除合同之义务，法院对原告要求第三人衡阳县国土资源局协助解除《不动产登记授权委托书》的诉讼请求，亦予以驳回。被告聂某在本案诉讼过程中，向法院提起反诉，要求确认被告聂某与紫元公司为紫元名城的共有权利人，因该请求属于确权纠纷，与本案不属于同一法律关系，故对该诉请求法院不予审查。第三人衡阳县国土资源局经传票，无正当理由拒不到庭参加诉讼，视为放弃自己的抗辩权利和举证权利，由此造成的不利后果由其自行承担，本案依法应缺席判决。判决：驳回原告杨某平、胡某丰、胡某益、万某军、万某涛、颜某旺的诉讼请求。〔1〕

在有偿的委托合同中双方的利益属性更强，由于任意解除权的行使势必导致合同处于不稳定的状态，并且会产生牵一发而动全身的效果，在此情况下，为防止

---

〔1〕 参见国家法官学院、最高人民法院司法案例研究院编：《中国法院2021年度案例》（合同纠纷），中国法制出版社2021年版，第181~182页。湖南省衡阳市衡阳县人民法院（2019）湘0421民初1245号民事判决书。

一方恶意行使解除权致对方或者整体利益受损,当事人通过约定对任意解除权予以适当限制,符合双方的共同利益。双方为了特定经济利益的实现以及增强合同的稳定性,在不违反法律禁止性规定、不违反公序良俗的情况下,约定对任意解除权进行限制,符合法律精神,对该类限制条款的效力应当予以确认。

【案例6-44】 孙某远诉二手车经营公司委托合同纠纷再审案

二审法院认为,第一,关于案涉合同的性质认定。虽上诉人孙某远和被上诉人二手车经营公司均主张案涉合同为委托合同,但观《商铺委托经营管理协议书》的内容并非单纯的委托合同。案涉《商铺委托经营管理协议书》除涉及上诉人将取得的商铺使用权委托被上诉人经营管理的委托合同因素外,尚有其他内容不能为委托合同所涵盖,如合同存续期间双方协议如何分享利润的内容,与委托合同的特征不相符,又如有关被上诉人负责开拓市场、整合其他商铺使用权并承担相关费用等的约定,亦与委托合同一般由委托人负担相应费用的特征不相符。故案涉《商铺委托经营管理协议书》兼具委托合同和合作合同的相关内容,应属混合性质的合同,本案应认定为上级案由即合同纠纷。第二,关于讼争条款的效力认定问题。鉴于前述已认定案涉合同并非单纯的委托合同,上诉人提出的讼争条款违反《合同法》有关任意解除权、格式条款规定诉请自然无法成立,具体分析如下:其一,任意解除权源于委托合同,不能用于混合性质的合同。其二,关于上诉人认为讼争条款系"排除对方主要权利(即任意解除权)"的问题,根据《商铺委托经营管理协议书》约定内容,上诉人的主要权利是商铺对外经营后可能产生的收益,任意解除权是否系上述人的主要权利,尚无法界定。进一步而言,即便本案合同可认定为单纯的委托合同,在委托合同中双方约定排除任意解除权的行为是否有效,也并非一概而论,在有偿委托合同,特别是商事委托合同中,受托人根据委托合同的约定存在自己的特殊利益,此时任意解除权的行使本身就要关注受托人的利益,故双方事先约定排除任意解除权,在既不损害社会公共利益也不违反法律禁止性规定的情形下,应当予以允许。本案中,被上诉人作为受托人,本身已投入大量的人力、物力来开拓市场,在合同项下除取得报酬外尚有其他利益,对此,双方为了特定经济利益的实现以及增强合同的稳定性,在不损害社会公共利益和不违反法律禁止性规定的情况下,约定对任意解除权进行限制,符合法律精神。判决:驳回上诉,维持原判。再审法院认为,原生效判决认定事实清楚,适用法律和实体处理均无不当。再审申请人提出的再审申请事由,均不能成立。裁定:驳回孙某远的再审申请。[1]

---

[1] 参见国家法官学院、最高人民法院司法案例研究院编:《中国法院2022年度案例》(合同纠纷),中国法制出版社2022年版,第209~210页。浙江省高级人民法院(2021)浙民申3983号民事裁定书。

关于违反诚实信用义务的合同解除。受托人的诚实信用义务作为一项法定义务，在委托代理关系、信托关系以及其他委托类性质的法律关系中，都有不同程度的体现与要求。受托人在履行委托代理合同义务时，同时负有诚实信用的义务，禁止受托人将自己置于和委托人的利益相冲突的地位，如果受托人违背诚实信用的义务，损害委托人的利益，则委托合同的目的将无从实现，其利益受到损害的委托人当然可以根据法律规定行使解除委托代理合同的权利。

【案例6-45】 吉林九鑫药业集团有限公司诉济南东风制药有限责任公司等代理销售合同纠纷案

最高人民法院认为，九鑫公司作为东风公司新肤螨灵产品的独家销售总代理，其不仅负有向东风公司每月回款100万元以上的合同义务，还负有以委托人利益最大化为目标履行代理销售肤螨灵产品合同的法定的诚信义务。九鑫公司在代理销售新肤螨灵产品的同时，销售自己与新肤螨灵产品存在竞争关系的满婷系列产品，其作为东风公司的代理人将自己置于与被代理人的利益相冲突的位置，违背了以诚实信用原则履行代理合同的法定义务。东风公司以此请求解除其与九鑫公司之间的销售总代理合同，应予支持。〔1〕

法定解除与任意解除关系问题。行使法定解除条件不符合的前提下，并不影响任意解除权的行使。

【案例6-46】 康某诉上海感帅实业有限公司委托合同纠纷案

判决观点，对于争议焦点一，不能仅因个别产品未上架就认定原告在运营网店过程中存在根本违约，被告亦未提供其他证据证明原告存在根本违约，故被告主张行使法定解除权缺乏事实依据，不予认定。被告系行使任意解除权。至于合同解除的具体时间，结合本案的实际情况，原、被告签订的《网店代运营协议》于2013年12月7日（被告修改网店登录密码之日）解除。〔2〕

《民法典》第五百六十四条第二款规定："法律没有规定或者当事人没有约定解除权行使期限，自解除权人知道或者应当知道解除事由之日起一年内不行使，或者经对方催告后在合理期限内不行使的，该权利消灭。"该条的规定是合理的，弥补了《合同法》行使期限的不足。

---

〔1〕参见最高人民法院民事审判第一庭编：《民商事审判指导》2004年第2辑（总第6辑），人民法院出版社2005年版。

〔2〕参见国家法官学院案例开发研究中心编：《中国法院2017年度案例》（合同纠纷），中国法制出版社2017年版，第197页。上海市松江区人民法院（2014）松民二（商）初字第206号民事判决书。

【案例 6-47】 中建二局第四建筑工程有限公司与天津融汇律师事务所委托合同纠纷再审案

再审法院认为,《委托合同》第十条对"一审程序"是否包括可能出现的反诉部分约定不明。案外人提起反诉后,融汇律师事务所代表中建二局四公司进行了应诉答辩,双方未对该条约定进行变更,融汇律师事务所亦未另行收取代理费,可视为认可一审程序包括反诉部分。根据《委托合同》的约定,一审程序于2010年9月15日前完成,如未完成中建二局四公司可以解除委托合同,但中建二局四公司直至2011年7月18日才致函融汇律师事务所解除合同,距解除权发生之日已过十个月之久。根据《合同法》第九十五条第二款规定,"法律没有规定或者当事人没有约定解除权行使期限,经对方催告后在合理期限内不行使的,该权利消灭",中建二局四公司在《委托合同》中专门要求约定一审程序的完成时间,应该是对案件的诉讼时间特别关注,但直到解除权发生之日十个月以后,即逾期将近一倍时间之后,其才行使解除权,显然已经超过了"合理期限"。另外,解除权发生后,中建二局四公司继续接受融汇律师事务所的代理服务,应视为一种继续履行合同的默示,融汇律师事务所由此产生了对双方继续履行合同的信任并继续提供代理服务,如果在十个月后允许中建二局四公司行使解除权,势必扩大融汇律师事务所的损失,亦不利于保持合同的稳定性。综上,中建二局四公司基于《委托合同》第十条的约定解除权消灭。[1]

委托合同中的委托人以特定行为方式解除合同,依法产生合同解除的后果。解除权系形成权,以意思表示到达生效。解除行为属于特定作为形式作出解除合同的意思表示,具有现场性和即时性特征,应认定行为完成时合同解除。

【案例 6-48】 安徽金芒果房地产经纪有限公司与安徽源宏置业有限公司商品房委托代理销售合同纠纷案

二审法院认为,源宏公司和金芒果公司签订的商品房代理销售合同合法有效,双方形成委托代理法律关系。在该合同的履行过程中,由于双方存在诸多矛盾,导致双方已经不能继续合作,源宏公司遂于2017年7月31日关闭售楼处,双方的合同已经履行不能,源宏公司以事实行为解除了双方的合同。[2]

实践中,解除委托合同通知有多种方式,在诉讼程序的证据交换中递交另一

---

[1] 参见最高人民法院中国应用法学研究所编:《人民法院案例选》2015年第4辑(总第94辑),人民法院出版社2016年版,第146~147页。

[2] 参见最高人民法院中国应用法学研究所编:《人民法院案例选》2019年第9辑(总第139辑),人民法院出版社2020年版,第59页。安徽省蚌埠市中级人民法院(2018)皖03民终2218号民事判决书。

方当事人诉讼代理人的,不发生解除的法律效果。

【案例6-49】 毕某伟与何某海委托合同纠纷案

最高人民法院认为,原审判决认定本案诉讼前委托合同未解除正确,但该院将解除委托的时间点确定为法院证据交换之时则有欠妥当,因为证据交换乃诉讼程序的一个环节,在该程序中当事人不应主张权利,且证据交换时委托合同双方当事人并未到场,到场的诉讼代理人并非本案所涉的委托合同的代理人。所以,当事人提起委托合同纠纷诉讼后,不能仅以证据交换来确定法律事实,其争讼的法律关系只能在人民法院对提交的证据进行开庭质证、合议等法定程序后,通过裁判文书予以确定。原审判决认定本案为委托合同纠纷并确认:"何某源作为委托合同法律关系的委托人请求确认解除委托,符合起诉条件……"但却未在判决主文中解除双方讼争的委托合同,而直接判由毕某伟返还证照、印章等,应属漏判,本院予以纠正。[1]

【案例6-50】 周某新诉雷某环委托合同纠纷案

一审法院认为,原告有权随时解除与被告之间的委托合同,该解除行为应当以原告向被告本人作出明确的意思表示为标志,即向合同相对人明确提出即可。但原告个人的报告及原告与其他35位小股东联名向西环商贸公司递交的解除委托的书面报告,以及西环商贸公司向工商局递交的情况反映,均不能证明原告的解除通知送达到了被告本人。原告提供的手机短信证据,因其仅提供短信内容,未提供证据证实雷某环收到该两条短信。因此,该短信内容也无法证实解除委托通知直接送达到了被告本人。且原告提供的证据证实的都是要求解除全部委托,不能证实其解除的仅仅是表决权委托。故原告在庭审中提供的证据与其诉讼主张相互矛盾,无法证明其诉讼请求。鉴于原告不能举证证实其解除表决权的意思表示到达被告,其要求确认双方对表决权的委托已经解除的主张,法院不予支持。二审法院亦持同样意见,维持一审判决。[2]

委托合同中,合同任意解除权事先放弃的问题。

【案例6-51】 广西弘毅营销顾问有限公司诉广西融昌置业有限公司商品房委托销售合同纠纷再审案

最高人民法院认为,房屋销售代理合同中代理人的合同义务是基于被代

---

[1] 最高人民法院(2012)民二终字第29号民事判决书。
[2] 参见国家法官学院案例开发研究中心编:《中国法院2018年度案例》(合同纠纷),中国法制出版社2018年版,第221页。新疆生产建设兵团第八师中级人民法院(2016)兵08民终字第672号民事判决书。

理人的委托销售房屋,代理合同中约定的代理人负有推广策划、广告设计等义务,属于后续代理销售进行的辅助工作,为附属义务,代理人最终目的是按照合同约定获得销售代理费用,因此该销售代理合同为委托合同。双方在合同中预先对委托合同的任意权进行了放弃,在法律没有对当事人放弃任意解除权作出限制或禁止性规定的情况下,当事人的意思自治应得到尊重,该约定内容应有效,对合同双方当事人均有约束力,委托人不得依据法律关于任意解除的规定单方解除销售代理合同,但当事人可依据法定解除和约定解除的规定主张解除权。[1]

(四)委托合同效力

1. 委托合同无效认定

委托合同效力,主要涉及以下四方面的内容:

其一,委托事项违法,则委托合同无效。合同内容违反法律强制性或者禁止性规定的,不产生法律效力。强制性规定,指命令当事人应为一定行为之法律规定,禁止性规定,指命令当事人不得为一定行为之法律规定。

《民法典合同编通则解释》第十六条第一款规定:"合同违反法律、行政法规的强制性规定,有下列情形之一,由行为人承担行政责任或者刑事责任能够实现强制性规定的立法目的的,人民法院可以依据民法典第一百五十三条第一款关于'该强制性规定不导致该民事法律行为无效的除外'的规定认定该合同不因违反强制性规定无效……"

《民法典合同编通则解释》第十八条规定:"法律、行政法规的规定虽然有'应当''必须'或者'不得'等表述,但是该规定旨在限制或者赋予民事权利,行为人违反该规定将构成无权处分、无权代理、越权代表等,或者导致合同相对人、第三人因此获得撤销权、解除权等民事权利的,人民法院应当依据法律、行政法规规定的关于违反该规定的民事法律后果认定合同效力。"

【案例6-52】 金某诉黄某民委托合同纠纷案

一审法院认为,现结合双方当事人的陈述及各自提供的证据后予以分析:首先,从原、被告的身份看,原告是协议指向的犯罪嫌疑人的妻子,被告是原告亲戚介绍的特别授权代理人,其本身并非律师,其与原告签订的协议与

---

[1] 参见最高人民法院民法典贯彻实施工作领导小组编著:《中国民法典适用大全》(合同卷五),人民法院出版社2022年版,第3492页。最高人民法院(2017)民再50号民事判决书。

一般的律师聘用合同在性质上是有所区别的。律师本身具有专业的法律知识和技能为当事人进行合法权益的维护,收取报酬可以和案件的成果挂钩,然本案被告按其陈述,其并不具备专业的法律知识,也无法陈述其为了原告丈夫的事宜,除了聘请律师之外,还提供了什么有意义的法律帮助。其次,从原、被告以及汤某寰的陈述看,原告及汤某寰均陈述当时被告曾表示其关系较多,需要打点,并承诺可以搞定,等等。"打点""搞定"等字眼,按照现在的一般理解,均非指合法的手段。虽然该陈述被告予以否认,但原、被告之前并不相识,且被告本身并非专业法律人士,而原告能在该情况下向被告支付200万元,足以说明,原告在与被告签订协议、支付钱款时,原告本身的目的存在不当之处。同时被告陈述的其收取200万元之后,聘请律师仅花费3万元,其余用途均语焉不详,如果确如被告所述全部用于原告丈夫案件相关的花费,则应尽善良委托人的义务,从聘请律师等方面尽最大可能为当事人提供良好的服务,并如实告知相关费用的用途,但庭审中被告未向法庭提供证据证明相关费用的用途。再次,从协议约定的内容看,原、被告将原告丈夫被判有期徒刑还是无期徒刑、原告被司法机关查封的房屋能否解封作为被告收取的钱款是否返还的条件,该约定明显是以人民法院的审判活动为代表的国家刑事司法制度作为协议书的实质内容和协议书实现的前提条件。而人民法院的审判活动,是国家公权力的体现,如果纵容公民之间肆意将此作为约定条件,不仅干扰了司法秩序,损害了司法制度的严肃性,还有损于司法机关的权威性、公正性,同时也不利于维护社会公共秩序,故以审判活动为代表的国家刑事司法制度不能作为当事人约定的前提,双方的该约定侵犯了社会公共利益。基于上述理由,法院确认原、被告签订的协议书应属无效。二审法院基于同理维持一审判决。[1]

【案例6-53】 申某诉李某、罗某委托合同纠纷案

判决观点,根据申某在(2013)朝刑初字第1075号刑事案件中的陈述,可以认定申某出资20万元委托李某购买走私车的事实,该约定内容应属违法,故申某与李某之间的委托合同法律关系应属无效。[2]

包打赢官司协议违法无效。当事人和诉讼代理人就公民代理所作的约定存在严重违法内容,扰乱诉讼秩序,妨碍司法公正的,应当认定无效。

---

[1] 参见国家法官学院案例开发研究中心编:《中国法院2013年度案例》(合同纠纷),中国法制出版社2013年版,第153页。上海市第二中级人民法院(2012)沪二中民一(民)终字第106号民事判决书。

[2] 参见国家法官学院案例开发研究中心编:《中国法院2015年度案例》(合同纠纷),中国法制出版社2015年版,第206页。北京市朝阳区人民法院(2013)朝民初字第29866号民事判决书。

【案例6-54】 盖某生、邹某龙诉王某根委托合同纠纷案

判决观点,《办事协议》《补充协议》《补充协议(2)》应认定无效。邹某龙就(2014)天民初字第84号案件委托王某根作为诉讼代理人参与诉讼,并签订《办事协议》《补充协议》《补充协议(2)》等一系列协议,双方约定的多处内容存在严重违法情形。被告王某根为获得委托人支付的报酬,在明知邹某萍等继承人对遗产房屋享有法定继承权的前提下,仍意图通过指挥、限制邹某龙诉讼权利的行使来达到歪曲事实,实现其包打赢官司的承诺。协议中,"甲方保证在一切听从乙方指挥……甲方不许乱表态,不许放弃自己的权利""甲方保证在二审中不出庭乱发表意见,一切均由乙方全权代理出庭等"内容,有违诉讼诚信原则,限制了当事人的诉讼权利,妨碍了人民法院依法查明案件事实的权利。被告王某根亦陈述在一审中"帮助抵赖"的相关事实,一审判决结果是原告不听指挥而造成的,对此人民法院均应给予否定性评价。根据协议约定,王某根收取的费用中隐含了疏通关系的费用,对公正司法造成极大危害,影响了司法在当事人心中的公正性,不利于引导当事人采取实事求是和诚实守信原则处理诉讼争议。王某根在代理邹某龙进行诉讼活动之前是该案相对方当事人邹某萍收集诉讼证据的代理人,但由于邹某萍未委托其继续代理诉讼,为报复其转而主动找到邹某龙代理诉讼,该行为显然违背了诚实信用原则,也违反了其对原委托人邹某萍负有的保密等后合同义务。被告的行为严重扰乱了诉讼秩序,妨害了司法公正,其与原告签订的协议内容存在多处违法,应当认定无效。[1]

诉讼代理业务属于特许经营业务范围,未取得诉讼代理执业资格之公民,代理他人进行诉讼并约定收取诉讼代理报酬的,法院应当依法认定委托代理合同无效。

【案例6-55】 韩某定诉任某辉诉讼代理合同纠纷案

判决观点,诉讼代理业务系特许经营业务,未取得执业资格之公民,不得从事收取报酬的诉讼代理业务。被告未取得诉讼代理之执业资格,代理他人进行诉讼并约定收取诉讼代理报酬,其行为扰乱社会秩序,损害社会公共利益,本案双方当事人之间的委托代理合同应认定无效。双方合同中明确说明被告身份为"自由职业",据此可知原告对被告并无诉讼代理执业资格亦属

---

〔1〕 参见国家法官学院案例开发研究中心编:《中国法院2017年度案例》(合同纠纷),中国法制出版社2017年版,第193~194页。江苏省江阴市人民法院(2015)澄临商初字第0090号民事判决书。

明知,故本案合同所致无效,原告亦有过错。[1]

在建筑行业中委托他人代办工程承包资质的合同无效。

【案例6-56】 北京国电杰顺电力工程有限公司诉北京云朗管理咨询有限公司委托合同纠纷案

判决观点,本案中,依原、被告签订的委托合同内容,原告在不具备法律规定的专业技术人员的情况下,委托被告寻找具有相应资质人员挂靠在原告公司名下,且双方明确约定挂靠人员仅供申报资质使用,并不在原告公司上班,由此可以认定委托内容旨在规避法律关于建筑业从业资格的规定。实行从业资格许可,有利于确保从事建筑活动的单位和个人的专业素质,提高建筑工程的质量,确保建筑工程的安全生产。而本案所涉的委托合同,意在规避建筑业从业资格许可的实质性要求,危害建筑市场秩序,规避对建筑活动的监督管理,其如果进行施工,工程的质量与安全亦无法得到保障,故该委托合同与社会公共利益不符,合同无效。[2]

其二,违反公序良俗的委托合同无效。

由于经济适用房是国家对中低收入家庭的政策倾斜,带有补贴性质,并且某一固定地区的经济适用房在一定时期内的数量是有限的,合同约定获得经济适用房指标因损害社会公共利益而无效。

【案例6-57】 郭某楠诉李某祥委托合同纠纷案

二审法院认为,郭某楠与李某祥签订了《合同书(一)》《合同书(二)》,约定由李某祥将郭某楠的户口从北京市房山区迁入北京市石景山区,真实意图是为郭某楠取得北京市石景山区的经济适用房指标,并在北京市石景山区为郭某楠购买经济适用房。双方这种非法获取经济适用房指标从而购买经济适用房的行为,挤占了社会公共资源,损害了社会公共利益,依据《合同法》第五十二条第四项之规定,本案《合同书(一)》《合同书(二)》属于无效合同。[3]

【案例6-58】 李某某诉上海和略企业管理咨询有限公司等委托合同纠纷案

判决观点,双方订立委托合同的目的是由被告和略公司为原告办理跨学

---

[1] 参见最高人民法院中国应用法学研究所编:《人民法院案例选》2013年第2辑(总第84辑),人民法院出版社2013年版,第200页。浙江省宁波市鄞州区人民法院(2012)甬鄞望民初字第251号民事判决书。

[2] 参见国家法官学院案例开发研究中心编:《中国法院2019年度案例》(合同纠纷),中国法制出版社2019年版,第137页。北京市房山区人民法院(2017)京0111民初字第12462号民事判决书。

[3] 参见国家法官学院案例开发研究中心编:《中国法院2016年度案例》(合同纠纷),中国法制出版社2016年版,第207页。北京市第三中级人民法院(2014)三中民终字第06072号民事判决书。

区入学,该合同目的的实质是规避《义务教育法》有关"就近入学"的原则规定和上海市教育部门关于"小升初"的入学政策,且双方当事人均知晓为达到该目的,必须通过如被告所述的"疏通关系"等非常规手段才可做到,从合同标的额远超此类代办费用一般标准的5万元亦可见一斑。实施该合同的行为将在客观上扰乱正常的教育管理秩序,而实施成功后的结果则将变相侵害其他符合条件的学生应享有的入学权利,故无论被告是否完成了该委托事项,该合同均因其目的违法和产生损害社会公共利益的后果而归于无效。[1]

其三,虚假意思表示隐藏真实非法目的意思表示无效。

《民法典合同编通则解释》第十四条规定:"……当事人为规避法律、行政法规的强制性规定,以虚假意思表示隐藏真实意思表示的,人民法院应当依据民法典第一百五十三条第一款的规定认定被隐藏合同的效力;当事人为规避法律、行政法规关于合同应当办理批准等手续的规定,以虚假意思表示隐藏真实意思表示的,人民法院应当依据民法典第五百零二条第二款的规定认定被隐藏合同的效力。依照前款规定认定被隐藏合同无效或者确定不发生效力的,人民法院应当以被隐藏合同为事实基础,依据民法典第一百五十七条的规定确定当事人的民事责任。但是,法律另有规定的除外。当事人就同一交易订立的多份合同均系真实意思表示,且不存在其他影响合同效力情形的,人民法院应当在查明各合同成立先后顺序和实际履行情况的基础上,认定合同内容是否发生变更。法律、行政法规禁止变更合同内容的,人民法院应当认定合同的相应变更无效。"

【案例6-59】 北京运通恒达科技有限公司诉北京腾迪信息咨询中心委托合同纠纷案

运通公司称该合同系为了实现运通公司虚假增资的目的,腾迪中心对此予以否认,称系以借款的形式实现运通公司的增资。法院认为,公司增资,应由出资人实际缴纳出资。首先,本案所涉合同虽写明系为了办理运通公司增资事项签订,但对于运通公司增资后股权比例的设置均与腾迪中心无关,却约定由腾迪中心负责出资,明显不符合常理;其次,腾迪中心虽称上述资金系其对运通公司的借款,但鉴于该款项数额巨大,双方之间未就借款签订书面协议,也未明确还款的方式、期限及还款义务人,腾迪中心的此种解释也不合常理。结合合同约定及双方的陈述,应当确认双方系以委托合同的形式,经腾迪中心的运作,以出资义务人不实际缴纳出资的形式实现增资,此种行为违反了公司资本真实性的基本原则,将可能导致与运通公司发生交易的案外人基于对运通公司资信状况的错误认识而作出错误决策,产生不合理的商业

---

[1] 参见郭伟清主编:《2015年上海法院案例精选》,上海人民出版社2016年版,第45页。

风险,故此种行为属于以合法形式掩盖非法目的,应确认为无效。[1]

【案例6-60】 谢某贵诉陈某启委托合同纠纷案

判决观点,原告之女因高考成绩未达到国家高等院校招生录取分数线,而利用高额金钱委托他人通过非正当途径为其女办理入学手续,虽在形式上原告与被告陈某启达成的协议为双方真实意思表示,但其内容显然违反了社会公共利益,违背了公平、公正、公开原则,应属无效合同。[2]

其四,委托事项属于市场准入行业,受托人未获得准入资格,如公民有偿从事诉讼代理,即公民以牟利为目的代理诉讼。在上述情况下,其委托合同应认定无效。最高人民法院在三亚市滨海实业发展总公司与郭某宇委托合同纠纷请示案中明确有偿委托为无效法律行为,[3]其后又在一个答复中提出:"未经司法行政机关批准的公民个人与他人签订的有偿法律服务合同,人民法院不予保护;但对于受托人为提供服务实际发生的差旅费等合法费用,人民法院可以根据当事人的请求给予支持。"[4]这一答复没有直接将公民代理收费条款认定为无效,而是持不予支持之态度,否定程度比认定合同无效要缓和一些,也就是说,不予支持的对象的违法程度要比无效合同的违法程度弱一些,故在利益分配上向代理人有所倾斜。在该答复中所指的公民代理,应当指的是符合诉讼代理资格的"五类人"的公民代理,对于不符合诉讼代理资格的公民代理合同中的有偿服务条款效力,应以"毒树之果"之逻辑认定为无效。

【案例6-61】 陈某诉东莞世冠五金制品有限公司诉讼代理合同纠纷再审案

再审法院认为,依据我国相关法律、法规的规定,"没有取得律师执业证书的人员,不得以律师名义执业,不得为牟取经济利益从事诉讼代理或者辩护业务";"其他任何单位和个人未经司法行政机关批准,均不得面向社会提供有偿法律服务";"对违反法律规定从事有偿法律服务的,该移交公安机关依法处理的移交公安机关处理,该由司法机关处罚的要坚决处罚"。上述规定均表明了律师行业是市场准入行业,未取得律师资格的个人不得以营利为目的从事服务。陈某属于"没有取得律师执业证书的人员",其与东莞世冠

---

〔1〕参见国家法官学院案例开发研究中心编:《中国法院2013年度案例》(合同纠纷),中国法制出版社2013年版,第177页。北京市海淀区人民法院(2011)海民初字第19522号民事判决书。

〔2〕参见国家法官学院案例开发研究中心编:《中国法院2012年度案例》(合同纠纷),中国法制出版社2012年版,第92页。浙江省绍兴市越城区人民法院(2010)绍越商初字第635号民事判决书。

〔3〕参见杜万华主编:《最高人民法院民商事案件审判指导》(第2卷),人民法院出版社2015年版,第702页。

〔4〕最高人民法院〔2010〕民一他字第16号《最高人民法院关于公民代理合同中给付报酬约定效力问题的电话答复》。

公司签订的《民事诉讼委托代理协议书》属于有偿法律服务合同,人民法院不予保护。原判认定双方当事人支付陈某代理费不妥,本院再审予以纠正。[1]

【案例6-62】 红高粱传播公司诉钮某、陈某华、刘某房委托合同纠纷案

二审法院认为,红高粱传播公司并非演出经纪公司,陈某华、钮某等也没有举办营业性组台演出的资格,并且双方均未持有《营业性演出许可证》,该台演出活动也未经有关行政执法部门审批。红高粱传播公司在不具备承办营业性组台演出的资格情况下,接受陈某华、钮某等委托,并且与星工场音乐娱乐公司、武警文工团签订演出合同及补充协议,违反了国务院发布的《营业性演出管理条例》强制性规定,况且,红高粱公司至今未提供对以上演出合同和补充协议进行效力补正使其已实施行为合法化的有关证据。根据《合同法》的规定,以上演出合同和补充协议应为无效。……上诉人陈某华关于演出合同及补充协议无效的主张,应予采纳。[2]

委托人委托非法律专业人员的受托人代为聘请律师并协调处理涉案查封房产的相关事宜,其目的在于通过受托人使用"打点""搞定"等非法手段对法院的司法审判活动及审判结果产生影响,这一约定干扰了司法秩序,侵犯了社会公共利益,应为无效合同。而合同无效,并不是全部无效,无效的原因存在于合同内容的一部分,在该部分无效内容不影响其余部分时,其余部分仍然有效,即委托人代为聘请律师的委托事项符合法律规定的应属于有效条款。

【案例6-63】 金某诉黄某某委托合同纠纷案

二审法院认为,金某认为落款日期为2009年5月3日的委托协议的签订时间实际在落款日期为2008年12月3日的协议之前,但并未提供任何证据予以证明,故其主张难以采信,2009年5月3日协议书的效力应当予以确认。分析落款日期为2009年5月3日的委托协议书内容以及黄某某、金某关于委托事项和委托目的的陈述,二审法院认为,金某在其丈夫涉及刑事案件时不向法律专业人士寻求帮助,却委托并非法律专业人士的黄某某处理,委托目的在于使其丈夫能够被认定为无罪或有罪但缓刑处理、被公安部门查封的房产得以解封,该目的直接涉及人民法院的审判活动,意图通过黄某某使用"打点""搞定"等非法手段对人民法院的审判活动及由此发生的审判结果产生影响,目的非法;同时,黄某某向金某收取的钱款是否返还的条件为该

---

[1] 参见北京市高级人民法院编:《审判前沿——新类型案件审判实务》2012年第3集(总第45集),法律出版社2013年版,第90页。

[2] 参见最高人民法院中国应用法学研究所编:《人民法院案例选》(2004年商事·知识产权专辑)(总第49辑),人民法院出版社2005年版,第215页。

非法的委托目的能否达成,此约定无视法律的公正、公平、正义,无视司法制度的严肃性和权威性,有损社会公共利益。金某为双方约定的委托事项向黄某某支付了高达200万元的钱款,而据黄某某所称,金某委托其是为了能找个"好的"律师,黄某某为金某聘请的"好的"律师最终花费的律师代理费仅3万元,金某出于正常的法律服务需求或出于合理合法的目的而向黄某某支付如此巨大数额的钱款,其意图在于通过接受金某的委托从事所谓的"法律服务"来谋取经济利益,此行为不利于建立规范有序的法律服务市场,进而可能影响司法公正,有损于社会公共利益。一审法院据此确认该协议无效并在考虑黄某某已经支出律师代理费和为聘请律师而投入的时间、精力等因素之后对黄某某的违法所得195万元予以收缴,并无不当,法院予以维持。[1]

2. 委托合同效力判断标准

在《合同法》颁布施行之后,法院在审理民商事案件中更加尊重当事人的契约自由,在认定合同效力方面更加慎重。通常情况下,只有在当事人缔结的合同违反法律、行政法规的强制性效力性规定时方认定合同无效。《民法典》颁布后,应注意判断效力依据的变化。其第一百五十三条规定:"违反法律、行政法规的强制性规定的民事法律行为无效。但是,该强制性规定不导致该民事法律行为无效的例外。违背公序良俗的民事法律行为无效。"其中的"公序良俗",实际包括公共秩序与善良风俗两个方面,公共秩序是指法律秩序,善良风俗是指法律秩序之外的道德。公共秩序又可以进一步划分为基本权利实现型公共秩序和管理秩序维护秩序,还可以进一步划分为基本权利之维护、弱者利益之保护、经济社会管理秩序之维护、婚姻家庭秩序之维护以及伦理道德之维护五大类。

【案例6-64】 甘肃省敦煌种业股份有限公司与乌鲁木齐市邦君寄卖有限责任公司等委托合同纠纷再审案

最高人民法院认为,2008年5月20日,敦煌种业出具《全权委托书》,委托邦君公司代表其参与玛纳斯油脂厂拍卖重组工作,并于同日向自治区债权清算小组出具《关于拟参加贵组处置资产重组的函》。2008年5月27日,敦煌种业副总经理刘某与邦君公司签订《委托合同》,进一步明确双方在委托事项中的权利义务。敦煌种业申请再审虽以该合同上仅有刘某签字无敦煌种业公章,且合同约定的支付500万元保证金的生效条件未成就为由,主张《委托合同》无效,但《委托合同》中有关500万元保证金的约定内容为"为保证项目的前期展开和顺利实施,甲方须应乙方的要求,向乙方提供的银行账

---

[1] 参见邹碧华主编:《2013年上海法院案例精选》,上海人民出版社2013年版,第109~110页。

户中打入保证金人民币伍百万元",故敦煌种业所称500万元保证金系合同生效条件的主张,与事实不符。刘某当时系敦煌种业副总经理,代表公司参与玛纳斯油脂厂收购项目,其签订《委托合同》的行为系职务行为,应对敦煌种业产生约束力。敦煌种业申请再审虽称,其已在2010年2月8日召开董事会会议,作出解除刘某副总经理职务的决议,并于2010年3月5日正式发出《关于刘某先生免职的通知》,且刘某已因涉嫌经济犯罪被追究刑事责任。但上述证据材料,敦煌种业未在一审中提交,其嗣后免除刘某副总经理职务的行为,不能产生导致《委托合同》无效的法律效果。且本院组织询问查明,刘某被追究刑事责任与案涉玛纳斯油脂厂收购项目无涉,敦煌种业亦未提供任何证据证明刘某与邦君公司之间存在恶意串通的事实。故敦煌种业主张《委托合同》无效的理由不能成立。敦煌种业在2008年8月24日向酒钢公司出具的《证明》中载明,"新疆乌鲁木齐邦君寄卖有限责任公司(法人代表马某)于2003年6月全权代理我公司在新疆完成了收购玛纳斯屯河油脂有限责任公司的业务,按照代理协议我公司应支付邦君寄卖有限责任公司代理费肆百叁拾万元",敦煌种业认可《证明》上公司公章的真实性,仅以该《证明》系为邦君公司借款出具,具有特定用途为由,否定其中有关双方委托的记载内容,并不能自圆其说。二审法院依据上述证据认定敦煌种业和邦君公司之间存在委托关系,证据确实、充分。[1]

公务员经商订立合同的效力判断,应依据效力性强制性规定而不是管理性强制性规定。

【案例6-65】 浦某华诉镇江浩宇能源新材料有限公司委托合同纠纷案

二审法院认为,判断合同效力,应依据《合同法》第五十二条的规定。浦某华作为人民警察,与浩宇公司签订《业务费结算协议》,违反了《公务员法》第五十三条和《警察法》第二十二条的规定,但是,上述规定不属于法律的效力性强制性规定。因此,对上述法律规定的违反,并不必然导致《业务费结算协议》无效。对《业务费结算协议》效力的认定,应当进行实质性审查,即如果协议的签订和履行存在利用职权的情况,影响履行职权的公正性、廉洁性,损害社会公共利益,则该协议无效;反之,则该协议有效。就本案而言,2011年至2016年,浦某华任扬中市公安局派驻市矛盾调解中心民警,其主要职责是对其所在的辖区出现的民事纠纷进行调解,与涉案业务并无直接关联,目前亦无证据证明浦某华利用职权签订《业务费结算协议》,故该协议应当认定为有效。但是,民事协议有效,并不影响有关机关依照相关规定追究浦某

---

[1] 最高人民法院(2013)民申字第985号民事裁定书。

华的党纪责任和行政责任。[1]

3. 特殊情形委托合同效力

委托他人收取欠款是一种私力救济方式,是否构成合法有效的委托合同法律关系是争议问题。债权人委托他人收取欠款系维护其自身合法债权所采取的方式,不存在非法目的,未损害社会公共利益。既是以委托方式进行,即隐含要求受托人采用合法有效方式的附随义务,不存在违反法律、行政法规的强制性规定的情形。在社会生活中,借贷纠纷盛行,无法按时足额收取欠款现象日益增多,对于采取合法有效的私力救济方式以保护自己合法债权的方式,司法实践中应当予以保护,以维护稳定的经济秩序。

【案例6-66】 王某诉王某林委托合同纠纷案

判决观点:原告王某委托被告王某林负责收取欠款,形成事实上的委托关系。原告与刘某坚、刘某珺曾签订《履行和解协议书》确认双方债务纠纷解决方案。以上事实可以确认刘某珺与原告确实存在债务关系,委托事项真实存在,委托合同的基础法律关系具有真实性,不存在恶意串通损害第三人利益的情形,该委托合同亦未违反法律、行政法规的强制性规定。原告王某与被告王某林签订的《委托书》系双方真实意思表示,合法有效,双方形成委托合同关系,该合同对原、被告双方均有约束力。王某林有代王某向刘某珺收取欠款的义务,王某有向王某林支付佣金的义务。王某林已向刘某珺收取50000元款项,理应将其交付委托人王某,王某应支付王某林佣金10000元。[2]

无权处分的委托售房合同的效力,是有争议的问题。笔者认为,在第三人善意、有偿取得该财产时,应当维护第三人的合法权益,认定其委托售房协议有效。

《民法典合同编通则解释》第十九条规定:"以转让或者设定财产权利为目的订立的合同,当事人或者真正权利人仅以让与人在订立合同时对标的物没有所有权或者处分权为由主张合同无效的,人民法院不予支持;因未取得真正权利人事后同意或者让与人事后未取得处分权导致合同不能履行,受让人主张解除合同并请求让与人承担违反合同的赔偿责任的,人民法院依法予以支持。前款规定的合同被认定有效,且让与人已经将财产交付或者移转登记至受让人,真正权利人请求认定财产权利未发生变动或者请求返还财产的,人民法院应予支持。但是,受

---

[1] 参见国家法官学院案例开发研究中心编:《中国法院2018年度案例》(合同纠纷),中国法制出版社2018年版,第23~24页。江苏省镇江市中级人民法院(2016)苏11民终字第2736号民事判决书。

[2] 参见国家法官学院案例开发研究中心编:《中国法院2014年度案例》(合同纠纷),中国法制出版社2014年版,第62页。福建省厦门市集美区人民法院(2012)集民初字第140号民事判决书。

让人依据民法典第三百一十一条等规定善意取得财产权利的除外。"

【案例6-67】 海南我爱我家房地产营销策划有限公司诉高某和委托合同纠纷案

判决观点,被告主张该房屋系夫妻双方共有财产,其委托出卖时未取得财产共有人同意,并向法庭提交了《婚前财产协议》等证据,主张《房地产委托代理销售协议》无效。法院认为,不论诉争房屋系被告婚前财产或夫妻共有,被告均有权处分,被告家庭内部的行为不能对抗善意第三人,被告委托原告代理销售该诉争房产后,原告已按约定与第三人签订《定房协议书》并收取定金,被告也已确认销售该房,现被告反悔,已构成违约,应承担违约责任。原告请求的代理费实际是与代理费同额的违约金,依《房地产委托代理销售协议》约定,代理佣金按成交总房款的1.5%收取。原告请求按房款的3%收取是依据《定房协议书》《销售确认书》中的约定,但这两份文书中是确认由买方支付给原告代理佣金,并且是在已确认销售成功时向买方收取的,现该房产未能买卖成交,则不适用上述两份文件,应按原被告最初约定的《房地产委托代理销售协议》执行,即按房款的1.5%收取5700元。因被告违约,导致原告双倍返还第三人交付的定金,故对原告请求由被告承担该损失20000元的请求亦予以支持。双方在协议中未约定利息,现原告主张利息,根据公平原则,不予支持。[1]

代签名委托合同效力问题。在委托合同上由他人代为签名,其受托人不予认可的,委托合同对受托人不发生效力。受托人知道他人在委托协议上代其签名并按委托协议履行的,应认定委托协议对其有效。

【案例6-68】 高尔夫公司诉梁某等五人购房合同纠纷案

二审法院认为,《委托协议》《购房合同》《补充协议》从约定到履行均能互相印证且合法有效。高尔夫公司的真实目的是通过卖房再回购的特殊方式获取银行贷款,虽有套取银行按揭款之嫌,但本案的卖房行为、购房行为、贷款及还贷行为均是真实发生的,并未违反法律、行政法规的禁止性规定,也未损害贷款银行的权益,该民事行为合法有效。本案《补充协议》约定的回购房屋事宜是高尔夫公司、梁某之间的真实意思表示,内容合法有效,各方当事人应遵从约定。梁某及第三人所购房屋事宜已在《委托协议》中进行了约定并实际履行,第三人田某等人对所购房不是单纯的购房行为,而是和高尔夫公司找到梁某,由梁某委托本案的第三人向高尔夫购房,达到高尔夫公司

---

[1] 参见国家法官学院案例开发研究中心编:《中国法院2013年度案例》(合同纠纷),中国法制出版社2013年版,第158页。海南省海口市龙华区人民法院(2011)龙民二初字第71号民事判决书。

融资的目的。据此,依法判令高尔夫公司有权回购登记在梁某及五位第三人名下的49间公寓房,并依约支付相关款项。最高人民法院民一庭意见:受托人知道或者应当知道他人在委托协议上代其签名并按委托协议约定的内容履行的,应认定委托协议对其有效,并承担委托协议约定的法律后果。[1]

实践中,委托人仅通过拨打经营者电话购买彩票的行为不能认定为电话销售彩票,受托人违反管理性规定并不必然导致行为无效的法律后果。

【案例6-69】 王某明诉天津福彩中心彩票纠纷案

二审法院认为,王某明投注购买彩票,系采用拨打孙某淑的手机告知其投注彩票的号码,由孙某淑代为投注购买彩票。王某明购买彩票的行为不具备2010年财政部《电话销售彩票管理暂行办法》规定的以电话投注方式购买彩票的特征。孙某淑接受王某明电话向其销售彩票并事后结算的行为,应视为接受王某明委托、代替其购买彩票,双方形成了委托合同关系。因此,王某明认为天津彩票发行中心向其销售彩票行为无效,返还其彩票投注款的上诉主张,没有法律依据。据此判决:驳回上诉,维持一审驳回原告的诉讼请求。[2]

《民法典》第一百六十八条规定:"代理人不得以被代理人的名义与自己实施民事法律行为,但是被代理人同意或者追认的除外。代理人不得以被代理人的名义与自己同时代理的其他人实施民事法律行为,但是被代理的双方同意或者追认的除外。"该条规定体现了现行法律并非明确禁止双方代理行为,如果双方代理行为符合法律规定或惯例或事先得到双方当事人的同意或事后得到其追认,法律承认其效力。该条规定比《民法总则》第一百六十八条规定更加全面。

【案例6-70】 王某甲诉代某军、王某家委托合同纠纷案

二审法院认为,"双方代理"是指一个代理人同时代理双方当事人的民事行为的情形。对于事先得到双方当事人的同意或事后得到追认,且代理行为并未损害双方利益,承认其效力。本案王某甲作为王某乙、宫某的代理人和代某军在法庭主持下达成调解协议,并在协议上签字,显然代某军对王某甲作为王某乙、宫某的委托人参加诉讼是明知并认可的。王某甲的代理行为未损害代某军的合法利益,故王某甲与代某军签订的委托合同合法有效。王

---

[1] 参见最高人民法院民事审判第一庭编:《民事审判指导与参考》2014年第2辑(总第58辑),人民法院出版社2014年版,第93~95页。
[2] 参见《人民法院报》2014年9月18日,第6版。天津市和平区人民法院(2013)和民初字第1394号民事判决书,天津市第一中级人民法院(2014)一中民二终字第0209号民事判决书。

某甲已按照代某军的委托,促成王某乙、代某军、黄某奖三方达成债权转让协议。后黄某奖经代某军同意,又将以上债务转让给陈某,该债务转让行为合法有效,应视为黄某奖欠代某军的债务已经履行完毕,代某军向王某甲支付剩余酬劳的条件成就。[1]

委托合同变更效力问题。合同变更之后,产生新的合同权利义务内容,这时,当事人不能依据原有的合同关系履行,而应当按照变更后的权利义务履行。合同变更原则上是将来发生效力,未变更的权利义务继续有效,已经履行的债务不因合同的变更而失去合法性。合同当事人重新达成合意对原合同事项进行变更,就应当按照变更后的合同履行义务,这时未履行变更前事项的义务自然不构成违约。也就是说,合同变更仅对变更部分发生效力,原有的部分失去效力。合同变更只对合同未履行的部分有效,不对已经履行的部分发生效力。合同变更以前,一方因己方原因给对方造成损害的,另一方有权要求责任方承担赔偿责任,并不因合同变更而受影响。

【案例6-71】 昆明容安经贸有限公司诉云南星空联工程咨询有限公司委托合同纠纷案

判决观点,反诉原告在本案中认为反诉被告主要在己方已经履行过委托合同全部义务后其未支付合同尾款、签订和解协议后其指派的人员考试不合格导致办理资质时间拖延,以及补充协议中约定交付证照资料的时间未届满其就提出诉讼方面存在违约行为,根据本案查明的事实,反诉原、被告双方自签订《委托合同》之后,对反诉原告需要完成的委托事项已经通过《和解协议》和《补充协议》的重新约定而对委托事项进行了变更,反诉原告需要继续完成委托事项即为反诉被告重新办理资质证照后,反诉被告才应当支付合同尾款,因此反诉被告未支付合同尾款方面不存在违约行为;双方签订《和解协议》后,在反诉被告按约定安排考C证的人员应当通过考试而未通过考试的情况下自愿协商后签订了《补充协议》重新确定了交付全部资质证照的时间,反诉被告并不存在故意拖延时间的违约行为;反诉被告在反诉原告曾经表达过办理资质证照有一定困难的情况下(反诉原告公司工作人员黄某于2015年3月17日提交给反诉被告的书面材料),且国家相关部门对办理资质证照规定了更高标准的客观情况发生之后,在双方约定交付资质证照时间未届满前起诉要求解除合同的行为也不能认定为违约行为。反诉被告在履行合同过程中不存在违约行为,根据双方签订的《委托合同》《和解协议》和

---

[1] 参见国家法官学院案例开发研究中心编:《中国法院2018年度案例》(合同纠纷),中国法制出版社2018年版,第214~215页。安徽省滁州市中级人民法院(2016)皖11民终字第1168号民事判决书。

《补充协议》的约定，以及本案查明的事实来看，反诉原告根据双方约定最终并未完成部分委托事项即交付资质证照，现在双方均同意解除合同的情况下，反诉被告不应再支付合同尾款，对反诉原告关于支付尾款及违约金的主张，没有事实和法律依据，依法不予支持。[1]

受托人没有按照委托人的要求向其报告委托事务的处理情况的，视为委托结果对委托人不发生效力。

【案例6-72】 高某燕诉苗某利委托合同纠纷案

判决观点，本案中，高某燕委托苗某利开立沃尔克外汇账号，苗某利在开立账户后，应当及时将账户信息及账户管理权交给高某燕自行行使。现苗某利没有充足证据证明其已将高某燕的账户管理权交给高某燕，故对委托人高某燕要求苗某利返还本金及利息的主张，予以支持。[2]

委托人将已委托给受托人的事务，另行委托第三人的，需经受托人同意；委托人未经受托人同意另行与第三人签订新的委托合同的，其与受托人的委托合同继续有效。

【案例6-73】 钟某钊、杨某安诉湖甲马投资股份有限公司委托合同纠纷案

判决观点，根据《合同法》第四百零八条之委托人经受托人同意，可以在受托人之外委托第三人委托事务的规定，甲公司作为委托人，如要委托第三人处理已委托给钟某钊、杨某安的委托事务，应经钟某钊、杨某安同意。虽然甲公司辩称其于2017年3月5日重新委托蒋某生、董某远为代理人，代表甲公司与乙县人民政府依法协调处理相关委托事项，又于2017年6月6日委托敬某、蒋某生为代理人，代表甲公司与乙县人民政府依法协调处理接受货币补偿相关事宜，并废除其于2017年3月5日与蒋某生、董某远签订的授权委托书，但上述两份授权委托书均未经钟某钊、杨某安同意，故甲公司于2015年3月18日出具给钟某钊、杨某安的《授权委托书》继续有效。[3]

委托合同中管辖条款在成立要件上存在重大瑕疵，不能认定存在有效的管辖条款。

【案例6-74】 甲银行股份有限公司无锡分行诉乙银行股份有限公司长春分行委托合同纠纷案

二审法院认为，有关解决争议方法的条款效力是基于合同虽无效但合同

---

〔1〕参见国家法官学院案例开发研究中心编：《中国法院2017年度案例》（合同纠纷），中国法制出版社2017年版，第37～38页。云南省昆明市五华区人民法院(2015)五法黑民初字第229号民事判决书。

〔2〕北京市顺义区人民法院(2019)京0113民初11410号民事判决书。

〔3〕湖南省沅陵县人民法院(2018)湘1222民初338号民事判决书。

的客观真实性已得到当事人确认的前提下所作规定。合同效力是对已经成立的合同是否具有合法性的评价,依法成立的合同,始终对当事人具有法律约束力。合同成立之前不存在合同效力的问题。《合同法》第五十七条的规定适用于已经成立的合同,有关解决争议的条款亦应当真实存在,体现双方当事人真实意思表示,且达成合意。甲行无锡分行关于涉案管辖条款具有独立性,即便合同无效亦不影响无效合同中管辖条款的约束力的上诉请求,不能成立。[1]

(五)委托合同违约

委托人不按约定偿还受托人处理委托事务垫付的费用的,亦构成违约。受托人不履行其委托合同约定义务和法定义务的,亦构成违约。委托人所支付的费用是否全部用于办理委托事务,不是判断委托合同是否适当履行的标准。

【案例6-75】 民福置业集团有限公司与北京住总房地产开发有限公司一般委托合同纠纷案

最高人民法院认为,本案性质为委托合同,委托合同是否适当履行应当以受托人民福公司是否完成委托事务来进行判断,委托人住总公司所支付的费用是否全部用于办理委托事务不能作为判断合同是否适当履行的标准。除非合同特别约定,委托人支付的费用用于某一用途,或者该费用的挪作他用将在客观上导致委托事务无法完成,但本案中住总公司并没有证据证明该挪用行为已经严重影响到委托事务的正常处理,且民福公司在办理委托事务过程中已取得了阶段性成果,办理了项目的立项手续,完成了项目从无到有的重要环节。本案中住总公司解除合同的主要原因是双方当事人之间失去了信任,住总公司主张解除合同的原因是民福公司挪用住总公司办理委托事务所支付的款项缺乏事实和法律依据,本院不予支持。[2]

【案例6-76】 昆明普尔顿管业有限公司诉昆明时代名流文化传媒有限公司委托合同纠纷案

二审法院认为,被告制作的3页拉折页封面既不属于单页封面,也不同于实践中普遍存在的拉折页封面。因为通常的拉折页封面最大的特征在于,无论拉页有几页,展开后是一个完整的画面或者体现的是同一主题。而被告

---

[1] 参见《最高人民法院公报》2016年第7期。
[2] 参见最高人民法院民事审判第一庭编:《民事审判指导与参考》2012年第3辑(总第51辑),人民法院出版社2012年版,第191~192页。

制作的拉折页封面展开时呈现的图片人物各异,宣传主题不明确;叠合时,外层图片人物与原告毫无关系,读者并不能在第一时间接收到它所需传达的信息。可见,即便拉折页属于封面范畴,此种履行方式也使得应有的广告效应大打折扣,影响了原告合同目的全面实现。因此,在合同对具体履行方式约定不明的场合,本着诚实信用原则,被告对有违交易习惯的履行不作说明的行为,违反了合同履行中的附随义务,构成不适当履行合同。债权人此时得以义务不履行为由产生的损害请求赔偿。鉴于因违反附随义务而产生的法律责任不完全同于违约责任,从责任形式来看,主要是赔偿损失,一般不发生强制实际履行。故在受托事务已实际完成的情况下,原告不得要求重新免费为其刊登广告及宣传材料,而可通过行使损害赔偿请求权,要求被告支付违约金的责任形式来救济权利。基于此,法院综合考虑被告只是部分履行不适当,且被告也要求对违约金予以调整的情况,酌情判决被告支付违约金20000元。〔1〕

受托人不履行报告义务是否构成违约,应由法官根据具体案情裁量确认。

【案例6-77】 左某某、黄某1与黄某3委托合同纠纷再审案

再审法院认为,关于黄某3履行委托合同过程中是否履行了重大事项报告义务的问题。左某某、黄某1委托黄某3出售案涉房屋。黄某3举证证明其在受托出售涉案房屋过程中与左某某进行了电话沟通,已履行了报告义务。该房屋系左某某向原产权人黎某某购买,上市交易需原产权人黎某某配合到原售房单位购买房屋公摊面积和补交土地出让金。黎某某系左某某的舅舅,综合上述事实,一审、二审法院据此认定左某某关于黄某3在履行涉案房屋买卖等委托事项中未履行重大事项报告义务的主张不符合常理,并无不当。〔2〕

【案例6-78】 周某与广州市太和国际旅行社有限公司服务合同纠纷案

判决观点,双方争议的焦点为原告被拒绝签证而产生的相应损失由谁承担的问题。原告于2018年10月13日收到被告寄回的签证结果,视为被告履行完毕服务合同约定义务。原告陈述其通过英语六级考试,应当具备基本英语阅读和书写的能力,即便多年未接触英语,也应会使用工具书查询信件内容。而为原告提供签证结果的中文翻译并非双方约定的服务内容,被告在服务中亦未承诺保证原告能够顺利出签。且被告客服曾向原告提示过"出境

---

〔1〕 参见国家法官学院案例开发研究中心编:《中国法院2012年度案例》(合同纠纷),中国法制出版社2012年版,第98页。云南省昆明市中级人民法院(2010)昆民四终字第602号民事判决书。

〔2〕 参见最高人民法院民法典贯彻实施工作领导小组编著:《中国民法典适用大全》(合同卷五),人民法院出版社2022年版,第3426页。广西壮族自治区高级人民法院(2020)桂民申3089号民事裁定书。

记录少、1人出行,办理加拿大的拒签风险会偏高",原告理应负有更高的谨慎注意义务,认真核对签证结果上是否载明"有效期、入境次数、停留时间、护照号、姓名、照片、签证类别"等信息,确认自己是否签证成功,而不能仅凭信封封面和短信内容进行主观判断。综上,被告提供的服务并未违反合同约定,原告主张被告提供误导信息,未告知拒签结果导致其损失,没有事实和法律依据,法院不予采纳,原告应就自身疏忽产生的相应损失承担不利后果。[1]

司法实践中,认定违约主要涉及违约金的调整问题。在《民法典》第五百八十五条第二款对违约金的调整有一个原则性规定,但如何把握尺度仍是一个难题,需要法官根据案件的实际情况综合予以考虑。

【案例6-79】 阿某诉中视亚太国际传媒广告(北京)有限公司合同纠纷案

一审法院认为,阿某未经中视公司准许,擅自参加第三方举办的演出活动,应承担违约责任,但违约金过高,在无明确损失予以参照的情况下,综合考虑阿某目前的知名度、阿某所参加过的活动、双方实际履行合同的时间、中视公司对阿某的投入成本等因素予以调整。判决:阿某支付违约金50万元。二审法院维持原判。[2]

【案例6-80】 中国联合网络通信有限公司重庆市分公司诉陈某委托代理合同纠纷案

判决观点,被告的违约行为并未给原告造成直接性的经济损失,但作为原告,其失去一个代理商就失去了一片市场,其间接损失是客观存在的事实,综合考虑双方签订的合同期限只有两年,而合同已履行了三分之一的时间,原告的间接损失较小,且被告领取佣金的数额较少,其经济支付能力较弱等因素,法院将双方约定的30万元违约金调整到4万元,既达到对原告损失的弥补,也是对被告违约行为进行惩罚,是妥当的。[3]

应注意的是,委托合同的违约金偏高的,调整应当依照法定程序,但存在例外情形。

---

[1] 参见最高人民法院民法典贯彻实施工作领导小组编著:《中国民法典适用大全》(合同卷五),人民法院出版社2022年版,第3427~3428页。广东省广州市越秀区人民法院(2019)粤0104民初13290号民事判决书。

[2] 参见国家法官学院案例开发研究中心编:《中国法院2017年度案例》(合同纠纷),中国法制出版社2017年版,第186页。北京市第二中级人民法院(2015)二中民(商)终字第04890号民事判决书。

[3] 参见国家法官学院案例开发研究中心编:《中国法院2012年度案例》(合同纠纷),中国法制出版社2012年版,第118页。重庆市西阳土家族苗族自治县人民法院(2010)酉法民初字第2100号民事判决书。

【案例6-81】 北京安捷联科技发展有限公司、北京晓松房地产开发有限公司与中外运国际贸易公司进出口代理合同纠纷案

最高人民法院认为,上述事实表明,虽然二审判决未调整约定偏高的违约金欠妥,但其以活期存款标准计算占有资金利息亦不妥,而债务人拖延履行涉案债务本金经过四年时间发生的孳息数额较大,如果本案再审以银行利息和罚息为标准调整违约金,其结果与二审以合同约定标准判决的违约金数额仍较接近,因此,本院对二审判决该项内容不再变更。[1]

在合同履行期间,委托人擅自终止合同,将相同的委托事项又委托给其他人,为摆脱自己的违约责任而以违约金条款显失公平为由要求变更合同,法律不予支持。

【案例6-82】 河池市服务工贸公司诉河池龙江联合会计师事务所委托合同纠纷案

判决观点,原告经上级主管部门同意,主动委托被告为其完成审计事项,双方在订立合同时地位平等,没有一方胁迫另一方的情形,其订立的合同条款亦符合行业惯例,且被告向原告收取的审计费用也没有违反国家规定。原告如认为合同第四条第3项约定的权利义务不对等,自己承担的责任条件苛刻,以及约定中"由于无法预见的原因"的表述不明确等,亦可与被告协商进行修改或补充。但原告未与被告协商即另行委托其他会计师事务所完成同一审计事项,且在要求被告退还部分审计费用遭到拒绝之后,请求变更双方在事实上已经终止履行的合同条款。根据《最高人民法院关于贯彻执行〈中华人民共和国民法通则〉若干问题的意见(试行)》第七十二条"一方当事人利用优势或者利用对方没有经验,致使双方的权利义务明显违反公平、等价有偿原则的,可以认定为显失公平"的规定,原告诉讼请求所依据的事实与法律规定的"显失公平"的客观要件不相符合,故其要求变更合同条款的诉讼理由不能成立,法院不予支持。[2]

(六)风险代理委托合同

在风险代理型的委托合同中,委托人不预支代理费,费用由代理人预先垫付。

---

[1] 参见最高人民法院民事审判第二庭编:《最高人民法院商事审判指导案例》(合同与借贷担保),中国民主法制出版社2013年版,第188~206页。

[2] 参见国家法官学院案例开发研究中心编:《中国法院2012年度案例》(合同纠纷),中国法制出版社2012年版,第101页。广西壮族自治区河池市金城江区人民法院(2010)金民初字第392号民事判决书。

合同约定的事务完成或结果出现后,委托人按照约定支付给代理人报酬;如果约定的事务未完成或约定的结果未出现,代理人将得不到任何回报,无法收回预先垫付的费用。风险代理型的委托合同正是以利益作为联系的纽带,对于风险代理型的委托合同报酬条件的成就认定不能以"结果"论,还要进一步探究受托人的行为与结果之间是否存在因果关系,从而对受托人的行为作出正确的评价。

【案例6-83】 深圳市国信联合保险经纪有限公司诉厦门夏纺纺织有限公司委托合同纠纷案

原告提交的证据只能证明在火灾发生后原告曾协助被告整理相关资料、起草相关文书向保险公司索赔,但最终保险公司仍是以火灾原因属于免赔事由而拒赔。保险公司之后同意向夏纺公司赔偿500万元,是因为夏纺公司通过自身多渠道的努力,最终才在政府部门主持协商下获得了部分理赔,因此政府协商是理赔结果的直接原因。原告提供证据不能证明其参与促进和推动政府部门主持调解的事实。法院认为,现有证据表明,国信公司提供服务与夏纺公司最终获赔500万元之间没有因果关系,国信公司并不具备合同约定的获得报酬条件,其主张被告支付服务费125000元的请求,于法无据,不予支持。其主张服务费于法无据,则依此计收滞纳金的请求,亦于法无据,也不予支持。[1]

(七)委托与委托代理区分

在实践中,委托与代理往往被混称为一体,误解为委托关系就是代理关系,或委托当然一定包含着代理关系,委托是代理产生的前提,代理是委托的必然结果。也就是说,委托合同是基础合同,委托合同可以产生代理关系。[2] 一般认为,代理是指以他人的名义为他人之利益对第三人作出意思表示,或为他人从第三人受领意思表示,然后使该行为的效力直接归属于该他人的行为。[3]

《民法典》第一百六十二条对代理进行了规定:"代理人在代理权限内,以被代理人名义实施的民事法律行为,对被代理人发生效力。"与《民法总则》第一百六十二条规定相同。由此可见,代理行为的后果归属于被代理人,其行为主体与行为效果分离,从而实现民事主体能力的扩张,是代理制度的本质特征。代理以

---

[1] 参见国家法官学院案例开发研究中心编:《中国法院2014年度案例》(合同纠纷),中国法制出版社2014年版,第88页。福建省厦门市集美区人民法院(2012)集民初字第435号民事判决书。

[2] 参见黄薇主编:《中华人民共和国民法典合同编释义》,法律出版社2020年版,第877页。

[3] 参见史尚宽:《民法总论》,中国政法大学出版社2000年版,第510页。

代理权的存在为前提,而代理权既可以基于被代理人的授权行为而产生,也可以因为法律规定而产生,由此在学理上划分为意定代理与法定代理两种,《民法典》第一百六十三条规定代理包括委托代理和法定代理。法定代理并不存在异议,委托代理多与委托合同发生混淆。委托与委托代理是既有紧密联系又有区别的两个法律关系。二者主要联系为,其一,处理事务相同。在委托关系中受托人为委托人处理的事务可以是法律行为,包括以委托人的名义实施法律行为,在代理关系中以被代理人的名义实施法律行为。其二,授权基础合同相同。委托关系成立,需要有委托合同包括口头合同成立。委托代理须以委托合同作为代理权的授予基础,如律师代理、商务代理等。其三,意思表示相同。基于委托人与受托人的意思表示而成立的委托合同中,包含了委托人对受托人的授权,此时的委托合同是代理的基础法律关系,受托人基于委托合同中的授权而处理委托事务,与第三人发生法律行为,从而发生代理法律关系。其四,处理事务手段相同。在委托合同关系中,如果委托事务是法律行为,代理往往是处理委托事务的手段。在代理关系中,代理人处理受托事务自然是被代理人处理事务的手段。二者主要区别为,其一,关系方不同。委托合同是双方关系,当事人是委托人和受托人。代理关系是三方关系,当事人是被代理人、代理人和相对人。其二,关系性质不同。委托是受托人和委托人双方的内部关系,代理属于对外关系,即代理人与相对人,或者被代理人与相对人之间的关系。其三,授权方式不同。委托合同的订立是双方行为,须经受托人承诺。代理权的授予为单方行为,仅依被代理人的授权即可使代理关系成立,代理人不需要接受授权的意思表示。其四,范围不同。委托合同是委托代理基础关系,代理包括委托代理、法定代理和指定代理。其五,处理事务名义不同。委托合同的受托人处理委托事务,既可以是以委托人的名义,也可以用自己的名义。依《民法典》规定,代理人必须以被代理人的名义为法律行为。其六,行为内容不同。委托合同的受托人既可以根据委托实施法律行为,也可以根据委托实施非法律行为,而代理的内容是代理人以被代理人的名义实施法律行为。也就是说,委托与代理体现了不同的法律关系,二者系属不同的民事法律制度,代理不一定以委托合同为基础,委托合同也不一定是伴随代理权的授予。但二者确实经常发生牵连,在委托合同中包含了大量对受托人的授权而成立委托代理,委托人即为被代理人、受托人即为代理人,此时存在两种法律关系,即委托关系和代理关系,因此当事人要同时受委托合同及代理制度的制约。

【案例6-84】 孙某刚诉吕某民房屋买卖合同纠纷案

二审法院认为,行为人以自己的名义与他人订立买卖合同,相对人知晓行为人的代理意思的,构成间接代理,不适用无权处分规则。间接代理人无代理权而实施代理行为,本人不追认该代理行为的,行为效果不归于本人,由代理人对相对人负债务不履行责任,该责任不得超过合同履行后相对人可获得的利益,且与其过错程度相对应。[1]

【案例6-85】 东方码头公司诉威兰德天津公司、威兰德公司港口作业纠纷案

二审法院认为,在港口作业纠纷中,认定船舶代理人直接负有支付港口费用的义务,应依据《合同法》的间接代理而非交易习惯。第三人在订立合同时不知道代理人与被代理人之间的代理关系的,如其已先向代理人起诉,不妨碍起诉后根据《合同法》第四百零三条之规定依代理人的披露行使选择权。[2]

(八)转委托责任承担

《民法典》第九百二十三条规定:"转委托未经同意或者追认的,受托人应当对转委托的第三人的行为承担责任;但是,在紧急情况下受托人为维护委托人的利益需要转委托的除外。"原《合同法》第四百条亦作了类似规定。该条规定受托人转委托的责任,又明确了除外责任。也就是说,受托人一般情况下是要对转委托担责的。

【案例6-86】 刘某秋诉穆某军委托合同纠纷案

二审法院认为,刘某秋委托穆某军办理出国劳务,穆某军收取了费用并出具收据,二人之间的委托关系成立。穆某军又将该事项委托第三人,并将费用以刘某秋的名义一并交付,穆某军的行为系转委托。根据《合同法》第四百条之规定,穆某军在本案中的转委托行为未经刘某秋同意,其应对第三人的行为承担责任,即应对清原佳音就业信息咨询服务部的行为承担责任。我国对从事涉外劳务外派中介适用的是特殊经营许可制度,有关企业从事该业务必须经有关行政职能部门批准,颁发许可证等方可从事经营活动。穆某军不具备相应资格,却仍然收取费用,代他人办理出国事务,原审法院判决穆某军返还相关费用具有事实及法律依据,依法予以维持。本案合同纠纷,刘某秋仅依委托合同起诉穆某军一人,关于穆某军与其他人之间的纠纷,双方

---

[1] 参见最高人民法院民法典贯彻实施工作领导小组编著:《中国民法典适用大全》(合同卷五),人民法院出版社2022年版,第3447页。上海市第一中级人民法院(2017)沪01民终5107号民事判决书。

[2] 参见最高人民法院民法典贯彻实施工作领导小组编著:《中国民法典适用大全》(合同卷五),人民法院出版社2022年版,第3448页。

可另行解决。[1]

转委托的第三人超越代理权情况下,受托人对其指示错误应承担责任。

【案例6-87】 谢某竺、谢某巍诉张某莹委托合同纠纷案

一审法院认为,本案中,根据陈某中向张某莹转账的对账单及当事人在庭审中的陈述可知,陈某中于2015年1月委托张某莹代其购买H股股票,双方构成事实上的委托合同关系。张某莹未亲自处理该事务,而是将该事务转委托给了其堂弟崔某。根据陈某中与张某莹的短信往来可知,张某莹在转委托时,未取得陈某中的同意,则张某莹应对转委托的第三人的行为承担责任。在陈某中提出退还投资款时,张某莹并未向其披露投资的盈亏情况,但承诺退还投资款,其后却以种种理由推托,未按照陈某中的指示处理委托事务,致使陈某中迟迟无法拿回投资款,遭受损失,故张某莹应赔偿因其故意或重大过失给陈某中造成的损失。现陈某中已死亡,谢某巍、谢某竺作为陈某中的继承人,有权继承陈某中遗留的债权,向张某莹主张退还投资款并赔偿利息损失,对谢某巍、谢某竺的诉讼请求,法院予以支持。二审法院同意一审法院裁判意见。[2]

【案例6-88】 中国航空器拥有者及驾驶员协会与沈阳行健航空科技有限公司委托合同纠纷案

判决观点,本案中,原、被告之间签订的航空应急救援大会委托协议是双方真实意思表示,并经沈阳市贸促会同意,应属有效的转委托合同。关于委托费的问题,双方在上述协议中明确约定"于沈阳市人民政府承办资金到账户一周内支付乙方会议执行费人民币45万元",并确定原、被告双方对委托费用以45万元为结算数额,被告在收到沈阳市贸促会支持承办资金补助52.2万元后,将余款7.2万元返还原告。[3]

(九)委托代理授权不明

原《民法通则》第六十五条第三款规定:"委托书授权不明"时,被代理人和代

---

[1] 参见国家法官学院案例开发研究中心编:《中国法院2015年度案例》(合同纠纷),中国法制出版社2015年版,第209页。辽宁省抚顺市中级人民法院(2013)抚中民三终字第381号民事判决书。

[2] 参见国家法官学院、最高人民法院案例研究院编:《中国法院2020年度案例》(合同纠纷),中国法制出版社2020年版,第196页。北京市第三中级人民法院(2018)京03民终10013号民事判决书。

[3] 参见最高人民法院民法典贯彻实施工作领导小组编著:《中国民法典适用大全》(合同卷五),人民法院出版社2022年版,第3421~3422页。辽宁省沈阳市大东区人民法院(2017)辽0104民初13678号民事判决书。

理人对第三人承担连带责任,理论界和司法界对此争议颇大。有学者认为,该规定、有关司法解释以及当前的各种学说对授权不明的问题的法律性质尚未建立起正确的认识。对委托代理中授权之意思表示的内容加以确定的问题,是一个典型的意思表示解释问题,此外还与举证责任问题有密切关系。"授权不明"在法律上没有规定的必要,现行规定在实务中也会带来不合理的结果。[1] 原《合同法》第二十一章委托合同中没有对授权不明问题予以规定,但实践中对由此引发的争议应加以研究正确处理。《民法典》亦未对此作规定。

---

[1] 参见葛云松:《委托代理授权不明问题研究——评民法通则第六十五条第三款》,载《法学》2001年第12期。

三、委托合同纠纷处理

(一)赔偿损失处理

1.赔偿损失认定

委托合同中的赔偿损失包括两个方面:一是违约损失,二是损害赔偿损失。前者是指委托人或受托人没有依据合同约定或法律规定履行其义务给对方造成的损失,应依法承担的赔偿责任。后者是指因委托人或受托人过错给对方造成损失的,应依法承担的赔偿责任。委托合同有效的,一般情况下是按约定返还财产处理。

【案例6-89】 谢某贵诉陈某启委托合同纠纷案

判决观点,被告陈某启所得原告25万元款项,尚有17万元未予返还,显属无理,应承担返还财产之民事责任。[1]

【案例6-90】 中国银行股份有限公司上海市分行诉上海展讯酒店管理有限公司委托合同纠纷案

一审法院认为,根据合同的约定,在中行上海市分行发现展讯公司受理境外银行卡未留有持卡人签名时有权将相关款项扣回,因展讯公司事发之后已经将其中与中行上海市分行《合作协议》中的POS机拆除,故中行上海市分行无法自主扣回,原告的诉请符合合同约定和法律规定。法院判决,被告展讯公司归还原告中行上海市分行款项337447.05元。二审法院亦持同样意见,维持原判。[2]

在无偿委托中,因受托人的故意或重大过失造成委托人损失的,应当承担赔偿责任。

---

[1] 参见国家法官学院案例开发研究中心编:《中国法院2012年度案例》(合同纠纷),中国法制出版社2012年版,第92页。浙江省绍兴市越城区人民法院(2010)绍越商初字第635号民事判决书。

[2] 参见郭伟清主编:《2015年上海法院案例精选》,上海人民出版社2016年版,第160~161页。

【案例 6-91】 金某某与韩某 1 委托合同纠纷案

二审法院认为,因被告就出售价格约定等重大事项违反受托人告知义务及注意义务,被告自行确定的房屋出售款明显低于房屋交易时的市场价,故应由被告承担该差价损失的赔偿责任。[1]

【案例 6-92】 周某甲、周某乙与王某某委托合同纠纷案

二审法院认为,在委托合同项下,受托人负有遵照委托人指示,本着诚信原则在授权范围内依法善意处理委托事务之法定义务,受托人无视委托人的真实意愿与切身利益,转而根据他人指令,恶意处分委托人财产,即使该处分行为对交易双方均发生效力,受托人仍应就其严重侵害委托人利益的行为承担相应赔偿责任。[2]

2. 行使解除权损失赔偿

《民法典》第九百三十三条规定:"委托人或者受托人可以随时解除委托合同。因解除合同造成对方损失的,除不可归责于该当事人的事由外,无偿委托合同的解除方应当赔偿因解除时间不当造成的直接损失,有偿委托合同的解除方应当赔偿对方的直接损失和合同履行后可以获得的利益。"较之原《合同法》第四百一十条规定"因解除合同给对方造成损失的,除不可归责于该当事人的事由以外,应当赔偿损失"更为明确合理。从法律规定的字面解释来看,法律将损害赔偿责任作为解除委托合同的一般原则。换言之,在当事人解除委托合同的情况下,只要没有明确的不可归责于其自身的事由,就负有赔偿损失的责任。有法官提出自己的意见,既然法律赋予当事人任意解除权,就应确定委托合同当事人可以自由解除合同,即使对方可能因此而遭受损害,也在原则上不负赔偿责任。目前立法将赔偿责任视为一般原则,其结果将会使解除权的行使受到重大的限制,有违任意解除权的性质。[3] 笔者认为,合同任意解除权与赔偿损失不是一个概念,应区分有偿委托和无偿委托两种情形,在无偿委托中随意解除合同一般不存在赔偿损失问题但存在赔偿直接损失除外,在有偿委托中受托人已经付出的劳动和支出的费用,则应由委托人赔偿损失。当受托人即将完成委托事务且这是必然的发展结果时,委托人选择在此时解除合同,明显对受托人不利,则委托人应当承担赔偿损

---

〔1〕 参见最高人民法院民法典贯彻实施工作领导小组编著:《中国民法典适用大全》(合同卷五),人民法院出版社 2022 年版,第 3428 页。上海市浦东新区人民法院(2016)沪 0115 民初 857 号民事判决书。

〔2〕 参见《最高人民法院公报》2018 年第 3 期(总第 257 期)。上海市第一中级人民法院(2014)沪一中民一(民)终字第 3045 号民事判决书。

〔3〕 参见肖琼翊、肖皞明:《委托合同的案例分析》,载《判解研究》2001 年第 2 辑(总第 4 辑),人民法院出版社 2001 年版,第 118 页。

失的责任。在赔偿的程度上,笔者同意法官的观点,即民事委托中,委托合同的人身特征,以双方相互信任为基础,而商事委托中合同订立的目的可能就是获得报酬或其他利益,因此,商事委托中因任意解除合同的损失赔偿责任应重于民事委托。[1] 合同解除后,无论委托合同是有偿还是无偿只要损失是客观存在的,原则上就应当支持,除非违约方存在法定或者约定的免责事由。

合同一方行使任意解除权,在一定情形下,解除人应赔偿对方当事人损失。主要有两种情形:一是委托人在委托事宜即将履行完毕之际故意行使任意解除权,减损受托方的合法权益;二是受托人在不利于委托人的时期解除委托合同,造成委托人的损失。在上述两种解除情形下,解除人无疑应承担赔偿责任。商事委托合同的常态是有偿合同、要式合同,基于有偿性特征,解除人理应对造成的损失予以赔偿。该类损失赔偿纠纷,主要涉及赔偿损失的范围界定,即除赔偿直接损失外,应否赔偿可得利益损失。

【案例 6-93】 东莞市恒锋实业有限公司与东莞市华源集团有限公司等委托收购股权合同赔偿纠纷案

最高人民法院认为,华源公司在行使法定的任意解除权、发出解除合同通知之时,明确表示将股权转让款退还恒锋公司的行为表明,其在解除合同、不再将案涉股权过户给恒锋公司的情形下,并不同意代恒锋公司持股,而系其自己持有股权。因此,华源公司依法处分上述股权,将其转让给行使优先购买权的展览中心的股东,不能认定对恒锋公司构成侵权,对于恒锋公司基于该事实请求华源公司赔偿其损失以及其他被上诉人承担赔偿损失的连带责任的上诉请求,本院不予支持。由于恒锋公司诉请的股权差价损失不能得到支持,故无须对股权进行鉴定,对于恒锋公司的股权鉴定申请,本院予以驳回。[2]

【案例 6-94】 重庆超霸房地产开发有限公司、重庆市港渝商业管理有限公司与杜某安等委托合同纠纷案

最高人民法院认为,本案中,当事人争议的焦点之一是港渝公司因受托在委托期限内经营管理"港渝广场"而收取的租金应否归属于委托人超霸公司问题。关于该问题,一、二审法院认为,因港渝公司、超霸公司双方之间系委托合同关系,港渝公司作为受托人,对受托的财产只有经营权。租金归属于超

---

[1] 参见沈志先主编:《合同案件审判精要》,法律出版社2013年版,第599页。
[2] 参见杜万华主编:《最高人民法院民商事案件审判指导》(第2卷),人民法院出版社2015年版,第176页。

霸公司所有,委托合同解除后,该部分受托收取的租金应交付委托人。[1]

3.赔偿损失范围

立法者认为,在无偿委托中,解除方的责任范围仅限于直接损失;而在有偿委托中,解除方的责任范围不仅包括直接损失,还包括间接损失,即可以获得的利益。[2]

赔偿损失范围的确定,应遵循可预见性原则,应注意考量以下因素,其一,是否进行正当的信息披露;其二,合同主体的预见能力;其三,利益均衡的公平考量。如果解除权人不知为不利时期,且对不知无过错,则相对方仅对因不利时期解除合同所造成的损害承担赔偿责任,否则会给予解除方过重的责任;但如果解除权人明知为不利时期,在此情形下,解除权人的行为实际上是滥用权利,不妨认为对其义务的违反,因此可以请求履行利益之损害。然若解除权人有不可归责任于自己不得不解除的事由,不在此限。此时因为双方的信任关系已经破损,不得为委托继续之请求。

一般情况下,违约方在订立合同时能够预见到违约损害的类型,则应当将该损害纳入违约损害赔偿范围。然而如果由此给违约方带来巨大的不利益,则违约损害赔偿范围应当以违约方在订立合同时能够预见到的数额为限。对于违约方可预见的数额,应当在公平原则的指引下,根据违约方身份、履行合同的获益、合同的内容等要素进行综合判断。

【案例6-95】 李某诉蒋某、陈某等委托合同纠纷案

二审法院认为,蒋某受托购买彩票,但双方并未约定系有偿委托。彩票合同系射幸合同,在订立双方委托合同时蒋某也无法正常预见到李某将中大奖,仅能预见到存在中奖的机会,中奖机会并不能与中奖结果画等号。更为重要的是,李某作为资深彩民,也自认知晓体育彩票只能通过现场投注的方式才可购买,只有取得机打彩票,才能作为兑奖的唯一凭证,故其应当认识到委托他人购买彩票所可能存在的风险,据此,李某理应自担主要责任。同时,蒋某在明知因故无法购买彩票的情况下,仍然通过点击微信转账的方式收取彩票款,亦存在明显过错,故应承担一定的违约责任。至于违约责任的承担,对于一审确定的10%之责任比例,尚属合理,故对判决结果予以维持。[3]

---

[1] 参见最高人民法院民事审判第二庭编:《商事审判指导》2012年第4辑(总第32辑),人民法院出版社2013年版,第198~205页。最高人民法院(2009)民二终字第78号民事判决书。
[2] 参见黄薇主编:《中华人民共和国民法典合同编释义》,法律出版社2020年版,第892页。
[3] 人民法院案例库2023-07-2-119-002。上海市第二中级人民法院(2018)沪02民终6334号民事判决书。

【案例 6-96】 北京非同天下文化发展有限公司诉北京天心无限科技有限公司委托合同纠纷案

判决观点：本案中，天心无限公司明确协议无法继续履行的原因在于无法获得行政审批，双方在协议中亦明确约定自签署合同之日起，若因场地未竣工、场地报批未通过审核等任何甲方原因造成本合约演唱会未能按期举行，甲方必须负法律及赔偿责任，因此天心无限公司应对其解除合同给非同天下公司造成的损失进行赔偿。虽然双方在协议中约定如甲方取消演出活动应按照约定向乙方支付全额执行费用，但根据法律规定，当事人一方不履行合同义务或者履行合同义务不符合约定，给对方造成损失的，损失赔偿额应当相当于因违约所造成的损失。包括合同履行后可以获得的利益，但不得超过违反合同一方订立合同时预见到或者应当预见到的因违反合同可能造成的损失。关于天心无限公司提前解除合同给非同天下公司造成的损失，非同天下公司表示由以下三部分构成：一是非同天下公司前期与第三方灯光、舞美、舞台搭建等签订的合约，非同天下公司支付的定金损失以及违约损失，但非同天下公司明确表示此部分损失其无法提交证据，天心无限公司对非同天下公司的此部分损失亦不予认可，故对非同天下公司的该部分损失不予支持，但本院综合考虑非同天下公司的履约情况进行酌定。二是非同天下公司为履行合同支出的人力成本，天心无限公司不予认可，综合考虑非同天下公司为履行本案合同前期所做工作依法酌定。三是非同天下公司的可得利益损失，本院认为可得利益损失是一方因对方违约而受到的预期纯利润损失，因此对于非同天下公司的可得利益损失，应扣减其为履行合同支出的必要成本。综上，对于天心无限公司提前解除合同给非同天下公司造成的损失，依法酌定为 50 万元，扣减天心无限公司已经支付的 24 万元，还应向非同天下公司支付 26 万元。[1]

应注意的是，基于委托合同解除承担赔偿损失区别于故意违约造成损失因素。

【案例 6-97】 上海盘起贸易公司与盘起工业（大连）有限公司委托合同纠纷案

最高人民法院认为，当事人基于解除委托合同而应承担的民事赔偿责任，不同于基于故意违约而应承担的民事责任，前者的责任范围仅限于给对方造成的直接损失，不包括对方的预期利益。[2]

---

〔1〕参见国家法官学院案例开发研究中心编：《中国法院 2019 年度案例》（合同纠纷），中国法制出版社 2019 年版，第 193～194 页。北京市朝阳区人民法院（2016）民初字第 52677 号民事判决书。

〔2〕参见《最高人民法院公报》2006 年第 4 期。

委托事务的处理结果给委托人造成损失的,并不能成为受托人履行合同不符合约定的依据,此时应依过错责任原则判断。损害赔偿责任的承担亦存在前提条件,需要区分委托关系是有偿还是无偿。一般而言,有偿委托是原则,无偿委托是例外。在有偿委托中,因受托人的过错造成委托人损失的,委托人可以要求受托人赔偿损失。

【案例6-98】 赵某英等诉昆明康辉旅行社有限公司旅游合同纠纷案

二审法院认为,旅游服务合同约定,游客委托旅行社为其代买保险,由于旅行社的工作人员未履行基本的注意义务,致使游客出险后不能得到赔付,则该旅行社应当对游客的损失进行赔偿。[1]

【案例6-99】 盐城市钢顺贸易有限公司诉盐城市纵横商标事务所商标代理纠纷案

二审法院认为,商标申请人委托专业商标代理机构办理商标注册事宜,由商标代理机构代其向商标局提出商标注册申请,由于商标代理机构没有及时向国家商标局申请注册,致使该商标申请人丧失了对该商标的注册权、使用权,则商标申请人有权要求该商标代理机构返还其支付的查询费、代理费。[2]

受托人未经委托人同意而转委托,违反了其应承担的法定义务而具有过错,且此过错行为与委托遭受的损失之间具有相当的因果关系,受托人应当承担赔偿责任。

【案例6-100】 上海飞极物流有限公司与上海永泽国际货物运输代理有限公司等货运代理合同纠纷再审案

最高人民法院认为,飞极物流未经委托人同意而转委托,违反了其应承担的法定义务而具有过错,且此过错行为与相城公司遭受的损失之间具有相当的因果关系。根据《侵权责任法》第六条之规定,飞极物流应当承担侵权责任。[3]

应注意的是,受托人只对预见到或应当预见到因违反合同可能造成的损失承担赔偿责任,即承担损失的范围是有限度的。

---

[1] 参见《中国审判案例要览》(2006年商事审判案例卷)。云南省昆明市中级人民法院(2005)昆民五终字第470号民事判决书。

[2] 参见《中国审判案例要览》(2005年商事审判案例卷)。江苏省盐城市中级人民法院(2004)盐民二终字第131号民事判决书。

[3] 参见最高人民法院(2012)民申字第769号民事裁定书,载刘德权主编:《最高人民法院司法观点集成》(第二版)(商事卷②),人民法院出版社2014年版,第993页。

【案例6-101】 中国平安人寿保险股份有限公司诉鄢某林、蒋某萍委托合同纠纷案

判决观点,鄢某林接受保险公司的委托,收取保险公司的佣金,按约应当就被保险人的有关情况向投保人提出询问,认真、正确指导客户填写投保书。无锡支公司根据鄢某林提供的健康告知书及投保书,应认定保险公司的损失系鄢某林的过错所致。但是,若李某勋在投保时,鄢某林对其健康状况进行详细询问,李某勋亦如实告知,无锡支公司也有可能与李某勋签订保险合同,故鄢某林对保险公司主张的损失数额101150元不可预见,根据无锡支公司收取保险费及向鄢某林支付佣金等情况,酌定鄢某林赔偿保险公司损失20230元。[1]

对于报酬是否属于赔偿损失范围是有争议的问题之一,有观点认为,报酬不应成为赔偿损失的范围。因为报酬是履行委托事务的对价,委托事务不论是基于何方当事人的原因未能履行,均不得请求支付。否则,要求委托人以赔偿损失的方式对自己提前解除合同给受托人未完成委托事务的报酬予以赔偿,对委托人不公平。笔者认为,可得利益往往是合同双方在合同订立时对受托人收入或报酬的约定,是其双方真实意思表示,也是合同自由为意思自治的体现。应当支付报酬的实质是委托人按合同约定支付的费用,受托人按合同约定取得的酬金,从这个意义上讲,应当支付的报酬与可得利益是指同一事物。委托人与受托人在订立合同时约定了报酬,在委托人行使任意解除权时受托人自然有权按合同约定取得报酬。但应指明强调的是,这里讲的报酬不是合同约定的全部报酬,而是与受托人实际完成委托事务相应的报酬。从实际情况看,合同解除可能导致的损失范围不仅仅包含实际损失也确实包含了可得利益,在受托方无过错或重大过失的情况下,若委托合同履行完毕,受托人必然取得可得利益,这对受托人来讲应是损失。从公平的角度讲,赔偿的额度和受托人受损失的程度应当相当,这是基于该种赔偿最主要的功能为补偿,体现的是被损失的利益的恢复,因此,强调对等性是其必然要求。应注意的是,赔偿报酬与已完成部分事务请求给付部分报酬二者性质是不同的。

4. 可得利益赔偿

《民法典》第九百三十三条后半段规定:"有偿委托合同的解除方应当赔偿对方的直接损失和合同履行后可以获得的利益。"这是在有偿委托合同中,受托人主张可得利益赔偿的法律依据,亦是赔偿范围大于无偿委托合同之处,为《民法典》

---

[1] 参见国家法官学院案例开发研究中心编:《中国法院2014年度案例》(合同纠纷),中国法制出版社2014年版,第68页。江苏省无锡市崇安区人民法院(2012)崇商初字第1051号民事判决书。

区别于《合同法》的地方。可得利益赔偿存在于有偿委托合同或商事委托合同中。可得利益作为一种可期待利益,在合同生效后即依法产生并受合同保护。合同解除并不导致合同的不复存在,因为合同解除并不消灭履行合同的目的。在合同目的不能通过原始性权利义务实现时,在合同解除后,当事人可通过主张损害赔偿来实现合同目的。鉴于此,可得利益损失应获得赔偿损失。就可得利益的赔偿而言,具体金额的多少,仍需要考虑当事人的违约程度、合同的履行情况等因素综合判断。

【案例6-102】 乐某仁诉上海崇源艺术品拍卖有限公司委托合同纠纷案

二审法院认为,乐某仁与崇源公司签订《委托拍卖合同书》,崇源公司作为乐某仁的代理人,由其对乐某仁提供的拍品组织拍卖,其应当妥善处理受托事项。乐某仁主张崇源公司在拍卖已经成交的情况下,擅自同意买受人退货,从而导致了拍卖合同的解除。崇源公司辩称其为退货事宜曾与乐某仁进行沟通,乐某仁予以否认,而崇源公司没有任何证据加以证明。相反,崇源公司于2009年6月23日已向案外人出具了退货单,但在2009年7月30日崇源公司致乐某仁的函件中又未向乐某仁说明实情,仍向乐某仁承诺在收取款项后支付全部出售收益,可见崇源公司自始至终未就退货事宜征得乐某仁同意,而擅自解除了与买受人的拍卖合同,崇源公司的行为显然存在过错,并应当承担由此产生的法律后果。乐某仁以曾经拍卖的成交款与保留价的差额作为损失,向崇源公司主张赔偿,于法不悖,应当予以支持。崇源公司的上诉请求,缺乏事实和法律依据,不予支持。原审法院所作判决,予以维持。据此维持原审崇源公司赔偿乐某仁375500元的判项。[1]

【案例6-103】 冯某权诉四川乾成书业发展有限公司委托合同纠纷案

二审法院认为,双方当事人所签解除合同并由被上诉人赔偿上诉人损失的协议,因协议生效条件不具备,故解除合同的协议除双方解除委托合同的约定外,其余条款并未生效,一审将其作为判决依据的主要证据欠妥当。上诉人请求判令被上诉人赔偿80万元售书提成损失,因被上诉人提供的图书未上地方新华书店目录,图书未实际销售,被上诉人亦未从中获得利益,以民法公平原则来衡量,上诉人请求赔偿金额过高,且超过违反合同一方订立合同时预见到或者应当预见到的因违反合同可能造成的损失,法院对该损失酌情确定为20万元。上诉人上诉理由部分成立,法院予以支持。一审判决事

---

[1] 参见国家法官学院案例开发研究中心编:《中国法院2014年度案例》(合同纠纷),中国法制出版社2014年版,第84页。上海市第一中级人民法院(2012)沪一中民一(民)终字第358号民事判决书。

实基本清楚,程序合法,但适用法律不当,法院予以纠正。[1]

【不同处理】 有法院认为,解除方承担赔偿信赖利益损失的情况下,还应当根据具体案件来确定是否应当承担可得利益损失,不能简单地否定可得利益损失,也不能全部支持可得利益损失。

【案例6-104】 超世纪公司诉肖某仪委托合同纠纷案

判决观点,第一,案涉《事宜》系双方当事人的真实意思表示,其内容不违反法律、行政法规的效力性禁止性规定,又无导致合同无效的法定情形,应认定有效。第二,委托合同虽以当事人的信赖为基础,但不能简单地以委托人对委托事务处理结果是否满意来判断合同是否实际履行。《事宜》明确约定超世纪公司委托肖某仪全权办理铸造厂消防设计图纸及消防设计备案、建筑工程竣工验收备案等事项,超世纪公司主张肖某仪根本没有为其办理消防设计图纸及消防设计备案等事务。对此,肖某仪予以否认,辩称其有做设计图纸、消防设计备案等委托事项,后因超世纪公司不能提供新建、扩建工程的建筑工程规划许可证,所以消防设计图纸一直没有做。法院认为,从肖某仪提供的证据可以看出,肖某仪虽未完成《事宜》所委托的事务,但确实为办理委托事务付出一定的劳作。第三,《合同法》第四百零五条规定……本案中,肖某仪虽提供证据证明其有办理委托事务,但在法院指定的期限内未能提供证据证明其为完成委托事务所垫付的费用及支付的成本,故法院酌情确定其相应报酬为2.5万元。第四,肖某仪未能按《事宜》约定的事项完成委托事务,其收取的委托费用应予返还,扣除其报酬2.5万元,肖某仪应返还超世纪公司3.5万元,并支付资金占用期间的利息。判决:肖某仪返还超世纪公司委托费3.5万元及利息。[2]

【不同处理】 有法院认为,委托人行使任意解除权解除合同,应赔偿实际损失而不包括可得利益损失。

【案例6-105】 唐某诉上海感帅实业有限公司网店运营委托合同纠纷案

判决观点,本案中,被告作为委托人依据任意解除权解除合同,应当赔偿原告相应损失,但该损失应为实际损失,而非可得利益损失,原告要求被告赔偿可得利益损失96777元的诉讼请求,于法无据。为证明存在实际损失,原告提供了证据材料租赁合同、收据、转账凭证、照片。法院认为,首先,租赁合

---

[1] 参见国家法官学院案例开发研究中心编:《中国法院2012年度案例》(合同纠纷),中国法制出版社2012年版,第104页。四川省遂宁市中级人民法院(2009)遂中民终字第316号民事判决书。

[2] 参见国家法官学院、最高人民法院司法案例研究院编:《中国法院2021年度案例》(合同纠纷),中国法制出版社2021年版,第176页。福建省泉州市安溪县人民法院(2019)闽0524民初36号民事判决书。

同、照片与本案均缺乏关联性，租赁合同无法看出与代运营本案所涉网店存在关联，被告亦未提供证据证明押金损失已经实际发生，不利后果应由原告承担；其次，收据、转账凭证不符合证据的形式要件，退一步讲，即使存在原告为运营网店聘请员工并支付了 2013 年 10 月、11 月工资，但被告并未委托原告聘请员工，且被告已经支付了 2013 年 10 月运营费，法院亦支持了原告要求被告支付 2013 年 11 月运营费的诉讼请求，故原告再次要求被告赔偿 10 月、11 月支付员工工资损失的诉请，于法无据，法院不予支持；最后，原告未提供证据证明网费损失、误工费损失和交通费损失已经实际发生，亦未提供证据证明该些损失与本案网站代运营间存在关联性，不利后果应由原告承担。综上，原告要求被告赔偿可得利益损失及实际损失的诉讼请求，缺乏事实和法律依据，法院不予支持。如前文所述，被告未提供证据证明双方曾就每月销售额达成合意，且 2011 年、2012 年销售额与 2013 年的同期销售额缺乏关联性，被告亦未提供证据证明因原告存在违约行为造成网店损失及相关损失金额，不利后果应由被告承担，故对于被告要求原告网店运营负增长损失 250000 元的反诉诉请，于法无据，法院不予支持。[1]

在《民法典》颁布前，依据《合同法》第四百一十条规定，仅判决支持直接损失，但按《民法典》第九百三十三条规定，有偿合同中可主张可得利益损失。

【案例 6-106】 甲贸易有限公司诉乙有限公司委托合同纠纷案

最高人民法院认为，乙公司解除对甲公司的委托合同关系，属于行使法定解除权，但解除行为给甲公司造成损失，乙公司应当依法承担相应的赔偿责任，但这种责任的性质、程度和后果不能等同于当事人故意违约应承担的违约责任。本案系因乙公司行使法定解除权而产生的民事责任。根据本案委托法律关系的性质和案件实际情况，不宜对"赔偿损失"作扩大解释，故甲公司无权要求乙公司承担可得利益损失。[2]

5. 赔偿损失处理

无偿委托合同中，因受托人的故意或者重大过失造成委托人损失的，委托人可以要求赔偿损失。反之，法律不支持委托人赔偿损失请求。

【案例 6-107】 顾某民与上海虹祥汽车运输有限公司财产权纠纷再审案

再审法院认为，顾某民与虹祥公司约定，由顾某民去处理虹祥公司某职工的交通事故赔偿事宜，双方之间委托合同关系成立。鉴于顾某民与虹祥公

---

[1] 参见郭伟清主编：《2016 年上海法院案例精选》，上海人民出版社 2017 年版，第 184~185 页。
[2] 最高人民法院(2005)民二终字第 143 号民事判决书。

司约定委托事务时,未明确约定报酬,虹祥公司实际也未向顾某民支付报酬,故双方之间应属无偿委托合同关系。再审查明的事实表明,顾某民在携带钱款前往江苏吴江处理委托事务的过程中,已经尽到了无偿受托人应尽的一般注意义务。虽然由于发生交通事故,钱款最终未能找到,受托事务未能完成,虹祥公司的财产损失客观存在,但该损失并非顾某民故意或重大过失所致,其依法不应承担赔偿责任。再审撤销原一、二审判决,改判对虹祥公司的诉讼请求不予支持。〔1〕

【案例6-108】 李某诉重庆市体彩中心等彩票纠纷案

判决观点,如谢某确有李某诉称的通过腾讯QQ聊天工具购买彩票的行为,李某与谢某之间的委托关系系无偿的委托关系。谢某在接受李某委托后而实际未购买彩票的行为发生之时,其不可能预见到李某欲购买的彩票是否能够中奖,也不可能预见到其行为会导致李某产生损失,故谢某的上述行为不存在主观上的故意或重大过失,对李某要求向某、谢某承担赔偿责任的请求,不予支持。综上所述,李某的诉讼请求没有事实和法律依据。据此判决:驳回原告李某的诉讼请求。〔2〕

委托费用不同于委托报酬。委托费用系委托人直接处理委托事务应支付的,受托人系委托人的代理人,处理委托事务产生的费用不应由受托人负担。该笔费用,委托人应足额支付,且不存在支付的条件。但如果该费用的发生,系因受托人的原因而产生,或者因受托人的原因没有完成委托事项,而采取的补救措施而产生,则需要考虑受托人的损害赔偿责任问题。

【案例6-109】 郭某诉环境国际旅行社有限公司、环境国际旅行社有限公司廊坊分公司委托合同纠纷案

二审法院认为,委托人应当预付处理委托事务的费用,受托人为处理委托事务垫付的必要费用,委托人应当偿还。郭某为廊坊分公司代订了7张火车票,后又按照廊坊分公司的要求代订了44张飞机票,并实际支付票款共计107439元。因廊坊分公司已预付2万元,对于郭某实际垫付的票款87439元,廊坊分公司与其法人单位环境国旅应当共同支付。廊坊分公司提交的证据不足以证明其与郭某之间存在郭某保证成功预订2016年7月15日北京至西宁全部44张车票的约定,故无法认定郭某为廊坊分公司购买7张火车票构成违约或存在过错,亦无法认定廊坊分公司要求郭某代订机票系对郭某

---

〔1〕 参见江必新主编、最高人民法院审判监督庭编:《全国法院再审典型案例评注》(上),中国法制出版社2011年版,第278页。

〔2〕 参见《人民法院报》2012年5月31日,第6版。重庆市渝中区人民法院(2011)中区民初字第03148号民事判决书。

前述违约行为的补救措施,且郭某并不认可其应承担上述费用,因此,对于郭某代订火车票和机票支出的费用,廊坊分公司应当向郭某支付相应票款。故对于廊坊分公司的上诉主张,法院不予采纳。廊坊分公司的上诉请求不能成立,应予驳回;一审判决认定事实清楚,适用法律正确,应予维持。[1]

司法实践中,受托人超越代理权,事后委托人不予追认的,此行为引起的法律后果由受托人承担。

【案例 6-110】 刘某斌诉马某阳答应偿还代为退赃的款却不履行要求偿还案

判决观点,马某阳因违法倒卖油料被劳教,写信求舅父刘某斌代退赃款,刘某斌即到部队代马某阳退赃,甥舅之间已经形成了委托代理关系。作为代理人的刘某斌在得知应退的赃款数额超出委托人马某阳委托代退数额800元后,本应及时将此情况告知委托人,在征得同意后方可按实际数额予以退赃。但刘某斌在未将实际情况告知马某阳的情况下,按2400元作了退赔,超越了代理权限,马某阳事后对此不予追认,由此引起的法律后果应由刘某斌承担。[2]

【案例 6-111】 北京兴达房地产经纪有限公司诉刘某等委托合同纠纷案

判决观点,本案中,双方系委托人与代理人的关系,双方在合同第三条第一款中亦明确,原告作为代理人应当按照被告要求的委托内容提供服务,但原告履行合同的行为超出了被告的授权。首先,分析合同第二条第五款约定,原告为被告联系到买主后,应由被告与买主签订《房屋买卖合同》,被告并没有授权允许原告同买主签订《房屋买卖合同》的意思表示;其次,双方在代理协议中约定被告给付原告的定金为4000元,那么,原告应当在相应的责任范围内与买主约定收取定金的数额;而原告在履行合同的过程中,对上述内容均超越了委托代理的权限,由其与买主签订了合同且擅自收取了买主给付的定金,且没有证据表明其超越代理权的行为已经征得了被告的同意,或者被告的事后追认。而通过第三条第一款后半句的合同约定分析,"若有变动,须经甲方认可",可以表明,原告超越权限的行为如果得到被告认可仍为有效,考虑该合同系原告提供给被告的格式合同,原、被告对该合同条款理解不一致,那么应当做出对提供格式条款一方不利的解释,即被告表示的需书面认可,而且结合合同前后条款的意思表示,被告解释的书面认可的形式亦

---

[1] 参见国家法官学院案例开发研究中心编:《中国法院2018年度案例》(合同纠纷),中国法制出版社2018年版,第229页。北京市第二中级人民法院(2016)京02民终字第10092号民事判决书。
[2] 参见最高人民法院中国应用法学研究所编:《人民法院案例选》2002年第3辑(总第41辑),人民法院出版社2003年版,第122页。

符合一般的委托代理的交易习惯,因此,在没有被告书面认可原告超越权限的行为的情形下,原告擅自处分的行为所导致的后果不应由被告承受。因此,原告要求被告给付其5万元定金损失及预期中介利益均非被告违约行为所导致,因此,对原告的诉讼请求,不予支持。[1]

个案中,法官结合具体案情可以不对损失承担作出处理,而裁定另案处理。

【案例6-112】 东华工程科技股份有限公司与牡丹江日达化工有限公司建设工程设计合同纠纷再审案

最高人民法院认为,根据《合同法》第四百一十条的规定,日达公司可以随时解除《委托采购协议》并要求东华公司返还设备预付款。至于《委托采购协议》解除给东华公司造成的损失及责任如何承担,并非本案争议的问题,东华公司可另行主张。[2]

6. 均有过错损失处理

在委托合同中,合同双方均有过错的应各自承担相应的责任。

【案例6-113】 北京世都嘉华广告有限公司与上海钱达广告有限公司委托合同纠纷再审案

在导致原审被告未完全履行发布广告义务过错责任划分上,再审法院认为,原审原、被告虽在合同中约定"广告样稿为合同附件,与合同一并保存",但事实上,双方在签订合同时并未交接样稿,而且双方明知实际对交付样稿未予确定时间,那么,对于原审原告而言,既然合同有履行时间,就应该在合同履行之前将相应的样稿交付原审被告,并办理交接手续,但原审原告在审理中未能提供其已经交付样稿的相关证据。就原审被告而言,既然已确认"广告采用样稿,未经原审原告同意,不得改动样稿"的合同内容,就应该恪守及时通知、告知的合同附随义务,虽原审被告曾经两次发函,但由于收信地址均为金辉公司的注册地,遭退信后也未采取其他及时有效的方式通知催告,即在未征得原审原告同意的情况下,擅自在除龙阳路2号位广告之外的其余4座广告位上以原有的公益广告画面贴上原审原告的企业名称和招商电话,显然有违双方所签合同的本意,且从原审被告收取原审原告的款项来看,每座广告的发布费用在50万元,而事实上,原审被告仅采用在原有广告

---

〔1〕 参见国家法官学院案例开发研究中心编:《中国法院2013年度案例》(合同纠纷),中国法制出版社2013年版,第181页。北京市石景山区人民法院(2011)第1875号民事判决书。

〔2〕 参见最高人民法院立案一庭、最高人民法院立案二庭编:《立案工作指导》2013年第4辑(总第39辑),人民法院出版社2014年版,第87~96页。

画面上复贴的方式完成广告的内容,其工作量显然过于简单。但原审被告的上述作为在一定程度上可以让原审原告的合同目的得以实现。因为从原审原告在审理中提供的广告样稿内容看,其画面亦是公益广告,其目的也是招商。综上,由于双方在履约过程中均存在一定的瑕疵,应各自承担相应的责任,故对双方在合同中约定的上述4座广告位的发布费用,双方应各半负担。[1]

当事人双方签订资产管理委托协议,约定低于最低变现价格的,受托方和委托方协商一致后变现,应为对受托方的限制,而非约定受托方协商变现的义务。对其损失应区分责任,而非一律承担。

【案例6-114】 中国港湾建设(集团)总公司与国泰君安证券股份有限公司委托协议纠纷案

最高人民法院认为,在委托资产市场价格高于约定最低变现价格时,受托方秉持"谨慎勤勉"的态度适度履行了"变现义务",并没有违反合同约定,故不应承担违约责任。在委托资产市场价格高于约定最低变现价格时,受托方并不负有"协商变现义务",没有积极进行协商亦不构成违约,不应承担违约责任。受托方没有履行合同约定的"全部变现义务",应当承担违约责任,但不应当承担未卖出股票的市场差价损失,且无须向委托方赔偿期待利益的损失,因为委托方期待利益的损失并不是因受托方的违约造成的,而是市场风险以及双方当事人对合同约定不周延、不明确造成的。因此受托方无须向委托方赔偿该部分利益的损失。[2]

损害赔偿范围应当以违约方在订立合同时能够预见到的数额为限。对于违约方可预见的数额,应当在公平原则的指引下,根据违约方身份、履行合同的利益、合同的内容等要素进行综合判断。

【案例6-115】 李某某诉蒋某某等委托合同纠纷案

二审法院认为,本案的争议焦点之一是违约损失可预见性在受托参与射幸合同中应如何考量以及违约损失应如何分担。本案中,蒋某某受委托购买彩票,但双方并未约定系有偿委托。彩票合同系射幸合同,在订立双方委托合同时蒋某某也无法正常预见到李某某将中大奖,只能预见到存在中奖的机会,中奖机会并不能与中奖结果画等号。更为重要的是,李某某作为资深彩民,也自认知晓体育彩票只能通过现场投注的方式才可购买,只有取得机打

---

[1] 参见最高人民法院审判监督庭编:《全国法院再审典型案例评注》(上),中国法制出版社2011年版,第285页。

[2] 最高人民法院(2005)民二终字第166号民事判决书。

彩票,才能作为兑奖的唯一凭证,故其应当认识到委托他人购买彩票可能存在的风险,李某某理应自担主要责任。同时,蒋某某在明知因故无法购买彩票的情况下,仍然通过微信转账的方式收取彩票款,亦存在明显过错,故应承担一定的违约责任。至于违约责任的承担,对于一审确定的10%责任比例,缺乏足够的法律依据,但一审决定的赔偿金额尚属合理,故对判决结果予以维持。判决:驳回上诉,维持原判。[1]

7. 共同委托赔偿损失

《民法典》第九百三十二条规定:"两个以上的受托人共同处理委托事务的,对委托人承担连带责任。"共同委托是指委托人委托两个或两个以上的受托人,共同处理同一委托事务。所谓共同处理,是指数个受托人对委托事务的处理享有共同的权利与义务,即委托合同对于各受托人就委托事务的范围和处理权限未作出划分,各受托人对委托事务均享有平等处理的权利。即使一个委托人同时委托了数个委托人,但该数个受托人各自独立处理事务的,则不产生共同委托的问题。对于共同委托,则由共同受托人承担责任。委托人委托两个或两个以上的受托人,分别独立处理不同部分的委托事务,则不构成共同委托,其非共同受托人应根据各自过错对委托人承担相应责任。

【案例6-116】 绍荣钢铁有限公司诉上海奥旋斯国际贸易有限公司等委托合同纠纷案

二审法院认为,作为本案的主要争议,奥旋斯公司、源龙公司和张某某对系争货款是否应当承担共同还款责任,应根据绍荣公司的权利请求基础,并结合各方当事人在委托协议中的地位、作用、合同实际履行情况以及各自过错等综合分析判定。奥旋斯公司和源龙公司虽然均接受绍荣公司的委托,但两者分工明确,各自的委托事项也不相同,实际履行中,它们也是按照合同约定的事项各自独立处理委托事务,因此,奥旋斯公司和源龙公司之间并不构成《合同法》第四百零九条所指的共同处理委托事务,其在处理委托事务时违反合同约定的,应根据各自的过错分别对绍荣公司承担责任。源龙公司在2008年7月4日即已收到绍荣公司支付的08HK—07合同项下关税费用,但其并未按照惯例将上述款项及时支付给奥旋斯公司,其直接后果是奥旋斯公司在未收到款的情况下不得已用系争货款支付关税,由此造成绍荣公司就同一笔关税先后支付了两笔费用,故源龙公司的违约行为是导致绍荣公司损失

---

[1] 参见最高人民法院中国应用法学研究所编:《人民法院案例选》2021年第6辑(总第160辑),人民法院出版社2021年版,第94页。上海市第二中级人民法院(2018)沪02民终6334号民事判决书。

进而引发本案纠纷的根本原因,其应承担返还系争款项的违约责任。奥旎斯公司未经绍荣公司同意动用系争货款支付出口关税的行为,虽然与三方之间资金结算的交易惯例不符,但并未造成绍荣公司的损失,故不应承担返还全部系争款项的责任。鉴于奥旎斯公司在合同履行中未全面尽到受托人的合理注意义务,存在一定过错,故其应承担相应的补充责任。张某某作为源龙公司的法定代表人,就系争款项向绍荣公司出具还款承诺,是其真实意思表示,具有法律约束力,故其作为债务加入人,应与源龙公司共同向绍荣公司承担还款责任。综上,一审判决认定事实正确,但责任承担处理不当,据此,二审法院撤销一审判决,判决:源龙公司和张某某共同向绍荣公司支付人民币18672542.06元及其利息,奥旎斯公司对源龙公司和张某某上述债务中不能清偿的部分承担补充责任。[1]

委托合同对于各受托人的委托事务范围和处理权限作出明确划分的,不属于共同处理委托事务,各受托人应根据各自过错对委托人承担相应责任。

【案例6-117】 甲钢铁有限公司诉上海乙国际贸易有限公司、丙实业有限公司等委托合同纠纷案

二审法院认为,甲公司作为"委托方"负责提出加工需求计划,并承担钢坯采购、加工以及货物出运的所有费用;丙公司作为"受托统筹方",负责统筹协调;乙公司作为"组织实施方",负责组织实施购买钢坯、落实加工生产、运输、订舱、装船出运、出口报关、缴纳关税等事宜。因此,本案委托合同法律关系中有两个受托人。但乙公司和丙公司分工明确,各自的受托事项也不相同,实际履行中也是按照合同约定各自独立处理委托事务,因此,乙公司和丙公司之间并不构成《合同法》第四百零九条所指的共同处理委托事务,其在处理委托事务时违反合同约定的,应根据各自过错对甲公司承担责任。[2]

应注意的是,如果共同受托人中的一个受托人或者数个受托人没有经过协商而擅自单独行使代理权的,对于由此造成的损失,若干个受托人仍然承担连带责任。当然,委托人与各受托人事先约定了按份责任的除外,即合同中无特别规定,他们应对委托人承担连带责任。也就是说,不论委托人的损失是出于哪个受托人的过错,也不论各个受托人内部是否约定了对委托人事务的处理权限和责任承担,除委托人与受托人有特别约定外,所有受托人都应对委托人承担连带责任。各受托人在承担连带责任后,可以按照受托人之间的约定、各受托人的过错来处

---

[1] 参见郭伟清主编:《2016年上海法院案例精选》,上海人民出版社2017年版,第192~193页。
[2] 上海市高级人民法院(2013)沪高民二终字第32号民事判决书。

理内部关系。[1]

8. 受托人主张损失赔偿问题

《民法典》第九百三十条规定:"受托人处理委托事务时,因不可归责于自己的事由受到损失的,可以向委托人请求赔偿损失。"该条是关于委托人对受托人的损失承担责任的规定。受托人在委托权限范围内认真处理委托事务,在自己毫无过错的情况下,使自己的财产或者人身受到损害的,有向委托人请求赔偿的权利。立法者认为,本条规定的受托人的损失,不仅包括上述委托人的事由,还应当包括因为意外事故等不可归责于受托人的原因而导致受托人受到损害的情形。受托人向委托人请求赔偿其损失,需要具备以下条件:一是受托人受到损失。受托人在按照委托人指示处理委托事务时遭受了损害,包括人身损害和财产损害。二是受托人的损失基于不可归责于受托人的原因。不可归责于受托人主要是指受托人对于损失的发生没有过错,不存在主观上的故意或者过失。如果损失的发生是由于可归责于受托人的事由,则受托人不享有向委托人主张赔偿的权利。三是受托人的损失发生在处理委托事务中。因为在处理委托事务时,受托人是按照委托人的指示进行活动,才实际以"受托人"之身份行事,与委托事务及委托人产生直接关联,所以受托人的赔偿请求权是以其损失发生在处理委托事务过程中为要件。如果受托人受到损失并非发生在处理委托事务的过程中,也并非由于可归责于受托人的事由,则与委托人无关,受托人无权向委托人请求赔偿。[2]

《民法典》第九百三十一条规定:"委托人经受托人同意,可以在受托人之外委托第三人处理委托事务。因此造成受托人损失的,受托人可以向委托人请求赔偿损失。"该条是关于委托人另外委托他人处理事务的规定,也是受托人受到损失主张权利的法律依据。需要注意的是,本条规定的委托人在受托人之外委托第三人处理的委托事务,应当与受托人处理的委托事务内容相同,也就是委托人将同一事项先后委托两个受托人,存在两个委托合同。委托人另行委托第三人处理委托事务,可能给受托人造成损失,如报酬减少。委托人重复委托造成受托人损失的,受托人可以向委托人请求赔偿损失。[3]

【案例6-118】 孙某华诉机械设备公司委托合同纠纷案

判决观点,首先,本案原、被告未订立书面合同,通过原告与时任被告法定代表人姚某坤的通话内容及信息往来,可确认姚某坤对2018年11月28日原告发出的要约已作出承诺,且承诺到达原告即生效,合同成立。因原告

---

[1] 参见黄薇主编:《中华人民共和国民法典合同编释义》,法律出版社2020年版,第888~889页。
[2] 参见黄薇主编:《中华人民共和国民法典合同编释义》,法律出版社2020年版,第886页。
[3] 参见黄薇主编:《中华人民共和国民法典合同编释义》,法律出版社2020年版,第887页。

此时尚未取得案涉挖掘机之所有权,且双方陈述亦明确系代为竞买之意思表示,因此,双方形成以250万元为对价委托原告买入案涉挖掘机并运至国内交付的委托合同法律关系。合同成立后,原告于2019年4月28日向被告发出"你准备卡特390挖掘机款吧,5月11日到上海港口"之最终通知时,姚某坤回复可以,对此应视为被告对最终商定的价款、履行地点、履行期限等事项之认可。其次,关于案涉合同的履行情况,根据到案证据,案涉挖掘机已经由原告以案外人的名义竞得。原告在错误发往深圳海关进口关税专用交款书、海关进口货物报关单后,向被告发送了正确的形式发票、境外汇款申请书,姚某坤以原告发送的品质说明书之中文译本回复原告,表明已知该挖掘机为2011年生产,但自始至终未对此提出明确异议,因此,原告的履约行为具有相应的事实依据。最后,关于合同解除与法律后果。本案原告受托为被告买入挖掘机后经再三展期及催告,被告仍拒绝履行付款义务,其行为已构成违约,原告诉请解除双方的合同关系后,有权要求被告赔偿损失。因原告未能举证证明损失赔偿额,故应以原告竞买案涉挖掘机支出的价款至其将该挖掘机另行运至重庆期间的资金占用损失认定为被告违约所造成的损失。判决:一、解除原告孙某华与被告机械设备公司于2018年11月28日以口头形式订立的委托合同;二、被告机械公司向原告孙某华赔偿损失21674.06元。[1]

【案例6-119】 中商国际旅行社有限公司与环境国际旅行社有限公司委托合同纠纷案

二审法院认为,委托人对受托人的赔偿责任系法律基于双方之间的利益平衡而特别设立的赔偿责任,并非双方在订约时基于利益、风险的权衡而约定的合同义务,与违约责任不同,不应受可预见规则的限制。受托人对于损害发生有部分过错的,对于不可归责于受托人的部分损害,仍可请求委托人赔偿。[2]

(二) 委托合同无效处理

委托合同被认定为无效的,对受托人支出的合法费用法律予以支持。

---

[1] 参见国家法官学院、最高人民法院司法案例研究院编:《中国法院2022年度案例》(合同纠纷),中国法制出版社2022年版,第194~195页。广西壮族自治区梧州市万秀区人民法院(2020)桂0403民初334号民事判决书。

[2] 参见最高人民法院民法典贯彻实施工作领导小组编著:《中国民法典适用大全》(合同卷五),人民法院出版社2022年版,第3472页。北京市第二中级人民法院(2014)二中民终字第05888号民事判决书。

【案例 6-120】　陈某诉东莞世冠五金制品有限公司诉讼代理合同纠纷再审案

再审法院认为,鉴于陈某作为受托人提供服务时实际支出了相应的差旅费用,故对于其实际支出的合法费用人民法院应予保护,具体数额由本院予以酌定。再审法院据此改判撤销一、二审判决:世冠公司给付陈某人民币3万元。[1]

【案例 6-121】　上海立鑫外包服务有限公司诉鼎和财产保险股份有限公司上海分公司诉讼、仲裁、人民调解代理合同纠纷案

一审法院认为,我国的法律服务市场实行资格制度,由相应的市场准入机制加以规范。原告立鑫公司工商登记经营范围显然不包含与法律服务相关的项目,也未取得司法行政机关准予从事诉讼代理业务的审批或许可,且因现司法主管部门不再设立对除律师事务所和法律服务所以外其余单位从事诉讼代理业务的许可事项,立鑫公司客观上也不具备从事诉讼代理业务的资格。从本案系争协议关于代理权限、双方权利义务等约定的内容来看,指派孙某、高某作为代理人提供的服务实际上属于诉讼代理行为。同时,从原告提供的证明双方有合作惯例且已经实际履行的证据可以看出,原告曾多次指派员工代理被告参与民事诉讼,并按约定收取报酬,已经构成从事诉讼代理业务的行为。虽然律师法未直接禁止单位接受委托从事诉讼代理业务,但从我国《民事诉讼法》关于可以作为代理人参与诉讼的主体范围的规定来看,修改前、后的《民事诉讼法》规定的代理人均限于个人,即在民事诉讼中,诉讼代理行为的实施必须以个人行为来实现,本案系争协议中明确约定由原告方不具备律师及法律工作者资格的孙某、高某作为该委托案件的代理人,可知双方当事人在签署协议时主观上是明知盛某案件的诉讼代理将由孙某、高某以公民代理的行为实现。为了实现合同目的,双方在协议中约定由被告为原告提供必要的支持,诸如办理工作服务卡或出具相关的授权委托书、介绍信等。尤其是在二审中,2012年《民事诉讼法》的修改已经开始实施,关于公民代理的主体范围限制为当事人的近亲属或者工作人员或者当事人所在社区、单位以及有关社会团体推荐的公民的前提下,被告仍虚构高某为被告公司员工并向二审法院出具了授权委托书,高某得以以公民代理的身份从事诉讼代理,以实现合同目的,并据此主张相关费用。关于公民代理收费问题,《司法部关于公民个人未经批准不得从事有偿法律服务的批复》以及《律师法》第十三条的规定已经确立公民代理不得以牟取经济利益为目的规则,结

---

[1] 参见北京市高级人民法院编:《审判前沿——新类型案件审判实务》2012年第3集(总第45集),法律出版社2013年版,第90页。

合本案系争协议的内容、目的以及履行过程等情况,法院认定原、被告双方有明显规避法律法规的故意,且一方面该合同的履行以损害国家民事诉讼制度为条件,有损司法机关的权威性、严肃性;另一方面以获取减损奖励费为主要目的的非律师或法律服务所的诉讼代理业务,也妨碍了规范有序的法律服务市场的建立,进而有可能影响司法公正,不应为判决所倡导和鼓励。故法院认定双方所签协议扰乱了社会公共秩序,损害了社会公共利益,属无效合同。协议无效,原告无权依据约定的收费标准获得相关费用,但考虑到原告确实为履行该协议付出了一定的劳务成本,尽管原告未提供其实际付出的劳务成本的证据,但被告鼎和公司自愿给付原告立鑫公司2300元以弥补其实际支出,于法不悖,法院予以准许。二审法院亦持同样意见,维持一审判决。[1]

合同无效,对于委托合同无效有责任的当事人,应承担相应的责任。双方当事人均有过错的,一般情况下双方按照过错大小分担损失。但二者之间是有一定区别的,须以合同无效与损失发生之间具有直接因果关系为前提。如果损失与合同并无直接因果关系,则合同效力如何并不影响当事人对损失的承担。

《民法典》第一百五十七条规定:"有过错的一方应当赔偿对方由此所受到的损失;各方都有过错的,应当各自承担相应的责任。法律另有规定的,依照其规定。"所谓由此所受到的损失是指因为合同无效所受到的损失,也就是说,合同无效与所受到的损失之间具有因果关系。在该句后"各方均有过错的,应当各自承担相应的责任",是指过错导致合同无效,并由此造成财产损失,当事人就此财产损失承担责任。因而无论是一方有过错还是双方有过错的情形,当事人对损失承担责任的逻辑前提是相同的,即合同无效与损失之间有因果关系。如果一方或双方虽有过错,但过错与财产损失没有直接的因果关系,则不应对财产损失承担责任。

对受托人的违法所得予以收缴。合同无效侵犯社会公共利益,其约定的行为具有明显的违法性,如果允许当事人在无效情形下返还财产,等于支持了违法行为,必将引导公民效仿,使众多的非法获利行为得到本不应有的司法保护,产生极其不良的社会影响,故对其违法的委托行为依法应予制裁。

【案例6-122】 金某诉黄某民委托合同纠纷案

一审法院认为,现被告在接受委托之后,确实为原告花费了3万元聘请律师,该笔款项属合理合法支出,同时考虑到被告为原告聘请律师等事宜,占用了一定的时间与精力,由此确实也会给被告收入带来一定的影响,该部分损失是因聘请律师等合法行为而发生,现被告虽未能提供相应的证据,但考

---

[1] 参见郭伟清主编:《2016年上海法院案例精选》,上海人民出版社2017年版,第196~197页。

虑到该笔款项支出的必然性,法院酌定为人民币2万元。上述款项计人民币5万元,因不属于违法所得,且被告占有支出具有合理合法性,故上述5万元,被告无须返还原告,其余款项计人民币195万元,系因违法行为产生的违法所得,应予以收缴,原告要求被告予以返还,不予支持。二审法院认为,原审法院据此确认该协议无效并考虑黄某民已经支出律师代理费和为聘请律师而投入的时间、精力等因素之后对黄某民的违法所得195万元予以收缴,并无不当,予以维持。[1]

【案例6-123】 李某桔诉上海和略企业管理咨询有限公司、陈某豪委托合同纠纷案

判决观点,对此原、被告双方主观上均属明知,都具有过错。根据《民法通则》的有关规定,对进行非法活动的财物和违法所得应当予以收缴。本案中,原告支付的预付款30000元属于用于非法活动的财物,被告和略公司收取该款构成违法所得,且被告收取该款后无正当使用用途,故上述30000元原告无权要求返还,被告亦无权予以收取,法院将另行制作民事决定书对该款予以收缴。[2]

【不同处理】 实践中,有的法院则判决违法所得予以返还。

【案例6-124】 韩某定诉任某辉诉讼代理合同纠纷案

判决观点,双方所订合同无效,则被告根据合同收取的代理费11000元依法应予返还。原告主张返还其他款项,因支付事实证据不足,本院不予支持。对原告主张的赔偿请求,本院认为,就本案原告受伤之情形,人身损害赔偿与工伤保险的责任主体均为龙杰公司,赔偿责任主体发生竞合时,原告应当择一索赔,原告主张可获双重赔偿,并无法律依据;现原告已经就交通事故责任获得赔偿,并无证据证明交通事故可获赔偿的金额低于工伤保险可获赔偿的金额,故原告主张因被告之代理行为致其产生损失,亦并无事实依据;原告就此赔偿之请求,本院难以支持。[3]

自然人委托放贷的行为效力,要根据案情具体确认。单纯的委托放贷的行为

---

[1] 参见国家法官学院案例开发研究中心编:《中国法院2013年度案例》(合同纠纷),中国法制出版社2013年版,第154~155页。上海市第二中级人民法院(2012)沪二中民一(民)终字第106号民事判决书。

[2] 参见国家法官学院案例开发研究中心编:《中国法院2015年度案例》(合同纠纷),中国法制出版社2015年版,第2页。上海市嘉定区人民法院(2013)嘉民一(民)初字第6471号民事判决书。

[3] 参见最高人民法院中国应用法学研究所编:《人民法院案例选》2013年第2辑(总第84辑),人民法院出版社2013年版,第200页。浙江省宁波市鄞州区人民法院(2012)甬鄞望民初字第251号民事判决书。

构成委托人—受托人—借款人的关系,委托人与受托人成立委托合同关系,而在受托人与借款人之间成立借款合同关系,在无明显违背法律禁止性规定的情形下,委托行为与借款行为均应认定为合法有效。反之,委托人委托受托人向不特定的多人多次放贷,均明知放贷行为违反法律、行政法规的强制性规定、违背公序良俗的,其委托放贷行为无效。

【案例 6-125】 谢某华诉王某雄、林某颖委托合同纠纷案

二审法院认为,本案中,谢某华与王某雄均确认如下事实:由谢某华将资金交付王某雄,委托王某雄进行放贷并收取利息,而后王某雄将利息交付谢某华。现谢某华一审诉请返还的193.53万元也属于谢某华交由王某雄进行放贷资金的一部分。据此,谢某华与王某雄之间成立委托关系。在此前提下,王某雄承担案涉193.53万元款项的返还责任的基础是王某雄对委托放贷款项存在侵占、侵害委托人谢某华权益的情形。根据王某雄提交的其向谢某华发送的电子邮件,邮件内容包括了王某雄所放贷的每一笔款项的借贷情况,其中包括了案涉193.53万元所涉及的与案外人叶某、张某、徐某之间的借贷情况。谢某华在收到相关邮件后,并未质疑王某雄是否真实放贷,而是在未收到其主张的借款时,另案起诉了案外人叶某、张某、徐某,而现谢某华在本案中诉请该193.53万元的依据在于其起诉案外人叶某、张某、徐某的诉讼并未得到支持,由此产生了借贷与还款之间的差额。据此,法院认为,虽与案外人叶某、张某、徐某相关联的(2018)粤1302民初3357号、(2018)粤1302民初3358号、(2018)粤1302民初3363号生效判决未支持谢某华的全部诉请,但上述判决是基于民间借贷案件对证据的严格审查与认定标准作出的。未获支持部分,如有相关证据证明,后续仍可主张,但不能据此认定未获司法支持部分就为王某雄侵占了该款项。现有证据也无法支持谢某华认为王某雄侵占该款项的主张。此外,双方均认可,谢某华给付王某雄大额资金,目的是向他人发放贷款。且法院经过查询,2018年至2019年谢某华以原告身份在惠州市法院涉诉案件7件(不含执行、二审),均系谢某华委托王某雄进行放贷而导致的民间借贷案件。参照《九民纪要》第五十三条的规定,未依法取得放贷资格的以民间借贷为业的法人,以及以民间借贷为业的非法人组织或者自然人从事的民间借贷行为,应当依法认定无效。同一出借人在一定期间内多次反复从事有偿民间借贷行为的,一般可以认为是职业放贷人。无论是(2018)粤1302民初3357号、(2018)粤1302民初3358号、(2018)粤1302民初3363号生效判决,抑或本案谢某华诉请王某雄返还案涉193.53万元的认定,其出发点均在于保护合法的民间借贷关系。本案虽属委托合同纠纷,但谢某华明确委托事项在于通过委托王某雄进行放贷,该放贷行为违反了银行业监督管理等法律,损害了社会公共利益和扰乱了金融管理秩序,谢某华给付款项委托王某雄进行放贷行为属不法给付,双方由此产生的债权债务关系亦不受法律保护。因此,谢某华诉请由王某雄返还案涉款项,事实理由不足、法律依据不充分,法院不予支持。

另外,王某雄协助谢某华多次反复从事有偿民间借贷行为,对引发本次纠纷存在责任,法院酌定王某雄、谢某华分别承担50%的一、二审诉讼费用。考虑到谢某华已预交一审诉讼费用,王某雄已预交二审诉讼费用,已分别承担了50%的一、二审诉讼费用,法院不再作调整。综上所述,上诉人王某雄上诉请求成立。判决:一、撤销一审判决;二、驳回谢某华的诉讼请求。〔1〕

当事人委托他人购买虚拟货币,双方形成委托合同关系,但因虚拟货币交易行为损害国家金融安全,扰乱金融市场秩序,违背公序良俗,不受法律保护,委托购买虚拟货币行为亦应受到法律的否定性评价。

【案例6-126】 周某诉毛某聪委托合同纠纷案

一审法院认为,本案的争议焦点为:(1)本案法律关系的定性;(2)合同效力问题;(3)合同无效后的处理。关于第一个争议焦点,原告虽依据欠条以民间借贷为由提起诉讼,但从汇款当时原、被告的聊天记录内容来看,双方并无借贷合意。依据原、被告及案外人王某奋的陈述,本案实质是原告将款项交付被告,并委托其代为购买虚拟货币,故双方应构成委托合同关系。关于第二个争议焦点,虽然现行法律及司法解释并未禁止公民购买虚拟货币,但虚拟货币不具有法偿性和强制性等货币属性,且亚欧币已被认定为违法,双方的委托关系不受法律保护,即使被告曾向原告做保本承诺,该委托合同亦应认定为无效。关于第三个争议焦点,合同无效后,因该合同取得的财产,应当予以返还,没有返还或者没有条件返还的,应当折价补偿。有过错的一方应当赔偿对方因此受到的损失,双方都有过错的,应当各自承担相应的责任。本案中,被告在向原告介绍投资标的时未尽审慎审查义务,原告在未对投资标的有充分了解的情况下盲目投资,故双方均存在一定的过错,应各自承担与过错程度相对应的责任,同时被告于2018年6月30日出具的欠条可视为双方对各自应付责任已作清算。现被告未按欠条约定期限付款,已构成违约。判决:被告毛某聪支付原告周某35万元。被告未交上诉费用,二审法院按撤诉处理。〔2〕

---

〔1〕参见国家法官学院、最高人民法院司法案例研究院编:《中国法院2022年度案例》(合同纠纷),中国法制出版社2022年版,第201~202页。广东省惠州市中级人民法院(2020)粤13民终8376号民事判决书。

〔2〕参见《人民司法·案例》2023年第8期(总第991期)。浙江省宁波市中级人民法院(2022)浙02民终2187号民事裁定书。

(三) 支付报酬处理

在委托代理合同中,受托人主张代理费用的,应当结合委托代理合同的内容以及受托人履行受托义务的情况进行判断。受托人未全面、正确履行受托义务的,其全部代理费用的主张不能得到支持。

【案例6-127】 上海精稳房地产咨询有限公司与宁厦国禾投资发展有限公司代理合同纠纷案

最高人民法院认为,上海精稳公司已经销售部分尽管未能按约完成2005年8月23日以后各个节点销售指标,但应按实际销售金额65285823元据实结算代理费。对于未销售的可得佣金1150万元,既然并未实际销售,自然不应获得佣金,但宁厦国禾公司应承担一定的违约责任,可按1150万元的3%予以计算。[1]

【案例6-128】 张某诉株式会社委托合同纠纷案

判决观点,原告接受被告委派至被告关联的叁和公司担任法定代表人,双方委托合同关系的成立,于法不悖,应为有效。原告主张担任法定代表人期间的报酬,应当根据劳动合同、公司章程或公司法的相关规定确定。现原告未提供劳动合同和在叁和公司行使董事长的职责范围和工作内容,叁和公司章程和公司法也没有相关的规定,故其主张缺乏依据,法院难以采信,考虑到原告在叁和公司担任董事长期间,作为叁和公司的法定代表人在有关申报材料上签字,可以视为其完成了委托事务。根据法律规定,受托人完成委托事务的,委托人应当向其支付报酬。由于双方的委托合同没有约定报酬的数额,予以酌情确定。据此,法院判决株式会社支付原告张某50000元。[2]

【案例6-129】 赵某诉陈某委托合同纠纷案

判决观点,本案赵某已如约完成处理事务且垫付购买系争商品的费用,陈某应按约定履行支付垫付费用及相应报酬的义务。陈某在收到货物向赵某提出退货即解除合同的要求时,首先应依法履行因合同解除向赵某返还财产义务,而陈某虽向赵某退回了系争商品中的两件,但对于其余商品以未收到为由未予退还。陈某以系争商品不好销售为由解除合同,因购买的商品是

---

[1] 参见最高人民法院民事审判第二庭编:《最高人民法院商事审判指导案例》(合同卷),中国法制出版社2011年版,第790页。最高人民法院(2005)民二终字第194号民事判决书。

[2] 参见国家法官学院案例开发研究中心编:《中国法院2012年度案例》(合同纠纷),中国法制出版社2012年版,第96页。上海市徐汇区人民法院(2010)徐民一(民)初字第538号民事判决书。

否畅销属合同当事人应当承受的正常商业风险,陈某以此解约并不属于不可归责事由,故应依法赔偿赵某购买其未予退还的系争商品的垫付费用以及原先约定的报酬损失,故对赵某要求陈某支付货款人民币8623.19元的诉请一审法院在扣除陈某已退还两件商品价格的范围内予以部分支持,具体金额经计算为6775.20元。[1]

实践中,在委托事务尚未处理完毕而委托合同解除时,如果解除非因受托人的事由所致,则受托人得就已经完成的处理事务部分,请求委托人支付"相应的报酬",法律应予支持受托人的请求。这里的"相应的报酬",是指委托人支付的报酬应与受托人完成的委托事务相适应。合同解除后,当事人能够实现多少权利取决于其义务的履行。也就是说,在完成部分委托事项、委托合同提前解除的情况下,报酬的数额可根据受托人对委托事项完成所付出劳动的效果,按照受托人已完成的委托事务部分与委托事务整体的比例确定。在合同解除的情况下,应综合考量合同约定及当事人义务履行情况,均衡裁量其获得的合同利益。

【案例6-130】 民福置业集团有限公司与北京住总房地产开发有限公司一般委托合同纠纷案

最高人民法院认为,本案中,合同已经解除,尽管委托事务没有全部完成,但住总公司应当向民福公司支付部分报酬,其理由是:(1)委托合同并非因不可归责于受托人民福公司的事由而解除,即不存在因受托人民福公司在处理委托事务过程中的过错而使合同解除;(2)民福公司已将建设项目立项于住总公司名下,取得了阶段性成果,且住总公司在2006年8月发出的《复函》中亦对民福公司的工作给予充分肯定和感谢。……就本案而言,民福公司也仅完成委托事务的一部分,对其取得报酬合同并未明确约定,结合受托人民福公司对委托事务完成所付出的劳动效果,及其已完成的委托事务部分与整体事务的比例,最高人民法院认为,民福公司应依据《协议书一》的约定,取得"土地补偿费"25900万元的25%即6475万元,这既包括办理委托事项支出,也包括其应当获得的报酬。[2]

【案例6-131】 安徽金芒果房地产经纪有限公司与安徽源宏置业有限公司商品房委托代理销售合同纠纷案

二审法院认为,涉案《黄山府邸全程营销策划销售代理合同》的性质为双务有偿合同,合同当事人既享有权利也须承担义务。在合同正常履行情况

---

[1] 参见国家法官学院案例开发研究中心编:《中国法院2012年度案例》(合同纠纷),中国法制出版社2012年版,第106页。上海市虹口区人民法院(2010)虹一(民)初字第55号民事判决书。

[2] 参见最高人民法院民事审判第一庭编:《民事审判指导与参考》2012年第3辑(总第51辑),人民法院出版社2012年版,第193页。

下,权利义务具有对等性,当事人可依照合同约定主张权利。在合同解除后,合同约定的权利与合同义务的履行处于不对等状态,故不能仅依据合同权利条款确定当事人享有的权利,还应当审查合同义务的履行情况。而且,涉案《黄山府邸全程营销策划销售代理合同》系继续性合同,其权利义务的约定属概括性约定,在合同持续履行中,当事人之间的权利义务不是固定不变的,而是随着时间的推移和合同的履行不断产生新的内容。在此意义上,约定的权利只是当事人期待实现的权利,而不等同于权利的实现。当事人能够实现多少权利取决于其义务的履行。依照《黄山府邸全程营销策划销售代理合同》约定,金芒果公司须履行的合同义务范围包括企划工作、销售工作及网签合同、办理抵押贷款客户产权证、土地证及他项权证等其他服务工作。上述合同义务的履行与代理佣金的获取具有对价关系。截至合同解除时,金芒果公司并未完成黄山府邸1号楼、2号楼及51份订单所涉房屋的主要销售代理工作,只是提供了企划等前期服务并参与了51份订单的形成,根据权利义务相一致的原则,金芒果公司不具备取得上述房屋全部代理佣金的条件。在合同解除的情况下,一审综合考量合同约定及金芒果公司的工作参与程度,酌情确定源宏公司补偿金芒果公司代理佣金30万元,系对双方合同利益的均衡裁量,法院予以确认。金芒果公司关于源宏公司应依据合同约定支付黄山府邸1号楼、2号楼及51份订单所涉房屋全部代理佣金的上诉主张,与合同履行情况不符,法院不予支持。而源宏公司关于一审判决酌情补偿金芒果公司30万元系认定事实不清的上诉主张,忽略了合同约定及合同履行实际,法院亦不予支持。故法院对金芒果公司要求源宏公司支付代理佣金3686234元的诉讼请求,依法予以部分支持,即1978182元+300000元,合计2278182元。源宏公司虽抗辩其分销外拓团队销售248套,成交金额97047106元,该代理佣金应予扣除,但其并没有向法院提供充分证据予以证明,在合同履行期间,源宏公司只是参与部分销售工作,且双方合同约定凡在代理期间签订的合同及订单客户均属乙方销售,故对该项抗辩理由,法院依法不予支持。[1]

在委托合同关系中,受托人因不能归责于其本身的原因未能全部履行受托义务的,本着劳动付出与报酬回报相一致原则,委托人应支付"处理委托事务垫付的必要费用"与"相应的委托报酬"。

---

〔1〕 参见最高人民法院中国应用法学研究所编:《人民法院案例选》2019年第9辑(总第139辑),人民法院出版社2020年版,第59页。安徽省蚌埠市中级人民法院(2018)皖03民终2218号民事判决书。

【案例6－132】 福州闽清船厂诉泰德进出口公司进出口代理合同纠纷案

最高人民法院认为,关于1800万元款项是否应当返还的问题。泰德进出口公司作为受托人,实际上仅完成了对外签订购货合同及技术合同、办理购货合同的相关单据、付款等部分事项,其余事项均因合同解除而未实际履行。……该案中,泰德进出口公司的受托人义务实际未能全部履行,虽不可归责于其,本着劳动付出与报酬回报相一致原则,泰德进出口公司只能要求"处理委托事务垫付的必要费用"与"相应的委托报酬",而不能要求支付1800万元全款。在庭审中,泰德进出口公司未能举证证明其为处理委托事务垫付的必要费用,亦未能提出委托报酬的计算方案。经调解,双方当事人未能就该"相应报酬"的具体数额达成一致。因此,依职权酌定泰德进出口公司因处理委托事务垫付的必要费用及委托报酬总额为800万元,余额1000万元,应返还给福州闽清船厂。判决:泰德进出口公司返还闽清福州闽清船厂1000万元,驳回福州闽清船厂的其他诉讼请求。[1]

对受托人已按约定完成所托事项,即便委托人未达到预期目的受托人仍有权获得约定报酬。

【案例6－133】 时代集团公司与湖南省高速公路投资集团有限公司、湖南省高广投资集团有限公司委托合同纠纷案

最高人民法院认为,本案《三方协议》虽已解除,但高广公司仍应向时代集团公司支付相应的报酬,高广公司以未成功收购目标股份为由拒付包干费,事实依据不足。虽然高广公司未实际成功收购目标股份可能导致上述使用包干费所产生的成果被他人享有,因时代集团公司系受托完成相关事务,且高广公司未及时终止与时代集团公司的委托关系,对履行委托事务过程中发生的损失应由高广公司自行承担。而且,因《三方协议》约定上述包干费系由时代集团公司包干使用,专项用于目标公司在收购过程中涉及高管的安置、职工的稳定、股权转让的审批等事务,高广公司主张时代集团公司并未实际完成上述事务,与高广公司控股股东高速投资集团在《两方协议》中所确认的"时代集团公司在实施收购过程中做出的大量工作"不符,且委托事务是否完成应由作为一审反诉原告的高广公司对其负证明责任,而其未提供证明时代集团公司并未实际完成上述委托事务的证据。高广公司关于时代集团公司应自负证明已经完成委托事务的举证责任的主张,不符合《三方协议》中有关包干完成委托事务的约定,故本院不予支持。高广公司的时代集

---

[1] 参见王利明主编:《判解研究》2012年第1辑(总第59辑),人民法院出版社2012年版,第121～122页。

团公司未实际使用包干费的抗辩理由无事实和法律依据,本院不予采纳。原审判决关于时代集团公司返还包干费的判令依据不足,本院予以纠正。[1]

【案例6-134】 姜某某与吴某某委托合同纠纷案

二审法院认为,本案中,双方协议只约定了吴某某为姜某某介绍工作,并未对工作待遇作出具体约定。姜某某主张吴某某夸大工作待遇,缺乏有效证据证实。从合同履行情况来看,吴某某为完成委托事务,为姜某某提供了三个岗位的面试,姜某某面试了其中两个,且均收到了入岗通知,但姜某某并未到岗工作。考虑到吴某某为完成委托义务,付出了一定的劳务并支出一定费用,一审法院酌定吴某某向姜某某返还2万元安置费,并无明显不当。[2]

受托人完成委托事务的,委托人应当向其支付报酬。受托人完成委托事务的,委托人未按约定支付报酬,应承担继续履行、采取补救措施或者赔偿损失等违约责任。

【案例6-135】 大连甲置业代理有限公司与大连乙房地产开发有限公司委托合同纠纷再审案

最高人民法院认为,乙公司委托甲公司办理贷款,甲公司如约完成代理事项,乙公司获得了1.2亿元贷款,对此,双方签订了3份协议予以确认,且乙公司也按照协议约定支付了部分代理费。在辽宁省高级人民法院再审时,乙公司亦承认,甲公司在银行作出贷款决定之前进行过办理贷款的相关事宜。在委托法律关系中,一般情况下是以委托人名义从事民事活动,因此相关银行出具的甲公司未参加乙公司与银行之间房屋贷款工作的证明,不能推翻上述甲公司已经完成委托工作的证据。乙公司在原审中抗辩称甲公司未完成代理事项,与双方签订的协议和乙公司在原审诉讼中的自认不符。根据《合同法》第四百零五条的规定,受托人完成委托事务的,委托人应当向其支付报酬,原审判决认为甲公司未提供履行代理事项实际支出费用及利益损失的证据,故无权请求支付报酬,与法律规定不符。甲公司的代理行为不违反法律强制性规定,应当认定双方签订的委托代理协议合法有效,其据此请求乙公司依约支付代理费,符合法律规定,应予支持。[3]

在委托型服务合同中,受托人违反具体行为义务直接影响合同目的实现,应视为受托人未完成委托事务,且构成根本违约(有合法抗辩事由除外)。在委托

---

〔1〕 参见最高人民法院民事审判第二庭编:《最高人民法院商事审判指导案例》(合同与借贷担保),中国民主法制出版社2013年版,第160~180页。最高人民法院(2011)民二终字第92号民事判决书。

〔2〕 参见最高人民法院民法典贯彻实施工作领导小组编著:《中国民法典适用大全》(合同卷五),人民法院出版社2022年版,第3455页。山东省济南市中级人民法院(2021)鲁01民终5687号民事判决书。

〔3〕 最高人民法院(2013)民抗字第18号民事判决书。

事务及报酬可分的前提下,其只能就符合合同目的部分主张报酬请求权,对不符合合同目的部分无权主张报酬请求权。

【案例6-136】 某影视传媒有限公司诉某公司委托合同纠纷案

判决观点,因广告行为所产生的效果不可量化,故只要广告方是严格按照合同约定履行的,则应视为达到了合同目的,反之则不然。判决:驳回原告的诉讼请求。[1]

受托人以委托人的名义委托第三人不构成转委托,委托人无权要求受托人返还已支付第三人的相关费用,但可以按照协议约定向第三人主张。

【案例6-137】 安徽瑞之星电缆集团有限公司诉北京瑞齐雅科技有限公司委托合同纠纷案

判决观点,授权委托书作为瑞之星公司出具给瑞齐雅公司的授权文件,系委托合同的组成部分,对瑞齐雅公司和瑞之星公司均具有约束力。虽然授权委托书载明了"授权代表无转委托权",但是,该授权委托书亦明确了张某江全权负责瑞之星公司产品开拓及相关业务上的招投标事宜,且张某江在办理具体事宜过程中所签署的文件和处理的事务,均由瑞之星公司承担责任,因此,瑞齐雅公司有权以瑞之星公司的名义同宏镒成公司签订合同,该行为并非其以自己名义将瑞之星公司给付的2万元前期活动经费作为公关费用,以瑞之星公司的名义支付给了宏镒成公司,故瑞之星公司无权要求瑞齐雅公司返还。[2]

委托人委托受托人后又委托第三人,向受托人支付报酬问题。

【案例6-138】 绍兴市独树印染有限公司与绍兴市工业科学设计研究院有限公司委托合同纠纷案

二审法院认为,委托人需经受托人同意后,方可在受托人之外委托第三人处理委托事务。因不可归责于受托人的事由,委托合同解除或者委托事务不能完成的,委托人应当向受托人支付相应报酬,当事人另有约定的,依照其约定。[3]

在公民代理中,虽然公民符合民事诉讼中诉讼代理资格,法律不支持公民收取代理费用,但对于代理中的必要费用予以支持,不符合法律规定资格条件的公

---

[1] 参见张映婷:《瑕疵履行对支付报酬请求权的影响》,载《人民法院报》2014年7月17日,第7版。
[2] 参见国家法官学院案例开发研究中心编:《中国法院2013年度案例》(合同纠纷),中国法制出版社2013年版,第171页。北京市丰台区人民法院(2011)丰民初字第9974号民事判决书。
[3] 参见最高人民法院民法典贯彻实施工作领导小组编著:《中国民法典适用大全》(合同卷五),人民法院出版社2022年版,第3478页。浙江省绍兴市中级人民法院(2017)浙06民终2640号民事判决书。

民与当事人签订的诉讼代理合同无效。法院对代理中的必要费用认定应从严把握,以规范民事诉讼代理秩序。

【案例6-139】 杨某朋诉黄某英诉讼代理合同纠纷案

一审法院确认涉案代理合同无效,并认为,原告杨某朋主张其在代理执行案件中,产生费用合计人民币2400余元(票据57张),对于每一张票据的用途或者开支时间原告不能作出具体合理的说明,其主张的代理费用开支事实的真实性不能成立。据此,判决驳回杨某朋的诉讼请求。二审法院维持一审判决。[1]

网店运营委托合同纠纷中,委托人支付报酬处理。

【案例6-140】 唐某诉上海感帅实业有限公司网店运营委托合同纠纷案

判决观点,被告于2013年12月7日行使任意解除权解除合同,在合同解除前,原告为被告运营网店,被告应当根据协议约定支付原告相应的报酬。原、被告对于协议中约定的运营费(店铺基本管理费)计算方式中提及的销售额系实际销售额均不持异议,且原告系根据销售额提成,结合网店运营中存在交易关闭、退款等款项未实际支付至卖家的情形,亦存在为刷信誉的虚假交易金额,故协议约定的销售额系扣除上述金额的实际销售额亦与常理相符。原告主张实际销售额是量子恒道记载的金额扣除虚假交易金额,被告认为量子恒道未扣除退款等金额,并认为应当按照支付宝财务明细记载的金额扣除虚假交易金额计算。诉讼中,法院向支付宝公司调取了本案所涉网店的支付宝后台数据,其中财务明细记载了每笔入账的销售金额,原、被告对于依据后台数据账务明细记账的销售金额扣除虚假交易金额得出协议约定的实际销售额均不持异议,结合协议中关于运营费计算方式,法院认定,被告应当支付原告2013年11月运营费14673.95元,对于原告要求被告支付2013年12月1日至6日共计6天运营费1800元的诉讼请求,并无不当,法院予以支持。对于原告要求被告支付操作刷信誉费用460元的诉讼请求,因原告并未提供证据证明该费用已实际支出,且原、被告亦有专款用于操作刷信誉等事宜,故不利后果应由原告承担,对于原告的该项诉请,法院不予支持。被告未按约支付2013年11月运营费,原告有权要求被告赔偿相应逾期付款利息损失,考虑到协议并未约定运营费的付款期限,但原告曾于2013年12月初向被告催款,且催款后应当给予被告合理期限履行义务,但被告于2013年12月3日明确表示拒绝付款,故法院认定11月运营费的逾期付款利息损失的

---

[1] 参见《人民法院报》2015年2月26日,第6版。江西省南昌市中级人民法院(2014)洪民四终字第434号民事判决书。

起算时间应为2013年12月3日,现原告主张计算至2014年3月1日,且计算标准并无不当,但计算基数有误,故法院认定被告应当支付逾期偿付2013年11月运营费的利息损失(以14673.95元为基数,自2013年12月3日起算至2014年3月1日止,按照中国人民银行同期贷款利率计算)。[1]

《民法典》第九百二十一条后半段规定:"受托人为处理委托事务垫付的必要费用,委托人应当偿还该费用并支付利息。"委托人处理委托事务所支出的费用,不仅会有金钱支出,有时也会有物的消耗。至于判断费用的支出是否必要,不能以受托人主观上认为支出是否必要为标准,而应以受托人实施行为时的客观状态,即客观上确有必要,才可以请求偿还。主要把握以下原则:(1)直接性,受托人支出的费用应与所处理的事务有直接联系;(2)有益性,受托人支出的费用应有利于委托人,目的是使委托人受益;(3)经济性,受托人在支出费用时,应尽善良人的义务,采用尽量节约、适当的方法处理事务。对于委托人偿还利息的认定,如果双方当事人在订立合同时对利率有约定的,事后就应按其约定;如果对利率没有约定或者约定不明确时,就应当依照法定利率计算。[2]

【案例6-141】 余某某与傅某某委托合同纠纷案

二审法院认为,根据我国《合同法》第三百九十八条规定,委托人应当预付处理委托事务的费用。傅某某支付余某某的案涉30.8万元款项,其中第一笔10万元、第二笔20万元的转账凭证中附言一栏均注明为借款,第三笔8000元转账凭证附言一栏无注明内容。因此,法院认定第三笔可作为余某某处理委托事务的费用,余某某对此可不予返还。故对于傅某某主张余某某返还30万元的请求,法院确定余某某应当返还30万元。[3]

【案例6-142】 福建德氏电子科技有限公司与赛尔网络有限公司进出口代理合同纠纷案

二审法院认为,本案中,赛尔网络有限公司(以下简称赛尔公司)为福建德氏电子科技有限公司(以下简称德氏公司)垫付的货款发生银行手续费,德氏公司应当偿还,赛尔公司相应的诉讼请求,一审法院予以支持。关于赛尔公司为德氏公司垫付的货款及利息,赛尔公司与德氏公司虽约定用户收到货物后结算本息,但此约定是以买卖合同正常履行为前提。目前,H.D公司迟延发货的行为已构成根本违约,德氏公司也明确表示不要求继续履行进口

---

[1] 参见郭伟清主编:《2016年上海法院案例精选》,上海人民出版社2017年版,第184页。
[2] 参见中国审判理论研究会民事审判理论专业委员会主编:《民法典合同编条文理解与司法适用》,法律出版社2020年版,第708页。
[3] 参见最高人民法院民法典贯彻实施工作领导小组编著:《中国民法典适用大全》(合同卷五),人民法院出版社2022年版,第3410页。江苏省南京市中级人民法院(2019)苏01民终2504号民事判决书。

代理协议,亦未积极向 H.D 公司主张权利。在此情况下,买卖合同难以继续履行,德氏公司恐永远收不到货物。因此,赛尔公司与德氏公司关于对货物本息结算时间的限制性约定不应继续对双方产生约束力。赛尔公司要求德氏公司支付垫付货款并按照合同约定支付利息的诉讼请求,法院予以支持。[1]

受托人按照委托人的指示履行委托事务和报告义务,不承担退回相关费用责任。

【案例 6-143】 天津克运国际货物代理有限公司与大连金世达国际货物代理有限公司海上、通海水域货运代理合同纠纷案

二审法院认为,本案中,天津克运国际货物代理有限公司(以下简称克运公司)就青岛亘富玻璃有限公司(以下简称亘富公司)委托订舱的 20 个 20 尺的夹胶玻璃货物自中国大连海运至西班牙巴塞罗那向大连金世达国际货物代理有限公司(以下简称金世达公司)订舱询价,并告知金世达公司货物尺寸不超过货柜。金世达公司按照克运公司的指示进行了询价,并将询价结果告知克运公司,后克运公司将该笔订舱业务委托给金世达公司。金世达公司在案涉货物运输过程中均是按照克运公司的指示完成的委托事务,在克运公司委托的要求出现变化后也进行了及时的沟通和回复,并第一时间对委托事宜的处理结果进行了报告,不存在不妥之处。故原判认定克运公司主张返还海运费差额及改单费没有事实依据,并无不当。[2]

买断型委托监护合同不得损害被监护人的利益。监护人支付的买断费用不能满足被监护人的日常生活需要时,受托人向监护人主张后续增加费用的,应予支持。对于后续增加费用的数额,应当按照最有利于被监护人的原则,结合被监护人的身体情况、护理期限及等级、当地经济水平等因素综合确定。

【案例 6-144】 赵某琴诉资产经营公司委托合同纠纷案

一审法院认为,被告作为马某桥的监护人,应当负担马某桥的养老、护理等费用。原、被告于 2012 年 12 月 25 日签订《协议书》,该《协议书》的实质内容是被告将部分监护职责委托给原告,由原告代被告向马某桥履行养老、护理等监护职责,该约定不违反法律、行政法规的强制性规定。原告按协议约定履行了对马某桥的养老、护理等监护职责,被告应当向原告支付相关费

---

[1] 参见最高人民法院民法典贯彻实施工作领导小组编著:《中国民法典适用大全》(合同卷五),人民法院出版社 2022 年版,第 3411 页。北京市高级人民法院(2021)京民终 66 号民事判决书。

[2] 参见最高人民法院民法典贯彻实施工作领导小组编著:《中国民法典适用大全》(合同卷五),人民法院出版社 2022 年版,第 3414 页。辽宁省高级人民法院(2020)辽民终 1077 号民事判决书。

用。马某桥自 2012 年 10 月至今一直在原告开办的养老院生活,原、被告虽约定一次性支付相关费用 13.5 万元,但在这九年中,生活成本及护理成本均在上涨,随着马某桥年龄增长的护理难度及护理费用亦会增加,被告支付的 13.5 万元及马某桥的收入已不足以维持马某桥的正常生活及护理费用。如果被告不增加相应的养老、护理等费用,则可能导致原告利益受损或原告不能为马某桥提供正常标准的养老、护理费用,不利于马某桥的正常生活。根据马某桥的身体状况及收入情况,马某桥的养老、护理等费用不宜一次性支付,结合本地普通标准养老机构的收费水平酌定被告暂支付马某桥养老、护理等费用至 2022 年 12 月 31 日,即被告支付原告 2022 年 12 月 31 日前的费用 22100 元。自 2023 年 1 月 1 日起,如马某桥的收入仍不足以维持其正常生活及护理等费用,原告可再向被告主张。判决:被告资产经营公司支付赵某琴 22100 元。

二审法院认为,一审法院基于九年来生活及护理成本费用的增长,考虑马某桥年龄增长后护理难度的增加,为确保马某桥获得正常标准的养老服务,保证马某桥基本生存的权利,从公平、正义及最有利于被监护人的原则出发,结合本地实际酌定由资产经营公司继续分段支付马某桥养老费用,所作处理并无不当。双方签订《协议书》所依据的客观情况也发生了重大变更,继续按照协议履行对赵某琴而言显失公平,有违社会主义核心价值观,对于马某桥而言这必然导致基本生存权利受到严重影响。判决:驳回上诉,维持原判。[1]

(四)委托经营处理

近年来,众多开发商将商铺出售后,又与购房人签订委托经营合同,购房人将购买商铺委托开发商统一经营,由开发商支付经营管理费即租金。社会生活中,还有另一种常见委托经营现象。即随着集合式商业体的广泛发展,集商铺、餐饮、电影院等于一体的大型综合体商场应运而生,通常由若干购房人购买小面积的单元商铺再将其委托给同一个主体,受托人再寻找有经营、管理能力的公司招商。购房人购买的是单元商铺,与普通独立商铺(用墙体分隔的商铺)相区别,这种商铺只是空间上的一个区域,与周边的单元商铺紧密相连。在数个小单元商铺捆绑

---

[1] 参见国家法官学院、最高人民法院司法案例研究院编:《中国法院 2023 年度案例》(合同纠纷),中国法制出版社 2023 年版,第 190~191 页。江苏省淮安市中级人民法院(2021)苏 08 民终 4496 号民事判决书。

在一个商场经营的模式,势必出现由于人数众多,业主意见难以完全统一的情形。在处理该类纠纷时,应坚持按照少数服从多数的多数决原则,以保障绝大多数业主的利益。

【案例6-145】 石某双诉贵州鸿通运输开发有限公司购物中心委托合同纠纷案

二审法院认为,关于争议焦点一,上诉人作为诉争商铺所有权人,其对该商铺享有占有、使用、收益和处分的权利,其要求被上诉人返还商铺并无不当。但是,从客观情况来看,诉争商铺是单元商铺而非普通独立商铺(用墙体分隔的商铺),且被上诉人已经对鸿通购物中心整体进行了重新规划,上诉人所有的商铺部分已经被规划为过道,剩余部分通过整合,与其他业主的商铺混成了一个大的商铺,如果被上诉人返还上诉人的商铺,必然会破坏目前鸿通购物中心的规划和功能发挥,影响该购物中心的正常经营,相应地也会影响绝大多数已经与被上诉人签订第二轮委托合同的业主利益。此外,上诉人虽然拥有商铺的所有权,但是其所有的商铺仅为鸿通购物中心的极小一部分,而绝大部分业主已经签订了《委托经营合同》(二期)。根据《物权法》第七十一条"……业主行使权利不得危及建筑物的安全,不得损害其他业主的合法权益",为保证鸿通购物中心整体功能的发挥,其所有权必须受到其他商铺业主整体意志的限制。故对上诉人要求返还商铺的上诉,不予支持。关于争议焦点二,目前鸿通购物中心绝大部分业主已经与被上诉人签订了《委托经营合同》(二期),该合同体现了绝大多数业主的利益和意志,使不同区域的业主都能获得收益和实现其投资增值的目的,故对上诉人要求被告返还商铺的诉请,法院不予支持。上诉人石某双主张被上诉人按照2014年贵阳市房屋租赁市场租金指导价标准支付2015年8月之后的租金,鉴于保持对上诉人与其他要求返还房屋的业主的系列案件以及已经签约的业主租金标准的一致性,按照《委托经营合同》(二期)的462户业主的标准支付2015年8月之后的租金,更符合客观实际,故对上诉人主张的租金,法院支持其自2015年8月1日起,每月支付4135.21元(购房总价499197元÷0.84×8.35%÷12个月)给上诉人石某双至双方签订新的合同时止。上诉人石某双的上诉理由部分成立,予以支持。综上所述,原判认定事实清楚,但适用法律不当,应当予以改判。另外,《鸿通购物中心商铺委托经营合同》是合同到期后终止,一审判决该合同于2011年5月31日终止不当,予以纠正。[1]

---

[1] 参见国家法官学院案例开发研究中心编:《中国法院2019年度案例》(合同纠纷),中国法制出版社2019年版,第188~189页。贵州省贵阳市中级人民法院(2017)黔01民终字第806号民事判决书。

(五) 委托抵销处理

在委托合同履行过程中,当事人可以行使抵销权。《民法典》第五百六十八条、第五百六十九条分别规定了法定抵销和约定抵销。《九民纪要》第四十三条规定:"抵销权既可以通知的方式行使,也可以提出抗辩或者提出反诉的方式行使。抵销的意思表示自到达对方时生效,抵销一经生效,其效力溯及自抵销条件成就之时,双方互负的债务在同等数额内消灭。双方互负的债务数额,是截至抵销条件成就之时各自负有的包括主债权、利息、违约金、赔偿金等在内的全部债务数额。行使抵销权一方享有的债权不足以抵销全部债务数额,当事人对抵销顺序又没有特别约定的,应当根据实现债权的费用、利息、主债务的顺序进行抵销。"该条规定的抵销权行使具体明确,且对抵销有无溯及的争议,明确本纪要采肯定说。[1]

最高人民法院民一庭认为,由于抵销是单方法律行为,主张抵销一方只要为抵销的意思表示,就发生抵销的法律效力,故对被抵销一方而言,抵销具有强制性。若法律允许一方用自然债权抵销对方的债权,则将产生强制履行自然债务的结果,从而导致法律体系内部发生冲突。因此,已过诉讼时效的债权不得作为主动债权主张抵销。但已过诉讼时效的债权可以作为被动债权抵销,此时可认为自然债权的债务人放弃了时效利益。应当指出的是,是否已过诉讼时效的判断时点,应以两项债权适于抵销时点为准,一方因行使抵销权而获得的既得利益应予尊重,不因事后债权罹于诉讼时效而受影响。[2]

【案例 6-146】 天资公司与九鼎公司委托合同纠纷再审案

最高人民法院认为,关于天资公司是否行使以及何时行使抵销权问题。抵销的意思表示既可以通知的方式行使,也可以提出抗辩或者提出反诉的方式行使。本案中,天资公司先是于诉讼前向九鼎公司发送抵销通知,后又在本案诉讼中提出抵销的抗辩,尽管其在提出反诉后又撤诉,但在其并未明示撤回抵销意思表示的情况下,应当认定其已经行使了抵销权。九鼎公司关于天资公司撤回反诉即表示放弃行使抵销权的主张于法无据,本院不予支持。抵销的意思表示一经到达对方,其效力就溯及自抵销条件成就之时,即主

---

[1] 参见最高人民法院民事审判第二庭编著:《〈全国法院民商事工作会议纪要〉理解与适用》,人民法院出版社 2019 年版,第 297 页。

[2] 参见最高人民法院民事审判第一庭编:《最高人民法院民事审判第一庭裁判观点》(民事合同卷)(上),人民法院出版社 2023 年版,第 200 页。

债权履行期限届满之日2017年7月20日,故应当认定本案中双方互负的债务于该日起抵销。

关于抵销的法律效果问题。天资公司据以行使抵销权的债权不足以抵销其对九鼎公司负有的全部债务,参照《合同法解释(二)》第二十一条的规定,应当按照实现债权的有关费用、利息、主债务的顺序进行抵销,即天资公司对九鼎公司享有的8296517.52元,先用于抵销其对九鼎公司负有的5000万元债务中的利息,然后再用于抵销本金。天资公司有关8296517.52元先用于抵销5000万元本金的再审申请缺乏事实和法律依据,最高人民法院不予支持。[1]

【案例6-147】 源昌公司与悦信公司委托合同纠纷再审案

最高人民法院认为,关于源昌公司抵销权行使的问题。《合同法》第九十九条第二款规定了法定抵销权的行使,即当事人主张抵销的,应当通知对方。通知自到达对方时生效。抵销不得附条件或者附期限,故可认定,通知仅系法定抵销权的行使方式,抵销权成立后当事人是否及时行使抵销权通知对方,并不影响抵销权的成立。本案中,源昌公司行使抵销权虽已超出诉讼时效,但并不妨碍此前抵销权的成立。抵销通知亦为单方意思表示,意思表示只要到达对方,无须对方同意即可发生抵销的法律后果,作为形成权抵销权的行使不受诉讼时效限制。故而本案双方互负的2000万元债务在(2012)闽民初字第1号案中源昌公司将债务抵销举证证明目的告之悦信公司时即已抵销。原判决以源昌公司主张抵销时已经超过诉讼时效,以及悦信公司的债权在海南省高级人民法院作出(2016)琼民终154号民事判决之前不确定等理由认定不适用抵销,缺乏理据。此外,因抵销关系之双方均对对方承担债务,在某种程度上对己方之债权具有担保作用,故我国《合同法》未对抵销权行使设置除斥期间,而是规定抵销权人行使抵销权后,对方可以在一定期间内提出异议。但即便如此,抵销权的行使也不应不合理地迟延。本案中,悦信公司与源昌公司在2005年年末几乎同时发生大数额的金钱债务。在长达六年的时间里,双方均未提出相应主张。2011年悦信公司向福建省高级人民法院提起(2012)闽民初字第1号公司盈利分配之诉后,源昌公司遂在该案中提出债务抵销之主张,当属在合理期限内主张权利,自难谓其怠于行使抵销权。此外,从实体公平的角度看,若以源昌公司诉讼时效届满为由认定不能行使抵销权,不仅违背抵销权的立法意旨,且有悖于民法公平原则。综上,源昌公司在另案中行使抵销权并无不当,双方债权已经抵销。另外,源昌

---

[1] 最高人民法院(2019)民再12号民事裁定书。

公司一审诉请确认其有权与悦信公司等额抵销金钱债权,再审请求双方互负2000万元债务以抵销,二者略有不同。但鉴于源昌公司有权进行抵销,且已在(2012)闽民初字第1号案中以告知举证证明目的的方式向悦信公司发出抵销通知,确已发生抵销效力。因此,源昌公司一审诉请与再审请求虽略有不同,但不影响本案实体裁判结果,悦信公司要求源昌公司另行起诉,不予支持。综上所述,源昌公司有关与悦信公司互负的2000万元到期债权已抵销的请求成立,本院予以支持;其他再审请求不成立,本院不予支持。[1]

(六)合同终止处理

1.委托合同终止

《民法典》第九百三十四条规定:"委托人死亡、终止或者受托人死亡、丧失民事行为能力、终止的,委托合同终止;但是,当事人另有约定或者根据委托事务的性质不宜终止的除外。"这是关于委托合同终止的规定,也是处理涉及委托合同终止纠纷的法律依据。该条规定了法定终止的理由,并规定了例外情况:其一,合同另行约定即使有委托人死亡、终止或者受托人死亡、丧失民事行为能力、终止的情况发生,委托关系仍不消灭。其二,因委托事务的性质不宜终止的。

委托人死亡的,委托合同终止。受托人于委托人死亡后,以委托人的代理人身份与第三人签订的合同,对委托人的法定继承人不具有拘束力。

【案例6-148】 刘某爱、陈某华、鲍某伟诉甲县住房和城乡建设局房屋拆迁行政补偿纠纷案

二审法院认为,鲍某国虽与鲍某明有亲属关系,且持有符合法律形式要件的授权委托书,但鲍某明于2015年11月16日死亡,而案涉《甲县国有土地房屋征收货币补偿协议书》于2018年4月18日签订,协议上明确记载"被征收人:鲍某明(已故)"。甲县住房和城乡建设局在明知协议签订时鲍某明已死亡的情况下,应与鲍某明的继承人或鲍某明继承人的委托人签订协议。而甲县住房和城乡建设局提交的《授权委托书》中并无鲍某明的法定继承人刘某爱、鲍某伟的签名,刘某爱、鲍某伟对鲍某国在协议上签字的行为亦不认可,认定鲍某国为刘某爱、鲍某伟的委托人或构成表见代理的依据不足,鲍某国在《甲县国有土地房屋征收货币补偿协议书》上的签字行为对刘某爱、鲍

---

[1] 参见《最高人民法院公报》2019年第4期(总第270期)。最高人民法院(2018)民再51号民事判决书。

某伟不产生拘束力。[1]

【案例6-149】 江苏任尔律师事务所与江口民众房地产开发有限责任公司普通破产债权确认纠纷案

二审法院认为,因委托人已进入破产清算程序,根据《合同法》第四百一十一条"委托人或者受托人死亡、丧失民事行为能力或者破产的,委托合同终止,但当事人另有约定或者根据委托事务的性质不宜终止的除外"的规定,案涉《委托代理合同》终止,即该合同履行终止及合同关系消灭。受托人未经委托人同意将合同中已消灭的权利义务转让给第三人,该转让协议无效。[2]

【案例6-150】 刘某伶与成都市云曜科技有限公司股东资格确认纠纷案

二审法院认为,《委托持股合同》双方并未就委托人死亡后的股权事宜如何处理进行约定,委托人死亡后,参照《合同法》第四百一十一条"委托人或者受托人死亡、丧失民事行为能力或者破产的,委托合同终止,但当事人另有约定或者根据委托事务的性质不宜终止的除外"规定,应认定《委托持股合同》于委托人死亡时终止。《委托持股合同》终止后,委托人的继承人基于继承取得的《委托持股合同》中的权利义务为截至委托人死亡时产生的股权财产性权益,不能延伸至其死亡后;委托人的继承人与受托人并未达成新的代持合意,其也未向公司出资,故委托人的继承人请求确认为云曜公司实际出资人的主张不能成立。[3]

2.委托合同继续履行

《民法典》第九百三十五条规定:"因委托人死亡或者被宣告破产、解散,致使委托合同终止将损害委托人利益的,在委托人的继承人、遗产管理人或者清算人承受委托事务之前,受托人应当继续处理委托事务。"这是关于受托人继续处理委托事务的规定,也是处理涉及委托合同终止纠纷的法律依据。在出现委托人死亡或者终止法定事由时,一般情况下,委托合同终止履行。但是,如果出现了本条规定的情况,委托合同不终止则应继续履行,直至委托人的继承人、遗产管理人或者清算人承受委托事务为止。这是基于如果受托人终止履行,势必造成委托人的合法权益的损失。也就是说,继续处理委托事务终止时间点为委托人的继承人、遗产管理人、清算人能接受时。

---

[1] 浙江省金华市中级人民法院(2019)浙07行终261号行政判决书。
[2] 参见最高人民法院民法典贯彻实施工作领导小组编著:《中国民法典适用大全》(合同卷五),人民法院出版社2022年版,第3498页。贵州省铜仁市中级人民法院(2021)黔06民终188号民事判决书。
[3] 参见最高人民法院民法典贯彻实施工作领导小组编著:《中国民法典适用大全》(合同卷五),人民法院出版社2022年版,第3499页。四川省成都市中级人民法院(2021)川01民终293号民事判决书。

法人被吊销营业执照未成立清算组织而承受委托事务,去世法定代表人的继承人亦未及时通知受托人终止委托合同,受托人以委托人的名义与第三人所签订的合同,对委托人仍发生效力。

【案例 6-151】 湖南甲实业有限公司诉宁乡县乙金属有限公司房屋买卖合同、建设用地使用权转让合同纠纷案

二审法院认为,甲实业公司于2009年2月14日向邬某五出具的委托书明确载明邬某五有权处理涉案房产与地产,邬某五于2009年8月15日与乙金属公司签订了《土地使用权转让意向书》与《房产转让协议》,并加盖了甲实业公司公章。在李某甫去世且甲实业公司被吊销营业执照后,甲实业公司既没有证据证明李某甫的继承人已及时通知受托人邬某五终止委托合同,也无证据证明甲实业公司已成立清算组织承受委托事务,故邬某五继续处理委托事务对甲实业公司具有法律效力。乙金属公司根据书面委托书有理由相信邬某五有代理权,甲实业公司内部事项的变动不能对抗乙金属公司。故依《合同法》第四百一十二条规定认定邬某五的代理行为有效。〔1〕

【案例 6-152】 王某某与于某甲、于某乙、于某丙、于某丁房屋买卖合同纠纷案

判决观点,委托人死亡、丧失民事行为能力或者破产,致使委托合同终止将损害委托人利益的,在委托人的继承人、法定代理人或者清算组织承受委托事务之前,受托人应当继续处理委托事务。被代理人死亡前已经实施,为了被代理人的继承人的利益继续代理,委托代理人实施的代理行为有效。委托人书面委托受托人办理有关拆迁事宜,但在拆迁安置及申购房产过程中,委托人死亡,受托人继续从事委托事务,系为了委托人及其继承人的利益所实施,该行为有效。〔2〕

《民法典》第九百三十六条规定:"因受托人死亡、丧失民事行为能力或者被宣告破产、解散,致使委托合同终止的,受托人的继承人、遗产管理人、法定代理人或者清算人应当及时通知委托人。因委托合同终止将损害委托人利益的,在委托人作出善后处理之前,受托人的继承人、遗产管理人、法定代理人或者清算人应当采取必要措施。"这是关于受托人死亡后其继承人等的义务的规定,也是其继续处理委托事务时间点的法律依据。采取必要措施的义务应到何时为止?一般认为,

---

〔1〕 湖南省长沙市中级人民法院(2016)湘01民终217号民事判决书。

〔2〕 参见最高人民法院民法典贯彻实施工作领导小组编著:《中国民法典适用大全》(合同卷五),人民法院出版社2022年版,第3503页。江苏省南京市鼓楼区人民法院(2018)苏0106民初4483号民事判决书。

一直到委托人作出善后处理时为止。[1]

【案例 6-153】 刘某远、王某诉刘某、李某英委托合同纠纷案

判决观点,刘某远、王某委托刘某钦代销货物,双方之间形成委托合同关系。根据《合同法》第四百一十三条之规定,刘某钦作为受托人死亡后,委托合同终止,刘某、李某英作为刘某钦的继承人应当及时通知刘某远、王某,并采取必要措施防止刘某远、王某的利益受损,但刘某、李某英未及时返还刘某远、王某的代销货物,亦未支付代销货物的等值价款,因代销货物的型号、材质无明确约定,且存在状态无法确定,仅对货物价值30000元予以确认,故刘某远、王某要求刘某、李某英支付30000元货款的诉讼请求,予以支持。[2]

【案例 6-154】 梁某与徐某某委托合同纠纷案

二审法院认为,《合同法》第四百一十三条……根据该条规定,受托人死亡的,其继承人在继承相应退股款后,应当妥善处理委托人委托受托人持股部分的投资款及收益,依据公司确认的款项金额返还委托人。[3]

【案例 6-155】 陈某某与郭某甲、郭某乙等侵权责任纠纷案

二审法院认为,《合同法》第四百一十三条规定,因受托人死亡、丧失民事行为能力或者破产,致使委托合同终止的,受托人的继承人、法定代理人或者清算组织应当及时通知委托人。因委托合同终止将损害委托人利益的,在委托人作出善后处理之前,受托人的继承人、法定代理人或者清算组织应当采取必要措施。据此,基于有偿委托关系,受托人死亡后,继承人应当通知委托人并进行清算,将剩余的利润支付给委托人。[4]

持续性的合同履行中,委托人死亡的,委托代理不终止。

【案例 6-156】 杭州富阳盛拓渣土处置有限公司与方某水公路货物运输合同纠纷案

二审法院认为,被代理人生前与相对人订立持续性的运输合同,相对人依被代理人的指示分批分次履行运输义务,在被代理人死亡后,接受委托进行日常经营管理的代理人自行与运输合同相对人取得联系,继续履行运输合同义务。若代理行为不符合《民法总则》第一百七十四条规定的情形,则被

---

[1] 参见黄薇主编:《中华人民共和国民法典合同编释义》,法律出版社2020年版,第897页。
[2] 河南省镇平县人民法院(2015)镇民初字第0365号民事判决书。
[3] 参见最高人民法院民法典贯彻实施工作领导小组编著:《中国民法典适用大全》(合同卷五),人民法院出版社2022年版,第3509页。山东省威海市中级人民法院(2018)鲁10民终2397号民事判决书。
[4] 参见最高人民法院民法典贯彻实施工作领导小组编著:《中国民法典适用大全》(合同卷五),人民法院出版社2022年版,第3508页。福建省厦门市中级人民法院(2017)闽02民终3570号民事判决书。

代理人的继承人对于被代理人死亡后所发生的合同债务不负清偿责任。被代理人的继承人仅对代理人生前所负债务,在继承遗产实际价值范围内承担清偿责任。[1]

---

[1] 参见最高人民法院民法典贯彻实施工作领导小组编著:《中国民法典适用大全》(总则卷三),人民法院出版社2022年版,第1521~1522页。浙江省杭州市中级人民法院(2018)浙01民终5250号民事判决书。

专题七　委托理财合同纠纷

委托理财合同是委托合同类型中的一种，该类合同是有偿的，在当今社会中应用越来越广泛，也是频发争议的委托合同。委托理财合同既具有一般委托合同的共性，也具有其处理金融事务的特性。司法实践中，委托理财合同的效力认定是极有争议的问题，各地法院因认识不同在处理上有明显差异，为此有必要深入探讨。本专题只就委托理财合同中的特殊问题作一分析，对于其一般性问题可见委托合同的阐述。

一、委托理财合同理解

(一) 保底条款含义

委托理财合同是指委托人和受托人约定,委托人将其资金、证券等金融性资产委托给受托人,由受托人在一定期限内管理、投资于证券、期货等金融市场,并按期支付给受托人一定比例收益进行资产管理活动而订立的合同。

委托理财因其基于对委托人资金、资产管理活动属性,在此类合同中往往会有一个保底条款的约定。保底条款是指在委托理财合同中约定的无论盈亏,受托方保证委托方本金不受损失并可获取固定数额或最低数额回报的条款。根据最高人民法院的判例和业务指导意见,不论是单位接受理财委托,还是个人接受委托,约定亏损由受托人承担的,就属于保底条款。[1]

保底条款可以分为以下类型:其一,保证本息固定回报条款,即委托人与受托人约定,无论盈亏,受托人均保证除委托资产不受损失外,还给付委托人约定的利息,超出部分的收益归受托人所有。其二,保证本息最低回报条款,即委托人与受托人约定,无论盈亏,委托人除保证委托资产的本金不受损失之外,还保证支付委托人一定比例的固定收益,该固定收益也可表现为约定支付一定的利息,超出部分的收益,双方再按约定比例分成。其三,保证本金不受损失条款,即委托人与受托人约定,无论盈亏,受托人均保证委托资产的本金不受损失,对收益部分,双方按约定比例分成。其四,承诺填补损失条款,即委托人与受托人约定,委托资产在经营过程中发生损失后,受托人不仅向委托人补足全部本金损失,还对委托资产的收益损失也作出一定赔偿。

(二) 保底条款效力

实践中,保底条款往往成为委托理财合同的重要内容。关于保底条款的效

---

[1] 参见吴庆宝主编:《最高人民法院专家法官阐释民商裁判疑难问题》(2013—2014年卷),中国法制出版社2013年版,第8页。

力,实践中存在绝对有效说、条款可撤销说、区分主体说、条款无效说、合同无效说等多种意见。各地法院认识上不同,一是认定合同全部有效,各方均应按合同约定履行,否则构成违约。二是认定合同有效,但其中的保底条款无效。三是合同全部无效。从各地法院判例看,其一,合同主体双方为自然人的,一般确认为合同有效。其二,合同一方或双方为法人或组织的,一般确认保底条款无效或整个合同无效。主要理由为主体资格不合法,即不具备证券业务许可或从事证券投资咨询业务的资格。保底条款的约定违反了民法和合同法规定的公平原则,其所配置的民事权利义务严重不对等,致使保底条款从根本上难以实际履行,扰乱了正常的市场交易秩序。

通说认为,合同双方签订的委托理财协议除应保证本金不受损失外,还应保证最低比例的盈余。但是"股票有风险"是每个从事炒股的市场主体都明知的基本市场规律,而保底条款将股市风险完全交由受托人承担,不但违背市场规律,而且受托人一旦炒股失败,其所承担的赔偿责任完全可能超过受托人通过委托理财合同可以获得的利益,造成双方权利义务的严重不对等。以委托炒股为内容的委托理财协议中约定保底条款,违反了委托合同中受托人只对自己过错造成委托人损失承担赔偿责任的基本法律原则。此外,保底条款内容带有射幸性质,违背社会善良风俗。如果不禁止此类保底条款,则容易助长不理性的投资行为,造成市场泡沫,引发金融风险,危害金融市场安全。因此,保底条款应当认定为无效。结合相关法律的规定以及民商法的基本原理,其保底条款无效理由可归纳为三点,其一,保底条款违背了民法的公平原则。其二,保底条款违背了市场经济的基本规律。其三,保底条款违反了相关法律的禁止性规定。有学者认为,当受托人为非金融机构法人和自然人时,其与委托人之间约定的保底条款也应当被认定为无效。[1] 有法官认为,在合同条款效力的审查上,对于约定有任何一方承担风险而只享受固定收益或分红的保底条款,应对条款效力作否定性评价,但不应以此否定整个委托理财合同的效力。[2]

保底条款的内容是委托理财合同的核心内容,是委托人签订委托理财合同的目的也是促使其签订委托理财合同的原因。如果认定保底条款无效,则无异于使委托人签订委托理财合同的目的落空;如果没有保底条款,则委托人失去继续履行合同的意愿,亦不能强迫委托人自愿接受合同其他内容的履行。因此认定保底条款无效后,合同其他部分亦应无效。保底条款无效不发生部分无效的法律后果,而是将导致委托理财合同整体无效。

---

[1] 参见《法律规则的提炼与运用》(商事卷),法律出版社2012年版,第137页。
[2] 参见《人民司法·案例》2020年第5期(总第880期)。

【案例 7-1】 柳某芬诉何某鹏委托理财合同纠纷案

判决观点,原、被告签订的《协议书》中约定的"被告为原告提供理财计划,保证原告 3 万元本金在 365 日收益 20%"条款为保底条款。法院认为,委托理财的性质是一种委托投资关系,基金投资属于一种高风险的经营活动,保底条款通过保证固定投资本金和收益,免除了委托人应承担的投资风险,违背了金融市场的基本经济规律和交易规则,因此该条款应认定为无效。保底条款作为委托理财合同之核心条款,不能成为相对独立的合同无效部分,故本案系委托理财协议书因保底条款无效而应确认为原告与被告之间的委托理财合同条款整体无效。[1]

【案例 7-2】 米某苹诉刘某、周某峰委托理财合同纠纷案

二审法院认定保底条款无效导致委托理财合同整体无效。[2]

类似案例如胡某诉梁某委托理财合同纠纷案。[3]

此类情况,未对民间委托理财与金融理财合同加以区分。有些法院认定委托理财合同有效,而保底条款无效。

【案例 7-3】 王某林诉广西正明投资有限公司、朱某韬委托理财合同纠纷案

判决观点,王某林与正明公司、朱某韬签订的《委托投资协议书》系三方当事人的真实意思表示,为有效合同。但该《委托投资协议书》第二条第二点约定的"乙方对甲方投资资金全权管理、调配,精心运作并承担操作风险,对甲方投资资金有保本责任,即在协议到期日,若甲方投资资金低于投资本金时,差额部分及收益由乙方补齐,乙方确保甲方投资资金的年收益大于百分之二十四"系保底条款。在高风险的金融市场中,投资风险无法避免,绝对的只盈不亏的情形不可能存在,也不可能存在恒高的收益率,保底条款非但不能从根本上改变资本市场中风险与利益共存的基本规律,难以真正发挥激励和制约功效,相反却有失公平,助长非理性或者非法行为的产生,加大市场泡沫并引发金融风险,不利于金融市场的良性发展。本案的保底条款虽然是当事人之间以意思自治的合法形式对受托行为所设定的一种激励和制约机制,但却致使双方民事权利义务不对等,违背民法公平原则,基于民商法基本

---

[1] 参见国家法官学院案例开发研究中心编:《中国法院 2013 年度案例》(合同纠纷),中国法制出版社 2013 年版,第 160 页。湖南省长沙市望城区人民法院(2010)望民初字第 185 号民事判决书。

[2] 参见国家法官学院案例开发研究中心编:《中国法院 2014 年度案例》(合同纠纷),中国法制出版社 2014 年版,第 76 页。北京市第一中级人民法院(2012)一中民终字第 2930 号民事判决书。

[3] 参见北京市高级人民法院编:《审判前沿——新类型案件审判实务》2009 年第 5 集(总第 29 集),法律出版社 2010 年版,第 101 页。

原则、法律禁止性规定和市场基本规定,认定该保底条款无效。[1]

有的法院在合同条款效力的审查上,对于约定任何一方不承担风险而只享受固定收益或分红的保底条款,应对该条款效力作否定性评价,但不应以此否定整个委托理财合同的效力。如邹某娟、吴某诉邹某秋、朱某群委托理财合同纠纷案。[2]

【不同处理】 实践中,法院将其双方为自然人的个人理财合同保底条款认定为有效的判决亦不断出现且呈上升趋势。

【案例7-4】 方某琴诉陈某民委托理财合同纠纷案

二审法院认为,上诉人陈某民与被上诉人方某琴《委托理财合同》中的保底条款有效。理由在于以下三个方面:第一,本案中的《委托理财合同》中的保底条款并不违反法律和行政法规的强制性规定,我国现行的法律法规尚没有对受托人为特定金融机构以外的委托理财合同的保底条款作否定性规定。根据《合同法》第四十四条和第五十二条的规定,合同条文只要不存在违反法律和行政法规强制性规定等情形,就不应认定无效。第二,《委托理财合同》中的保底条款并不违背权利和义务相一致原则。其一,凡商业活动均有一定风险,受托人陈某民既然在《委托理财合同》中与委托人方某琴约定了保底条款,必然在事前已对可能出现的风险后果予以充分考虑并决定承担。作出这一决定,是建立在陈某民对自身代理理财能力的自信与高风险和高回报并存的思想认识基础之上的。其二,受托人陈某民在未投入任何资金、证券的情况下,借委托人方某琴的资金、证券进行经营并希望盈利,属典型的"借鸡生蛋"行为,即如果受托人陈某民经营有方,将会在没有任何资金、证券投入的情况下获取一定数额甚至高额回报。按照市场运行规则,利之所在,责之所归,受托人陈某民有享受高收益的权利,同时也应承担高风险的相应义务,市场的这种游戏规则,并无对任何一方不公平。因此,这种保底条款约定也没有违背商务活动的本质。第三,委托理财合同中保底条款的约定,符合民事法律关于所遵循的契约自由、意思自治原则。委托方方某琴和受托方陈某民有权通过自愿约定收益比例的分享以及受托方独自承担风险这种方式来确定双方的权利义务。这种保底条款的约定是当事人行使私权的体现,只要不违反法律规定,不损害国家和社会公共利益,符合契约自由原

---

[1] 参见国家法官学院案例开发研究中心编:《中国法院2019年度案例》(合同纠纷),中国法制出版社2019年版,第281~282页。广西壮族自治区柳州市柳北区人民法院(2016)桂0205民初12号民事判决书。

[2] 参见《人民司法·案例》2020年第5期(总第880期)。江苏省苏州市中级人民法院(2018)苏05民终9200号民事判决书。

则,就应得到法律的尊重。综上,原审认定事实清楚,适用法律正确。据此,维持一审判决。[1]

【案例7-5】 张某媛诉马某涛委托理财合同纠纷案

二审法院认为,张某媛与马某涛订立协议书,形成的民间委托理财关系不违反法律、行政法规的禁止性规定。马某涛以其不具有经营证券业务资格和保证本金不受损失的条款为保底条款为由认为协议无效,因马某涛受托为张某媛管理股票账户,并不构成经营证券业务,且保底条款并不能导致协议整体无效,因此马某涛该上诉理由于法无据,不予采信。双方在协议书中约定张某媛委托马某涛管理的股票账户的开户证券公司为中信证券安外大街营业部,因此该营业部出具的历史委托情况具有法律效力,现马某涛以证据单一、是复制品,以及该营业部与张某媛有利害关系为由不予认可,缺乏依据,且马某涛未能提出相反的证据,一审法院依据该证据确认协议履行过程中的股票买卖均由马某涛操作并无不当。关于张某媛转出资金的问题,因协议书中对转出资金未作约定,且马某涛称张某媛转出资金给其造成损失,其亦未提交证据加以证明。马某涛的上诉理由缺乏事实与法律依据,不予采信,其上诉请求不予支持。一审判决认定事实清楚,适用法律正确,应予维持。[2]

就委托理财合同中的保底条款的效力对于合同整体的效力的关系而言,最高人民法院在个案中有明确阐述。

【案例7-6】 湖南省青少年发展基金会与亚洲证券有限责任公司、长沙同舟资产管理有限公司委托理财合同纠纷案

最高人民法院认为,关于保底条款的效力。本案委托理财合同所约定的年10%的固定回报率属于保底条款。尽管该保底条款是资金委托管理协议双方以自治的形式对受托行为所设定的一种激励和制约机制,但该条款致使双方民事权利义务严重失衡,既不符合民法上委托代理的法律制度构成,亦违背民法的公平原则。为此,本院认定本案委托理财协议中所涉保底条款无效。关于委托理财协议的效力。虽然我国《合同法》第五十六条规定:合同部分无效,不影响其他部分效力的,其他部分仍然有效。但在本案订有保底条款的委托理财合同中,保底条款与合同其他条款不具有可分性,其并非可以独立分离出来的合同部分,而是与合同其他部分存在紧密的牵连关系。就

---

[1] 参见最高人民法院中国应用法学研究所编:《人民法院案例选》2011年第4辑(总第78辑),人民法院出版社2011年版,第167页。

[2] 参见国家法官学院案例开发研究中心编:《中国法院2014年度案例》(金融纠纷),中国法制出版社2014年版,第38页。北京市第二中级人民法院(2013)二中民终字第1754号民事判决书。

本案中委托理财协议之缔约目的而言,委托人青基会除期待委托资产本金的安全外,尚期待高达10%的固定收益回报率。因此可以说,若没有保底条款的存在,当事人双方尤其是委托人通常不会签订委托理财合同;在保底条款被确认无效后,委托人的缔约目的几乎丧失,若使合同其他部分继续有效并履行,不仅违背委托人的缔约目的,而且无履约意义,将导致极不公平合理之结果。鉴于此,本院认为,保底条款应属本案中委托理财协议之目的条款或核心条款,不能成为相对独立的合同无效部分,保底条款无效应导致委托理财协议整体无效。原审判决认定委托理财协议有效属适用法律不当。亚洲证券关于委托理财协议无效的主张,本院予以支持。[1]

(三)委托理财合同区分

在有保底条款的委托理财合同中,应注意区别其与借贷合同二者的界限。委托人向受托人提供资金,由受托人对资金进行操作和使用,并向委托人返还本金及一部分回报,有意见认为该合同符合还本付息的借款合同本质,即双方约定委托人将一定数额的货币转移给受托人,受托人在一定期限内返还同等数额的货币给委托人并支付一定收益的借款合同。

【案例7-7】 李某楠诉陈某庭委托理财合同纠纷案

判决观点,虽然原、被告双方也约定了被告应当在保证原告收回本金的同时支付其一定的收益,这点与借款合同的还本付息的特征类似,但是本案原告对资金仍然享有占有和使用权,首先资金在原告的账户中操作且原告知道操作密码,其次原告实际上也对资金进行了操作,因此,原告对其提供的资金仍然可以进行实际使用和操作,符合委托合同中受托人按照委托人的意思提供服务的本质,故法院采纳了通说保底条款无效的意见。[2]

实务中的观点,只要当事人之间的委托理财协议涉及固定收益、固定回报、保本收益等条款的,实际上就是相当于给付利息,应当一律认定属于以委托理财为表现形式的民间借贷法律关系。换言之,委托理财的收益存在不确定因素,而民间借贷的利息收益是固定的。

---

[1] 最高人民法院(2009)民二终字第1号民事判决书。
[2] 参见国家法官学院案例开发研究中心编:《中国法院2013年度案例》(合同纠纷),中国法制出版社2013年版,第168~169页。福建省厦门市湖里区人民法院(2011)湖民初字第3083号民事判决书。

【案例7-8】 王某诉胡某民间借贷合同纠纷再审案

再审法院认为,根据一审法院查明的事实,系争投资合作协议虽然名为投资理财协议,但实际上是由胡某将资金支付至王某账户后,王某定期支付固定收益,同时保证胡某本金可全额赎回。故一审法院认定王某和胡某之间属于以委托理财为表现形式的民间借贷法律关系并无不当。[1]

【案例7-9】 李某春、廖某蓉诉谭某亮、雷某琳民间借贷合同纠纷案

二审法院认为,李某春、廖某蓉交付涉案款项后,谭某亮出具的虽然是《收条》,但《收条》载明月息,约定了币种、数额、利率,不符合委托合同的要件,符合借款合同的要件。从合同履行来看,谭某洪系向谭某亮而非李某春、廖某蓉出具《借条》,谭某洪未支付涉案款项本息后,谭某亮亦是以自己的名义以民间借贷纠纷起诉,系谭某亮以自己的名义与谭某洪交易、向谭某洪主张权利,而非以李某春、廖某蓉委托人的名义。且谭某洪自2014年4月便停止向谭某亮支付利息,而谭某亮系自2014年6月之后才未向李某春、廖某蓉支付利息,表明谭某洪与谭某亮之间的借款关系和谭某亮与李某春、廖某蓉之间的借款关系是相互独立的。另外,谭某亮、雷某琳在诉讼过程中也未能提供相关委托理财协议或者委托授权手续。故谭某亮、雷某琳关于本案系委托理财关系的主张不能成立,双方之间应认定为借贷关系。一审判决认定本案系委托理财关系错误,法院予以纠正。[2]

通过对方转入投资资金并领取收益的合同,不能认定双方存在委托理财合同关系。

【案例7-10】 李某霞诉白某民间委托理财合同纠纷案

一审法院认为,从资金流向看,原告李某霞向被告白某支付了投资款,被告白某向原告李某霞支付了投资利润。原告亦据此主张双方存在委托理财法律关系。法律关系的成立应由双方达成合意,现白某不认可受托为李某霞理财,李某霞认为系口头委托,但其在庭审中陈述的委托内容不符合一般委托理财内容的基本特征,白某作为从事服装生意的个人,亦不具备为他人理财的资质与能力。除转账凭证外,原告李某霞无其他证据证实双方存在委托理财法律关系。经庭审调查,被告白某举证的微信截屏、聚会照片、证人证言等可形成证据链,证实原告李某霞注册了"毕洛士"投资账户,参与了"毕洛士"投资经营。通过原、被告双方举证的银行流水可知,"毕洛士"投资人之

---

[1] 上海市高级人民法院(2018)沪民申988号民事裁定书。
[2] 参见国家法官学院、最高人民法院案例研究院编:《中国法院2020年度案例》(民间借贷纠纷),中国法制出版社2020年版,第50页。湖南省郴州市中级人民法院(2018)湘10民终619号民事判决书。

间的款项转移非常频繁,这与被告白某、证人吴某霞陈述的"毕洛士"注资及提取利润的操作方式相吻合。故原、被告之间投资款与利润转移应理解为基于"毕洛士"投资特点发生的原告李某霞与"毕洛士"之间的投资行为,但上述行为不足以证实原告李某霞与被告白某之间形成委托理财法律关系。故原告李某霞要求被告白某返还投资款、支付利息的诉讼请求,无事实与法律依据。据此,判决驳回原告李某霞的全部诉讼请求。二审法院亦持同样意见,维持一审判决。〔1〕

虽名为委托理财,但其合同约定权利义务内容实质符合借贷法律关系构成要素的,应将其双方争议的法律关系定性为借贷合同关系。

【案例 7-11】 何某芬诉南京影像壹号文化传媒有限公司苏州分公司等民间借贷纠纷案

一审法院认为,根据已查明事实,何某芬投资"抗美援朝整版钞""张喜成书法""八骏图",南京影像苏州分公司均出具了对应的收藏票,但双方之间仅对何某芬投资"抗美援朝整版钞""张喜成书法""八骏图"分别签订了《艺术品转货理财产品协议书》,故案涉的两份《艺术品转货理财产品协议书》实际上系何某芬与南京影像苏州分公司之间针对 2016 年 9 月 27 日、29 日何某芬向其支付 25000 元、65000 元款项以及当日南京影像苏州分公司出具相应收藏票这一交易缘由及性质的最终确认,双方之间应以《艺术品转货理财产品协议书》中约定的内容来界定各自的权利义务。《艺术品转货理财产品协议书》中确认了何某芬的投资金额及投资期限、明确了投资到期后的最低保底收益以及南京影像苏州分公司负有向何某芬兑付本金及相应理财收益的义务,故该协议书虽名为委托理财,但双方约定的权利义务内容却符合借贷关系的法律构成要素,双方之间实质上形成了借贷的法律关系。二审法院同意一审法院裁判意见,驳回上诉,维持原判。〔2〕

【案例 7-12】 蓝某诉胡某玲民间借贷纠纷案

一审法院认为,双方签订的讼争《委托投资理财协议》约定,蓝某出资 100000 元委托胡某玲进行投资理财,但该理财项目无论盈亏,胡某玲均需每月向蓝某支付 2.5% 的回报,且蓝某不承担任何风险,投资期满后胡某玲将蓝某投资本金退还给蓝某,即蓝某对于胡某玲如何进行理财以及除每月

---

〔1〕 参见国家法官学院、最高人民法院案例研究院编:《中国法院 2020 年度案例》(合同纠纷),中国法制出版社 2020 年版,第 199 页。新疆维吾尔自治区乌鲁木齐市中级人民法院(2018)新 01 民终 2459 号民事判决书。

〔2〕 参见国家法官学院、最高人民法院案例研究院编:《中国法院 2020 年度案例》(民间借贷纠纷),中国法制出版社 2020 年版,第 13 页。江苏省苏州市中级人民法院(2018)苏 05 民终 7560 号民事判决书。

2.5%的固定回报外超额投资并无预期。胡某玲自2015年3月9日至2016年1月14日按月平均收益2.5%的标准向蓝某支付款项的行为,与《委托投资理财协议》约定的内容可相互印证,故可以认定双方属以委托理财为表现形式的借款合同法律关系。因蓝某向胡某玲交付借款本金100000元,胡某玲按月利率2.5%支付了11个月的利息,现蓝某要求胡某玲偿还借款本金100000元及利息、逾期还款违约金的诉求,符合法律规定,应予以支持。二审法院认为,保底条款中的保本付息内容表明委托人蓝某的合同目的和合同预期是追求资产的固定本息回报,对胡某玲管理资产行为及收益后的分成并无预期。该《委托投资理财协议》名为理财、实为借贷,属于民间借贷性质,应认定双方成立借贷合同关系。一审法院认定事实清楚,适用法律正确,上诉人上诉理由不能成立,不予支持。[1]

在确定"名为理财、实为借贷"后,应确定合同有效,而利率需遵守民间借贷相关规定的限制,对超出法律规定的部分不应支持。

【案例7-13】 陈某芬诉国泰世行控股集团有限公司等民间借贷纠纷案

二审法院认为,双方约定保证陈某芬的投资收益率为每月3%,该条款属于"保证本息固定回报条款"。陈某芬支付投资款后,对国泰控股公司是否投资白银及白银价格涨跌并不关注;从国泰控股公司方面看,是否投资白银以及白银价格涨跌也并未影响其按照每月3%的标准向陈某芬支付前几个月的收益。故陈某芬与国泰控股公司之间的法律关系应认定为以委托理财为表现形式的借贷关系,应按照法律关于民间借贷的规定处理。[2]

---

[1] 参见国家法官学院、最高人民法院案例研究院编:《中国法院2020年度案例》(民间借贷纠纷),中国法制出版社2020年版,第18页。福建省厦门市中级人民法院(2018)闽02民终5406号民事判决书。

[2] 参见国家法官学院案例开发研究中心编:《中国法院2018年度案例》(民间借贷纠纷),中国法制出版社2018年版,第3页。北京市第三中级人民法院(2016)京03民终10495号民事判决书。

二、委托理财合同法律适用

(一) 委托理财合同效力

委托理财合同效力的认定是处理该类纠纷的关键问题。委托理财合同效力，与一般委托合同一样主要涉及两方面的内容：其一，委托事项违法，则委托合同无效。其二，合法形式掩盖非法目的。

就委托理财合同而言，由于目前法律尚未对委托理财活动进行专门的规制，因而，对于委托理财合同之效力，宜结合我国金融政策，在维护国家金融安全和市场交易安全之间慎重权衡，并根据实际情况区别对待。根据受托人主体资格分别分析其合同效力，具体为：

其一，在受托人系证券公司、期货公司等金融机构法人的情形下，因《证券法》明确禁止证券公司全权受托理财，且央行和证监会对金融机构法人委托理财业务存在资质方面的要求，故未获得资质的证券公司等金融机构法人从事的委托理财业务，应认定无效。对此类合同，应依据《民法典》规定认定为无效。

其二，受托人为一般企业或一般单位等非金融机构，由于《证券法》《信托法》《证券投资基金法》仅针对金融、证券以及基金管理机构从事委托理财业务予以规制，而且相关主管部门多有特定监管范围，因此，法院对有法律或禁止性规定的应认定为无效。

【案例 7-14】 上海民生投资有限公司与吉林省东力综合投资(集团)有限公司委托理财纠纷案

最高人民法院认为，在我国证券市场上，企业从事委托理财业务应当取得证券监管部门的特别许可，受托人东力公司并不具有从事该项资产管理经营活动所要求的资格，故原审判决认定其与民生公司签订的《资产委托管理合同》为无效合同并无不当，本院对此予以确认。[1]

实践中类似的无效炒股案如龚某诉北京零重力投资顾问有限公司委托合同

---

[1] 参见最高人民法院民事审判第二庭编：《最高人民法院商事审判指导案例》(合同卷)(上)，中国法制出版社 2011 年版，第 63 页。

纠纷案。[1]

其三,在受托人是自然人的情形中,由于现行法律、行政法规并未对其从事委托理财活动作出禁止性规定,且依据行政许可法等相关法律之精神,将委托理财认定为金融机构专营或特许经营的依据并不充分,因此,对金融机构之外的自然人、法人及其他组织从事的委托理财业务,不宜轻易认定合同无效。特别是自然人作为受托人的情形,因其过于分散尚不致对金融市场产生不良影响,因此,只要其不违反《民法典》以及国家金融法规的禁止性规定,当事人意思自治即应受到尊重,其委托理财合同亦应认定有效。但若法院审理中查实该自然人存在同一时期内进行集合性受托投资管理业务情形的,因该行为显然与其身份和资质不符,故应认定合同无效。即便委托理财合同违反部门规章,也不宜认定合同无效。

【案例 7-15】 中商联合石油经贸有限公司诉盛某委托理财合同纠纷案

一审法院认为,关于中商公司要求确认《期货操盘协议》无效的诉讼请求。从协议内容看,系中商公司委托盛某操作其在首创公司开立的账户进行期货交易,故双方之间形成委托法律关系。该协议系双方的真实意思表示,内容不违反我国法律、行政法规的强制性规定,应认定有效。中商公司以该协议违反了《期货从业人员管理办法》为由主张无效,但该办法是中国证券监督管理委员会颁布的部门规章,不属于法律、行政规章。因此,中商公司主张协议无效的理由不符合《合同法》第五十二条有关合同无效的规定,该项诉讼请求应不予支持。二审法院亦持同样意见,维持原判。[2]

证券公司从业人员在明知证券法和执业行为准则的相关禁止性规定的情况下,仍接受他人委托操作股票买卖,其所从事的委托理财行为应认定为无效。

【案例 7-16】 刘某诉王某委托理财合同纠纷案

二审法院认为,从《资金托管协议》的内容来看,王某与刘某为实现一定的经济利益,约定共同进行证券投资,王某将其自有的资产委托给刘某,由刘某在资本市场从事股票等金融产品的交易管理活动,该协议具有金融类委托理财合同的性质。冷某作为证券公司从业人员,在其任职期间履行本案《资金托管协议》的行为,属于《证券法》第四十三条所禁止的情形,且中国证券业协会已对冷某的违规行为作出相应处理,因此,本案《资金托管协议》应当

---

[1] 参见北京市高级人民法院编:《审判前沿——新类型案件审判实务》2004 年第 1 集(总第 7 集),法律出版社 2004 年版,第 127 页。

[2] 参见北京市高级人民法院编:《审判前沿——新类型案件审判实务》2010 年第 3 集(总第 33 集),法律出版社 2011 年版,第 63 页。

认定无效。[1] 本案中,冷某是太平洋证券公司投资银行部职员,不方便以自己的名义签订协议,所以借用刘某名义签订涉案协议。

【案例 7-17】 吴某诉葛某委托理财纠纷案

一审法院认为,本案被告作为期货从业人员私下接受原告全权委托的行为,违反了从业人员的禁止性规定,扰乱了金融市场交易秩序和交易安全,进而损害了社会秩序和社会公共利益。因而系争委托理财合同依法应被认定为无效。委托理财合同无效,作为其补充内容的被告的两份承诺,则无论其是否具有保底条款性质,亦应均属无效。二审法院亦持同样意见,维持一审判决。[2]

司法实践中对合同主体不同的委托理财纠纷区别法律对待,与最高人民法院《民事案件案由规定》修订后将委托理财合同纠纷单列成为一个第三级案由,并设置了金融委托理财合同纠纷和民间委托纠纷两个四级案由规定相吻合。笔者认为,对民间委托理财合同而言,在现行法律法规及司法解释无明确禁止性规定的前提下,则以私法领域的意思自治原则为依据,只要不违反法律和行政法规的效力性强制性规定,应确认合同有效,保护合同当事人的合同利益。对金融委托理财合同纠纷与民间委托合同纠纷的法律适用应有所不同。对金融委托理财要有主体准入限制,受托方应当具有国家主管部门认可的资质,内容上应在委托代理的框架下,合同条款上应突出代理人的勤勉和告知义务,并规定代理人在违反该义务时的赔偿责任。在正常情况下,投资风险应当由委托方承担,但并不是将委托方的投资风险化为零,而是通过受托方的专业运作,降低委托方投资的风险,并最终达到双赢的目的。这样的金融委托理财会引导投资者理性选择,同时也促使资本市场良性发展。

应注意的是,委托理财的内容不属于合法交易途径的则为无效,如炒黄金期货的行为不属于目前国内四种黄金交易途径中的任何一种。

【案例 7-18】 任某军诉李某莲等委托理财合同纠纷案

判决观点,原、被告均认可原告将40万元交付被告是用于炒黄金期货,视为双方之间就被告替原告炒黄金期货形成口头合同,但被告未能举证证明其操作期货的行为属于目前国内合法的黄金交易途径,双方约定的委托事项违反相关法律规定;另外,参照《北京市高级人民法院关于审理金融类委托理财合同纠纷案件若干问题的指导意见》规定,金融类委托理财是指受托人和

---

[1] 参见《人民法院报》2013年5月16日,第6版。北京市朝阳区人民法院(2011)朝民初字第32119号民事判决书、北京市第二中级人民法院(2012)二中民终字第11011号民事判决书。

[2] 参见郭伟清主编:《2017年上海法院案例精选》,上海人民出版社2018年版,第111页。

委托人为实现一定利益,委托人将其资金、证券等金融类资产根据合同约定委托给受托人,由受托人在资本市场上从事股票、债券等金融产品的交易和管理活动。不具备金融类委托理财资质的其他非金融机构作为受托人订立的金融类委托理财合同应当认定无效。本案两被告均为自然人,更不具备金融类委托理财资质。[1]

受托人未经有关部门批准,擅自从事代客境外买卖外汇的非法金融业务活动,该行为违反了《非法金融机构和非法金融业务活动取缔办法》的规定,其委托理财合同无效。

【案例 7-19】 童某诉陆某委托理财合同纠纷案

判决观点,童某在外汇交易平台以自己的名义开设账户,投入外汇交易资金,并将相关账户交由陆某管理,双方之间成立委托合同关系。童某、陆某未经相关部门批准,在中华人民共和国境内通过网络从事境外外汇买卖,构成非法金融业务活动,故两人之间的委托理财合同关系应当认定为无效。[2]

类似案例有杨某诉杨某方委托合同案。[3]

期货交易的定性应当结合交易的形式要件和目的要件综合判断,如交易具备期货交易的核心形式要件且交易目的系以对冲平仓获取差额利益而非以转移商品所有权为目的,则应认定交易为期货交易;未经批准组织期货交易的,相关交易应属无效。

【案例 7-20】 李某元诉上海年泰投资有限公司、湖北九江贵金属经营有限公司委托理财合同纠纷案

二审法院认为,被告九江公司未经批准,在其交易平台中组织进行期货交易,违反了法律、行政法规的强制性规定。因此,涉案的137笔交易应属无效。[4]

个案中,争议纠纷涉及多项合同效力的,由法官根据案情分别裁定。

---

[1] 参见国家法官学院案例开发研究中心编:《中国法院 2013 年度案例》(合同纠纷),中国法制出版社 2013 年版,第 166 页。北京市密云县人民法院(2011)密民初字第 1520 号民事判决书。

[2] 参见国家法官学院案例开发研究中心编:《中国法院 2015 年度案例》(合同纠纷),中国法制出版社 2015 年版,第 26 页。江苏省无锡市滨湖区人民法院(2013)锡滨民初字第 205 号民事判决书。

[3] 参见最高人民法院中国应用法学研究所编:《人民法院案例选》2010 年第 3 辑(总第 73 辑),人民法院出版社 2011 年版,第 176 页。

[4] 参见最高人民法院中国应用法学研究所编:《人民法院案例选》2017 年第 12 辑(总第 118 辑),人民法院出版社 2018 年版,第 153~154 页。上海市第一中级人民法院(2016)沪 01 民终 3065 号民事判决书。

【案例 7-21】 史某兴诉深圳市融通资本管理股份有限公司委托理财合同纠纷案

二审法院认为,尽管本案进取级 B 份额实际杠杆倍数为 52.8,违反了中国证券监督管理委员会的监管要求与《资管细则》的规定,但其并不导致本案中原告、融通公司之间所签订的《资管合同》无效。因为,中国证券监督管理委员会会议提出的"八条底线"监管要求属行政管理要求,而《资管细则》则属于行业自律规则,其对于资产管理行为的调整要求均不能作为影响合同效力的依据。《合同法》第五十二条第(五)项规定,"违反法律、行政法规的强制性规定"的,合同无效。而上述行政管理的要求与行业自律的规则均不属于法律与行政法规的范畴,虽然融通公司在经营中违反了上述文件的规定,但不能据此认定双方之间的合同无效,该合同仍然对双方当事人具有约束力。上述文件可以作为行政管理与业内管理的依据,有关部门可据此对违规单位给予经营方面的一些限制,如上银基金就曾因类似行为而受到"暂停受理该资产管理计划备案三个月"的处理,但其不能对合同效力产生实质影响。综上,虽然本案所涉资产管理份额杠杆倍数超出了行政管理的限制,但双方之间所签订的合同依然合法有效,各方当事人均受该合同的约束。……

事实上,无论融通公司在产品销售的过程中是否作出了保本保收益的承诺,从资产管理计划本身的设计来说,其已经通过一系列的规则设计以降低优先级份额的风险。在进取级 A 份额的净值归零之前,优先级份额无须承担投资的亏损;而当参考份额净值低于(含)0.85 元时,资产管理人有权进行平仓,在这一情况下,进取级 A 仍有一定比例的净值存在,仍然可以起到优先级份额担保的作用,所以优先级份额从规则设计来说本身就是低风险的。中国证券监督管理委员会提出的"八条底线"与《资管细则》中不得在销售资产管理计划时向投资者违规承诺保本保收益的规定,应当是出于金融管理方面的考虑,但这些规定也系行政管理与行业自律要求,并不能据此认定当事人之间的合同无效。另外,此类承诺所直接约束的是融通公司与优先级份额投资者之间的权利义务关系,并不直接涉及史某兴的利益。史某兴就此提出质疑,除了合同效力问题之外,其观点中还包含这样一层意思,即认为由于融通公司对优先级份额进行了保本保收益的安排,从而影响了进取级 B 份额的终止净值。关于这一问题归根结底仍是合同效力的问题,虽然此类承诺违反了行政管理方面的要求,但融通公司与优先级份额投资者之间的合同依然是有效的,双方均应按照合同约定履行自己的义务,因此清算小组在清算时向优先级份额投资者兑现其保本保收益的承诺是合法有效的,对于史某兴通过否认上述承诺的效力进而否认关于终止清算时进取级 B 份额净值的观点,缺乏法律方面的依据。……

涉案合同中关于杠杆倍数的约定属于合同的主要内容之一,其系涉案资产管理计划的项目安排,虽然对于进取级 B 份额来说具有较高的风险,但作为对价,其在盈利时亦可以取得较高的收益回报(在盈利的情况下,进取级 B 可获取 25% 的整体收益),因此其不存在排除史某兴主要权利的情形;关于优先级份额在整个项目亏损的情况下仍可取得其收益的约定系融通公司与优先级份额投资者之间的主要权利内容之一,其亦属于整个资产管理计划当中的一部分,其所明确的是融通公司与优先级份额投资者之间的权利义务关系,虽与史某兴之间具有一定关联性,但并不涉及排除史某兴主要权利的内容;关于进取级 B 份额在发生亏损时不能按照净值比例返还本金的约定则系融通公司与进取级 B 份额投资者之间的权利义务关系,其系进取级 B 份额投资者在该资产管理计划当中所应承担的风险,而投资者承担投资风险并不能理解为系排除投资者的主要权利,合同中关于其风险与收益的约定综合到一起才是完整的合同内容,不能将两者割裂开来,仅仅看到投资者所须承担的风险问题。因此,虽然涉案合同系融通公司提供的,其中存在一些格式条款,但这些条款既未违反法律规定,也不存在排除史某兴主要权利的情形,史某兴主张涉案格式条款无效,缺乏法律依据,一审法院不予支持。[1]

(二)违约责任认定

在委托理财合同有效的前提下,受托人违反合同约定的,亦应承担违约责任。

【案例 7-22】 中国港湾建设(集团)总公司与国泰君安证券股份有限公司委托协议纠纷案

最高人民法院认为,当事人双方签订资产管理委托协议,委托方依据合同的约定应当承担"为委托方提供资产管理服务"的合同义务。具体而言,就是"谨慎勤勉"的高度注意义务和在委托期限内将委托资产"全部变现"义务。在委托资产市场价格高于约定最低变现价格时,受托方秉持"谨慎勤勉"的态度适当履行了"变现义务",并没有违反合同约定,故不应承担违约责任。在委托资产市场价格低于约定最低变现价格时,受托方并不负有"协商变现义务",没有积极进行协商亦不构成违约,不应承担违约责任。受托方没有履行合同约定的"全部变现义务",应当承担违约责任,但不应承担未卖出股票的市场差价损失,且无须向委托方赔偿期待利益的损失,因为委托方

---

[1] 广东省深圳市中级人民法院(2016)粤 03 民终 7851 号民事判决书。

期待利益的损失并不是因受托方的违约造成的,而是市场风险以及双方当事人对合同约定不周延、不明确造成的。因此受托方无须向委托方赔偿该部分利益的损失。[1]

委托理财合同中关于任意解除权排除约定的效力有不同观点,主流观点认为法律并无增设排外条款,故约定限制任意解除权的条款无效。对单方行使任意解除权的,是应承担违约责任,而不是限制其行使任意解除权。

【案例7-23】 胡某佳诉梁某立、梁某超委托理财合同纠纷案

一审法院认为,胡某佳与梁某立签订的《合作协议》,是双方当事人的真实意思表示,内容不违反法律、行政法规的强制性规定,是合法有效的合同,对双方当事人均具有约束力。梁某立关于讼争合同无效的抗辩意见,法院不予采纳。因证券投资具有较高的风险,投资决策和投资方向也具有很强的主观性,故不能因为胡某佳在一段时间内未对委托账户进行操作就认为其已经构成违约。故梁某立在合同约定期间,单方修改账户密码,导致胡某佳无法对账户进行操作,其行为已实际解除了讼争协议,并构成违约,应当承担赔偿违约金的法律责任。委托理财合同是当事人之间在互相信任的基础上缔结的,目前梁某立已明确表达对胡某佳丧失信任基础,也以其实际行为解除了委托关系,依据《合同法》第四百一十条"委托人或者受托人可随时解除委托合同……"之规定,因此,胡某佳要求继续履行合同的诉讼请求,法院不予支持。一审法院判决:被告梁某立支付给原告胡某佳违约金25万元,驳回原告胡某佳的其他诉讼。二审法院亦持同样意见,维持原判。[2]

---

[1] 参见吴庆宝主编:《权威点评最高法院民商法指导案例》,中国法制出版社2010年版,第176～187页。
[2] 参见国家法官学院、最高人民法院司法案例研究院编:《中国法院2020年度案例》(合同纠纷),中国法制出版社2020年版,第35页。福建省厦门市中级人民法院(2018)闽02民终1987号民事判决书。

三、委托理财合同纠纷处理

(一) 合同违约处理

在委托理财合同中,违约责任的处理涉及两方面内容。一方面是受托人违反合同约定除承担违约金外造成委托人损失的亦应承担赔偿责任,另一方面是合同无效后资金损失的承担。对于委托理财合同赔偿范围,有其自身特殊性。委托理财纠纷往往因理财亏损而起,由于诉讼期限较长,其间股票市值必然发生变动,甚至出现扭亏为赢的结果,因此以诉讼终结前的任何一个时间点来确定亏损的数额都可能出现不合理的裁判结果。

【案例7-24】 上海浦东新区今崧电力服务中心诉上海化建实业有限公司等委托合同纠纷案

该判决以生效判决确定的履行期限届满的前一日为时间点,按该日股票收盘价为标准计算出股票市值,然后以市值与资金余额和委托理财资金之间的差额作为实际损失的范围。这样确定损失范围充分考虑了股票市值变化因素,排除了裁判生效后出现盈利而当事人仍需承担赔偿损失责任的可能性。[1]

【案例7-25】 王某龙诉国泰君安证券公司上海福山路营业部证券交易代理合同纠纷案

一审法院认为,原告是被告的客户,委托被告买卖证券。由于被告的过错使得原告不能在2001年8月8日委托卖出清远建北股票,原告因此遭受的损失应该由被告赔偿。判决损害赔偿的评估方法是将受害方置于如果合同正常履行所能达到的同样状态,就本案而言,即将原告置于如果委托(卖出证券)合同正常履行所能得到的利益。如果被告当日将清远建北股票解冻到原告账户并将原告的卖出指令送达到证券交易所,即正常履行了委托合同。至于原告的卖出指令能否成交依赖于原告委托指令中的信息,即委托价格、

---

[1] 参见最高人民法院中国应用法学研究所编:《人民法院案例选》2005年第4辑(总第54辑),人民法院出版社2006年版,第271~276页。

委托时间、委托数量。原告并没有提供当日委托卖出清远建北股票的信息，由于该股票实行特别转让，原告因该委托合同可能获得的最大利益即将清远建北股票5300股在当日唯一的一次集合成交时成功卖出。考虑到该股票在上市首日以后交易日连连跌停，原告卖出股票存在一定困难。本庭以原告可获最大利益要求被告补偿原告，同时补偿原告因此造成的利息损失。至于原告要求几次模拟操作的获利以及返还股票（华凯、天山纺织）的诉讼请求，本院不予支持。二审法院基于同理维持一审判决。[1]

对于委托人提出赔偿损失的诉求，由法官根据案情裁量是否赔偿，受托人不存在过错的则不应承担赔偿责任。

【案例7-26】　西能科技公司诉国泰君安证券公司委托管理资产合同纠纷案

协议履行期间，国泰君安公司未按约定向西能公司提供资产管理报告，委托期限到期后，国泰君安公司未将证券账户内的股票变现，亦未将账户资金余额支付给委托人。一审法院判决国泰君安公司向西能公司支付人民币30698548.97元，并支付相应逾期付款违约金500万元，对西能公司的其余诉讼请求不予支持。西能公司不服一审判决，向最高人民法院提起上诉。二审法院判决驳回上诉，维持原判。该案裁判要旨为：在股市证券买卖操作中，资产管理人基于商业判断而作出的正常投资行为，即使出现判断失误，但其只要尽到了合同约定的谨慎、勤勉的管理义务，不存在明显过错，就不能以其当时的商业判断与市场后来的事实发展相悖为由，要求其承担赔偿责任。[2]

【案例7-27】　王某林诉广西正明投资有限公司、朱某韬委托理财合同纠纷案

判决观点，对于王某林诉请的收益金，因合同中约定的"乙方确保甲方投资资金的年收益大于百分之二十四"的保底条款无效，且王某林也无证据证实正明公司已将款项进行了投资，无证据证实产生了收益金，故对于王某林诉请的收益金不予支持。对于王某林诉请的违约金。因朱某韬提出违约金过高，王某林也无证据证实际损失情况，考虑到合同的履行情况、受托方的违约程度、中小企业的生存现状和全国经济的下行趋势，根据公平原则和诚实信用原则予以衡量后，认为王某林的损失为资金被占用期间的利息损失，故

---

〔1〕参见最高人民法院中国应用法学研究所编：《人民法院案例选》（2004年商事·知识产权专辑）（总第49辑），人民法院出版社2005年版，第386页。

〔2〕参见《最高人民法院公报》2004年第8期。

按照中国人民银行同期流动资金贷款利率计算违约金。[1]

委托理财过程中实际发生的损失,可依据双方过错确定分担比例。

【案例 7-28】 邹某娟、吴某诉邹某秋、朱某群委托理财合同纠纷案

二审法院认为,就本案而言,双方委托理财协议书明确约定受托人在完成委托事项下可以获得收益,故双方属于有偿委托合同关系。本案邹某秋接受涉高风险证券投资理财的业务,理当依约勤勉、谨慎地履行委托事宜。但是从事实来看,在案涉委托期间发生股市大幅度波动的情况下,没有充分的证据表明邹某秋就协议约定账户净值少于 85% 时依约积极向邹某娟、吴某进行告知,进而确定相应处置措施,故一审法院认定邹某秋对于案涉股票账户资金损失存在一定过错并应承担相应赔偿责任,具有事实和法律依据。一审法院结合全案事实,就本案委托合同考量受托人的过错程度,依法判令邹某秋应当赔偿邹某娟、吴某相应的投资理财损失,处理并无不当。判决驳回上诉,维持原判。[2]

【案例 7-29】 孟某冰诉徐某华委托理财合同纠纷案

判决观点,关于损失分担的问题,被告徐某华自认为是专业理财人员,与原告孟某冰签订含有保底条款的委托理财协议,在本案所涉股票交易中起主导作用,在损失发生后,又未能按照合同的约定及时止损,导致损失进一步扩大,具有明显过错。对于本案造成的损失,被告徐某华应当承担主要的责任。原告孟某冰轻信徐某华,与其签订无效的理财协议,对于损失的发生有一定的过错,也应承担一定的责任。本案损失共计人民币 59574.23 元,根据本案的案情,综合各方面因素,法院酌情认定被告徐某华应当承担 90% 损失即人民币 53616 元的责任、原告孟某冰承担 10% 损失即人民币 5958.23 元的责任。扣除被告徐某华预付的人民币 20000 元,其还应支付孟某冰人民币 33616 元。被告徐某华迟延支付该款,还应赔偿孟某冰利息损失。[3]

在无偿委托合同中,因受托人的故意或者重大过失造成委托人损失的,委托人可以要求赔偿损失。

【案例 7-30】 李某林诉赵某委托合同纠纷案

判决观点,本案原告主张双方之间的委托为有偿委托,应就双方对委托

---

[1] 参见国家法官学院案例开发研究中心编:《中国法院 2019 年度案例》(合同纠纷),中国法制出版社 2019 年版,第 282 页。广西壮族自治区柳州市柳北区人民法院(2016)桂 0205 民初 12 号民事判决书。

[2] 参见《人民司法·案例》2020 年第 5 期(总第 880 期)。江苏省苏州市中级人民法院(2018)苏 05 民终 9200 号民事判决书。

[3] 广东省深圳市前海合作区人民法院(2016)粤 0391 民初 1065 号民事判决书。

报酬的约定负举证责任,由于原告没有提供证据证明双方对委托报酬的约定,而被告仅认为是给原告帮忙,且原告也没有被告收取其报酬的证据,故本院认为双方之间是无偿委托合同。本案中,被告赵某接受原告李某林委托,应当尽到善良管理人的注意义务,在处理受托事务过程中应当保持与委托人联系,及时向委托人报告、沟通委托事务的完成情况。但在2008年8月14日原告却找不到被告,原告于2008年8月18日向公安机关报案后,被告在原告不知道交易账户密码的情况下,仍有意躲避不见,且不告知原告自己的行踪,并怠于完成受托事务,将原告的投资事宜放任不管,并使原告亦不能及时处理期货交易事宜,导致原告的投资额受损,被告的该行为应视为主观上存在故意,没有尽到善良管理人的注意义务。因此,在被告有意躲避之后,被告应对2008年8月底之后从事期货交易造成的损失承担赔偿责任。从民生期货有限公司郑州营业部提供的交易清单来看,2008年8月底,账户余额为51584元,持仓品种为白砂糖,且被告在庭审中自称2008年8月已将自己和他人投资购买的期货平仓,因此应视8月底市值为原告李某林的投资额,由于被告赵某行为导致原告上述投资额损失,且被告赵某的行为存在放任的故意,故被告应承担等额赔偿责任。由于期货属高风险性投资行为,对于原告的其他亏损没有证据说明被告赵某存在故意或过失,故对原告其余赔偿请求不予支持,判决被告赵某赔偿原告李某林51584元。[1]

在无偿委托合同中,信托产品发行为告知错误受托人不应当向委托人承担赔偿损失责任。

【案例7-31】 严某香诉于某、付某江委托合同纠纷案

二审法院认为,一审庭审,严某香主张其与付某江存在委托合同关系,委托付某江将钱转到昆仑信托公司指定的账户,投资昆仑信托公司管理的大庆"北国之春"项目;付某江认可其与严某香之间是信托理财合同关系,且涉案《委托理财协议》载明,严某香投资"昆仑信托——大庆北国之春项目单一信托产品",经办人为付某江,严某香亦将投资款50万元转入付某江账户,基于上述事实,法院认定严某香与付某江之间存在委托合同关系。现严某香以付某江未将50万元投入《委托理财协议》约定的"昆仑信托——大庆北国之春项目单一信托产品"构成违约为由,要求付某江返还投资款及赔偿相应利息。《合同法》第四百零六条第一款规定……本案中,付某江称其未收取任何报酬,涉案《委托理财协议》亦未约定付某江收取报酬,且严某香未主张付某江

---

〔1〕 参见国家法官学院案例开发研究中心编:《中国法院2013年度案例》(合同纠纷),中国法制出版社2013年版,第174页。河南省沁阳市人民法院(2011)沁民商初字第83号民事判决书。

收取了报酬,故双方之间的委托合同属于无偿委托合同。依据上述法律规定,严某香可以要求付某江赔偿损失的必要条件之一为付某江存在故意或者重大过失。法院注意到本案存在以下情形:一是涉案《委托理财协议》载明产品名称为"昆仑信托——大庆北国之春项目单一信托产品",发行人为昆仑信托有限责任公司,上述事项属于付某江在投资信托产品之前告知严某香信托产品的基本情况,并非实际投资信托产品之后的告知,据此难以认定付某江故意隐瞒真实的发行人。二是根据查明的事实,尽管付某江未将严某香的投资款转到涉案《委托理财协议》载明的发行人昆仑信托有限责任公司账户,但其却将严某香的款项转到建信信托公司账户,将该款实际投资到大庆"北国之春"项目,付某江实际投资的项目与其事先告知严某香的项目仅是发行人不同,但发行人无法收回投资款及收益,在发行人均系依法设立的信托公司的情形下,仅据此不足以认定付某江承担赔偿责任。三是严某香在本案中未提交证据证明其在本案起诉之前曾就发行人事宜向付某江提出过异议,且其在涉案信托产品到期后,在《授权书》上签字,表示其已知晓2017年7月31日公布的告知书的内容,同意委托张某廉等11人解决"北国之春"房地产开发项目的资产处置和办理还款事宜。尽管严某香称其在签字时仍不知晓涉案信托产品的发行人为建信信托公司,但上述行为至少能表明其不在意发行人是哪家公司,否则其上述行为难以令人理解。基于上述分析,法院难以认定付某江在办理无偿委托事项中存在故意或重大过失,亦难以认定付某江事先告知严某香的项目发行人与其实际投资的项目发行人不一致足以影响严某香作出是否投资的决定,故严某香主张付某江赔偿其损失,缺乏依据,法院不予支持。综上,付某江的上诉请求成立,应予支持;一审判决认定事实清楚,但适用法律错误。判决:撤销一审判决,驳回严某香的全部诉讼请求。[1]

受托人超越权限造成损失的应予赔偿。

【案例7-32】 中商联合石油经贸有限公司诉盛某委托理财合同纠纷案

一审法院认为,盛某作为中商公司的代理人,其代理操盘资格应以中商公司授权为限。《期货操盘协议》中有关亏损超过10%盛某即失去操盘资格的约定说明,盛某代理中商公司操盘进行期货交易的亏损限额为合同约定资金额的10%,即双方均认可的20万元。据此,盛某在交易亏损超过20万元时即应停止在中商公司的账户进行交易操作,否则,构成越权代理。依照《合

---

[1] 参见国家法官学院、最高人民法院司法案例研究院编:《中国法院2021年度案例》(合同纠纷),中国法制出版社2021年版,第186~187页。北京市第二中级人民法院(2019)京02民终11239号民事判决书。

同法》第四百零六条第二款规定,"受托人超越权限给委托人造成损失的,应当赔偿损失"。因此,盛某应对其越权代理给中商公司造成的损失承担赔偿责任。……但中商公司未举证证明在其账户交易资金亏损临界合同约定的限额时及时行使了监管和资金调拨权,或与盛某进行沟通,并对盛某操盘进行有效限制,以避免损失进一步扩大。中商公司的不作为导致盛某可以继续操作其账户进行期货交易,使得其账户资金损失逐月增加。因此,中商公司亦应对其账户内资金损失承担相应责任。在本案一审诉讼中,盛某已向中商公司赔偿损失5万元,故在此基础上,该院酌定盛某再向中商公司赔偿损失60万元。判决后,原、被告双方均提起了上诉。二审法院审理后维持原判。[1]

委托合同中受托人应亲自处理委托事务。受托人没有严格按照协议约定亲自进行理财事务,而是将部分理财事务转交他人操作,存在过错,由此其应对委托人造成的损失承担相应的赔偿责任。

【案例 7-33】 吴某凤诉李某民间委托理财合同纠纷案

判决观点,吴某凤与李某之间形成合法有效的民间委托理财合同关系,且系有偿委托合同。根据《合同法》第四百条的规定,受托人应当亲自处理委托事务。本案中,吴某凤委托李某进行黄金期货理财,李某作为受托人应当按照合同约定亲自作为操盘手为吴某凤理财,但在合同履行期间,李某却将部分理财事务转交给他人进行操作,理财协议到期后,导致造成吴某凤29000元的损失,且李某为吴某凤出具的"借条"中也显示因操盘手逃跑导致损失29000元,李某应当赔偿该损失。[2]

受托人处理委托事务取得的财产,应转交委托人,因受托人未及时给付造成委托人资金的损失,应赔偿委托人相应的利息损失。

【案例 7-34】 邵甲诉张某某等委托理财合同纠纷案

判决观点,邵甲委托张某某、邵乙投资二级市场的股票,张某某以嘉年华公司的名义先后投资社会法人股,涉及金额20383103.27元(其中包含邵甲委托投资的款项619700元),故可得出邵甲在投资社会法人股的出资比例为3.04026%。部分社会法人股经过股改、抛售,已经变成了现金,截至2007年8月6日,张某某已提取了部分现金计30144578.95元,该钱款中的3.04026%应归邵甲所有。因此,张某某、邵乙在取得法人股投资收益后,应

---

[1] 参见北京市高级人民法院编:《审判前沿——新类型案件审判实务》2010年第3集(总第33集),法律出版社2011年版,第63页。

[2] 河南省巩义市人民法院(2011)巩民初字第2689号民事判决书。

给付邵甲相应的份额,但二人均未及时给付,故应向邵甲支付相应的利息损失。[1]

在受托方无违约或者违规的情况下,交易的风险应由交易人自行承担。

【案例 7-35】 杨某诉平安银行股份有限公司北京朝阳门支行委托理财合同纠纷案

二审法院认为,本案中,杨某确认已详细阅读朝阳门支行《协议书》,朝阳门支行将《协议书》及有关交易文件的全部条款和内容向本人进行了详细的说明及解释,本人已不存在任何疑问或异议,依自身判断、自主参与交易,并愿意承担相关风险。杨某对上述声明进行了签字确认,由此可以确认其已知悉相关风险,故在杨某并未举证证明朝阳门支行未对其进行相关风险提示的情况下,对其此部分上诉主张不予采信。杨某认为朝阳门支行口头承诺其不强行平仓,但朝阳门支行对此予以否认,在杨某未提出其他证据予以证明其该项上诉主张的情况下,对其此项上诉主张不予采信。杨某认为上海黄金交易所成为全球攻击的对象,导致白银价格下跌,给其造成损失的上诉主张无事实和法律依据,不予采信。一审判决认定事实清楚,适用法律正确,应予维持。[2]

有效理财合同中代位炒股亏损的,按约定处理。

【案例 7-36】 刘某诉李某志委托理财合同纠纷案

判决观点,刘某委托李某志代炒股,双方成立委托合同关系,该合同不违反法律、行政法规的强制性规定,应属有效,对双方具有约束力。李某志操作刘某名下的信用资金账户炒股期间,共计亏损 149671.18 元,其应按照合同约定分担损失 44901.35 元(149671.18 元×30%)。现李某志拒不承担亏损的行为构成违约,应当承担违约责任,刘某的诉讼请求应予部分支持。李某志辩称应将前期已结算盈利 83223.77 元从后期 149671.18 元的亏损中扣除后再计算盈亏总额,以及其应承担亏损比例为 20%,没有事实及法律依据,不予采纳。判决:一、李某志支付原告刘某 44901.35 元及利息;二、驳回刘某的其他诉讼请求。[3]

从《民法典》合同编的规定看,违约责任应当限定在财产责任的范畴之内,与

---

[1] 上海市闸北区人民法院(2010)闸民二(商)初字第 314 号民事判决书。
[2] 参见国家法官学院案例开发研究中心编:《中国法院 2014 年度案例》(金融纠纷),中国法制出版社 2014 年版,第 47 页。北京市第二中级人民法院(2013)二中民终字第 7098 号民事判决书。
[3] 参见国家法官学院、最高人民法院司法案例研究院编:《中国法院 2023 年度案例》(合同纠纷),中国法制出版社 2023 年版,第 194 页。湖北省监利市人民法院(2021)鄂 1023 民初 3211 号民事判决书。

侵权责任不同,不能采取恢复名誉等非财产责任形式。

【案例 7-37】 李某华诉国泰君安证券股份有限公司等证券交易代理合同纠纷案

二审法院认为,关于李某华要求国泰君安证券公司承认错误和赔礼道歉的诉讼请求。从现有立法看,承认错误和赔礼道歉的民事责任主要适用于涉及侵害人身权利的领域,而本案系争合同不涉及人身因素,因此,不适合采用承认错误和赔礼道歉的救济方式。同时,合同法明确规定的违约责任并不包括承认错误和赔礼道歉。[1]

(二)合同无效处理

委托理财合同被确认无效后,委托人可以依据《民法典》第一百五十七条的规定主张相应的权利。委托理财合同无效的,对于从事该行为产生的损失,有过错的一方应当赔偿对方在此过程中所受到的损失。双方都有过错的,应当各自承担相应的责任。对于损失的确定,一般根据当事人是否有过错、过错大小、过错与损失的因果关系及公平原则等因素综合考虑。

【案例 7-38】 蔡某龄诉姚某委托理财合同纠纷案

二审法院认为,一审法院综合双方当事人的过错程度和损失情况,判决蔡某龄返还取得的保底投资收益以及相应的利息,符合公平原则,并无不当。[2]

【案例 7-39】 李某诉北京望寅南合投资管理有限公司委托理财合同纠纷案

判决观点,望寅南合公司不具备中国证券监督管理委员会许可的证券投资咨询机构资质,其与李某签订的《投资协议》,约定由其直接操作股票账户,进行投资交易,承诺承担风险,并对盈余进行分配。该约定违反了法律规定,应属无效。望寅南合公司在明知其没有证券投资咨询机构资质的情况下,仍与李某签订上述合同,对于合同无效存在过错,应当赔偿由此给李某造成的经济损失。李某在签订合同时未对望寅南合公司的资质进行审查,亦存在过错。双方对此应承担相应的责任。综合考虑,对李某要求望寅南合公司

---

[1] 参见国家法官学院案例开发研究中心编:《中国法院 2012 年度案例》(合同纠纷),中国法制出版社 2012 年版,第 115 页。上海市高级人民法院(2009)沪高民二(商)终字第 62 号民事判决书。

[2] 参见国家法官学院案例开发研究中心编:《中国法院 2012 年度案例》(合同纠纷),中国法制出版社 2012 年版,第 121 页。北京市第一中级人民法院(2010)一中民终字第 17658 号民事判决书。

支付利息损失的诉讼请求,不予支持。[1]

在个案中,法官行使自由裁量权确定赔偿数额。

【案例7-40】 上海民生投资有限公司与吉林省东力综合投资(集团)有限公司委托理财纠纷案

最高人民法院认为,原审判决关于东力公司"在不具有资产管理业务资质的情况下,受利益驱动,利用保底收益的承诺来争取客户、招揽业务,以期获得高额收益,主观上存在较大过错"的认定正确,但在确定东力公司承担的民事责任时,判令东力公司只返还民生公司本金损失的50%有失公允。东力公司应当全额给付民生公司的本金损失,并承担一定的利息损失。民生公司关于"东力公司应返还其全部本金损失12495960.24元,并给付自2001年5月11日至今的利息"的上诉请求,合情合理,于法有据,本院予以支持。[2]

【案例7-41】 吴某诉葛某委托理财纠纷案

一审法院认为,对于系争合同无效的过错责任认定,法院认为,鉴于:1.被告作为金融行业的期货专业从业人员,与一般的民商事主体相比,对自己的行为及可从事业务的范围理应具有更强的认知能力,应知晓双方约定的不利后果。但被告依然违反从业人员规定接受客户全权委托,直接替客户决定交易指令乃至直接进行期货交易操作,显然被告对本案系争合同的无效及损失造成的过错程度较原告而言更大。2.被告在2015年5月19日的庭审中自述,在双方委托理财关系两年多的时间内,系争账户总的交易量估计超过万亿元,对该部分交易佣金的收取,证券公司是按照千分之三至千分之四,期货公司是按照万分之零点五左右收取。而被告在实际交易操作中,亦存在大量的单边期货交易。被告显然在本案系争合同之外因其违法受托操作行为同时获取了一定的佣金收入。综上,被告对履行无效协议过程中造成的系争账户内的资金损失,应当承担主要责任。同时,原告作为证券、期货投资客户,理应知晓并承担市场风险,且原告签署的《客户须知》中已被明确告知客户不得要求期货公司或其工作人员以全权委托的方式进行期货交易,但原告依然委托被告进行期货交易,且在长达两年多的委托期间仅在持续亏损后方提出异议,因而原告对合同无效及其资金损失亦存在一定过错,应承担部分责任。综合上述原、被告双方的过错程度,法院酌定对系争损失由原告自行承担40%、由被告承担60%的赔偿责任。对于被告反诉提出的原告应每月

---

[1] 参见国家法官学院案例开发研究中心编:《中国法院2014年度案例》(金融纠纷),中国法制出版社2014年版,第41页。北京市朝阳区人民法院(2012)朝民初字第31825号民事判决书。

[2] 参见最高人民法院民事审判第二庭编:《最高人民法院商事审判指导案例》(合同卷)(上),中国法制出版社2011年版,第63页。

支付6000元时间和交通的劳务补贴请求,因被告并无充分证据证明双方对此进行了约定,且原告已经支付过6000元,与其后原告是否负有继续支付的义务并不具有必然的逻辑推理和因果关系,亦不具有高度盖然性。退而言之,即便被告有证据证明双方订有此约定,因系争委托理财合同无效,被告亦无权再行主张,故被告该反诉请求既无事实依据亦无法律依据,法院不予支持。二审法院亦持同样意见,维持一审判决。[1]

对于委托合同无效有责任的当事人,均应承担相应的责任。

【案例7-42】 上海浦东新区今崧电力服务中心诉上海化建实业有限公司等委托合同纠纷案

一审法院认为,对于上述无效协议的签订和履行,有关当事人均有过错,今崧电力欲在不承担任何风险的情况下获得固定收益,不符合民事活动应当遵循的公平原则。上海化建承诺10%的投资收益率,和信实公司愿以其账户内的资金及股票作履约担保以及大木桥路营业部同意监管等因素,则共同促使了今崧电力以为上述缔约目的能够实现并进而签订协议。因此,对于今崧电力因委托理财所导致的损失,今崧电力及其他各方当事人均应承担相应的责任。由于上述各方的过错责任相当,故本院认为上海化建、和信实公司及大木桥路营业部应各负担1/4的赔偿份额,赔偿今崧电力委托理财的亏损。其余部分的亏损应由今崧电力自行承担。二审法院持同样意见,维持一审判决。[2]

【案例7-43】 杨某诉杨某方委托合同纠纷案

判决观点,被告应当返还原告所交付的68800元,但原告作为成年人,在与被告签订合同时,未尽谨慎注意义务,确定被告是否具有经营外汇理财的资质,对造成合同无效亦有过错,故其应在现有资金68800元的35%范围内承担责任;其余损失44720元则应由被告予以赔偿。因《委托协议》无效,原告要求被告赔偿相应利息损失缺乏法律依据,法院不予支持。[3]

司法实践中,一般以受托人明知投资风险,仍然作出保底承诺,而认定其存在主要过错,对投资造成的损失应承担主要责任,具体比例一般由法官视个案酌定。

---

[1] 参见郭伟清主编:《2017年上海法院案例精选》,上海人民出版社2018年版,第112页。
[2] 参见最高人民法院中国应用法学研究所编:《人民法院案例选》2005年第4辑(总第54辑),人民法院出版社2006年版,第271页。
[3] 参见最高人民法院中国应用法学研究所编:《人民法院案例选》2010年第3辑(总第73辑),人民法院出版社2011年版,第176页。

【案例7-44】 周某诉罗某某民间委托理财合同纠纷案

二审法院认为,根据审理查明的事实,为履行本案委托理财协议,周某共投入资金1700573元。在股票账户发生亏损后,罗某某曾向周某的股票账户内转入保证金10万元。后在周某一再要求罗某某补足保证金的情况下,罗某某以微信方式告知周某可先把密码改了,由周某来操作。随后,周某将其持有的股票全部卖出,此时股票账户内的资金余额为941164元。经核算,该股票账户共计损失资金859409元。其中,周某的资金损失为759409元,罗某某的资金损失为10万元。周某与罗某某对于本案委托理财协议均有过错,双方应当共同分担因履行该协议所产生的损失。考虑到罗某某明知证券投资存在风险,仍向周某作出保底承诺,促使周某与其签订本案委托理财协议,且在协议履行期间,一直由罗某某独立操作涉案股票账户,故罗某某应当对造成该股票账户的资金损失承担主要责任。法律根据公平原则,酌定罗某某承担损失659409元,周某承担损失200000元。现周某起诉要求罗某某赔偿其资金损失,在扣除周某应自行承担的损失部分后,罗某某应当赔偿周某损失559409元。[1]

【案例7-45】 童某诉陆某委托理财合同纠纷案

判决观点,陆某在向童某介绍其操作的外汇交易时,夸大交易的回报率和自身的操作能力,隐瞒了交易中的风险,基于陆某的虚假陈述,童某开设账户交由陆某操作,陆某的行为构成欺诈。在交易出现较大亏损时,陆某仍然承诺,只要控制好风险可以稳赚,永不爆仓。根据上述事实,应当认定陆某在受托进行外汇交易过程中的过错明显,应对童某的损失承担主要责任。另外,童某所受损失是风险损失,从事高回报率的投资行为,必然包含有相应的风险;虽然设立的交易账户由陆某在操作,但账户从设立之初即处于童某可控制之下,对账户的盈亏情况始终可以即时获知,对相应的风险具有相应的控制力;双方从事违反金融管理法规而导致委托关系无效,童某也需负一定的责任。综合以上双方的过错程度,对于童某的损失,由陆某承担80%的赔偿责任,其余损失由童某自负。关于童某主张的银行存款利息损失,因童某从事的是投资行为而非储蓄行为,投入的目的是获取风险收益而非存款利息,相应的损失不包含储蓄利息损失,因此该项主张,不予支持。据此,判决被告陆某赔偿童某171686元。[2]

---

[1] 参见国家法官学院案例开发研究中心编:《中国法院2018年度案例》(合同纠纷),中国法制出版社2018年版,第232页。北京市第二中级人民法院(2016)京02民终字第3283号民事判决书。

[2] 参见国家法官学院案例开发研究中心编:《中国法院2015年度案例》(合同纠纷),中国法制出版社2015年版,第27页。江苏省无锡市滨湖区人民法院(2013)锡滨民初字第205号民事判决书。

应注意的是,委托人对造成合同无效有过错,但对于造成的损失不存在因果关系亦无过错的,则对其已发生的损失不承担责任,限制其合同无效中对损失承担责任的适用。

【案例7-46】 海滨县农村信用合作社联合社诉华泰证券有限责任公司委托国债买卖合同纠纷案

二审法院认为,对于国债委托投资协议的无效,双方均有过错。营业部作为从事证券经营的专业机构应对合同无效以及因合同无效而造成的损失承担主要过错责任。在营业部依约代理滨海信用社买卖国债造成亏损的情形下,应由营业部对损失承担主要责任,由滨海信用社承担次要责任。但本案营业部并未严格依约代理滨海信用社买卖国债,而是在接受滨海信用社委托买入国债的次日,即将所买入的国债全部卖出,转而借用他人股票账户买入"银广厦A"股票进行经营,从而造成重大损失。一般而言,当事人对合同无效所负的过错责任大小以具有直接因果关系为前提。本案委托资金的损失,并非委托买卖国债造成,而是营业部违约经营股票所致,因而与国债委托投资协议并无直接因果关系,国债委托投资协议的效力如何并不影响当事人对损失的承担。真正影响当事人对损失应否承担责任的因素应是其对造成损失有无过错,而非对造成合同无效有无过错。虽然滨海信用社对国债委托投资协议的无效负有次要的过错责任,但其对于营业部违约操作股票买卖造成的损失并无过错,因而滨海信用社不应当就上述损失承担责任。[1]

实践中,更多情况下还同时涉及返还财产处理。

【案例7-47】 任某军诉李某莲等委托理财合同纠纷案

判决观点,原、被告之间的口头合同应为无效,根据《合同法》相关规定,合同无效后,因该合同取得的财产,应当予以返还。故原告主张被告返还人民币40万元的诉讼请求,于法有据,予以支持。被告的辩解意见缺乏事实与法律依据,法院不予采信。[2]

非法期货交易平台向交易者收取的手续费属于因无效交易而取得的财产,应予返还;因交易而产生的其他损失,交易平台与交易者本身根据各自的过错比例进行分担。

---

[1] 参见最高人民法院中国应用法学研究所编:《人民法院案例选》2005年第2辑(总第52辑),人民法院出版社2006年版,第282页。

[2] 参见国家法官学院案例开发研究中心编:《中国法院2013年度案例》(合同纠纷),中国法制出版社2013年版,第166页。北京市密云县人民法院(2011)密民初字第1520号民事判决书。

【案例 7-48】 李某元诉上海年泰投资有限公司、湖北九江贵金属经营有限公司委托理财合同纠纷案

二审法院认为，基于此，首先应确定损害赔偿的具体范围，其次确定进行赔偿的责任主体。原告确认其自被告年泰公司处获得佣金返还155700元，该金额应从原告主张的损失中扣除，扣除后，原告的实际损失金额应为412848元。其中，对于原告向被告九江公司支付手续费266520元，被告九江公司确认系其在涉案的137笔交易中收取，因此，该笔手续费应当由被告九江公司向原告如数返还；对于剩余的损失146328元，均为原告在被告九江公司交易平台上进行白银买卖造成的亏损，原告虽主张被告九江公司在涉案交易中与其为买卖对手关系，但原告既未与被告九江公司就买卖白银形成书面合同，也未提供证据证明其在被告九江公司交易平台上进行的交易系以被告九江公司为相对方，鉴于现有证据不足以证明被告九江公司系涉案交易的合同相对方，也不足以证明该146328元买卖亏损由被告九江公司取得，故该损失不应由被告九江公司直接进行返还。但被告九江公司未经批准，在其交易平台中组织期货交易，造成原告损失，应当按照其过错程度向原告赔偿损失。分析买卖亏损形成的原因，既有被告九江公司未经批准组织期货交易的原因，又有原告自行操作造成亏损的原因，原告作为完全民事行为能力人，对白银买卖操作的市场风险应当具有一定认知，原告以营利为目的进行白银买卖，对此产生的损失亦应自行承担一定责任。综合原告和被告九江公司对买卖亏损形成的过错比例，法院酌定被告九江公司对146328元的买卖亏损承担70%的比例，即被告九江公司应赔偿原告102429.60元，剩余部分由原告自行承担。[1]

应注意的是，对委托理财合同无效处理不能简单地套用返还财产的原则，一是因委托人的资金投入证券市场后，并未转移占有，仍在其账户内，受托人只是进行了代为确定其股票交易品种并操盘实施交易的行为，而且在证券交易市场中，交易一经达成是不可逆的，因此不可适用返还财产。二是作为履行合同的损失，在证券公司强行平仓后，一般委托人的账户和受托人的保证金账户均遭损失，但是该损失与合同无效无直接的因果关系，是由证券市场系统自身风险直接造成，故不应以双方的过错责任确定该损失的承担，应运用法理分析，本着平衡各方当事人的利益、维护既成的交易事实、维护证券市场的正常秩序的原则处理合同无效后果，以免当事人为此再起纷争。

关于合同无效变更诉讼请求问题。在委托理财案件审理过程中，法院应当依

---

[1] 参见最高人民法院中国应用法学研究所编：《人民法院案例选》2017年第12辑（总第118辑），人民法院出版社2018年版，第154页。上海市第一中级人民法院(2016)沪01民终3065号民事判决书。

法行使释明权,从而保障当事人的诉讼权益。当发生法院与当事人对保底条款的效力认定不一致的情形时,法官应依据相关规定向当事人释明保底条款无效,告知当事人可以依据合同无效变更诉讼请求。

【案例 7-49】 仇某东诉陶某、尹某明委托合同纠纷案

一审法院认为,关于《委托投资协议书》的效力问题,法院向仇某东依法释明后,仇某东仍坚持该协议书有效,并据此要求尹某明、陶某承担连带合同责任,故其诉讼请求不应支持。仇某东可在确认《委托投资协议书》无效的基础上,另行主张其相关权利。二审法院认为,一审法院就《委托投资协议书》的合同效力向仇某东释明后,仇某东仍坚持《委托投资协议书》有效,并且按照合同有效的处理原则向陶某、尹某明主张违约责任,一审法院仅对合同无效进行了认定,而驳回仇某东的其他诉讼请求并无不当。一审判决认定事实清楚,适用法律正确。[1]

当事人进行监管部门明令禁止的虚拟币委托理财,违反了国家金融监管的强制性规定,属于从事非法金融活动,扰乱国家金融秩序。其交易行为,以及由此产生的债务,因违反公序良俗,不应受到法律保护,由此造成的投资风险及损失,应由投资者自行承担。

【案例 7-50】 李某速诉吴某、第三人李某金委托合同纠纷案

2019 年 7~8 月,李某速分四次向其朋友吴某转账 33 万元托其在境外虚拟币交易平台"T TFONE"上购买名为"ANTS"的虚拟币,后因投资亏损及回款问题,双方发生纠纷。李某速于 2020 年 4 月报警,在警方笔录中,双方确认吴某帮助李某速投资虚拟币,交易模式为吴某收到李某速转账后,通过第三人李某金在"T TFONE"平台上购买"ANTS"的虚拟币,再将"ANTS"虚拟币由吴某的"T TFONE"账户转至李某速的"T TFONE"账户。吴某称当时还有几个朋友都有委托其代为投资,但交易模式不同,其他人是直接委托吴某通过其名下的"T TFONE"账户代持"ANTS"的虚拟币。2019 年 9 月,"ANTS"虚拟币涨了,其他朋友都将"ANTS"币出售。吴某卖掉后把钱都退给他们了,只有李某速一人的虚拟币是在他自己的账号上,其无法操作导致无法出售,因而无法提现。随后因虚拟币价格下跌,李某速找到吴某要求退款。2019 年 9 月 15 日,李某速将其"T TFONE"账户 5917647.065 个虚拟币转至吴某账户,吴某以 0.017 元人民币/个的价格出售后向李某速转账 10 万元。2019 年 10 月,"T TFONE"平台退出中

---

〔1〕参见国家法官学院案例开发研究中心编:《中国法院 2016 年度案例》(合同纠纷),中国法制出版社 2016 年版,第 196 页。北京市第一中级人民法院(2014)一中民再终字第 3091 号民事判决书。

国市场,目前网站在境内无法登录。庭审中,李某速与吴某均确认"ANTS"虚拟币目前在国内禁止交易。一审法院裁定对李某速诉求不予支持。二审法院判决:驳回上诉,维持原判。[1]

---

[1] 参见《人民司法·案例》2022年第29期(总第976期)。福建省厦门市中级人民法院(2021)闽02民终1300号民事裁定书。

专题八 律师代理合同纠纷

　　律师代理合同属于委托合同的一种，但其区别于一般日常事务的委托，具有明显的特殊性，即其委托的法律事务往往具有极强的专业性。法律服务合同的标的为律师提供法律专业知识服务，人合性强，智力付出难以具体衡量和评估。律师是一种凭借其专业知识和实践经验为当事人提供法律服务的社会职业，当事人需要支付一定的报酬来购买律师所提供的这种"智力成果"。在社会生活中，律师与当事人之间因律师收费或认为对方有过错产生了诸多纠纷。

　　法律服务市场的良性竞争、发展，对于市场经济、法治经济有着举足轻重的作用。如何进一步促进法律服务市场的繁荣是一个需要在实践中探索的问题，而律师事务所作为法律服务市场最主要的主体，其成长必定是法律服务市场发展中的一个重要环节。作为专业从事法律事务、提供法律服务的中介机构，律师事务所除了应该审慎提供法律服务外，也应该认真同当事人协商订立合同并全面履行合同，从而减少、避免不必要的纠纷。

一、律师代理合同理解

根据《律师法》第二条规定:"律师是指依法取得执业证书,接受委托或者指定,为当事人提供法律服务的执业人员。"律师应当维护当事人合法权益,维护法律正确实施,维护社会公平和正义。与普通人相比,律师拥有更丰富的专业知识和技能,更熟悉相关专业服务的技术方面和法律法规规定,委托人对律师具有高度信赖,律师负有诸多合同义务,厘清律师义务范围问题是其承担责任与否的前提。

(一)律师义务范围

1. 高度注意义务

注意义务是一种积极义务,高度注意义务要求律师对所托付之事必须履行一个"善良管理人"应尽的注意,即以诚实的方式、以谨慎之人应有的注意从事活动,依法运用自己的才能、知识、判断达到勤勉尽责的程度,不得怠于履行职责。何为"善良管理人",有学者认为,从各国采纳的标准来看,无论是"良家父"标准,还是"合理人"标准基本都是"中等偏上"标准,在我国的司法实践中应当采用这样的标准。[1] 即律师中"中等偏上"的谨慎、勤勉。因在非诉法律事务代理中,注意义务与受托职责紧密相连,不一而足,故在诉讼代理中,律师高度注意义务包括但不限于:其一,受托后及时采取法律措施;其二,对案件进行审查,针对被告提出适当的诉讼请求;其三,充分利用法律赋予律师的权利,采取恰当的措施,保证委托人利益的最大化,例如在法定期限内举证、采取保全措施、申请强制执行等;其四,妥善保管委托人的各种资料、对委托人的个人隐私和商业秘密采取适当的保密措施;其五,按照程序要求参加诉讼活动;等等。

---

[1] 参见王利明:《侵权行为归责原则研究》,中国政法大学出版社 1992 年版,第 102~107 页、第 136~137 页、第 229~230 页。

2. 忠实义务

就广义上而言，忠实义务也属于高度注意义务，这里与注意义务并列表述，主要强调其作为消极义务的一面，它要求律师在处理相关事务时不得为个人的利益而损害或牺牲委托人之利益，是道德义务的法律化。委托人与律师之间的委托代理关系不同于一般的委托关系，因为信赖而形成了一种紧密、带有人身依赖的特别关系。根据《律师法》和《律师职业道德及执业纪律规范》的相关规定，律师忠实义务主要包含以下具体要求，其一，律师不得因自己的身份而受益。其二，律师不得收受与委托人有利害冲突的贿赂、某种秘密利益或所允诺的其他好处。其三，律师必须严守竞业禁止原则，不得从事与委托人委托事项有冲突的行业（如受托担任破产管理人的律师不得从事破产债权人的经营行业）。其四，律师不得利用受托事项的信息和商事机会。其五，不得泄露委托人的隐私和秘密。

3. 附随义务

合同主体应履行的义务并非完全源于合同约定。按照《民法典》规定，当事人应当遵循诚实信用原则，根据合同的性质、目的和交易习惯履行通知、协助、保密、忠实等附随义务。当事人在履行合同的过程中，由合同的性质、目的及交易习惯而附带产生的义务，是法律无明文规定，当事人无明确约定，但为维护当事人的利益，并依社会的一般交易观念，当事人应当负担的义务。附随义务并非合同约定必然存在的义务，其产生是以诚信原则作为判断标准，其旨在使合同当事人的利益最大化。律师代理活动中是否负有附随义务、负有何种附随义务，应当根据涉案合同的性质、目的来加以确认。在律师提供诉讼法律服务委托代理合同中，其合同履行的效果如何取决于代理律师与当事人之间所形成的信赖关系，而律师与当事人建立良性的信赖关系有赖于律师的忠诚义务。从逻辑上讲，律师的忠诚义务来源于律师与当事人之间的委托关系，除非当事人之间存在特别约定，律师在为其当事人进行代理活动的所有场合，都负有为被代理人利益实施法律行为的义务，其中当然包括律师不得同时代理对方当事人的限制。换言之，律师忠诚于当事人是律师与当事人代理关系存续的必然要求，也是"帝王条款"，即诚实信用原则是调节律师和当事人之间关系的一个重要手段和表现。

（二）律师违约责任

根据《律师法》第五十四条规定，律师承担责任的情形有两种，一是违法执业,二是有过错。在这两种情形下造成委托人损失的应承担赔偿责任。律师执业赔偿责任分为违约责任与侵权责任两大类型。在两者发生竞合的情况下,当事人可选择有利于己方的方式主张权利。本文主要针对违约责任进行阐述。

现行合同法律采用的是严格责任为主,以过错责任为补充的归责原则体系。《民法典》第九百二十九条第一款前半段规定,有偿的委托合同,因受托人的过错给委托人造成损失的,委托人可以要求赔偿损失。该条规定的是一种过错责任,也符合法学理论界对律师赔偿责任的基本观点。换言之,律师没有尽到合同义务的,应当认定为违反合同约定,并承担违约责任。

委托代理合同约定内容是判定是否违约的标准。如果双方对服务应当达到标准有约定的,例如,该约定明确律师应当为其提供比一般的专业服务更优质服务的,只要该约定在事实上并非不能实现或者显失公平,则应当按照委托代理合同中这种更高的标准履行。但是,鉴于法律事务具有社会性、复杂性、不可预见性,有时虽然律师已经充分履行了其职责,但他的处置方法不一定是最优的,或者律师在实施某种行为前,以适当的方式告知委托人其中的风险及可能存在的不利后果,而该委托人仍然要求律师实施该行为的,上述行为不宜认定律师执业过错行为,不应承担违约责任。

与律师的执业行为相关的法律法规的规定,或者执业准则的有关规定,是判断律师是否违约的重要参考依据。在律师行业内部,就一些特殊的服务领域,相关行业行政主管部门已经制定了一些规范性法律文件,特别是在证券、金融领域比较多。另外,律师协会在逐渐推进各种类型律师服务的规范化,编制了一些指导性的规范,虽然这些行业规范或指引并无强制性效力,但在一定程度上具有参考和借鉴作用。

(三)律师承担责任性质

代理律师承担责任的性质是有争议的问题。法学理论界通说认为,律师责任本质上是属于专家责任。所谓专家责任,目前法学理论界也没有一致的概念。比较一致的观点是指提供专门技能或知识服务的人员,因其过失而使提供的服务存在缺陷致人损失而应当承担的民事赔偿责任。也就是说,专家提供专业服务在性质上应属于手段保证性而非结果保证性,专家只能保证应用自己的知识和技能以合理的注意处理事项,但不能等同于保证能达到特定结果,不能以结果没有达到预期而要求专家承担与损失相对等的全部责任。责任的主体必须是专家,主要包括律师、会计师、医师、公证员等。

(四)律师代理合同关系成立

律师代理合同关系或称为法律服务合同关系,判断其合同关系是否成立需审查当事人缔约能力和合同形式。目前尚无强制性要求以书面形式订立书面合同。审查要件为,律师个人抑或没有资质的法律服务所是否以自己名义缔约合同,双方是否存在书面的法律合同,或有无其他证据证明双方就法律服务提供主体、服务内容以及费用口头达成一致意见,相关证据包括收费票据等。证明合同关系成立的证明责任:根据当事人的证明能力,委托方主张法律关系成立,可以通过提交书面法律服务合同、交费票据、双方商谈录音等证据证明法律关系成立;法律服务受托方可以通过为提供法律服务准备的文件、法律服务过程的录音、录像资料等证据证明法律关系成立。

【案例8-1】 重庆某法律服务所诉重庆某房地产开发有限责任公司法律服务合同纠纷案

判决观点,原告已依合同约定出庭参加了诉讼,完成了代理活动的事项,履行了自己的义务,被告亦应依照合同约定履行自己相应的义务,即支付原告法律服务费20万元。被告虽未在《法律服务合同》上盖章,但原告已实际按合同的约定履行了自己的义务,且原告的负责人陈某标作为委托代理人也得到重庆市第四中级人民法院认可并载入判决书中。被告未支付法律服务费的行为违反了诚实守信原则,故原告的诉讼请求,法院予以支持。[1]

【案例8-2】 海南琼亚律师事务所与海南文昌农村商业银行股份有限公司法律服务合同纠纷案

二审法院认为,本案中,被告向原告出具授权委托书,委托代理一强制执行案,代理权限为一般代理,代理期限至执行活动完毕之日。该授权委托书符合上述法律规定的委托代理授权的要件,代理人在该授权委托书出具后也已开始履行受托的代理事项。被告对该律所为其垫付公告费、评估费也予以接受,直至本案二审判决时也未向该所偿还上述垫付的费用。该案的部分执行裁定书也将该所列为委托诉讼代理人。故根据本案已查明的事实,可以认定双方之间已就此执行案成立了事实上的委托代理关系,代理人也已履行代理事务,被告以双方未签订具体的书面委托代理合同为由否定双方就该案成

---

[1] 参见张钢成主编:《服务合同案件裁判方法与规范》,法律出版社2015年版,第101页。

立委托代理关系,没有事实和法律依据,本院不予支持。[1]

【案例8-3】 辽宁海星律师事务所与吉林省荣发集团有限公司法律服务合同纠纷案

二审法院认为,委托代理授权采用书面形式的,授权委托书应当载明代理人的姓名或者名称、代理事项、权限和期间并由被代理人签名或者盖章。本案中,被告没有向第三人出具委托书,且原告提供的《尽职调查委托合同》缺少被告签章,故该份委托合同并非被告真实意思表示,原、被告之间没有形成委托代理合同关系。该份委托合同对被告没有约束力,被告没有向原告履行交付尽职调查费的义务。[2]

实践中,应注意区分共同代理合同关系问题。

【案例8-4】 刘某华诉湖北文汇律师事务所委托合同纠纷案

二审法院认为,代理人与被代理人签订的委托合同,其效力只及于合同的相对方。虽然代理人在签订该委托合同时与第三人签订了一份协议,约定其与第三人就这一委托事项共同工作,均分代理费。但该约定只能约束代理人与第三人,不能对被代理人产生法律约束力。被代理人认为代理人和第三人约定共同工作、均分代理费即构成共同代理,系混淆合同的内外效力,属法律认识错误。[3]

(五)见证服务合理注意义务范围

见证合同属于委托合同的一种,是委托人委托见证人对委托人之间或委托人与他人之间的民事法律行为予以见证的合同。签订见证合同的目的是为表明委托人的民事法律行为具备合法性。现实生活中,律师经常成为委托见证的首选,见证业务也因此成为律师提供法律服务中的重要内容。委托人与律师之间因见证合同发生的纠纷往往集中于律师是否履行了见证义务。律师在见证过程中应尽到哪些合理注意义务则是评判律师是否履行见证义务的标准。笔者认为,应当审查事项为,其一,签约主体是否具备签订目标合同的民事权利能力和行为能力,

---

[1] 参见最高人民法院民法典贯彻实施工作领导小组编著:《中国民法典适用大全》(总则卷三),人民法院出版社2022年版,第1452页。海南省高级人民法院(2020)琼民申825号民事裁定书。

[2] 参见最高人民法院民法典贯彻实施工作领导小组编著:《中国民法典适用大全》(总则卷三),人民法院出版社2022年版,第1453页。辽宁省大连市中级人民法院(2020)辽02民终4272号民事判决书。

[3] 参见最高人民法院民法典贯彻实施工作领导小组编著:《中国民法典适用大全》(总则卷三),人民法院出版社2022年版,第1460页。湖北省武汉市中级人民法院(2017)鄂01民终6213号民事判决书。

是否具备相应资质。其二,目标合同内容是否合法、违反社会公共利益。其三,对目标合同是否具备履约能力属于见证范围问题,分两种情况讨论。如果委托合同有特别约定,对履行义务方是否具备履约能力进行审查,律师则负有此项审查注意义务,其违反该项注意义务的承担违约责任。如果委托合同没有特别约定,律师只对目标合同当事人签约过程进行见证,则不负有履约能力审查义务,律师在完成见证后即见证事项完成,其见证合同也因双方履行各自义务而终止。

【案例8-5】 星源公司诉锦佳律师事务所法律服务合同纠纷案

判决观点,星源公司与苏希基金公司共同委托锦佳律师事务所并签订合同,由锦佳律师事务所为其双方订立过程提供见证服务,现锦佳律师事务所已经按照委托合同约定对双方签约过程提供了见证并出具了见证书,合同中委托事项已履行完毕。星源公司以苏希基金公司无履行借款合同能力且实际未履行借款合同为由要求解除该合同,而涉案借款合同的出借方苏希基金公司系境外企业,法律并未禁止境内企业向境外企业融资,境外企业是否具备履行借款合同的能力应属于星源公司在缔约过程中自行审查内容,该事项亦不属于星源公司委托锦佳律师事务所提供见证服务范畴;而苏希基金公司是否实际履行借款合同与被告提供见证服务亦无任何关联,故星源公司主张之合同解除理由不符合法律规定的合同解除条件,亦无合同依据。此外,苏希基金公司亦系见证委托合同的委托方之一,星源公司在征得其他委托人同意的情况下单方要求解除委托合同,亦无法律依据。故本院对星源公司要求解除合同并基于该请求要求退还见证服务费之请求,不予支持。关于星源公司要求锦佳律师事务所给付调查费之请求,于法无据,本院亦不予支持。[1]

应注意的是,律师是否应对目标合同义务方的违约行为承担责任取决于见证合同的约定,如见证合同约定对于目标合同一方的违约行为承担责任的则应承担责任,反之则不承担责任。

---

[1] 参见北京市高级人民法院编:《审判前沿——新类型案件审判实务》(总第50集),法律出版社2014年版,第39页。

二、律师代理合同法律适用

(一)承担赔偿责任主体

根据《律师法》第五十四条规定,律师违法执业或者因过错给当事人造成损失的,由其所在的律师事务所承担赔偿责任。律师事务所赔偿后,可以向有故意或者重大过失行为的律师追偿。该条规定对外承担赔偿责任主体是律师事务所,而并非律师。律师事务所承担的是一种雇主责任或替代责任,因此,不得以"无选任不当之过错"或"已尽监督之责"而推卸责任。

法律服务合同的相对方是律所,律师承办业务,由律师事务所统一接受委托,与委托人签订书面委托合同。律师不得以个人名义接受当事人的委托,也不得以个人名义代替律师事务所提起诉讼。

【案例8-6】 蒋某诉亢某、田某、郑某法律服务合同纠纷案

二审法院认为,本案的核心问题是蒋某个人在法律服务合同中的法律地位。蒋某系中银所的专职律师,其在对外执业过程中均应以中银所的名义开展业务。在本案中,蒋某主张其在谈判过程中始终以中银所的名义要求与亢某、田某、郑某签订委托协议,并确认在其发出的委托协议书文本中签约主体为中银所与亢某、田某、郑某。基于上述情况及《律师法》的相关规定,律师执业形成的法律服务合同的双方当事人应为律师事务所与委托人,蒋某并不是其主张的法律服务合同的一方当事人。现一审法院认定蒋某并非本案的适格原告,其无权向其所称的委托人主张律师费用并无不当。关于蒋某在上诉中主张由于中银所怠于行使到期债权,蒋某对亢某、田某、郑某行使代位权。法院认为蒋某主张的代位权与本案审理法律服务合同不属同一法律关系,其应另行主张相关权利。经审理后,二审法院驳回上诉,维持原裁定。[1]

应注意的是,提起代理费诉讼主体的特殊性。

---

[1] 参见张钢成主编:《服务合同案件裁判方法与规范》,法律出版社2015年版,第104页。

【案例 8-7】 何某厚诉彭某敏委托代理合同纠纷案

二审法院认为,委托人与律师事务所签订的委托合同中明确约定,由某一特定律师担任诉讼代理人,后因该律师变更执业机构,律师事务所与该律师签订债权转让协议,将其根据与委托人签订的委托合同所享有的债权转让给该律师,委托合同也未对所产生的债权债务不得转让进行约定,且该律师为合同的实际执行者,合同约定的代理行为已实际履行,据此形成的权利转让并不影响当事人订立该合同的目的。因而该律师具有诉讼主体资格,有权向法院提起给付代理费诉讼。[1]

(二)违约赔偿范围

按照合同法律的违约责任理论,当律师承担的是违约损失赔偿责任时,如果委托代理合同没有约定违约金的,根据《民法典》第五百八十四条的规定,应当赔偿相当于因违约所造成的损失,包括合同履行以后可以获得的利益,而赔偿的最高限额是不超过违反合同一方订立合同时预见到或者应当预见到的因违反合同可能造成的损失。经济损失是指委托人在财产上所受到的不利益的状态,其既可表现为现有财产的减损,也可表现为将要取得财产或利益的丧失。律师执业过错造成的主要损害为财产损失。实践中,对律师赔偿范围没有一个较为统一的认识,各地法院判决亦有差异。由于律师的执业行为一般不会直接造成委托人的损失,委托人一般应先积极采取补救措施,弥补的损失以及为实施补救措施所支出的费用应该由律师承担。司法实践中,委托人的经济损失可能很小,但也可能非常大,从理论上讲,律师应就无法弥补的损失承担全部责任。考虑到律师收费的相对低廉与实际损失差距过大,如果当事人的全部损失均由代理律师承担,则显失公平,不利于律师行业的发展。因此,在立法上必须寻找当事人与其代理律师之间利益冲突平衡点,有必要采取赔偿实际损失与赔偿限制相结合的原则,即对于一定数额以下的损害适用赔偿实际损失的原则;对于该数额以上的损失,适用不超过代理费一定倍数的限额内予以赔偿限制原则。但故意侵权者不适用赔偿限制原则。也就是说,在最大限度地维护合法利益中,注重委托人与律师之间利益平衡,让代理律师在其过错范围内承担最高额度的赔偿责任,这也为当前一些法院对类似案件的终审判决均无全额赔偿的缘故。

---

[1] 参见《中国审判案例要览》(2006年商事审判案例卷)。湖北省宜昌市中级人民法院(2005)宜民一终字第174号民事判决书。

【案例8-8】 许某培诉福建德化戴云律师事务所逾期向法院提供证据致被代理人的诉讼请求未被法院支持请求赔偿损失案

二审法院认为,许某培的被扶养人生活费应从2002年8月29日起,按德化县2001年农民人均消费性支出2601.8元标准计算为30245.9元,依法应予赔偿。上诉人许某培提出应由戴云律师所承担全部赔偿责任及其被扶养人生活费起算时间错误的上诉理由成立,本院予以支持。上诉人许某培及戴云律师所的其他上诉理由不能成立,本院不予支持。[1]

【案例8-9】 程某诉上海市某律师事务所服务合同纠纷案

二审法院认为,关于赔偿数额,原告对李某龙的损害赔偿请求权未获清偿部分为其实际损失,被告应对该部分损失承担赔偿责任。因原告在与被告之间的法律服务合同履行过程中,对自己的事务缺乏应有的注意,对其损失的发生亦有过失,应当自担部分损失。原审法院认定被告承担10万元的赔偿数额,并无不当之处,本院应予维持。另外,被告对原告的违约责任的履行,不影响原告向李某龙的继续追偿,对于原告所获赔偿超过损失部分,被告可另行解决。原审法院根据查明的事实所作的判决是正确的,应予维持。[2]

实践中,对律师赔偿范围的判断标准为,其一,损害发生的可合理预见性。其二,损害发生的可合理避免性。具体来讲,其赔偿范围一般包括:其一,因不当诉讼行为导致的诉讼费用支出,如对于根本没有胜诉可能性的诉讼,律师仍然不适当要求进行,应承担由此产生的诉讼费用。应当注意的是,基于诉讼过程是一个对抗过程,律师对案件作出基本判断时未必掌握全部资料,同时,要求律师在代理起诉时完全精确地确定诉讼请求过于严苛。故在案件最终判决结果没有达到预期要求或者没有得到法律支持时,不应认定律师存在过错。其二,因律师过错直接造成的损失,即直接导致委托人本应获得支持的诉讼请求未能获得支持或者本应成立的抗辩未能成立而导致的损失。常见的律师遗失重要证据而导致败诉,未提出本可以提出时效抗辩而导致的损失等。因律师过错造成委托人利益受损,应当属于履行瑕疵,其委托人支付的律师代理费是对律师适当履行职务所给付的对价,因此,在律师未能全面履行其职责时,委托人有权要求减收或者免收律师代理费,法院应支持委托人退费的请求。

【案例8-10】 民正律师事务所诉刘某委托合同纠纷案

判决观点,对于刘某提出的赔偿损失44430元、精神抚慰金5万元、退还

---

[1] 参见最高人民法院中国应用法学研究所编:《人民法院案例选》2005年第3辑(总第53辑),人民法院出版社2006年版,第229页。

[2] 参见最高人民法院中国应用法学研究所编:《人民法院案例选》2011年第1辑(总第75辑),人民法院出版社2011年版,第179页。

已收取的律师费1万元的诉求。刘某提交的证据不能证明其主张的损失,但民正律师事务所在履行委托合同过程中,存在明显的过错,不合理地增加并扩大了刘某的诉讼风险,并给委托人造成了一定的损失。因此对于退还已收取律师费的请求,予以支持,对于民正律师事务所应承担的赔偿数额,法院依法酌定。刘某要求的精神抚慰金,因本案不属于法律规定的可以请求精神损害赔偿案件的范围,故对刘某的上述主张,不予支持。刘某要求法院就民正律师事务所的违规违法行为向有关部门发出司法建议的请求,不属于民事诉讼中当事人主张的范畴,不予支持。[1]

在个案中,法官结合具体案情和依据公平原则行使自由裁量权裁定赔偿数额。

【案例8-11】 周某举诉徐州西关法律服务所、谢某、涂某民委托合同纠纷案

判决观点,诉讼代理人未尽其义务,导致委托人的诉讼利益受损,如果委托人已经证明其受到损害,但证明损害具体数额存在重大困难的,法院应当考虑委托人的身份地位、资历、侵害程度、侵害人经济状况等情形,减轻委托人的举证责任负担,通过恢复原状所需客观上合理预期的数额或受损害财产客观上的价值转换金钱的数额等事实来认定损害赔偿的数额,而不能以损害的数额委托人无法举证而驳回。[2]

律师或法律工作者未依法履行职责,未尽到合理注意义务,给当事人造成损失,形成违约责任与侵权责任的竞合,不论选择哪一种方式处理,其赔偿损失的后果相同。

【案例8-12】 陈某国等诉崇明区陈家镇法律服务所服务合同纠纷案

一审法院认为,陈某芳与被告陈家镇法律服务所之间存在服务合同关系,由于该遗嘱被生效判决认定为无效,虽两原告取得了房屋所有权,但两原告被判令支付其他继承人房屋折价款250000元。被告的法律工作者在熟知法律规定的情况下未以其专业法律知识和技能为委托人提供法律服务,陈家镇法律服务所存在过错,应当对两原告的损失承担赔偿责任。对于两原告要求赔偿的数额156250元,法院认为,遗嘱是一种期待的利益,可能存在变数。法律工作者以一种专家身份参与到见证活动中,由其出具的见证结论与事实

---

[1] 参见国家法官学院案例开发研究中心编:《中国法院2013年度案例》(合同纠纷),中国法制出版社2013年版,第185~186页。北京市海淀区人民法院(2011)海民初字第2019号民事判决书。

[2] 参见最高人民法院中国应用法学研究所编:《人民法院案例选》2008年第1辑(总第63辑),人民法院出版社2008年版,第193页。江苏省徐州市泉山区人民法院(2007)泉民二初字第562号民事判决书。

不符或见证过程中存在瑕疵时,由该职责所衍生的责任就是专家责任。专家提供专业服务在性质上应属于手段保证性而非结果保证性,专家只能保证应用自己的知识和技能以合理的注意处理事项,但不能等同于保证能达到特定结果,不能以结果没有达到预期而要求专家承担与损失相对等的全部责任。再者,被告陈家镇法律服务所在提供见证服务时收费金额少,若要求其承担全部赔偿责任,就权利义务对等的角度而言,缺乏公平性。综合上述因素,法院酌定被告承担一定的赔偿责任。两原告要求被告赔偿1000元服务费,但无相应证据佐证,被告仅承认从原告处收取500元,故认定服务费为500元。判决:一、被告返还两原告服务费500元;二、被告赔偿两原告20000元;三、对原告其余诉讼请求不予支持。二审法院认为,根据上诉人及有关当事人对被继承人陈某芳身体状况的陈述及法院查明的事实,即使被上诉人所代书遗嘱在形式上符合法律规定,依据我国《继承法》相关法律规定,也不足以认定遗嘱内容是被继承人真实意思的表达,遗嘱效力也难以被认定。故虽然被上诉人的行为因缺乏法律专业性、违反了应负义务,但其行为并未必然导致上诉人产生损失,与上诉人主张的损失也无足够关联性。判决:驳回上诉,维持原判。[1]

应予强调的是,律师不因诉讼未达到预期目的而赔偿被代理人的损失。

【案例8-13】 天津宝泽缘建筑材料贸易有限公司诉天津星卓律师事务所代理合同纠纷案

一审法院认为,律师的诉讼策略各异,诉讼方式也不同。在原告提交的上诉状中,可以看出原告认同律师的诉讼方式。在案件最终判决结果没有达到预期要求或者没有得到法律支持时,以被告错误分析案情存在过错为由,要求被告承担败诉责任并赔偿诉讼费用的损失,不符合"代理人在代理权限内,以被代理人的名义实施民事法律行为。被代理人对代理人的代理行为,承担民事责任"的规定,故对此诉请,不予支持。被告不服一审判决上诉,后又撤诉。[2]

【案例8-14】 刘某生诉陕西同泰律师事务所委托合同纠纷案

原告委托代理的诉讼败诉后又在没有代理的情况下通过申请再审反败为胜,致在先败诉的损失承担方面有了争议。本案中,同泰所依约全面履行了义务。再审改判所依据的房产公司故意隐瞒真实情况,构成欺诈的观点,同泰所也在一、二审诉讼中明确阐述,只是没有得到采信,可以说同泰所在履

---

[1] 参见陈昶主编:《2020年上海法院案例精选》,上海人民出版社2022年版,第83~84页。
[2] 参见《人民司法·案例》2014年第22期。

行委托事务中尽了善良管理人的注意,不存在过失。同泰所代理的案件原一、二审判决和再审判决均依据《房屋买卖合同解释》第九条的规定。原告在原一、二审未得到支持的诉请通过再审判决又得到部分支持,其原因是再审改变了原一、二审关于房产公司不构成欺诈的观点,而这一改变是在证据没有发生变化的情况下,根据法律的规定以及房产公司的义务内容对证据重新作出的分析与事实认定,故原告在原一、二审阶段的部分败诉非因同泰所过错所致。再审法院认为,同泰所按照合同约定,在受托的权限内妥善处理代理事务,向刘某生提供法律服务,如期完成代理事务,刘某生也相应支付了代理费用,双方已实际履行了委托代理合同义务。刘某生所举证据不能证明同泰所没有完成委托代理合同之相关义务,故刘某生证据不足,依法不予认定。[1]

(三)计时收费

律师服务费标准及收取问题,是实践中常发争议之一。在代理合同未对计时收费标准作出明确约定,律师亦无证据证明其曾告知委托人,且律师在为委托人提供法律服务时,也未同委托人确认过服务时间,故对律师主张计时收费标准的意见,法官一般不予采信。

【案例8-15】 上海徐勤律师事务所诉上海明凯市政工程有限公司诉讼代理合同纠纷案

一审法院认为,本案主要争议焦点系律师服务费收取标准。原告如欲以工作时间为依据收取费用,应将具体处理与诉讼有关事项及所花费时间等情况及时、全面告知被告,并得到被告确认。然原告在提供法律服务过程中,双方并未对服务时间进行过确认,故对原告主张计时收费的意见,不予采信。就对"生效判决结果"的理解而言,被告不具有法律专业素养,其认为判决结果为本诉部分扣除反诉部分,并无不当。原告作为具有专业法律知识者,如欲将"判决结果"的含义限定在本诉部分,应告知被告并予以特别约定,且原告已实际代理被告参与反诉审理,故原告关于"生效判决结果"应理解为仅指本诉部分的主张,不予采信。被告实际获得利益为负数,其依据约定可不予支付律师服务费。然原告自接受被告委托后,付出大量劳动,使被告利益为生效判决确认并获得了实现。如被告不付律师服务费,有违公平及诚实信

---

[1] 参见最高人民法院中国应用法学研究所编:《人民法院案例选》2013年第3辑(总第85辑),人民法院出版社2014年版,第152页。陕西省高级人民法院(2010)陕审民申字第00666号民事判决书。

用原则。因此,参考合同签订时的相关律师收费标准并考虑该案件复杂程度、审理时间、被告实际获得的利益及原告工作情况,酌定原告的律师服务费。据此,判决被告支付律师服务费 20 万元。二审法院维持一审判决。[1]

(四)双方代理违约

律师违反合同义务的范围,包括合同附随义务。在目前律师服务市场中,示范聘请律师合同文本上,并没有律师不得代理对方申请执行条款规定,也不负有不得代理对方申请执行之义务。但从附随义务的规定看,同时代理案件另一方当事人申请执行,显然违反了法律赋予其的相关附随义务,应构成违约。由于不得双方代理不仅仅是违反诚实信用规则,在规范律师执业活动的相关法律法规中也是明令禁止的,律师的行为严重背离了职业道德,属根本违约。

【案例 8-16】 上海浦东航头股份有限公司诉上海市恒信律师事务所诉讼代理合同纠纷案

一审法院认为,本案被告既代理原告,又同时代理案件另一方当事人申请强制执行,显然违反了法律赋予其的相关附随义务,构成根本违约,应承担退还全部律师费的违约责任。二审法院认为,被告指定同一律师代理市建五公司申请对原告执行的行为违反了该所在合同中应尽的附随义务,构成违约,被告对此应当承担相应的违约责任。因被告违反了对委托人的忠实义务,使得委托人基于信任支付报酬的基础不复存在,因此一审法院判决被告退还全部律师费并赔偿利息损失并无不当。[2]

应注意甄别不属于双方代理的情形。

【案例 8-17】 向某琼等人诉张某霞等人执行遗嘱代理协议纠纷案

判决观点,《民法通则》和《继承法》均没有对遗嘱执行人的法律地位和遗嘱执行人的权利义务作出明确规定,只要不违反法律的禁止性规定,民事主体有权处分自己的权利。律师作为被继承人指定的遗嘱执行人,在被继承人没有明确其执行遗嘱应得到报酬的情况下,与继承人就执行遗嘱的相关事项签订协议,并按照协议的约定收取遗嘱执行费,不属于《律师法》第三十四

---

[1] 参见国家法官学院案例开发研究中心编:《中国法院 2012 年度案例》(合同纠纷),中国法制出版社 2012 年版,第 124 页。上海市第二中级人民法院(2010)沪二中民四(商)终字第 845 号民事判决书。

[2] 参见国家法官学院案例开发研究中心编:《中国法院 2012 年度案例》(合同纠纷),中国法制出版社 2012 年版,第 127 页。上海市第一中级人民法院(2010)沪一中民四(商)终字第 811 号民事判决书。

条禁止的律师在同一案件中为双方当事人代理的情况。[1]

(五)终止代理合同费用

律师代理合同归属委托合同类型,具有委托合同的一般性质。委托合同关系是基于委托人单方的授权行为所发生的一种合同关系,其法律基础在于代理制度,无论是法理还是法律规定,都承认和赋予委托人取消委托或者受托人辞去委托时终止代理关系的法定权利,并无须说明具体原因。正是这个基础,决定了对已有效成立的委托合同关系,双方任一方通知对方取消或辞去委托,都是行使权利的行为,不发生不履行相应义务的违约责任的法律后果。但是,从公平的角度讲,委托人取消委托虽是其权利,但对受托人已进行的委托事务或已完成的委托事务,委托人是不能无偿承受的,应当向受托人支付相应的报酬。

【案例8-18】 大江律师事务所诉建行溧水县支行中途终止委托合同要求承担违约责任纠纷案

二审法院认为,双方签订的是委托代理合同,合同以代理权作为基础。溧水支行撤销大江所代理权,是法律赋予其的权利,不属于违约行为。代理权被撤销后,双方间的合同即应终止履行。大江所要求溧水支行支付违约金,缺乏事实依据,本院不予支持。原审判决认定事实清楚,实体处理并无不当。据此,维持一审驳回原告大江所的诉讼请求判决。《人民法院案例选》责任编辑认为,本案虽然应当驳回原告关于要求被告承担违约责任的诉讼请求,但从上述利益平衡的要求上看,本案仅作如此驳回,而没有考虑原告已进行了委托事务的事实,从而未考虑原告的利益(原告调查取证和主持调解的费用,不属原告应得的报酬,而属被告作为委托人应负担的处理委托事务的必要费用),是欠妥的。[2]

委托人行使任意解除权,解除诉讼委托代理协议后应对受托人就完成委托事项部分酌情给付报酬。现实社会生活中,经常会出现当事人委托律师提供诉讼法律服务,但因各种原因最终诉讼无法继续推进而导致合同解除的情形。此类案件中,当事人往往会主张全额退还已经支付的服务费。对已收取的服务费是否应当全额退还,主要判断标准应当是律师在合同签订后是否实际履行了合同。如果法律服务在尚未正式进入法律程序的情况下就履行不能,律师接受委托后,只是进

---

[1] 参见《最高人民法院公报》2004年第1期。
[2] 参见最高人民法院中国应用法学研究所编:《人民法院案例选》1999年第2辑(总第28辑),时事出版社1999年版,第137~141页。

行了口头法律咨询和简单的诉讼材料收集准备工作,并未向当事人提交该委托事项而撰写的诉讼文书、分析意见、调查取证方案等实质性的法律服务文件,则应当认定为其尚未实质履行义务。如果律师接受委托后,已经开展了调查取证、诉讼文书撰写等诉讼实质性法律准备工作,应当视为已经提供了法律服务,此时,就应当根据律师的实际履行情况,对部分履行法律服务合同的行为应得到合理报酬进行酌定。

【案例 8-19】 北京市世纪律师事务所与濮阳市丰硕物资有限公司委托合同纠纷案

最高人民法院认为,合同解除后,世纪律所所获代理费用是否合理的问题。根据《合同法》第四百一十条之规定,该处所规定的"损失",不同于合同有效履行应得的约定报酬,而应为世纪律所履行受托行为而遭受的有关损失。因世纪律所没有对其损失举出充分证据,二审根据其已完成的工作,酌情给予80万元报酬,并无不当。[1]

【案例 8-20】 中建二局第四建筑工程有限公司与天津融汇律师事务所委托合同纠纷再审案

再审法院认为,根据《合同法》第四百一十条的规定,中建二局四公司可以据此解除合同,但应当赔偿因此给融汇律师事务所造成的损失。融汇律师事务所为中建二局四公司提供了1年10个月的代理服务,并基本完成了一审的代理工作,原审酌情判令中建二局四公司给付融汇律师事务所代理费254644元的70%即178250.8元并无不可,可以作为中建二局四公司因行使随时解除权而对融汇律师事务所的赔偿。[2]

实践中,对于已收取的法律服务费退还额度是法官行使自由裁量权裁定。

【案例 8-21】 浙江振申绝热科技有限公司诉北京大成律师事务所法律服务合同纠纷案

判决观点。现双方争议的焦点是被告是否依约履行合同全部或部分义务,原告主张被告退还服务费70万元是否合理。从被告提交的证据来看,其已经对原告的专利技术、技术秘密进行分析,并作出相关分析报告及后续工作建议,原告在收到被告的报告后并未提出异议,且又启动了合同约定的第二、第三项工作并支付了相应服务费,故确认原告已经认可被告完成了第一项工作,故对原告要求被告退还因该项工作收取的部分服务费的诉讼请求,

---

[1] 最高人民法院(2013)民申字第197号民事裁定书。
[2] 参见最高人民法院中国应用法学研究所编:《人民法院案例选》2015年第4辑(总第94辑),人民法院出版社2016年版,第147页。天津市高级人民法院(2015)津高民提字第20号民事判决书。

法院不予支持。原告向被告支付了由被告代理专利侵权案件的一审代理费20万元,但该案件最终并未立案,现原告要求被告退还服务费理由正当。但考虑到被告亦曾经为此项工作提供过一定劳动,故原告亦应根据被告所付出的劳动向其支付适当的报酬,具体金额由法院酌定。合同约定被告代理原告办理案外人涉嫌商业秘密罪的刑事立案工作,原告按约定向被告支付了第一期费用40万元,虽然公安机关并未对此正式立案,但从被告提供的证据来看,被告已经对原告委托的此项事务付出了一定的劳动,原告应向其支付适当的报酬,具体金额由法院酌定。法院判决:被告北京大成律师事务所返还原告浙江振申绝热科技有限公司服务费43万元整。[1]

因不可归责于受托人的事由而解除合同的,委托方仍应按照受托方完成的事务量和与委托人的约定支付报酬,这也同样适用于风险代理合同。

【案例8-22】 龙文律师事务所诉刘某萍诉讼代理合同纠纷案

刘某萍虽以赵某印代理存在过错为由于2013年8月14日声明解除对赵某印律师的授权,且刘某萍丈夫李某刚随后又与龙文所签订法律援助委托代理协议,由司法行政机关指派该所另一律师代理案件,但两份协议并非同一当事人,后签订协议并未就刘某萍与龙文所之间协议进行变更,不产生解除后果。鉴于刘某萍在鉴定意见作出之日至开庭三个月的时间内,并未申请重新鉴定,视同其对鉴定意见无异议。此时,赵某印已完成为刘某萍代理撰写起诉书、质证、鉴定等法律服务。根据医疗损害赔偿纠纷案件的进程和鉴定意见在其中的重要性,鉴于龙文所专业技能及沟通、注意义务,二审法院认为,委托方应按照受托方完成的事务量和与委托人的约定支付报酬。遂判决:撤销一审判决,刘某萍应按照对方完成代理事务工作量60%计算支付给龙文律师事务所律师服务费33136.23元。[2]

应注意的是,委托方单方解除风险代理合同,法院可以基于案件事实的客观性、司法裁判的统一性、法律规定的可预期性,参照该案的最终裁判结果确定律师事务所应得的报酬。

【案例8-23】 重庆津台律师事务所诉重庆覃家岗建设公司诉讼代理合同纠纷案

原告津台所要求被告覃家岗公司参照重庆市律师服务收费标准向其支

---

〔1〕 参见国家法官学院案例开发研究中心编:《中国法院2016年度案例》(合同纠纷),中国法制出版社2016年版,第45页。北京市东城区人民法院(2014)东民初字第03372号民事判决书。

〔2〕 参见《人民法院报》2015年12月10日,第6版。河南省开封市龙亭区人民法院(2014)龙民初字第563号民事判决书、开封市中级人民法院(2015)汴民终字第840号民事判决书。

付律师费32万元及利息。法院认为,因不可归责于受托人的事由,委托合同解除或者委托事务不能完成的,委托人应当向受托人支付相应的报酬。关于相应报酬的确定,从双方在《法律事务委托合同》中约定来看,双方约定的是风险代理,即津台律所的最终收益情况与诉讼结果有直接关联,虽然因覃家岗公司单方解除委托致使津台律所未能完成全部的诉讼程序,但是案件事实具有一定的客观性、法律和司法裁判具有一定的稳定性和可预期性,故从津台律所预期律师收益的角度对其应当获得的报酬进行了认定,即将覃家岗公司在整个诉讼中,包括先予执行、自动履行、法院判决确定的金额之和作为覃家岗公司通过诉讼获得的利益,依照双方在委托合同中约定的计算方式,计算出津台律所的预期收益,再综合考虑津台律所接受委托期间履行合同的情况、覃家岗公司单方解除合同的情形,以及津台律所继续履行合同所必然付出的成本,将覃家岗公司需要支付的律师费确定为1万元。[1]

实践中,诉讼因当事人申请撤诉而并未进入实体审理程序的,法院可判令委托人向代理人支付部分费用。

【案例8-24】 贵州鼎尊律师事务所与凯棣基国际有限公司诉讼代理合同纠纷再审案

最高人民法院认为,从《委托代理合同》的约定看,鼎尊所获得全额代理费的对价是其全程代理凯棣基公司与郭某光、长运(集团)能源发展有限公司之间的第一审诉讼。但在该诉讼中,凯棣基公司起诉后又撤回了诉讼,委托合同因撤诉而自然终止。根据《合同法》第四百零五条的规定,因不可归责于受托人的事由,委托合同解除的,委托人应当向受托人支付相应的报酬。鉴于诉讼并未进入实体审理程序,二审法院综合考虑鼎尊所为案件付出一定劳动的事实,并综合当地律师代理民事诉讼案件收费的一般标准,酌情判令凯棣基公司向鼎尊所支付部分诉讼代理费、差旅费、通讯、文印费等费用,在结果上并无不当。鼎尊所要求凯棣基公司依约支付全部代理费用的申请再审理由缺乏事实和法律依据,应予驳回。[2]

(六) 判决认定的律师费与合同约定费用关系

在人身侵权赔偿案件中,律师费并非侵权责任法与司法解释规定的法定赔偿

---

〔1〕参见《人民法院报》2016年3月3日,第6版。重庆沙坪坝人民法院(2015)沙民初字第10038号民事判决书。
〔2〕最高人民法院(2013)民申字第734号民事裁定书。

项目。审判实践中,考虑到受害人因诉讼聘请律师确实会产生一定损失,为最大限度地维护受害人的权益,律师费可以(并非应当)作为当事人请求赔偿处理事故产生的费用。鉴于目前律师收费有多种标准,包括计时、计件,还有风险代理等,且不同等级的律师收费标准也不同,故在审判实践中,法官一般会根据案情,结合案件的难易程度以及案件的标的等因素综合确定。人身损害赔偿中的加害人之所以赔偿受害人(原告)聘请律师的费用,其基础在于分担受害人这方面的损失,体现法律对侵权行为的惩罚作用。但也正是基于律师费并未作为法定的赔偿项目,法院在判决支持律师费时,将其作为平衡受害人损失的调节器,酌情予以保护,故与受害人因聘请律师实际支付的费用可能存在差异。侵权赔偿与代理合同约定是两种不同的法律关系,法院支持的律师费是侵权赔偿中维护受害人权益的表现,而代理合同中约定的律师费是受害人享受到律师提供的法律服务后应按约履行的合同义务,两者有所交叉但并不等同。对其按何种依据支付服务费,毫无疑问应依代理合同约定界定受害人即委托人应支付服务费数额。

【案例8-25】 上海浩航律师事务所诉刘某音诉讼代理合同纠纷案

一审法院认为,原、被告签订了《聘请律师合同》,双方均应按合同的约定全面履行。现原告依约提供并完成了法律服务,且该合同约定的6000元律师服务费也未超出有关部门规定的范围,故被告应按合同的约定支付。被告所称原告曾承诺被告律师服务费按上海市黄浦区人民法院判决中所酌定的律师服务费支付,没有充分证据证明,法院不予采信。原告的诉讼请求,符合有关法律规定,法院依法予以支持。二审法院持同样意见,维持一审判决。[1]

(七)律师代理范围与委托书授权范围关系

一般来讲,代理权的范围,由本人自由设定,可分为三类:其一,特定代理权,即授权特定行为,如出售房屋。其二,种类代理权,如买卖股票。其三,概括代理权,即授权代理的范围不予限制。授予代理权,因本人的意思表示而生效力,除明示外,也可以以默示方式作出,无须特定方式。本人究竟是何种授权,应依诚实信用原则及斟酌行业惯例加以认定。行业惯例是指本行业大多数从业人员所普遍知道并遵守,在很长时间内反复为之,不为法律法规或行业规定禁止并为公众普遍道德所提倡的合法行为。在律师代理中交易惯例是签订书面委托合同,明确双

---

[1] 参见国家法官学院案例开发研究中心编:《中国法院2014年度案例》(合同纠纷),中国法制出版社2014年版,第97页。上海市第二中级人民法院(2012)沪二中民一(民)终字第2134号民事判决书。

方各自的权利义务。对其签署的授权委托书,如果说明代理费中包括代理反诉费用,此代理权应为特定代理权而非种类代理权或概括代理权。虽然代理费包括代理反诉费用,但是根据行业惯例,代理权的范围是需要以书面的方式明确作出。当事人签署委托书,委托律师为代理人,代理权限(代为)承认、放弃、变更诉讼请求;进行和解、调解;提起上诉;代领法律文书。委托书中不包括反诉的,其律师代理范围不包括反诉。也就是说,虽然代理费中含有反诉费,但未对律师授权反诉的,二者的范围不一致,且以委托书授权为准。

(八)委托人拒付律师费抗辩

在代理诉讼中,由于出现律师不能左右的意外情况,致使委托人的诉讼目的没有实现,此责任不能归结为律师一方,委托人对此拒付代理费的,法官认定律师完成了受托的事务,应判决委托人依照合同的约定支付相应的代理费。

【案例8-26】 安福县铁井法律服务所诉喻某根等诉讼代理合同纠纷案

判决观点,原告按照合同的约定完成了委托事项,被告应当按照约定给付报酬,原告诉请被告给付代理费的诉讼请求应予以支持。法院判决被告承担40%的责任,是法院根据事故双方当事人的过错对其责任的划分。原告按照合同约定参加了诉讼,提出了由对方当事人承担80%责任的主张,没有损害被告的利益,被告认为没有达到诉讼目的是因为原告没有尽到责任一节没有证据证实,其理由不成立。[1]

【案例8-27】 某律师事务所诉中财信业房地产开发有限公司委托代理协议纠纷案

判决观点,被告出具的《授权委托书》是被告的真实意思表示,内容合法,应当有效。原、被告签订的协议上有双方的盖章及法定代表人的签字,其上的全部内容均应视为原、被告的真实意思表示。被告认为该协议上代理费金额"贰佰陆拾万"等内容系原告私自填写,不是双方真实意思表示,但未能提供充足证据,本院不予采信。该协议的内容亦不违反法律规定,故该协议有效,原、被告均应按协议的约定履行义务。原告接受委托后依约开展工作,履行了协议约定的义务,被告应向原告支付协议约定的代理费。被告认为原告代理的仅是一起刑事报案业务,且并未全面履行约定义务,索要巨额代理

---

[1] 参见国家法官学院案例开发研究中心编:《中国法院2015年度案例》(合同纠纷),中国法制出版社2015年版,第215页。江西省吉安市安福县人民法院(2012)安民初字第125号民事判决书。

费显失公正的观点缺乏事实和法律依据,且不能改变双方所签协议中确定的权利义务,对此本院不予支持。被告通过北京邦达新技术公司支付给原告的8万元,原告认可属代理费,并同意从诉讼请求中予以核减,本院对此不持异议。被告未按时足够支付原告代理费的行为,构成违约,应承担违约责任。据此,判决被告给付原告代理费252万元。[1]

附条件生效合同抗辩理由。《民法典》第一百五十八条规定民事法律行为可以附条件,即当事人对合同的效力可以约定附条件。附条件生效的合同,自条件成就时生效。附解除条件的合同,自条件成就时失效。当事人为自己的利益不正当阻止条件成就的,视为条件已成就;不正当地促成条件的,视为条件不成就。关于对该条款的认定,只有当事人明确约定或通过合同解释可以确定当事人已经就相关条件是否成就直接影响合同效力的情况下,该合同方可以认定为附生效条件的合同。首先,需要审查合同有无附条件条款的约定,若有,判断该条件是否已经成立以及成立的原因为何;其次,在没有明确约定的情况下,需要对法律服务的内容综合判断。

【案例8-28】 某律师事务所诉某通信公司法律服务合同纠纷案

某通信公司以合同为附条件合同作为抗辩理由,认为合同另一方成为"交易"的保荐人是本合同成立生效的条件。因为合同另一方没有成为保荐人,所以该法律服务合同未生效。结合案情看,首先,某通信公司和某律所未专门约定另一方成为"交易"的保荐人系合同成立生效的条件;其次,某通信公司终止上市计划,项目因而终止,故另一方作为"交易"的保荐人的客观条件已经不具备。同时,当事人在合同中有付款进度的专门约定,30%的款项是关于第一阶段的,就是某律所同意承担本工作,该30%的费用实际就是某通信公司用来确保某律所预留工作档期和参与该项目。某通信公司已经同意付款,而某律所已经同意预留工作档期提供服务。一、二审法院对某通信公司以合同为附条件生效的合同不予支付律师费的抗辩不予采信。[2]

律师事务所以票据追索代理费,委托人用票据抗辩拒付鲜见。律师事务所已经履行了包括准备诉讼材料等部分合同义务,但并未履行对案件进行立案等诉讼委托代理人的义务,委托人委托律师事务所代理诉讼的合同目的不能实现,即未得到承担票据债务时所期望换取的代理诉讼服务,对价全部落空,故委托人作为票据债务人有权提出票据法上的抗辩,拒绝履行票据债务。应注意的是,票据法

---

[1] 参见北京市高级人民法院编:《审判前沿——新类型案件审判实务》2003年第4集(总第6集),法律出版社2004年版,第41页。

[2] 上海市第二中级人民法院(2014)沪二中民四(商)终字第687号民事判决书。

上"不履行约定义务"的含义不应限制为未履行任何合同义务,即使部分履行的,也存在不足以实现合同目的的可能,故"不履行约定义务"应指未履行足以实现合同目的的主要合同义务。

【案例 8-29】 北京泽盈律师事务所诉中金丰国际贸易(北京)有限责任公司票据追索权合同纠纷案

二审法院认为,《票据法》规定,票据债务人可以对不履行约定义务的与自己有直接债权债务关系的持票人进行抗辩。本法所称抗辩,是指票据债务人根据本法规定对票据债权人拒绝履行义务的行为。本案中,中金丰公司系出票人即票据债务人,泽盈律师所系持票人。基于双方委托合同关系,中金丰公司将票据直接交与泽盈律师所,双方之间存在直接债权债务关系。根据《票据法》规定,中金丰公司有权以泽盈律师所不履行约定义务为由,主张票据法上的抗辩。现中金丰公司已依据票据法的规定,行使票据抗辩权,拒绝向泽盈律师所履行付款义务。泽盈律师所持票向中金丰公司行使票据追索权,要求支付票面金额 300 万元,缺乏法律依据。泽盈律师所以票据追索权纠纷诉至法院,一审法院直接审理双方委托合同的具体债权债务关系,已经超出审理范围,本院对此予以纠正。泽盈律师所与中金丰公司可以就委托诉讼协议所产生的纠纷另行诉讼。据此,二审法院撤销一审判决,驳回泽盈律师所的全部诉讼请求。[1]

与此相关联的问题是公民代理诉讼,委托人是否有权拒付约定报酬。

【案例 8-30】 高某生诉牟某广委托合同纠纷案

原、被告双方签订了风险代理合同,合同实质是通过委托合同的形式来从事有偿法律服务,而原告提供的有偿法律服务不受法律保护。一审法院认为,根据相关规定,未经司法行政机关批准的公民个人与他人签订的有偿法律服务合同,人民法院不予保护。因此,对原告高某生按照协议约定要求被告牟某广支付赔偿费用一半的诉讼请求不予支持。根据原、被告约定,原告高某生在帮助被告牟某广实现其权利的诉讼过程中,实际为其垫付了案件受理费 2493 元,这是被告牟某广在主张权利过程中合理的、必要的费用,因此被告牟某广应当予以返还。原告高某生委托淄川鼎昊法律服务所法律工作者为被告牟某广出庭所支付的代理费 2000 元、复印费 15 元、打印费 60 元、鉴定费 700 元,亦是为被告牟某广主张权利的合理性支出,被告牟某广应当予以返还。原告高某生主张餐费 1170 元,由于无充分证据证实支出该费用

---

[1] 参见国家法官学院案例开发研究中心编:《中国法院 2019 年度案例》(金融纠纷),中国法制出版社 2019 年版,第 184 页。北京市第三中级人民法院(2017)京 03 民终 6687 号民事判决书。

的合理性和必要性以及与案件的关联性,并且被告牟某广也不予认可,对于原告高某生的该项请求,不予支持。二审法院持同样意见,维持原判。[1]

【案例8-31】 三亚市滨海实业发展总公司与郭某宇委托合同纠纷案

一审法院判决滨海公司向郭某宇支付代理费2381936.4元及利息。检察机关提起抗诉,两级法院形成了两种意见,故向最高人民法院请示。最高人民法院审查意见为:公民代理诉讼收取报酬,违反《律师法》《合同法》的规定,应认定为无效法律行为。三亚市滨海实业发展总公司与郭某宇委托合同纠纷,应适用《律师法》(2001年)第十四条、《合同法》第四十四条第一款和第五十二条第(五)项的规定,认定三亚市滨海实业发展总公司与郭某宇于2002年6月18日签订的《委托代理合同》第七条无效。对于郭某宇为代理诉讼而支出的实际费用,法院可根据郭某宇的诉讼请求,判决三亚市滨海实业发展总公司支付。[2]

【案例8-32】 王某春诉谢某瑞、谢某美委托合同纠纷案

一审法院认为,谢某瑞、谢某美与王某春双方签订的《法律服务酬劳协议书》,实质上是王某春以公民个人身份通过代理诉讼业务收取费用的行为。根据最高人民法院于2010年9月16日对重庆市高级人民法院所作《关于公民代理合同中给付报酬约定的效力问题的请示》答复:"未经司法行政机关批准的公民个人与他人签订的有偿法律服务合同,人民法院不予保护;但对于受托人为提供服务实际发生的差旅费等合法费用,人民法院可以根据当事人的请求给予支持。"因此,对于案涉的《法律服务酬劳协议书》,不予保护。至于王某春在代理诉讼过程中发生的差旅费等合法费用,王某春并未提供其作为谢某瑞、谢某美诉讼代理人期间所支出的差旅费等合法费用的票据,对此王某春应承担举证不能的法律后果。谢某瑞、谢某美已经向王某春支付酬劳费2000元,该酬劳费可视为谢某瑞、谢某美对王某春代理该案件期间所支出的差旅费用的补偿,且王某春也在该酬劳费收条上明确表示"日后不得再有任何请求",因此,王某春的诉讼请求,于法无据,不予支持。二审法院以相同理由驳回王某春的全部诉讼请求。[3]

【不同处理】 实践中,有的法院将公民代理中一定的劳务费亦认定为实际

---

〔1〕参见国家法官学院案例开发研究中心编:《中国法院2016年度案例》(合同纠纷),中国法制出版社2016年版,第209~210页。山东省淄博市中级人民法院(2014)淄商终字第208号民事判决书。

〔2〕参见杜万华主编:《最高人民法院民商事案件审判指导》(第2卷),人民法院出版社2015年版,第702页。

〔3〕参见国家法官学院案例开发研究中心编:《中国法院2019年度案例》(合同纠纷),中国法制出版社2019年版,第183页。福建省厦门市中级人民法院(2017)闽02民终5750号民事判决书。

发生的其他合法费用,数额由法官视案情裁定。这是因据实以受托人完成了委托事务,可以向委托人主张相应报酬的委托合同基本原理,而酌定报酬。

【案例8-33】 刘某江诉尹某诉讼仲裁代理合同纠纷案

二审法院认为,刘某江上诉称,其代理尹某参与仲裁和诉讼,有咨询公司的推荐信,合法有效。法律规定并无禁止公民有偿代理的条款,其已经为尹某提供了仲裁、诉讼、咨询等服务,完成了受托事项,依法可以向尹某主张报酬。对此本院认为,本案中刘某江以公民身份接受尹某的委托,代理尹某进行诉讼和仲裁等事宜,并要求尹某支付相关费用。依据最高人民法院相关批复精神,未经司法行政机关批准的公民个人与他人签订的有偿法律服务合同,人民法院不予保护;但对于受托人为提供服务实际发生的差旅费等合法费用,人民法院可以根据当事人的请求给予支持。故刘某江以公民个人身份代理仲裁、诉讼事宜,要求尹某支付全部代理费用,本院不予支持。但是,考虑到刘某江确实履行了维权协议约定的义务,付出了劳务,产生了一定的实际支出,尹某亦从刘某江的代理行为中实际获得了法律服务,应当支付刘某江完成代理事项所需的必要费用,本院酌定尹某给付刘某江5000元。[1]

最高人民法院民一庭意见为,未经司法行政机关批准的公民个人与他人签订的有偿法律服务合同,人民法院不予保护;但对于受托人为提供服务实际发生的差旅费等合法费用,人民法院可以根据当事人的请求给予支持。[2]

---

[1] 参见最高人民法院中国应用法学研究所编:《人民法院案例选》2015年第4辑(总第94辑),人民法院出版社2016年版,第199~200页。北京市第一中级人民法院(2014)一中民(商)终字第8901号民事判决书。

[2] 参见最高人民法院民事审判第一庭编:《民事审判指导与参考》2011年第3辑(总第47辑),人民法院出版社2011年版,第146页。

三、律师代理合同疑难问题

(一)律师风险代理合同

1.风险代理合同理解

风险代理,又叫胜诉才收费,是指律师在与委托人签订代理合同时,并不收取律师费,而是根据诉讼结果决定给付律师费用的多少。如果案件胜诉,则按事先约定方法收取费用;如果败诉,则不收取费用,甚至不收办案过程中垫付的办理费和诉讼费。风险代理是法律认可的委托代理的一种特别形式,是律师事务所一般委托代理行为的补充形式。现行关于律师执业收费的相关规定,并未排斥风险代理。实践中,风险代理在法律服务中带有一定普遍性,也是频发纠纷问题。

风险代理合同,实质上是一种附条件的民事法律行为,与一般代理的根本区别就是把律师收取的报酬与法院对案件的审理结果联系在一起,如果没有达到预期目的,律师就不能取得任何报酬,甚至不能要求支付办案费用。这里的诉讼成功就是委托人支付律师费用所附加的一个条件。条件成就时,就必须支付;条件不成就时,就无须支付。但诉讼能否成功即所附条件能否成就,并不是双方当事人所能控制,因此,风险代理的另一个特征就是具有一定风险性。基于律师代理案件的最终结果一般是难以预测的,实行风险代理的律师也因此承担了一定风险。为了弥补律师所承担的收费风险,故允许风险代理律师高于普通代理案件收取代理费。也就是说,风险代理具有三个突出特征,即风险收费、按结果收费和高额收费。

【案例8-34】 康达律师事务所西安分所诉西安电影公司给付未达代理合同约定目的的代理费纠纷案

二审法院认为,电影公司与康达分所签订的委托代理合同系双方真实意思表示,双方对给付代理费的条件及方式的约定于法不悖,故该合同确认有效。康达分所作为电影公司的委托代理人在代理仲裁案件中,虽付出了一定劳动,但未实现代理合同所约定的解除合同的目的,故其要求电影公司按约支付20万元代理费的理由不能成立。关于康达分所提出增加了诉讼标的金额相应增加代理费15万元一节,因双方在代理合同中未作约定,且在仲裁过程中双方亦未对增加标的额后代理费如何收取达成一致意见,康达分所亦未向本院提交电影公司口头同意增加代理费之有效证据,故其诉讼请求不予支持。电影公司按照代理合同约定向康达分所履行了支付2万元实际费用的义务,现其要求康达分所予以返还,理由不能成立。据此,判决驳回康达分所的诉讼请求。[1]

【案例8-35】 淮安市清浦区法律服务所诉王某梅法律服务合同纠纷案

一审法院认为,原、被告在合同中约定被告应交纳代理费1万元,但同时又约定了"判决离婚、财产各半分割后交费,判不离不收费"的收费条件。在合同实际履行过程中,因被告与其丈夫离婚纠纷经法院调解和好,致使合同约定的"判决离婚、财产各半分割后交费"这一缴纳代理费条件未能成就,故原告的诉讼请求不能成立。对原告诉称其工作人员已经为被告离婚案付出了劳动,履行了代理义务,被告就应当支付代理费的主张,本院认为原告该主张与合同约定内容不符,故不予采纳。对被告主张合同约定收费条件未达到的辩称,本院认为,该辩称有事实根据和合同依据,应予采纳。据此,驳回原告的诉讼请求。二审法院维持一审判决。[2]

判断委托代理合同的性质是否属于律师风险代理,其依据是合同的内容,而非合同的名称抑或律师代理合同中出现的风险代理词语。

【案例8-36】 安徽籍山律师事务所诉翟某彪、翟某昌法律服务合同纠纷案

二审法院认为,本案双方在《委托代理合同》第三条约定,如果安徽籍山律师事务所为翟某彪代理没有获得保险赔付时,则不支付代理费;当安徽籍山律师事务所通过代理行为使保险公司履行保险赔付时,翟某彪应按保险公司在第三者实际赔偿款数额的10%支付律师代理费。该条款约定具有明显的风险代理收费特征,安徽籍山律师事务所称其与翟某彪、翟某昌所签订《委托代理合同》仅是一般代理的主张不能成立,不予采信。[3]

---

[1] 参见最高人民法院中国应用法学研究所编:《人民法院案例选》1998年第2辑(总第24辑),时事出版社1998年版,第152页。

[2] 参见最高人民法院中国应用法学研究所编:《人民法院案例选》2009年第2辑(总第68辑),人民法院出版社2009年版,第225页。江苏省淮安市中级人民法院(2008)淮中民一终字第0455号民事判决书。

[3] 参见最高人民法院中国应用法学研究所编:《人民法院案例选》2018年第8辑(总第126辑),人民法院出版社2018年版,第105页。安徽省芜湖市中级人民法院(2017)皖02民终300号民事判决书。

2. 风险代理合同成立要件

《律师服务收费管理办法》第十一条的规定包含两层含义：其一，律师必须告知委托人与代理收费相关的事实与法律规定，即律师应履行告知义务。告知案件风险的存在，是采用风险代理方式的前提。委托人选择此种代理方式是因为案件存在着败诉风险，或者即使胜诉，委托人取得胜诉结果利益的程度也不尽相同，存在不确定因素，如果想要胜诉取得高比例的回报，必须由律师通过一定的努力来实现。律师不履行告知义务，所有的案件一律采用风险代理必然损害委托人的利益。其二，委托人在被告知律师收费指导价后，仍坚持选择风险代理的，律师才可与委托人协商确定风险收费的相关条款。如当事人主张是在不知道、不清楚律师收费政府指导价的情况下提出采用风险代理，而律师又无法举证已经告知当事人政府指导价的规定，风险收费条款可能被确认无效。根据诚实信用原则，律师事务所亦应履行相关的告知义务，保障当事人的知情权。

律师如实告知义务的判断因素，其一，如实告知义务的履行主体。根据合同相对性原则，与委托人缔结合同的一方即律师负有如实告知的义务。其二，如实告知的内容。需告知律师代理收费的政府指导价。其三，如实告知方法。《律师服务收费管理办法》对此没有明确规定。一般应采用询问回答的方式，使其形成书面证据予以固定。实践中对履行告知义务的认定标准有争议，一般情况下以明示的方式出示政府指导价的相关文件或材料，并形成相关谈话材料，以达到已告知的证明标准。

3. 风险代理合同范围

风险代理由于其特殊性，并不适用于所有的诉讼案件。《律师服务收费管理办法》第十一条规定，婚姻、继承案件，请求给予社会保险待遇或者最低生活保障待遇的案件，请求给付赡养费、抚养费、扶养费、抚恤金、救济金、工伤赔偿的案件以及请求支付劳动报酬的案件这四类民事案件不适用于风险代理。第十二条规定，禁止刑事诉讼案件、行政诉讼案件、国家赔偿案件以及群体性诉讼案件实行风险代理收费。《国家发展和改革委员会关于放开部分服务价格意见的通知》（发改价格〔2014〕2755号）第一条第四项又作了列举性规定。

交通肇事附带民事诉讼中的保险理赔属于律师风险代理的范围。

【案例8-37】 安徽籍山律师事务所诉翟某彪、翟某昌法律服务合同纠纷案

二审法院认为，在本案的附带民事诉讼中，翟某彪并非交通事故的受害人，其属于侵权人，对受害人亲属负有赔偿义务，二者之间为人身损害赔偿关系。人身损害赔偿纠纷案件不宜实行风险代理，主要是因为这样做会变相减少受害人的赔偿数额，不利于保护受害人的利益，也不符合人们对社会善良风俗的一般理解。但翟某彪与保险公司之间属于保险理赔关系,翟某彪能否获得全额理赔存在一定的风险,安徽籍山律师事务所称其所代理事项属于财产关系的民事案件,具有法律依据,故本案代理事项能够适用风险代理。[1]

实践中,风险代理合同的表现形式多样化,如约定收取基本律师费,其余部分按风险收费。

【案例8-38】 京衡律师集团上海事务所诉宁波中汇房地产开发有限公司诉讼代理合同纠纷案

为处理建设工程施工合同纠纷案、企业借贷纠纷案,京衡上海所与中汇公司分别于2010年7月30日、2011年2月11日签订委托代理合同,京衡上海所作为中汇公司委托代理人参与诉讼。就律师服务费,双方在建设工程施工合同纠纷案的委托代理合同中约定律师费由办案基本费(5万元)加风险金(反诉部分收回款项总金额的15%)构成,中汇公司实际支付了682250元律师费;在企业借贷纠纷案的委托代理合同中约定律师费按实际收回款项金额的15%为标准,于10日内支付。[2]

当事人解除风险代理合同时,委托方并未收回案款,是否应向律师事务所支付风险代理费?从风险代理的字面理解,只要没有结果就无代理费,而不考虑代理期间代理人所付出的劳动。如果如此简单地理解,则容易造成委托人在约定结果即将出现时,恶意行使委托合同的委托人随时解除权,进而损害代理人的权益。

【案例8-39】 北京市蓝石律师事务所诉北京农村商业银行股份有限公司大兴支行、庞各庄支行委托合同纠纷案

一审法院认为,在代理期间,蓝石所积极进行了多项工作,因蓝石所不可控的原因导致案件执行工作无法顺利进行,被告大兴支行、庞各庄支行向蓝石所提的工作目标实为难以甚至无法完成。被告大兴支行、庞各庄支行在存在他种实现债权可能性的情况下,却对蓝石所提出了短期内完成查封财产评估拍卖工作的不合理工作目标。被告大兴支行、庞各庄支行解除代理协议理由并不符合约定亦不合理。虽然被告大兴支行、庞各庄支行最终收回案款时与蓝石所的代理协议已经解除,后续工作由更换的代理人完成,蓝石所未能参与,但蓝石所收取代理费的条件是被告大兴支行、庞各庄支行收到执行案款,蓝石所收取代理费的条件当时之所以未能成就,是由于被告大兴支行、庞

---

[1] 参见最高人民法院中国应用法学研究所编:《人民法院案例选》2018年第8辑(总第126辑),人民法院出版社2018年版,第105页。安徽省芜湖市中级人民法院(2017)皖02民终300号民事判决书。

[2] 参见最高人民法院中国应用法学研究所编:《人民法院案例选》2013年第2辑(总第84辑),人民法院出版社2013年版,第244页。浙江省宁波市中级人民法院(2012)浙甬商终字第679号民事判决书。

各庄支行以不合约定不合理的理由解除代理协议的行为而致。被告大兴支行、庞各庄支行在最终收到案款后,条件成就,蓝石所可以主张代理费,被告大兴支行、庞各庄支行拒绝支付,进而造成蓝石所代理费的损失,损失赔偿额应包括合同履行后可以获得的利益,被告大兴支行、庞各庄支行所提交证据不能证明该损失可归责于蓝石所,故被告大兴支行、庞各庄支行应当承担赔偿损失的责任,蓝石所可以按照被告大兴支行、庞各庄支行实际收回的案款为基数主张代理费损失。据此,判决被告大兴支行、庞各庄支行赔偿原告损失3206000元。二审法院认为,最终实现债权的途径与蓝石所代理期间向法院陈述的途径一致,且最终实现债权的数额也一致,蓝石所履行了合同约定的义务,没有违约行为。故蓝石所有权依据合同约定的代理费要求被告大兴支行、庞各庄支行赔偿损失。二审法院维持一审判决。〔1〕

实践中,风险代理合同的酬金约定不明时有的法院本着公平与诚信原则合理确定。

【案例8-40】 艾德肯律师事务所与中国再保险公司委托代理纠纷案

二审法院认为,艾德肯律所与再保险公司所签《提供法律服务协议》属有效合同。艾德肯律所依照约定为再保险公司提供了相应的法律服务,为促成再保险公司与美国CNA公司纠纷的解决起到了一定作用,并最终促成再保险公司与美国CNA公司达成了庭外和解,再保险公司应依据协议支付相关费用。因双方未能按照协议商定成功后酬金的具体比例,而仅在往来函件中确定了成功后酬金的比例幅度,故应依合同法原理,根据公平和诚实信用原则,取中酌定。原审法院判决确定的律师胜诉费比例偏低,应予变更。据此,改判再保险公司支付艾德肯律所胜诉费355222美元。〔2〕

应该看到,律师风险代理合同中的收费标准和方式等内容,必须由当事人根据法律服务的特定内容,对律师机构或律师本人专业素质和勤勉敬业的了解程度,以及区别于其他行业标准、市场定价的因素作出判断,不宜参照《民法典》第五百一十一条(《合同法》第六十二条)规定的一些标准履行。根据《律师服务收费管理办法》和《律师执业行为规范》等现行部门规章、行业规定,均强调风险代理应当以当事人的明确约定为基础,因此在无证据证明双方之间存在约定的情况下,法院不宜酌定收费比例。也就是说,律师风险代理合同的主要条款应当由当事人协商和明确约定,当事人就口头协议内容发生争议的,如无其他证据证明争

---

〔1〕 参见国家法官学院案例开发研究中心编:《中国法院2014年度案例》(合同纠纷),中国法制出版社2014年版,第79页。北京市第一中级人民法院(2012)一中民终字第14912号民事判决书。

〔2〕 参见北京市高级人民法院民事审判第一庭编:《北京民事审判疑难案例与问题解析》(第一卷),法律出版社2007年版,第508页。

议事实,法官在审理中应当对相关内容不予确认。

【案例8-41】 北京市华联律师事务所诉中视电视购物有限公司律师代理合同纠纷案

一审法院认为,虽然双方当事人对代理费的收取标准未作出明确约定,且诉讼中,双方就各自的主张均未能提供充分证据予以支持,就此未能达成合意,但鉴于华联律师事务所已实际参与了涉案两起诉讼的一、二审的诉讼代理过程,作为受托人完成了委托事项,本着实际履行情况,并参照同行业的相关收费标准,法院酌定中视公司按照两案两审总体胜诉额的4%向华联律师事务所支付律师代理费。二审法院认为,根据《民事证据规定》第五条第一款的规定,华联律师事务所应就其为中视公司提供法律服务"按胜诉金额的8%支付律师代理费"的约定承担举证责任。现华联律师事务所在本案中提交的所有证据仅能证明双方之间建立了诉讼代理关系,无证据证明双方之间存在上述有关代理费内容的约定,故除中视公司在一、二审期间自认的代理费数额以外,华联律师事务所的其他诉讼请求,法院不予支持。关于法院能否在本案中酌定代理费的问题。一审法院酌定的代理费数额是以胜诉金额为依据的,这实际上是采纳了华联律所陈述的收费方式,而就双方之间是否存在上述收费方式,华联律师事务所没有证据支持。对风险代理的收费方式,应以双方当事人的明确约定为基础,在无证据证明双方之间存在这种收费方式的情况下,人民法院不宜采取这种收费方式进行酌定。据此,中视公司在本案中应当支付给华联律所的代理费,应是其在一审期间自认应当给付的8万元代理费中还未给付的12400元及其在二审期间自愿给付的12万元。综上,二审法院改判:一、撤销一审判决;二、中视电视购物有限公司给付华联律师事务所代理费132400元;三、驳回华联律师事务所其他诉讼请求。华联律师事务所不服二审判决,申请再审,再审法院经审理维持了二审判决。[1]

个案中,对委托人单方解除风险代理合同的赔偿数额由法官综合具体案情裁定。

【案例8-42】 新疆某律师事务所诉新疆百货总公司律师代理合同纠纷案

一审法院认为,本案中,原、被告双方对代理费的支付有明确约定,即为风险代理,按全部执行回案款的3%计算代理费。由于被告在未解除合同并未通知原告的情况下,又与第三方签订了执行委托协议,该行为显属违约。

---

[1] 参见北京市高级人民法院编:《审判前沿——新类型案件审判实务》2012年第2集(总第44集),法律出版社2013年版,第144页。

被告与新疆建银房地产开发总公司、乌鲁木齐市天元房地产开发公司、中国人民建设银行新疆维吾尔自治区分行、中国人民建设银行新疆维吾尔自治区分行营业部联建合同纠纷案最终执行回案款7757501元,其中原告执行回案款5047101元、第三方执行回案款2710400元。由于被告另行委托第三方执行的行为,损害了原告本可执行回全部案款的权益,给原告造成了可得利益的损失,故被告应当予以赔偿。赔偿额参照第三方执行回案款总额即2710400元,按双方协议约定的3%范围内酌情予以给付。被告辩称本案系一案两诉的答辩理由,由于本院(2011)沙民二初字第750号民事判决书仅是对原告已代理并执行回的5047101元案款进行了处理,对被告违反合同约定另行委托他人而致原告依据合同应取得的权益未予处理,故本案不属一案两诉,被告的此项答辩理由不能成立,本院不予采纳。原告主张依据新疆维吾尔自治区律师收费标准,将被告与新疆建银房地产开发总公司、乌鲁木齐市天元房地产开发公司、中国人民建设银行新疆维吾尔自治区分行、中国人民建设银行新疆维吾尔自治区分行营业部联建合同纠纷案分为一审、二审、再审、执行四个阶段分别计算代理费,与双方风险代理协议约定的内容相悖,本院不予支持。法院判决被告新疆百货总公司赔偿原告新疆某律师事务所50000元。二审调解结案。[1]

4.风险代理合同效力

诉讼代理的概念系委托人将相关事项授权于代理人,由代理人处理委托事务,代理结果归于委托人。因此,就代理的目的和结果归属而言,委托人对代理人权利的授予并不意味着放弃自己在代理权所涉范围发出或受领意思表示的能力,即委托人对委托事项仍享有自行处分的权利并可以随时终止代理权。代理人的义务为运用法律专业知识收集、提供证据、参加诉讼、提出法律意见等,其目的是通过律师的服务尽量使当事人增加胜诉概率,以保护当事人的合法权益。当事人在诉讼过程中自愿接受调解、和解,是对自身权益的处分,是当事人依法享有的诉讼权利。调解、和解有利于纠纷的迅速解决和彻底解决,有利于减少当事人的诉讼成本,更有利于减少社会矛盾,构建和谐社会。律师事务所及其律师作为法律服务者,在接受当事人委托代理诉讼事务中,应当尊重委托人关于接受调解、和解的自主选择,即便认为委托人的选择不妥,也应当出于维护委托人合法权益的考虑提供法律意见,而不能为实现自身利益的最大化,基于多收代理费的目的,通过与委托人约定相关合同条款限制委托人接受调解、和解。其约定风险条款侵犯委

---

[1] 新疆维吾尔自治区乌鲁木齐市中级人民法院(2013)乌中民二终字第609号民事调解书。

托人的诉讼权利,加重委托人的诉讼风险,根据《民法典》第一百五十三条的规定,此类约定无效。

【案例 8-43】 上海市弘正律师事务所诉中国船舶及海洋工程设计院服务合同纠纷案

一审法院认为,弘正律师所在法律服务合同中订立诸如调解等需与其协商一致,否则以约定律师代理费数额补偿其经济损失的条款,是侵犯船舶设计院诉讼权益的行为,故判决驳回其诉讼请求,二审法院维持一审判决。[1]

【案例 8-44】 广东深金牛律师事务所诉深圳市罗湖建筑安装工程有限公司委托合同纠纷案

二审法院认为,关于涉案《委托代理合同》第四条的效力问题。《委托代理合同》第四条约定:"罗湖建筑公司未经深金牛律所同意,擅自与债务人中嘉麟公司和解的,视为罗湖建筑公司已收回全部债权,按协议第三条第1、2项的标准收取律师费。"本院认为,当事人在诉讼执行过程中自愿接受调解、和解,是对自身权益的处分,是当事人依法享有的诉讼权利。调解、和解有利于纠纷的迅速解决和彻底解决,有利于减少当事人的诉讼成本,更有利于减少社会矛盾,促进社会和谐。律师事务所及其律师作为法律服务者,在接受当事人委托代理诉讼执行事务中,应当尊重委托人关于接受调解、和解的自主选择,即使认为委托人的选择不妥,也应当出于维护委托人合法权益的考虑提供法律意见,而不能为实现自身利益的最大化,基于多收代理费的目的,通过与委托人约定相关合同条款限制委托人接受调解、和解。上述行为不仅侵犯委托人的诉讼权利,加重委托人的诉讼风险,同时也不利于促进社会和谐,违反社会公共利益。涉案《委托代理合同》第四条约定和解必须经深金牛律所同意,否则视为罗湖建筑公司已收回全部债权,并应按此收取律师费。该条款实际限制了罗湖建筑公司按照自己意愿依法进行和解的权利。深金牛律所代理的涉案执行案件申请轮候查封的被执行人房产因(2012)深中法执恢字第306号案件已抵押给中国信达资产管理股份有限公司深圳市分公司,至今上述房产的抵押登记仍未注销,因(2012)深中法执恢字第306号案件而被查封的状态仍未解除,故深金牛律所代理的涉案执行案件的执行结果仍为未知数,执行到位数额是否多于和解结案的数额并不确定。因此,深金牛律所主张最终执行结果必定优于和解结果并无事实依据。深金牛律所为获取自身利益最大化的可能而限制罗湖建筑公司进行和解,加重了罗湖建筑公司的诉讼风险,侵犯了委托人在诉讼中的自主处分权,不利于促进社会和

---

[1] 参见《最高人民法院公报》2009年第12期。

谐,违反了社会公共利益。根据《合同法》第五十二条第(四)项的规定,损害社会公共利益的,合同无效。故《委托代理合同》第四条应为无效。[1]

根据民法典诚信原则认定律师风险合同的效力。

【案例8-45】 某律师事务所诉李某健诉讼代理合同纠纷案

判决观点,关于"本案《风险委托代理合同》是否合法有效"问题。原、被告双方通过自愿协商确定风险代理律师收费标准,不仅不违反律师收费的相关规定,且体现了市场经济中尊重当事人意思自治原则,不存在所谓"违背公序良俗"问题;商事合同中约定一方应缴税款由另一方负担亦属当事人意思自治范畴,税款负担条款只是改变了承担税负的主体,不会导致国家税款流失,并不违反国家法律关于依法纳税的强制性规定,原、被告双方既然在平等自愿的基础上签订了《风险委托代理合同》,只要合同不存在法定的无效或部分无效情形,就不应随意以所谓"不公平不合理"为由而否认合同效力,否则就有违《民法典》倡导的诚信原则。关于"原告诉请支付律师费的条件是否成就"问题,根据《民法典》的有关规定,合同的权利义务关系终止,不影响合同中的结算和清理条款的效力。虽然合同约定的付款条件(执行到款)尚未成就,庭审后出现了新情况,李某健已在强制执行过程中收到210万元执行款,并与被执行人孔某武就后续款项的执行达成和解协议,故付款条件已部分成就。从某律师事务所提供的证据来看,某律师事务所指派的律师贾某俊在李某健起诉民间借贷案审判阶段依约提供了诉讼代理服务,通过开展一系列调查取证工作和参与庭审,最终使李某健大部分诉请得到支持,达到了李某健预期的诉讼目的。且贾某俊律师通过申请法院采取财产保全措施,为该案得以顺利执行打下了良好基础。某律师事务所未能参与执行阶段诉讼代理活动是李某健以不实托词单方解约所致,责任不在某律师事务所,如果因此减少某律师事务所依合同约定应得的律师费,将对民事活动的不诚信行为起到不良示范作用。判决:一、原、被告签订的《风险委托代理合同》合法有效;二、李某健支付某律师事务所律师费42万元并支付相应利息;三、李某健应按《风险委托代理合同》约定,在其与孔某武、某钟表眼镜公司执行案件中收到的后续执行款后3日内按执行贷款金额的20%向某律师事务所支付律师代理费;四、李某健返还某律师事务所垫付的诉讼费、保函费。[2]

---

[1] 参见国家法官学院案例开发研究中心编:《中国法院2019年度案例》(合同纠纷),中国法制出版社2019年版,第177~178页。广东省深圳市中级人民法院(2017)粤03民终4070号民事判决书。

[2] 参见国家法官学院、最高人民法院司法案例研究院编:《中国法院2023年度案例》(合同纠纷),中国法制出版社2023年版,第263~264页。安徽省芜湖市镜湖区人民法院(2021)皖0202民初10120号民事判决书。

风险代理合同效力争议时有发生,这主要涉及《律师服务收费管理办法》能否作为判断合同效力依据问题。《民法典》第一百五十三条与原《合同法解释(二)》第十四条中规定的"强制性规定",是指效力性强制性规定。《律师服务收费管理办法》属于司法部门行政规章,并非《民法典》第一百五十三条规定的"法律、行政法规的强制性规定",不是直接判断风险代理合同效力的效力性强制性规定。《律师服务收费管理办法》第十一条规定"请求给付赡养费、抚养费、扶养费、抚恤金、救济金、工伤赔偿的"不适用风险代理,是指四级案由的民事案件,即诉讼请求仅为赡养费、抚养费的案件,在风险代理合同涉及医疗费、护理费、丧葬费、死亡赔偿金等多项费用,如果此类案件一律不适用风险代理,不仅违反合同意思自治原则,而且与国际惯例相悖。因此,涉及医疗损害赔偿纠纷是否适用风险代理,关键是根据具体案情,依据《民法典》第一百五十三条的规定判断效力。也就是说,涉及医疗损害赔偿纠纷的风险代理合同如果无违反法律、行政法规禁止性规定和损害国家利益、社会公共利益的情形,属于有效合同。

【案例 8-46】 龙文律师事务所诉刘某萍诉讼代理合同纠纷案

一审法院认为,根据《律师服务收费管理办法》的相关规定,风险代理收费仅适用于涉及财产关系的法律事务,而本案双方约定的法律服务属医疗损害赔偿纠纷,不适用风险代理。双方签订的适用风险代理收费的律师服务协议违反上述法律规定,应属无效协议。根据合同法规定,无效的合同自始没有法律约束力,因此对龙文律所请求支付律师服务费的请求不予支持。二审法院认为,本案双方当事人自愿签订律师服务协议,无违反法律、行政法规的强制性规定和损害国家利益、社会利益的情形,属于有效合同。[1]

多数情况下,在民事案件中约定风险代理的收费方式是允许的,但刑事案件不得约定风险代理的收费方式。对于非诉讼类法律服务,法律法规没有规定是否可以采取风险代理的收费方式。根据法无禁止即可为的原则,在非诉讼法律服务合同中可以约定风险代理的收费方式,但有例外,即为规避刑事诉讼案件、国家赔偿案件以及群体性诉讼案件签订的服务合同。

【案例 8-47】 王某诉北京某律师事务所法律服务合同纠纷案

因王甲涉嫌刑事犯罪,一般情况下,应签署诉讼类法律服务合同,但双方却签署了一份不涉及代理内容的所谓《专项法律顾问合同》。这样安排,某律所似有规避《律师服务收费管理办法》之嫌。因此,该《专项法律顾问合同》中之风险代理条款存在被认定无效的可能,但因该案以调解结案,法院没

---

[1] 参见《人民法院报》2015年12月10日,第6版。河南省开封市中级人民法院(2015)汴民终字第840号民事判决书。

有就此作出认定。[1]

(二)律师代理合同过错

律师在执业过程中承担专家责任,请求权基础有侵权说、违约说及竞合说,不管当事人作出何种选择,律师承担责任的前提是其在执业过程中存在过错,包括故意和过失。在厘清过失时,自然会得出故意的结论。过失就其本质而言应当是一种主观现象或主观范畴,表现为加害人因疏忽或轻信而未达到应有的注意程度的一种不正常或不良的心理状态,但过失的标准应当是客观的。也就是说,判断一名律师在执业活动中有无过错,一般来说,这种责任要求在执行业务中符合职业道德,即以一名普通律师在当时当地条件下所应尽的注意义务和执业水准作为标准。律师作为法律专业人士,其在执业过程中所使用的知识和技能应当达到同行业普通成员应具备的水平。

1. 律师过错认定

违反注意义务的情形。其一,提供错误的法律意见。当律师向委托人提供的法律意见中存在显而易见的错误时,可认定律师负有执业过失。其二,疏于提供法律意见。这是指律师根据法律规定负有向委托人提供法律意见的义务,而未能提供造成委托人损失的,亦可认定为负有过失。具体为,向委托人报告委托事项的进展情况,分析筛选提醒对委托人利益有重要影响的信息,严格按照授权范围行事,向委托人指明委托事项的风险所在,向委托人解释相关的法律文件。其三,诉讼代理违反注意义务的情形。一是诉讼请求或答辩意见缺乏胜诉的可能性,致使委托人陷入诉讼困境,耗费无谓的金钱和精力。二是疏于对证据状况的审查和处理。律师负有对证据的真实性、合法性以及与案件的关联性进行审查的义务,还包括对证据的策略性选择和使用。只有在律师违反了相关法律和司法解释的明文规定或者根据律师职业惯例推断其有明显疏忽时,方能认定负有过失。实践中,法官通常让当事人及其代理人就其提供证据的"三性"作出承诺。在律师主张证据为委托人提供,且委托人已表示过证据是真实、合法的,从而意欲通过委托人的保证来免除自身的审查义务的情况下,如果律师通过审慎审查、询问可以发现证据材料之间存在矛盾、虚假却疏于审查而向法庭提交该证据,仍应承担过错责任。三是急行与诉讼程序相关的行为,致使案件败诉或委托人的可得利益不当减少。如律师应当询问案件事实未询问、因疏忽大意逾期提交上诉状,导致败诉

---

[1] 参见张钢成主编:《服务合同案件裁判方法与规范》,法律出版社2015年版,第98页。

的,可认定为负有执业过失。四是错误委托其他专业人士或机构,致使委托人蒙受不必要的损失。

【案例 8-48】 程某诉上海市某律师事务所服务合同纠纷案

二审法院认为,被告作为法律服务行业的专业从业者,应当对其代理的法律事务承担专业标准的注意义务。被告在履行合同中负有以下过错:首先,对抵押合同的法律要件——意思表示未尽到审慎的注意义务。根据文义解释,李某龙所出具的委托书并未表明抵押人与原告达成了抵押合意,被告应当代原告了解抵押人的真实意思。在此意义上,被告有违注意义务,存在过错。其次,本案中李某龙代理抵押人为自己的债务设定了抵押,属于自己代理,被告作为法律服务专业从业者,未对该自己代理行为的有效性进行审核,亦有违注意义务,存在过错。[1]

【案例 8-49】 李某诉某律师事务所委托代理纠纷案

一审法院认为,被告称崔某律师在接受委托后与李某的谈话中,李某明确表示以前没有提起过离婚诉讼,但其未能提供相关证据予以证明,且原告对此予以否认,故对被告此辩解不予采信。作为法律专业人士,且接受委托的系离婚诉讼案件,某律所及崔某律师应当明知"原告撤诉或者按撤诉处理的离婚案件,没有新情况、新理由,6个月内又起诉的,人民法院不予受理"等法律规定,且应就此全面、客观地调查事实、收集证据。但其接受委托后,不认真履行职责,未对原告离婚诉讼是否符合法律受理条件等事实进行全面调查核实,致使原告撤回起诉,委托被告进行离婚诉讼的目的未能达到。被告作为委托人无权向原告收取报酬,故原告要求被告退还剩余2000元代理费的诉讼请求,理由正当,应予支持。判决被告退还原告诉讼代理费2000元。二审法院经审理维持一审判决。[2]

【案例 8-50】 许某培诉福建德化戴云律师事务所律师服务合同纠纷案

二审法院认为,在许某培诉德化县春美新阁电站、张某乾、德化县永正建筑工程有限公司人身损害赔偿纠纷一案中,委托戴云律师所的陈某平律师作为其特别授权代理人,双方形成有偿委托代理合同关系。作为专业律师,陈某平应在其授权范围内,为委托人的利益,告知、督促其当事人按照程序及时、准确地提供证据材料,必要时,应积极协助其当事人调查、收集证据。陈某平律师在代理诉讼活动中,未能及时要求当事人提供关于许某培的被扶养

---

[1] 参见最高人民法院中国应用法学研究所编:《人民法院案例选》2011年第1辑(总第75辑),人民法院出版社2011年版,第178页。

[2] 参见北京市高级人民法院编:《审判前沿——新类型案件审判实务》2008年第6集(总第24集),法律出版社2008年版,第96~97页。

人的证据材料,也没有为许某培向相关部门调查收集证据,未能在法院指定的举证期限内向法院提供相关证据,致使许某培要求赔偿其被扶养人的生活费的请求没有得到法院的支持。因此,戴云律师事务所对许某培的损失负有过错,应当承担赔偿责任。戴云律师事务所在一审中提供的委托代理合同复印件不能作为定案依据。作为有偿委托代理合同,双方均应持有委托代理合同,其提出委托合同原件交给许某培,只留存复印件的理由不能成立。戴云律师事务所提出其与许某培约定由许某培于2002年9月10日前提供被扶养人的证据,未能提供证据予以证明,即使双方有此约定,作为代理律师,仍负有及时为其当事人收集、调查证据的义务。因此,戴云律师所提出由于许某培未能及时提供关于被扶养人的证据,逾期举证的过错在于许某培的上诉理由不能成立,本院不予采纳。[1]

违反忠实义务。根据《律师法》《律师职业道德及执业纪律规范》的规定,律师存在违反忠实义务情形,应认定为有过错。实践中,律师往往在违反注意义务的同时又违反忠实义务,二者既有相互融合交织一面,又有相互分离一面,根据具体案情认定。

【案例 8-51】 上海俊江工贸有限公司诉上海何某春律师事务所等服务合同纠纷案

判决观点,原告与被告何某春律所签订的《法律顾问合同》是否有效。本案中,原告主张系争合同无效的理由有二:其一,两被告的行为违反了法律、行政法规的强制性规定;其二,两被告的行为违反了公序良俗。而判断合同的效力,应当根据合同法中关于合同效力的规定、民法总则中关于民事法律行为效力的规定及相关法律原则,针对合同的性质,对合同的法律效力进行全面的审查判断,以甄别当事人提出的合同无效的理由是否成立。结合本案查明的事实,法院作如下阐释:对于原告主张的第一点理由,原告的依据为两被告的行为违反《公安部关于严禁公安机关插手经济纠纷违法抓人的通知》的规定,故而无效。但是合同法及民法总则中识别合同或民事法律行为是否因违法而无效的依据,必须是法律、行政法规的强制性规定。可见,违法无效认定依据的规范位阶,是被限定为全国人民代表大会及其常务委员会制定的法律和国务院制定的行政法规。规章及地方性法规均不能作为合同违法无效的确认依据。而该通知并不属于法律、行政法规的层面,根据合同法及民法总则的规定,此类规范性文件不能成为法院直接认定合同无效的依

---

〔1〕 参见最高人民法院中国应用法学研究所编:《人民法院案例选》2005年第3辑(总第53辑),人民法院出版社2006年版,第228页。

据。但是,在法律、行政法规没有专门的强制性规定的情况下,公序良俗原则作为对法秩序之外的行为进行价值判断的规则,是识别合同是否有效的有力手段。因此,针对合同的效力问题,应依据相关法律规定,重点审查原告主张的第二点理由是否成立,即两被告的行为是否违反公序良俗。具体来说:首先,系争合同系专业律师凭借其法律知识为他人提供服务的合同。两被告的行为是否违反公序良俗,必须结合其作为合同一方当事人的特殊身份——律师来进行考量。其次,在系争合同缔结磋商时,被告何某春即向原告介绍"我曾作为闵某的刑事辩护人和民间借贷纠纷一案的代理人,以及众华公司返还原物的代理人,代理过双方之间的民事争议,对案情比较清楚"。可见,被告何某春在与原告协商缔结系争合同之初,已经存有利用自身在执业活动中获得的当事人信息优势招揽业务之嫌。再次,两被告提供的谈话笔录及原、被告的庭审陈述均显示,书写针对闵某的举报信为被告何某春律所系争合同的方式之一。而该举报信的内容则是以被告何某春利用律师执业活动中获得的当事人相关信息为依据的。该点上海市律师协会的处分决定业已予以明确。最后,被告何某春成为原告法律顾问为原告向众华公司及闵某追讨投资款,其行为的后果势必侵犯众华公司及闵某的利益。被告何某春有以侵犯他人利益的方式为自身谋取利益的行为。上述四点均表明被告何某春作为律师,其行为违反了律师应对委托人忠诚的原则和律师应保守当事人商业秘密、个人隐私义务的原则。上海市律师协会对被告何某春作出通报批评的纪律处分,也表明作为承担律师行业管理工作的社会团体,对被告何某春在履行本案系争合同中所做行为作出了否定的价值判断。被告何某春作为专业律师,相较一般公众,应有更高的行为标准。即使行为仅违反了职业道德,但已破坏了当事人与律师间的绝对信任,对构建现代国家律师制度产生不利影响,应属于违背公序良俗、损害社会公共利益的情形。系争合同约定被告何某春系原告聘请的专项法律顾问之一,被告何某春为履行系争合同所做的行为及行为所产生的后果,将直接影响系争合同的效力。故系争合同无效。法院判决:一、原告上海俊江工贸有限公司与被告上海何某春律师事务所于2011年5月31日签订的《法律顾问合同》无效;二、被告何某春律师事务所返还原告上海俊江工贸有限公司服务费130000元;三、被告何某春对上海何某春律师事务所上述第二项付款义务承担连带清偿责任。[1]

对律师严重违纪违规行为,亦应按有过错认定。具体来讲,其一,律师执业行为违反了法律法规的相关规定。其二,律师执业行为违反了执业准则的相关规

---

[1] 参见陈昶主编:《2019年上海法院案例精选》,上海人民出版社2021年版,第31~33页。

定。其三，律师执业行为违反了其与当事人的具体约定。其四，律师的执业行为违反了同类职业人员处理同类法律事务时一般具有的行为要求。

【案例 8-52】 民正律师事务所诉刘某合同纠纷案

判决观点，民正律师事务所及其指派的律师卞某民，在履行委托协议过程中，确实存在下列违纪违规情况：1. 律师私自收取代理费；2. 收取律师服务费未及时向委托人开具合法票据；3. 代理人代委托人支付法院诉讼费但未凭有效凭证与委托人结算；4. 代理人未经委托人同意擅自提出具有高风险的且明显缺乏法律和事实依据的诉讼请求，经法院提醒后，在不向委托人释明的情况下，仍旧坚持上述不合理的诉讼请求；5. 代理人不经委托人同意在诉讼中擅自多次变更诉讼请求；6. 律师在诉讼过程中，无故不参加诉讼活动。可见民正律师事务所在接受刘某委托后，在履行委托合同过程中存在严重不负责且严重违约的行为，上述行为不仅损害了委托人的利益，而且明显违背《律师法》《律师服务收费管理办法》。[1]

实践中，认定律师过错涉及多方面的内容。

【案例 8-53】 京衡律师集团上海事务所诉宁波中汇房地产开发有限公司诉讼代理合同纠纷案

二审法院认为，综合两案，原告无权要求被告支付全额律师费，理由如下：1."企业借贷纠纷案"的提起损害了中汇公司的利益。宁波建工已在"建设工程施工合同纠纷案"中将 700 万元作为履约保证金的返还并免除了中汇公司相应债务，中汇公司若坚持认为该 700 万元的性质系借款，就 700 万元本金部分完全可在"建设工程施工合同纠纷案"主张抵销而无须另案起诉。另案起诉的结果是中汇公司不仅多支付了 10 万元的利息（因"建设工程施工合同纠纷案"中汇公司应当返还宁波建工保证金的时间早于"企业借贷纠纷案"宁波建工应当返还借款本金的时间）而且增加了诉讼费支出（"建设工程施工合同纠纷案"中为 700 万元保证金部分的诉讼费，"企业借贷纠纷案"为利息部分的诉讼费），增加了当事人诉累。2. 原告未尽注意、提醒义务，存在重大过错。……中汇公司向宁波建工交付款项 700 万元，双方并未签订借款合同，也没有证据表明双方存在利息的约定，法院不可能支持其按银行同期贷款利率 4 倍计算的利息诉请。原告作为专家，应当预见到法院的判决结果，并向当事人如实告知诉讼风险。如果原告切实履行了注意、提醒义务，中汇公司仍坚持提起"企业借贷纠纷案"，相应损害后果便由中汇公司自行承

---

[1] 参见国家法官学院案例开发研究中心编：《中国法院 2013 年度案例》（合同纠纷），中国法制出版社 2013 年版，第 185 页。北京市海淀区人民法院（2011）海民初字第 2019 号民事判决书。

担。现原告未能举证证明其履行相应义务,应承担不利后果。综上,"企业借贷纠纷案"的提起损害了中汇公司利益,原告在有偿委托合同中作为专家受托人未尽注意义务,存在重大过错,提供的服务质量存在瑕疵。[1]

因法律服务的智力性、人合性,法官在审查律师是否尽职尽责、是否存在违约以及违约程度时,离不开对具体法律服务合同履行过程中所涉及的事实和法律问题进行分析、判断,这其中既有事实判断,又有价值判断,给予了法官较大的自由裁量权。行使自由裁量权应考量的因素:一是律师是专业的法律服务提供者,高度职业化要求律师对受托的事项保持高度注意义务,所以在认定其受托义务范围时不仅限于双方委托代理合同中的约定内容,还要结合相关职业义务、诚实信用原则等,最大限度地认定受托的合同义务。二是法官在审理中既要注意裁判的统一性,又要维护个案的妥当性。

【案例 8-54】 北京市安衡律师事务所诉北京科华丰园微电子科技有限公司法律服务合同纠纷案

二审法院认为,关于科华丰园公司所提因安衡律所工作延误、失职导致其蒙受损失,因此应当退还代理费并赔偿损失的上诉主张,根据《合同法》规定,有偿的委托合同,因受托人的过错给委托人造成损失的,委托人可以要求赔偿损失。根据已查明的事实,2016 年 5 月 3 日科华丰园公司与安衡律所签订委托代理合同,同月 16 日安衡律所到法院办理起诉事宜,不宜认定未尽勤勉义务。关于财产保全的问题,安衡律所数次提示需提供担保,虽然科华丰园公司主张已同意提供担保,但未提交证据,且安衡律所亦不予认可,故不能认定未进行财产保全系安衡律所之失职所致。关于执行的问题,科华丰园公司于 2016 年 12 月 6 日出具立案所需的法定代表人身份证明书,安衡律所于当日即向法院申请强制执行。在执行过程中,安衡律所在查找迪源光电公司不动产线索后,申请法院查询了迪源光电公司的房产情况,后法院查封上述房产。关于科华丰园公司主张安衡律所丢失原件问题,现安衡律所不认可收到证据原件,且科华丰园公司与迪源光电公司买卖合同一案未能执行亦与证据原件无关。现科华丰园公司主张安衡律所存在工作延误、失职依据不足,故对科华丰园公司上诉主张不予支持。[2]

有偿委托合同的受托人应尽善良管理人的注意义务,不仅应按照委托人的指

---

[1] 参见最高人民法院中国应用法学研究所编:《人民法院案例选》2013 年第 2 辑(总第 84 辑),人民法院出版社 2013 年版,第 245~246 页。浙江省宁波市中级人民法院(2012)浙甬商终字第 679 号民事判决书。
[2] 参见国家法官学院案例开发研究中心编:《中国法院 2019 年度案例》(合同纠纷),中国法制出版社 2019 年版,第 233~234 页。北京市第二中级人民法院(2018)京 02 民终 649 号民事判决书。

示全面、适当地履行自己的义务,且应比无偿受托人更勤勉地加以注意,注意标准为善良管理人的注意,欠缺这样的注意即为过失。

【案例 8-55】 贵州甲有限公司诉广东乙律师事务所委托合同纠纷再审案

再审法院认为,乙律师事务所在受托期间,因怠于向甲公司报告有关执行事项,没有尽受托人注意义务,没有提醒甲公司提起强制执行程序,对甲公司丧失强制执行机会有一定的过失,应承担相应的民事责任。由于执行程序的提起应由甲公司申请,受托人乙律师事务所没有义务提起执行程序,因此,造成甲公司丧失强制执行保护,主要原因是甲公司没有在法定期限内向人民法院申请执行,甲公司应承担主要责任。根据乙律师事务所过错的大小和甲公司如期执行可能取得款项的情况,可由乙律师事务所按上述第三顺序受偿率的50%予以赔偿,即乙律师事务所应赔偿甲公司损失211715元。[1]

2. 律师过错行为与损害之间因果关系

承担违约责任,其违约行为与损害之间应该具有相当因果关系。通常认为,无此行为,虽必不生此损害,有此行为,则足以生受损害,是为因果关系。相当因果关系由"条件关系"及"相当性"构成。条件关系,指甲的行为与乙的权利受侵害之间,具有不可或缺的条件关系。条件关系采用"若无、则不"的认定检验方式。因果关系的"相当性"系以"通常足生此种损害"为判断基准。律师代理委托人在诉讼中败诉,并非其自身行为单一因素造成,即委托人的诉求未得到法院支持受到损失与律师未履行合同义务的行为之间不存在因果关系。如原告在诉讼中败诉,并非律师未参加法院开庭审理行为原因造成,其律师的行为与原告诉讼费用损失之间不具有相当因果关系。

【案例 8-56】 周某举诉徐州西关法律服务所、谢某、涂某民委托合同纠纷案

判决观点,本案中原告周某举委托徐州西关法律服务所代为处理有关劳动争议的法律事务。该所指派谢某、涂某民作为原告周某举的代理人处理仲裁及诉讼事务,被告谢某、涂某民作为代理人应当按照约定全面履行自己的义务,但两被告在履行义务过程中由于笔误和未得到原告允许的情况下即撤回了诉讼请求,导致原告诉讼权益的丧失,两被告有一定过错,理应承担违约赔偿责任。[2]

---

〔1〕 广东省广州市中级人民法院(2009)穗中法审监民抗再字第6号民事判决书。

〔2〕 参见最高人民法院中国应用法学研究所编:《人民法院案例选》2008年第1辑(总第63辑),人民法院出版社2008年版,第195页。江苏省徐州市泉山区人民法院(2007)泉民二初字第562号民事判决书。

3.律师过错举证

在对应当询问的事实而律师在办案中是否询问的纠纷,律所作为专业机构应该有严格的程序,应当对与案件有关的重要谈话进行记录和保留。如作为受托人,律师应当对委托人所说的与案件有关的重要谈话记成笔录,对委托人提供的证据进行登记,对其他证人的证言进行记录、保存,等等。委托人作为一般人不可能对代理过程中的任何谈话都进行保存。如果让委托人举证证明律师没有询问过自己相关事实显然不太现实,让律师承担证明自己曾询问过委托人相关事实则比较合理。委托人只需要证明自己同律师之间存在法律服务代理合同,同时自己的诉讼没有实际进行下去,不需要证明律师没有询问过自己相关事实。相反,律师应当就自己曾询问过委托人争议事实承担举证责任。

(三)法院酌定代理费标准

实践中,在双方当事人就代理费问题未签订书面协议,又不能事后补充商定的情况下,法院不应按照收费标准的上限酌定代理费的金额。

【案例8-57】 北京市正皓律师事务所诉中原对外工程有限公司诉讼代理合同纠纷案

二审法院认为,在双方当事人就代理费问题未签订书面协议,又不能事后补充商定的情况下,一审法院根据正皓律所完成的贝特案具体代理工作量,参照本市律师诉讼代理服务收费政府指导价标准中的按标的额比例收费标准上限(差额累进计费),酌定代理费额为141万元不当。依据正皓律所和中原公司签订的《聘请法律顾问合同》中有关正皓律所对进入诉讼的专案代理事务单独收费的约定,正皓律所针对贝特案为中原公司从事的诉讼代理事务有权向中原公司单独收取代理费用,但应当优惠收费。同时,《北京市律师诉讼代理服务收费政府指导价标准(试行)》关于"按标的额比例收费标准"是民事诉讼案件律师收费的上限,但下浮不限。在双方当事人对支付代理费未形成合意,且存在较大争议的情况下,一审法院按照收费标准上限酌定代理费不当,应予纠正。最终按照《北京市律师诉讼代理服务收费政府指导价标准(试行)》相关规定和双方在《聘请法律顾问合同》中正皓律所为中原公司从事的诉讼代理事务应优惠收费的约定,即按照70%的标准,酌定中原公司给付正皓律所代理费98.7万元。[1] 这是基于双方之间未就代理费事宜达成合意,均应承担约定不明的法律后果。但律师事务所作为提供专业法律服务的机构,应当就合同的签订以及合同条款的明确性、合法性具有更高的注意义务。在未经书面确认代理费用的情况下就草率进行代理行为,显然应当承担相应的不利后果。

诉讼代理合同中关于诉讼代理费的收费标准有明确约定的,该约定不涉及第三人利益与公共利益,亦不违反法律的强制性规定,双方当事人应当按照约定履行。只有在当事人就合同价款或者报酬约定不明且无法补救时,才应按照政府指导价履行。也就是说,代理费的收费标准有明确约定的,限制法官对收费标准进行调整。

【案例8-58】 黑龙江新元律师事务所诉大庆高新国有资产运营有限公司诉讼代理合同纠纷再审案

再审法院认为,本案中,双方当事人对诉讼代理费的收费标准进行了明确约定,且此项约定不涉及第三人利益与公共利益,亦不违反法律的强制性规定,应当按照约定履行。一、二审法院以约定的收费标准高于政府指导价标准为由对当事人之间的约定进行调整没有法律依据。但是一审判决后,新元律师所对此节并未提出上诉,且再审请求也仅主张收费标准应上浮30%,因此,应视为新元律师所对自己权利的部分放弃。……综上,二审法院认为资产运营公司与新元律师所合同约定的收费标准高于黑龙江律师服务收费指导价,应予以调整,属适用法律不当,应予纠正。新元律师所的再审申请理由,对其合理部分,应予支持。[2]

(四)律师代理合同解除

1. 委托人放弃任意解除权

律师代理合同是有偿委托合同,委托人依法享有任意解除权。但委托人能否在律师代理合同中约定放弃任意解除权,有两种不同观点:一种观点认为,该约定无效;另一种观点认为,约定有效。笔者认为,委托合同任意解除权主要是以委托

---

[1] 参见最高人民法院中国应用法学研究所编:《人民法院案例选》2014年第4辑(总第90辑),人民法院出版社2016年版,第165页。北京市第一中级人民法院(2013)一中民终字第11297号民事判决书。

[2] 参见最高人民法院中国应用法学研究所编:《人民法院案例选》2017年第5辑(总第111辑),人民法院出版社2017年版,第114页。黑龙江省高级人民法院(2015)黑监民再字55号民事判决书。

合同的基础是无偿性为基础,故在有偿委托合同的情形下,应当允许委托人放弃任意解除权。《民法典》第九百三十三条的规定属于任意性质的条款,它授予了合同当事人有随时任意解除权,但是否行使该权利可由当事人自由决定。所以,依照意思自治的原理,当事人可以放弃任意解除权。合同当事人之间的信任丧失不能直接等同于合同就无法履行了,如案件已经开庭完毕正在等待宣判,此时已经根本不再需要委托人的参与,即便受托人因双方关系闹僵了不愿意再代理,也不影响委托事项的最终完成。又如案件已经审结,进入了执行阶段,即便没有委托人的配合,受托人仍然可以很好地完成代理执行工作。因为执行阶段基本上只需要查找被告的财产,代理律师单独就可以完成。

【案例8-59】 上海市海华永泰律师事务所诉杨某伟法律服务合同纠纷案

一审法院认为,根据案涉委托合同约定,合同签订后,非因法定或合同约定事由任何一方不得解除,故应视为双方已明确约定排除适用任意解除权,此系原、被告真实合意,也符合双方选择风险代理之目的,应予遵循。鉴于合同对约定解除的事由并未作出列举说明,故应按法定的解除条件考量合同解除条件成就与否。再者,在双方于2011年7月因被告拒付律师费及单方解除代理合同发生纠纷,原告就此诉至法院后,象山县人民法院经调解作出(2011)甬象民初字第1443号民事调解书,该调解书按双方意思表示确认合同继续履行及被告向原告出具执行委托书,应严格按此执行。现本案并无证据证明原告存在法定解除的事由,故双方均应按生效调解书的相关规定履行。被告关于终止双方之间的委托代理合同、解除双方之间签订的执行授权委托书的反诉请求,于法无据,不予支持。二审法院认为,双方在委托代理合同中并未约定解除合同的条件,(2011)甬象民初字第1443号民事调解书确认合同继续履行及上诉人向被上诉人出具执行委托书,现上诉人又不能提供证据证明存在法定解除合同的事由,故上诉人要求解除委托代理合同缺乏依据,法院难以支持。[1]

需要注意的是,有偿合同中当事人的信任丧失可以放弃任意解除权并不意味着当事人一定不能解除合同,如果存在法定解除的情形,当事人仍然可以主张解除合同。

2. 无催告情形下合同解除权的行使期限

双方当事人没有约定合同解除权的行使期限且相对人没有催告的情形下,解

---

[1] 参见最高人民法院中国应用法学研究所编:《人民法院案例选》2015年第1辑(总第91辑),人民法院出版社2016年版,第125页。浙江省宁波市中级人民法院(2014)浙甬民二终字第339号民事判决书。

除权人的解除权于何时消灭,应根据解除权人的意思表示和行为以及具体案件中解除权人享有解除权的合理期限来认定其解除权是否消灭。解除权人在逾期近一倍的时间后才行使解除权的,可认定其解除权已超过"合理期限"而消灭。解除人(委托人)在解除权产生后继续接受对方(律师)服务的,应视为对继续履行合同的默认,其解除权也因此而消灭。如前举的中建二局第四建筑工程有限公司与天津融汇律师事务所委托合同纠纷再审案。[1]

(五)律师代理合同履约规则

在律师代理合同纠纷中,对各方当事人相关行为的认定应区分主体专业性的原则,通过全面、客观地考量不同主体专业性带来的权利义务差异进行裁判。从委托人主体方面讲,其通常不具备法律事务的专业性。在委托合同的履行及委托法律事务的操作中,委托人往往处于协助、被指引的地位,从判断到行动均不掌握主动权。从受托人主体方面看,律师的专业性是区别于委托人的根本点。实践中,通常是当事人遇到相关法律纠纷后联系律师事务所,由受托律师跟进到具体的案件中去。从初始的事件性质判断、寻求法律救济路径的选择,到具体的每个环节如何推进等,都需要律师进行专业的判断,并对委托人作出具体的指引。这种因专业性而产生的对法律事务认知不对等,既赋予了律师存在的市场必要性,也对律师全面、诚信地履行自己的合同义务提出了更高的要求,而不能找借口不合理地减轻自身义务。

【案例8-60】 王某等诉北京市盈科(广州)律师事务所诉讼、仲裁、人民调解代理合同纠纷案

二审法院认为,第一,根据代理合同的约定,盈科事务所应完成的委托事项为起诉搜于特公司。第二,盈科事务所代理的是法律诉讼事务,具有很强的专业性,实际能否起诉搜于特公司应有其专业的判断:如果被告在签订代理合同时已经知晓王某等人与搜于特公司并不存在租赁合同,而王某等人坚持起诉搜于特公司的,盈科事务所理应将相应诉讼风险及后果告知王某等人,但没有证据证实盈科事务所履行了告知义务;而如果盈科事务所在签订代理合同时是因"听信"王某等人与搜于特公司之间存在租赁合同关系而在未对相关证据进行审查的情况下即签订代理合同,该行为与律师事务所应有的专业素养不符。第三,王某等人在其起诉新稳合作社、大岭丫村委会一案

---

[1] 参见最高人民法院中国应用法学研究所编:《人民法院案例选》2015年第4辑(总第94辑),人民法院出版社2016年版,第146~147页。天津市高级人民法院(2015)津高民提字第20号民事判决书。

的起诉状、授权委托书上签名是否表示已经变更了代理合同的内容。就盈科事务所代理的法律诉讼业务而言，双方对于法律事务的熟悉程度及认知程度显然是不对等的，盈科事务所作为具有法律专业知识的律师事务所应尽到告知义务，在盈科事务所没有向王某等人作出特别说明的情况下，盈科事务所认为王某等人在起诉新稳合作社、大岭丫村委会一案的起诉状、授权委托书上签名即表示王某等人已知晓相关情况而更改委托内容，本院不予认可。且既然王某等人可以在起诉新稳合作社、大岭丫村委会一案的起诉状、授权委托书上签名，则也完全可以完成签订补充协议的手续，对委托事项的变更进行约定，因诉讼主体发生变更引发相关的诉讼风险更应在代理合同中予以明确，而本案除代理合同外，未见过双方有签订任何补充协议或者双方修改代理合同条款的书面约定。综上所述，盈科事务所在代理王某等人的委托事项中，未能完全履行应尽的义务和委托事项，考虑到盈科事务所在代理王某等人起诉新稳合作社、大岭丫村委会一案中是经过了王某等人的确认，对于委托事项做了一定的工作，而王某等人在委托合同履行中也存在一定的过错，故酌情判决盈科事务所退还九原告60000元，驳回九原告的其他上诉请求。[1]

---

〔1〕 参见国家法官学院案例开发研究中心编：《中国法院2019年度案例》（合同纠纷），中国法制出版社2019年版，第52~53页。广东省广州市中级人民法院(2017)粤01民终21259号民事判决书。

专题九　中介合同纠纷

近年来，随着市场经济的发展，以提供信息服务、报告订约机会活动日益增多，与民众日常生活息息相关的房产、婚姻、就业、工程等中介服务多需要借助于中介合同形式来实现，尤其是在房地产二级市场的活跃和繁荣，委托人通过中介人以中介的方式进行房地产交易已成为一种普遍方式。因中介合同履行产生的纠纷也迅速增多，主要表现为拒付报酬而引发的纠纷。

一、中介合同理解

所谓中介合同又称为居间合同(《合同法》规定为居间合同),是指当事人双方约定一方接受他方的委托,并按照他方的指示要求,为他方报告订立合同的机会或者为订约提供媒介服务,委托人给付报酬的合同。《合同法》第四百二十四条与《民法典》第九百六十一条作了相同规定。

(一)中介合同含义

中介合同特征主要为:其一,中介合同为独立有名典型合同。其二,中介合同是一方当事人为他方报告订约机会或为订约提供媒介服务的合同。其三,中介合同为有偿合同,但中介人只能在有中介结果时才可以请求报酬,并且在媒介中介时可以从委托人和其相对人双方取得报酬。其四,中介合同为诺成合同和不要式合同,中介合同不以书面形式为要件。其五,中介合同中委托一方的给付义务的履行有不确定性。其六,中介合同的主体具有特殊性。中介合同中的委托人可以是任何公民、法人,而特定行业中的中介人只能是经过有关国家机关登记核准的从事居间营业的法人或公民。其七,中介合同的标的是行为,具有中介性。其八,中介合同的目的就是中介人提供的服务促成目标合同成立。

根据中介合同行为的不同,其又可以分三种情形:一是报告中介(指示中介),即报告订立合同的机会;二是媒介中介,指提供订立合同的媒介服务;三是混合居间,即同时报告订立合同机会和提供订立合同的媒介服务。

与雇佣、承揽、保管、委托、行纪等劳务性契约不同,居间合同规则有其特殊性:一为委托人给付义务附条件性,二为居间报酬请求权的不确定性。[1] 中介合同归属于劳务合同,但不同于承揽、委托、雇佣、行纪合同中的报酬请求权,其报告义务是无条件的,中介人给付义务的内容是给付效果即促成合同成立,委托人给付义务的内容主要是中介报酬,该义务的生效以居间人促成缔约为前提,是附条

---

[1] 参见税兵:《居间合同中的双边道德风险——"跳单"现象为例》,载《法学》2011年第11期。

件的法律行为。《民法典》没有直接规定委托人给付义务而附条件的法律性质，但对其第一百四十二条规定通过文义解释可知，委托人给付义务所附条件限定为停止条件，中介人行使报酬请求权，须以特定条件的成就为前提。请求权的不特定性在于对外在要素的考量。只有在委托人实现缔约机会后，中介人方可主张报酬请求权，其法律意义在于由中介人承担不能实现给付效果的合同风险。

应注意的是，无论何种中介，中介人都不是委托人的代理人，而只是居于交易双方当事人之间起介绍、协助作用的中间人，其服务范围有限制，不参与委托人与第三人之间的合同。

原《合同法》乃至《民法典》确立了中介合同法律制度，但并未明确中介范围，实践中中介人受他人之托各种各样居间并收取中介费用的商业模式大量存在。理论上对有些领域是否可以进行中介活动如投标中介有争议，这涉及中介合同的效力问题。在民法领域中，遵循的基本原则是法无明文禁止即自由，同样也是确立中介范围的基本依据。笔者认为，原《合同法》包括现行《民法典》没有对中介合同适用作出严格限制，所以说只要法律没有做出明确禁止规定的民事法律关系，中介人都可以参与其中开展中介活动。也就是说，在现行法律中没有禁止中介活动的事项，中介事项在其他特别法律中也没有被禁止的，则该领域都可以成为进行中介活动的范围。当其他特别法律对居间事项有禁止性规定的，则限制中介活动。就有争议的投标中介而言，《招标投标法》为特别法的规定，但该法找不出一条是禁止投标中介活动的规定，有法官认为，在招投标领域若干中间环节设立居间法律关系是非常必要和现实的，这既是出于对实现招投标环节有效衔接的效率考虑，也是降低招投标交易成本和实现招投标信息效用最大化的内在要求。因此，在某种程度上招投标活动并不必然地排斥居间法律关系。居间法律关系也可当然地适用于招投标领域。[1] 详见其后中介合同效力段阐述。

(二)中介合同权利义务

就委托人而言，其主要权利为知情权，依据为《民法典》第九百六十二条规定；其主要义务为支付报酬义务和中介未成功能支付费用义务，依据为第九百六十三条规定。

委托人注意义务。委托人作为接受中介人报告订约方，其负有一般人的注意义务。

---

[1] 参见《人民司法·应用》2015年第13期。

【案例9-1】 厦门市龙城房地产营销策划代理公司诉委托人许某贞给付居间服务费纠纷案

二审法院认为,至于《房地产订购协议书》对涉诉房产的面积、用途与产权证不一致的问题,作为买方的上诉人,对其所购买的房产负有了解、审查的义务,其未尽到谨慎注意的义务,对此所产生的后果应由上诉人自行承担。[1]

实践中,委托人的注意义务往往与中介人的注意义务交织在一起。

【案例9-2】 王某等诉蒋某和等房屋买卖合同纠纷再审案

再审法院认为,按生活常理,车位与杂物间的空间结构、使用功能及商业价值明显不一,一般社会公众均能知悉两者之间并非同一事物,且蒋某和夫妇当初购买604室房地产时,购房发票上也载明其所购房屋不包括车位,故出卖方关于房屋买卖合同中载明的"车位一个"即为"5号地下车位(-1-22)杂物间"的辩称意见既与生活常理不合,亦无事实、法律依据。因买受方已按约支付了购房款,而出卖方不能按照合同约定交付车位,故应承担相应的违约责任。居间人在提供居间服务时,应当将有关订立合同的事项向委托人如实报告,而两第三人在提供居间服务时对受托事项未尽审查义务,主观上存在过错,应当对买受方因此遭受的损失承担相应的赔偿责任。王某夫妇作为买受人,也应对房屋买卖合同的内容与604室房地产的实际状况是否一致进行审查,事实上,王某夫妇在现场查看的基础上并未发现房屋买卖合同载明的标的物与604室房地产的实际状况存在差异,故其在缔约过程中也存在一定过错,因此,亦应对车位交付不能所遭受的损失承担部分责任。[2]

例如,在应某利诉亿贝易趣网络信息服务(上海)有限公司服务合同纠纷案中,竞买人虽与拍卖人达成了买卖合同,但本案纠纷的发生并非基于这一网络交易行为,而是基于双方当事人通过电话联系方式订立的买卖合同。在此交易过程中,竞买人仅仅根据网站提供的拍卖人的个人信息,在没有进一步核实确认的情况下即与之订约,又在没有收到对方货物也没有要求对方提供任何担保的情况下,即先将货款寄付对方提供的另一个案外人何某海的银行账户,从而造成经济损失。显而易见,是竞买人自身在合同订立及履行过程中的不谨慎导致上当受骗,对此后果,竞买人应当自行承担责任。

就中介人而言,其主要权利为报酬请求权和居间未成功时的费用请求权,依

---

[1] 参见最高人民法院中国应用法学研究所编:《人民法院案例选》2006年第3辑(总第57辑),人民法院出版社2007年版,第95页。

[2] 参见国家法官学院案例开发研究中心编:《中国法院2013年度案例》(合同纠纷),中国法制出版社2013年版,第225页。浙江省慈溪市人民法院(2011)甬慈民重字第2号民事判决书。

据为《民法典》第九百六十三条和第九百六十四条规定；其主要义务为如实报告义务和负担成功时的费用义务，依据为第九百六十二条和第九百六十三条规定。

中介人报告义务。在现实社会生活中，中介服务涉及各个方面，特别是传统的二手房交易中，中介人的参与已经成为公认购买二手房的必经流程。中介人能够提供充足的房源信息，并帮助代办各种复杂的房屋交易手续。但在二手房交易中，居间人较之买卖双方一般拥有信息优势，为谋取更多利益，往往利用买卖双方信息不对称的情况，对买卖双方"两头瞒""两头骗"，这几乎已成为二手房交易市场的潜规则。按照《民法典》第九百六十二条的规定，中介人应当就有关订立合同的事项向委托人如实报告，如实报告义务为主要义务也是法定义务。但该义务应包括哪些具体内容，怎样才算达到如实报告的程度，特别是中介人对于订约事项是否负有积极的调查、核实义务等审判实践具体问题，原《合同法》乃至《民法典》并未给予明确规定，审判实践中亦存在不少争议。从现行法律规定可以看出，分配给居间人的义务实际上是一般人的注意义务和作为中介人的合理审查义务，主要包括两项：不可故意隐瞒与订立合同有关的重要事实，不可故意提供虚假情况。《房地产经纪管理办法》第二十一条列举七项报告义务范围，其第八项为兜底条款即其他需要告知的事项。笔者认为，报告的内容包括与订立合同有紧密联系的诸多信息，如出卖人资信状况、标的物所有权及有无争议、履约能力、交易涉及的税费等与订立合同有关的事项。也就是强调，中介人应在促成合同成立之前，就其应知的影响合同签订、履行等因素一并告知。一般来讲，中介人的如实报告义务应当区分内部情况及外部情况，内部情况指房屋本身所具有的各项情况，包括产权情况、抵押情况、装修情况、是否属于"凶宅"等足以影响购买意愿的重要因素等；外部情况指房屋周边的环境、邻里状况、小区物业服务情况、交通状况等。对于房屋的内部情况，中介人在提供中介服务的同时应当如实掌握并向委托人如实报告。对于房屋的外部情况，中介人应具有当然的报告义务，委托人亦应当负有对房屋外部情况的部分了解义务。这是由于房屋的外部情况多种多样，外延过于宽泛，委托人对于外部情况的要求亦不尽相同，在委托人未向中介人明示的情况下，将外部情况的报告义务不加区分地赋予中介人明显有违公平。买受人对房屋环境有高于一般社会公众的要求，如房屋是否与垃圾回收站及公厕毗邻等，应当向中介人明示或自行了解，中介人对买受人明示的要求进行报告，但其所承担的责任应当小于买受人所承担的责任。换言之，具体义务范围，应根据中介合同的约定内容确认。应履行报告义务的相关事项，中介人虽不可能都具体掌握，但须就所知道的情况如实报告。中介人应当尽可能掌握更多情况，提供给委托人，以供其选择。根据诚实信用原则，中介人应当保证其提供信息的真实性和准确性。也就是说，中介人应向委托人全面、及时、真实、准确披露信息。实践中对"与订立合同有关的重要事实"的认定应从三个方面着手：一是居间人未告知的事项与委托人的利害关系。二是居间人获得未告知事项相关信息的难易程度。三是居间人是否存有与其专业地位不符的过失。[1]

【案例9-3】 北京君临东岳房地产经纪有限公司诉宋某居间合同纠纷案

一审法院认为,根据《居间合同》约定,君临东岳公司应如实向宋某报告有关订立房屋买卖合同的事项。根据《买卖合同》约定,涉案房屋交易所产生的税费由宋某承担,从本案查明的事实来看,税费数额的高低直接影响着宋某是否会购买涉案房屋,属于与订立房屋买卖合同有关的重要事项,君临东岳公司作为居间人,应如实向宋某报告涉案房屋交易所要缴纳的税费情况。君临东岳公司作为专业的房地产中介机构,明知国家税收法律法规规定的房屋交易应缴纳的各项税费以及计算方式,且明知涉案房屋的成交价款符合市场行情不属于明显偏低的情况,仍以地方指导价的方式计算涉案房屋交易应缴纳的税费,并给予宋某相应的承诺,属于在促成交易的过程中故意提供虚假情况。若涉案房屋得以实际交易,根据税收法律法规的规定,契税和营业税等是必然发生且数额确定的,且仅契税和营业税两项税款总额就已超过40万元,宋某以不超过770万元的购房总成本购买涉案房屋的合同目的根本无法实现,君临东岳公司对此具有重大过错。君临东岳公司虽辩称超过770万元的部分由其公司承担,但是君临公司在本次交易中仅向宋某收取16万元佣金,如果超过770万元的部分由君临东岳公司承担其将不获任何收益甚至负收益,故君临东岳公司的该抗辩意见不符合社会常理,且宋某否认君临东岳公司作出过此种承诺,对君临东岳公司该抗辩意见,不予采信。二审法院亦持同样意见,维持一审判决。[2]

为防止委托人权利滥用,过于加重中介人的义务,宜为中介人是否履行如实报告义务制定一个判断标准:中介人所报告的内容全面、真实且经过专业的调查核实;报告的方式适当、适时且对必要事项进行说明;中介行为符合理性人标准。

【案例9-4】 张某云诉北京兴远房地产经纪中心居间合同纠纷案

二审法院认为,本案中,某经纪中心作为专业的房地产经纪机构,在明知涉案拆迁安置房屋属于国家限售期间的房屋的情况下仍然进行居间服务,并且未对高某琪提供的该虚假房源进行核实。某经纪中心在庭审中称其尽到了注意提醒义务,但并未提交相应证据予以证明。某经纪中心在促成张某云与高某琪签订《房屋买卖合同》过程中并未依法履行居间人的报告义务,给

---

[1] 参见最高人民法院中国应用法学研究所编:《人民法院案例选》2006年第3辑(总第57辑),人民法院出版社2007年版,第133页。

[2] 参见国家法官学院案例开发研究中心编:《中国法院2016年度案例》(合同纠纷),中国法制出版社2016年版,第225页。北京市第三中级人民法院(2014)三中民终字第2589号民事判决书。

张某云造成了经济损失,某经纪中心应当承担损害责任。[1]

在网络交易中,提供交易平台的网站与交易双方之间构成中介关系的,网站负有《民法典》所规定的中介人的义务。判断网站是否应对网上竞拍人支付货款后未能按约收到所购货物承担民事责任,应当根据网站是否尽到了相关审核义务、在提供拍卖人个人信息方面是否有过错等方面事实进行判定。网民在注册成为网站的用户前均被要求详细阅读网站的用户协议,并在愿意接受协议的所有条款后才能注册成功,注册时要求输入个人身份证号码、地址、电话等个人信息。网站就注册人提供的个人信息,向公安机关查证属实后才为其提供服务。拍卖人和竞买人均经过上述注册过程。应当说,网站在审核网民个人信息方面已尽到了义务,不存在过错。

【案例9-5】 应某利诉亿贝易趣网络信息服务(上海)有限公司服务合同纠纷案

判决观点,具体在本案中,被告亿贝易趣公司分别为原告应某利及案外人张某提供了订立合同的媒介服务,并从张某处收取报酬。因此,被告与原告之间,以及被告与张某之间均构成居间合同关系。据此,被告在本案中的义务,应当是合同法所规定的居间人的义务,如应当就有关订立合同的事项向原告如实报告,不得故意隐瞒与订立合同有关的重要事实或者提供虚假情况等。如果违反这些义务,被告理应承担违约责任。本案中,被告并未违反上述义务。[2]

【案例9-6】 霍某霞诉北京链家房地产经纪有限公司居间合同纠纷案

二审法院认为,戴某顺的涉案房屋于2013年4月2日被石景山区人民法院予以查封,而2013年5月18日戴某顺与霍某霞签订房屋买卖合同,链家公司在此过程中未能尽到一家专业从事房地产中介机构所应负的义务,包括审慎地核实涉诉房屋的产权资料等与交易有关的情况,未能尽职提供居间人的服务,向房屋购买人提供了虚假的信息并致使其遭受损失;链家公司声称其是于2013年11月向社会发布"签前查封先行垫付"的承诺,故该承诺不适用于2013年5月签订的合同,对此法院认为,即使如链家公司所述其是在2013年11月发布该承诺,但在涉诉买卖合同签订之后,卖方戴某顺因涉诉房屋被查封而无法完成过户,且戴某顺已经收取了60000元的定金,故买方霍某霞因不能实际取得涉诉房屋的损失已经确定发生,且该损失于签订合

---

[1] 参见国家法官学院案例开发研究中心编:《中国法院2018年度案例》(合同纠纷),中国法制出版社2018年版,第225页。北京市第二中级人民法院(2016)京02民终字第3524号民事判决书。

[2] 参见《最高人民法院公报》2007年第3期。

同、交付定金之后至今持续存在,故链家公司于此时间段中作出的"签前查封先行垫付"的承诺,应当适用于本案霍某霞的损失发生情形。链家公司的上诉理由均不能成立,法院依法不予支持。一审判决认定事实清楚,适用法律正确,法院予以维持。[1]

在《合同法》中,关于中介合同的规定仅有4条,而细化到房屋中介人的义务、范畴和标准则不明确。新颁布的《民法典》在《合同法》的基础上新增加两条,其第九百六十六条明确规定,本章没有规定的,参照适用委托合同的有关规定。

对于房屋中介人应负有如实陈述义务《民法典》已有明文规定,而对于其是否还应当负有调查核实义务,目前法律尚为空白,审判实践中因为观点差异,各地判决不一,甚至截然相反。持反对中介人调查核实义务观点的依据为现行法律没有规定该项义务。另一种观点认为,房屋中介人不但要将自己所明知的情况报告委托人,还应当尽到必要的调查、核实义务,以保证相关信息的真实性。司法实践中多数法院采此观点,笔者亦持赞同意见。提供全面而真实的信息是居间人的义务,对此义务的履行应达到什么样的程度,《民法典》没有作出明确的规定。有法官认为,应根据居间人是否从事专业居间作不同的要求。对于不以居间为职业的普通民事居间人来说,不必负有积极调查的义务,只需就自己所知道的情况如实报告即可;但是对于以居间为职业的职业居间人来说,对他们的如实报告义务应从严解释,要求其负积极调查的义务。这是因为,对于以居间为职业的居间人来说,其专业从事居间事务,并且具有明显的营利性,如果其不提高自己对信息真实性的调查能力,将会给大量的委托人带来危害,也不利于居间行业在市场经济中发挥应有的作用。因此,根据诚实信用原则,对职业居间人的如实报告义务应从严解释,要求其不仅负有将其知悉的相对人的情况如实告知的义务,而且还应当负有积极调查的义务。[2] 从证明的角度讲,委托人也很难证明所受的损失是因为中介人的故意所造成。如果将中介人的报告义务仅局限于其"所知"信息,将纵容中介人的故意不作为,放任虚假情况的存在,不利于中介这种商业行为的生存和发展。

【案例9-7】 张某民诉北京春秋房地产经纪有限公司居间合同纠纷案

二审法院认为,作为房地产经纪机构,上诉人向被上诉人推荐涉案房屋前,有责任和能力查实该房屋的准确资料,尤其是查阅房屋权属证明、核实出租人真实身份。而上诉人既未验看拆迁安置补助协议原件,也未到房屋权属

---

[1] 参见国家法官学院案例开发研究中心编:《中国法院2018年度案例》(合同纠纷),中国法制出版社2018年版,第258页。北京市第一中级人民法院(2016)京01民终字第3404号民事判决书。

[2] 参见江必新等:《最高人民指导性案例裁判规则理解与适用》(合同卷三),中国法制出版社2015年版,第181页。

登记机关或物业管理企业等相关部门做必要核实,更未采取合理方式提请被上诉人注意亟待查实的房屋权属资料,系怠于履行居间人应尽的义务,严重损害了委托人的知情权。[1]

【案例9-8】　上海宝原物业顾问有限公司诉张某某居间合同纠纷案

判决观点。根据已查明的事实,针对系争房屋在原、被告签订居间协议前,二手房合同网上备案系统中已经存在一个有效的房屋买卖合同,这直接影响到新签订的合同能否履行,因此可以认定为与订立合同有关的重要事实。原告作为专业的房地产中介机构,除如实向委托人报告外,还应谨慎审查与订立合同有关的重要事实。本案中,二手房合同网上备案系统中是否存在一个有效的房屋买卖合同,原告客观上是可以通过简单的操作进行审查的,这并没有过分加重原告的负担。由于原告没有谨慎审查交易,及时把这一重要事实向被告披露,导致本案中的房屋买卖合同没有实际履行,故原告要求支付佣金的主张,法院不予支持。[2]

调查核实义务从理论上讲主要基于附随义务要求和诚实信用原则要求。对于房地产经纪公司等属特种行业的中介机构,由于法律、法规对该行业及相关人员经营资质和从业资格具有严格要求及限定,根据通常交易惯例,这些中介机构从业人员作为专业人士在如实报告信息义务时,应尽到比普通人更高的注意标准。法律没有对中介人积极调查作出规定,但依据诚实信用原则,应根据不同行业中介活动的特点,将对订约有直接影响的重大事项(如相对人的身份和信用、标的物状况等信息)如实报告委托人,对无订约能力的相对人,不为其与委托人充当媒介。对房屋中介而言,其不仅对其明知的事情有如实报告的义务,而且对与交易密切相关的事项负有一定程度的积极调查义务或称之为调查核实义务。一些地方性的房地产中介管理规定和行业规定明确了中介人对某些与房屋交易密切相关的事项具有必要的调查、核实义务,以保证相关信息的真实性。例如,北京市建委制定的《房地产经纪执业规则》第二十四条规定,房地产经纪人员应当凭借自己的专业知识和经验,向承购人(承租人)提供经过调查、核实的标的房屋信息,如实告知所知悉的标的房屋的有关情况,协助其对标的房屋进行查验。《深圳市房地产业协会经纪行业从业规范》第十四条也作了类似的规定。2011年实行的《房地产经纪管理办法》第二十二条规定:房地产经纪机构与委托人签订房屋出售、出租经纪服务合同,应当查看委托出售、出租的房屋及房屋权属证书,委托人的身份证明等有关资料,并应当编制房屋状况说明书。在该规定中所用的就是

---

[1] 参见沈志先主编:《合同案件审判精要》,法律出版社2013年版,第581页。
[2] 参见沈志先主编:《2011年上海法院案例精选》,上海人民出版社2012年版,第122页。

"应当查看……"即说明对于中介人的调查核实义务已经以法规的形式予以确认。

关于房屋中介人调查核实义务的范围,笔者认为,一是房屋权利信息,包括房屋所有权信息和房屋权利负担信息两方面内容。要求了解房屋的所有权发证机关以及证书编号及共有权人,还要了解房屋抵押、质押、出租、产权纠纷等真实情况。二是房屋实况信息,要求了解房屋基本状况,一般包括房屋位置、面积、建筑结构、建筑年限及物业状况如各项费用的缴纳情形。还应了解房屋配套信息以及当事人的基本情况,包括所在城市要求购买人资格的条件。三是房屋交易有关信息,要求了解是否有影响交易的情形,如涉及学区房、能否落户及"凶宅"等。也就是说,房屋中介人应对房地产交易有密切关系的事项进行必要调查、核实,并就上述事项向委托人如实报告。这些事项包括交易当事人的真实身份、信用情况等。房屋权属证明和产权人身份是与订立合同有关的重要事实,应该查验原件后将其信息报告委托人,未经查验原件仅通过互联网获得信息就提供中介服务,从而导致委托人受骗的,应认定中介人没有就其应知道事项向委托人履行报告义务。

股权众筹平台作为专业的金融中介机构,与投资人之间存在中介特性的合同关系,且平台本身具有金融服务和互联网中介的属性,需要承担比一般的中介人更多的审查义务和说明义务。

【案例9-9】 陈某耘诉北京原始会投资管理有限公司、北京网信众筹网络科技有限公司居间合同纠纷案

二审法院认为,本案的焦点之一是如何界定股权众筹平台的居间义务。与一般居间合同有所不同,股权众筹作为一种融资模式,具有金融活动的特点,股权众筹平台具有金融媒介的属性。根据中国人民银行等十部门发布的《关于促进互联网金融健康发展的指导意见》(银发〔2015〕221号)的要求,股权众筹中介机构要以市场为导向,遵循服务实体经济、服务宏观调控和维护金融稳定的总体目标,切实保障消费者合法权益,维护公平竞争的市场秩序。据此,股权众筹平台至少负有以下义务:对融资方及融资项目的合法性进行审查,对融资方的信息进行及时、全面的披露;对投资人资格进行审查,通过风险提示使投资人了解股权众筹的基本规则和风险;在投、融资双方之间建立信息沟通渠道,并保持居间方的中立性,预防和化解因信息不对称而造成欺诈风险;对投、融资过程的关键信息进行记录和保存,以及保护投资者个人信息安全、为资金划转提供支持、反洗钱等。上述义务既是平台收取居间报酬的合理性基础,也是保护投资者利益、维护金融市场秩序的客观要求。原始会公司作为股权众筹平台的运营者以及专业金融中介机构,应当勤勉尽责,严格履行上述合同义务。[1]

(三)中介合同解除

中介合同可以参照适用委托合同任意解除权的规定,但并不是完全适用。中介合同的委托人享有任意解除权,应无疑义。一般认为,委托合同中委托人的任意解除权,其法理基础在于委托合同是基于特殊信赖而成立的合同。另外,就委托人一方来说,委托事项可能随时发生变化,这就产生了随时解除的需求。以上观点也可应用于中介合同。中介合同是有偿合同,委托人解除合同给中介人造成损失的,除不可归责于委托人的事由外,委托人还是应当赔偿中介人的损失。至于中介人是否应当享有任意解除权,学者还存在不同认识。[2]

中介合同成立后,其在履行过程中,委托人没有与第三人签订买卖合同,但委托人与中介人未解除中介合同,又通过他人与原先的第三人签订买卖合同且交易成功的,应视为双方仍在继续履行中介合同约定的义务。也就是说,委托人不解除中介合同,涉及中介服务对象的交易履行,委托人应按合同约定承担中介费。

(四)中介人报酬确定原则

委托人支付报酬应根据中介合同不同而加以区别。在报告中介中,促成合同成立的,委托人应按约定支付全额报酬,这是因为中介人仅为委托人报告订约机会,而不与其相对人发生关系。在媒介中介中,则由委托人和第三人平均分担居间人的报酬,因为中介人不仅向委托人提供报告订约机会,而且还要找第三人促成目标合同订立,使得委托人与第三人双方发生了法律关系,并因此获得利益。除非合同另有约定或另有习惯,一般情况下,基于公平原则,由促成合同成立的双方当事人平均分担中介报酬。

报酬请求权以居间人促成合同成立为前提,既不仅要求居间人开展居间服务及合同成立,还要求合同之成立是由居间人实质促成的。[3] 对于虽订立中介合同但最终买卖合同未成立的,中介人可主张必要的费用。结合《民法典》第九百

---

[1] 参见最高人民法院中国应用法学研究所编:《人民法院案例选》2019 年第 4 辑(总第 134 辑),人民法院出版社 2019 年版,第 134~135 页。北京市第三中级人民法院(2018)京 03 民终 5189 号民事判决书。
[2] 参见黄薇主编:《中华人民共和国民法典合同编释义》,法律出版社 2020 年版,第 995~996 页。
[3] 参见邱聪智:《新订债法各论》(中),中国政法大学出版社 2006 年版,第 236 页。

六十三条的规定,必要费用请求权之生效乃附有法定条件(法律的直接规定),即中介人在开展中介服务后仍未促成合同成立。对不构成履行中介义务的,中介人不能主张费用请求权。

当数个中介人接受同一委托人就同种事务的委托时,应区分具体情况进行处理。(1)若属报告中介,先向委托人报告订约信息并促成合同成立者,享有收取中介报酬的权利。(2)若为媒介中介,如果委托人与相对人之间所成立的合同可归功于某个中介人时,此中介人享有收取中介报酬的权利,其他中介人无此项权利;如果是数个中介人同心协力,以至于不能确定其中哪个中介人为委托人与相对人交易的达成起了决定性作用时,中介报酬的权利人要视情况而定:一是如果委托人以数个中介人为一整体,只给予一次报酬,则由各中介人平均分配报酬;二是如果委托人对各中介人分别委托同一事项,中介人独立地开展产生中介结果的活动时,中介人各自就其中介结果请求相应的报酬;三是如果各中介人就同一事项分别受同一委托人的委托,但在为中介行为时,各个中介人相互结合,为共同的媒介,那么各中介人只能共同地享受一次报酬。(3)如果交易双方各自委托中介人,这两个中介人又共同协力促成委托人和交易相对人订立合同,则委托人和交易相对人应分别对自己所委托的中介人支付相应的中介报酬。[1]

实践中,法官可以根据合同约定确定中介报酬的金额,并根据实际情况适当调整中介报酬的支付方式。

【案例9-10】 英属维尔京群岛万嘉融资咨询私人有限公司、马来西亚叶某某与中宇建材集团有限公司居间合同纠纷案

最高人民法院认为,本案系居间合同纠纷,一审法院根据当事人意思自治原则确定本案适用中华人民共和国法律审理是正确的。《融资服务及保密协议》是当事人之间的真实意思表示,并不违反中国法律的规定,一审法院认定该合同合法有效是正确的。万嘉公司、叶某某全面履行了合同义务,有权根据合同约定获得相应的报酬,即万嘉公司、叶某某可以从中宇公司获得融资总金额9%的报酬。合同约定第二部分报酬5%的支付方式不是现金方式,事实上会涉及万嘉公司、叶某某作为中宇公司或其指定的上市公司的投资者的问题,面临公司法上的障碍,难以实现,因此酌定与另4%报酬采取同样的方式支付。最高人民法院二审撤销一审判决,改判中宇公司向万嘉公司、叶某某支付中宇公司获得融资总金额9%的报酬,即人民币18280753元

---

[1] 参见中国审判理论研究会民事审判理论专业委员会主编:《民法典合同编条文理解与司法适用》,法律出版社2020年版,第776页。

及其利息。[1]

关于中介人义务与请求权关系。就报告或媒介义务是否属于中介合同的给付义务,学说上有不同见解。[2]《民法典》第九百六十二条就居间人之如实报告有明确的规定,故从解释论出发,笔者持肯定说。中介人就报告或媒介未促成合同成立的,不得要求支付报酬。从中介合同本身性质分析,中介活动有着二重性,它可以促成交易,繁荣市场,有利于社会主义市场经济的发展,但如果处理不当,也可能会干扰正常经济秩序,败坏社会风气。合法、正当的中介活动和中介报酬,应以中介人付出的劳动和承担的风险为基础并与之相适应,而仅凭"引荐"行为即主张中介行为成立并据以要求巨额报酬的情形,应从公序良俗的角度从严审查,不能随意披以合法外衣,通过法院审理加以确认和合法化。

(五)中介人承担责任条件

中介合同中的责任包括两个方面,一是违约责任,二是损害赔偿责任。违约责任即委托人或中介人一方没有依据合同约定或法律规定履行其义务给对方造成损失,应依法承担的合同责任。损害赔偿责任即委托人或中介人一方因过错给对方造成损失的,或基于法律规定应赔偿对方损失的,应承担相应的法律责任。损害赔偿范围应注意遵循损失可预见性原则理解,主要从以下三个方面进行认定:其一,进行正当信息披露;其二,合同主体的预见能力;其三,利益均衡的公平考量。

根据《民法典》第九百六十二条规定,中介人承担损害赔偿责任应当具备以下三个条件:其一,有损害委托人利益的故意;其二,有实施侵害委托人利益的客观行为,如故意隐瞒与订立合同有关的重要事实或者提供虚假情况;其三,委托人受有损害。但在房屋中介实践中,委托人要证明居间人有主观上的故意非常困难。在委托人无法证明中介人故意隐瞒或提供虚假情况,但确实受有损害时,委托人该如何寻求救济是应考虑的一个问题。笔者认为,虽然《民法典》第九百六十二条第二款规定的是中介人主观故意损害委托人的利益时应当承担赔偿责任,但该条规定并不排除《民法典》其他条款的适用,如果中介人应当报告的没有报告,应当调查、核实而没有调查、核实就报告给委托人,因其未履行如实报告和调

---

[1] 参见最高人民法院中国应用法学研究所编:《人民法院案例选》2017年第6辑(总第112辑),人民法院出版社2017年版,第16~17页。

[2] 肯定说参见崔建远主编:《合同法》(第五版),法律出版社2010年版,第526~527页。否定说参见韩世远:《合同法学》,高等教育出版社2010年版,第580~582页。

查、核实的义务,故构成违约,委托人可根据《民法典》第五百七十七条的规定,要求中介人承担赔偿损失等违约责任。因此,即使中介人没有故意或无法证明其存在故意,但如因其未履行如实报告等合同义务,亦构成违约,导致委托人的利益因此受损,仍需要承担相应的赔偿责任。换言之,以是否违反合同义务作为判断中介人承担责任的标准。

(六)中介合同与买卖合同关系

在中介活动中,中介人与当事人双方之间签订居间合同,而被中介双方之间多数签订买卖合同,这种情形集中表现为房屋买卖合同。也就是说,在中介活动中,实际上存在两个合同、两种合同法律关系。二者既有联系,但又各自独立,非中介人的原因中介合同不受买卖合同变动之影响。在中介人促成被中介人签订买卖合同,因一方违约,另一方行使合同解除权得到法律支持时,中介合同仍存在,并不会自动解除。除非中介人对买卖合同有过错,反之,限制解除中介合同。

【案例 9-11】 董某义诉汪某香、周某珠房屋买卖合同纠纷案

判决观点,原、被告三方所签订的合同系当事人真实意思表示,该合同实际上包含了两部分内容,即买卖双方关于房屋买卖的约定及买卖双方与居间方关于居间合同关系。[1]

在二手房买卖合同中,非因中介过错造成买卖合同解除,中介合同仍然有效,且中介人不承担违约责任,不影响中介人收取中介费。

随着我国经济的飞速发展,多样化购物和借款方式层出不穷,集买卖、金融借贷与中介合同于一体的新类型案件出现,有的法院将此类案件定为中介合同纠纷。

【案例 9-12】 深圳普惠快捷金融服务有限公司诉丁某淮居间合同纠纷案

判决观点,原告与被告丁某淮所签订的《个人借款申请表》与《个人借款合同条款与条件》是双方当事人的真实意思表示,本院予以确认。原告已按照合同约定给被告提供了服务,并联系"挖财平台"和商户,按约定提供华为P964G 金色手机一部给被告,原告已完全履行了自己的义务,但被告未按约定履行还款义务,致使原告代其偿还本金 3150 元,原告对被告享有追

---

〔1〕 参见最高人民法院中国应用法学研究所编:《人民法院案例选》2011 年第 1 辑(总第 75 辑),人民法院出版社 2011 年版,第 135 页。

偿权。[1]

(七)中介合同纠纷举证

根据"谁主张,谁举证"的原则,分配举证责任在中介合同中有一定特殊性。具体来讲,在对约定内容发生争议时,中介人应当就中介合同约定的内容承担举证责任。在委托人提出中介人未履行报告或合同义务时,由履行义务方中介人承担举证责任。

【案例9-13】 张某诉周某荣居间合同纠纷案

判决观点,原、被告双方虽未对双方的权利义务进行约定,但经被告的介绍并促成原告与云龙公司签订了《住宅预售合同》,符合居间合同的特征,原告即应当支付被告居间服务费。对于原告提出因云龙公司没有取得拆迁许可证而无法履行合同,被告违反了诚实信用、如实报告等义务,为获得居间费用故意做虚假介绍,告知原告虚假事实的主张,原告未提供相应证据证实,不予采信。因此原告现要求被告返还居间服务费14万元的请求,没有法律依据,不予支持。[2]

当事人索要中介报酬应当举证证明中介合同关系的存在。

【案例9-14】 闽行游(厦门)旅游服务有限公司诉厦门晶邦酒店管理有限公司居间合同纠纷案

判决观点,本案系追讨居间报酬引起的居间合同纠纷。闽行游公司以居间合同法律关系为诉由向晶邦酒店主张居间报酬,应举证证明其与晶邦酒店之间存在合法有效的居间合同法律关系。厦门国旅的员工叶某亚通过陈某预订晶邦酒店的房间系认为陈某为晶邦酒店员工,即厦门国旅并没有通过闽行游公司的媒介作用与晶邦酒店建立合同关系的意思,而是意欲直接与晶邦酒店建立合同关系。晶邦酒店接受的《订房单》系以闽行游公司的名义直接制发,即晶邦酒店系直接接受闽行游公司的预订,亦没有通过闽行游公司的媒介作用与厦门国旅建立合同关系的意思。因此,无论是晶邦酒店,还是厦门国旅,均无通过闽行游公司的居间作用而建立合同关系的意思,即均无与闽行游公司建立居间合同关系的意思表示。闽行游公司所主张的代收差价

---

[1] 参见国家法官学院案例开发研究中心编:《中国法院2019年度案例》(合同纠纷),中国法制出版社2019年版,第221页。新疆维吾尔自治区石河子市人民法院(2018)兵9001民初第6888号民事判决书。

[2] 参见国家法官学院案例开发研究中心编:《中国法院2015年度案例》(合同纠纷),中国法制出版社2015年版,第217页。北京市东城区人民法院(2013)东民初字第4269号民事判决书。

及佣金,均系闽行游公司向晶邦酒店预订房间而约定的款项,并非双方约定的居间报酬。因闽行游公司未提交其他合法有效的证据证明其与晶邦酒店之间存在居间合同关系,故认定闽行游公司与晶邦酒店之间不存在居间合同关系。因厦门国旅系全国赛艇锦标赛接待酒店预订业务的承接商,其并未委托闽行游公司向晶邦酒店预订客房及用餐,而是直接与晶邦酒店签订了有关预订房间的《会议合同》并履行,故应认定闽行游公司与晶邦酒店之间的《订房单》未实际履行且无法履行。因闽行游公司向晶邦酒店制发《订房单》的行为在法律性质上属于以自己名义订立合同的无权代理,厦门国旅未对此予以追认,故应认定《订房单》未实际履行且无法履行的责任在闽行游公司,闽行游公司应自行承担不利后果。因此,闽行游公司向晶邦酒店主张客房差价及佣金 36724 元的诉讼请求缺乏事实及法律依据,不予支持。[1]

虽未签订书面中介合同,但有证据证明的亦可认定为成立事实中介合同关系。

【案例 9-15】 江苏诚兆投资有限公司诉北京建谊投资发展(集团)有限公司居间合同纠纷案

一审法院认为,本案中,上海香置投资有限公司出具证明材料确认,诚兆公司的陈甲系涉案居间项目的介绍人,并在 2015 年参加了该笔股权收购的商务活动;庭审中,原告提交了陈甲于 2015 年自无锡到北京的登记牌、高铁票及住宿凭证;事实上建谊公司与上海香置投资有限公司亦签订了《股权转让协议》;上述证据形成了证据链,可以认定原告与被告及上海香置投资有限公司之间形成了事实居间合同关系。二审法院同意一审法院裁判意见。[2]

【案例 9-16】 上海甲国际商务咨询有限公司诉乙贵州能化有限公司、丙工业有限公司等技术中介合同纠纷案

最高人民法院认为,不管甲公司主张其为乙公司、丙公司提供的是技术中介服务,还是居间服务,都离不开对其为支持该主张而提供的服务工作性质的认定。对于甲公司所主张的中介服务工作,乙公司、丙公司、丁公司均不予认可,乙公司和丁公司同时主张筹备处与甲公司进行联系是基于甲公司是丙公司代理商的原因,而不是因为双方之间存在技术中介合同关系。从《合同法》对于居间合同的定义来看,成立居间合同的前提是委托人与居间人之间存在委托与被委托的关系。本案中,甲公司没有提供证据证明其与乙公

---

[1] 参见国家法官学院案例开发研究中心编:《中国法院 2019 年度案例》(合同纠纷),中国法制出版社 2019 年版,第 200 页。福建省厦门市集美区人民法院(2016)闽 0211 民初第 4474 号民事判决书。

[2] 参见国家法官学院、最高人民法院案例研究院编:《中国法院 2020 年度案例》(合同纠纷),中国法制出版社 2020 年版,第 223 页。北京市第二中级人民法院(2018)京 02 民终 8434 号民事判决书。

司、丙公司之间存在委托关系,乙公司、丙公司、丁公司对甲公司的主张亦不予认可。甲公司应承担举证不能的法律后果。此外,甲公司是以其与乙公司、丙公司存在书面技术中介合同为由提起本案诉讼的,一、二审法院依据甲公司的诉请进行了审理。甲公司认为一、二审法院对本案法律关系的认定有误,其提供的是买卖设备居间服务的主张没有事实和法律依据。[1]

中介人提供的证据不足以证明双方存在中介合同关系高度可能性的,应认定中介合同未成立。

【案例 9-17】 房地产公司诉商业地产公司、教育科技公司中介合同纠纷案

二审法院认为,房地产公司上诉主张持续为商业地产公司、教育科技公司提供服务、履行居间义务,并促成商业地产公司与教育科技公司订立租赁合同,各方成立居间合同关系。首先,根据房地产公司提供的微信记录、邮件、电话录音等证据,房地产公司为其他两方提供房源信息、带看房屋、询价等服务,但尚处于洽商、沟通阶段;房地产公司在 2019 年 3 月停止与商业地产公司、教育科技公司的接洽,且此后不再与双方有沟通行为,而商业地产公司与教育科技公司于 2019 年 5 月 27 日通过某产权交易所达成租赁合同,根据房地产公司提交的证据,尚不足以证明在其与双方接洽期间,商业地产公司、教育科技公司就租赁合同的主要条款等内容达成明确的一致意见,且在此期间,商业地产公司、教育科技公司均没有作出明确的签订租赁合同的意思表示。故房地产公司就其服务与最终达成租赁合同之间的因果关系并未提供充足的证据予以证明。其次,本案系公开招租,房源信息并非房地产公司独家提供,且在房地产公司提交的其与商业地产公司工作人员的微信记录中亦向商业地产公司提及"教育科技公司无数代理在追""资料早就有无数代理给客户发过了",而各方当事人之间未签订书面的居间服务合同,房地产公司未提交充足的证据证明各方就成立居间合同关系达成一致的意思表示,故房地产公司要求商业地产公司、教育科技公司支付居间报酬及利息缺乏依据,二审法院不予支持。一审法院认定事实清楚,适用法律正确,应予维持。判决:驳回上诉,维持原判。[2]

民间借贷中,第三人中介服务是否成立,由主张中介服务关系存在方承担举证责任。

---

[1] 最高人民法院(2012)民申字第 1273 号民事裁定书。
[2] 参见国家法官学院、最高人民法院司法案例研究院编:《中国法院 2022 年度案例》(合同纠纷),中国法制出版社 2022 年版,第 226 页。北京市第二中级人民法院(2020)京 02 民终 1200 号民事判决书。

【案例9-18】 胡某华诉余某亮、郑某琼等民间借贷纠纷案

二审法院认为,胡某华、莫某主张莫某与余某亮、郑某琼存在融资咨询服务关系,则应对此承担举证证明责任。本案中,首先,《协议》《借款协议》及《融资咨询协议》均是在同一日签订,利息和咨询服务费的计算方式、支付日期、收款人等情况均高度一致,特别是咨询服务费亦是按月进行支付,不符合交易习惯;其次,2013年8月6日的100万元借款系由莫某支付余某亮,2015年1月25日之前余某亮均是将借款本金、利息及咨询服务费打到莫某一人账户,余某亮、郑某琼支付的570万元款项中,向胡某华支付的为1812000元,向莫某支付的为3891500元,上述数额与实际欠款数、咨询费数额不能对应,且胡某华、莫某均不能对此予以合理说明;再次,在胡某华与余某亮、郑某琼签订的几份欠款说明和补充协议中,仅写明了未付本金和未付利息,并未明确区分咨询费和借款利息;最后,莫某调查余某亮、郑某琼等资金情况的行为以及事后的积极催款行为,难以直接定性为其系为余某亮、郑某琼提供的融资咨询服务,完全有可能系作债权人之行为或为债权人提供的服务。综上,胡某华、莫某主张存在单独的融资咨询服务合同关系,应单独计算融资咨询费,但其举证不能达到高度盖然性证明标准,故法院对胡某华、莫某的主张不予采信,对胡某华的请求不予主张。[1]

在中介报酬纠纷案中,中介人应当就其起决定性作用承担举证责任,围绕其自身资质和能力、合同订立过程中的劳动量两方面充分举证,法官也应当着重从这两方面认定事实。

【案例9-19】 贾某诉上海德辅商贸有限公司居间合同纠纷案

二审法院认为,根据本案查明的事实,上诉人与被上诉人签订《青岛市卫生局保健办采购移动DR咨询服务协议》后,被上诉人确实已经与招标单位成交,同时根据双方当事人在原审期间的陈述及提供的证据,可以认定上诉人履行了一定的咨询服务,故上诉人主张服务费,应予支持。至于上诉人应得咨询服务费的具体金额,原审法院综合考虑上诉人在本次咨询服务中的劳务情况及上诉人不具备从事居间营业资质等因素后判决被上诉人支付上诉人咨询服务费14万元及违约金1万元应属合理。且被上诉人对此也未提出异议,予以维持。上诉人二审期间并未提供新的证据,也无新的理由,其要求

---

[1] 参见最高人民法院中国应用法学研究所编:《人民法院案例选》2018年第7辑(总第125辑),人民法院出版社2018年版,第104~105页。北京市第三中级人民法院(2016)京03民终9212号民事判决书。

二审法院改判支持其原审中全部诉求,不予支持。[1] 本案中,双方提供的证据显示,原告本身不具备居间人资质,其提供的服务仅仅体现为其自身获取的较为有限的信息,这些信息无法证明原告具备与合同订立这一结果相匹配的居间能力。至于被告与保健办之间的交易行为,原告则较少参与其中,其付出的劳动量明显低于被告在合同订立中促成合同订立的劳动量。因此,原告对于合同订立起到了一定的作用,这种作用对于合同订立显然不是决定性,其获得的咨询服务自然也不应当完全适用双方合同的约定,一、二审法院根据相关证据作出了裁量。

【案例9-20】 安溪中凯房地产营销策划代理有限公司诉林某文居间合同纠纷案

一审法院认为,针对原告的居间报酬请求,根据双方签订的《购房委托协议》第三条的约定及相关法律的规定,居间人促成委托人与第三人之间合同成立的,委托人按照约定支付报酬。本案中,原告提供的通话录音证据中被告林某文"第三方是那个房东和那个第三个认识,然后再把他带来我家和我谈"的表述与出庭证人陈某章、陈某盛关于涉案房屋系原产权人陈某章通过第三方陈某盛主动找到被告林某文而与其协商达成买卖交易的证言一致。由此可见,涉案房屋交易成功并非中凯公司居间促成。居间人因此丧失居间报酬权,故原告请求被告林某文支付佣金缺乏事实和法律依据,法院不予以支持。二审法院认为,上诉人主张其接受诉争房屋原所有权人陈某章的委托出售房屋,但其未能提供其与陈某章签订的居间委托合同予以证明,上诉人原审提供的录音资料及证人陈某章、陈某盛出庭作证的证言可以证明陈某章之前已通过多家中介机构挂牌出租或出售诉争房屋,被上诉人是通过第三方陈某盛介绍向陈某章购买了诉讼房屋。上诉人主张其为被上诉人提供居间服务并促成诉争房屋的买卖交易成功,证据不足,不予支持。[2]

【案例9-21】 上海鹏玮商务咨询有限公司诉上海年锋传输线有限公司居间合同纠纷再审案

再二审法院认为,17%税负是否应当从佣金中扣除取决于其是否实际发生,如果原审被告有证据证明其支付的货款中最终被国家征收了17%的税负,则根据双方间协议的约定,原审被告有权从原审原告支付的佣金中扣回。鉴于本案再审中,原审被告并未提供相关证据证明17%的税负实际发

---

[1] 参见国家法官学院案例开发研究中心编:《中国法院2015年度案例》(合同纠纷),中国法制出版社2015年版,第227页。上海市第二中级人民法院(2013)沪二中民一(民)终字第483号民事判决书。

[2] 参见国家法官学院案例开发研究中心编:《中国法院2017年度案例》(合同纠纷),中国法制出版社2017年版,第205页。福建省泉州市中级人民法院(2015)泉民终字第2187号民事判决书。

生,故本院认为原审被告如有证据证明17%的税负实际发生,可以另行起诉要求原审原告返还。鉴于此,本案再审仍维持原审判决。[1]

【案例9-22】 管某君诉杜某学财产损害赔偿纠纷案

判决观点,从原、被告当庭陈述、提交证据来看,被告仅仅是在车主及货主之间起联系介绍作用,将原告需要运货的信息传递给第三人,将第三人愿意运货的信息传递给原告,在传递完双方信息后,被告即退出了原告与第三人的订约活动,由原告自行与第三人订立货物运输合同。被告仅仅是个中介人,即居间人,而非原告与第三人订立合同的当事人、参与人。原告无证据证明其损失是被告故意隐瞒了与订立合同有关的重要事实或者提供了虚假情况而造成的。因此,被告不应承担损害赔偿责任,对原告主张未尽审查和注意义务,应承担损害赔偿责任的诉请,因缺乏相关法律事实,不予支持。造成货物丢失不是因被告的故意或重大过失行为所致,而是因承运人仿造身份证、驾驶证明和车辆套牌欺诈行为所致。原告认为被告未尽审查和注意义务,不属于故意隐瞒与订立合同有关的重要事实或提供虚假情况,损害原告利益的情形,故对原告的主张,不予支持。[2]

对中介人是否履行告知义务,是实践中多发争议。对告知义务的内容、范围及告知形式等,应由中介人承担举证责任,而不是由委托人承担举证责任。《房地产经纪管理办法》第二十一条规定:房地产经纪机构签订房地产服务合同前,应当向委托人说明房地产经纪服务合同和房屋买卖合同或者房屋租赁合同的相关内容,并书面告知下列事项……该条表明书面告知是居间人的义务,自然应当就该义务履行承担举证责任,这也符合《民事诉讼法》第六十五条、《民事证据规定》第一条即对主张或抗辩合同履行发生的,由主张方承担举证责任之规定。

【案例9-23】 韩某诉我爱我家公司、第三人陈某居间合同纠纷案

判决观点,居间人对有关订立合同的事项有向委托人如实报告的义务,居间人应依诚实信用原则履行此项义务。报告的内容包括与订立合同有关的事项,如相对人的资信状况、产品质量、履约能力等。因此在房屋买卖居间服务中,买卖房屋的权属情况及是否符合上市交易条件应属于居间人报告的内容。但在本案中,我爱我家公司未向本院提交相应证据,证明其已经履行了上述义务。因为我爱我家公司没有履行上述义务,导致韩某与陈某在买卖的房屋并不符合上市交易条件的情况下签订了《存量房屋买卖合同》,而该

---

[1] 参见最高人民法院中国应用法学研究所编:《人民法院案例选》2012年第1辑(总第79辑),人民法院出版社2012年版,第283页。

[2] 参见国家法官学院案例开发研究中心编:《中国法院2013年度案例》(合同纠纷),中国法制出版社2013年版,第227~228页。四川省攀枝花市任和区人民法院(2011)任和民初字第465号民事判决书。

合同也因陈某房产最终未具备上市交易条件而无法实际履行。故我爱我家公司未履行作为一个专业房屋买卖居间人应尽的义务。[1]

【案例9-24】 李某诉北京链家房地产经纪有限公司居间合同纠纷案

二审法院认为,李某委托链家地产公司提供居间服务,是为了能通过链家地产公司购买房屋并享有房屋的所有权。《合同法》第四百二十五条规定,居间人应当就有关订立合同的事项向委托人如实报告。链家地产公司应当为促成李某的委托事宜提供相应居间服务,并积极履行调查和告知义务。本案所涉房屋存在违章搭建,存在被行政限制而不能过户的可能。链家地产公司作为提供房屋买卖居间服务的专业机构,应当知晓违章搭建可能导致房屋买卖合同目的无法实现,并应当将该事实如实全面地告知委托人李某。虽然李某在签订《房屋买卖合同》前已对房屋进行查看,应当知道自建房的相关情况,但是链家地产公司仍然应当对房屋无法过户的风险进行明确提示。依据《民事证据规定》第五条之规定,链家地产公司未能举证证明其已完成如实报告义务,应当承担举证不能的后果。一审对于该项举证责任的认定存在错误,依法予以纠正。一方面,链家地产公司未能对直接影响房屋交易的事项进行调查并报告委托人;另一方面,涉案房屋已被限制过户,且《房屋买卖合同》被法院判决解除。链家地产公司要求委托人支付中介服务费用的请求不予支持。[2]

个案中,委托人举证是他人居间的可以排除居间人支付报酬请求权。

【案例9-25】 北京迈势德投资顾问有限公司与大同市浩海集团有限公司中介合同纠纷再审案

最高人民法院认为,居间人与委托人签订了《融资居间服务合同》,约定居间人为委托人的特定项目融资提供咨询服务及安排融资渠道。居间人主张在居间合同签订前便已实质介入案涉融资项目,依约履行居间义务的,应当承担举证责任。委托人举证证明融资的款项系另一居间人促成,居间合同所涉款项与融资成功的款项非同一笔款项,居间人无权要求委托人支付居间报酬。[3]

---

[1] 参见北京市高级人民法院编:《审判前沿——新类型案件审判实务》2011年第4集(总第40集),法律出版社2012年版,第123页。

[2] 参见国家法官学院案例开发研究中心编:《中国法院2016年度案例》(合同纠纷),中国法制出版社2016年版,第221页。北京市第一中级人民法院(2014)一中民终字第730号民事判决书。

[3] 参见最高人民法院民法典贯彻实施工作领导小组编:《中国民法典适用大全》(合同卷五),人民法院出版社2022年版,第3702页。最高人民法院(2018)民申298号民事裁定书。

二、中介合同法律适用

(一)中介合同主体认定

对于中介人主体资格问题,《合同法》没有明确规定,《民法典》亦未作具体规定。实践中对于公民、法人及其他经济、社会组织都可以从事中介活动,应否对从事中介活动的主体进行必要的限制等有很大争议,主要观点有两种,一种是认为应当对中介人的资格进行明确的规定和限制,只能经批准可以从事中介服务的法人才能进行这项活动,以便于加强监督和管理,规范中介活动的市场秩序。另一种则认为不应对中介人的主体资格进行限制,应当允许任何公民、法人都有权从事中介活动,将有利于搞活市场经济,促进市场繁荣。对此,应该看到并承认中介活动在现实社会生活中的必要性和积极性,但如果处理不当,也可能会干扰正常经济秩序,造成社会秩序混乱。立法者认为,我国《民法典》并没有对中介人的资格进行限制,自然人也可以进行中介服务,但是中介合同较多运用在商业交易中,一般都是专业的中介服务机构作为中介人。但是对特定行业的中介活动,可能由特别法、行政法规或者部门规章作出详细规定。对于商业上的中介服务,法律、行政法规或者部门规章可能会作出特别规定,要求中介机构或者中介人员具有从事某种中介业务的资质,经过有关部门的审批或者登记,并具有相应的专业能力和知识等。[1] 也就是说,在中介主体资格问题上,应根据具体中介的事项对中介人的资格进行要求,可分为民间中介和法人中介两类。对于日常生活或社会生活中一般性的中介活动,如房屋买卖或租赁、保姆中介等服务,根据民法的"法无禁止即自由"原则,只要符合法律制度中的原则和规定,就应对中介合同进行确认,而不宜强求中介人具有特定的主体资格,即任意自然人、法人和其他组织均可成为中介合同的主体。行政机关只是对中介市场进行引导和规范,而不宜对主体予以限制或禁止。对于某些特定领域的中介活动,如期货中介人、保险经纪人、证券中介人等,则以行政法规的特别规定予以限制和规定,要求中介人必须具有经过法定核准的特定主体资格,否则对其中介活动不予认定和保护。

---

[1] 参见黄薇主编:《中华人民共和国民法典合同编释义》,法律出版社2020年版,第972页。

无书面合同情形下,需要结合案件具体情况,进行利益权衡,运用日常生活经验法则,选择关联性更强的因素作为认定依据,由法官作出综合认定。

【案例9-26】 嘉松公司诉新八公司、罗某吉居间合同纠纷案

一审法院认为,原告嘉松公司与被告新八公司成立居间合同,新八公司应当按照合同约定支付居间报酬。理由如下:第一,罗某吉在2017年8月17日原一审庭审中,对回款说明中的签字是否为本人所签,没有作明确否定,也没有提出鉴定申请。2019年9月3日开庭时,罗某吉虽然否定是其签名,但并未提出鉴定申请。根据民事诉讼证据规则,法院认定回款说明中的签字为罗某吉本人所签。第二,罗某吉先后两次向原告嘉松公司的法定代表人曹某惠汇款,汇款时间和金额与汇款说明一致。证明罗某吉作为新八公司的项目经理,认可嘉松公司就艾特纸业项目所做的工作并且支付报酬。第三,第三人艾特公司在一审开庭时认可嘉松公司为促成新八公司承接施工合同所做的工作,明确表示"第三人的项目开始后由原告带着被告新八公司的员工到第三人处商谈项目事宜"。第四,从签订的《湖北省建筑工程施工合同》及《建筑施工合同补充协议》来看,施工方为新八公司,罗某吉作为个人,不可能具备签订建筑施工合同资质。《水电施工合同》《公租房外墙及屋面施工补充合同》上新八公司没有盖章,仅有罗某吉签字。这也与罗某吉与新八公司的项目经理身份相符合。罗某吉与新八公司在签订建筑施工合同上利益具有一致性,但只能由新八公司作为建筑施工人订立合同。在居间合同中,新八公司应是委托人。综上,各方虽未能提供书面居间合同,但现有证据能够说明原告嘉松公司有居间行为,罗某吉也曾支付过报酬,通过嘉松公司的居间行为,新八公司最终与艾特公司订立了建筑施工合同。因此,新八公司与嘉松公司的居间合同成立。判决:被告新八公司向原告嘉松公司支付居间报酬6.5万元、利息7800元。二审法院亦持同样意见,维持原判。[1]

在一些涉及股权转让、项目引进开发纠纷中,往往对中介合同主体发生争议,由法官根据具体案情确认。

【案例9-27】 高能投资有限公司、峰联国际投资有限公司、沈阳(国际)会展中心有限公司、付某伟居间合同纠纷案

最高人民法院认为,(1)关于付某伟是否应当被认定为本案所涉《居间合同》的主体问题。本案中,《居间合同》首部载明委托方(甲方)为峰联公

---

〔1〕参见国家法官学院、最高人民法院司法案例研究院编:《中国法院2021年度案例》(合同纠纷),中国法制出版社2021年版,第212~213页。湖北省武汉市中级人民法院(2019)鄂01民终12459号民事判决书。

司,尾部"甲方峰联公司"盖章处并无峰联公司的印章,在"法定代表人或委托代理人"处有付某伟的签字。一审期间,峰联公司追认了付某伟的代理行为。因此,付某伟在《居间合同》上"法定代表人或委托代理人"处签字的行为应当属于代理峰联公司签署合同的行为,由此产生的法律后果应当由峰联公司承担。付某伟不应被认定为本案所涉《居间合同》的主体,一审判决对此认定正确。高能公司提起本案诉讼时将峰联公司、付某伟同时列为被告,不能构成高能公司对峰联公司是否追认付某伟代理行为的催告,因此,本案中峰联公司对付某伟代理行为的追认并不违反《合同法》第四十八条第二款规定的"相对人可以催告被代理人一个月内予以追认"的规定。高能公司关于付某伟系无权代理,应由其自行承担合同主体义务的上诉理由不能成立,本院不予支持。(2)关于会展中心是否应当被认定为本案所涉《居间合同》的主体问题。从《居间合同》的形式以及内容看,该合同的委托人为峰联公司,居间人为高能公司,会展中心仅仅是居间事项涉及的项目公司,并非居间合同的相对方。因此,会展中心即便在《居间合同》尾部加盖了公司印章,也不能由此认定其即成为《居间合同》的主体。合同的主体应当主要从合同内容考察确定,会展中心向高能公司支付1500万元的行为并不导致会展中心成为合同主体这一法律后果。一审判决认定会展中心并非《居间合同》的主体是正确的。高能公司关于会展中心应当被认定为《居间合同》的当事人并应承担合同义务的上诉理由不能成立,本院不予支持。[1]

【案例9-28】 石某与沈阳五洲商业广场发展有限公司、王某居间合同纠纷案

最高人民法院认为,居间关系的产生应当基于双方真实意思表示一致,应当尊重当事人之间的约定。《承诺书》本身并非合同,只能是证明口头居间合同的证据,其中的"给石某"三个字与之前的内容不连贯,语句不通畅,明显不是一次性书写而成的。3000万元的业务咨询费是一笔数目巨大的报酬,如果《承诺书》的支付对象是石某,石某完全可以重新书写,或者在"给石某"三个字处由对方签字、盖章予以确认。《承诺书》是石某证明其主张最主要和最直接的证据,但承诺对象并不明确,也缺乏其他证据加以佐证,不能单独成为认定案件事实的依据。《承诺书》的出具时间为2003年12月,结合上述对石某身份状况的认定,特别是石某在《建设合同》签订后更多地以"浙江五洲集团"副董事长的身份参加项目,并考虑王某与石某的关系,以及本案两人在改造项目中不同的工作重点,石某持有《承诺书》原件亦符合常理,但不

---

[1] 参见刘德权主编:《最高人民法院司法规点集成》(第二版)(商事卷②),人民法院出版社2014年版,第1000页。最高人民法院(2011)民四终字第38号民事判决书。

能证明报酬支付对象即为石某。虽然落款时间为 2003 年 5 月的《协议书》，沈阳五洲公司承认其印章是 2005 年 9 月至 10 月补盖的，但《协议书》双方均认可，在此之前双方已经存在口头居间合同。没有证据证明王某和沈阳五洲公司恶意串通，且本案二审判决生效后，沈阳五洲公司也通过执行法院实际履行了债务。沈阳市公安机关关于 2006 年 7 月 3 日调取的浙江五洲建设投资集团有限公司明细账单明确载明，500 万元和 200 万元咨询费的支付对象是王某，这进一步印证了王某和沈阳五洲公司之间存在居间关系的事实。[1]

委托人与中介人签订合同名为"委托协议"，但是合同内容并不涉及委托，且中介人实质上未实际参与房屋买卖而起中介作用，法官应考量中介人在案件中的具体情况而不应拘泥于合同名称认定委托人与中介人成立中介合同关系。

【案例 9－29】 李某诉上海龙踞房地产经纪事务所、崔某、第三人傅某等居间合同纠纷案

判决观点，关于原告主张其与被告上海龙踞房地产经纪事务所存在居间合同关系，进而要求其赔偿损失，被告上海龙踞房地产经纪事务所对此不认可，表示第三人傅某并非其员工，并提供其处的公章原件以证明《房屋购买委托协议》及《房屋交易资金代收代付协议》上盖章并非其处的公章，原告对此均未能进一步举证证明。故法院对原告的该主张不予采纳，对其该请求不予支持。关于原告另主张其与第三人傅某存在居间合同关系，法院认为，居间合同是居间人向委托人报告订立合同的机会或者提供订立合同的媒介服务，委托人支付报酬的合同。原告作为委托人与案外人秦某签订的《房屋购买委托协议》已明确写明委托事项、委托权限、委托授权期限及费用支付等内容，说明两人之间形成了委托购房的合意。《房屋交易资金代收代付协议》中虽然在形式上写明第三人傅某系见证方，但综合录音中反映的原告是经第三人傅某介绍认识案外人秦某及原告和第三人傅某当时曾口头约定在拿到房屋后由原告支付第三人傅某介绍费 2 万元、《房屋交易资金代收代付协议》中三方约定了原告应付的委托交易价款 60 万元由第三人傅某代收代付给案外人秦某等情况，法院认为三方之间虽无书面的居间协议，但第三人傅某对于原告与案外人秦某委托购买房屋协议的成立起到重要的媒介作用，三方之间形成了就委托购买房屋协议的居间合同关系。[2]

中介合同涉及婚姻男女双方主体问题。签订中介合同时男女双方并未结婚，

---

〔1〕参见刘德权主编：《最高人民法院司法规点集成》（第二版）（商事卷②），人民法院出版社 2014 年版，第 1002 页。最高人民法院(2012)民抗字第 37 号民事判决书。

〔2〕参见陈昶主编：《2019 年上海法院案例精选》，上海人民出版社 2021 年版，第 37 页。

由男方签订中介合同,由女方签订购房合同,取得房产后二人结婚,因其购买房是为了结婚使用,应认定为男女双方对外共同债务,共同承担支付责任。男方签订中介合同时未离婚,但签订购房合同时离婚,并由女方与房主签订购房合同,应认定中介发生在婚姻关系存续期间但由实际受益人支付中介报酬。因男方在婚姻关系存续期间签订中介合同,其购买房屋的行为应视为夫妻共同购买。后双方离婚的事实并未影响中介合同的实际履行,中介机构促成房主与女方签订购房合同,是原中介合同持续履行的后果,应认定中介成功,有权获得报酬。男方虽是中介合同相对人,但在中介机构中介过程中离婚,房屋由女方实际购买,根据权利义务对等原则,应当认定男方签订的中介合同的权利义务转移由女方承接,应由女方承担支付中介报酬的责任。男方可以作为第三人参加诉讼,但不宜承担中介报酬责任。

(二)中介合同内容认定

中介合同约定的内容,只能是合同双方对中介活动报酬及相关事项的约定,而不是约定其中介范围之外的内容。中介人与委托人(买受人)约定委托人不履行买卖合同的,要向中介人支付违约金,该约定不属于中介合同的调整范围,中介人不能以此追究委托人在买卖合同中的违约责任。上述约定加重了委托人的责任,应根据《民法典》第四百九十七条规定认定为无效,不应适用意思自治原则,中介人不因此取得要求违约金的权利。

【案例9-30】 居间人满堂红(中国)置业有限公司诉委托人陈某实违约金居间合同纠纷案

二审法院认为,该委托书中对双方居间合同权利义务关系的约定合法有效,双方应当遵照履行。但双方在该委托书中约定的如被上诉人取得业主承诺后,上诉人不依该委托书履行,则已付定金被业主没收,同时上诉人须向被上诉人支付违约金12500元,应当是上诉人在买卖合同履行过程中存在违约行为所应承担的违约责任,不属于居间合同调整的范畴,其权利人应当为涉案房屋的卖方,因此,被上诉人作为居间合同的当事人不能以此追究上诉人在买卖合同中的违约责任。上诉人的该项上诉请求成立,法院予以支持。原审法院对此认定不当,第一项判决错误,应予纠正。同理,上诉人支付给业主的定金亦属于买卖合同调整的范畴,上诉人不应当向作为居间人的被上诉人追偿,上诉人该项上诉请求没有法律依据,法院不予支持。[1]

【案例 9-31】 陈某某与董某某中介合同纠纷再审案

最高人民法院认为,居间是将买卖双方联系起来促成交易后获得合理佣金的一种服务形式。居间合同具有不要式性,当事人可以采取口头或者书面等合同形式,合同的成立无须采用特定的形式。如果约定不明确,应当遵循交易惯例。但是,如果居间人与委托人不存在书面或者口头形式订立的居间合同,双方从事的民事行为也无法推定双方具有订立居间合同的意愿或者事实上的履行居间服务事项的行为,则不宜认定居间人与委托人之间存在居间合同法律关系。[2]

实践中,在一个合同中既有中介内容又有其他内容,应分别判断履行义务的内容。

【案例 9-32】 上海东方高圣投资顾问有限公司与成都置信实业(集团)有限公司、四川置信凯德实业有限公司居间及财务顾问合同纠纷案

最高人民法院认为,置信集团公司虽然成功引进了战略投资者,但东方高圣公司在协助引进战略投资者的过程中并未完全尽到协议约定的应尽义务,未能协助置信集团公司在协议期限届满前与战略投资者签约,实现以增资方式或股权转让方式引进战略投资者资金的目的。东方高圣公司作为专业从事财务顾问的机构,在签订合同时,即应预见到所受托项目的完成可能会超出合同期限的情形,对可能出现的上述情形,在合同中应当有相应的规定。但本案合同恰恰缺少此类必要的条款。在合同到期项目尚未完成的情形发生时,东方高圣公司因与置信集团公司续约未成,而导致其未能全面履行协助置信集团公司成功引进战略投资者的义务。因此,原审法院驳回东方高圣公司的全部诉讼请求并无不当,本院予以维持。[3]

合同名称虽为中介合同,但应根据合同的内容区分争议合同是否为中介合同。

---

[1] 参见最高人民法院中国应用法学研究所编:《人民法院案例选》2006 年第 3 辑(总第 57 辑),人民法院出版社 2007 年版,第 125 页。

[2] 参见最高人民法院民法典贯彻实施工作领导小组编著:《中国民法典适用大全》(合同卷五),人民法院出版社 2022 年版,第 3688 页。最高人民法院(2020)民申 4322 号民事裁定书。

[3] 参见最高人民法院民事审判第二庭编:《最高人民法院商事审判指导案例》(合同卷)(下),中国法制出版社 2011 年版,第 729 页。

【案例9-33】 厦门甲置业有限公司诉江某等合同纠纷案

二审法院认为,从双方签订的《项目咨询居间合同》看,虽然合同名称和内容中均出现了"居间"一词,但该合同内容及有关条款并不符合居间合同的特征。所谓居间合同,是指当事人双方约定一方为他方提供报告订约的机会或者提供订约的媒介服务,他方给付报酬的合同。而本案既不是江某为甲公司提供订约机会的报告居间,也不是江某为促成甲公司与第三人订立合同进行介绍或提供机会的媒介居间,而是由江某协调推动厦门翔安东坑湾滩涂鳄鱼屿投资项目通过规划、审查,并将海洋许可证、土地使用权证等办理到甲公司名下,合同缔结目的并非要求促成甲公司与政府部门之间形成民法意义上的合同关系,不属于《合同法》定义的居间合同范畴,故本案应属无名合同。[1]

(三)中介合同履行认定

中介人对委托人和第三人的关系应能起到一定的媒介、协调作用,并具有一定的掌控能力。例如,房屋中介中,中介人是否在价格问题磋商方面发挥实质性沟通和洽商功能,是认定其是否履行中介义务的重要因素。实践中,卖方在网络上发布房源信息时多会标明售价,未经授权的中介人仅依此向买方提供价格信息,不足以认定为其在价格上履行了媒介义务,至多只是初步地履行报告义务。对没有签订书面中介合同,中介人实际履行了媒介义务的,可认定双方当事人之间已形成事实上的中介关系。

【案例9-34】 张某兰诉淮北市烈山区新蔡镇土型村民委员会居间合同纠纷案

一审法院认为,土型村委会向张某兰出具书面委托书,委托张某兰等为从事新蔡矿的引资和办理投产各种事项的全权代表,虽然未有当时的村长签字,但该委托人加盖了土型村委会的公章,属于有效的委托,法律、行政法规无居间人资格及居间事项的禁止性规定,双方之间的委托与被委托行为是双方当事人真实意思表示的结果,未违反法律、行政法规的规定,属于有效的民事法律行为,双方之间订立的居间合同成立且有效,土型村委会的抗辩理由不成立。二审法院认为,本案双方当事人虽然没有签订书面居间合同,但通过土型村委会给张某兰的委托书可看出,在双方当事人之间已形成事实上的

---

[1] 福建省高级人民法院(2019)闽民终1027号民事判决书。

居间关系。[1]

【案例9-35】 高能投资有限公司、峰联国际投资有限公司、沈阳（国际）会展中心有限公司、付某伟居间合同纠纷案

最高人民法院认为，当事人签订《居间合同》的真实意思是由高能公司为峰联公司与华发公司之间达成会展中心全部或部分股权转让合同提供媒介服务，由峰联公司向高能公司支付报酬。从本案的有关事实看，高能公司并未促成峰联公司与华发公司之间达成转让会展中心全部或部分股权的合同，也就是说，高能公司并没有依约履行自己的合同义务。因此，高能公司无权要求峰联公司根据《居间合同》第四条的约定向其支付报酬。《居间合同》第五条"诚信原则"中"如果甲方以相关企业或其他间接方式与转让意向方签订本合同标的物的转让合同，乙方有权请求甲方按本合同第四条支付服务费"的约定，其强调的也是峰联公司与华发公司以其他"间接"方式达成转让会展中心全部或者部分股权的合同的情形，不应根据该条认定高能公司依约履行了自己的合同义务。高能公司关于其已全部完成居间工作、有权主张《居间合同》第四条中约定的居间报酬的上诉理由不能成立，本院不予支持。本案中，华发公司以最高价竞得D39地块的四块地，会展中心与华发公司共同设立华纳公司和华耀公司并由该两公司实际取得D39地块的土地使用权，高能公司的确为会展中心与华发公司之间实现合作提供了一定的媒介服务。会展中心是峰联公司的全资子公司，其于2010年4月6日分三笔款项支付给高能公司"服务费"1550万元，客观上表明了峰联公司对高能公司提供媒介服务的认可。会展公司声称其向高能公司支付1550万元是为了督促高能公司尽快完成居间服务，没有事实和法律依据。对于会展中心已经向高能公司支付的1550万元，应当认为是峰联公司为高能公司提供的媒介服务所支付的合理对价，会展中心无权要求高能公司予以返还。[2]

需要研究的问题，一是委托人与相对人之间的合同履行情况是否会影响到中介事项成立与否的判断，委托人以与相对人签订的合同最终未得到履行或履行过程中出现纠纷而拒绝支付报酬，为常见的抗辩理由。笔者认为，委托事项的成立与委托人和相对人合同目的最终达成并不具有同一性，合同履行不能原因错综复杂。应查明是何原因造成合同履行不能或发生纠纷，如果不能归责于中介人，则不能认定合同履行出现纠纷导致合同目的落空出现中介事项不成立的结论。

---

[1] 参见最高人民法院中国应用法学研究所编：《人民法院案例选》2006年第4辑（总第58辑），人民法院出版社2007年版，第238页。

[2] 参见刘德权主编：《最高人民法院司法观点集成》（第二版）（商事卷②），人民法院出版社2014年版，第1003页。最高人民法院(2011)民四终字第38号民事判决书。

一般来讲,合同履行与中介成立是两个有联系但又相互区别的问题,但在因中介人未履行报告义务时则另当别论。二是委托人故意阻止与相对人合同成立及履行或中介报酬支付条件成就的,应如何处理。笔者认为,因委托人自身原因如故意未付款使标的物不能交付而阻止合同成立、履行或阻止中介事务完成时,则应视为中介合同成立或支付报酬的条件已成就。委托人不支付报酬的抗辩理由不能成立的,应视为支付报酬条件已成就。

【案例9-36】 李某青、江某华诉镇江华翔建筑安装工程有限公司居间合同纠纷案

判决观点,现李某青、江某华诉至法院,向镇江华翔建筑安装工程有限公司主张权利,虽镇江华翔建筑安装工程有限公司与四川省第四建筑工程公司未最终决算,但镇江华翔建筑安装工程有限公司承接的工程已于2010年年底竣工,四川省第四建筑工程公司应当将工程款支付给镇江华翔建筑安装工程有限公司,且镇江华翔建筑安装工程有限公司对工程款支付情况未抗辩,视为支付条件已成就。镇江华翔建筑安装工程有限公司应当按照约定支付报酬,即按施工合同约定的价款2930000元×6% =175800元。[1] 被告在诉讼过程中没有提出证据证明工程款未支付,只是以没有最终结算进行抗辩,但最终结算并不是居间达成的必要条件,也不是不支付报酬的条件,法院不予采信其抗辩是合理合法的。

应注意的是,在目标合同成立后,其履行情况无须向中介人报告,如果目标合同履行中发生的问题甚至效力瑕疵都由中介人承担责任,则对中介人不公平。

关于中介合同履行地确定。合同履行地是指合同主要义务的履行地,中介合同的主要义务履行地应当确定为中介行为地。

(四)促成目标合同成立认定

现行法律对于怎样的中介行为才构成"促成合同成立"并未给出具体的认定标准。实践中,中介人对目标合同签订起的作用各不相同,对中介人是否促成目标合同成立常常发生纠纷。一般认为,中介人促成目标合同成立,必须同时满足两个条件,其一,目标合同的成立与中介人的行为(活动)有因果关系。中介合同作为双务合同,中介人应提供中介服务;委托人应给付中介报酬。根据权利义务

---

[1] 参见国家法官学院案例开发研究中心编:《中国法院2015年度案例》(合同纠纷),中国法制出版社2015年版,第223页。江苏省镇江市丹徒区人民法院(2013)徒宝商初字第4号民事判决书。

相对等的原则,委托人之所以给付中介报酬一定是因为中介成果是在中介人的中介活动下达成的。也就是说,此处中介行为与目标合同成立之间的因果关系应当为直接因果关系。如果委托人最终不是因中介人介绍签订的目标合同而取得了系争标的,就不能以该结果推断出中介人已促成目标合同之事实。其二,中介人介绍签订的目标合同是依法成立的有效合同。虽然合同成立与合同生效是两个不同的概念,《民法典》也没有明确规定居间人促成订立的目标合同应当具有法律效力。但在中介法律关系中,这种服务表现为报告订约的机会或提供订约的媒介,其目的在于通过中介活动取得报酬。而委托人的目的在于通过中介人的服务,与对方就某一事项达成协议。只有中介人的活动达到了目的,委托人才负有给付报酬的义务。因此,中介人的活动只有促成委托人与第三人之间建立起有效的合同关系才有效。从这个意义上讲,中介人的活动促成订立的目标合同应当是依法成立的有效合同,这样才符合中介合同的法律特征及合同法关于中介合同条款的立法本意。对于合同成立的条件,立法者认为,第一,委托人与第三人之间的合同成立,是指合同合法、有效成立,如果所促成的合同属无效合同,或者属可撤销的合同而被撤销的,不能视为促成合同成立,中介人仍不能请求支付报酬。第二,委托人与第三人之间的合同成立,是由中介人促成的,也就是说合同的成立与中介人的中介服务具有因果关系。第三,中介人得以主张报酬请求权,还需要具备一个要件,中介人促成的契约必须与中介合同中的约定具有同一性。也就是说,委托人与第三人最终订立的合同,应当是委托人委托中介人时欲订立的合同。[1]

【案例9-37】 厦门龙杰房地产策划代理有限公司滨北分公司诉赖某春双倍给付居间报酬纠纷案

一审法院认为,合同订立后,原告依约向被告提供看房服务,被告赖某春亦接受,并在原告业务员的带领下前往看房。之后,赖某春以其妻张某岚的名义与房屋的业主订立买卖合同并成功交易。在该过程中,虽有曾某全介绍交易,但赖某春并未向原告龙杰公司指示改变或取消委托,且赖某春作为居间合同的委托人,在居间合同履行过程中不得擅自改变或取消居间合同。被告赖某春之妻与华新苑仙阁201室原业主签订了买房合同,应视为原告龙杰公司作为居间人促成了买房合同的成立。二审法院亦持同样意见,维持原判。[2]

---

〔1〕 参见黄薇主编:《中华人民共和国民法典合同编释义》,法律出版社2020年版,第982~984页。
〔2〕 参见最高人民法院中国应用法学研究所编:《人民法院案例选》2006年第3辑(总第57辑),人民法院出版社2007年版,第102页。

【案例9-38】 郑州千玺房地产营销策划有限公司诉于某、丁某强居间合同纠纷案

一审法院认为,原告作为居间方与两被告以合同书的形式就涉案房屋价款及支付方式、房屋交付及物业交割、佣金、违约责任等达成合意,并由三方当事人签章确认,具备了合同成立的主体、客体及内容要件,故该合同由当事人签字或盖章时成立并生效。合同中关于两被告分别交付定金及房屋所有权证于原告保管的约定是对合同履行的保证,而非合同成立的要件,亦非合同的生效条件。故原告作为居间方与出售方被告于某、买受方被告丁某强签订的《郑州市存量房(二手房)买卖居间合同》系当事人的真实意思表示,不违反法律、行政法规的强制性规定,合法有效,原告及两被告均应按照合同约定履行各自的义务。被告于某提出的合同签订时买受方和出售方均没有将购房定金人民币10000元、房屋所有权证交居间方保管因而该居间合同不能成立的辩解意见无法律依据,不予采纳。于某上诉后不出庭,二审法院按撤回上诉处理。[1]

【案例9-39】 王某诉北京龙佑建材有限公司居间合同纠纷案

双方当事人争议的焦点是合同成立的时间,进而影响到合同是否履行的认定。在本案中,双方当事人都认可被告委托原告办理的事务为:"由原告为被告引入资金500万元。"原告主张在2002年8月28日,也就是被告与蓝华投资公司签订参股合作协议时,引入资金500万元的事务已经完成。而被告主张引入资金应是贷款500万元。无论哪一项主张,可以确定的是原告仅为被告联系报告订约机会,仅仅起媒介作用,目的是促成被告与第三人订立合同,获得资金500万元。原告并不以被告的名义从事活动,因此,双方所成立的是居间合同,并非委托合同。关于居间合同成立的时间,在2002年9月25日,被告为原告出具了名为《协议书》的书面材料。虽然原告未在该材料上签字,但其以该书面材料作为证据使用,表明其对材料内容认可。在该书面材料上文字所表达意思可视为一致的意思表示。该材料载明:"万通建材公司兹承诺王某先生为我公司与蓝华投资公司投资合作引入人民币500万元,特此承诺在贷款到位后(2003年春节前)立刻支付给王某先生引资500万元的1%即5万元作为佣金。"从文字表述来看,前半部分为,原告为被告与蓝华投资公司的投资合作引入500万元。就此内容有两种解释:一是原告为被告引入资金500万元,以便用于与蓝华投资公司的合作。而在此前的8月28日,被告与蓝华投资公司恰恰签订了"蓝华投资公司向被告投资500万元"的

---

[1] 参见国家法官学院案例开发研究中心编:《中国法院2017年度案例》(合同纠纷),中国法制出版社2017年版,第209~210页。

合作协议。双方的合作协议已经在前，因此，这种解释很难成立。二是原告已经为被告引入资金500万元，而引入的形式是被告与蓝华投资公司的投资合作。此前8月28日的协议恰恰是蓝华投资公司向被告投资500万元，这种解释与之不存在矛盾。其材料后半部分为，特承诺在贷款到位后(2003年春节前)立刻支付原告引资500万元的1%即5万元作为佣金。这里的贷款可以被认为是原告为被告引入的贷款，也可以被认为是被告获得的贷款（并非原告所联系）。假如认为是原告为被告联系的贷款，前半部分无须表述被告与蓝华投资公司的投资合作；且本段表述的是被告承诺，所讲的是被告的义务，其解释不能成立。而做第二种解释不存在矛盾之处。也就是说，后半部分所指的是被告支付佣金5万元的义务，履行义务的时间为贷款到位，最晚在2003年春节前。因此，一审法院认为：万通建材公司为王某出具的《协议书》载明：万通建材公司承诺支付给王某5万元作为佣金，支付的原因是王某为该公司与蓝华投资公司投资合作引入500万元；支付的时间为贷款到位后(2003年春节前)。由此可以认定王某与万通公司之间存在口头居间合同关系。该居间合同系双方当事人的真实意思表示，内容不违反国家法律规定，应属有效合同。王某在履行合同约定的义务后，万通建材公司亦应按照约定的时间支付报酬。万通建材公司的名称变更为龙佑建材公司，其债权、债务应由龙佑建材公司继受。故王某要求龙佑建材公司支付报酬5万元及逾期付款利息的请求，法院予以支持。二审法院持同理，维持原判。[1]

目标合同成立，委托人拒付报酬抗辩的，法律不予支持。

【案例9-40】 南通市通州区天地新彩钢厂与沈某某中介合同纠纷案

二审法院认为，依据中介合同约定，中介人向委托方报告并提供了其与第三人签约的机会，委托方实际承接了案涉工程，签字确认"居间成功"，并自认已支付部分居间报酬，事后，委托方又以与第三方签订合同的主体并非自己投资的公司(该公司由委托方代管，且由亲戚作为施工人)拒绝支付剩余居间报酬的，不予支持。[2]

需要研究的问题有三，一是中介人促成预约合同成立是否认定为中介成立。笔者认为，应区分预约情况而定。如在房屋买卖预约合同中，包括具体的房屋、房款及付款方式、办理交易过户手续的时间等主要内容，应视为本约，反之为预约。在预约情形下，本约未能签订是中介人经营的正常风险，自然不能视为促成合同。

---

[1] 参见北京市高级人民法院民事审判第一庭编：《北京民事审判疑难案例与问题解析》(第一卷)，法律出版社2007年版，第487页。
[2] 参见最高人民法院民法典贯彻实施工作领导小组编著：《中国民法典适用大全》(合同卷五)，人民法院出版社2022年版，第3709页。江苏省南通市中级人民法院(2021)苏06民终2478号民事判决书。

因委托人自身的原因,如发出要约后对要约范围内的内容反悔,故意不订立本约的,视为促成合同成立。二是委托人与相对人签订的合同被法院确认无效,其中介合同是否成立。笔者认为,从委托事务角度讲,委托人与相对人签订的合同有效性未得到法律认可,最终被判决认为无效。从因果关系角度看,委托人未能取得委托事项成果,其事实不能推翻委托人与相对人合同无效的事实,也不能推导出中介人成功的事实,中介人不能因此取得报酬。三是将目标合同如买卖合同作为中介合同附件的中介是否成立,对此有不同意见。笔者认为,应根据具体案情具体判断,不能"一刀切"。因为中介合同为格式条款,应审查中介人是否尽到合理的提示及说明义务,有无免除自身责任、加重对方责任、排除对方主要权利的情况。考量在保证当事人合理磋商和选择权利下,尊重当事人的意思自治。因此,应结合中介合同签订之时以及签订之前委托人已经与第三人就目标合同约定的相关事项进行过磋商等其他具体情况综合分析。

需要指出的是,此处的目标合同成立条件亦是中介报酬请求权的主要条件。中介报酬请求权的条件,是在因果关系和合法成立两个条件的基础上,还需要目标合同当事人缔结的业务与中介人介绍的业务大体一致。所谓"大体一致",当然不苛求数量的完全相等,只要相差不大,委托人均应支付相应的中介报酬。如果数量相差过大,则需要审查中介人是否对多出来的数量履行了中介义务。

(五)目标合同未成立主张权利

未促成合同成立主张违约金及服务费问题为实践中争议焦点之一,主要有两种不同意见。一种意见认为,在协议有效时,根据协议约定,作为合意解除应向中介人支付服务费。另一种意见认为,中介合同约定,如果委托人未能履行有关条款,致买卖合同无法签订的,违约方或合意解除方应向中介人支付服务费。笔者认为,双方当事人签订的为格式条款时,根据《民法典》第四百九十七条规定的加重相对方责任、排除其主要权利的条款无效,其第九百六十四条规定,中介人未促成合同成立的不得要求支付报酬。然而,实践中,不少中介人为使自己获取报酬的目的不落空,往往利用格式条款,要求委托人如因违约未签订买卖合同的,违约方及合意解约方需向中介人支付相当于中介报酬的违约金或服务费。这样,就使委托人处于必须签约,否则就要承担违约金或服务费的不利地位。而其自己则处于无论是否促成合同成立,均可获取相当于中介报酬的违约金或服务费的有利地位,这明显加重了委托人的责任。因此,该条款违反了法律规定,应为无效。应该注意的是,因中介人未促成合同成立,不得索要报酬但可以要求委托人支付从事中介活动支出的必要费用。

【案例 9-41】 陈某黎诉李某远、骆某平居间合同纠纷案

二审法院认为,作为居间人的被上诉人陈某黎虽然提供了媒介服务,但由于各种原因未能促成委托人即被上诉人李某远与第三人订立房屋买卖合同,现被上诉人请求支付居间报酬费,不符合法律规定,不予支持。但上诉人应支付被上诉人从事居间活动支出的必要费用并适当赔偿被上诉人的部分经济损失,原审判决上诉人支付被上诉人居间报酬费1035元不妥,应予改判。上诉人应酌情赔偿被上诉人的经济损失及从事居间活动所支出的必要费用计人民币500元。上诉人的上诉理由部分成立,予以采纳。[1]

【案例 9-42】 马某与四川大洋硅业有限公司、四川西南阳光硅业科技有限公司中介合同纠纷再审案

最高人民法院认为,对于居间合同的委托人而言,其并不负有通过接待和洽谈投资人的方式来对待居间人所报告的订立合同机会的义务,委托人面对居间人报告订立合同的机会,有权根据自身条件、投资人的基本情况等进行正常的商业判断,以决定是否需要进一步的接洽。因此,如果委托人并非不正当地阻止居间人所要促成的合同成立,则委托人不接待和洽谈投资人的行为并不构成违约。居间未促成合同成立的,不得归因于委托人不接待和洽谈投资人,不得请求支付报酬。居间人请求委托人支付从事居间活动支付的必要费用的,居间人应当提交充分的证据。[2]

(六)规避中介人签订合同认定

《民法典》第九百六十五条规定:"委托人在接受中介人的服务后,利用中介人提供的交易机会或媒介服务,绕开中介人直接订立合同的,应当向中介人支付报酬。"本条规定的"跳单",是指委托人接受中介人的服务后,利用中介人提供的订约信息或者媒介服务,绕开中介人直接与第三人签订合同的行为,其目的是规避向中介人支付报酬义务。对于"跳单"行为,司法实践一般认为,委托人与第三人订立合同,只要委托人实质上利用了中介人提供的劳动,即中介人通过中介行为向委托人提供的订约信息或者媒介服务,就应当认定该交易是由中介人促成

---

[1] 参见最高人民法院中国应用法学研究所编:《人民法院案例选》(2004年商事·知识产权专辑)(总第49辑),人民法院出版社2005年版,第189~190页。

[2] 参见最高人民法院民法典贯彻实施工作领导小组著:《中国民法典适用大全》(合同卷五),人民法院出版社2022年版,第3701~3702页。最高人民法院(2014)民申字第793号民事裁定书。

的,委托人就应当向中介人支付约定的报酬。[1]"跳单"行为的构成一般需要具备以下要件:其一,中介人提供了信息(如房源)或者成交机会,并且积极提供了媒介服务。其二,委托人利用该信息、机会避开中介人与第三人私下成交或另行委托他人居间成交。其三,委托人主观上存在逃避支付佣金的恶意。具体认定上应注意的是,其一,中介人在提供中介服务时是否有向委托人透露合同相对方的信息。中介人除了提供信息或者成交机会外,其提供的媒介服务也应包括向委托人透露合同相对方的信息。其二,经过中介人的中介服务,委托人是否与合同相对方就合同的主要条款达成一致。合同成立的前提条件是双方当事人就合同条款达成一致,因此在"跳单"行为的认定中,合同双方当事人是否就合同条款达成一致则显得至关重要。其三,"跳单"行为的实际受益人是否为中介合同中的委托人。

【案例9-43】 广州市中立地产写字楼代理有限公司诉伍某澜、广州市文然教育信息咨询有限公司居间合同纠纷案

一审法院认为,虽然在中立代理公司促成伍某澜、丰润投资公司就案涉物业的租赁合同主要条款达成一致后,伍某澜并未直接与丰润投资公司签订案涉物业的租赁合同,而是由案外人杨某华与丰润投资公司于2012年1月11日签订了案涉物业的《广州市房屋租赁合同》。但在该合同签订了仅1个半月后(2012年2月26日后),伍某澜、杨某华、丰润投资公司却通过变更房屋租赁合同的承租人的方式,将案涉物业的承租人变更为伍某澜;伍某澜确认其在租赁案涉物业前,早已认识杨某华;杨某华还是伍某澜担任法定代表人的支点培训中心的校长。综上,可以确认在中立代理公司提供了居间服务、促成了伍某澜与丰润投资公司就租赁案涉物业的合同主要条款达成一致后,伍某澜采取了先由杨某华与丰润投资公司签约、其后再将该合同的承租人变更为伍某澜的方式,以逃避向中立代理公司支付居间费用的义务,该行为违反了诚实信用的原则,亦违反了伍某澜与中立代理公司签订的《佣金确认书》的约定。……根据丰润投资公司作出的《出租条款确认》可知,中立代理公司已向其披露承租人是伍某澜的信息,并促成伍某澜与丰润投资公司就案涉物业的租赁合同主要条款达成一致意见。二审调解结案。[2]

"跳单"行为从法律上即为规避性质,在规避中介人私下签订买卖合同情形下,委托人是否承担违约责任有不同意见,第一种意见认为,委托人的行为有违诚

---

[1] 参见黄薇主编:《中华人民共和国民法典合同编释义》,法律出版社2020年版,第990页。
[2] 参见国家法官学院案例开发研究中心编:《中国法院2016年度案例》(合同纠纷),中国法制出版社2016年版,第214页。广东省广州市中级人民法院(2014)穗中法民五终字第363号民事调解书。

信,但该行为是否属于违约,双方并无约定,中介人诉请违约赔偿,缺乏依据。在这种意见中又可分出一种意见,即不承担违约责任,但可以给付佣金。第二种意见认为,委托人的行为不仅有违诚信,同时也违反了双方在中介合同中的约定,构成违约,应承担违约责任。由于双方对违约责任没有约定,中介人主张按照合同履行后其可以获得的利益进行赔偿,符合合同法的有关规定。第三种意见认为,委托人为自己的利益不正当地阻止中介机构收取报酬的条件成就,应视为中介机构收取报酬条件已经成就。有学者认为,在司法实践中,"跳单"行为的法律后果可以类型化为以下四种情形:(1)委托人与第三人私下缔约,该缔约机会系由居间人促成;(2)委托人与第三人私下缔约,该缔约机会不是由居间人促成;(3)委托人另行与他人签订居间协议,又经他人促成了缔约;(4)委托人另行与他人签订居间协议,但未促成缔约。其中,情形(1)中的居间人依据《合同法》第四百二十六条规定享有报酬请求权;情形(2)、(3)、(4)中的居间人依据《合同法》第四百二十七条规定享有必要费用返还请求权,如必要费用不能填补实际损失额的,可以按照实际损失额主张违约金支付请求权。[1] 笔者认为,在委托人规避中介人是否承担违约责任问题上,应具体问题具体分析,不搞"一刀切"。认定委托人构成恶意"跳单"违约责任,要综合考察分析中介人是否有充分证据证明其实际促成交易成功、委托人订约的时间、中介合同及相关条款的性质、决定交易成功房屋价格、报酬数额及报酬支付等因素。其衡量委托人是否"跳单"违约的关键,是看委托人是否利用该中介公司提供的房源信息、机会等条件。对中介合同约定的违约金,不宜统一作有效或无效的定位。根据《民法典》第五百七十七条规定,所谓违约责任,是指当事人一方不履行合同义务或者履行合同义务不符合约定时应当承担的合同责任。从这一定义中可以看出,即使合同没有明确指出某种行为是否属于违约,只要当事人没有履行合同义务或者履行合同义务不符合约定的,就构成违约。中介人的义务是报告订立合同的机会,在约定的期限内安排双方签订买卖合同。而委托人的义务是在中介人的安排下前去签订合同。虽然双方在合同中没有明确委托人不服从中介人安排前去签订的行为构成违约,但从合同的内容来看,委托人的行为违反了合同中约定的义务,构成违约,双方对违约责任没有约定的,应适用法定形式。对委托人违约行为给中介人造成损失分析,客观上,委托人规避中介人自行与中介人介绍的另一方签订买卖合同的行为,造成了中介人促成合同成立后可得报酬的损失。但需要强调的是,中介人收集信息、准备的媒介是从网络上获取的,并未履行或实质性开始履行中介义务时,应限制中介人以"跳单"主张违约金。"跳单"是中介合同双向的道德风险反映之一,有学者认为,为减弱双边道德风险,应尽可能维持禁止"跳单"条款的合同效力,最大限度地实

---

[1] 参见税兵:《居间合同中的双边道德风险——以"跳单"现象为例》,载《法学》2011年第11期。

现诚信原则。此外,为平衡居间合同当事人的权利义务,应对我国《合同法》第四百二十五条规定予以目的性扩张解释,让委托人在拒绝缔约时负担必要的告知义务,在法律上减弱委托人的机会主义冲动。[1] 应注意的是,如果委托人和中介人签订有中介合同,且明确约定了合同期限,那么如果签订合同的时间未在明确约定的期限之内,中介人没有充分的证据证明签订合同的双方存在"跳单"的恶意,就不能认定委托人存在"跳单"行为。也就是说,签订合同的时间应在和中介机构约定的期间之内。

《民法典》中"跳单"规定的要件分析及实务审查要点。

【案例9-44】 上海某物业顾问有限公司诉周某某居间合同纠纷案

二审法院认为,二手房买卖中,委托人(买方或卖方)在与中介人建立中介合同关系后,利用该中介人提供的交易机会或媒介服务,通过其他中介人或者直接与交易方订立房屋买卖合同,应向该中介人承担违约责任。在认定是否构成"跳单"的审查中,应充分考虑中介合同履行的信息不对称的特点,从衡平多方利益的角度,综合作出判断。[2]

委托人与中介人签订解除中介协议后,又再次购买解除中介协议前房屋的行为亦构成"跳单"。

【案例9-45】 北京链家房地产经纪有限公司诉刘某、平某帆居间合同纠纷案

二审法院认为,本案各方当事人争议的焦点问题是刘某、平某帆在与链家公司就涉案房屋签订《解约协议书》后,又再次购买案涉房屋的行为是否构成"跳单"。对此,法院认为,刘某作为买房人通过链家公司的中介服务已经与卖房人签订了涉案房屋买卖合同,对于涉案房屋的状况以及价格等相关信息已经明晰,虽然刘某在与链家公司签订解约协议后,又通过兴辰公司购买了涉案房屋,并缴纳了47000元服务代理费,但该费用明显低于其与链家公司约定的居间费78540元,故应确认刘某、平某帆系利用了链家公司的信息和服务而再次购买了涉案房屋,该行为属于"跳单"。刘某、平某帆的上述行为违背了诚实信用原则,亦违反了其与链家公司签订的《解约协议书》的相关约定,构成违约。因此,对于刘某提出的其再次购房行为属于第二次意思表示,且是通过中介机构完成,并不构成"跳单"的上诉意见因缺乏事实和

---

[1] 参见税兵:《居间合同中的双边道德风险——以"跳单"现象为例》,载《法学》2011年第11期。
[2] 人民法院案例库2023-07-2-123-004。上海市第二中级人民法院(2021)沪02民终342号民事判决书。

法律依据,法院不予采信。[1]

司法实践中,对"跳单"违约责任认定的情形为,其一,购房人绕开中介私下与房主交易。其二,购房人通过亲朋好友直接与房主交易且是实际购房人。如果签订中介合同的委托人未实际购买房屋,其亲朋好友从该委托人处获得房源信息,成为实际购房人,根据合同相对性原理,不宜直接认定委托人构成违约。但因委托人未严守保密义务,违反《民法典》规定的附随义务,则应认定为违约。其三,在房源信息公开的情况下,购房人看房后先主动解除中介合同,后直接或通过其他中介机构与房主签订购房合同,此种情况下购房人仍构成违约。因合同的解除并不意味着合同条款全部消灭,合同中约定的违约条款不因合同的解除而解除,仍具有法律效力。

应注意购房人不构成"跳单"违约情形,其一,购房人通过多个中介购买房屋,先签约中介公司未协助购房人降低房价的情况下,购房人有权选择其他中介公司。其二,在房源信息公开情况下,购房人由亲朋好友通过其他中介公司进行交易的。当卖方将同一房屋通过多个中介公司挂牌出售,购房人通过其他公众可以获知的正当途径获得相同的房屋信息时,购房人有权选择报价低的中介公司购买该房屋,其行为不构成违约。其三,房源信息公开且出卖人未委托中介公司出售,中介公司虽签订确认书、带着看房,购房人在其他中介公司服务下与出卖人签订房屋买卖合同,购房人不构成"跳单"行为。

【案例 9-46】 叶某诉上海馨晟房地产经纪事务所居间合同纠纷案

一审法院认为,《看房确认书》第 4 条乃中介公司为防止买方利用中介公司提供的房源信息和交易机会但却跳过该中介公司购买房屋,从而使中介公司无法得到应得的佣金的约定。该约定系双方当事人的真实意思表示,且并不存在免除一方责任、加重对方责任或是排除对方主要权利的情形,应认定有效。判断买方是否违反了该约定的关键,是看买方是否利用了该中介公司提供的房源信息和交易机会。如果买方未利用该中介公司提供的房源信息和交易机会,而是通过其他公众可以获知的正当途径获得同一房源信息,则买方有权选择报价低、服务好的中介公司促成房屋买卖合同成立,而不认定为违约。本案中,原告通过被告带领看房,确认欲购买涉案房屋,但被告尚未促成原告与卖方的交易前,原告即通过其他中介公司了解到同一房源信息,并通过该中介公司促成了房屋买卖合同成立。被告抗辩其报价 228 万元中包含有原告应承担的上、下两家各承担房屋成交价 1% 的中介费用规定,因

---

[1] 参见国家法官学院、最高人民法院案例研究院编:《中国法院 2020 年度案例》(合同纠纷),中国法制出版社 2020 年版,第 218~219 页。北京市第一中级人民法院(2018)京 01 民终第 440 号民事判决书。

其未能提供证据加以证明,且《看房确认书》第2条就原告一方应承担的居间服务费的约定符合行业惯例,另有《意向金合同》明确注明该报价为"房东净到手价格,所有税费由甲方承担",故对被告关于其报价比原告实际成交价更低的抗辩,法院难以采信。综上,原告绕开被告,通过其他中介公司居间介绍就购买涉案房屋达成了房屋买卖合同,并未利用被告提供的房源信息和交易机会,且实际成交价格比被告报价低,原告的行为并不构成违约。故原告以此为由不退还意向金的抗辩,于法无据,法院不予支持。二审法院亦持同样意见,维持一审判决。[1]

【案例9－47】 扬州市嘉信佳房产中介有限公司诉蒋某居间合同纠纷案

二审法院认为,嘉信佳房产中介公司诉求蒋某给付24000元补偿金,不应予以支持。理由:嘉信佳房产中介公司确认讼争房屋的售房信息系发布于58同城网,房主并未委托其出售,且其他人员也能够在58同城网查阅到该售房信息。现蒋某提供的证据及本院补充调查的相关内容能够证实,蒋某确系在其他中介的居间服务下购买了讼争房屋,并非系利用嘉信佳房产中介公司的房源信息"跳单"后私下完成交易。嘉信佳房产中介公司认为其曾带蒋某看过讼争房屋,蒋某后在其他中介服务下与房主达成交易即属"跳单"行为,故蒋某应给予嘉信佳房产中介公司的经济补偿,并无法律依据。而一审法院基于嘉信佳房产中介公司付出的劳务酌定蒋某支付500元的劳务费用,并无不当。至于嘉信佳房产中介公司上诉提及的《委托看房确认书》,因该确认书系嘉信佳房产中介公司自制的格式文本,在嘉信佳房产中介公司并非独家享有讼争房屋出售信息的情形下,该确认书限制了买房人的权利,故而该确认书不应作为裁判依据。[2]

在中介合同中,认定委托人是否存在"跳单"行为,核心是委托人虽然接受了中介人的服务后,又利用了中介人提供的交易机会或者媒介服务而绕开中介人与相对人直接订立合同。委托人虽然接受了中介人的服务,但同时又接受了其他中介人的服务并最终与相对人订立合同,即便中介服务所指向的是同一标的物、相对人系同一人,如不能证明委托人确实存在与其他中介人或相对人恶意串通,以实现规避向中间人支付报酬的目的,则不能认定委托人构成"跳单"。

---

〔1〕 参见郭伟清主编:《2017年上海法院案例精选》,上海人民出版社2018年版,第74页。
〔2〕 参见国家法官学院案例开发研究中心编:《中国法院2019年度案例》(合同纠纷),中国法制出版社2019年版,第203~204页。江苏省扬州市中级人民法院(2017)苏1012民初第6998号民事判决书。

【案例9－48】 成都成房通房地产经纪有限公司诉唐某慧中介合同纠纷案

判决观点：本案争议的焦点是被告是否在接受了原告的中介服务后又绕开原告直接与案涉房屋的房东订立房屋租赁合同，即被告是否存在俗称的"跳单"行为。原告作为房产中介人，向被告提供了案涉房屋的房源信息，并带被告实地看房后，代表房东与原告就房租标准初步协商一致，应当认定原告向被告提供了房产中介服务的核心、主要内容。但是被告的行为不满足"跳单"违约责任的构成要件。首先，原告在提供前述中介服务后，未能直接促成被告与房东订立房屋租赁合同。根据本案查明的事实，在原告停止中介服务后，被告又委托了小区门卫提供中介服务，小区门卫同样提供了房源信息并带被告实地看房，此外还联系到房东到场与被告签订了房屋租赁合同。因而，被告最终与房东订立合同，显然是小区门卫提供中介服务的直接结果，与原告提供的中介服务并无关系，不能认定被告利用了原告提供的中介服务而最终与房东订立的合同。其次，被告并不具有绕开原告而直接与房东订立合同的主观意图。原告在为被告提供贷款房屋中介服务的过程中，始终未向被告透露房东的个人信息和联系方式，甚至都未明确告知被告案涉房屋的具体楼栋、单元和房号，因此，被告不具备在看房后私下与房东直接联系并订立合同的客观条件，而事实上，在签订合同之前，被告也确实一直未与房东进行联系。被告寻求小区门卫提供中介服务，并非专门针对案涉房屋而刻意为之。原告和小区门卫之所以向被告提供了同一房源信息，根本原因是房东将案涉房屋委托给多个中介出租，这在房产中介市场属于常见情况，虽有巧合，但也符合常理，被告不具有故意绕开原告的恶意。此外，原告在本案中提出，被告在接受原告提供的中介服务后，之所以未与房东订立合同，是因为未就中介费的问题与原告达成一致，被告基于中介费的考虑而选择是否签订合同，没有尊重原告已经提供的中介服务，违反了诚信原则。法院认为，就中介合同的性质而言，并非中介人提供了中介服务，委托人就必须支付报酬，中介人能否取得报酬，关键在于其是否最终促成了委托人与相对人订立合同。同时需要说明的是，法律对"跳单"行为的否定性评价，并不意味着完全剥夺了委托人的选择权利。委托人有权委托一个或多个中介提供中介服务，当然也有权对多个中介人提供的中介服务从服务质量、报酬标准等方面考量后自由选择一个中介人的服务结果，只要不属于恶意"跳单"行为，委托人正当的选择权利依法应予保障，并不涉及违反诚信原则的问题。综上所述，被告的行为不属于《民法典》第九百六十五条规定的情形，不应向原告承担支付报酬的义务。判决:驳回原告成房通公司的诉讼请求。[1]

(七)禁止"跳单"条款效力认定

实践中,中介人为了保障自己的利益,通常在中介合同中载明禁止委托人"跳单"的条款,约定"跳单"行为是违约行为。对于禁止"跳单"条款是否为格式条款,因对其条款的效力认识不一致由此裁判结果不同。最高人民法院法官认为,应根据约定的具体内容来认定其效力,不可一概而论,只要当事人主体身份适格,意思表示真实,约定内容没有违反法律或行政法规强制性规定的,就是合法有效的。具体来说,应考察以下两方面。一是看禁止"跳单"条款是否有《合同法》第五十二条、第五十三条规定的合同无效的情形。二是看禁止"跳单"条款提供方是否具有免除其责任、加重对方责任、排除对方主要权利的情形。[2] 换言之,应结合案件具体情况,在遵守公平、自愿、诚信原则基础上,根据举证责任分配原则和利益衡量原则,最大限度地查明案件事实,通过法律对格式化的"霸王条款"进行适度限制和规范,以加强保护买卖双方和中介公司等各方当事人合法权益。

【案例9-49】 上海中原物业顾问有限公司诉陶某华居间合同纠纷案

二审法院认为,中原公司与陶某华签订的《房地产求购确认书》属于居间合同性质,其中第2.4条的约定,属于房屋买卖居间合同中常有的禁止"跳单"格式条款,其本意是为防止买方利用中介公司提供的房源信息却"跳"过中介公司购买房屋,从而使中介公司无法得到应得的佣金,该约定并不存在免除一方责任、加重对方责任、排除对方主要权利的情形,应认定有效。根据该条约定,衡量买方是否"跳单"违约的关键,是看买方是否利用了该中介公司提供的房源信息、机会等条件。如果买方并未利用该中介公司提供的房源信息、机会等条件,而是通过其他公众可以获知的正当途径获得同一房源信息,则买方有权选择报价低、服务好的中介公司促成房屋买卖合同成立,而不构成"跳单"违约。本案中,原产权人通过多家中介公司挂牌出售同一房源,陶某华及其家人分别通过不同的中介公司了解到同一房源信息,并通过其他中介公司促成了房屋买卖合同成立。因此,陶某华并没有利用中原公司的房

---

[1] 参见最高人民法院民事审判第一庭编:《民事审判指导与参考》2022年第3辑(总第91辑),人民法院出版社2022年版,第213~215页。四川省金堂县人民法院(2022)川0121民初2464号民事判决书。

[2] 参见最高人民法院:《关于发布第一批指导案例的通知》(2011年12月20日,法〔2011〕354号)。

源信息、机会,故不构成违约,对中原公司的诉讼请求不予支持。[1]

【案例9-50】 张某英诉陈某席居间合同纠纷案

一审法院认为,被告与原告经营的美房服务部签订《房产委托书》,就委托处理房屋的买卖等事宜进行约定。《房产委托书》系原告提供,其中第四条内容已打印好,非双方手写,应视为格式条款。该条款内容免除了原告责任、加重被告责任,因此该条款无效。同时原告也未提供证据证实被告的房屋买卖成交系原告居间促成,故原告主张被告支付服务佣金等17000元,缺乏事实和法律依据,不予支持。根据法律规定,原告虽未促成被告房屋买卖,但被告应支付原告从事居间活动支出的必要费用,综合本案案情酌定按4000元计算。二审法院裁定本案按张某英撤回上诉处理。[2]

在房地产中介服务领域,中介服务合同中普遍存在一些格式条款,对委托人通过其他途径与交易对象达成协议进行限制,该现象已成为房地产中介行业的行规,上述格式条款不应背离公平、自愿这一订立合同的基本原则,不得对消费者的知情权、选择权作出不当限制,否则应为无效条款。如果格式条款约定委托人在看房之后绝不能通过其他中介公司与房主签订协议,其约定侵犯了委托人作为消费者的知情权及自由选择服务的权利。

【案例9-51】 晋城市铭圣房地产经纪有限公司诉陈某龙居间合同纠纷案

二审法院认为,被上诉人铭圣公司在与上诉人陈某龙签订该看房协议时,未在附表中填写房屋坐落地址即要求上诉人承诺所看房屋为第一次看,该行为侵犯了上诉人陈某龙作为消费者的知情权和选择权,因此上述格式条款依法属于无效条款。[3]

【案例9-52】 北京远舟房地产经纪公司与马某某中介合同纠纷案

二审法院认为,在日常交易中,中介公司为了保证自己的利益,通常在居间合同中载明禁止委托人"跳单"条款,约定"跳单"行为是违约行为。其主要目的是防止委托人违反诚信原则,利用中介公司的信息和服务,却绕开中介公司不予支付相关的报酬。本着保护、促进中介公司正常经济发展,鼓励

---

[1] 参见最高人民法院案例指导工作办公室:《指导案例1号〈上海中原物业顾问有限公司诉陶德华居间合同纠纷案〉的理解与参照》。最高人民法院中国应用法学研究所编:《人民法院案例选》2016年第4辑(总第98辑),人民法院出版社2016年版,第4~5页。

[2] 参见国家法官学院案例开发研究中心编:《中国法院2013年度案例》(合同纠纷),中国法制出版社2013年版,第219页。福建省厦门市海沧区人民法院(2010)海民初字第2711号民事判决书。

[3] 参见最高人民法院中国应用法学研究所编:《人民法院案例选》2015年第1辑(总第91辑),人民法院出版社2016年版,第112页。山西省晋城市中级人民法院(2014)晋市法民终字第971号民事判决书。

诚信交易的初衷,在当事人意思表示真实,且约定没有违反法律、行政法规的强制性规定的情况下,应当认定居间合同中禁止"跳单"并支付违约金的条款有效。如何衡量"跳单"行为,需要重点审查承租人是否利用中介公司提供的房源信息、机会等条件。如果承租人未利用该中介公司提供的房源信息、机会等条件,而是通过其他公众可以获知的正常途径获得同一房源信息,则承租人有权选择报价低、服务好的中介公司促成租赁合同的成立,不构成"跳单"。[1]

禁止"跳单"格式条款约定限制其他人效力认定问题,如格式条款限制购(租)房人的亲属、朋友通过其他中介机构进行交易,则应认定该格式条款无效。其无效理由有二,一是中介机构在格式条款中处于无论其是否促成交易均可获得中介报酬的优势地位,若购(租)房人委托其他中介机构,可能导致支付双倍甚至更多佣金,明显加重了购(租)房人的责任。二是中介机构利用该类格式条款,限制和排除购(租)房人及其亲朋好友通过其他中介机构完成交易或者选择采用更公平、优惠方式完成交易的选择权、公平交易权等合法权利。

【案例9-53】 安溪中凯房地产营销策划代理有限公司诉林某文居间合同纠纷案

二审法院认为,上诉人与被上诉人于2002年9月签订的《购房委托协议》第四条、第五条的约定属于房屋买卖居间合同常用的禁止"跳单"的格式条款,条款中关于"被上诉人确认上诉人带看的房产属于首次看房,同时承诺不会直接或间接与上诉人提供的房产之业主私下联系,并同意即使第七条所列房产最后由被上诉人之亲人、朋友、授权人、代理人等无论通过任何渠道以任何价格成功购买,被上诉人仍须支付上诉人佣金、诚信违约金"之约定相较于"禁止买房委托人利用中介公司提供的房源信息、机会等条件却绕开中介公司与卖方签订房屋买卖合同等不诚信的限制性约定"更为严苛,极大加重了委托方的责任,且上诉人也未履行如实告知或提请注意等释明义务,根据《合同法》第四十条之规定,《购房委托协议》第四条、第五条的约定应认定为无效条款,原审对此认定依据充分,应予确认。上诉人的上诉请求没有事实与法律依据,其上诉理由不能成立,本院不予支持。原判正确,应予维持。[2]

---

[1] 参见最高人民法院民法典贯彻实施工作领导小组编著:《中国民法典适用大全》(合同卷五),人民法院出版社2022年版,第3709页。北京市第三中级人民法院(2020)京03民终7526号民事判决书。

[2] 参见国家法官学院案例开发研究中心编:《中国法院2017年度案例》(合同纠纷),中国法制出版社2017年版,第206页。福建省泉州市中级人民法院(2015)泉民终字第2187号民事判决书。

(八)中介合同效力认定

对于中介合同效力审查注意以下三个方面,一是中介合同的内容、中介目的真实性。如果双方当事人在合同中明确约定促成交易的,而有可能违反招投标公开、公平和公正原则,实施了法律禁止的行为如违法分包的中介行为,最终导致中介合同无效。二是中介费用与中介行为的关联性。三是中介合同的利益衡平,即合同义务与中介费用有无明显利益失衡。

1. 中介合同无效

实践中,一些合同在形式上符合中介合同的特征,但其约定的具体内容违反《民法典》第一百五十三条和特别法规定的,其所谓的中介合同应为无效。

【案例9-54】 北京戎信建筑装饰工程有限公司以居间保证光大国际建设工程总公司获得公开招标工程为由起诉对方要求给付保证中标费用被驳回案

二审法院认为,本案所涉及的工程项目施工,是光华公司根据法律规定以招投标方式进行发包的。《招标投标法》第五条规定:"招标投标活动应当遵循公开、公平、公正和诚实信用的原则",但是在北化公司公开招标、光大公司投标行为开始之前,联合协议约定"戎信公司保证光大公司获得华腾园二期两个楼座约35000平方米的工程总承包施工",该约定明显违反了招标投标活动中要求遵循的公开、公平、公正和诚实信用原则,属于以合法形式掩盖非法目的,其扰乱了建筑市场的正常秩序、损害了其他参与招投标活动当事人的合法权益。虽然光大公司中标并承包该项目工程,但对于这种以"保证中标"为条件收取费用,明显违反招投标活动应遵循的"三公原则"、扰乱市场正常秩序的行为,法院不应予以支持。故法院认定联合协议无效,双方当事人对协议的无效均有过错。综上,光大公司关于联合协议属于无效协议的上诉理由成立。原审法院认定的事实清楚,但适用法律错误,应予改判。[1]

中介人与委托人签订中介合同,意在通过中介人联系新闻媒体,利用一定的社会影响力对案件进行倾向性报道,通过舆论影响干扰司法活动。因此该合同目的具有不正当性,意图破坏司法活动不受政府、个人和社会舆论影响的独立性,破

---

[1] 参见最高人民法院中国应用法学研究所编:《人民法院案例选》2006年第2辑(总第56辑),人民法院出版社2006年版,第298页。

坏司法权威性和全面依法治国的原则,损害社会公共利益。法官应运用公序良俗基本原则对中介合同的效力作出判断。

【案例9-55】 上海沪之闻商务信息咨询有限公司诉上海宏星建材有限公司居间服务合同纠纷案

二审法院认为,人民法院独立审判不受任何其他因素的不当干扰。本案中,沪之闻公司与宏星公司签订《合同书》运作诉讼项目,且其并非是以法律专业技能使宏星公司在案件中获得胜诉并执行到位,而是以促成新闻单位对相关案件进行报道,以期影响人民法院的审判,一方面,其主体不具备法律服务的资质;另一方面,《合同书》的内容损害了司法权的权威性和独立性,严重损害了社会公共利益,因此,该合同性质应为无效。沪之闻公司与宏星公司对于该无效合同均具有过错。沪之闻公司基于该无效合同而提出的诉请,法院不予支持。一审认定事实清楚,判决并无不当。[1]

民间借贷案件中,出借人与借款人约定经借款人同意及授权出借人在借款本金中扣除其代替借款垫付的中介方服务费,法官应审查出借人与中介方的关系、服务费的合理性及必要性。若出借人与借款人约定扣除的中介服务费用,实际为规避法定利率上限而设置,应当认定为以合法形式掩盖非法目的,支付该中介服务费的约定应当无效,预先从本金中扣除的该费用不计入借款本金。也就是说,对于预扣中介服务费是否属于法律及司法解释所禁止,应当从相关费用的必要性、合理性及出借人与中介方之间的关系进行综合分析后予以认定。

【案例9-56】 夏某诉赵某借贷居间合同纠纷案

判决观点,合法的借贷关系受法律保护。借款利息不得预先在本金中扣除,利息预先扣除的,应当按照实际借款返还借款并计算利息。关于借款本金,原告主张借款本金为47406.39元,而原告实际向被告支付39900元。原告认为其代被告向普惠公司、普泰公司及普信公司支付咨询费、审核费、服务费及信访咨询费合计7506.39元,亦应一并计入借款本金。因夏某是前述三公司的股东,也系普惠公司、普信公司控股股东、监事,故夏某应提交证据证明前述三公司已实际履行相应的咨询、服务、信访咨询、审核等合同义务,以及三公司收取的相关费用系必要、合理费用。但原告未能提供相应证据,故原告以其实际控制的关联公司名义收取咨询费、服务费及信访咨询费、审核费等中介费用,达到预扣利息的目的,其行为属于以合法形式掩盖非法

---

[1] 参见郭伟清主编:《2017年上海法院案例精选》,上海人民出版社2018年版,第172页。

目的。[1]

对中介人超出经营范围经营的,不能据此认定合同无效,但违反国家限制经营、特许经营以及法律、行政法规禁止经营规定的除外。

【案例9-57】 黄某诉周某清居间合同纠纷再审案

再审法院认为,周某清开办的信息咨询中心不具有境外就业中介资质,其与黄某达成的口头境外就业居间合同,属超范围经营,且违反《境外就业中介管理规定》第三条的规定。但该规定属行政规章,亦不属国家限制经营、特许经营和法律、行政法规禁止经营的范畴。故该规定不能作为认定合同无效的依据。黄某以合同无效为由,要求周某清返还中介费36000元,没有法律依据,不予支持。黄某要求周某清赔偿损失10000元,黄某未提供证据证实,不予支持。[2]

中介人以格式条款方式免除其诚信履责义务的应认定为无效。

【案例9-58】 江苏省无锡市如家房地产经纪咨询有限公司诉陈某娟居间合同纠纷案

二审法院认为,如家公司虽然从形式上已经促成陈某娟与邹某签订了涉案《房屋买卖合同》,但因如家公司存在重大责任导致该合同不能履行。因此,如家公司主张陈某娟应当支付合同载明的房屋实际成交价格3%即32700元信息服务费,法院不予支持。……本案中,案涉《房屋买卖合同》载明:任何一方拒绝履行合同或者解除合同……均由违约方赔偿如家公司房屋实际成交价格3%的信息服务费……从形式上看,该条款系如家公司事先印制,属于格式条款,且证人陈甲当庭表示签约当时并未向陈某娟作特别提示。从内容上看,该条款实质是不论如家公司的房屋居间行为是否最终促成交易甚至合同是否具有履行之可能性,其均有权收取房屋实际成交价格3%的信息服务费,该条款存在免除如家公司责任、加重陈某娟责任、排除陈某娟主要权利的情形。法院认为,该格式条款应当根据合同的订立及后续履行情况综合判断其效力。……如家公司通过居间行为虽然促成了陈某娟与邹某之间签订《房屋买卖合同》,但该合同的上述格式条款免除了己方的主要责任,加

---

[1] 参见《人民司法·案例》2019年第35期(总第874期)。江苏省泰州市海陵区人民法院(2017)苏1202民初3614号民事判决书。

[2] 参见国家法官学院案例开发研究中心编:《中国法院2012年度案例》(合同纠纷),中国法制出版社2012年版,第142页。江西省抚州市中级人民法院(2010)抚再终字第22号民事判决书。

重了陈某娟的违约责任,应当认定该格式条款无效。[1]

关于中介合同部分条款无效问题。中介合同双方可以在中介合同中约定违约金条款,但是约定定金条款无效。中介人对委托人与第三人之间的合同没有介入权。若中介人站在某一方委托人的立场上,在收取委托人中介报酬的同时,以自己的名义与委托人就合同的权利义务进行磋商、谈判和签订,显然违反了合同法关于中介合同的规定。在中介合同中约定定金,该定金并非中介合同的债权担保,定金条款约束的双方当事人也并非中介人和委托人,因此该"定金"约定并不是违约金,明显违反《民法典》有关担保的规定,应为无效约定。

【案例9-59】 马某某诉某物业公司定金合同纠纷案

判决观点,双方签订的定金合同约定了被告接受原告委托为其购买公房使用权的有关事宜提供服务,并在合同中明确约定了"定金"为认购定金,及在买卖合同成立后该笔定金将抵作部分价款。根据合同的上述约定,认购定金应为原告购买公房使用权事宜提供的担保,收取认购定金的一方应为公房使用权有偿转让的一方当事人,被告作为委托方,仅有替公房使用权有偿转让的当事人代收的义务。根据《合同法》第一百一十五条的规定,当事人可以按照《担保法》约定一方向对方给付定金作为债权的担保,债务人履行债务后,定金应当抵作价款或者收回。而本案中的双方当事人之间不存在债权债务关系,该"定金"不是双方之间委托合同关系的债权担保。故双方对定金的约定已违反了我国《担保法》的相关规定,为无效约定。原告要求被告返还已收取的定金2万元,法院予以支持。[2]

实践中,有观点认为,中介人在房屋买卖中介合同中约定,若买卖双方一方违约,致使房屋买卖合同不能正常履行,违约方不仅需要赔偿守约方损失或违约金,亦需要向中介方承担违约责任,违约方向守约方与中介人承担的责任范围不存在竞合,该约定有效。但该观点不为主流观点认可。

【案例9-60】 佳惠中介服务部诉王某峰、严某合同纠纷案

判决观点,原、被告与案外人邱某、曾某强三方签订的房地产买卖合同约定了原告作为中介方所享有的相应权利,且三方未另外签订居间合同,故该合同实际上是集居间服务与买卖一体的三方合同,内容未违反法律、法规的强制性规定,应为有效。双方当事人应当全面履行合同约定的义务。原告主

---

[1] 参见国家法官学院、最高人民法院案例研究院编:《中国法院2020年度案例》(合同纠纷),中国法制出版社2020年版,第204~205页。江苏省无锡市中级人民法院(2018)苏02民终4580号民事判决书。

[2] 参见张钢成主编:《服务合同案件裁判方法与规范》,法律出版社2015年版,第185页。

张按照合同第九条约定,卖方违约,双方赔偿定金(含定金),其中 80% 归被告方、20% 归原告方。现案外人(卖方)违约,并已赔偿 10 万元给被告方(买方),其取得其中 20%(2 万元)。被告抗辩原房地产买卖合同关于卖方违约后赔偿 20% 给中介的条款无效。法院认为,该条款属于房屋买卖合同中的一部分,不属于居间合同的范畴。根据合同相对性原则,房地产买卖中一方违约,另一方享有追究其违约责任的权利,中介方作为居间方,不享有追究房屋买卖合同中卖方违约责任的权利。案涉合同系由中介人提供的格式合同,该条款的约定客观上加重了作为守约方买方的责任,应属无效。故对原告要求被告按照合同第九条约定给付 2 万元的主张,法院难以支持。[1]

2. 中介合同与目的(目标)合同关系

在中介活动中,一般存在两个紧密相关的合同,一个是中介合同,另一个是中介活动所要达到目标的目的合同。就其实质而言,中介合同与目的合同互相独立,对两者效力的判断自然也是互相独立的。中介合同与目的合同之间没有从属性,目的合同有效其中介合同未必有效,而目的合同无效其中介合同是否有效应严格依照《民法典》第一百五十三条之规定独立判断。在社会生活中常见的土地转让合同为目的合同,其中涉及部分农用地未办理审批手续,因此该目的合同中关于未办理审批手续的农用地部分无效,但对中介合同来讲未必无效。实践中,中介合同内容范围比宽泛、不确定,如轻易以目的合同无效来推断认定中介合同无效,不利于维护合同稳定和交易安全,亦有违诚实信用原则,因此以认定中介合同有效较为妥当。

【案例 9-61】 唐某春诉曾某飞、无锡耐博机器人科技有限公司居间合同纠纷案

一审法院认为,虽然耐博公司与天乙公司签订的《财务顾问协议》约定由天乙公司为耐博公司引进投资人,但在后续过程中,除千唐企业外,并未有其他投资人以对耐博公司增资扩股的形式投资,实质是曾某飞通过出让自己的股权获取股权转让款或者借款的形式来使自己获得资金,至于获取的股权转让款如何使用,本质上与耐博公司无关。故唐某春与曾某飞应属于居间合同关系,在曾某飞未将已转让的股权回购之前,曾某飞实际占有、使用所谓的融资即股权转让款,故一旦曾某飞转让了耐博公司股权,而他人也支付了股权转让款后,唐某春居间介绍的义务就已履行。唐某春与曾某飞之间签订的

---

[1] 参见国家法官学院、最高人民法院司法案例研究院编:《中国法院 2021 年度案例》(合同纠纷),中国法制出版社 2021 年版,第 207~208 页。江苏省南通市崇川区人民法院(2019)苏 0602 民初 2003 号民事判决书。

《股权转让协议》真实有效，双方均应按照该协议的约定履行相应的义务。上述协议约定如曾某飞未在2016年12月31日前完成受让曾某杰、周某英、千唐企业的股权，曾某飞应向唐某春支付融资报酬139万元。现曾某飞认可曾某杰、周某英尚持有耐博公司股权，也就是并未完成股权受让的义务。关于融资报酬的数额，曾某飞、耐博公司称应按照《财务顾问协议》约定的3.5%计算，但《财务顾问协议》系天乙公司与耐博公司签订，不能直接约束唐某春和曾某飞。曾某飞虽然也向唐某春支付了43.842万元，但唐某春已经明确该款项系其他费用，也并未有其他证据证明该笔费用为诉争的《股权转让协议》中约定的融资报酬。故曾某飞还是应该按照上述协议中约定的数额支付融资报酬。二审法院亦持同样意见，维持一审判决。[1]

3.中介合同效力疑难问题

中介服务存在瑕疵是否影响中介合同效力是实践中有争议的问题。中介人履行合同义务的行为存在瑕疵，但并不影响中介合同效力，只是影响中介报酬的确定。

【案例9-62】 北京中原房地产经纪有限公司诉李某强居间合同纠纷案

判决观点：李某强作为买受人与居间人北京中原房地产经纪有限公司及出卖人段某某签订的《房屋买卖合同》，系当事人的真实意思表示，应属有效合同，当事人应遵循诚实信用的原则，依约履行合同义务。从依法依约履行义务的角度看，中原公司提供的居间服务存在一定瑕疵。[2]

建设工程领域的中介人资格涉及合同效力问题。现行法律规定并未对建设工程领域中介人主体资格作出特别限制，其中介人无资格涉及的合同并非无效。合同是否有效，从形式上讲明显违背《招标投标法》及《招标投标法实施条例》禁止性规定的，应认定为无效。若从形式上审查无从判断中介合同是否有效，就有必要进一步对中介合同进行实质性审查，并要求中介人说明中介服务的主要内容。中介人服务内容不违反法律效力性禁止性规定的，应认定为有效，不因中介人资格而否定合同效力。

【案例9-63】 王某红诉上海玉清疏浚工程有限公司居间合同纠纷案

一审法院认为，关于本案居间合同效力问题，法律并没有禁止建设工程

---

[1] 参见国家法官学院案例开发研究中心编：《中国法院2019年度案例》（合同纠纷），中国法制出版社2019年版，第216~217页。江苏省无锡市中级人民法院(2017)苏02民终第3999号民事判决书。

[2] 参见国家法官学院案例开发研究中心编：《中国法院2015年度案例》（合同纠纷），中国法制出版社2015年版，第220页。北京市西城区人民法院(2013)西民初字第13568号民事判决书。

承包居间行为,王某红仅系工程信息提供者,并不直接参与玉清公司与天航公司关于建设工程承包合同的制定,因此玉清公司与天航公司签订的建设工程分包合同效力并不影响居间合同的效力。王某红与玉清公司关于居间合同意思表示真实,现并无证据证实涉案居间费系用于行贿和回扣等违反有关法律规定的情形,故应认定居间合同合法有效。二审法院认为,国家工商总局颁布的《经纪人管理办法》属于部门规章,即便王某红存在从业资质瑕疵,也不能必然导致居间合同无效,王某红在居间合同项下的民事权利应予保护。居间人的法定义务是向委托人报告订立合同的机会或者提供订立合同的媒介服务。因其并不参与目标合同的订立,故目标合同的订立、履行、变更、解除或终止的效力与居间人的居间行为不具有关联性,目标合同的效力不影响居间合同的效力。[1]

【案例9-64】 李某青、江某华诉镇江华翔建筑安装工程有限公司居间合同纠纷案

判决观点,李某青、江某华向镇江华翔建筑安装工程有限公司提供与四川省第四建筑工程公司订立合同的机会,并促成镇江华翔建筑安装工程有限公司与四川省第四建筑工程公司之间建筑工程施工合同的订立,李某青、江某华与镇江华翔建筑安装工程有限公司签订的合作协议,未违反相关法律规定,应属有效。现李某青、江某华诉至法院,向镇江华翔建筑安装工程有限公司主张权利,虽镇江华翔建筑安装工程有限公司与四川省第四建筑工程公司未最终结算,但镇江华翔建筑安装工程有限公司承接的工程已于2010年年底竣工,四川省第四建筑工程公司应当将工程款支付给镇江华翔建筑安装工程有限公司,且镇江华翔建筑安装工程有限公司对工程款支付情况未抗辩,视为支付条件已成就。镇江华翔建筑安装工程有限公司应当按照约定支付报酬,即按施工合同约定的价款2930000元×6%=175800元。[2]

投标中介合同效力是实践中最有争议的问题之一。在此类中介合同效力认定上主要有三种观点:一是合同有效,应予维持;二是合同无效,驳回诉讼请求;三是合同有效,但中介费用过高部分可适当予以调整。实践中,在对投标中介合同效力认定上个案处理的同案异判现象有一定普遍性。笔者认为,投标中介合同原则上为有效合同,不应轻易判处无效,应根据个案具体情况确认合同效力。具体来讲,个案中不存在中介活动涉及串通投标、介绍行贿或者非法获取招投标的内

---

〔1〕 参见国家法官学院案例开发研究中心编:《中国法院2017年度案例》(合同纠纷),中国法制出版社2017年版,第215~216页。天津市第二中级人民法院(2015)二中保民终字第130号民事判决书。

〔2〕 参见国家法官学院案例开发研究中心编:《中国法院2015年度案例》(合同纠纷),中国法制出版社2015年版,第223页。江苏省镇江市丹徒区人民法院(2013)徒宝商初字第4号民事判决书。

部信息等法律明确禁止的行为,则中介合同有效;反之,有法律明确禁止的行为如北京戎信建筑装饰工程有限公司以居间保证光大国际建设工程总公司中标以合法形式掩盖非法目的则无效。若事后发现中介人违法参与投标活动的,该投标违法中介行为应溯及既往,相关招投标合同应认定无效,并追究相关责任人的法律责任。实践中,以帮助中标为条件获得报酬的中介合同被认定为无效。

【案例9-65】 胜某、高某诉钓泰国际投资(集团)有限公司、钓泰国际投资(集团)有限公司新疆分公司居间合同纠纷案

二审法院认为,胜某、高某未能举证其具有国家机关登记核准的从事居间营业资格,故不是居间合同的适格主体。根据法律规定本案涉案工程项目应以招投标方式对外进行发包。《招标投标法》第五条规定:招标投标活动应当遵循公开、公平、公正和诚实信用的原则。胜某、高某与钓泰新疆分公司签订的《建设工程居间服务合同书》约定:钓泰新疆分公司委托胜某、高某为其提供居间服务,并使钓泰新疆分公司获得该工程项目一个或分期多个工程标段中标。该约定违反了招投标活动中要求遵循的公开、公平、公正和诚实信用原则,扰乱了建筑市场的正常秩序,损害了其他参与招投标活动当事人的合法权益。故原审法院认定胜某、高某与钓泰新疆分公司于2012年4月1日签订的《建设工程居间服务合同书》无效,对胜某、高某要求钓泰公司、钓泰新疆分公司依照合同约定支付居间报酬的诉讼请求不予支持正确。胜某、高某的上诉请求无事实、法律依据,不予支持。[1]

如果当事人的合同行为损害了社会公共利益,法律将不予保护。对于合同是否存在损害社会公共利益情形的审查,应属于事实认定问题,法官应结合具体领域的部门法和有关行政规章的规定进行综合分析。

【案例9-66】 张某艳与天津市千金一诺装饰有限公司等居间合同纠纷案

二审法院认为,涉诉工程为污水处理工程,污水处理属于市政公用事业,涉及社会公共利益。依照《招标投标法》第三条的规定,应当依法进行招标。该法同时明确规定中标人须具备相应的资格条件;不得串通投标、损害国家利益、社会公共利益或者他人的合法权益。本案污水处理工程总造价3340万元,承建方必须符合相应的资质要求,且其须通过公开的招投标方式取得工程。而张某艳与千金一诺公司签订的《居间合同》约定,张某艳介绍千金一诺公司以中太公司的名义与污水处理工程的发包方兴源公司签订相应的工程合同,千金一诺公司向张某艳支付居间费899.5万元。从双方签订《居

---

〔1〕 参见国家法官学院案例开发研究中心编:《中国法院2016年度案例》(合同纠纷),中国法制出版社2016年版,第218~219页。新疆维吾尔自治区高级人民法院(2014)新民一终字第91号民事判决书。

间合同》的目的来看,是使不符合投标资质要求的千金一诺公司通过张某艳的居间行为实际取得涉诉工程,这与中太公司通过公开招标方式取得工程明显存在矛盾。张某艳的居间行为与市政公用事业工程的建设应通过公开招投标方式确定工程承建方的要求是相悖的,也是法律明令禁止的。故原审法院认定双方签订的《居间合同》无效,并无不当。[1]

众筹融资交易的中介合同应认定有效。

【案例 9-67】 北京飞度网络科技有限公司诉北京诺米多餐饮管理有限公司居间合同纠纷案

一审法院认为,具体到本案涉及的众筹融资此种新型金融业务模式,一方面,因本案中的投资人均为经过"人人投"众筹平台实名认证的会员,且人数未超过 200 人上限,不属于《证券法》第十条规定的"公开发行证券";另一方面,我国通过出台《关于促进互联网金融健康发展的指导意见》(银发〔2015〕221 号)等规范性文件,对包括众筹融资交易在内的互联网金融交易实际得以开展提供了空间,其他如中国证券业协会发布的《场外证券业务备案管理办法》等属于中国证券业协会的自律性文件,也均未对本案所涉及的众筹交易行为予以禁止或给予否定性评价。飞度公司在取得营业执照、电信与信息服务业务经营许可证等手续的情况下开展业务目前也无法律法规上的障碍,因而案中《委托融资服务协议》于法不悖,应为有效。二审法院亦持同样意见,维持一审判决。[2]

炒房合同的效力认定。所谓炒房,即中介公司与出卖人订立买卖合同并约定由其决定转卖的下家,再以中介身份促成出卖人与真正购房人订立合同之后直接由出卖人将房屋过户给真正购房人最终达到高卖赚取高额差价的目的。在实现赚取差价这一整个过程中势必涉及两个或两个以上的合同。中介公司与出卖人订立的合同,虽从表面上看是《房地产买卖居间协议》,但根据合同内容看,中介公司并非作为中介而是实际购房人,合同内容亦是关于房屋买卖的约定,因此中介公司与出卖人之间本质上是买卖关系而非中介关系。这样一份表明了购买目的是投资并且双方约定由"中介"指定下家的房屋买卖合同是否有效在实践中有两种观点,即违背公序良俗说和非真实意思表示合同不成立说。司法实践中虽认可中介通过低买高卖的方式赚取差价确实有损正常的房产交易秩序,但不将其合

---

〔1〕 参见最高人民法院中国应用法学研究所编:《人民法院案例选》2016 年第 4 辑(总第 98 辑),人民法院出版社 2016 年版,第 186~187 页。天津市高级人民法院(2014)津高民二终字第 0017 号民事判决书。

〔2〕 参见国家法官学院案例开发研究中心编:《中国法院 2017 年度案例》(合同纠纷),中国法制出版社 2017 年版,第 201~202 页。北京市第一中级人民法院(2015)一中民(商)终字第 09229 号民事判决书。

同认定为无效。出卖人与实际购房人订立的合同,出卖人未告知实际购房人已将房屋卖给中介公司,隐瞒了中介公司是实际出卖人的事实,但是房屋并没有过户,依据《民法典》的规定,出卖人依然是房屋真正的权利人,而实际购房人亦是基于向真正权利人购买房屋的意思签订的合同,其出卖人的行为难以被认定为欺诈,双方之间合同亦是合法有效的。虽然在《房地产经纪管理办法》中明确规定"房地产经纪机构和房地产经纪人员不得对交易当事人隐瞒真实的房屋交易信息,低价收进高价卖出房屋赚取差价",但该文件并不能成为认定合同无效的效力性强制性规定。尤其中介人员作为中介却并不在合同中表示其作为中介的身份,因此中介以炒房为目的的合同在当前实践中不宜认定为无效。

【案例 9-68】 马某香诉徐某洋等房屋买卖合同纠纷案

判决观点,被告徐某洋、徐某与被告江某光签订的《房地产居间合同》系双方真实意思表示,合法有效。原告认为上述协议存在欺诈而无效,但未能提供所谓欺诈证据,且结合三被告之间钱款给付情况、交易情况、交易过程等,原告上述合同系事后补签存在欺诈的说法本院难以采信。被告徐某洋、徐某坚持其与原告签订合同系履行与被告江某光之间的协议约定,履行配合义务,被告江某光在庭审中也认可其系实际出卖人,但原告及三被告均确认,三被告从未将被告江某光系实际出卖人一事告知原告,被告徐某洋、徐某与原告签订合同,并由被告徐某收取购房款,故原告亦无从知晓被告江某光系实际出卖人。在上述买卖合同关系中,被告江某光作为隐名出卖人,被告徐某洋、徐某作为隐名代理人,原告具有选择权,庭审中经本院释明,原告坚持按照合同追究合同相对方即被告徐某洋、徐某责任,于法不悖。现系争房屋被查封,导致合同无法履行,原告要求解除与被告徐某洋、徐某的买卖合同关系的诉讼请求,本院予以支持。[1]

应注意的是,房屋中介从业人员资格对中介合同效力的影响问题。《城市房地产中介服务管理规定》《经纪人管理办法》《房地产经纪管理办法》等部门规章,对房地产中介市场准入机制进行了规定,要求中介机构和从业人员必须具备相应的条件和资格。但不能据此认为,作为从事中介业务的中介机构应具备相应资质,中介人应具备相应资格,两者缺少任一资格则中介合同无效。换言之,对不具有经营中介业务资格的单位或个人受托从事中介业务,由于法律、行政法规对中介人的资格并无效力性强制性规定,中介人因委托人未支付费用提起诉讼的,中介合同应认定为有效。

---

〔1〕 参见国家法官学院案例开发研究中心编:《中国法院 2019 年度案例》(房屋买卖合同纠纷),中国法制出版社 2018 年版,第 167 页。上海市奉贤区人民法院(2017)沪 0120 民初字第 2554 号民事判决书。

【案例 9-69】 HOP 投资有限公司诉先进氧化铁颜料有限公司居间合同纠纷案

二审法院认为,根据我国《合同法》规定,只有违反与合同效力有关的强制性规定,才会导致合同无效,而《企业法人登记管理条例》第三条第二款不属于效力性强制性规定。二审法院维持一审判决被告向原告支付中介费30万美元及相应利息。[1]

电子合同的电子签名是否为委托人本人签名,关系到中介合同的效力。

【案例 9-70】 成某文诉人人车公司网络服务合同纠纷案

判决观点,原告成某文与马某倩和被告人人车公司签署的合同,虽合同名称为《二手车买卖合同》,但合同明确约定了买卖双方通过人人车公司购买二手车,并同意向人人车公司支付居间服务费,其性质应为居间服务合同。原告成某文虽否认被告人人车公司提交的文件签署技术报告书的内容,但未提出有力的证据予以反驳。该报告书明确记载了其防篡改功能,且原告成某文也认可其收到了验证码,未发生验证码泄露和透露的情形。根据该技术报告所载内容可知,没有合同链接和验证码不可能生成涉案合同,因此,对原告成某文的意见,法院不予采纳。原告成某文与被告人人车公司和马某倩的《二手车买卖合同》系各方当事人真实意思表示,内容不违反法律、行政法规的强制性规定,应为有效,各方均应依约定履行各自义务。本案中,被告人人车公司作为居间人,已履行了相关义务,促成了原告成某文与马某倩之间买卖车辆合同成立,原告成某文在合同订立后无故放弃购车,属于单方违约,其要求被告人人车公司退还服务费的诉讼请求不应予以支持。判决:驳回原告成某文的全部诉讼请求。[2]

(九)中介代理认定

在中介合同与买卖合同同时履行过程中,卖方对中介方转交房款的事实予以默认,则中介方与卖方之间存在代理关系。

【案例 9-71】 朱某昌诉买房人褚某芬给付房款合同纠纷案

二审法院认为,该买卖协议明确约定:在签订本合同时,褚某芬即付定金

---

[1] 参见国家法官学院案例开发研究中心编:《中国法院 2012 年度案例》(合同纠纷),中国法制出版社 2012 年版,第 146 页。江苏省高级人民法院(2010)苏商外终字第 0059 号民事判决书。

[2] 参见国家法官学院、最高人民法院司法案例研究院编:《中国法院 2021 年度案例》(合同纠纷),中国法制出版社 2021 年版,第 16~17 页。北京互联网法院(2018)京 0491 民初 1579 号民事判决书。

2万元,余款在2004年7月10日前交清,具体为朱某昌负责更名,费用由褚某芬承担,更名后褚某芬付清余款24万元,洋洋公司暂借给褚某芬14万元,2004年8月30日再由褚某芬还给洋洋公司。朱某昌在审理过程中认可在2004年7月10日左右已办好购房合同的更名手续。2004年7月20日,在褚某芬交纳8万元房款后,朱某昌与褚某芬又签订《说明》一份,明确了褚某芬尚欠朱某昌购房款2万元。该《说明》证明了朱某昌认可褚某芬在2004年7月20日已交付房款24万元,即定金2万元,向洋洋公司借款14万元交纳房款。且三方在签订买卖协议后的交易过程中,褚某芬所付的房款均由洋洋公司向褚某芬出具收据,朱某昌收到的房款也都是向洋洋公司出具了收条。据此,足以认定朱某昌对褚某芬交款到洋洋公司即视为向其本人交款的事实。褚某芬在2004年7月20日以后向洋洋公司的付款行为除尚欠朱某昌的2万元房款外,其余14万元应认定为归还洋洋公司的借款。根据三方签订的产权房买卖协议和当事人的实际交付款行为,也可认定洋洋公司与朱某昌、褚某芬间不仅是居间合同关系,而且还存在代理双方进行收付款的行为。三方签订的产权房买卖协议、洋洋公司向褚某芬出具的4张收条、朱某昌向洋洋公司出具的2张收条、朱某昌与褚某芬之间签订的《说明》、洋洋公司乔某华、丁某娟和许朝某的证言及当事人的陈述构成了完整的证据链,足以证明褚某芬已付清了26万元房款,朱某昌认可褚某芬向洋洋公司付款,洋洋公司代理朱某昌收款的行为,及尚余14万元房款应由洋洋公司与朱某昌结算的事实。故朱某昌要求褚某芬给付14万元房款的诉讼请求,没有事实和法律依据,应予驳回。上诉人褚某芬的上诉理由,本院予以采纳。[1]

中介人原则上不得同时为委托人和相对人的代理人,但法律并未排除中介人为委托人的代理人。实践中,中介方作为中介一方的委托代理人与另一方订立房屋买卖合同并不为法律禁止,但必须得到一方当事人的明确授权,必须如实向委托代理人报告委托事项的执行情况。在一方当事人事前没有授权且事后不予追认时,中介方不构成代理,其中介方代签的合同不对委托代理人发生效力。

【案例9-72】 刘某与杨某房屋买卖合同纠纷案

　　判决观点,解除合同的前提是合同成立并生效。刘某主张解除的房屋买卖协议书,系房屋中介和江某以杨某代理人身份与刘某签订,因此代理人是否具有代理权,是协议成立生效的关键。代理人认为其与杨某通过电话和短信往来联系,可以证明杨某已委托其出售讼争房屋,有权代为签订房屋买卖

---

〔1〕 参见最高人民法院中国应用法学研究所编:《人民法院案例选》2006年第3辑(总第57辑),人民法院出版社2007年版,第113页。

协议,但代理人不能提供证据证明其在签订房屋买卖协议书时,已取得杨某代售房屋并代签买卖协议的授权,故房屋中介所和江某代签房屋买卖协议书的行为系越权代理。因杨某对合同的对方当事人不予认可,该越权代理行为既未能得到杨某的追认,对杨某不发生效力,也不存在解除问题,刘某要求解除该协议的诉请不予支持。因房屋买卖协议书对杨某不发生效力,原、被告间未形成房屋买卖合同关系,故杨某收取的 10 万元不能视为购房定金,但继续占有也没有依据,应当予以返还。据此,法院判决杨某向刘某返还 10 万元。[1] 本案中,原告通过其所了解的情况是否有理由相信中介方有权代为出售讼争房屋,即是否构成表见代理是关键。原告并未看到中介方与房东杨某间代为签订房屋买卖协议的委托合同,并未与杨某有过电话或其他方式的直接联系,并未到房屋内部查看房屋,在这一前提下,就轻信中介方已得到房屋出卖人签订房屋买卖协议的授权,而与之签订房屋买卖合同,应当认为他在签订合同时存在一定的疏忽大意,缺乏应有的谨慎而轻易将没有代理权的中介方作为有代理权的人,因此不符合表见代理的构成要件,不能构成表见代理。

(十)转中介合同认定

转中介合同,是指中介人在受委托人的委托,履行报告订约机会或提供订约媒介服务时,又将实施该中介行为的权利、义务全部或部分委托给他人代为行使的中介合同。现行法律中未对转中介合同进行规定,但立法中也未对其明文禁止。在我国经济生活中,转中介是客观存在的。《民法典》第九百二十三条规定"为了委托人的利益需要或在紧急情况下,或经委托人同意"的情形,在中介合同中同样存在。中介人"为了委托人的利益需要或在紧急情况下",将中介行为转委托给他人的行为,法律应能预见,《民法典》并未明文直接规定,但其第九百六十六条规定允许参照委托合同的有关规定就意味着民事主体有权去做,由此产生的法律关系就是转中介法律关系。在转中介合同中,存在委托人、中介人、第三人(或称转中介人)三个民事主体。中介人是接受委托人的委托从事中介行为,转中介人却是接受中介人的委托从事中介行为,因此中介人与转中介人之间系委托(转委托)关系。转中介合同兼具了中介合同与转委托的特性。因此在法律规制上,转中介合同应受中介合同与转委托相关法律规定的双重调整。中介合同经委托人同意的,中介人可以转委托;转中介经委托人同意的,委托人可以就中介行为

---

[1] 参见《人民司法·案例》2014 年第 22 期。

直接指示转中介人,转中介人可以直接向委托人报告订约机会或提供订约的媒介服务;中介人仅就第三人的选任及其对第三人的指示承担责任。转中介未经委托人同意的,中介人应当对转中介人的行为承担责任;中介合同中约定不得转中介,中介人转中介的,对委托人不产生中介的法律效力。但在紧急情况下,中介人为了维护委托人的利益需要转中介的除外。在中介合同中,中介人从事中介行为,应亲自尽力和忠实履行义务。故在经同意的转中介合同中,转中介人负有如实向委托人报告订约机会或提供订约的媒介服务的义务,如"故意隐瞒与订立合同有关的重要事实或者提供虚假的情况,损害委托人利益的,不得要求支付报酬并应当承担损害赔偿责任"。在转中介合同中,委托人给付中介人或转中介人的报酬,与单纯的中介合同同样具有不确定性,必须以委托人与订约相对人的合同是否成功订立为标准。

(十一)中介与委托区分认定

中介与委托表面上有相似之处,有学者认为居间就是一种受托行为。[1] 在传统民法理论上,中介与委托有显著区别,这为主流观点,也为《民法典》第九百六十一条立法定义所体现。其该条可界定为,中介合同为典型契约,以信息媒介服务为内容、以塑造缔约机会为目的、以实现中介人报酬请求权为效果。中介合同与委托合同的区别在于合同内容、合同目的、履行效果及外在名义四个主要方面,中介人以其自己名义从事服务为外在显著标志,且中介人不实质介入委托人与第三人之间的合同。现实生活中的中介合同具有复杂性和多样性,其有佣金、中介费、介绍费、代理费等名目繁多的报酬表现形式,对其合同性质认定发生争议时,应从中介合同的基本特性认定,而不仅仅看合同的名称。

【案例 9-73】 余某根诉江苏濒江集团有限公司居间合同纠纷案

二审法院认为,余某根与濒江集团签订《委托报酬凭证》约定,余某根接受濒江集团的委托,为濒江集团钢管厂的联营、租赁或拍卖对外联系、洽谈,促成濒江集团有关钢管厂事宜订立合同成功,濒江集团则向余某根支付相应的报酬,虽然双方签订的合同名称不是居间合同,但是余某根与濒江集团的这种约定符合居间合同的法律特征,可以认定该合同为居间合同。[2]

---

[1] 参见高富平、王连国:《委托合同·行纪合同·居间合同》,中国法制出版社 1999 年版,第 172 页。黄茂荣:《债法各论》,中国政法大学出版社 2004 年版,第 195 页。
[2] 参见吴庆宝:《权威点评最高法院合同法指导案例》,中国法制出版社 2010 年版,第 195 页。

【案例9-74】 叶某伟诉邱某兵居间合同纠纷案

判决观点,首先,从本案协议书内容来看,原告只是以被告公司的名义寻找购地机会,最终由被告自己与开发区签订购地协议。结合还款协议书中原告同意退还被告已支付的 30 万元购地定金的内容来看,很明显可知因原告未完成购地事宜双方才签订了还款协议书。协议书中的约定符合居间合同关于"牵线、搭桥""居间成功时,才有报酬请求权"的特性。同时按常理,被告在与开发区管委会达成购地协议后,才与原告解除所谓的委托关系,明显不符合逻辑。因此,认定该协议书系居间合同,原、被告之间系居间关系。其次,从本案的事实来看,被告先以台湾健生投资股份有限公司的名义向开发区管委会交纳了 100 万元的购地款,之后双方签订了新的项目投资协议书。而原告与被告达成还款协议书的时间在上述事实发生之后。那么对原告来说,其作为中间人,在被告交纳了购地款并签订了投资协议之后的 1 个多月的时间里,原告对于上述事实不知晓是不符合常理的。原告主张被告实施了欺诈的行为并没有相关的证据予以证明。在此前提下,原告主张其陷入了错误的认识,作出了违背真实意思表示的行为即与被告签订还款协议书,显然是没有事实和法律依据的。原告与被告签订的还款协议书并不存在欺诈的事由。该协议书不属于可撤销合同的范围。对于原告的诉求,法院不予支持,还款协议书内容真实有效,具有法律效力。[1]

中介人代收定金的性质可归入委托合同关系,代收后未按照委托人的指示退还定金的效力及于委托人,因而导致适用定金罚则的,委托人承担责任后可另行向中介人追偿。

【案例9-75】 谢某、田某彬诉曹某蓉、重庆半分利房地产经纪有限公司房屋买卖、居间合同纠纷案

判决观点,虽然谢某、田某彬未直接向曹某蓉支付定金,而是向半分利公司支付定金。但因曹某蓉向谢某、田某彬出具了收到购房定金 1 万元的收条,应当认为曹某蓉收到谢某、田某彬定金 1 万元后将该定金交半分利公司保管,因此曹某蓉与半分利公司之间形成委托合同关系,曹某蓉系委托人,半分利公司为受托人。半分利公司的行为后果应由曹某蓉承担,故对于曹某蓉未收到定金的抗辩不予采信。根据《房屋买卖(居间)合同》中关于"甲方必须保证该房屋真实、合法、无权属纠纷,能正常办理交易过户手续"的约定,涉案房屋的共有人张某林死亡后,其民事主体资格不存在,无法以其名义办理

---

[1] 参见国家法官学院案例开发研究中心编:《中国法院 2012 年度案例》(合同纠纷),中国法制出版社 2012 年版,第 133 页。福建省厦门市湖里区人民法院(2009)湖民初字第 3777 号民事判决书。

过户,且其死亡后存在遗产分割的继承问题,应当认定存在权属纠纷。曹某蓉的行为构成违约,应当根据合同约定承担违约责任。据此,谢某、田某彬向其发送了律师函,通知解除合同,要求曹某蓉在收到律师函15日内返还定金1万元,逾期则要求双倍返还定金。曹某蓉在谢某、田某彬给予的期限内已通知半分利公司返还谢某、田某彬定金。作为受托人的半分利公司本应按照委托人曹某蓉的指示向谢某、田某彬退还定金,但其却以谢某、田某彬尚欠其中介费为由拒绝执行曹某蓉的指示。半分利公司的该行为所产生的法律效果及于曹某蓉。故曹某蓉应当承担向谢某、田某彬双倍返还定金的责任。因受托人的故意或重大过失,不当履行委托义务造成委托人损失的,委托人可以另行请求受托人赔偿。判决:曹某蓉双倍返还原告谢某、田某彬定金2万元。[1]

应注意的是,因中介与委托的相似性,中介合同缺乏明文规定的,《民法典》第九百六十六条规定可以参照委托合同的规定处理。

---

[1] 参见《人民司法·案例》2021年第11期(总第922期)。重庆市沙坪坝区人民法院(2019)渝0106民初26520号民事判决书。

三、中介合同纠纷处理

(一) 委托人承担报酬处理

委托人承担的责任,主要是中介合同履行后其应向中介人支付报酬。中介合同中明确约定中介报酬的,从约定。在促成房屋交易的同时,中介人往往还提供房屋权属调查、房产评估、按揭贷款、代缴税费、代办产权过户等延伸服务。如果这些内容没有约定在中介合同中,则不影响中介合同内容的确定。如果明确约定在中介合同中,成为正式条款,则必然影响中介报酬的确定。如果中介机构因故未完全履行这些延伸服务,应当根据中介机构提供的劳务合理确定中介报酬。应注意的是,如果委托人为了逃避支付报酬义务,故意拒绝中介人已经完成了的中介服务,其后再与因中介认识的第三人订立合同的,中介人并不因此而丧失报酬请求权,法律应支持其请求委托人承担责任诉求。只要委托人能够证明中介人在履约行为过程中未能尽到如实报告之义务,便可拒绝向中介人支付报酬或者请求承担赔偿责任。应强调的是,民法意思自治原则的运用不应是机械的和片面的,意思自治原则如果脱离了公平原则将造成权利的滥用。法官在审理中,应充分从中介合同的法律性质、合同权利义务的整体框架以及合同法的基本原则方面,综合考虑中介人的资质能力、劳动中介量及服务水平、委托人的受益等情况,认定中介人应获得的中介报酬。

其一,在合同没有约定或约定不明时报酬的确定。在中介报酬没有约定或约定不明有争议时,可以协议补充确定。当事人不能达成补充协议时,由法官按照合同有关条款或者商业习惯行使自由裁量权确定。

【案例9-76】 张某兰诉淮北市烈山区新蔡镇土型村民委员会居间合同纠纷案

一审法院认为,张某兰居间介绍余某柱投资开发新蔡煤矿,余某柱与土型村委会签订了投资开发协议,并投入了部分资金,做了部分前期工作,后因资金不足,转让给朱某亮继续投资开发,因土型村委会给张某兰出具的委托书未明确具体的居间报酬,在此后土型村委会的答复、证明上虽注明欠张某兰前期费用及中介费合计60万元,但并未明确张某兰前期投入费用及居间报酬分别是多少。根据《合同法》第四百二十六条的规定……委托人不能既支付中介报酬又负担居间人的前期费用。从常理来说,张某兰促成煤矿开采合同有一定的成本支出,该前期投入费用包括在60万元中,应予扣除,但扣除多少,张某兰未提供其投入前期费用的具体数字及证据,仅在庭审中自认前期投入10多万元,因此,不能确定双方约定的居间报酬是多少。因双方之间的居间报酬约定不明确,应根据居间人的劳务合理确定。本案张某兰仅促成余某柱与土型村委会签订了合同,后余某柱因资金不足,又介绍朱某亮与土型村委会签订了合同,因此,张某兰的居间行为不是直接、完全导致朱某亮与土型村委会签订合同的原因,加之张某兰支出的居间活动费用应从中扣除,综合考虑由土型村给付张某兰40万元居间报酬为宜。土型村委会的抗辩理由部分成立。二审法院持同样意见,维持一审判决。[1]

【案例9-77】 上海东方高圣投资顾问有限公司与成都置信实业(集团)有限公司、四川置信凯德实业有限公司居间及财务顾问合同纠纷案

最高人民法院认为,鉴于本案财务顾问协议兼具财务顾问性质,在置信集团公司成功引进战略投资者的过程中,东方高圣公司以置信集团公司财务顾问的身份,履行了协助置信集团公司与战略投资者的交流和沟通,对置信集团公司和战略投资者的合作提供了顾问意见、促成交易等义务,为置信集团公司了解、掌握自身状况,明确其市场定位等,起到了辅助作用。因此,根据公平合理原则,原审法院经该院审委会决定酌情确定由置信集团公司支付东方高圣公司相应的工作报酬300万元,并无不当,本院予以维持。[2]

【案例9-78】 刘某江诉朱某河等居间合同纠纷案

一审法院认为,加工厂为完成股权转让,委托刘某江联系股权转让一事,并一致通过给付刘某江30万元作为报酬。刘某江作为居间人完成了委托事项,促成合同成立,加工厂全体股东收到股权转让款280万元。故全体股东理应按照约定支付刘某江报酬。现全体股东已按投资比例将股权转让款予以分割,故应按照各自投资比例支付刘某江30万元。董事会作为公司的执行机构享有决定公司经营计划和投资方案等权限,董事会的决定对全体股东有效,故加工厂股东抗辩认为董事会没有权利决定支付刘某江报酬的意见,

---

[1] 参见最高人民法院中国应用法学研究所编:《人民法院案例选》2006年第4辑(总第58辑),人民法院出版社2007年版,第237页。

[2] 参见最高人民法院民事审判第二庭编:《最高人民法院商事审判指导案例》(合同卷)(下),中国法制出版社2011年版,第729页。

不能成立。二审法院持同样意见，维持原判。[1]

个案中中介报酬的认定，应把握利益衡量和价值选择。

【案例 9-79】 江苏诚兆投资有限公司诉北京建谊投资发展(集团)有限公司居间合同纠纷案

一审法院认为，关于居间报酬如何确定的问题。陈乙给陈甲发送的电子邮件(居间协议最终版)中载明："乙方向甲方收取的咨询费用，有权要求第三方在支付给甲方土地转让价款中直接支付。并且，甲方与第三方订立的相关合同或补充协议中应载明本居间合同的居间咨询费金额及支付方法"，但是建谊公司与上海香置投资有限公司签订的《股权转让协议》中却对此未予回应，上海香置投资有限公司在证明材料中也未提及居间费用，故本案的居间报酬不能参照该电子邮件的上述规定计算。《合同法》第四百二十六条对居间报酬有明确规定。本案中，对于居间报酬，原、被告双方没有明确约定，应根据居间人的劳务合理确定，本案的居间报酬应包括陈甲参与居间活动发生的相关费用和陈甲在居间期间的劳务费。原告的此部分诉讼请求法院予以支持，超出部分予以驳回。据此，判决建谊公司给付诚兆公司居间报酬95270.5元及利息。二审法院同意一审法院裁判意见。[2]

应注意的是，没有履行中介服务的不能获得报酬，这不等同于没有约定或约定不明的情形。

【案例 9-80】 钟某某与中国城市建设控股集团珠海置业有限公司等中介合同纠纷再审案

最高人民法院认为，居间合同是以促成委托人与第三人订立合同为目的，案涉《委托书》《确认函》《担保函》等均为案外人交给居间人，居间人与委托人和第三人之间不曾见面，亦没有进行沟通联系。居间人没有向委托人报告订立合同的机会，亦没有向其提供订立合同的媒介服务。而且，居间人提供的证据与其和委托人是否存在真实居间合同关系并没有直接因果关系。在此情形下不能认定居间人向委托人提供了居间服务，居间人无权请求委托人支付服务费用。[3]

---

[1] 参见北京市高级人民法院民事审判第一庭编：《北京民事审判疑难案例与问题解析》(第一卷)，法律出版社2007年版，第484页。

[2] 参见国家法官学院、最高人民法院案例研究院编：《中国法院2020年度案例》(合同纠纷)，中国法制出版社2020年版，第223页。北京市第二中级人民法院(2018)京02民终第8434号民事判决书。

[3] 参见最高人民法院民法典贯彻实施工作领导小组编：《中国民法典适用大全》(合同卷五)，人民法院出版社2022年版，第3687页。最高人民法院(2021)民申2364号民事裁定书。

其二,合同成立不能履行时的报酬。中介人提供的信息与实际情况不符,合同成立但不能履行,在不能证明中介人故意提供虚假情况、损害委托人利益的情况下,法院一般支持中介人的报酬请求权。

【案例9-81】 厦门市龙城房地产营销策划代理公司诉委托人许某贞给付居间服务费纠纷案

二审法院认为,作为中介方的被上诉人已促成上诉人与出卖人签订《房地产订购协议书》,符合居间合同的法律规定,上诉人理应依约支付被上诉人中介费。……上诉人未能提供证据证明被上诉人提供虚假信息,其主张涉诉房产不存在,其也没有实际购买到涉诉房产,因此被上诉人要求上诉人支付中介费的请求应予以驳回的上诉理由不能成立,其上诉请求应予驳回。原审判决认定事实清楚,判决结果正确,应予维持。[1]

如果合同无法履行的原因是由于出卖方签订合同后不愿出卖房屋,则应当由出卖方向中介方支付约定的佣金。

合同成立不能履行,因中介服务存在瑕疵情况下报酬的确定。在中介合同履行过程中,中介人应当认真负责全面履行自己的中介义务,保障委托人的相关权益。如果中介人通过自己的中介服务促成委托人与第三人签订买卖或租赁合同,但在签订合同时未促成第三人向委托人支付押金等款项,事后未促成该合同的实际履行,亦不能提供第三人的有效资质文件,应认定中介人履行中介义务的行为存在重大瑕疵,未能有效地保护委托人的合法权益,中介人无权要求全部报酬。

【案例9-82】 某房地产经纪公司诉罗某居间合同纠纷案

判决观点,根据已查明的事实,被告罗某在原告某房地产经纪公司的居间服务下与案外人签订了《房屋租赁合同》,被告本应向原告支付相应的居间报酬。但原告作为居间人应当认真负责地履行自己的居间义务,保障委托人的相关权益。尽管原告通过自己的居间服务安排被告与案外人签订了《房屋租赁合同》,但在签订合同时未促成案外人向被告支付房屋押金等款项,事后未促成该合同的实际履行,现亦不能提供承租人的有效资质文件,原告履行居间义务的行为存在重大瑕疵,未能有效地保护被告的合法权益。故原告要求被告支付居间佣金30000元的诉讼请求,法院酌情予以支持。法院判决被告罗某给付原告居间佣金1000元。[2]

中介人自身的履约行为存在瑕疵,违背了诚实信用原则,委托人全额支付中

---

[1] 参见最高人民法院中国应用法学研究所编:《人民法院案例选》2006年第3辑(总第57辑),人民法院出版社2007年版,第95页。

[2] 参见张钢成主编:《服务合同案件裁判方法与规范》,法律出版社2015年版,第183页。

介报酬不尽合理。个案中,可由法官根据案情行使自由裁量权裁定。

【案例9-83】 北京中原房地产经纪有限公司诉李某强居间合同纠纷案

判决观点,从依法依约履行义务的角度看,中原公司提供的居间服务存在一定瑕疵。其自认经纪人只负责信息收集工作,并未实际参与合同的签订及履行。房地产经纪业务是特殊行业的业务,需由取得专业资格的人员亲自执行业务并亲自签名才能保证服务的质量,进而保证买卖双方是在获取了充分可靠的信息的情况下签订合同。综合本案实际情况,对原告中原公司主张的居间服务费数额酌情减少,确定为3万元为宜。故对于原告中原公司合理的主张部分,予以支持。[1]

中介标的交易未完成情况下报酬请求权的裁量。中介人促成买卖合同成立,是其要求获得中介报酬的法定条件,然因不可归责于中介人的缘由,中介合同义务没有履行完毕,应该依据买卖合同履行的阶段、中介协议中的约定等情况综合考虑,酌情支持中介人请求裁量按照一定比例支付。

【案例9-84】 上海锐丰房地产投资顾问有限公司诉江某某居间合同纠纷案

原告表示鉴于备案、核税等手续并没有完成,原告自愿变更诉请,要求被告支付佣金14736元,并放弃逾期违约金的主张。法院认为,原告的居间行为促成了被告与案外人签订了买卖合同,已经促成买卖合同的成立,符合佣金给付的条件,被告应按照约定支付报酬。鉴于原告在审理中表示放弃部分佣金及滞纳金的主张,系其对自身权利的处分,且于法不悖,加之原告后续的居间义务确实未得以履行,原告对佣金的主张于其已经提供的居间服务而言,亦属合理,应予以支持。[2]

【案例9-85】 佳惠中介服务部诉王某峰、严某合同纠纷案

判决观点,考察三方签订的房地产买卖合同,原、被告之间构成居间合同关系。居间合同是居间人向委托人报告订立合同的机会或者提供订立合同的媒介服务,委托人支付报酬的合同。本案中,佳惠中介服务部最终促成被告与案外人签订房地产买卖合同,已履行自身的居间义务,居间合同的目的已经成就,被告理应支付报酬。被告抗辩原告作为中介并没有最后促成合同的履行,除签订了房地产买卖合同外,并未提供实质上的中介服务,被告无须支付佣金,于法无据,法院亦难采信。但房屋买卖的居间行为除促成买卖双

---

〔1〕参见国家法官学院案例开发研究中心编:《中国法院2015年度案例》(合同纠纷),中国法制出版社2015年版,第220页。北京市西城区人民法院(2013)西民初字第13568号民事判决书。

〔2〕参见吴兆祥主编:《房屋买卖租赁案件裁判要点与观点》,法律出版社2016年版,第253页。

方签订合同外,还应包括后续办理银行按揭贷款、房屋过户交接、税费缴纳等一系列事项。故中介服务费应与上述中介服务内容相对应,鉴于案涉买卖合同未实际履行完毕,法院依据公平原则以及权利义务相一致原则,酌定将中介费调整为1万元。另被告严某经法院合法传唤,无正当理由拒不到庭,视为对相关诉讼权利的放弃,法院可就查明的事实依法作出判决。判决:被告王某峰、严某给付原告佳惠中介服务部1万元。[1]

限贷政策下房贷无法获批中介费问题。购房人作为理性的成年人,在购房前理应对能否申请贷款作出合理的预期,因不可归责于中介人的原因致使无法获得贷款,购房人不得以此为由拒付中介费。

【案例9-86】 罗某某与何某某居间合同纠纷案

判决观点,添美居房产中介为何某某提供房源信息,带领何某某看房,提供选购意见、解答买卖手续的咨询、协助办理银行按揭手续等,并最终促使何某某与宋某某达成了房屋买卖协议,故添美居房产中介已履行了居间义务,被告何某某理应支付中介费。虽然合同约定中介费在《国有土地使用证》过户当天支付,但因何某某明确表示不支付中介费,故依据《合同法》第一百零八条"当事人一方明确表示或者以自己的行为表明不履行合同义务的,对方可以在履行期限届满之前要求承担违约责任"的规定,现原告罗某某诉请被告何某某立即支付中介费,合法有理,本院予以支持。何某某作为理性的成年人,在购房之前理应对能否申请银行贷款、贷款额度以及交易税费数额等事项作出合理预期,故其以添美居房产中介未能帮其办理贷款手续、税费过高等理由拒绝支付中介费,于法无据,本院不予采纳。另外,涉案三方协议约定,添美居房产中介应为买卖双方办理房产交易手续,现因何某某、宋某某之间的买卖协议实际已无法履行,客观上造成添美居房产中介协助办理房产过户手续等居间义务无须履行,故依据民法的公平原则和等价有偿原则,本院酌情将何某某应支付的中介费减少为4000元。[2]

由于住房限购政策的出台,致使房屋买卖合同无法继续履行并解除,从而导致中介服务合同中的部分内容无法继续履行,此情形双方均不构成违约,双方可解除中介合同,中介人可根据已提供的中介服务收取相应的居间费。

---

[1] 参见国家法官学院、最高人民法院司法案例研究院编:《中国法院2021年度案例》(合同纠纷),中国法制出版社2021年版,第208页。江苏省南通市崇川区人民法院(2019)苏0602民初2003号民事判决书。

[2] 广东省佛山市三水区人民法院(2011)佛三法民二初字第365号民事判决书。

【案例9-87】 牛某理诉北京华鑫置地房地产经纪有限公司居间合同纠纷案

判决观点，涉案房屋属于商业用房，根据京建发[2017]第112号文件的规定，牛某理不再具有购买涉案房屋的资格，其无法继续履行《北京市存量房屋买卖合同》，故原、被告签订的《房屋购买委托协议》中的相关服务内容亦无法全部履行，故牛某理起诉请求解除《房屋购买委托协议》具有事实及法律依据，本院予以支持。鉴于华鑫置地公司已经向牛某理提供了促成签订《北京市存量房屋买卖合同》等合同义务，但未完成协助办理过户、贷款、网上签约手续等合同义务，故华鑫置地公司应当退还部分中介费用，本院根据合同的约定及具体履行情况，酌定华鑫置地公司应退还的数额。[1]

其三，双倍给付居间报酬约定的处理。居间合同约定，若委托人隐瞒事实，即避开居间人与第三人成交、隐瞒成交价格、成交时间等，居间人有权要求委托人支付双倍佣金。双方约定违约金为双倍支付居间报酬，违约金标准过分高于造成的损失，大大超出了委托人应承担的违约责任，法院予以调整符合公平原则。

【案例9-88】 厦门龙杰房地产策划代理有限公司滨北分公司诉赖某春双倍给付居间报酬纠纷案

一审法院认为，原告仅提供一项服务，无法完全提供服务的原因在于赖某春拒绝龙杰公司提供其他两项服务。因此，被告赖某春仍应按照居间合同约定的标准向原告龙杰公司支付居间报酬。原告龙杰公司要求被告按照居间合同的约定双倍支付居间报酬，不符合公平原则，不予支持。二审法院亦为同样意见，维持原判。[2]

其四，委托人违约订立买卖合同报酬的处理。委托人为了自己的利益阻止房屋转让合同的订立，即阻止中介报酬条款的生效，仍应向中介人支付报酬。

【案例9-89】 唐某云诉信宜有家房地产信息咨询有限公司居间合同纠纷案

二审法院认为，本案涉案房屋的出售价格已符合唐某云提出的价位，有家咨询公司支付10000元购房诚意金给李某燕，应认定该款为双方在《购房诚意金协议书》中约定的定金。唐某云向有家咨询公司发函要求退还20000元诚意金的理由为"客观原因"，但唐某云未能举证证明。唐某云主张李某

---

[1] 参见国家法官学院案例开发研究中心编：《中国法院2019年度案例》（房屋买卖合同纠纷），中国法制出版社2019年版，第44页。北京市昌平区人民法院（2017）京0114民初第10734号民事判决书。

[2] 参见最高人民法院中国应用法学研究所编：《人民法院案例选》2006年第3辑（总第57辑），人民法院出版社2007年版，第102页。

燕提供的信息不实存在欺诈的行为,李某燕作为财产所有权人,唐某云在未表明身份的情况下与李某燕电话聊天记录不足以证明李某燕对其存在欺诈,李某燕对自己的财产隐私作出的解释是对其自身财产的保护,不构成欺诈。最后,唐某云在一审庭审中自认未能签订转让合同的原因是因为其未筹够房款,其对自己不利的事实陈述,构成自认,法院确认唐某云自认的事实,认定未能签订转让合同是由于唐某云的自身原因造成的。……关于居间报酬条款是否生效问题。二审法院认为,当事人为自己的利益不正当地阻止条件成就的,视为条件已成就,唐某云为自己的利益阻止房屋转让合同的订立,即阻止居间报酬条款的生效,那么在本案中应视为居间报酬条款已生效。因此,原审法院判决唐某云支付居间费给有家咨询公司正确,法院予以维持。[1]

其五,中介合理费用的确定。根据《民法典》第九百六十四条但书部分规定,中介人未促成合同成立的,不能要求支付报酬但可主张必要费用。必要费用因各中介合同性质和约定不同,其包括的内容有差异,需要在个案中确定。必要费用确定,一般中介人无法举出详细的书面证据,由法官自由裁量。对必要费用的确定应综合考量的因素为,一是商事活动中,同类或相似中介活动的一般报酬水平;二是中介人中介活动的成果,及中介服务质量和效果;三是委托人的受益程度;四是中介人为中介活动所付出的时间、精力、物力、财力以及居间中介事务的难易程度。在一起房屋中介合同纠纷案中,有学者认为,慧佳公司没有任何销售业绩的情况下影响其报酬的请求,但不影响其费用的补偿,虽然慧佳公司不能请求支付报酬,但可以请求贝蒂公司支付从事居间活动的必要费用。如果居间人为居间活动支付了一定的费用,可以请求委托人支付。根据《合同法》第四百二十七条规定,在本案中,如果慧佳公司支付了一定的居间费用,可以请求贝蒂公司支付,但无权请求支付报酬。这些费用主要包括从事居间活动所产生的各种支出,例如广告费、推广费、交通费、场地费等开支。[2]

立法者认为,相较于《合同法》第四百二十七条的规定,《民法典》第九百六十四条规定增加了"按照约定"。所谓"按照约定",就是在合同未成立的情况下,中介人向委托人请求支付从事中介活动的必要费用,须以中介人和委托人之间存在合同未成立中介人享有费用请求权的约定为前提。反过来理解,在委托人与中介人没有约定委托人与第三人合同未成立而中介人仍可以主张返还从事中介活动的必要费用的情况下,中介人无权向委托人请求返还,委托人也没有义务向中介人支付该费用。结合《民法典》第九百六十四条规定和《民法典》第九百六十三条

---

〔1〕 参见国家法官学院案例开发研究中心编:《中国法院2019年度案例》(合同纠纷),中国法制出版社2019年版,第208页。广东省茂名市中级人民法院(2016)粤09民终第589号民事判决书。

〔2〕 王利明:《民法疑难案例研究》(最新修订版),中国法制出版社2010年版,第188页。

第二款的规定可知,中介活动的费用原则上由中介人自己负担。在没有特别约定的情况下,不论中介人是否促成合同成立,中介人都要自己负担从事中介活动的费用。……但是也有例外情形,如委托人与中介人事先有约定,不论合同成立与否,中介人都可向委托人请求返还从事中介活动的必要费用。[1]

应注意的是,中介人取得的报酬仅限于本次中介合同约定,而不包括委托人和第三人的后续合同。在商业交易中,商家之间的交易多数情况下并不是一次买卖。经常会出现委托人因为中介人的一次居间行为而与某一相对人订立合同,之后二者形成了长期合作关系,陆续地签订诸多的合同。中介人是否有权就第一笔合同之后的后续合同主张报酬请求权,这在法律上没有作出明文规定。根据中介合同的特征,中介人报酬请求权在于对其此项合同成立的付出而非对其后续合同成立的付出,否则中介人的一次居间行为变成永远获利,有违公平原则。也就是说,在中介合同对其后续合同没有约定的情形下,中介人无权取得后续合同的报酬。如果中介合同中进行此种约定,法律不予禁止,中介人可以取得后续合同的报酬。

其六,特殊情形中介费用的确定。如果目标合同无效、撤销或解除,其中介费用确定是疑难问题。笔者认为,应根据具体情况判定。依照《民法典》第九百六十二条第二款规定,如果中介人故意隐瞒与订立合同有关的重要事实或者提供虚假情况,损害委托人利益的则其不承担中介费用。

阴阳合同情形下中介报酬的确定。真实意思表示是民事法律行为的核心要素,如价格、付款方式等其他条款在阴阳合同中约定不一致时,应当以真实交易价格作为计算中介费的依据。当事人签订阴阳合同是以合法形式掩盖避税的非法目的,损害了国家利益,应认定为无效合同。

格式条款无效,委托人利用中介公司提供信息私下与房主交易时报酬的确定。实践中,中介人提供的格式条款无效,但中介人向委托人提供获取房屋信息并带委托人看房行为,应视为已履行了中介合同的主要义务。委托人通过中介人提供房屋信息后,私下与房主达成买卖协议的行为违背了诚实信用原则,其应依约支付中介费。

【案例9-90】 晋城市铭圣房地产经纪有限公司诉陈某龙居间合同纠纷案

二审法院认为,上诉人陈某龙与被上诉人铭圣公司签订的看楼协议属于房地产居间合同,该合同第三条约定:甲方(陈某龙)如在乙方(铭圣公司)的帮助下达成协议,自愿支付给乙方该房源成交总价的1.5%作为佣金。根据该约定,被上诉人铭圣公司的主要义务为提供房源信息并帮助上诉人陈某龙

---

[1] 参见黄薇主编:《中华人民共和国民法典合同编释义》,法律出版社2020年版,第989页。

与卖家达成协议,被上诉人铭圣公司为上诉人陈某龙提供了房源信息,上诉人陈某龙在看房后获知了该房源信息,并利用该房源信息私下与卖家达成协议,属于不诚信的行为,损害了被上诉人的利益,上诉人陈某龙应依约支付中介费。[1]

【案例9-91】 房地产公司诉市政工程研究院居间合同纠纷案

判决观点。本案中,原告要求被告签署的《客户看房(租赁)确认书》中关于禁止"跳单"条款的约定,属于重复使用、事先拟定的格式条款。该条款的约定超越了"看房"行为本身,明显加重了被告的责任,限制了被告的权利,属于无效条款。虽然禁止"跳单"格式条款无效,但原告为促成交易付出了劳动和费用,被告应当向原告支付必要的中介费用,考虑到某地产营销平台已经综合评价两家中介公司的工作,且在两家公司协商一致的情况下,给予原告31.6%的佣金分配、另一家中介公司68.4%的佣金。原告在庭审中未提交证据证明其为被告提供带看房服务过程中发生的支出超出了其获得的佣金。综上,法院认为原告带看房服务支出的费用得到了相应的补偿,故对原告要求被告进行支付房源信息费的请求,不予支持。判决:驳回原告房地产公司的诉讼请求。[2]

对于目标合同成立后,对目标合同协商变更的,委托人仍应按变更前原中介合同约定支付报酬。

【案例9-92】 新疆天山畜牧生物工程股份有限公司诉北京天牧达进出口有限公司居间合同纠纷案

二审法院认为,本案的争议焦点是,《承诺书》承诺的支付佣金的条件是否已经成就。天牧达公司上诉认为,《补充协议》不是天山畜牧公司居间的结果,天牧达公司未就这一新的法律关系向天山畜牧公司出具支付佣金的承诺,目前天牧达公司获得的货款不足6000头牛价款的80%,付款条件未成就,故不应支付佣金。根据《代理合同》第十一条,以及《补充协议》"禾牧公司与天牧达公司于2015年4月14日签署编号为YGCG—2015001号《安格斯种牛委托代理合同》……天牧达公司遂与维州牧业洽商,向其进口安格斯种牛并于2015年4月28日签订编号为TM—151008的外贸合同。现禾牧公司、天牧达公司、维州牧业三方就合同履行中的相关事宜达成如下补充协议"的约定,结合天牧达公司在一审庭审中有关《补充协议》的交易来源之一

---

[1] 参见最高人民法院中国应用法学研究所编:《人民法院案例选》2015年第1辑(总第91辑),人民法院出版社2016年版,第114页。

[2] 参见国家法官学院、最高人民法院司法案例研究院编:《中国法院2022年度案例》(合同纠纷),中国法制出版社2022年版,第235页。北京市西城区人民法院(2020)京0102民初354号民事判决书。

是《代理合同》的陈述,本院认为,《补充协议》系对作为天山畜牧公司居间结果的《代理合同》在履行中对数量、单价、付款方式的变更,《补充协议》中禾牧公司与天牧达公司的法律关系与《代理合同》中禾牧公司与天牧达公司的法律关系系同一合同法律关系。天牧达公司应当根据《承诺书》支付天山畜牧公司佣金。《补充协议》约定合同总价款为74560000元,现禾牧公司已向天牧达公司支付货款67604000元,禾牧公司支付的货款金额已经超过总金额的80%,故天牧达公司应当按照其在《承诺书》中所承诺的佣金支付标准,在其收到80%的货款时向天山畜牧公司支付60%的佣金3690720元,禾牧公司委托海尔公司在2015年9月22日向天牧达公司支付59648000元时,其支付货款的金额就已经超过80%,故天牧达公司应当于当日向天山畜牧公司支付居间报酬,但天牧达公司并未实际支付,因此天山畜牧公司主张从2015年9月23日开始计算利息,于法有据,法院予以支持。〔1〕

买卖合同解除的,不影响委托人按合同约定支付中介费。

【案例9-93】 董某义诉汪某香、周某珠房屋买卖合同纠纷案

判决观点,房屋所有人与房屋购买人已经就居间人所提供的居间服务达成了买卖意向,并签订了买卖合同,至此合同约定居间事项已经履行完毕。同时三方签订的合同中约定的"非丙方原因导致合同不能履行,信息服务费不退"的条款符合法律规定,居间人周某珠业已履行了合同约定的居间义务,造成房屋买卖合同不能履行的责任也不在居间人,居间人对合同不能履行并不存在过错,亦未违反居间合同中相关约定,并无违约行为,所以董某义要求解除居间合同并返还中介费的请求,法院不予支持。〔2〕

买卖合同解除,但中介合同约定的中介服务还包含其他义务,而这些义务恰恰与买卖合同的履行相关,中介人因此实际不能履行约定的上述义务。在中介人未完全履行合同约定的中介义务时,法官可就中介人应获得的中介报酬行使自由裁量权。

【案例9-94】 北京某房地产经纪有限公司诉姚某某居间合同纠纷案

判决观点,双方在房屋买卖居间合同中约定,该房地产经纪公司提供的居间服务还包含在买卖双方资料齐全并积极配合的前提下,协助双方到房屋权属登记部门办理过户手续。因姚某某与卖方签订的《北京市存量房屋买卖

---

〔1〕 参见国家法官学院案例开发研究中心编:《中国法院2019年度案例》(合同纠纷),中国法制出版社2019年版,第212页。北京市第三中级人民法院(2017)京03民终第2939号民事判决书。

〔2〕 参见最高人民法院中国应用法学研究所编:《人民法院案例选》2011年第1辑(总第75辑),人民法院出版社2011年版,第136页。

合同》已经解除,姚某某未购得涉诉房屋,该房地产经纪公司实际不能履行约定的上述义务,根据公平原则,对于其未进行的工作部分,不宜再另行收取费用。对于其已完成的工作,姚某某应支付相应的费用。姚某某作为买房人,其签订合同的目的是最终取得房屋所有权,该房地产经纪公司作为居间服务一方,其提供的居间服务亦是为了促成买卖交易。综上,该房地产经纪公司要求姚某某给付居间报酬的具体数额,法院根据公平原则及该房地产经纪公司完成居间服务的情况予以酌定。法院判决姚某某支付该房地产经纪公司居间服务费8万元。[1]

实践中,中介人虽然促成双方签订合同,但合同并未实际履行,中介人不应获得全部佣金。

【案例9-95】 龙迪房地产经纪事务所诉夏某某居间合同纠纷案

二审法院认为,经被上诉人的居间介绍,上诉人与案外人汪某签订了房地产买卖合同,故上诉人理应向被上诉人支付佣金。但上诉人与案外人签约后并没有履行合同,而是协商解除了合同,被上诉人并未协助完成后续的贷款、过户、房屋交接等诸多事宜。根据目前二手房买卖操作流程看,买卖双方完成上述买卖交易流程并非易事,绝大多数买卖双方需要中介的陪同和协助才能完成全部交易流程,这就意味着买卖双方经中介居间介绍而签约后,仍需要中介协助完成后续的交易内容;中介存在相应的人力成本支出,而此成本支出包含在委托人向中介支付的佣金中。如果买卖双方不再履行合同,则中介的上述支出相应减少。因此,本案中对于上诉人减少支付佣金的主张应予支持;至于上诉人支付佣金的具体数额,二审法院可综合情况在合理范围内进行酌定。关于被上诉人称,《佣金确认书》中已经明确租金的支付时间和条件;买卖合同补充条款亦明确买卖双方签订合同即为中介已完成全部居间义务,买卖双方不得因中介的后续服务内容主张减少或者拒绝支付佣金。对此,二审法院认为,上述协议及补充条款均系中介制作,且没有证据表明中介已向买卖双方明示上述内容;由于该内容实际上排除了买卖双方的权利,免除了中介的合同责任,故应为无效格式条款。对于被上诉人不同意减少佣金的意见,二审法院难以采信。考虑到被上诉人已促成与案外人签订买卖合同,且被上诉人未完成后续居间义务,系上诉人未继续履行买卖合同造成,故上诉人应支付的佣金可酌定为10000元。据此,二审法院判决维持原判第二项;变更原判第一项为:夏某某支付龙迪房地产经纪事务所佣金人民币

---

[1] 参见张钢成主编:《服务合同案件裁判方法与规范》,法律出版社2015年版,第190页。

10000 元。〔1〕

中介人提供中介服务存在瑕疵,委托人以此要求减免中介费用的,法官可结合中介人提供中介服务的实际情况,酌情确定中介报酬。

【案例 9-96】 杭州瑞肯投资咨询有限公司诉吴某宇居间合同纠纷案

一审法院认为,依据协议内容,吴某宇实际已经利用了瑞肯公司提供的房产信息、机会等条件,且瑞肯公司在交易双方之间起到了介绍、协助作用,应认定瑞肯公司提供了居间服务的部分义务。居间人不仅要提供房源信息,促成交易双方达成一致对价也是居间服务的主要环节,而不是只要居间人提供信息,无论交易双方达成与否,均可获取报酬。根据查明的事实,吴某宇受让万里公司股权的时间,在瑞肯公司参与谈判促成交易意向的另一客户之后,实际成交价格超过带看价格,说明吴某宇最终受让股权系交易双方自行谈判的结果,印证并非瑞肯公司全程提供居间谈判,据此认定瑞肯公司提供的居间服务存在一定的瑕疵。从成交方式上看,吴某宇作为受让股东直接出面签署股权转让协议,说明其没有"跳单"的恶意,不符合合同约定的违约情形。综上所述,法院结合瑞肯公司提供居间服务的实际情况,酌情降低费率,以 1860 万元约定对价的 0.3% 计算报酬。二审法院同意一审法院裁判意见。〔2〕

实践中,构成表见代理的,被代理人应支付相应居间报酬。

【案例 9-97】 武威天盛商务信息服务有限公司与甘肃第九建设集团公司中介合同纠纷再审案

最高人民法院认为,中介人按照委托人的指示,为委托人报告有关可以为委托人订立合同的第三人,给委托人提供了订立合同的机会,在交易双方当事人之间起到介绍、协助作用的,有权获得居间报酬。委托人以个人名义签订《居间协议》的,若该委托人是公司负责人,足以让中介人认为委托人代表的是公司而构成表见代理的,应由委托人代表的公司承担支付居间报酬的义务,若该公司不具有法人资格,则应由设立单位承担。〔3〕

其七,限制委托人单方调减中介报酬。不能以中介人未提供证据证明自己提供了优质高效、尽职尽责、充分全面的中介服务为由而调减约定的中介报酬,否

---

〔1〕 参见郭伟清主编:《2014 年上海法院案例精选》,上海人民出版社 2014 年版,第 4~5 页。

〔2〕 参见国家法官学院、最高人民法院案例研究院编:《中国法院 2020 年度案例》(合同纠纷),中国法制出版社 2020 年版,第 207 页。浙江省杭州市中级人民法院(2018)浙 01 民终 2910 号民事判决书。

〔3〕 参见最高人民法院民法典贯彻实施工作领导小组编著:《中国民法典适用大全》(合同卷五),人民法院出版社 2022 年版,第 3697 页。最高人民法院(2019)民再 31 号民事判决书。

则,就违背了当事人意思自治的原则。

【案例9-98】 谭某茂诉贵州甲矿业集团股份有限公司贵州百里杜鹃金坡乡乙煤矿居间合同纠纷案

最高人民法院认为,谭某茂和黔西县乙煤矿(负责人时为方某立,该煤矿于2014年3月14日变更为贵州甲矿业集团股份有限公司贵州百里杜鹃金坡乡乙煤矿)于2013年1月15日签订的《服务协议》,系方某立为转让黔西县乙煤矿,委托谭某茂寻找收购方并促成煤矿转让协议的签订,并由委托方支付报酬(服务费)的约定,协议性质为居间合同。该协议内容除每日计收3‰的逾期滞纳金偏高外,并不违反法律、行政法规的强制性规定,合法有效。谭某茂提供了协议约定的居间服务并最终促成了黔西县乙煤矿(方某立)与他方达成交易,黔西县乙煤矿(方某立)应当依约向谭某茂支付居间服务费。由于双方协议中并未约定谭某茂负有"提供优质高效、尽职尽责、充分全面的居间服务"的义务,法律对此也没有相应规定,原审法院以谭某茂居间报酬调减为按双方约定服务费用的60%,是对合同条款内容的扩大解释,违背了合同当事人意思自治原则,没有事实和法律依据。[1]

应注意的是,委托人是否给付中介人报酬及其支付数额,原则上应按照中介合同约定。这里合同的约定,可以是以书面形式或者口头形式明确的。中介人的报酬数额由当事人自主约定,虽然符合合同自由原则,但是在有些情况下可能会导致显失公平的结果,因此有的国家和地区规定了"报酬数额酌减制度"。我国《民法典》没有在中介报酬数额中规定"数额的酌减",基于合同自由原则,对中介报酬的数额一般不应干涉。但是如果报酬数额畸高,存在可撤销的情形时,委托人可以依据《民法典》总则编的规定申请撤销。[2]

实践中,应注意中介报酬与其购房优惠费用的区分。购房人支付参团费的目的不在于获取合同订立的机会或者享受与合同订立相关的媒介服务,其主要目的在于享受到合同订立之后的支付价款优惠服务。购房人与出卖人之间的房屋买卖合同解除,其购房人实际未享受到购房优惠时,收取该笔费用的"中介人"应当将其退还购房人。

【案例9-99】 贾某诉房红包公司等居间合同纠纷案

二审法院认为,第一,关于房红包公司与贾某之间是否形成居间合同关系。房红包公司虽主张为贾某房屋买卖提供了居间服务,并促成了贾某与荣盛公司签订房屋买卖合同,但其未提供书面的居间合同或双方达成口头合同

---

〔1〕 最高人民法院(2016)民再340号民事判决书。
〔2〕 参见黄薇主编:《中华人民共和国民法典合同编释义》,法律出版社2020年版,第985页。

的证据,也未能提供证据证明其为贾某实际提供了居间信息服务。故在无其他证据予以佐证的情况下,不能认定双方形成居间合同法律关系。第二,关于房红包公司收取的"参团费"性质是否属于居间费。根据庭审各方的陈述,房红包公司收取贾某参团费4万元实际是为了贾某在购房过程中能够享受购房优惠,该费用的性质与普通的居间报酬有别,并非仅为提供团购折扣信息的报酬,房红包公司所负的义务也不应仅是在订立房屋买卖合同时使买受方按照优惠价格购买商品房,还应使买受方能够通过合同的履行实际享受到减免房屋价款的优惠,否则买受方支付参团费的目的无法实现。鉴于贾某与荣盛公司之间的房屋买卖合同关系已解除,贾某实际未能享受到购房优惠,故房红包公司应将参团费退还给贾某。一审法院对此事实认定有误,法院予以更正。但贾某主张要求支付参团费利息的请求,缺乏法律依据,法院不予支持。贾某上诉主张荣盛公司与房红包公司存在销售代理关系,两公司共同隐瞒了房屋系违法售后包租的事实,故荣盛公司作为被代理人应承担连带返还责任,对此未举证证明,荣盛公司亦不予认可,而且房红包公司庭审陈述收取的参团费4万元一部分支付给其下属渠道销售商刘某华,剩余款项归房红包公司所有,荣盛公司并未实际收取该费用,故荣盛公司不应承担连带返还责任,法院对贾某该项主张不予支持。贾某主张意家公司应承担返还责任,缺乏事实及法律依据,法院亦不予支持。综上所述,贾某的上诉请求部分成立。一审判决认定事实错误,法院依法予以纠正。判决:撤销一审判决,房红包公司返还贾某参团费4万元。[1]

其八,中介人完成部分中介义务报酬的支付,由法官根据具体案情裁定。

【案例9-100】 新疆天瑞房地产开发有限公司与张某某中介合同纠纷再审案

最高人民法院认为,《居间协议》约定了委托事项、居间报酬的计算方法、支付时间和方式。居间人提供协议约定,就案涉小区的项目立项、命名报审、规划、审批等方面做出了一定的服务协调工作,履行了合同约定办理项目规划的义务并促成案涉小区《国有建设用地使用权出让合同》的订立。虽然上述出让土地只是项目用地总面积中的一部分,不完全符合《居间协议》约定的支付条件,但居间人履行了协议所约定的部分义务,也促成了合同目的的部分实现,委托人也应支付居间报酬。双方对此种情况如何支付报酬未约定的,法院结合居间人在推动项目规划完成,促成部分合同目的实现等方面

---

〔1〕 参见国家法官学院、最高人民法院司法案例研究院编:《中国法院2021年度案例》(合同纠纷),中国法制出版社2021年版,第204~205页。北京市第三中级人民法院(2019)京03民终11576号民事判决书。

的基本事实,酌情由委托人支付居间人一定数额的居间报酬,并无不当。[1]

(二)中介人承担责任处理

一般情况下,依据诚实信用原则,中介人仅需将其知道的情况向委托人或相对人如实报告,对其不知道的情况则无尽力调查的义务。而且,中介人对相对人的信用不负保证义务,委托人与相对人订立合同后,中介人对因相对人不履行合同的约定受到的损失不负赔偿责任。从各国情况看,中介人向委托人承担中介信息义务,大致可分为三个层次,即如实报告、合理审查和积极调查。可以看出,如实报告属于最低层次的义务,即中介人应将所知道的中介信息如实告知委托人,而合理审查和积极调查则是最高层次的注意义务。现行法律只明确规定了中介人的如实报告义务,笔者认为还应包括调查核实义务。对出于过失没有准确掌握其本应知道的信息,从而为委托人提供虚假信息,应属于过失错误报告。在二手房屋买卖的中介合同中,中介人如实报告义务,不能仅就其所掌握的信息资料向委托人如实陈述,还应当对其所提供的信息承担充分的、谨慎的审查及核实义务,向买受方如实告知对订立二手房买卖合同有重大影响的事实,包括是否存在抵押、权利限制等情况。

在中介活动中,中介人因一般过失,向委托人报告的信息不真实,造成委托人损失的,丧失报酬请求权,负有返还费用并赔偿委托人为订立合同造成的损失的责任。中介人赔偿的范围仅限于委托人因订立合同而支出的费用,对超出该费用的损失,中介人不负赔偿责任。但若中介人故意隐瞒事实真相、提供虚假情况或因重大过错提供不真实信息,给委托人造成财产损失的,不仅丧失报酬请求权,还应赔偿委托人签订合同所支出的费用,亦应赔偿因此给委托人直接造成的其他经济损失,但应对中介人故意隐瞒的行为从严把握。

其一,中介人违反报告义务的责任。中介人违反如实报告义务,包括应报告而不报告、过失错误报告和故意隐瞒、虚假报告三种情况。现行法律没有明确规定,中介人未履行如实报告义务应承担民事责任的范围。在个案中,由法官结合具体案情行使自由裁量权裁定。

【案例9-101】 某公司诉山西某公司中介合同纠纷案

最高人民法院认为,中介合同约定中介人"对其提供的建议或工作不承担责任"。中介人提出的相关建议仅系其自身的主观认识,在不构成欺诈或

---

[1] 参见最高人民法院民法典贯彻实施工作领导小组编著:《中国民法典适用大全》(合同卷五),人民法院出版社2022年版,第3698页。最高人民法院(2018)民申678号民事裁定书。

恶意串通的情况下，该建议不应认定为委托人作出独立商业判断的基础，中介人对"建议"不承担责任的约定符合中介合同的性质。鉴于中介人的如实报告义务系其主要义务，有关其对"工作"不承担责任的约定，根据中介合同之目的、交易习惯及诚信原则，应解释为对中介服务所针对的交易结果不承担责任，而不宜认定中介人对履行包括如实报告义务在内的各项约定及法定义务均不承担责任。〔1〕

【案例9-102】 韩某诉我爱我家公司、第三人陈某居间合同纠纷案

判决观点，我爱我家公司未履行作为一个专业房屋买卖居间人应尽的义务。韩某要求我爱我家公司退还买卖服务佣金39390元及利息的诉讼请求，符合法律规定，予以支持。陈某并未收取原告的买卖服务佣金，并非居间服务合同的相对人，故原告要求陈某退还买卖服务佣金39390元及利息的诉讼请求，不符合法律规定，不予支持。〔2〕

【案例9-103】 阳某珍诉江苏省无锡市易成房产中介有限公司居间合同纠纷案

二审法院认为，在买卖双方未能就合同主要条款达成一致的情况下，易成公司继续收取阳某珍剩余定金9000元，存在过错。由于阳某珍与张某同之间的房屋买卖合同没有成立，且过错在易成服务部，因此，易成服务部从阳某珍处取得的款项应返还给阳某珍。故易成公司的上诉理由不能成立，原审判决应予维持。〔3〕

中介人故意隐瞒与订立合同有关的重要事实或者提供虚假情况，损害委托人利益的，不得要求支付报酬。

【案例9-104】 某房地产经纪公司诉何某某居间合同纠纷案

判决观点，该经纪公司已经明知何某某存在无法办理贷款的情况，且不具备全款购房能力，仍积极促成何某某签订其无法实际履行的房屋买卖合同，属于故意隐瞒与订立合同有关的重要事实，现该经纪公司要求何某某给付居间服务费，违反法律规定，法院不予支持。综上，驳回该经纪公司的诉讼请求。〔4〕

---

〔1〕 人民法院案例库2023-10-2-123-003。最高人民法院(2019)最高法民终402号民事判决书。

〔2〕 参见北京市高级人民法院编：《审判前沿——新类型案件审判实务》2011年第4集(总第40集)，法律出版社2012年版，第123页。

〔3〕 参见国家法官学院、最高人民法院案例研究院编：《中国法院2020年度案例》(合同纠纷)，中国法制出版社2020年版，第236页。江苏省无锡市中级人民法院(2018)苏02民终2134号民事判决书。

〔4〕 参见张钢成主编：《服务合同案件裁判方法与规范》，法律出版社2015年版，第188页。

【案例9-105】 董某某、范某某与任某某、高某某等中介合同纠纷再审案

最高人民法院认为,居间人受委托最终促成《果园承包转包合同》的签订,委托人对居间人身份亦表示认可,法院认定本案为居间合同纠纷,并无不当。本案居间人虚报承包价格、隐瞒真实成交价格的行为,违反了居间人如实报告义务,损害了委托人的合法权益,不得请求支付报酬。[1]

【案例9-106】 张某某与蒲某某中介合同纠纷再审案

二审法院认为,中介人应当就有关订立合同的事项向委托人如实报告。委托人主张中介人与购房者串通,故意隐瞒购房者缺乏购房资格,欺骗委托人签署案涉房屋买卖合同与居间合同,而该主张与在先的生效判决所认定的关于购房人具有购房资格的事实不符的,委托人对于生效判决认定的事实应当提供相反证据予以推翻。[2]

中介人提供中介服务过程中,没有充分审核出卖人相关情况并如实报告,且在协助办理解约协议时对买卖合同解除后的佣金问题未作必要提示和告知,无权请求支付佣金。

【案例9-107】 上海甲房地产经纪有限公司诉华某居间合同纠纷案

二审法院认为,居间人的如实报告义务包括其知道或者应当知道的事实与风险。这就意味着居间人应当事先及时发现,并需要告知委托人与合同签订、履行及风险有关的情况,甲公司作为专业房产中介公司,应当知道出卖人未提供房屋产权证原件,可能导致出现买卖合同无法履行的后果,最终出卖人确因已与他人签订涉案房屋买卖居间协议而与华某解除买卖合同。出卖人与华某在甲公司处签订解约协议时,甲公司作为居间人知晓其中原因及过程,但在买卖双方协商解除合同的过程中,其对解除合同后佣金负担问题没有进行必要的提示与告知,有违诚实信用原则和如实报告义务,依法不能请求支付佣金。[3]

中介人隐瞒交易对象是其员工是否对委托人构成损害是有争议的问题。中介人介绍其利害关系人与委托人交易,虽然有别于自己参与交易,但其实质上已不再具有中介人的地位,而是委托人的交易对手,其利益集中体现在交易对价中,与委托人对立,直接破坏了中介法律关系,因此为行业管理规定所禁止。中介人隐瞒其介绍交易对象为其具有利害关系的人员(公司员工),违反了如实报告交

---

[1] 参见最高人民法院民法典贯彻实施工作领导小组编著:《中国民法典适用大全》(合同卷五),人民法院出版社2022年版,第3693页。最高人民法院(2021)民申1905号民事裁定书。

[2] 参见最高人民法院民法典贯彻实施工作领导小组编著:《中国民法典适用大全》(合同卷五),人民法院出版社2022年版,第3693页。北京市高级人民法院(2021)民申3043号民事裁定书。

[3] 上海市第二中级人民法院(2017)沪02民终1470号民事判决书。

易事项的法律义务。如果中介人与其介绍的交易对象存在利害关系,将使其角色错位,为自己或利害关系人的利益考虑而难以再客观、全面地向委托人报告交易信息如市场同类房屋价格、市场变化趋势、供求情况等,甚至可能故意提供误导性意见。委托人是否知道中介人与交易对象存在利害关系,事关对中介人提供的意见和信息的甄别,以及避免风险。中介人的隐瞒行为应认定损害了委托人的利益,委托人有权拒绝支付报酬。

对于房屋中介人未履行调查核实义务承担责任的性质,理论界和司法界对此有三种观点,有人认为承担违约责任,也有人认为构成侵权责任,还有人认为构成违约责任与侵权责任的竞合。有法官认为,房地产居间人未履行或者未完全履行调查核实义务,构成违约责任和侵权责任的竞合,在侵权责任中应当承担的是补充责任。对于当事人而言,可以选择违约之诉或者侵权之诉来维护自身的利益。对于房地产居间人而言,不仅要尽到如实陈述义务,还要在此基础上利用专业优势,充分发挥主观能动性,履行对交易房产的调查核实义务,否则其将承担不利后果。[1] 对于责任性质可以继续探讨,但不影响房屋居间人必须承担赔偿损失责任的成立。

个案中,从公平的角度,按照有利于权利人的原则认定中介人应承担的具体责任。在侵权责任的具体责任承担形式上,如认定中介人与房屋出售方不构成具有意思联络的共同侵权,居间人无须承担连带责任,仅需承担补充赔偿责任。

【案例9-108】 庞某等诉上海锐丰投资管理有限公司居间合同纠纷案

二审法院认为,在庞某、陈某与张某春、张某及锐丰公司签订《房屋买卖居间协议》之前,系争房屋上设定了镇江抵押、渣打抵押、正典抵押和常熟查封,房地产交易中心登记显示了镇江抵押和常熟查封,但锐丰公司仅向庞某、陈某披露系争房屋上设定镇江抵押,未提及常熟查封。此外,在张某春、张某曾告知锐丰公司业务员系争房屋上还存在房屋交易中心登记未显示的隐性债务的情况下,锐丰公司为促成居间服务合同的成立,未将这一重要事实如实向庞某、陈某披露,违反了向委托人如实披露重要信息的法定义务。此外,根据系争房屋买卖合同的约定,锐丰公司在代收购房款后,有保管该房款并陪同张某春、张某至抵押权人处涤除系争房屋上所设抵押的义务。但在实际履行中,庞某、陈某将购房款交付锐丰公司的业务员鲍某后,鲍某径直将房款交付张某春、张某。鉴于鲍某系锐丰公司向庞某、陈某与张某春、张某提供居间服务的经办人员,故鲍某的行为属于职务行为,其法律后果应归于锐丰公司。因此锐丰公司并未履行房款的保管义务,亦未陪同张某春、张某涤除系

---

[1] 参见《人民司法·应用》2014年第23期。

争房屋上设定的抵押,其行为违反了合同对其设定的义务。在另案诉讼中,法院判决张某春、张某返还庞某、陈某购房款 223 万元并赔偿庞某、陈某 62 万元。经执行,庞某、陈某获得系争房屋拍卖款 389071.30 元,现张某、张某已无其他财产可供执行。一审法院终结该判决中余额 2495928.70 元及相应利息。对庞某、陈某而言,其损失已实际产生。由于锐丰公司违反了上述法定义务和合同义务,应当就庞某、陈某的损失承担相应的赔偿责任。鉴于造成庞某、陈某损失的根本原因系房屋出卖方张某春、张某违约,法院亦判令张某春、张某承担返还购房款及赔偿责任,而锐丰公司在本次交易中违反了居间方应尽的义务,因此锐丰公司除应返还庞某、陈某中介费外,还应就张某春、张某未能返还购房款造成庞某、陈某的损失部分承担补充赔偿责任,综合锐丰公司在提供居间服务过程中的过错程度和实际情况,二审法院判决锐丰公司返还中介费 57050 元,并承担 90 万元的补充赔偿责任。锐丰公司履行补充赔偿责任后,有权依法向终局债务人求偿。[1]

其二,因中介人原因未促成合同成立的责任。

【案例 9-109】 吴某文诉四川有元投资咨询有限公司居间合同纠纷案

其居间的事项为促成原告与银行订立借款合同,原告向被告交 3 万元定金实为中介费后,被告未在约定时间内促成原告与银行订立借款合同。法院认为,在由于被告原因未能在约定的时间内贷到款的情况下,被告应按照约定将原告支付的定金全额退还,故对原告要求被告返还 3 万元的部分,法院认为,符合法律规定,予以支持。被告辩称贷款事项未完成是原告责任的理由不成立,故对其提出的驳回原告诉讼请求的主张,法院不予支持。[2]

对中介合同的预付报酬不适用定金罚则。

【案例 9-110】 陈某仔诉关某羡居间合同纠纷案

判决观点,原告为能正式签订承包合同,于 2008 年 1 月 17 日向被告关某羡给付了"承包订金"30000 元。该"订金"实际上系原告委托被告办理承包签约事项所支付的报酬。……而本案中,收受"订金"、享受订金利益并承担相应责任的一方均约定为被告关某羡,而非承包合同另一方的大窝村村民,且原告所交付的款项在承包合同成立后也不能抵作承包款或收回,故该"订金"并不符合法律上规定的订金性质。但被告未能按约定促成原告与大窝村村民订立承包合同,依法不能取得报酬,其理应在确定合同不能订立时

---

[1] 参见郭伟清主编:《2016 年上海法院案例精选》,上海人民出版社 2017 年版,第 35 页。
[2] 参见最高人民法院中国应用法学研究所编:《人民法院案例选》2009 年第 2 辑(总第 68 辑),人民法院出版社 2009 年版,第 210 页。

即退还原告所交付的酬金 30000 元。因被告拖延退款,给原告造成一定的损失,已构成违约,故应自逾期之日起参照银行逾期贷款利息的标准计付逾期付款违约金给原告。[1]

对于因中介人原因,委托人虽然已与委托事项相对人签订合同,但其无法履行合同的,仍应按未成立居间合同处理,由中介人承担责任。

【案例9-111】 柴某等诉彭某玲等居间合同纠纷案

一审法院认为,由于两被告对两原告的施工实力和分包工程的实际状况了解不足,导致两原告与发包人签订的分包合同无法履行,未能实现签订合同所要达到的目的,由此所造成的两原告的经济损失,两被告应当承担相应的民事责任;两被告的辩解主张无证据证实,不予采信。两原告的诉讼请求成立,应予以支持。据此,判决被告彭某玲、原某分别返还原告柴某、刘某沛居间费各 10 万元。二审法院亦持同样意见,维持一审判决。[2]

合同主要条款缺乏约定,可视为中介公司不适当履行中介义务,法院不支持主张中介报酬的诉求。

【案例9-112】 北京我爱我家房地产经纪有限公司诉任某强居间合同纠纷案

一审法院认为,作为专业的房地产经纪公司,原告不应仅仅给双方提供缔结合同的机会,理应在合同履行的重要条款上向双方提出合理建议,就履行价款和履行期限等重要事项予以明确。关于原告是否提供了合格的居间服务的争议,从被告与张某伟已签订的房屋买卖合同及补充协议来看,对房屋解押、购房资质审核、网签、银行面签等重要事项均缺乏明确的约定,为双方后续履行合同造成很大障碍,买卖双方因此无法履行合同义务,从原告工作人员魏某凯与被告前妻之间的对话来看,原告承诺被告需要签订补充协议,但实际未能签订。此外,根据张某伟的陈述,其称在签约前完全不懂流程,亦反映原告在提供居间服务时存在瑕疵。综上,原告承诺为双方签订补充协议,对合同履行事项进一步明确,但实际未能签订,应视为原告承诺的居间义务并未完成。……虽然《居间服务合同》第五条"违约责任"系有效的,但原告并未提供合格的居间服务,且现房屋买卖双方因无法继续履行合同均同意解除合同,故法院对原告主张的居间费及违约金均不予支持。据此,判

---

[1] 参见国家法官学院案例开发研究中心编:《中国法院2013年度案例》(合同纠纷),中国法制出版社2013年版,第230页。广东省阳西县人民法院(2010)西民初第132号民事判决书。

[2] 参见国家法官学院案例开发研究中心编:《中国法院2013年度案例》(合同纠纷),中国法制出版社2013年版,第221页。新疆维吾尔自治区哈密地区中级人民法院(2012)哈中民二终第28号民事判决书。

决:驳回原告我爱我家公司的全部诉讼请求。二审法院同意一审法院裁判意见。〔1〕

其三,中介人赔偿责任。因中介公司的原因导致当事人遭受重大损失,其不仅无权要求给付中介报酬,还应承担赔偿责任。

【案例9-113】 顾某奇诉马某乐等居间合同纠纷案

二审法院认为,房地产中介机构在发布中介信息前,负有审查核实房屋产权证、房屋所有人的授权委托书等材料的真实性的责任,其未履行相应义务即发布信息,存在过失。同时接受售房委托人的巨额回扣,客观上促成售房人的委托代理人对购房者的诈骗行为得逞,导致购房人受到损害,则该房地产中介机构应当承担损害赔偿责任。〔2〕

因中介人未适当履行调查核实与风险提示义务,不能及时发现房屋权属存在的明显瑕疵,从而导致买受人无法实现合同目的并遭受重大损失的,中介人应在其过错程度的相应范围内承担损害赔偿责任。

【案例9-114】 徐某诉某房产中介公司居间合同纠纷案

一审法院认为,某房产中介公司与徐某形成了居间合同关系。由于罗某所提出的看房当日即先行支付大额购房款的交易方式不符合通常交易惯例,故对买受人一方而言存在极大交易隐患。作为专业服务机构,某房产中介公司完全能够了解并认识到上述交易方式所可能产生的巨大风险,但其并无证据证实已就相关风险向买受人徐某充分告知,亦未能采取审慎态度,要求罗某提供房屋权属登记管理机关关于交易当日出具的涉案房屋权利负担的查询情况,并根据实际情况采取资金监管等有效措施以防范交易风险的发生。由于某房产中介公司的上述不当行为,导致涉案房屋已经存在的诉讼保全情况未能被及时发现,与涉案房屋交易有关的重大事实未能如实向徐某提供,最终致使徐某的大额款项被骗。因此,某房产中介公司对于该损害结果的发生具有重大过错,无权要求给付居间报酬,并应承担全部损害赔偿责任。综上所述,一审法院判决,某房产中介公司赔偿徐某购房款损失50万元,并退还中介费用18900元。二审法院判决:驳回上诉,维持原判。〔3〕

---

〔1〕 参见国家法官学院、最高人民法院案例研究院编:《中国法院2020年度案例》(合同纠纷),中国法制出版社2020年版,第213页。北京市第三中级人民法院(2018)京03民终第2207号民事判决书。

〔2〕 参见《中国审判案例要览》2005年民事审判案例卷。江苏省南通市中级人民法院(2004)通中民一终字第040号民事判决书。

〔3〕 参见北京市高级人民法院研究室编:《审判前沿——新类型案件审判实务》(总第57集),法律出版社2019年版,第94页。

中介人没有尽到谨慎义务,向委托人提供虚假信息存在重大过失,损害并非是中介人造成的,应承担相应的补充赔偿责任。

【案例9-115】 李某诉上海龙踞房地产经纪事务所、崔某、第三人傅某等居间合同纠纷案

判决观点,关于原告要求第三人傅某赔偿损失的请求,第三人傅某虽然没有故意隐瞒与订立合同有关的重要事实或者提供虚假信息,但由于其没有尽到居间人的谨慎审查义务,向原告提供虚假的信息,其行为虽然不是故意但具有重大过失,其对原告的损失应承担与其过错相应的补充责任。原告作为委托人在订立《房屋购买委托协议》的过程中,未对案外人秦某提供的房源信息仔细审查,也具有一定的过失,其对自身损失亦负有责任。因原告至今仅从案外人盛某、秦某处退赔5万元,仍存在55万元的损失难以弥补,考虑到第三人傅某在居间活动中的过错程度及本案实际情况,法院酌情确定由第三人傅某在2万元范围内就案外人盛某、秦某刑事退赔不足部分承担补充赔偿责任。[1]

中介人违规促成房屋买卖合同的,应承担相应的赔偿责任。

【案例9-116】 曹某诉房产中介有限公司居间合同纠纷案

二审法院认为,根据双方合同约定,房地产公司的居间合同义务既包括案涉居间合同第一条中所列举的居间服务,也包括案涉居间合同约定的忠实义务、代办网上签约及相关后续督促义务。这也是当前房屋买卖合同居间的行业惯例。因此,至徐某光与曹某签订房屋买卖合同,房地产公司的续签合同义务并未全部履行完毕,案涉居间合同并未终止。房地产公司严重违反限购政策对房地产经纪机构的要求,在明知曹某签约时无购房资格的情况下,仍违规与曹某签订居间合同促成其与徐某光之间的买卖合同,已构成违约。虽然曹某签署了《购房承诺书》但并不能因此免除房地产公司的违约责任。因与徐某光买卖合同已解除,曹某的合同目的已无法实现。综上,曹某要求解除与房地产公司案涉居间合同的诉讼请求具有事实和法律依据,应予支持。关于房地产公司违约赔偿责任承担问题。本案解决的是房地产公司因居间合同违约行为应承担的赔偿责任,确定房地产公司赔偿责任及数额,应结合房地产公司违反居间合同义务与损失间的因果关系以及影响程度进行综合判断认定。曹某作为合同当事人自愿选择卖旧买新这种连环买卖方式,并且在已有房屋未卖出、购房资金不足、购房资格不具备的情况下,先行与徐某光签订案涉买卖合同,应当对其是否能够如约履行与徐某光的案涉买卖合同有充分考虑和判断。因此,曹某对于买卖合同的签订、履行及产生的后果,

---

[1] 参见陈昶主编:《2019年上海法院案例精选》,上海人民出版社2021年版,第37页。

发挥了主导作用。房地产公司作为房地产专业中介机构,应当严格依法依规从事居间服务,居间行为虽然只是房屋买卖合同签订的一种辅助方式,但是违规促成交易的行为对案涉买卖合同的风险发生具有一定的影响,与曹某主张的损失间具有一定的因果关系,应承担相应的赔偿责任。一审法院确定的赔偿数额过高,二审法院予以调整。判决:一、撤销一审判决;二、确认曹某与房地产公司的《居间服务合同》于2018年5月16日解除;三、房地产公司赔偿曹某损失45万元;四、驳回曹某的其他诉讼请求。[1]

中介人故意隐瞒二手房营业税等各种事项直接导致交易成本增加,卖房人不退定金,买房人可根据中介人过错责任大小向中介人索赔相应的损失。

【案例9-117】 马某诉某中介机构居间合同纠纷案

马某实际缴纳的教育费附加税、个人所得税、营业税及城市维护建设税能否归于被告违约所造成的直接损失。根据案件查明的事实,马某与出卖人李某约定于2010年4月23日办理过户手续且相关税费由马某实际负担。该约定系双方真实意思表示,且系由被告公司在场居间而成,被告对此应当知晓。由于马某提前办理过户手续,导致因无法享受税收优惠政策而额外缴纳了相应税费,系因某中介公司的通知行为所致。因此,马某实际缴纳的教育费附加税、营业税、城市维护建设税超出其订立合同时的预见范围,属于额外增加的交易成本,应当视为其因提前办理过户手续而产生的直接损失。法院认定,马某因提前办理过户手续而产生的上述税费损失应当归责于某中介公司的不恰当履行行为,某中介公司应当承担违约责任,赔偿马某上述损失。[2]

中介合同的违约责任应当包括合理的房屋价值损失。

【案例9-118】 李某诉千氏(北京)房地产经纪有限公司居间合同纠纷案

二审法院认为,关于千氏公司应当承担的违约责任。第一,关于定金损失。庭外和解协议中约定李某不再向黄某彬主张返还定金,该条约定符合法律规定,且即使庭外和解协议没有达成,黄某彬已经表示将另案起诉,故不属于李某没有采取适当措施致使损失扩大的情形,千氏公司对此应予赔偿。第二,关于房屋涨价损失。千氏公司作为专业房屋买卖中介机构,应当预见到因违反居间合同之约定,可能导致房屋买卖合同无法正常履行的法律后果。在本案房屋买卖合同解除的情况下,买受人已经丧失的定金,以及因购买同

---

[1] 参见国家法官学院、最高人民法院司法案例研究院编:《中国法院2022年度案例》(合同纠纷),中国法制出版社2022年版,第230~231页。北京市第一中级人民法院(2020)京01民终1753号民事判决书。

[2] 参见北京市高级人民法院编:《审判前沿——新类型案件审判实务》2012年第2集(总第44集),法律出版社2013年版,第58页。

样区位、同类品质的替代物所需要支付更高的价款,属于产生的合理损失,应由违约方按照法律规定承担相应的赔偿责任。[1]

中介人应对非准确性陈述造成的损失承担赔偿责任。

【案例9-119】 张某诉北京链家房地产经纪有限公司、金某华房屋买卖合同纠纷案

一审法院认为,对于张某要求链家公司承担违约责任一节,综合录音证据中链家公司工作人员对于理房通的介绍存在与事实不符的表述以及《理房通资金托管协议》签订时间明显晚于双方的房屋买卖系列合同的签订等情节,可以认定,链家公司在提供居间服务过程中存在瑕疵,应当对张某产生的合法合理损失承担相应的赔偿责任,本院将结合张某提交证据情况酌情予以判处。《居间服务合同》属于《房屋买卖业务签约文件合订本》中的一部分,链家公司辩称其作为居间方不应作为本案主体的意见,本院不予采信。一审判决被告链家公司赔偿原告5万元,原、被告双方均未上诉。[2]

中介人基于双方的委托,应当实际代为履行查档义务,其未实际履行,中介服务的瑕疵履行行为导致了房屋买卖合同的履行障碍,中介人应当就此承担违约责任。

【案例9-120】 刘某明诉于某威、北京我爱我家房地产经纪有限公司房屋买卖合同纠纷案

二审法院认为,居间人要求于某威提供原件大小的房产证复印件,并告知于某威缩印版无法查档。但根据高某的陈述,其并未去建委实际查档,而是依据经验判断缩印版的房产证无法查档。但《房地产登记技术规程》并未针对查询档案时需要提供房产证复印件的格式作出要求。故查档的程序未完成的根本原因在于,双方以及我爱我家公司事实上均未曾到不动产登记部门进行查询,即根本未启动查档工作。本案中查档义务是基于补充协议的约定而产生。查档并非促成房屋买卖合同的前提条件,而是房屋买卖合同的义务约定。本案中,买卖双方及高某均认可应由高某实际进行查档操作,不需要买卖双方到场。高某应当实际查询档案却未完成该工作,导致房屋买卖合同未能继续履行,我爱我家对此存在过错,应承担相应责任。[3]

---

〔1〕参见国家法官学院、最高人民法院案例研究院编:《中国法院2020年度案例》(合同纠纷),中国法制出版社2020年版,第84页。北京市第三中级人民法院(2018)京03民终第8237号民事判决书。

〔2〕参见国家法官学院案例开发研究中心编:《中国法院2019年度案例》(房屋买卖合同纠纷),中国法制出版社2019年版,第150页。北京市朝阳区人民法院(2016)京0105民初46007号民事判决书。

〔3〕参见国家法官学院案例开发研究中心编:《中国法院2019年度案例》(房屋买卖合同纠纷),中国法制出版社2019年版,第153~154页。北京市第一中级人民法院(2017)京01民终7966号民事判决书。

房地产中介人虚假宣传构成欺诈,委托人可以认定为消费者身份的可适用《消费者权益保护法》要求赔偿。

【案例 9-121】 张某林诉北京迎龙房地产经纪有限公司、涿州市金九房地产开发有限公司居间合同纠纷案

一审法院认为,本案的争议焦点系迎龙公司是否构成虚假宣传和金龙公司是否应当承担责任。(1)关于迎龙公司是否构成欺诈的问题。具体为迎龙公司是否表示了"京南一品"项目已经获得国有土地使用权证、实质占有土地、2017年春节后动工建设三个问题。从《商品房买卖协议书》第四条第四款之约定"甲方所售房屋地块规划用途为住宅,土地使用年限为2011年到2081年"来看,迎龙公司与金龙公司恶意串通,共同向张某林进行了虚假表示——"京南一品"项目获得了国有土地使用权证,事实上至今未获得国有土地使用权证。迎龙公司与金龙公司亦未向法院提交证据证明已经实质占地,从相关报道上看,应当认定九龙公司亦未实质占地。关于是否表示了2017年春节后动工建设的问题,根据迎龙公司推介目的和实际情况,在未出示预售许可证等相关证件的情况下,必然会以其他理由为项目的真实性提供佐证,法院采信张某林指摘迎龙公司表示2017年春节后动工的意见。综上所述,法院认定迎龙公司构成欺诈。(2)金九公司是否应当承担责任。在居间合同关系上,金九公司与迎龙公司系委托人与受托人关系,张某林与迎龙公司亦系委托人与受托人关系。迎龙公司应当忠实履行受托人的义务,但是迎龙公司虚构事实、隐瞒真相,使张某林作出错误的意思表示。迎龙公司与金九公司均构成欺诈,但两公司分别与张某林建立了居间合同关系和买卖合同关系,故双方的欺诈责任应分别在居间合同关系和买卖合同关系中解决。根据合同相对性,金九公司非居间合同相对人,不应承担居间合同欺诈的责任。综上所述,居间合同系受托人向委托人提供居间服务的契约,系服务的一种,委托人构成《消费者权益保护法》第二条规定之消费者概念,应当适用该法第五十五条之惩罚性赔偿性规定。因此,对张某林请求迎龙公司和金九公司退还其服务费并赔偿9万元的诉求,法院支持迎龙公司退还3万元并赔偿9万元,不支持金九公司退赔。二审调解结案。[1]

中介人炒房中违约责任的承担有其一定的特殊性。

---

[1] 参见国家法官学院、最高人民法院案例研究院编:《中国法院2020年度案例》(合同纠纷),中国法制出版社2020年版,第227~228页。北京市第三中级人民法院(2018)京03民终第9323号民事判决书。

【案例 9－122】 马某香诉徐某洋等房屋买卖合同纠纷案

判决观点,合同解除后,被告已经收取的房款应当予以返还。合同解除系争房屋被查封致使合同履行不能,被告理应承担相应责任。原告主张按照合同约定,以定金作为违约金,其酌情主张 180000 元。但原、被告居间合同中,关于定金已经予以画去,虽然原告辩称,其不清楚上述状况,但其所持合同中定金条款亦予以画去,且其支付的款项被告收条上也明确为首付款,故原告以定金 300000 元酌情主张违约金,于法无据。但被告违约行为确实给原告造成实际损失,且被告江某光以中介身份参与了原告与被告徐某洋、徐某交易过程,其作为专门从事居间业务的人员,且作为格式合同提供人,在其本人与被告徐某洋、徐某的买卖合同中明确约定了违约金数额,但在本人作为隐名出卖人的合同中却画去相关定金,对原告显属不公,本院参照原告实际损失及网签合同的违约金,酌情确定被告赔偿原告违约金 84000 元。被告徐某洋、徐某作为隐名代理人承担责任后,在代隐名出卖人被告江某光承担责任范围内有向其追偿的权利。原告还主张被告江某光因恶意串通、欺诈承担连带责任,于法无据,本院难以支持。[1]

汇率损失及其利息属于违约责任的赔偿范围。

【案例 9－123】 上海某测量公司诉西安某测量公司、M 某公司及第三人上海某集团公司中介合同纠纷案

判决观点,1.合同约定付款义务人支付对价的币种的,该约定具有约束力。付款义务人逾期付款的,应赔偿汇率损失;该汇率损失的计算方式为付款义务人应当支付的币种金额乘以自合同约定的付款日起至判决生效之日止中国人民银行公布的汇率中间价之差。2.权利人同时要求赔偿汇率损失的利息的,应予支持,但该利息的币种为人民币;上述利息的计算方式为以第一款确定的汇率损失为基数乘以自合同约定的付款日的次日起至判决生效之日止的自然天数,并按中国人民银行同期贷款利率计付。[2]

股权众筹平台中介合同虽然履行,但中介人存在违约行为的亦应根据具体案情承担相应责任。

---

[1] 参见国家法官学院案例开发研究中心编:《中国法院 2019 年度案例》(房屋买卖合同纠纷),中国法制出版社 2018 年版,第 167~168 页。上海市奉贤区人民法院(2017)沪 0120 民初字第 2554 号民事判决书。

[2] 人民法院案例库 2023－10－2－123－002。上海市杨浦区人民法院(2012)杨民二(商)初字第 S651 号民事判决书。

【案例9-124】 李某兵诉北京原始会投资管理有限公司、北京网信众筹网络科技有限公司居间合同纠纷案

二审法院认为,传统的居间合同关系中,居间人应承担媒介服务、如实报告义务。本案中,原始会投资公司作为股权众筹平台已尽到为李某兵提供媒介服务义务,虽然李某兵因投资涉案项目造成损失,但是此结果亦不能否认原始会投资公司媒介义务的履行。关于如实报告义务,居间人有义务对报告的内容进行必要的审查。因股权众筹涉及金融领域,从金融法的角度,并参考一般金融中介机构的共有义务来确定股权众筹平台至少应尽到的义务,故除媒介义务、如实报告义务外,股权众筹平台的义务范围还应包括投资风险提示、融资方及融资项目的信息披露、融资方的资质及融资项目的合法性审查、对融资项目真实性进行必要的审查以及忠实、勤勉对待投资人等。原始会投资公司作为股权众筹平台未尽到风险提示、项目审查以及忠实勤勉义务,存在一定程度的违约行为,应承担相应的违约赔偿责任。本案中,在确定原始会投资公司的损害赔偿范围上应结合可预见规则、各方过错程度等因素,法院据此酌定原始会投资公司向李某兵赔偿36000元。[1]

投资人发生损失后向融资人索赔,经法院强制执行后融资人的财产仍不足以承担对投资人的损失赔偿责任时,投资人以股权众筹平台违反义务为由请求股权众筹平台承担违约责任的,法院应综合股权众筹平台的违约程度、合理预见规则及有过失规则确定其承担相应补充责任。股权众筹平台承担的补充责任一般为有限的自己的责任,不能向融资人追偿。

【案例9-125】 陈某耘诉北京原始会投资管理有限公司、北京网信众筹网络科技有限公司居间合同纠纷案

二审法院认为,股权众筹平台是否违约、应当承担何种违约责任。从融资项目审查看,股权众筹平台在披露融资计划书之前,应当对融资项目的合法性进行严格审核。《融资计划书》载明了项目在新三板挂牌、资源优势等方面的投资亮点,投资亮点直接影响投资判断。但原始会公司在承诺有专业的投资团队及风控团队对项目进行全面分析和严格审核的同时,既未要求巨峰公司提交关于森林资源优势的依据,亦未要求巨峰公司披露财务状况或对其财务情况进行调查,现融资计划书中森林资源的内容涉嫌虚假陈述,巨峰公司融资成功后不久即被人民法院列入失信被执行人名单,原始会公司未尽到融资项目审查义务。从风险提示方面看,股权众筹平台有义务向投资人告

---

[1] 参见国家法官学院、最高人民法院案例研究院编:《中国法院2020年度案例》(合同纠纷),中国法制出版社2020年版,第74~75页。北京市第三中级人民法院(2018)京03民终5264号民事判决书。

知交易规则、揭示投资风险,保障投资人作出理性投资选择。原始会公司作为电子格式文本的提供方和电子数据的保管方,未能就提交的《用户注册服务协议》《风险提示书》与陈某某注册时勾选或公示的文件内容一致进行举证,应当依法承担不利后果。同时,从原始会平台《投资者手册》所处的页面位置来看,上述文件未处于页面显著位置。综合以上情况,可以认定原始会公司应当依法承担违约损害赔偿责任。但股权众筹属于金融投资活动,风险较大,投资人也应对投资选择尽到必要的注意义务。因此,根据责任与过错相适应原则及可预见性原则,综合考虑原始会公司、陈某某各自的过错程度、居间报酬的金额以及金融秩序维护等因素酌定原始会公司向陈某某赔偿18000元。另外,虽然陈某某基于不同法律关系享有多个诉权,但其通过不同的法律关系获得的全部赔偿金额应以实际损失为限。原始会公司向其作出赔偿后,陈某某不得再就该部分损失向其他主体追索。基于以上分析,酌定原始会公司按照其收取佣金的三倍标准向投资者承担违约损害赔偿责任。[1]

在确定中介人承担责任范围上,赔偿损失可以与违约金并用,但应遵循可预见性原则。

【案例9-126】 曾某阳诉广西中仪农业开发有限公司等居间合同纠纷案

一审法院认为,曾某阳已经促成了中仪公司与广西某公司房屋买卖合同的订立,履行了居间义务,但由于中仪公司的原因造成中仪公司与广西某公司解除房屋买卖合同,按照《协议书》的约定,中仪公司已经构成违约,应当承担相应的法律责任,故曾某阳要求中仪公司以及保证人谭某贵、韦某秋、韦某益、李某赔偿损失于法有据。根据居间协议约定的内容,如果中仪公司和广西某公司签署房屋买卖合同,并完成房屋过户,曾某阳可以获得1828400元服务费。但在签署房屋买卖合同后由于中仪公司资金不到位未能继续履行交易,双方房屋买卖合同解除,导致曾某阳未能按照居间协议书的约定取得1828400元的服务费用,该费用即合同履行后可以获得的利益,是中仪公司预见到的违约损失,因此,合同约定补偿金80万元并未超过违反合同一方订立合同时预见或者应当预见的范围。中仪公司不能依约给付上述补偿金,除应当继续支付补偿金外,还应承担违约责任,向曾某阳支付违约金。但曾某阳主张违约金按每日80万元的1%计算,计算标准过高,应予以调整,以月利率2%作为计算标准为宜。曾某阳主张的补偿金的性质属于双方约定的

---

[1] 参见最高人民法院中国应用法学研究所编:《人民法院案例选》2019年第4辑(总第134辑),人民法院出版社2019年版,第135页。北京市第三中级人民法院(2018)京03民终5189号民事判决书。

在中仪公司不履行合同的情况下曾某阳的损失,曾某阳享有损害赔偿请求权,其损害赔偿的内容为履行利益,即正常履行情况下曾某阳可以获得利益损失。该项损失的数额已由双方的约定确定,曾某阳无须再举证证明其损失程度。由于双方对该损失的数额约定了明确的支付期限以及逾期支付的违约责任,而中仪公司逾期支付,应按约定承担违约责任,即支付违约金。因此,曾某阳主张的补偿金与违约金并不属于重复请求。二审法院同意一审法院裁判意见。[1]

中介人赔偿责任范围。《民法典》第九百六十二条第二款规定了中介人违反如实报告义务的法律后果,即丧失报酬请求权和承担损害赔偿责任。但是此处仅仅规定了中介人"应当承担损害赔偿责任",并没有明确此种责任的性质,也未对赔偿的范围进行确定。对此有不同观点,笔者认为,中介合同具有特殊性,中介人并不是合同当事人,因此不能以合同的实际损失要求中介人承担损害赔偿责任,其承担的应当是一种不真正的连带责任,应以其过错程度确定其赔偿责任范围。如李某东诉上海汉宇房地产顾问有限公司居间合同纠纷案。[2]

(三)中介合同无效处理

对中介合同无效的,法院应依法确认其无效,并不支持中介人主张给付中介报酬诉讼请求。

【案例9-127】 北京戎信建筑装饰工程有限公司诉光大国际建设工程总公司居间合同纠纷案

二审法院判决,北京戎信建筑装饰工程有限公司与光大国际建设工程总公司签订的联合协议无效,驳回北京戎信建筑装饰工程有限公司的诉讼请求。[3]

中介服务协议实质上是将建设工程介绍转包的违法行为应认定为无效协议,以此为据主张中介服务费的,法律不予支持。

---

[1] 参见国家法官学院、最高人民法院案例研究院编:《中国法院2020年度案例》(合同纠纷),中国法制出版社2020年版,第231~232页。广西壮族自治区柳州市中级人民法院(2018)桂02民终1316号民事判决书。
[2] 参见《最高人民法院公报》2015年第2期。
[3] 参见最高人民法院中国应用法学研究所编:《人民法院案例选》2006年第2辑(总第56辑),人民法院出版社2006年版,第298页。

【案例9-128】 张某庆诉江苏甲建设集团有限公司、黄某良居间合同纠纷案

二审法院认为,张某庆与甲公司签订的居间服务协议,虽然形式上符合居间合同的基本要件和内容,但实质上是将双方明知由乙公司中标承建的涉案工程介绍转包给甲公司承建,因转包工程的行为本身已经违反了建设工程相关法律规定,故双方以此目的订立的居间合同属于以合法形式掩盖非法目的,且违反法律、行政法规的强制性规定,应为无效。故对于张某庆依据该无效协议所主张的居间服务费,不予支持。[1]

在中介合同纠纷中,中介人未尽如实报告义务,在其促成的合同被认定为无效时,中介人不得要求买受方支付中介报酬;因此造成买受方损失的,中介人承担赔偿责任。

【案例9-129】 王某树与厦门高鹏房地产营销策划有限公司居间合同纠纷案

二审法院认为,据原审查明,本案案外人黄某明出售讼争房产给王某树的行为已被认定为合同诈骗。既为合同诈骗,黄某明与王某树签订的合同即为无效合同。而高鹏公司作为中介方,依照《合同法》的相关规定……故居间人在进行居间活动时对讼争房产应当进行审查,对于影响交易的重要事实对委托人应当如实报告。案外人黄某明因未偿还诉争房产贷款已于2012年8月13日被法院判决需偿还贷款。而该事实与本案交易有重要联系,但高鹏公司并未审查,也未如实向王某树报告,可见高鹏公司未尽到居间人的义务,损害了委托人的利益,且诉争房屋买卖合同无效,其不得要求支付报酬。原审判决其返还中介费正确,本院予以维持。[2]

在房屋买卖与中介混合合同纠纷案中,就合同无效承担赔偿责任而言,中介公司作为中介人仅在委托人与第三人之间充当媒介,仅是促成双方交易或签约的人,最终合同的权利义务是由合同的双方当事人协商后达成一致的,故一旦双方因合同的履行产生争议,不能无限地扩大中介人应承担责任的范围,除中介人故意隐瞒或合同有约定外,一般情况下中介人不宜承担连带责任。个案中,综合中介公司的过错程度及具体案情,法官可裁量中介人承担补充清偿责任。

【案例9-130】 董某春诉阮某鹏等房屋买卖合同及居间合同纠纷案

二审法院认为,本案各方当事人签订的合同名为《房地产买卖合同》,但

---

[1] 江苏省高级人民法院(2015)苏民终字第607号民事判决书。
[2] 参见最高人民法院中国应用法学研究所编:《人民法院案例选》2015年第4辑(总第94辑),人民法院出版社2016年版,第155页。福建省厦门市中级人民法院(2014)厦民终字第2034号民事判决书。

其中既包括房屋买卖合同法律关系,又包括居间合同关系;从董某春的诉讼请求来看,其既要求房屋买卖合同的相对人阮某鹏、李某燕承担责任,又要求居间人承担责任;本案两个法律关系具有关联性,且原审判决家家顺公司承担责任,即对居间合同也进行了实质审理,因此,本案案由应为房屋买卖合同、居间合同纠纷。……家家顺公司作为居间人,有义务核实房屋相关情况,而房屋是否抵押、是否被查封均是房屋买卖中的重大事项,即使阮某鹏提供的房屋查询资料中没有查封情况资料,家家顺公司也应主动核实;况且从2010年5月27日的查封资料可见,档案馆提供的查询资料是加盖有骑缝印的,若阮某鹏故意隐瞒查封资料,则骑缝印必然不完整,家家顺公司作为专业经纪人对此显然应当发现,家家顺公司称阮某鹏只提供房屋基本资料与抵押资料不成立。再者,在通常情况下,即使无查封、无抵押,档案馆也会出现《无查封、无抵押证明》,据此,本院认定家家顺公司在向董某春提供居间服务时,故意隐瞒了房屋被查封的事实。家家顺公司未履行居间合同中如实报告义务,损害了董某春的利益,董某春要求其承担损害赔偿责任应予支持。原审认定家家顺公司应承担补充清偿的过错责任正确。[1]

对于以虚假诉讼主张中介服务费的,法律不予支持。

【案例9-131】 张某端等诉广西大将运输有限责任公司等居间合同纠纷案

一审法院认为,1.关于居间合同的真实性。(1)对于居间服务费,合同约定过高,对以营利为目的的公司不具备合理性;且合同约定的支付期限,与公众的道路运输经营许可证有效期以及客运班线的经营期限、车辆使用期限的规定明显不符。(2)对于合同签订时间、在场人及三人合作时间、张某礼、张某端、张某陈述前后不一。(3)对于合同上加盖的公章,并非公司当年使用的公章。2.关于广西大将公司的责任。张某礼未经公司股东决议及法定代表人同意,作出的欠款确认函(欠条)等不能作为公司的真实意思表示。综上所述,张某端、张某不能证明本案债务的真实性、合法性,不具备原告的诉讼主体资格,依法驳回起诉,并对张某端、张某、张某礼作出罚款处理。二审法院认为,广西大将公司并非居间合同的当事人,且该合同关于居间费的约定与公司向挂靠车辆车主收取管理费的收入明显不对等,与公司道路运输经营许可有效期的事实以及客运班线经营期限、汽车使用的情况明显不符。同时,加盖广西大将公司公章,同意承继居间服务费债务的有关书证,均出具于公司公章由张某礼管理期间,因张某礼非公司的法定代表人,故不能认定

---

[1] 参见国家法官学院案例开发研究中心编:《中国法院2014年度案例》(房屋买卖合同纠纷),中国法制出版社2014年版,第134页。

此行为是广西大将公司的意思表示。二审法院裁定:驳回上诉,维持原裁定。[1]

(四)双方违约或双方有过错处理

实践中,委托人与中介人均违反中介合同约定的,按双方违约处理。

【案例9-132】 昆明世居房地产经纪有限公司诉李某等居间合同纠纷案

判决观点,原告并没有证据证明自己在知晓两被告拿到了房屋产权证后,积极地履行合同约定的义务为两被告办理房屋相关过户手续和进行房屋交接。而被告也没有证据证明其按合同约定配合原告办理房屋的相关过户手续和进行房屋交接。所以原告与两被告都违反了合同约定,应当各自承担相应的责任。对于中介费,法院认为应当根据合同约定由被告钱某霞承担,李某不应当承担责任;而对于具体金额应当按人民币5000元进行支付,因为原告只履行了约定的部分服务业务,所以中介费应当进行扣减。关于实现债权的费用,法院认为反诉原告并没有证据证明该费用已经产生,故对此不予支持。[2]

司法实践中,当房屋交易未能完成,系双方的过错所致,对于委托人支付给中介人的各项费用或遭受的损失应当根据双方的过错,结合案件的具体情况酌情确定。

【案例9-133】 王某等诉蒋某和等房屋买卖合同纠纷再审案

再审法院认为,根据买受方、出卖方、第三人各自的过错,并综合考虑出卖方在房屋转让、第三人在居间服务过程中所获取的收益等因素,法院酌情决定出卖方应赔偿买受方因车位交付不能所遭受的损失中的40%,两第三人分别赔偿损失中的20%,其余损失由买受方自行承担。根据当事人一致认可的车位价值11万元,法院最终确定出卖方应赔偿买受方损失44000元,两第三人分别赔偿买受方损失22000元。[3]

---

[1] 参见国家法官学院案例开发研究中心编:《中国法院2012年度案例》(合同纠纷),中国法制出版社2012年版,第136~137页。广西壮族自治区高级人民法院(2010)桂立民终字第44号民事裁定书。

[2] 参见国家法官学院案例开发研究中心编:《中国法院2012年度案例》(合同纠纷),中国法制出版社2012年版,第148页。云南省昆明市盘龙区人民法院(2010)盘法民三初字第034号民事判决书。

[3] 参见国家法官学院案例开发研究中心编:《中国法院2013年度案例》(合同纠纷),中国法制出版社2013年版,第225页。浙江省慈溪市人民法院(2011)甬慈民重字第2号民事判决书。

【案例 9-134】 何某芳诉北京博爱房地产经纪公司居间合同纠纷案

判决观点,何某芳不具备在京购房资格,博爱公司继续为何某芳提供居间服务至完成涉诉房屋所有权变更登记实为不能。因 2011 年 2 月 15 日发布《通知》,而何某芳签订《居间成交确认书》的时间为 2012 年 2 月 11 日,何某芳作为购房者应当知晓上述购房政策。何某芳作为完全行为能力人,应对自身行为有足够的辨认和控制能力,其在明知无购房资格的情况下,支付购房定金并支付办理购房资格的费用及其他费用,存在一定过错。博爱公司系专业从事房地产的经纪公司,理应知悉北京市有关住房限购政策,在其提供居间服务过程中,应及时且详尽地告知购房人相关的政策内容,且对购房人是否具备购房资格负有审核的义务。博爱公司在明知何某芳不具备购房资格的前提下,与何某芳形成居间合同关系,并代收办理购房资格费用及其他费用,故博爱公司存在过错。因双方对房屋未实际成交均有一定过错,应当各自承担相应的责任,故对何某芳要求博爱公司赔偿其购房定金损失,及博爱公司反诉要求支付其居间报酬的请求,均不予支持。根据双方各自的过错,法院酌情确定博爱公司返还何某芳办理购房资格费用 10000 元及其他费用 11000 元。[1]

【案例 9-135】 陈某伟诉张某秀等居间合同纠纷案

判决观点,四被告作为居间人,在没有核实指标房信息的情形下,就散布虚假售房信息,向原告提供的系虚假情况,存在重大过错,原告作为购房者,很大程度上基于对居间人的信赖决定自己的行为,居间人依法应当对原告的损失承担相应的赔偿责任。但本案原告在订立买卖合同和支付购房款时,也未尽到审慎的注意义务,对损失的发生亦有一定的责任,应自行承担部分责任,并确定被告居间方承担全部购房款损失的 70%,即 96600 元(138000元×70%)。四被告提供虚假信息,应将中介费 2000 元退还给原告。四被告在承担相应赔偿责任后可向案外人曹某主张权利。[2]

【案例 9-136】 侯某喜诉北京强建馨居信息咨询中心、宋某君居间合同纠纷案

一审法院认为,侯某喜经强建中心介绍,与刘某利签订了房屋买卖协议,强建中心收取侯某喜中介费 7000 元,强建中心与侯某喜之间属居间合同关系。侯某喜因刘某利的诈骗,遭受了经济损失,(2015)延刑初字第 10 号刑事

---

[1] 参见国家法官学院案例开发研究中心编:《中国法院 2014 年度案例》(合同纠纷),中国法制出版社 2014 年版,第 232 页。北京市顺义区人民法院(2012)顺民初字第 5968 号民事判决书。

[2] 参见国家法官学院案例开发研究中心编:《中国法院 2016 年度案例》(合同纠纷),中国法制出版社 2014 年版,第 228 页。湖南省资兴市人民法院(2014)资民二初字第 436 号民事判决书。

判决书生效后,刘某利并未退赔该 15 万元。因此,该 15 万元购房款应认定为侯某喜的损失。本案争议焦点在于强建中心及宋某君对侯某喜被刘某利诈骗的 15 万元购房款是否应当承担赔偿责任。买房人侯某喜明知自己作为大兴区的城市居民,无权在延庆县购买农村平房,依然与刘某利签订房屋买卖协议。且作为买卖合同一方当事人,在没有严格审查房屋产权手续的情况下,即支付购房款,应对自己遭受的损失承担主要责任。强建中心作为专业中介服务机构,在进行居间服务时应对房屋性质及房屋权属证明等重要事项信息进行调查核实。强建中心没有尽到合理的审查义务,对侯某喜遭受的 15 万元购房款损失承担次要责任。根据侯某喜、强建中心的过错程度,酌定双方的责任比例为 7∶3。宋某君作为强建中心的员工,其履行职务行为的法律后果应由强建中心负担。二审法院亦持同样意见,维持一审判决。[1]

对于双方过错程度,由法官根据案情裁量中介人在相应的范围内承担赔偿责任。

【案例 9-137】 李某东诉上海汉宇房地产顾问有限公司居间合同纠纷案

一审法院认为,汉宇地产在本案中虽然进行了一定的调查、核实行为,但未就系争房屋是否存在一房二卖、公证书是否系伪造等事宜进行调查,导致原告损失发生。原告也存在过错,未将定金交与汉宇地产保管,对公证书的真实性未尽到注意义务。因此,双方应各自承担相应的责任。被告在 3 万元的数额范围内承担补充赔偿责任。二审法院认为,根据二审查明的事实,伪造的公证书中载明的蔡某出生日期与其身份证号码记载不一致,该事项无须专业知识即可判断。在公证机构无法提供电话核实真伪的情况下,汉宇地产理应赴公证机构进行现场核实,但汉宇地产未采取前述措施。而根据上诉人李某东在二审时的陈述,其在付款前已注意到公证书存在的问题并提出异议,李某东完全有机会主动核实公证书真伪后再行付款。由于李某东、汉宇地产均未尽到前述审慎义务,致使李某东本人成为周某合同诈骗的被害人。汉宇地产作为专门从事居间活动的单位,开展经营业务应尽职尽力维护委托人的利益。根据查明的事实,汉宇地产经办本案居间业务的工作人员不具备经纪人资格,未认真核查系争房屋已被出卖情况,未严格按照合同约定履行定金保管义务,致案外人周某得以实施诈骗,继而造成李某东损失。综合前述情况,李某东提出汉宇地产在 10 万元范围内承担补充赔偿责任,尚属合理,可予支持。对一审判决作相应调整。二审法院改判,汉宇地产在 10 万元

---

〔1〕参见国家法官学院案例开发研究中心编:《中国法院 2017 年度案例》(合同纠纷),中国法制出版社 2017 年版,第 212 页。北京市第一中级人民法院(2015)一中民(商)终字第 8999 号民事判决书。

范围内就周某刑事退赔不足部分对李某东承担补充赔偿责任。[1]

【案例9-138】 北京我爱我家房地产经纪公司诉郭某、孙某、袁某玉居间合同纠纷案

二审法院认为,《居间服务合同》约定了我爱我家公司的居间服务内容,关于向买房人介绍房屋周边环境的内容并未明确约定,故该项义务不属于我爱我家公司的合同义务。垃圾站和公厕属于市政建筑,且位置处于市政道路旁边,周边未被遮挡,如果稍加留意,应当可以发现。郭某、孙某作为买房人,尤其是为老人和孩子购买房屋,其对房屋的环境有较常人更为严格的要求,故其在购房过程中应当对房屋本身及周边环境作进一步了解,或者提出明确具体的要求。从其签订的一系列协议内容看,郭某、孙某仅对涉案房屋的学区房名额未被占用一事提出了明确要求,在未对房屋周边环境考察清楚的情况下即签订了购房合同,郭某、孙某对于后来与卖房人解除合同结果的发生自身亦存在一定过错。在郭某、孙某与袁某玉签订的《补充协议》中二人称其自身原因不再购买涉案房屋,解除合同后其将全部责任推由居间人我爱我家公司承担,有违公平原则,对于其要求我爱我家公司承担全部定金损失及违约金的诉讼请求,法院将根据双方的过错程度予以酌定。另外,垃圾站和公厕系特殊用途的市政建筑,虽然在其建立时应当评估过对相邻建筑的影响,但该特殊建筑与涉案房屋相邻有可能对购房人的购房意愿产生一定影响。我爱我家公司作为一家知名中介公司,在收取高额居间费用的同时也应当提供更加优质及人性化的居间服务。对于涉案房屋与垃圾站相邻的事实,郭某、孙某在实地看房时并未发现,虽然告知该事项并非我爱我家公司的合同义务,但从社会公众普遍接受程度考量,其应当在居间服务过程中进行必要的提示,我爱我家未进行必要提示亦存在一定过错,其无权主张全部居间费用和违约金,对于郭某、孙某所主张的定金损失亦应承担相应责任。[2]

个案中,法官根据具体案情裁定承担赔偿损失责任的比例。

【案例9-139】 李某诉千氏(北京)房地产经纪有限公司居间合同纠纷案

二审法院认为,定金及房屋涨价损失的具体金额及承担。第一,李某作为完全民事行为能力人,应当知晓依法成立的合同对当事人具有法律约束力。在房屋买卖合同以及补充协议均未列明李某母亲可以作为房屋买受人,亦未约定李某有权单方指定其他买受人、出卖人亦未明确表示同意的情况

---

[1] 参见《最高人民法院公报》2015年第2期。
[2] 参见国家法官学院案例开发研究中心编:《中国法院2018年度案例》(合同纠纷),中国法制出版社2018年版,第253页。北京市第一中级人民法院(2016)京01民终字第199号民事判决书。

下,李某以其母亲作为买受人,并单方提供了其母亲的相关资料交付千氏公司办理网签协议,对此李某存在明显过错。此外,在出卖人明确表示不同意由李某母亲作为房屋买受人后,李某未能及时使自身具备购房资格,亦导致了损害结果的发生。法院综合全案情况,认定李某与千氏公司对于损失金额发生具有同等过错,千氏公司承担一半的损失赔偿金额。第二,李某在接到黄某彬的解除合同通知后,可以及时通过购买替代房屋方式防止损失扩大。如李某在合理的期间内进行了替代性房屋的购买,其所购买同样区位、同类品质的房屋所支出的额外成本,在合理的范围内应由千氏公司承担;如李某未在合理的期间内购买替代性的房屋,按照减损规则的要求,其对于此后房价上升的风险与损失应由自己承担。鉴于李某未进行替代性房屋购买,法律原则上只能确定合理的评估鉴定时点,以确定李某合理的可得利益损失金额。法院生效判决确认房屋买卖合同于2015年11月9日解除,此时点应作为合同无法履行的确定时点,法院亦应以此时点评估房屋价值,并作为对买受人的可得利益损失予以赔偿的依据。而本案鉴定机构作出《房地产估价报告》时,距离合同解除时间已两年有余,房屋价格的大幅上涨已超出了一般人的合理预期,一审法院以此估价结果作为确定李某可得利益损失的计算依据,明显不当。法院认为,考虑到诉讼的周期以及重新鉴定的时间成本,在认定李某预期可得利益损失时,对涉案房屋的价值及合理升值部分不再予以重新评估鉴定,而是参考房屋买卖合同解除时的市场价格及房屋升值的具体情况,并结合李某已经投入的购房成本等因素,酌定房屋涨价差值为50万元。根据前述李某与千氏公司的过错责任比例,法院将千氏公司应当承担的房屋涨价损失调整为25万元。[1]

在委托人与中介人各有不当行为时,应分别处理。对委托人而言,如因合同无违约金约定而不支付违约金,但对已接受中介服务的应支付中介费。对中介人而言,因其恶意行为有违诚信原则,对其造成委托人经济损失的应予赔偿。

【案例9-140】 许某诉上海辉腾房地产经纪有限公司居间合同纠纷案

一审法院认为,许某与辉腾公司及房屋出售方签订《房地产买卖居间协议》后如不再购买协议中约定的房屋,理应及时告知辉腾公司及房屋出售方,并就解约事宜签订相关协议,然许某在既未告知辉腾公司,又未与房屋出售方解约的情况下,又与案外人朱某某、沈某某签订《上海市房地产买卖合同》,购买他房,许某行为不当;辉腾公司在明知许某不再购买居间房屋,且许

---

〔1〕 参见国家法官学院、最高人民法院案例研究院编:《中国法院2020年度案例》(合同纠纷),中国法制出版社2020年版,第85页。北京市第三中级人民法院(2018)京03民终第8237号民事判决书。

某已有一套住房的情况下,擅自对许某与出售人朱某华就上海市浦东新区南码头路某弄某号某室房屋买卖合同进行了网上备案,造成许某属国家政策中规定的限购对象,辉腾公司由此造成许某的经济损失,应承担相应的赔偿责任。现许某要求辉腾公司赔偿经济损失,法院予以支持,具体的金额应根据许某实际的支出、所购房屋的上涨因素及辉腾公司的行为过错程度由法院酌定;居间合同是居间人向委托人报告订立合同的机会或者提供订立合同的媒介服务,委托人支付报酬的合同。许某与辉腾公司及朱某华签订的《房地产买卖居间协议》合法有效,对合同当事人具有法律约束力,许某理应支付佣金,因居间合同属服务性合同,辉腾公司的居间行为虽已完成,但尚有相关的服务事项未履行,故双方约定的佣金,由法院核减;辉腾公司要求许某支付违约金,因双方合同未约定,故法院不予支持。一审法院判决,被告辉腾公司赔偿原告许某经济损失 21 万元,反诉被告许某赔偿反诉原告辉腾公司居间服务费 3 万元。二审法院维持一审判决。[1]

应当注意的是,办理房屋过户等事宜仅为中介人提供的附加服务,并非主合同义务,房屋买卖双方在履行合同过程中即使出现违约行为,也不会损害中介人的合法权益,故而不存在向中介人承担违约责任的情况。

【案例 9-141】 全房公司诉刘某高、马某居间合同纠纷案

判决观点,全房公司为刘某高、马某及卖房人提供房屋出售的相关信息,并促双方订立房屋买卖合同,全房公司与刘某高、马某系居间合同法律关系。合同中有关中介费金额的约定有两处,即"违约方同时承担向全房公司支付合同值 4% 的中介费,并承担因此而产生的诉讼费和合理律师费"与"刘某高、马某支付中介费 1.9 万元给丙方全房公司",前者内容均为打印,后者"壹万玖仟"四个字为手写。因合同约定"本合同手写部分项填写内容与印刷文字内容不一致的,以手写项优先",结合全房公司陈述其一般收取的中介费为房屋成交价的 2%,或协商在此基础上打折,故刘某高、马某应付全房公司的中介费为 1.9 万元。因刘某高、马某已支付中介费 1000 元,还需支付全房公司剩余中介费 1.8 万元。关于全房公司主张的刘某高、马某违约时另行支付合同值 4% 的中介费 55920 元。法院认为,首先,对于合同值 4% 的中介费约定在合同违约责任部分,该部分内容是针对房屋买卖双方违约责任的相关约定,即违约方除承担定金损失外,还需同时承担向全房公司支付中介费的责任等。该约定的目的是确认一方违约时中介费由违约方承担,而非确认违约时的中介费数额。其次,全房公司提供的居间服务在促成刘某高、马某

---

[1] 参见郭伟清主编:《2015 年上海法院案例精选》,上海法院出版社 2016 年版,第 49~50 页。

与卖方订立合同后已完成，合同约定的办理房屋过户等事宜仅为全房公司提供的附加服务，买卖双方在履行合同过程中是否违约并不会损害全房公司的合法权益，不存在向全房公司承担违约责任的情况，这一点从合同约定的"合同值4%"是"中介费"而非"违约金"也可以看出。最后，全房公司系提供房屋中介服务的专业主体，交易合同系由全房公司制作、提供，全房公司作为居间第三方，并不涉及合同违约责任。综上，全房公司主张刘某高、马某另行支付中介费55920元缺乏事实依据，法院不予支持。判决：刘某高、马某向全房公司支付居间费1.8万元、支付律师费3000元。〔1〕

目的合同部分无效时中介报酬的判定是审判中的疑难问题。合同法对中介报酬作了原则性规定，一般情况下，中介人只要按照中介合同约定全面履行中介义务并促使双方订立合法有效的合同，即有权向委托人或交易双方收取中介报酬。在目的合同因为违反法律禁止性规定而部分无效时，按照法律规定委托人可以拒绝或减少报酬，但存在例外情况。

【案例9-142】 陈某强诉丰源船舶公司等居间合同纠纷案

委托人对目的合同无效本身存在一定过错，在土地转让协议签订时，被告公司明知土地转让协议中园地的国有土地使用权是依法不准出让的，但仍与三门湾育苗公司订立了协议，其应对该合同部分无效的后果承担一定责任。同时，虽然园地的过户手续无法办理，但丰源船舶公司一直实际占有、使用并管理该土地，享受了实际利益，即合同的目的其实已经实现。而且2006年三门等沿海一带正处于船舶制造业蓬勃发展的时期，被告公司当时需要尽快拿到涉诉土地以便投入生产营利，故其当时向原告允诺180万元的居间报酬也在情理之中，而且承诺报酬的欠条出具的时间为2013年6月3日，并非发生在居间服务前，而是事后两被告对原告的居间行为所得报酬的清算。一审法院认为，对于居间报酬，因欠条中明确载明了居间费用，且该欠条出具的时间是2013年6月3日，是两被告对原告居间行为报酬的事后确认和结算，故对原告主张予以支持，遂判决被告丰源船舶公司按约定支付给原告居间报酬150万元及利息，被告潘定中对上述款项承担连带清偿责任。二审法院裁定本案按撤诉处理，双方当事人均按原判执行。〔2〕

职务行为与个人行为混合的责任认定是实践中的难点。在中介机构的工作

---

〔1〕 参见国家法官学院、最高人民法院司法案例研究院编：《中国法院2021年度案例》（合同纠纷），中国法制出版社2021年版，第72~73页。江苏省常州市钟楼区人民法院（2019）苏0404民初5048号民事判决书。

〔2〕 参见《人民法院报》2015年12月3日，第6版。浙江省台州市中级人民法院（2014）浙台商终字第846号民事判决书。

人员中介行为构成职务行为,但工作人员个人收取买受人款项不构成职务行为也不构成表见代理的情形下,买受人将款项汇入工作人员的个人账户,显然存在重大过失,其只能向工作人员个人主张。

【案例9-143】　蔡某江诉厦门嘉汇联贸易有限公司居间合同纠纷案

　　二审法院认为,本案的争议焦点系曾某辉的收取车款行为是否系职务行为,厦门嘉汇联贸易有限公司是否应对曾某辉的收款行为承担还款责任。首先,因曾某辉系作为厦门嘉汇联贸易有限公司的职员接洽蔡某江,为蔡某江提供二手车的导购服务。之后虽然并非厦门嘉汇联贸易有限公司提供车源,但曾某辉为其提供车源信息,并促成合同签订,故其提供购车居间服务的行为属于职务行为。关于厦门嘉汇联贸易有限公司是否应对曾某辉的收款行为承担还款责任。曾某辉履行二手车导购行为属于职务行为,但其作为业务员以个人账户收取车款,在没有公司明确授权的情况下,应当认定为超越权限。而作为买受人的蔡某江在未向厦门嘉汇联贸易有限公司核实曾某辉是否享有收取车款的职权,且在厦门鑫招宝信息咨询有限公司明确告知其应通过车付宝付款的情况下,仍违反《二手车交易合同》约定擅自将款项支付至曾某辉个人账户,未尽基本的谨慎注意义务,其主观明显存在重大过失。曾某辉的名片显示的内容为273中国二手车交易网,提供资金代结算服务,而并非其个人存在收款服务范围。故曾某辉的收款行为系超越其职务范围,依法不应认定为职务行为。原审判决认定曾某辉收取车款系职务行为,事实认定不清,应予纠正。因曾某辉私自收取车款,蔡某江将车款支付给曾某辉个人账户存在重大过失,故相应的后果应由曾某辉承担,厦门嘉汇联贸易有限公司无须承担还款责任。综上,原审判决认定事实有误,适用法律不当,依法予以改判。[1]

(五)独家中介合同纠纷处理

　　所谓独家中介合同,是指委托人和中介人在中介合同中约定中介人是唯一进行中介活动的人。该类合同中介主体是特定的,集中表现在房产独家销售即独家中介。对于独家中介在违约责任认定及报酬支付上有不同意见,就委托人在签订独家中介合同应从其约定排斥第三人中介问题上,有学者认为,这种观点不符合居间合同的性质,因为居间合同仅仅是提供信息和交易机会,没有必要也不可能

---

〔1〕参见国家法官学院案例开发研究中心编:《中国法院2018年度案例》(合同纠纷),中国法制出版社2018年版,第249页。福建省厦门市中级人民法院(2016)闽02民终字第1096号民事判决书。

进行排他的居间活动。从居间合同的订立目的来看,其就是要促成合同的订立,如果允许独家居间,就与该合同的目的相违背。即使合同约定由独家居间,委托人不通过独家的居间人销售,也不会损害所谓独家居间人的利益,因此该种约定在法律上没有意义。当然,如果在实践中,双方订立了居间合同,委托人又委托其他人从事居间并损害了先前居间人的利益,先前的居间人仍可以获得相应的报酬。另外,如果居间人报告了合同机会,而委托人故意私下与第三人订立合同,以免予支付居间费用,此时,居间人仍然应当获得报酬。所以,当事人独家居间的约定不应当认可其效力,但是,会影响到居间人报酬的给付。[1] 笔者同意学者观点,根据中介合同性质和原理,委托人可以邀请多个受托人从事中介活动,委托人违反独家中介合同约定又委托第三人中介的不构成违约,一般情况下不支付报酬,在例外情况如损害中介人利益时仍应支付报酬。

(六)中介合同撤销纠纷处理

在中介合同中同样适用缔约过失责任的法律规定。缔约过失责任可以分为两种情形,第一种是应作为而不作为的隐瞒,第二种是作为性的误导欺诈。构成应作为而不作为隐瞒的前提是与订立合同有关的重要事实应予披露,不得隐瞒。但何为与订立合同有关的重要事实,即信息披露的范围,则需要由法官在法律适用中通过个案去构建。个案中,认为按日常生活经验及民间习俗,房屋内若发生自杀等非正常死亡事件,往往会使房屋的价值减损,对于房屋的出售价格产生实质性影响,从而影响买受人的缔约基础,应属于出卖人需要披露的信息。也就是说,凡是足以影响商品交易价格的信息都必须正确地加以提供。中介人未提供足以影响商品交易价格构成欺诈的,委托人有权请求予以撤销。

---

〔1〕 王利明:《民法疑难案例研究》(最新修订版),中国法制出版社 2010 年版,第 185 页。

专题十　行纪合同纠纷

行纪合同作为古老的合同类型虽是有名合同，但适用范围窄，仅限于贸易活动，且行纪人一般只有经过国家有关部门审查、登记后才能营业。本专题对实践中存在一定分歧或疑难问题加以探讨。

一、行纪合同理解

(一)行纪合同含义

《民法典》第九百五十一条规定:"行纪合同是行纪人以自己的名义为委托人从事贸易活动,委托人支付报酬的合同。"何为行纪业务,法律没有规定,一般是指以自己的名义为他人进行商业上的交易业务,如财产买卖、有价证券买卖、代为保险、代为出版、代为租赁、代售入场券、代登广告等。行纪合同自双方当事人意思表示一致即告成立,无须以实物的形式作为合同成立要件。合同一经成立,双方当事人之间互有权利义务。合同的成立原则上无须特定的形式,口头、书面或按交易惯例均可成立合同,除非有法律规定或者依提供服务性质应当采取书面形式。

行纪合同主要特征,其一,行纪主体具有一定限定性。在我国现行法律规定框架下,从事行纪业务的法人或自然人必须经过法定手续批准才能经营,但是,对于行纪合同的委托人却不存在限制性规定。其二,行纪人以自己的名义为委托人办理委托事务。委托人与行纪人存在合同关系,委托人与第三人之间不存在直接的权利义务关系,第三人无须知道委托人的身份,委托人有错误或被欺诈的行为不能成为该法律行为无效或被撤销的原因。其三,行纪人需为委托人之利益办理委托事务。行纪合同的最终目的是将行纪人为委托人所为一定贸易行为的利益归属于委托人,同时应承担的责任亦归属于委托人。其四,行纪合同标的为行纪人为委托人进行特定的贸易活动。其五,行纪合同属于有偿性、诺成性、双务性、不要式合同。其六,行纪人在履行合同过程中,为委托人提供一定的服务,代他人处理某种事务,通过完成受托事务,获得间接的利益。其七,行纪合同是委托合同的一种特殊形态,因其提供劳务归属于服务合同范畴。其八,行纪合同除适用《民法典》合同编第二十六章规定外,根据《民法典》第九百六十条规定:"本章没有规定的,参照适用委托合同的有关规定。"

(二)委托人权利义务

委托人的权利,可以概括为以下四项,一是指示权,委托处理一项或数项事务,也可以概括指示处理一切事务。二是知情权,对委托处理事项过程和结果知悉情况。三是领取权,领取委托处理的财产或结果。四是任意解除权,委托人可以随时解除行纪合同,但应赔偿行纪人因此受到的损失。

委托人的义务,主要指,一是按约定支付处理报酬,即《民法典》第九百五十九条的规定。二是及时受领行纪人的处理结果。三是取回义务。

(三)行纪人权利义务

行纪合同中行纪人的权利,主要指,一是行纪人依据合同约定要求支付报酬。二是在委托人经催告无正当理由受领的,行纪人可以提存,即《民法典》第九百五十七条规定。三是行纪人卖出或者买入具有市场定价的商品,除委托人有相反的意思表示外,行纪人自己可以作为买受人或者出卖人。四是行纪人完成或部分完成委托事务的,在委托人逾期不支付报酬时,行纪人可以留置委托物,即《民法典》第九百五十九条规定。五是行纪人在不能及时与委托人取得联系时,可以合理处分有瑕疵、容易腐烂、变质物。

行纪人的义务,可以概括为以下七项,一是负担行纪费用,但可以另有约定。二是价格遵守义务。行纪人以低于委托人指定的价格卖出或者以高于委托人指定的价格买入的,应当经委托人同意。三是妥善保管委托人的财物义务。《民法典》第九百五十三条规定,行纪人对占有委托物负有妥善保管义务。该义务成立的前提是占有委托物,行纪人未占有委托物的不负有此项义务。这里的委托物,应当解释为委托卖出之物或委托买入之物。委托物应作广义的理解,不仅指动产,还应当包括有价证券、票据、提单等权利凭证。四是直接履行义务,行纪人与第三人订立合同的,对该合同直接享有权利、承担义务,即《民法典》第九百五十八条规定。应注意对这一点,理论上有争议。[1] 第三人不履行合同义务致使委托人受到损害的,行纪人应当承担损害赔偿责任。五是报告义务,行纪人向委托人报告处理指定事务的情况。六是以自己名义从事贸易活动的义务。七是及时转交物品或收益的义务。

---

[1] 参见王利明:《合同法研究》(第三卷),中国人民大学出版社2012年版,第756页。

行纪合同中当事人的一般性权利和义务以委托合同当事人的权利义务设置为基础,理论上多认可为一种特殊的委托合同,且《民法典》第九百六十条亦规定对于行纪合同未规定的内容适用委托合同的有关规定。

(四)行纪人按指示价格买卖

《民法典》第九百五十五条是关于行纪人指定价格买卖的规定,其实质是行纪人按照委托人指示处理委托事项义务的延伸,价格往往是行纪合同中委托人的核心指示,且行纪合同中行纪人与第三人的合同具有一定独立性,因此形成了行纪合同中行纪人的独特价格遵守义务。该条规定是适用买卖合同的价格指示,但对于非买卖的其他交易行为涉及价格指示的是否适用,现行法律和司法解释未有明确规定,笔者认为可以参照适用,价格指示适用范围应涵盖行纪合同全部场合。法官认为,实践中,委托人的价格指示具有不同的性质,需在司法实践中注意区别,如果委托人对价格作出一定指示仅是希望行纪人在交易时努力争取更好的交易结果,则只要行纪人已经尽力为委托人利益争取高价出卖或低价买入,纵然未能达到委托人希望,亦不应认定行纪人违约;然若委托人的价格指示是严格的或特别的,例如为扩大市场而以低于市场价格出售或为特殊目的而坚持以高于市场价格出售等,委托人不能违反。另外,对于行纪人补偿差价的,仅需行纪人为补偿的意思即可,并不需要立即补偿。[1]

行纪人不按指示价格处理事务无非有以下两种情况:一是行纪人以低于指示价格卖出或者以高于指示价格买入。在没有征得委托人同意的情况下,行纪人擅自做主变更指示而作为的,行纪人卖出或者买入委托物的行为对委托人不发生效力,对于违背委托人利益而带来的后果,委托人有权拒绝接受对其不利的法律后果,并有权要求行纪人赔偿损失。但是未经委托人同意而以低于指示价格卖出或者以高于指示价格买入的行为也并不都是无效的。行纪人把损失的差额部分补足时,应认为行纪人的行为对委托人发生法律效力,委托人不得以违反指示为由拒绝接受。因为当行纪人把差额补足时,委托人并未因行纪人擅自改变价格卖出或者买入而受有损失,相当于行纪人已经按委托人指示的价格买入或者卖出,委托人应当予以接受。二是当执行委托任务的结果比合同规定的更为优越时,即行纪人以高于指示价格卖出或者以低于指示价格买入,使委托人增加了收入或节约了开支,其增加的利益(高价卖出多出的价款或低价买入结余的价款),应当归属于委托人,但行纪人可以按照约定要求增加报酬。行纪合同没有约定或者约定不

---

[1] 参见沈志先主编:《合同案件审判精要》,法律出版社2013年版,第588页。

清楚的,双方可以协商;如果不能达成补充协议,按照合同有关条款、合同性质或者商业交易的习惯确定;还不能确定的,利益归委托人,行纪人不能取得额外报酬。[1]

在由买卖合同关系转化的代销行纪合同关系中,代销人应按照买卖合同确定的价格进行销售,否则违反了委托人的价格指示,应当向委托人补齐货款差额并赔偿利息损失。

【案例10-1】 温州甲鞋业有限公司诉方某者买卖合同、行纪合同纠纷案

二审法院认为,关于行纪合同部分,双方当事人对代销货物的数量以及货物已销售完毕的事实没有争议,但对代销货物的单价如何确定产生争议。方某者主张以实际销售价格为准,缺乏事实依据,也不符合常理。由于该部分代销的鞋子本属于双方买卖合同项下的货物转为代销,方某者收取该部分货物时,双方关于销售价格是有约定的,原审法院据此推定按买卖合同的销售单价来确定价格并无不当。[2]

(五)行纪合同适用范围

关于行纪合同的适用范围界定,其最重要的是对"贸易行为"概念的理解。"贸易行为"概念包含的面广,则行纪合同适用范围大;反之,则行纪合同适用范围窄。理论界主流观点认为,对"贸易行为"应当做更宽泛的理解,凡是商品的交易,只要不是合同法分则规定的有名合同类型,都应当纳入行纪。其类似于《德国商法典》上所说的营业的概念。有学者认为,从我国的实践来看,行纪人所从事的交易类型是不断发展的,比如证券交易、期货交易中,委托人委托券商买卖证券、期货,也是一种行纪。再如,有些房屋中介也大量从事行纪活动,尤其是与不动产买卖和不动产租赁有关的活动。另外,从有利于促进我国市场经济发展的角度考虑,只要法律不禁止的贸易行为,都应当允许开展行纪业务。[3]

(六)行纪合同纠纷举证

一般情况下,当事人在诉讼中的主张遵循"谁主张,谁举证"的基本原则,只

---

[1] 参见黄薇主编:《中华人民共和国民法典合同编释义》,法律出版社2020年版,第963~964页。
[2] 浙江省温州市中级人民法院(2014)浙温商终字第1247号民事判决书。
[3] 参见王利明:《合同法研究》(第三卷),中国人民大学出版社2012年版,第748页。

有在法律有特殊规定的情形下才适用举证责任倒置的原则。行纪合同纠纷不属于法律规定的情形,委托人认为行纪人未按委托指令处理事务,则按举证责任分配的一般原则承担举证责任,但应依诉讼公平考量,结合行业特殊性、证据距离、举证能力等进行分析。

【案例10-2】 王某文诉珠海市鑫光期货经纪有限公司期货代理纠纷案

一审法院认为,期货交易中,期货经纪人与客户形成行纪关系。经纪人按照客户的指令,以自己的名义代理客户买卖期货,并对违反客户指令和期货交易操作规则的行为承担法律责任。由于该行业的特殊性,客户一般只能通过经纪人了解自己的交易进行真实情况。因此,当客户怀疑经纪人是否按指令入市操作时,应当由经纪人负举证责任;经纪人提供不出相应的证据时,应当认定其没有入市交易,这里不适用"谁主张,谁举证"的原则。王某文诉称鑫光公司未按其指令入市交易,私下对冲、对赌,对此鑫光公司负有举证责任。被告鑫光公司已经承认其未能将原告王某文指令的150手上海95.11胶合板期货建仓,对此诉讼中的承认,法院予以认可。鑫光公司为证实余下的1650手上海95.11胶合板期货已经入市交易而提交的三种证据,不仅存在建仓数量不符、客户编码不对应、价位不符、仓单方向相反等问题,而且还存在对客户的限价订单不按规定的价格或更好的价格水平执行,对客户编码不坚持由会员申请、一户一号、专号专用等违反《上交所交易规则》的问题。由于这些问题的存在,只能由鑫光公司从其提交的证据中指认哪些是根据王某文的指令入市交易的记录,法院不能从中客观地分析出这些记录就是王某文指令的结果。鑫光公司提交的证据,不能证明该公司已执行王某文的指令,应当推定其没有将王某文买卖的1650手上海95.11胶合板期货入市交易。二审法院亦持同样意见。[1]

【案例10-3】 尤某治诉龙海市良兴商场有限公司买卖合同纠纷案

由于良兴商场与尤某治未签订书面合同,只能根据双方的实际行为确定双方当事人之间是否为行纪合同关系。根据"谁主张,谁举证"原则,良兴商场主张其与尤某治是行纪合同关系应负举证责任。因此,本案关键问题是良兴商场能否提供证据证明尤某治在履行合同过程中支付报酬给良兴商场。虽然良兴商场提供了"良兴企业付款单"和良兴商场与他人签订的三份合同,但由于付款单上注有结算方式是按销售额30%退点,支付10%工资和每月扣除柜台费1000元计付货款系良兴商场所写,该付款单又没有尤某治的签名确认,庭审中尤某治否认双方有按上述结算或口头约定,因此该付款单

---

[1] 参见《最高人民法院公报》1999年第1期。

的结算方式属良兴商场的单方行为。况且良兴商场汇款给尤某治未说明该款项是针对哪个特定的进货单,或哪个特定的进货单已经单笔结清,尤某治只是接受一小部分货款13567元(总货款145905.2元),因此,不能以此推定尤某治认可良兴商场的结算方式。良兴商场提供其与其他客户签订的三份合同,均明确约定不同的柜台费、工资和30%~40%的退点,而良兴商场却与尤某治没有订立任何书面合同,因此,不能以良兴商场与他人的行纪合同关系来推定良兴商场与尤某治有约定或实际支付柜台费、工资和退点等报酬。由于良兴商场提供的证据不能证明尤某治有支付报酬给良兴商场,不具备行纪合同的基本特征,因此,良兴商场主张行纪合同关系缺乏证据证实。二审法院认为,本案双方当事人之间的法律关系为买卖合同关系……被上诉人认为双方之间属于行纪合同关系没有证据证明,认为应从总货款中扣除30%的退点以及扣除10%的工资和每月1000元的柜台费依据不足。原审判决认定双方当事人之间的法律关系属于行纪合同缺乏依据,属认定事实错误。[1]

行纪人行使介入权应以双方存在行纪合同为前提,行纪人应当举证证明行纪关系的存在。

【案例10-4】 李某梅、甲财富市场经营管理有限公司诉郑某夏、王某行纪合同纠纷案

二审法院认为,本案中,李某梅主张双方之间是行纪合同关系,认为财富公司作为买受人买入罗氏沼虾,再转手卖给被告王某,但对此李某梅并未提交充分的证据予以证实。财富公司负责人郑某夏出具的对其在交易码单上签字所进行的说明,内容存在矛盾与实际不符。第一,如按李某梅所说,其罗氏沼虾由财富公司作为行纪人已经行使了介入权,则应直接由财富公司支付虾款,而无须在王某不给付的情况下,再由财富公司支付。第二,财富公司提交的5份涉及李某梅罗氏沼虾的交易码单中亦有郑某夏的签字,但该交易码单中的账目已经结清,故郑某夏在交易码单中的签字不能代表财富公司行使了介入权,并承诺支付货款。第三,李某梅就以前收到的虾款,亦没有充分的证据证明系财富公司向其支付的。[2]

实践中,原、被告双方对其争议问题均提供了证据,法官根据证据规则进行裁量采信。

---

[1] 参见最高人民法院中国应用法学研究所编:《人民法院案例选》2010年第1辑(总第71辑),人民法院出版社2010年版,第34页。

[2] 江苏省扬州市中级人民法院(2017)苏10民终1640号民事判决书。

【案例 10－5】 王某武诉云集路证券营业部股票纠纷案

二审法院认为,王某武向一审法院提交了不是本人签名、预约提款和取款之日本人都不在宜昌的证据,用于支持"非王某武所为"的主张。被上诉人云集路营业部提交了内部职工的证言,用于支持"是王某武所为"的主张;并以如果非王某武所为,则预约取款单和取款凭条上留下的身份证号码、股东代码怎么可能与王某武使用的一致来反驳对方。对双方提交的证据综合评判:王某武的证据与法院在审理过程中收集的公安机关笔迹《鉴定结论》能相互印证,因此应当认为对"非王某武所为"的主张,王某武已经尽到举证责任。云集路营业部的证据,不仅因来源于与本案有利害关系的内部职工而不具有充分的证明力,且因与笔迹鉴定结论相矛盾而不能采信。即使身份证和股东代码卡从未丢失,身份证号码和股东代码也不是除本人以外其他人无法知晓的绝密信息。因此取款预约单和取款凭条上填写的号码与王某武使用的一致,不能证明"是王某武所为"。云集路营业部要以此为由来反驳对方,还需提交确凿的证据。这个问题不是王某武的主张,不能倒置由王某武承担"为什么一致"的举证责任。云集路营业部没有充分的证据来证明"是王某武所为",只能认定其主张不成立。除此之外,按照被上诉人云集路营业部执行的《代理业务操作规程》的规定,客户办理清密,必须由客户持本人身份证及股东代码卡并填写清密申请书,由操作人员认真审核后方可办理。因此在办理清密手续后,客户填写的清密申请书就成了云集路营业部应当提供也可以提供的证据。云集路营业部不能提供清密申请书来证明自己的主张,不仅再一次说明其主张不成立,还说明其未按规定的程序进行清密。密码是保障投资者权益的一种手段,清密涉及投资者权益。云集路营业部未按规定的程序进行清密,从而为王某武账户的资金被取走创造了条件。云集路营业部对此应承担过错责任。[1]

---

[1] 参见《最高人民法院公报》2001 年第 5 期。

二、行纪合同法律适用

(一)行纪合同关系认定

1.行纪合同关系

实践中,委托人与行纪人是否建立了合同关系是有争议的问题。根据法律规定当事人需意思表示一致合同才能成立。在委托人与行纪人签订行纪合同,其后行纪人变更名称,未与委托人进行转约行为,更名后的行纪人与委托人之间没有成立新的合同关系。在更名后的行纪人注销的,合同的一方当事人已经不存在,合同失去了约束力,委托人无须再继续履行行纪合同义务。

【案例10-6】 艾某诉北京华谊兄弟时代文化经纪有限公司演出合同纠纷案

判决观点,与原告签约的北京华谊兄弟文化经纪有限公司已经更名后注销,民事主体资格已丧失,独立演艺协议因此终止,对原告已不再具有法律效力。原告未签订转约协议,双方之间没有建立新的合同关系,被告不需对原告承担独家演艺经纪协议的合同义务。[1]

【案例10-7】 山西和盛腾贸易有限公司诉福建省安溪联兴矿业有限公司行纪合同纠纷案

判决观点,本案联兴公司于2010年4月1日与和盛腾公司签订联营合同,在同一天,又与奇信公司签订冶金焦炭买卖合同。三门峡市联合运输公司证实其受和盛腾公司委托,分两次共运焦炭937吨给奇信公司。据此,应当确认这两次焦炭货款的所有权依法属于和盛腾公司所有。联兴公司转交奇信公司支付的焦炭款50万元给和盛腾公司,说明联兴公司主动履行其从事和盛腾公司委托焦炭贸易活动交还货款义务。联兴公司法定代表人汪某语在回答和盛腾公司法定代表人苏某仪问话录音中说明了汪某语承认代理

---

[1] 参见国家法官学院案例开发研究中心编:《中国法院2012年度案例》(合同纠纷),中国法制出版社2012年版,第185页。北京市朝阳区人民法院(2010)朝民初字第15339号民事判决书。

焦炭买卖并要从中收取代理费之事实。本案联兴公司是以自己的名义为和盛腾公司从事焦炭贸易活动,和盛腾公司依约给付报酬,整个焦炭贸易活动过程更符合行纪合同的法律特征。因此,本案和盛腾公司与联兴公司虽然签订的是联营协议,但在实际履行过程中,却为行纪合同民事行为,应适用行纪合同相关的法律法规处理本案。[1]

【案例10-8】 南通自驾租赁公司与曾某某行纪合同纠纷案

二审法院认为,行纪合同的商业性质决定了其对委托保管属于有偿保管,故行纪人的妥善保管义务应当理解为善良管理人的注意义务。也就是说,行纪人应当以选择对委托人最有利的条件,采取最有利于委托物的保管措施。行纪人占有委托物的,应当妥善保管委托物。第三人不履行义务致使委托人受到损害的,行纪人应当承担损害赔偿责任,但行纪人与委托人另有约定的除外。从双方的车辆加盟合同书可以看出,曾某某将个人所有汽车委托给南通自驾租赁公司经营,南通自驾租赁公司以自己的名义将汽车用于经营活动,曾某某并不参与汽车租赁的经营活动,仅是根据其所有的汽车每月的出车情况收取该车经营收入的80%,南通自驾租赁公司收取20%的管理费,不符合合伙企业的共同出资、合伙经营、共享收益、共担风险,并对合伙债务承担无限连带责任的特征,符合行纪合同关于行纪人以自己的名义为委托人从事贸易活动,委托人支付报酬的定义。且南通自驾租赁公司是依法成立并具有汽车自驾租赁服务经营资格的公司法人,可以从事汽车自驾租赁业务,具有行纪合同主体资格。综上,曾某某与南通自驾租赁公司之间是行纪合同关系而非合伙关系,应适用关于行纪合同的法律规定进行处理。判决:南通自驾租赁公司赔偿曾某某车辆实际损失费119386元和车辆出租收益损失费16000元。[2]

券商与客户经纪合同关系是认定的疑难问题。期货经纪人与客户形成行纪关系,经纪人按照客户指令,以自己的名义代理客户买卖期货,并对违反客户指令和期货交易操作规则的行为承担法律责任。

【案例10-9】 中信证券股份有限公司与重庆华能石粉有限责任公司证券经纪合同纠纷案

最高人民法院认为,证券交易是以证券公司为主的交易所会员单位入场进行的,所有投资主体须与会员签订指定交易协议,在会员名下通过会员拥

---

[1] 参见国家法官学院案例开发研究中心编:《中国法院2013年度案例》(合同纠纷),中国法制出版社2013年版,第216页。福建省安溪县人民法院(2011)安民初字第1641号民事判决书。

[2] 参见最高人民法院民法典贯彻实施工作领导小组编著:《中国民法典适用大全》(合同卷五),人民法院出版社2022年版,第3642页。海南省第二中级人民法院(2015)琼97民终357号民事判决书。

有的交易通道下达交易指令完成。凡是买卖在证券交易所挂牌集合竞价和交易的股票、债券和基金等投资品种，都需要以自己的股东账户到证券公司营业部开设资金账户，故投资主体必然要与证券公司发生经纪合同关系。新旧《证券法》对客户与券商之间民事法律关系的规范是一致的。本案华能公司与中信证券之间发生的是客户与券商经纪合同民事法律关系。1998年11月5日，华能公司以其财务科长刘某敏名义在中信证券较场口营业部开设0050资金账户并购买了国债，该事实证明华能公司与中信证券之间建立了客户与券商之间经纪合同民事法律关系。当事人双方虽未提交1998年11月开户的相关合同证据，但不能因此否定双方的经纪合同民事法律关系。重庆市高级人民法院再审认定双方于1998年11月签订指定交易合同和电话委托交易合同，约定以柜台交易和电话委托的方式交易上交所的挂名证券的事实，华能公司并无异议。本案没有证据证明华能公司与中信证券较场口营业部建立过除客户与券商经纪合同民事法律关系以外的其他民事关系。2002年1月1日，罗某松以中信证券较场口营业部名义与华能公司签订的《委托资产管理协议》和《委托资产管理协议补充协议》，原一、二审和重庆市高级人民法院再审认定是伪造公章伪造签名订立的无效合同正确，即不能根据该委托协议确认华能公司与中信证券较场口营业部发生了委托理财民事关系。华能公司关于其未与中信证券营业部建立证券买卖委托关系的答辩意见，本院予以支持。[1]

【案例10-10】 中国旅游国际信托投资有限公司、世纪证券有限责任公司与天津市住房公积金管理中心等国债返还纠纷案

最高人民法院认为，当事人之间的具体民事法律关系，必须依据法律规定或者当事人之间达成的合意而确立。虽然大港油田分中心确与中旅信托天津营业部于2003年7月签订过《国债认购和托管协议》及其《补充协议》，约定了委托理财性质的民事关系，但因该合同约定期限一年，且在2004年7月到期后，双方履行合同完毕，故而该两份协议已经终止。之后，大港油田分中心在中旅信托天津营业部又存入7420万元，并在中旅信托天津营业部提供的股东账户上自行操作购买了本案国债。尽管大港油田分中心没有使用自己的股东账户，而是借用了他人名义，但该行为并不否定其与中旅信托天津营业部之间属于客户与证券公司经纪类民事关系。客户与证券公司之间的委托理财性质合同，因有严格的法律界定，仅以已经履行完毕的合同，客户出具的承诺函来推定客户与证券公司之间属于委托理财民事关系，证据不充

---

[1] 最高人民法院(2011)民提字第293号民事判决书。

分。况且,无论客户与证券公司属于经纪类合同关系还是委托理财类合同关系,证券公司都应当承担返还客户资产的义务。所以,本院对中旅信托关于本案公积金管理中心与世纪证券双方形成了事实上的委托理财关系的上诉主张不予以支持。[1]

实践中,合同双方并非存在一种合同关系,常见的有买卖合同关系和行纪合同关系,且可以由前者向后者转化,即后者是由前者转化而成,其后受行纪规则调整。

【案例10-11】 温州甲鞋业有限公司诉方某者买卖合同、行纪合同纠纷案

二审法院认为,方某者与甲公司之间同时存在买卖合同关系与行纪合同关系,均合法有效,双方均应全面履行合同义务。方某者认为双方不存在买卖合同关系,仅是代销关系,与事实不符。[2]

2. 与第三人合同关系

《民法典》第九百五十八条规定:"行纪人与第三人订立合同的,行纪人对该合同直接享有权利、承担义务。第三人不履行义务致使委托人受到损害的,行纪人应当承担赔偿责任,但是行纪人与委托人另有约定的除外。"该条是关于行纪人直接履行义务的规定,但又规范了行纪人与第三人之间的关系。从合同关系上讲,行纪关系主要涉及两个方面,一是行纪人与委托人之间的委托合同关系,二是行纪人与第三人之间的买卖合同关系。

所谓行纪人与第三人之间的买卖合同关系,是指在行纪合同之外的由行纪人以自己的名义与其相对方建立买卖合同关系。在该种买卖合同中,基于合同相对性,委托人和第三人之间并不存在直接的法律关系,因此,委托人无权对行纪人与第三人之间的买卖关系提出自己的异议。因第三人原因导致委托人利益受损的,行纪人应当承担担保履行的义务,以维护委托人的利益。立法者认为,在从事买卖事务时,不论行纪人是否告诉第三人自己是行纪人的身份,或者第三人是否知道委托人的身份,都不影响行纪人以自己的名义参与的买卖合同的法律效力。由于委托人与第三人之间不产生直接的法律关系,因此委托人无权对行纪人与第三人之间的买卖关系提出自己的异议。[3]

---

[1] 参见最高人民法院民事审判第二庭编:《最高人民法院商事审判指导案例》(金融卷),中国法制出版社2011年版,第29页。最高人民法院(2006)民二终字第114号民事判决书。

[2] 浙江省温州市中级人民法院(2014)浙温商终字第1247号民事判决书。

[3] 参见黄薇主编:《中华人民共和国民法典合同编释义》,法律出版社2020年版,第968页。

(二) 行纪合同效力认定

行纪合同效力的认定,亦应按照《民法典》关于效力的规定作为判断依据,只有违反法律效力性强制性规定的方认定为无效,违反法律管理性强制性规定的不视为无效。

【案例 10-12】 聂某诉梁某演出经纪合同纠纷案

二审法院认为,梁某作为演出经纪人,在一审诉讼期间取得了个体工商户营业执照、个体演出经纪人备案证明,具备从事营业性演出的居间、代理活动的资格。梁某在合同签订后,与他人共同出资成立的星润公司,取得营业性演出许可证及营业性演出的行纪业务资质,梁某与星润公司履行本案争议合同项下的义务,共同从事营业性演出的行纪业务,不违反法律法规的禁止性规定。梁某虽在合同签订后、一审辩论终结前取得了工商部门的个体执照,其通过事后补正及实际履行行为完善合同应予准许,双方的合同效力不能因此予以否定。关于聂某提出双方争议合同违反了《营业性演出管理条例实施细则》第五条关于演出经纪机构从事活动的范围,及《营业性演出管理条例》第六条关于演出经纪机构的经纪人员及资金要求,第七条关于演出经纪机构应由文化主管部门批准、颁发营业性演出许可证,第十条关于个体演出经纪人应办理注册登记、领取营业执照,第十三条关于演出经纪机构可以从事营业性演出的居间、代理、行纪活动;个体演出经纪人只能从事营业性演出的居间、代理活动等强制性规定,应属无效的主张,因上述相关规定虽属于行政强制性规范,但应为强制性规范中的管理性规定,而非效力性规范,行为人违反上述管理性强制规范应当受到行政机关的行政处罚,并不必然导致合同无效的后果。据此,判决维持一审驳回聂某诉讼请求判决。[1]

(三) 行纪合同违约认定

在行纪合同履行中,行纪人不履行行纪合同约定构成违约,应承担相应的违约责任。

---

〔1〕 参见国家法官学院案例开发研究中心编:《中国法院2012年度案例》(合同纠纷),中国法制出版社2012年版,第188页。辽宁省沈阳市中级人民法院(2010)沈中民三终字第1432号民事判决书。

【案例 10-13】 王某珍诉瑞达期货经纪有限公司期货经纪合同纠纷案

一审法院认为,《期货经纪合同》的主要内容是期货交易委托,即王某珍委托瑞达期货公司按照王某珍的交易指令为王某珍本人进行期货交易,而瑞达期货公司接受委托,并按照王某珍交易指令为王某珍进行期货交易。根据合同约定,王某珍交易指令的下达,必须由其本人进行,下达的方式可以且仅限于通过书面、电话、计算机、网上委托。本案中,瑞达期货公司未提交相关证据,证明王某珍曾通过书面及电话方式下达交易指令。而计算机及网上交易委托,实际上是指利用计算机登录因特网、再通过因特网与瑞达期货公司联网进行交易(场外指令交易)或者直接利用瑞达公司所提供的位于交易大厅的电脑与瑞达公司联网进行交易(场内指令交易)。根据瑞达期货公司与王某珍所签订的《网上交易委托协议》约定,王某珍进行网上交易所必需的软件必须由瑞达期货公司提供或从瑞达期货公司指定的站点下载,瑞达期货公司亦未提供相应证据,证明其已向王某珍提供网上交易所必需的软件或指定站点供王某珍下载交易软件,而未安装网上交易所必需的软件,客户(包括王某珍)是无法于场外通过因特网向期货经纪公司下达交易指令的。综合以上分析,可以认定,王某珍本人并未通过书面、电话、计算机、网上委托方式向瑞达期货公司下达期货交易指令,王某珍资金账户上因出现交易记录导致资金变动,不是王某珍本人真实意思表示。故王某珍认为其于 2006 年 8 月 3 日所出具的《销户确认书》无效,因确认书所涉及的交易情况及由此导致的损失,不是王某珍真实意思表示,王某珍对此作出的确认(资金账户仅剩余款 3583.29 元)是无效的。瑞达期货公司未按照王某珍的指令,擅自以王某珍的名义进行期货交易,已构成违约,应承担相应违约责任。二审法院亦持同样意见,维持原判。[1]

证券经纪合同中,对"卖者有责""买者自负"的关系,金融机构是否履行法定义务和合同义务,对信息披露及风险提示义务衡量标准,是否履行"适当性"义务是法官审查何方违约的重要方面。

【案例 10-14】 侯某某诉长江证券股份有限公司上海后长街证券营业部证券经纪合同纠纷案

判决观点,原、被告之间通过网上自助开户的形式订立了证券交易委托代理协议,被告为原告开立资金账户,形成了证券经纪关系,原告通过该资金账户认购涉案基金,并在基金合同生效后,通过资金账户买卖在上海证券交

---

[1] 参见最高人民法院中国应用法学研究所编:《人民法院案例选》2009 年第 3 辑(总第 69 辑),人民法院出版社 2010 年版,第 303~304 页。福建省高级人民法院(2007)闽民终字第 352 号民事判决书。

易所上市交易的涉案基金份额,现原告主张被告作为基金代销机构,违反了证券基金买卖开户协议,未尽如实告知及风险提示义务,导致原告损失,双方就被告有无违反合同约定产生争议。案件的争议焦点主要在于:1.被告风险提示的对象是否包括原告的妻子;2.被告是否尽到了合同约定的风险提示义务。

对于第一个争议焦点,原告认为被告风险提示的对象既包括原告,也包括原告妻子;被告认为风险提示对象为原告。法院认为,原告与被告通过网上开户形式签订了证券交易委托代理协议,原、被告之间形成证券经纪合同关系,原、被告应当按约履行各自的义务。本案中,原告将其资金账户及密码告知其妻子,并由其妻子操作其账户,原告与其妻子之间形成了委托代理关系,原告应对其妻子的代理行为承担相应的民事责任。根据证券交易委托代理协议的约定,双方在形成经纪业务关系时,被告已经向原告提示了证券投资的风险,并经原告确认知晓,但证券交易委托代理协议并未约定被告应当向原告的代理人进行风险提示,原告妻子并非证券交易委托代理协议的当事人,故被告风险提示的对象按约并不包含原告的代理人,即本案中原告的妻子,其知晓并持有原告资金账户的密码进行证券基金操作的后果应归于原告。此外,被告作为证券经纪商,从业务性质来看,其接受原告委托,促成其交易,充当了证券交易的媒介作用,但投资决策乃投资人自主作出,被告的风险提示对象依约不可无限扩大,实践中被告亦无法知晓原告是否将账户授权给本人以外的人操作,也不可能对每一个操作原告账户的人进行风险提示,原告在委托其妻子操作资金账户时,应当告知其妻子相应的风险,故原告认为被告未向原告妻子进行风险提示缺乏合同依据。

对于第二个争议焦点,原告认为,被告在向原告推荐基金时,未告知涉案基金属于分级基金,存在下折风险,违反了如实告知和诚实信用原则;被告认为,被告已通过证券交易委托风险提示书告知原告可能存在的证券投资风险,原告开户时、购买分级基金前,被告均为原告进行风险承受能力测评,原告的评级结果为激进型,是可以购买分级基金的适格投资人,被告及业务人没有直接向原告推荐过任何基金。法院认为,原告与涉案基金投资有关的行为既包括对涉案一带一路母基金的认购,也包括在基金合同生效后,通过资金账户在上海证券交易所买入、卖出上市交易的一带一路母基金、一带一路A子基金、一带一路B子基金。原告认购一带一路母基金后,先后申请赎回了全部的基金份额,并在此之后通过证券账户重新买入上市交易的一带一路母基金、一带一路B子基金,因此,原告主张的损失并非源于认购涉案基金,而是因买卖涉案基金引发。原告以违约为请求权基础,认为被告违反相应约定,对此,法院综合评判如下:

首先,原告主张的损失并非直接源于认购行为,下折的系争基金亦非原告认购基金,原告认购涉案基金时,被告系基金公司的代销人,应当遵守《证券投资基金销售管理办法》《证券投资基金销售适用性指导意见》等相关的监管规定,建立健全客户适当性管理制度,根据客户的风险承受能力销售不同风险等级的产品,将合适的产品销售给合适的投资人。被告在原告开立资金账户前和认购涉案基金的前一天,均对原告进行了风险测评,测评结果显示原告系激进型投资者,原告也未证明被告存在销售误导行为,因此,原告通过被告认购涉案基金具有适当性,被告作为基金代销人未违反销售适当性义务。

其次,基金合同生效后,原告在上海证券交易所买入上市交易的一带一路母基金和一带一路B子基金时,被告承担的是证券经纪功能,即接受原告委托,代理原告进行交易结算。被告在原告开立资金账户时,已经通过《证券交易委托风险提示书》向原告提示了投资风险,同时也向原告告知了开放式基金投资人的相关权益,并提醒投资人应当仔细阅读基金契约和招募说明书,原告在公开证券市场上买卖涉案基金份额,应对自己的投资选择自担风险,被告作为证券经纪商,未违反自身相关义务,原告也未有其他证据证明被告存在违法违约行为。

最后,从原告提交的涉案资金账户的部分对账单来看,从2015年3月3日至7月9日,原告的资金账户交易操作相当频繁,原告曾购买过风险相对较高的创业板股票,也可佐证原告具有一定的投资经验,结合其在被告处的风险测评结果,原告系购买涉案基金的适格投资者。

综上,综合考虑被告的义务履行情况和原告的自身投资经验,原告主张被告违约缺乏事实和法律依据,法院未予采信,原告主张的损失不能归责于被告,一审法院判决驳回原告侯某某的诉讼请求。[1]

(四) 行纪合同过错认定

对于过错认定,其行为判断标准应依照过错要件,尤其注意对特殊形态下债权人行为是否构成过错的理解。案件进入执行程序后,债权人通过执行程序以外、法律未禁止的方式和途径实现其债权属于其正当权利,亦不构成过错。

---

[1] 参见茆荣华主编:《2018年上海法院案例精选》,上海人民出版社2020年版,第232~234页。

【案例10-15】 中国建设银行股份有限公司阿克苏地区分行与新疆天源棉业有限责任公司等行纪、承揽合同纠纷案

最高人民法院认为,天丰公司和阿克苏建行签订的借款合同明确约定,如天丰公司未按期还款,阿克苏建行有权从天丰公司在中国建设银行系统开立的账户划收。该约定并未违反法律和行政法规的禁止性规定,合法有效。阿克苏建行与天丰公司因1324账户的设立形成特定的合同法律关系,但双方并不对第三人承担合同义务。中国人民银行《支付结算办法》第十六条规定,单位、个人和银行办理支付结算必须遵守"谁的钱进谁的账,由谁支配"的原则。天源公司作为企业法人、商事行为主体,应明知该交易规则。其支付的资金进入天丰公司的账号后,即有被天丰公司挪用和被天丰公司的债权人作为天丰公司的资金用于偿债的风险。天源公司在1324账户增加预留其工作人员印鉴,仅能够控制该笔资金被天丰公司挪用的风险,但是并未产生公示效力,难以避免该笔资金被天丰公司的债权人用于偿债。天源公司和阿克苏建行并无关于1324账户内资金的约定,该账户增加陈某杰的预留印鉴未导致阿克苏建行与天源公司产生权利义务关系。故天源公司在1324账户增加陈某杰印鉴的行为对阿克苏建行依据借款合同约定行使划收权利并无影响。……综上,阿克苏建行将天丰公司账户中的3000万元资金作为天丰公司所有的资金,并依据其与天丰公司的约定将其中的部分款项予以划收并无过错,原审法院认定阿克苏建行过错的依据不足。天源公司提供的证据亦难以证明阿克苏建行自1324账户划收的行为不当。案件进入执行程序后,债权人通过执行程序以外、法律未禁止的方式和途径实现其债权属于其正当权利,亦不构成过错。天丰公司主张阿克苏建行应承担侵害债权的责任,但亦未证明阿克苏建行的划收行为有过错,且天丰公司并非本案原告,故本院对其主张不予支持。……原审判决认定阿克苏建行自1324账户划收的行为有过错缺乏事实依据,阿克苏建行申请再审的理由成立,本院予以支持。[1]

根据《民法典》第九百五十八条第二款规定,行纪人负有在第三人不履行义务致使委托人受到损害的赔偿责任。但行纪人的赔偿责任的成立,并不需要具备过错要件,只要存在第三人不履行义务的事实即可。第三人不履行义务,是指第三人基于与行纪人之间的交易行为而对行纪人所负的义务,包括价款支付或者标的给付。第二款的但书部分规定,对行纪人的赔偿责任可以另有约定。这表明行纪人的该种赔偿并非法律的强制性规定,允许当事人之间约定减轻或免除。这种减轻或免除应在行纪合同中明确约定,且事先约定比事后约定更容易达成共识,

---

[1] 最高人民法院(2012)民提字第83号民事判决书。

反之,则行纪人有可能承担更大的赔偿责任。

个案中,由于行纪人自身过错造成的损失应自行承担。

【案例10-16】 徐某某与万禾公司行纪合同纠纷案

二审法院认为,2011年6月21日,万禾公司和徐某某签订《中药材代购协议》,约定万禾公司委托徐某某代购黄柏600吨和半夏20~40吨。协议签订后,万禾公司在2011年6月底前向徐某某支付预付款共计650万元,徐某某亦进行黄柏和半夏的收购工作。2011年7月18日,万禾公司提取黄柏210.105吨。因双方未结算,对该批货物单价未予明确。后徐某某向万禾公司发出《律师函》载明,尚有大量余款未付,现中药材已按万禾公司要求存放于大鹏冻库,请万禾公司收到本函后5日内验收代购货物,并支付相应报酬,后因双方多次协商未果,万禾公司向法院提起诉讼,要求徐某某退还其预付款2655170元及资金占用费的利息。法院审理后认为,行纪人徐某某无证据证明其在合同期内催告委托人万禾公司领取委托物,亦无证据证明委托人经行纪人催告后拒绝领取委托物。即便委托人经行纪人催告拒绝领取委托物,行纪人依法可以提存委托物,但徐某某擅自处理委托物的行为,与行纪合同的法律规定相悖,其损失应由行纪人自行负担。[1]

(五)代销商品在代销期间风险

代销商品在代销期间所有权和市场销售风险应归属于委托人。

【案例10-17】 中国农业银行、内蒙古乾坤金银精炼股份有限公司与中国农业银行个人业务部代销合同纠纷案

最高人民法院认为,农业银行与乾坤公司签订的《金杯代销合同》内容符合代销合同的基本特征。代销合同属于行纪合同,是受托人以自己的名义为委托人代销商品,委托人支付报酬的合同。在代销合同的履行过程中,代销商品的所有权属于委托人,代销期间代销人对代销商品享有占有权。代销商品在代销期间的市场销售风险应由委托人承担。在没有合同明确约定的情况下,不应依代销商品价值的高低,以及是否具有知识产权而改变代销商品的所有权归属和市场销售风险的承担原则。原审法院认定本案为代销合同纠纷是正确的,但判令农业银行取得由其占有的剩余金杯所有权,并按照

---

[1] 参见最高人民法院民法典贯彻实施工作领导小组编著:《中国民法典适用大全》(合同卷五),人民法院出版社2022年版,第3665页。四川省高级人民法院(2012)川民终字第544号民事判决书。

合同约定的 5000 元/个的价格,向乾坤公司支付已收到的 8696 个金杯的价款没有法律依据,应予纠正。农业银行应在本判决生效后将销售款支付给乾坤公司并返还未销售的 6041 个金杯,如有毁损、灭失,农业银行应按 5000 元/个的价格承担赔偿责任。乾坤公司处尚存的 1303 个金杯由其自行处理。[1]

(六)行纪合同介入权

所谓行纪人介入权,是指行纪人自为出卖人或买受人,自己与自己成立买卖合同,而非与第三人成立买卖合同。《民法典》第九百五十六条第一款规定:"行纪人卖出或者买入具有市场定价的商品,除委托人有相反的意思表示外,行纪人自己可以作为买受人或者出卖人。"《合同法》第四百一十九条亦作相同规定。该条规定了行纪人的介入权,是行纪人行使该权利的法律依据。从该条规定可得出介入权的行使要件,其一,委托人委托买卖之物有市场定价,以确保行纪人公平行使介入权。市场定价取决于交易场所和交易时间。如果行纪人在市场下跌时期介入,应综合考量行纪人是否具有怠于努力出售或故意等到价格下跌时介入的情形以及其介入的目的和原因,行纪人怠于出售或故意在不利于委托人的时期介入并因此给委托人造成损失的,应承担赔偿责任。其二,委托人对行纪人的介入没有反对的意思表示。其反对意思表示应以明示为原则,特殊情况下也可以默示。委托人反对的意思表示应在行纪人行使介入权之前作出,即在订立行纪合同时明确约定或在做出具体的交易授权委托时明确表示,否则不具有阻止行纪人行使介入权之效力。其三,行纪人尚未与第三人发生买卖行为,其时间要求是在买卖之前而不是在买卖结束之后。其四,行纪合同必须有效存在,这为行纪人行使介入权的合同依据。其五,法律法规无其他禁止性或限制性规定。如果法律法规有禁止性或限制性规定,则行纪人不得行使介入权。一些特别法中对行纪人的介入权作了禁止性或限制性规定,如《证券法》第三十六条规定证券公司不得从事向客户融资或融券的证券交易活动,由此明确否定证券商的介入权。

当然,行纪人行使介入权之前,也有必要将其自行介入的意思向委托人作出表示,以便确定委托人的态度,更为重要的是取得委托人作出相应意思表示的事实证据。法律之所以作出"除委托人有相反的意思表示外"的规定,就是对行纪合同当事人,特别是欲以市场价格自行交易的行纪人作出的法律风险提示。法律

---

[1] 参见最高人民法院民事审判第二庭编:《最高人民法院商事审判指导案例》(合同卷)(上),中国法制出版社 2011 年版,第 247 页。最高人民法院(2006)民二终字第 226 号民事判决书。

对于行纪人和委托人作出意思表示的形式并无明确规定,对于行纪人而言,只要表明自己有介入交易的意思即可,口头或者书面形式均可。按照民法的一般原理,该意思表示到达委托人时即可发生效力。[1]

【案例10-18】 汽贸经纪公司与惠天杭州公司行纪合同纠纷案

二审法院认为,就本案系争车辆的签约、收款、交付、过户及书写保证书的整个交易及交涉过程中,汽贸经纪公司均参与并盖章确认,汽贸经纪公司为侯某某、张某某与惠天杭州公司买卖车辆事宜盖章的行为,即向惠天杭州公司表明侯某某、张某某代表汽贸经纪公司的职务行为,对外汽贸经纪公司承担责任。虽然汽贸经纪公司未向青浦工商局买下系争车辆,但汽贸经纪公司在接受青浦工商局出卖系争车辆的委托后,以自己的名义直接与惠天杭州公司签订购车协议,承诺负责车辆的过户及转籍,则符合行纪的法律规定,汽贸经纪公司应直接承担购车协议约定的权利和义务。现惠天杭州公司购买的车辆不能在杭州转籍,汽贸经纪公司已接受惠天杭州公司退还的车辆及随车档案,因此汽贸经纪公司应履行保证书的承诺向惠天杭州公司退还车款。由于导致退车的责任在于汽贸经纪公司,故应赔偿惠天杭州公司为车辆购买的保险费。判决:汽贸经纪公司退还惠天杭州公司购车款70400元,并赔付惠天杭州公司车辆保险费损失2108元。[2]

(七)行纪合同与间接代理区分

行纪合同与间接代理虽有相似之处但也有区别。二者的共同点为,都是以委托为基础以自己的名义对外订立合同。二者的主要区别为,其一,有偿性不同。行纪合同为有偿合同,而间接代理可以为有偿也可以为无偿。其二,法律关系结构不同。行纪合同为线性结构,分别由委托人与行纪人之间的行纪合同、行纪人与第三人之间的执行合同构成,其委托人与第三人之间并无直接关系。间接代理为三角结构,代理人在被代理人与第三人之间创设直接法律关系,但此种法律关系并不如直接代理那样当然显现,只有在被代理人介入权或者第三人选择权行使之后,此种法律关系方才确定。其三,权利义务承担主体不同。行纪人与第三人

---

[1] 参见中国审判理论研究会民事审判理论专业委员会主编:《民法典合同编条文理解与司法适用》,法律出版社2020年版,第762~763页。

[2] 参见最高人民法院民法典贯彻实施工作领导小组著:《中国民法典适用大全》(合同卷五),人民法院出版社2022年版,第3661页。上海市第二中级人民法院(2007)沪二中民四(商)终字第337号民事判决书。

之间订立的合同,行纪人对该合同直接享有权利、承担义务。在间接代理制度中,代理人与第三人订立的合同,有时可以直接对被代理人产生合同效力,由被代理人即委托人享有权利、承担义务。其四,主体资格要求不同。行纪人一般都是专门从事行纪业务的经纪人,未经法定手续批准或核准,其自然人、法人或其他组织不得经营行纪业务,而间接代理没有主体资格上的限制,不论是普通公民,还是专业机构都可以接受委托,作为代理人。其五,法律后果不同。在行纪合同关系中,第三人不履行义务致委托人受到损害的,除非有特别约定,由行纪人对委托人承担损害赔偿责任。在间接代理中,其类似情形,经由受托人向委托人披露第三人,委托人行使介入权,直接要求第三人承担损害赔偿责任,突破了合同的相对性原则。其六,第三人选择责任主体不同。在行纪合同关系中,委托人不履行义务致使第三人受到损害的,除非有特别约定,由行纪人对第三人承担损害赔偿责任。在间接代理中,类似情况,经由受托人披露委托人,第三人有权选择委托人承担损害赔偿责任,突破了合同相对性原则。

实践中,行纪与间接代理容易混淆其区分是一个复杂问题。对合同的认定应当结合双方当事人的权利、义务关系的内容、结构与性质具体分析,也就是说区分行纪与间接代理需根据委托内容与相关法律规定。根据《民法典》第九百六十条规定,对行纪合同中未规定的,参照适用委托合同的相关规定,则行纪合同与间接代理可能发生竞合,从竞合的角度看,应当认为委托人或第三人可以在间接代理和行纪之间进行选择。有学者认为,为了防止因为委托人造成行纪人不能履行义务,《合同法》单独设立了一些对行纪人予以保护的规定。因为行纪人能够独立地承担责任,在许多情况下,没有必要再由委托人介入或者由第三人选择。[1] 应注意的是,在间接代理的情况下尽管也涉及两种法律关系,但并不一定在任何情况下都涉及两个合同关系,或只有单方授权而无委托合同的情况也是存在的。例如,被代理人授权代理人向出卖人购买电脑10台,代理人以自己的名义与出卖人签订了购买电脑的合同。在订约时,代理人曾向出卖人表示,该批电脑是被代理人购买的。由于出卖人交付电脑以后,被代理人没有向代理人交付货款,代理人也没有向出卖人付款。出卖人行使选择权,要求本人承担违约责任,而本人以其没有与代理人签订委托合同,拒绝付款,双方为此发生争议。有学者认为,尽管本人与代理人没有达成委托合同,但有授权存在,在这种情况下,如果出卖人行使选择权,则可以按照间接代理处理。[2]

实践中,行纪与间接代理的认定存在分歧。

---

[1] 参见王利明:《民法疑难案例研究》(最新修订版),中国法制出版社2010年版,第348页。
[2] 参见王利明:《民法疑难案例研究》(最新修订版),中国法制出版社2010年版,第346页。

【案例10-19】 李某与新东安画廊、张某买卖合同纠纷案

某市居民李某委托该市新东安画廊(以下简称画廊)购买某著名画家张某的一幅题为《春色》的获奖油画作品,价值50万元。双方于1999年12月25日订立了委托合同,约定分二期付款。合同签订以后,李某便向画廊汇去25万元。2000年1月,画廊经理程某与画家张某达成一份书面购画协议,购买正在画廊展出的《春色》油画,价值40万元,合同订立以后,画廊向张某交付5万元订金。2000年5月,因画廊经理程某涉嫌伤害罪,被司法机关逮捕,有三位债权人同时起诉该画廊,画家张某得知该情况后,遂派人前往程某家中取回其油画,并提出立即退还5万元订金。李某得知该情况后,在法院起诉画廊,请求返还其已经支付的25万元购画款,并且同时起诉张某,要求其返还《春色》油画。对此处理有两种不同的意见。有学者认为,本案中,画廊与画家张某订立合同时,李某本人虽然肯定知道第三人张某的存在,但张某未必知道真正的购画人李某的存在,以及李某与受托人画廊之间有代理关系,他所知道的买家只是订立合同的画廊。因此,不能适用《合同法》第四百零二条成立间接代理关系。……本案各方关系应当认定为行纪关系,而非间接代理关系。[1]

【案例10-20】 赵某武与三门峡市平安福汽车租赁有限公司行纪合同纠纷再审案

一审和再审法院关于赵某武将自己的汽车交给平安福公司属于委托的认定意见是一致的,不同点是委托的法律后果是行纪合同关系还是委托代理合同关系。一审认定为委托合同关系,再审认定为行纪合同关系。再审法院认为,平安福公司以自己的名义与第三人王某签订汽车租赁合同,所得收益的15%归平安福公司所有,应视为委托人赵某武支付的报酬。因此,赵某武与平安福公司之间构成行纪关系。平安福公司提出双方是私车加盟关系的理由不能成立。依据《合同法》第四百二十一条规定……平安福公司将车租出后,第三人王某不履行合同义务,导致车辆无法追回,平安福公司应承担赔偿责任。[2]

---

[1] 参见王利明:《民法疑难案例研究》(最新修订版),中国法制出版社2010年版,第346页。
[2] 参见《人民司法·案例》2014年第20期(总第703期)。河南省三门峡市中级人民法院(2013)三民再字第34号民事判决书。

（八）行纪合同与委托合同区分

　　行纪合同是从委托合同的基础上发展出来的，两者之间具有诸多共同点，实践中常发生认定上的争议。两者的相同点为，都是以提供劳务为合同标的，都是以当事人双方的信任为基础，都是以处理一定事务为目的，都是为他人提供一定服务的合同，都是受托人须为委托人的利益而行事。两者的主要区别为，其一，对外名义不同。在行纪合同关系中，行纪人只能以自己的名义为委托人从事贸易行为，其与第三人订立的合同不能对委托人直接发生效力。在委托合同关系中，受托人既可以自己的名义，也可用委托人的名义行为。受托人以委托人名义与第三人订立合同，则对委托人直接发生效力。行纪人以自己的名义与第三人订立的合同，如果第三人在订立合同时知道受托人与委托人之间的代理关系的，该合同也对委托人直接发生效力。其二，适用范围不同。行纪合同仅适用于经营性贸易活动，委托合同只要法律没有明确限制性规定的，委托人可以委托，受托人可以接受委托从事事实、法律和准法律行为，其适用范围远远大于行纪合同。其三，主体资格不同。行纪合同的行纪人法律有明确要求，为特定经营主体。委托合同中的受托人资格除特定行业外法律没有限定，可以是任何适合处理特定委托事务的人，其主体范围大于行纪人。其四，费用负担不同。在行纪合同中，行纪人处理委托事务的费用一般由行纪人负担，其费用包含在报酬之中。在委托合同中，受托人处理委托事务应由委托人承担，但有约定除外。其五，合同性质不同。行纪合同均为有偿，行纪人按约定收取报酬。在委托合同中，受托人既可以有偿也可以无偿，从合同约定。最高人民法院法官认为，两者的区别体现为以下六个方面：第一，主体资质的要求不同。第二，适用范围存在不同。第三，处理事务的名义不同。第四，处理的事务的法律关系不同。第五，行纪合同是双务、有偿合同；而委托合同既可以是双务、有偿合同，也可以是单务、无偿合同，是否有偿由当事人自行约定。第六，处理委托事务的费用负担不同。[1]

　　基于社会生活的复杂性，在一个合同中有可能存在多种法律关系，即行纪合同与委托合同在有些具体合同中存在交叉混合，如常见的各类演艺经纪合同。演艺经纪合同文本虽名为经纪合同，但其中部分为代理演艺事业的内容，按《民法典》规定属于委托合同或行纪合同范畴，往往还规定经纪公司自主对艺人商业运行包装的内容，并非仅是作为艺人的代理人被动地在代理权限内处理演艺事务。

---

　　〔1〕　参见最高人民法院民法典贯彻实施工作领导小组编著：《中国民法典适用大全》（合同卷五），人民法院出版社2022年版，第3627页。

有的学者将演艺合同视为委托合同,是不全面的。有的法院也为该种观点。

【案例 10-21】 王某诉郭某演艺委托经纪合同案

判决观点,双方签订的经纪合同更符合委托合同的性质,故依据委托合同的相关规定定性。[1]

实践中,更多法院采取混合意见。因演出合同具有综合属性,既非代理性质亦非行纪性质,而是多个类型相结合的综合性合同。

【案例 10-22】 聂某诉梁某演出经纪合同纠纷案

一审法院认为,原告与被告签订的《艺员演出经纪及管理合同》是双方当事人的真实意思表示。其签订的合同内容既有经纪活动的内容又有被告的投资活动。双方又对利润分成进行了约定,双方签订合同的内容实质并非单纯地从事居间代理活动的经纪合同,而是包含了委托、居间、代理、合同等多种法律关系。二审法院亦持同样意见。[2]

【案例 10-23】 阿某诉中视亚太国际传媒广告(北京)有限公司委托合同纠纷案

一审法院认为,《合约书》并非单纯的委托合同关系,而应属于一种混合合同关系,阿某以中视公司存在严重违约行为为由要求行使合同法定解除权缺乏依据,但是因所涉合同内容具有很强的人身性,阿某已经失去对中视公司的信任,合同目的已无法实现,故应判决解除双方的合同。二审亦持同样意见,维持一审判决。[3]

主流观点认为,演出经纪合同属于一种具有鲜明行业特征属性的商事合同,兼具居间、委托、代理、行纪、服务的综合属性,构建了经纪公司与艺人之间的特殊合作共赢关系,因此演出经纪合同并不能简单归类为《民法典》合同编分类的某种固定类型合同,而是兼具多重属性的一种新型合同。在双方均不具备任意解除权的情况下,应当依据《民法典》规定,在不具备约定解除和法定解除条件的基础上,双方均应继续依约履行合同义务,因一方的违约行为给对方造成损失的,还应当予以赔偿。

---

[1] 参见北京市高级人民法院编:《审判前沿——新类型案件审判实务》(总第50集),法律出版社2014年版,第112页。

[2] 参见国家法官学院案例开发研究中心编:《中国法院2012年度案例》(合同纠纷),中国法制出版社2012年版,第188页。辽宁省沈阳市中级人民法院(2010)沈民三终字第1432号民事判决书。

[3] 参见国家法官学院案例开发研究中心编:《中国法院2017年度案例》(合同纠纷),中国法制出版社2017年版,第186页。北京市第二中级人民法院(2015)二中民(商)终字第04890号民事判决书。

【案例10－24】 窦某诉北京甲影业有限公司演出经纪合同纠纷案

二审法院认为,本案《合约》具有居间、代理、行纪的综合属性,属于演出经纪合同。此类合同既非代理性质亦非行纪性质,而是多个类型相结合的综合性合同,因此不能依据合同法关于代理合同或行纪合同的规定由相对方单方行使解除权。为了体现合同自愿、公平以及诚实信用等基本原则,在该类合同权利义务关系终止上应当主要遵循双方约定、按照合同法的规定进行界定,不能在任何情况下都赋予当事人单方合同解除权。因此,演艺合同中的单方解除权应当予以合理限制。[1]

【案例10－25】 蒋某某诉天津唐人影视股份有限公司合同纠纷案

一审法院认为,(1)双方之间通过签订《经理人合约》《合作协议》建立的合同关系为一种兼具居间、委托、代理、行纪、服务的综合属性的新型合同,双方的合同关系不能简单认定为委托合同;(2)唐人影视公司不存在拖欠蒋某某工资薪酬的情况,亦不存在所称的其他违约行为;(3)蒋某某在合同履行期间自行开展演艺活动,且未向唐人影视公司支付佣金,属于违约行为,并导致唐人影视公司可得利益的损失,应予赔偿。判决:一、原告(反诉被告)蒋某某赔偿被告(反诉原告)天津唐人影视股份有限公司损失200万元;二、驳回原告(反诉被告)蒋某某的诉讼请求;三、驳回被告(反诉原告)天津唐人影视股份有限公司的其他诉讼请求。二审法院判决:驳回上诉,维持原判。[2]

应强调的是,行纪合同关系并不排除委托人与行纪人之间的委托合同关系。

【案例10－26】 中地公司与鹤山农场合同纠纷再审案

二审法院认为,在行纪合同中,行纪人和委托人也存在委托关系,行纪关系并不排除委托人与行纪人之间的委托合同关系。因案涉合同的内容是鹤山农场委托中地公司从新西兰进口奶牛,故就鹤山农场与中山公司之间的关系而言,是委托合同关系。进出口代理合同属于委托合同中的一种。鹤山农场系由于无外贸经营权而委托具有外贸经营权的中地公司来办理进口奶牛的相关事务,符合进出口代理合同的特征,故案涉合同属于进出口代理合同。行纪合同是行纪人以自己的名义为委托人从事贸易活动,委托人支付报酬的合同。案涉合同系约定由中山公司受鹤山农场委托,以中山公司名义对外购买奶牛,根据合同约定,鹤山农场向中地公司支付的购牛价款不仅包括中地公司对外购买奶牛的价款,也包括委托购买的费用。因此,案涉合同也符合

---

〔1〕 北京市高级人民法院(2013)高民终字第1164号民事判决书。
〔2〕 参见北京市高级人民法院编:《审判前沿——新类型案件审判实务》(总第60集),法律出版社2020年版,第190页。北京市第三中级人民法院(2016)京03民终13936号民事判决书。

行纪合同的构成要件。《合同法》第四百二十三条规定："本章没有规定的，适用委托合同的有关规定。"故行纪合同关系并不排除委托人与行纪人之间的委托合同关系。[1]

应注意的是，最高人民法院在一个答复中明确规定：投资者在证券交易中应委托为其开户的证券公司代其买卖证券，证券公司接受投资者的委托并以投资者的名义申报买卖证券，证券交易行为的后果最终由投资者承担。因此，证券公司在从事经纪业务时与投资者之间的关系应当界定为委托代理关系。……本案中，根据你院请示报告中所述案情，大连真龙贸易发展有限公司（以下简称真龙公司）与宏源证券股份有限公司大连友好路证券营业部签订了《证券交易委托代理协议书》及相关附属文件，真龙公司开设了资金账户及证券账户并汇入资金，该账户内发生了证券交易，因此，双方之间的法律关系应当认定为证券交易代理关系。[2]

(九) 行纪合同与买卖合同区分

行纪合同与买卖合同虽然都是双务、有偿、诺成和不要式合同，且行纪业务也包括购销货物，但两者是有区别的。买卖合同与合同法上其他有名合同（包括行纪合同在内）最重要、最显著的区别在于买卖合同包含有两个相对的所有权的转移，即一方转移货物的所有权，另一方转移货币的所有权。而行纪合同具有很强的商事性质，合同中的委托事务多为贸易活动，核心是法律行为。判断合同的性质是买卖还是行纪，应以当事人关于货物所有权是否随交付转移的约定条款作为依据。受托人根据委托人的委托，以自己的名义为委托人买卖商品并收取报酬，双方对未销售货物的所有权归属约定由委托人所有，受托人办理的业务有行纪报酬，并非无偿服务。其双方约定权利义务符合买卖合同特征，应认定为买卖合同，而不符合行纪合同的基本属性。

【案例 10－27】 南宁市益高商贸有限责任公司诉港之源商贸有限公司南宁家家旺超市等行纪合同纠纷案

判决观点，家家旺超市虽未在《采购合同》《补充协议》上加盖自己的印章，其代表人也未签字，但在益高公司按《采购合同》《补充协议》向家家旺超

---

[1] 参见最高人民法院民法典贯彻实施工作领导小组编著：《中国民法典适用大全》（合同卷五），人民法院出版社 2022 年版，第 3681 页。最高人民法院 (2014) 民提字第 23 号民事判决书。

[2] 《最高人民法院关于大连真龙贸易发展有限公司与宏源证券股份有限公司大连友好路证券营业部证券交易代理合同纠纷一案的答复》[(2011) 民二他字第 23 号]。

市履行了供货主要义务的情况下,家家旺超市已全部接受益高公司的履行,属默示的积极行为,《采购合同》《补充协议》形式上的缺陷因此而得到补救,应认定益高公司与家家旺超市之间的合同关系成立。家家旺超市根据益高公司的委托,以自己的名义为益高公司寄售商品收取报酬,双方的行纪合同关系即告成立,合同合法有效。家家旺超市在行纪营业中与第三人直接发生法律关系,该关系所生权利和义务应归属益高公司承受。[1]

代销与购销、分销、经营都是商品贸易中的销售方式,不是法律意义上的合同类型。代销行为不能简单地理解为"代理销售"进而认定为代理行为。代销行为的性质是代理或是行纪,不能仅凭合同名称确定,而应当通过委托人与代销人之间的代销合同的具体内容进行判断。如果代销合同约定代销者以自己的名义对外销售,符合《民法典》第九百五十一条"以自己的名义为委托人从事贸易活动"的规定,应当认定该代销合同或相关部分内容属于行纪合同。

【案例10-28】 佛山市南海艺华不锈钢铝业有限公司与季某萍行纪、委托合同纠纷案

二审法院认为,艺华公司与晓凡商行之间的法律关系不是买卖合同,而是兼具行纪和代理的复合合同关系。首先,从"购销合同"的正文内容分析,双方之间没有将特定的标的物所有权转移给晓凡商行并由晓凡商行支付相应价款的意思表示,且"购销合同"欠缺具体的买卖数量和价款,不符合买卖合同的特征。从内容分析,该合同名为"购销"实为"代销"。其次,从"购销合同"第一条中"乙方作为甲方在金华地区的唯一代理销售商……年销艺华牌铝材不少于300吨"、第二条中"同意两车货(约40万元)作为周转"、第三条中"共同承担广告宣传方面的费用"等内容分析,双方之间的约定具有行纪合同特点;从双方实际的合同履行行为分析,除部分产品属于委托销售外,晓凡商行对外销售时以自己的名义进行,第三人欠款时也直接向季某萍出具欠条,因此,晓凡商行的上述交易行为完全符合《合同法》第四百一十四条"以自己的名义为委托人从事贸易活动"的规定。此外,将一定比例的销售利润(返利)确定为晓凡商行代理销售报酬的约定,也符合行纪合同的法律特征。综上,艺华公司与晓凡商行之间的关系应确定为行纪合同关系。最后,部分货物包括与宝业幕墙装饰公司的订购合同是由季某萍作为签约代表,以艺华公司的名义与该公司签订,艺华公司与晓凡商行之间对该部分货物的处理应属于代理关系,其法律后果应由艺华公司享有合同权利、承担合

---

[1] 参见国家法官学院案例开发研究中心编:《中国法院2013年度案例》(合同纠纷),中国法制出版社2013年版,第213页。广西壮族自治区南宁市兴宁区人民法院(2010)兴民二初字第420号民事判决书。

同义务。[1]

【案例 10-29】 琼湖福利渔具制造厂与邱某某买卖合同纠纷案

二审法院认为,代销过程中区分行纪合同与买卖合同的最主要的两个特征是产品是否可以退回、是否约定受托人的报酬。如果产品可以退回且约定受托人的报酬,那么就属于行纪合同;如果产品不可以退回且未约定受托人报酬,表明受托人是自担风险自负盈亏,则属于买卖合同。一审法院认为,双方当事人为行纪合同关系。但是二审法院认为,根据查明的事实,邱某某以琼湖福利渔具制造厂产品销售办事处的名义经营,不得对订购收到的产品退回,表明其对产品享有所有权及独立的经营权,故邱某某和琼湖福利渔具制造厂之间实际上是买卖合同关系。[2]

---

[1] 参见江必新主编、最高人民法院审判监督庭编:《全国法院再审典型案例评注》(上),中国法制出版社 2011 年版,第 304 页。

[2] 参见最高人民法院民法典贯彻实施工作领导小组编著:《中国民法典适用大全》(合同卷五),人民法院出版社 2022 年版,第 3632 页。湖南省益阳市中级人民法院(2010)益法民二终字第 167 号民事判决书。

三、行纪合同纠纷处理

(一)赔偿损失处理

1.赔偿损失认定

行纪合同中的赔偿损失涉及两个方面,一是违约责任,二是损害赔偿责任。前者是指委托人或行纪人违反约定义务或法律规定应履行的义务而给对方造成损失,应依法承担的赔偿责任。后者是指由于委托人或行纪人一方过错给对方造成损失,而应依法承担相应的赔偿责任。行纪人违反委托人指令,违反保管义务、报告义务、注意义务等给委托人造成损害的,应当承担赔偿责任。

【案例10-30】 王某文诉珠海市鑫光期货经纪有限公司期货代理纠纷案

一审法院认为,在此情况下,鑫光公司从王某文的期货交易保证金账户中扣除该1800手上海95.11胶合板期货交易亏损118.6万元及手续费5.4万元,没有合法依据。鑫光公司应当依照《民法通则》第六十一条的规定,将这两笔款返还给王某文,并赔偿相应的利息损失。据此,判决被告鑫光公司返还124万元及该款的利息。二审维持原判。[1]

实践中,因第三人不履行义务致使委托人受有损害的,行纪人亦应承担赔偿责任。

对于行纪人有过错的,法律应支持受害方要求相对方承担赔偿责任的请求。

【案例10-31】 艾某诉北京华谊兄弟时代文化经纪有限公司演出合同纠纷案

判决观点,被告没有遵循诚实信用原则,在面对原告掌握信息明显处于弱势的情况下,仅以程序性权利为抗辩,不向原告披露有关信息,导致增加诉讼成本,应当承担原告此后发生的必要调查费用。据此,判决被告支付原告

---

[1] 参见《最高人民法院公报》1999年第1期。

公证费 1091 元、律师费 5000 元、工商登记查询费 313 元。[1]

【案例 10－32】 中国农业银行、内蒙古乾坤金银精炼股份有限公司与中国农业银行个人业务部代销合同纠纷案

最高人民法院认为,本案《金杯代销合同》的履行期限至 2003 年 5 月 15 日。合同履行期限届满后,农业银行作为受托人应当及时清算,支付销售款,退回代销商品,但截至今日,农业银行既不付款也未将剩余商品返还乾坤公司,造成乾坤公司巨额资产被占用,生产经营受损。故农业银行对逾期支付的货款应自 2003 年 5 月 16 日起,按中国人民银行规定的银行同期贷款利率向乾坤公司支付利息;对逾期退回的 6041 个金杯亦应按每个 5000 元计,即以 3020.5 万元为基数,自同日起由乾坤公司按上述利率支付利息。对于乾坤公司要求农业银行赔偿 1303 个未发货金杯成本价与合同价之间的差价损失 510.776 万元,及赔偿因农业银行假意和解,使乾坤公司撤诉,造成的诉讼费、律师费等损失 46.736 万元问题。本院认为,对于乾坤公司 1303 个未发货的金杯的损失,农业银行已在丧失的定金返还请求权中承担了相应责任;关于请求赔偿诉讼费及律师费的损失,无法律依据。故本院对乾坤公司的上述两项诉讼请求不予支持。[2]

证券营业部作为客户的指定代理商,负有保管账户股票及资金安全的义务,若有过错未严格审查,违规操作应对客户的损失赔偿。

【案例 10－33】 王某武诉云集路证券营业部股票纠纷案

二审法院认为,被上诉人云集路营业部作为上诉人王某武的指定代理商,负有保障王某武账户股票及资金安全的义务。云集路营业部在经办代理业务的过程中违规操作,未经严格审查并履行相关手续,对王某武账户轻率办理清密、大额取款预约及取款业务,致王某武账户股票被卖、资金被取走,在没有充分证据证实"是王某武所为"或"是王某武委托他人所为"的情况下,应当赔偿王某武被取走的资金,并按同期银行存款利率年息 2.25% 承担利息损失。同时,对王某武因处理该纠纷的误工费及相关差旅费损失,云集路营业部也应酌情赔偿。……综上所述,上诉人王某武的部分上诉有理,应予采纳。一审判决由于倒置了举证责任,从而错误地认定了事实,导致错判,应当撤销。据此,二审法院判决,撤销一审判决,被上诉人云集路营业部赔偿上诉人王某武资金损失 8.3 万元、利息 2173 元、差旅费和误工费 500 元,合

---

[1] 参见国家法官学院案例开发研究中心编:《中国法院 2012 年度案例》(合同纠纷),中国法制出版社 2012 年版,第 185 页。北京市朝阳区人民法院(2010)朝民初字第 15339 号民事判决书。

[2] 参见最高人民法院民事审判第二庭编:《最高人民法院商事审判指导案例》(合同卷)(上),中国法制出版社 2011 年版,第 248 页。最高人民法院(2006)民二终字第 226 号民事判决书。

计 85673 元。[1]

证券营业部由于自己的过失,未及时修改操作程序,致使客户在认购新股时未成功,造成客户损失的,应当承担赔偿责任。如夏某麟诉海通证券有限公司无锡营业部确认股票认购权纠纷案。[2]

对造成损失均有过错责任划分,由法官根据涉案双方过错程度行使自由裁量权。

【案例 10-34】 中信证券股份有限公司与重庆华能石粉有限责任公司证券经纪合同纠纷案

最高人民法院认为,中信证券校场路营业部如管理规范,及时发现并且制止罗某松的违法行为,客观上可以避免华能公司的损失。但其对自己员工长期违法行为失于监管,丧失了职责,违反了行政管理规定,不仅产生了行政责任,而且也应对华能公司的损失承担相应民事责任。何某兰认可和授权罗某松的违法行为,故因罗某松违法交易产生的损失,华能公司应自行承担部分责任。根据过错与责任相当的原则,本院酌定中信证券对华能公司4665931.60 元交易损失承担 50% 赔偿责任。[3]

行纪人占有委托物的,应履行妥善保管委托物的义务,否则造成委托物毁损、灭失的,行纪人应向委托人承担赔偿责任。

【案例 10-35】 甲诉陈某贤、卢某军等行纪合同纠纷案

二审法院认为,案外人何某以卢某军未将货款付清为由将涉案玉石带走占有的行为是本案的客观事实。并且根据卢某军与何某的陈述,双方之间确实有过买卖关系,但只是对于货款是否付清存在分歧,因此,可以认定陈某贤与卢某军作为行纪人未尽到妥善保管委托物的义务。双方对行纪合同的履行期限没有约定,根据查明的事实,涉案玉石已不在行纪人的控制之下,而甲在原审中的诉讼请求是归还两块玉石,如果归还不了就支付 580 万元,该请求是其作为原审原告因行纪合同无法继续履行而请求终止合同履行的意思表示,因此,陈某贤与卢某军应承担因未尽妥善保管义务的赔偿责任,原审法院判令返还委托物或赔偿损失的责任是合适的。[4]

【案例 10-36】 杨某与吴某某行纪合同纠纷案

二审法院认为,根据双方当事人在保管单中的约定,行纪人应当选择对

---

[1] 参见《最高人民法院公报》2001 年第 5 期。
[2] 参见《最高人民法院公报》1999 年第 6 期。
[3] 最高人民法院(2011)民提字第 293 号民事判决书。
[4] 新疆维吾尔自治区高级人民法院(2016)新民终 354 号民事判决书。

委托人最有利的条件,采取最有利于委托物的保管措施,妥善保管委托物,并将未予出售的委托物完好无损地返还委托人。如因行纪人的原因无法返还委托物,给委托人造成损失,行纪人应当赔偿因此产生的损失。本案吴某某将其所有的翡翠交由杨某销售,杨某以自己的名义销售翡翠,虽然吴某某主张双方之间系借用合同关系,但是根据《合同法》第四百一十四条规定,吴某某、杨某应为行纪合同关系,杨某未按保管单及补充约定确定的期限返还吴某某翡翠或者赔偿损失,其行为已构成违约,吴某某要求解除保管单及补充约定的诉讼请求,符合法律规定,法院予以支持。根据双方在保管单、补充约定中的约定,杨某应当妥善保管吴某某交付的翡翠,并将未予出售的翡翠返还吴某某。现杨某因个人原因无法返还吴某某翡翠,给吴某某造成损失,杨某应赔偿吴某某因此产生的损失。[1]

行纪人无证据证明在合同有效期限内催告委托人领取委托物,或委托人经行纪人催告后拒绝领取余下的委托物,行纪人要求委托人赔偿其损失的请求不能成立。

【案例 10-37】 四川甲中药饮片股份有限公司诉徐某全行纪合同纠纷案

二审法院认为,因徐某全身份混同,其在处置反诉主张的货物时,不能分清其是在处置行纪事务代购物还是履行其法定代表人职责处理乙药材加工厂的货物,但在本案诉讼中,徐某全又未能举证证明其是在处置行纪事务代购物。即便是处置的委托物,徐某全的该处分行为又不符合《合同法》第四百一十七条"委托物交付给行纪人时有瑕疵或者容易腐烂、变质的,经委托人同意,行纪人可以处分该物;和委托人不能及时取得联系的,行纪人可以合理处分"的规定。依照《合同法》第四百二十条的规定,徐某全无权处分委托物。因此,徐某全反诉要求甲公司赔偿其损失的理由不能成立,法院不予支持。[2]

2.赔偿损失范围确定

在证券交易行纪合同中,行纪人因工作失误导致客户无法交易,应承担赔偿责任,但存在赔偿范围如何确定问题。对于客户无法交易的损失事实其实质是一种机会损失,应从符合未来性、期待性和确定性三个特征出发判断是否可以获得赔偿。委托人因行纪人工作失误而丧失卖出股票的机会,虽然由于股票的价格特

---

〔1〕 参见最高人民法院民法典贯彻实施工作领导小组编著:《中国民法典适用大全》(合同卷五),人民法院出版社2022年版,第3643页。云南省昆明市中级人民法院(2019)云01民终4571号民事判决书。

〔2〕 四川省高级人民法院(2012)川民终字第544号民事判决书。

点,在行纪人违约行为发生当时,并不能肯定委托人会发生实际损失,如股票价格上涨则不存在损失,但可以预见的是若股票价格下跌,委托人的损失一定会成为现实,因此委托人的机会损失应认为具有一定现实性和确定性,而之后该股票价格持续下跌,委托人的损失确实发生,该损失应该由行纪人进行赔偿。对于委托人要求赔偿其后发出的买卖指令的利益损失,由于在行纪人违约行为发生时,委托人并无后续交易计划,也无法预知其后来指令买卖的股票的交易价格,因此,这些机会利益不具有期待性和确定性,则不应得到赔偿。有法官认为,为控制证券市场交易风险,证券交易所依照法律、中国证监会授权、证券交易规则规定,有权制定临时交易规则。尤其在创业板开通初始时期,这对保持证券市场交易稳定,防止股价大起大落损害广大中小投资者利益是至关重要的。由于执行临时交易规则,可能导致中小投资者想卖的股票卖不了、想多买的买不进去,实际产生限制交易的结果,因此会给投资者造成可得利益损失,这的确属于证券交易所控制风险中的不足,但当前还必须遵守这些规则,不能通过诉讼获得赔偿。今后,可以在积累经验的基础上,逐步放开买卖创业板股票数量、频率,保持市场稳定和繁荣,更好地为投资者获益打开市场空间。[1]

期货公司违反法律规定的条件强行平仓的,应赔偿期货交易人的损失。

【案例 10-38】 范某孚与银建期货经纪有限公司天津营业部期货交易经纪合同纠纷案

最高人民法院认为,期货市场的风险包括市场交易风险和市场运行风险两大部分,市场交易风险法定由期货交易人自行承担,而市场运行风险并不法定由期货交易人承担。如果市场运行机制人为错误导致期货交易人发生风险损失,则应由责任人承担。期货交易风险主要是因期货交易人对合约走势判断错误和合约价格波动而产生,加之保证金交易制度放大风险所导致。具体到本案,范某孚对 Cu0802、Cu0803 和 Cu0804 三张合约自开空仓至被强行平仓,共计亏损 13066500 元,其中就包括了范某孚自己期货交易判断错误导致的亏损和天津营业部强行平仓过错而加大的亏损,即期货交易损失和强行平仓损失两部分。……所以,基于已经发生的强行平仓事实,不能往后寻找而只能往前寻找强行平仓损失的计算基准点,才是客观和公正的。故本院对双方当事人有利于自己而忽视对方利益的观点,均不予采信和支持。综上所述,以 24 日收市后范某孚持仓的事实和结算的数据为基准,确定天津营业部过错的责任范围,对双方而言相对客观公正。那么,25 日强行平仓后范某孚账户亏损金额 13066500 元与 24 日收市后浮动亏损 7733100 元之差的

---

[1] 参见吴庆宝主编:《最高人民法院专家法官阐释民商裁判疑难问题》(2013—2014 年卷),中国法制出版社 2013 年版,第 103 页。

5333400元,是天津营业部对范某孚因强行平仓导致的损失且应承担的赔偿范围。[1]

演出经纪合同违约赔偿,由法官根据具体情况综合考虑相关因素酌定损失赔偿数额。

【案例10-39】 北京新画面影业有限公司诉窦某演出经纪合同纠纷案

二审法院认为,涉案《合约》的解除,系因窦某根本违约所致,窦某应当依法承担相应的违约责任,赔偿新画面公司相应的经济损失。关于违约责任的承担,其不仅可以依据合同约定条款进行确定,亦可根据守约方的实际损失进行确定,因此一审判决直接以双方并无约定驳回新画面公司此方面的诉讼请求,显然存在适用法律的错误。实际损失的确定,包括合同履行后可以获得的利益,但不得超过违反合同一方订立合同时预见到或者应当预见到的因违反合同可能造成的损失。由于演艺活动因市场波动产生的收益变化较大,因此新画面公司依据窦某此前的年收入平均数,乘以剩余合同履行期的计算方式显然缺乏事实依据,本院不予采纳。由此在窦某应当承担的赔偿数额的确定上,应综合考虑新画面公司前期对窦某演艺发展的培养投入、宣传力度、艺人自身的影响力、知名度、发展前景以及可能给经纪公司带来的收益等因素,故本院酌定此部分赔偿数额为人民币200万元。新画面公司相关上诉请求部分具有事实及法律依据,本院予以支持。一审判决相关认定错误,依法予以纠正。[2]

【案例10-40】 唯可漫公司诉王某合同纠纷案

判决观点,唯可漫公司与王某签订的《经纪合约》合法有效,双方应恪守履行。结合现有证据可以认定,王某在未告知唯可漫公司的情况下以个人名义对外承接课程,王某的行为构成违约,王某抗辩称因唯可漫公司未依约为其安排课程,且对其行为知悉、默认,但王某未提交证据予以证实,故对王某的抗辩不予采信。唯可漫公司作为守约方要求解除涉案《经纪合约》合理合法,双方均确认涉案《经纪合约》于2019年6月12日解除,法院予以确认。现唯可漫公司要求分配王某在涉案合约履行期间私下承接的课程费用,王某亦同意支付,现双方提交的证据均无法佐证王某在2019年4月至6月8天的具体课程报酬,故法院依据唯可漫公司为王某提供的课程报酬按6000元/天计算,则王某就上述课程可获取的报酬酌定为4.8万元,王某应向唯可漫

---

[1] 最高人民法院(2010)民提字第111号民事判决书。

[2] 参见北京市高级人民法院编:《审判前沿——新类型案件审判实务》(总第50集),法律出版社2014年版,第184页。北京市高级人民法院(2013)高民终字第1164号民事判决书。

公司支付课程报酬2.4万元。关于违约金的金额。涉案《经纪合约》的解除系因王某的根本违约所致,王某应承担相应的违约责任。涉案《经纪合约》约定违约方应支付守约方违约金20万元,现王某主张违约金约定过高,请求予以酌减。对此,从唯可漫公司提交的证据可以看到,唯可漫公司在与王某签订涉案合约后,有意愿为王某的发展寻求机会,并积极为王某提供发展平台、安排相应课程,涉案《经纪合约》约定的合作期限为1年,而王某在合同签订后即在2019年3月从唯可漫公司处获取了1.2万元的报酬。在此情况下,王某仍在涉案合约仅履行不到两个月的时间内即2019年4月对外承接课程,其行为明显违反合同约定且无法认定为善意,而唯可漫公司作为开展商务服务、提供课程平台的咨询公司,其通过培养、提高讲师的知名度安排课程而实现其经济效益,现王某以其个人名义就相同的课程内容对外低价承接课程,确实会给唯可漫公司造成一定的损失,在综合考量涉案《经纪合约》实际履行期限、王某已获得报酬、唯可漫公司对王某发展的培养投入、宣传力度、可能给唯可漫公司带来的收益以及王某的违约行为可能给唯可漫公司造成的损失等因素,法院酌定王某应向唯可漫公司支付违约金10万元。判决:确认唯可漫公司与王某在2019年6月12日签订的《经纪合约》解除;王某向唯可漫公司支付课程报酬2.4万元;王某向唯可漫公司支付违约金10万元。[1]

网络主播作为一种新兴职业,具有区别于传统劳动关系的特殊性,依据原劳动和社会保障部《关于确立劳动关系有关事项的通知》所规定的判断标准,网络主播与直播平台之间不构成劳动关系,而是演艺经纪合作关系。同时,鉴于现实情况的复杂性,双方间并非一律不构成劳动关系,而应依据双方所签订合同的具体条款以及实际履行情况等,对是否构成劳动关系予以判定。

【案例10-41】 沈阳中柏影视文化传媒有限公司诉程某劳动合同纠纷案

判决观点,根据《民法典》规定,依法成立的合同受法律保护,合同各方均应恪守合同约定,全面履行各自义务。对于程某辩称存在劳动合同关系的主张,法院不予采纳。此外,因程某存在违反约定未经甲方允许到其他平台进行演艺的违约行为,法院根据原、被告的案涉协议履行情况,结合程某实际收益状况以及存在违约行为的程度等因素,酌情确定程某因违约应给付中柏公司违约金1万元。[2]

---

[1] 参见国家法官学院、最高人民法院司法案例研究院编:《中国法院2021年度案例》(合同纠纷),中国法制出版社2021年版,第79~80页。广东省广州市白云区人民法院(2019)粤0111民初29340号民事判决书。

[2] 参见《人民司法·案例》2022年第29期(总第976期)。辽宁省沈阳市和平区人民法院(2021)辽0102民初23440号民事判决书。

混码交易并不必然产生期货公司承担民事责任的法律后果,即虽然期货公司有混码交易的不当行为,但具体到客户,期货公司对客户的指令均入市交易的,仍应当由客户承担交易结果,对其损失亦应由其自行承担。

【案例 10-42】 杨某超诉金鹏期货经纪有限公司经纪合同纠纷案

二审法院认为,666 交易代码虽然是以杨某超的名义开立,但其项下大量的交易不全是杨某超的,也有别人的,产生这种现象的原因在于金鹏公司存在混码交易的行为。混码交易是一种不规范的操作行为,金鹏公司应当承担相应的行政责任。但混码交易并不必然造成客户的损失,杨某超以此请求金鹏公司赔偿其损失,须首先证明其损失是金鹏公司造成。金鹏公司给杨某超的客户结算通知单,有杨某超签字的,应认定为其认可;没有其签字的,依据双方合同约定,金鹏公司在向杨某超寄出交易记录和账户情况的报告后 5 日内未收到杨某超的书面异议,即视为该报告已获杨某超认可。现杨某超未提出有异议的证据,其对未签字的客户结算通知单是认可的。同理,双方的最后一笔交易时间为 2000 年 1 月 21 日,虽然杨某超未在该客户结算通知单上签字确认,亦能依据合同约定确定其对该日及该日之前的所有交易结果均认可。依据上述认定,结合杨某超在其账户爆仓后未提异议而弃仓的行为,杨某超资金的损失系其在期货交易中操作不当造成,对该结果,杨某超是认可的,其交易后果应当由其自行承担,与金鹏公司无关。双方共同确认最后一笔交易时间为 2000 年 1 月 21 日,杨某超对其账户每笔交易和资金的情况是了解的,其认为权利受到侵犯,应当在此后的 2 年内行使。至 2005 年杨某超向大连市公安局报案时,已经超过诉讼时效期间,一审法院判决驳回杨某超的诉讼请求是正确的。据此,二审法院判决驳回上诉,维持原判。[1]

(二) 委托财产处理

1. 返还财产处理

行纪人接受委托人的委托,收到第三人支付的货款后拒不交还的,应当承担还款责任。

---

〔1〕 参见国家法官学院案例开发研究中心编:《中国法院 2014 年度案例》(金融纠纷),中国法制出版社 2014 年版,第 105 页。北京市高级人民法院(2011) 高民终字第 3827 号民事判决书。

【案例10-43】 山西甲贸易有限公司诉福建省安溪乙矿业有限公司等行纪合同纠纷案

二审法院认为,乙公司与甲公司签订联营合同当日,又与丙公司签订冶金焦炭买卖合同。甲公司委托丁市联合运输公司分两次共托运焦炭937吨给丙公司。乙公司是以自己的名义,为甲公司从事焦炭贸易活动,并由甲公司依约支付报酬。甲公司、乙公司签订的合同虽然名为联营合同,但实际履行过程中,却为行纪合同民事行为,应当适用行纪合同的规定处理双方联营合同事宜。乙公司作为行纪人在收取委托人甲公司焦炭款后负有交还义务,但拒不交还,侵害了甲公司的财产权,应依法承担还款责任。[1]

委托人委托处理的财产或结果,有权利向行纪人主张返还。

【案例10-44】 南宁市益高商贸有限责任公司诉港之源商贸有限公司南宁家家旺超市等行纪合同纠纷案

判决观点,依据委托人与行纪人之间关系准用委托的法律规定,家家旺超市负有移转收益的义务。家家旺超市系港之源公司设立的不具有法人资格的分公司,家家旺超市的民事责任可先以其经营管理的公司资产向益高公司支付,不足部分再以港之源公司的财产支付。益高公司在诉讼中负担的公告费系因两被告下落不明所致,该损失与家家旺超市的违约行为不仅存在法律上的因果关系,也未超出家家旺超市理应预见的范围。该损失应由两被告承担。据此,判决被告向原告清偿货款8567.75元并赔偿利息损失、赔偿公告费350元。[2]

【案例10-45】 山西和盛腾贸易有限公司诉福建省安溪联兴矿业有限公司行纪合同纠纷案

判决观点,联兴公司共向奇信公司领取银行承兑汇票总金额180万元,扣除已转交的50万元,还有130万元,而联兴公司又无法证明其所收取的这130万元不是原告的焦炭款,况且该数额已超过和盛腾公司诉争的焦炭款628369元。联兴公司对此负有交还义务,联兴公司在收取焦炭款后拒不交付,已侵害了原告的财产权益,应依法承担民事责任。和盛腾公司的诉求具有事实和法律依据,依法应予支持。对于联兴公司应提取多少报酬问题,由于联兴公司在本案中没有提出反诉,法院不予合并审理,双方可另案协商解

---

[1] 福建省泉州市中级人民法院(2014)泉民终字第1128号民事判决书。

[2] 参见国家法官学院案例开发研究中心编:《中国法院2013年度案例》(合同纠纷),中国法制出版社2013年版,第213页。广西壮族自治区南宁市兴宁区人民法院(2010)兴民二初字第420号民事判决书。

决。据此,判决被告联兴公司支付焦炭款 628369 元及逾期付款利息。[1]

【案例 10－46】 王某某诉顺驰公司行纪合同纠纷案

判决观点,涉案房屋是王某某与彭某某在婚姻关系存续期间取得的财产,虽离婚但属于夫妻共同财产,王某某对该房屋享有所有权。彭某某单方与顺驰公司签订《包销合同》,由于彭某某处置的合同标的物是夫妻共同财产,故该合同产生的权利义务当然及于王某某,王某某认为合同相对方即顺驰公司的行为侵犯了其权利,有权向顺驰公司申请返还,顺驰公司在彭某某的授权下实施代理出售和过户给王某某的行为,表明顺驰公司与彭某某、王某某之间属于行纪合同法律关系。顺驰公司超出委托人及彭某某指定的价格出售,双方未约定高出指定价格的差价 7 万元的处理意见,故该差价应属于委托人。由于该差价是基于王某某与彭某某的夫妻共同财产而产生,故差价款应部分返还给王某某。[2]

行纪合同解除或终止的,行纪人应向委托人返还财产。

【案例 10－47】 王某珍诉瑞达期货经纪有限公司期货经纪合同纠纷案

一审法院认为,王某珍已向瑞达期货公司交纳开户资金 5 万元,因王某珍已于瑞达期货公司办理清户手续并实际上终止委托代理关系,王某珍已领款 3583.29 元,余款 46416.71 元瑞达期货公司应予返还。二审法院持同样意见,维持原判。[3]

【案例 10－48】 林某某与韦某某行纪合同纠纷再审案

二审法院认为,第三人不履行与行纪人的合同中所约定的义务时,由该义务人的不履行而带来的不利后果应由行纪人承受。如果行纪人不能对此不利后果及时弥补,而最终给委托人带来损害的,应由行纪人向委托人负损害赔偿责任。行纪人承担责任向委托人履行后,再行使向第三人的追偿权。韦某某以自己的名义为林某某从事原矿买卖和活动,从而与覃某发生原矿买卖的权利义务关系,并从林某某处收取报酬,符合行纪合同的法律特征。因此,韦某某的行为属于行纪行为。其间,韦某某行使了介入权。覃某没能如约提供原矿给林某某,致使林某某的利益受到损害,韦某某应当承担返还林

---

〔1〕 参见国家法官学院案例开发研究中心编:《中国法院 2013 年度案例》(合同纠纷),中国法制出版社 2013 年版,第 216 页。福建省安溪县人民法院(2011)安民初字第 1641 号民事判决书。

〔2〕 参见最高人民法院民法典贯彻实施工作领导小组编著:《中国民法典适用大全》(合同卷五),人民法院出版社 2022 年版,第 3654 页。湖北省武汉市洪山区人民法院(2008)洪民商初字第 8 号民事判决书。

〔3〕 参见最高人民法院中国应用法学研究所编:《人民法院案例选》2009 年第 3 辑(总第 69 辑),人民法院出版社 2010 年版,第 304 页。

某某预付矿款 30 万元的责任。韦某某承担责任向林某某履行还款义务后，再行使向覃某的追偿权。[1]

2.行纪人对委托物处理

《民法典》第九百五十四条规定："委托物交付给行纪人时有瑕疵或者容易腐烂、变质的，经委托人同意，行纪人可以处分该物；不能与委托人及时取得联系的，行纪人可以合理处分。"该条是授权行纪人在特定条件下处分委托物的规定。依据本条规定可分为是否经委托人同意两种情况讨论处分权：其一，经同意的，在委托物出现瑕疵或者容易腐烂、变质的情况下，行纪人可以处分委托物。这是基于在行纪合同中，行纪人仅仅取得的是对委托物占有的权利，是卖出或买入的权利，而不能作其他损害委托人利益对委托物的处分，否则将构成侵权。其二，未经同意的，只有在满足法律规定的条件时方可行使。即为了委托人的利益最大化，作出合理处分。即委托物存在瑕疵或者腐烂、变质的情况时，行纪人不能及时和委托人取得联系，基于处理的现实必要性和紧迫性，行纪人才享有合理的处分权。委托人在委托物交付行纪人占有之前就有瑕疵，尽管委托人未能尽到注意义务，但亦应由委托人对此担责。如果是行纪人在接收委托物之后，因其保管不善所致，则行纪人不能取得合理处分权；非因行纪人造成的瑕疵，行纪人在处理之前仍应取得委托人的同意。

紧急情况下行纪人对委托物进行合理处分需要具备三个要件：第一，发现委托物有瑕疵，或者容易腐烂、变质。委托物的瑕疵应该是可能影响委托物价值，或者将导致委托物毁损、灭失的。第二，应当是委托物交付行纪人时就存在的瑕疵，或者委托物容易腐烂、变质，而不是在交付后出现的情况。第三，行纪人欲通知委托人作出指示，但是不能及时与委托人取得联系。在这种情况下，为了保护委托人的利益，法律赋予行纪人合理的方式来处置委托物的权利。所谓"合理"，即应以善良管理人的标准来衡量，根据委托物的实际情况决定处分的价格和方式等，尽量减少委托人的损失，维护委托人的利益，而不能随意处分。[2]

【案例 10-49】 李某成诉邢某良、刘某丽行纪合同纠纷案

二审法院认为，李某成与邢某良在贵阳石板市场口头约定，邢某良给李某成每代销一件水果，李某成向邢某良支付报酬 2 元。双方约定的代销水果的行为符合行纪合同的法律特征，李某成与邢某良、刘某丽之间形成行纪合

---

〔1〕 参见最高人民法院民法典贯彻实施工作领导小组编著：《中国民法典适用大全》（合同卷五），人民法院出版社 2022 年版，第 3669 页。广西壮族自治区河池市中级人民法院(2002)河市民监字第 45 号民事判决书。

〔2〕 参见黄薇主编：《中华人民共和国民法典合同编释义》，法律出版社 2020 年版，第 962 页。

同关系,李某成为委托人,邢某良、刘某丽为行纪人。委托物交付行纪人时容易腐烂、变质的,经委托人同意,行纪人可以处分该物。即使在行纪人无法与委托人取得联系时,行纪人亦应进行合理处分。邢某良、刘某丽作为行纪人,不能举证证明尽到了合理处分的义务,就要承担该部分货物价款的义务。[1]

【案例10-50】 西部公司与王某某行纪合同纠纷案

二审法院认为,行纪人占有委托物,应当予以妥善保管。虽然王某某生产瓜子未办理相关证照,但该瓜子并非国家禁止生产的产品,仅被工商行政机关确认为变质,其在发生霉变之前仍然具有一定的使用价值,具有财产属性,西部公司应当予以妥善保管。《购(代)销合同》第2条第4款中规定了有关双方验货的条款,西部公司未能提供证据证明收到王某某送来的货物时该货物已经变质,同时亦不能证明已尽到了妥善保管货物的义务,故应对王某某的瓜子变质承担主要责任。王某某作为食品加工者,未办理相关许可证照,西部公司作为经营企业,未履行查验供货者相关证照的法定义务,且怠于履行保管义务,造成王某某瓜子的损失。综合双方当事人的过错程度,确认由王某某自行承担40%的损失,西部公司赔偿王某某60%的损失。行纪人未经委托人同意或者不符合紧急情况自行处分委托物,其决定可能违背委托人的意思,给委托人造成损失。在交付委托物时行纪人发现委托物有瑕疵,但是可能并不影响委托物出售,如果行纪人未经委托人同意擅自决定低价处理,给委托人造成损失,行纪人应当依法承担赔偿责任。[2]

【案例10-51】 林某某、张某与姚某某、肖某行纪合同纠纷案

二审法院认为,姚某某等提供脐橙的车数具体数据显示,每收购一车时均详细记载了每个农户的姓名、脐橙的件数、小果数量、雇请小工人数和日工资、装车费用及其他费用。林某某等提供的每车收购的脐橙具体数据显示了每车总包装件数及金额、部分工钱、装车费、代办费、转运费用,没有详细记载小果费用及其他费用。双方记录收购金额的差额主要体现在代办费、购买纸箱费用、小果费用、小工工资等。林某某等每车运走包装箱的大果脐橙外,对姚某某等为其收购的小果做如何处理,没有明确交代。双方对欠付货款事宜没有协商好,姚某某等对林某某等所收购的小脐橙果进行处理,将部分好果折价变卖,所得价款为233075元,其余小果做废品处理。委托物交付行纪人时有瑕疵或者容易腐烂、变质的,经委托人同意,行纪人可以处分该物;不能

---

[1] 陕西省商洛市中级人民法院(2017)陕10民终516号民事判决书。
[2] 参见最高人民法院民法典贯彻实施工作领导小组编著:《中国民法典适用大全》(合同卷五),人民法院出版社2022年版,第3648页。甘肃省高级人民法院(2013)甘民二终字第184号民事判决书。

与委托人及时取得联系的,行纪人可以合理处分。[1]

3.委托物提存处理

《民法典》第九百五十七条规定:"行纪人按照约定买入委托物,委托人应当及时受领。经行纪人催告,委托人无正当理由拒绝受领的,行纪人依法可以提存委托物。委托物不能卖出或者委托人撤回出卖,经行纪人催告,委托人不取回或者不处分该物的,行纪人依法可以提存委托物。"该条是关于行纪人提存的规定。该条款既规定委托人对委托物及时受领的义务,又规定行纪人对委托物提存的权利。提存适用范围为,一是委托人无正当理由拒绝受领买入商品,二是委托人不处分、不取回不能出卖的委托物。提存产生的法律效果为,一是毁损、灭失的风险由委托人承担,二是提存的费用由委托人负担。

行纪人行使提存权利的条件,其一,委托人无正当理由拒绝受领。在这里强调的是,委托人拒绝受领的原因是其理由不合理,如果委托人拒绝受领的理由是正当的,则应限制行纪人行使提存权。其二,行纪人必须先行催告。在委托人无正当理由的情况下,行纪人应当催告委托人及时受领委托物。行纪人未进行催告的,则限制其提存。其三,提存应符合法律规定的要件,即《民法典》合同编第五百七十条第一款与第二款规定的全部内容。

4.委托物留置处理

《民法典》第九百五十九条规定:"委托人逾期不支付报酬的,行纪人对委托物享有留置权,但是当事人另有约定的除外。"该规定是对行纪人享有留置权的规定。该条规定的留置权,是指委托人不按照约定支付报酬时,行纪人对其合法占有的委托物可以依法进行留置,经合理期限的催告后,委托人仍然不予支付报酬的,行纪人可以依法将留置物进行折价、拍卖或者变卖,从所得价款中优先受偿。该条规定是行纪人在满足法定条件下,享有一种自力救济措施。该条款但书部分规定,在其有明确约定不得进行留置的,则行纪人不能留置。换言之,未有特别约定的方可以留置。

行纪人的留置权属于担保物权的范畴。根据物权法定原则,必须有相应的法律依据,否则限制留置权的适用。行纪人留置委托物的条件为,其一,以行纪人已经合法占有委托物为前提,没有或非法占有委托物的,行纪人不能或不得行使留置权。其二,委托人无正当理由拒绝向行纪人支付报酬,在委托人拒绝支付报酬

---

[1] 参见最高人民法院民法典贯彻实施工作领导小组编著:《中国民法典适用大全》(合同卷五),人民法院出版社2022年版,第3649页。湖南省邵阳市中级人民法院(2015)邵中民二终字第430号民事判决书。

理由是正当合理时,则行纪人不能行使留置权。其三,行纪人和委托人不存在禁止留置委托物的事先约定。在事先有约定的情况下,行纪人不能行使留置权,但是可以要求委托人提供其他担保。行纪人就委托物留置财产折价或者拍卖、变卖后,所得价款超过应得报酬数额的部分归委托人所有,不足部分仍由委托人负责补足。也就是说,委托人未支付任何费用的,无权要求行纪人交付留置物的变现款。

【案例10-52】 梁某琼诉韶关市甲贸易有限公司、韶关市乙进出口贸易有限公司行纪合同纠纷再审案

再审法院认为,本案中,梁某琼委托甲公司、乙公司办理冻猪耳、冻猪心的货柜从香港进口到内地的有关贸易手续。甲公司和乙公司以自己的名义将7个货柜从香港进口至内地的贸易活动,系履行行纪合同义务,梁某琼作为委托人应为自己的委托事项支付报酬。在委托人梁某琼没有支付报酬的情况下,行纪人甲公司有权对委托物行使留置权。甲公司留置的2个货柜在法院主持下变现后,梁某琼在没有支付任何费用的情况下,无权要求乙公司和甲公司交付货物变现款。梁某琼并未提供证据证明双方存在"另有约定"的除外情形,其应向乙公司和甲公司交纳应付费用后,再行主张权利。[1]

(三) 委托报酬处理

对于行纪合同支付委托报酬时间,有约定的,从约定;没有约定的,根据《民法典》对行纪合同的规定,行纪合同的委托报酬应该在委托事务完成后支付。一般情况下,委托事务完成条件由双方约定。委托事务未完成,一般来讲受托人无权索要委托报酬。行纪人的报酬请求权并不以委托事项的全部完成为要件。行纪人部分完成委托事项的,可以要求委托人支付相应的报酬。

【案例10-53】 北京万华世缘物业管理有限公司诉黄某委托合同纠纷案

判决观点,原告与被告签订的房屋委托出售合同系行纪合同,现原告未促成房屋买卖及相应过户手续的完成即未完成委托事务,且双方亦未约定代理费的支付时间,故原告要求被告支付代理费的诉讼请求,依据不足,法院不予支持。根据双方所签订的房屋委托出售合同的约定,原告有权代表被告收取定金,但原告并未将定金给付被告,且现原告亦未将定金双倍返还给蒋某,原告与蒋某亦约定"因房产原产权人之原因造成合同无法履行,原告不承担

---

[1] 广东省高级人民法院(2015)粤高法民二申字第178号民事裁定书。

违约责任",故原告要求被告双倍给付定金的诉讼请求,依据不足。故驳回原告北京万华世缘物业管理有限公司的诉讼请求。[1]

应注意的是,行纪合同中行纪人取得报酬的条件,根据《民法典》第九百五十九条规定,行纪人完成委托事务,其报酬请求权具有可浮动和可分割的特征。可浮动是根据《民法典》第九百五十五条规定,指行纪人高于委托人指定价格卖出或低于指定价格买入的,可依约增加报酬,而低于指定价格卖出或高于指定价格买入的则要补偿差额,事实上相当于报酬利益的减少。可分割是指根据《民法典》第九百五十九条规定,行纪人部分完成委托事务的,可请求相应的报酬。根据《民法典》第九百五十六条第二款规定,行纪人自己作为买受人或者出卖人时仍然可以取得报酬,但委托人事先明确表示不同意的除外。

(四)委托费用处理

《民法典》第九百五十二条规定:"行纪人处理委托事务支出的费用,由行纪人负担,但是当事人另有约定的除外。"依据该条规定,行纪人自行负担处理委托事务的费用。这是因为委托人所支付的报酬中一般已经包括了各项费用的支出,行纪人除要求委托人支付报酬外,不得再要求委托人另外支付费用,对于行纪合同没有约定或约定不明时委托费用亦应依此处理。依据该条但书部分规定,当事人对费用承担问题可以有特别约定,即约定报酬不包括费用支出部分,则行纪人有权要求委托人支付费用。该费用应当是为了委托人的利益,并且是必要的费用,亦有合同明确约定。其必要费用未明确约定范围的一般包括处理事务支出的交通费、人工费等,必要费用具体范围应在个案中由法官裁量。在委托报酬较低的情况下,当实际支出的费用如运输和寄存费用较高时,行纪人能否另行请求委托人支付需要分析。有法官认为,《民法典》合同编并没有明确就区分报酬的高低作出不同的规定,其主要目的仍然在于督促行纪人在承接行纪业务之前就要做好预判和安排。在合同订立确定报酬时,行纪人就要充分考虑到可能支出的费用,开展行纪业务过程中更是要精打细算、控制成本费用,争取以最少的费用达成和第三人的交易。行纪合同履行完毕,行纪人依据合同约定向委托人请求支付的报酬就应当包含了经营成本与预期利润。如果行纪人没有处理好委托事务,所支付的成本费用则由自己承担。除非是有特别约定的情况下,行纪人为委托人进行

---

[1] 参见北京市高级人民法院编:《审判前沿——新类型案件审判实务》2007年第1集(总第17集),法律出版社2007年版,第206页。

委托事务支出的费用才由委托人承担。[1] 也就是说,在合同未特别约定的情况下,对行纪人主张委托人承担其已实际发生的各项费用请求法院不予支持。

【案例10-54】　何某华诉广西忻城县甲矿业开发有限公司合同纠纷案

二审法院认为,本案中,从现有证据来看,双方当事人并未就运费、加工费等相关费用作出特别约定,何某华以其标注的出库明细主张双方对运费、加工费等有明确约定,但从其提供的出库明细看,下面关于"运费+加工费"的意思表达并不清楚,关于何方承担费用的意思表示不明确。何某华单方作出要求甲公司承担运费和加工费的意思表示,属于新的要约,甲公司并未表态接受,说明双方并未就此达成一致的意思表示,因此,处理委托事务的费用应当由行纪人何某华自己承担。另外,何某华从甲公司取得板材后,对板材进行了加工,根据行纪合同的相关规定,行纪人对委托物进行加工应取得委托人甲公司的同意。因此,何某华要求甲公司承担烘干费、加工费、运费、堆场占用费等费用,没有事实与法律依据,法院对其诉讼请求不予支持。[2]

【案例10-55】　王某某诉叶某某等代销合同纠纷案

二审法院认为,当事人之间基于口头约定的委托销售货物,销售款归委托人所有,委托人应给付行纪人代销费作为报酬,该口头行纪合同成立。口头行纪合同中当事人未作约定,不得以处理委托事务支出的费用为由,拒绝返还委托人代销款。本案被告叶某某等接受委托人与原告王某某的委托,以自己的名义,为原告销售自行车,叶某某等在出具欠条及还款计划给王某某时,均未注明扣除税款、仓库租金等费用,原、被告双方事先也未约定自行车税款、仓库租金应由原告支付,按照法律规定,该税款应由被告自行(行纪人)负担。原告已按照约定给付被告代销费作为提供服务的报酬,被告不能要求原告再支付工资。被告反诉请求原告支付自行车税款、仓库租金、工资等各项费用,于法无据,应予驳回。原告王某某与被告叶某某等因代销自行车而形成的债权债务关系明确、合法,应受法律保护。被告叶某某等在立下欠条及还款计划后未能按照约定归还原告代销自行车价款,应承担违约民事责任。[3]

---

[1] 参见中国审判理论研究会民事审判理论专业委员会主编:《民法典合同编条文理解与司法适用》,法律出版社2020年版,第755页。

[2] 广西壮族自治区来宾市中级人民法院(2017)桂13民终343号民事判决书。

[3] 参见最高人民法院民法典贯彻实施工作领导小组著:《中国民法典适用大全》(合同卷五),人民法院出版社2022年版,第3636~3637页。浙江省杭州市中级人民法院(2020)浙01民终10940号民事判决书。

(五)合同僵局处理

所谓合同僵局,主要是指在长期继续履行合同中,一方因为经济形势和履约能力等方面的变化等原因,导致不可能履行长期合同,需要提前解约,而另一方拒绝解除合同,要求继续履行,从而导致当事人交易出现被动僵持的局面。[1]

《民法典》第五百八十条规定:"当事人一方不履行非金钱债务或者履行非金钱债务不符合约定的,对方可以请求履行,但是有下列情形之一的除外:(一)法律上或事实上不能履行;(二)债务的标的不适于强制履行或者履行费用过高;(三)债权人在合理期限内未请求履行。有前款规定的除外情形之一,致使不能实现合同目的的,人民法院或者仲裁机构可以根据当事人的请求终止合同权利义务关系,但是不影响违约责任的承担。"该条规定可以理解为合同僵局处理的法律依据。从审判实践看,合同僵局的出现大多是由于双方之间出现分歧,导致合同难以继续履行、不适于强制履行,或者履行费用过高,事实上不可能履行等。通常情形是,非违约方本身有权依据合同法规定解除合同,但坚持不解除合同而要求违约方继续履行,而违约方不愿意继续履行合同却主张解除合同,此时双方当事人就陷入合同僵局。[2]

演艺经纪合同具有一定人身属性,在合同有效期届满前,双方当事人之间对合同履行形成僵局时,法官可通过司法解除合同的方式实现合同双方当事人利益的平衡。在确定合同权利义务终止后,不影响违约方继续履行之外的其他违约责任的承担,如赔偿损失等,以保障对方当事人的利益。

【案例10-56】 张某诉上海某朵文化传播有限公司演艺经纪合同纠纷案

一审法院认为,本案中,张某主张因某朵公司长期未能履行合同义务构成严重违约,故其有权在合同有效期届满前行使《合同法》第九十四条规定的法定单方解除权单方解除合同。但某朵公司在合同履行期间通过微信为张某提供了小红书平台上账号运营的指导,使其粉丝量由1.9万增至50.4万,达人等级由B级上升为S级,并为张某成功接洽数笔订单,综上,某朵公司已履行了合同义务,不构成严重违约,故张某无权行使法定解除权单方解除合同。张某关于涉讼协议已于2020年3月3日解除的主张,没有事实与

---

[1] 参见刘承韪:《论违约方解除合同规则写入民法典之必要与可行》,载《中国政法大学学报》2020年第3期。

[2] 参见刘承韪:《论违约方解除合同规则写入民法典之必要与可行》,载《中国政法大学学报》2020年第3期。

法律依据,法院不予支持。鉴于涉讼协议具有一定人身属性,在张某再三表示不愿意继续履行协议的情况下,某朵公司坚持继续履行协议对双方都存在不利后果。综合涉讼协议内容、履行情况及双方当事人各自的诉辩意见进行判断,合同双方对于合同履行已经形成僵局。在此情况下,对于张某通过诉讼方式解除合同,法院予以支持。双方确认共计产生收益39.3万元,协议中约定张某自行接单的,按照张某在平台报备刊例价格13%结算给某朵公司,故对该部分收益,某朵公司应支付给张某的款项为341910元(393000元×87%)。二审法院判决:驳回上诉,维持原判。[1]

---

[1] 参见《人民司法·案例》2022年第2期(总第949期)。上海市第一中级人民法院(2021)沪01民终4547号民事判决书。

专题十一　承揽合同纠纷

在现实社会生活中，承揽合同是适用极为广泛的一类合同，是满足公民、法人生产、生活特殊需要的一种法律手段，同样也是产生纠纷较多的一种合同类型。

一、承揽合同理解

承揽合同是承揽人按照定作人的要求完成一定的工作,并将工作成果交付定作人,定作人接受该工作成果并按照约定向承揽人给付报酬的合同。《民法典》合同编第十七章从第七百七十条至第七百八十七条计十八个条文对承揽合同作了规定。

(一) 承揽合同特征

其一,以完成一定工作为目的。承揽人必须按照定作人的要求完成一定的工作,定作人订立合同的目的是取得承揽人完成的一定工作成果。就承揽合同而言,承揽人完成劳务只有体现在工作成果上,定作人所需要的不是承揽人单纯的劳务,而是其物化的劳务成果。

其二,标的具有特定性。承揽合同的标的是定作人所要求的,由承揽人所完成的工作成果。其工作成果在类型上可以是体力劳动成果,也可以是脑力劳动成果;在形态上可以是物,也可以是其他财产。但该种工作成果必须具有特定性,反映并满足定作人的特殊需求是由承揽人与众不同的劳动技能而完成的。

其三,承揽人以自己的风险独立完成工作。承揽合同的性质要求承揽人应以自己的劳力、设备和技术,独立完成承揽工作,这是因为定作人在签订合同之前是根据承揽人的条件选择承揽人的。

其四,具有一定的人身属性。承揽合同虽然属于一种提供劳务的合同,其与交付标的物的合同有别,反映一定的人身属性。一方面,定作人基于特定承揽人技术、经验、技能等的信赖方选择与其订立合同。另一方面,承揽人应当按照定作人的要求,凭借其自身的技术、经验、技能完成一定的工作成果,不能将其承揽的主要工作交由第三人完成。

(二)承揽合同内容

《民法典》第七百七十一条规定:"承揽合同的内容一般包括承揽的标的、数量、质量、报酬、承揽方式,材料的提供、履行期限、验收标准和方法等条款。"

实践中,对于不具备承揽合同的条款内容,由法官根据具体案情裁量是否成立承揽合同。

【案例11-1】 许昌许继风电科技有限公司与新疆新能钢结构有限责任公司承揽合同纠纷案

最高人民法院认为,本案中,从任务通知单以及涉技术协议看,任务通知单中许昌许继风电科技有限公司所作要约,只有"先期安排25套基础环"有明确的数量和价格内容,对塔筒的规格、报酬的支付、材料的提供、履行的期限、验收的标准和方法没有明确的内容,任务通知单中许昌许继风电科技有限公司发出的是"在十一假期后10个工作日内签订"相关合同的要约,而新疆新能钢结构有限责任公司在向许昌许继风电科技有限公司所发函件中也确认双方并未按任务通知单的约定"在十一假期后10个工作日内签订"正式的承揽合同。任务通知单中关于塔筒的内容是预约的意思表示,双方未正式就塔筒的承揽合同达成合意。[1]

【案例11-2】 成都霍尼迪商贸有限公司与李某承揽合同纠纷案

二审法院认为,本案中,李某到成都霍尼迪商贸有限公司(以下简称霍尼迪公司)定做产品,霍尼迪公司按照李某的要求完成工作,交付产品,但双方签订的订购单中仅载明橱柜类、衣柜类、电器五金类的单价,并无定做产品的数量、具体标的以及履行期限等合同基本内容。现李某只定做5000元产品的要求,霍尼迪公司不予认可;对霍尼迪公司要李某定做7万元产品的要求,李某也不予认可。对定做产品的数量、标准等合同需要的基本要素,霍尼迪公司、李某均未达成合意,因此双方间并未订立承揽合同。[2]

在《民法典》合同编中承揽合同一章,规定的承揽合同是一大类合同的总称,就种类而言包括加工合同、定作合同、修理合同、复制合同、测试合同、检验合同等。换言之,任何符合承揽合同定义的合同行为,如印刷、洗染、打字、翻译、拍照、

---

〔1〕 参见最高人民法院民法典贯彻实施工作领导小组编著:《中国民法典适用大全》(合同卷四),人民法院出版社2022年版,第2464页。最高人民法院(2017)民终239号民事判决书。

〔2〕 参见最高人民法院民法典贯彻实施工作领导小组编著:《中国民法典适用大全》(合同卷四),人民法院出版社2022年版,第2465页。四川省成都市中级人民法院(2018)川01民终9444号民事判决书。

冲卷扩印、广告制作、测绘、鉴定等都应归于承揽合同的范围。典型的承揽合同，是对有体物的制作和变更，例如房屋的维修、服装的定制；还可以是无体之精神的创作，例如电脑软件设计、广告设计、美术作品创作，这些是借有体物予以形体化的体现。[1] 特殊场合下，承揽合同中承揽人所提供的仅仅是劳务的实施，虽然仍然要求此种劳务须具有完成特定结果的特性，但实务上做合同类型上的区分却颇有难度，这种形态的承揽合同姑且称为非典型承揽合同。作这种区分，更多的是出于对承揽合同认定难易程度上的考量。应注意的是，传统民法中承揽合同包括加工承揽合同和建设工程合同两大类。虽然建设工程合同也从实质上体现了承揽性质，但由于建设工程合同在实践中形成了许多独特的行业特点，故《民法典》合同编将其作为一章单独规定，因此在本文中不作分析。

(三)承揽合同权利义务

1.定作人权利义务

主要权利为，其一，选任权。定作人有权利按照自己需要选择承揽人，这种选任权是定作人自主的意思表示，不受他人支配。其二，提供材料权。定作人对其定作的成果，有权利提供原材料。其三，对承揽人提供材料和工作成果检验权。在承揽活动中，定作人对承揽人提供的原材料和工作成果有检验是否合格和符合约定的权利。其四，变更权。定作人在承揽活动中完成工作前可以随时提出变更承揽工作的要求。其五，解除权。定作人在承揽工作进行中可以随时解除合同。其六，处理决定权。定作人发现承揽人的工作成果不符合质量要求的，可以要求承揽人承担修理、重作、减少报酬、赔偿损失等违约责任。

主要义务为，其一，支付报酬。这为定作人的主要义务。对承揽人完成的工作成果，定作人要按约定支付报酬。其二，及时通知和答复。对承揽人提出的图纸或技术要求问题，应当及时答复。其三，协助义务。对承揽工作需要定作人协助的，定作人有协助义务。定作人的协助义务应当为承揽合同约定的协助义务或是基于承揽工作的性质所必须提供的协助义务，在实践中对该义务的认定需遵循诚实信用原则。其四，接受并验收工作成果的义务。承揽人向定作人交付工作成果后，后者应当及时检验该工作成果是否符合合同约定。定作人无故拒绝受领的，工作成果灭失的风险由定作人承担。其五，赔偿损失。定作人承担赔偿损失情形为，怠于答复承揽人的发现承揽活动问题而造成的损失、中途变更损失、随时

---

[1] 参见黄立主编:《民法债编各论》(上册)，中国政法大学出版社2013年版，第390页。

解除合同等损失。其六,监督不妨碍义务。定作人在承揽人工作期间的监督,不得因监督检验妨碍承揽人的正常工作。

2. 承揽人权利义务

主要权利为,其一,接受选任权。对定作人的选择,承揽人可以接受也可以不接受。其二,取得报酬权。承揽人按约定完成工作成果,可以取得约定的报酬。其三,决定辅助工作人员权。承揽人可以将其承揽的辅助工作交由第三人完成。其四,提供材料权。承揽人可以对承揽工作提供材料。其五,异议权。承揽人发现定作人提供的图纸或者技术要求不合理的,有权通知定作人给予答复。其六,解除合同。对定作人逾期不履行义务的,承揽人可以解除合同。其七,主张赔偿损失。对因定作人的原因(过错)造成承揽人损失的,承揽人有权主张定作人赔偿损失。其八,留置权。定作人未向承揽人支付报酬或者材料费等价款的,承揽人对完成的工作成果享有留置权。其九,拒绝交付权。定作人未向承揽人支付报酬或者材料费等价款的,承揽人有权拒绝交付工作成果。

主要义务为,其一,交付工作成果。承揽人按时交付约定的工作成果,这是最主要的义务。承揽人应当在合适的地点、时间,以合适的方式交付工作成果。同时,承揽人负有将必要的技术资料与有关质量证明一并交付定作人。其二,以自己的力量完成工作成果。承揽人应当以自己的设备、技术和劳力完成主要工作,不得将主要工作交由第三人完成。其三,接受检验和监督。承揽人提供材料的,应当接受定作人检验。承揽人在工作期间,应当接受定作人必要的监督检验。其四,禁止更换义务。承揽人不得擅自更换定作人提供的材料,不得更换不要修理的零部件。其五,通知义务。发现定作人提供的材料不符合要求、图纸或技术要求不合理时,应当及时通知定作人。其六,交付工作符合约定。承揽人交付工作成果应符合约定,否则需承担修理、重作、减少报酬、赔偿损失等违约责任。其七,及时检验。对定作人提供的材料应当及时检验。其八,妥善保管。承揽人应当妥善保管定作人提供的材料以及完成的工作成果。其九,保密义务。承揽人应当按照定作人的要求保守秘密,未经定作人许可,不得留存复制品或者技术资料。承揽人保密义务体现在不同方面,即在订立合同中、合同成立后以及工作中和工作完成后等。其十,在某些特殊的行业里,定作产品规格的确定依赖于制作人的专业技术和知识,则制作人也负有为定作人确定产品规格的合同义务。

(四) 承揽合同纠纷举证

承揽合同中的举证责任,除了遵循"谁主张,谁举证"的基本原则外,应侧重对承揽合同的特点认识举证责任。对合同是否履行发生争议的,由负有履行义务的当事人承担举证责任。在加工承揽合同中,承揽人在加工完成后负有向定作人交付工作成果的义务,因此承揽人应对其向定作人交付工作成果负有举证责任。

【案例 11-3】 李某新诉金某贺承揽合同纠纷案

判决观点,根据原、被告签订的加工合同及《防滑鞋底模具加工合同保证条款》,能够证明原、被告间存在加工关系,被告应该依据合同的约定按时向原告交付模具。被告至今没有向原告交付模具的行为已经构成违约,依法应承担相应的违约责任。被告关于模具没有交付系因为原告未按时提货的主张,因其未能提供证据证明该主张,法院依法不予支持。[1]

【案例 11-4】 林某春诉福建安溪合盛工艺品有限公司定作合同纠纷案

二审法院认为,授权委托书与本案没有任何关联性,只能说明谢某顺是合盛公司的股东之一,委托出口协议不能证实本案讼争的定作草人制品是谢某顺委托被上诉人加工定作的,也不能证实是谢某顺委托上诉人与被上诉人加工定作的,与本案没有关联性。从3份销售确认书即订单的样式及内容看,证实了上诉人向被上诉人下订单事实。9组出境货物报验单及出境货物换证凭单,证实了上诉人出口的草人制品是被上诉人加工生产的。上诉人传真给被上诉人的出口货物已付的熏蒸费、移箱费、场装费、报关费、港杂费的15份发票,也证实了上诉人出口的货物是被上诉人加工生产的,目的是在加工款中扣除货物出口费用。上述证据可证实上诉人与被上诉人之间发生草人制品定作合同关系,上诉人向被上诉人发出订单要约,被上诉人虽没有形成书面承诺,但实际已履行了订单要约的内容,并将所加工成品交付上诉人办理了出口,上诉人也承认已收到出口货物的全部货款,双方之间的定作业务关系已履行完毕,也不存在质量纠纷。上诉人合盛公司上诉所称的没有与被上诉人林某春发生本案讼争定作合同关系,请求驳回被上诉人的诉讼请求,因没有事实和法律依据,本院不予支持。原审法院认定事实清楚,适用法律准确,应予维持。[2]

定作方否认存在定作的,则承揽方应对承揽关系成立承担举证责任。

---

〔1〕 参见国家法官学院案例开发研究中心编:《中国法院2012年度案例》(合同纠纷),中国法制出版社2012年版,第60页。辽宁省鞍山市铁西区人民法院(2010)鞍西民三初字第7号民事判决书。

〔2〕 参见最高人民法院中国应用法学研究所编:《人民法院案例选》2005年第2辑(总第52辑),人民法院出版社2006年版,第142页。

【案例 11-5】 吉某森诉中国联合网络通信有限公司河北分公司承揽合同纠纷再审案

再审法院认为,原告主张与被告之间形成口头承揽合同,被告予以否认,原告对其主张应承担举证责任。对于原告为此提供的上述证据,认定如下:原告提交的六度园服务社及其负责人冯某峰签字的证明应为证人证言,主要证明原告系租用其大厅制作完成的画作,至于证明中"原告承揽的联通公司定作的大堂壁画"内容并未显示其何以得知该画是联通公司定做,该表述并无相关事实依据,不能证实原、被告之间合同关系的性质;而本案原一审对六度园服务社负责人冯某峰的调查笔录,显示冯某峰系听原告本人讲述联通公司要买他一幅画,联通公司买原告画的信息源是原告本人,而非被告或与被告关系密切的其他人或通过其他途径获悉;原、被告间商谈过程冯某峰并未参与,该笔录亦不能证实原告主张的双方系承揽关系的事实;原告提交的该画照片,只能证明原告已将画作镶嵌在被告大厅的事实,对双方是否系承揽合同关系的性质没有证明力;关于原告提交的原一审调解笔录中孙某竹陈述,原告据该陈述的前半部分内容认为被告从原告多个创作画稿中选择了一个,让原告创作成壁画,进而证明双方系承揽关系。而据该陈述的完整表述,孙某竹系主张当时不是承揽关系而是赠与;重审时孙某竹亦到庭做证,对其调解时前半部分表述进行了解释,该证人证言与原审调解笔录完整内容能够相互印证,亦不能证实原、被告之间系承揽合同关系。至于原告提交的2008年6月30日电话追记笔录,因原告对其爱人是否向被告发函索要画款60万元的事实并不认可,该笔录为原二审法官做双方调解工作时追记的调解过程,对原、被告间法律关系的性质不具有证明力。原告主张系与被告原负责人杨某恒口头约定根据市场价格在6个月内付清画费,并称当时告知了杨某恒按市场价格给付报酬,并主张杨某恒应当知晓其当时画作的市场价格为每平方尺1万余元,但对此杨某恒予以否认,原告亦认可其与被告及杨某恒之前并无绘画等业务合作关系,该大型风景画亦为原告首次制作,其亦未提供证据证实当时市场上有原告创作的该类风景画价格,故对原告该主张不予认定。原告的上述证据均不足以证实原、被告系承揽合同关系的事实。根据双方之间的关系、双方陈述画作制作过程及画作用途分析,原告除自身画家身份及在河北省美术家协会担任一定职务外,另担任大吉装饰公司法定代表人,大吉装饰公司与被告之间存在承揽被告联通公司装修工程的业务合作关系;本案风景画系原告在被告搬迁新办公大楼前提供给被告,并由原告组织人员安装镶嵌在该大楼大厅墙壁作为大厅装饰使用,无法拆除另行保存(原告亦不同意拆除)及用于市场流通,办公楼的特性及其使用者使用风格亦影响大楼内装饰的使用寿命,该画亦无法另行收藏,故该画与原告在画廊出售的小幅画作不具可比性,该画作如系承揽,其制作、安装及报酬更应由双方明确约定;被告系国有大型企业,有严格财务制度,其负责人未经招投标等法定程序,未经签订任何书面协议,即在原有6万余元文化石装修方案基础上更改为花费600余万元巨额资金购买原告风景画用于办公装饰,显然不符合常理。原告主张双方系承揽合同关系,因其未提供有力证据予以证实,且与常理不符,故对原告关于双方系承揽合同关系的主张,不予支持。[1]

原告对主张的事实负有举证责任,举证不能的则承担不利后果。

【案例 11-6】 福利国际贸易有限公司诉丁某平、宁波市奥源进出口有限公司承揽合同纠纷案

判决观点,被告丁某平理应依约履行,按照原告的要求生产特定的产品交付原告,但被告丁某平却在承诺之后又明确告知原告其无法生产16.3毫米的十字扳手,应返还原告预付款25632元人民币。同时,当事人对其主张的事实有责任提供证据予以证明,现原告提供的证据不足以证明双方就原告交付的3850.80美元性质明确约定为定金,也不足以证明被告宁波奥源公司系承揽合同的当事人,故原告依据定金罚则要求被告丁某平赔偿损失25362元人民币及要求被告宁波奥源公司对被告丁某平返还预付款25362元人民币承担连带清偿责任于法无据,不予支持。原告诉请的公证费、翻译费等费用9512元人民币于法无据,亦不予支持。[2]

定作人对定作物的质量产生争议或在保修期内提出质量异议,承揽人抗辩的应承担举证责任。

【案例 11-7】 邦富莱磨具(姜堰)有限公司诉莒南县信义机械制造有限公司承揽合同纠纷案

判决观点,被告未举证证明:被告以2006年4月12日的传真件证明压制砂轮的最小直径为1100mm,但该证据系复印件,况且该证据系原告委托被告加工3种不同尺寸砂轮的下模板,与该案无关联性;被告同意为原告重新加工制作加热板。不能确认加热板的损坏是原告操作不当造成的。检验部门在检验时发现密封件老化,应当更换新的密封件进行检验,未更换新的密封件,就断定渗漏油是密封件老化造成的,依据不足,对检验部门的这一结论本院不予采信;顶缸盖存在的两处缩孔,一处位于O形密封圈位置,另一

---

[1] 参见国家法官学院案例开发研究中心编:《中国法院2017年度案例》(合同纠纷),中国法制出版社2017年版,第114~115页。河北省石家庄市桥西区人民法院(2014)西民再初字第00004号民事判决书。

[2] 参见最高人民法院中国应用法学研究所编:《人民法院案例选》2014年第1辑(总第87辑),人民法院出版社2014年版,第252页。

处深约 320mm 延伸至高压油缸的内壁,是造成该设备渗漏油的重要原因;顶缸盖及柱塞的实物有多处尺寸和结构与设计图纸不符,顶缸盖及柱塞确实存在质量问题。原告主张其他零部件有质量问题,但未举证证明,原告应承担不利后果。[1]

【案例 11-8】 刘某民诉拖某艳承揽合同纠纷案

二审法院认为,拖某艳抗辩刘某民加工的女裤存在质量问题,其提交了 278 条女裤用于证明此内容。但是,本案现有证据尚不能证明 278 条女裤系刘某民所制作。依据刘某民向一审法院提交的出货单的内容来看,虽然部分出货单注明了"返修",但是返修的数量并未计入刘某民主张的数额。依据证人蔡某云的陈述,可知在刘某民返修后,拖某艳对于返修的部分亦已进行了接收。证人蔡某云的该陈述可与部分出货单记载的内容相印证。拖某艳接收返修裤子的行为表明其已认可刘某民加工制作的裤子的质量。即便拖某艳在一审时提交的 278 条裤子系刘某民所加工,拖某艳所称的女裤裤线被裁歪,属于表面瑕疵,拖某艳在接收货物时,可以明确观察到,其完全可以拒收,并要求刘某民进行返修。结合刘某民提供的出库单的内容并综合本案的庭审情况,在刘某民已经对部分裤子进行返修并且拖某艳亦接收了返修的裤子的情形下,拖某艳的该项主张显然不能令人信服。综上,依据本案现有证据,并不能得出刘某民制作的裤子存在质量问题的结论。[2]

实践中,应对案件争议之点由法官结合举证证明的事实自由裁判。

【案例 11-9】 无锡市鑫峰印染机械厂诉吴江市宏威纺织整理有限公司等承揽合同纠纷案

判决观点,对于被告提出的诉讼时效问题,在涂层拉幅烘干的合同中约定了最后的付款时间为 2006 年 11 月中旬;在发泡植绒机的合同中约定了最后付款时间为安装调试完毕的 6 个月内,而根据鑫峰厂提供的证据,调试已经在 2006 年 6 月 7 日完毕,即付款应在 2006 年年底。2008 年 1 月 24 日原告曾发出催款函,虽然收件人和单位名称均有差异,但是所写的"吴江市宏伟纺织整理有限公司"与宏威公司近似、"朱某伟"系当地方言的缘故,在书写"朱某伟"时出现的笔误,从电话号码的一致性也可以推断为"朱某伟"系"朱某伟"。同时从两份合同签名不一致但电话号码一致,两份收条上所写的"朱某伟",以及宏伟公司在与原告的交易过程中,确实存在使用该手机号码

---

[1] 参见国家法官学院案例开发研究中心编:《中国法院 2013 年度案例》(合同纠纷),中国法制出版社 2013 年版,第 192 页。江苏省姜堰市人民法院(2009)姜民二初字第 246 号民事判决书。

[2] 参见国家法官学院案例开发研究中心编:《中国法院 2015 年度案例》(合同纠纷),中国法制出版社 2015 年版,第 143 页。北京市第一中级人民法院(2013)一中民终字第 5997 号民事判决书。

的人员代表宏威公司与原告进行往来,可以推断朱某伟系吴某伟的别名。故根据证据链可以确认原告曾于2008年1月向宏威公司催款的事实,形成诉讼时效的中断,故本案原告起诉并未超过诉讼时效。[1]

【案例11-10】 刘某诉上海恒晶服饰有限公司加工合同纠纷案

一审法院认为,本案刘某、恒晶公司争议焦点是恒晶公司出具的欠条及支票究竟是因何原因而撕毁的。被告向原告出具了确认欠原告加工款6万元的欠条,并于同时开具了等额的支票,因此,出具欠条及支票时,原、被告对于双方之间的欠款事实及欠款金额并无异议。欠条及支票出具后,被告也确认并未按约向原告支付过欠条上确认的加工费6万元作为赔偿,出具的支票也因撕毁而无法提示付款。支票、欠条也确由恒晶公司撕毁,恒晶公司辩称刘某持有的欠条、支票由其撕毁是因为刘某为其加工的服装存在质量问题,经过协商后,刘某同意加工款6万元作为赔偿,直接抵销。然而,恒晶公司在原审中除提交了一份单方所列且刘某不予认可的产品清单外,就刘某加工的服装存在质量问题,造成恒晶公司经济损失达7~8万元的事实,并未提供任何证据加以证明。虽然刘某持有的欠条及支票确实仅是撕毁后的残缺件,但鉴于恒晶公司并无实际支付欠款的事实,也无证据证明其辩称的刘某、恒晶公司因加工存在质量问题引发赔偿,并经双方协商一致导致债务抵销的事实,故刘某主张恒晶公司仍欠刘某加工款6万元的事实,法院予以确认。欠条原约定加工款6万元于2012年3月底全部付清,现恒晶公司未予支付,其行为已构成违约。刘某的诉请并无不当,法院予以支持。恒晶公司的辩称并无相关证据予以佐证,法院不予采信。至于恒晶公司辩称的刘某加工的服装存在质量问题造成其经济损失的事实,如确有证据可以印证,恒晶公司可以再向刘某另行主张权利。二审法院认为,本案系争焦点在于恒晶公司是否因系争产品质量问题与刘某已达成抵销6万元加工款的合意。首先,本案中并无证据显示系争产品存在质量问题。其次,亦无证据证实双方就系争产品问题达成抵销6万元加工款的合意。此外,结合恒晶公司的员工谢某撕毁欠条及支票是否系因双方达成以质量损失抵销加工款一节不愿接受测谎鉴定的情况,原审法院不采信恒晶公司关于双方同意因系争产品存在质量问题致其损失与其所欠加工款抵销的抗辩意见并无不当。据此,二审法院依法判决驳回上诉,维持原判。[2]

舞台(展示)等承揽合同具有时效性,包括定作时间短等特点,一般定作人租

---

[1] 参见国家法官学院案例开发研究中心编:《中国法院2012年度案例》(合同纠纷),中国法制出版社2012年版,第54页。江苏省无锡市惠山区人民法院(2009)惠民二初字第1013号民事判决书。

[2] 参见邹碧华主编:《2013年上海法院案例精选》,上海人民出版社2013年版,第344~345页。

用他人场地搭建设备并需要在很短的几天内甚至连夜搭建完毕,演出或展示活动结束后随即拆除。在合同双方发生纠纷诉至法院时,该搭建物已全部拆除。此时,若要求承揽方充分承担举证责任,举证证明搭建物的存在及质量是不符合常理的,故在一般情况下,承揽方只需证明该舞台(展示)活动已经如期进行完毕或者虽非如期进行但非承揽方责任造成即可,定作人若对合同履行情况或定作物的质量提出质疑,则应承担举证责任。应特别注意对于合同变更的项目及增加的项目证据认定,在这种承揽项目具有时效性与较短搭建时间的前提下,合同双方对于合同履行过程中存在的问题及临时增加项目多为口头沟通,以书面形式确认的较少,应结合施工施果图、现场照片及短信、微信等电子证据综合认定。

【案例 11-11】 上海派逊展览展示服务有限公司诉同程网络科技股份有限公司承揽合同纠纷案

一审法院认为,关于增加的项目是否真实存在、价款及支付主体,虽然第三人对增加的项目真实性予以否认,但法院综合分析证据后认为,增加的项目真实存在。首先,原告法定代表人王某与第三人股东仲某伶的 QQ 聊天记录显示,仲某伶曾要求原告增设 3 个抽奖箱等物品,网名为"舞月光""愤怒蟹子"的案外人也向原告发送附件名为"按比例放到 7 米×2.54 米""手举牌""道旗""指示牌"等的邮件,上述邮件中涉及的物品均不在原告与被告所签订的合同项目内,而与原告主张的增加项目内容吻合,由于"舞月光"曾就合同中约定的项目,如蛋糕体、镜子屋、LOGO 墙画面、背景画面等与原告进行协商并发送部分图片,现原告主张"舞月光""愤怒蟹子"是第三人在该舞台搭建项目中的原告的设计师具有一定合理性,而第三人对此无相反证据或合理理由予以反驳,故法院确认第三人股东仲某伶及设计师均向原告发出过增加项目的指示。另外,对于原告提交的一组现场照片,虽然第三人对圣诞树有增高、现场有星星灯等物品予以确认,但否认其是增加项目中的物品,认为其可能是合同中约定的物品,而合同约定的灯具租赁内容仅包括主电缆、15A 分电箱、长臂射灯、插座,并无涉及星星灯的内容,故法院对第三人的该意见不予采信,故在被告无相反证据推翻的情况下,法院对原告主张的增加项目的真实性及增加项目的内容均予确认。上海派逊展览展示服务有限公司上诉未交上诉费,二审法院裁定按自动撤回上诉处理。[1]

---

[1] 参见国家法官学院案例开发研究中心编:《中国法院 2018 年度案例》(合同纠纷),中国法制出版社 2018 年版,第 170~171 页。上海市第二中级人民法院(2016)沪 02 民终字 5892 号民事裁定书。

【案例11-12】 广州棋鑫展览设计公司诉中山市柏妮达灯饰有限公司承揽合同纠纷案

判决观点,棋鑫公司已为柏妮达公司进行工程安装施工,柏妮达公司已经使用,柏妮达公司应该按照约定的进度支付款项。[1] 本案中,柏妮达公司抗辩棋鑫公司未对案涉展台及时通台,提供的地毯质量差影响形象等问题,但未举证证明,法院对此未予认定。

口头协议中当事人权利义务的确定,仍然需要由主张的一方举证证明。

【案例11-13】 刘某庆诉桂某、刘某东装饰装修合同纠纷案

二审法院认为,桂某主张其提供了相应的材料,但未能证明提供的小票中显示的材料用于本案房屋装修,同时桂某要求刘某庆给付材料费的主张,无事实依据。桂某主张刘某庆应当支付其木工费用,但未完成相应的举证责任。桂某主张未能完工的原因为油漆短缺,但事实显示,尚有水电及采暖工程未能完工,桂某未按时交付符合约定的房屋,应当承担违约责任。[2]

承揽合同因定作人行使任意解除权而解除后,承揽人要求定作人承担损害赔偿责任的,应当以定作人对合同解除存在过错为前提。定作人能够举证证明有正当理由行使合同任意解除权的,不承担损害赔偿责任。

【案例11-14】 北京东方宏业家具有限公司诉鄂尔多斯市福泰房地产开发有限责任公司定作合同纠纷案

二审法院认为,涉案合同因福泰公司行使任意解除权而解除,对于福泰公司在涉案合同解除后是否应赔偿东方宏业公司因合同解除而遭受的损失,应以福泰公司对合同解除存在过错为前提。根据合同约定及双方认可的交付方式,东方宏业公司在加工完毕后有义务通知福泰公司验收家具,且最迟应于2012年4月底前通知,因此,双方对该义务是否依约履行发生争议,东方宏业公司应当承担举证责任。东方宏业公司未能提供充分证据证明其按照合同约定期限通知福泰公司进行验货,履行了通知验收义务,因此,东方宏业公司应当承担举证不能的不利后果。由于导致合同解除的原因是东方宏业公司违背合同约定的通知验收义务,而非福泰公司拒绝验收家具,因此,涉案合同虽因福泰公司行使定作人的任意解除权而解除,但福泰公司对合同解除不存在过错,东方宏业公司要求其承担合同解除后的损害赔偿责任缺乏事

---

〔1〕 参见国家法官学院案例开发研究中心编:《中国法院2019年度案例》(合同纠纷),中国法制出版社2019年版,第133页。广东省广州市天河区人民法院(2017)粤0106民初6962号民事判决书。

〔2〕 参见国家法官学院案例开发研究中心编:《中国法院2016年度案例》(合同纠纷),中国法制出版社2016年版,第137页。北京市第一中级人民法院(2014)一中民终字第8804号民事判决书。

实和法律依据。因此,一审法院判决驳回东方宏业公司的诉讼请求并无不当。[1]

依据一方当事人提供的设计图纸及加工物所做出的鉴定意见能否作为证据采信问题。

【案例11-15】 大连鑫浩机械加工有限公司诉大连四达高技术发展有限公司加工合同纠纷案

二审法院认为,本案争议焦点是上诉人交付的标的物质量是否符合图纸要求。在双方存在争议的条件下,对于该问题的解决应当通过鉴定程序予以确定。由于存在质量保证期的约定,按常理,上诉人交付标的物后,在质保期内应当保留加工物的图纸以备出现质量问题时进行相应的维修。上诉人提出的标的物验收合格后其即销毁图纸和相关资料的主张与质保期的约定相矛盾,不予采信。在原审鉴定过程中,被上诉人提供了案涉加工物的设计图纸,上诉人尽管对该图纸提出异议,但不能提供其加工时依据的具体图纸,同时也不能提供其他证据足以否认被上诉人提供的图纸为虚假的情况下,对于被上诉人提供的用于鉴定的图纸系案涉加工物的设计图纸,应予确认。尽管上诉人提出送鉴的加工物不是其实际交付的加工物,但不能提供相应的证据足以支持其主张,因此,对于被上诉人交付的用于鉴定的柔性轨道系上诉人交付的合同标的物,予以确认。综上,原审鉴定程序并无不当,鉴定结论应予采信。依据该结论,上诉人交付的标的物质量不符合设计图纸要求,不具备被上诉人订立合同时预期目的,上诉人加工行为构成违约,在上诉人否认存在相应质量问题的条件下,被上诉人请求解除合同,应予支持。……至于上诉人提出的案涉加工物已经验收合格的主张,证据不足,即使成立,亦不能免除其质保期的责任,不能因此对抗被上诉人的解除权。[2]

原告主张被告承担责任的应举证证明。

【案例11-16】 喻某霆与王某明承揽合同纠纷案

二审法院认为,定作人未举证证明承揽人交付的工作成果不符合质量要求,对定作人要求承揽人承担质量瑕疵担保责任的请求不应予以支持。[3]

---

〔1〕参见最高人民法院中国应用法学研究所编:《人民法院案例选》2018年第4辑(总第122辑),人民法院出版社2018年版,第139页。北京市第二中级人民法院(2016)京02民终10573号民事判决书。

〔2〕参见国家法官学院案例开发研究中心编:《中国法院2013年度案例》(合同纠纷),中国法制出版社2013年版,第202页。辽宁省大连市中级人民法院(2011)大民三终字第283号民事判决书。

〔3〕参见最高人民法院民法典贯彻实施工作领导小组编著:《中国民法典适用大全》(合同卷四),人民法院出版社2022年版,第2516页。贵州省黔东南苗族侗族自治州中级人民法院(2021)黔26民终234号民事判决书。

二、承揽合同法律适用

(一)承揽人承担责任认定

1.违约责任认定

承揽人的违约责任,主要包括,其一,工作成果不符合质量要求的责任。其二,不按期交付工作成果的责任。其三,因保管不善造成损害的责任。承揽人交付的工作成果不符合质量要求的,定作人可以要求承揽人承担修理、重作、减少报酬、赔偿损失等违约责任。所谓的"质量"不应仅仅局限于可以客观衡量的显性质量,还应包括时间等隐性的质量。

【案例 11-17】 赵某宇诉北京联福通达汽车销售服务有限公司、北京联通鼎盛汽车销售服务有限公司修理合同纠纷案

判决观点,联福通达公司、联通鼎盛公司应在合理期限内完成修理工作,否则应承担违约责任。涉案车辆在联福通达公司处,从 2012 年 6 月 15 日定损完毕至 6 月 29 日被转移至联通鼎盛公司期间,联福通达公司未对车辆进行修理,拖延了修理时间,构成违约。车辆在联通鼎盛公司处修理耗时 80 天,联通鼎盛公司辩称因非常用零部件厂家订货、再检修再定损导致工时较长,但并未对此举证证明,不予采信。现联福通达公司、联通鼎盛公司修车用时明显超出合理期限,应赔偿赵某宇相应的损失,法院对赵某宇的损失酌定为 8000 元。赵某宇要求联福通达公司、联通鼎盛公司向其书面道歉的诉讼请求,缺乏法律依据,不予支持。[1]

【案例 11-18】 北京利亚德电子科技有限公司诉北京路漫广告有限责任公司承揽合同纠纷案

二审法院认为,双方所签合同中约定:显示屏现场安装、调试完毕后利亚德公司应通知路漫广告公司进行验收。路漫广告公司无正当理由在接到通

---

[1] 参见国家法官学院案例开发研究中心编:《中国法院 2015 年度案例》(合同纠纷),中国法制出版社 2015 年版,第 134 页。北京市朝阳区人民法院(2013)朝民初字 7797 号民事判决书。

知后 7 日内不对显示屏进行验收或者该显示屏系统投入使用,视同验收合格。根据该条款约定,路漫广告公司在利亚德公司交付显示屏当日即将显示屏投入使用,应视为验收合格。因路漫广告公司认可利亚德公司已将报修故障修复,且其未就显示屏的质量问题提出鉴定申请,现无证据证明利亚德公司交付的显示屏存在不能修复的质量问题,故其主张解除合同并退还显示屏的诉请,本院不予支持。路漫公司未按合同期限支付货款,属违约行为,应承担违约责任。〔1〕

逾期付款违约金应计算至债务实际清偿之日。

【案例 11-19】 金昌某工业气体公司诉甘肃某环保科技公司加工合同纠纷再审案

最高人民法院认为,逾期付款违约责任系基于双方合同约定,法定延迟履行责任系基于法律规定,二者是不同的责任,法定延迟履行责任的承担不能免除逾期付款违约责任。在债务清偿前,逾期付款的事实持续存在,债权人请求将逾期付款违约金计算至债务实际清偿之日的,人民法院应予支持。〔2〕

承揽合同关系中,承揽人负有瑕疵担保义务。根据《民法典》第七百八十一条规定以及合同编第十七章有关规定,承揽人承担瑕疵担保责任,承揽人除应当负有交付工作成果符合质量要求外,还应确保第三人不得向定作人主张任何权利的义务,如果违反了瑕疵担保义务,则承揽人应当承担违约责任。

【案例 11-20】 北京鸿安恒业消防设备有限公司诉北京贵安伟业科贸有限公司承揽合同纠纷案

一审法院认为,鸿安恒业就其向吉祥公司交付的防火卷帘产品负有瑕疵担保的义务,同样,贵安伟业公司就其交付的防火帘面,则向鸿安恒业公司负有瑕疵担保义务。鸿安恒业公司根据北京市东城区人民法院作出的(2012)东民初字第 7836 号生效的民事判决,向吉祥公司支付了损失 300000 元,根本原因是其提供的防火卷帘产品存在质量瑕疵,侵犯了他人专利权,而贵安伟业公司对此亦有责任,双方均有过错,对鸿安恒业公司向吉祥公司支付的损失 300000 元,鸿安恒业公司与贵安伟业公司应各自承担 50%的责任,故对鸿安恒业公司要求贵安伟业公司支付经济损失 300000 元中的 150000 元,予以支持,超出部分,不予支持。鸿安恒业公司要求贵安伟业公司支付利息的

---

〔1〕 参见北京市高级人民法院编:《审判前沿——新类型案件审判实务》2006 年第 1 集(总第 15 集),法律出版社 2006 年版,第 49 页。

〔2〕 人民法院案例库 2023-07-2-114-001。最高人民法院(2022)民再 77 号民事判决书。

诉讼请求,无合同约定及法律依据,不予支持。二审法院认为,依据(2011)大民初字第12310号生效判决可以确认鸿安恒业公司作为定作方,对帘面要求多层结构并含有特定防火材料,造成侵权,应承担一定的法律责任;贵安伟业公司作为承揽方,在合同没有约定的情况下,使用了金属铝箔层和钢丝绳,造成侵权,亦应承担一定的法律责任。二审法院维持一审判决。[1]

实践中,履约形态多样化如定作人向第三人履行、承揽人委托第三人完成等,增大违约认定难度。

【案例11-21】 彭某波诉陈某发承揽合同纠纷案

二审法院认为,上诉人陈某发称其支付给被上诉人彭某波的内弟李某锋40000元工程款,因被上诉人予以否认,在案只有一位证人的证言,没有其他证据佐证,本案无法查清。而被上诉人的妻子李某兰于2014年5月21日出具的收据,亦只能证明工程款的总数为70500元,以及当时收到上诉人支付的500元,并不能视为被上诉人或其妻子对李某锋收款行为的认可。如果上诉人确实支付给李某锋40000元,因李某锋收款行为非合同当事人,上诉人向其支付钱款的行为亦不能视为履行合同义务的行为,上诉人可以另行向李某锋主张权利。上诉人于工程完工并验收结算后,在被上诉催促付款的合理时间内始终不履行合同的付款义务,未能及时足额支付工程款,已构成违约,按照合同约定,应当支付给被上诉人10000元违约金。[2]

【案例11-22】 石家庄市永兴机械有限公司诉黄骅市兰天热力投资有限公司定作合同纠纷案

判决观点,根据合同约定,被告所采购的所有设备产地均为石家庄,在原告未提供其将被告定作的桥式抓斗起重机交由第三人河南省矿山起重机有限公司完成系经过被告同意的充足证据证明的情况下,应认定原告已构成违约。……庭审中,原告认可按合同约定,应当自合同签订后的45个工作日内,即2013年6月19日开始交付,至2013年8月10日之前分期交付所有设备,并负责安装调试。但原告当庭提供的河南省矿山起重机有限公司出具的约定收据时间为2013年10月24日,早已超出原、被告双方约定的桥式抓斗起重机的履行期限。该定金收据进一步证明原告未按合同约定交付桥式抓

---

[1] 参见国家法官学院案例开发研究中心编:《中国法院2015年度案例》(合同纠纷),中国法制出版社2015年版,第140~141页。北京市第一中级人民法院(2013)一中民终字11281号民事判决书。
[2] 参见国家法官学院案例开发研究中心编:《中国法院2017年度案例》(合同纠纷),中国法制出版社2017年版,第126页。广西壮族自治区河池市中级人民法院(2015)河市民一终字第345号民事判决书。

斗起重机,构成违约。[1]

定作人中途变更工作要求的,承揽人承担违约责任的情形。

【案例11-23】 宁波力信新能源材料有限公司与宁波奈思模具有限责任公司加工合同纠纷案

判决观点,承揽合同的定作人在合同履行过程中,根据自身的实际需要向承揽人提出合理的变更工作要求,承揽人不同意继续履行的,定作人解除合同后,有权要求承揽人承担违约责任。[2]

2. 违约责任疑难问题

第三人自愿为定作人支付货款,是一种债务的加入,但同时不能免除定作人为承揽合同的相对人付款义务,未按约定付款应承担违约责任。

【案例11-24】 无锡惠意机电制造有限公司诉陕西鑫旺商贸有限公司、陕西兆鑫金属材料公司定作合同纠纷案

判决观点,根据查明的事实,惠意公司将定作完成的生产线交付兆鑫公司,并派人进行了安装及调试,由兆鑫公司实际使用,鑫旺公司对此亦予以认可,因此,惠意公司已按约履行了合同义务。作为合同相对方的鑫旺公司,并未按约付款,而是由第三方兆鑫公司支付142万元,设备未付款金额为46万元。根据合同相对性原理,鑫旺公司理应对剩余的46万元货款承担付款义务。关于兆鑫公司向惠意公司付款行为的性质,兆鑫公司不是合同的相对方,从兆鑫公司与惠意公司达成的还款计划书来看,兆鑫公司向惠意公司作出了自愿支付剩余款项的意思表示,即明确表示愿意承担鑫旺公司与惠意公司之间的合同之债,兆惠公司实际已加入鑫旺公司与惠意公司之间的合同关系中,成为新的债务人,因此,兆鑫公司应与鑫旺公司一起向惠意公司承担连带付款责任。兆鑫公司的付款行为不是鑫旺公司与惠意公司约定的,不符合第三人代为履行的情形,对于兆鑫公司提出的系代付行为的抗辩,不予采信。[3]

实践中,承揽人未发现定作人提供的材料存在瑕疵,造成工作成果不符合合

---

[1] 参见国家法官学院案例开发研究中心编:《中国法院2017年度案例》(合同纠纷),中国法制出版社2017年版,第122页。河北省黄骅市人民法院(2015)黄民初字第3476号民事判决书。

[2] 参见最高人民法院民法典贯彻实施工作领导小组编著:《中国民法典适用大全》(合同卷四),人民法院出版社2022年版,第2494页。浙江省慈溪县人民法院(2019)浙0282民初1484号民事判决书。

[3] 参见国家法官学院案例开发研究中心编:《中国法院2016年度案例》(合同纠纷),中国法制出版社2016年版,第144~145页。江苏省无锡市惠山区人民法院(2014)惠商初字第0035号民事判决书。

同约定,法律并无明确规定由谁承担责任。一般认为,如果该瑕疵较为隐蔽,定作人应当承担责任;如果该瑕疵显而易见,承揽人应当承担相应责任。这是基于定作人应当对其提供的材料有充分的了解,将发现隐蔽瑕疵的义务转移至承揽人是不公平的。而承揽人未发现材料中明显的瑕疵,显然是没有尽到《民法典》第七百七十五条所规定的检验义务。当然,若承揽人根本没有履行检验义务,则承揽人理应承担相应责任。承揽人对定作人提供的材料未及时检验的,视为定作人提供的材料合格。

【案例 11-25】 张某军诉曲某林承揽合同纠纷案

二审法院认为,张某军作为承揽人对定作人提供的木材数量未具体测量,亦未能提供证据证实其已告知曲某林的木材数量不足以加工上述家具并通知其补齐材料,故应当视为曲某林提交的水曲柳板材数量符合合同约定。[1]

在适用《民法典》第七百八十一条时,应当选择最符合绿色原则的方式判决承揽人承担违约责任,尽可能在弥补定作人损失的同时不要加重承揽人的违约成本。

3. 连带责任认定

《民法典》第七百八十六条规定:"共同承揽人对定作人承担连带责任,但是当事人另有约定的除外。"该条是关于共同承揽人连带责任的规定。共同承揽人应当按照约定完成工作,将工作成果交付定作人。每一个共同承揽人都应对承揽的全部工作向定作人负责。如果交付的工作成果不符合要求,定作人可以要求共同承揽人中的任何一个承揽人承担违约责任,任何一个共同承揽人都应无条件承担违约责任。承担责任的共同承揽人可以向其他共同承揽人追偿超出其实际应承担的责任份额,也就是说,任何一个共同承揽人向定作人承担责任后,共同承揽人再根据约定或者过错大小承担相应责任。立法者认为,本条规定共同承揽人对定作人承担连带责任,这属于法定责任,但是当事人可以通过约定排除。根据《民法典》总则编第一百七十八条第三款的规定,连带责任应当由法律规定或者当事人约定。本条有关连带责任须法定的规定与总则编的规定保持了一致。当然,从尊重当事人意思自治的角度出发,定作人可以约定不对共同承揽人主张连带责任,这属于定作人自己对其权利的处分,应当得到认可。[2]

---

〔1〕 黑龙江省绥化市中级人民法院(2019)黑12民终944号民事判决书。
〔2〕 参见黄薇主编:《中华人民共和国民法典合同编释义》,法律出版社2020年版,第651~652页。

【案例 11-26】 新加坡欧申海洋工程船舶有限公司与中国交通进出口有限公司、江苏宏强船舶重工有限公司船舶建造合同纠纷再审案

最高人民法院认为,关于中交建公司是否应向欧申公司连带返还首期船舶建造款并赔偿利息损失的问题。《民法总则》第一百七十八条第三款规定:"连带责任由法律规定或者当事人约定。"据此,承担连带责任的依据或者有法律规定,或者有当事人约定。本案中,欧申公司主张中交建公司对返还《船舶建造买卖合同》项下首期船舶建造款并赔偿利息承担连带责任,既无法律规定亦无约定依据,二审判决未予支持并无不当。[1]

(二)定作人承担责任认定

定作人违约责任包括,其一,未按照约定支付报酬的责任。其二,因提供材料、图纸等不合格造成损害的责任。其三,中途变更承揽工作要求造成损害的责任。其四,过失责任。定作人过失责任属于一般的过错责任,具体包括定作过失、指示过失、选任过失三种形态。定作过失系指定作人就定作的事项本身存在过失,如违法擅自加工危险物品。定作过失也应当包括定作人所提供的材料本身存在问题,而致承揽人或第三人损害的情形。指示过失系指定作事项本身并无不当,但对承揽人发出的指令存在过失,有致承揽人自身损害或第三人损害的危险。选任过失系指因所定作工作成果的特殊需求,定作人需要选任符合有关资质要求的承揽人。如果定作人忽略对承揽人资质的检视,则认为存在过失。实践中,对定作人是否存在选任过失的认定,一般根据承揽人是否具备相应的从业资质、资格来判断,而从业的资质、资格通常也是判断承揽人是否具备承揽事项工作能力的重要依凭。选任承揽人之时查验对方的资质和资格的证明文件,应当是定作人选任时所必须承担的一项合理、谨慎的注意义务,违反这一注意义务造成损害的,自然应承担赔偿责任。承揽人在完成工作过程中对第三人造成损害或者造成自身损害的,定作人不承担赔偿责任。但定作人对定作、指示或选任有过失的,应当承担相应的赔偿责任。

【案例 11-27】 李某波诉北京金都忆梦娱乐有限责任公司承揽合同纠纷案

一审法院认为,根据本案查明的事实,金都公司在选任承揽人时,未审查李某波是否具有安全防护设备,亦未为其提供安全防护设备,且未对李某波

---

[1] 参见最高人民法院民法典贯彻实施工作领导小组编著:《中国民法典适用大全》(合同卷四),人民法院出版社 2022 年版,第 2540 页。最高人民法院(2019)民申 6211 号民事裁定书。

作出安全防护方面的明确指示。李某波在缺乏必要安全防护设备及措施的情况下,即提供修理服务,导致自身从房顶坠落受伤。故李某波、金都公司对李某波因修理房屋坠落受伤均负有过错,其过错比例由本院分别酌定为70%、30%。二审法院亦持同样意见,维持原判。[1]

【案例 11–28】 张某德、韩某英诉王某、桓台县交通局运输服务部承揽合同纠纷再审案

被告驾驶员在车辆出现故障后,找经营汽车维修部的一方维修,维修方依据自己的技术和设备,独立完成并交付成果,由定作人支付一定报酬,双方系承揽关系。在此过程中承揽人发生人身损害的,由于定作人对原告一方是否有维修车辆的资质没有审查应认定为定作、选任有过失。再审法院认为,原审当事人之间形成承揽合同关系,王某在选任、定作过程中存在过失,应当承担相应责任。在法院主持下调解结案。[2]

定作人应对产品标准履行及时通知义务,否则应承担违约责任。

【案例 11–29】 甲工业(惠阳)有限公司诉深圳市乙科技有限公司承揽合同纠纷案

二审法院认为,乙公司虽未举证证明其向甲公司提供了样品的品质标准,但从双方的邮件内容来看,甲公司确认乙公司曾于2015年6月提出5.5贴皮项目达到苹果手机的标准,且双方在2015年7月17日的会议纪要中对5.0金刚一号最终的交期和5.5贴皮项目解决方案的作出时间有了明确的约定,5.0金刚一号制品签样标准"参照亿和品质签样标准"。2015年7月30日,乙公司回复甲公司邮件称:"金刚一号我司的标准一直以来都有明确告知贵司,书面品质标准很早之前已经发过书面文件。实际操作中,我司也已经给过贵司多次华为MATE7、OPPO样板作为参考。"2015年7月17日的会议纪要已限定了5.0金刚一号最终交期和5.0贴皮项目解决方案的作出时间,并约定甲公司逾期承担违约责任,如当时5.0金刚一号还未确定样品标准,甲公司可以当场拒签会议纪要或另行约定乙公司提交相关标准后再确定交期。根据双方提交的电子邮件和以上分析,本院认为甲公司当时应是知悉"亿和品质签样标准"的。而甲公司在最终可签样的时间2015年7月25日已过的2015年7月30日才向乙公司提出未给其提供金刚一号明确具体的标准,就5.5贴皮项目解决方案要求乙公司修改设计方案。甲公司履行合

---

[1] 参见国家法官学院案例开发研究中心编:《中国法院2013年度案例》(合同纠纷),中国法制出版社2013年版,第195页。北京市第二中级人民法院(2011)二中民终字17001号民事判决书。

[2] 参见最高人民法院中国应用法学研究所编:《人民法院案例选》2009年第1辑(总第67辑),人民法院出版社2009年版,第142页。

同有违诚实信用原则,既未履行及时通知义务,更未如期交付产品,应承担相应的违约责任。[1]

在长期持续的定作关系中,定作物数量、批次较多,如果定作人就其中一批次的产品变更技术标准,并在该批次定作初始时就予以告知,那么除非双方曾就承揽的细节、技术标准作出固定不变的约定,否则不能认为定作人中途变更定作要求。变更技术标准的时间不应以定作人内部确认变更的时间点为准,也不应以双方就变更技术标准进行磋商的时间为准,而应以定作人最终确认变更的时间或者承揽人明知、应知变更技术的时间为准,如果变更技术时间与交备货时间临近,就大宗货物来说,不具备重作条件和可能的,应当认定已作部分为实际损失。实际交付方式为定作人通知发货,故在定作人没有证据证明发出交货指令的情况下,其应当是导致定作物迟延交付的过错方,造成承揽人损失应承担赔偿责任。而如果定作物本身具有很强的时效属性,其承揽人压仓期间应当积极处理,怠于处理的,就扩大部分的损失需自行承担责任。

【案例11-30】 晶灿公司诉东渡公司定作合同纠纷案

一审法院认为,晶灿公司与东渡公司之间的定作关系合法有效。晶灿公司主张的未交付定作物损失,因涉案定作物为电子产品,已生产数年,故损失按照产品价格扣除残值确定;产品价格为存于晶灿公司处的各型号产品订单残量乘单价;双方对单价含税价确认一致,订单残量指订单数量与交付数量之差,因此,需要确定订单数量,本案争议焦点之一即存放于晶灿公司处的STA—U13CDA型号2脚变压器是否符合定作要求。经审查,东渡公司曾定作该型号2脚变压器,后变更为3脚,虽晶灿公司在2011年11月18日向东渡公司发出的邮件中提到与变更定作要求相关的信息,但东渡公司发送回复邮件是在2011年12月16日,即东渡公司此时才确认变更,故定作要求的变更时间应以邮件为准。争议型号变压器见于2011年11月14日、2012年1月4日两份订单,前一份订单中,20万个产品的"交付"时间为同年12月20日,早于确认邮件,故定作要求为2脚,另外30万个产品的"交付"时间为同年12月20日,时间虽在确认邮件之后,但据证人证言所述,承揽人应在"交付"时间前备好货源等待发货通知,而30万个产品显然不可能在几日内备好,故定作要求仍为2脚;2012年1月4日的订单发送时间在确认邮件之后,定作人要求应为3脚,库存3脚型号产品系针对该份订单;晶灿公司已交付的该型号产品均为3脚,库存2脚产品有676810个,扣除50万个订单残量后,剩余176810个非订单残量,库存3脚产品16408个均属订单残量。此

---

[1] 广东省深圳市中级人民法院(2018)粤03民终1383号民事判决书。

外,其他型号库存品中数量大于订单数量与交付数量之差的,不属于订单残量。经计算,与订单相关的库存产品价格为661063.4元,经评估鉴定,库存产品残值50250元,扣除非订单残量部分的产品价值后,产品残值为39217.7元,因此损失621845.7元。关于责任承担,依据证人证言,晶灿公司备货后按照东渡公司的通知发货,东渡公司在下达订单后未通知发货以致定作物长期积压,东渡公司应承担主要责任;晶灿公司作为电子产品制造商,对涉案货物升级换代频率应当知晓,却放任产品在其处积压5年之久而未及时处理降低损失,对损失的扩大存在过错,故东渡公司应承担85%的赔偿责任即528568.8元。判决:东渡公司向晶灿公司给付528568.8元及相应逾期付款利息。

二审法院认为,首先,涉案订单均存在未按订单数量交货产生订单残量的情况,对此东渡公司亦在确认单中确认,如果晶灿公司需自担损失,则东渡公司根本无须再签署确认单。其次,现有证据只能证明东渡公司在2011年12月16日才向晶灿公司确认争议型号变压器的设计变更为3脚。最后,东渡公司发出订单后,未就剩余货物通知继续发货,应当承担违约责任,但晶灿公司作为专业厂商,长期未采取止损措施,对损失的扩大存在过错,一审法院酌定东渡公司承担85%的赔偿责任,并无不妥。综上所述,东渡公司的上诉请求不能成立,应予驳回;一审判决认定事实清楚,适用法律正确,应予维持。判决:驳回上诉,维持原判。[1]

定作人以监督检验的名义,多次要求承揽人更换完成具体定作的工作人员,妨碍了承揽人的正常施工,存在监督权滥用,虽不属于违约行为,但应当对由此产生的延期完工的后果承担相应责任。

【案例11-31】 邓某宣诉薛某军承揽合同纠纷案

二审法院认为,承揽人按照定作人的要求,独立完成工作,定作人不得妨碍其施工,更不能对其所用人员进行干涉,邓某宣以监督、检验的名义,多次要求其更换石匠,确实妨碍了承揽人的正常施工,存在监督权滥用,虽不属于违约行为,但对承揽人造成了影响,而承揽人以更换石匠为由,无限期停工,确有拖延施工的情形,为此,薛某军对未按期完工应负主要责任,邓某宣对停工负次要责任。[2]

虽然双方没有约定承揽报酬的支付期限,亦未达成补充协议,但定作人应在

---

[1] 参见国家法官学院、最高人民法院司法案例研究院编:《中国法院2021年度案例》(合同纠纷),中国法制出版社2021年版,第48~49页。江苏省无锡市中级人民法院(2019)苏02民终2059号民事判决书。

[2] 四川省遂宁市中级人民法院(2018)川09民终335号民事判决书。

承揽人完成承揽项目时支付相应的报酬。

【案例 11-32】 甲建设集团有限公司诉中山市南头镇乙装卸服务部承揽合同纠纷案

二审法院认为,乙服务部与甲公司虽然没有对承揽服务费的支付期限进行约定,双方亦没有达成补充协议,依上述条款的约定,甲公司应在乙服务部完成承揽的项目时支付相应的服务费。甲公司在双方核算有关费用后没有及时支付,已构成违约,根据《合同法》第一百零七条"当事人一方不履行合同义务或者履行合同义务不符合约定的,应当承担继续履行、采取补救措施或者赔偿损失等违约责任"的规定,乙服务部主张甲公司支付拖欠承揽服务费的逾期付款利息实质是逾期付款违约金,应当予以支持。[1]

承揽人未履行的债务与定作人一方的债务不具有等价性,则定作人不得行使同时履行抗辩权。

【案例 11-33】 恒华盛世公司诉新源国能公司加工合同纠纷案

判决观点,恒华盛世公司已依约向新源国能公司制作、加工、安装了设备,新源国能公司应依约支付价款。新源国能公司抗辩称恒华盛世公司未向其提供合格证明、质量证明、原产地证明、装箱清单等技术资料,并以此为由拒绝付款,法院认为,恒华盛世公司提交的总装箱单和设备材料出厂放行单,能够证明恒华盛世公司在2014年10月19日已将上述技术资料向新源国能公司提供,法院对新源国能公司该抗辩意见不予采信。恒华盛世公司实际履行的合同总金额是48.95万元,新源国能公司已付款146850元,尚欠342650元。关于增值税发票开具一节,恒华盛世公司已为新源国能公司开具了金额为10.5万元的增值税发票,新源国能公司以恒华盛世公司未依约开具增值税发票为由拒绝付款。法院认为,虽然《加工采购合同》中约定付款的前提条件是恒华盛世公司须向新源国能公司出具增值税发票,但是恒华盛世公司早已于2014年10月就完成了设备的制作、加工、安装,履行了合同的主要义务,并依约交付了技术资料,且新源国能公司早已正常使用多年,虽然恒华盛世公司未依约履行开具增值税发票的合同附随义务,但并不影响其向新源国能公司主张货款的合同权利。判决:被告新源国能公司支付原告恒华盛世公司货款342650元及利息,原告恒华盛世公司向被告新源国能公司交付2014年4月11日所签《加工采购合同》中约定的3套反渗透装置(价格103650元)。[2]

---

〔1〕 广东省中山市中级人民法院(2019)粤20民终1565号民事判决书。
〔2〕 参见国家法官学院、最高人民法院司法案例研究院编:《中国法院2021年度案例》(合同纠纷),中国法制出版社2021年版,第28~29页。北京市朝阳区人民法院(2019)京0105民初22852号民事判决书。

对于《民法典》第七百七十六条规定的理解,需要注意以下三点:一是本条中"定作人提供的图纸或者技术要求不合理",既包括按照所提交图纸或者技术要求根本无法实现承揽目的的情形,也包括图纸或者技术要求本身明显不合理,不符合一般意义上同类工作的标准或要求。由于承揽人是具体实施所承揽工作的一方,其对于所承揽的工作应当具有相当程度的专业性。因此,这里对于图纸或者技术要求不合理的"发现",并非是强加于承揽人之上的苛刻要求,而是从节约高效实现承揽的目的出发,对承揽人所作的一般要求。二是承揽人发现图纸或者技术要求不合理的,应当及时通知定作人。不同类型的承揽工作有着不同的要求,但此处对于承揽人的通知义务都要及时进行。实际上,这也是最大限度节约双方资源的一种要求。三是承揽人通知定作人后,定作人也应及时答复承揽人,对图纸或者技术要求进行修正,否则,因怠于答复造成的损失,由定作人承担。这里的"怠于"没有具体明确的期限规定。但如果承揽人及时通知了定作人,定作人在合理期限内未作回复的,可以视为"怠于"回复,并应因此赔偿承揽人所产生的损失。[1]

(三) 工作成果合格认定

承揽合同的标的物和工作目的具有特定性,承揽物或定作物的质量标准应区别于买卖合同中的通用产品,一般应以合同约定或定作人的认可作为标准。同时,定作人应当履行验货义务。[2] 在定作合同关系中,制作人向定作人交付的不仅是一种产品,更需要符合定作人的需要或要求的特殊性。因此,定作合同中制作人的主要合同义务,不仅在于交付产品,而是要交付符合定作人要求或适应定作人需要的产品。针对定作产品的规格,主要有两种方式来确定,一种是定作人提出具体定作标准,这种情形需要制作人举证证明定作人对于定作产品提出了具体的标准,并明确表示为其所提供标准负责,则制作人只需尽到制作出符合定作人具体标准的产品即可。另一种是定作人未提供定作的具体标准,而只是要求制作人制作出符合自身条件、能够为其所用的产品。承揽合同工作成果是否合格,一般情况下应当经过验收环节,只有经过验收合格,方能认定为履行了合同义务,定作人的验收是明确工作成果是否符合质量要求的重要环节,其支付设备款的行为不能视为验收合格。

---

[1] 参见黄薇主编:《中华人民共和国民法典合同编释义》,法律出版社2020年版,第633~634页。
[2] 参见沈志先主编:《合同案件审判精要》,法律出版社2013年版,第269~270页。

【案例 11－34】 吉林冶金设备厂诉烟台冶金研究所加工承揽合同纠纷案

最高人民法院认为,吉林设备厂的义务就是按照合同约定对设备进行制造、安装,调试合格后交付烟台冶金所。虽然吉林设备厂对设备进行了多次调试,但是,双方没有办理设备验收手续,也没有其他证据证明其已将设备调试合格。吉林设备厂仅以烟台冶金所陆续支付设备款的行为,来证明设备已调试合格的理由缺乏证明力,因为向定作人交付合格的定作物是承揽人的义务,向承揽人按时付款是定作人的义务,两者享有的权利不同,承担的义务也不同。由于吉林设备厂无法提供设备调试合格的证据,因此,应认定吉林设备厂向烟台冶金所交付的设备不合格。两台设备因放置时间过长,已失去重新鉴定的条件,故吉林设备厂关于重新鉴定的请求,本院不予支持。再审判决以双方合作良好,没有办理验收手续为由认定吉林设备厂交付了合格设备,属于适用法律不当,应予纠正。[1]

实践中,合同双方对工作成果是否合格存在争议的,可申请相关检验机构进行检验。

【案例 11－35】 重庆市甲房地产开发有限公司诉重庆建设工程质量检测有限公司承揽合同纠纷再审案

再审法院认为,甲公司在本案中接收了前 30 期监测报告,虽然监测点的设置与合同约定的不完全相符,但其并未提交证据证明其在接受前 30 期监测报告时对此提出了异议,乙公司对于监测点的设置也作出了合理的解释。另外,甲公司应在 2014 年 8 月 7 日支付第 2 笔款项 19000 元,其未按期支付,还于 2014 年 10 月 8 日签收了第 030 期监测报告,其申请再审称已以拒付到期费用的方式对监测点的设置提出异议的理由不能成立。乙公司后未将第 031 期至第 034 期监测报告交付甲公司,也是因甲公司未按照合同约定支付第 2 笔监测费用所致。因此,甲公司应当按照合同约定支付剩余的监测费用 57000 元,法院判决甲公司向乙公司支付监测费用 57000 元并无不当。[2]

宣传片约定的成品验收标准,就是承揽人交付合格成果的判断依据。承揽人不能仅以追求艺术性为由对抗合同约定。

【案例 11－36】 五洲公司诉锐智公司承揽合同纠纷案

一审法院认为,五洲公司与锐智公司签订制作合同书,双方形成承揽合同关系。双方之间的承揽合同关系,是当事人真实意思表示,未违反法律法规强制性规定,应属合法有效。第一,锐智公司是否构成违约及其抗辩理由

---

[1] 参见《最高人民法院公报》2004 年第 6 期。
[2] 重庆市高级人民法院(2018)渝民申 1371 号民事裁定书。

是否成立。1.验收标准。制作合同书约定,"合同附件1创意方案及甲方确认过的制作策划方案及拍摄脚本作为甲方进行成品验收的唯一标准"。没有证据证明双方另行确认了以制作策划方案、拍摄脚本作为验收标准。验收标准应仅为附件1。2.锐智公司提供的宣传片画面是否符合上述验收标准。就锐智公司2015年4月14日4分23秒版本而言,经与制作合同附件1故事线比对,验收标准附件1中故事线共49项内容,锐智公司提供的宣传片与该故事线36项存在出入,占比较大,虽锐智公司主张其更改是合理的,但缺乏依据,一审法院认定锐智公司提交的宣传片画面不符合案涉合同约定的验收标准。3.除宣传片画面是否符合合同约定的验收标准外,锐智公司在宣传片的版本、时长等方面是否符合合同约定。至案涉合同约定的期限届满,锐智公司制作的版本缺少1分钟、2分钟版本,5分钟版本的时长不符合约定,没有完成版权音乐选曲、中英文解说词撰写、5分钟版本中英文配音等,锐智公司的上述行为不符合合同约定。4.锐智公司就其违约行为提出抗辩理由是否成立。关于锐智公司主张案涉合同约定的项目进度表未对五洲公司的反馈时间予以考虑,五洲公司迟延回复,未对拍摄进度提出异议,拍摄临近过年及雾霾等天气属于不可抗力等抗辩,缺少事实和法律依据,不予支持。第二,五洲公司2015年4月14日对宣传片提出的修改意见是否构成对制作要求的颠覆性变化及五洲公司是否有权解除合同。五洲公司最终播出宣传片与案涉制作合同书的附件1故事线的对比文件及2015年4月14日审片会有关领导称"这个调整应该说不算小",不能证明五洲公司对宣传片制作提出了颠覆性变化。锐智公司在案涉合同约定的各个时间节点均出现了超期,锐智公司迟延履行其主要债务,经五洲公司催促,其在五洲公司给予宽限时间内仍未履行,在此情况下,应属于无法实现合同目的,五洲公司有权解除合同。第三,解除合同后的法律后果。本案中,在合同解除的情况下,锐智公司未证明五洲公司存在违约行为,其主张五洲公司对制作要求提出重大修改缺乏充分证据,且锐智公司亦未向五洲公司交付素材,故五洲公司有权要求锐智公司退还全部已付报酬45.5万元,其相应诉讼请求予以支持。关于五洲公司另行委托案外公司制作宣传片支出的费用18万元,不属于五洲公司的损失,对于该诉讼请求不予支持。第四,锐智公司的反诉请求。如前所述,锐智公司并未提供充分证据证明五洲公司对制作要求提出了重大变更且该变更与锐智公司主张的损失存在因果联系,故其据此主张赔偿损失的诉讼请求,依据不足,不予支持。判决:被告锐智公司向原告五洲公司返还报酬45.5

万元。二审法院判决:驳回上诉,维持原判。〔1〕

《民法典》第七百八十条后半段规定:"定作人应当验收该工作成果。"

【案例 11-37】 甘肃京兰测绘工程有限责任公司诉西宁瑞庆测绘有限公司承揽合同纠纷再审案

最高人民法院认为,承揽人提交的工作成果,定作人负有及时验收的义务。承揽人依约以书面方式作出验收记录明确载明定作人的验收表示,可以证明定作人已完成验收。〔2〕

【案例 11-38】 三一重型能源装备有限公司与河北华宇耐磨材料股份有限公司承揽合同纠纷案

二审法院认为,承揽人完成工作后并提交工作成果,定作人即负有验收义务,若定作人拒绝验收或消极反应,定作人应承担该工作成果毁损、灭失的风险。〔3〕

(四)工作成果交付认定

定作物交付的争议,主要集中在交付时间、验收和质量保证期等方面。定作物的交付有多种方式,可由当事人依据实际情况进行约定。如果承揽工程的完成是在定作人的场所内进行,则定作物无须特别交付,承揽人完成工作之日即为交付之时。加工承揽合同双方对验收方式无特别约定,定作人领受完成的工作成果并使用,且在保修期内未提出质量异议,应视为领受人对该工作成果验收合格。有些工作成果在短期内很难发现其缺陷,因此当事人一般都约定有质量保证期。如果在保证期内出现质量问题,除因定作人原因造成的之外,承揽人应负责修复和退换。

【案例 11-39】 北京耀华玻璃装饰工程有限公司诉深圳市洪涛装饰工程公司定作合同纠纷案

二审法院认为,在耀华公司将定作物安装完成之后,洪涛公司应按合同约定对安装工程进行验收,但洪涛公司未对定作物及安装工程及时进行验

---

〔1〕 参见国家法官学院、最高人民法院司法案例研究院编:《中国法院2021年度案例》(合同纠纷),中国法制出版社2021年版,第109~110页。北京市第一中级人民法院(2019)京01民终6989号民事判决书。

〔2〕 参见最高人民法院民法典贯彻实施工作领导小组编著:《中国民法典适用大全》(合同卷四),人民法院出版社2022年版,第2510页。最高人民法院(2017)民申1041号民事裁定书。

〔3〕 参见最高人民法院民法典贯彻实施工作领导小组编著:《中国民法典适用大全》(合同卷四),人民法院出版社2022年版,第2510页。北京市第一中级人民法院(2017)京01民终3914号民事判决书。

收,亦未支付定作物及安装的报酬,同时也不能证明在2001年10月之前因玻璃存在裂痕等质量问题曾通知过耀华公司进行修理或更换。现北京饭店对耀华公司安装玻璃流水墙及玻璃桥已经使用,应视为洪涛公司对玻璃流水墙及玻璃桥已验收合格。因此,洪涛公司应向耀华公司支付剩余的定作及安装报酬。[1] 本案中的定作合同属于一种特殊类型,与房屋维修等一样,承揽工程的完成是在定作人的场所内进行,因此,依其性质无须特别交付,原告完成工作之日即为交付之时,安装地即是交付地。原告在完成安装工程后撤离了施工场地,定作物已在被告的控制之下,应视为原告已将定作物交付被告,故应从交付之日开始计算保修期,超过保修期限的质量问题,原告将不承担责任。

承揽人将修理好的汽车停放在定作人指定的地点,应认定为承揽人完成车辆交付,其车钥匙是否交付,不应成为车辆是否交付的判断标准。

【案例11-40】 于某波诉丁某强承揽合同纠纷案

判决观点,被告将车修好并停放在原告司机指定的地点,即同院路东原告车辆日常停放的停车场,且交付修理的第三日原告司机与被告通电话过程中,被告已将该事实告知原告司机,该事实清楚,证据充分,法院予以认定。依据合同法的有关规定,承揽合同的工作成果如未交付定作人,保管义务为承揽人,其毁损、灭失的风险及损害赔偿责任应由承揽人承担;工作成果如已交付定作人,保管义务为定作人,其毁损、灭失的风险及损害赔偿责任应由定作人承担。故作为承揽人的被告将其工作成果即修理好的斯太尔工程车停放在作为定作人的原告雇用的司机指定的地点,是否为工作成果的交付,是确定本案赔偿责任主体的焦点。日常工作之余,原告司机将斯太尔工程车停放在院内路东停车场,并在停车场南二层楼上居住,故原告的斯太尔工程车该停车地点应视为原告的司机能够控制的地点。原告司机要求被告将车修好后停放在该地点,为双方之间关于承揽合同工作成果交付的约定,该约定明确具体,被告依该约定履行,并在与原告司机通电话的过程中予以告知,应视为已将工作成果即修好的斯太尔工程车交付原告司机,对该车辆具有保管义务的人自此时起由被告转为原告司机,被告不再有保管的义务,无须承担车辆毁损、灭失的赔偿责任。故原告要求被告赔偿车辆损失,于法无据,不予支持。[2]

---

〔1〕 参见最高人民法院中国应用法学研究所编:《人民法院案例选》2005年第4辑(总第54辑),人民法院出版社2006年版,第303页。

〔2〕 参见国家法官学院案例开发研究中心编:《中国法院2016年度案例》(合同纠纷),中国法制出版社2016年版,第139~140页。山东省威海市文登区人民法院(2013)文宋商初字第91号民事判决书。

(五)工作量评估核算认定

没有签订书面承揽合同,对具体单位价款没有约定,双方对已完工的工作量的结算无法达成一致意见时,应根据《民法典》对合同约定不明的补救和履行的相应规定来确定价款,即合同当事人对价款或者报酬不明确的,按照订立合同时履行地的市场价格履行;依法应当执行政府定价或者政府指导价的,按照规定履行。

【案例 11-41】 林某群诉杨某平承揽合同纠纷案

判决观点,本案系承揽合同纠纷,对杨某平已经交付的工作成果,林某群应支付相应的报酬。经询,林某群表示按每平方米 190 元作为对杨某平已安装的四个铝合金窗框的计价标准,系林某群对其自身权利的处分,不违反法律规定,对此予以照准。故林某群应支付杨某平的报酬为:190 元 × 13.489 平方米 = 2562.91 元。由于林某群先付给杨某平 20000 元,该预付款扣除林某群应付给杨某平的报酬,杨某平应退还林某群预付款 17437.09 元(20000 元 - 2562.91 元 = 17437.09 元),林某群请求杨某平退还 18651 元的诉讼请求,超出部分,不予支持。杨某平辩称已经完工的四个铝合金窗框应按 3000 元计算,没有提供相应的证据证明,不予采纳。对杨某平提出林某群应承担退铝损失的主张,因理据不足,不予采纳。[1]

(六)承揽合同与其他合同区别

司法实践中,在判断合同的性质时,尤其当合同的名称与合同内容不一致时,往往依据合同的实际内容来确定合同的性质。

1. 与买卖合同区别

两类合同有着明显区别,同时也有极大的相似性,都是双务合同,都要将标的物交给支付对价的一方,其中承揽人提供原材料的定作合同在实践中争议最大,也最容易混淆。在承揽合同中,定作人注重的是对生产过程的控制和监督。如果一份合同规定了定作人对生产过程的必要的控制权,而且这些控制权显然属于该

---

[1] 参见国家法官学院案例开发研究中心编:《中国法院 2015 年度案例》(合同纠纷),中国法制出版社 2015 年版,第 146 页。广东省揭阳市揭西县人民法院(2013)揭西法棉民初字第 54 号民事判决书。

合同的重要部分,则该合同应属于承揽合同;反之,则属于买卖合同。两者的区别主要为,其一,目的不同。买卖合同是以一方移转所有权而另一方支付价款为目的,而承揽合同是以一方完成特定的工作成果而另一方支付报酬为目的。[1] 依据这一区别,在合同中约定一方应提供一定工作成果的,就属于承揽合同而非买卖合同。其二,主要义务内容不同。承揽合同中转移标的物的所有权不是承揽人的主要义务,而是承揽人完成工作成果后的一种附随义务。买卖合同中转移标的物是出卖人的主要义务。其三,标的物认定标准不同。承揽合同中的标的物只能是承揽人严格按照定作人的要求而完成的工作成果,为承揽合同订立后出现,通常为双方在合同中约定有质量或技术标准。买卖合同的标的物是双方约定的出卖人应交付的物,标的物一般在订立买卖合同之前就已存在,其技术标准通常是需要符合国家标准、行业标准。换言之,对标的物的质量认定标准,定作合同的质量标准一般均按照定作人在合同中的指示确定;买卖合同中有约定从约定,无约定由双方协商补充,协商不成按照交易习惯确定,无习惯按照行业标准、国家标准,无标准的按照通常或符合合同目的标准。其四,定作人检查监督权利不同。承揽合同中,定作人有权在不影响承揽人工作的情况下对其工作的情况进行监督和检查。买卖合同的买受人只有权请求出卖人按约定的条件交付标的物,而无权过问对方的生产经营或标的物的取得情况。其五,标的物种类不同。承揽合同的承揽标的具有特定性,若其为物只能是特定物,不具有通用性。买卖合同标的物可以是特定物,也可以是种类物。即使买卖合同是特定物,也不对特定买受人具有特殊价值。其六,风险承担不同。承揽合同中在工作成果完成前,只能由承揽人自己承担定作物意外灭失的风险。买卖合同中当事人可以约定自合同成立时标的物意外灭失的风险即由买受人负担。其七,承担保密义务不同。承揽人应当按照定作人的要求保守秘密,未经定作人许可,不得留存复制品或者技术资料。买卖合同一般并不包含此种规定。其八,合同价款的性质不同。承揽合同中约定的价款是对承揽人完成特定工作成果后支付的劳动报酬。买卖合同中约定的价款是标的物本身的价值。其九,身份特定不同。承揽人在承揽合同中是特定的,出卖人在买卖合同中是不特定的。其十,解除权不同。在定作合同中定作人享有合同任意解除权,在买卖合同中买受人不享有合同任意解除权。其十一,减损义务不同。定作合同中,因标的物为定作物,定作人的减损义务的履行受限于标的物减损的可能性;买卖合同中,对于买受人拒绝接收货物等情形,标的物为种类物,出卖人负有将货物另行处理的义务。

最高人民法院法官认为,目前存在一定的区分标准,包括:(1)以合同标的物是否为特定物作为区分标准;(2)从合同解除权和留置权方面进行区分;(3)承揽

---

[1] 参见李勇主编:《买卖合同纠纷》,法律出版社2011年版,第27页。

合同与买卖合同无法区分时,准用买卖合同的规定。[1]

【案例 11-42】 蔡某春诉林某兴承揽合同纠纷案

判决观点,被告作为铁件加工个体经营户,按照合同约定的机械规格要求,以自己的设备、技术和劳力,完成烘干机械的制作;且合同上也明确约定为机械定制合同,故原、被告之间的民事法律关系符合承揽合同的特征。原告主张本案"定性为买卖合同",缺乏事实和法律依据,不予采纳;合同明确约定,烘干机械部分由被告完成,烘干炉系土木结构,由原告负责完成,且原告有协助被告安装、调试的义务。[2]

【案例 11-43】 原平西美钢铁有限公司与马鞍山市天择贸易有限公司其他买卖合同纠纷案

最高人民法院认为,《购销合同》对于钢坯的型号、数量和质量作了明确约定,但并不要求下原平公司(诉讼时改名为原平西美钢铁有限公司)必须以自己的技术和设备组织生产。当事人对于钢坯的型号和质量确有明确约定,但该型号和质量的钢坯也并非只有下原平公司才能生产。因此,《购销合同》并不是下原平公司以提供特定劳力为内容的承揽合同,其约定的付款和提货方式虽然有异于一般的买卖合同,但并不足以影响合同的性质。原审法院认定《购销合同》系包产包价、先款后货的购销合同并无不妥,本院对此予以确认。西美公司关于《购销合同》应为承揽合同的上诉理由不能成立,对其应按承揽合同性质计算损失的上诉请求本院不予支持。[3]

实践中,在是否为承揽合同抑或买卖合同的区分上法院内部有分歧。

【案例 11-44】 安徽创威油脂有限公司与湖北省武穴市巨霸粮油设备制造有限公司承揽合同纠纷请示案

对于双方争议,安徽法院将其定为买卖合同纠纷,湖北法院将其定为承揽合同纠纷,最高人民法院处理为,本案合同为承揽合同,合同履行地为湖北省武穴市,且湖北省武穴市人民法院立案在先。[4]

---

[1] 参见最高人民法院立案一庭、最高人民法院立案二庭编:《立案工作指导》2012 年第 1 辑(总第 32 辑),人民法院出版社 2012 年版,第 134 页。

[2] 参见国家法官学院案例开发研究中心编:《中国法院 2014 年度案例》(合同纠纷),中国法制出版社 2014 年版,第 211 页。福建省莆田市荔城区人民法院(2012)荔民再初字第 3 号民事调解书。

[3] 参见最高人民法院民事审判第二庭:《最高人民法院商事审判指导案例》(合同卷)(下),中国法制出版社 2011 年版,第 550 页。

[4] 参见《最高人民法院民商事案件审判指导》(第 1 卷),人民法院出版社 2012 年版,第 698 页。

【案例 11-45】 中山市思柏照明有限公司诉惠州市金海湾嘉华度假酒店有限公司承揽合同纠纷案

一审法院认为双方存在凭样品买卖合同关系。二审法院认为,上诉人中山市思柏照明有限公司与被上诉人惠州市金海湾嘉华度假酒店有限公司签订的《灯具产品购销合同》,约定中山市思柏照明有限公司根据惠州市金海湾嘉华度假酒店有限公司的要求,制定灯饰设计图纸,经惠州市金海湾嘉华度假酒店有限公司对设计图纸确认后,中山市思柏照明有限公司根据设计图纸生产灯饰交付惠州市金海湾嘉华度假酒店有限公司并负责安装,该合同符合承揽合同的法律特征,是承揽合同,故本案案由应定为承揽合同纠纷;该合同是双方的真实意思表示,内容没有违反法律、行政法规的强制性规定,是合法有效的合同。[1]

【案例 11-46】 刘某成诉吉林省宏旺环保科技开发有限公司承揽合同纠纷案

一审法院认定涉案合同为买卖合同。二审法院认为,根据该合同所约定的内容,合同所涉及的为三种"异型砖",由宏旺公司对所收取产品的尺寸偏差和外观质量进行抽检,宏旺公司对于产品的尺寸如何抽检不能进行合理的解释说明,亦未能举证证明所购买的异型砖具有国家质检部门或行业规定对外发布的尺寸及外观标准,而刘某成所列举的模具制作图纸、证人张某双的证言对于异型砖的生产制造过程的解释更为合理,故涉案合同名称虽为购销合同,实为以宏旺公司为定作人、刘某成所经营的兴旺材料厂为承揽人的异型砖定作合同。[2]

一方以自己的设备、技术、材料和劳力,按照协议要求定作产品,定作方接受成果并支付报酬,双方当事人应为承揽合同关系而非买卖合同关系。

【案例 11-47】 甲电炉有限责任公司诉乙重型机械有限公司承揽合同纠纷案

二审法院认为,本案中,甲电炉公司自认本案争议合同就是其以自己的设备、技术、材料和劳力,按照与乙重机公司签订的《技术协议》要求定作工业电炉,乙重机公司接受成果并支付报酬的合同。对此,乙重机公司并不持异议。根据案涉《工业品买卖合同》及《技术协议》的相关约定,结合前述法律规定,双方当事人真实意思表示应为承揽合同关系,一审法院认定为买卖

---

[1] 参见国家法官学院案例开发研究中心编:《中国法院 2016 年度案例》(合同纠纷),中国法制出版社 2016 年版,第 133 页。广东省惠州市中级人民法院(2014)惠中法民二终字第 284 号民事判决书。

[2] 参见国家法官学院案例开发研究中心编:《中国法院 2018 年度案例》(合同纠纷),中国法制出版社 2018 年版,第 175 页。吉林省长春市中级人民法院(2016)吉 01 民终字第 2216 号民事判决书。

合同关系不妥,应予纠正。甲电炉公司经营范围包括工业用电炉及配件、电源设备制造及电炉安装等项目,合同约定内容不违反法律、行政法规的强制性规定,不损害社会公共利益,应认定合法有效。甲电炉公司此点上诉理由,应予采纳。[1]

承揽合同与买卖合同的区分需要根据合同履行方式进行确定。双方签订的合同约定供应的设备附有技术参数附件以及交付后需安装、调试和质保期等内容,则定为承揽合同更能反映案件的特点,虽名为买卖合同但实为承揽合同。

【案例11-48】 天津吉润达研磨科技有限公司诉盐城展仕精密机械有限公司承揽合同纠纷案

一审法院认为,本案的案由是否为买卖合同纠纷。从双方签订的合同约定供应的设备附有技术参数附件以及交付后需安装、调试和质保期等内容显示,该合同名为买卖合同实为承揽合同,故本案案由应为承揽合同纠纷。展仕公司上诉后又在二审中撤诉,一审判决生效。[2]

2. 与雇佣合同区别

在实务中,承揽合同与雇佣合同有时不易区分,特别是实践中承揽关系和临时雇佣关系就更难区分。根据一般学理认识,区分标准主要为,其一,目的不同。承揽合同以工作成果为目的,劳务供给仅仅是手段或过程,而雇佣合同劳务本身即为目的。在非典型承揽合同中,在完成一定工作之后一般需要交付工作成果,但工作成果并非有体物,而是无形劳务之结果,则不为一般意义的交付。此时,就不宜考虑是否具备有体物工作成果或物质形态体现的工作成果的交付。其二,取得报酬方式不同。一般情况下,承揽人完成工作成果获得报酬,雇佣合同中提供劳务即获得报酬,而有无工作结果在所不问。承揽合同中,定作人按照工作成果而非劳务时间支付报酬,但并非是要在工作成果完成后再支付报酬,实务中也存在定作人预付部分或全部报酬的情况。其三,主体独立性不同。承揽人提供的劳务具有独立性,而受雇人则须听从雇主指令,具有从属性。按照控制理论,判断被雇主雇请的人在引起他人人身或财产损害时的身份究竟是承揽人还是雇员,最根本的标准就是控制标准,如果雇主对引起损害发生的人享有控制权,则引起他人损害发生的人在侵权法上的身份就是雇员;反之,则为承揽人。[3] 在承揽人仅提供劳务的承揽合同中,定作人在关注劳动成果的同时,对劳务过程也很关注,甚至

---

[1] 辽宁省高级人民法院(2016)辽民终575号民事判决书。

[2] 参见国家法官学院、最高人民法院司法案例研究院编:《中国法院2020年度案例》(合同纠纷),中国法制出版社2020年版,第152页。江苏省盐城市中级人民法院(2018)苏09民终3400号民事判决书。

[3] 参见张民安:《侵权法上的替代责任》,北京大学出版社2010年版,第303页。

指示整个劳务过程,但这并不能说明定作人是在控制承揽人。因为定作人因其本身具有检验、监督承揽人的义务,又由于这种合同的特殊性,如果不对劳务过程进行监督,工作结果就不易保证。也就是说,定作人在实质上是关心工作结果,对劳务过程的监督仅仅是保证工作成果顺利完成的手段。其四,劳务转让不同。承揽人一定条件下可将劳务转授他人为之,受雇人的劳务则须亲自为之。[1]由于不具有人身专属性,承揽人可以将工作转与他人执行。理论上也有学者提出以连带责任为两类合同的区分标准,承揽合同中的定作人与雇佣合同中的雇佣人是否承担连带赔偿责任有所不同。[2]其五,债务不履行的判断标准不同。承揽关系中,承揽合同属于交付成果型合同,没有交付成果或交付的成果不符合约定构成违约。雇佣关系中,雇员未按雇主要求提供劳务即构成违约。

在具体认定上,关键是看合同当事人是否有约定,并结合合同履行的全过程进行综合分析。其一,看工作场地、生产条件(如工具、设备、原料)由谁提供。承揽关系中,工作场地、生产条件一般由承揽人负责提供,承揽人向定作人交付的是工作成果。雇佣关系中,工作场地、生产条件一般由雇主提供,雇员只负责劳务。其二,看报酬支付方式。承揽关系中,定作人因承揽人完成某项工作成果而支付报酬,该报酬不仅包括劳动力价值,还包括其他的一些工本费等附加值。雇佣关系中,雇主一般按周、日、时向雇员支付报酬,该报酬相当于劳动力的价格。其三,看工作内容。承揽关系中,承揽人的工作通常不受定作人所从事的工作内容的限制,是定作人工作的附属部分。雇佣关系中,雇员的工作对雇主而言是不可或缺的,是雇主所从事的行为整体的一部分。在实践中,并非任何合同关系都会同时满足上述三个标准,后两个标准往往较为模糊,难以认定,而且三个标准相互之间可能还会发生冲突。

【案例11-49】 石某杰与华盟公司、建峰公司人身损害赔偿纠纷案

劳动工具由被告提供,按标准一应认定为雇佣关系;但支付报酬却是因原告完成修理工作,按标准二又构成承揽关系。这时应遵循以下规则进行判断,只要某个合同关系中的工作场地、生产条件是由雇主提供,而不管是否满足其他两标准或其中一个标准,都视为雇佣关系,否则视为承揽关系。因为工作场地、生产条件的提供者通常能对整个工作过程加以控制和管理,这才是承揽关系与雇佣关系的本质区别。据此,法院将此案定为雇佣关系。法院认为,雇员在从事雇佣活动中遭受人身损害的,雇主应当承担赔偿责任,原告在为被告建峰公司维修电缆线时,因安全带断裂从电线杆上摔下致伤,建峰

---

[1] 参见崔建远:《合同法》,北京大学出版社2012年版,第488页;林诚二:《民法债编各论》(中册),中国人民大学出版社2007年版,第48页。

[2] 参见邱聪智:《新订债法各论》(中册),中国人民大学出版社2006年版,第38页。

公司未尽到安全保障义务,故原告要求被告建峰公司赔偿经济损失的诉讼请求理由正当充分,本院予以支持。[1]

【案例 11-50】 贾某荣诉胡某刚、马某苍承揽合同纠纷案

判决观点,根据本案查明的事实,结合被告马某苍与被告胡某刚签订的合同书,被告马某苍将个人欲建设的二层储藏室以单包工的形式承包给被告胡某刚施工,双方之间形成承揽合同关系。被告胡某刚雇用原告制作混凝土模板,被告胡某刚支付原告劳务费,故被告胡某刚与原告形成雇佣合同关系。[2]

判断合同性质主要是审查双方约定的权利义务,而不是单纯看合同名称,社会生活中并不排除为了规避承担雇佣合同责任,而以承揽命名合同的情形。对于约定条款不全、中性、或争议大的,有学者认为,在这种情况下,由于承揽合同为有名合同,合同法设置了较为齐备的规定,而雇佣合同为无名合同,我国现行法欠缺具体规定,应将系争合同作为承揽合同来处理纠纷。[3] 有法官认为,在某些难以确定合同性质的场合,如果不涉及第三人利益可以认可有名合同适用优先,但在有向第三人承担侵权责任的情况下,司法实践上宜依照有利于第三人权益实现的原则来认定合同性质。[4] 实践中,事关承揽关系与雇佣关系的争议不断。

【案例 11-51】 李某波诉北京金都忆梦娱乐有限责任公司承揽合同纠纷案

一审法院认为,本案中,李某波以获得报酬为目的、自带工具、按照金都公司要求提供修理服务,不符合雇佣合同特征,符合承揽合同法律特征,结合查明的事实,本院认定李某波与金都公司之间系承揽合同关系。二审法院认为,因李某波的委托代理人在一审中曾确认系吴某林给其介绍的活,同时亦确认由其自带铺设防水材料所需工具并由其按金都公司的要求替金都公司购买防水材料,为此可以确定李某波与金都公司之间属承揽合同法律关系。[5]

【案例 11-52】 刘甲、刘乙与刘丙、李甲人身损害赔偿纠纷申诉案

最高人民法院经审查认为,本案明显不符合承揽关系特征。刘乙电话通

---

[1] 参见北京市高级人民法院民事审判第一庭编:《北京民事审判疑难案例与问题解析》(第一卷),法律出版社 2007 年版,第 448 页。

[2] 参见国家法官学院案例开发研究中心编:《中国法院 2019 年度案例》(合同纠纷),中国法制出版社 2019 年版,第 129 页。新疆维吾尔自治区石河子市人民法院(2017)兵 9001 民初 2358 号民事判决书。

[3] 参见崔建元:《承揽合同四论》,载《河南省政法管理干部学院学报》2010 年第 2 期。

[4] 参见《人民司法·案例》2014 年第 14 期。

[5] 参见国家法官学院案例开发研究中心编:《中国法院 2013 年度案例》(合同纠纷),中国法制出版社 2013 年版,第 195 页。北京市第二中级人民法院(2011)二中民终字第 17001 号民事判决书。

知胡某找人卸货,不能因此就说他承揽了此次运输装卸工作,而李丙本人更没有承揽此次装卸工作,李丙等人帮助个体户刘乙卸货,只是被临时叫来提供劳务,双方之间既无承揽工作的具体约定,也谈不上需要交付符合质量要求等条件的劳动成果,仅仅是完成卸货即可,而刘乙在李丙等人完成卸货后支付相应报酬,他们之间形成的这种临时劳务关系应适用有关雇佣关系的法律规定。据此,最高人民法院决定不对本案提起再审。[1]

应注意的是,如果当事人明确将双方的法律关系约定为承揽合同或雇佣合同,应当按照其约定进行处理。如果当事人没有明确约定合同的名称,但合同项下的权利义务为承揽合同内容或为雇佣合同内容,应当将合同定性为双方具体约定的法律关系。[2]

【案例11-53】 北京一统飞鸿速递服务有限公司与王某林等机动车交通事故责任纠纷案

二审法院认为,虽然双方合同中出现了"承揽"一词,在合同履行上也表现为寄送"成果"的要求并因此计算报酬,但双方的合同中也存在严格的管理和支配关系(如对服务态度的要求和惩罚、对投递率的要求和惩罚、对投递延误的惩罚等),并结合王某阳驾驶具有速递公司统一标识的车辆的事实,双方的合同实质上为雇佣合同而非承揽合同。[3]

个案中,应根据相关法律规定,并结合具体案情,全面考量、综合分析,从而作出准确判断。

【案例11-54】 卢某刚与刘某清、高某翔等损害赔偿纠纷案

一审法院认为,本案的争议焦点之一为刘某清与高某翔、卢某岭等提供劳务人员之间系雇佣关系还是承揽关系。法院认为,刘某清与高某翔之间构成承揽关系,刘某清与卢某岭之间亦非雇佣关系,而高某翔与卢某岭之间构成雇佣关系。在各方均未提供相关证据对刘某清作为定作人对定作、指示或者选任存有过失加以佐证的情况下,其对卢某岭的死亡无须承担赔偿责任。二审法院判决:驳回上诉,维持原判。[4]

---

[1] 参见张海:《雇佣与承揽的区分》,载苏泽林主编:《立案工作指导》2010年第1辑,人民法院出版社2010年版,第97页。
[2] 参见崔建远:《承揽合同四论》,载《河南省政法管理干部学院学报》2010年第2期。
[3] 北京市第一中级人民法院(2015)一中民终字第03808号民事判决书。
[4] 参见《人民司法·案例》2020年第14期(总第889期)。辽宁省沈阳市中级人民法院(2019)辽01民终13070号民事判决书。

【案例 11-55】 西安藤翼建筑安装有限公司与陈某确认劳动合同纠纷案

二审法院认为,本案争议焦点在于双方之间的法律关系是劳动关系还是承揽关系。二者的区分在于:从属标准、报酬的发放、生产资料的提供、继续性标准和对完成工作时间约定不同。劳动者以自己的设备、技术和劳力按照单位的要求完成工作、交付工作成果,单位给付报酬,应认定双方之间形成承揽关系而非劳动关系。从查明的事实看,本案涉及的通风孔打钻工程施工,双方没有书面合同约定,口头约定陈某、陈某学完成该工程后,藤翼公司支付打洞费2万元。工程未完成前,陈某预支了1万元报酬。在施工中,陈某自备施工设备,藤翼公司仅提供脚手架。目前没有证据能够证实藤翼公司的各项劳动规章制度适用于陈某,陈某也未接受藤翼公司的劳动管理,陈某与藤翼公司之间并没有从属性。虽然陈某主张其工作受藤翼公司张某管理和监督,但没有提供证据予以佐证,而陈某在一审中提交的李某林、张某的证言却证实陈某是独立作业。本案中,陈某以自己的设备、技术和劳力按照藤翼公司的要求完成工作,交付工作成果,藤翼公司给付报酬,双方之间形成承揽关系。在工作期间,藤翼公司作为定作人可以进行必要的监督检验,但不能因此认为是用人单位对劳动者的劳动管理。陈某主张其与藤翼公司形成劳动关系没有书面的劳动合同,也不能提供其他证据证实有符合劳动和社会保障部《关于确认劳动关系有关事项的通知》规定的情形。故原审认定陈某与藤翼公司之间形成承揽关系,判决藤翼公司与陈某之间不形成劳动关系。[1]

加工承揽合同法律关系与提供劳务者受害责任法律关系,在实际生活中是极为相近的,仅能通过构成要件之间细微的不同予以区分。

【案例 11-56】 孙某霞诉潘某玲加工承揽合同纠纷案

判决观点,原告为被告的拆扒工地从事清理砖块的工作,通过法院对事实的认定,原告受伤是由于做了本不该由其做的事情(扒墙)从而受伤,原告应对其自身遭到的伤害负责。庭审中,原告主张原、被告之间是提供劳务者受害责任法律关系的法律依据是《最高人民法院关于审理人身损害赔偿案件适用法律若干问题的解释》第十一条的规定,雇员在从事雇佣活动中遭受人身损害,雇主应当承担赔偿责任。此条款中强调了雇员受伤,雇主的无过错责任。若法院认定提供劳务者受害责任法律关系,进而适用该法条,则无论原告对其自身受伤有无过错、有多大过错,原告均可向被告主张损害赔偿。被告则辩称,原、被告之间应为加工承揽合同法律关系而不是提供劳务者受

---

[1] 参见最高人民法院民法典贯彻实施工作领导小组编著:《中国民法典适用大全》(合同卷四),人民法院出版社2022年版,第2470页。陕西省安康市中级人民法院(2016)陕09民终72号民事判决书。

害的法律关系。《合同法》第二百五十一条、《最高人民法院关于审理人身损害赔偿案件适用法律若干问题的解释》第十条的规定均限制了定作人的责任范围,定作人对承揽人在完成工作过程中造成自身损害的赔偿责任适用的是过错责任原则,即定作人除对定作、指示或者选任有过失的以外,都不承担赔偿责任。一旦依据此法律规范,若法院认定原告受伤的事实与被告无关,被告无过错,则原告不能向被告主张损害赔偿。据此,法院判决:驳回原告的诉讼请求。[1]

承揽人的工作具有独立性,其并非以他人设备、技术为依托,也未受他人指挥、管理,不存在身份上的支配和从属关系,并非单纯地提供劳务,而是以完成特定内容为工作成果,符合承揽关系的特征,而非雇佣关系。

【案例 11-57】 谢某租、谢某丹诉叶某余海上、通海水域人身损害责任纠纷再审案

最高人民法院认为,根据原审查明的事实,叶某余与谢某温约定劳动报酬为挖掘机按时计费、拖拉机按车次计费、工程结束后再一次性补偿谢某温物资运输费用 5000 元;从施工前的准备来看,谢某温与谢某朝等人勘察完现场后,与叶某余协商施工方案,谢某温除决定需用何种挖掘机外,还决定需用多少拖拉机,并负责物资运输;在该工程中谢某温除提供自有的挖掘机外,还雇佣了挖掘机操作员官某某,联系了拖拉机手林某某、谢某某等人。原审基于上述事实,认为谢某温的工作具有独立性,其并非以叶某余的设备、技术为依托而工作,也未受叶某余的指挥、管理,叶某余对谢某温并不存在身份上的支配和从属关系,在完成案涉堤塘加固工程土石方的过程中自行提供工具设备,拥有专有技术,在人身方面又对叶某余没有依赖性,且雇佣他人操作挖掘机,完成案涉工程的过程中并非单纯地提供劳务,而是以完成一定的堤塘加固工程土石方为工作成果,故认为本案符合承揽关系的特征,谢某温与叶某余之间为承揽合同关系而非雇佣合同关系,认定事实和适用法律并无不当。[2]

3. 与联营合同区别

联营分三种,即法人型联营、合伙型联营和合同型联营。实践中,存在合同型联营与承揽合同混淆之现象。

---

[1] 参见国家法官学院、最高人民法院司法案例研究院编:《中国法院 2020 年度案例》(合同纠纷),中国法制出版社 2020 年版,第 155 页。黑龙江省海伦市人民法院(2018)黑 1283 民初 2532 号民事判决书。
[2] 最高人民法院(2019)民申 560 号民事裁定书。

《民法通则》第五十三条规定,企业之间或者企业、事业单位之间联营,按照合同的约定各自独立经营的,它的权利和义务由合同约定,各自承担民事责任,属合同型联营。

【案例11-58】 河南远丰皮革制品有限公司诉广州富伟皮业有限公司加工承揽合同纠纷案

判决观点,原、被告签订的成品皮革购销合作协议书明确约定原告不得销售被告订购产品,否则,由原告向被告支付技术服务费,故双方的合作协议书实际上是承揽加工协议。[1]

与建设工程合同区别。承揽合同是一大类合同的总称,传统民法中承揽合同包括加工承揽合同和建设工程合同。由于建设工程合同在发展过程中形成了许多独特的行业特点,法律将建设工程合同独立于加工承揽合同进行单独规定。建设工程合同是因完成建设施工项目而发生的承揽合同,它与一般承揽合同的区别在于,合同的标的仅限于建设工程,建设施工合同无论是设计、勘察、施工都是围绕建筑本身来进行的,主要包括作为基建工程在内的各类建筑物、地下设施、附属设施的建设,以及对路线、管道设备进行安装的工程等。建设施工合同对于合同主体、合同形式都有特别的要求。施工主体按建设工程的规模大小要有相应的资质,合同必须采取书面形式,其工程合同订立一般要经过招投标的法定程序,由于建设工程较之一般承揽合同标的物的特殊性,要求有较强的国家干预性。工程领域的承揽合同基本为加工、装修装饰等方面,其主要是美化、美观之目的。合同目的具有独立性,合同目的不同导致合同性质的不同。

【案例11-59】 黄某辉诉南宁市山鹰机动车驾驶技术培训有限公司、徐某宏承揽合同纠纷案

一、二审法院认定加铺沥青面层工程的目的只是美化教练场地,提高使用效能,不同于传统建设工程合同,将其定为承揽合同是正确的。[2]

【案例11-60】 杭州恒达钢结构实业有限公司与新疆新基投资有限建设工程合同纠纷管辖权争议案

对于双方争议,浙江法院将其定为承揽合同纠纷,新疆法院将其定为建设工程合同纠纷。最高人民法院认为,涉案合同从内容上分析应当认定为建设工程合同。建设工程合同属于承揽合同的一部分,其在合同主体、合同标

---

[1] 参见最高人民法院中国应用法学研究所编:《人民法院案例选》(2004年商事·知识产权专辑)(总第49辑),人民法院出版社2005年版,第135页。

[2] 参见国家法官学院案例开发研究中心编:《中国法院2014年度案例》(合同纠纷),中国法制出版社2014年版,第204页。广西壮族自治区南宁市中级人民法院(2012)南市民二终字第396号民事判决书。

的、合同形式以及国家干预性等方面有着较承揽合同更为严格的要求。本案双方当事人在合同中约定的工程名称为新疆统一国际物流园1#、2#大卖场，工程内容为钢结构部分，故合同标的为建设工程。故本案性质应认定为建设工程合同纠纷。[1]

4. 与委托合同区别

主要区别为，其一，工作成果完成不同。承揽合同的标的在于工作的完成，债务给付为完成的工作成果。委托合同的标的在于事务的处理，债务给付为基于知识、经验对于事务的具体处理，工作成果并非其必要条件。其二，对第三人使用不同。在承揽合同关系中，承揽人将承揽工作交由第三人完成，原则上不需要定作人的同意，特别约定为例外，但对其第三人的工作成果承担责任。定作人在不同意的情况下，有权解除合同。在委托合同关系中，如果没有委托人的同意，则不可以转委托，紧急情况除外。在委托人同意的转委托中，受托人仅对转委托人的指示和选任承担过错责任。其三，存在代理关系不同。在承揽合同关系上，不存在处理事务的结果归为承揽人，不存在适用表见代理的情形。在委托合同关系中，委托人有将处理事务的结果归为委托人的要求，实践中产生表见代理现象。其四，是否有偿不同。承揽合同是有偿的双务合同，而委托合同一般是无偿的，也可以是有偿的。其五，合同解除权规定不同。承揽合同关系中，承揽人未交付工作成果，除具有一定的免责事由之外，要承担违约责任，所以法律一般不赋予其解约权。在委托合同关系中，除委托是一时性的事务之外，对于持续性事务处理阶段，受托人基于一定的条件原则上可以随时解除委托合同。

应注意貌似其他类型合同而其实为承揽合同的情形。

【案例11-61】 上海歌剧院诉民办欧华学院(筹)支付冠名费承揽合同纠纷案

虽然本案原、被告双方签订的合同名为《合作协议书》，但从合同内容来看，是民办欧华学院(筹)通过冠名的方式达到扩大知名度提升企业形象的行为，应当属于承揽合同中的广告制作合同，故本案案由应定为承揽合同纠纷。传统观念一般认为广告行为是设计、制作、发布广告，而对于本案中出现的冠名这种新类型事物，很难理解属于广告制作。但对照《广告法》第二条第二款"本法所称广告，是指商品经营者或者服务提供者承担费用，通过一定媒介和形式直接或者间接地介绍自己所推销的商品或者所提供的服务的商业广告"的定义，可以看出广告的含义非常广泛，不仅仅是传统的制作广告

---

[1] 参见《最高人民法院民商事案件审判指导》(第1卷)，人民法院出版社2012年版，第694页。

牌、宣传单或者在媒体发布广告等内容。因此,对冠名行为性质的认定应当突破原有的思维框架,将其归入广告的一种,故一、二审法院将本案的案由认定为承揽合同纠纷,其定性准确。〔1〕

5. 与建设工程合同区别

承揽合同与建设工程合同均为建设市场中常见的合同模式,二者共同点都是一方交付工作成果,另一方给付报酬的合同形式。建设工程合同本质上属于承揽合同,区别在于给付内容不同,建设工程合同给付建设工程,承揽合同给付的是建设工程以外的其他内容。可以说建设工程合同是特殊的承揽合同,它们本质上是相通的。

【案例 11-62】 平利县精诚装饰工程有限公司诉平利县福纳沃种养殖专业合作社等承揽合同纠纷案

判决观点,原告精诚公司与被告福纳沃合作社之间的民事法律关系,是以基础开挖、基坑清理、垫层、钢筋制作安装、模板制作安装、混凝土浇筑、拆模、土方回填及测量放线等为主的施工合同,原告按照被告福纳沃合作社的设计、质量及安全要求,包工包料,自行负责工人食宿、材料购买和安全管理,向被告福纳沃合作社交付工程结果,被告福纳沃合作社向原告支付工程价款,《工程承包合同》符合承揽合同的特性,故本案案由确定为承揽合同纠纷。原告与被告福纳沃合作社签订《工程承包合同》《马鞍山生态观光园钢构基础工程量确认单》《马鞍山生态观光园钢构基础土建工程决算协议》是双方自愿协商的真实意思表示,且不存在合同无效的情形,依法认定合法有效。故对被告福纳沃合作社主张原告未取得建筑施工资质与其签订的承包合同应认定无效的抗辩理由,依法不予支持。〔2〕法院认定本案为承揽合同的依据是,原告施工的为温室大棚基础土建工程,而现行法律并未将温室大棚归入建设工程范畴。

【案例 11-63】 吴某亮诉赵某生、智达公司承揽合同纠纷案

判决观点,本案中,原告吴某亮按照被告赵某生的要求,由被告赵某生提供施工材料及部分机械设备,由原告组织工人及自带部分机械设备进行施工,被告以每平方米18元的价格支付原告工程款。可见,原告按照被告要求完成工作,交付工作成果,被告支付劳动报酬,原告在本案中主要是提供劳动

---

〔1〕 参见最高人民法院中国应用法学研究所编:《人民法院案例选》2005年第4辑(总第54辑),人民法院出版社2006年版,第285页。

〔2〕 参见国家法官学院案例开发研究中心编:《中国法院2019年度案例》(合同纠纷),中国法制出版社2019年版,第121页。陕西省安康市平利县人民法院(2017)陕0926民初700号民事判决书。

服务。因此,原告吴某亮与被告赵某生之间系承揽关系,本案应当按承揽合同纠纷处理。虽然原告没有完成全部工程,但其已完成的工程已交付被告,被告应当支付相应的工程款,判决:被告赵某生支付原告吴某亮工程款219300元及相应利息。[1]

6.与无偿帮工的区别

实践中,区分无偿帮工和承揽合同法律关系主要考虑以下因素,其一,主体不同。其二,事项不同。其三,劳动工具的提供不同。其四,承揽合同有偿,义务帮工无偿。

【案例11-64】 章某华诉科技公司承揽合同纠纷案

一审法院认为,关于法律关系。章某华经营修理部多年,向不特定的人提供电机维修服务并获取报酬,科技公司将设备交由章某华维修,所以与科技公司之间形成承揽合同法律关系。章某华主张其是无偿提供劳务的帮工人,双方系无偿帮工法律关系,但是明确事发时科技公司尚欠其之前的维修费,该主张与其陈述的内容相矛盾,也不符合常情常理和生活经验,所以法院不予采信。二审法院同意一审法院裁判意见。[2]

(七)附条件判决适用

附条件判决的适用,是指法院在作判决的时候,附加一定的条件所作出的判决。在双方当事人均有继续履行合同意向,因一方当事人无法确定履行期限,法官在判决时既要遵循双方当事人的合意,使合同继续履行,又要保证判决的可执行性,若依据合同约定,判令承揽人送货,可能导致在执行阶段中定作人拒绝接受而使判决无法实现。故法官可判令假定定作人不自提,视为已交货,并负有付款义务,同时享有接受货物的权利。为保障定作人权利,法官判令承揽人继续履行合同约定的附随义务,并为双方当事人设定同时履行义务。通过附条件判决,实现维护交易秩序与判决可执行性的兼顾,达到对纠纷的化解。

---

[1] 参见国家法官学院、最高人民法院司法案例研究院编:《中国法院2021年度案例》(合同纠纷),中国法制出版社2021年版,第117页。广西壮族自治区桂林市龙胜各族自治县人民法院(2019)桂0328民初148号民事判决书。

[2] 参见国家法官学院、最高人民法院司法案例研究院编:《中国法院2023年度案例》(合同纠纷),中国法制出版社2023年版,第151页。江苏省无锡市中级人民法院(2021)苏02民终3616号民事判决书。

【案例 11-65】 山东飞鸿伟业桥梁模板有限公司诉中铁十九局集团有限公司承揽合同纠纷案

一审法院认为,飞鸿伟业公司与中铁十九局签订的桥墩模板加工承揽合同及桥墩模板加工协议合法有效,双方均应切实履行。飞鸿伟业公司已在中铁十九局要求停止生产前将诉争模板制作完毕,中铁十九局表示待项目开工后,该公司仍需要飞鸿伟业公司已制作完工的模板,故同意接收模板、继续履行合同,双方当事人均同意继续履行合同。案件审理过程中,飞鸿伟业公司同意依约将货物运至工地施工现场,并指导安装模板。中铁十九局称因工程停工,在案件审理期间暂时无法接收模板,不同意飞鸿伟业公司送货。但模板现已制作完毕,交付条件已成就,中铁十九局在案件审理期间拒不收货,故判令中铁十九局应自行提取货物,并向飞鸿公司支付相应货款;考虑到若中铁十九局在指定期间未自行提货,则合同无法继续履行,故对判决附加条件,判令若中铁十九局在指定期间未自行提货,则视为飞鸿伟业公司已交付模板,中铁十九局于视为接收之日给付飞鸿伟业公司加工费。考虑到现场为模板散片,合同约定飞鸿伟业公司应负责指导中铁十九局施工人员对模板进行调试、安装、提供技术指导,并协助解决施工中出现的问题,飞鸿伟业公司在案件审理中亦表示愿意履行上述义务,故要求飞鸿伟业公司应负责指导中铁十九局施工人员对模板进行调试、安装、提供技术指导,并协助解决施工中出现的问题。二审法院持同样意见,维持一审判决。[1]

(八)承揽合同解释

当事人对合同条款的理解有争议时,应当按照合同所使用的词句、合同的有关条款、合同目的、交易习惯以及诚实信用原则,确定该条款的真实意思。当事人基于其实际的交易需要而签订合同,在特定的条件下会根据其需要作出特定的意思表示,只要其意思表示是真实的、不违背法律的禁止性规定,不存在欺诈与胁迫的情况,即应当予以尊重和保护。当事人对于合同约定的内容理解不同产生纠纷时,应当尊重当事人的原意进行解释,否则会背离双方当事人签订合同的真实目的,从而导致法官自由裁量权的滥用。

---

[1] 参见国家法官学院案例开发研究中心编:《中国法院 2013 年度案例》(合同纠纷),中国法制出版社 2013 年版,第 198 页。北京市第一中级人民法院(2012)一民终字第 3162 号民事判决书。

【案例 11-66】 佛山市南海区中兴五金冶炼厂与广州珠江铜厂有限公司加工合同纠纷案

最高人民法院认为,对于合同的解释,应当严格按照合同法的规定和当事人的约定。广东省高级人民法院二审判决将"只能在长白长顺有色金属冶炼厂和朝鲜惠山青年铜矿合作项目成功投产盈利后在乙方股份盈利中偿还"理解为双方对返还欠铜方式的约定,其理由在于认为双方没有约定该项目未能成功投产和盈利时中兴冶炼厂应否偿还欠铜属于约定不明确。该认定并不符合合同解释的规则。因为,本案合同双方只是对合同条款内容的理解产生了争议,并不属于合同没有约定或者约定不明的情形。……在 2003 年 5 月 19 日《补充协议》中"只能在长白长顺有色金属冶炼厂和朝鲜惠山青年铜矿合作项目成功投产盈利后在乙方股份盈利中偿还"所要表达的意思是明确的。即使把"只能在长白长顺有色金属冶炼厂和朝鲜惠山青年铜矿合作项目成功投产盈利后在乙方股份盈利中偿还"理解为返还方式的约定,也仅限于"只能以这种方式",而没有约定其他的替代方式。从合同文义来看,"只能"的约定,具体限定了欠铜债务履行的条件和范围,该条件就是中兴冶炼厂、李某芬履行其认可的欠铜债务的前提条件。就本案而言,有关补充协议履行中的风险双方都应当能够预见。当事人基于其实际的交易需要而签订合同,在特定条件下会根据其需要作出特定的意思表示。只要其意思表示是真实的,不违背法律的禁止性规定,不存在欺诈与胁迫的情况,即应当予以尊重和保护。综上,中兴冶炼厂申请再审的理由成立,最高人民法院予以支持。[1]

【案例 11-67】 厦门白鹿洞寺诉李某和承揽合同纠纷案

一审法院认为,双方签订的《承揽合同书》的文本是由李某和一方草拟提供的,合同对骨灰箱体型号、规格的约定极为简单,并未明确约定的数据是属于内径还是外径,该约定系李某和一方提供的格式合同条款,从专业优势的角度考虑,明显有利于专门从事骨灰箱安装事宜的李某和一方。根据《合同法》第四十一条的规定,应当作出不利于提供格式条款一方的解释。此外,李某和并未提交相应证据证明其提供的骨灰箱体符合相关行业标准。结合现场勘查,实际测量的内径数据明显不符合《承揽合同书》约定的标准。据此,法院认定李某和交付的骨灰箱不符合合同约定的标准。由于本案中厦门白鹿洞寺仅要求李某和对 1176 组个人式骨灰箱(30cm×30cm×30cm)进行更换、重新安装,对此,予以支持。至于李某和反诉请求厦门白鹿洞寺支付剩余的尾款,由于交付的骨灰箱不符合合同约定,付款条件尚未成就,对于该项

---

[1] 参见最高人民法院民事审判第一庭编:《民事审判指导与参考》2013 年第 4 辑(总第 56 辑),人民法院出版社 2014 年版,第 149~150 页。

请求,不予支持。二审调解结案。[1]

(九)第三人完成辅助工作

《民法典》第七百七十三条规定:"承揽人可以将其承揽的辅助工作交由第三人完成。承揽人将其承揽的辅助工作交由第三人完成的,应当就该第三人完成的工作成果向定作人负责。"该条是关于承揽人对辅助性工作的责任的规定。立法者认为,从尊重当事人的意思自治出发,合同编允许承揽合同的当事人对辅助工作的完成作出与本条不同的约定。具体来说,关于辅助性工作的责任,当事人的约定一般有三种情况:一是如果当事人有约定,承揽工作必须全部由承揽人独立完成的,承揽人不得将工作交由第三人完成,即使辅助工作也不例外,承揽人违反约定将辅助工作交由第三人完成的,承揽人应当承担违约责任,赔偿定作人损失。二是如果承揽合同中约定,承揽人将辅助工作交由第三人完成的,承揽人仅对其完成的主要工作负责,第三人对其完成的辅助工作负责。在此情况下,如果承揽人将辅助性工作交由第三人完成,应当通知定作人并取得定作人同意。第三人工作不符合约定的,定作人只能要求第三人承担责任,承揽人根据约定对此不承担责任。三是承揽合同中约定,承揽人将辅助性工作交由第三人完成的,承揽人与第三人对由第三人完成的辅助工作向定作人承担连带责任。承揽人将辅助工作交由第三人完成的,应当与第三人约定,就该辅助工作向定作人承担连带责任。承揽人与第三人未作此约定的,仍由承揽人对第三人的工作向定作人承担责任。[2]

承揽人将辅助工作交由第三人完成的,即与第三人订立了一个承揽合同。该合同是独立的合同,而不是原承揽合同的一部分,二者也不具有主从关系。

【案例11-68】 陈某和诉东莞建设工程有限公司、肖某如承揽合同纠纷案

判决观点,承揽人将辅助工作交由第三人完成的,即与第三人订立了一个承揽合同。这一承揽合同虽然与原承揽合同有事实上的联系,但在法律上,它是一个独立的合同,而不是原承揽合同的一部分,二者不具有主从关系。也就是说,承揽合同与次承揽合同各自独立,其当事人各不相同。本案作为次承揽合同,且承揽合同与建设工程合同在合同法上已将两者分别立法。原告提供甲公司与原告陈某和之间在兴宁市神光山1号皇家金熙国际

---

[1] 参见国家法官学院案例开发研究中心编:《中国法院2017年度案例》(合同纠纷),中国法制出版社2017年版,第118~119页。福建省厦门市中级人民法院(2015)厦民终字第50号民事调解书。

[2] 参见黄薇主编:《中华人民共和国民法典合同编释义》,法律出版社2020年版,第627页。

度假村 B 区项目存在补充协议,与本案涉案工程在 C 区 1～19 栋并无关联,因此,在陈某和未能提供证据证实在其与甲公司、肖某如之间约定有连带责任的情况下,被告甲公司、被告肖某如对上述确定的被告丰某应承担的债务不负连带清偿责任。[1]

需要注意的是,被承揽人转交的工作是否为"主要工作",往往是决定承揽人转交承揽工作是否违约的关键。立法者认为,本条中的辅助工作,是指承揽合同中主要工作之外的部分,是相对于主要工作而言的。主要工作一般是指对工作成果的质量起决定性作用的工作,也可以说是技术要求高的工作。主要工作之外的工作就可以理解为辅助性工作。[2] "主要工作"是指决定承揽工作的成果能否符合定作人要求的关键工作。主要工作有时指承揽工作的核心部分,如汽车发动机;有时指数量上占据较大比例的工作。"主要工作"的认定属法官自由裁量权的范围,需要法官结合具体案情进行综合判断。[3]

转交第三人完成(或称转承揽)与共同承揽的区别。尽管转承揽与共同承揽均有多个承揽人,存在一定的相似之处,但是,两者在性质和法律适用上都存在明显区别。其一,缔约主体不同。转承揽合同是承揽人与第三人或称次承揽人签订新的合同,第三人是转承揽合同一方当事人。共同承揽合同可以由共同承揽人共同与定作人签订承揽合同,也可以根据承揽人的约定由其中一个承揽人代表所有共同承揽人与定作人签订承揽合同,不论何人签约其所有承揽人都是一方当事人。其二,合同关系不同。转承揽是承揽人将自己承揽的部分工作交由第三人完成,第三人虽然参与完成工作,履行了转承揽合同中的义务,但只是建立承揽合同关系,与定作人之间并无直接的合同关系。共同承揽中,共同承揽人虽是按照约定分工完成定作人的工作,但都共同与定作人建立承揽合同关系。其三,责任承担不同。在转承揽中,无论是谁造成工作成果无法按照合同约定交付的,承揽人都应当对承揽工作向定作人承担违约责任。共同承揽人在与定作人无约定的情况下,共同承揽人对定作人承担连带责任。

【案例 11-69】 诸暨市甲织造厂诉绍兴市乙纺织品有限公司加工合同纠纷案

二审法院认为,就涉案加工合同关系而言,被上诉人与上诉人和原审被告签订了《委托加工合同》,虽然上诉人和原审被告具体负责的加工事宜有所不同,但在双方未明确区分权责的情况下,上诉人和原审被告应当承担连

---

[1] 广东省兴宁市人民法院(2017)粤 1481 民初 2193 号民事判决书。
[2] 参见黄薇主编:《中华人民共和国民法典合同编释义》,法律出版社 2020 年版,第 628～629 页。
[3] 参见中国审判理论研究会民事审判理论专业委员会主编:《民法典合同编条文理解与司法适用》,法律出版社 2020 年版,第 496 页。

带责任。现因原审被告无法保质保量地完成加工义务,讼争的材料已转发送至案外人曹某处,虽然被上诉人对此显属明知并予以同意,但根据现有证据,尚不足以认定该转发行为即为受被上诉人指示,被上诉人也未与曹某签订书面的加工合同,上诉人和原审被告仍应对案外人曹某的加工行为向被上诉人负责。上诉人主张被上诉人已与案外人曹某成立新的加工合同关系,案外人曹某亦是涉案加工合同关系相对人的理由依据不足,不予支持。鉴于此,追加案外人曹某参与本案诉讼已无必要,上诉人和原审被告与案外人曹某之间的法律关系,可另觅途径主张。至于上诉人和原审被告之间的内部关系,不能对被上诉人产生约束力,上诉人主张涉案的加工费欠款并非是其与原审被告共有,不能在本案赔偿款中抵扣,以及其已完成了相应加工义务,是因原审被告的原因才将讼争材料转发送至案外人曹某处加工的理由,均与审理本案无关,上诉人可另行向原审被告主张。[1]

---

[1] 浙江省绍兴市中级人民法院(2017)浙06民终4273号民事判决书。

三、承揽合同纠纷处理

(一) 承揽合同留置权处理

《民法典》第七百八十三条规定了留置权,但对其如何行使未进一步规定。该条规定是针对定作人即债务人的财产而为的。所谓债务人的财产,一般理解即为债务人所有的财产,只有这样理解,留置的担保功能才解释得通。但在承揽合同中有两种基本情况:一种是定作人提供原材料(包括直接提供和出资由承揽人购买),另一种是承揽人提供。在前种情况下,定作物可认定为是定作人即债务人的财产;在后种情况下,定作物实际上是承揽人应向定作人交付的特定物,在定作人未付款之前属于承揽人的财产。从这个意义上讲,承揽中真正意义上的留置应是指前种情况,可产生物权上的担保效应,后种情况下因承揽人占有的是自己的财产,拥有完全物权,只不过负有债上的交付义务,是不应存在留置问题的。在后种情况下,基于法律明确的规定承揽人作为债权人仍然享有留置权,但其留置财产的性质不同于前种,故留置物拍卖处置价与合同价款的差价可向定作人主张赔偿,而在前种情况下不存在这样的赔偿。留置权实现,必须具备一定的条件和经过一定的程序。

关于承揽合同留置权行使的条件,具体为:其一,定作人无正当理由未向承揽人支付报酬或者材料费等价款。定作人未足额支付、逾期支付都属于不按照合同约定履行付款义务。其二,承揽人合法占有属于定作人的工作成果。对已经交付的工作成果,承揽人不得行使留置权。其三,承揽人只能留置合同关系直接相关工作成果,不得留置其他定作人的财产。其四,当事人没有排除留置权的特别约定。实践中,有三种情况下承揽人不宜行使留置权,其一,合同明确约定工作成果在交付之前所有权归属于承揽人,此种情形下由于承揽人所占有的并非是定作人的所有物,不符合留置权的行使条件,承揽人可行使《民法典》规定的拒绝交付权来保护自己请求定作人支付报酬的权利。其二,基于承揽类型的特殊性无法行使留置权。承揽包括加工、定作、修理、复制、测试、检验等工作,因其承揽业务类型不同,有的承揽合同无法行使留置权,如常见的为别人粉刷墙壁、清洗高楼外立面等,因其无法占有而不能留置。其三,合同中明确约定排除留置权。应注意的是,留置财产的价值不以定作人未支付的对价为限。换言之,定作人不得以工作成果价值超出其所欠债务为由抗辩承揽人行使留置权。

关于承揽合同留置权行使的程序。《民法典》第四百五十三条第一款规定:"留置权人与债务人应当约定留置财产后的债务履行期限;没有约定或者约定不明确的,留置权人应当给债务人六十日以上履行债务的期限,但是鲜活易腐等不易保管的动产除外。债务人逾期未履行的,留置权人可以与债务人协议以留置财产折价,也可以就拍卖、变卖留置财产所得的价款优先受偿。"该条规定留置财产处理期限,债权人未在法定期限内通知债务人履行义务径行变价留置物的,应对由此造成的损失承担赔偿责任。

关于留置权的对象和限制问题。最高人民法院法官认为,承揽人必须合法占有工作成果。其一,留置财产的范围限于工作成果。其二,承揽人留置工作成果的前提是承揽人依据承揽合同合法占有定作人的动产。若承揽人已经将工作成果交付定作人,该工作成果已经由定作人占有,则承揽人无法实现留置权。其三,除企业之间的留置外,债权人留置的动产,应当与债权属于同一法律关系。如定作人同承揽人有数个承揽合同,定作人未支付其中一个合同报酬的,承揽人只能留置定作人未支付报酬的合同的工作成果。[1]

【案例11-70】 **晋江市东兴电子玩具有限公司与宝高(南京)教育玩具有限公司、宝高(南京)科技有限公司承揽合同纠纷再审案**

最高人民法院认为,定作人提供模具的目的是让承揽人按照模具生产产品,故模具只是生产中的工具而非工作成果。根据法律规定,承揽人只能对完成的工作成果享有留置权,对模具不享有留置权。[2]

承揽人自己提供原材料予以拍卖的,拍卖的应属自己的财产,产生的风险应自行承担,其拍卖价款与合同价款的差价应自行负责,不能要求定作人赔偿,也不存在向定作人赔偿问题。

【案例11-71】 **金鼎公司诉深房公司承揽合同纠纷案**

债权人金鼎公司向债务人深房公司发出的电传中,都是催促提货,没有告知其已行使了留置权,也没有明确符合法定要求的宽限期,因此其在尚不具备留置权实现的条件下,委托拍卖行拍卖留置物,违反了担保法及其司法解释的规定,故应当由其自己承担拍卖留置物所造成的损失。一审法院错误地认为催促提货的电函即为行使留置权的通知,将其违法拍卖处置留置物的

---

[1] 参见最高人民法院民法典贯彻实施工作领导小组编著:《中国民法典适用大全》(合同卷四),人民法院出版社2022年版,第2523页。

[2] 参见最高人民法院民法典贯彻实施工作领导小组编著:《中国民法典适用大全》(合同卷四),人民法院出版社2022年版,第2523页。最高人民法院(2017)民申1941号民事裁定书。

损失判由深房公司承担,是没有法律依据的。二审法院认为,金鼎公司催促深房公司提货,不能认为有留置财物的意思表示。本案中的宽限期应从2001年9月20日金鼎公司向深房公司发出拍卖电报通知时起算。但金鼎公司在电报发出后10日内即拍卖留置物,属于行使留置权不当,应当承担拍卖留置物所造成的损失。据此,原判对有关拍卖事实认定不清,定性不当,应予纠正,故深房公司上诉理由部分成立。[1] 二审法院改判损失由金鼎公司自己承担符合法律规定,因而是正确的。

《民法典》第四百五十条规定,留置财产为可分物的,留置财产的价值应当相当于债务的金额。立法之所以作出留置财产的价值应与债务限额相当的制度设计,目的是避免债权人(承揽人)滥用留置权给债务人(定作人)造成不当损失。应注意该条规定是对债权人所留置的标的物在价值量上的一种限制,是留置权得以合法成立的条件,但与留置权是否具有"可分性"无必然关联。留置权当然具有不可分性,但在留置权标的为数个独立动产或者具有可分性的动产时,留置权标的的数量应随留置权所担保的债权金额的变化而变化。因此,根据该条规定可扩张解释为不仅适用于留置权的成立,且适用于留置权的存续。也就是说,在留置权成立后,如留置权为可分物,则在其所担保的债权金额因债务的部分履行致使债权金额减少时,留置财产的数量亦应相应减少。债权人在行使留置权时,如明显超出债权金额对合同标的进行留置或者持续留置时,债务人则有权请求其减少,否则,债权人应承担由此给债务人造成的损失。

【案例11-72】 北京京中楚源技术开发有限公司诉北京世纪京洲家具有限责任公司承揽合同纠纷案

一审法院认为,京中公司未向世纪公司交付剩余432套橱柜,属于不当行使留置权。依补充协议第4条之约定及法院调取的验收材料可知,双方虽就已安装的502套橱柜未进行书面验收,但由于2014年7月业主已投入使用,应视为已安装的502套橱柜验收合格。故截至2014年7月世纪公司就502套橱柜应支付至此部分货款数额的95%,即2669050.46元。而依补充协议对橱柜剩余款项付款方式的约定,世纪公司在2014年8月20日通知京中公司安装剩余的432套橱柜时,应支付至此432套橱柜款项的50%(含已付的40%预付款),即1144700元。综上,截至2014年8月20日,世纪公司就已交付的502套橱柜及尚未交付的432套橱柜,应付款项需达到3813750.46元,而此时世纪公司已付款数额为304万元,与其应付款差额为

---

[1] 参见最高人民法院中国应用法学研究所编:《人民法院案例选》2002年第3辑(总第41辑),人民法院出版社2003年版,第219页。

773750.46元。《合同法》第二百六十四条规定,定作人未向承揽人支付报酬或者材料费等价款的,承揽人对完成的工作成果享有留置权,但当事人另有约定的除外。而《物权法》第二百三十三条规定,留置财产为可分物的,留置财产的价值应当相当于债务的金额。截至2014年8月20日,世纪公司已付款项与其应向京中公司支付的款项之间差额为773750.46元,如京中公司行使留置权,也应在世纪公司应付的债务限额内行使,即京中公司应留置价值相当于773750.46元的橱柜,而实际情况是,在世纪公司要求京中公司于2014年8月24日前交付剩余的432套橱柜时,京中公司未予交付,而是将价值2289400元的剩余432套橱柜全部留存于京中公司。京中公司在向世纪公司所发的律师函中并未提到其行使留置权,故京中公司以其实际行为表示其不履行交付剩余432套橱柜的义务,且至2014年9月19日京中公司收到世纪公司发出的解除合同通知时,仍未履行交付剩余432套橱柜的义务,京中公司的行为属于不当行使留置权,已构成根本违约,其行为致使双方有关432套橱柜的合同条款已于2014年9月19日解除,故此432套橱柜所导致的损失应由京中公司自行承担。京中公司要求世纪公司支付此432套橱柜的承揽款并要求其提走此部分橱柜的诉讼请求,无事实依据,法院不予支持。二审法院持同样意见,维持一审判决。〔1〕

加工方留置的财产过度超出债权金额,构成不当行使留置权。

【案例11-73】 甲公司诉袁某勇承揽合同纠纷案

二审法院认为,根据《物权法》第二百三十三条之规定:"留置财产为可分物的,留置财产的价值应当相当于债务的金额。"本案加工完成的睡裤作为可分物有其成品后的价值,委托方认可留置了4626套睡裤。因成品衣物的价值远大于加工费,故加工方留置财产的价值超过了其享有的债权金额。加工方留置的财产过度超出债权金额,构成不当行使留置权。〔2〕

【案例11-74】 金川集团股份有限公司诉安新县捷力和铜业有限公司、保定大利铜业有限公司加工合同纠纷案

最高人民法院认为,承揽人加工所涉原料数量巨大,且为不可分物,因此行使留置权的范围仅能及于等价值的加工原料,承揽人以行使留置权为由拒不返还超出加工费数额的原材料,应当承担违约责任。〔3〕

---

〔1〕参见国家法官学院案例开发研究中心编:《中国法院2018年度案例》(合同纠纷),中国法制出版社2018年版,第189~190页。北京市第二中级人民法院(2016)京02民终字第5411号民事判决书。

〔2〕山东省济宁市中级人民法院(2017)鲁08民终4462号民事判决书。

〔3〕参见最高人民法院民法典贯彻实施工作领导小组编著:《中国民法典适用大全》(物权卷三),人民法院出版社2022年版,第1872页。最高人民法院(2016)民终254号民事判决书。

定作人已支付案涉设备的修理费,承揽人因定作人未付另一起与本案没有关联的设备的维修费而对本案设备行使留置权,其留置对象不当。

【案例 11-75】 重庆甲水泥(集团)有限公司诉重庆乙齿轮箱有限责任公司修理合同纠纷案

二审法院认为,甲水泥公司与乙齿轮公司于 2018 年 7 月 13 日口头协商后,当日甲水泥公司将 JDX1000 水泥磨减速机送往乙齿轮公司指定的重庆市丙传动设备有限公司进行修理,甲水泥公司于 2018 年 9 月 16 日向乙齿轮公司支付了维修费 78000 元,这与双方案涉《加工承揽合同》载明的金额一致。由此,乙齿轮公司应按双方订立的《加工承揽合同》第 2 条"修缮修理时间:甲方需维修设备到达乙方工厂 4 天内乙方完成所有工序并交付甲方承运司机"的约定履行义务,依据该条约定,乙齿轮公司至迟应于 2018 年 7 月 18 日将送修的 JDX1000 水泥磨减速机交付甲水泥公司指定的承运司机。从重庆市江津区公安局德感派出所 2018 年 7 月 18 日《重庆市公安局案(事)接报回执》载明的情况来看,甲水泥公司是指定了承运司机(或相关人员)前去重庆市丙传动设备有限公司拖回设备的。本案中,乙齿轮公司却以甲水泥公司未付 KPM210 立磨减速机的维修款而行使留置权,因乙齿轮公司留置的对象为案涉 JDX1000 水泥磨减速机,鉴于甲水泥公司已支付了该设备的修理费 78000 元,而 KPM210 立磨减速机维修款是否支付与本次维修的 JDX1000 水泥磨减速机不具有关联性。因此,乙齿轮公司因甲水泥公司未付另一起设备维修款而对案涉 JDX1000 水泥磨减速机行使留置权,其留置的对象明显不当,故对其该项抗辩理由不予支持。[1]

修船人依船舶修理合法占有船舶,其在船舶被强行拖走后依法对该船舶享有物上返还请求权。在该请求权实现之前,仍应认定修船人享有占有船舶的权利,其留置权并未消灭。

【案例 11-76】 甲公司诉乙公司、丙公司修理合同纠纷案

一审法院认为,船舶留置权是设定于船舶之上的法定担保物权。当修船合同的委托方未履行合同时,修船人基于修船合同为保证修船费用得以实现,可以留置所占有的船舶,而无论该船舶是否为修船合同的委托方所有。甲公司作为修船人,依据其与丁公司订立的修船合同,对涉案船舶进行修理后未取得相应的修理费,应有权留置涉案船舶。涉案船舶的乙公司虽不是本案修船合同的当事人,但不影响该留置权的成立。乙公司是涉案船舶的登记所有人,当其就该船舶的物权应享有的权能遭到侵害时,为维护其合法的物

---

[1] 重庆市第四中级人民法院(2019)渝 04 民终 232 号民事判决书。

权权益,应当采取合法的途径寻求保护,而本案乙公司却持械强行拖走涉案船舶,其行为侵害了甲公司的留置权,故甲公司对涉案船舶丧失占有,不是出于自身的意思。据此,应认定甲公司对涉案船舶仍享有占有的权利,其船舶留置权并未消灭。

二审法院认为,虽然我国《海商法》规定船舶留置权在丧失占有时归于消灭,但修船人甲公司依船舶修理合同合法占有船舶,其在船舶被强行拖走后依法对该船享有物上返还请求权。在该请求权实现之前,仍应认定甲公司享有占有涉案船舶的权利,其留置权并未消灭。[1]

承揽人请求法院不以判决强制双方协议以留置财产折价,请求对拍卖、变卖留置财产所得的价款进行优先受偿的主张,符合合同约定及法律规定。

【案例 11-77】 甲公司与乙公司加工合同纠纷案

二审法院认为,本案中乙公司履行了委托加工义务,但甲公司未按约定支付加工费,乙公司依约定扣除甲公司押金抵部分加工费,余下未支付加工费经催讨未果,酿成双方纠纷。乙公司请求确认其对甲公司留存在其处的设备享有留置权,选择性请求"可以与被告协议以留置财产折价",乙公司庭审中已明确表示未能与甲公司协商达成留置财产折价协议。故乙公司请求该院不以判决强制双方协议以留置财产折价,请求对拍卖、变卖留置财产所得的价款进行优先受偿的主张,符合合同约定及法律规定。[2]

【案例 11-78】 上海诚华机械有限公司与合肥熔安动力机械有限公司承揽合同纠纷再审案

最高人民法院认为,留置权实现方法包括折价、拍卖、变卖,在债权人与债务人就留置财产未能协商一致予以折价情况下,无论采取拍卖还是变卖方式,均需参照市场价格,不能随意降低该留置财产的价格。债权人擅自以明显低于成本的价格处分留置物,不能证明其处置行为的正当性、合理性的,应承担擅自处置留置物的不利后果。[3]

同一动产上同时存在抵押权和留置权时,留置权较抵押权更为优先。因此,抵押权人不当行使抵押权导致留置权人的债权无法实现,侵犯了留置权人的优先受偿权,抵押权人应当对留置权人承担相应的民事责任。

---

[1] 浙江省高级人民法院(2015)浙海终字第 3 号民事判决书。
[2] 湖南省衡阳市中级人民法院(2018)湘 04 民终 264 号民事判决书。
[3] 参见最高人民法院民法典贯彻实施工作领导小组编著:《中国民法典适用大全》(物权卷三),人民法院出版社 2022 年版,第 1896 页。最高人民法院(2016)民申 1020 号民事裁定书。

【案例 11-79】 甲公司诉管某飞、乙公司修理合同纠纷案

二审法院认为,抵押权人乙公司未经留置权人甲公司同意擅自提走车辆,在主观上明显具有过错,且直接导致了甲公司留置权的灭失。因此,乙公司应当对甲公司的损失承担相应责任。留置权优先于抵押权受偿,乙公司的债权通过变卖车辆已得到清偿,致使甲公司的债权丧失了应有的救济途径,乙公司的行为构成了对甲公司债权优先受偿权的侵犯。因此,乙公司在管某飞不能清偿的范围内对甲公司承担补充赔偿责任。[1]

对于留置权消灭的争议,由法官行使自由裁量权裁定。

【案例 11-80】 甲公司诉乙公司等加工承揽合同纠纷案

二审法院认为,林某国在被上诉人主张行使留置权之前就出具了《保函》,该担保并非债务人为消灭留置权而另行提供,故不适用《物权法》第二百四十条关于"留置权人对留置财产丧失占有或者留置权人接受债务人另行提供担保的,留置权消灭"之规定。上诉人关于讼争留置权已经消灭的主张,不能成立,法院不予采纳。[2]

对于留置保管费的争议,由法官行使自由裁量权裁定。

【案例 11-81】 深圳好生活家具饰品有限公司与深圳云裳花荣服饰有限公司承揽合同纠纷案

二审法院认为,留置动产在留置期间的使用价值基本被闲置,如果留置权人不积极行使留置权,不符合物尽其用的原则,故留置期间应当合理。债权人未积极行使留置权,导致留置财产的时间超过了留置权行使的合理期限,对超出合理期限的保管费用不予支持。[3]

对于《民法典》第七百八十三条规定,立法者认为,需要说明的是,与合同法的规定相比,本条增加了承揽人对完成的工作成果"有权拒绝交付"的规定,主要基于两点考虑:一是在承揽人提供所有工作材料完成工作成果的情况下,由于工作材料及在此基础上完成的工作成果在交付前很难作为"定作人的动产"由承揽人占有,所以在这种情况下,严格来说并不符合行使留置权的条件。此时,为保证承揽人的合法权益,本条增加了定作人未支付报酬或者材料费等价款的,承揽人可以拒绝交付工作成果的规定。二是增加这一规定,意味着承揽人在定作人到期未支付报酬或者材料费等价款时,享有同时履行抗辩权。根据《民法典》第五百

---

[1] 浙江省嘉兴市中级人民法院(2011)浙嘉商终字第 436 号民事判决书。
[2] 福建省福州市中级人民法院(2017)闽 01 民终 5303 号民事判决书。
[3] 参见最高人民法院民法典贯彻实施工作领导小组编著:《中国民法典适用大全》(物权卷三),人民法院出版社 2022 年版,第 1897 页。广东省深圳市中级人民法院(2020)粤 03 民终 24202 号民事判决书。

二十五条的规定,当事人互负债务,没有先后履行顺序的,应当同时履行;一方在对方履行之前有权拒绝其履行请求。定作人未依约履行支付报酬或者材料费等价款时,承揽人享有拒绝交付工作成果的权利,这是同时履行抗辩权在承揽合同中的体现。[1]

(二)承揽合同风险负担处理

承揽合同中的风险负担涉及承揽人所完成的工作成果在定作人没有受领之前,因不可归责于双方的事由发生毁损、灭失,也包括定作人提供的材料发生意外的毁损、灭失,以及承揽人在工作成果发生毁损、灭失后,定作人是否支付报酬的风险。[2] 在承揽合同中,因风险成因多样性,其风险负担的判断标准具有复杂性,既有交付主义,也有所有人主义。对于材料的风险负担,原则上采取所有人主义,即由原材料的提供方即定作人承担风险,而承揽人不负毁损、灭失的风险。但如果承揽人具有过错,承揽人应当负责。[3] 如果材料是由承揽人自己提供,从比较法上看,大多认为应由其负担材料毁损、灭失的风险。[4] 对于工作成果的风险负担,一般认为原则上采交付主义。在承揽人占有工作成果期间,发生工作成果的意外毁损、灭失应由承揽人负责。工作成果交付之后,定作人自担占有工作成果的风险。有学者认为,交付主义是一般原则,如果当事人双方已经明确约定工作成果所有权的归属时,应当由所有人始终承担风险。[5] 对于承揽人所应当获得的报酬的风险,其实质为一种债的风险,并非物的毁损风险。在报酬的风险负担上,如果在工作成果交付之前,鉴于工作成果的所有权原则上是由承揽人所享有,此时工作成果发生了不可归责于当事人任何一方的毁损、灭失时,应由承揽人承担灭失风险。但如果成果已经交付,或者根据双方的特别约定,在未交付之前一旦完成就由定作人取得所有权,则风险应当由定作人承担。[6]

定作人与承揽人约定按共同确定的技术标准定作无国家质量标准新产品的,应当适度分担产品设计质量风险。

---

[1] 参见黄薇主编:《中华人民共和国民法典合同编释义》,法律出版社 2020 年版,第 647 页。
[2] 参见黄立主编:《民法债编各论》(上册),中国政法大学出版社 2002 年版,第 443 页。
[3] 参见王利明:《合同法研究》(第三卷),中国人民大学出版社 2012 年版,第 431 页。
[4] 参见崔建远主编:《合同法》(第 4 版),法律出版社 2007 年版,第 432 页。
[5] 参见王利明:《合同法研究》(第三卷),中国人民大学出版社 2012 年版,第 434 页。
[6] 参见崔建远主编:《合同法》(第 4 版),法律出版社 2007 年版,第 433 页。

【案例 11-82】 广西百色东笋水电站与烟台天圣橡胶坝集团有限公司加工承揽合同纠纷案

最高人民法院认为,本案承揽人天圣公司在生产过程中,单方面更改了其与定作人东笋水电站约定的设计标准,且《破坝事故分析会议纪要》亦表明造成破坝事故的根本原因是案涉橡胶坝袋存在质量问题。天圣公司作为承揽人,对破坝事故应当承担主要责任;东笋水电站对产品质量亦未尽到足够的注意义务,对破坝事故应当承担相应的过错责任。同时,由于案涉6米高橡胶坝袋系相关市场上无国家质量标准的新产品,其设计系由天圣公司与东笋水电站共同约定,因此造成案涉6米高橡胶坝袋存在质量问题的原因,除生产过程中的因素外,亦难以排除其设计上可能存在缺陷的因素,因此东笋水电站应适当分担案涉6米高橡胶坝袋的设计质量风险。[1]

实践中,承揽人已尽妥善保管义务,定作人提供的材料和工作成果毁损、灭失的,该损失如何承担涉及风险负担问题。合同双方对此有约定的,依照合同约定处理。如无约定,一般认为,出于利益衡量的考虑,定作人提供的材料毁损、灭失的风险应当由定作人承担。对工作成果毁损、灭失的风险应采交付主义,工作成果在交付之前归承揽人占有和所有,由承揽人承担该风险更为合理。

(三)定作人质量瑕疵处理

在加工承揽合同中,及时对定作物进行质量检验并通知加工承揽人,是定作人的法定义务。经过检验认为存在质量问题并及时通知的,定作人即履行了检验及通知义务;定作人怠于履行通知义务的,则视为其对定作物进行了检验并默认定作物质量符合合同约定,定作人的期间利益因定作人怠于履行通知义务而消灭,定作人丧失定作物质量瑕疵主张权利。合同当事人关于质保期、检验期的约定对当事人具有法律约束力。《买卖合同解释》第十四条第一款规定:"民法典第六百二十一条规定的检验期间、合理期间、两年期间经过后,买受人主张标的物的数量或者质量不符合约定的,人民法院不予支持。"《民法典》第六百二十一条第一款(《合同法》第一百五十八条第一款)"视为标的物的数量或者质量符合约定"的规定,属法律拟制,不允许当事人以证据予以推翻。在司法实践中,该法律拟制的适用可能出现判决结果符合法律逻辑,但不符合普通民众价值判断和朴素公平认知而受到质疑的情况。也就是说,定作人在合同约定的质保期内未提出定

---

[1] 参见最高人民法院民事审判第二庭编:《最高人民法院商事审判指导案例》(合同与借贷担保卷),中国法制出版社2013年版,第229~244页。

作物质量异议,之后提出定作物质量异议即便有证据证明的,法官对定作人逾期提出的定作物质量瑕疵主张也不予支持。

【案例11-83】 陕西西安俊宏机械成套设备公司与陕西重业机械制造公司加工合同纠纷案

一、二审法院均认为,被告重业公司依据鉴定书认定俊宏公司交付的产品质量不符合约定的抗辩不能成立。再审法院认为,重业公司辩称俊宏公司交付的产品存在质量问题,但没有证据证明其在质保期内向俊宏公司提出了质量异议,应承担举证不能的不利后果。定作人怠于履行检验及通知义务,视为其已对定作物进行了检验并默认定作物质量符合合同约定,定作人的期间利益因怠于履行检验及通知义务而消灭,亦使其丧失相应的法律救济权,且不能被证据所推翻。遂裁定驳回重业公司的再审申请。[1]

双方均没有证据证明承揽物不能正常运行使用的原因,认定责任处理是疑难问题。

【案例11-84】 蔡某春诉林某兴承揽合同纠纷案

判决观点,对烘干炉整个系统不能正常使用,原、被告均不能举证证明是由机械部分或是炉灶部分的质量问题引起的,且双方对自己完成的部分均不能提供必要的技术资料和有关质量证明,造成莆田市产品质量监督检查所对该设备情况无法作出判断。双方对此均负有责任,应当各自承担相应的责任。为此,原告应承担烘干机不能正常使用所造成的损失人民币24640元和将烘干机械部分返还给被告的责任,被告应负返还机械款人民币70000元的责任。原告主张被告双倍返还定金和承担其他损失,缺乏事实和法律依据,不予支持。合同已明确约定炉灶由原告负责完成,原告主张烘干炉灶的施工人周某澄由被告选择并指导,不能成立。再审调解结案。[2]

定作人发现承揽人交付的工作成果有质量瑕疵,因《民法典》对此未有明确异议期规定,应当在多长时间内提出异议在实践中有不同观点。最高人民法院法官认为,应当区分瑕疵的性质以决定定作人提出异议的期间。定作人在接收承揽人交付的工作成果时,主要是为了检验工作成果是否符合合同约定或者定作人要求,还包括查验有关技术资料和质量证明。经验收,符合要求的,定作人接受工作成果,并按合同约定或交易习惯支付报酬及其他费用。经检验,如存在质量瑕疵,

---

[1] 参见吴强、逢东:《定作人丧失产品质量瑕疵主张权的评判》,载《人民法院报》2014年11月27日,第6版。

[2] 参见国家法官学院案例开发研究中心编:《中国法院2014年度案例》(合同纠纷),中国法制出版社2014年版,第211页。福建省莆田市荔城区人民法院(2012)荔民再初字第3号民事调解书。

定作人有权减少加工费用；如工作成果有严重的质量瑕疵时，定作人有权拒收并通知承揽人。发现定作物质量瑕疵时，定作人应当在合理期限内通知承揽人。如双方对质量是否存在问题存在争议，可由国家法定检验机构鉴定。

一般来讲，质量瑕疵可以分为两种：一种质量瑕疵是显性的，指这种质量瑕疵定作人在接收承揽人交付的工作成果时，通过肉眼或现有技术手段以一定的国家或行业标准就能检验发现。另一种质量瑕疵是后续的或者说是隐性的，指在验收时不能或不易发现，在后续使用中才能发现；或随着时间推移才能显现。对这两种质量瑕疵，定作人提出质量异议期间应适用不同标准。对于显性瑕疵，定作人验收时应当发现并及时通知承揽人，原则上应当场提出；如承揽人不在场，定作人应立即通知承揽人。如没有通知，则视为工作成果符合要求。对于只能在使用中发现的质量瑕疵，定作人应在合理期限内及时通知承揽人。在承揽合同无特别约定的情况下，定作人提出质量异议期的最长时限参照《民法典》第六百二十一条就买卖合同项下规定的最长期限，确定在 2 年为宜。即 2 年内无论定作人是否发现定作物质量瑕疵，只要未向承揽人提出异议的，即视为认可质量合格。当然，行业标准或国家标准有特殊规定的，从其规定，但定作人无权就此提出违约之诉。[1]

承揽人发现设计不合理后及时通知定作人可以免除责任。

【案例 11-85】 莫某海、全某兴与周某军承揽合同纠纷案

二审法院认为，承揽合同中，承揽人发现设计不合理后及时告知定作人，定作人仍坚持按照原设计要求承揽人完成承揽工作，产生的工作瑕疵在定作人无证据证明是因为承揽人的承揽工作造成的，承揽人不承担质量责任。[2]

个案中，由法官根据具体案情认定定作人对工作成果的质量监督检查并提出要求。

【案例 11-86】 龙某锋与佛山市巨网广告有限公司、何某烨、佛山市南海区西樵辉顺物业管理有限公司健康权纠纷再审案

再审法院认为，龙某锋系利用自己的工具、技术和劳动，按照佛山市巨网广告有限公司（以下简称巨网公司）的要求完成工作，自由支配劳动时间，交付工作成果，劳动报酬以交付成果为标准，按照工程进度支付，双方符合承揽关系的法律特征。案涉 x 栋楼的照明工程之后出现故障，在龙某锋继续完成

---

［1］ 参见最高人民法院民事审判第一庭编：《民事审判实务问答》，法律出版社 2021 年版，第 42~43 页。
［2］ 参见最高人民法院民法典贯彻实施工作领导小组编著：《中国民法典适用大全》（合同卷四），人民法院出版社 2022 年版，第 2489 页。广西壮族自治区桂林市中级人民法院（2012）桂市民一终字第 231 号民事判决书。

剩余工作期间,巨网公司要求龙某锋去维修×栋楼的室外灯饰,符合定作人对工作成果的质量监督检查并提出要求的法律特征。[1]

(四)承揽合同解除处理

　　承揽合同的解除可以分为法定解除、协议解除以及任意解除三种方式。除法定解除、协议解除为《民法典》合同编规定的适用于所有合同形式的解除方式之外,任意解除是承揽合同特有的合同解除方式。承揽合同中规定定作人和承揽人的任意解除是单方解除权。根据《民法典》第七百八十七条规定,可以解读出定作人行使解除权是在承揽人完成工作前,并且以赔偿承揽人的损失为前提,赔偿承揽人损失是解除合同的法律后果,而非定作人解除合同的条件。但应注意《合同法》第二百六十八条定作人提出解除合同的期间,未给出明确的限制,这是否意味着定作人在承揽人完成工作成果后,同样能够提出解除合同有不同见解。一种意见认为,如果承揽人已经完成工作成果,除承揽人存在违约行为,导致合同目的无法实现外,定作人必须接受工作成果,如允许定作人此时解除合同,其赔偿损失的数额可能就是承揽费用,此时解除合同已无实际意义,故解除合同的时间应限定在承揽人完成工作成果之前。另一种相反意见认为,合同法虽然对定作人提出解除合同的时间没有限定,这表明定作人有权在任何时间解除合同,包括在工作成果完成之后,定作人提出解除合同的应对承揽人完成工作成果产生的包含承揽费用在内的一切费用予以赔偿,但承揽人根本违约是例外。《民法典》采取前一种意见。有法官认为,应当以定作物完成之日作为定作人行使任意解除权的截止节点。承揽人完成加工后,定作人继续行使任意解除权的,可以视为免除了承揽人交付义务,但是对于定作人的对待给付义务,不能因此免除。同时,定作人行使任意解除权时,合同解除发生效力的时间应为解除通知到达之日,但定作人未向承揽人发出解除通知,而直接向法院起诉解除合同的,发生解除合同效力的时间应当为应诉通知书送达承揽人之日或者开庭之日。[2] 也有学者认为,定作人所享有的任意解除权必须是在承揽合同有效期间内发生,虽然《合同法》第二百六十八条采用了"随时"一词,但并不意味着任何时候都可以解除合同。定作人只是在合同有效期内才有解除的意义,才能行使解除权。[3]

　　《民法典》第七百八十七条规定:"定作人在承揽人完成工作前可以随时解除

---

〔1〕参见最高人民法院民法典贯彻实施工作领导小组编著:《中国民法典适用大全》(合同卷四),人民法院出版社2022年版,第2504页。广东省高级人民法院(2020)粤民再51号民事判决书。

〔2〕参见沈志先主编:《合同案件审判精要》,法律出版社2013年版,第276页。

〔3〕参见王利明:《合同法研究》(第三卷),中国人民大学出版社2012年版,第437页。

合同,造成承揽人损失的,应当赔偿损失。"立法者认为,定作人依据本条规定行使随时解除权的,应当符合以下要求:第一,定作人应当在承揽人完成工作前提出解除合同。与《合同法》第二百六十八条规定相比,本条对于定作人的任意解除权增加了"在承揽人完成工作前"的限制。即虽然本条规定的是定作人的任意解除权,定作人可以随时解除合同,但"随时"实际是指合同成立生效后、承揽人完成工作前的任何时间。第二,定作人根据本条规定解除合同的,应当通知承揽人。解除通知到达承揽人时,解除生效,合同终止,承揽人可以不再进行承揽工作。第三,定作人根据本条规定解除承揽合同造成承揽人损失的,应当赔偿损失。[1]

【案例 11-87】 精艺金属网厂诉俞某祥承揽合同纠纷案

判决观点,在交付模具的时间超过后,原告从未履行过要求解除合同的通知义务,因此,应认定为合同仍在继续履行。现被告已经完成了模具制作,故其有权要求原告收取定作物,并支付相应的价款。当然,原告仍然有权因被告延期交付模具而向其追究约定的违约责任。据此,法院判决:被告俞某祥向原告精艺金属网厂交付合格剃须刀注塑模具1套共计19件,并承担违约金5500元,原告精艺金属网厂支付剩余模具款27500元。《人民法院案例选》责任编辑认为,本案不存在适用《合同法》第二百六十八条"定作人可以随时解除承揽合同,造成承揽人损失的,应当赔偿损失"的问题。这里所指的"定作人可以随时解除承揽合同",应是指提前解除,而不包括合同期满承揽人未履行义务后定作人的行为在内。合同期满承揽人仍不能履行义务,已用行为表明了不履行合同义务,即应当承担可能有的不利后果及其责任,已无合同权利可言,只能由定作人决定其命运;如果承揽人有什么损失的话,只能说是自己违约行为造成的损失,应自负其责。[2] 在本案中,没有证据证明原告在起诉前已经履行了解除合同的通知义务,审理查明在起诉前,被告已完成了模具的制作,即使解除合同也无法减少原告的损失,因此,在定作人的委托已经实际完成之后,原告提出解除合同就不应再适用合同法定作人随时解除之规定。对于这种解除权是否能通过约定排除问题,笔者赞同学者的观点,即应当允许当事人通过约定来排除。[3]

司法实践中定作人在起诉解除合同的时候,往往并没有就此请求权是基于何种理由请求解除,即解除的基础予以区分与明确,只是笼统地要求解除合同,返还货款。根据《民法典》的规定,加工承揽合同纠纷中,三种不同的合同解除方式,

---

〔1〕 参见黄薇主编:《中华人民共和国民法典合同编释义》,法律出版社2020年版,第653~654页。
〔2〕 参见最高人民法院中国应用法学研究所编:《人民法院案例选》2003年第2辑(总第44辑),人民法院出版社2004年版,第236~240页。
〔3〕 参见王利明:《合同法研究》(第三卷),中国人民大学出版社2012年版,第437页。

其满足条件以及法律责任也存在较大差异。对此,法官在案件审理中应当向定作人予以必要释明,要求定作人选择解除合同的方式,明确解除合同请求权的基础。实践中,在已经全部交付定作物,仅仅是加工尾款没有支付,其解除合同无实际意义,一般不应支持解除合同。应当注意的是,承揽人同样享有法定和约定的解除权,但是否享有与定作人同样的随时解除权法律和司法解释没有明确规定,有学者认为,承揽人不享有类似于定作人所享有的任意解除权。[1] 也有法官认为,仅定作人享有任意解除权,承揽人不享有。[2]

在合同的法定解除事由中,合同单方解除权的行使认定,若一方于期限届满前以自己的行为表明不履行主要债务,则另一方即享有了法定的解除权。

【案例11-88】 腾达物业公司诉李某江、王某金承揽合同纠纷案

判决观点,本案中,两被告辩称是原告先行解除合同后两被告同意的,于是合同便解除了,但原告对此不予认可,两被告亦未提供证据证明其主张,故本院对两被告的该主张不予支持。现两被告在工作期满两个月时停止履行合同义务,根据《合同法》第九十四条第(二)项的规定,两被告在合同两年期未满前以自己的行为表明不履行主要债务,原告即享有了法定的解除权,原告于2016年7月18日起诉要求解除合同,被告于2016年8月10日收到原告要求解除合同的请求,因此,法院确定双方间的合同于2016年8月10日解除。[3]

承揽人完成的工作成果有严重瑕疵,致使合同目的无法实现时,定作人可以选择解除合同。当然在个案中,法官认为不构成解除合同的条件,也可以判决不予解除。合同的解除对双方当事人的权利有重大影响,对合同解除条件的适用应当持慎重态度。

【案例11-89】 秦某芳诉北京欧派橱柜有限公司承揽合同纠纷案

一审法院认为,整体橱柜是指由柜体、电器、燃气具、厨房功能用具四位一体组成的橱柜组合,具备储存、准备、烹饪三大功能。LB090WC拉篮的作用是盛放碗碟。盛放碗碟的专门拉篮虽有其功能和价值,但并非整体橱柜不可或缺的组成部分。使用者可将碗碟等通过适当方式存放于整体橱柜中合适的存储空间内,或者可将碗碟存放于专门的外置存储空间内。涉诉整体橱柜缺少盛放碗碟的专门拉篮并不能导致合同目的无法实现,不构成解除条

---

[1] 参见王利明:《合同法研究》(第三卷),中国人民大学出版社2012年版,第439页。
[2] 参见江必新等:《最高人民法院指导性案例裁判规则理解与适用》(合同卷四),中国法制出版社2015年版,第119页。
[3] 参见《人民司法·案例》2017年第29期(总第796期)。内蒙古自治区莫力达瓦达斡尔族自治旗人民法院(2016)内0722民初1503号民事判决书。

件。原告秦某芳要求解除与被告欧派公司之间签订的购货合同并退款、拆除橱柜的诉讼请求于法无据,不予支持。在二审中,原告秦某芳撤回上诉。[1]

虽然在"工厂交货"术语下,定作人负有自行提货或者委托办理运输的义务且运费应由定作人承担,但承揽人仍然负有按照合同约定加工设备并组织交付设备的义务,承揽人未能交付设备时,定作人有权解除合同。如苏州斯莱克精密设备股份有限公司与AIFons Haar机械制造有限公司加工承揽合同纠纷再审案。[2]

【案例 11-90】 丹东日飞机械制造有限公司与吉林省奇健生物技术有限公司合同纠纷案

二审法院认为,承揽人提供的材料和数量,定作人经检验后认为不符合约定的质量标准致使合同目的不能实现的,定作人有权解除合同,承揽人因此主张定作人赔偿损失依据不足。[3]

定作人验货后诉请解除合同的处理。对定作物质量瑕疵的解除合同,分为两种情形处理,其一,在未完成交付的情况下,定作人可以行使任意解除权或者以存在质量瑕疵构成根本违约为由要求法定解除。其二,在已完成验货交付的情况下,即使质量鉴定结果存在瑕疵,除合同有相关约定解除条件的,定作人一般不可依据法定解除的理由诉请要求解除合同,要求返还定作款。在这里限制的是法定解除,并未排斥约定解除,对任意解除而言有不同意见,笔者认为是可以行使任意解除权的,司法实践中一些法院亦持禁止态度。

【案例 11-91】 上海三民汽车有限公司诉上海热鹏模具有限公司承揽合同纠纷案

一审法院认为,系争模具经过鉴定确实存在质量瑕疵,模具质量不符合合同约定,且违约行为导致模具制作合同的目的无法实现,即可认定承揽人行为构成根本违约,应当支持定作人要求解除合同。二审法院认为,加工承揽合同中,定作人完成验货交付后,不可以再以质量瑕疵构成根本违约为由要求解除合同,返还定作款。从系争合同约定的试模时间来看,该约定应视为验货期限的明确约定,经公证的电子邮件表明系争模具已经试模;从定作人支付剩余货款的行为来看,该付款行为应当视为对模具质量的进一步确认;从公证的电子邮件的内容看,系争模具已经交付使用,其产品也已经销售。综上,应当认定定作人已经完成验货,其系争模具的质量瑕疵不能构成

---

[1] 参见国家法官学院案例开发研究中心编:《中国法院2015年度案例》(合同纠纷),中国法制出版社2015年版,第137页。北京市第一中级人民法院(2013)一中民终字14345号民事裁定书。
[2] 最高人民法院(2013)民申字第418号民事裁定书。
[3] 参见最高人民法院民法典贯彻实施工作领导小组编著:《中国民法典适用大全》(合同卷四),人民法院出版社2022年版,第2481页。吉林省长春市中级人民法院(2017)吉01民终3254号民事判决书。

根本违约,故应当驳回定作人解除合同的诉请。[1]

解除权竞合与后果问题。在承揽合同中,存在一般法定解除权和任意解除权的关系。总体上,任意解除权的行使不附加任何条件,一般法定解除权要符合《民法典》第五百六十三条规定的情形,两者的关系如下:首先,如果对方当事人存在违约行为,且违约行为符合第五百六十三条规定的情形,则发生任意解除权和一般法定解除权的竞合。当事人有权择一行使解除权,合同解除后,有权要求违约方承担赔偿责任。其次,如果对方当事人违约行为的严重程度未达到第五百六十三条规定情形,则只能主张任意解除权。由于解除权人对合同解除不存在过错,故无须赔偿对方损失。再次,在因不可抗力致使合同目的不能实现情形下,发生任意解除权和一般法定解除权的竞合,在后果上,双方均无须承担赔偿责任。最后,如果对方不存在违约行为,且不存在不可抗力致使合同目的不能实现之情形,则只能主张任意解除权,应当由解除权人赔偿对方因合同解除而遭受的损失。

实践中,定作人行使何种性质的解除权,应当根据定作人行使合同解除权的具体情形进行判断,不能将定作人行使的合同解除权一概定性为任意解除权。在个案中,法官根据具体案情认定,如果认定定作人行使的是法定解除权而非任意解除权,则应根据法定解除权的构成要件分析其请求权能否成立。定作人行使任意解除权不成立的,仍然有权行使法定解除权。

【案例 11-92】 舍尔特中加(天津)钢木结构工程有限公司诉北京大地溪客露营建筑科技有限公司承揽合同纠纷案

二审法院认为,大地溪客公司在一审中明确表示其要求解除合同的原因系舍尔特公司迟延交付定作物,故其行使的并非定作人的任意解除权而应认定为法定解除权。在此基础上,应当进一步分析大地溪客公司行使法定解除权是否符合法定条件。首先,根据合同第七条第二款的约定,交货时间为收到预付款并且技术设计文件经双方签字确认后40天,从双方之间的微信记录、电子邮件等内容可以认定从2017年3月至5月,双方对于定作物的设计一直进行磋商并调整,且根据现有证据,大地溪客公司并未对舍尔特公司的履行期限提出过异议,故大地溪客公司主张合同履行期限截至2017年4月25日缺乏事实及合同依据,故其行使法定解除权缺乏事实及法律依据。其次,从双方之间的微信记录、电子邮件等内容可以认定,舍尔特公司迟至2017年5月下旬,已经完成了定作物的大部分生产任务,且本案系定作合同纠纷,定作物系根据大地溪客公司的要求制作,具有高度的特定性,故从常理推断,舍尔特公司在完成承揽任务后没有理由不通知大地溪客公司进行验收

---

[1] 参见谭勇:《定作人验货后诉请解除合同的处理》,载《人民法院报》2013年1月17日,第7版。

交货从而获取合同价款。最后,根据本案现有证据,大地溪客公司并未在合理期限内要求舍尔特公司交付定作物,亦未据此行使合同解除权,而仅在舍尔特公司提起本诉后反诉要求解除合同。综合以上因素,法院有理由相信系大地溪客公司怠于履行合同义务导致合同未能完全履行,且因距离合同约定的验收交货时间时隔已远,故其在本案中不宜再行主张验收并以定作物不合格为由拒付或少付合同价款,一审判决要求其支付价款并提走定作物并无不当。二审法院判决:驳回上诉,维持原判。[1]

承揽人对定作人不履行协助义务而行使合同解除权应当满足两个条件,其一,根据诚实信用原则,承揽人应当先向定作人进行催告。其二,定作人不履行协助义务导致承揽工作无法完成。反之,如果定作人的不履行协助义务并不会导致承揽工作无法继续履行,承揽人只能顺延工期,而无权解除合同。

【案例 11-93】 王某龙诉大连甲实业有限公司承揽合同纠纷案

二审法院认为,上诉人作为定制一方,有协助承揽方的法定义务,在被上诉人将设计图纸交付上诉人后,上诉人既不予以确认,也无证据证明提出过异议,且不予签订书面合同,对后续工程的必要费用亦不予支付,故被上诉人不履行协助义务系导致案涉工程无法继续进行的主要原因。依据上述规定被上诉人有权解除合同。由于案涉承揽合同解除的根本原因在于上诉人不履行法定的协助义务,故上诉人作为给付定金的一方,无权要求被上诉人返还。[2]

【案例 11-94】 建昌兰剑水泥有限公司与江阴市伟业房屋拆修工程有限公司承揽合同纠纷案

二审法院认为,承揽合同强调履行的协作性,为使承揽人伟业公司及时完成工作,定作人兰剑公司有义务协助伟业公司完成承揽工作。由于兰剑公司未积极履行协助义务,未采取具体措施排除阻碍,致使拆迁工作难以开展。故伟业公司请求解除合同的诉讼请求成立。[3]

【案例 11-95】 宁波博盈进出口有限公司与北京阜地特服装有限责任公司承揽合同纠纷案

二审法院认为,定作人不履行协助义务导致承揽工作不能完成,承揽人有权顺延履行期限。但在合同无法履行的情况下,为避免损失扩大,定作人

---

[1] 参见国家法官学院、最高人民法院司法案例研究院编:《中国法院 2020 年度案例》(合同纠纷),中国法制出版社 2020 年版,第 28 页。北京市第三中级人民法院(2018)京 03 民终 15087 号民事判决书。

[2] 辽宁省大连市中级人民法院(2018)辽 02 终 1647 号民事判决书。

[3] 参见最高人民法院民法典贯彻实施工作领导小组编著:《中国民法典适用大全》(合同卷四),人民法院出版社 2022 年版,第 2499 页。辽宁省高级人民法院(2016)辽民终 181 号民事判决书。

可以随时解除定做合同,但应赔偿因解除合同给承揽人造成的相应损失。[1]

对于《民法典》第七百七十八条规定的不履行协助义务解除,有两点需要注意:一是定作人不履行协助义务,无论有无过错,只要是经催告仍未在合理期限内履行,客观上致使承揽工作无法完成的,承揽人就可以解除合同。承揽人未经催告的,不能解除合同。当然,这里的前提一定是承揽人需要定作人协助才能完成工作的情况。如果承揽人自己可以独立完成工作,就不存在本条规制的内容。二是如果定作人不履行协助义务并不会导致工作不能完成,即定作人的不协助并不导致无法实现合同目的时,承揽人不能解除合同,而只能要求定作人赔偿损失;如果因此导致工作成果交付的期限拖延的,定作人应当承担迟延履行的责任。[2]

当违约方继续履约所需的财力、物力超过合同双方基于合同履行所获得的利益时,应该允许违约方解除合同,用赔偿损失代替继续履行。换言之,对于无法继续履行的合同,违约方可以解除合同。

【案例 11-96】　冶金炉料公司诉电气设备公司承揽合同纠纷案

二审法院认为,本案双方当事人一、二审争议的焦点均主要在于案涉承揽合同应否予以解除以及承揽合同解除后定作人原交付改造的电炉变压器无法返还原物时价值应如何确定。从本案一、二审查明的事实可见,双方当事人于 2017 年 11 月 14 日签订的《变压器改造协议》明确约定冶金炉料公司将一台自有的额定电容为 12500kVA 的电炉变压器交由电气设备公司改造,但冶金炉料公司实际提交给电气设备公司改造的电炉变压器额定电容为 10000kVA,导致电气设备公司收货拆解后发现根本无法按合同约定的改造技术标准要求进行改造,故造成变压器改造合同从一开始就无法履行的违约责任在于定作人冶金炉料公司。承揽人电气设备公司在发现合同目的已经无法实现时,原本可以通过与定作人冶金炉料公司另行协商对合同内容进行调整或重订以继续双方的交易,也可以采取解除原改造合同要求定作人偿付运输、拆解费用,再向定作人退还变压器的救济措施,但电气设备公司却仅于 2017 年 11 月 27 日单方另行拟定了一份将案涉变压器"以旧换新"的《工业品买卖合同》,在冶金炉料公司未对该新合同签字、同意的情况下,仍坚持要求定作人冶金炉料公司继续履行原改造合同、支付改造费用,并拒绝退还案涉变压器,对本案合同不能履行后纠纷的酿成,电气设备公司同样负有一定责任。鉴于案涉改造承揽合同自始至终不具备履行条件,双方又未就继续交

---

[1] 参见最高人民法院民法典贯彻实施工作领导小组编著:《中国民法典适用大全》(合同卷四),人民法院出版社 2022 年版,第 2499 页。浙江省宁波市中级人民法院(2013)浙甬商终字第 670 号民事判决书。

[2] 参见黄薇主编:《中华人民共和国民法典合同编释义》,法律出版社 2020 年版,第 636 页。

易达成具备可行性的新协议,故一审判决对本案变压器改造承揽合同应予解除所作说理释法成立,法院依法予以采纳。至于本案改造承揽合同解除后定作人原交付改造的电炉变压器无法返还原物时价值应如何确定的问题。虽然一审期间,一审法院根据冶金炉料公司的申请曾委托中介机构对案涉变压器的价值进行了评估鉴定,但因双方当事人自身原因,司法评估鉴定无法进行下去,未能得出确定的价值结论。一审法院在变压器所有权人冶金炉料公司不能履行相应的价值举证责任时,只能参照电气设备公司自己拟定《工业品买卖合同》中涉案变压器估值25万元的意思表示,酌定案涉变压器价值25万元,属于合理的自由裁量,且对一审判决所认定的变压器价值,冶金炉料公司没有提出上诉。故对一审所作价值认定亦予以采纳。判决:驳回上诉,维持原判。[1]

承揽合同何时解除及其处理是多发争议。

【案例11-97】 天津吉润达研磨科技有限公司诉盐城展仕精密机械有限公司承揽合同纠纷案

一审法院认为,吉润达公司与展仕公司之间的合同是否已解除,预付款是否应予返还。吉润达公司于2017年3月28日书面通知展仕公司解除合同,展仕公司收到解除合同通知书后一直未提出异议,现吉润达公司起诉主张确认合同解除,符合法律规定,故双方于2016年1月5日签订的产品供销合同已解除。对吉润达公司要求展仕公司返还预付款18万元,法院应予支持,对吉润达公司要求展仕公司承担利息的诉讼请求,因双方之间没有约定,宜从其主张权利之日起计算。展仕公司上诉后又在二审中撤诉,一审判决生效。[2]

合同解除后,承揽人应当将已完成的部分工作交付定作人。定作人提供材料的,应当返还剩余部分。定作人预先支付报酬的,承揽人在扣除完成部分报酬后的剩余价款应返还定作人。承揽人已履行合同制作部分的合同义务,且该产品系为定作人单独开发制作,故定作人已经支付制作费用不应返还。

【案例11-98】 高某诉北京甲网络技术有限公司承揽合同纠纷案

二审法院认为,定作人高某有权要求解除合同,但因甲公司已向高某实际制作并交付电商版App产品,且已通过验收,履行了合同制作部分的义

---

[1] 参见国家法官学院、最高人民法院司法案例研究院编:《中国法院2022年度案例》(合同纠纷),中国法制出版社2022年版,第119~120页。湖南省衡阳市中级人民法院(2020)湘04民终2684号民事判决书。

[2] 参见国家法官学院、最高人民法院司法案例研究院编:《中国法院2020年度案例》(合同纠纷),中国法制出版社2020年版,第152页。江苏省盐城市中级人民法院(2018)苏09民终3400号民事判决书。

务,且该产品系为高某单独开发制作,基于上述情形,其制作费用22000元不应返还,法院对高某的该项诉讼请求不予支持。因甲公司对后期的软件后台资料交付存在一定过错且高某在2013年已向甲公司通知解除合同,甲公司亦未提交相应证据证明其实际履行了服务期间的后续服务,故其已收取的服务费8000元应予以返还。[1]

实践中,在承揽合同解除中对定作物的处理是难点。标的物残值归属如何处理,法律规定并不明确,司法实践中观点也不一致,其材料权属说,以材料的提供者来决定标的物的归属,谁提供的材料标的物归谁所有。持加工目的说观点认为,定作物一般均为非标准产品,定作物对于承揽人已经失去效用,不论定作材料为谁提供,应当统一归定作人所有。笔者认为,在现行法律和司法解释没有明确规定时,应当根据个案具体情况,灵活处理。一是坚持询问当事人意见,谁愿意接受定作物,法官应就相关处理进行释明。二是从有利于定作物价值利用,有利于平衡双方利益角度出发,选择定作物处理的方法。具体来讲,对于来料加工合同,如服装加工,通常定作物以归定作人为宜。对于供料定作合同,如机器设备承揽,通常将定作物归承揽人为宜。

个案中,合同解除权的行使条件与法律后果由法官结合双方合同订立和履行的具体情况裁量。

【案例11-99】 李某等诉上海艳域摄影有限公司承揽合同纠纷案

判决观点……争议焦点二,系争系列协议是否应当解除,被告称系争协议生效后,双方当事人均应该遵守,依约履行,对此法院予以认可,这亦是合同法对秩序价值的追求,有利于合同关系的稳定性,但是,合同法同时赋予了定作人合同的任意解除权,允许不再需要合同履行结果的定作人放弃或终止尚未履行或正在履行过程中的服务,既避免合同双方更多时间、精力或金钱的无谓付出,又避免社会资源的浪费,这是合同法对自由与效率的价值追求。综合本案事实,两原告享有对系争系列协议的任意解除权,有权向被告提出解除系争系列协议。但是,法律对定作人解除权的行使限制了一定条件。第一,定作人应在承揽工作完成前解除合同。本案中,作为承揽人的被告虽举证其已将补充协议约定的照片精修入盘,但其并未举证证明其系在两原告2020年12月26日通知解除之前已完成该工作成果,亦未举证证明其已经完成并交付了《订单协议》或补充协议约定的其他工作成果,故两原告任意解除权的行使期限符合法律规定。第二,定作人解除合同应当通知承揽人。本案中,显然两原告已于2020年12月26日向被告明确提出解除补充协议,履

---

[1] 北京市第一中级人民法院(2015)一中民(商)终字7092号民事判决书。

行了通知义务,系争补充协议及《摄影服务合同》(合同编号分别为SH0001753、SH001754)应自两原告的通知到达被告时解除,合同权利义务终止;而对于《订单协议》和《摄影服务合同补充协议》(合同编号:A1000540),两原告直接以向法院提起诉讼的方式请求解除,亦符合法律规定。第三,定作人应当赔偿解除合同给承揽人造成的损失。根据法律规定,定作人解除合同如果给承揽人造成损失还应当承担损失赔偿责任。本案中,被告不同意解除系列协议,称若解除,两原告应承担后期增加费用的70%的违约责任和20%的惩罚性违约金,但其并未提供证据证明其因两原告的任意解除合同的行为遭受何种损失。虽然被告辩称其已经完成了精修照片等部分后期工作成果,但从在案证据上看,其行为并非是在两原告向其提出解除系争协议前完成,根据法律的减损规则,被告不应就其扩大的损失要求两原告赔偿,故对其辩称,法院不予采纳。争议焦点三,系列协议解除的法律后果。根据法律规定,合同解除后合同义务尚未履行的,终止履行;已经履行的,根据履行情况和合同性质当事人可以要求恢复原状,采取补救措施,并有权要求赔偿损失。承揽合同中,定作人解除合同的,合同解除后,承揽人应当将已完成的部分工作成果交付定作人,定作人按合同约定预先支付报酬的,承揽人在扣除已完成部分的报酬后,应当将剩余价款返还定作人。按照摄影行业惯例,客户拍摄照片一般分为预定、付款、服装、造型化妆、拍摄、选片、排版确认、制作相册等成品、付清余款等几个环节。对被告的损失,法院综合系列协议的履行情况、被告付出的劳动以及两原告解除的时间节点等因素,予以酌情确定。本案中,一共存在五份协议,法院分述之:第一,2019年12月31日签订的《订单协议》价款1100元双方均确认,该协议约定的照片、相册和其他成品均被2020年12月23日的补充协议内容所取代,两原告于本案诉讼时提出解除该《订单协议》,法院予以准许,但考虑到被告已为两原告提供了服装和化妆服务,并为两原告拍摄了200余张照片,且对照片进行了一定修饰,产生了一定工作量,法院酌情确定被告的损失。第二,2020年12月20日签订的《摄影服务合同补充协议》(合同编号:A1000540),协议价款1588元。被告依约提供了礼服升级、化妆用品升级等服务,且两原告均已拍摄完成,该份补充协议已于当天履行完毕,两原告享有任意解除权的基础已不复存在。故两原告提出解除《摄影服务合同补充协议》,法院依法不予支持。第三,2020年12月23日签订的补充协议及两份《摄影服务合同》(合同编号:SH0001753、SH0001754),协议价款24000元。该三份协议签署后,两原告当天就补充协议的履行与被告发生争执,后于同年12月26日向被告提出解除协议,符合任意解除权行使的法定条件,且被告亦未提供证据证明其与两原告提出补充协议解除之前向两原告交付补充协议约定的工作成果,故法院认定,被告并未提交补充协议约定的工作成果,且两份《摄影服务合同》双方均未履行。因此,对原告要求解除该三份协议且余款不再支付的诉请,法院予以支持。对支持起诉机关应解除补充协议的意见,法院予以采纳。判决:一、两原告与被告于2019年12月31日签订的《订单协议》于2021年1月21日解除;二、两原告与被告于2020年12月21日签订的两份《摄影服务合同》(合同编号:SH0001753、SH0001754)及《摄影服务合同补充协议》(合同编号:0000682)均于2020年12月26日解除;三、被告返还两原告人民币18600元;四、驳回两原告的其他诉讼请求。[1]

(五)承揽合同赔偿损失处理

赔偿范围指权利请求人已经投入和将要投入的人力、物力损失的具体范围。具体来讲,其一,承揽人应当获得的报酬。对于未完成部分的报酬,应当从中扣除承揽人因合同解除而免予支付的费用。其二,承揽人已经投入的材料费用,这部分是指未计算进报酬之内,独立支付的费用。其三,其他附带的损失,如将材料运往工地而应当支付的运输费用。也就是说,赔偿范围不仅包括对承揽人已经完成的工作量报酬,还应包括对未完成工作量的可得收益,当然,可得收益应减去承揽人未进行工作的劳务费用。赔偿数额应以实际损失为宜。一是合理预见难以确定,目前对损失的范围以违约方合理预见为限,这在实践中很难把握,一方面违约方总是想方设法缩小损失范围,以无法预见为由搪塞。另一方面根据"谁主张,谁举证"的原则,一般要求守约方举证,这就产生了矛盾,使损失难以难定。二是质量纠纷的责任划分很难,多数情况下是共同的,或是混合造成的,要想作出严格区分是很难做到的。应当强调的是,应根据个案情况,从违约责任大小和利益平衡的角度出发,寻求更好的处理结果。这也包括法院不支持定作人以承揽人构成根本违约诉请解除合同,但对其因定作物质量瑕疵裁定给予补偿。如前举的在上海三民汽车有限公司诉上海热鹏模具有限公司承揽合同纠纷案(案例11-91)中,二审法院以系争合同明确约定了试模期限,三民汽车已经履行完毕验货义务,且无法证明质量瑕疵构成根本违约为由,驳回了三民汽车要求解除合同的诉请,酌定剩余货款16.5万元作为热鹏模具厂补偿三民汽车的经济损失。[2]

---

〔1〕参见陈昶主编:《2022年上海法院案例精选》,上海人民出版社2022年版,第54~55页。
〔2〕参见谭勇:《定作人验货后诉请解除合同的处理》,载《人民法院报》2013年1月17日,第7版。

1. 赔偿数额裁量

实践中,针对个案的情况由法官自由裁量对违约方承担赔偿责任或具体数额。

【案例 11-100】 朱某安诉北京恩爱思高尔夫用品有限公司定作合同纠纷案

判决观点,结合案件的具体情况,双方之间针对定作产品已不存在修理、重作或更换的基础。故最终判决解除双方定作合同,由恩爱思公司为朱某安办理退货。同时考虑到朱某安已实际使用了定制的球杆,故仅判令恩爱思公司返还部分货款。[1]

【案例 11-101】 中山市思柏照明有限公司诉惠州市金海湾嘉华度假酒店有限公司承揽合同纠纷案

二审法院认为,上诉人辩称延迟交货系被上诉人惠州市金海湾嘉华度假酒店有限公司迟延确认设计图纸所致,因未提供证据予以证明,不予采信,之后,双方又因另一份《灯具购销合同》的产品质量、整改更换、合同解除等问题发生纠纷,鉴于以上情况,被上诉人惠州市金海湾嘉华度假酒店有限公司未按约定付款,属事出有因,故上诉人中山市思柏照明有限公司上诉请求被上诉人依合同约定支付违约金,理由不能成立,不予支持。但被上诉人惠州市金海湾嘉华度假酒店有限公司不付款行为,相当于占用上诉人中山市思柏照明有限公司的资金,应给予一定的利息。[2]

承揽人应按约定完成工作,承揽人中途变更承揽工作的要求,造成定作人损失的,应当赔偿损失。这也包括未经定作人同意的"善意"维修行为,因其意图良好,不存在侵害财产的故意,故由法官酌情确定赔偿数额,使其具有合理性。

【案例 11-102】 孙某某诉上海纳沙泰尔手表服务中心有限公司财产损害赔偿纠纷案

判决观点,维修行为实质属于加工承揽行为,不论是否在保险期内,维修人均应根据送修人的要求予以维修。本案中,原、被告均确认原告送修时仅要求对怀表表面进行维修,被告在未征得原告同意的情况下,超出原告维修范围擅自更换表针,其行为侵害了原告财产权益,因怀表经原告购买后,怀表

---

[1] 参见最高人民法院中国应用法学研究所编:《人民法院案例选》2011 年第 3 辑(总第 77 辑),人民法院出版社 2011 年版,第 146 页。
[2] 参见国家法官学院案例开发研究中心编:《中国法院 2016 年度案例》(合同纠纷),中国法制出版社 2016 年版,第 133 页。广东省惠州市中级人民法院(2014)惠中法民二终字第 284 号民事判决书。

本身包括其部件已为原告所有之特定物，被告理应归还表针，但由于被告将原表针回收后已按流程处理，无法返还，则应当承担相应的赔偿责任。关于赔偿数额，原告认为其原表针为该款怀表原配的两款表针之外的其他款式，以原怀表系"错版表"为由要求1万元赔偿款，但对其主张未提供相应证据，故该意见法院不予认可。考虑到被告为原告更换表针意图良好，不存在侵害财产的故意且愿意为原告更换表针或怀表，相应损失由法院结合怀表价值及被告主观过错酌情判定。据此，判决被告赔偿原告孙某某财产损失1000元。[1]

在定作人拒绝对不合理的新要求进行修改的情况下，根据诚实信用原则，承揽人不应当按照原要求继续履行。承揽人应当按照变更的承揽要求重新工作，对其前期支付的费用、付出的劳力、耗费的精力，则根据公平原则，定作人享受了中途变更要求的利益就应当弥补其变更行为给承揽人带来的损失。具体来讲，由承揽人提供材料的，定作人应当支付完成该部分工作所耗费的材料的价款和保管费。按照定作人新要求，需增加材料的，由定作人负担费用。定作人新要求使原承揽工作质量、难度提高的，定作人应当相应增加报酬。因定作人中途变更合同，使工期顺延，因此造成承揽人误工损失，由定作人赔偿损失，同时应当支付承揽人为此支付的利息。

【案例11-103】 上海甲建筑装饰工程有限公司诉乙（中国）电器有限公司定作合同纠纷案

二审法院认为，甲公司、乙公司依据交易习惯，在签订书面合同前通过电子邮件的方式由乙公司委托甲公司定作"四维保鲜盒"。在甲公司制作生产过程中，乙公司中途变更了两次设计要求，对第一次变更设计给甲公司造成的损失双方已经达成一致，在签订的《承揽服务单》中对此补偿了400659元，对甲公司再次主张第一次修改设计产生的损失92550元，不予支持。乙公司第二次变更设计方案，将"四维保鲜盒"由拼装改为整体结构，由此造成甲公司的损失，应予赔偿。甲公司依据《报价表》主张亚克力废料200套，按1409元/套的成本价，共计281800元；烤箱底座废料200套，按1510元/套的成本价，共计302000元，有事实及法律依据，予以支持。法院认为，乙公司应赔偿甲公司包括合同履行后可以获得利益在内的损失。原审判决根据双方在合同中对亚克力道具的数量和价格确定乙公司的损失并无不妥，故予以支持。[2]

---

[1] 参见沈志先主编：《2011年上海法院案例精选》，上海人民出版社2012年版，第75~76页。
[2] 湖南省长沙市中级人民法院(2017)湘01终2535号民事判决书。

2. 赔偿损失计算

以定作人交付承揽人的原材料数量、单价以及金额确定定作人应当得到赔偿的损失。

【案例11-104】 石狮市东鹏纺织贸易有限公司诉厦门华纶印染有限公司承揽合同纠纷案

被告华纶公司在事实上承认了因火灾造成的原告东鹏公司的坯布损失数额、单价以及金额。首先,被告华纶公司在其要求厦门中兴会计师事务所进行审计时,对于厦门中兴会计师事务所做出的《受托加工存货询证函》中载明的原告东鹏公司存货火灾损失数量予以了确认,然后才发送给原告东鹏公司填写单价和金额。其次,在原告东鹏公司认可了损失数量后,填写了相应的单价和金额,被告华纶公司将其作为向中保厦门分公司理赔的依据,其对于原告东鹏公司在火灾中损失坯布的单价和金额被告华纶公司也是认可的。故一、二审法院认定东鹏公司布料损失金额1995384.76元有相应的事实依据。[1]

以鉴定机构鉴定的数额为基准。

【案例11-105】 黄某辉诉南宁市山鹰机动车驾驶技术培训有限公司、徐某宏承揽合同纠纷案

一审法院认为,广西正基工程造价咨询事务所有限公司作出的正基审字(2011)第0930号审核报告书是经过黄某辉的申请、法院的委托并经法院组织该公司与双方当事人到现场实测作出工程量及造价的。山鹰公司主张审核报告超越职权范围对工程的质量作出认定,对此,审核报告虽有合同工程质量标准的陈述,但仅是对该审核报告的工程概况的陈述,且该审核报告也只对工程的造价作出结论。因此,对山鹰公司的主张,不予采信。山鹰公司主张工程质量不合格,但在一审提出质量鉴定后,又撤回鉴定申请,至今也未提交工程存在问题的证据,对其主张,不予支持。山鹰公司至今共支付黄某辉工程款215000元,根据评估机构审核出的工程造价为307926.16元,山鹰公司还应支付黄某辉工程款92926.16元,但黄某辉只主张山鹰公司支付51559.76元,是其自愿处分自己的权利,予以准许。二审法院维持一审判决。[2]

---

[1] 参见国家法官学院案例开发研究中心编:《中国法院2012年度案例》(合同纠纷),中国法制出版社2012年版,第57页。福建省厦门市中级人民法院(2010)厦门终字第777号民事判决书。

[2] 参见国家法官学院案例开发研究中心编:《中国法院2014年度案例》(合同纠纷),中国法制出版社2014年版,第204页。广西壮族自治区南宁市中级人民法院(2012)南市民二终字第396号民事判决书。

3. 解除合同赔偿损失

《民法典》第七百八十七条规定,定作人在承揽人完成工作前可以随时解除合同,但同时又规定了造成承揽人损失的,应当赔偿损失。有学者认为,因为任意解除权行使造成承揽人损失的,定作人应当负赔偿责任。此种赔偿责任是法定责任,不以过失为前提,无论定作人是否有过失,只要造成损害,都要赔偿。[1] 通说认为,定作人行使任意解除权后承担损害赔偿责任,是有条件的,并非一律承担损害赔偿责任。承揽合同因定作人行使任意解除权而解除后,承揽人要求定作人承担损害赔偿责任的,应当以定作人对合同解除存在过错为前提。定作人有正当理由行使合同任意解除权的,不承担损害赔偿责任。定作人赔偿承揽人损失的范围:主要包括承揽人按照合同约定所应当获得的相应报酬,承揽人为完成这部分工作所支出的材料费以及因合同解除而受到的其他损失。

【案例11-106】 东方宏业诉福泰公司定作合同纠纷案

一审法院认为,合同解除后的损害赔偿责任应以对合同解除存在过错为前提。在定作人行使任意解除权的情形中,应根据合同履行情况以及定作人行使任意解除权的原因,判定其是否承担赔偿责任。本案中,导致合同解除的原因是东方宏业公司严重违背了合同约定的通知验收义务,而非福泰公司拒绝验收家具。因此,虽然涉案合同因福泰公司行使任意解除权而解除,但福泰公司对合同解除不存在过错,东方宏业公司无权要求承担合同解除后的损害责任,遂判决驳回原告的全部诉讼请求。二审法院亦持同样意见,维持原判。[2]

【案例11-107】 邓某莹诉王某英定作合同纠纷案

二审法院认为,本案中,王某英将其房屋的门窗交由邓某莹制作安装,邓某莹对房屋进行了测量、绘制了草图并订购了铝材,第三人按照邓某莹测量的尺寸对铝材进行切割,属于承揽的辅助性工作,邓某莹将铝材切割工作交由第三人完成,符合法律规定。双方在合同中约定,推拉移门为两面木纹,其他窗为内木纹外白色,该约定中的颜色为安装完工之后相应门窗的颜色,而非对铝材原色的约定,王某英在邓某莹制作安装完成前即单方解除合同,此时显然不能确认邓某莹交付的工作成果不符合约定。综上,王某英以邓某莹存在违约为由解除合同,依据不足。王某英行使定作人的任意解除权,造成

---

〔1〕 参见韩世远:《合同法学》,高等教育出版社2010年版,第495页。

〔2〕 参见《人民法院报》2017年4月6日,第6版。北京市第二中级人民法院(2016)京02民终10573号民事判决书。

承揽人的损失,应当予以赔偿。[1]

在个案中,法官应考虑到双方的利益衡平,公平合理确定承揽人的损失。

【案例 11-108】 无锡华丹机械制造有限公司诉无锡布勒机械制造有限公司承揽合同纠纷案

判决观点,华丹公司系布勒公司汽缸定作长期专属单位,虽然布勒公司与华丹公司签订供货合同和备案协议已经过期,但因在2010年仍存在事实上的加工定作关系,且供货价格、交付方式、质量要求等主要内容并未发生变更,故可参照该供货合同和备货协议约定的内容明确双方的权利义务。华丹公司应布勒公司要求为其加工定作汽缸,并备有库存,而布勒公司却在2010年4月23日突然通知华丹公司,从2010年5月1日起不再使用其定制的汽缸,并未在6个月内及时书面通知并消化掉在供方的库存,作为采购方应承担相应的责任。至于华丹公司提出对其生产出价值582010.6元的汽缸全部予以提货,虽然超越了以往备货协议确定的库存量,对于超出部分,不应支持。[2]

违约金的调整,以实际损失为基础,兼顾合同的履行情况、当事人的过错程度等因素,根据公平原则和诚实信用原则进行衡量确定。

《民法典合同编通则解释》第六十五条规定:"当事人主张约定的违约金过分高于违约造成的损失,请求予以适当减少的,人民法院应当以民法典第五百八十四条规定的损失为基础,兼顾合同主体、交易类型、合同的履行情况、当事人的过错程度、履约背景等因素,遵循公平原则和诚信原则进行衡量,并作出裁判。约定的违约金超过造成损失的百分之三十的,人民法院一般可以认定为过分高于造成的损失。恶意违约的当事人一方请求减少违约金的,人民法院一般不予支持。"

【案例 11-109】 腾达物业公司诉李某江、王某金承揽合同纠纷案

判决观点,本案中两被告以自己的行为明确表示不履行合同义务,因此,两被告应当承担给付原告违约金的责任。庭审中,两被告提出该违约金相对该合同的标的和性质来说过高,请求法院调整,根据《合同法解释(二)》第二十九条的规定……经过庭审调查,法院结合该合同的性质、合同的主要债务及两被告的月劳动报酬考虑,认为该合同中约定的3万元违约金确实过高,因此法院予以调整。原告作为物业服务公司因两被告突然终止履行垃圾清

---

[1] 参见最高人民法院民法典贯彻实施工作领导小组编著:《中国民法典适用大全》(合同卷四),人民法院出版社2022年版,第2475页。浙江省嘉兴市中级人民法院(2017)浙04民终1423号民事判决书。

[2] 参见国家法官学院案例开发研究中心编:《中国法院2013年度案例》(合同纠纷),中国法制出版社2013年版,第188~189页。江苏省无锡市南长区人民法院(2011)南商初字第185号民事判决书。

理合同确会产生相应损失,关于原告的实际损失如何衡量问题,法院认为根据《合同法》第一百一十九条的规定,原告自2016年7月18日起诉要求解除合同时就已做好了解除合同的准备,应采取适当措施尽量防止损失的扩大,因法院确定该合同自2016年8月10日开始解除,故原告的相应损失应从两被告终止履行合同开始即2016年6月25日起计算到合同解除之日即2016年8月10日止;经过庭审调查,法院兼顾该合同的性质、当事人的过错程度、两被告的月劳动报酬等因素,根据公平原则和诚实信用原则予以衡量,法院调整为两被告应给付原告8000元违约金为宜。[1]

根据《民法典》第五百八十一条规定,在违约方不履行合同义务的情形下,守约方可以主张其由第三人替代履行的费用。

【案例11-110】 甲通信有限公司舟山市分公司与浙江乙科技发展有限公司承揽合同纠纷案

判决观点,本案中,在约定的维保期限内,被告乙公司以自己的行为表明不履行维护义务致使不能实现合同目的,现原告甲通信有限公司舟山市分公司主张解除与被告之间的合同,合同自通知到达对方时解除。法院于2015年11月11日向被告公告送达了应诉通知书及民事起诉状、证据副本等材料,公告期满后原、被告之间的《某发展集团公司菜场安防系统项目设备采购和施工合同书》解除。合同解除的损失赔偿额应相当于因违约所造成的损失,本案中原告为继续履行与他人的合同,而将被告未履行部分即剩余25个月的维保业务交由案外人舟山市丙信息科技有限公司替代履行,双方为此签订合同且已实际产生替代履行费用,原告诉请损失低于委托评估标准,故原告诉请被告赔偿25个月的维保业务的费用并在抵扣合同价款3%质保金后的损失273611元于法有据,应予支持。[2]

4. 可得利益损失赔偿

实践中,诸多承揽合同纠纷都存在合同可得利益损失的确定问题。由于可得利益是一种假设或推测未来可以取得的而非真实发生的利益损失,在违约发生时并不为守约方所实际享有,具有天然的不确定性。赔偿多少才能即使守约方的损害得到完全的补偿,又不使其因赔偿而获利,是可得利益赔偿的难点。笔者认为,对涉及可得利益赔偿案件,应认真把握完全赔偿与禁止得利两原则,分清实际损

---

[1] 参见《人民司法·案例》2017年第29期(总第796期)。内蒙古自治区莫力达瓦达斡尔族自治旗人民法院(2016)内0722民初1503号民事判决书。

[2] 浙江省舟山市定海区人民法院(2015)舟定临商初字第308号民事判决书。

失与可得利益损失、可得利益总额与可得利益损失之概念,运用好减损、损益相抵、过失相抵等限制性规则,才能公平地确定可得利益损失,合理界定可得利益赔偿范围,合理平衡合同双方当事人的利益。

《民法典合同编通则解释》第六十二条规定:"非违约方在合同履行后可以获得的利益难以根据本解释第六十条、第六十一条的规定予以确定的,人民法院可以综合考虑违约方因违约获得的利益、违约方的过错程度、其他违约情节等因素,遵循公平原则和诚信原则确定。"

【案例 11－111】　宜都市海量工贸有限公司诉武汉联泰丰公司有限公司加工合同纠纷案

一审法院认为,合同约定联泰丰公司在1年的合同期内应当提供6万吨矿石供海量公司加工,供矿不足,则按27.5元/吨对不足部分进行赔偿。海量公司据此主张联泰丰公司赔偿125万余元的违约金,约定的违约金计算标准明显偏高。联泰丰公司共计为海量公司提供矿石14442吨,给海量公司造成的加工费净利润损失为377220元(45558吨×8.28元/吨)。法院判决由联泰丰公司赔偿海量公司违约损失490386元,二审调解结案。[1] 本案中,在合同正常履行情况下,海量公司应当获得的纯利润为490386元(60000吨×8.28元/吨),海量公司通过履行合同已获得利润119579元(14442吨×8.28元/吨),一审判决又确认了490386元的违约金,两项相加已超出合同正常履行所能获取的利益。

【案例 11－112】　武汉国裕物流产业集团有限公司、扬州国裕船舶制造有限公司与福建国航远洋运输(集团)股份有限公司等船舶建造合同纠纷再审案

最高人民法院认为,在本案中,武汉国裕公司、扬州国裕公司一直坚持按照转售差价计算损失。在一审法院就此问题释明后,未提供其他证据证明其实际支出的费用损失以及可得利益损失,也不申请损失评估鉴定。再审判决在没有任何裁量依据的情况下,没有计算武汉国裕公司、扬州国裕公司实际支出费用损失,并无不当。武汉国裕公司、扬州国裕公司作为非违约方,本应就其遭受的可得利益损失承担举证责任,一审法院在武汉国裕公司、扬州国裕公司没有尽到举证义务,缺少裁量依据的情况下,为妥善处理本案纠纷,依职权调取并参考扬州国裕公司解除合同上一年度即2008年的损益表,根据该损益表反映的经营利润率3.45686%,以及扬州国裕公司只开展船舶建造

---

〔1〕 参见最高人民法院中国应用法学研究所编:《人民法院案例选》2016年第6辑(总第100辑),人民法院出版社2016年版,第202页。

销售业务等具体情况,以该公司上年度正常利润率为依据,确定讼争船舶建造净收益率为5%,进而确定武汉国裕公司、扬州国裕公司基于讼争合同的可得利益损失为1990万元,充分考量了武汉国裕公司、扬州国裕公司的预期合同利益。再审判决予以维持,并无不当。两国裕公司关于再审判决认定可得利益损失违反合同约定和法律规定的主张,没有事实及法律依据,不予支持。[1]

5.违反附随义务损害赔偿

附随义务是指在合同关系的发展过程中,基于诚实信用原则或者法律的直接规定而发生的义务。

【案例11-113】 上海利格蒙特国际贸易有限公司诉上海永妍服饰有限公司承揽合同纠纷案

判决观点,依据合同严格履行与诚实信用原则,被告在完成与原告的交易且在原告支付全部价款的情况下,有按交易金额开具全部价款发票的义务。现被告虽交付原告32份增值税发票,但在发票通过认证后又无故将18份发票作废,且未及时予以补开,导致原告未能在税务规定的退税期限内办理出口退税,获得退税额,且按规定交纳了4006件工作服的增值税,对此后果被告应当承担责任。被告辩解双方合同为内销合同,并非外销合同,不存在退税问题,法院认为,不管双方的合同是内销合同还是外销合同,在完成交易后开具发票应当是被告的法定义务,且根据购货合同中对于LOGO的要求以及洗标、姓名贴的图样显示,被告应当知道原告定作的工作服为外贸产品,工作服出口后原告可以获得相关的退税额,故被告对此的辩称意见,法院不予采信,原告诉请合理合法,法院予以支持。[2] 本案中,原、被告之间的合同已经履行完毕,但是由于被告开具的部分增值税发票作废导致原告无法获得退税并另行交纳增值税和附加税,使得原告的经济利益受到损失。法院认定被告负有开具增值税发票的义务,因违反该附随义务造成的损失应予赔偿符合法律规定。

6.其他情形赔偿

附带提供服务费用支付问题。承揽合同履行过程中的情形不一,履行费用承担问题应当视情况确定。在承揽合同履行过程中,定作人不能以其超过当事人约

---

[1] 最高人民法院(2012)民再申字第306号民事裁定书。
[2] 参见沈志先主编:《2012年上海法院案例精选》,上海人民出版社2012年版,第226~227页。

定的范围或者简单地认定合同约定的义务没有按要求完成而拒绝支付附带提供服务产生的费用,而是应当根据附带提供服务性质、必要性等因素来考量,方能符合公平正义的原则。

【案例 11-114】 厦门车友汇汽车维修有限公司诉黄某承揽合同纠纷案

判决观点,车友汇公司判断是车辆空调压缩机原因导致异响,对空调压缩机进行更换,相应的工时费及配件费共计 7415 元。然而,由于车友汇公司通过维修未能消除异响,且黄某已退还相应的配件,故车友汇公司无权要求黄某支付更换空调压缩机的相应费用。但是,车友汇公司还对车辆进行了其他维护保养,相应的工时费及配件费为 7690 元。上述维护保养项目在车友汇出具给黄某的维修结算单中明确列明,黄某亦签字确认,故黄某应当向车友汇公司支付该工时费及配件费 7690 元。[1] 车友汇公司在履行汽车维修合同过程中,在更换空调压缩机及其配件后,对汽车的发动机等进行清洗等保养维护项目是基于更好地消除异响、排除故障的目的,同时该附带服务是与空调压缩机更换相关的服务项目,对于车辆异响排除、保养维护是非常必要的,符合技术操作的一般要求,而不是独立的服务项目,也不是原告为了增加收费而毫无理由增加的服务项目。虽然车友汇公司确实没有按要求消除异响、排除故障,但是其附带提供的服务已经实际履行完毕,并且无法恢复原状,只能根据行业习惯进行折价补偿对方,故被告应当向车友汇公司支付与其所提交工作成果的价值相称的费用。根据权利义务相一致的要求,被告应当向车友汇公司支付保养维护费用,而不能简单以合同约定的故障并未排除为由拒绝支付价款,否则被告享有附带服务的实际利益没有合法依据。

承揽人在定作人违约时未催告其在合理期限内支付欠款以继续履行合同,而直接将定作物转卖给他人的行为违反了涉案合同约定的交付义务,承揽人主张其转卖定作物属于合法的减损行为,缺乏事实和法律依据。

【案例 11-115】 福州浩航船务有限公司与浙江七里港船业有限公司及一审被告陈某平船舶建造合同纠纷案

最高人民法院认为,浩航公司与七里港公司在合同中约定船舶造价 4770 万元,浩航公司已经支付大部分船舶价款 2780 万元,余款 1000 万元应在交付船舶 3 日内付清,浩航公司实际拖欠到期应付船舶价款 990 万元。按照合同约定,浩航公司逾期付款,七里港公司有权推迟交船,但合同未约定七里港公司可以据此直接转卖船舶;七里港公司首先应当催告浩航公司在合理

---

〔1〕 参见国家法官学院案例开发研究中心编:《中国法院 2014 年度案例》(合同纠纷),中国法制出版社 2014 年版,第 216 页。福建省厦门市同安区人民法院(2012)同民初字第 2512 号民事判决书。

期限内支付欠款,以继续履行合同。七里港公司没有提供充分证据证明其催告浩航公司付款,其将原本为浩航公司建造的船舶转卖给新东航公司,违反了涉案船舶建造合同约定的交船义务。七里港公司主张其转卖船舶属于合法的减损行为,缺乏事实和法律依据,原再审判决不予支持,并无不当。宁波海事法院在一审判决合同解除的同时,判决七里港公司返还浩航公司已付合同价款2780万元,符合法律规定,最高人民法院予以维持。按照合同约定,浩航公司逾期付款,七里港公司有权相应延期交船,浩航公司请求七里港公司承担逾期交船的违约责任,没有事实和法律依据,法院不予支持。七里港公司应返还的价款2780万元与浩航公司应当赔偿的损失728万元冲抵后,七里港公司还应当向浩航公司支付船舶款2052万元。宁波海事法院一审判决七里港公司返还船舶价款,同时一并判决返还价款的孳息,即按中国人民银行同期企业短期贷款基准利率计算的利息,双方当事人在本次再审中均没有对此提出异议,最高人民法院予以维持。[1]

承揽人在履行与他人签订的承揽合同义务过程中,因过错致使合同以外的第三人的财产受到损失,该第三人直接以该承揽人为被告起诉要求赔偿损失,法院应当给予支持。如方某民诉乌鲁木齐市美阳家具装饰有限公司在履行其与孙某签订的房屋装修合同中造成其财产损失要求赔偿纠纷案,但这种损害赔偿是以侵权损害作为依据,即属于侵权纠纷。[2]

定作人的雇员在承揽人工作范围内受损,定作人承担赔偿责任之后可依据承揽合同享有追偿权。

【案例11-116】 易某良诉易某提承揽合同纠纷案

二审法院认为,关于易某良是否应当赔偿易某提损失的问题。本案中,易某提雇请的朱某家系在提供劳务的过程中死亡,从本案现有证据可以确定朱某家系因沟壁土方坍塌掩埋致死,朱某家所站的沟槽系作为承揽人的易某良所挖,系易某良承揽工作的范围,而易某良未尽到安全注意义务,存在一定的过错,应承担相应的责任。一审法院根据易某提、易某良的过错程度,综合考虑损害事故发生的原因、易某提赔偿受害人的具体情况,酌情确定易某良承担易某提所付赔偿款42万元中的10%即4.2万元,合法合理,且理由阐述充分,并无不当,法院予以确认。判决:驳回上诉,维持原判。[3]

---

〔1〕 最高人民法院(2013)民提字第71号民事判决书。
〔2〕 参见最高人民法院中国应用法学研究所编:《人民法院案例选》2007年第1辑(总第59辑),人民法院出版社2007年版,第224页。
〔3〕 参见国家法官学院、最高人民法院司法案例研究院编:《中国法院2022年度案例》(合同纠纷),中国法制出版社2022年版,第113页。湖南省长沙市中级人民法院(2020)湘01民终7096号民事判决书。

承揽人不当行使留置权承担相应责任。最高人民法院民一庭倾向性意见为，承揽合同中的留置权为法定担保物权，定作人不履行到期债务，承揽人即可以依照法律规定留置合法占有的定作物，并在满足法律规定条件的情况下，折价或者拍卖、变卖留置财产以受偿。留置权行使应符合一定条件，应参照市场价格，不能随意降低留置财产价格。造成定作人损害的，承揽人应该承担相应责任。[1]

【案例 11-117】 甲公司与乙公司承揽合同纠纷案

一审法院认为，现因甲公司未按约付款导致乙公司自行处置定作物，甲公司赔偿损失的数额应当相当于因其违约所造成的损失，包括合同履行后乙公司可以获得的利益。考虑以下因素：(1)乙公司单方委托认证的对案涉铸铁平板及配件的成本价格为5850020元，甲公司对此评估结果不持异议，故乙公司完成案涉工作成果需要的成本费用为500多万元具有合理性；(2)乙公司明知其已单方评估并确定定作物成本的情况下，在本案已进入诉讼程序后，其擅自以明显低于成本的价格168万元通过拍卖方式处分了案涉定作物，没有采取合理适当的措施防止损失的进一步扩大，对进一步扩大的损失，乙公司主观上存有过错，故本案不能以定作物拍卖价格168万元作为损失衡量的依据；(3)乙公司主张保管费作为损失，并未提供相应证据证明该笔费用的实际发生，不予采信；(4)根据甲公司提供的两份答复函，市场相关主体对案涉定作物的购买报价在520万元至580万元；(5)本案审理期间，因案涉定作物已由乙公司自行处置，如该定作物由乙公司以正常合理的、与市场价格相符的价格进行处置，以处置的收入弥补甲公司造成的损失，根据已查明的案件事实，损失即为案涉合同约定价与处置价的差价。考虑以上五个因素，案涉定作物500余万元成本价具有合理性，在参考定作物成本价格的基础上，根据公平原则，酌情采纳甲公司认可的520万元至580万元报价区间的最低价值即520万元作为处置价，甲公司造成的损失为合同价与合理处置价之间的差值，即为130万元(650万元-520万元)。甲公司应赔偿乙公司损失为130万元，乙公司主张的其他反诉请求不能成立，不予支持。二审法院亦持同样意见，维持一审判决。最高人民法院法官解析为，案涉合同解除后，承揽人乙公司在明知经评估确定定作物成本价值为5850020元的情形下，在本案已经进入诉讼程序后，既未在委托拍卖前就拍卖价格与甲公司协商，又擅自按照其所称处置"废品"方式，以164万元起拍价进行拍卖，且其不能证明以此种方式处置定作物的正当性、合理性，有悖诚实信用原则，故原判认为不能以定作物拍卖价格168万元作为损失衡量依据的认定，并无不当。

---

[1] 参见最高人民法院民事审判第一庭编：《民事审判指导与参考》2016年第2辑(总第66辑)，人民法院出版社2016年版，第171页。

原判综合考虑定作物成本价、定作物报价以及乙公司不当处置定作物过错程度等因素，酌定以甲公司认可的定作物报价区间最低值即 520 万元作处置价格，在定作物已经处置的情形下，具有一定合理性。[1]

【案例 11-118】 甲公司与乙印染厂承揽合同纠纷案

二审法院认为，依据《物权法》第二百三十六条的规定，乙印染厂有权变卖留置财产。留置财产折价或者变卖的，应当参照市场价格。乙印染厂称其系以 3 元/公斤的单价处置留置物，该价格显著低于经评估确定的市场价值，故乙印染厂主张的处置价格损害了甲公司利益，应当承担相应赔偿责任。赔偿金额应当参照市场价值予以确定，但处置价格也与留置权人的处置能力、标的物的处置难度等因素存在关联，甲公司也在一审庭审中认可白胚布快速变现时一般打 8 折。一审法院考虑到上述情况，结合合同履行情况及违约情形，在白胚布市场价值 53.95 万元的基础上酌定乙印染厂应赔偿的白胚布折价款项为 458575 元，具有合理性，并无不当。[2]

承揽人不当行使留置权造成定作人损失的，应予赔偿。

【案例 11-119】 纺织科技公司诉服饰公司加工合同纠纷案

二审法院认为，纺织科技公司要求服饰公司对货物进行翻箱后整理超出合同约定范围，如服饰公司因此产生额外费用，有权要求纺织科技公司进行支付，但双方就费用未达成一致意见，服饰公司也未提供费用计算依据，本案中服饰公司主张的费用仅为 1 万元，留置纺织科技公司的货物价值 12 万元，已明显超出必要限度，由此给纺织科技公司造成的损失，应予赔偿。一审中纺织科技公司提供其与案外人签订的合同能够证明如合同顺利履行，其将获得 169302.21 元价款，一审法院对纺织科技公司要求服饰公司赔偿 169302.21 元损失的诉请予以支持，并无不当。判决：驳回上诉，维持原判。[3]

定金罚则不适用双方均无过错且尚未实际履行的合同，在此情形中适用公平原则是比较合理的选择。

---

〔1〕参见最高人民法院民事审判第一庭编：《民事审判指导与参考》2016 年第 2 辑（总第 66 辑），人民法院出版社 2016 年版，第 167～170 页。

〔2〕江苏省苏州市中级人民法院 (2019) 苏 05 民终 762 号民事判决书。

〔3〕参见国家法官学院、最高人民法院司法案例研究院编：《中国法院 2023 年度案例》（合同纠纷），中国法制出版社 2023 年版，第 236～238 页。江苏省无锡市中级人民法院 (2021) 苏 02 民终 2754 号民事判决书。

【案例11-120】 太平洋锁业公司（PACIFIC LOCKCOMPANY）诉上海商籁进出口有限公司定作合同纠纷案

判决观点，对于争议焦点，双方均认可三份订单的履行须以被告提供的样品已经由原告确认为前提，而争议发生于样品确认的过程中，故三份订单尚未实际履行。从原、被告往来电子邮件的内容中可以看出，原告在尚未确认样品的情况下，向被告交付了定金并发出订单，亦应要求另行支付开模费，并安排人员前来视察，故从前述行为难以看出原告存在恶意终止订单的主观意图。且原告并非系争货物的最终用户，其向被告定作的锁品用于销售给第三方，而最终用户是否满意可直接影响原告是否确认样品外观、质量等乃至订单能否履行；另外，被告确也生产出符合原告大部分要求的样品，被告针对原告提出的样品要求、改进意见等，始终积极沟通，向原告说明可能存在问题的原因，一一回复所提要求，协调安排生产，配合安排原告人员前来视察，并屡次改进予以交付。在此期间，双方均存在努力促进交易达成的意愿；换言之，原、被告均无恶意终止订单的主观意图。故对于原告表示被告无完成订单的生产能力及被告称原告为骗取技术约定的说法，均不予采信。鉴于系争三份订单现确已解除，因双方对于订单未实际履行均不存在过错，故被告收取的定金不应适用定金罚则进行处理。综上，依据公平合理原则及原告另行支付过开模费的事实，酌情认定被告应返还原告定金20万元。鉴于此，原告主张的相应利息损失，不予支持。另外，双方未约定发生纠纷后律师费、公证费、翻译费的负担问题，且前述费用并非因合同解除必然发生，故原告要求被告承担前述损失，无法律及事实依据，不予支持。[1]

承揽人虽没有明示不履行，也没有采取十分明显的行为默示不履行，双方也没有具体的合同履行期限，法官可根据承揽人意思表示的模糊和反复、定作物季节性特点认定承揽人构成预期违约。

【案例11-121】 无锡锡润针纺织有限公司诉凯瑞克特（淮安）服饰有限公司、王某明定作合同纠纷案

二审法院认为，虽然锡润公司迟延提供面辅料，但凯瑞公司接受面辅料并组织了加工，因此双方以实际履行行为延后了F16—0415/1合同的交货日期。锡润公司于2016年8月1日向凯瑞公司发函要求凯瑞公司按约交货，凯瑞公司8月4日回函提出价格过低，以及转移标变色导致另一份合同F16—0321/3—6项下的服装被客人拒绝验货的事实，还提出F16—0415/1合同离厂时间为8月22日至25日；8月7日，凯瑞公司又发函给锡润公司提

---

[1] 参见郭伟清主编：《2017年上海法院案例精选》，上海人民出版社2018年版，第198页。

出F16—0415/1合同转移标变色,并称在得到锡润公司回复前暂停生产;8月8日凯瑞公司在函中提出F16—0415/1合同存在面料短缺和转移标变色问题,再次提出暂停生产F16—0415/1合同,但是在8月15日、20日又致函锡润公司表明F16—0415/1款能够完成的尽力完成,并通知锡润公司于8月23日验货。凯瑞公司在合同履行过程中态度反复,足以表明其履行合同的不确定性,因此锡润公司有权根据外贸订单的实际需要另行委托第三人加工服装。二审法院维持一审法院判决,即凯瑞公司赔偿锡润公司相应损失。[1]

承揽人负有妥善保管留置财产的义务,因保管不善致使留置财物毁损、灭失的,应当承担赔偿责任。

【案例11-122】 甲汽车修理厂与李某双承揽合同纠纷案

二审法院认为,在本案中,2017年11月初,李某双所有的冀F×××××轿车到甲汽修厂进行维修,因需要更换配件,李某双即把车停放在甲汽修厂院内。2017年11月17日甲汽修厂把车修好后,通知李某双来提车,因李某双未带修理费,提车未果。2017年11月19日甲汽修厂通知李某双车辆丢失,并向满城区公安局报案,至今未能破案。判决因李某双未支付修理费用,甲汽修厂依法对冀F×××××车享有留置权。留置权人负有妥善保管留置财产的义务;因保管不善致使留置财产毁损、灭失的,应当承担赔偿责任。[2]

承揽人已尽到妥善保管义务不存在违约行为,则法律不支持定作人提出的赔偿诉讼请求。

【案例11-123】 祝某耀诉陈某伟加工合同纠纷案

二审法院认为,祝某耀将涉案石材交陈某伟进行加工,祝某耀与陈某伟之间的加工合同关系确立。一般情况下,在加工合同的履行过程中,定作方将待加工物交承揽方后,该财产的灭失、损毁风险发生转移,即由定作方转向加工方。对于加工期间引起该加工物灭失、损毁的,由加工方承担责任。本案中,祝某耀将涉案石材交陈某伟后,陈某伟应将石材加工后返还。但是,在加工过程中,发生了朝阳石材厂对涉案石材主张权利的情形。在此情形下,陈某伟配合警方调查。在祝某耀认为出差在外没有到场时,陈某伟依然保管发生产权争议的石材。陈某伟的加工厂停业后,朝阳石材厂将石材运走,被祝某耀发现后,陈某伟与祝某耀一起报警,并通过警方找到了涉案石材。之

---

〔1〕参见国家法官学院案例开发研究中心编:《中国法院2019年度案例》(合同纠纷),中国法制出版社2019年版,第60页。江苏省无锡市中级人民法院(2017)苏02民终4187号民事判决书。
〔2〕河北省保定市中级人民法院(2018)冀06民终4797号民事判决书。

后,陈某伟又与祝某耀会同警方到朝阳石材厂了解情况。而对于石材被运走一事,朝阳石材厂并未取得陈某伟的同意。上述一系列的事实反映,陈某伟作为加工合同的加工方,已经尽到了加工人的保管义务。祝某耀以陈某伟未履行加工合同的义务为由,要求其承担赔偿责任,依据不足。[1]

根据并存的债务承担理论,自愿加入债务关系的,不能免除原债务人的付款责任。

【案例 11-124】 罗某志诉黎某霞承揽合同纠纷案

二审法院认为,二审争议焦点问题是黎某霞是否应作为承揽合同的当事人向罗某志支付装修结算款 156027 元。根据罗某志提交的结算单,黎某霞作为结算人在上面签名确认,而广州东能铸造有限公司并未盖章确认,黎某霞主张结算行为是公司行为与结算单记载的事实不符,不予采信。对于陈某贤在结算单复印件上签名确认欠款及广州东能铸造有限公司出具《声明》确认涉案债务的行为,如果该行为属实,则表明陈某贤及广州东能铸造有限公司自愿加入了本案债务,但不能免除原债务人黎某霞的付款责任。对广州东能铸造有限公司向罗某志支付部分结算款的行为,债务人指示他人向债权人付款并不被法律所禁止,在罗某志未放弃对黎某霞追索结算款的情况下,广州东能铸造公司代为结算款并不导致涉案债务的转移,也不能免除黎某霞应承担的付款责任。因此,原审判决黎某霞向罗某志支付欠款 156027 元正确,予以维持。[2]

未订立书面合同但接受对方履行的,仍应承担相应支付利息责任。

【案例 11-125】 三星石厂诉四川航天建筑工程公司承揽合同纠纷案

判决观点,原告三星石厂不是专门从事水泥砼管生产的企业,如果被告未定作水泥砼管,原告必然不敢批量生产并实际交付到被告工地,根据《合同法》第三十六条的规定,当事人未采用书面形式订立合同但一方已经履行主要义务,对方接受的,该合同成立,故推定原、被告的定作合同关系成立。但由于双方未签订书面合同和订单,对合同标的数量、质量、规格、价款、履行期限不能确定,故只能以双方实际交付的水泥砼管作为合同履行的标的,参照鉴定的价值给付价款。根据《合同法》第二百六十三条的规定,定作人应自

---

[1] 参见国家法官学院案例开发研究中心编:《中国法院 2019 年度案例》(合同纠纷),中国法制出版社 2019 年版,第 125~126 页。广东省云浮市中级人民法院(2017)粤 53 民终 882 号民事判决书。

[2] 参见国家法官学院案例开发研究中心编:《中国法院 2016 年度案例》(合同纠纷),中国法制出版社 2016 年版,第 129 页。广东省广州市中级人民法院(2013)穗中法民二终字第 795 号民事判决书。

最后批次货物交付次日起参照银行同类贷款利率支付利息。[1]

当事人变更合同,应由一方发出变更具体内容的意思表示,另一方作出接受变更具体合同内容的意思表示,双方可以采用书面形式或者口头协商一致的方式变更合同,也可以通过实际行为变更合同。定作人给付的超过合同约定比例的承兑汇票,承揽人接受的视为同意变更合同约定的付款方式,其后要求定作人赔偿贴息损失的不受法律保护。

【案例11-126】 新能源公司诉金属制品公司定作合同纠纷案

二审法院认为,新能源公司与金属制品公司虽然在3份合同中约定了不同比例的现金与承兑汇票的支付方式,但是,在4年的业务往来过程中,对于金属制品公司给付的超过合同约定比例的承兑汇票,新能源公司均予收取,且未有向金属制品公司提出过异议的有效证据。新能源公司收取金属制品公司给付的超过合同约定比例的承兑汇票,应当视为新能源公司同意变更合同约定的付款方式。新能源公司要求金属制品公司承担贴息损失的上诉请求不能成立,应予驳回。判决:驳回上诉,维持原判。[2]

承揽人在定作人检验确认后擅自更换材料的,承揽人应当承担违约责任。

【案例11-127】 李某大诉沈阳甲汽车贸易有限公司承揽合同纠纷案

判决观点,被告作为专业维修企业,在维修过程中更换不同款后保险杠未与原告方进行沟通亦未取得原告同意,其行为违反了上述法律规定,现维修结果不符合原告的要求,原告亦不同意到被告处重新修理,故被告应当向原告退还后杠骨架及后保险杠的工时费、材料费共计为2555元(540元+845元+1170元),同时由原告返还不符合约定的案涉后杠骨架、后保险杠。[3]

承揽人保管定作人提供的材料不善造成毁损、灭失的,应当承担损害赔偿责任。

【案例11-128】 北京饮发酒业有限公司与北京九龙酒业发展有限公司加工合同纠纷案

二审法院认为,北京饮发酒业有限公司(以下简称饮发公司)与北京九龙酒业发展有限公司(以下简称九龙公司)签订了《委托葡萄酒灌装协议》及

---

[1] 参见梅廷聪:《未订立书面合同但接受对方履行仍应承担违约责任》,载《人民法院报》2006年12月25日,第6版。四川省古蔺县人民法院(2006)古蔺民初字第394号民事判决书。

[2] 参见国家法官学院、最高人民法院司法案例研究院编:《中国法院2022年度案例》(合同纠纷),中国法制出版社2022年版,第125页。江苏省无锡市中级人民法院(2020)苏02民终2766号民事判决书。

[3] 辽宁省沈阳市铁西区人民法院(2019)辽0106民初1242号民事判决书。

其《补充协议》,约定饮发公司从国外进口符合我国食品安全和食品添加剂标准的原酒,并负责采购灌装所需的包装材料;九龙公司进行加工灌装。在合同履行过程中,饮发公司提供了总糖为 7.9g/L 的原酒,但九龙公司灌装后的酒汁总糖明显升高(为 14.4g/L 和 12.4 g/L),酒汁变为半甜葡萄酒,而九龙公司未就此作出合理解释说明。饮发公司起诉,要求九龙公司赔偿损失。法院经审理查明上述事实后认为,双方签订的前述合同合法有效,双方之间形成承揽合同关系。承揽人应当妥善保管定作人提供的材料以及完成工作成果,因保管不善造成毁损、灭失的,应当承担损害赔偿责任。依据现有证据,饮发公司提供的酒汁在九龙公司处发生总糖升高情况,造成酒汁价值贬损,故在九龙公司未能提供充分证据对此情况作出合理解释说明的情况下,应认定九龙公司未尽到妥善保管义务并据此认定九龙公司承担相应损害赔偿责任。[1]

商事主体约定的违约金偏高时,法院不宜调整。

【案例 11-129】 服装公司诉黄某腾合同纠纷案

一审法院认为,双方确认的《购销合同书》明确约定"如果延迟交货,每天就要承担此次交易总金额的百分之一罚款",按交易习惯,违约条款适用于双方所有交易。因校服具有时效性,服装公司迟延交货造成黄某腾未能及时销售造成较大损失,服装公司认为违约金过高的主张依据不足,不予采纳。根据合同约定,服装公司应承担迟延履行违约金认定为 429196 元 ×1% ×5 天 +15350 元 ×1% ×4 天 +118430 元 ×1% ×9 天 =61696.2 元。双方于 2020 年 10 月 11 日、2020 年 10 月 13 日的聊天记录载明服装公司同意扣减货款 8 万元的条件是要把小学的货物全部退还服装公司,但直至服装公司向法院起诉后,黄某腾才将货物寄回服装公司,该退货商品有时效性,黄某腾未按约定及时退货,其存在主要过错,该损失应由其自行承担。综上,服装公司与黄某腾签订定作校服的购销合同书,双方形成本案的定作合同关系,合同合法有效,双方当事人应按合同约定履行合同义务。经双方确认结欠服装公司货款 169083.2 元未支付,服装公司存在迟延交货,应按合同约定承担违约金,违约金抵扣货款后,黄某腾应再偿还服装公司货款 107387 元并按起诉时一年期贷款市场报价利率的 130% 计算逾期付款利息损失。判决:一、黄某腾偿付服装公司 10787 元及利息;二、驳回服装公司的其他诉讼请求。二审

---

〔1〕 参见最高人民法院民法典贯彻实施工作领导小组编著:《中国民法典适用大全》(合同卷四),人民法院出版社 2022 年版,第 2530~2531 页。北京市第三中级人民法院(2019)京 03 民终 11673 号民事判决书。

法院同意一审法院裁判意见,判决:驳回上诉,维持原判。[1]

当事人之间形成预约合同关系,尚未达成本约,原告不应以履行本约合同的全部内容来主张损失。

【案例11-130】 上海禾菩自动化工程有限公司诉横新软件工程(无锡)有限公司承揽合同纠纷案

二审法院认为,首先,《合作协议》是原告与案外人签订的针对不特定项目的合作协议。该份《合作协议》所约定的价格,包含常用物品价格、安装、人工、运输等费用,均属于单项价格,并非特定集成机柜的价格。同时,《合作协议》虽然约定了付款方式、验收与包装、产品质量保证与售后服务等条款,具备了正式合同的内容,但是因为《合作协议》并未明确标的物、价款、数量、履行期限等合同成立的必要条件,故该份《合作协议》的性质应属于框架协议。而且从《合作协议》的附件《工业品买卖合同》样本可以看出,双方会另外签订新的合同,以明确标的物、数量、价款、履行期限等需要双方在被告承接具体项目或进行进一步磋商时的必要合同条款,根据双方的交易惯例也可以看出,被告会根据需要另向原告下达订单。此后,虽然原、被告双方签署了《关于昆明、大美、揭阳项目的价格合约》和《关于惠炼项目的合约》,但是在签署该两份合约时,被告能否承接本案惠炼项目系未知,则双方无法针对惠炼项目约定具体明确且具有可执行力的合同条款。故即便结合这两份合约,也无法认定原、被告之间已就惠炼项目形成了本约合同。但追究双方签署《关于惠炼项目的合约》之真意,应是被告愿意在惠炼项目中标后将该项目的集成机柜交付原告承揽。且被告从未向原告明确制作机柜的数量,同时,由于原告拒绝重新报价,被告在2016年3月17日的邮件中表示终止合作。因此,法院认为,本案所涉惠炼项目合约应属于双方之间订立的预约合同。故原告确有损失的,亦仅能以预约合同向被告主张违约责任。现原告选择以双方之间就惠炼项目建立正式的合同关系(其认为并非预约合同),被告存在违约行为,进而按照以履行本约合同的全部内容来主张损失及经营利润的主张,法院认为,原告应自担法律风险,对其全部诉讼请求依法均不予支持。判决:驳回上诉,维持原判。[2]

定作人不返还质保金的,应承担逾期利息。

---

[1] 参见国家法官学院、最高人民法院司法案例研究院编:《中国法院2023年度案例》(合同纠纷),中国法制出版社2023年版,第158~159页。福建省泉州市中级人民法院(2021)闽05民终4794号民事判决书。

[2] 参见最高人民法院中国应用法学研究所编:《人民法院案例选》2022年第12辑(总第178辑),人民法院出版社2023年版,第132页。上海市第二中级人民法院(2020)沪02民终8056号民事判决书。

【案例 11-131】 宣城市永安建材经营部诉宣城民生新城镇发展有限公司承揽合同纠纷案

判决观点,永安建材与民生新城镇公司签订的《宛陵湖新城一期5号、6号楼精装房户内门木作工程》系双方真实意思表示,双方应依约履行各自义务。现永安建材已完成施工,案涉工程已过质保期,民生新城镇公司应依约返还永安建材工程质量保修金 1410311.14 元 × 3% = 42309.33 元。永安建材主张该款逾期利息的标准符合法律规定,计算时间本院确定自起诉之日起计算至实际给付之日止。民生新城镇公司经本院合法传唤未到庭参加诉讼,本院依法以缺席审判。判决如下:一、被告宣城民生新城镇发展有限公司返还原告宣城市永安建材经营部质保金 42309.33 元及逾期利息(自 2023 年 4 月 4 日起至实际给付之日止,按照同期全国银行间同业拆借中心公布的一年期贷款市场报价利率计算);二、驳回原告宣城市永安建材经营部的其他诉讼请求。[1]

(六)承揽合同过错相抵处理

承揽合同双方都违反合同约定,均有过错的,应当各自承担相应的责任。在这种情况下,适用过失相抵规则,即受害人对损失的发生或扩大也有过失时,可以减轻或免除赔偿责任,确定赔偿额根据双方过错程度相互冲抵。适用过错相抵应具备的要件:其一,合同双方必须有过错。如果一方的行为虽然也是发生损害的共同原因,但只要其没有过错,限制适用过错相抵规则,违约方不能以受害人的行为作为减轻或免除责任的事由。其二,双方的过错行为必须是促成损失的发生或扩大,即双方的过错行为必须是损失发生或扩大的共同原因之一。双方的过错行为形态多样化,既可以是直接造成损失的行为,也可以是直接扩大损失的行为;既可以是促成违约方违约的行为,也可以是一种违约行为;既可以是积极行为,也可以是消极行为;既可以与违约方的违约行为同时发生,也可以发生于前或后。

【案例 11-132】 三一重工股份有限公司诉上海芙蓉房地产开发有限公司承揽合同纠纷案

由于合同约定与上海市交巡警总队的规定不一致,双方当事人均采取消极做法,均未共同协商、共同努力、主动将主体车库新方案报送上海市公安交通管理部门审批认可,致使车库至今仍未投入使用。因此,双方在立体车库

---

[1] 安徽省宣城市宣州区人民法院(2023)皖 1802 民初 2142 号民事判决书。

的审核上均存在一定的过错和责任。依据过错相抵规则，当事人双方应当各自承担相应的责任。二审法院认为，原审判决由芙蓉公司偿付三一重工货款143.336万元符合客观事实和法律规定，应予维持。三一重工按约定向芙蓉公司支付了定金17.6万元，因芙蓉公司和三一重工在履行合同及补充协议时均存在一定的过错和责任，双方责任冲抵后，芙蓉公司应当将17.6万元定金返还给三一重工。原审判决由芙蓉公司双倍返还三一重工定金共计35.2万元确属不当，应予纠正。芙蓉公司上诉要求三一重工赔偿其经济损失166万元和支付违约金28.6672万元，因缺乏事实依据和确实、充分的证据支持，本院不予采纳，原审判决驳回芙蓉公司反诉的诉讼请求应予维持。[1]

【案例11-133】 青泰公司诉龙山人公司承揽合同纠纷案

二审法院认为，案涉广告牌未能安装完成，龙山人公司存在违约情形，收取的广告牌制作费应予返还。青泰公司认可签订合同时未取得规划用地手续且未提供合同约定的规划图纸，龙山人公司应催告其在合理期限内履行协助义务，但不能直接扣除广告牌制作费用。案涉承揽合同未能履行完毕双方均有过错，一审法院综合考量合同的履行情况、双方当事人的履行能力等因素，判令龙山人公司返还3万元制作费并无不当。双方虽然约定制作施工期限，但同时约定延期违约责任，即如果广告牌的制作安装超时完成，青泰公司仍会接受工作成果，故制作期满时青泰公司并未已知或应知权利受到侵害。龙山人公司未明确告知青泰公司不再履行安装义务，青泰公司不知或应知权利受到侵害，诉讼时效期间不应自此起算，故本案诉讼并未超过诉讼时效期间。判决：驳回上诉，维持原判。[2]

定作人单方终止履行承揽合同，承揽人才没有完成全部承揽定作工作，且没有占有定作人的材料，不存在保管不善的过错，故不存在过错相抵问题。

【案例11-134】 南昌市青云谱区甲装饰行诉乙传媒文化集团有限公司承揽合同纠纷案

二审法院认为，承揽人有保管定作人提供材料的义务，即法律上规定承揽人有保管义务，但本案中承揽人施工的地方并非在承揽人的场所，而是在乙公司的合作方丙国际体育中心。由于乙公司单方终止履行承揽合同，甲装饰行才没有完成承揽定作的义务，乙公司既没有举证证明电缆电线被甲装饰

---

[1] 参见最高人民法院中国应用法学研究所编：《人民法院案例选》(2004年商事·知识产权专辑)(总第49辑)，人民法院出版社2005年版，第126页。

[2] 参见国家法官学院、最高人民法院司法案例研究院编：《中国法院2021年度案例》(合同纠纷)，中国法制出版社2021年版，第120~121页。山东省日照市人民法院(2019)鲁11民终2148号民事判决书。

行拿走,也未通知甲装饰行对工程进行拆除,包括本案争议的电缆电线及甲装饰行施工的脚手架都在丙国际体育中心处,甲装饰行并未占有电缆电线,也不存在保管不善的过错责任。甲装饰行对本案争议的电缆电线没有保管义务,乙公司要求用电缆电线充抵余下工程款的上诉请求,缺乏事实和法律依据,法院不予支持。[1]

承揽人按照与定作人的约定做出的产品达不到实际使用要求的,责任由定作人自行承担。

【案例 11-135】 科技公司诉设备公司承揽合同纠纷案

一审法院认为,科技公司与设备公司之间的案涉承揽合同系双方当事人的真实意思表示,未违反我国现行法律、行政法规的强制性规定,依法成立,合法有效。科技公司主张案涉罐箱使用过程中出现的问题系设备公司加工质量不符约定所致,设备公司辩称案涉罐箱使用过程中出现的问题系因科技公司产品设计缺陷及使用方法不当所致。一审法院归纳本案的争议焦点为:设备公司应否对案涉罐箱内衬不能满足使用条件承担质量保证责任?法院认为,第一,关于加工原材料的选用,承揽人依法应当按照定作人的设计及技术指标要求自行提供或由定作人提供,设备公司所推荐的内衬板材的各项指标均符合科技公司的合同及技术要求,故应视为合格。第二,设备公司提交的产品适用性声明系应科技公司要求在完工资料中予以出具,科技公司在邮件中明确要求包括设备公司在内的加工商向科技公司提供产品使用性声明并提供该声明的格式,该声明非设备公司对案涉罐箱内衬质量进行保证的明确意思表示,仅是明确设备公司的内衬产品能够满足大于等于65%浓度的硝酸介质使用。该声明符合其使用的PTFE纳化板内衬的实际质量情况,未违反双方合同的质量约定。第三,根据《合同法》第二百五十条的规定,设备公司作为承揽人对内衬PTFE板材的检验义务内容应为原材料数量是否符合约定、原材料的质量是否达到合同约定的要求,就PTFE板材的质量指标双方已作出明确的约定,设备公司已尽到了合同的必要注意义务,科技公司主张设备公司在加工过程中,具有发现案涉板材PTFE纳化板原材料本身内在缺陷的义务和专业能力,显然过于加重了设备公司的法定义务,其主张无事实及法律依据,不予采信。《合同法》第五十七条规定,承揽人发现定作人提供的图纸或者技术要求不合理的,应当及时通知定作人。上述规定承揽方承担的系过错责任,即承揽人在工作之前或者工作中发现定作人提供的图纸或者技术要求不合理,在此情况下,承揽人应当及时将该情况通知定作人,承

---

[1] 江西省高级人民法院(2016)赣民终32号民事判决书。

揽人未及时通知定作人给定作人造成损失的,承揽人才应承担赔偿责任。科技公司未能提供设备公司知道或者应当知道其图纸或技术要求不合理的相关证据,其据此要求设备公司承担责任没有事实依据。判决:驳回原告科技公司的诉讼请求。二审法院认为,设备公司已按照合同约定向科技公司交付案涉罐箱,现科技公司认为设备公司存在违约行为,案涉罐箱损失应由设备公司赔偿的主张不能成立。判决:驳回上诉,维持原判。[1]

(七)承揽结算协议争议处理

承揽工作完成后,定作人与承揽人就合同履行达成的结算协议,不仅包含对已履行合同的结算,也包括损害赔偿、补偿费用、资金占用损失的确定。该结算协议是基于双方当事人对合同履行总体的评估,而非根据原合同的约定,故法官应该充分尊重商事主体在结算协议中的意思表示,对其结算协议效力予以确认。无论结算协议是否存在漏算或者漏扣的情形,在双方合意变更或该结算协议依法被撤销前,限制法官依职权予以调整。法官应对商事主体的商事行为予以司法考量和利益平衡,而非单纯以漏算或者漏扣作为判断结算协议效力的标准,对其主张漏算或者漏扣的诉求不予支持。

【案例11-136】 重庆市高通工贸有限公司诉重庆台兴交通器材有限公司承揽合同纠纷案

一审法院认为,关于被告台兴公司辩称:因台兴公司工作人员疏忽,导致出现已经支付的30余万元费用未进行结算的问题。法院认为,首先,高通公司与台兴公司皆为商事主体,应当知道在《协议》及《库存明细》上盖章确认的法律后果。至于台兴公司委派签订合同的员工是否存在疏忽过失属于台兴公司内部管理问题,不足以对抗《协议》及《库存明细》的法律效力。其次,《协议》由双方签字盖章并附有《库存明细》,约定了模具名称、模具价格、未摊销冲次、未摊销金额、结算方式等内容。《协议》中的每种模具虽具备一定的独立性但不足以否认《协议》及《库存明细》的整体性。若对单一或多种模具金额进行调整,不仅割裂同一合同的整体性,而且将导致合同当事人意思表示的不真实以及权利义务的失衡。最后,如果台兴公司认为在签订《协议》《库存明细》时其存在重大误解,亦应当依法通过行使撤销权主张权利。

---

[1] 参见国家法官学院、最高人民法院司法案例研究院编:《中国法院2023年度案例》(合同纠纷),中国法制出版社2023年版,第146~147页。江苏省南通市中级人民法院(2021)苏06民终3227号民事判决书。

二审法院亦持同样意见,维持一审判决。[1]

在服装加工承揽过程中,双方无明确约定加工费单价情况下,法官应根据具体案情和现有证据综合认定。

【案例 11-137】 李某艳诉卓翔公司承揽合同纠纷案

判决观点,李某艳与卓翔公司签订的协议虽然约定2016年采用包工包料方式生产,但在履行过程中,卓翔公司并未按照李某艳加工的成品服装总价值付款,给付的只是加工费,该履行方式实为纯加工。双方签订的协议中约定加工费一款一议且约定成品送入卓翔公司指定的仓库并检验合格后,卓翔公司应在15日内支付该批货品80%的加工费。2017年7月26日至12月25日,李某艳陆续将成品送到卓翔公司的仓库,卓翔公司验收后并未按照约定日期向李某艳支付加工费。宋某仿是卓翔公司指派到李某艳处的工作人员,曾于2017年7月23日代表卓翔公司与李某艳就加工费问题签订对账单,其发给李某艳的微信图片所载明的入库成品服装的货号、件数与卓翔公司提交的入库信息一致,由此能够证明宋某仿发给李某艳的微信图片中载明的加工费单价具有合理、合法性。经核算,加工费总额合计5818087元。卓翔公司已向李某艳支付5765420元,双方无争议。汇款电子回单中明确注明加工费224万元,剩余3525420元未明确是加工费还是材料款。根据有关债务偿还顺序的规定,本案中500万元的材料款系先到期债务,上述3525420元应为返还的材料款。截至2018年3月16日,被告尚欠原材料款1474580元应予返还。判决:卓翔公司给付原告李某艳材料款和加工费504775元及利息。[2]

在承揽人完成并交付工作成果的前提下,定作人应按照协议约定支付报酬。

【案例 11-138】 长春市光大玻璃制镜有限公司与哈尔滨辰昊幕墙装饰工程有限公司承揽合同纠纷再审案

再审法院认为,承揽人在合同约定期限内已将定作人要求定做的物品加工完毕,完成了全部定做内容,定作人应相应支付加工费。[3]

---

[1] 参见国家法官学院、最高人民法院司法案例研究院编:《中国法院2020年度案例》(合同纠纷),中国法制出版社2020年版,第149页。重庆市第一中级人民法院(2018)渝01民终3066号民事判决书。
[2] 参见国家法官学院、最高人民法院司法案例研究院编:《中国法院2021年度案例》(合同纠纷),中国法制出版社2021年版,第113页。河北省迁安市人民法院(2019)冀0283民初2900号民事判决书。
[3] 参见最高人民法院民法典贯彻实施工作领导小组著:《中国民法典适用大全》(合同卷四),人民法院出版社2022年版,第2520页。黑龙江省高级人民法院(2020)黑民再308号民事判决书。

(八)承揽纠纷诉讼时效处理

这里讲的诉讼时效,专指物权请求权转化为损害赔偿请求权的诉讼时效适用规则。承揽合同规定,定作人向承揽人提供待加工原材料的,原材料的所有权归定作人所有。承揽合同结束后,定作人要求承揽人返还剩余的原材料,系对原材料主张物权请求权,不受诉讼时效的限制。当原材料灭失无法返还时,为周延保护物权人的利益,可以采取债权的保护方法,即定作人的物权请求权转化为物权损害赔偿请求权,定作人应在知道或应当知道原物灭失起3年(原为2年)内,向承揽人主张赔偿损失。

【案例 11-139】 辽宁顺达交通工程养护有限公司诉盘锦凯跃经贸有限公司承揽合同纠纷再审案

最高人民法院认为,顺达公司与凯跃公司签订的改性沥青加工合同系承揽合同,即顺达公司作为定作方向承揽方凯跃公司提供沥青原材料并支付加工费用,凯跃公司依约交付工作成果。顺达公司是案涉基质沥青原材料的所有权人,其请求凯跃公司返还该440.36吨基质沥青,是对物的请求权。经查,基质沥青如果在仓库中存放,避免日照和雨淋,可以存放2~3年。2011年12月6日至2014年11月20日,顺达公司一直未向凯跃公司主张返还440.36吨基质沥青,凯跃公司亦未通知顺达公司基质沥青已经灭失的情况。2014年11月20日,顺达公司发律师函催要时,才知道剩余基质沥青已经灭失,至提起本案诉讼向凯跃公司主张赔偿其损失,并未超过2年诉讼时效。双方当事人均认可目前基质沥青市场价格为2700元/吨。在案涉基质沥青已经灭失的情况下,顺达公司请求凯跃公司对其损失进行赔偿,有事实和法律依据。[1]

在加工承揽合同中,如果未约定付款期限,但当事人在合同中对质量异议有约定但又未明确异议期的,可以参照适用买卖合同最长两年的异议期的规定,诉讼时效期间应从质量异议期结束后起算。

【案例 11-140】 君盛公司诉经纬公司承揽合同纠纷再审案

一审法院以超过诉讼时效为由驳回了君盛公司的诉讼请求。二审法院认为,因双方未约定款项的支付时间,应依照《合同法》第六十二条、《诉讼时

---

[1] 参见《人民司法·案例》2018年第5期(总第808期)。最高人民法院(2017)民再332号民事判决书。

效规定》第六条的规定,君盛公司起诉经纬公司要求支付定作款,并未超过法定的诉讼时效期间。遂撤销一审判决,判决经纬公司支付君盛公司13.3万元。再审法院认为,君盛公司的诉讼请求并未超过诉讼时效,依法判决驳回经纬公司的再审申请。[1]

---

[1] 参见杨治:《加工承揽合同中未约定付款期限诉讼时效的认定》,载《人民法院报》2019年5月9日,理论周刊版。浙江省高级人民法院(2019)浙民申969号民事裁定书。

专题十二　旅游合同纠纷

　　伴随国民经济的快速发展，旅游业也获得了空前发展，旅游合同纠纷案件增多，本专题就旅游合同纠纷的一些热点、难点作剖析。

一、旅游合同理解

(一)旅游合同含义

所谓旅游合同,虽在社会生活中广泛使用,在《旅游法》和《旅游纠纷解释》中予以认可,但确切的含义和被主流观点认可概念未形成。有学者认为,旅游合同是旅游者与旅游经营者之间设立、变更、终止民事权利义务关系的协议。[1] 有法官认为,旅游合同是旅游经营者向旅游者提供整体性旅游服务,旅游者支付旅游费用的合同。[2] 也有法官认为,旅游合同一般是指旅游经营者与旅游者之间签订的合同,即旅游经营者为旅游者规划旅程,预订食宿、交通工具,指派领队或导游带领旅游者游览并随团服务,旅游者支付报酬的合同。[3] 广义的旅游合同,还包括一些与旅游合同相关的合同,如旅游食宿合同、运送合同、保险合同、买卖合同等。

关于旅游合同类型。一般可分为两种类型,其一,代办旅游合同。在此类合同中,代办人不负责提出有关给付事项,只负责相关事务的处理,如寻找订约机会、选择符合旅游者要求的合适订约人与旅游经营者订立合同等。其二,包价旅游合同。此类合同的法律关系比较复杂,包价游(报团游)在旅游市场中居普遍地位,其合同为最基本、最主要的类型。

关于旅游合同性质。理论上有不同学说,如买卖合同说、委托合同说、行纪合同说、居间合同说、承揽合同说、服务合同说、混合说等。从合同内容看,旅游合同含有多种有名合同的内容,从不同的角度可以得出不同性质之结论。委托合同性质体现在旅游经营者为旅游者代办手续、代订机票、酒店等行为;行纪合同性质体现在旅游经营者以自己的名义与旅馆订立合同并将取得的权利转移给旅游者;居间合同性质体现在旅游经营者与各种服务提供者之间进行介绍或居中斡旋,使旅游者与其直接订立相应的合同,并由此取得报酬;承揽合同性质体现在旅游经营

---

[1] 参见韩玉灵主编:《旅游法教程》,旅游教育出版社2000年版,第121页。
[2] 参见沈志先主编:《合同案件审判精要》,法律出版社2013年版,第482页。
[3] 参见江必新等:《最高人民法院指导性案例裁判规则理解与适用》(合同卷三),中国法制出版社2015年版,第151页。

者将个别给付,如将交通、住宿、饮食等进行组织后整体交付旅游者,使旅游者圆满完成既定旅游行程,并由此获得报酬。此外,旅游合同又无法单独归类于某种有名合同,其是兼具买卖、委托、代理、行纪、居间、承揽等典型合同特征,与承揽合同最相类似的一种混合合同。有学者认为,旅游合同作为混合合同,兼有承揽合同、委托合同、居间合同的特征。[1] 最高人民法院法官亦持这种观点,[2] 旅游合同的性质在目前尚未形成主流观点,有待于深入探讨。

(二) 旅游合同特征

旅游合同具有一般合同的常见内容,但又有其自身特点。

其一,服务性。旅游合同是旅游经营者以提供旅游服务为核心的合同,旅游经营者提供的产品是围绕服务进行的,合同给付内容的非物质性,满足旅游者在旅游过程中精神愉悦的非物质利益方面的需求。

其二,整体性和连续性。包括服务和旅游费用两方面内容。前者是指旅行社往往需要提供一个集食、行、娱、游、购、宿等于一体的、综合性的"一揽子"旅游服务产品,含有吃、住、行、游、购、娱涉及的饭店、酒店、交通工具、景点设施、娱乐设施等硬件服务,也含有依附于硬件部分的从业人员提供的服务和旅游经营者提供的服务,如导游、司机等软件服务。后者,旅游者通常是一次性把旅游费用交付于旅行社,而不是单独交付具体的旅游辅助服务者。从合同连续性看,从订立合同至旅游者返还出发地合同履行完毕,是一个连续过程。

其三,可分割性。合同内容具有可分割性,合同双方可对吃、住、行、游、购、娱任意分割,按旅游者自愿选择旅游项目订立合同,如一日游、纯玩团等。

其四,涉他性。在旅游合同的履行,势必需要依靠交通运输、宾馆、饭店等第三人辅助完成,在提供辅助的第三人配合旅游经营者完成相应的服务发生瑕疵的,均会直接影响旅游合同的顺利完成。

其五,主体的特定性。旅游合同的主体为旅游者和旅游经营者。根据《旅游法》的规定,经营旅游业务必须经旅游主管部门的行政许可,旅游为特许经营行业,必须具有国家规定的相应资质,旅行社为取得许可的从事旅游业务的单一主体。根据《旅游纠纷解释》第一条规定"旅游经营者"是指以自己的名义经营旅游业务,向公众提供旅游服务的人。最高人民法院法官认为,现实生活中旅游经营

---

〔1〕 参见王泽鉴:《民法学说与判例研究》(第七册),中国政法大学出版社1998年版,第45页。

〔2〕 参见最高人民法院民事审判第一庭编:《最高人民法院审理旅游纠纷案件司法解释理解与适用》,人民法院出版社2010年版,第129页。

者远不止旅行社一种,像农家乐、网上组织的旅游等都属于旅游经营行为。人民法院审理的旅游纠纷案件不局限于旅行社与游客之间的纠纷,只要是平等主体之间的旅游合同纠纷都属于人民法院案件受理范围,也都属于旅游纠纷案件,故《旅游纠纷解释》采纳了旅游经营者的概念,而非旅行社概念。[1] 但是,也有学者认为,该司法解释所确立的旅游服务合同的当事人概念过于宽泛,应当将提供旅游服务的一方主体界定为旅行社。[2]

其六,旅游服务具有超前性和预备性,即旅游经营者在旅游者出行之前就提前为旅游者提供咨询、路线规划、预订住宿、交通、景点等服务。

其七,目的愉悦性。旅游是一种带有休闲性质的,以追求精神生活的享受为目的的消费活动,旅游的基本出发点、整个过程和最终效应都离不开旅游者获取自身的审美体验和身心愉悦,其旅游合同的目的主要是获得精神愉悦,此为该种合同最根本的特征,也是与其他服务合同的明显区别。

其八,旅游者与旅游经营者是旅游市场的共同体,坚持公平保护双方的合法利益,对旅游者的过度保护必然会对旅游经营者合法权益产生影响,反而会影响旅游服务行业整体服务水平,最终损害旅游者利益。

(三)旅游合同义务

旅游合同主要分为旅游经营者义务和旅游者义务两方面。

根据《旅游法》《民法典》和合同原理,旅游经营者的义务主要为,其一,合同内容说明义务。旅游合同为旅游经营者提供的格式合同,应对旅游者予以说明。其说明具体内容为,旅游行程安排;旅游团成团的最低人数;交通、住宿、餐饮等旅游服务安排和标准;游览、娱乐等项目的具体内容和时间;自由活动时间安排;旅游费用及其交纳的期限和方式;违约责任和解决纠纷的方式。未履行该义务的,即可能因为违反说明义务而导致包价游合同不成立、被撤销等,因此造成旅游者损失的,应当承担赔偿责任。其二,旅游行程单的提供义务。旅游经营者提供旅游行程单应当在行程开始前履行,即出团前提供给旅游者。未在开始前提供的,属于违反合同义务的行为,承担继续履行、采取补救措施、赔偿损失等责任。其三,提示投保人身意外伤害保险义务。提示人员范围,是参加团队旅游的旅游者,旅游经营者不负有为旅游者投保人身意外伤害保险的义务。其四,告知义务。主

---

[1] 参见最高人民法院民事审判第一庭编:《最高人民法院审理旅游纠纷案件司法解释理解与适用》,人民法院出版社2010年版,第29页。

[2] 参见王利明:《合同法研究》(第四卷),中国人民大学出版社2013年版,第613页。

要包括两方面内容,存在可能危及旅游者人身、财产安全的旅游风险和可能对旅游者产生不利影响的法律风险。具体来讲,一是旅游者因自身年龄、健康原因不适合参加旅游活动的。二是旅游活动中的安全注意事项。三是旅游经营者依法可以减免责任的信息。四是旅游者应当注意的旅游目的地相关法律、法规和风俗习惯、宗教禁忌,依照中国法律不宜参加的活动等。旅游过程中需告知的安全注意事项,应当是因为旅游活动构成的特殊风险,而非所有风险,作为有行为能力的自然人应当掌握的一般安全方面的常识性风险,就不属于告知的范围。告知的形式和时间要求,对于严重危及旅游者人身、财产安全的旅游风险、多发的旅游风险应当采用书面形式,并在旅游者进入旅游风险多发地带时给予明确的口头警示。其五,解除合同通知义务。旅游经营者组团未达到约定人数不能出团时欲解除合同的,在境内旅行的应当至少提前七日通知旅游者,出境旅游应当至少提前三十日通知旅游者。其六,转团征得同意义务。因未达到约定人数不能出团的,旅游经营者欲委托其他旅行社履行合同的,应征得旅游者的书面同意。其七,不得擅自变更旅游行程义务。旅游经营者应当按照包价旅游合同的约定履行义务,不得擅自变更旅游行程安排。在旅游合同履行、向旅游者提供旅游服务过程中,地接社扮演着在旅游目的地实际接待旅游者、具体执行旅游行程安排的重要角色。地接社应当按照包价旅游合同和委托合同提供服务,无权变更旅游行程。作为旅游经营者,根据旅游合同的性质、目的和行业习惯,负有避免旅游者人身、财产受到侵害的保护义务。基于合同当事人之间的密切关系,作为专业从事旅游营利活动的旅游经营者较之一般的旅游者对特定项目情况具有更高的认知能力,且其防范危险发生的成本亦较普通旅游者更低,旅游经营者应当对旅游者的活动负有比社会一般人更高的注意义务。其八,附随义务。旅游合同中当事人除合同约定的主、从给付义务之外,还包括附随义务。如常见的按时安排游客就餐,发现旅游者有疾病不适应及时照顾等义务。

实践中,发生争议最多的是旅游经营者的安全保障义务。所谓安全保障义务,顾名思义主要是法律规定保障旅游者的安全。该义务应包含人和物两方面,人的方面是指一要有足够的、适当的人员为参与其活动的旅游者提供与其活动相适应的预防外来侵害的保障,包括工作人员、服务人员、保安人员等。二是对参与活动者在其场所或组织的活动中可能发生的影响安全的侵害要有一定的预警,使旅游者对可能发生的侵害有一定的认识,同时提高自身的警惕性,这种预警可以是警告,也可以是通知、说明或指示。物的方面则是指活动场所及活动中所需建筑物、运输工具、设施设备等物质的配置、保管、维护,保障其正常运行,不会给参与活动旅游者带来可能影响其安全的危险等义务。安全保障义务所保护的对象与安全保障义务人之间应存在某种关系,安全保障义务的保护对象不仅包括经营活动中有合同关系的旅游者,在特定情况下还包括潜在的消费者和其他进入经营活动场所的人。由于旅游经营者组织的旅游活动发生在旅途中,故旅游经营者一般仅对与自己有旅游合同关系的旅游者承担安全保障义务。实践中,旅游经营者违反安全保障义务可分为防止游客遭受义务人侵害的安全保障义务和防止游客遭受第三人侵害的安全保障义务。安全保障义务主要内容为,其一,告知义务。旅游经营者要确切地将旅游的主要流程告知游客,若其中的某一游览项目对年龄、身体方面有特殊要求的,则应及时告知旅游者并作相关解释。在更改游览项目或对游程作重大变更时,应取得旅游者的许可,对自费项目更应详尽告知相关内容。其二,警示义务。该义务包含有两项内容,即抽象和具体的警示。抽象警示要求旅游经营者在游览景区前或过程中对可能造成旅游者人身和财产损害的事由作出警示,提醒旅游者注意人身和财产安全。具体的警示要求旅游经营者在游览某些可能对旅游者人身造成损害的具体的景区前作出警示,比如,在高海拔地区攀登高峰,其旅游经营者须将可能造成的具体危害告知旅游者,由旅游者根据自己的身体状况选择是否进行游览。其三,救助义务。该义务要求旅游经营者在旅游者发生人身或财产损害之后及时救助。

实践中,旅游经营者的附随义务是认定难点。附随义务,是指在债的关系中,为保证债权的圆满实现或保护债权人人身或财产上的利益,基于诚实信用原则,债务人除给付义务外,尚应履行其他行为的义务。[1] 附随义务具有以下特性,其一,不确定性。其二,不对称性。旅游经营者的附随义务主要为,其一,法律及合同无具体规定。其二,遵循诚实信用原则。其三,根据旅游合同的性质、目的和交易习惯判断。[2] 在旅游合同中对重要事项约定不明可能影响旅游者选择权的情形下,旅游经营者应当履行告知的附随义务,是否履行该项义务事关其全面履行义务的认定。

【案例12-1】 郁某非诉北京世纪东方国际旅行社有限公司旅游合同纠纷案

二审法院认为,世纪国旅公司是否全面履行了合同义务?旅游经营者在旅游服务中因掌握着大量旅游资源、旅游信息而具有优势地位,因此,在旅游合同对重要事项约定不明或影响旅游者的选择权情形下,旅游经营者应当尽到必要、合理的提示或告知义务。本案旅游项目为我国公民出境游,郁某非与世纪国旅公司之间通过旅行产品确认单、旅行出发通知书建立旅游服务合同关系,双方在合同中约定全程国际机票由旅游者自行承担,但是未对旅游者自行购买机票作任何提示说明。郁某非等人购买机票后,在出发前将航班信息发送给世纪国旅公司,世纪国旅公司向旅游者团队代表夏某发送旅行出

---

[1] 参见李伟:《德国新债法中的附随义务及民事责任》,载《比较法研究》2004年第1期。
[2] 参见《人民司法·案例》2017年第26期(总第793期)。

发通知书。虽然双方对是按照事先拟定的旅游路线购买机票还是按照航班设计路线有争议,但是世纪国旅公司作为长期专门从事境外旅游的经营者,其在介绍旅游产品时,应当针对我国公民不知晓或不熟识境外旅游景点、行程安排、语言、当地风俗等情况,尽可能地在旅行之前尽到必要的提示义务,而行程安排在旅行活动中属于重要事项,世纪国旅公司应当给予郁某非等人一定购票提示或指导,但是世纪国旅公司称其无此项义务,加重了旅行者的负担。即便双方未约定提示义务或者法律未对该义务进行强制要求,鉴于本案为13人包团境外旅游,旅游天数15天,其间穿越欧洲多个国家和地区,往返需多次换乘国际航班,因此,本次旅游应该引起世纪国旅公司的重视和关注,以确保旅游行程如期进行,不能因为旅游者选择花费较少的自购机票而放弃对该重要事项的审查与核对。旅行出发通知书是双方出行前对旅游行程及服务的最后一次确认,在世纪国旅公司未对郁某非购买的航班提出异议的情形下,视为其认可并接受了该行程方式,即双方对旅行产品确认单中的行程进行了变更并达成了合意,世纪国旅公司应当及时调整地接服务和行程安排,以便提供符合约定的服务,但世纪国旅公司仍按照之前的行程规划安排旅游,未能尽到注意与提示职责,故其未能全面履行合同义务。[1]

  旅游者的义务主要为,其一,支付旅游费用。这为最主要的义务,旅游者应按照合同约定支付旅游费用,在约定的服务项目之外,旅游者接受旅游经营者提供的其他服务时,则应另行支付服务费用。其二,协助履行合同。旅游者应当协助旅游经营者履行双方签订的旅游合同,这种协助义务应体现在旅游合同全过程和各个方面,保证旅游合同目的的全面实现。具体来讲,应当及时提交旅游所需的各种证件;遵守旅游时间的规定,在规定的时间内完成自行旅游活动;服从旅游经营者的统一安排和指挥,按照合同约定参加旅游活动;不携带法律规定为易燃易爆物品、不做危害安全的危险行为;赔偿其因自身不当行为造成的损失。其三,附随义务。在签订合同时旅游者将自身真实健康状况告知旅游经营者,使旅游经营者相信旅游者的身体条件能够坚持完成整个旅游活动。旅游者在旅游活动中应遵守我国及目的地的法律和法规,遵守团队纪律,尊重旅游目的地的各种宗教信仰、民族习惯和风土人情,配合导游完成旅游行程。旅游者应提高自我保护意识,购买旅游保险,妥善保管自己的行李物品,不得擅自离团等。

---

  〔1〕 参见《人民司法·案例》2017年第26期(总第793期)。北京市第三中级人民法院(2016)京03民终3663号民事判决书。

(四)旅游合同关系

确定旅游者与旅游经营者之间的合同关系,便可确定旅游者与旅游经营者的权利义务内容。在实践中,一般情况下对旅游合同关系建立不存在异议,但在有些情况下如事实旅游关系、办理旅游护照是否建立旅游合同关系有争议。

【案例 12-2】 米风群额尔古纳市国际旅行社旅游合同纠纷案

判决观点,尽管受害人白某山等是出境做生意,但他们只要到旅行社申请旅游护照,以旅游团队的形式从指定口岸出境,就具备了旅游者和生意人的双重身份。旅行社收取了白某山等人交纳的有关费用,为其办理了旅游护照后,双方就形成旅游合同关系。由于受旅游护照确定的地点、期限等的限制,未按旅行社规定的路线旅游,也不能因此而否认双方之间的旅游合同关系。[1]

【案例 12-3】 李某某诉上海君惟国际旅行社有限公司旅游合同纠纷案

判决观点,本案中李某某虽未与被告签订书面旅游合同,但原告提供的桐庐三日游行单上盖有被告的公章,导游邹某某的名片显示其为被告员工,相关证人均证明导游邹某某为被告员工,代表被告组织了本案中的旅游活动,而相应证据也表明被告对本案中的旅游活动是知晓的。被告虽否认导游邹某某并非受被告委派组织本案中的旅游活动,李某某等游客也有理由相信其接受的是被告提供的旅游服务,李某某与被告之间存在事实上的旅游合同关系。[2]

旅游经营者以用车租赁合同为名,实际向消费者提供旅游服务,应当认定为旅游合同关系而非租赁合同关系。

【案例 12-4】 高某珠等诉杨某华、远归公司旅游合同纠纷案

判决观点,高某模与被告双方签订的《成都远归旅游专营店行程单》《拼车结伴川藏线包车自助游协议》,事实清楚,证据确实充分,法院予以认定。根据原告的诉讼请求和被告提出的抗辩意见,本案争议的焦点在于双方当事人签订的合同是租赁合同还是旅游合同,进而判断被告杨某华及远归公司是否承担安全保障及合理救助等义务。杨某华与高某模就旅游事宜联系沟通

---

[1] 参见最高人民法院中国应用法学研究所编:《人民法院案例选》2002年第1辑(总第39辑),人民法院出版社2002年版,第127页。

[2] 参见郭伟清主编:《2015年上海法院案例精选》,上海人民出版社2016年版,第58页。

并不是以个人名义,双方基本达成一致意见后,杨某华要求高某模将定金转至远归公司开设的天猫成都远归旅游专营店,远归公司的支付宝账户亦收取了此款项,随后,杨某华将《成都远归旅游专营店行程单》《拼车结伴川藏线包车自助游协议》发给高某模,该两份合同清楚载明合同一方系远归公司,并非杨某华个人,故合同相对人是远归公司,杨某华是职务行为。旅游经营者是指旅行社、景区及为旅游者提供交通、住宿、餐饮、娱乐等服务经营者。杨某华在微信聊天中虽向高某模有过"我们属于车公司、不发团、不带包游的包车自由行""我们提供的是用车服务"等表述,但其后向高某模发送的协议、合同内容均载明并不仅仅是租赁车辆关系,故对原告主张双方建立的是旅游合同关系,法院予以确认。[1]

(五) 旅游合同纠纷举证

旅游合同纠纷,其服务存在瑕疵及违约行为构成的证明责任,按一般证明责任的分配原则,一方主张另一方违约,一方应对另一方的违约事实承担证明责任,一般都由主张对方违约的一方当事人承担证明责任。但对于因旅行社保管导致旅游者无法获取的证据,可要求旅行社提供。实践中,确定双方旅游合同的约定内容是争议的焦点,旅游经营者应当就合同约定的内容承担举证责任,旅游者应当就实际履行不符合合同约定承担举证责任。

【案例 12 – 5】 杨某、于某诉某国际旅行社服务合同纠纷案

就某国际旅行社是否未安排回民餐及不尊重回民习俗一节,杨某、于某主张某国际旅行社不尊重回民习惯,未安排回民餐,而让其吃汉民餐,在一次用餐中有猪肘子,严重侵害了其风俗习惯并造成精神损害,应赔偿精神损失费每人 10000 元,但该二人仅提供了该团的另外一个投诉者闵某的证人证言,未就该主张提交其他证据予以佐证。某国际旅行社对此不予认可,主张由于游客在其签订的旅游合同中对回民餐并无明确约定,该公司根据客人的用餐习惯,全团均安排的是清真餐,杨某、于某在用餐当时并未就此提出抗议,而且杨某、于某在《团友征求意见表》上,对线路安排、酒店安排、导游服务、用车安排、饮食状况等项目安排均表示满意,并签名认可,该公司就此向本院提交了《团友征求意见表》中杨某、于某的签字予以佐证。……法院认

---

〔1〕 参见国家法官学院、最高人民法院司法案例研究院编:《中国法院 2021 年度案例》(合同纠纷),中国法制出版社 2021 年版,第 12~13 页。四川省成都市武侯区人民法院(2019)川 0107 民初 2811 号民事判决书。

为,杨某、于某对其主张某国际旅行社存在的上述违约行为缺乏事实及法律依据,其应当承担举证不能的不利后果,故法院对其主张的诉讼请求均无法支持。鉴于某国际旅行社与游客之间就提供的旅游服务项目沟通与解释不足,以致引发此次诉讼,故相应的诉讼费应当由某国际旅行社承担。[1]

【案例12-6】 林某煌等诉海南中国青年旅行社有限公司旅游合同纠纷案

二审法院认为,被上诉人的行为不构成对上诉人的精神损害。主要理由是:(1)本案没有精神损害的事实存在。上诉人因游客王某民患病引起情绪恐慌,主观上认为有可能被王某民疾病传染,事实上又没有任何证据证明上诉人被王某民的疾病传染,即没有损害的结果发生。(2)没有精神损害构成的因果关系。在本案中,上诉人的恐慌原因是游客王某民所患疾病引起,不是由被上诉人的行为所致,故被上诉人不完全履行合同义务的行为与上诉人的心理恐慌不存在因果关系。且上诉人也没有证据证实被上诉人不完全履行合同义务的行为,侵害了上诉人的身体健康。(3)从被上诉人的过错及行为的违法性来看,被上诉人不完全履行合同义务的行为既没有故意,也没有过失造成上诉人精神损害。上诉人没有被传染疾病,身体健康无实际受到损害,也未受到相应的物质损失,故上诉人主张精神损害赔偿,于法无据,应予驳回。其主张被上诉人构成侵权应公开赔礼道歉的诉讼请求,不予支持。[2]

对于旅游者主张权利和旅行社抗辩均需要证据支持。

【案例12-7】 许某诉广东省中国旅行社有限公司旅游合同纠纷案

二审法院认为,广东中旅社主张韩国的酒店房屋有门槛符合韩国国情,在旅游过程中已告知许某入住的酒店房间内有门槛等,但许某否认并称其此次旅游前三晚入住的酒店房间均没有门槛。双方当事人均确认事发时的酒店玄关内有门槛,争议在于广东中旅社是否事前告知、提示许某事发酒店玄关内有门槛以及旅游前三晚入住的酒店是否如事发酒店玄关内有门槛。首先,如广东中旅社所主张的韩国酒店房间玄关内有门槛符合韩国国情,但在刚进门的玄关内设门槛与非韩国人、临时过境旅游的人平时生活习惯有较大差异,对于刚从室外进入室内的人而言,如果不清楚玄关内有门槛,容易被绊倒而受伤。广东中旅社作为专业的营业性旅行社对安排游客居住的酒店应较游客更熟悉,同时也应预计到韩国酒店的这种设计与非韩国人、临时过境旅游的人的生活习惯不同及可能带来的不便与影响,故广东中旅社应在每次

---

[1] 参见张钢成主编:《服务合同案件裁判方法与规范》,法律出版社2015年版,第128页。
[2] 参见最高人民法院中国应用法学研究所编:《人民法院案例选》2002年第3辑(总第41辑),人民法院出版社2003年版,第184页。

入住前尽到必要的告知、提醒义务。事发当晚许某参加广东中旅社组织的活动回到酒店休息已是夜晚近 11 时,广东中旅社在本案中不能证实其在事前已经履行告知、提醒义务。其次,广东中旅社主张许某在此旅游期间前三晚入住的酒店房间玄关内均有门槛亦缺乏充足证据证实,而且前三晚居住的酒店与事发当晚的酒店分别在韩国不同城市,即使前面居住的酒店房间玄关内有门槛亦不能必然得出许某知道事发当晚入住的酒店玄关内有门槛的结论。最后,广东中旅社提供证据证实事发酒店大堂设有警示牌,提醒入住旅客房间玄关内有门槛,对此,许某予以否认但未能举证反驳广东中旅社该主张,故法院采信广东中旅社该主张。[1]

【案例 12-8】 郑某珠等诉国旅(泉州)国际旅行社有限公司等旅游合同纠纷案

　　一审法院认为,法院依法向林芝县公安局刑警大队调取林某平死亡的相关案卷材料:免责材料、授权委托书、证人询问笔录和法医学尸体检验意见,其中,免责声明载明"2013 年 6 月 3 日,经家属商议达成一致意见,决定不对遗体进行解剖"有林某平家属林某璇及郑某珠授权林某安签字确认,原告认为委托授权书中"郑某珠"并非其本人所签,但未提供证据证明,对其主张不予认可。因郑某珠及林某璇决定不对林某平遗体进行解剖,林芝县公安局刑警大队依据该意见对尸体进行尸表检验,并作出检验意见:林某平因高原性肺水肿死亡的可能性较大,对于林某平的死亡原因未能作出准确结论,其家属具有一定过错。被告国旅泉州公司辩称其在组织林某平等人旅游时,有向旅游者发放安全保障卡,因工作失误没有收回,且其已经告知了旅游目的地的安全注意事项、避险措施,但未提供证据证实,法院不予采信。根据原告庭审陈述以及黄某林的书面证言,证实被告并未履行上述义务,被告国旅泉州公司违反了双方旅游合同第七条第二项、第五项、第六项的规定。二审法院亦为同样意见。[2]

旅游经营者是否尽到安全保障义务的举证认定是司法实践中的难点问题。

【案例 12-9】 盛某平诉新疆杜氏旅游有限责任公司违反安全保障义务责任纠纷案

　　判决观点,被告新疆杜氏旅游有限责任公司是一家旅游企业,被告在从事娱乐经营活动的同时应在合理的限度内承担安全保障义务。安全保障义

---

〔1〕参见国家法官学院案例开发研究中心编:《中国法院 2016 年度案例》(合同纠纷),中国法制出版社 2016 年版,第 259~260 页。广东省广州市中级人民法院(2013)穗中法民一终字第 442 号民事判决书。

〔2〕参见国家法官学院案例开发研究中心编:《中国法院 2017 年度案例》(合同纠纷),中国法制出版社 2017 年版,第 243~244 页。福建省泉州市中级人民法院(2015)泉民终字第 3612 号民事判决书。

务的目的是保护他人的人身和财产安全,其主要内容是"作为",即要求义务人必须采取一定的行动来维护他人的人身或财产免受侵害。原告受伤时游玩的"缆绳飞度"属于具有一定危险性的水上拓展项目,被告虽然辩称该项目附近安排有安全管理人员并设置了警示标志,但提供的证据无法证实其配置了必要的安全防范设施及安全管理人员,原告又不予确认在事故现场见到安全设施及安全管理人员,故被告的该辩解意见,本院不予采信。在本次事故中被告显然未尽到安全保障义务,对原告所受损害应承担赔偿责任。原告作为一个成年人,在参与有一定危险的活动时,应当对可能存在的危险有足够的预见能力,故在此事故中也应当承担相应的责任,结合本案的案情及受害人的责任,法院认定被告新疆杜氏旅游有限责任公司承担原告损失60%的责任,原告盛某平成承担40%的责任。[1]

旅游经营者主张旅游者的单方解约系违约行为,应当按照合同约定承担实际损失的,则旅游经营者应当举证证明"损失已实际产生"和"损失的合理性"。如举证不力,则由旅游经营者承担不利后果。

【案例12-10】 陈某、徐某芳、陈某1诉上海携程国际旅行社有限公司旅游合同纠纷案

　　双方合同还约定:旅行社已办理的护照手续费、订房损失费、实际签证费、国际国内交通票损失费按实计算。二审法院认为,关于"损失已实际产生"和"损失的合理性"的举证责任在于携程旅行社,如举证不力,则由携程旅行社承担不利后果。综观携程旅行社的证据材料,不论在证据的效力和证据的证明力上,还是直接证据、间接证据之间的相互印证上,均无法形成令人信服的证据优势。携程旅行社为其酒店费用损失提供了相关证据,但"收费证明""取消政策"等境外证据未经公证、认证,部分证据无翻译件,形式上明显存有瑕疵,难以证明携程旅行社实际发生了酒店费用的支出;携程旅行社虽辩称其扣除的金额中还包括已经支付的签证费和保险费,但其未提供支付凭证,仅提供了与欧洲之星公司的邮件往来、报备文件,证明力较弱,难以印证损失已经产生并属合理,且均未得到陈某、徐某芳、陈某1的认可;鉴于携程旅行社扣除相关费用欠缺证据证明,故陈某、徐某芳、陈某1的上诉请求中部分内容应予以支持。经二审法院核算,携程旅行社应退还陈某、徐某芳、陈某1旅游费22895.10元(旅游费合计55326元-已退款29751元-应承

---

〔1〕 参见国家法官学院案例开发研究中心编:《中国法院2016年度案例》(侵权赔偿纠纷),中国法制出版社2016年版,第75~76页。新疆维吾尔自治区昌吉市人民法院(2015)昌民一初字第00664号民事判决书。

担的违约金2679.90元)。[1]

在第三人导致旅游者受伤的情形下,旅游者选择旅游经营者要求其承担补充赔偿责任,需要证明旅游经营者存在未尽到安全保障义务的相应过错,如果不能证明其过错,应当承担证明不力的相应后果。

---

[1] 参见《最高人民法院公报》2015年第4期。

二、旅游合同法律适用

(一) 责任主体认定

责任主体具体范围为,《旅游纠纷解释》第一条第一款规定,在旅游合同纠纷中,承担违约责任的主体除旅游经营者外,还有旅游辅助服务者;第三款规定,旅游辅助者是指与旅游经营者存在合同关系,协助旅游经营者履行旅游合同义务,实际提供交通、游览、住宿、餐饮、娱乐等旅游服务的人;第四款规定,旅游者在自行旅游过程中与旅游景点经营者因旅游发生的纠纷,参照适用本规定。上述规定的主体均可以作为责任主体。

根据《旅游纠纷解释》第十三条第一款规定:"签订旅游合同的旅游经营者将其部分旅游业务委托旅游目的地的旅游经营者,因受托方未尽旅游合同义务,旅游者在旅游过程中受到损害,要求作出委托的旅游经营者承担赔偿责任的,人民法院应予支持。"该款规定了受托的旅游经营者。第二款规定:"旅游经营者委托除前款规定以外的人从事旅游业务,发生旅游纠纷,旅游者起诉旅游经营者的,人民法院应予受理。"该款规定旅游经营者委托的其他人可以作为责任主体。

【案例 12-11】 许某敏等与徐州市圣亚国际旅行社有限公司人身损害赔偿纠纷案

二审法院认为,旅行合同是指旅行社提供有关旅行给付给旅客,而由旅客支付报酬的合同。旅行中的景点安排,由旅行社接洽第三人给付,除旅客已直接与第三人发生合同关系外,该第三人即为旅行社的旅行辅助人,对游客的人身和财产安全负有保障义务。第三人如有故意或过失侵害旅客的行为,旅行社应当承担损害赔偿责任。[1]

【案例 12-12】 李某诉河南康辉国际旅行社有限责任公司、海南辉煌国际旅行社有限公司旅游合同纠纷案

二审法院认为,被告辉煌公司受康辉公司的委托,在海南接待原告,其与

---

[1] 参见《最高人民法院公报》2012 年第 6 期(总第 188 期)。

原告之间没有直接合同关系。康辉公司将原告转至辉煌公司合并组团,符合涉案合同的约定。该合同明确约定由康辉公司就本合同内容对原告承担先行赔偿责任。因此,原告要求被告辉煌公司承担民事责任,理由不当。〔1〕

由于地接社、履行辅助人原因导致违约的,由组团社承担责任;组团社承担责任后可以向地接社、履行辅助人追偿。

【案例12-13】 赵某平诉北京和平天下国际旅行社有限公司、北京天元假期国际旅行社有限公司旅游合同纠纷案

一审法院认为,本案中,赵某平与和平天下公司签订的《团队出境旅游合同》,系双方当事人真实意思表示,未违反国家法律、行政法规的强制性规定,应认定为有效。天元假期公司与和平公司存在合同关系,实际为赵某平提供旅游服务,是该旅游合同的履行辅助人。旅游经营者、旅游辅助服务者对可能危及旅游者人身、财产安全的旅游项目未履行告知、警示义务,造成旅游者人身损害、财产损失,旅游者请求旅游经营者、旅游辅助服务者承担责任的,人民法院应予支持。赵某平有权向和平天下公司、天元假期公司主张责任。二审法亦持同样意见,维持原判。〔2〕

对于不属于旅游辅助服务者的,应认定为责任主体,对无责任的第三方则限制其承担赔偿责任。

【案例12-14】 瞿某凛等诉沈阳美好时光旅行社有限公司等旅游合同纠纷案

判决观点:涉案旅游地"龙凤滩",虽属第三人驼山乡政府辖区,但驼山乡政府未将该海域设立成旅游景点,也未向游人收取任何门票及其他费用,游人前去旅游,属于其个人自愿,对外所做宣传不仅有涉案海域,还包括该乡农业等方面,从宣传内容上看,不属于要约邀请,故第三人驼山乡政府不属于旅游辅助者,在本案中不构成侵权,不应承担赔偿责任。〔3〕

【案例12-15】 王某与某教育咨询公司旅游合同纠纷案

判决观点:双方之间形成的是兼具旅游与文化交流双重属性的混合性服务合同。这就表明承担违约责任的主体还有一种兼具旅游与文化交流属性

---

〔1〕 参见最高人民法院中国应用法学研究所编:《人民法院案例选》2013年第2辑(总第84辑),人民法院出版社2013年版,第208页。河南省郑州市中级人民法院(2011)郑民四终字第1146号民事判决书。

〔2〕 参见国家法官学院、最高人民法院司法案例研究院编:《中国法院2020年度案例》(合同纠纷),中国法制出版社2020年版,第69页。北京市第一中级人民法院(2018)京01民终4315号民事判决书。

〔3〕 参见国家法官学院案例开发研究中心编:《中国法院2013年度案例》(合同纠纷),中国法制出版社2013年版,第234页。辽宁省瓦房店市人民法院(2010)瓦民初字第4682号民事判决书。

的教育咨询公司。[1]

转团(拼团)是旅游行业的惯例,通过转团(拼团)的方式可以在单一旅行社组团低于成团人数而不能出团时,提高成团率。从国家旅游主管部门制定的旅游合同示范文本来看,转团并不要求游客与受让出团的旅行社另行签订合同,即转团有可能在游客不知情的情形下发生,这直接导致了目前旅游业出现大量旅行社在未征得游客同意情况下,随意将游客转团的现象,容易引发纷争。法官认为,虽然《旅行社条例实施细则》原则上规定,未经旅游者同意旅行社不得将旅游者转让给其他旅行社组织、接待,但是规定内容过于简略,对相关民事责任的承担并无涉及。[2]《旅游纠纷解释》第十条第一款明确规定:旅游经营者将旅游业务转让给其他旅游经营者,旅游者不同意转让,请求解除旅游合同,追究旅游者违约责任的,人民法院应予支持。但是,实践中游客通常直到临行前甚至出发后方获悉转团(拼团)事宜,基于时间、解约成本等现实考虑,大多数游客不会再提出异议,经营者有胁迫游客默认合同主体变更之嫌,法律对此也难以有效规制。发生纠纷后,其承担责任主体发生争议。在旅行社只是笼统地征求游客意见是否同意拼团,并未告知游客并征得同意将旅游合同的义务责任进行转移,故不能将游客同意拼团出游视为同意旅行社转移义务责任。换言之,旅行社告知拼团与告知拼团转移义务责任是两种相区别的内容和义务,告知同意拼团并不等于告知同意转移义务责任,旅行社仅拼团经游客同意不产生义务责任转移效力。旅游者或受害人可基于合同法律关系,要求合同相对方承担责任。

【案例12-16】 周某贯等诉绍兴山水国际旅游有限公司旅游合同纠纷案

二审法院认为,黄某蓉与被上诉人绍兴山水国际旅游有限公司之间的旅游合同成立,且因该合同主体适格,内容合法,故应进一步认定为有效。上诉人主张根据上述旅游合同显示,黄某蓉同意转团,被上诉人绍兴山水国际旅游有限公司将黄某蓉交案外人杭州华运旅行社有限公司安排旅游活动的行为属于合同权利义务的转让,案外人杭州华运旅行社有限公司成为合同新的一方当事人,被上诉人绍兴山水国际旅游有限公司不再是本案旅游合同一方当事人,故无须承担责任,法院经审查,上诉人的该上诉理由不能成立,理由如下:首先,根据本案旅游合同约定,同意转团系在"乙方(指被上诉人绍兴山水国际旅游有限公司)不能按时组团出行"之前提下的处理,而本案并不符合上述情形。其次,被上诉人绍兴山水国际旅游有限公司提供的与案外人杭州华运旅行社有限公司订立的《合作协议》显示,双方并未有合同权利义

---

[1] 参见张钢成主编:《服务合同案件裁判方法与规范》,法律出版社2015年版,第124页。
[2] 参见杜万华等:《最高人民法院〈关于审理旅游纠纷案件适用法律若干问题的规定〉的理解与适用》,载《法律适用》2010年第12期。

务一并转让之约定,被上诉人绍兴山水国际旅游有限公司并未退出本案旅游合同关系。且本案未见证据表明黄某蓉对该合作协议知情,被上诉人绍兴山水国际旅游有限公司也在诉讼中表示对该协议黄某蓉应该不知情。最后,本案中案外人杭州华运旅行社有限公司、青海青藏国际会务中心并未作为当事人参加诉讼并对《合作协议》等有关情况作出陈述,且即使本案存在被上诉人绍兴山水国际旅游有限公司违反约定擅自将旅游业务转让给案外人杭州华运旅行社有限公司,案外人杭州华运旅行社有限公司作为实际提供旅游服务的旅游经营者,其选择的旅游辅助人即案外人青海青藏国际会务中心提供交通运输服务未能保障旅游者人身安全致本案中有案外人需承担相应的侵权责任之情况,也并不能否定被上诉人绍兴山水国际旅游有限公司在本案中始终系旅游合同主体之身份。根据《旅游纠纷解释》第十条、《合同法》第一百二十一条的规定,也不能免除被上诉人绍兴山水国际旅游有限公司的责任。至于被上诉人周某贯、周乙、周丙、周丁选择仅将旅游合同签订人即被上诉人绍兴山水国际旅游有限公司作为旅游经营者,要求其承担违约责任,系其对权利行使路径、手段之自由选择,并未违反上述法律规定。被上诉人绍兴山水国际旅游有限公司与黄某蓉之间形成旅游合同关系,被上诉人绍兴山水国际旅游有限公司所提供的服务应当符合保障本案旅游者黄某蓉人身安全的要求。根据《旅游纠纷解释》第七条的规定,本案中被上诉人绍兴山水国际旅游有限公司未尽安全保障义务,导致黄某蓉在旅游过程中发生交通事故死亡,对所造成的损失,被上诉人周某贯、周乙、周丙、周丁依法有权要求赔偿。[1]

(二)违约责任认定

在旅游合同履行过程中,旅游经营者违反合同约定有多种形态,如擅自改变旅游行程、遗漏旅游景点、减少旅游服务项目、降低旅游服务标准等行为的,其均应当承担违约责任。在旅游合同中,确保游客能按既定的线路、时间游览是旅游经营者主要义务,为实现这一合同目的,旅游经营者应当在旅游出发前知悉目的景区的信息,其出发前未告知游客不可抗力的事实亦构成违约。

---

〔1〕 参见国家法官学院案例开发研究中心编:《中国法院2016年度案例》(合同纠纷),中国法制出版社2016年版,第270~271页。浙江省绍兴市中级人民法院(2014)浙绍民终字第930号民事判决书。

【案例 12-17】 **林某斌等诉中山中国国际旅行社有限公司旅游合同纠纷案**

一审法院认为,被告作为专职旅游服务行业的公司,应当在旅游出发前对目的景区的相关信息进行充分的了解和掌握,尤其应当密切关注可能对行程产生影响的气象变化及其他自然现象,以确保原告能按约定的具体旅游线路、时间游览。双方签订的旅游合同中也约定被告应在发现不可抗力事项后,及时告知原告,如出发前发生不可抗力的,双方可协商取消行程或者延期出行。本案中,被告已就旅游事项委托景点所在地的翡翠旅行社,且从被告提交的翡翠旅行社导游周某的证言反映,崂山北九水景区在原告旅行社出发前五天已因降雪封闭,对外开放时间没有公示。可见,被告应有足够的条件及时间了解崂山北九水景区因降雪封山而无法游览的情况,并应依约在出发前与原告对行程进行重新协商;另在北九水景区纠纷发生后,旅行社应当本着自己工作失误的态度,在第一时间妥善处理矛盾,尽力实现合同目的,而不是让服务对象即游客来承担其工作失误的后果,首先考虑让游客另加价去完成合同目的。综上,被告未尽到合同义务而导致原告不能按既定路线游览景区,构成违约。二审法院查明事实与一审相同,调解结案。[1]

实践中,航班变更虽非旅游经营者的原因造成,但其在航班变更后未及时履行通知义务,应承担违约责任。

【案例 12-18】 **无锡舒心假期旅行社有限公司诉无锡宝原体育用品有限公司旅游合同纠纷案**

二审法院认为,双方签订的旅游合同约定宝原公司乘坐8月25日22:50 MC2918航班,后因无锡机场施工,致使该航班取消。宝原公司本次旅游出发时间为2009年8月21日,东方航空江苏公司于2009年8月20日即发出内部明电,通知该航班包机订票单位江苏省中国青年旅行社有限公司,即双方签订的旅游合同履行之前,回程航班被取消的通知已经发出。在原定航班发生变更的情况下,宝原公司作为旅游服务的消费者,有权在第一时间获取相关信息,并及时了解有无其他选择,以便根据具体情形对自己的旅途作出最合理选择。舒心假期旅行社作为旅游服务的提供者有义务及时、准确地把航班取消或变更的事由和原因以及其他选择告知宝原公司,以便宝原公司作正确选择。舒心假期旅行社安排变更后的航班到达南京的时间已是凌晨4时左右,到达原约定的地点无锡将更加迟延,必然会造成宝原公司参加旅游的人员当日无法正常上班,舒心假期旅行社对此也应当能够预见,且依据当

---

[1] 参见最高人民法院中国应用法学研究所编:《人民法院案例选》2012年第2辑(总第80辑),人民法院出版社2012年版,第119页。

今的通讯技术条件,舒心假期旅行社在东方航空江苏公司8月20日发出内部明电的当天即接到通知,并及时告知宝原公司,客观上并不存在障碍。而其在8月24日方告知宝原公司,致使宝原公司未能及时行使知情权,并难以作出其他选择。故虽航班变更非舒心假期旅行社的原因造成,但其在航班变更后未及时履行通知义务,舒心假期旅行社的行为已构成违约。虽宝原公司回程机票并非舒心假期旅行社直接向东方航空江苏公司所订,其于8月22日方接到易程旅行社的通知,但根据《合同法》第一百二十一条之规定,因舒心假期旅行社的订票单位未及时通知,造成舒心假期旅行社未及时告知宝原公司的责任,仍应由舒心假期旅行社承担,其承担责任后可根据法律的规定及当事人的约定另行解决。[1]

对于服务合同约定义务的,应作为判断服务方是否违反注意义务的标准。旅游经营者未按约定为游客购买保险的应承担违约责任。

【案例12-19】 赵某英等诉昆明康辉旅行社有限公司旅游合同纠纷案

判决观点,旅游合同约定,游客委托旅行社为其代买保险,由于旅行社的工作人员未履行基本的注意义务,致使游客出险后不能得到赔付,则该旅行社应当对游客的损失进行赔偿。[2]

旅行社责任险、旅游意外险和旅游意外伤害险是三种性质、功能不同的险种,三者不能混同和替代。旅游经营者未按约定为游客购买特定保险,在保险事故发生后,应向游客承担相当于同类型保险金额的赔偿责任。

【案例12-20】 黄某瑜等诉宜昌市天娇旅行社有限责任公司旅游合同纠纷案

二审法院认为,天娇旅行社未按约定购买旅游意外险,违反合同义务,判决天娇旅行社赔偿因违约而给原告造成的损失65298.74元。[3]

对游客未办理意外险的,旅游经营者有过错应按意外险赔偿责任数额承担责任,如米某群因其丈夫在国外旅游时不幸身亡诉办旅游护照单位额尔古纳市国际旅行社未同时办旅游意外保险要求给付此项保险金案。[4] 应注意的是,游客与旅游经营者签订合同时,给付了意外险保费,旅游经营者未投保,发生意外后,游

---

[1] 参见最高人民法院中国应用法学研究所编:《人民法院案例选》2011年第4辑(总第78辑),人民法院出版社2011年版,第182~183页。

[2] 参见《中国审判案例要览》(2006年商事审判案例卷)。

[3] 参见最高人民法院中国应用法学研究所编:《人民法院案例选》2009年第4辑(总第70辑),人民法院出版社2010年版,第274页。

[4] 参见最高人民法院中国应用法学研究所编:《人民法院案例选》2002年第1辑(总第39辑),人民法院出版社2002年版,第127页。

客可以要求旅游经营者承担相应责任。至于旅游经营者是否需要承担游客超过意外险赔偿金额部分损失,则要看其是否尽到安全保障义务。

旅游经营者未尽注意义务,致使游客不能实现旅游目的应承担违约责任。

【案例12-21】 李甲、李乙诉北京某某旅行社旅游合同纠纷案

  一审法院认为,两原告与北京某某旅行社成立旅游合同关系,北京某某旅行社应当在两原告旅游期间恪尽注意义务,以保证其人身和财产安全及其旅游目的的实现。关于李甲护照缺页的责任问题。第一,北京某某旅行社是从事出境旅游的专业团体,应当明知护照对于出境旅游者的特殊重要意义,也应当对旅游过程中可能发生的一般情况有所预见,并建立健全应急措施。第二,北京某某旅行社又是旅游者护照的保管者,应当对其保管物的状态即护照的完整性加以必要的注意。第三,北京某某旅行社在收取旅游者护照时,有能力也有责任对护照的完整性进行必要审查。但是,该旅行社未尽到审查义务,直接收取了李甲的护照。在飞行过程中才告知李甲护照存在瑕疵,其工作存在明显失误。现无证据证明李甲将护照交与北京某某旅行社时其护照的状态,但北京某某旅行社接收李甲的护照并加以保管的行为,可以说明其认可了该护照在交接时的完整性。李甲不应再承担护照转移占有后发生的风险责任。北京某某旅行社应当对李甲因护照缺页遭受的合理损失予以赔偿。二审法院持同样意见,维持一审判决。[1]

旅游合同中的附随义务,如保证游客的吃住需要就是一种附随义务,其违反附随义务的亦应认定为违约行为。附随义务除了满足给付利益的实现这一功能外,还具有保证合同相对方固有利益实现的作用。因个案具体情况的差异,附随义务在每个合同中的表现形式也不尽相同。附随义务中的各种具体义务在每个合同中的重要性也不相同,这需要法官行使自由裁量权裁定。

【案例12-22】 阎博伟业国际管业有限公司诉北京青年旅行社股份有限公司旅游合同纠纷案

  判决观点,关于阎博伟业公司提出因堵车及导游安排不当导致合同目的无法实现的意见,堵车本身虽不是北京青年旅行社所造成的,但北京青年旅行社作为旅游经营者在发生堵车之后,应当采取合理的补救措施减少因此而造成的损失,积极促成合同目的的实现。但北京青年旅行社在游客多次要求用餐后未及时合理地解决,拒绝游客的合理用餐要求,导致游客在晚7时才用午餐,显属不当,进而导致双方发生一系列的争议,双方签订的旅游合同的

---

〔1〕 参见北京市高级人民法院编:《审判前沿——新类型案件审判实务》2008年第4集(总第22集),法律出版社2008年版,第48页。

目的无法实现。故北京青年旅行社对合同目的无法实现负有相应责任。因此,阎博伟业要求退还定金的诉讼请求,具有事实和法律依据,予以支持。[1]

【案例12-23】 郁某非诉北京世纪东方国际旅行社有限公司旅游合同纠纷案

二审法院认为,世纪国旅公司应承担何种责任?鉴于世纪国旅公司未尽到合理、必要、基本的提示和审查义务,构成违约,则应当承担相应的违约责任。[2]

旅游购物质量问题主张权利对象问题。《旅游纠纷解释》关于旅游辅助服务者的定义中,对交通、游览、住宿、餐饮、娱乐环节进行了规定,唯独没有规定购物环节。实践中,购物环节是旅游活动中最容易产生纠纷的环节。对于旅游过程中购买的商品出现质量问题,旅游者能否直接向旅游经营者主张权利,换言之,能否认定其违约,有两种相对立的观点。一种观点认为可以向旅游经营者主张权利,另一种观点认为不可以,最高人民法院的司法解释对此没有规定。最高人民法院法官认为,通常情况下,旅游经营者无须为出售旅游商品的人向旅游者承担违约责任。但如果购物场所是旅行社指定的,旅游者对于购物场所的选择权受到了限制,此时,若产品质量出现问题,旅游者可以直接要求旅行社为其办理退货。[3]笔者同意法官的观点。对于提供购物服务的人员是否构成旅游辅助者为承担出售有质量问题商品的责任判断标准,如果可界定为旅游辅助者则应由旅游经营者承担赔偿责任;反之,旅游经营者不承担赔偿责任。

应注意的是,在旅游过程中,发生交通事故的,无论旅游经营者车辆是否存有过错,游客都可以要求旅游经营者承担违约责任。

对于旅游经营者不能预见的情况发生,造成旅游者损害的,不应视为旅游经营者违约。

【案例12-24】 师某诉云南海外旅游公司、胡某旅游合同纠纷案

判决观点,游客与旅游公司之间签订旅游合同,旅游公司负有保障游客人身与财产安全的义务。游客在随旅游公司的组团社沿约定地点、约定路线旅游的途中,在景区门口被抢劫,这一犯罪行为是旅游公司所不能预见的。旅游公司既没有安排危险路线,也没有带游客到危险地段,为游客提供的服

---

〔1〕参见国家法官学院案例开发研究中心编:《中国法院2013年度案例》(合同纠纷),中国法制出版社2013年版,第247页。北京市朝阳区人民法院(2011)朝民初字第20965号民事判决书。

〔2〕参见《人民司法·案例》2017年第26期(总第793期)。北京市第三中级人民法院(2016)京03民终3663号民事判决书。

〔3〕参见最高人民法院民事审判第一庭编:《民事审判指导与参考》2013年第3辑(总第55辑),人民法院出版社2014年版,第46页。

务不存在危险隐患,符合保障人身、财产安全要求。只要旅游公司提供的服务达到在通常情况下对安全的要求,就应视为履行了合同义务。因而,旅游公司不承担违约责任。[1]

(三)自助游责任认定

自助游(自由行)分为两类:一类是全自助游,另一类是半自助游。前者是由游客自行设计旅游路线,自行安排旅游途中的一切事项,旅游经营者完全不介入其中。后者则是介于跟团游和自由行之间的一种旅行方式。旅游经营者安排住宿、交通等事项,旅行途中的其他事项均由游客自行掌握。

随着互联网的逐步普及和人们物质生活水平的提高,传统的跟团旅游已经无法满足人们的精神需要,人们需要更自由或者更自我、更原生态的方式接触大自然、感悟生活。自助游便应运而生,在自助游中由"驴首"召集"驴友"一同旅游。"驴友"取"旅游"的谐音,顾名思义,"驴友"是不特定的旅游爱好者为达到特定的一次旅游目的而自发地组合在一起形成的临时性结伴关系。"驴友"通常具有以下特征:组织媒介虚拟性,"驴友"通常是通过贴吧、QQ群等网络媒介将一群陌生人结合在一起,活动之前大多互相不认识。组织自发性,"驴友"活动没有专门的组织人员,大家平等自愿,自发参加。组织临时性,"驴友"组织通常是为了一次旅游的目的,当然也有多次的旅游,但一次目的达到即行解散。组织非营利性,"驴友"活动实行AA制,不存在营利活动,临时收费也是为了方便,没有谁赚谁钱的现象。"驴友"间不存在旅游服务合同法律关系。其"驴首"与"驴友"间没有组织与被组织、管理与被管理的关系,相互间没有保障人身财产安全的法律义务,如果说他们之间有义务也只能是道德层次的互相帮助义务,无法上升到法律关系的层次,"驴友"间不存在严格意义上的法律关系。

【案例12-25】 徐某、徐某诉杨某旅游合同纠纷案

一审法院认为,被告杨某以网名"春天的雨"在网上发布的AA制旅游活动是合法的民事活动,不具有违法性,其在发帖中已经明确"活动风险自负,发帖者与领队不承担责任,活动费用AA制",且原告对此也予以认可,被告在此次行程中,不以营利为目的,实际也没有盈利。被告在活动过程中多次强调安全,对两原告父亲的死亡不存在过错,尽到了自己应尽的责任,不应承

---

[1] 参见《中国审判案例要览》(2005年商事审判案例卷)。

担赔偿责任。二审法院持同样意见,维持原判。[1]

实践中,自助游中"驴友"遇难事件有的按一般侵权法律关系认定,对组织者的责任需要对法律关系的构成及影响责任认定的相关原则进行具体分析。

【案例12-26】 黄某、孙某诉郝某等人身损害赔偿纠纷案

一审法院认为,孙某是在攀登灵山的过程中死亡的,事发地点属对公众开放的自然风景区,郝某和张某虽制定了出行线路,但二人显然均不具备对环境的控制能力和管理责任。此外,现有证据均不能证明郝某和张某组织此次活动是以营利为目的,孙某至事发时尚未实际交纳费用,因此二人亦不承担相应对产品或服务保障人身、财产安全的经营者义务。郝某、张某另在免责声明中对领队的权利、义务作出说明,强调领队除接受大家监督,有责任控制费用和公开账目外,不对任何户外运动本身具有的风险承担责任。因此报名须知中强调的服从领队的管理和安排,无法体现活动的发起人已对安全保障义务作出合同承诺。因此,在郝某、张某对其他成员承担安全保障义务既无法律规定,亦无合同约定的前提下,本院将根据二人在活动中的行为是否具有违约性及是否存在主观过错等判断是否应承担侵权责任。二审法院亦持同样意见。[2]

应注意的是,对"驴首"是否成为组织者,不应以称谓确定,而应以其行为判断其是否成为组织者。在"驴首"已构成组织者的情况下,其与"驴友"签订的免责协议是否有效应作具体分析,在该次自助游具备一定营利性质的,按照《民法典》的规定,造成人身伤害的免责条款无效。在该次自助游是完全自发的、无营利性的,则由于组织者的行为构成先行行为,其仍负有一定的安全保障义务,即行为人的在先行为应使受法律保护的利益免受威胁或该利益已受威胁时,行为人应采取行动阻止危险发生。有待研究的问题是,自助游成员之间提倡互相帮助、互相救助是否能上升到法律层面的安全保障义务或救助义务,笔者持否定态度。对其自助游参加成员不应对已发生的损害承担责任。实践中,有的法院判自助游成员承担责任,虽然是其补偿性质,但其合理性有待深入研究。

对于旅游经营者组织的自助游的责任认定问题。旅游经营者组团到某地或出国自助旅游,到旅游地后,导游和领队一般也只负责旅游者的进关、出关及酒店的入住安排。在这种自助游性质中,旅游经营者仍负有说明、警告的法定附随义务。《旅游法》第七十条第三款规定,在旅游者自行安排活动期间,旅游经营者未

---

[1] 参见最高人民法院中国应用法学研究所编:《人民法院案例选》2012年第4辑(总第82辑),人民法院出版社2013年版,第145页。河南省洛阳市中级人民法院(2011)洛民终字第2060号民事判决书。

[2] 参见北京市高级人民法院编:《审判前沿——新类型案件审判实务》2012年第4集(总第46集),法律出版社2013年版,第149~150页。

尽到安全提示、救助义务的,应当对旅游者的人身损害、财产损失承担相应责任。旅游者自行安排活动期间的本质是,旅游经营者在此期间不提供旅游服务,由旅游者自己安排自己的旅游活动,这些旅游活动与组织旅游活动没有紧密关系,不属于合同提供服务的组成部分。尤其是在此期间,团队中所有旅游者的活动是个性化的,离开了旅游经营者——导游、领队或履行辅助人的视野,旅游经营者既不可预期其活动内容,也不可控制其活动风险。因此,旅游经营者只需承担安全提示、救助义务,如果旅游经营者未尽到安全提示、救助义务的,则应承担相应的法律责任。之所以在旅游经营者不提供旅游服务期间,还令其承担提示义务,是因为旅游经营者对旅游目的地的自然、社会环境较为熟悉,对于该地区容易造成旅游者人身损害、财产损失的风险比较了解,相反,旅游者却可能不完全知悉将会面临的危险。为此,从保护旅游者合法权益的角度考虑,赋予旅游经营者必要的提示义务,是有其合理性的。对于救助义务,旅游者在自行安排活动期间,即使听从了旅游经营者的提示,仍然可能遭受各种人身伤害、财产损失。在此情况下,旅游经营者就负有必要、合理的救助义务,不论此种损害是何种原因造成的,旅游经营者均负有相应的救助义务。[1] 根据证据规则旅游经营者应对其是否履行该义务举证,若其未举证已履行该义务,则应当承担相应的责任。但该自助游附随义务比之全程服务旅游的义务相对要轻,且旅游者在旅游的自由活动中,自身也负有注意安全的义务。在旅游者自身未尽注意义务时,可以减轻旅游经营者的责任。旅游经营者提供的单项服务具有瑕疵,如提供的酒店不具备基本的入住条件、交通工具没有运营资质、机票与约定的航空公司不符等,则应承担相应的违约责任。反之,旅游者所受损害与旅游经营者提供的服务没有关系,如自行前往目的地的途中受伤、在景点购物时遭受欺诈、财物在途中被盗等,则应旅游者自担其责。也就是说,旅游者在参加旅游经营者自助游中涉及其提供服务所发生人身、财产意外或事故时,旅游经营者仍应负责任。

(四)安全保障义务认定

《旅游纠纷解释》第七条规定了旅游经营者、旅游辅助服务者违反安全保障义务的责任。准确认定旅游经营者对游客人身负有安全保障义务的程度与其违反义务的过错责任之间的关系,是司法实践中的疑难问题之一。

旅游经营者对旅游者人身负有安全保障义务的程度与其违反义务的过错程

---

[1] 参见全国人民代表大会常务委员会法制工作委员会编:《中华人民共和国旅游法释义》,法律出版社2013年版,第174页。

度成正比,即旅游经营者对旅游者负有越高程度的安全保障义务,则其违反义务时的过错也就越大。判断旅游经营者的过错程度通常是以一个行业相同、经营规模相同的经营者在同等情况下应当对其经营场所的安全所尽到的注意义务作为衡量标准。旅游经营者满足了这个条件就可免责,否则,就要承担责任。当然,收费高的经营者承担的安全保障义务的标准要高于收费低的经营者,经营场所封闭的经营者承担的安全保障义务的标准要高于经营场所开放的经营者,经营者对旅游者的人身安全保障义务要高于对旅游者的财产安全保障义务。景区应对其管理项下的游览项目、工作人员行为等事项承担责任。景区开辟有偿游览项目,应保障场所的安全、提供合格的设施、配备足够的工作人员,且对相应工作人员进行安全保障义务教育、履行安全管理职责。景区虽然设置了安全警示牌,但对具有一定危险性的娱乐项目,景区仅仅通过竖立安全警示牌的方式提醒旅游者注意安全显然不够。对参加特殊项目的旅游者,旅游经营者应履行的安全保障义务有更高标准。近年来,高原游、探险游兴起,同时,在旅游过程中,旅游者为进一步放松心情,往往会参加各类刺激性运动项目,这些旅游项目危险性高于通常的旅游项目,其旅游经营者负有更高的安全保障义务,特别是安全提示义务、发生危险后的救助义务。旅游团队中某一成员突发传染病,其他成员必然由于担惊受怕而再无观光旅游的心情,旅游变成了一种受罪。旅游经营者对此是否担责要视其是否尽到安全保障义务,是否提供了旅游合同中约定的服务。如果旅游经营者提供的服务没有任何瑕疵,并且适当提醒旅游者注意自身安全或采取必要措施保障游客安全,则旅游经营者不应承担责任。一般来说,若旅游者在旅游合同中安排的"购物点"购买到伪劣产品,旅游经营者需先行承担损害赔偿责任,因为旅游经营者既然将"购物点"作为游览的一部分,其应保障游客的财产安全。若旅游者在旅游合同中安排的"景点"购买到伪劣产品,则要视旅游经营者是否尽到告知警示义务。当旅游经营者已履行告知警示义务时,其已尽到相应的安全保障义务,故不再对旅游者的损失承担责任。此时,旅游经营者仍负有协助游客索赔的义务。若旅游者在行程之外,自行购物,购买到伪劣产品,则旅游经营者一般不承担损害赔偿责任。旅游经营者的安全保障义务表现在多个方面,如安全地运送车辆,提示旅游者安全乘坐车辆,提示游客安全游览景点,在旅游者发生意外后积极地救助,投保相应的险种,等等。换言之,旅游经营者对旅游者游玩过程中的各种风险应当充分告知、充分作为,减少旅游者受损失的可能性。而不能简单提醒,未做安全保障措施,这不能够有效保障旅游者的安全,且有可能导致损害结果的发生。但旅游经营者的安全保障义务不是没有界限的,在旅游经营者尽到了提示义务和相应的安全组织义务后,旅游者应遵守旅游经营者的提示,如因自身原因导致其受到伤害,则旅游经营者就不应当承担责任。实践中,关键是如何判定旅游经营者安全保障义务的界限与程度。

【案例12-27】 王某珠诉中旅体育旅行社有限公司旅游合同纠纷案

判决观点,王某珠在前往景点途中因乘坐车辆过减速带时发生颠簸,致其腰椎体压缩骨折,中旅体育旅行社未尽到安全保障义务,故应当承担相应赔偿责任。经委托鉴定机构进行鉴定,王某珠构成十级伤残,其腰椎体压缩骨折与车辆过减速带时颠簸存在因果关系,参与度为70%至80%,故导致王某珠十级伤残中旅体育旅行社负有主要责任。中旅体育旅行社称王某珠在乘坐车辆时有非正常乘坐行为,但未提供相应证据,对此不予采信。[1]

【案例12-28】 李某国诉北京同盛旅行社有限公司违反安全保障义务责任纠纷案

判决观点,同盛旅行社作为一家专业从事旅游服务的机构,应当知道快艇项目具有一定的危险性,在组织游客参加快艇项目时,应对游客的人身尽到更高程度的安全保障义务。同盛旅行社主张对李某国进行过提醒,但未举证证明其提示的内容是否充分,且快艇在船头设置了座位,游客可以选择到船头就座,在没有采取其他安全措施的情况下,仅有常规提示并不能有效保障游客安全,因此,法院认定同盛旅行社未对李某国尽到足够的安全保障义务,应当对李某国的损失进行赔偿。[2]

在第三人导致旅游者受伤的情形下,旅游者也可以选择旅游经营者要求其承担违约责任或者侵权责任,但区别于一般的合同违约责任中不考虑合同违约方是否存在主观过错的归责原则,旅游经营者只有在其未尽到安全保障义务的范围内承担补充赔偿责任。应注意的是,对于境外旅游,旅游经营者相对的安全保障义务应当较国内游更高。在一定期间内境外持续履行的合同中,由于履行地的社会状况、语言风俗等均与旅游者日常生活环境迥异,旅游者不得不对旅游经营者产生更多依赖,故旅游经营者应当更为谨慎地履行更高的义务标准。在旅游者身处异地,接受旅游服务的整个期间,旅游经营者均应持续承担合理的照顾、管理义务。判断该注意义务的标准要根据伤害是否发生在旅游行程安排范围内,在行程范围内的注意义务较高,如安全提示、保护旅游者人身安全、救助等,而有部分旅游者人身伤害案件发生在旅游行程结束后短暂的自由活动期间内,在此期间旅游经营者也要尽到自己的安全保障义务,如安全提示等,只是义务标准要低于行程范围内的标准,除法定免责情形外,旅游经营者的安全保障义务不能因整个旅游行程安排中部分日常项目结束而完全免除。也就是说,旅游经营者安全保障义务

---

[1] 参见国家法官学院案例开发研究中心编:《中国法院2013年度案例》(合同纠纷),中国法制出版社2013年版,第240页。北京市海淀区人民法院(2011)海民初字第4768号民事判决书。

[2] 参见国家法官学院案例开发研究中心编:《中国法院2019年度案例》(侵权赔偿纠纷),中国法制出版社2019年版,第153页。北京市丰台区人民法院(2017)京0106民初字4104号民事判决书。

的结束是在全部行程结束回到国内出发地为止。

　　旅游经营者是否遵守了各项法律法规规定就尽到了安全保障义务,是需要厘清的一个问题。遵守法律法规与尽到安全保障义务有内在紧密联系,但二者亦存在区别。也就是说,旅游经营者尽到安全保障义务界定标准要高于遵守法律规定层面。作为旅游活动的组织者,旅游经营者在整个旅游过程中都处于一个主导、优势的地位,其对参加旅游的人还要尽到善良管理人的责任。这种义务通常要高于侵权行为法上的一般注意义务,指谨慎地为自己一切行为(包括作为和不作为)的法律义务,一般而言应尽到通知、报告、保管、招领、返还之义务。旅游经营者负有高于一般注意义务的人身安全保障义务理解为,首先,因为旅游者通常对景点及其周围状况均缺乏了解,可能会因不知情而从事威胁自身安全的活动。而旅游经营者专事旅游服务,对景点及其周边情况,游玩项目对旅游者身体、心理素质的要求等应有高于旅游者的了解和认识。故将其从专业角度预知的危险提示、告知旅游者,采取可降低危险发生系数的措施,劝阻旅游者从事威胁自身安全的活动,是旅游经营者安全保障义务的主要内容。其次,在旅游经营者已将其预知的与游览活动相关的危险告知旅游者,并采取了防范危险发生之相应措施之下,旅游者仍执意从事威胁自身安全的活动致伤亡后果发生,可视为旅游者故意造成伤亡后果,旅游经营者才免除责任。在实际的旅游合同履行过程中,旅游者在参加具体项目的游玩时,存在不听旅游经营者劝阻而无视风险的行为,在这种情形下致害的主要责任明显应当归于旅游者,而非旅游经营者。

　　旅游合同项下的安全提示义务并非一般性的安全提示义务。在旅游活动中,旅游者与旅游经营者之间基于有偿的旅游合同所产生的安全提示义务不应采取一般性的形式标准,而应采取有针对性的实质化标准。这一实质化的标准应能有针对性地起到风险防范的作用。如果只是采取格式化的书面告知提醒方式,或其他概括性提示告知的方式,而对特定旅游地点的特定风险未进行安全提示和告知,则不宜认定旅游经营者尽到了实质上的安全提示义务。

【案例12-29】　**赵某平诉北京和平天下国际旅行社有限公司、北京天元假期国际旅行社有限公司旅游合同纠纷案**

　　一审法院认为,本案中,根据查明的事实,天元假期公司在赵某平进入事发海滩前进行了一般性的安全提示,履行了部分告知和警示义务。和平天下公司主张其在旅游合同、行程单中约定了安全注意事项,但该约定内容仅具有概括性。和平天下公司称领队和导游在旅游者下水前也会告知下水风险,但未就此提交任何证据。和平天下公司与天元假期公司均无法证明其对赵某平提示过涉案沙滩的海浪风险。安全告知义务的内容虽不可能面面俱到,但应针对具体场所的危险内容进行提示,而不能仅作概括性告知。告知义务是否适当履行的判断标准应为实质性标准,即能够起到提示风险的作用。涉案海滩具有发生海浪事故的可能性,在此情况下,旅行社至少应告知旅游者有海浪风险。同时,其还应考虑赵某平年龄较大的实际情况,在事发海滩已竖立警告标志的情况下,更有针对性地对其进入或靠近海边可能带来的各种危险进行充分提示和告知,避免受伤。鉴于和平天下公司及天元假期公司未能完全履行义务,故其应在违约责任范围内对损害后果承担相应责任。同时,赵某平作为完全民事行为能力人,具有正常的自我保护能力,应当知晓在海边游玩的危险性,其更应保持小心、谨慎,其对自身安全并未尽到审慎注意义务,其行为具有一定冒险性,亦应对损害结果的发生承担责任。基于上述理由,法院认为,和平天下公司及天元假期公司应对损害后果承担60%违约责任为宜。二审法院亦持同样意见,维持一审判决。[1]

【案例12-30】 岳某文等诉新疆康辉大自然国际旅行社有限责任公司石河子中心分公司等违反安全保障义务责任纠纷案

判决观点,本案中,被告金桥旅行社作为实际提供旅游服务的旅游经营者,在游览前,金桥旅行社并未将穿着救生衣的必要性、入海浮潜的危险性进行告知与警示;在游客入海浮潜后,被告金桥旅行社也未妥善关注游客浮潜的情况,未能发现岳某的溺水事故并予以及时救助;在岳某发生溺水事故后,被告金桥旅行社并未采取救助措施,而由当地人员进行心肺复苏等简易急救措施;此外,被告金桥旅行社虽联系了船只和救护车将岳某送至医院,但因事发岛屿与医院所在岛屿距离的因素,从岳某溺水至其抵达医院的时间较长,在此期间,也仅是由当地人员进行心肺复苏等简易措施;被告金桥旅行社未尽到安全保障义务,对岳某的死亡存在过错,应承担赔偿责任。但岳某本人作为具有完全民事能力的成年人,应当对入海浮潜的危险性具有认知,也应清楚穿着救生衣的重要性和必要性,其选择将救生衣脱去由原告刘某带回并与刘某分开,自己独自浮潜,未尽到对自身安全的注意义务,是造成溺水事故发生的主要原因,其自身对其损害后果也负有过错,应自行承担相应责任。根据本案的具体情况,法院酌定由岳某自负60%的责任,被告金桥旅行社承担40%的责任。[2]

在旅游纠纷中,应根据旅游经营者履行安全保障义务的情况和旅游者自身履行注意义务的情况划分各自责任,也就是说,适用过失相抵原则确定责任分担。

---

[1] 参见国家法官学院、最高人民法院司法案例研究院编:《中国法院2020年度案例》(合同纠纷),中国法制出版社2020年版,第70页。北京市第一中级人民法院(2018)京01民终4315号民事判决书。

[2] 参见国家法官学院案例开发研究中心编:《中国法院2018年度案例》(侵权赔偿纠纷),中国法制出版社2018年版,第100~101页。新疆维吾尔自治区石河子市人民法院(2016)兵9001民初6066号民事判决书。

应注意的是,当旅游经营者存在未尽安全保障义务的故意或者重大过失,而旅游者仅有轻微过失时,不减轻旅游经营者的责任。旅游者对自己人身、财产安全负有一定的注意义务,具体注意程度如何,应参照同等年龄、智识的人对同类事件的预见判断能力加以斟酌。由此,心智成熟的成年人对自身注意程度高于未成年人。特殊群体的旅游者(如老年人、未成年人、残疾人等)在生理、心理方面有其特殊性,旅游经营者对他们所负有的安全保障义务显然要高于对一般旅游者的安全保障义务,即旅游经营者应履行的安全保障义务有特殊标准,具体安全保障义务的限度需结合具体的情况予以分析。应强调的是,旅游经营者对特殊群体旅游者负有较高程度的注意义务,但并不能免除旅游者对自己的人身、财产安全负有的责任。旅游经营者对特殊群体需要给予特殊的关注和照顾,旅游中要尽到周全的告知提醒责任、安排具体的行程时需要考虑特殊群体的身心特点,当特殊群体旅游者出现问题时要及时予以救助。从民事行为能力角度来看,特殊群体人员包含无民事行为能力人、限制民事行为能力人、完全民事行为能力人,他们都具有与其行为能力相对应的识别能力和自我保护能力,应对自身安全负有相应的注意义务。

【案例12-31】 许某诉广东省中国旅行社有限公司旅游合同纠纷案

二审法院认为,许某与广东中旅社双方已形成旅游合同关系。广东中旅社作为专业的营利性旅行社,其应对可能危及旅游者人身、财产安全的注意事项履行告知、提示、警示义务,对旅游者人身、财产安全承担安全保障义务,即广东中旅社有义务将包括许某在内的旅游合同相对人安排至安全场所接受其旅游服务。……广东中旅社提供证据证实事发酒店大堂设有警示牌,提醒入住旅客房间玄关内有门槛,对此,许某予以否认,但未举证反驳广东中旅社该主张,故法院采信广东中旅社该主张。酒店虽在大堂内设置警示牌,但由于事发当晚已近深夜,广东中旅社应预见到对于一个年近60岁的随团旅行的游客而言可能容易忽视该警示牌,因此即使酒店大堂内设置了警示牌,当该警示牌尚不足以达到防范意外事件发生时,广东中旅社还应采取必要的防护措施,如对一些特殊的人如无人陪伴的老人、肢体不便的人等要予以特殊保护。当采取这些防护措施的成本远小于事故发生可能预期的损失但广东中旅社没有采取时,其就应当对许某的损失负相应的责任。故法院认定广东中旅社未尽足够的告知、提醒义务,该行为与许某摔伤后果之间存在相当因果关系,广东中旅社应在安全保障义务的范围内对许某因摔伤产生的损失承担相应赔偿责任。最后,许某作为一个成年人,其对于自身安全存在必要注意与保护义务,其本人疏于对周边环境的了解及对自身安全的保护亦是本次伤害事件发生的主要原因,其应对事故后果承担主要责任。综上,考虑广东中旅社、许某各自行为与伤害后果之间存在的原因力大小,法院酌定广东中旅社对许某的损失承担20%的赔偿责任、许某自负80%的责任。[1]

【案例12-32】 **李某玲诉广州广之旅国际旅行社股份有限公司旅游服务合同纠纷案**

二审法院认为,因快艇属于具有较高风险性的交通工具,广之旅公司安排包括李某玲在内的全团游客乘坐快艇,应充分考虑该交通工具的安全性能,及负有对游客在乘坐快艇过程中的安全保障义务。而李某玲作为成年人,亦应当清楚知悉在海上乘坐快艇颠簸时可能带来的损害后果,并应对自身的安全尽充分注意义务。鉴于广之旅公司未能提交充分证据证实其已对李某玲履行了安全保障义务,违反了双方签订的旅游服务合同的约定,应对李某玲的人身损害结果承担主要责任。根据本案的实际情况及双方的过错大小,法院酌定广之旅公司承担70%的责任、李某玲自负30%的责任。[2]

旅游者在自行安排活动期间遭受人身损害、财产损失,旅游经营者未尽到必要的提示义务、救助义务,旅游者请求旅游经营者承担相应责任的,法院应予支持。

【案例12-33】 **谢某辉等与广东中妇旅国际旅行社有限公司旅游合同纠纷案**

二审法院认为,根据本院查明的事实,在谢某红前往油尾旅游的过程中以及入住南澳半岛别墅后,在陪同导游告诉以及房门警示标语说明的前提下,谢某红作为一个完全行为能力人在自由活动期间爬上礁石拍照并导致意外事故发生,应该说对于事故的发生有比较大的过错,应负事故的主要责任。中妇旅公司的导游在游客自由活动期间,留在酒店房间里休息,未能完全尽到相应的警示义务,故对事故的发生也有一定的过错,亦应承担相应的责任。对于谢某辉、刘某秀以及中智公司上诉认为在"科罗旺"号台风对旅游景点存在一定影响的前提下,中妇旅公司没有完全尽到提醒和警告义务,进而中妇旅公司应当对意外事件承担全部责任的问题,法院认为:由于"科罗旺"号台风是在湛江一带登陆,与事发地点相距较远,而且从本次旅游能够成行看,可以认定"科罗旺"号台风对旅游地点没有产生多少影响,与事故的发生没有必要的因果关系,因此谢某辉等要求中妇旅公司承担全部责任的上诉请求

---

[1] 参见国家法官学院案例开发研究中心编:《中国法院2016年度案例》(合同纠纷),中国法制出版社2016年版,第259页。广东省广州市中级人民法院(2013)穗中法民一终字第442号民事判决书。

[2] 参见国家法官学院案例开发研究中心编:《中国法院2016年度案例》(合同纠纷),中国法制出版社2016年版,第266页。广东省广州市中级人民法院(2014)穗中法民一终字第3569号民事判决书。

法院不予采纳。[1]

通说认为,旅游经营者合理限度内的安全保障义务应理解为,其一,危险预防义务方面。公共场所管理人应当保证其提供的商品和服务符合保障人身、财产安全的要求,应确定其管理区域的硬件设施符合安全标准,避免出现危及人身或财产安全的危险,并根据其所经营场所的规模、地理环境、工作性质等,配备数量足够、合格的安保人员,为参与其经营活动或者其他社会活动的人提供与其活动相适应的安全保障。其二,危险消除方面。公共场所管理人应尽到谨慎、勤勉等注意义务,对可能出现的危险采取有效措施消除。其三,发生损害后的救助义务方面。对于已经或者正在发生的危险,应当采取措施积极救助,避免损害结果的进一步扩大。旅游经营者只有同时满足上述条件,才能认定为履行了合理限度范围内的安全保障义务。

【案例12-34】　吴某飞诉广东大峡谷旅游发展有限公司旅游合同纠纷案

判决观点,经营活动场所的经营者或管理者负有法定的安全保障义务,经营管理者未尽安全保障义务致人损害应承担责任。安全保障义务体现为三个方面的内容:第一,对于危险预防义务。大峡谷旅游公司在其所经营的景区门票背面印有"游客须知",在景区内设置有"小心山石滑落"的安全告示和警示标志,并在人行道上设置了护栏。根据《旅游法》的相关规定和《旅游景区质量等级的划分与评定》的要求,作为AAAA级旅游景区应当危险地段标志明显,防护设施齐备、有效,高峰期有专人看守;应当配备齐全、完好、有效的救护设备,设立医务室,并配备医务人员。事故发生后,是大布镇卫生院的医务人员赶到现场对伤者进行抢救的,可见涉案景区的安全管理措施未完全达到预防危险发生的标准,对于危险的预防存在瑕疵。第二,对于危险消除义务。2015年5月1日当天降雨,之前亦连日降雨,涉案景点属石英砂峡谷地貌,山体坡度较陡。大峡谷旅游公司未提供证据证实其在连日降雨的情况下已对景点进行了风险检测评估、信息披露和整改,也未提供证据证实已加强值班、值守,对于危险的消除未达到公共场所管理人的安全保障的要求,未尽到危险消除的义务。第三,对于发生损害后的救助义务。在发生山石滑落砸伤游客事故后,景区工作人员及时报警,通知120前来救治,积极参与救助,其一系列救助措施已经达到公共场所管理人的安全保障的要求,没有违反发生损害后的救助义务。综上所述,大峡谷旅游公司对于危险的预防和消除存在瑕疵,对吴某飞被景区山石滑落砸伤的事故存有过错,应当依法

---

[1] 参见最高人民法院民事审判第一庭编:《最高人民法院审理旅游纠纷案件司法解释理解与适用》,人民法院出版社2010年版,第324页。

承担民事责任,综合本案实际,确定由大峡谷旅游公司承担70%的民事赔偿责任。[1]

在旅游景区内,旅游经营者作为景区的经营管理者,向游客出售门票,也应负担相应的安全保障义务;在关注旅游线路安全的同时,也有义务排除景区范围内其他区域可能存在的安全隐患。旅游经营者未能发现和排除景区内建筑物存在的安全隐患,未设置警示标志,应认定未尽到安全保障义务。

【案例 12-35】 吴某春、赵某霞诉武夷山风景名胜区管理委员会等侵权责任纠纷案

二审法院认为,戈某在与地面基本齐平处搭建防雨棚,没有设置防护措施,又长期缺少管理,事发时防雨棚年久失修且覆盖大量落叶,致死者误入并从防雨棚上坠落,戈某作为防雨棚所有人,应承担侵权责任。死者踩上防雨棚时,应当能够意识到所踩的并非牢固地面,但仍然行走多步至防雨棚中间坠落,其行为也存在一定过错。原审法院结合双方过错,确定戈某承担70%的赔偿责任,符合本案实际情况,并无不当。武夷山旅游发展股份有限公司作为景区直接管理人,未尽安全保障义务,承担30%的补充责任并无不当。据此,判决驳回吴某春、赵某霞及戈某的上诉,维持原判。[2]

旅游经营者作为景区管理人,负有保障景区对外开放空间内对游客人身及财产安全的责任,但该责任应限于景区管理人管理和控制能力的合理范围之内。管理人对事故路段不能通行作出明确提示,且设置了围栏等必要的防护措施,应当认定已尽到了相应审慎注意义务并提供了必要的安全保护措施,其已充分履行了安全保障义务,无须对游客因驾驶不当造成自身损害后果承担赔偿责任。

【案例 12-36】 鲍某志诉乌鲁木齐天山大峡谷景区管理集团有限公司健康权纠纷案

一审法院认为,原告鲍某志提起本案诉讼未超过法律规定的诉讼时效期间。本次事故经交警部门交通事故认定书认定,事发路段在天山大峡谷景区二环路,鲍某志因违反《道路交通安全法》第二十二条第一款的规定导致事故发生,负事故全部责任。鲍某志提供现场照片并当庭陈述,事故发生路段为连续下坡路段,但并无证据证明其所主张被告大峡谷公司在该路段施工的事实。鲍某志作为驾驶人员应做到谨慎安全驾驶,事故发生造成人身损害并

---

[1] 参见国家法官学院案例开发研究中心编:《中国法院2019年度案例》(侵权赔偿纠纷),中国法制出版社2019年版,第166~167页。广东省乳源瑶族自治县人民法院(2016)粤0232民初字265号民事判决书。

[2] 参见国家法官学院案例开发研究中心编:《中国法院2017年度案例》(侵权赔偿纠纷),中国法制出版社2017年版,第262页。福建省南平市中级人民法院(2015)南民终字347号民事判决书。

非大峡谷公司未尽到景区经营管理者的安全保障义务所致。根据《侵权责任法》第三十七条第一款的规定,经营管理者在未尽到安全保障义务造成他人损害的前提下应当承担侵权责任。本案事故虽然发生在大峡谷公司管理的景区路段,但不能因为鲍某志自身未做到谨慎安全驾驶造成自身损害,而要求作为景区管理人的大峡谷公司以未尽到安全保障义务为由承担赔偿责任,这势必造成对景区经营管理者安全保障义务范围的扩大,增加了经营管理者承担不合理的安全保障义务,鲍某志应当对其自身未安全驾驶发生交通事故造成的损害后果承担全部责任。综上,法院对鲍某志要求大峡谷公司承担经济损失50%的赔偿责任的诉讼请求不予支持,对大峡谷公司提出不承担赔偿责任的辩解意见予以采纳。判决:驳回原告鲍某志的诉讼请求。二审法院判决:驳回上诉,维持原判。[1]

在进入林谷、河滩、草原等无人景区旅游时,应严格按照景区标识的游览线路进行,切勿盲目偏离游览线路行走,私自涉嫌闯入禁区的行为属于自甘风险,行为人应为自己的行为负责,景区履行安全保障义务的,则不应承担侵权责任。

【案例12-37】 方某某诉义乌市华溪森林公园旅游开发有限公司、永安财产保险有限公司义乌支公司违反安全保障义务责任纠纷案

判决观点,反观本案,被告义乌市华溪森林公园旅游开发有限公司在景区内多处竖立了警示标志和景区游览图,其已履行了对旅游者的告知、警示义务。且原告报警后,被告义乌市华溪森林公园旅游开发有限公司当即组织各方力量对原告进行了四天的大规模搜救,并将搜寻到的原告及时送往医院救治。因此,被告义乌市华溪森林公园旅游开发有限公司作为景区的管理者,已尽到了对原告的安全保障义务。原告作为一名完全民事行为能力人,其应是自身安全保障的第一责任人,其在进入景区游览时,应当注意阅览游客须知和路线导示图,并按照导示图显示的游览路线进行游览,其更应预见到擅自偏离游览线路的情况下,会对自己的人身安全造成严重危害,户外活动不得随意进入非公共场所,也是每个公民应自觉遵守的行为规范。但原告在进入景区后未按照导示图指引的路线游览,导致迷路而翻越多个山峦,并由于天黑,在"猪都岗"处跌落受伤。原告的损害是由于其擅自走出游行步道,跨越景区的游览范围所直接造成,其对自身损害的发生具有认知上的重大过错,其主观上符合过于自信的过失,行为上也属于自甘风险的行为。因此,其应对自己的损害结果承担全部责任。被告义乌市华溪森林公园旅游开

---

[1] 参见《新疆审判》2021年第1期(总第129期)。新疆维吾尔自治区乌鲁木齐市中级人民法院(2020)新01民终134号民事判决书。

发有限公司对原告尽到了安全保障义务,附有浏览图及多处警示标志,对原告损害的发生没有直接过错,原告主张被告赔偿其各项损失及承担赔偿责任的诉讼请求无事实及法律依据,法院不予支持。原告的损伤也并非在被告义乌市华溪森林公园旅游开发有限公司所建设的正常的游览线路内造成,此损害不在保险承保范畴,故原告诉请被告永安财产保险有限公司义乌支公司承担赔偿责任,亦不予支持。两被告的辩称与法院查明的事实,以及法律规定相符,予以采纳。判决:驳回原告方某某的诉讼请求。[1]

应注意的是,境外游中旅游经营者安全保障义务的确定,应根据收费标准、旅游环境以及防范措施的成本综合考虑。在境外游中,旅游费用较高,游客对旅游环境相对陌生,存在的语言沟通障碍较之境内游更差,而导游对于旅游项目的情况、注意事项熟悉程度必然高于游客,故旅游经营者的安全保障义务应高于境内旅游。旅游经营者没有针对具有特定危险的旅游项目对游客予以正确充分的告知或者积极的指导,因其疏于履行告知义务,导致游客因不充分了解游玩项目情况受伤,系其对安全义务的违反,依法应当承担违约责任,并对游客所受损失予以赔偿。

【案例 12-38】 吴某诉厦门旅游集团国际旅行社有限公司旅游合同纠纷案

判决观点,被告国际旅行社违反了旅游合同的约定。首先,作为具备经营境外旅游活动资格的法人单位,被告国际旅行社在订立旅游合同前,并未就境外旅游项目的设置对原告吴某所在单位或每个旅游者进行特别的风险告知,而作为合同相对方的原告吴某所在单位及对应的旅游者,并不熟悉境外旅游项目的风险情况;其次,在旅游者参加旅游活动过程中,被告国际旅行社的随团导游也未针对合同确定的"越野摩托车 ATV"旅游项目可能存在的风险向旅游者进行特别告知,虽然被告国际旅行社在行前进行了书面提醒,但在前往合同约定的旅游项目前,被告国际旅行社未要求旅游者作出"视自身情况而定"的项目选择;最后,被告国际旅行社虽随团派遣导游,但在旅游者参加"越野摩托车 ATV"旅游项目游玩时,导游并未陪同参与旅游项目的开展,在旅游者不具备语言沟通能力的情况下,直接影响旅游者通过旅游项目安全人员的介绍进一步了解"越野摩托车 ATV"旅游项目可能存在的风险从而得以作出正确的判断。被告国际旅行社的行为不仅构成违约,而且未尽到安全保障义务。因此,原告吴某在完成"越野摩托车 ATV"旅游项目过程中受伤,应由被告国际旅行社承担责任。原告吴某受伤后依据合同请求合同

---

[1] 参见最高人民法院中国应用法学研究所编:《人民法院案例选》2022 年第 7 辑(总第 173 辑),人民法院出版社 2022 年版,第 19 页。浙江省义乌市人民法院(2020)浙 0782 民初 3532 号民事判决书。

相对方承担违约责任符合法律规定。其合理损失应当由被告国际旅行社进行赔偿。〔1〕

一般的旅游事故损害赔偿案件通常发生在行程安排中确定的旅游时段及旅游项目之中，后因旅游经营者失职，或因旅游者擅自脱团，或因第三人致害而发生旅游事故。对于发生在当天行程安排结束并入住酒店之后，领队与同团旅游者外出酒店时偶遇后同行，后旅游者走散，旅游者发生交通事故后肇事者逃逸，未及时救援而不治身亡。这种事故发生的时间在非行程安排时段之外，可否认定属于旅游经营者的安全保障义务范围是实践中的疑难问题。旅游合同的履行过程是出团旅游的往返全程，而非由行程安排组成的非线性旅程，这种认识符合普通旅游者对旅游行程的一般理解。从合同内容和性质的角度讲，每日行程安排的履行仅是履行旅游合同的主义务，而对游客全程人身安全的照顾及保护同样是旅游合同的附随义务，并不因为当日行程结束而无须履行。从安全保护义务角度讲，旅游经营者对游客负有提示、照顾、管理等安全保障义务，虽然法律及相关司法解释并未明确规定该安全保障义务履行的时段范围，但从风险控制理论和风险利益理论上可得出，包价旅游的往返全程都在旅游经营者的控制之下，其对风险控制具有优越性及利益性，即使是旅游者自由活动时间，也并非完全不可控制，至少在可以控制的范围内，旅游经营者仍应对旅游者尽到必要的安全保障义务。也就是说，旅游经营者安全保障义务的期间是旅游合同履行开始即旅游者入团至结束的整个期间，而不是每日行程安排的范围或其行程结束。

【案例12-39】 孙某忠等诉北京新华国际旅游有限公司违反安全保障义务责任纠纷案

判决观点，鉴于涉案旅游合同系一定期间内于境外持续履行的合同，而履行地的社会状况、语言风俗等均与旅游者日常生活环境迥异，旅游者不得不对旅游经营者产生更多依赖，故旅游经营者应当更为谨慎地承担更高的义务履行标准。在旅游者身处异地，接受旅游服务的整个期间，旅游经营者均应持续承担合理的照顾、管理义务，该义务虽因是否处于旅游行程安排范围内而使注意义务标准有所不同，但除法定免责情形外，不能因整个旅游行程安排中部分日程项目结束而完全免除。本案中，综合双方当事人提供的证人证言，法院认定，入住酒店后外出系杨某雨自行决定，并非由任某华组织、提议，加之此时当日旅游行程已经结束，故任某华的相应行为并非履行旅游合同主合同义务的行为。但鉴于事故发生时旅游活动整体仍处于进行过程中，

---

〔1〕 参见国家法官学院案例开发研究中心编:《中国法院2014年度案例》(合同纠纷)，中国法制出版社2014年版，第182~183页。福建省厦门市思明区人民法院(2012)思民初字第105号民事判决书。

故在当日旅游行程结束后,任某华作为领队仍应当在必要且合理的范围内对杨某雨等旅游者加以照顾、管理。领队任某华事先未告知随团旅游者有关注意事项、紧急联络方式等信息,事中对与其同行的杨某雨亦疏于管理,轻率放任并不熟悉当地情况的旅游团员自行离开,事后又未及时核对与其同行者是否返回住宿酒店。综上,任某华作为领队未能履行有关告知、管理、照顾义务,其行为存在过错。任某华未尽相关告知义务部分增加了旅游者出行的风险,其放任旅游者自行行动亦在客观上为损害事故发生提供了可能,故法院认定任某华的行为与杨某雨死亡后果的发生存在因果关系。任某华系新华公司员工,在旅游活动中担任领队,在提供旅游服务过程中却未尽相应义务,违背了旅游者在旅游过程中对其身份、职责的合理期待与信赖,故侵权行为发生于履行职务的过程中,相关法律责任应当由其雇佣人即新华公司承担。此外,鉴于诉讼中新华公司未向法院提供证据证明其履行了注意事项警示、应急联络方式告知等义务,而孙某忠、杨玉昆、杨某申请出庭做证的其他旅游者亦否认曾被告知上述事项,故法院依法认定新华公司未履行警示、告知义务。另外,经查证新华公司指派的领队任某华并不具有相应资质,故法院推定其不具有履行有关义务、保障旅游者安全的知识技能。因此,新华公司在提供旅游服务过程中未尽合理的告知、管理、照顾义务,未能妥善选任拥有法定资格、具备安全知识技能的员工,其行为违反了旅游服务提供者应承担的安全保障义务,与杨某雨死亡后果的发生具有因果关系,鉴于现在导致杨某雨死亡的直接加害人尚无法查证,故新华公司应当在责任范围内承担相应补充责任。[1]

(五)责任竞合认定

在旅游活动中,发生游客人身伤害甚至死亡时,会出现违约责任和侵权责任的竞合。《旅游纠纷解释》第九条规定:"旅游经营者、旅游辅助服务者以非法收集、存储、使用、加工、传输、买卖、提供、公开等方式处理旅游者个人信息,旅游者请求其承担相应责任的,人民法院应予支持。"旅游经营者、旅游辅助服务者违反该条规定的,既可以构成违约责任,又可以构成侵权责任。

根据《民法典》第一百八十六条(《合同法》第一百二十二条)的规定,权利人有选择权。如其选择侵权责任的,按其侵权责任的范围赔偿。如宋某胜、张某玲

---

[1] 参见国家法官学院案例开发研究中心编:《中国法院 2015 年度案例》(侵权赔偿纠纷),中国法制出版社 2015 年版,第 102~103 页。北京市海淀区人民法院(2013)海民初字第 12046 号民事判决书。

诉乌鲁木齐辰光旅行社因过错致其女宋某颐旅途中死于交通事故要求赔偿损失案[1] 旅游经营者自有车辆发生交通事故,造成旅游者人身财产损失的,旅游者可以基于有利自身的原则选择以违约或侵权要求赔偿。对于明确选择违约责任之请求基础要求赔偿,符合法律规定的应予以支持。如果受理竞合案件,既审理违约纠纷,又审理了侵权纠纷,审结后当事人不服以另外一诉再行起诉的,法院不予受理,对其两个请求权行使并不限制,即违约责任可与精神损害赔偿并列。《民法典》第九百九十六条规定:"因当事人一方的违约行为,损害对方人格权并造成严重精神损害,受损害方选择请求其承担违约责任的,不影响受损害方请求精神损害赔偿。"因为违约责任不包含精神损害赔偿,如果旅游者因为合同违约造成人格权损害的,有权主张精神损害赔偿。修订后的《旅游纠纷解释》取消了原第二十一条关于违约之诉不能主张精神损害赔偿的规定。

在合同订立过程中,经营者对其不合理的默认推荐行为应承担何种责任是有争议的问题。旅游经营者在旅游合同订立前,对明显不合理的推荐资源组合方式可能导致的结果对旅游者应提示而未提示,致旅游者选择默认推荐资源组合后不能实现合同目的,应当依据《民法典》第五百条规定承担缔约过失责任。同时,旅游经营者推荐的给付未能实现其所宣传的内容,亦应负瑕疵担保责任。在二者竞合的情况下,旅游者可择一起诉。

【案例 12-40】 沈某诉上海携程国际旅行社有限责任公司网络服务合同纠纷案

判决观点,被告在合同订立过程中不存在欺诈情形,故原告要求被告承担三倍赔偿款的诉讼请求,法院不予支持。至于原告主张要求被告全额返还旅游费用的争议,原告主张,由于被告默认推荐的航班返程时间为2018年6月22日凌晨,不仅导致其无法正常入住金沙酒店,同时导致其无法为身在新加坡的儿子庆祝生日,其合同目的落空,故要求全额返还费用。被告抗辩,原告已按照行程安排出行,不同意返还旅游费用。法院认为,一方面,原告作为消费者,在下单预订自由行旅游产品时,其自身应就相关资源项目选择尽到注意、审核、确认义务。原告在选择机票栏目时未注意到默认推荐的航班详情,致使其出行受影响,其自身存在主要责任。另一方面,根据法律规定,经营者向消费者提供商品或者服务,应当恪守社会公德、诚信经营,保障消费者的合法权益。被告作为国内知名并具有一定规模的旅游服务平台,其虽有权根据自身的经营政策制定具体产品内容,但相关政策应当在一般大众所能接受的合理范围内,不得制定可能增加或隐形侵害消费者权益的经营政策。本

---

[1] 参见最高人民法院中国应用法学研究所编:《人民法院案例选》2006年第2辑(总第56辑),人民法院出版社2006年版,第167页。

案中,被告就涉案旅游产品设置了向消费者默认推荐资源的功能,虽然同时赋予了消费者更换资源的权利,但其所推荐的资源内容与其旅游产品名称及产品特色所宣称的亮点"奢享金沙酒店1晚起"存在明显冲突,也未对该明显不合理的推荐组合方式可能导致的结果进行提示,客观上也导致部分消费者因其他原因未及时选择更改推荐资源项目或仅出于对被告默认配置资源的信任或消费习惯而未予更改的情形概率明显增加,被告就此负有一定责任。综上,考虑涉案旅游合同履行情况、双方的过错及本案的实际情况,法院酌定被告返还原告旅游费用2600元。扣除被告已经支付原告的补偿款300元,被告还需返还原告2300元。判决:一、上海携程国际旅行社有限责任公司返还沈某旅游费用2300元;二、驳回原告沈某的其余诉讼请求。[1]

(六)旅游合同连带责任

《民法典》中关于责任主体应当承担连带责任的规定,是旅游合同中承担连带责任的依据。在《旅游纠纷解释》中规定应承担连带责任的,亦同样应承担连带责任,如《旅游纠纷解释》第七条、第八条、第十条、第十三条、第十四条规定等。

连带责任的核心特征为权利人可选择请求任一责任人承担全部责任,在权利人的权利实现时数责任人的责任同时消灭。连带责任实质上可视为一种法律效果类型,此种效果安排有利于权利人利益的实现。连带责任的发生,可以基于法律规定或当事人约定。《民法典》第一百七十八条规定的连带责任,可以理解为基本是同一性质的责任设计,也就是说在单一责任基础上连带责任的发生。而《公司法》《证券法》有两种类型的连带责任规定。如《公司法》第二十条第三款规定:"公司股东滥用公司法人独立地位和股东有限责任,逃避债务,严重损害公司债权人利益的,应当对公司债务承担连带责任。"由此,公司对债务人的债务多为合同之债,而股东对公司债权人的责任基础只可能是侵权,故在公司应承担违约责任时,形成的便是违约责任与侵权责任的连带责任。有学者认为,数人依据不同的规范基础应对同一损害承担责任时,即可发生连带责任;对于同一损害,一方基于违约而应承担责任,另一方基于侵权而应承担责任时,二者可构成实质上的连带责任。[2] 并明确提出,我国现行法并不排斥违约责任和侵权责任之间的连

---

[1] 参见陈昶主编:《2020年上海法院案例精选》,上海人民出版社2022年版,第108页。
[2] 参见叶金强:《旅游纠纷中的连带责任——以"焦建军与中山国旅等旅游侵权纠纷案"为参照》,载《法学》2015年第2期。

带安排。[1]

【案例12-41】 焦某军与江苏省中山国际旅行社有限公司、第三人中国康辉南京国际旅行社有限公司旅游侵权纠纷案

二审法院认为,中山国旅所提供的服务应当符合保障旅游者人身、财产安全的要求;中山国旅未经旅游者同意擅自将旅游业务转让给他人系违约行为,其所负有的安全保障义务不发生转移的效力。康辉国旅作为实际提供旅游服务的旅游经营者,所提供的服务亦应当符合保障旅游者人身、财产安全的要求,同时应受中山国旅与焦某军签订的旅游服务合同的约束。在本案中,泰国车队的侵权行为可直接认定为康辉国旅的侵权行为,焦某军在旅游过程中遭受人身损害后,选择要求康辉国旅承担侵权责任,符合法律规定。中山国旅虽非本案的直接侵权人,但其擅自转让旅游业务的行为亦属违约行为。根据《旅游纠纷解释》第十条的规定,其应当与实际提供旅游服务的旅游经营者承担连带责任。此处的连带责任既可以是违约责任的连带,也可以是侵权责任的连带,该司法解释并未对连带责任的性质作出限制。此外,《旅游纠纷解释》第七条规定的"第三人",应该是除旅游经营者、旅游辅助服务者之外的第三人。本案中焦某军的损害系泰国车队的侵权行为所致,泰国车队作为康辉国旅选定的旅游辅助服务者,不属于该司法解释所称的"第三人"。故二审法院判决驳回上诉,维持一审法院判决的被告与第三人赔偿医疗费、残疾赔偿金、精神抚慰金等共计24万余元。[2] 此案中,被告与第三人承担的是连带责任。

实践中,旅游经营者未取得旅游者书面同意,将其业务转让给其他旅游经营者,旅游者在旅游过程中遭受损害,请求与其签订旅游合同的旅游经营者和实际提供旅游服务的旅游经营者承担连带责任的,法院应予支持。

【案例12-42】 北京市首都旅行社有限公司与陈某等旅游合同纠纷案

二审法院认为,首都旅行社作为保证金的实际收取人,在陈某、韩某如期完成旅行回国后,理应向陈某、韩某退还保证金。在陈某、韩某与众信旅行社签订的《北京市出境旅游合同》中有关退还保证金的条款,众信旅行社主张该条款是在其签章之后由首都旅行社的周某应陈某、韩某要求后添加的,由于合同上注明了周某是众信旅行社的签约代表,因此即使周某在众信旅行社签章之后补充书写的合同条款,陈某、韩某仍有理由相信其系代表众信旅行

---

[1] 参见叶金强:《旅游纠纷中的连带责任——以"焦建军与中山国旅等旅游侵权纠纷案"为参照》,载《法学》2015年第2期。

[2] 参见《最高人民法院公报》2012年第11期。

社作出的意思表示,该条款应对众信旅行社发生效力。基于合同的约定,众信旅行社也负有向陈某、韩某退还保证金的义务,应当与首都旅行社承担连带责任。[1]

【案例12-43】 岳某文等诉新疆康辉大自然国际旅行社有限责任公司石河子中心分公司等违反安全保障义务责任纠纷案

判决观点,被告康辉旅行社作为岳某、原告刘某签约的旅行社,在双方签订合同中岳某、原告刘某不同意转团的前提下,未经岳某、原告刘某的同意,擅自将其对岳某、原告刘某的旅游业务转让给被告金桥旅行社。根据《旅游纠纷解释》第十条第二款"旅游经营者擅自将其旅游业务转让给其他旅游经营者,旅游者在旅游过程中遭受损害,请求与其签订旅游合同的旅游经营者和实际提供旅游服务的旅游经营者承担连带责任的,人民法院应予支持"之规定,被告康辉旅行社应与被告金桥旅行社承担连带责任。[2]

网站平台的运营管理者对旅游经营者欺诈行为不具有明知或应知能力的,不承担连带责任。

【案例12-44】 樵某诉北京趣拿信息技术有限公司、北京中贸国际商务旅行社有限责任公司服务合同纠纷案

判决观点,网络交易平台提供者明知或者应知销售者或者服务者利用其平台侵害消费者合法权益而未采取必要措施的,依法与该销售者或者服务者承担连带责任。本案中,趣拿公司作为网络平台的运营管理者,没有能力判断商务公司提供服务的具体内容是否侵害消费者合法权益,也没有逐一核实全部信息真实性的能力,故对樵某因此产生的损失没有过错,不应承担责任。[3]

(七)旅游合同欺诈认定

旅游合同的欺诈行为,应指旅游经营者故意告知旅游者虚假情况,或者故意

---

[1] 参见最高人民法院民事审判第一庭编:《最高人民法院审理旅游纠纷案件司法解释理解与适用》,人民法院出版社2010年版,第331页。
[2] 参见国家法官学院案例开发研究中心编:《中国法院2018年度案例》(侵权赔偿纠纷),中国法制出版社2018年版,第101页。新疆维吾尔自治区石河子市人民法院(2016)兵9001民初6066号民事判决书。
[3] 参见国家法官学院案例开发研究中心编:《中国法院2019年度案例》(合同纠纷),中国法制出版社2019年版,第227~228页。北京市海淀区人民法院(2017)京0108民初42515号民事判决书。

隐瞒真实情况,要求发生的时间应是在双方当事人订立旅游合同的过程中。一般情况下,旅游景点经营者发布的商业广告属于要约邀请,并不能作为约束双方当事人的合同条款。商业广告的内容存在"夸大其词"等打"擦边球"的情形,宜由有关的行政主管部门进行处理。旅游者作出错误的意思表示需是因受到旅游景点经营者的"诱使"。在此需要强调的是,旅游者作为一个理性的消费主体,应具有基本的审查和甄别能力。如因旅游者的疏忽或主观认识错误,导致其接受的旅游服务与旅游者期望存在差异,则不能认为旅游者受到旅游景点经营者的"诱使"而作出错误的意思表示,亦不构成欺诈。行政主管部门根据相应的行政法律法规作出的行政认定并不当然等同于司法认定,在审理旅游合同纠纷时,需根据民事诉讼规则对行政认定进行评价和判断。

【案例12-45】 张某诉广州市芙蓉漂流娱乐有限公司旅游合同纠纷案

一审法院认为,被告在其户外广告中使用了"芙蓉峡·至尊漂流""广州第一漂""省内唯一漂流之最"等宣传语。上述宣传语并未明确"至尊""第一""唯一"的具体内容,即不具体、确定;同时,并非表明经受要约人承诺,要约人即受该意思表示约束。因此,以上广告内容属要约邀请而非要约,亦即不属于原、被告之间服务合同的约定内容。本案中原告仅以该广告内容诉请被告赔偿,而未能举证证明在被告处购票享受漂流服务过程中,被告存在违反双方合同约定的行为,故其未能证明被告存在违约行为。……据此判决驳回原告张某的诉讼请求。二审法院维持一审判决。[1]

【案例12-46】 樵某诉北京趣拿信息技术有限公司、北京中贸国际商务旅行社有限责任公司服务合同纠纷案

判决观点,本案中,商务公司称自己宣传的标题为"三亚六大五星豪华酒店任选",并没有写五星级酒店,是因为趣拿公司的过错将六家酒店标注为五星级,自身并未欺骗消费者。但根据人们的日常生活经验与约定俗成的判断标准,所谓的"五星豪华酒店"即应是五星级酒店,商务公司的上述用语显然会误导消费者,使消费者认为其所提供的酒店均为五星级酒店,故该公司的行为构成对消费者的欺诈。现商务公司因此获益,故该公司除应退还相关费用外还应承担增加赔偿三倍费用。[2]

个案中,旅游者主张欺诈的,法官根据具体案情裁量。

---

[1] 参见国家法官学院案例开发研究中心编:《中国法院2015年度案例》(合同纠纷),中国法制出版社2015年版,第245页。广东省广州市中级人民法院(2013)穗中法民二终字第1065号民事判决书。

[2] 参见国家法官学院案例开发研究中心编:《中国法院2019年度案例》(合同纠纷),中国法制出版社2019年版,第228页。北京市海淀区人民法院(2017)京0108民初42515号民事判决书。

【案例12-47】 沈某诉上海携程国际旅行社有限责任公司网络服务合同纠纷案

判决观点,原告主张被告在合同订立过程中存在欺诈情形,涉案旅游产品预订下单页面均未告知原告酒店及机票取消政策,在原告支付成功后,才以确认单形式告知所选项目为不可取消项目。被告抗辩,本案产品为自由行产品,所涉机票及酒店项目均由原告自行选择确定。被告平台系统会根据价格因素向消费者默认推荐该款产品最便宜的价格所对应的航班及酒店信息供原告参考,相关取消政策均在预订页面以特别形式予以体现,被告不存在欺诈。一审法院认为,根据相关规定,一方当事人故意告知对方虚假情况,或者故意隐瞒真实情况,诱使对方当事人作出错误的意思表示,可认定为欺诈行为。根据查明的事实,原告所预订的产品为自由行产品,原告可自行选择机票及酒店资源。同时,被告根据自己的经营政策会在消费者点击进入"选择资源"页面时自动向消费者推荐该产品最低价格所对应的往返航班及行程入住酒店。审理中,双方对当庭演示的下单流程无异议,仅对被告是否告知取消政策及设置供原告选择其他资源的按钮存在争议。对此,法院认为,根据演示下单的流程页面,被告在机票、酒店预订栏均以不同颜色标注了"退改签政策及购票说明""取消政策""更换航班""更换酒店""更换房型"等字样,并可进行点击操作。虽然涉案产品预订页面演示时间在原告起诉之后,非原告原始下单页面,但上述操作程序符合现有的旅游平台自由行产品预订惯例及通常经营模式。另外,原告主张下单时未注意到有上述字样的选项,与其庭审中确认其自行更换了行程前两日入住酒店的陈述相矛盾,被告在为原告默认推荐资源的同时,亦为原告提供了更换资源项目的操作按钮供原告根据自身需要选择,原告主张被告存在欺诈行为,法院不予采纳。[1]

---

[1] 参见陈昶主编:《2020年上海法院案例精选》,上海人民出版社2022年版,第107页。

三、旅游合同纠纷处理

(一)赔偿责任处理

《民法典》明确规定的违约责任形式主要有强制履行、赔偿损失、违约金、定金等几种。旅游合同系一种非金钱债务的服务合同,具有其特殊性,故不宜采取强制履行措施。游客因对旅游经营者提供旅游服务的信赖而与其签约,其目的在于通过外出旅游获取一种愉悦的心境,获得一种身心放松,这是一种精神消费合同。对这类服务性合同,强制旅游经营者继续履行不宜实现合同原有的目的。一般来讲,对旅游合同违约责任的方式以采取赔偿损失为宜。

1. 旅游经营者赔偿范围

根据《民法典》《旅游法》《旅游纠纷解释》的相关规定确定旅游经营者的赔偿范围。如《旅游纠纷解释》第九条规定:"旅游经营者、旅游辅助服务者以非法收集、存储、使用、加工、传输、买卖、提供、公开等方式处理旅游者个人信息,旅游者请求其承担相应责任的,人民法院应予支持。"

旅游经营者对旅游者在旅途中意外死亡应承担赔偿责任。

【案例12-48】 王某等诉上海翠明国际旅行社旅游合同纠纷案

判决观点,被告翠明国际旅行社未按合同约定为曹某秀代办出境旅游意外保险,已构成违约,原告有权请求被告翠明国际旅行社承担违约责任。当事人应当按照合同约定全面履行自己的义务或者履行义务不符合约定的应当承担违约责任。被告翠明国际旅行社既然在合同中承诺由其为曹某秀等旅游者办理出境意外保险,并在约定的团费总价中列明包含保险费用,就应忠实履行自己的义务。……曹某秀突发颅内出血身故,如果被告翠明国际旅行社尽责为游客办理旅游意外保险,原告应该可以得到合理赔偿。正是由于被告翠明国际旅行社未履行合同约定的为游客办理旅游意外保险的义务,致原告方未能获得合理的保险赔偿,被告翠明国际旅行社应该承担相应的赔偿责任。被告翠明国际旅行社辩称,曹某秀系高血压引发颅内出血死亡,属于慢性病急性发作,不属于旅游意外保险的赔偿范围。鉴于目前保险市场中流通的出境旅游意外保险并未绝对拒保因高压血引起突发颅内出血的出险状况,相关旅游意外保险产品也未绝对将此纳入除外责任范围,可以认定曹某秀出险情况属市场可保范围。鉴于保险市场不同公司推出的出境旅游意外保险产品保险额度差异较大,而本案诉争合同又未具体约定投保特定公司的保险产品,故难以依据合同确定保险金额。考虑到本案诉争的旅游合同所涉项目为经济型旅游,团费数额亦不大,诉争合同约定办理的旅游意外保险亦应与此相适应。根据市场上通常出境旅游意外保险事故中急性病身故、遗体遣送费保险金赔偿额度,酌情确定原告应获赔偿额以5万元人民币为宜。

被告天益公司组织曹某秀等人出境旅游,并与被告翠明国际旅行社签订出境旅游合同,利益指定由合同约定的旅游者承受,被告天益公司并非旅游合同中办理出境旅游意外保险的承担者,因此不承担连带赔偿责任。综上,由于被告翠明国际旅行社未按合同约定履行代为曹某秀办理出境旅游意外保险的义务,致曹某秀因出境旅游突发颅内出血身故后,原告因此丧失获得保险理赔的可得利益,两者之间存在直接因果关系,对此,被告翠明国际旅行社应依法承担相应的民事责任。被告天益公司与被告翠明国际旅行社签订涉他性质的出境旅游合同,法院依据查明的事实,被告天益公司并无损害旅游者利益的行为,原告要求被告天益公司对被告翠明国际旅行社的违约行为承担连带责任并无法律依据。判决:被告翠明国际旅行社赔偿原告王某等5万元人民币,驳回其余的诉讼请求。[1]

旅游者在旅游过程中,因旅游经营者的安全保障义务及救助义务履行不到位死亡,旅游经营者应当承担相应的赔偿责任。

【案例12-49】 高某珠等诉杨某华、远归公司旅游合同纠纷案

判决观点,旅游经营者、旅游辅助服务者未尽到安全保障义务,造成旅游者人身损害、财产损失,旅游者请求旅游经营者承担责任的,应予支持。本案中,远归公司指派的司机梁某在搭载高某模等人进行游览过程中,车上未像该公司之前承诺的随车配备氧气瓶、高反应急药物、葡萄糖注射液等,在高某模等众游客均反映有头痛等不适症状时,未将必要的设备及药品拿出来给游客使用,缓解其症状,亦未采取如提出就医建议等必要措施,未尽到安全保障义务,存在违约行为,应承担原告方高某模死亡遭受损失相应的违约责任。高某模对自己身体状况、旅游环境的评估以及可能遭受的危险预见不足,亦存在责任。综合全案案情,法院确定远归公司承担原告方因高某模死亡而遭

---

[1] 参见张海棠主编:《上海法院30年经典案例(1978—2008)》(下卷),上海人民出版社2009年版,第1072~1074页。上海市长宁区人民法院(2004)长民一(民)初字第352号民事判决书。

受损失30%的责任。原告方提出还应赔偿精神损害抚慰金,因其主张的是违约之诉而非侵权之诉,故法院不予支持。对于原告方主张被告应支付平安高原旅行险50万元理赔金,因中国平安高原游保险适用人群为16周岁至50周岁,高某模无法购买,故被告虽承诺赠送该保险,但实际高某模不是被保险人范畴,更无法获得理赔,且其猝死不属于旅游意外保险范畴。因此对原告要求被告赔偿保险理赔金的诉讼请求,法院不予支持。判决:被告远归公司向原告高某珠、王某、高某默赔偿违约损失177406.55元。[1]

旅游经营者未完成主要旅游项目,使合同目的不能实现,如果只以门票费、导游费为基础计算损失,不足以弥补旅游者全部损失,其旅游损失范围应包括交通费、住宿费等以游览为目的的辅助性费用,由法官综合各项因素确定赔偿数额。在确定旅游者损失范围的基础上,由法官依法合理运用自由裁量权确定赔偿数额。

【案例12-50】 林某斌等诉中山中国国际旅行社有限公司旅游合同纠纷案

一审法院认为,被告履行合同存在违约行为,应向原告赔偿因此造成旅游合同未达到约定品质的损失。关于赔偿的标准问题,由于旅游合同的主要目的是游览特定景区,旅途中的住宿、餐饮、交通等均为实现这一合同目的而产生的必要支出,故因被告违约导致原告无法游览崂山北九水景区而造成旅游价值的损失应结合特定景区在旅游合同中的重要性进行综合考虑。被告主张赔偿标准只能按没有游览的项目计算的答辩意见缺乏理据,不予采纳。原告虽未能按约定游览崂山北九水景区及其后景区,但从中山市旅游局出具的《游客投诉情况说明》反映,原告在纠纷发生后,未能冷静处理导致损失的进一步扩大,对此亦应负一定的责任,且原告已接受了被告提供的全部住宿及往返交通服务,故其要求被告以5天旅游总团费的日均价为标准,赔偿其最后2天未参与行程的损失,显然不合理。据此,法院结合本案旅游目的实现及旅游品质的损失等情况,酌情认定被告应向原告赔偿损失18000元(每人900元)。二审法院按此数额调解结案。[2]

---

[1] 参见国家法官学院、最高人民法院司法案例研究院编:《中国法院2021年度案例》(合同纠纷),中国法制出版社2021年版,第13页。四川省成都市武侯区人民法院(2019)川0107民初2811号民事判决书。

[2] 参见最高人民法院中国应用法学研究所编:《人民法院案例选》2012年第2辑(总第80辑),人民法院出版社2012年版,第120页。

【案例 12-51】 无锡舒心假期旅行社有限公司诉无锡宝原体育用品有限公司旅游合同纠纷案

二审法院认为,如果舒心假期旅行社能够及时将航班取消或变更的情况及时告知宝原公司,则宝原公司就可以取消或者变更出行日期、事先延长假期、要求选择其他航班等多种选择,8月26日无法上班的情况就有可能避免。根据法院调查取得的宝原公司8月员工薪资明细表,宝原公司16名出行人员中,鲍某云的满勤奖未被扣发,据此,法院认定宝原公司出行人员8月26日实际15人缺勤。虽宝原公司作为法人并不存在误工费损失,但宝原公司15位出行人员该日未上班,本应扣发工资及全勤奖5760元(37800/30+4500=5760),宝原公司实际发放,该部分属于宝原公司的损失,应由舒心假期旅行社赔偿。3位家属并非宝原公司员工,其误工费不属于宝原公司的损失,故对该3位家属误工费损失的请求,法院不予支持。此外,宝原公司亦未能证明部分人员生病与航班变更之间存在因果关系,故对宝原公司要求赔偿医疗费1216元,亦不予支持。同时,双方对舒心假期旅行社未履行通知义务的违约行为,未约定违约金,故对宝原公司要求舒心假期旅行社因变更航班支付20%的违约金644元的上诉请求,法院亦不予支持。[1]

对于旅游者的损失,在有保险公司赔偿但不足以弥补时,应由旅游经营者承担其不足部分。对于旅游合同已履行部分,旅游者还是应当支付对价,但法律并不干涉旅游经营者的自愿全部返还。

【案例 12-52】 周某贯等诉绍兴山水国际旅游有限公司旅游合同纠纷案

二审法院认为,上诉人虽主张根据本案旅游合同之中老年人旅游者附加协议书第8条约定,非旅行社疏忽或过失的人身意外伤亡事故,不在旅行社责任险理赔范围内,及第2条约定,75周岁以上的老年旅游者保险金额最高为5万元,被上诉人绍兴山水国际旅游有限公司在本案中无须承担责任,且即使被上诉人绍兴山水国际旅游有限公司需承担赔偿责任,上诉人也只需理赔5万元。然而对于该附加协议黄某蓉并未签章,且被上诉人绍兴山水国际旅游有限公司亦明确表示并不要求黄某蓉签订,故该附加协议对黄某蓉一方并无约束力。因本案事故发生于被上诉人绍兴山水国际旅游有限公司与上诉人签订的旅行社责任险的保险期限内,被上诉人绍兴山水国际旅游有限公司也在原审中申请追加上诉人为第三人参加诉讼并获准许,故上诉人在本案中应根据保险合同约定在保险金额范围内对受害人黄某蓉一方进行理赔,这

---

[1] 参见最高人民法院中国应用法学研究所编:《人民法院案例选》2011年第4辑(总第78辑),人民法院出版社2011年版,第183页。

也符合《旅游纠纷解释》第五条规定及精神。原审法院根据本案实际对本案损失进行核定并判令上诉人支付20万元理赔款、被上诉人绍兴山水国际旅游有限公司支付9280.50元赔偿款,并无不当。[1] 本案中对于受害人要求返还全部团费的请求,从理论上来说不应予以全部支持,而应视履行状况判令酌情返还。但本案中原审判令被告山水公司退还全部团费后,被告山水公司并未上诉,故二审考虑从在法律框架内尽可能保障受害人利益的原则出发,视被告山水公司对多返还部分团费所造成的损失放弃上诉救济,故二审也予以照准,不作改判。

旅游经营者在安排上存在瑕疵,导致因航班晚点致使旅游者自己另行购买机票的损失发生,而该损失与旅游经营者的不当行为具有直接因果关系,且违反了双方订立的旅游合同的约定内容。因此,旅游经营者应对旅游者支出的机票费用应承担赔偿责任。

【案例12-53】 闫某臣、李某霞诉北京中国国际旅行社有限公司旅游合同纠纷案

一审法院认为,闫某臣、李某霞与国际旅行社公司签订的《北京市出境旅游合同》系双方当事人真实意思表示,不违反法律法规规定,合法有效。旅游合同对交通标准、旅游费用承担和组成均有明确规定,现闫某臣、李某霞另行支付机票费用要求由国际旅行社公司承担有合同依据,其主张标准于法有据,判决国际旅行社公司支付闫某臣、李某霞机票费用17844.82元。二审法院认为,双方之间已经形成合同法律关系,各方均应按照合同的约定全面而恰当地享有权利、履行义务。闫某臣、李某霞重新购买机票的损失与国际旅行社公司的不当行为具有直接的关系,亦有悖于双方合同的约定内容,国际旅行社公司应承担机票费用。判决:维持原判。[2]

因第三人侵害行为致旅游者的财物损失,旅游经营者应在安全保障义务范围内承担补充赔偿责任。

【案例12-54】 孟某、宋某诉中国铁道旅行社有限公司旅游合同纠纷案

一审法院认为,旅游者对自己随身携带的物品负有保管义务,旅行社及入住的酒店在没有特殊约定情况下对旅游者随身携带的物品不负保管义务,原告随身携带物品被盗与自身没有尽到保管义务有直接的因果关系,与入住

---

[1] 参见国家法官学院案例开发研究中心编:《中国法院2016年度案例》(合同纠纷),中国法制出版社2016年版,第272页。

[2] 参见最高人民法院中国应用法学研究所编:《人民法院案例选》2016年第6辑(总第100辑),人民法院出版社2016年版,第101页。北京市第三中级人民法院(2014)三中民终字第00691号民事判决书。

酒店是否为三星级标准没有必然的因果关系。事件发生后,被告协助原告向当地警方报案,已经履行了救助义务。本案中,原告随身财物丢失关键是由于自身没有妥善保管造成的,但考虑原告为70多岁的老人,且被告没有充分的证据证明其对老年旅游者尽到了安全提示义务,以及没有充分的证据证明其提供的酒店符合当地三星级标准,由此可能对原告防范外来侵害的紧急性产生不利影响。故被告应当在合理范围内承担补充赔偿责任。关于原告的损失数额,被告持有异议,鉴于原告现主张的丢失美元金额与案发当天向警方报称的美元金额不符,且诉讼中原告提交的兑换美元凭证,部分没有时间和签章,故法院仅对案发当天报案所称的2500美元予以采信。对于原告主张的照相机、摄像机、8G储存卡、折叠伞等财物损失,因未提交相关凭证,法院无法确定具体数额,但根据日常生活经验法则可以确认原告随身携带有上述物品,对此法院在判令被告承担责任时亦将此情节一并予以考虑。判决:被告赔偿两原告3000元。

二审法院认为,财物被盗属于众所周知的危险事由,双方在事先并无法预料,上诉人随身携带物品被盗与自身没有尽到保管义务有直接的因果关系,上诉人的财物被盗与入住酒店是否为三星标准没有必然的因果关系。一审法院考虑本案实际情况,判决被上诉人赔偿上诉人3000元,处理并无不当。一审判决认定事实清楚,适用法律正确,审判程序合法,应予维持。[1]

2. 精神损害赔偿问题

在旅游合同中的精神损害是否赔偿问题有较大的争论。在《民法典》颁布前,主流观点是持否定态度的,但有的学者认为对严重违约精神损害赔偿请求,法院应当予以支持。实践中,在《民法典》颁布前对旅游合同的精神损害赔偿即有实例支持,亦是符合《民法典》规定的。

【案例12-55】 李甲、李乙诉北京某某旅行社旅游合同纠纷案

一审法院认为,关于李甲的损失范围问题。李甲向北京某某旅行社支付了旅游团款、保险费、小费等,并支付了汇款手续费,但因护照签证页丢失而未能实际旅游,故上述款项系其直接损失,北京某某旅行社应当予以退还。本案虽系合同纠纷,但北京某某旅行社的违约行为不仅导致李甲未能实现旅游目的,而且被他国关押。李甲的人格利益因此遭受了损害,且情节较为严重,故北京某某旅行社应对其精神损失予以赔偿,具体数额由法院根据实际

---

[1] 参见北京市高级人民法院编:《审判前沿——新类型案件审判实务》2012年第3集(总第45集),法律出版社2013年版,第117页。

情况予以酌定。关于李乙的诉讼请求。由于李乙与李甲系夫妻关系,本案涉及的旅行是其新婚蜜月之旅,北京某某旅行社对李甲的违约行为也直接导致李乙无法继续旅行,故其对李乙也构成违约,也应对李乙的损害后果承担赔偿责任。北京某某旅行社应当退还李乙的旅游团费、保险费、小费、汇款手续费等各项费用,并赔偿李乙自行支付的机场建设税。另外,北京某某旅行社的违约行为仅造成李乙无法实现合同目的,而未对其人格利益造成损害,故李乙要求的精神损害抚慰金欠缺事实和法律依据,法院不予支持。二审法院亦持同样意见,维持一审判决。[1]

类似的案例有孔某屏诉深圳特区华侨城中国旅行社新园营业部等旅游合同纠纷案。[2]

《旅游纠纷解释》原第二十一条规定:"旅游者提起违约之诉,主张精神损害赔偿的,人民法院应告知其变更为侵权之诉;旅游者仍坚持提起违约之诉的,对于其精神损害的主张,人民法院不予支持。"该条规定表明了《民法典》施行前最高人民法院对于旅游违约之诉精神损害赔偿之态度。但对于旅游合同中精神损害赔偿约定而言,最高人民法院法官认为,合同是双方当事人的合意。在私法领域,凡是法无明文禁止的,均是许可的,应当允许当事人约定合同之诉中的精神损害赔偿。如果旅游合同中有明确的关于旅游经营者违约造成旅游者精神损害的赔偿的规定,应当视为双方当事人对于违约责任的约定。此时,旅游者以违约之诉主张精神损害赔偿,人民法院应予支持。[3]《民法典》施行后,根据其第九百九十六条的规定,旅游者可以请求精神损害赔偿而不需要有约定。

3. 旅游经营者应对旅游辅助服务者不当行为承担违约责任

虽然旅游服务合同签订主体是组团社和旅游者,但组团社不可能提供从运输、导游到住宿的全部服务内容,故其往往需要将部分服务转交由旅游辅助人代为履行、提供服务,此时若旅游辅助人提供的部分服务出现瑕疵便会产生责任承担的主体问题。根据合同相对性原则和风险收益相一致原则,组团社作为旅游合同的相对债务人,其应对旅游辅助人的行为向旅游者承担责任。因此,旅游者可以违约为由向旅游经营者主张违约责任,旅游经营者承担责任后,再向有过错的其他相关旅游经营者和旅游辅助人追偿。如旅游者在旅途中用餐食物中毒,可以

---

[1] 参见北京市高级人民法院编:《审判前沿——新类型案件审判实务》2008年第4集(总第22集),法律出版社2008年版,第48页。

[2] 参见最高人民法院民事审判第一庭编:《最高人民法院审理旅游纠纷案件司法解释理解与适用》,人民法院出版社2010年版,第339页。

[3] 参见最高人民法院民事审判第一庭编:《最高人民法院审理旅游纠纷案件司法解释理解与适用》,人民法院出版社2010年版,第263~264页。

选择旅游经营者承担相应违约责任。

【案例12-56】 高某其与广州市环宇旅行社有限公司花都门市部等旅游服务合同纠纷案

一审法院认为,高某其在环宇公司花都门市部安排的旅游景点中,景点蛇表演及试用"蛇药"也是旅游服务中的内容之一,而此内容明显可能危及消费者的人身安全,但环宇公司花都门市部没有加以说明,也没有明确警示,应对高某其因试用"蛇药"所造成的损害后果承担相应的法律责任。现高某其诉请两被告赔偿其治疗费355.1元、传真复印费297.5元及查询费120元,合计1194.6元,两被告自愿承担,没有违反法律规定,对高某其该部分请求,法院予以支持。二审法院认为,环宇公司及其花都门市部均申领有营业执照,依法具备旅游经营资格,故高某其上诉称环宇公司花都门市部无权在花都区组团出游的主张缺乏事实依据,法院不予支持。[1]

旅游经营者擅自转团,造成旅游者伤害的,旅游者根据合同相对性有权起诉旅游经营者而不起诉其他经营者。换言之,因旅游经营者的原因,基于同一事实造成旅游者人身损害、财产损失,旅游者选择旅游经营者承担违约责任或者侵权责任的,法院应根据当事人的选择来确定案由。

【案例12-57】 刘某与珠海里程国际旅行社旅游合同纠纷案

二审法院认为,本案中刘某与里程国旅公司之间签订旅游合同,双方由此产生权利义务关系。里程国旅公司作为合同的一方,在未告知刘某等人的前提下,将其所负有的合同义务转移到阳光旅行社,而阳光旅行社又将其转移到台联旅行社。根据《合同法》第八十四条"债务人将合同的义务全部或部分转移给第三人的,应当经债权人同意"的规定,里程国旅公司转让合同义务的行为因为未经刘某等人同意不生效,不产生债务转移的效果。根据合同的相对性,里程国旅公司作为合同一方的当事人,无论该合同义务的实际履行主体如何变化,里程国旅公司均应负合同责任。根据双方签订的《广东省国内旅游组团合同》附件之一《广东省国内旅游报名须知及责任细则》第五条第一款的规定,旅行社应当为游客提供保障人身、财物安全需要的服务;对有可能危及旅游者人身、财物安全的项目,应当向旅游者作出说明和警示。可见,保证游客人身、财物的安全,防止危害的发生是旅行社必须承担的合同义务。刘某在旅游过程中因交通事故而受到人身伤害,且交警部门已认定旅行社一方的车辆负本次交通事故的主要责任,里程国旅公司作为旅游合同一

---

[1] 参见最高人民法院民事审判第一庭编:《最高人民法院审理旅游纠纷案件司法解释理解与适用》,人民法院出版社2010年版,第326页。

方的当事人未尽到保障游客人身安全的合同义务,仍需承担违反合同义务的责任。此时,刘某有两种求偿途径:一是按照旅游服务合同关系追究合同义务人即里程国旅公司的违约责任;二是依据侵权关系追究侵权人的侵权责任。这是基于不同的法律关系而产生的请求权竞合,权利人有权作出选择,刘某选择违约之诉,是其正当行使权利的体现,并无不当之处。里程国旅公司上诉认为本案应当按照侵权之诉予以求偿并认为一审未追加当事人程序违法的上诉理由,于法无据,法院不予支持。里程国旅公司在承担其违约责任之后,依法可以向其他侵权人主张权利。……本案中因双方在旅游合同中并未约定违约金,故里程国旅公司应当赔偿刘某因违约而受到的实际损失。刘某的损失不仅包括因违约而实际多支出的费用即医疗费、护理费、住院伙食补助费、交通费、鉴定费,还包括其因违约而实际减少的费用即误工费。而对于残疾赔偿金,由于刘某被评定为十级伤残,其因违约而受到的人身伤害已实际对其生活造成了一定影响,里程国旅公司应对刘某的伤残予以赔偿,故残疾赔偿金也应包括在违约赔偿范围之内。一审法院关于损失的认定,理据充分,法院予以维持。[1]

应注意的是,发生交通事故,无论旅游经营者车辆是否存在过错,旅游者都可以要求旅游经营者承担违约责任。

【案例 12-58】 张某诉某旅游公司旅游合同纠纷案

判决观点,某旅游公司在履行旅游合同过程中,其委托案外人安排的车辆因发生道路交通事故,导致张某遭受人身、财产损害,应当承担相应的赔偿责任,由于张某抵达沙巴后,在前往旅游景点途中发生交通事故受伤,致使其不能继续游玩,其旅游合同的目的无法实现,故支持了张某解除合同的诉请,并在酌情扣除部分实际发生的费用的基础上,判令某旅游公司赔偿张某旅游费的 80%,共计 6056 元。[2]

实践中,第三方车辆往往是旅游经营者租用的,因此第三方车辆是旅游经营者提供服务的辅助人。旅游过程中发生交通事故有两种情形:一种情况是第三方车辆有过错,该过错不能直接视为旅游经营者履行安全保障义务的过错,因为第三方车辆尽管是旅游经营者选任的,但仍是独立的主体。应注意考察旅游经营者在选任过程中是否具有过错,如第三方车辆资质有问题等,若选任过程中有过错,旅游者可以请求第三方车辆承担侵权责任,请求旅游经营者在未尽谨慎选择义务

---

〔1〕参见最高人民法院民事审判第一庭编:《最高人民法院审理旅游纠纷案件司法解释理解与适用》,人民法院出版社 2010 年版,第 313~314 页。

〔2〕上海市浦东新区人民法院(2009)浦民一(民)初字第 15716 号民事判决书。

的范围内承担相应补充责任。若旅游经营者选任过程不存在过错,则不需要对旅游者承担侵权法上的责任,但旅游者可以要求旅游经营者承担违约的无过错责任。另一种情况是第三方车辆无过错,旅游者可以违约为由,要求旅游经营者承担无过错责任,同样,旅游经营者对有责任主体也有追偿权。

4.自费项目受到伤害赔偿

所谓自费项目是旅游合同约定自行安排活动期间,旅游者又参加非旅游经营者组织的项目。自费项目有两种情况,一种是旅游合同原来安排的项目,该项目作为可选项目构成旅游行程的一个部分,另一种是临时增加的项目,因为旅游是使游客达到身心愉悦的一种休闲活动,游客临时提出增加景点或旅游经营者根据游客需求临时增加景点是很常见的,只要这种提出增加的景点得到导游、游客双方认可,就应视为旅游者与旅游经营者协商变更了旅游合同。《旅游纠纷解释》中对"自行安排活动期间"已经明示:一是旅游经营者安排的在旅游行程中独立的自由活动期间,根据《旅行社条例》第二十八条的规定,旅游者自由活动的时间和次数应在旅游合同中载明,因此,根据旅游合同即可认定是否属于自由活动期间。二是旅游者不参加旅游行程的活动期间,即旅游者由于身体、心理等原因,未按事前确定的旅游行程参与活动,旅游者需要事先与导游或领队沟通,详细说明原因。三是旅游者经导游或者领队同意暂时离队的个人活动期间,这种情况和《旅游纠纷解释》第十八条相符,如果旅游者在旅游行程中未经导游或者领队许可,故意脱离团队,遭受人身损害、财产损失,则后果自负;相反,则旅游经营者可能会承担相应责任。自费项目受到伤害是否赔偿不具有确定性,并非一律赔偿,《旅游纠纷解释》第十七条规定只有旅游经营者未尽到必要的提示义务、救助义务时方承担责任;反之,不承担赔偿责任。

【案例12-59】 李某诉河南康辉国际旅行社有限责任公司、海南辉煌国际旅行社有限公司旅游合同纠纷案

二审法院认为,康辉公司向李某提供的接待说明和五日旅游行程表系双方旅游合同的组成部分,五日旅游行程表的内容显示康辉公司安排李某和其母亲吴某红在玉带滩(上下船全程60分钟另行付费)游玩,故应认定李某自费参加的水上滚筒(气球)活动项目在双方约定的旅游服务范围内。康辉公司作为带领原告到玉带滩游玩的旅游经营者,应当保证其提供的服务符合保障游客人身、财产安全的要求,对可能危及旅游者人身、财产安全的旅游服务项目,应当作出真实的说明和明确的警示,并采取防止危害发生的措施。本案中,康辉公司仅提供了导游证言,不足以证明康辉公司完全履行了上述义务。因此,康辉公司所提供的服务不完全符合履行合同要求,对原告受伤造

成的损失应承担相应的违约责任。[1] 需要说明的问题是,原告受伤后,被告康辉公司曾向投保旅游者人身意外保险的保险公司申请理赔,但该保险公司以李某出险所玩的项目为非旅游公司组织的旅游项目或活动,属责任免除为由,没有受理索赔。其保险公司不受理索赔的理由不能对抗法院认定被告违约的事实。

5. 半自助游中旅游经营者赔偿

全自助游与旅游经营者无关,自然不存在责任问题。在半自助游中,即由旅游经营者根据游客的需求,提供出游过程中的各单项服务,如酒店预订、机票预订、交通工具预订等。在这种情形下,旅游经营者是否承担违约责任应区分情况处理。对旅游经营者负有的合同义务,即旅游经营者提供的单项服务具有瑕疵,则旅游经营者应承担相应的瑕疵担保责任,比如其所提供的酒店不具备基本的入住条件、交通工具没有运营资质、机票与约定的航空公司不相符等。对于此类情况,旅游经营者应承担违约责任,涉及人身、财产损害的,还有可能承担侵权责任。反之,旅游者所受损害与旅游经营者提供的服务没有关系,则应自担其责。比如旅游者在自行前往目的地的途中受伤、在景点购物时遭受欺诈、财物在途中被盗等。也就是说,旅游经营者不应对在旅游者自助游中自行安排的行程或内容而遭受损害的部分担责。

6. 旅游者赔偿责任范围

《旅游法》第七十二条规定:旅游者在旅游活动中或者在解决纠纷时,损害旅行社、履行辅助人、旅游从业人员或者其他旅游经营者的合法权益的,依法承担赔偿责任。主要有三种类型,其一,影响行程,致使合同的正常履行出现障碍,如旅游者不遵守行程时间安排的、不打招呼擅自脱团不归的、违反目的地法律、法规或风俗习惯、禁忌被当地部门处理的,还有采取"霸机"、阻止经营者或从业人员正常服务等不正当手段解决纠纷等。其二,侵犯他人财产权的行为,如拿走飞机上配备的救生衣,损坏酒店或客房物品,在景区内乱涂乱画等。其三,侵犯他人人身权的,如侮辱、打骂旅游从业人员或其他旅游者。

7. 旅游者脱团时旅游经营者的责任

《旅游纠纷解释》第十八条规定:"旅游者在旅游过程中未经导游或者领队许

---

[1] 参见最高人民法院中国应用法学研究所编:《人民法院案例选》2013年第2辑(总第84辑),人民法院出版社2013年版,第207页。河南省郑州市中级人民法院(2011)郑民四终字第1146号民事判决书。

专题十二　旅游合同纠纷

可,故意脱离团队,遭受人身损害、财产损失,请求旅游经营者赔偿损失的,人民法院不予支持。"如果旅游者事先经过导游或领队许可,则旅游经营者负有相应的附随义务,应审查是否履行相应的附随义务后确定责任的承担。适用本条规定的前提是,旅游者对脱离旅游团队的行为应当具有主观的故意。如果旅游者是因过失而脱团,不能适用本条规定,则应当考虑旅游经营者是否存在不适当履行旅游合同的行为,决定其是否应当承担相应的责任。

8.双方均有过错的处理

旅游经营者违反旅游合同约定义务应承担赔偿责任,但旅游者有过错的亦应自担其责。

【案例12-60】　郭某禄等诉新疆中国国际旅行社财产损害赔偿纠纷案

二审法院认为,根据国务院发布的《旅行社管理条例》和国家旅游局颁布的《旅行社办理旅游意外保险暂行规定》的规定,旅游意外保险是强制保险,是国家规定旅行社必须为旅游者代办的事项。但被上诉人国际旅行社与上诉人郭某禄、齐某环签订的旅游合同,仅明确旅行社代办旅游意外伤害、死亡或残疾保险,而未按规定代上诉人办理包含旅游者所携带的行李物品丢失、损坏等情形所需赔偿的旅游意外保险,致使上诉人行李丢失后无法向保险公司索赔,对此国际旅行社应当承担赔偿责任。被上诉人国际旅行社向旅游者提供的"注意事项"中,明确警示旅游者对"现金、首饰等重要物品一定要随身携带"。但上诉人郭某禄、齐某环未按此要求行事,将现金、首饰等贵重物品放在托运行李中,其丢失是由于自己过错造成的,因此法院对上诉人请求赔偿现金、首饰损失的部分不予支持;上诉人丢失的其他物品,价值约5000元,法院对上诉人这部分损失的赔偿请求予以支持;对于上诉人的其他诉讼主张,因无事实及法律依据,法院不予支持。原审认定事实基本清楚,但判决不当,法院予以纠正。[1]

【案例12-61】　邓某兴等诉广州市花都国际旅行社有限公司旅游合同纠纷案

花都国旅公司对该景点附近的交通状况并不乏专业认识,故其应能预见游客从停车点或从景点直接穿越马路均具有高度危险性。在如此"高危"路段为游客提供旅游服务,便应对游客人身安全有高于往常的注意,不仅应向游客提示不从人行横道通过马路之危险的存在,还应组织全体游客从人行横

---

[1] 参见最高人民法院民事审判第一庭编:《最高人民法院审理旅游纠纷案件司法解释理解与适用》,人民法院出版社2010年版,第319页。

道上集体通过道路,尽其所能地消除威胁游客人身安全的隐患。但在杜某豪参观完毕"珠海渔女",由东往西横过情侣路返回停车点时,花都国旅公司的两位导游却仍停留在景点处为其他游客拍照,可见旅游团当时因该公司疏于专业管理而处于松散状态,在杜某豪意欲直接横穿马路时,两位导游并未发现并及时劝阻,未尽其所能地避免事故发生。故即便杜某豪存在过失并违反了《道路交通安全法》,花都国旅亦因未尽其所能地保障游客人身安全,而应承担部分赔偿杜某豪在此期间发生交通事故而致损失的违约责任。原告向法院起诉请求被告对杜某豪遭受人身损害而死亡这一后果承担35%的赔偿责任,主张死亡赔偿金、医疗费、精神损害抚慰金等十六项权利。一审法院判决被告赔偿原告医疗费、丧葬费等十五项损失151872.5元,二审法院维持原判。[1]

【案例12-62】 杨某欣诉广东熊猫国际旅游有限公司旅游合同纠纷案

二审法院认为,国旅公司委托的旅游辅助人所提供的食宿等服务是其履行旅游服务合同的延续,其负有谨慎选择旅游辅助人的义务。但国旅公司安排杨某欣入住的酒店突发性停电且未提供应急照明,也未在停电期间采取防止危害发生的必要措施,导致杨某欣在酒店停电期间在客房内走动时不慎摔倒受伤。国旅公司未按合同约定提供符合人身安全保障的服务,构成违约,是导致杨某欣摔倒受伤的主要原因,应对杨某欣人身损害的后果承担主要赔偿责任。根据上述合同第12条的约定,甲方(杨某欣)因违约、自身过错、自由活动时间的个人行为、自身疾病等造成的人身、财产损失自行承担,但乙方(国旅公司)应给予积极协助。本案事故发生时杨某欣未满十周岁,事故发生在杨某欣入住酒店客房后的自由活动时间内,在酒店突发性停电期间,其监护人应教育其不应随意走动,保护其人身安全,杨某欣亦应在借助其他照明工具的情况下谨慎走动,但杨某欣的监护人未尽适当的教育和保护义务,杨某欣及其监护人的个人行为是导致其损害后果的次要原因,其应自行承担次要责任。国旅公司和杨某欣各负70%和30%的责任。国旅公司认为杨某欣应自行承担30%责任的上诉理由成立,予以采纳。本案虽然是违约之诉,应适用严格责任原则认定国旅公司的责任,但在违约损害赔偿之确定上,应考虑杨某欣自身的过错程度。原审法院判令国旅公司承担全部赔偿责任不当,依法予以纠正。[2]

---

〔1〕参见吴庆宝主编:《最高人民法院专家法官阐释民商裁判疑难问题》(增订版)(合同裁判精要卷),中国法制出版社2011年版,第367页。

〔2〕参见国家法官学院案例开发研究中心编:《中国法院2017年度案例》(合同纠纷),中国法制出版社2017年版,第248~249页。广东省广州市中级人民法院(2015)穗中法少民终字第6号民事判决书。

旅游辅助服务者擅自改变旅游线路,将旅游者带至处于停业状态,没有任何防护措施,也没有救生员等其他救助条件的浴场游玩,亦应认定为违反安全保障义务,其旅游者溺水死亡自身亦有过错的,由法官酌定双方责任比例。

【案例 12-63】 许某敏等诉徐州市圣亚国际旅行社有限公司违反安全保障义务责任纠纷案

一审法院认为,1.徐州市圣亚国际旅行社有限公司作为旅游服务者,有义务将包括周某德在内的游客安排到具备安全保障条件的正常营业场所接受旅游服务,徐州市圣亚国际旅行社有限公司违反上述义务,将周某德等游客带至不具有安全保障条件的非正常营业的太公岛浴场游玩,对周某德享有的安全保障权利造成了损害,应认定徐州市圣亚国际旅行社有限公司的行为存在过失。2.旅游者在海滨浴场所享有的安全保障利益应当包括溺水后获得被紧急救助的利益。因徐州市圣亚国际旅行社有限公司的过失行为导致浴场急救行为的缺失,故徐州市圣亚国际旅行社有限公司的过失行为与周某德溺水死亡后果之间存在一定的因果关系,应当承担相应的赔偿责任。3.因周某德系成年人,应当对下海游泳行为的危险性有合理认知,亦应当根据太公岛海水浴场的告知内容对自己下海游泳行为作出合理判断,因此,周某德选择下海游泳的行为与导致溺水事故的后果亦有一定因果关系,其对事故后果亦应承担相应责任。综上,考虑周某德的行为过失以及徐州市圣亚国际旅行社有限公司的行为过失与周某德溺水死亡后果之间存在的原因力关系,法院酌定徐州市圣亚国际旅行社有限公司向许某敏、周某礼、吴某群、周某希承担周某德事故损失 20% 的赔偿责任。二审法院亦持同样意见,维持一审判决。[1]

【不同处理】 个案中,有的法院在区分均有过错的前提下认为旅游经营者应承担的是补充赔偿责任。

【案例 12-64】 孟某岐、宋某明诉中国铁道旅行社旅游合同纠纷案

一审法院认为,旅行社及入住的酒店在没有特殊约定情况下对旅游者随身携带的物品不负有保管义务,原告随身携带物品被盗与自身没有尽到保管义务有直接的因果关系,与入住酒店是否为三星级标准没有必然的因果关系。从原告签认过的美国旅游安全注意事项内容看,并没有明确地提示旅游者在入住酒店期间妥善保管个人物品的内容,由此认定被告没有充分的证据证明其已充分履行安全提示义务。原告随身财物丢失关键是由于自身没有

---

[1] 参见国家法官学院案例开发研究中心编:《中国法院 2013 年度案例》(侵权赔偿纠纷),中国法制出版社 2013 年版,第 102 页。江苏省徐州市中级人民法院(2011)徐民终字第 1523 号民事判决书。

妥善保管造成的，但考虑原告为70多岁的老人，且被告明知美国社会治安状况欠佳但却没有充分的证据证明其对老年旅游者尽到了充分安全提示义务，由此可能对原告防范外来侵害的警惕性产生不利影响。故被告应当在合理范围内承担补充赔偿责任。判决被告赔偿原告孟某岐、宋某明人民币3000元。二审法院亦持同样意见，维持原判。[1]

实践中，对旅游经营者指定的游玩项目，旅游经营者没有对参与人员进行筛选、告诫或救助，无疑应承担全部责任。对旅游者参加自费项目受伤，根据《旅游纠纷解释》第十七条确定过错责任原则，在个案中由法官结合案情自由裁量旅游经营者赔偿责任。在旅游者有过错时，可减轻旅游经营者的责任。因自费项目是旅游经营者提供服务项目的范畴，一般情况下旅游经营者仍承担主要责任较为合适。

【案例12-65】 李某诉河南康辉国际旅行社有限责任公司、海南辉煌国际旅行社有限公司旅游合同纠纷案

二审法院认为，原告系未成年人，是在母亲吴某红的带领下参加水上滚筒（气球）活动，吴某红作为具有完全民事行为能力的人，应该对自费项目可能给人身、财产安全造成的危险有所预见，根据自身情况尽可能理智地选择是否参加自费项目；遵守自费项目中有关保障人身、财产的安全措施及规定，在可预见的范围内尽可能防止危险的发生。吴某红在履行上述义务的过程中存在过错，对水上滚筒（气球）活动的危险性估计不足，导致原告受伤，原告本人也应对此承担相应的责任。……原告要求的医疗费，依据有效票据确认为29024.71元。因博鳌玉带滩景区管理中心已支付原告3110.71元，故应支持原告医疗费25914元；护理费参照上年度河南省居民服务和其他服务业年平均工资17232元计算31天（原告住院期间）为1466元；住院伙食补助费按照原告住院期间每天30元计算为930元；营养费按照原告住院期间每天20元计算为620元；因原告在本案中坚持提起违约之诉，对其精神损害主张，不予支持；原告诉请中要求被告支付补课费，证据不足，不予支持。因海南距郑州遥远，且原告右股骨闭合性骨折急需治疗，原告在家人陪护下乘飞机返回郑州合理。关于原告从海南至郑州的9张机票问题，李某购买9张机票是按照航空公司的要求及自身病情的需要而购买，并非单纯托运担架，应予支持，共计支持原告交通费20590元。以上各项费用共计49520元，根据

---

[1] 参见国家法官学院案例开发研究中心编：《中国法院2014年度案例》（侵权赔偿纠纷），中国法制出版社2014年版，第104页。北京市铁路运输中级人民法院(2012)京铁民终字第6号民事判决书。

原告和被告康辉公司的过错程度,酌情确定双方承担比例为4∶6。[1]

9.可得利益损失的赔偿

旅游经营者应当为旅游者办理旅游意外保险。旅游经营者不能以自己没有保险利益为由而否认代办保险的法定义务。旅游经营者未按约定为旅游者代办旅游意外保险,在保险事故发生后,致使当事人不能作为保险受益人获得保险赔偿,旅游经营者应当承担违约责任,赔偿当事人相当于同类险种保险金额的赔偿责任,即赔偿可得利益损失。

【案例12-66】 王某祥、陈某东诉雄都旅行社旅游合同纠纷案

二审法院认为,上诉人雄都社应当按照行政法规的规定和合同约定,在旅游出发前履行为王某代办旅游意外保险的义务。雄都社未履行此项义务,应当承担违约责任。雄都社虽然在事故发生的次日补办了旅游意外保险,但该补办的手续依法不能生效,使被上诉人王某祥、陈某东不能作为受益人获得保险赔偿,雄都社对此应当承担赔偿责任。按照行政规章的规定和雄都社事后补办的旅游意外保险中约定,旅游意外保险的最高保险金额为30万元,这是王某祥、陈某东的可得利益,也是雄都社应当承担的赔偿责任限额。一审认定雄都社违约,判决其赔偿王某祥、陈某东的可得利益损失,适用法律正确,判处恰当,应当维持。二审法院驳回上诉,维持原判。[2]

【案例12-67】 黄某瑜等诉宜昌市天娇旅行社有限责任公司旅游合同纠纷案

二审法院认为,(1)旅游意外险是一种独立的险种,且目前中国人寿保险股份有限公司仍然在销售此种产品。根据合同第二条第5项约定,天娇旅行社应当保证游客安全,为游客投保旅游意外保险。但是天娇旅行社并未投保此种保险,没有履行合同约定的投保义务。其辩称旅游意外保险是旅行社责任险,不符合《国寿旅游意外保险》所规定条款的真实意图,法院不予采信。(2)因治疗医院已经诊断,曾某芳系急性病发作身亡,如果天娇旅行社为游客投保旅游意外险,按中国人寿保险股份有限公司的此款险种,则曾某芳因高血压Ⅲ级引起脑出血导致呼吸循环衰竭而身故后,可得到死亡保险金6万元、丧葬保险金5000元及医疗保险金298.74元,共计65298.74元。(3)由于旅游意外保险均为团体险,旅游团体险报价中含此保险费。《合同

---

〔1〕 参见最高人民法院中国应用法学研究所编:《人民法院案例选》2013年第2辑(总第84辑),人民法院出版社2013年版,第208页。

〔2〕 参见《最高人民法院公报》2002年第3期。

法》第一百零七条规定,当事人一方不履行合同义务或者履行合同义务不符合约定的,应当承担继续履行、采取补救措施或者赔偿损失等违约责任。故天娇旅行社应当赔偿因违约而给原告造成的损失65298.74元。据此,判决:撤销一审判决,改判天娇旅行社赔偿原告损失65298.74元。[1]

10. 旅游景点经营者赔偿

在现实生活中,大量旅游者是自行到旅游景点游玩。在旅游景区受到伤害的,景区经营者应对旅游者的损失承担赔偿责任。

【案例12-68】 张某君诉乌鲁木齐市南山国家森林公园管理委员会、乌鲁木齐县人民政府、乌鲁木齐县甘沟乡人民政府、阿孜亚旅游公司等旅游合同纠纷案

一审法院认为,原告张某君购买西白杨沟景区的门票旅游,与景区的经营者之间形成旅游服务合同关系。按照我国相关法律规定,旅游景区的经营者对于游客负有安全保障义务,景区的经营者应以游客为中心,提供安全的旅游设备和设施,消除任何潜在危险,为游客提供安全舒适的游览环境,景区未履行安全保障义务造成游客伤害的,应承担损害赔偿责任。二审法院认为,本案中,事发地西白杨沟景区属于公共场所,其实际经营者阿孜亚公司应当保证其经营的景区设施符合保障游客人身安全的要求,并对景区内的设施进行定期的安全检验,防止危害的发生。木桥护栏破损是阿孜亚公司明知的事实,其应当能够预见到如不修理护栏,游客可能会掉下木桥的风险,但阿孜亚公司并未对存在安全隐患的木桥护栏进行必要的防护和加固,其在护栏破损处捆绑的彩旗亦不足以起到警示作用,故应当认定为阿孜亚公司未尽到安全保障义务,由此造成张某君摔下木桥造成的损害后果,阿孜亚公司理应承担侵权赔偿责任,上诉人阿孜亚公司上诉认为其履行安全保障义务有瑕疵并不导致事故的必然发生,不应当承担赔偿责任的意见不能成立,法院不予支持。根据放鹰人艾某某的证言,张某君系在背靠护栏照相时跌落,该行为属于一般游客在游览时的普遍行为,并不属于受害人自身具有故意或重大过失的情形,故上诉人阿孜亚公司认为张某君应当自行承担后果的意见不能成立,法院不予支持。……本案中,西白杨沟景区由甘沟乡人民政府接管后成立了西白杨沟景区管理站,负责西白杨沟景区的日常经营管理工作。其后,西白杨沟景区管理站另与阿孜亚公司签订了《委托经营协议书》,约定将景

---

[1] 参见最高人民法院中国应用法学研究所编:《人民法院案例选》2009年第4辑(总第70辑),人民法院出版社2003年版,第273~274页。

区的经营权委托给阿孜亚公司经营。故甘沟乡政府作为景区经营管理的委托人,理应与实际经营人阿孜亚公司承担连带责任。甘沟乡政府二审提交的进账单并不能免除其应当承担的管理责任,故上诉人甘沟乡政府认为不应当承担连带责任的意见不能成立,法院不予支持。[1]

【案例12-69】 任某勇、李某兰诉新疆阿资亚哈萨克文化旅游开发有限公司、新疆金像人旅游开发有限公司等旅游合同纠纷案

二审法院认为,原告之女任某购买被告金像人旅游公司实际经营的菊花台景区门票进行游览,双方之间建立了旅游合同之法律关系,该合同符合法律规定,双方均应严格履行。死者任某在旅游时因滚石击中头部死亡,原告要求两被告承担赔偿责任,符合法律规定。被告金像人旅游公司作为旅游场所提供的服务应当符合保障旅游者人身、财产安全的要求,对游客负有安全保障义务。[2]

11. 需要研究的问题

旅游者在一审中提出退还旅游费和精神损害赔偿诉求,在一审法院驳回全部诉求后旅游者只对精神损害赔偿提起上诉,二审法院能否对退还旅游费进行改判处理。

【案例12-70】 林某煌等诉海南中国青年旅行社有限公司旅游合同纠纷案

二审法院认为,被上诉人应对其不完全履行义务的违约行为承担补偿性赔偿的民事责任。上诉人依约向被上诉人缴纳旅游费用后,履行了合同义务。被上诉人并未全面履行自己的合同义务,其主要表现在没有安排专职领队带团旅游,而且指定游客为领队,违反了《中国公民自费出国旅游暂行办法》第十条关于"团队的旅游活动必须在领队的带领下进行"和《旅行社管理条例》第二十五条关于"旅行社为接待旅游者聘用的导游和为组织旅游者出境旅游聘用的领队应持有省、自治区、直辖市以上人民政府旅游行政管理部门颁发的资格证书"的规定,以致游客王某民患病后,因未派专职领队,不能对王某民的患病采取及时隔离治疗措施;此外,被上诉人没有督促也未实际安排上诉人进行预防接种。被上诉人没有完全履行合同义务,致使上诉人没有获得通过旅游合同的履行本应获得的利益,其旅游服务质量不符合旅游行为的质量规范,其行为已构成违约。根据《民法通则》第一百一十一条的规定,被上诉人应就其不完全履行合同义务的行为承担相应的民事赔偿责任。

---

[1] 新疆维吾尔自治区乌鲁木齐市中级人民法院(2014)乌中民一终字第543号民事判决书。
[2] 参见《新疆审判》2018年第4期(总第120期)。

但被上诉人在组团旅游过程中,已按事先约定的旅游地点行程安排尽了义务,支付了相应的费用,故被上诉人请求全部返还旅游费用的诉讼请求不予支持。综上所述,上诉人的上诉理由应予部分采纳。原判认定不构成精神损害赔偿正确,但对被上诉人不完全履行合同义务的行为没有作出处理不当,其适用法律部分错误,应予改判。据此,判决被上诉人因旅游质量不合格应赔偿15名上诉人的损失费,按每人2000元计算,共计赔偿上诉人3万元。

《人民法院案例选》责任编辑认为,原告同时还提出了要求被告如数退还所交付的旅游费用的请求,这种责任方式应是合同无效或被撤销下的责任方式,在某种意义上也含有违约责任的性质。但本案合同已经履行完毕,被告虽有某些不符合规范的行为发生,但并不因此可能导致合同无效或应被撤销。因而,原告的这项诉讼请求诉因不明。在一审判驳原告的诉讼请求后,原告提起上诉仍是主张精神损害赔偿,未主张合同违约损害赔偿。在这种情况下,二审维持一审判驳原告精神损害赔偿诉讼请求的基础上,认为被告确有部分违约事实而加判违约损害赔偿,似乎超出了当事人的诉讼请求(包括起诉和上诉)范围,这种做法似与"不告不理原则"和"第二审案件的审理应当围绕当事人上诉请求的范围进行"的要求相违。[1]

12. 公平原则适用

公平,简言之就是利益均衡,它是作为一种价值判断标准来调整民事主体之间的物质利益关系,确定其民事权利和民事责任。作为一项重要的司法原则,该原则既适用于侵权责任,又适用于合同责任,法院在处理纠纷时,根据公平原则使其案件的处理既符合法律,又公平合理,更有效地化解社会矛盾纠纷,以达到社会和谐的效果。根据《民法典》第六条规定的公平原则,当事人对造成损害都没有过错的,可以根据实际情况,由当事人分担民事责任。公平责任原则作为一种责任分配原则,其责任分配的依据是一种抽象的价值观念即公平。在个案中,由法官自由裁量实现公平。

【案例12-71】 徐某1、徐某2诉杨某旅游合同纠纷案

一审法院认为,作为"驴友"团队的组织者,对两原告父亲的死亡,应给予适当的补偿。法院考虑到两原告已经从河南关山金景旅游有限公司得到24万元的赔偿,洛龙区法院酌定被告给予两原告4000元补偿。两审法院维

---

[1] 参见最高人民法院中国应用法学研究所编:《人民法院案例选》2002年第3辑(总第41辑),人民法院出版社2003年版,第185~187页。

持原判决。[1]

因可以预见的天气原因致航班晚点,使游客无法按时到达指定出发地参团出行,虽然不构成不可抗力,于出行当日要求解除合同的,旅游公司业务损失费应当如何计算是有争议的问题。旅游合同约定,游客出发当日提出解除合同,要按旅游费用总额90%赔偿旅游公司业务损失费的违约金标准似显过高。

【案例12-72】 周某诉厦门旅游集团国际旅行社有限公司旅游合同纠纷案

一审法院结合周某违约的主观状态、违约的程度以及旅游公司可获得的利益等因素,依公平原则确定周某违约金的支付标准为60%。二审法院认为,本案旅游公司因周某三人向塞班世纪旅游公司在中国大陆的业务总代理上海东湖国际旅行社支付旅游费用14970元。周某三人因天气原因无法参团后,旅游公司积极向塞班世纪旅游公司联系退款事宜。塞班世纪旅游公司致函旅游公司认为,根据其与旅游公司的订购旅游团确认书,当天取消者应承担100%的团款,但考虑到当天天气的特殊原因,根据实际发生的费用,愿意向旅游者每人退款1010元。本案审理过程中,旅游公司与周某经协商确认,双方的旅游合同已解除,旅游公司按合同第16条约定退还周某10%的旅游费用1677元,并将塞班世纪旅游公司的退款共计3030元退还周某,上述款项合计4707元,旅游公司同意按5000元计算退还周某,周某不再向塞班世纪旅游公司主张权利。二审调解结案。[2] 本案最终以旅游费用总额的70%左右违约金支付调解结案,相对而言是比较公平合理的。

【案例12-73】 韩某诉某教育基金会旅游合同纠纷案

判决观点,双方就此虽未签订书面合同,但双方之间形成事实上的旅游合同关系。法院依据公平原则,因韩某受伤后不能参与交流活动,对此之后的费用基金会应予以退还,具体退还数额法院综合考虑韩某已发生费用、保险股份有限公司支付回国机票等情况,予以酌情判定。韩某要求某基金会赔偿损失,包括医疗费、学费、住宿费等,因韩某受伤并非基金会造成,韩某亦未提交证据证明该基金会存在过错或过失,且上述韩某主张之损失,亦非基金会不履行合同违约所造成,故法院对此该项请求均不予支持。[3]

---

[1] 参见最高人民法院中国应用法学研究所编:《人民法院案例选》2012年第4辑(总第82辑),人民法院出版社2013年版,第145页。
[2] 参见最高人民法院中国应用法学研究所编:《人民法院案例选》2009年第3辑(总第69辑),人民法院出版社2010年版,第131页。
[3] 参见张钢成主编:《服务合同案件裁判方法与规范》,法律出版社2015年版,第132页。

13. 惩罚性赔偿

《旅游纠纷解释》第十五条第二款规定："旅游经营者提供服务时有欺诈行为,旅游者依据消费者权益保护法第五十五条第一款规定请求旅游经营者承担惩罚性赔偿责任的,人民法院应予支持。"该条规定了旅游经营者承担惩罚性赔偿的依据。

14. 构成胁迫的可以撤销

【案例 12-74】 杭州谷歌旅行社有限公司与浙江杭州途易旅游集团有限公司旅游合同纠纷案

二审法院认为,本案的争议焦点在于双方之间的旅游合同是否系受浙江杭州途易旅游集团有限公司(以下简称途易旅游公司)胁迫所签订。本案中存在先后两份《团费确认单》,第一份为双方于 2012 年 5 月 16 日签订的,第二份为双方于 2012 年 8 月 1 日签订的,即该团队出发前一日。在签订第二份确认单之前,途易旅游公司已为双方约定的旅客购买了机票,说明途易旅游公司已经认可并按照前一份确认单开始履行合同。杭州谷歌旅行社有限公司(以下简称谷歌旅行社)也已经预先支付了 507960 元团费,符合上述第一份确认单中的约定,故谷歌旅行社也认可并按照上述第一份确认单履行义务。但在团队出发前两天,途易旅游公司告知谷歌旅行社日本当地的车辆未安排好,在无任何正当理由的前提下将团队报价从 7650 元/人提高至 8589 元/人。由于该团队性质特殊,系杭师大学生前往日本参加国际音乐比赛,故谷歌旅行社为确保顺利出行,遂与途易旅游公司共同前往旅行社协会协商。而途易旅游公司达成初步意见后又单方反悔继续要求提高团费报价。如果谷歌旅行社不接受新的团费报价,途易旅游公司即停止该团队的出行活动,谷歌旅行社一方面要对旅客承担违约责任,另一方面会造成不利的国际影响,谷歌旅行社已不可能再行联系其他旅游公司接手该团队出行工作,故此时属于在违背己方真实意思表示的情况下签订了第二份确认单,因此构成胁迫,谷歌旅行社主张撤销双方于 2012 年 8 月 1 日签订的《团费确认单》于法有据。[1]

---

〔1〕 参见最高人民法院民法典贯彻实施工作领导小组编著:《中国民法典适用大全》(总则卷三),人民法院出版社 2022 年版,第 1317~1318 页。浙江省杭州市中级人民法院(2013)浙杭民终字第 1698 号民事判决书。

(二)合同解除处理

1. 旅游合同解除依据

根据《民法典》《旅游法》和合同原理,旅游经营者和旅游者都有权解除旅游合同。具体来讲,在旅游开始前,旅游经营者可以解除旅游合同的情形有,其一,基于组团原因。主要指未达到约定人数不能出团的,转团未经旅游者同意的。其二,基于旅游者自身原因。其三,因不可抗力或者旅行社、履行辅助人已尽合理注意义务仍不能避免的事件,影响旅游行程的。旅游者可以解除旅游合同的情形有,其一,单方解除。其二,对不同意转团的。其三,因不可抗力或者不可归责于己的事由。旅游开始后,旅游经营者可以解除旅游合同的情形有,其一,因缔约时所未预见的不可抗力事由遭受重大的困扰、干扰、危险的。其二,旅游者不履行附随义务妨碍旅游安全秩序或进行,情节严重的。在这里是指旅游者患有传染病等疾病、可能危害其他旅游者健康和安全的;携带危害公共安全的物品且不同意交有关部门处理的;从事违法或者违反社会公德的活动的;从事严重影响其他旅游者权益的活动,且不听劝阻、不能制止的;法律规定的其他情形。旅游开始后,旅游者可以解除旅游合同的情形有,其一,单方解除。《旅游纠纷解释》第十二条规定。其二,因给付瑕疵经催告后未解决而解除。其三,因合同主要目的不能实现。其四,由于第三人原因导致合同解除,包括旅游辅助人的原因和第三人侵害两种情形。其五,旅游行程开始后结束前。旅行社、履行辅助人已尽合理注意义务仍不能避免的事件,影响旅游行程,而不同意变更的。

瑕疵履行是否当然可以解除合同,应在个案中确定。服务瑕疵是否导致合同目的无法实现的判断标准是该项服务瑕疵是否影响主合同义务的履行,是否导致双方合同目的不能实现。因旅游经营者存在违约行为,致使不能实现合同目的,旅游者可以解除合同。如果瑕疵履行不影响根本履行的,受损方可以选择要求对方承担如减少价款等方式的违约责任。

【案例12-75】 王某与某教育咨询公司旅游合同纠纷案

判决观点,双方之间形成的是兼具旅游与文化交流双重属性的混合性服务合同,双方在真实意思表示下签订的项目协议书,不违反法律法规强制性规定,系依法成立的合同,签约双方均应按照合同约定履行各自义务。安排带队老师机上陪同并非扩大合同文义解释,而是某教育咨询公司提供全程带队服务中应有之义务,对此项义务的违反应属合同违约。但需指出,陪同乘机并非某教育咨询公司在项目协议书中的主要合同义务,故对此项义务的违反应属履约瑕疵而非根本违约,则王某也不因某教育咨询公司此项履约瑕疵而获得解除项目协议书的法定解除权。现王某作为服务接受一方以放弃参加涉案境外行程的行为致使双方间的项目协议书客观上未继续履行,以致项目协议书实际被解除而非到期终止,对此,双方均负有一定过错。法院判决:某教育咨询公司退还王某合同款21750元,驳回其他诉讼请求。〔1〕

虽合同名称为产品,但实为旅游合同的应按旅游合同认定。旅游经营者单方提供的格式合同,其条款明显属于排除旅游者合法权益的格式条款,应属无效,不能限制或剥夺旅游者的合同解除权。

【案例12-76】 乌某诉吾爱旅游度假产品开发(上海)有限公司旅游合同纠纷案

一审法院认为,本案的争议焦点为原告能否单方解除《承购合约》。首先,从《承购合约》的法律性质来看,根据我国旅游法的规定,在我国境内的和在我国境内组织的旅游、度假、休闲等形式的旅游活动以及为旅游活动提供相关服务的经营活动,适用本法。由此可见,旅游包括游览、度假、休闲等多种方式。本案中原告向被告购买的是在一定期限内被告为原告提供的合同约定范围内的酒店或度假村的住宿度假权益。被告在《承购合约》中也自称是经有关部门批准合法从事旅游度假产品开发、推广等业务的企业。因此原、被告之间买卖的名为产品,实为度假休闲服务,属于旅游法调整的范围。旅游服务合同具有很强的人身属性,旅游服务的购买者接受旅游服务是为了愉悦身心,任何强制履行均会导致旅游的目的无法实现。因此我国旅游法明确规定,旅游服务的购买者在旅游结束前均有权解除合同。本案原告购买了十年期限的每年一周(八天七晚)的住宿度假服务。现原告处于合同履行期限内,故原告依法享有单方合同解除权。其次,从消费者权益保护角度来看,根据我国《消费者权益保护法》的规定,消费者有自主选择提供商品或提供服务的经营者、自主选择商品品种或者服务方式、接受或不接受任何一项服务的权利。原告按照被告吾爱公司的要求一次性支付了十年的住宿度假服务的费用,但每年的度假服务是可分的,原告作为消费者对每一次度假服务都有自主选择的权利。并且从被告工作人员的录音中可以看出,原告行使周次权益,需提前向被告提出申请,被告根据酒店或度假村的空余情况予以安排,也就是说原告能否预订到酒店或度假村取决于该酒店或度假村是否在被告能够提供的范围之内以及所预约的时段内酒店或度假村是否有空余。因此对被告来说,被告所能提供的酒店或度假村并非为原告提前预留,原告不

---

〔1〕 参见张钢成主编:《服务合同案件裁判方法与规范》,法律出版社2015年版,第124页。

行使周次权益,并不会给被告吾爱公司造成损失。而对原告来说,原告如果未能行使当年度的周次权益,则原告只能选择存储该周次到下一年,但储存的周次如要使用,需另外支付高额的交换费用,且储存的周次有一定的使用期限,否则原告当年度的周次权益即使没有使用也会白白过期。由此可见,如果不允许原告单方解除《承购合约》,会导致原、被告之间的利益失衡,损害消费者的自主选择权。最后,《承购合约》虽约定除非有证据证明被告吾爱公司有重大违约或根本违约行为,原告不得以任何理由解除该协议。但《承购合约》系被告吾爱公司单方提供的格式合同,该条款明显属于排除原告合法权益的格式条款,故该条款无法限制原告的合同解除权。基于上述理由,法院认定原告对《承购合约》具有任意单方解除权。现原告要求解除原、被告签订的《承购合约》,该请求于法有据,法院予以支持。二审法院裁定准许上诉人吾爱公司撤回上诉。[1]

2.合同解除返还费用

合同解除后的返还财产,合同有约定的,则应按约定处理。旅游经营者的返还义务主要为退还费用,具体来讲,其一,退还已收取的全部费用。一是因未达到约定的成团人数解除合同的,由组团社退费。二是行程前因旅游者自身原因解除合同的。其二,旅游行程结束前,旅游者解除合同的,组团社应当在扣除必要的费用后,将余款退还旅游者。这里的必要费用包括两部分,一是组团社已向地接社或者履行辅助人支付且不可退还的费用,二是旅游行程中已实际发生的费用。其三,主张赔偿权利。因旅游者原因解除合同给旅游经营者造成损失的,经营者有权向旅游者主张赔偿。其四,承担返程费用。因旅行社或履行辅助人原因解除合同,应承担协助旅游者返回出发地或其指定合理地点的返程费用。其五,分担损失。一是对危及旅游者人身、财产安全的,旅行社应当采取安全措施,因此支出的费用。二是因造成旅游者滞留增加的返程费用。旅游者主要为请求旅行社退还费用,但应承担已实际发生费用。对于因其自身原因解除合同致旅行社损失的,则应承担赔偿责任。因不可抗力或者旅行社、履行辅助人已尽合理注意义务仍不能避免的事件,影响旅游行程的,与旅行社分担由此采取相应的安全措施费用,如在前述情形下旅游者承担因滞留增加的食宿费用,并分担增加的返程费用。

【案例12-77】 郑州金色假期旅行社有限公司与张某梅等旅游合同纠纷案

一审法院认为,张某梅等11人与旅游公司所签旅游合同,是双方真实意思表示,依法成立。因地震影响合同未履行,张某梅等11人与旅游公司解除

---

[1] 参见陈昶主编:《2020年上海法院案例精选》,上海人民出版社2022年版,第70~71页。

合同。张某梅等 11 人的请求合法有据,应予支持。判决,被告返还张某梅等 11 人旅游费用 6.6 万元和利息。二审法院持同样意见,维持原判。[1]

【案例 12-78】 苏某诉中国旅行社总社有限公司旅游合同纠纷案

判决观点,原、被告签订旅游合同后,原告向被告支付旅游费用,被告亦为原告订购了机票和住房。原告在出行前一天获悉海南各地发生暴雨,即通知被告解除合同,该通知到达被告时,旅游合同解除。……因合同通用条款约定,原告未在出行前 7 天通知被告解除合同的,应当承担被告已支付的代办旅游手续等实际损失,故原告在出行的前一天通知被告解除合同,符合合同的上述约定,被告应按合同约定将旅游费用在扣除实际发生的费用后返还给原告。因 2 人成人机票款 6731.80 元、儿童机票款 116 元、房款 8320 元已实际发生,且被告给原告出具的行程单中亦明确载明因十一黄金周期间,所有已付房款不可转让和退款,已经预付房费的房间将不接受任何变更和取消,订房一经确认不得取消。故原告要求被告返还全部旅游费用,缺乏合同依据,不予支持。庭审中,原告虽对被告提供的退票单据、支付房款的证明及发票不予认可,但原告未提供证据予以反驳,故对原告提供的退票单据、支付房款的证明及发票予以确认。关于原告认为旅游合同不能履行是由于天气原因造成的,应属于不可抗力,原告提出解除合同,不应承担违约责任的起诉意见,因原告在出行的前一天通知被告解除合同的理由为海南各地发生暴雨天气,但原告未提供证据证明 2010 年 9 月 30 日晚政府相关部门已对海南此种天气发布橙色及以上旅游预警信息,亦未能提供证据证明解约当晚的暴雨天气已经达到自然灾害的程度,故原告提出解约时不可抗力的条件并未成就,且本案被告并未反诉要求原告承担解约的违约责任。即使海南各地发生暴雨的事实,依据合同中安全解约责任关于因旅游行程涉及的城市、景点发生社会动荡、恐怖活动、重大传染性疫情、自然灾害等有可能严重危及旅游者人身安全的情况,双方均可以在出行前通知对方解约,旅游费用在扣除实际发生的费用后返还旅游者,解约方无须承担其他责任的约定,原告亦应承担实际发生的费用,故原告以不可抗力为免责事由要求被告返还全部旅游费用,不符合合同约定及法律规定,不予支持。[2]

个案中合同解除费用的返还,由法官结合具体案情,依据公平原则裁量退还旅游者尚未发生的费用。

---

[1] 参见最高人民法院民事审判第一庭编:《最高人民法院审理旅游纠纷案件司法解释理解与适用》,人民法院出版社 2010 年版,第 328 页。

[2] 参见国家法官学院案例开发研究中心编:《中国法院 2013 年度案例》(合同纠纷),中国法制出版社 2013 年版,第 237 页。北京市东城区人民法院(2011)东民初字第 2760 号民事判决书。

【案例 12-79】 乌某诉吾爱旅游度假产品开发(上海)有限公司旅游合同纠纷案

一审法院认为,对于合同解除后费用的返还问题,原告自2014年6月签订《承购合约》至今未行使过住宿度假权益。承购费是被告吾爱公司为原告提供合同权益的费用,其合同权益的核心为住宿度假服务,故在被告吾爱公司未向原告提供相应服务的情况下,要求扣除相应的费用,显然依据不足,也有违公平,故吾爱公司要求按照每年3880元扣除承购费的主张,法院不予支持,考虑到被告吾爱公司系营利性企业,其为合同的订立以及合同履行的准备支出了一定的成本,对于成本的具体数额被告吾爱公司未能明确,现原告自愿以2015年至2018年上半年的管理费予以抵扣,金额尚属合理,法院予以支持。综合上述因素,法院确定被告吾爱公司应返还原告承购费36325元。被告御诚公司系被告吾爱公司的代理人,《承购合约》甲方处由被告吾爱公司盖章,故《承购合约》直接约束原告和被告吾爱公司。二审法院裁定准许上诉人吾爱公司撤回上诉。[1]

在一方当事人提出解除合同后,在未与对方协商一致的情况下,拒绝对方提出减少其损失的建议,坚持要求对方承担解除合同的全部损失,并放弃履行合同,致使自身利益受到损害的,应自负全部责任。

【案例 12-80】 孟某诉中佳旅行社旅游合同纠纷案

一审法院认为,原告虽提出解除合同,但同时附加了全部退款的条件,原告与被告中佳旅行社并未就如何解除合同达成一致意见,应认定原告单方违约。原告称已通知中佳旅行社终止合同,但原告提出终止合同时,中佳旅行社的代购机票和代订酒店行为已经发生,其法律后果应由原告承担。原告称双方签订的协议是中佳旅行社提供的格式合同,中佳旅行社在签订合同时没有告知其机票和房款不能退还,双方的协议显失公平,故合同无效,应由中佳旅行社承担一切责任。经查,双方协议中已载明"机票为团队折扣票,不得签转、退换、更改",这说明双方在签订合同时,已就有关事宜作出了约定,该约定不属于合同法规定的格式合同禁止条件,原告根据协议享受的权利与中佳旅行社提供的服务相当,其主张显失公平,没有法律依据。由于原告未向中佳旅行社提供登机名单,亦没有委托其转让机票,造成中佳旅行社既无法拿到其他5人已支付票款的机票,又无法对机票予以转让,应承担由此产生的经济损失。原告以未享受旅行社提供的服务为由,要求中佳旅行社按协议退还21480元,依法不予支持。二审法院认为,本案中,上诉人提出解除合同和

---

[1] 参见陈昶主编:《2020年上海法院案例精选》,上海人民出版社2022年版,第71页。

要求退款是可以理解的,但中佳旅行社亦有权提出异议。在双方没有达成一致时,仍应继续履行合同所规定的权利和义务,违反合同约定的一方,应承担合同违约责任。上诉人在双方未对是否解除合同达成一致意见时,拒绝对方减少损失的建议,坚持要求对方承担解除合同全部损失,并履行合同,致使损害结果发生,故应承担全部责任。[1]

疫情影响并非旅游合同解除的当然事由,在适用法定解除规则时应重点审查疫情或疫情防控措施是否导致合同无法履行。只有在疫情或疫情防控措施是旅游合同不能履行的主要原因时,才能发生合同解除的法律后果。在旅游合同解除后的费用清理上,应基于日常生活经验法则,结合旅游合同履行情况、当事人过错程度以及具体退费规则等因素予以确定,在当事人之间公平合理确定损失分担,兼顾旅游者和旅游经营者的利益。

【案例12-81】 苏州同泽电子科技有限公司诉苏州中旅国际旅行社有限公司等旅游合同纠纷案

二审法院认为,团队出境旅游合同签订之后,同泽公司23名旅游者因暴发新冠疫情而无法出行,合同目的已不能实现,旅游合同应予解除。本案主要争议焦点在于旅游合同项下费用退还问题。首先,根据中旅国际旅行社提供的航空公司证明材料,2020年2月5日返程航班并未正常执飞,中旅国际旅行社也未提供证据证明其积极与航空公司协商退票且机票费用不能退回,故对于2020年2月5日返程机票费用40520.6元,中旅国际旅行社应当全部退还同泽公司。其次,对于2020年1月31日去程机票费用,虽然航空公司证明材料证实航班正常执飞,但在因突发疫情国家出境旅游政策发生重大变化的情况下,旅行社理应及时与航空公司协商退票,现同样没有证据表明中旅国际旅行社积极与航空公司协商退票且机票费用不能退回,故综合考虑去程航班已执飞及同泽公司放弃出境旅游,酌定去程机票费用40520.59元由双方各负担一半,即中旅国际旅行社应退还部分机票费用20260.3元。由此,中旅国际旅行社应当向同泽公司返还机票费用为60780.9元。加上双方无争议的应退合同费用部分56758.81元,中旅国际旅行社共应当向同泽公司退还费用金额为117539.71元。最后,对于中旅国际旅行社主张团队机票不得改签的问题,此情形应适用正常合同履行过程中因一方原因导致合同不能履行的情形,而本案系因突发疫情不可抗力导致合同解除,故中旅国际旅行社上述抗辩意见不能成立。判决:撤销原判,中旅国际旅行社向同泽公司

---

[1] 参见《最高人民法院公报》2005年第2期。

返还旅游费用 117539.71 元。[1]

3.旅游者行使单方解除权与违约条款适用

最高人民法院法官认为,旅游者享有的单方解除权不会导致旅游合同中违约金条款无效,只是在旅游者实际行使该权利时,违约金条款未必能够适用。首先,合同解除与违约责任是两个不同的问题。旅游者单方解除合同的权利,是由旅游合同的人身性质决定的,其与当事人在旅游合同中约定违约金条款并无冲突。旅游者享有单方解除权的事实,不会使违约责任条款无效。其次,即使旅游者实际上行使了单方解除权使合同解除,违约责任条款仍然有效,只是未必能够适用。《民法典》第五百六十七条规定,"合同的权利义务终止,不影响合同中结算和清理条款的效力"。据此,违约金条款的效力独立于合同的其他条款,不因合同解除而失效。但是,有效并不等于其适用,其可适用性与当事人是否存在违约行为有直接关联,具体可以分两种情形:一是当事人均无违约行为,旅游者行使单方解除权解除合同。由于行使单方解除权的行为本身并不构成违约,故不产生违约责任,违约金条款无从适用,但这并不等于免除旅游者所有的民事责任。根据《旅游纠纷解释》的规定,旅游者和旅游经营者应当据实结算旅游者费用,多退少补。二是当事人一方存在违约行为,旅游者依然行使单方解除权解除合同。此时,对合同解除前的违约行为,违约方仍应当依照违约责任条款向对方支付违约金。[2]因此,通常情况下,合同双方应据实结算旅游费用,多退少补。确因一方的过错造成另一方损失的,有过错的一方应向受害方赔偿损失。[3]

(三)合同变更处理

旅游合同变更,是指在旅游合同成立后,至未履行或者未完全履行之前,根据法律规定或者旅游合同当事人的协议,对旅游合同进行修改或变动的行为。合同变更的前提是,其一,原旅游合同合法有效,无效的合同不存在变更。其二,以合法的方式变更。这主要有三种情形:双方的约定,依据法律规定,通过法院的判决。其三,对合同内容作部分修改和补充。其四,合同内容变更包括主体变更和

---

[1] 参见《人民司法·案例》2021 年第 35 期(总第 946 期)。江苏省苏州市中级人民法院(2020)苏 05 民终 11156 号民事判决书。

[2] 参见最高人民法院民事审判第一庭编:《民事审判实务问答》,法律出版社 2021 年版,第 39~40 页。

[3] 参见最高人民法院民事审判第一庭编:《民事审判指导与参考》2011 年第 1 辑(总第 45 辑),人民法院出版社 2011 年版,第 247 页。

行程变更两部分内容。

合同变更的基本情形,其一,单方决定的合同变更。其二,因情势变更引发的合同变更。其三,因不可抗力引发的合同变更。其四,双方合意决定的合同变更。

旅游合同变更处理是指,因不可抗力或者旅游经营者、履行辅助人已尽合理注意义务仍不能避免的事件,影响旅游行程的,合同不能完全履行时,旅游者同意旅行社提出合理范围内的变更告知。旅游合同变更主要处理旅游费用部分退还或增加。

1. 旅游合同主体变更

合同主体变更属于合同内容变更的范畴。提出合同变更的主体可以是旅游者,也可以是旅游经营者,但必须是原合同一方或双方,非原合同当事人无权提出变更合同。

以提出主体来划分,合同主体变更可分为两种类型,其一,旅游者提出的合同主体变更。其二,旅游经营者提出的合同主体变更。这两种类型主体的变更,通常称为旅游合同的转让,旅游合同的一方当事人将其合同的全部权利义务转让给第三人,而合同的内容并不发生变化。对旅游者而言,就是原旅游者的替代。对旅游经营者而言,就是转团。

旅游者提出的合同主体的变更。《旅游纠纷解释》第十一条规定:"除合同性质不宜转让或者合同另有约定之外,在旅游行程开始前的合理期间内,旅游者将其在旅游合同中的权利义务转让给第三人,请求确认转让合同效力的,人民法院应予支持。"该条司法解释明确规定,除特殊情况,在旅游合同开始前,旅游者有权单方变更旅游合同主体,由第三人代为旅游。旅游者要求第三人顶替其参加旅游,旅游经营者不得拒绝。

旅游经营者提出的合同主体变更。这是由于低于成团人数,旅游经营者转至其他旅游经营者所组旅游团队的行为。《旅游法》第六十三条第二款前半段规定:"因未达到约定人数不能出团的,组团社经征得旅游者书面同意,可以委托其他旅行社履行合同。"《旅游纠纷解释》第十条也作了类似规定。其实质是要求旅游经营者在转团时应征得旅游者书面同意。实践中,旅游者通常直到临行前甚至出发后方获悉转团事宜,基于时间、解约成本等现实考虑,大多数游客不会再提出异议。与境内游相比,境外游中的转团或拼团更为普遍。

2. 旅游合同行程变更

旅游合同行程变更,属于合同内容变更的范畴。关于行程变更,应属合同内容的重大事项,应当提醒旅游者注意并作出说明。在确因客观原因导致行程变更时,应考虑相关因素:其一,原有行程是否在整个行期内无法履行。其二,行程变更是否获得多数旅游者同意,且是否对行程具体内容作出说明。其三,变更部分的行程是否合理。其四,旅游经营者对变更行程出于正当原因承担举证责任。

旅游合同行程变更后的费用分摊是疑难问题。一般来讲,因旅游合同行程变更,旅游经营者提出未经旅游者同意或认可的超出合同约定增加的费用由旅游经营者承担,减少的费用退还旅游者。在旅游合同履行中,旅游者请求变更旅游行程安排,因此增加的费用由旅游者承担,减少的费用退还旅游者。

【案例 12-82】 文某明等诉江门市大方旅游国际旅行社有限公司旅游合同纠纷案

判决观点,由于本案 6 原告没有前往泸沽湖游览,原告要求被告退费,被告亦同意退回有关费用。双方争议的焦点在于退费的数额。原告主张被告组织"云南双飞六天游"价格是每人 3030 元,原告所参加的"香格里拉、大理、丽江、昆明双飞七天游"价格是每人 4500 元,在旅游过程中,实际履行了"双飞六天游"行程,因此被告应当退回的费用就是"七天游"的价格减去"六天游"的价格,因此被告应当退给原告每人 1470 元。法院认为,原告的上述主张是不成立的,依法不予采纳。法院判决被告退回文某明等 6 人 1446 元,即平均每人 241 元。[1]

【案例 12-83】 翔怡兴公司诉舜天公司旅游合同纠纷案

判决观点,李某慧作为原告公司员工,自合同磋商之初一直负责联系并签署相应合同,被告有理由相信李某慧具有代理权限,能够代理原告的意思表示,其行为对原告发生效力。视频录像、李某慧签署的《行程变更说明》,可以证明此行 24 人并未反对更改行程,且按更改后的行程享受了珊瑚岛一日游的服务。同时,被告提供证据证明当地存在海啸危险,出于人身安全的考虑更改行程并不违反合同约定,即使之后气象情况改善,但行程变更也不属于可归责于被告自身的原因。原告提供证据不足以证明被告为了利益最大化而实施欺诈行为,故被告变更行程这一事实本身并未违反合同约定或侵犯原告合法权益。但是,在导游告知海啸风险后,要求李某慧签署《行程变更说明》,其中内容为"原定斯米兰群岛出海一日游变更为帆船出海珊瑚岛一日游,无偿调换,无费用增补问题",有关费用的约定应属无效,理由如下:(1)被告作为旅游经营者,向原告提供服务,但在旅游者一行 24 人在海外旅行过程中,要求游客签署《行程变更说明》,其本身具有优势地位;(2)从原、被告签订合同内容来看,第三天的行程即斯米兰群岛一日游系合同履行的主

---

[1] 参见最高人民法院民事审判第一庭编:《最高人民法院审理旅游纠纷案件司法解释理解与适用》,人民法院出版社 2010 年版,第 317~318 页。

要部分,也系原告一行24人此次旅行的主要目的地,被告虽变更行程,但从替代性角度看,珊瑚岛行程的服务显然无法替代斯米兰群岛的行程及给游客带来的旅行感受;(3)被告利用其优势地位,要求游客签署无费用增补的条款显然剥夺或限制了游客的合法权益,该条款应属无效,对原告不发生法律效力。《旅游纠纷解释》第十三条第二款规定……本案中,被告未能提供证据证明斯米兰群岛当日费用已经支出,综合考虑旅行费用的构成、斯米兰群岛在合同正常履行情形下的费用支出、变更行程后被告实际支出的事实等因素,酌定被告按每人800元退还旅行费用,合计1.92万元(24人×800元/人)。判决:被告舜天公司退还翔怡兴公司旅游费用1.92万元。[1]

旅游经营者在旅游活动中擅自变更行程安排严重损害旅游者权益的,应当承担行政责任。

【案例12-84】 甲旅行社有限公司诉某市文化和旅游局行政处罚纠纷案

一审法院认为,第一,原告是否在旅游行程中擅自变更了旅游行程安排的问题。首先,旅游者与旅游经营者签订旅游合同的决定性因素在于该项旅游行程安排是否满足旅游者对此次旅游活动的价值需求。旅行社应当按照旅游合同的约定履行义务,不得擅自变更旅游行程安排。其次,《旅游法》第六十七条规定,因不可抗力或者旅行社、履行辅助人已尽合理注意义务仍不能避免的事件,影响旅游行程,造成合同不能完全履行的,旅行社经向旅游者作出说明,可以在合理范围内变更合同;旅游者不同意变更的,可以解除合同。本案中,原告在未将不可抗力事由告知旅游者及其他组团社的情况下,私自与船方协商,造成游览活动减少、游览时间缩短。原告直至2019年9月28日即旅游者已到法国、旅游行程已经开始的情况下,才通过旅行团领导向旅游者进行告知,属于超越权限自作主张的行为。最后,即使如原告所述,存在涉案旅游活动的往返机票及当地酒店、用车等费用已全额付款,因不可抗力不可退还的情况,也应由旅游者自行决定是变更旅游行程还是解除旅游合同。第二,原告擅自变更旅游行程安排的行为是否严重损害了旅游者权益的问题。首先,作为普通消费者,能够选定某项旅游产品,并最终与旅游经营者签订旅游合同,一般取决于该项旅游产品包括旅游目的地的游览地点、游览方式以及相应的交通住宿等核心内容。上述核心内容如果未经旅游者同意而进行了变更,势必造成旅游活动的品质降低,旅游者的旅游目的和价值无法实现,严重损害了旅游者权益。其次,涉案旅游活动系涉及多个国家、多个

---

[1] 参见国家法官学院、最高人民法院司法案例研究院编:《中国法院2021年度案例》(合同纠纷),中国法制出版社2021年版,第7~8页。江苏省南京市雨花台区人民法院(2019)苏0114民初5398号民事判决书。

旅游地点、多种交通工具的境外旅游活动,旅游行程是否变更了核心内容,造成游览活动减少、游览时间缩短等、是否由此严重损害旅游者权益,具有专业性及复杂性。对此,法院应尊重旅游主管部门在专业领域的首次行政判断权。本案中,被告作为旅游主管部门,结合涉案旅游活动的行程变更内容、造成的后果及旅游者的接受程度等,认定原告的行为严重损害了旅游者权益,并无不妥。判决:驳回原告的诉讼请求。二审法院同意一审法院裁判意见。[1]

(四)诉讼主体处理

实践中,有时会存在签订合同的主体与实际诉讼主体不一致的情形,如个人代单位签订合同或单位代个人签订合同,因此,在案件审理中需要查明实际的合同主体,以其作为诉讼主体,而不能简单认定谁签订合同谁就是合同主体。以单位、家庭以及其他集体形式与旅游经营者订立的旅游合同,在旅游过程中发生纠纷,除合同一方可以提起诉讼外,旅游者个人提起旅游合同诉讼的,法院应予受理。换言之,虽然旅游者个人未与旅游经营者签订旅游合同,但仍是合同相对方范围,是适格的原告。在集体旅游活动中,旅游者个人作为旅游合同受益的第三人,除侵权请求权外,还可基于旅游合同向旅游经营者主张违约责任。

【案例 12-85】 张某英与云南海外旅游总公司旅游合同纠纷案
　　一审法院认为,张某英是在报名参加了由文山壮族苗族自治州科学技术协会组织的"学会管理干部泰国考察团"后,文山壮族苗族自治州科学技术协会与被告签订了本案所涉的《云南省出境旅游合同》,因此,作为旅行团一员的张某英当然是旅游合同的一方当事人,具有诉讼主体资格。二审法院亦持同样意见,维持一审判决。[2]

【案例 12-86】 吴某诉厦门旅游集团国际旅行社有限公司旅游合同纠纷案
　　判决观点,泰国旅游合同虽系原告吴某所在单位与被告国际旅行社签订,但合同在国外部分的实际履行者为被告国际旅行社和每个旅游者,即该合同实际系当事人约定由债务人向第三人履行债务的合同。原告有权基于

---

〔1〕 参见国家法官学院、最高人民法院司法案例研究院编:《中国法院2022年度案例》(行政纠纷),中国法制出版社2022年版,第31页。北京市第三中级人民法院(2020)京03行终409号行政判决书。
〔2〕 参见最高人民法院民事审判第一庭编:《最高人民法院审理旅游纠纷案件司法解释理解与适用》,人民法院出版社2010年版,第335页。

该合同向被告主张合同权利。[1]

【案例12-87】　某医院诉某旅行社旅游合同纠纷案

　　判决观点,因为在旅游合同条款中明确的主体是徐某等37人且合同签订者为徐某,某医院为证明其为适格诉讼主体并非徐某,提交了2013年10月9日的证明,兹证明徐某为该院副院长,在该单位与某旅行社签订旅游合同时,其系职务行为等相关证据,法院支持某医院解除旅游合同和退还预付款的诉讼请求。[2]

　　诉讼中第三人的追加问题。《旅游纠纷解释》第四条规定:"因旅游辅助服务者的原因导致旅游经营者违约,旅游者仅起诉旅游经营者的,人民法院可以将旅游辅助服务者追加为第三人。"第五条规定:"旅游经营者已投责任保险,旅游者因保险事故仅起诉旅游经营者的,人民法院可以应当事人的请求将保险公司列为第三人。"故应根据上述司法解释规定依法作出相应处理。

(五)责任免除处理

　　在旅游合同履行过程中,发生不可抗力或者旅游经营者虽尽到合理的注意义务而仍然无法避免的情况,则旅游经营者无须承担违约责任。《民法典》第五百九十条对不可抗力免责作了规定,《旅游法》第六十七条对旅游经营者免责事由亦作了同样规定,主要是对不可抗力或发生旅游经营者无从预见,也无从控制事件影响旅游合同的顺利履行,导致旅游行程变更的,旅游经营者不承担违约责任。此外,旅游者自身的过错,也是旅游经营者违约责任免除的原因之一。根据《旅游法》第七十条第二款规定:"由于旅游者自身原因导致包价游合同不能履行或者不能按照约定履行,或者造成旅游者人身损害、财产损失的,旅行社不承担责任。"

【案例12-88】　李某诉上海君惟国际旅行社有限公司旅游合同纠纷案

　　判决观点,旅游经营者的安全保障义务应当限于其能预见的合理范围,其提供的安全保障应当在其能力范围之内。本案中的旅游行程不存在需要特别提醒的安全注意事项。李某某系突然晕倒,在送医院救治后死亡,导致其死亡的原因是脑干出血。在李某某晕倒后,现场已经有人及时拨打了急救电话,现场导游邹某某也随同其他游客将李某某送医救治。李某某的死亡实

---

〔1〕　参见国家法官学院案例开发研究中心编:《中国法院2014年度案例》(合同纠纷),中国法制出版社2014年版,第182页。福建省厦门市思明区人民法院(2012)思民初字第105号民事判决书。
〔2〕　参见张钢成主编:《服务合同案件裁判方法与规范》,法律出版社2015年版,第120页。

属其自身身体原因导致的突发事件,李某某的病发、死亡显然超过了被告能够预见的合理范围。在医护人员在场的情形下,现场导游邹某某理应听从医护人员的安排。原告无证据证明李某某的死亡系因被告旅游行程安排不合理所导致,其主张被告对李某某未尽到相应的安全保障义务亦缺乏事实依据,因此,原告要求被告对李某某的死亡承担赔偿医疗费、丧葬费、死亡赔偿金、交通费、律师费之诉请,于法无据,法院不予支持。[1]

上游合同因不可抗力造成履行障碍,影响下游合同的履行,上游合同是否可以适用不可抗力规则主张免责,应结合具体案情而定,关键是否免责取决于不可抗力与下游合同之间是否存在因果关系。对于因果关系的认定,应从上游合同不能履行程度、上下游合同之间的关联程度、变更履行能否实现及上下游合同履行的可替代性和紧迫性等方面综合分析。对于不可抗力带来下游合同造成的损失,在下游合同中未约定不可抗力造成损失负担标准,双方也未就此协商一致,法官应考虑旅游经营者是否及时告知航班取消、为合同继续履行的努力程度、同旅游者之间的协商等情况,同时考虑合同相对方地接社是否合理支付费用、是否防止损失扩大等情况,最终考虑公平原则和诚信原则来判断数额是否合理,得出一个较为合适的承担损失数额。

【案例12-89】 罗马假期公司诉中商公司旅游合同纠纷案

一审法院认为,第一,台风属不可抗力。第二,中商公司为其旅行团购置了五段联航机票,2018年9月17日因台风影响取消大连经停合肥前往深圳的航班,使中商公司旅行团无法按时抵达深圳,台风影响了中商公司旅行团的行程。第三,罗马假期公司负责中商公司旅行团在国外期间的酒店及交通,并不涉及旅行团的航班服务。且双方在确认行程时,中商公司也未明确告知罗马假期公司涉案旅行团系五段联航机票,罗马假期公司对此并不知情。依据约定,罗马假期公司履行的合同主要义务开始于中商公司旅行团抵达法兰克福,旅行团前往法兰克福之前并非必须从大连经停合肥抵达深圳,旅行团可以有多种方式抵达深圳或者在不同的日期抵达深圳。中商公司旅行团受台风影响的行程并非其与罗马假期公司的合同履行内容,或是履行合同所必须发生的、无可替代的前置事件,中商公司未履行合同并非受不可抗力影响,而是自身原因所致,其应承担违约责任。判决:中商公司支付罗马假期公司费用74329.3元。二审法院认为,旅行团由于台风影响所致航班被取消而未能成行,此时距合同约定的到达日期仅为两天。根据旅游行业的交易惯例或通常情形,罗马假期公司应当已为提供本次地接服务而就住宿、车旅

---

[1] 参见郭伟清主编:《2015年上海法院案例精选》,上海人民出版社2016年版,第58页。

交通等事宜作出安排,为此亦会支付相应费用,该费用本应由中商公司承担。

判决:驳回上诉,维持原判。[1]

应注意的是,无效的内容(或规定)不能作为免除旅游经营者责任的依据。《旅游纠纷解释》第六条规定:"旅游经营者以格式条款、通知、声明、店堂告示等方式作出排除或限制旅游者权利、减轻或者免除旅游经营者责任、加重旅游者责任等对旅游者不公平、不合理的规定,旅游者依据消费者权益保护法第二十六条的规定请求认定该内容无效的,人民法院应予支持。"对于旅游经营者以此作为免责抗辩的,其不受法律保护。

(六)旅游购物处理

旅游购物中,如果旅游者拒绝旅行社指定购买场所,或者未按照旅行社或导游的要求进行消费或参加自费项目的,旅行社常采取"甩团"的方式对旅游者施加压力,以强制其进行购买,双方常因购物消费问题发生纠纷,进而造成人身伤害、旅游者滞留等后果。法律不仅禁止旅行社指定购物商店,也禁止旅行社变相或通过隐蔽的方式指定消费场所。旅行社等旅游经营者虽未通过书面或口头形式指定购物场所,但却在某景点的特定购物商店长时间停留,变相强迫旅游者在该购物商店消费,也属于法律所禁止的"指定购物场所"的行为。旅游者在旅游行程中因购物、参加自费项目等发生纠纷,基于合同相对性,原则上应当向购物或自费项目经营者主张合同责任。但如果旅行社违反《旅游法》第三十五条第一款、第二款规定的,旅行社需要对旅游者承担垫付退货款的责任。也就是说,只有在旅行社以不合理低价诱骗旅游者,通过零负团的不法模式获取回扣等非法利益,或者未经旅游者同意指定购物场所或安排自费项目的,旅行社才对旅游者因此主张的退货承担垫付责任。对于旅行社等旅游经营者符合《旅游法》第七十条第一款规定的,则可以承担惩罚性赔偿责任。

【案例12-90】 王某诉和平国际旅行社有限公司文登营业部旅游合同纠纷案

二审法院认为,按照双方补充协议的约定,被告向原告提供的旅游服务中包含购物安排,其中,在广东省珠海市的安排为"珠海玉器、百货",营业产品为"各种玉器、百货蚕丝"。到达广东省珠海市后,王某在商场内自行选购

---

[1] 参见国家法官学院、最高人民法院司法案例研究院编:《中国法院2021年度案例》(合同纠纷),中国法制出版社2021年版,第66~67页。北京市第二中级人民法院(2019)京02民终13561号民事判决书。

"大金观音佛"等商品,被告不存在补充协议约定外增加购物点或强迫购物等情形,其提供旅游服务并不存在违约情形。关于原告称珠海商场构成欺诈,《旅游法》第七十一条规定的是地接社及履行辅助人的责任,而根据该法第一百一十一条的规定,商场属于旅游经营者而非履行辅助人,不应适用该规定;即便商场存在欺诈行为,王某也应当向经营者即涉案商场主张,而不应当向两旅行社主张。故王某的主张没有事实及法律依据,法院不予支持。判决:撤销一审判决。[1]

【案例 12-91】 董某诉沈阳祥云分时度假服务有限公司铁西分公司旅游合同纠纷案

一审法院认为,本案中,被告以 100 元明显不合理的低价组织旅游,并指定具体购物场所安排原告购物,违反了《旅游法》第三十五条的规定。原告于 2015 年 9 月 13 日结束旅游活动,并于 2015 年 9 月 23 日要求被告为其办理退货,属于法律规定的期限内。其购买商品总额为 12641.58 元。故原告将上述购买物品全部交付被告办理退货,请求被告垫付原告旅游购物退货货款 12641.58 元,于法有据,理由正当,法院予以支持。二审法院经审理,判决驳回上诉,维持原判。[2]

最高人民法院法官认为,通常情况下,旅游者在参团旅游过程中购买到假冒伪劣产品,倘若仅为产品瑕疵,旅游者可以要求与其存在买卖合同的销售者承担违约责任;倘若为缺陷产品,并造成人身和其他财产损害,根据《产品质量法》第四十三条的规定,因产品存在缺陷造成人身、他人财产损害的,受害人可以向产品的生产者要求赔偿,也可以向产品的销售者要求赔偿。属于产品的销售者的责任,产品的生产者赔偿的,产品的生产者有权向产品销售者追偿,以及《民法典》第一千二百零三条规定,"因产品存在缺陷造成他人损害的,被侵权人可以向产品的生产者请求赔偿,也可以向产品的销售者请求赔偿。产品缺陷由生产者造成的,销售者赔偿后,有权向生产者追偿。因销售者的过错使产品存在缺陷的,生产者赔偿后,有权向销售者追偿",旅游者既可以要求产品生产者承担侵权责任,也可以要求产品的销售者承担侵权责任。对此,旅行社通常并不承担责任,因为旅游者作为一个具有完全民事行为能力人能够自主地作出选择与判断。但是,若旅行社就该假冒伪劣产品对旅游者作了不实推荐,违反了依诚实信用原则提供旅游服务的义务,可能需要承担旅游合同项下的违约责任;在特定情况下,还可能承担

---

[1] 山东省威海市中级人民法院(2016)鲁 10 民终 1133 号民事判决书。
[2] 辽宁省沈阳市中级人民法院(2016)辽 01 民终 9541 号民事判决书。

侵权责任。[1]

旅游商品的经营者怠于履行告知义务,构成消极欺诈。

【案例12-92】 蔡某衡、舒某璐诉陶某买卖合同纠纷案

判决观点:本案所涉金色珍珠,原、被告双方一致确认是经过染色处理的,并非天然金色的珍珠,故本院对此予以确认。蔡某衡、舒某璐在陶某经营的无锡市瑞宝旅游工艺品商店购买珍珠饰品时,应享有对其所购买的珍珠充分了解真实情况的权利,经营者也应尽到对蔡某衡、舒某璐所购买珍珠真实情况如实告知的义务。蔡某衡、舒某璐在购买珍珠时,其作为消费者,不能要求其具有专业的鉴别能力。对本案所涉珍珠系经过染色处理,并非天然金色珍珠的事实,经营者应主动向蔡某衡、舒某璐进行告知而未告知,也未按照《国家标准珠宝石名称》的规定对经过染色处理的珍珠在基本名称中进行注明。经营者在经营中,滥用了消费者对其的商业信任。结合本院对无锡市相关珍珠专卖柜台的调查,本案所争议的染色珍珠的成交价格与市场上销售的同规格天然金色珍珠的出售价格相近,易使消费者在被告处购买染色珍珠时产生该珍珠为天然金色的信赖,经营者的上述行为,属于故意隐瞒真实情况,诱使对方当事人作出错误意思表示,构成消费欺诈。《消费者权益保护法》第四十九条规定……故本院对蔡某衡、舒某璐要求陶某按照消费者权益保护法规定向其退赔60000元的诉请予以支持。对陶某提出在出售时没有隐瞒珍珠是通过染色处理的、珍珠不是天然色的事实,因而不存在欺诈的情形的辩称,因与其本人在《新闻直通车》节目中的陈述相矛盾,故本院不予采信。对蔡某衡、舒某璐要求陶某支付鉴定费250元的诉请,本院认为该费用系蔡某衡、舒某璐为进行本案诉讼所必需的花费,故对该诉请予以支持。向"提供商品或者服务有欺诈行为的"商家双倍索赔"商品价格或者接受服务的费用",是消费者的一项法定权利。蔡某衡、舒某璐为行使该权利,维护作为一名消费者的合法权利,确实花费了一定的交通费用,其要求经营者承担该部分费用,应予以适当支持。本院结合原告维权的实际将该部分费用酌定为200元。对蔡某衡、舒某璐要求陶某赔偿其相关医药费150元、精神损失费5000元的诉请,因未有证据表明上述费用的产生与本案有直接联系,故本院对其上诉请求不予支持。对蔡某衡、舒某璐要求陶某赔偿误工费3000元的诉请,因蔡某衡、舒某璐均已超过退休年龄,并未有误工费用的产生,故对该项诉请不予支持。判决:一、陶某立即退还蔡某衡、舒某璐珍珠购买费30000元,赔偿蔡某衡、舒某

---

[1] 参见最高人民法院民事审判第一庭编:《民事审判实务问答》,法律出版社2021年版,第40~41页。

璐损失30000元;二、陶某支付蔡某衡、舒某璐鉴定费250元;三、陶某支付蔡某衡、舒某璐交通费等费用200元;四、驳回蔡某衡、舒某璐的其他诉讼请求。[1]

旅游经营者低价组织旅游并在旅游活动安排购物的,违反了《旅游法》第三十五条的规定,旅游者在规定期限内要求退货的,旅游经营者应当首先代替购物商店垫付退货费用,其后向购物者商店追偿。

---

[1] 参见国家法官学院案例开发研究中心编:《中国法院2014年度案例》(买卖合同纠纷),中国法制出版社2014年版,第37~38页。江苏省无锡市滨湖区人民法院(2012)锡滨民初字第1077号民事判决书。